Küting/Weber

Der Konzernabschluß

Der Konzernabschluß

Lehrbuch und Fallstudie zur Praxis der Konzernrechnungslegung

7. Auflage

von

Prof. Dr. Karlheinz Küting
Universität des Saarlandes,
Saarbrücken

Prof. Dr. Claus-Peter Weber
WP, StB, RA
Honorar-Professor an der
Universität des Saarlandes,
Saarbrücken

unter Mitarbeit an der aktuellen Auflage von
Dipl.-Kffr. Ulrike Dürr
Dipl.-Kfm. Sebastian von Garnier
Dipl.-Kfm. Andreas Gattung
Dr. Sven Hayn
Dipl.-Betriebsw. Jochen Pilhofer
WP/StB Dipl.-Kfm. Georg Graf Waldersee
Dipl.-Kfm. Christian Zwirner

2001
Schäffer-Poeschel Verlag Stuttgart

Die Deutsche Bibliothek – CIP-Einheitsaufnahme

Küting, Karlheinz:
Der Konzernabschluß : Lehrbuch und Fallstudie zur Praxis der Konzernrechnungslegung / von Karlheinz Küting ; Claus-Peter Weber. – 7. Aufl. / unter Mitarb. von Ulrike Dürr … – Stuttgart : Schäffer-Poeschel, 2001
ISBN 3-7910-1927-9

Gedruckt auf säurefreiem, alterungsbeständigem, chlorfrei gebleichtem Papier

ISBN 3-7910-1927-9

www.schaeffer-poeschel.de
info@schaeffer-poeschel.de

Einbandgestaltung: Willy Löffelhardt
Satz: Dörr + Schiller GmbH, Stuttgart
Druck: Franz Spiegel Buch GmbH

August/2001

Schäffer-Poeschel Verlag Stuttgart

Ein Tochterunternehmen der Verlagsgruppe Handelsblatt

Vorwort zur 7. Auflage

Insbesondere die Ausweitung und die damit einhergehende zunehmende Bedeutung der internationalen Bilanzierung in Deutschland haben uns dazu veranlaßt, dem Bereich der internationalen Konzernrechnungslegung im Rahmen dieses Lehrbuches ein stärkeres Gewicht beizumessen. Diese Erweiterungen stellen gleichzeitig die umfangreichste Änderung im Rahmen dieser Neuauflage dar. Somit finden sich erstmals in der aktuellen, siebenten Auflage neben den Vorschriften zur Konzernrechnungslegung nach IAS auch die korrespondierenden US-GAAP-Regelungen. Diese Ausweitung ist ursächlich dafür, daß der zweite Abschnitt nunmehr mit dem Begriff »Konzernrechnungslegung nach IAS und US-GAAP« überschrieben wird.

Im Bereich des ersten Abschnitts (Konzernrechnungslegung nach HGB) wurden auf Grund der letzten aktuell verabschiedeten Gesetze zur Steuergesetzgebung (Steuerentlastungsgesetz 1999/2000/2002 und Steuersenkungsgesetz) vornehmlich redaktionelle Änderungen notwendig. Des weiteren wurden die Ausführungen zum KapCoRiLiG, das im März 2000 endgültig in Kraft getreten ist, aktualisiert. Die Ausführungen, die sich hierzu in der Vorauflage befunden haben, bezogen sich auf den zum damaligen Zeitpunkt aktuellen Entwurfsstand. Im Zusammenhang mit den einzelnen angeführten Änderungen wurde demnach stets der aktuelle Rechtsstand zum Zeitpunkt des Redaktionsschlusses an den entsprechenden Stellen berücksichtigt.

Während in der Vorauflage die Äußerungen des Deutschen Standardisierungsrates (DSR) zur Kapitalflußrechnung (DRS 2) und zur Segmentberichterstattung (DRS 3) lediglich in Entwurfsform vorlagen, wurden die zwischenzeitlich verabschiedeten Standards aktuell im Rahmen des siebenten Kapitels (Konzernanhang) des ersten Abschnitts berücksichtigt. In diesem Zusammenhang wurden die Ausführungen zur Kapitalflußrechnung und Segmentberichterstattung grundlegend überarbeitet.

Darüber hinaus wurde zum Ende des ersten Abschnitts das Kapitel neun (Deutsches Rechnungslegungs Standards Committee) zum Deutschen Rechnungslegungs Standards Committee (DRSC) neu eingeführt. Im Rahmen dieses Kapitels werden neben den Aufgaben und Zielen sowie der Struktur und dem Due Process des DRSC auch die einzelnen Deutschen Rechnungslegungs Standards (DRS) kurz erläutert. Hierbei wurde diesem Kapitel der aktuelle Stand zum März 2001 zugrunde gelegt.

Im Rahmen dieser Neuauflage sind wir wiederum vielen Personen zu Dank verpflichtet, die in den letzten Monaten zum Gelingen des nun vorliegenden Buches beigetragen haben. Unser Dank gilt in diesem Zusammenhang Herrn Dr. Sven Hayn und WP/StB Dipl.-Kfm. Georg Graf Waldersee, die für die

Überarbeitung des zweiten Abschnitts (Konzernrechnungslegung nach IAS und US-GAAP) verantwortlich zeichneten, sowie Herrn Dipl.-Kfm. Andreas Gattung und Herrn Dipl.-Kfm. Johannes Wirth für ihre Mitarbeit im Rahmen der Erweiterung des zweiten Abschnitts. Des weiteren danken wir Herrn Dipl.-Betriebsw. Jochen Pilhofer für die grundlegende Überarbeitung der Ausführungen zur Kapitalflußrechnung und Segmentberichterstattung. Frau Dipl.-Kffr. Ulrike Dürr danken wir für Ihre Formulierungen im Rahmen des neuen neunten Kapitels des ersten Abschnitts zum Deutschen Rechnungslegungs Standards Committee. Ferner danken wir Herrn Dipl.-Kfm. Sebastian von Garnier für seine Korrekturen im Zuge der Berücksichtigung der aktuellen Steuergesetzgebung.

Schließlich sind wir Herrn Dipl.-Kfm. Christian Zwirner für seine Ausführungen zu den Gesetzesänderungen durch das KapCoRiLiG, inhaltliche und systematische Ergänzungen und Korrekturen sowie die Übernahme der redaktionellen Verantwortung und Durchführung zu außerordentlichem Dank verpflichtet.

Herrn cand. rer. oec. Thomas Burger danken wir für seine technische Unterstützung im Zuge der redaktionellen Tätigkeiten sowie seine Mitarbeit im Rahmen der Aktualisierung der zitierten Literatur. Frau cand. rer. oec. Corinna Boecker und Frau cand. rer. oec. Julia Busch gebührt unser Dank für Ihre kritische Durchsicht des Manuskripts auf Tipp- und Rechtschreibfehler sowie ihre Mithilfe bei der redaktionellen Überarbeitung. Ferner möchten wir es nicht versäumen, Frau Karla Wobido für ihre organisatorischen Arbeiten und den Mitarbeiterinnen und Mitarbeitern des Schäffer-Poeschel Verlags für die wiederholt gute Zusammenarbeit zu danken. Insbesondere Frau Ruth Kuonath und Frau Sabine Trunsch gebührt in diesem Zusammenhang unser besonderer Dank.

Ebenso wie bei den Vorauflagen würden wir uns freuen, wenn die nun vorliegende siebente Auflage sowohl in der Wissenschaft als auch Bilanzierungs- und Prüfungspraxis eine ebenso positive Aufnahme finden würde wie Auflagen der Vergangenheit. Gerne sind wir wiederum bereit, kritische Anregungen und Verbesserungsvorschläge zu berücksichtigen. Des weiteren werden wir bemüht sein, die begonnenen Erweiterungen dieses Buches mit Blick auf den Bereich der Internationalen Konzernrechnungslegung in den Folgeauflagen weiter auszubauen, um somit auch zukünftig ein hochwertiges Lehrbuch auf aktuellem nationalen und internationalen Stand anbieten zu können.

Saarbrücken, im März 2001

Karlheinz Küting Claus-Peter Weber

Vorwort zur 6. Auflage

Sowohl die große Akzeptanz unseres Lehrbuchs »Der Konzernabschluß« als auch die derzeitige schnelle Weiterentwicklung in den Bereichen der nationalen und internationalen Konzernrechnungslegung machten diese Neuauflage nach noch nicht einmal einem Jahr erforderlich. Somit stellt die nunmehr vorliegende sechste Auflage eine erweiterte und dem aktuellen Stand angepaßte Auflage dar.

Die Erweiterungen beziehen sich hauptsächlich auf das siebente Kapitel im ersten Abschnitt, in dessen Rahmen aktuell die Entwürfe des Deutschen Standardisierungsrates (DSR), des Deutschen Rechnungslegungs Standards Committee e.V. (DRSC) zur Kapitalflußrechnung (E-DRS 2) und Segmentberichterstattung (E-DRS 3) vorgestellt und erläutert werden.

Aktuell wurden ferner in dieser Auflage der Gesetzentwurf der Bundesregierung zum Kapitalgesellschaften- und Co-Richtlinie-Gesetz (KapCoRiLiG) sowie der Entwurf einer Stellungnahme des HFA zur Währungsumrechnung in Konzernabschlüssen aus dem Jahre 1998 an den entsprechenden Stellen dargestellt.

Da im laufenden Text an mehreren Stellen bereits der aktuelle Bezug und die zu erwartenden Änderungen der Vorschriften durch das KapCoRiLiG herausgestellt werden, wurde ein fünfter Abschnitt neu eingefügt, der den geänderten Wortlaut des HGB nach der Fassung des KapCoRiLiG (laut Gesetzentwurf der Bundesregierung vom 13.08.1999 bzw. 15.10.1999) abbildet. Darüber hinaus wurden die aktuellen Entwicklungen im Bereich der Konzernrechnungslegung – sowohl auf nationaler als auch auf internationaler Ebene, insbesondere im Bereich der IAS – berücksichtigt und aktualisiert.

Da bei Redaktionsschluß die beiden Standards des DSR zur Segmentberichterstattung und zur Kapitalflußrechnung nur im Entwurf und das KapCoRiLiG in seiner Fassung vom 13.08.1999 bzw. 15.10.1999 lediglich als Gesetzentwurf vorlagen, beruhen die Angaben zu diesen Bereichen auf den zu diesem Zeitpunkt verfügbaren Informationen.

Unser Dank gilt Herrn Dr. Sven Hayn, der sich für die Überarbeitung des zweiten Abschnittes (Konzernrechnungslegung nach IAS) verantwortlich zeichnete, Herrn Dr. Peter Lorson für seine Formulierungen zu dem Gebiet der Segmentberichterstattung nach E-DRS 3, Herrn Dipl.-Kfm. Sascha Dawo für seinen Beitrag im Rahmen der Kapitalflußrechnung sowie Herrn Dipl.-Kfm. Christian Zwirner für seine Ausführungen zu den Gebieten der Währungsumrechnung nach dem Entwurf des HFA aus dem Jahr 1998 und den Gesetzesänderungen durch das KapCoRiLiG sowie die Übernahme der redaktionellen Verantwortung und Durchführung.

Ferner danken wir Herrn Dipl.-Kfm. Sebastian von Garnier, der vor allem die Ausführungen im Rahmen der einzelnen Konsolidierungsmaßnahmen überarbeitet hat sowie Herrn cand. rer. oec. Thomas Burger für seine Mitarbeit bei der Erstellung und Aktualisierung des Stichwortverzeichnisses. Weiterhin danken wir Frau Karla Wobido für ihre organisatorischen Arbeiten sowie den Mitarbeiterinnen und Mitarbeitern des Schäffer-Poeschel Verlags für die wiederholt gute Zusammenarbeit.

Wir würden uns freuen, wenn die nun vorliegende sechste Auflage sowohl in der Wissenschaft als auch Bilanzierungs- und Prüfungspraxis eine ebenso positive Aufnahme finden würde wie die Vorauflage. Gerne sind wir wiederum bereit, kritische Anregungen und Verbesserungsvorschläge zu berücksichtigen.

Saarbrücken, im November 1999

Karlheinz Küting Claus-Peter Weber

Inhaltsübersicht

Inhaltsverzeichnis

Übersichtenverzeichnis

Abkürzungsverzeichnis

a. A.	anderer Ansicht
ABl.	Amtsblatt
Abs.	Absatz
Abschn.	Abschnitt
Abt.	Abteilung
a. F.	alte(r) Fassung
AG	Aktiengesellschaft, auch: »Die Aktiengesellschaft« (Zeitschrift)
AktG	Aktiengesetz
AIA	American Institute of Accountants
AICPA	American Institute of Certified Public Accountants
AIN	Accounting Interpretation
a. M.	am Main
APB	Accounting Principles Board
ARB	Accounting Research Bulletin
Art.	Artikel
ASC	Accounting Standards Committee
Aufl.	Auflage
ausschl.	ausschließlich
BB	Betriebs-Berater (Zeitschrift)
Bd.	Band
BddW	Blick durch die Wirtschaft (Zeitung)
Beck Bil-Komm.	Beck'scher Bilanz-Kommentar
betriebl.	betriebliche
BFuP	Betriebswirtschaftliche Forschung und Praxis (Zeitschrift)
BGB	Bürgerliches Gesetzbuch
BGBl.	Bundesgesetzblatt
BiBu	Bilanz und Buchhaltung (Zeitschrift), früher: Bilanz- und Buchhaltungspraxis
BiRiLiG	Bilanzrichtlinien-Gesetz
BMJ	Bundesministerium der Justiz
BörsZulV	Börsenzulassungsverordnung
BR-Drucks.	Bundesrats-Drucksache
bspw.	beispielsweise
BT-Drucks.	Bundestags-Drucksache
Buchst.	Buchstabe
BWM	Buchwertmethode
bzgl.	bezüglich
bzw.	beziehungsweise
ca.	circa
Chap.	Chapter
Co.	Compagnon
Corp.	Corporation

d.	der, die, das, dem, des
DB	Der Betrieb (Zeitschrift), auch: Deckungsbeitrag
DBW	Die Betriebswirtschaft (Zeitschrift)
Dec.	December
d. h.	das heißt
diesbzgl.	diesbezüglich
Diss.	Dissertation
DK	Durchschnittskurs
DM	Deutsche Mark
DRS	Deutscher Rechnungslegungsstandard
DRSC	Deutsches Rechnungslegungs Standards Committee
DSR	Deutscher Standardisierungsrat
DSOP	Draft Statement of Principles
DStR	Deutsches Steuerrecht (Zeitschrift)
DSWR	Datenverarbeitung, Steuer, Wirtschaft, Recht (Zeitschrift)
d. Verf.	die Verfasser
E	Exposure Draft (des IASC)
EA	Einzelabschluß
ECU	European Currency Unit
E-DRS	Entwurf Deutscher Rechnungslegungsstandard
EDV	elektronische Datenverarbeitung
EG	Einführungsgesetz, auch: Europäische Gemeinschaft
EGAktG	Einführungsgesetz zum Aktiengesetz
EGHGB	Einführungsgesetz zum Handelsgesetzbuch
einschl.	einschließlich
EStG	Einkommensteuergesetz
EStR	Einkommensteuer-Richtlinien
etc.	et cetera
EU	Europäische Union
e. V.	eingetragener Verein
evtl.	eventuell
EWG	Europäische Wirtschaftsgemeinschaft
EWR	Europäischer Wirtschaftsraum
f. bzw. ff.	folgende bzw. fortfolgende
FASB	Financial Accounting Standards Board
Fifo	First in – first out
FIN	Financial Accounting Standards Board (FASB), Interpretations
Forts.	Fortsetzung
Fr. v.	Freiherr von
FTB	Financial Accounting Standards Board (FASB), Technical Bulletins
GAAP	Generally Accepted Accounting Principles
GbR	Gesellschaft bürgerlichen Rechts
gem.	gemäß
gepl.	geplant

ggf.	gegebenenfalls
gl.A.	gleicher Ansicht
GmbH	Gesellschaft mit beschränkter Haftung
GoB	Grundsätze ordnungsmäßiger Buchführung
GuV	Gewinn- und Verlustrechnung
HB	Handelsbilanz, auch: Handelsblatt
HFA	Hauptfachausschuß des Instituts der Wirtschaftsprüfer in Deutschland e. V.
HGB	Handelsgesetzbuch
HGB-E	Entwurf eines Gesetzes zur Änderung des HGB (BT-DRUCKS. 10/317 v. 26.8.1983)
Hifo	highest in – first out
HK	historischer Kurs
Hrsg.	Herausgeber
IAS	International Accounting Standard
IASB	International Accounting Standards Board
IASC	International Accounting Standards Committee
IAS-E	Proposed International Accounting Standards-Exposure Draft
i. d. R.	in der Regel
i. d. S.	in diesem (dem) Sinne
IDW	Institut der Wirtschaftsprüfer in Deutschland e. V.
IFAC	International Federation of Accountants
incl.	inclusive
insbes.	insbesondere
IOSCO	Organization of Securities Commissions
ISA	International Standard on Auditing
i. S. d.	im Sinne der, des
i. S. e.	im Sinne einer, eines
IStR	Internationales Steuerrecht (Zeitschrift)
i. S. v.	im Sinne von
i. V. m.	in Verbindung mit
JF	Jahresfehlbetrag
JofA	Journal of Accountancy (Zeitschrift)
JÜ	Jahresüberschuß
KA	Konzernabschluß
Kap.	Kapitel
KapAEG	Gesetz zur Verbesserung der Wettbewerbsfähigkeit deutscher Konzerne an Kapitalmärkten und zur Erleichterung der Aufnahme von Gesellschafterdarlehen (Kapitalaufnahmeerleichterungsgesetz)
KapCoRiLiG	Entwurf eines Gesetzes zur Durchführung der Richtlinie des Rates der Europäischen Union zur Änderung der Bilanz- und der Konzernbilanzrichtlinie hinsichtlich ihres Anwendungsbereichs

	(90/605/EWG), zur Verbesserung der Offenlegung von Jahresabschlüssen und zur Änderung anderer handelsrechtlicher Bestimmungen (Kapitalgesellschaften- und Co-Richtlinie-Gesetz – KapCoRiLiG)
KFR	Kapitalflußrechnung
KG	Kommanditgesellschaft
KGaA	Kommanditgesellschaft auf Aktien
Kifo	Konzern in – first out
Kilo	Konzern in – last out
KonBefrV	Konzernabschlußbefreiungsverordnung
KonTraG	Gesetz zur Kontrolle und Transparenz im Unternehmensbereich
KPMG	Klynveld Peat Marwick Goerdeler (WPG)
Lifo	Last in – first out
lt.	laut
Lofo	Lowest in – first out
mind.	mindestens
Mio.	Millionen
m. w. N.	mit weiteren Nachweisen
NA	Neues Aktienrecht, auch: Sonderausschuß Neues Aktienrecht des Instituts der Wirtschaftsprüfer in Deutschland e. V.
NAA	National Association of Accountants
NB	Neue Betriebswirtschaft (Zeitschrift), auch: Neubewertung
No.	Number
Nr.	Nummer
NW	Niederstwerttest
NYSE	New York Stock Exchange
o.ä.	oder ähnliches
OHG	offene Handelsgesellschaft
o. O.	ohne Ortsangabe
Op.	Opinion
Par.	Paragraph
PublG	Gesetz über die Rechnungslegung von bestimmten Unternehmen und Konzernen (Publizitätsgesetz)
R	Richtlinie
ref.	reformated
Reg.	Regulation
rev.	revised, auch: revidiert
Rn.	Randnummer
S.	Seite, auch: Satz, Soll
SA	Summenabschluß

s.a.	siehe auch
SABI	Sonderausschuß Bilanzrichtlinien-Gesetz des Instituts der Wirtschaftsprüfer in Deutschland e. V.
SEC	Securities and Exchange Commission (amerikanische Börsenaufsichtsbehörde)
SFAC	Statement(s) of Financial Accounting Concepts
SFAS	Statement(s) of Financial Accounting Standards
SIC	Standing Interpretation Committee, auch: Interpretationen des Standing Interpretation Committee
SIC-D	Standing Interpretations Committee-Draft Interpretation
SK	Stichtagskurs
sog.	sogenannt(e, -er, en)
SOP	Standard of Position
Sp.	Spalte
SSAP	Statement of Standard Accounting Practice
St.	Sankt
StuB	Steuern und Bilanzen (Zeitschrift)
StuW	Steuer und Wirtschaft (Zeitschrift)
TDM	tausend Deutsche Mark
Teilbd.	Teilband
Tz.	Textziffer
u.a.	und andere, auch: unter anderem
u.E.	unseres Erachtens
Unt.	Unternehmen
US	United States
USA	United States of America
usw.	und so weiter
u.U.	unter Umständen
verb.	verbundene
Verf.	Verfasser
vgl.	vergleiche
WISU	Das Wirtschaftsstudium (Zeitschrift)
WPg	Die Wirtschaftsprüfung (Zeitschrift)
WPG	Wirtschaftsprüfungsgesellschaft
WP-Handbuch	Wirtschaftsprüfer-Handbuch
WpHG	Wertpapierhandelsgesetz
z.B.	zum Beispiel
Zf.	Ziffer(n)
ZfB	Zeitschrift für Betriebswirtschaft
ZfbF	Zeitschrift für betriebswirtschaftliche Forschung
z.T.	zum Teil
zzgl.	zuzüglich

1. Abschnitt
Konzernrechnungslegung nach HGB

1. Kapitel: Grundlagen

1. Das Recht der Verbundenen Unternehmen

1.1 Grundlagen

Zielsetzung der Vorschriften über die verbundenen Unternehmen

Die idealtypische Publikums-AG, an der eine Vielzahl von Aktionären mit relativ geringem Kapitaleinsatz beteiligt ist und deren Verwaltungsorgane von daher einen hohen Grad an Unabhängigkeit besitzen, ist in der Unternehmenspraxis nur noch selten anzutreffen. In zahlreichen AG sind vielmehr an die Stelle vieler kleiner Aktionäre ein oder wenige Unternehmen als Großanteilseigner getreten. Entsprechend ihren Eigeninteressen üben diese Unternehmen regelmäßig einen erheblichen Einfluß auf die Beteiligungsgesellschaft aus, so daß deren Verwaltungsorgane vielfach bloße Ausführungsorgane des bzw. der Großanteilseigner darstellen. »Ziel der Vorschriften für verbundene Unternehmen ist es, die negativen Konsequenzen, die daraus den Aktionären und Gläubigern der beteiligten Gesellschaften sowie der interessierten Öffentlichkeit entstehen können, soweit wie möglich zu vermindern« (WYSOCKI, K. v./WOHLGEMUTH, M. 1986, S. 1). Im einzelnen verfolgt der Gesetzgeber dabei folgende Zielsetzungen (vgl. WÖHE, G. 1996, S. 421):

(1) Offenlegung der Unternehmensverbindung;

(2) Sicherung der Gesellschafter und Gläubiger;

(3) Sicherung des Unternehmens selbst gegen Benachteiligungen durch den ausgeübten Einfluß eines anderen Unternehmens.

Verbundene Unternehmen nach AktG

Was unter verbundenen Unternehmen im aktienrechtlichen Sinne zu verstehen ist, bestimmt § 15 AktG. Nach dieser Vorschrift erfüllen fünf in ihrer Bindungsintensität unterschiedliche Typen von Verflechtungen zwischen rechtlich selbständigen Unternehmen den Verbundtatbestand des AktG. »Verbundene Unternehmen sind rechtlich selbständige Unternehmen, die wirtschaftlich in unterschiedlich starkem Maße miteinander verbunden sind« (HAVERMANN, H. 1966, S. 30); rechtlich unselbständige Zweigwerke, Niederlassungen oder Filialen erfüllen somit nicht den Tatbestand eines verbundenen Unternehmens. Die wirtschaftliche Verbindung kann dabei von einer mehr als 25%igen wechselseitigen Beteiligung (vgl. § 19 Abs. 1 AktG) als losester Form verbundener Unternehmen bis hin zu einer Eingliederung eines Unternehmens (vgl. §§ 319ff. AktG) als jener Form verbundener Unternehmen mit der stärksten Bindungsintensität reichen. Um dieser unterschiedlichen Stärke von Unternehmensverbindungen Rechnung zu tragen, hat der Gesetzgeber neben den für alle Verbundtypen gemeinsam geltenden Vorschriften auch artenspezifische Regelungen getroffen, deren Rechtsfolgen an die Intensität des jeweiligen Verbindungstypus anknüpfen.

Rechtsfolgen

Zu den Rechtsfolgen, die, vorausgesetzt, daß zumindest eine AG oder KGaA im Kreis der verbundenen Unternehmen enthalten ist, für alle Typen von verbundenen Unternehmen gelten, zählen dabei insbes. folgende Vorschriften (für eine detaillierte Aufstellung der Rechtsfolgen der Verbundtatbestände vgl. WP-Handbuch 2000, Bd. I, S. 1881ff.):

(1) Auskunfts- und Berichterstattungspflichten gegenüber dem Aufsichtsrat und der Hauptversammlung über die rechtlichen und geschäftlichen Beziehungen der Gesellschaft zu verbundenen Unternehmen sowie über geschäftliche Vorgänge bei verbundenen Unternehmen, die auf die Lage der Gesellschaft einen erheblichen Einfluß haben können (vgl. §§ 90 Abs. 1 Satz 2, Abs. 3 und 131 Abs. 1 Satz 2 AktG);

(2) nicht erforderliche Einwilligungspflicht des Aufsichtsrats zu einer Kreditgewährung der Gesellschaft an ein verbundenes Unternehmen trotz personeller Verflechtungen auf der Ebene der Gesellschaftsorgane (vgl. §§ 89 Abs. 4 Satz 2 und 115 Abs. 3 Satz 2 AktG);

(3) Einbeziehungspflicht von Tatsachen, deren Bekanntwerden geeignet ist, einem verbundenen Unternehmen einen erheblichen Nachteil zuzufügen, in die Berichterstattung des Sonderprüfers, falls diese für die Beurteilung des zu prüfenden Vorgangs erforderlich sind (vgl. § 145 Abs. 4 Satz 2 AktG);

(4) Abgrenzung des Kreises jener Unternehmen, der für den Bericht des Vorstands über Beziehungen zu verbundenen Unternehmen (sog. Abhängigkeitsbericht) für die berichtspflichtige abhängige Gesellschaft beachtlich ist (vgl. § 312 AktG).

Verbundene Unternehmen nach HGB

Im Zuge der Änderung des HGB durch das BiRiLiG hat der Gesetzgeber neben der Vorschrift des § 15 AktG eine weitere Begriffsbestimmung verbundener Unternehmen in § 271 Abs. 2 HGB aufgenommen, die sich grundlegend von der aktienrechtlichen Regelung unterscheidet. So kennt das HGB im Gegensatz zum AktG lediglich einen Verbundtypus, dessen konstitutives Begriffsmerkmal die Einbeziehungspflicht in einen Konzernabschluß ist. Hieraus jedoch zu folgern, die handelsrechtliche Verbundkonzeption stelle sich als eine bloße Teilmenge der aktienrechtlichen Regelung dar, in der der Konzerntatbestand ebenfalls zu den Verbundbeziehungen rechnet, liefe fehl, da der Konzernbegriff des Handelsrechts einen anderen Inhalt besitzt als der des Aktienrechts (auf das Verhältnis zwischen dem aktienrechtlichen und dem handelsrechtlichen Begriff verbundener Unternehmen wird an späterer Stelle eingegangen; vgl. hierzu Gliederungspunkt 1.4).

Mit einer wünschenswerten Vereinheitlichung dieser beiden Regelungsinhalte ist in absehbarer Zeit allerdings nicht zu rechnen, da hiermit bis zur »Verabschiedung einer Richtlinie über die Verbindungen zwischen Unternehmen, insbesondere über Konzerne, abgewartet werden (soll, d. Verf.), die voraussichtlich eine Definition der verbundenen Unternehmen enthalten wird« (BT-Drucks. 10/4268, S. 106). Diese sog. Konzernrechtsrichtlinie liegt derzeitig aber lediglich als Entwurf vor, dessen weitere Beratung zurückgestellt ist. Solange eine Vereinheitlichung nicht stattgefunden hat, finden somit die abweichenden Begriffsinhalte des HGB und des AktG parallel Anwendung. Dabei sind folgende Anwendungsregeln zu beachten:

Anwendungsregeln

(1) Wird der Begriff verbundene Unternehmen im Dritten Buch des HGB (§§ 238 bis 342a) verwendet, gilt die Vorschrift des § 271 Abs. 2 HGB. Diese Begriffsbestimmung ist ebenfalls maßgebend im Rahmen des PublG (vgl. § 5 Abs. 1 Satz 2 PublG). Sie bezieht sich somit auf die handelsbilanzielle Rechnungslegung und Prüfung (ebenso Wohlgemuth, M. 1991, S. 1529) und verfolgt als primäres Ziel die Offenlegung der Unternehmensverbindungen.

(2) Soweit über die handelsbilanzielle Rechnungslegung und Prüfung hinaus auf den Tatbestand verbundener Unternehmen Bezug genommen wird, ist die Begriffsbestimmung des AktG maßgebend. Auf dieser Grundlage soll primär die Sicherung der Gesellschafter und Gläubiger sowie die Sicherung des Unternehmens selbst gegen Benachteiligungen durch den ausgeübten Einfluß eines anderen Unternehmens erreicht werden (gl. A. Oser, P. 1993, S. 26).

Informations- und Berichtspflichten

Ist der Verbundtatbestand erfüllt, knüpft das HGB daran insbes. bestimmte Informations- und Berichtspflichten im Rahmen des handelsrechtlichen Jahresabschlusses, die dazu beitragen sollen, die Beziehungen zu verbundenen Unternehmen für die Jahresabschlußadressaten transparenter zu machen. So sind große und mittelgroße Kapitalgesellschaften gem. § 266 Abs. 1 HGB verpflichtet, folgende Bilanzposten gesondert auszuweisen, wobei letztgenannte dieser Pflicht im Rahmen der Offenlegung des Jahresabschlusses auch alternativ im Anhang nachkommen können (vgl. § 327 HGB):

(1) Anteile an verbundenen Unternehmen im Anlagevermögen (vgl. § 266 Abs. 2 A. III. 1. HGB);

(2) Ausleihungen an verbundene Unternehmen (vgl. § 266 Abs. 2 A. III. 2. HGB);

(3) Forderungen gegen verbundene Unternehmen (vgl. § 266 Abs. 2 B. II. 2. HGB);

(4) Anteile an verbundenen Unternehmen im Umlaufvermögen (vgl. § 266 Abs. 2 B. III. 1. HGB);

(5) Verbindlichkeiten gegenüber verbundenen Unternehmen (vgl. § 266 Abs. 3 C. 6. HGB).

Darüber hinaus sind folgende Vermerke und Vorspalteninformationen von allen Kapitalgesellschaften gesondert auszuweisen:

(1) Haftungsverhältnisse gegenüber verbundenen Unternehmen (vgl. § 268 Abs. 7 HGB);

(2) Erträge aus Beteiligungen und anderen Wertpapieren des Finanzanlagevermögens an verbundenen Unternehmen sowie Erträge aus Ausleihungen an verbundene Unternehmen (vgl. § 275 Abs. 2 Nr. 9 und 10 bzw. Abs. 3 Nr. 8 und 9 HGB);

(3) sonstige Zinsen und ähnliche Erträge aus verbundenen Unternehmen sowie Zinsen und ähnliche Aufwendungen an verbundene Unternehmen (vgl. § 275 Abs. 2 Nr. 11 und 13 bzw. Abs. 3 Nr. 10 und 12 HGB);

(4) sonstige finanzielle Verpflichtungen, die nicht in der Bilanz erscheinen und auch nicht nach § 251 HGB anzugeben sind, sofern diese Informationen für die Beurteilung der Finanzlage von Bedeutung sind und gegenüber verbundenen Unternehmen bestehen (vgl. § 285 Nr. 3 HGB).

Engerer Kreis verbundener Unternehmen

Im Vergleich zum AktG 1965 sind nach geltendem Bilanzrecht die Beziehungen zu verbundenen Unternehmen an bedeutend mehr Stellen des Jahresabschlusses gesondert auszuweisen. Indem diese Vorschriften auch von GmbH beachtet werden müssen, die Regelungen des AktG dagegen nur AG und KGaA betrafen, haben die Änderungen durch das BiRiLiG vom Grundsatz her dazu geführt, die Beziehungen zu verbundenen Unternehmen für die Jahresabschlußadressaten transparenter zu machen. Da aber – wie zu zeigen sein wird – der Kreis der verbundenen Unternehmen im Vergleich zum Aktienrecht bedeutend enger gezogen wurde, ist mit dem geltenden Recht gleichzeitig eine Informationsreduktion verbunden, soweit die Darstellung der Verbundbeziehungen betroffen ist. Wenn GÖLLERT (K. 1984, S. 1847) ausführt, daß die durch das BiRiLiG geänderten Berichtspflichten des HGB dazu geeignet seien, »die Intensität der Unternehmensverbindungen und daraus drohende potentielle Gefährdungen besser abzuschätzen«, wird diese Aussage durch die eingetretene Informationsreduktion erheblich relativiert.

Andere Qualität der Beziehungen

Die Auferlegung besonderer Berichtspflichten ist im Hinblick auf eine Verbesserung der Aussagefähigkeit der einzelgesellschaftlichen Rechnungslegung aber grundsätzlich als konsequent zu beurteilen. Denn Beziehungen zu verbundenen Unternehmen besitzen eine andere Qualität als solche zu nicht verbundenen Unternehmen. So sind bspw. Kreditgewährungen und -prolongationen zwischen verbundenen Unternehmen in aller Regel leichter möglich oder werden Ausleihungen häufig niedrig verzinslich oder gar unverzinslich gewährt.

Keine vollständige Transparenz

Eine vollständige Transparenz der Beziehungen zu verbundenen Unternehmen können die aufgezeigten Berichtspflichten aber dennoch nicht herstellen. Insbes. in Unterordnungskonzernen kann es trotzdem vorkommen, »daß durch Weisungen der Konzernleitung, z.B. durch Festsetzen von Verrechnungspreisen für Lieferungen und Leistungen zwischen Kapitalgesellschaften, Gewinnverlagerungen von einer Gesellschaft auf eine andere eintreten« (WÖHE, G.

1997, S. 648), ohne daß dies aus den Einzelabschlüssen der beteiligten Gesellschaften zu erkennen wäre. Der laut BALLWIESER (W. 1987, S. 57) in diesem Zusammenhang sogar bestehenden »Gefahr der nahezu völligen Aussagelosigkeit von Einzelabschlüssen von Konzernunternehmen« vermag nur eine adäquate Konzernrechnungslegung, die solche Einflüsse eliminiert, zu begegnen.

Unbefriedigende Gesetzessystematik

Über die vorstehenden Schwächen der Verbundkonzeption des HGB hinaus ist Kritik am geltenden Recht der verbundenen Unternehmen auch in bezug auf die Gesetzessystematik zu äußern. So ist es sehr unbefriedigend, daß der Gesetzgeber keine allgemein verbindliche und damit einheitliche Definition verbundener Unternehmen im HGB und im AktG getroffen hat. Besonders bemerkenswert ist in diesem Zusammenhang die Tatsache, daß das HGB trotz seiner eigenständigen Begriffsdefinition Verweisungen auf die aktienrechtliche Verbundkonzeption enthält, die sich im einzelnen wie folgt darstellen:

(1) In § 271 Abs. 1 Satz 4 HGB wird im Rahmen der Beteiligungsvermutung auf § 16 Abs. 2 und 4 AktG verwiesen.

(2) Nach § 272 Abs. 4 Satz 4 HGB sind in die Rücklage für eigene Anteile auch die Beträge einzustellen, die dem Betrag der auf der Aktivseite ausgewiesenen Anteile eines herrschenden oder mit Mehrheit beteiligten Unternehmens entsprechen. Damit wird implizit auf die §§ 16 und 17 AktG Bezug genommen.

(3) Gem. § 285 Nr. 11 HGB sind bei der dort geregelten Berichtspflicht auf die Berechnung der Anteile § 16 Abs. 2 und 4 AktG entsprechend anzuwenden.

1.2 Verbundene Unternehmen nach AktG

1.2.1 Unternehmensbegriff

Institutioneller und funktioneller Unternehmensbegriff

Nach § 15 AktG setzt ein aktienrechtlicher Unternehmensverbund notwendig voraus, daß er zwischen »Unternehmen« besteht, wobei das AktG offen läßt, was hierunter zu verstehen ist. Hinsichtlich dieser Frage konkurrierten in der Literatur lange Zeit der institutionelle und der funktionelle Unternehmensbegriff. Nach dem überwiegend vertretenen institutionellen Begriff wurde für die Unternehmenseigenschaft das Vorhandensein einer »Einheit an sachlichen Mitteln vorausgesetzt, die in nach außen erkennbarer Weise der Verfolgung eigenständiger erwerbswirtschaftlicher Ziele gewidmet ist« (WP-HANDBUCH 1985/86, Bd. I, S. 1286). Nach dem weniger restriktiven funktionellen Begriff genügte dagegen bereits die Verfolgung eigenständiger unternehmerischer Interessen, um die Unternehmenseigenschaft zu begründen. Diese Konzeption stellt somit allein ab auf einen »Träger einer unternehmerischen Planungs- und Entscheidungsgewalt« (KROPFF, B. 1965, S. 1285), der für die Gesellschaft »marktstrategisch plant und entscheidet« (KROPFF, B. 1965, S. 1285), ohne daß irgendeine Institutionalisierung erforderlich wäre.

Zweckbezogene Auslegung

Diese traditionellen Interpretationen des Unternehmensbegriffs sind mittlerweile als überholt zu beurteilen (vgl. Hüffer, U. 1999, § 15 AktG, Rn. 8). Nach der herrschenden Meinung ist der Unternehmensbegriff im Hinblick auf den Schutzgedanken der Vorschriften des AktG vielmehr zweckbezogen auszulegen. In diesem Zusammenhang wird der einfache Aktionär, dessen Interessen mit denen der Gesellschaft weitgehend konform gehen, von dem Aktionär mit Unternehmenseigenschaft, der eine potentielle Interessenkollision zu der Gesellschaft aufweist, unterschieden. Für das Erfüllen der Unternehmenseigenschaft kommt es danach »nicht auf institutionelle oder funktionale Merkmale an, sondern allein darauf, ob der Gesellschafter/Aktionär neben der Beteiligung an der Gesellschaft über anderweitige wirtschaftliche Interessenverbindungen verfügt, die nach Art und Intensität die Besorgnis begründen, daß wegen dieser Interessen in nachteiliger Weise Einfluß auf die Gesellschaft genommen werden könnte« (WP-Handbuch 2000, Bd. I, S. 1892).

Eine solche Situation ist in aller Regel gegeben, wenn der betreffende Aktionär Kaufmann ist. Somit erfüllen Einzelkaufleute, Personenhandelsgesellschaften und Kapitalgesellschaften grundsätzlich die Unternehmenseigenschaft i. S. d. § 15 AktG. Zudem sind auch andere Personenvereinigungen (z. B. GbR) oder natürliche Personen unter den Unternehmensbegriff zu subsumieren, sofern sie die obengenannten Kriterien erfüllen. Gleiches gilt nach herrschender Meinung auch für die Gebietskörperschaften (Bund, Länder und Gemeinden), denen in der Literatur die Unternehmensqualität lange Zeit abgesprochen wurde (vgl. m. w. N. WP-Handbuch 2000, Bd. I, S. 1893f.).

Rechtsformneutralität bei Unternehmensverbindungen i. S. d. AktG

Es ist unbestritten, daß der Unternehmensbegriff als solcher nicht rechtsformspezifisch eingegrenzt ist. Gleichwohl wird in der Literatur z. T. die Ansicht vertreten, daß ein Unternehmensverbund i. S. d. § 15 AktG nur vorliegen kann, falls eines der Unternehmen in der Rechtsform der AG oder KGaA geführt werde (vgl. Gessler, E. 1984, § 15 AktG, Rn. 6; Koppensteiner, H.-G. 1988, § 15 AktG, Rn. 4; Würdinger, H. 1973, § 15 AktG, Rn. 1). Dieser Ansicht wird hier nicht gefolgt, da eine solche rechtsformspezifische Beschränkung den Kreis der verbundenen Unternehmen erheblich eingrenzen und auf diese Weise der Schutzfunktion, die mit den Bestimmungen über verbundene Unternehmen verfolgt wird, zuwiderlaufen würde. Folgendes Beispiel soll diese Tatsache verdeutlichen:

Die A-KG herrscht als Obergesellschaft in gerader Linie über die B-OHG, die C-OHG und die D-AG. Wird mangels Rechtsform zwischen A und B sowie zwischen B und C und folglich auch zwischen A und C kein Verhältnis verbundener Unternehmen angenommen, so wären auch die A-KG und die D-AG im Verhältnis zueinander nicht als herrschendes und abhängiges Unternehmen i. S. d. § 17 AktG zu betrachten. Die Mittlerfunktion des Abhängigkeitsverhältnisses käme somit nicht zum Tragen, obwohl an der Unternehmensverbindung eine AG beteiligt ist. Diese Situation hätte dann bspw. zur Folge, daß die D-AG in ihrem nach § 312 AktG zu erstellenden Abhängigkeitsbericht die geschäftlichen Transaktionen mit A und B nicht erläutern müßte.

Die in der Literaturdiskussion vertretene Ansicht ist ganz offensichtlich auf eine fehlende Unterscheidung zwischen Tatbestand und Rechtsfolge zurückzuführen. Für das Vorliegen verbundener Unternehmen ist die Rechtsform unbedeutend; Rechtsfolgen treten dagegen nur dann ein, wenn mindestens ein Teil der Unternehmensverbindung in der Rechtsform der AG oder KGaA geführt wird. So muß im oben beschriebenen Sachverhalt bspw. die Gesellschaft D, nicht aber die Unternehmen A, B oder C einen Abhängigkeitsbericht erstellen.

Rechtsformspezifische Einengung bei Unternehmensverbindungen nach HGB

Im HGB hingegen ist nach dem Wortlaut des Gesetzes das Verhältnis verbundener Unternehmen rechtsformspezifisch eingeengt worden; denn das Mutterunternehmen muß danach in der Rechtsform einer Kapitalgesellschaft geführt werden. Eine Ausnahme tritt dann ein, wenn ein als Nicht-Kapitalgesellschaft geführtes Mutterunternehmen einen befreienden Konzernabschluß aufstellt oder aufstellen könnte.

1. Sowohl das HGB (vgl. § 271 Abs. 2) als auch das AktG (vgl. § 15ff.) enthalten eine Begriffsbestimmung verbundener Unternehmen, die sich grundlegend voneinander unterscheiden.
2. Für das Vorliegen verbundener Unternehmen nach AktG ist die Rechtsform unerheblich. Rechtsfolgen treten jedoch nur dann ein, wenn wenigstens ein Partner dieser Unternehmensverbindungen eine AG oder KGaA ist. Ziel der Vorschriften ist in erster Linie der Schutz von Gesellschaftern und Gläubigern vor Benachteiligungen durch den ausgeübten Einfluß eines anderen Unternehmens.
3. Verbundene Unternehmen nach HGB sind rechtsformspezifisch eingeengt. Die handelsrechtlichen Vorschriften verfolgen primär das Ziel der Offenlegung von Unternehmensverbindungen.

1.2.2 Arten verbundener Unternehmen

In § 15 AktG werden die aktienrechtlichen Arten verbundener Unternehmen erschöpfend aufgeführt, die dann in den §§ 16 bis 19 und den §§ 291 sowie 292 AktG näher spezifiziert werden und durch bestimmte widerlegbare und unwiderlegbare Vermutungen miteinander verknüpft sind. Verbundene Unternehmen sind danach rechtlich selbständige Unternehmen, die im Verhältnis zueinander

(1) in Mehrheitsbesitz stehende und mit Mehrheit beteiligte Unternehmen (vgl. § 16 AktG),

(2) abhängige und herrschende Unternehmen (vgl. § 17 AktG),

(3) Konzernunternehmen (vgl. § 18 AktG),

(4) wechselseitig beteiligte Unternehmen (vgl. § 19 AktG) oder

(5) Vertragsteile eines Unternehmensvertrags (vgl. §§ 291 und 292 AktG)

sind.

Gebot des Verhältnisses zueinander

Dabei werden grundsätzlich nur die unmittelbaren (bilateralen) Beziehungen berücksichtigt, d.h., verbundene Unternehmen müssen »im Verhältnis zueinander« stehen. »Die Vorschrift bedeutet also nicht, daß ein Unternehmen, das durch eine der fünf Arten von Unternehmensverbindungen mit einem anderen Unternehmen verbunden ist, allein schon aus diesem Grund mit dritten Unternehmen i.S.d. Gesetzes verbunden ist, die ihrerseits mit dem anderen Unternehmen in einer Unternehmensverbindung stehen« (WP-Handbuch 2000, Bd. I, S. 1895). Allein der Konzerntatbestand schafft sog. multilaterale Verbundbeziehungen, indem alle Konzernunternehmen gleichzeitig auch im gegenseitigen Unternehmensverbund stehen.

Beispiel:

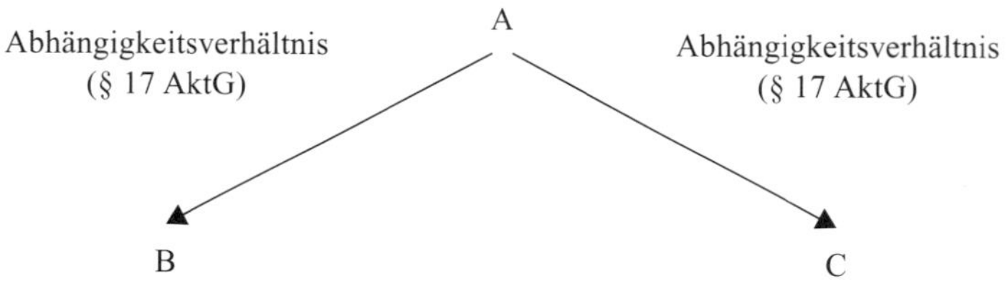

A ist herrschendes Unternehmen gegenüber B und C, so daß A und B, A und C, nicht aber B und C im Verhältnis zueinander verbundene Unternehmen sind. Dies gilt für alle Typen von Unternehmensverbindungen mit Ausnahme des Konzernverhältnisses (vgl. § 18 AktG); denn sofern A die einheitliche Leitung über B und C tatsächlich ausübt, sind alle Unternehmen Konzernunternehmen und damit verbundene Unternehmen i.S.d. AktG. Es »bestehen unabhängig von den jeweiligen unmittelbaren Beziehungen der einzelnen Unternehmen untereinander immer multilaterale Beziehungen zwischen allen Konzernunternehmen« (Havermann, H. 1966, S. 32). Dann besteht auch zwischen B und C eine Verbundbeziehung, nämlich ein Konzernverhältnis.

Darüber hinaus kann ein Unternehmensverbund aber auch durch § 16 Abs. 4 AktG mittelbar begründet sein. Nach dieser Vorschrift sind nämlich z.B. die Anteile, die einem abhängigen Unternehmen gehören, dem herrschenden Unternehmen zuzurechnen, so daß die Voraussetzung »im Verhältnis zueinander« zwischen einem in Mehrheitsbesitz des abhängigen Unternehmens stehenden Unternehmen und dem herrschenden Unternehmen mittelbar erfüllt ist (vgl. Dusemond, M. 1993, S. 4f.).

1.2.2.1 In Mehrheitsbesitz stehende und mit Mehrheit beteiligte Unternehmen (§ 16 AktG)

Eine Mehrheitsbeteiligung i.S.d. § 16 AktG kann sowohl auf einer Kapital- als auch auf einer Stimmrechtsmehrheit beruhen. Um den Verbundtatbestand zu begründen, genügt es dabei, daß eines dieser beiden Kriterien erfüllt ist, wenngleich Kapital- und Stimmrechtsmehrheit regelmäßig zusammentreffen. Bei in der Rechtsform der AG geführten Beteiligungsgesellschaften können nach Inkrafttreten des Gesetzes zur Kontrolle und Transparenz im Unternehmensbereich (KonTraG; vgl. BGBl. I 1998, S. 786) die beiden Mehrheiten insbes. im Falle stimmrechtsloser Vorzugsaktien (vgl. § 12 Abs. 1 Satz 2 AktG) und bei nichtbörsennotierten AG zusätzlich im Falle einer satzungsmäßigen Stimmrechtsbeschränkung (vgl. § 134 Abs. 1 Satz 1 AktG) auseinanderfallen. Mehrstimmrechtsaktien dürfen zukünftig auch nicht mehr mit einer Ausnahmegenehmigung des Wirtschaftsministeriums des Bundeslandes, in dem die AG ihren Sitz hat, emittiert werden, so daß diese potentielle Ursache für ein Auseinanderfallen nicht länger existiert; der bisherige § 12 Abs. 2 AktG ist gestrichen worden (vgl. Art. 1 Nr. 3 KonTraG). Für etwaig noch bestehende Mehrstimmrechtsaktien wird eine Übergangsfrist von 5 Jahren gewährt (vgl. § 5 Abs. 2 EGAktG). Unter Berücksichtigung dieser Regelungen ist zukünftig nur noch die Konstellation denkbar, daß eine Anteilsmehrheit vorliegt, die keine Stimmrechtsmehrheit begründet. Der umgekehrte Fall, bei dem die Stimmrechtsmehrheit nicht an eine Anteilsmehrheit geknüpft ist, kann nur noch im Falle des ausnahmsweise zulässigen Fortbestehens der Mehrstimmrechtsaktien auftreten (vgl. § 5 Abs. 1 EGAktG).

Bestimmung einer Mehrheitsbeteiligung

Da der Mehrheitsbegriff gesetzlich nicht näher spezifiziert wurde, ist davon auszugehen, daß die aktienrechtliche Mehrheitsbeteiligung die einfache Mehrheit (50% + 1 Anteil bzw. 50% + 1 Stimme) voraussetzt (vgl. SCHUBERT, W./KÜTING, K. 1981, S. 73). Zur Bestimmung der Mehrheitsverhältnisse ist dabei zunächst die Bezugsgröße (Divisor des Quotienten) zu ermitteln, namentlich das Nennkapital des Beteiligungsunternehmens bzw. die Gesamtzahl aller Stimmrechte. Hierzu wird dann der Nennbetrag der gehaltenen Anteile bzw. die Anzahl der von einem Unternehmen gehaltenen ausübbaren Stimmrechte (Dividend des Quotienten) in Relation gesetzt. Die Berechnungsformeln stellen sich damit wie folgt dar (vgl. § 16 Abs. 2 Satz 1 und Abs. 3 Satz 1 AktG):

$$\text{Anteilsquote} = \frac{\text{Nennbetrag der gehaltenen Anteile}}{\text{Nennkapital des Beteiligungsunternehmens}}$$

$$\text{Stimmrechtsquote} = \frac{\text{Anzahl der gehaltenen ausübbaren Stimmrechte}}{\text{Gesamtzahl aller Stimmrechte}}$$

Von der Gesamtzahl der vorhandenen Anteile bzw. Stimmrechte sind gem. § 16 Abs. 2 und 3 AktG die eigenen Anteile des Beteiligungsunternehmens bzw. die hieraus bestehenden Stimmrechte abzuziehen. Um Umgehungen dieser Regelung zu vermeiden, gelten für Rechnung des Beteiligungsunternehmens (als Treugeber) von einem Treuhänder gehaltene Anteile ebenso als eigene Anteile, so daß die jeweilige Bezugsgröße entsprechend zu kürzen ist. Diese Bestimmung hat insbes. auch Bedeutung für die im Rahmen der Kreditsicherung anzutreffende Sicherungsübereignung, bei der der Treugeber (das Beteiligungsunternehmen als Kreditnehmer) dem Treuhänder (der Bank als Sicherungsnehmer) die Anteile als Treuhandvermögen übereignet. Aufgrund des Besitzmittlungsverhältnisses (§ 868 BGB) bleibt das Unternehmen regelmäßig unmittelbarer Besitzer und wirtschaftlicher Eigentümer.

In solchen Fällen genügen schon weniger als 50% der Kapitalanteile oder Stimmrechte, um eine Mehrheitsbeteiligung i.S.d. § 16 AktG zu begründen. Hält bspw. ein Unternehmen A an einem Unternehmen B lediglich 45,1% der Anteile, besitzt B jedoch 10% eigene Anteile, liegt gleichwohl eine Mehrheitsbeteiligung i.S.d. § 16 AktG vor.

Nicht als eigene Anteile gelten aufgrund des expliziten gesetzlichen Wortlauts solche Anteile, die von einem vom Beteiligungsunternehmen abhängigen Unternehmen oder für dessen Rechnung von einem Dritten gehalten werden. Folglich sind diese Anteile bzw. die hieraus bestehenden Stimmrechte von der jeweiligen Bezugsgröße nicht abzuziehen (vgl. GESSLER, E. 1984, § 16 AktG, Rn. 35; GODIN, R. Fr. v./WILHELMI, H. 1971, § 16 AktG, Rn. 5; HÜFFER, U. 1999, § 16 AktG, Rn. 11). Keinen Einfluß auf die Gesamtzahl aller Stimmrechte haben des weiteren bestehende satzungsmäßige Stimmrechtsbeschränkungen, da die Gesetzesformulierung auf die mit sämtlichen Anteilen verbundenen Stimmrechte und nicht auf die Gesamtzahl aller ausübbaren Stimmrechte abstellt (vgl. WÜRDINGER, H. 1973, § 16 AktG, Rn. 10). Bei der Ermittlung der Höhe der gehaltenen Anteile bzw. der hieraus ausübbaren Stimmrechte (Dividend des Quotienten) sind solche Stimmrechtsbeschränkungen dagegen zu berücksichtigen (vgl. GESSLER, E. 1984, § 16 AktG, Rn. 38; WÜRDINGER, H. 1973, § 16 AktG, Rn. 10).

Mittelbare Mehrheitsbeteiligung

Darüber hinaus bestimmt § 16 Abs. 4 AktG in bezug auf den Dividenden, daß neben den direkten Kapitalanteilen (unmittelbare Beteiligung) folgende Kategorien additiv zu berücksichtigen sind, wodurch es zu einer mittelbaren Mehrheitsbeteiligung kommen kann, selbst wenn die unmittelbar gehaltenen Anteile nur eine Minderheitsbeteiligung darstellen würden:

(1) Anteile, die einem abhängigen Unternehmen gehören.

Beispiel:

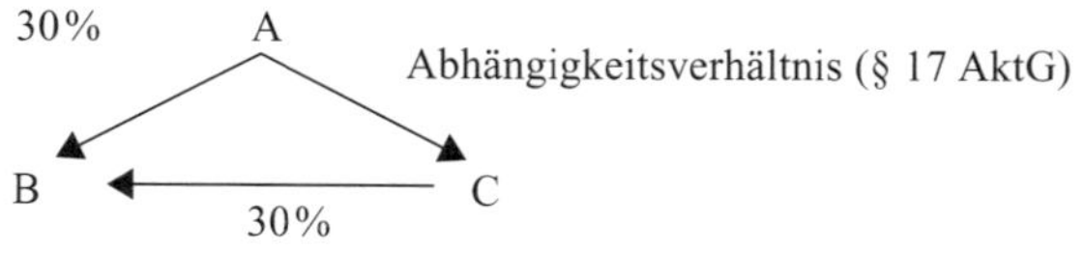

Die Anteile, die C an B hält, werden A in voller Höhe zugerechnet. Dabei ist es belanglos, wie hoch A an C beteiligt ist. Diese volle Zurechnung wird auch als additive Zurechnung bezeichnet und ist ökonomisch konsequent. Denn wenn ein Unternehmen einen beherrschenden Einfluß ausüben kann, kann dieser beherrschende Einfluß auch nur insgesamt und nicht nur in Höhe des gehaltenen Anteils ausgeübt werden.

In diesem Fall führt die additive Zurechnung dazu, daß aus zwei unmittelbaren Minderheitsbeteiligungen von jeweils 30% eine mittelbare Mehrheitsbeteiligung entsteht; so ist A an B insgesamt mit 60% beteiligt.

Beispiel:

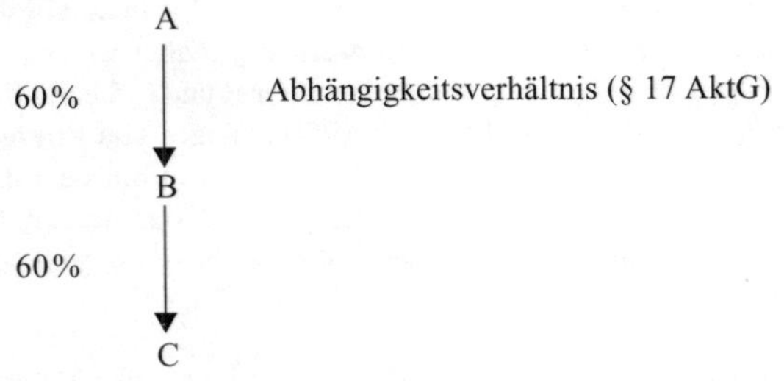

In diesem Fall liegt eine sog. mehrstufige Mehrheitsbeteiligung vor. A ist unmittelbar zu 60% an B und mittelbar über die sog. Mittlerfunktion des Abhängigkeitsverhältnisses auch zu 60% an C beteiligt. Auch hier zeigt sich, daß nur die additive Zurechnung zu sinnvollen Ergebnissen führt; denn wenn A auf B einen beherrschenden Einfluß ausüben kann, kann A über B auch indirekt auf C Einfluß nehmen. Eine sog. multiplikative Verknüpfung, die hier nur zu einer Minderheitsbeteiligung von 36% ($0{,}6 \times 0{,}6$) führen würde, hat im Rahmen der Ermittlung von Mehrheitsbeteiligungen i.S.d. § 16 Abs. 4 AktG keine Bedeutung. Die multiplikative Verknüpfung gelangt dann zur Anwendung, wenn der Ausschüttungsanteil, der von C über B an A nach oben ausgeschüttet wird, zu bestimmen ist. In diesem Beispiel stünden A 36% des von C zur Ausschüttung verwendeten Jahresergebnisses zu.

Beispiel:

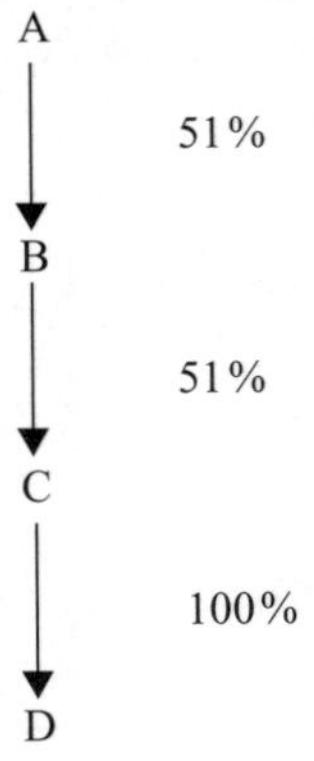

Unterstellt man im vorliegenden Beispiel, daß zwischen A und B, B und C sowie C und D ein Abhängigkeitsverhältnis gem. § 17 AktG vorliegt, ermitteln sich die Beteiligungshöhen aus Sicht von A wie folgt:

- A ist an B direkt zu 51% beteiligt,
- A ist an C indirekt zu 51% beteiligt,
- A ist an D indirekt zu 100% beteiligt.

Die dargestellte Konstellation zeigt eindrucksvoll auf, daß es A möglich ist, über 100% des Vermögens von D zu bestimmen, obwohl der Kapitalanteil, den A an D hält, sich lediglich auf (0,51 × 0,51 × 1,0 = 0,2601) beläuft.

Das dargestellte Beispiel verdeutlicht – neben der Thematik und Problematik der mittelbaren (Mehrheits-)Beteiligungen – auch, wie die Finanzierungsstruktur respektive das Finanzierungsprinzip in vielen Konzernen gestaltet ist. A hat durch den Erwerb einer 51%igen Beteiligung an B mittelbar über B und C die Möglichkeit, über 100% des Vermögens und der Schulden, der Aufwendungen und Erträge bei D zu bestimmen. Vergleicht man diese 100%ige Verfügungsgewalt mit dem durchgerechneten, eingesetzten Kapitalanteil in Höhe von knapp 26%, verdeutlicht dies, die Finanzierungsstruktur in mehrstufigen Konzernen, sofern nicht 100%ige Beteiligungen auf allen Konzernstufen vorliegen.

Dieser »Finanzierungsvorteil« im Konzern – sofern man mit knappen Mehrheitsbeteiligungen beherrscht – darf jedoch nicht ohne das damit einhergehende Risiko gesehen werden. In dem Moment, in dem auf einer Zwischenebene die Mehrheitsbeteiligung nicht mehr aufrechterhalten werden kann, bricht neben dem direkt davon betroffenen Unternehmen regelmäßig der gesamte, hierarchisch unter dem Konzernunternehmen liegende Konzernteil weg. Mit Blick auf das hier betrachtete Beispiel bedeutet dies, daß – sobald die 51%ige Beteiligung an B nicht mehr ausreicht, das Unternehmen zu beherrschen, respektive diese 51% nicht gehalten werden können – nicht nur das Unternehmen B aus dem Konzern ausscheidet, sondern mit dem Verlust der Mehrheitsbeteiligung an B auch die Unternehmen C und D nicht mehr dem Konzern zuzurechnen sind.

Ergänzt man dieses Beispiel um mehrere (Zwischen-)Stufen, potenziert sich dieser Effekt. So ist es A bei nur drei zusätzlichen Stufen (also beim Vorliegen von insgesamt sieben Hierarchiestufen) möglich, mit einer Beteiligung von jeweils 51% auf den einzelnen Zwischenstufen und einer Beteiligung von F an G in Höhe von 100% mit 3,45% ($0{,}51^5 = 0{,}0345$) Kapitalanteil an G, über 100% des Vermögens von G zu verfügen.

Beispiel:

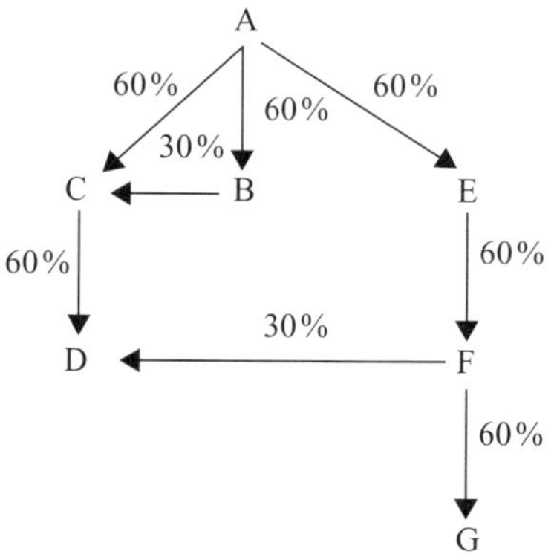

Es wird unterstellt, daß alle Unternehmen – mit Ausnahme von A – abhängig i. S. v. § 17 AktG sind.

Obgleich seiner einfachen Struktur ist das obige Beispiel geeignet, die Problematik der Ermittlung der direkten und indirekten Beteiligungshöhe aufzuzeigen. So gibt die nachfolgende Tabelle die jeweilige Beteiligungshöhe aus Sicht von A – unterteilt in eine direkt und eine indirekt gehaltene Beteiligung – wieder:

Beteiligung von A an	direkte Beteiligung	indirekte Beteiligung	gesamte Beteiligung
B	60 %	0 %	60 %
C	60 %	30 %	90 %
D	0 %	90 %	90 %
E	60 %	0 %	60 %
F	0 %	60 %	60 %
G	0 %	60 %	60 %

Die oben wiedergegebenen Beteiligungsquoten wurden i.V.m. § 16 Abs. 4 AktG nach der additiven Zurechnungsmethode ermittelt.

(2) Anteile, die einem anderen für Rechnung des Unternehmens oder eines von diesem abhängigen Unternehmens gehören.

»Infolgedessen ist ein Unternehmen, das eine Mehrheitsbeteiligung nur treuhänderisch hält, nicht gem. § 16 AktG mit dem Unternehmen verbunden, an dem die Mehrheitsbeteiligung besteht; eine Unternehmensverbindung ist in solchen Fällen lediglich zwischen dem Beteiligungsunternehmen und dem Unternehmen, dem die Beteiligung wirtschaftlich gehört, also dem Treugeber-Unternehmen, vorhanden« (WP-Handbuch 2000, Bd. I, S. 1900).

Beispiel:

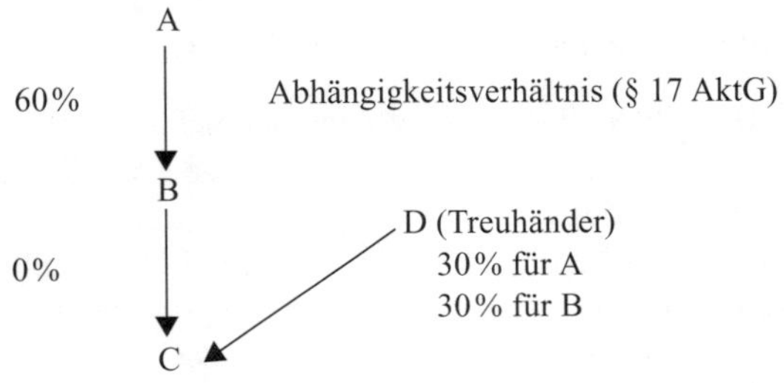

Unterstellt man, daß ein Treuhänder-Unternehmen D für A und B jeweils 30% der Anteile von C hält, ist A zu 60% an C beteiligt (diese Ansicht ist jedoch nicht unbestritten, a.A. z.B. Hüffer, U. 1999, § 16 AktG, Rn. 7; für eine allgemeine Darstellung von Treuhandverhältnissen vgl. Wöhe, G. 2000a, Rn. 1401ff.).

(3) Anteile, die ein Einzelkaufmann als Inhaber des beteiligten Unternehmens im sonstigen Vermögen (Privatvermögen) hält.

Mit dieser Zurechnung soll die Möglichkeit unterbunden werden, eine Veränderung der Beteiligungsverhältnisse durch eine Übernahme von Anteilen aus dem Betriebs- in das Privatvermögen herbeizuführen. Ganz generell stellt die Zurechnungsvorschrift des § 16 Abs. 4 AktG darauf ab, »Umgehungen zu vermeiden. Daher treten die formalrechtlichen hinter den wirtschaftlichen Gesichtspunkten zurück« (HAVERMANN, H. 1966, S. 34).

Wie die Vorschriften des § 16 Abs. 2 und 4 AktG im Zusammenhang wirken, soll das nachfolgende Beispiel verdeutlichen.

Beispiel:

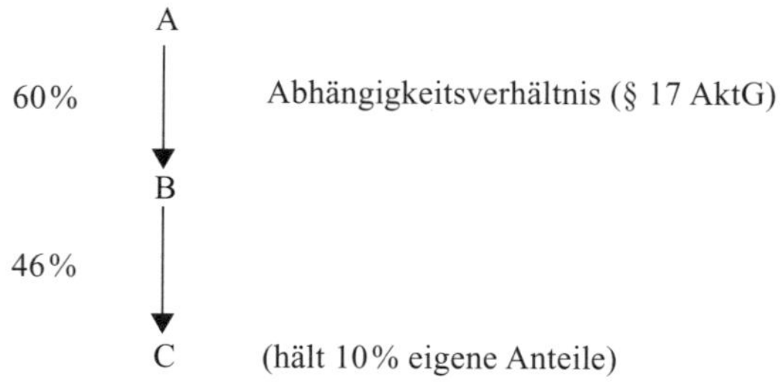

A ist unmittelbar an B zu 60% (mehrheitlich) beteiligt. Um zu ermitteln, ob auch im Verhältnis von A bzw. B zu C eine Mehrheitsbeteiligung i. S. d. § 16 AktG vorliegt, werden zunächst die von C gehaltenen eigenen Anteile vom Nennkapital des Unternehmens abgesetzt (100 – 10 = 90). In diesem Fall liegt also bereits eine Mehrheitsbeteiligung vor, wenn mehr als 45% der Anteile an C von einem anderen Unternehmen gehalten werden (90 : 2 = 45). Somit ist zwischen B und C der Tatbestand der (unmittelbaren) Mehrheitsbeteiligung erfüllt, obwohl B nur 46% der Anteile an C hält. Da B ein abhängiges Unternehmen von A ist, kommt gleichzeitig die Zurechnungsvorschrift des § 16 Abs. 4 AktG zum Zuge, so daß auch zwischen A und C eine (mittelbare) Mehrheitsbeteiligung besteht.

1.2.2.2 Abhängige und herrschende Unternehmen (§ 17 AktG)

Kriterium des beherrschenden Einflusses

§ 17 Abs. 1 AktG definiert abhängige Unternehmen als rechtlich selbständige Unternehmen, auf die ein anderes Unternehmen (herrschendes Unternehmen) unmittelbar oder mittelbar einen beherrschenden Einfluß ausüben kann. Um ein Abhängigkeitsverhältnis zu begründen, genügt also bereits die bloße Beherrschungsmöglichkeit, d. h., im Gegensatz zum Konzerntatbestand kommt es nicht darauf an, daß hiervon auch tatsächlich Gebrauch gemacht wird. Es ist dabei unerheblich, auf welchen Umständen die Beherrschungsmöglichkeit beruht; insbes. wird – wie auch beim Konzernverhältnis – kein (gesetzliches) Weisungsrecht vorausgesetzt, sondern es genügt vielmehr, daß die Umstände es dem herrschenden Unternehmen ermöglichen, »die Geschäfts- und Unternehmenspolitik des abhängigen Unternehmens nach seinem Willen zu beeinflussen« (WP-HANDBUCH 2000, Bd. I, S. 1907).

Beziehungsgeflecht zwischen Mehrheitsbeteiligung und Abhängigkeit

Diese Art der Einflußnahme ermöglicht dabei regelmäßig bereits das Vorliegen einer Mehrheitsbeteiligung. Von daher ist es verständlich, daß in der Unternehmenspraxis eine enge Beziehung zwischen Mehrheitsbeteiligung und Abhängigkeitsverhältnis besteht, wenngleich beide Tatbestände nicht zwingend aneinander gekoppelt sind (vgl. Übersicht 1). So führt eine bestehende Mehrheitsbeteiligung nicht zu einer Abhängigkeit (Feld (1) in der Übersicht 1), falls die Möglichkeit zur Ausübung eines beherrschenden Einflusses bzw. der sog. einheitlichen Leitung nicht gegeben ist. Zudem ist ebenfalls die Konstellation denkbar, daß eine Abhängigkeit vorliegt, ohne daß gleichzeitig eine Mehrheitsbeteiligung besteht (Feld (3) in der Übersicht 1). Als Regelfall ist allerdings die Situation anzusehen, in der sowohl eine Mehrheitsbeteiligung als auch ein Abhängigkeitsverhältnis vorliegen (Feld (2) in der Übersicht 1).

Übersicht 1: Verhältnis zwischen Mehrheitsbeteiligung und Abhängigkeit

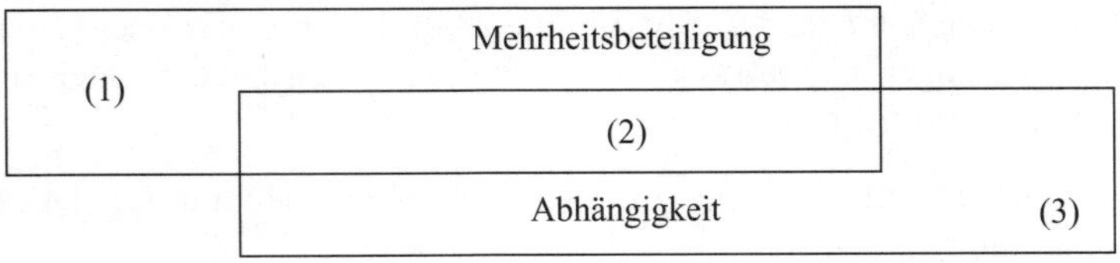

Widerlegbare Abhängigkeitsvermutung

Dementsprechend wird von einem in Mehrheitsbesitz stehenden Unternehmen gem. § 17 Abs. 2 AktG widerlegbar vermutet, daß es von dem mit Mehrheit beteiligten Unternehmen abhängig ist. Eine Widerlegung kommt dabei nur dann nicht in Betracht, falls gleichzeitig eine wechselseitige Beteiligung i. S. d. § 19 Abs. 1 AktG besteht (vgl. § 19 Abs. 2 und 3 AktG).

Eine Widerlegung der Abhängigkeitsvermutung des § 17 Abs. 2 AktG ist möglich, sofern Tatsachen vorliegen, die dazu führen, daß ein beherrschender Einfluß aus Rechtsgründen nicht ausgeübt werden kann (vgl. HÜFFER, U. 1999, § 17 AktG, Rn. 19). Faktische Verhältnisse allein reichen in aller Regel nicht zur Widerlegung aus (vgl. GESSLER, E. 1965, S. 1691), sondern es müssen entsprechende gesellschaftsrechtliche oder vertragliche Regelungen bestehen (vgl. WP-HANDBUCH 2000, Bd. I, S. 1915). Solche Regelungen allein sind aber ebenfalls nicht hinreichend, da es sich auch um Scheinverträge handeln könnte. Maßgebend ist somit immer das Gesamtbild der Verhältnisse im jeweiligen Einzelfall.

Mehrheitsbesitz ohne Abhängigkeit

Die Beweislast, daß trotz Mehrheitsbeteiligung keine Abhängigkeit vorliegt, liegt bei dem Unternehmen, das sich zur Vermeidung von Rechtsfolgen darauf beruft, also bspw. bei einer in Mehrheitsbesitz stehenden AG, die keinen Abhängigkeitsbericht gem. § 312 AktG erstellen will. Als Widerlegungsgründe kommen dabei z.B. in bezug auf AG folgende Sachverhalte grundsätzlich in Betracht:

(1) Die Mehrheitsbeteiligung basiert z. T. auf Vorzugsaktien ohne Stimmrecht (vgl. § 12 Abs. 1 AktG), so daß zwar eine Anteils-, aber keine Stimmrechtsmehrheit vorliegt.

(2) Die Minderheitsaktionäre am Kapital verfügen über Mehrstimmrechte (nur noch möglich während der Übergangsfrist des § 5 EGAktG)

(3) Die Satzung sieht eine betragsmäßige Stimmrechtsbeschränkung vor (nur bei nichtbörsennotierten AG zulässig, vgl. § 134 Abs. 1 AktG).

(4) Zwischen dem Mehrheits- und einem Minderheitsaktionär besteht ein Stimmrechtsbindungsvertrag, in dem sich der Mehrheitsaktionär insbes. bzgl. der Besetzung der Gesellschaftsorgane verpflichtet, mit dem Minderheitsaktionär zu stimmen.

Abhängigkeit ohne Mehrheitsbeteiligung

Umgekehrt kann es zu einem Abhängigkeitsverhältnis auch ohne eine Mehrheitsbeteiligung kommen, wenn bestimmte faktische Umstände oder vertragliche Vereinbarungen gegeben sind. Beispielhaft seien genannt (vgl. auch SCHUBERT, W./KÜTING, K. 1981, S. 78):

(1) Nachhaltige, d.h. nicht nur zufällige Präsenzmehrheit auf der Hauptversammlung;

(2) mit hohen Kreditgewährungen verbundene Mitspracherechte des Gläubigers bei gleichzeitig bestehender hoher Minderheitsbeteiligung;

(3) hohe Minderheitsbeteiligung bei im übrigen zersplittertem Anteilsbesitz;

(4) personelle Verflechtungen der Unternehmensverwaltungen;

(5) bestehende Stimmrechtsbindungsverträge.

Ebenso wie die Mehrheitsbeteiligung nach § 16 AktG ist der Tatbestand der Abhängigkeit nicht auf unmittelbare Beziehungen beschränkt. Der Wortlaut des § 17 Abs. 1 AktG betont vielmehr explizit, daß ein Abhängigkeitsverhältnis auch auf mittelbaren Beziehungen beruhen kann. Dies hat einerseits zur Folge, daß ein Unternehmen von mehreren Unternehmen gleichzeitig abhängig sein kann. Andererseits bewirkt es, daß ein Unternehmen abhängiges und herrschendes Unternehmen zugleich sein kann.

Beispiel:

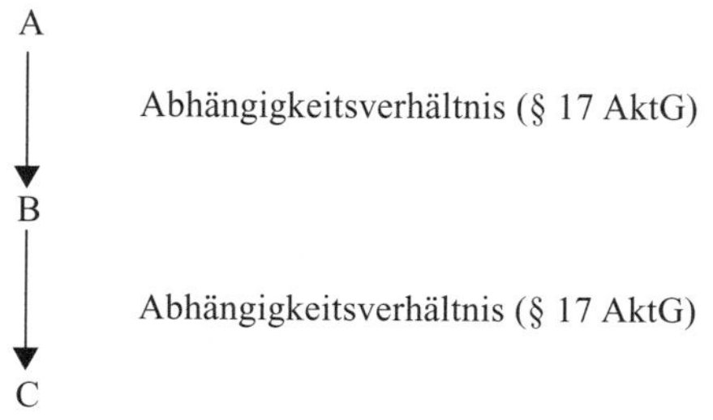

Im Rahmen dieser mehrstufigen Abhängigkeit ist C unmittelbar von B und mittelbar von A abhängig, da A unmittelbar herrschend gegenüber B ist. A und B sind somit beide herrschende Unternehmen gegenüber C, d.h., die unmittelbaren Abhängigkeitsbeziehungen werden durch die mittelbare Abhängigkeit nicht absorbiert (WP-Handbuch 2000, Bd. I, S. 1903f.). Darüber hinaus ist B abhängiges und herrschendes Unternehmen zugleich; in diesem Zusammenhang wird häufig auch von einer Zwischenholding gesprochen.

1.2.2.3 Konzernunternehmen (§ 18 AktG)

Konzernarten

Die aktienrechtliche Konzerndefinition des § 18 AktG unterscheidet mehrere Konzernarten (vgl. Übersicht 2), ohne diese ausdrücklich zu nennen. So differenziert der Gesetzgeber hinsichtlich des Verhältnisses der Konzernunternehmen zueinander zwischen dem Unterordnungskonzern (vgl. § 18 Abs. 1 AktG) und dem Gleichordnungskonzern (vgl. § 18 Abs. 2 AktG). Der Unterordnungskonzern wird wiederum unterteilt in den faktischen Konzern, den Vertragskonzern und den Eingliederungskonzern.

Übersicht 2: Zur Systematik von Konzernarten

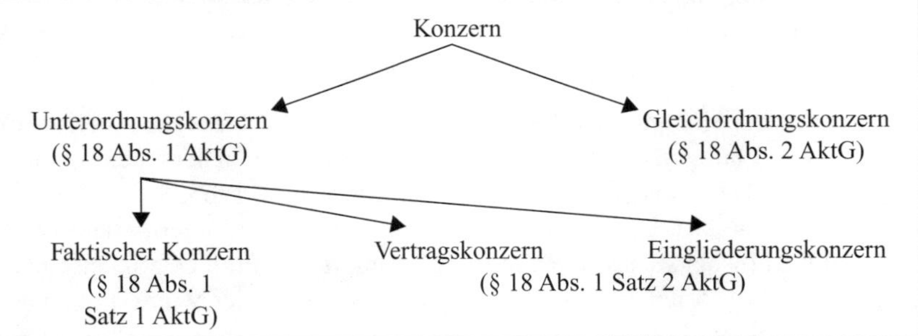

Kriterium der einheitlichen Leitung

Konstitutives Begriffsmerkmal aller Konzernarten ist die ausgeübte einheitliche Leitung. Alle unter einheitlicher Leitung stehenden Unternehmen sind Konzernunternehmen und somit auch im Verhältnis zueinander verbundene Unternehmen, selbst wenn zwischen ihnen ansonsten keine bilateralen Beziehungen bestehen.

1.2.2.3.1 Unterordnungskonzern

Tatsächliche Ausübung des beherrschenden Einflusses

Wesensmerkmal des Unterordnungs- bzw. Subordinationskonzerns ist es gem. § 18 Abs. 1 Satz 1 AktG, daß ein herrschendes und ein oder mehrere abhängige Unternehmen (sog. Untergesellschaften) unter der einheitlichen Leitung des herrschenden Unternehmens (sog. Obergesellschaft) zusammengefaßt sind. Die abhängigen Unternehmen verlieren dabei im Zuge der Konzernierung ihre wirtschaftliche, nicht aber ihre rechtliche Selbständigkeit. Denn während Abhängigkeit bereits dann vorliegt, wenn die Möglichkeit zur Ausübung eines beherrschenden Einflusses besteht, setzt ein Unterordnungskonzern voraus, daß dieser beherrschende Einfluß auch tatsächlich ausgeübt wird.

Die Zusammenfassung unter einheitlicher Leitung muß sich auf das abhängige Unternehmen im ganzen beziehen. Die Leitung einzelner Betriebe oder Unternehmensbereiche erfüllt das konstitutive Begriffsmerkmal des aktienrechtlichen Konzerntatbestands somit nicht (vgl. GESSLER, E. 1984, § 18 AktG, Rn. 17). Des weiteren muß die einheitliche Leitung eine gewisse Kontinuität aufweisen. Eine lediglich vereinzelte Einflußnahme auf das Unternehmensgeschehen genügt nicht, um die einheitliche Leitung zu begründen (vgl. KRIEGER, G. 1999, § 68 AktG, Rn. 67), da insofern nicht von einer Leitung des Unternehmens gesprochen werden kann (vgl. WÜRDINGER, H. 1981, S. 296).

1.2.2.3.1.1 Faktischer Konzern

Ein faktischer Konzern ist dadurch gekennzeichnet, daß die Leitungsmacht der Obergesellschaft nicht gesetzlich gesichert ist. Anders als im Vertragskonzern (vgl. § 308 AktG) oder im Eingliederungskonzern (vgl. § 323 AktG) besteht im faktischen Konzern nämlich kein formelles Weisungsrecht. Die Leitungsmacht beruht vielmehr auf rein faktischen Verhältnissen, die es erwarten lassen, »daß die Geschäftsleitung konzernunterworfener Unternehmen sich den Einflüssen der Konzernspitze nicht widersetzen wird« (KOPPENSTEINER, H.-G. 1988, § 18 AktG, Rn. 26).

Begriff der einheitlichen Leitung

Den Begriff der einheitlichen Leitung selbst hat der Gesetzgeber im Hinblick auf die mannigfaltigen Ausprägungsformen, die diesbzgl. in der Unternehmenspraxis vorzufinden sind, nicht definiert (vgl. KROPFF, B. 1965, S. 33). Auch in der Literatur hat sich bis dato keine allgemein anerkannte Interpretation herausgebildet, obwohl sich zahlreiche Beiträge mit dieser Problematik auseinandergesetzt haben. Nach herrschender Meinung ist jedoch der Mindestinhalt des Begriffs der einheitlichen Leitung darin zu sehen, daß die Konzernleitung die wesentlichen Fragen der Geschäfts- und Unternehmenspolitik der einzelnen Konzernunternehmen aufeinander abstimmt und diese im Konfliktfall eigene Zielvorstellungen gegen den Willen der Konzernleitung auf Dauer nicht durchsetzen können. Vereinfacht ausgedrückt beinhaltet einheitliche Leitung also nichts anderes als eine Koordination der Aktivitäten der einzelnen Konzernunternehmen, wobei die Einzelinteressen dem Konzerninteresse untergeordnet sind (so auch ADLER/DÜRING/SCHMALTZ 1995, § 18 AktG, Rn. 17ff.).

Welche Mittel zur Ausübung der einheitlichen Leitung eingesetzt werden, ist dabei unerheblich. Insbes. setzt sie kein formelles Weisungsrecht gegenüber den Konzernunternehmen voraus. »Eine Zusammenfassung unter einheitlicher Leitung ist vielmehr bereits dann gegeben, wenn die Konzernleitung sich in der Form gemeinsamer Beratungen vollzieht, mit dem Ziel, die Geschäftsführung der Unternehmen in den wesentlichen Fragen aufeinander abzustimmen. Auch aus einer personellen Verflechtung der Verwaltung kann sich diese Abstimmung ergeben« (WP-HANDBUCH 2000, Bd. I, S. 1922).

Widerlegbare Konzernvermutung

Die mangelnde Operationalität des Begriffs der einheitlichen Leitung hat den Gesetzgeber in bezug auf den faktischen Konzern veranlaßt, die Konzerndefinition des § 18 Abs. 1 Satz 1 AktG um eine widerlegbare Konzernvermutung zu erweitern. So wird nach § 18 Abs. 1 Satz 3 AktG von einem abhängigen Unternehmen vermutet, daß es mit dem herrschenden Unternehmen einen Konzern bildet. »Dahinter steht die durchaus realistische Annahme der Gesetzesverfasser, daß herrschende Unternehmen ihren Einfluß in aller Regel auch tatsächlich zur Konzernbildung ausnutzen werden« (EMMERICH, V./SONNENSCHEIN, J. 1997, S. 70).

Zur Widerlegung der Konzernvermutung des § 18 Abs. 1 Satz 3 AktG sind Tatsachen nachzuweisen, die eine einheitliche Leitung des abhängigen Unternehmens nicht zulassen. Die Beweislast für eine fehlende einheitliche Leitung liegt dabei bei der Obergesellschaft. Da Widerlegungsgründe aber nur in Ausnahmefällen eindeutig bekundbar sind, kann im Zweifel davon ausgegangen werden, daß ein Abhängigkeitsverhältnis gleichzeitig zum Konzerntatbestand führt (so im Ergebnis auch GIESE, R. 1974, S. 469; vgl. auch KÜTING, K. 1975, S. 473ff.).

Widerlegbare aktienrechtliche Vermutungskette

Die widerlegbare aktienrechtliche Vermutungskette für den faktischen Konzern stellt sich damit wie folgt dar (vgl. Übersicht 3): Eine Mehrheitsbeteiligung i. S. d. § 16 AktG führt zur Abhängigkeit des in Mehrheitsbesitz stehenden Unternehmens (vgl. § 17 Abs. 2 AktG), was wiederum das Vorliegen eines Unterordnungskonzerns unter Leitung des mit Mehrheit beteiligten bzw. herrschenden Unternehmens bewirkt (vgl. § 18 Abs. 1 Satz 3 AktG). Die Konzernvermutung kommt im Rahmen dieser Vermutungskette also überhaupt nur dann zum Tragen, falls nicht bereits die Abhängigkeitsvermutung widerlegt wird. Dabei ist allerdings zu beachten, daß eine Widerlegung der Abhängigkeitsvermutung lediglich bedeutet, daß kein Konzernverhältnis i. S. e. Unterordnungskonzerns (vgl. § 18 Abs. 1 AktG) vorliegen kann. Es bleibt immer noch zu prüfen, ob die betreffenden Unternehmen nicht einen Gleichordnungskonzern (vgl. § 18 Abs. 2 AktG) bilden.

Übersicht 3: Zum Zusammenhang von Mehrheitsbeteiligung, Abhängigkeit und Konzerntatbestand

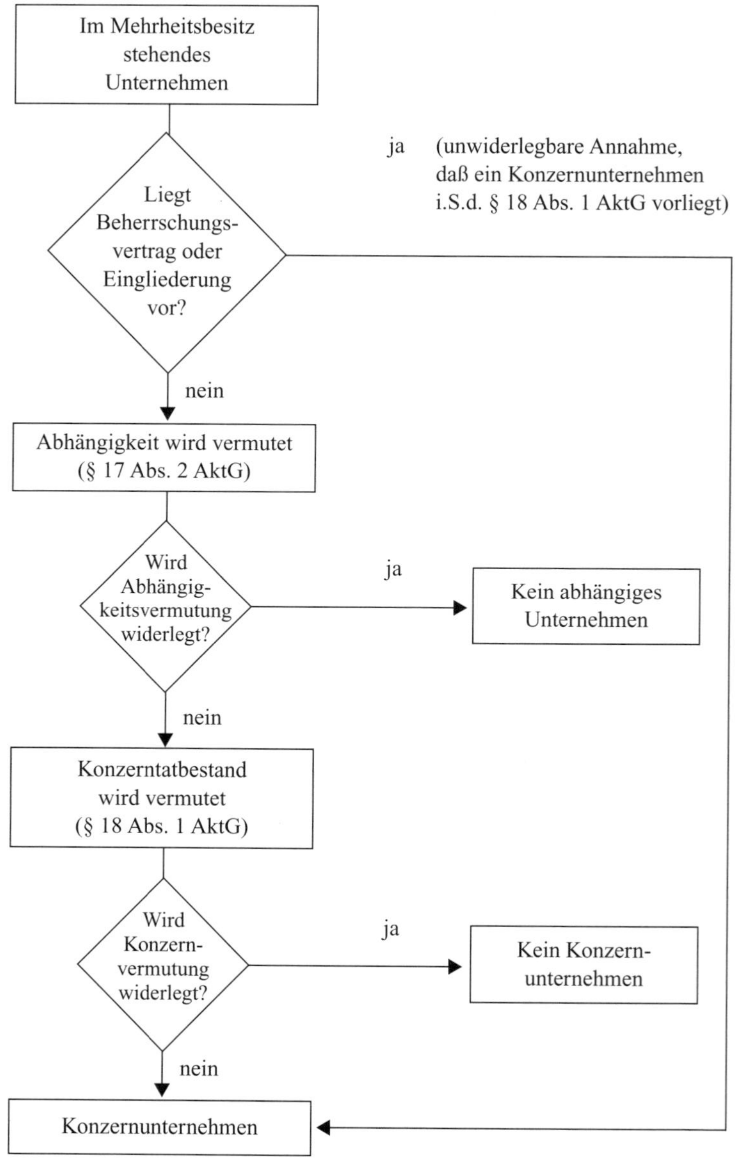

1.2.2.3.1.2 Vertragskonzern

Abschluß eines Beherrschungsvertrags

Ein aktienrechtlicher Vertragskonzern ist durch den Abschluß eines Beherrschungsvertrags i. S. d. § 291 Abs. 1 Satz 1 AktG gekennzeichnet. Durch diesen Vertrag unterstellt eine AG oder KGaA die Leitung ihrer Gesellschaft einem anderen Unternehmen, indem sie sich verpflichtet, den Weisungen des herrschenden Unternehmens zu folgen (rechtliche Folgepflicht), wobei allerdings die Ausübung des Weisungsrechts im Konzerninteresse erfolgen muß (vgl. § 308 Abs. 1 und 2 AktG). Dieses umfassende Weisungsrecht beim Beherrschungsvertrag »bindet, selbst wenn von ihm einmal ausnahmsweise kein Gebrauch gemacht werden sollte, die Geschäftsführung der abhängigen Gesellschaft so stark an die der herrschenden, daß die Unternehmen stets als unter der einheitlichen Leitung des herrschenden Unternehmens zusammengefaßt anzusehen sind« (Kropff, B. 1965, S. 33).

Unwiderlegbare Konzernvermutung

Folgerichtig vermutet § 18 Abs. 1 Satz 2 AktG unwiderlegbar das Vorliegen eines Unterordnungskonzerns, falls ein Beherrschungsvertrag i. S. d. § 291 Abs. 1 AktG besteht; d. h., die einheitliche Leitung wird fingiert. Diese gesetzliche Fiktion ist dabei aber nicht auf den aktienrechtlichen Beherrschungsvertrag, der voraussetzt, daß das abhängige Unternehmen in der Rechtsform der AG oder KGaA geführt wird, zu beschränken. Vielmehr ist ein Vertragskonzernverhältnis auch dann anzunehmen, wenn ein Unternehmen anderer Rechtsform vertraglich seine Leitung einem anderen Unternehmen unterstellt und dieser Vertrag inhaltlich die Anforderungen des § 308 AktG erfüllt (vgl. Adler/Düring/Schmaltz 1995, § 18 AktG, Rn. 67).

Andere Unternehmensverträge führen nicht zu einem Vertragskonzern

In der Unternehmenspraxis werden Beherrschungsverträge in aller Regel zusammen mit einem Gewinnabführungsvertrag abgeschlossen; der Abschluß eines dieser Verträge allein stellt den Ausnahmefall dar. Ein Vertragskonzern (nach § 18 Abs. 1 AktG) entsteht dabei nur, sofern ein Beherrschungsvertrag nach § 291 AktG abgeschlossen wird, ein Gewinnabführungsvertrag oder auch ein anderer Unternehmensvertrag i. S. d. § 292 AktG allein begründet ein solches Konzernverhältnis indes nicht (herrschende Meinung, vgl. z. B. WP-Handbuch 2000, Bd. I, S. 1926; Hüffer, U. 1999, § 18 AktG, Rn. 3), obwohl dies in der Literatur z. T. vertreten wird (vgl. z. B. Hardach, F. W. 1969, Sp. 883f.; Klein, W. 1972, S. 933; Werner, W. 1967, S. 6). Solche Verträge beinhalten nämlich keine mit einem Beherrschungsvertrag korrespondierende umfassende Weisungsbefugnis der Obergesellschaft gegenüber der Untergesellschaft. Unabhängig davon ist ihnen jedoch eine wichtige Indizwirkung bei der Beurteilung der Frage, ob ein faktisches Konzernverhältnis vorliegt, beizumessen (vgl. Adler/Düring/Schmaltz 1995, § 18 AktG, Rn. 69).

1.2.2.3.1.3 Eingliederungskonzern

Unwiderlegbare Konzernvermutung

Eine Eingliederung i. S. d. §§ 319ff. AktG stellt die engste Verbindung zwischen zwei rechtlich selbständigen Unternehmen dar. Wirtschaftlich kommt sie einer Verschmelzung nahe, da die abhängige Gesellschaft wie eine Betriebsabteilung in die Hauptgesellschaft eingegliedert ist (vgl. HAVERMANN, H. 1966, S. 98). So gewährt § 323 Abs. 1 AktG der Hauptgesellschaft ein uneingeschränktes Weisungs- und Beherrschungsrecht dergestalt, daß sogar Weisungen erteilt werden dürfen, die weder durch das Eigen- noch das Konzerninteresse begründbar sind. Aufgrund dieser umfassenden Weisungsbefugnis spricht der Gesetzgeber in § 18 Abs. 1 Satz 2 AktG die unwiderlegbare Vermutung aus, daß die Hauptgesellschaft und die eingegliederte Gesellschaft einen (Unterordnungs-)Konzern bilden. Dabei bleibt diese Vermutung auch dann unwiderlegbar, »wenn die Hauptgesellschaft entgegen aller Wahrscheinlichkeit keine einheitliche Leitung ausüben sollte« (ADLER/DÜRING/SCHMALTZ 1995, § 18 AktG, Rn. 70).

1.2.2.3.2 Gleichordnungskonzern

In der Unternehmenspraxis dominiert eindeutig der Typus des Unterordnungskonzerns, während dem Gleichordnungskonzern nur eine geringere Bedeutung zuzuweisen ist. Ein Gleichordnungskonzern wird in § 18 Abs. 2 AktG als die Zusammenfassung rechtlich selbständiger Unternehmen unter einheitlicher Leitung definiert, ohne daß – im Unterschied zum Unterordnungskonzern – auch ein Abhängigkeitsverhältnis besteht; die einzelnen Konzernunternehmen sind vielmehr gleichgeordnet und haben sich auf freiwilliger Basis der einheitlichen Leitung unterworfen.

Organisationsformen des Gleichordnungskonzerns

Für den Gleichordnungskonzern haben sich in der Unternehmenspraxis insbes. folgende Organisationsformen herausgebildet:

(1) Zusammenschluß zu einer Interessengemeinschaft;

(2) Personelle Verflechtung der Unternehmensorgane durch (Teil-)Identität der Vorstandsmitglieder. Eine solche Situation ist bspw. bei einer wechselseitigen Beteiligung unter 50% (vgl. § 19 Abs. 1 AktG) denkbar. Bei wechselseitigen Beteiligungen auf der Basis von Mehrheitsbeteiligungen kann dagegen kein Gleichordnungskonzern entstehen, da gem. § 19 Abs. 2 und 3 AktG unwiderlegbar ein Abhängigkeitsverhältnis vermutet wird.

Unmittelbare Rückschlüsse auf ein bestehendes Gleichordnungsverhältnis läßt eine Personenidentität der Vorstandsmitglieder in jedem Fall nicht zu. Vielmehr kann dies, je nach den Verhältnissen des Einzelfalls, sogar Ausdruck eines ausgeprägten Unterordnungsverhältnisses sein. Besteht nämlich zwischen den betreffenden Unternehmen eine Mehrheitsbeteiligung, stellt die Besetzung des Leitungsorgans des Beteiligungsunternehmens regelmäßig die schärfste Form einheitlicher Leitung durch das mit Mehrheit beteiligte Unternehmen dar.

(3) Bildung eines Gemeinschaftsorgans, das entweder als reine Innengesellschaft (GbR) nicht nach außen in Erscheinung tritt oder auch als Außengesellschaft konzipiert sein kann. Dabei gilt, daß »das die einheitliche Lei-

tung ausübende Unternehmen … beauftragtes Organ der gleichgeordneten Konzernunternehmen (ist, d. Verf.), die selbst gleichberechtigt an der Willensbildung des Leitungsorgans beteiligt sind« (ADLER/DÜRING/SCHMALTZ 1995, § 18 AktG, Rn. 81).

1.2.2.4 Wechselseitig beteiligte Unternehmen (§ 19 AktG)

Anteilsbesitz maßgebend

Nach § 19 Abs. 1 Satz 1 AktG liegt eine wechselseitige Beteiligung vor, falls Kapitalgesellschaften mit Sitz im Inland dadurch verbunden sind, daß jedem Unternehmen mehr als der vierte Teil der Anteile des anderen Unternehmens gehört. Eine beidseitige Beteiligung von jeweils genau 25% genügt nicht, um diesen Verbundtatbestand zu erfüllen. Maßgeblich für die Beurteilung der Frage, ob eine wechselseitige Beteiligung i. S. d. § 19 Abs. 1 AktG vorliegt, ist dabei ausschließlich der Anteilsbesitz, Stimmrechtsverhältnisse dagegen sind – im Gegensatz zur Ermittlung einer Mehrheitsbeteiligung gem. § 16 AktG – irrelevant.

Beispiel:

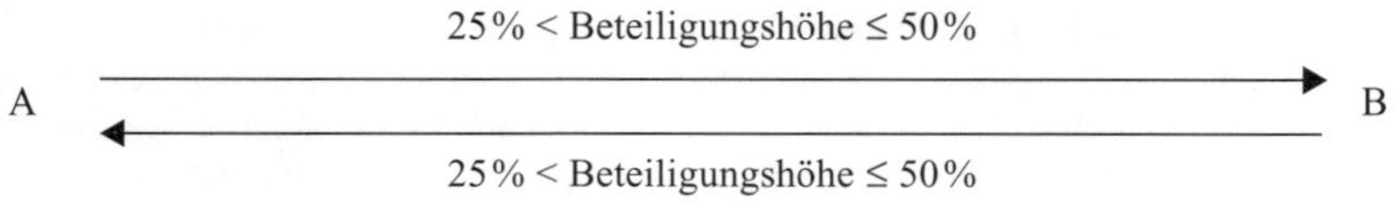

Zwischen den Unternehmen A und B liegt eine sog. einfache wechselseitige Beteiligung i. S. d. § 19 Abs. 1 AktG vor.

Die Beteiligungshöhe von mehr als 25% wurde insbes. deshalb gewählt, weil ihr Besitz »rechtlich zur Verhinderung von Satzungsänderungen und anderen strukturändernden Beschlüssen ausreicht« (KROPFF, B. 1965, S. 36; sog. Sperrminorität) und die Gefahren wechselseitiger Beteiligungen bei Vorliegen geringerer Beteiligungsverhältnisse nicht bestünden.

Gefahren wechselseitiger Beteiligungen

Die Problematik wird insbes. in einer Gefährdung der Aufbringung und Erhaltung sowie des richtigen Ausweises des gezeichneten Kapitals gesehen; denn eine wechselseitige Beteiligung bedeutet im Ergebnis eine Rückgewähr von Einlagen an die Aktionäre, die gem. § 57 Abs. 1 AktG unzulässig ist. Darüber hinaus kann sie zu einer den Grundsätzen des Gesellschaftsrechts widersprechenden gegenseitigen Herrschaft der Verwaltungen in den Hauptversammlungen führen, da die aus dem Anteilsbesitz resultierenden Mitgliedschaftsrechte von den jeweiligen Vorständen wahrgenommen werden (vgl. SCHUBERT, W./KÜTING, K. 1981, S. 86f.).

Mittelbarer Anteilsbesitz

Gem. § 19 Abs. 1 Satz 2 AktG ist bei der Berechnung der Höhe des gegenseitigen Anteilsbesitzes § 16 Abs. 4 AktG anzuwenden. Somit sind neben den Anteilen, die von dem jeweiligen Unternehmen unmittelbar gehalten werden, auch solche Anteile (additiv) zu berücksichtigen, über die es mittelbar verfügen kann, namentlich solche Anteile, die von einem abhängigen Unternehmen oder einem anderen für Rechnung des Unternehmens oder eines von ihm abhängigen Unternehmens gehalten werden. Im Unterschied zur Definition der wechselseitigen Beteiligung sind dabei in bezug auf diese Zurechnungsvorschrift der Sitz und die Rechtsform des abhängigen Unternehmens oder des anderen belanglos (vgl. KRIEGER, G. 1988, § 68 AktG, Rn. 95).

Beispiel:

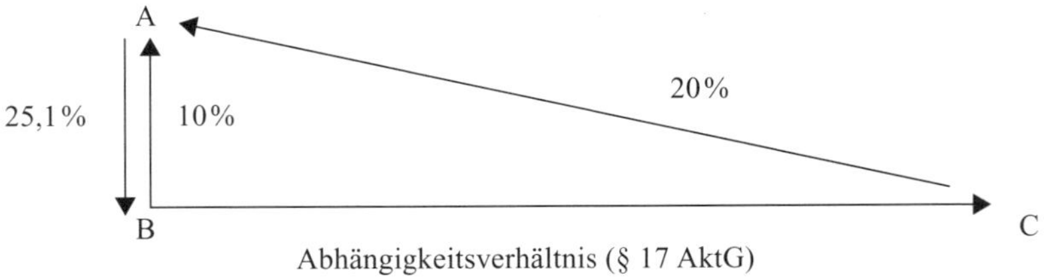

A hält 25,1% der Anteile an B, während B 10% der Anteile an A besitzt. C wiederum ist ein abhängiges Unternehmen von B, so daß die Anteile, die C an A hält (20%), B zugerechnet werden. B hält somit unmittelbar und mittelbar 30% der Anteile an A. Damit besteht eine wechselseitige Beteiligung i. S. d. § 19 Abs. 1 AktG zwischen A und B. Die Zurechnung der Anteile von C zum Anteilsbesitz von B hat dabei unabhängig davon zu erfolgen, ob C eine Kapitalgesellschaft mit Sitz im Inland ist; denn nur A und B müssen dieses Rechtsform- und Sitzerfordernis erfüllen.

Berücksichtigung eigener Anteile

Für die Ermittlung der Anteilshöhe ist des weiteren § 16 Abs. 2 Satz 1 AktG anzuwenden (vgl. § 19 Abs. 1 Satz 2 AktG). Folglich sind – anders als im Rahmen der Mehrheitsbeteiligung i.S.d. § 16 AktG – bei der Beurteilung der Frage, ob eine wechselseitige Beteiligung vorliegt, eigene Anteile und Anteile, die von einem Dritten für Rechnung des Unternehmens gehalten werden, vom Nennkapital des jeweiligen Unternehmens nicht abzusetzen (herrschende Meinung, vgl. z.B. GESSLER, E. 1984, § 19 AktG, Rn. 18; KOPPENSTEINER, H.-G. 1988, § 19 AktG, Rn. 14; WÜRDINGER, H. 1973, § 19 AktG, Rn. 6). Diese Abzugsvorschrift ist nämlich in § 16 Abs. 2 Satz 2 und 3 AktG geregelt, auf den der explizite Gesetzeswortlaut des § 19 Abs. 1 Satz 2 AktG gerade nicht verweist.

Neben der einfachen wechselseitigen Beteiligung differenziert § 19 AktG zwei weitere Typen wechselseitiger Beteiligungen: die einseitig qualifizierte und die beidseitig qualifizierte wechselseitige Beteiligung.

Unwiderlegbare Abhängigkeitsvermutung

§ 19 Abs. 2 AktG definiert die einseitig qualifizierte wechselseitige Beteiligung. Diese Vorschrift beinhaltet eine unwiderlegbare Abhängigkeitsvermutung für den Fall, daß einem der wechselseitig beteiligten Unternehmen eine Mehrheitsbeteiligung an dem anderen Unternehmen gehört oder ein Unternehmen unmittelbar oder mittelbar einen beherrschenden Einfluß auf das andere Unternehmen ausüben kann.

Beispiel:

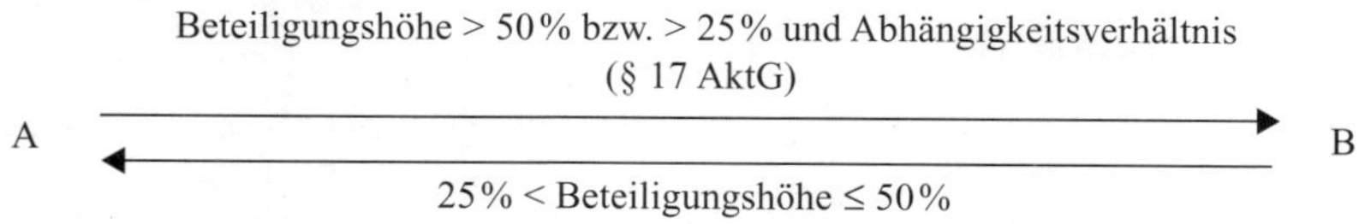

Nach der unwiderlegbaren Abhängigkeitsvermutung des § 19 Abs. 2 AktG ist A als herrschendes und B als abhängiges Unternehmen anzusehen.

Gehört jedem der wechselseitig beteiligten Unternehmen an dem anderen Unternehmen eine Mehrheitsbeteiligung oder kann jedes auf das andere unmittelbar oder mittelbar einen beherrschenden Einfluß ausüben, so liegt eine beidseitig qualifizierte wechselseitige Beteiligung i. d. S. vor, daß beide Unternehmen unwiderlegbar als herrschend und als abhängig gelten (vgl. § 19 Abs. 3 AktG).

Beispiel:

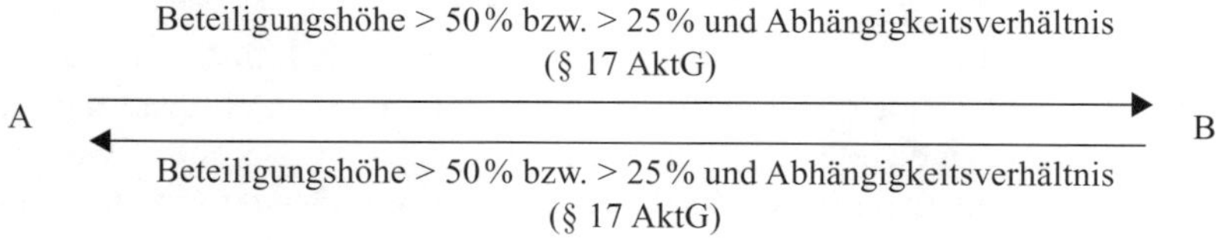

Nach § 19 Abs. 3 AktG sind sowohl A als auch B gleichzeitig abhängige und herrschende Unternehmen.

Indem der Gesetzeswortlaut des § 19 Abs. 2 und 3 AktG auf den Begriff der Mehrheitsbeteiligung Bezug nimmt, wird eine Verbindung zu § 16 AktG hergestellt. Nach herrschender Meinung gilt für die Feststellung, ob eine Mehrheitsbeteiligung vorliegt, auch an dieser Stelle § 16 AktG in vollem Umfang (vgl. HÜFFER, U. 1999, § 19 AktG, Rn. 4). Diese Interpretation hat u. a. zur Folge, daß eine Mehrheitsbeteiligung i. S. d. § 19 Abs. 2 und 3 AktG bei Vorliegen einer Stimmrechtsmehrheit ohne entsprechende Anteilsmehrheit entstehen kann. Dagegen sind die Stimmrechtsverhältnisse bei der Beurteilung der Frage, ob eine wechselseitige Beteiligung überhaupt vorliegt, irrelevant; es ist vielmehr ausschließlich auf die Kapitalanteile abzustellen.

1.2.2.5 Vertragsteile eines Unternehmensvertrags

Unternehmensverträge i. S. d. AktG liegen vor, sofern eine AG oder KGaA aus einer vertraglichen Vereinbarung, die unter die in den §§ 291 und 292 AktG erschöpfend aufgezählten Vertragsarten zu subsumieren ist, gegenüber einem anderen Unternehmen verpflichtet ist. Vertragliche Vereinbarungen zwischen Unternehmen, deren Inhalt sich nicht unter diese Vertragstypen subsumieren läßt, fallen nicht unter den Begriff der Unternehmensverträge im aktienrechtlichen Sinne.

1.2.2.5.1 Unternehmensverträge gem. § 291 Abs. 1 AktG

1.2.2.5.1.1 Beherrschungsvertrag

Organisationsrechtlicher Charakter

Durch einen Beherrschungsvertrag unterstellt eine AG oder KGaA die Leitung ihrer Gesellschaft einem anderen Unternehmen (vgl. § 291 Abs. 1 Satz 1 AktG), dessen Rechtsform und Sitz unerheblich sind. Bei Bestehen eines solchen Vertrags vermutet § 18 Abs. 1 Satz 2 AktG unwiderlegbar einen Vertragskonzern. Unterstellt sich eine AG oder KGaA gemeinsam mit anderen Unternehmen vertraglich einer einheitlichen Leitung, ohne dadurch von einem dieser Unternehmen abhängig zu werden, so ist darin kein Beherrschungsvertrag zu sehen (vgl. § 291 Abs. 2 AktG), sondern es wird vielmehr ein Gleichordnungskonzern begründet. »Ebenso ist ein Teilbeherrschungsvertrag, der statt der Beherrschung der Gesellschaft die bloße Unterstellung einzelner Betriebe oder einzelner unternehmerischer Funktionen vorsieht, kein Beherrschungsvertrag i. S. d. Gesetzes« (WP-Handbuch 2000, Bd. I, S. 1951).

1.2.2.5.1.2 Gewinnabführungsvertrag

Ein Gewinnabführungsvertrag verpflichtet eine AG oder KGaA, ihren gesamten Gewinn an ein anderes Unternehmen abzuführen. Als Gewinnabführungsvertrag gilt dabei auch ein Vertrag, durch den sich eine AG oder KGaA verpflichtet, ihr Unternehmen für Rechnung eines anderen Unternehmens zu führen (vgl. § 291 Abs. 1 Satz 2 AktG). Ein Gewinnabführungsvertrag für sich allein begründet dabei keinen Vertragskonzern, sondern stellt lediglich ein wichtiges Indiz für ein faktisches Konzernverhältnis dar. Die umfassende finanzielle Einflußmöglichkeit, die diese Vertragsart gewährt, führt jedoch in aller Regel – falls diese nicht bereits vor dem Vertragsabschluß bestand – zur Abhängigkeit der verpflichteten Vertragspartei (vgl. Hüffer, U. 1999, § 17 AktG, Rn. 12; a. A. Würdinger, H. 1975, § 291 AktG, Rn. 42).

1.2.2.5.2 Andere Unternehmensverträge gem. § 292 Abs. 1 AktG

Schuldrechtlicher Charakter

Im Gegensatz zu Beherrschungs- und Gewinnabführungsverträgen, die einen organisationsrechtlichen Charakter haben, sind die Vertragstypen des § 292 Abs. 1 AktG schuldrechtlicher Natur (vgl. Gessler, E. 1984, § 292 AktG, Rn. 4). Wie andere schuldrechtliche Verträge, z. B. Lieferverträge oder Kreditverhältnisse, begründen diese Unternehmensverträge regelmäßig lediglich sog. externe bzw. wirtschaftliche Abhängigkeiten, die nicht zu einer Abhängigkeit i. S. d. § 17 Abs. 1 AktG führen. Ohne etwaige einflußbegründende Nebenabreden, wodurch dann jedoch im allgemeinen ein anderer Vertragstyp entsteht, führen sie also nicht zu einem aktienrechtlichen Abhängigkeitsverhältnis. Ist ein solches jedoch bereits gegeben, können sie wichtige Indizien für ein faktisches Konzernverhältnis darstellen.

1.2.2.5.2.1 Gewinngemeinschaftsvertrag

Eine Gewinngemeinschaft ist dadurch charakterisiert, daß sich eine AG oder KGaA verpflichtet, ihren Gewinn oder den Gewinn einzelner ihrer Betriebe ganz oder zum Teil mit dem Gewinn anderer Unternehmen oder einzelner Betriebe anderer Unternehmen zur Aufteilung eines gemeinschaftlichen Gewinns zusammenzulegen (vgl. § 292 Abs. 1 Nr. 1 AktG). In der Vergemeinschaftung bzw. zweiseitigen Vereinnahmung von Gewinnen mit anschließender Aufteilung unter den Beteiligten liegt dabei der wesentliche Unterschied zu Gewinn- und Teilgewinnabführungsverträgen, da diese eine einseitige Gewinnvereinnahmung ohne anschließende Aufteilung beinhalten. In diesem Zusammenhang ist zu beachten, daß – entgegen dem Gesetzeswortlaut – nicht nur Vereinbarungen, die sich allein auf die erzielten Gewinne der Vertragspartner beziehen (reine Gewinnpoolung), unter den Begriff der Gewinngemeinschaft zu subsumieren sind. Vielmehr gehören hierzu auch sog. Ergebnisgemeinschaften, die eine Vergemeinschaftung sowohl von Gewinnen als auch Verlusten vorsehen. Dagegen sind bloße Verlustübernahmeverträge nicht als Gewinngemeinschaftsverträge i. S. d. § 292 Abs. 1 Nr. 1 AktG anzusehen (vgl. WÜRDINGER, H. 1975, § 292 AktG, Rn. 4).

1.2.2.5.2.2 Teilgewinnabführungsvertrag

Im Gegensatz zum Gewinnabführungsvertrag, bei dem der gesamte Gewinn eines Unternehmens abgeführt wird, liegt ein Teilgewinnabführungsvertrag dann vor, wenn sich eine AG oder KGaA »verpflichtet, einen Teil ihres Gewinns oder den Gewinn einzelner ihrer Betriebe ganz oder zum Teil an einen anderen abzuführen« (§ 292 Abs. 1 Nr. 2 AktG).

1.2.2.5.2.3 Betriebspacht- oder Betriebsüberlassungsvertrag

Durch einen Betriebspacht- oder einen Betriebsüberlassungsvertrag verpflichtet sich eine AG oder KGaA, den ganzen Betrieb ihres Unternehmens einem anderen zu verpachten oder zu überlassen (vgl. § 292 Abs. 1 Nr. 3 AktG), der den Betrieb für eigene Rechnung fortführt. Bezieht sich ein solcher Vertrag nur auf einzelne Betriebe des Unternehmens, so ist er nicht unter § 292 AktG zu subsumieren. Der Unterschied zwischen den beiden Vertragsarten liegt darin, daß bei einem Betriebspachtvertrag der Pächter (Übernehmer) den Betrieb im eigenen Namen, bei einem Betriebsüberlassungsvertrag dagegen im Namen des Überlassers weiterführt (vgl. SCHUBERT, W./KÜTING, K. 1981, S. 199).

1.2.3 Überlagerung von Unternehmensverbindungen

Die dargestellten Arten aktienrechtlicher Unternehmensverbindungen schließen einander nicht aus. Es sind vielmehr Überlagerungen möglich, die in zweierlei Hinsicht auftreten können: Zum einen kann – wie im folgenden Beispiel dargestellt – ein Unternehmen (hier B) mit mehreren Unternehmen gleichzeitig verbunden sein (vgl. auch WP-HANDBUCH 2000, Bd. I, S. 1895f.).

Beispiel:

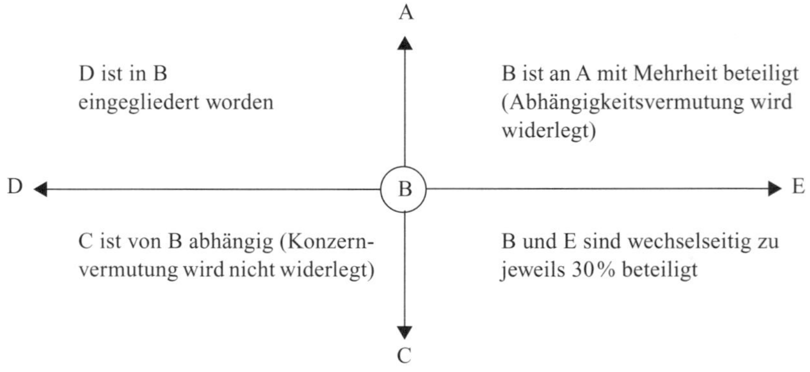

Zum anderen stellen häufig die unterschiedlichen Beziehungsarten von einem Unternehmen zu einem anderen eine Überlagerung von Unternehmensverbindungen dar. Insofern erfolgt bei B eine doppelte Überlagerung: einerseits durch die gleichzeitige Verbindung zu mehreren anderen Unternehmen, andererseits durch die mehrfachen Bindungsformen zu einzelnen Unternehmen. Am deutlichsten wird dieser Zusammenhang bei der Eingliederung von D in B. Hier liegt eine dreifache Bindung in Form einer Mehrheitsbeteiligung von B an D, einem nicht widerlegbaren Abhängigkeitsverhältnis und einem bestehenden Subordinationsverhältnis vor.

1. In § 15 AktG werden die Arten verbundener Unternehmen nach AktG erschöpfend aufgeführt, die dann in den §§ 16 bis 19 sowie in den §§ 291 und 292 AktG näher spezifiziert werden.
2. Maßgebend für einen Unternehmensverbund sind grundsätzlich die unmittelbaren, d.h. direkten Beziehungen zwischen rechtlich selbständigen Unternehmen. Ausnahmen bestehen im Rahmen eines Konzernverhältnisses sowie bei der Zurechnung von Anteilen gem. § 16 Abs. 4 AktG.
3. Die verschiedenen Unternehmensverbindungen stehen nicht isoliert nebeneinander, sondern sind durch zahlreiche widerlegbare und unwiderlegbare Vermutungen miteinander verknüpft.
4. Die in § 15 AktG aufgeführten Unternehmensverbindungen schließen einander nicht aus. Zum einen können Unternehmen mit mehreren anderen Unternehmen verbunden sein, zum anderen können im Verhältnis zu einem einzelnen Unternehmen gleich mehrfache Bindungsformen parallel auftreten.

1.3 Verbundene Unternehmen nach HGB

1.3.1 Verbundbedingungen

Zwei Verbundbedingungen

Damit der Tatbestand eines Unternehmensverbunds nach HGB erfüllt ist, müssen gem. § 271 Abs. 2 HGB gleichzeitig zwei Bedingungen erfüllt sein:

(1) Es muß ein Mutter-Tochter-Verhältnis i. S. d. § 290 HGB vorliegen (Verbundbedingung I);

(2) Die Mutter- und Tochterunternehmen sind nach den Vorschriften über die Vollkonsolidierung (vgl. §§ 300 bis 307 HGB) in den Konzernabschluß eines Mutterunternehmens einzubeziehen, das als oberstes Mutterunternehmen den am weitestgehenden Konzernabschluß nach dem Zweiten Unterabschnitt (vgl. §§ 290ff. HGB) aufzustellen hat, auch wenn die Aufstellung unterbleibt. Dieser grundsätzlichen Aufstellungspflicht wird der Tatbestand gleichgestellt, daß das Mutterunternehmen einen befreienden Konzernabschluß nach § 291 HGB oder nach einer nach § 292 HGB erlassenen Rechtsverordnung aufstellt oder aufstellen könnte (Verbundbedingung II).

Demnach reicht bereits eine Einbeziehungspflicht in einen möglichen (also nicht tatsächlich erstellten) befreienden Konzernabschluß aus, um die Verbundbedingung II zu erfüllen. In allen Fällen ist ausdrücklich Voraussetzung, daß die Unternehmen nach den Vorschriften über die Vollkonsolidierung einbezogen werden (können).

Während das AktG fünf verschiedene Typen verbundener Unternehmen mit verschiedenen Abgrenzungsmerkmalen aufführt, kennt das HGB nur eine Art verbundener Unternehmen. Das HGB stellt allein auf eine Mutter-Tochter-Beziehung ab, die bei Vorliegen mindestens eines der in § 290 Abs. 1 und 2 HGB beschriebenen Tatbestände als unwiderlegbar gegeben angenommen wird. Darüber hinaus muß eine weitere Bedingung (nämlich die Verbundbedingung II) gegeben sein, damit der Tatbestand eines verbundenen Unternehmens i. S. d. § 271 Abs. 2 HGB vorliegt.

Auf nachfolgende Sachverhalte wird besonders hingewiesen:

Verbundbeziehung unabhängig von tatsächlicher Einbeziehung

(1) Ein Unternehmensverbund liegt auch dann vor, wenn – entgegen den gesetzlichen Vorschriften – ein aufzustellender Konzernabschluß nicht aufgestellt wird oder die Einbeziehung einzelner Unternehmen gesetzwidrig unterlassen wird. Entscheidend ist allein, welche Unternehmen in einen Konzernabschluß einzubeziehen gewesen wären.

(2) Tochterunternehmen, die aufgrund eines Einbeziehungswahlrechts (vgl. § 296 HGB) oder eines Einbeziehungsverbots (vgl. § 295 HGB) nicht (voll-)konsolidiert werden, gelten gleichwohl als verbundene Unternehmen (vgl. § 271 Abs. 2 letzter Halbsatz HGB). Trotz der Nichteinbezie-

hung im Einzelfall ist durch die ausdrückliche Regelung des § 271 Abs. 2 letzter Halbsatz HGB die Verbundbedingung II erfüllt.

Keine Verbundbeziehung bei Gemeinschaftsunternehmen

(3) Gemeinschaftsunternehmen (vgl. hierzu ausführlich SCHUBERT, W./KÜTING, K. 1981, S. 219ff.; ZÜNDORF, H. 1987) stellen eine Form der wirtschaftlichen Zusammenarbeit zwischen zwei oder mehreren voneinander unabhängigen Unternehmen – den sog. Gesellschafterunternehmen – dar, die sich darin niederschlägt, daß ein rechtlich selbständiges Unternehmen gemeinsam gegründet oder erworben wird mit dem Ziel, Aufgaben im gemeinsamen Interesse der Gesellschafterunternehmen auszuführen. Nach § 310 Abs. 1 HGB ist ein Gemeinschaftsunternehmen dadurch charakterisiert, daß ein Unternehmen gemeinsam von einem in den Konzernabschluß einbezogenen Mutter- oder Tochterunternehmen und einem oder mehreren nicht einbezogenen Unternehmen geführt wird. Ist diese Voraussetzung erfüllt, dürfen solche Unternehmen auf der Grundlage der anteilmäßigen Konsolidierung (sog. Quotenkonsolidierung) in den Konzernabschluß einbezogen werden. Wird nicht die Quotenkonsolidierung angewendet, sind diese Unternehmen in aller Regel auf der Grundlage der Equity-Methode (vgl. § 311 HGB) zu berücksichtigen.

Da sich die Definitionen von Gemeinschaftsunternehmen und Tochterunternehmen gegenseitig ausschließen, der Verbundtatbestand des § 271 Abs. 2 HGB aber an das Vorliegen eines Mutter-Tochter-Verhältnisses i.S.d. § 290 geknüpft ist (Verbundbedingung I), können Gemeinschaftsunternehmen nicht unter den Begriff der verbundenen Unternehmen subsumiert werden. Zudem geht die Gesetzesformulierung ausdrücklich davon aus, daß verbundene Unternehmen »nach den Vorschriften über die Vollkonsolidierung einzubeziehen sind« (§ 271 Abs. 2 HGB), bei der die Vermögensgegenstände, Schulden, Aufwendungen und Erträge der einzubeziehenden Unternehmen nicht – wie bei der Quotenkonsolidierung – anteilmäßig, sondern vollständig, d.h. auch in Höhe des Minderheitenanteils, in den Konzernabschluß zu übernehmen sind. Da die Vollkonsolidierung aber in den §§ 300 bis 307 HGB, die Quotenkonsolidierung dagegen in § 310 HGB geregelt ist, ist auch die Verbundbedingung II als nicht erfüllt anzusehen.

Der im WP-HANDBUCH (2000, Bd. I, S. 941f. i.V.m. S. 2006) unternommene Versuch, auch für Gemeinschaftsunternehmen in besonderen Fällen ein Mutter-Tochter-Verhältnis mit sich daraus ergebender Vollkonsolidierungspflicht zu konstruieren, ist abzulehnen. Somit kann generell weder im Verhältnis zwischen Konzernunternehmen und Gemeinschaftsunternehmen noch im Verhältnis von Gemeinschaftsunternehmen zueinander ein Unternehmensverbund i.S.d. § 271 Abs. 2 HGB bestehen (ebenso CLAUSEN, U. 1992, S. 82f.; OSER, P. 1993, S. 85f.; a.A. SCHORNDORFER, R. 1991, S. 229f.).

(4) Wird von einem Konzernunternehmen ein maßgeblicher Einfluß auf die Geschäfts- und Finanzpolitik eines nicht in die Konsolidierung einbezogenen Unternehmens (= assoziiertes Unternehmen) ausgeübt, ist dieses Unternehmen auf der Grundlage der Equity-Methode im Konzernabschluß zu berücksichtigen. Bei Anwendung der Equity-Methode werden – anders als bei der Voll- oder Quotenkonsolidierung – das Vermögen und die Schulden sowie die Aufwendungen und die Erträge des assoziierten Unternehmens überhaupt nicht in den Konzernabschluß übernommen. Sofern ein Unternehmen nach der Equity-Methode in den Konzernabschluß einbezogen wird, ist also grundsätzlich weder die Verbundbedingung I noch die Verbundbedingung II erfüllt, mit der Folge, daß keine Verbundbeziehung zwischen den Konzernunternehmen und diesem Unternehmen geschaffen wird.

Keine Verbundbeziehung bei assoziierten Unternehmen

Werden hingegen Tochterunternehmen, die aufgrund der §§ 295 oder 296 HGB nicht auf der Grundlage der Vollkonsolidierung in den Konzernabschluß einbezogen worden sind, »at equity« bewertet, sind diese Unternehmen gleichwohl verbundene Unternehmen. § 271 Abs. 2 letzter Halbsatz HGB führt ausdrücklich aus, daß die nach den §§ 295 oder 296 HGB nicht einbezogenen Unternehmen ebenfalls verbundene Unternehmen sind. Dabei ist es belanglos, ob sie »at equity« bewertet wurden oder nicht.

(5) Die Verpflichtung zur Konzernrechnungslegung wird im geltenden Bilanzrecht von einer Mutter-Tochter-Beziehung (vgl. § 290 HGB) und damit von einem Subordinationsverhältnis abhängig gemacht. Da in einem in der Bundesrepublik Deutschland im Vergleich zum Unterordnungskonzern selten anzutreffenden Gleichordnungskonzern ein solches Über- und Unterordnungsverhältnis grundsätzlich nicht besteht, ergibt sich somit im Gleichordnungskonzern prinzipiell auch keine Konzernrechnungslegungspflicht. Eine Ausnahme ist nur dann gegeben, wenn die Unternehmen eines Gleichordnungskonzerns die einheitliche Leitung auf eine in der Rechtsform einer Kapitalgesellschaft geführte Leitungsgesellschaft übertragen, ohne daß sie von dieser abhängig werden, und die Leitungsgesellschaft – § 290 Abs. 1 HGB entsprechend – zugleich Beteiligungen an den betreffenden Unternehmen hält (vgl. m.w.N. DUSEMOND, M. 1994, S. 2035). Eine solche Konstellation dürfte jedoch eher theoretischer als praktischer Natur sein, so daß man die These aufstellen kann, daß Unternehmen eines Gleichordnungskonzerns keine verbundenen Unternehmen darstellen. Hierin unterscheiden sich grundlegend die Definitionen des Unternehmensverbunds nach HGB und AktG; denn im AktG zählen auch die Unternehmen des Gleichordnungskonzerns zu den verbundenen Unternehmen. Dabei ist festzuhalten, daß auch im Gleichordnungskonzern eine einheitliche Leitung und damit ein beherrschender Einfluß ausgeübt wird. Daher besteht auch im Gleichordnungskonzern die Gefahr, daß das

Keine Verbundbeziehung bei Unternehmen eines Gleichordnungskonzerns

einzelgesellschaftliche Abschlußbild z. B. durch die Festsetzung entsprechender Verrechnungspreise bewußt gestaltet wird.

Kein Unternehmensverbund im Fall größenabhängiger Befreiung

(6) Das geltende Bilanzrecht sieht sog. größenabhängige Befreiungen vor (vgl. § 293 Abs. 1 HGB), durch die eine Konzernrechnungslegungspflicht, die ansonsten nach den Vorschriften des Zweiten Unterabschnitts gegeben wäre, aufgehoben wird.

Beispiel:

In einem zweistufigen Konzern (A beherrscht B, B beherrscht C) – alle beteiligten Konzernunternehmen sollen inländische Kapitalgesellschaften sein – müßten A und B gem. § 290 HGB vom Grundsatz her einen Konzernabschluß erstellen. Nun aber soll der Fall eintreten, daß für A die größenabhängige Befreiung zum Zuge kommt. Wenn A bereits größenbefreit ist, trifft dies erst recht auch für B zu, so daß die ansonsten gem. § 290 HGB bestehende Konzernrechnungslegungspflicht durch die größenabhängige Befreiungsvorschrift wieder entfällt.

Die Verbundbedingung II setzt voraus, daß auf der Grundlage des Zweiten Unterabschnitts insgesamt eine Konzernrechnungslegungspflicht besteht (»... Konzernabschluß nach dem Zweiten Unterabschnitt aufzustellen hat...«). Wenn eine gem. § 290 HGB bestehende grundsätzliche Aufstellungspflicht durch andere Vorschriften des Zweiten Unterabschnitts bereits wieder aufgehoben ist, ist nach dem Wortlaut des § 271 Abs. 2 HGB diese zweite Verbundbedingung nicht mehr erfüllt. Dafür spricht auch die Regelung, daß Tochterunternehmen, die nach den §§ 295 oder 296 HGB nicht einbezogen werden, ebenfalls verbundene Unternehmen sind. Wenn allein von der grundsätzlichen Einbeziehungspflicht gem. § 290 HGB ausgegangen würde, ergäbe der letzte Halbsatz des § 271 Abs. 2 HGB keinen Sinn; er wäre überflüssig.

Es muß nach dem Wortlaut des § 271 Abs. 2 HGB also insgesamt eine Aufstellungs- und Einbeziehungspflicht nach den Vorschriften des Zweiten Unterabschnitts bestehen; es sei denn, daß der Gesetzgeber – wie bei den Tochterunternehmen, die nach den §§ 295 oder 296 HGB nicht einbezogen werden – trotz fehlender Einbeziehungspflicht den Verbundtatbestand ausdrücklich festlegt. Da eine solche Situation im Fall einer größenabhängigen Befreiung nicht gegeben ist, ist mit KROPFF festzustellen, daß bei wortgetreuer Auslegung in Konzernen unterhalb der Größenkriterien »zwischen den Konzernunternehmen auch kein Verhältnis verbundener Unternehmen besteht« (KROPFF, B. 1986, S. 365; so auch HOYOS, M./GUTIKE, H.-J., in: Beck Bil-Komm. 1999, § 271 HGB, Rn. 41; SCHORNDORFER, R. 1991, S. 146 m. w. N.; a. A. ADLER/DÜRING/SCHMALTZ 1995, § 271 HGB, Rn. 46 und 67; WOHLGEMUTH, M. 1991, S. 1531).

Wenn der Gesetzgeber anführt, daß ein Unternehmensverbund auch dann vorliegt, »wenn die Aufstellung unterbleibt«, interpretiert die herrschende Meinung dies derart, daß damit ganz offensichtlich nur der Fall erfaßt ist, »daß ein Konzernabschluß entgegen den gesetzlichen Vorschriften im Zweiten Unterabschnitt« (WP-HANDBUCH 2000, Bd. I, S. 1994) nicht aufgestellt wird. Damit wird dem Gesetzgeber aber die Regelung einer Selbstverständlichkeit unterstellt, die in dieser Form und an dieser Stelle als Folgeregelung eines Regelverstoßes als ungewöhnlich zu bezeichnen ist.

Da demzufolge bei einer größenabhängigen Befreiung kein Unternehmensverbund vorliegt, wird hierdurch eine Lücke in der gesetzlichen Regelung des § 271 Abs. 2 HGB offenkundig. Diese Lücke ist betriebswirtschaftlich unbefriedigend und nicht zu rechtfertigen. Genauso unbefriedigend und nicht zu rechtfertigen muß aber auch der Versuch erscheinen, mit gleich mehreren gedanklichen Hilfskonstruktionen nicht nur für diesen Einzelfall einen betriebswirtschaftlich wünschenswerten Unternehmensverbund herbeizuführen (vgl. WP-HANDBUCH 2000, Bd. I, S. 1999f.). Für die dort angeführte Argumentation läßt der Gesetzeswortlaut keinen Raum (so auch ganz offensichtlich KROPFF, B. 1986, S. 365).

Rechtsformabhängigkeiten

(7) Da in den Konzernabschluß grundsätzlich alle Tochterunternehmen – gleich welcher Rechtsform – einzubeziehen sind, ist der Verbundbegriff, soweit Tochterunternehmen betroffen sind, rechtsformunabhängig. Indem die Konzernrechnungslegungspflicht nach HGB nur dann besteht, wenn das Mutterunternehmen in der Rechtsform einer Kapitalgesellschaft geführt wird, ist der Verbundbegriff in bezug auf das Mutterunternehmen rechtsformspezifisch eingeengt. Diese Einengung wird jedoch gegenstandslos, wenn ein als Nicht-Kapitalgesellschaft geführtes Mutterunternehmen einen befreienden Konzernabschluß aufstellt oder aufstellen könnte. Aufgrund der multilateralen Verbundbeziehungen, die durch den Konzerntatbestand geschaffen werden, ist in diesen Fällen auch das als Nicht-Kapitalgesellschaft geführte Mutterunternehmen als verbundenes Unternehmen zu betrachten. Nach dem Wortlaut des § 271 Abs. 2 HGB

wäre aber in einem einstufigen Konzern, in dem eine Nicht-Kapitalgesellschaft Mutterunternehmen ist, keine Verbundbeziehung gegeben.

Befreiende Konzernabschlüsse

(8) Nach den §§ 291 Abs. 1 Satz 2 und 292 Abs. 1 HGB kann ein befreiender Konzernabschluß grundsätzlich von jedem Unternehmen unabhängig von seinem Sitz sowie seiner Rechtsform und Größe aufgestellt werden, »wenn das Unternehmen als Kapitalgesellschaft mit Sitz in einem Mitgliedstaat der Europäischen Union oder in einem anderen Vertragsstaat des Abkommens über den Europäischen Wirtschaftsraum zur Aufstellung eines Konzernabschlusses unter Einbeziehung des zu befreienden Mutterunternehmens und seiner Tochterunternehmen verpflichtet wäre« (§ 291 Abs. 1 Satz 2 HGB). Die Befreiungsmöglichkeit besteht jedoch nur, sofern der befreiende Konzernabschluß die in den §§ 291 und 292 HGB spezifizierten Anforderungen hinsichtlich Inhalt, Offenlegung und Prüfung erfüllt, der Einzelabschluß des zu befreienden Mutterunternehmens die gem. § 291 Abs. 2 Nr. 3 HGB geforderten Angaben enthält und dessen Minderheitsgesellschafter nicht die Aufstellung eines Teilkonzernabschlusses beantragt haben bzw. sofern sie der Befreiung zugestimmt haben (vgl. § 291 Abs. 3 HGB).

Somit können auch inländische Nicht-Kapitalgesellschaften und Unternehmen mit Sitz im Ausland grundsätzlich einen befreienden Konzernabschluß aufstellen. Dies gilt ohne weiteres für (Mutter-)Unternehmen mit Sitz in einem Mitgliedstaat der EU bzw. des EWR, jedenfalls dann, wenn die Rechnungslegungsvorschriften des betreffenden Landes im Einklang mit der 7. und 8. EG-Richtlinie stehen und § 291 Abs. 3 HGB nicht zur Anwendung gelangt. Für (Mutter-)Unternehmen, die ihren Sitz weder in einem Mitgliedstaat der EU noch in einem anderen EWR-Staat haben, kommt die Aufstellung eines befreienden Konzernabschlusses dagegen nur in Betracht, wenn zusätzlich eine Rechtsverordnung i. S. d. § 292 HGB existiert und die darin aufgeführten Befreiungsvoraussetzungen erfüllt sind.

Obwohl es nicht einsichtig ist, daß das Vorliegen von Verbundbeziehungen zwischen bestimmten Konzernunternehmen davon abhängen soll, daß zufällig alle angeführten Befreiungsvoraussetzungen erfüllt sind und somit ein befreiender Konzernabschluß tatsächlich möglich ist, ist der Wortlaut des § 271 Abs. 2 HGB insofern eindeutig. Nicht möglich ist eine Befreiung nach den §§ 291 und 292 HGB insbes. dann, wenn auf keiner Konzernstufe ein Konzernabschluß nach dem Zweiten Unterabschnitt aufzustellen ist. Diese Situation liegt vor, wenn auf keiner Konzernstufe zumindest ein inländisches, in der Rechtsform einer Kapitalgesellschaft geführtes Mutterunternehmen existiert, denn nur auf solche bezieht sich die Konzernrechnungslegungspflicht des Zweiten Unterabschnitts. In diesem Fall bestehen somit keine Unternehmensverbindungen zwischen den einzelnen Konzernunternehmen, und zwar selbst dann nicht, wenn ein oder mehrere Tochterunternehmen die Rechtsform einer Kapitalgesellschaft besitzen.

(9) Der im Rahmen des KapAEG neu in das HGB eingefügte § 292a HGB befreit ein börsennotiertes Mutterunternehmen von der Verpflichtung, einen Konzernabschluß und einen Konzernlagebericht nach HGB zu erstellen, wenn es einen Konzernabschluß und Konzernlagebericht nach international anerkannten Rechnungslegungsgrundsätzen aufstellt, der den Anforderungen des § 292a Abs. 2 HGB entspricht (vgl. hierzu Gliederungspunkt 3.3.4). Da die Möglichkeit der Inanspruchnahme des § 292a HGB jedoch auf der Verpflichtung zur Konzernrechnungslegung nach dem zweiten Unterabschnitt fußt, zu der für Zwecke der Abgrenzung von verbundenen Unternehmen zweifellos auch die dort geregelte Alternative einer internationalen Konzernrechnungslegung zu zählen ist, ist der Verbundtatbestand zwischen den einzelnen Konzernunternehmen als erfüllt anzusehen.

Befreiung von einer HGB-konformen Konzernrechnungslegung

Im Rahmen des KapCoRiLiG wurde der Wortlaut des § 292a HGB in der Weise geändert, daß nunmehr nicht mehr auf die Börsennotierung des Mutterunternehmens abzustellen ist. Vielmehr verweist § 292a Absatz 1 HGB auf die Ausgabe bestimmter Wertpapiere an einem organisierten Markt nach § 2 Abs. 5 Wertpapierhandelsgesetz (WpHG). Darüber hinaus stellt der Gesetzgeber nicht mehr ausschließlich auf das Mutterunternehmen ab, sondern erachtet bereits die Ausgabe von in § 2 Abs. 1 Satz 1 WpHG definierten Wertpapieren eines Tochterunternehmens an einem organisierten Markt als ausreichend, um einen Konzernabschluß nach international anerkannten Grundsätzen aufstellen zu dürfen (vgl. zur geplanten Ausweitung der Möglichkeiten der internationalen Bilanzierung nur ZWIRNER, C. 1999, S. 879–884).

Änderung des § 292a HGB durch das KapCoRiLiG

(10) Ein Unternehmensverbund setzt die Unternehmenseigenschaft von Mutter- und Tochterunternehmen voraus. Es liegt im Bereich der Rechnungslegung nahe, »den Unternehmensbegriff mit der Pflicht zur kaufmännischen Buchführung zu verknüpfen« (WP-HANDBUCH 2000, Bd. I, S. 1977). Die handelsrechtliche Verpflichtung zur Buchführung nach § 238 HGB knüpft an die (Voll-)Kaufmannseigenschaft an, wie sie sich aus den §§ 1 bis 3 und 6 HGB ergibt. Somit wäre ein Unternehmen i.S.d. § 271 Abs. 2 HGB nur dann gegeben, wenn es sich um einen Mußkaufmann (vgl. § 1 HGB), einen Sollkaufmann (vgl. § 2 HGB), einen Kannkaufmann (vgl. § 3 HGB) oder einen Formkaufmann (vgl. § 6 HGB) handelt. Der GbR sollte nur dann die Unternehmenseigenschaft zuerkannt werden, wenn sie eigenständige wirtschaftliche Interessen verfolgt und ein eigenes Buchwerk führt. Eine generelle Aussage zur GbR ist nicht möglich; vielmehr ist auf den jeweiligen Einzelfall abzustellen. Eine natürliche Person und damit auch ein Einzelkaufmann, der Kapitalanteile nicht im Betriebs-, sondern im Privatvermögen hält, kann nicht als Teil einer Unternehmensverbindung betrachtet werden (ebenso CLAUSEN, U. 1992, S. 55; NÖSSER, G. 1992, S. 31).

Unternehmenseigenschaft bei Mutter- und Tochterunternehmen

Unternehmensverbund innerhalb einer GmbH & Co. KG

(11) Im Rahmen einer GmbH & Co. KG kann es nur dann zu einem Unternehmensverbund kommen, wenn zwischen der GmbH und der KG ein Über- und Unterordnungsverhältnis sowie nach dem engen Wortlaut des § 271 Abs. 2 HGB eine Konsolidierungspflicht bestehen. Dies dürfte im Regelfall gesellschaftsvertraglich vermeidbar sein und/oder an den Größenkriterien des § 293 HGB scheitern (vgl. zu dieser Diskussion Tillmann, B. 1986, S. 1319ff.; Busse von Colbe, W./Ordelheide, D. 1993, S. 74ff.; Schildbach, T./Koenen, S. 1991, S. 661ff.).

In diesem Zusammenhang soll auf die Behandlung der GmbH & Co. KG im Rahmen der Änderungen des HGB durch das KapCoRiLiG indes nur hingewiesen werden. Nach § 264a HGB sind bestimmte Personenhandelsgesellschaften nunmehr wie Kapitalgesellschaften zu behandeln, was teilweise die Problematik nach der Frage der Konzernrechnungslegung innerhalb eines solchen betrachteten Unternehmensverbundes auf eine andere Ebene verlagert.

1.3.2 Mutter-Tochter-Beziehung

Vier Fälle möglicher Mutter-Tochter-Beziehungen

Während das AktG fünf formal gleichrangige Kategorien verbundener Unternehmen aufführt, stellt das HGB im Rahmen der Verbundbeziehung I allein auf ein Mutter-Tochter-Verhältnis ab. § 271 Abs. 2 Halbsatz 1 HGB verweist ausdrücklich auf die Vorschrift des § 290 HGB und die dort definierten Mutter-Tochter-Beziehungen. Nach dieser Vorschrift können insgesamt vier Tatbestände ein solches Verhältnis begründen. Ist ein einziger der dort aufgeführten Tatbestände gegeben, wird der Konzerntatbestand unwiderlegbar angenommen.

(1) Nach § 290 Abs. 1 HGB liegt eine Mutter-Tochter-Beziehung vor, wenn nachfolgende Voraussetzungen kumulativ erfüllt sind:

(a) Das Mutterunternehmen übt die einheitliche Leitung über mindestens ein Unternehmen (Tochterunternehmen) tatsächlich aus.

(b) Das Mutterunternehmen besitzt eine Beteiligung i.S.d. § 271 Abs. 1 HGB an jedem Tochterunternehmen.

(c) Das Mutterunternehmen wird in der Rechtsform einer Kapitalgesellschaft geführt und hat seinen Sitz im Inland.

§ 290 Abs. 1 HGB »übernimmt mit dem Kriterium der einheitlichen Leitung das für den Konzern wesensbestimmende Merkmal des deutschen Konzernrechts, das in § 18 AktG verankert ist und bisher die alleinige Grundlage der Konzernrechnungspflichten bildete« (Gross, G./Schruff, L./Wysocki, K.v. 1987, S. 52).

(2) Eine Mutter-Tochter-Beziehung besteht auch dann, wenn einer inländischen Kapitalgesellschaft die Mehrheit der Stimmrechte an einer anderen Gesellschaft zusteht (vgl. § 290 Abs. 2 Nr. 1 HGB). Während nach dem AktG die Stimmrechtsmehrheit lediglich über die widerlegbaren Vermu-

tungen der §§ 17 Abs. 2 (Abhängigkeitsvermutung) und 18 Abs. 1 Satz 3 (Konzernvermutung) zum Konzerntatbestand führt, begründet die Stimmrechtsmehrheit nach § 290 Abs. 2 Nr. 1 HGB ohne weiteres eine Mutter-Tochter-Beziehung. Wie die Stimmrechtsmehrheit im einzelnen zu ermitteln ist, wird in § 290 Abs. 3 und 4 HGB geregelt.

(3) Nach § 290 Abs. 2 Nr. 2 HGB liegt eine Mutter-Tochter-Beziehung auch dann vor, wenn einem inländischen Mutterunternehmen in der Rechtsform einer Kapitalgesellschaft das Recht zusteht, die Mehrheit der Mitglieder des Verwaltungs-, Leitungs- oder Aufsichtsorgans des Tochterunternehmens zu bestellen oder abzuberufen, und es gleichzeitig Gesellschafter ist.

(4) Schließlich ist eine Mutter-Tochter-Beziehung dann gegeben, wenn einer inländischen Kapitalgesellschaft das Recht zusteht, einen beherrschenden Einfluß aufgrund eines Beherrschungsvertrags oder einer Satzungsbestimmung des Unternehmens auszuüben (vgl. § 290 Abs. 2 Nr. 3 HGB).

Die unter (2) bis (4) genannten Tatbestände werden auch als Control-Rechte bezeichnet bzw. unter den Oberbegriff Control-Konzept subsumiert. Liegt eines dieser drei »konzerntypischen Rechte« (BUSSE VON COLBE, W./CHMIELEWICZ, K. 1986, S. 328) vor, ist unwiderlegbar eine Mutter-Tochter-Beziehung auch dann gegeben, wenn die einheitliche Leitung tatsächlich nicht ausgeübt wird. Indem das Control-Konzept in das bundesdeutsche Recht aufgenommen wurde, hat sich letztlich die sog. juristische Betrachtungsweise gegen die sog. ökonomische Betrachtungsweise (Konzept der einheitlichen Leitung) durchgesetzt (vgl. hierzu KIRCHNER, C. 1981, S. 327f.).

1.3.3 Anwendungsfälle der Verbundkonzeption

Nachdem die Verbundbedingungen erläutert und die einzelnen Typen der Unternehmensverbindungen skizziert wurden, gilt es nun, die Verbundkonzeption des HGB in konkreten Anwendungsfällen zu verdeutlichen.

1.3.3.1 Konzernspitze mit Sitz im Inland

1.3.3.1.1 Kapitalgesellschaft

Alle Konzernunternehmen sind gleichzeitig verbundene Unternehmen

An der Konzernspitze soll ein inländisches Unternehmen in der Rechtsform einer Kapitalgesellschaft stehen. Liegt mindestens eine Mutter-Tochter-Beziehung i. S. d. § 290 Abs. 1 oder 2 HGB vor, ist grundsätzlich eine Konzernrechnungslegungspflicht gegeben, so daß gleichzeitig auch der Tatbestand des Unternehmensverbunds i. S. d. § 271 Abs. 2 HGB erfüllt ist. Dabei ist es belanglos,

(1) ob die Aufstellung des Konzernabschlusses tatsächlich auch erfolgt oder unterbleibt,

Übersicht 4: Der Unternehmensverbund gem. § 271 Abs. 2 HGB aus der Sicht einer Konzernspitze

Tochterunternehmen / Konzernspitze	Sitz im Ausland	Sitz im Inland		
		Nicht-Kapitalgesellschaft	Kapitalgesellschaft	
			Gleichzeitig kein Mutterunternehmen	Gleichzeitig Mutterunternehmen, das seinerseits gem. § 290 HGB einen Teilkonzernabschluß erstellen müßte
Sitz im Inland Kapitalgesellschaft, die gem. § 290 HGB der Konzernrechnungslegungspflicht unterliegt	(1) alle Konzernunternehmen sind auch verbundene Unternehmen			
Nicht-Kapitalgesellschaft	gegenstandslos, da keine inländische Kapitalgesellschaft beteiligt		(2) kein Unternehmensverbund	(3) wenn befreiender Konzernabschluß möglich, wären alle einzubeziehenden Konzernunternehmen auch verbundene Unternehmen; wenn nicht möglich, sind nur die Konzernunternehmen des Teilkonzernabschlusses verbundene Unternehmen
Sitz im Ausland				

(2) ob ein börsennotiertes Mutterunternehmen in Anwendung des § 292a HGB einen Konzernabschluß nach international anerkannten Rechnungslegungsgrundsätzen erstellt (auf die Änderung des Wortlauts des § 292a HGB durch das KapCoRiLiG wurde bereits unter Gliederungspunkt 1.3.1 (9) eingegangen),

(3) in welcher Rechtsform die Tochterunternehmen geführt werden,

(4) ob die Tochterunternehmen ihren Sitz im Inland oder Ausland haben.

Ist der obige Tatbestand erfüllt, sind alle Konzernunternehmen gleichzeitig auch verbundene Unternehmen (vgl. Feld (1) der Übersicht 4); alle Mutter- und Tochterunternehmen sind miteinander verbunden. Es liegen wie nach § 18 AktG multilaterale Beziehungen zwischen allen Konzernunternehmen vor.

Beispiel:

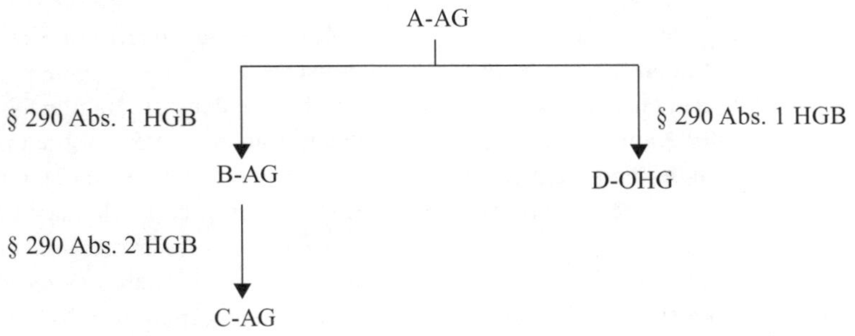

A und B sind Mutterunternehmen und grundsätzlich zur Aufstellung eines Konzernabschlusses verpflichtet. Erstellt A einen Konzernabschluß unter Einbeziehung von B, C und D, hat dieser Konzernabschluß befreiende Wirkung für B, sofern § 291 Abs. 3 HGB keine Anwendung findet. Dies ist auch der Fall, wenn A den Konzernabschluß in Anwendung des § 292a HGB nach international anerkannten Rechnungslegungsgrundsätzen erstellt. B ist dann von der Pflicht zur Aufstellung eines Teilkonzernabschlusses befreit. Alle Konzernunternehmen A, B, C und D sind verbundene Unternehmen, da A als oberstes Mutterunternehmen den am weitestgehenden Konzernabschluß nach dem Zweiten Unterabschnitt aufzustellen hat.

Sofern A pflichtwidrig z. B. nur einen Konzernabschluß unter Einbeziehung von D oder überhaupt keinen Konzernabschluß aufstellt, wodurch gleichzeitig B zur Teilkonzernrechnungslegung verpflichtet wird, ist dennoch der am weitestgehende Konzernabschluß des obersten Mutterunternehmens A für das Verhältnis verbundener Unternehmen nach § 271 Abs. 2 HGB maßgebend. Daraus folgt, daß auch in diesem Fall alle Konzernunternehmen A, B, C und D im Verhältnis zueinander verbundene Unternehmen sind.

Ausnahmen

Nach dem Wortlaut des § 271 Abs. 2 HGB kommt jedoch im vorliegenden Fall eine Verbundbeziehung nicht zustande, wenn einer der beiden folgenden Sachverhalte gegeben ist:

(1) Der Konzern erfüllt nicht die Größenmerkmale gem. § 293 HGB;

(2) der Konzern überschreitet zwar die Größenkriterien des § 293 HGB (weil das Mutterunternehmen z. B. allein für sich schon die notwendige Größe besitzt), aber die Tochterunternehmen sind einzeln und insgesamt so unbedeutend, daß infolge der Ausübung des Einbeziehungswahlrechts gem. § 296 Abs. 2 HGB keine konsolidierungspflichtigen Tochterunternehmen existieren (a. A. Hoyos, M./Gutike, H.-J., in: Beck Bil-Komm. 1999, § 271 HGB, Rn. 41). In diesem Fall ist das oberste Mutterunternehmen A mangels konsolidierungspflichtiger Tochterunternehmen nach dem Zweiten Unterabschnitt nicht verpflichtet, einen Konzernabschluß aufzustellen. Zudem ist auch B weiterhin von der (Teil-)Konzernrechnungslegung nach dem Zweiten Unterabschnitt befreit, obwohl ein befreiender Konzernabschluß tatsächlich nicht erstellt wird.

1.3.3.1.2 Nicht-Kapitalgesellschaft

Keine Verbundbeziehung im einstufigen Konzern

Steht an der Spitze eines Konzerns eine Nicht-Kapitalgesellschaft mit Sitz im Inland und besitzt diese ein oder mehrere inländische Tochterunternehmen, die in der Rechtsform einer Kapitalgesellschaft geführt werden, ist zu unterscheiden, ob eine der Kapitalgesellschaften gleichzeitig auch Mutterunternehmen ist. Ist dies nicht der Fall, liegt also ein einstufiger Konzern vor (Feld (2) in der Übersicht 4), ist im gesamten Konzern keine Konzernabschlußpflicht nach dem Zweiten Unterabschnitt gegeben. Aufgrund dessen existiert für die Konzernspitze auch keine Möglichkeit zur Erstellung eines befreienden Konzernabschlusses, da hierfür zumindest eine der inländischen Kapitalgesellschaften zur Erstellung eines Teilkonzernabschlusses verpflichtet sein muß. Eine solche Verpflichtung setzt jedoch u.a. notwendig voraus, daß die betreffende Kapitalgesellschaft mindestens ein konsolidierungspflichtiges Tochterunternehmen besitzt, was bei einem einstufigen Konzern nicht der Fall ist. Die Verbundbedingung II ist damit als nicht erfüllt anzusehen, so daß kein Unternehmensverbund i.S.d. § 271 Abs. 2 HGB geschaffen wird. Bei einer wörtlichen Auslegung des Gesetzestexts sind also in den Einzelabschlüssen der Kapitalgesellschaften weder die Beziehungen zur Konzernspitze noch die Beziehungen untereinander als Verbundbeziehungen auszuweisen. Hierin liegt eine der vielen Schwachstellen des Verbundbegriffs nach § 271 Abs. 2 HGB, da aus betriebswirtschaftlicher Sicht der Konzerntatbestand zwischen allen beteiligten Unternehmen gegeben ist, diese Beziehungen jedoch nicht gesondert zu kennzeichnen sind.

Beispiel:

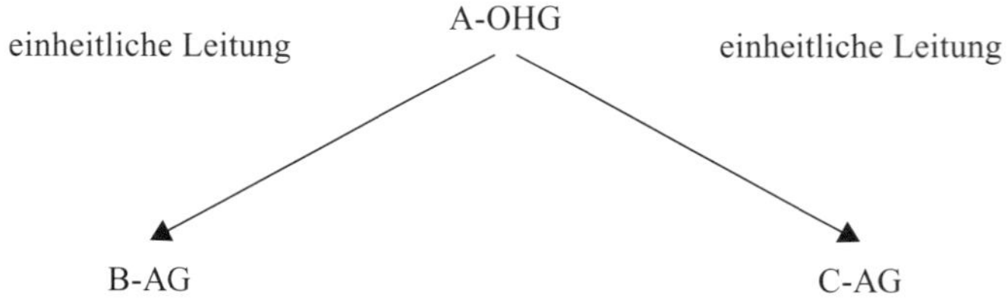

Sowohl die Beziehungen zwischen A und B, A und C als auch die zwischen B und C dürften bei einer wörtlichen Auslegung des Gesetzestexts nicht als Verbundbeziehungen ausgewiesen werden (gl. A. Oser, P. 1993, S. 98f.; Schorndorfer, R. 1991, S. 152).

Gem. § 5 Abs. 1 Satz 2 PublG hat die inländische Nicht-Kapitalgesellschaft im Rahmen ihrer einzelgesellschaftlichen Rechnungslegung § 271 Abs. 2 HGB sinngemäß anzuwenden. »Sinngemäß« bedeutet insbes., daß zur Beurteilung, ob ein Mutter-Tochter-Verhältnis vorliegt, nicht § 290 HGB, sondern § 11 PublG heranzuziehen ist (vgl. Hoyos, M./Gutike, H.-J., in: Beck Bil-Komm. 1999, § 271 HGB, Rn. 50f.; a.A. Adler/Düring/Schmaltz 1995, § 271 HGB, Rn. 72). Besteht dieses Verhältnis und ist die Nicht-Kapitalgesellschaft nach den Vorschriften des PublG verpflichtet, einen Konzernabschluß aufzustellen, dann ist der Verbundtatbestand aus ihrer Sicht erfüllt. Bezogen auf das vorangegangene Beispiel bedeutet dies, daß bei Bestehen einer Konzernrechnungslegungspflicht nach PublG A die Beziehungen zu B und C, die gem. § 11 Abs. 1 PublG Tochterunternehmen von A sind, als Verbundbeziehungen kenntlich zu machen hat, während – wie dargelegt – B und C keinerlei Verbundbeziehungen ausweisen müssen.

Verbundbeziehungen im mehrstufigen Konzern

Liegt ein mehrstufiger Konzern vor, weil zumindest eines der in der Rechtsform einer Kapitalgesellschaft geführten inländischen Tochterunternehmen gleichzeitig Mutterunternehmen ist (Feld (3) in der Übersicht 4), ist für die Abgrenzung des Kreises der verbundenen Unternehmen entscheidend, ob die an der Konzernspitze stehende Nicht-Kapitalgesellschaft einen befreienden Konzernabschluß aufstellen kann. Die befreiende Wirkung eines übergeordneten Konzernabschlusses ist dabei an folgende Voraussetzungen geknüpft:

(1) Mindestens eine der inländischen Kapitalgesellschaften, die an der Spitze eines Teilkonzerns stehen, ist ihrerseits gem. § 290 HGB zur Aufstellung eines (Teil-)Konzernabschlusses verpflichtet und kann die größenabhängige Befreiung gem. § 293 HGB nicht in Anspruch nehmen.

(2) Die Nicht-Kapitalgesellschaft müßte für den fiktiven Fall, daß sie eine AG, KGaA oder GmbH wäre, der Konzernrechnungslegungspflicht nach dem Zweiten Unterabschnitt unterliegen.

(3) Das zu befreiende Mutterunternehmen und dessen Tochterunternehmen müssen unbeschadet der §§ 295 und 296 HGB in den befreienden Konzernabschluß einbezogen werden bzw. einzubeziehen sein.

(4) Der befreiende und offenzulegende Konzernabschluß muß im Einklang mit der 7. und 8. EG-Richtlinie aufgestellt und geprüft worden sein.

(5) Neben einem Hinweis auf die Befreiung müssen im Einzelabschluß des zu befreienden Unternehmens der Name und der Sitz des Mutterunternehmens angegeben werden, das den befreienden Konzernabschluß erstellt. Darüber hinaus sind die im befreienden Konzernabschluß abweichend vom deutschen Recht angewandten Bilanzierungs-, Bewertungs- und Konsolidierungsmethoden zu erläutern.

(6) § 291 Abs. 3 HGB findet keine Anwendung.

Alle Konzernunternehmen, die in diesen befreienden Konzernabschluß einzubeziehen wären, sind auch verbundene Unternehmen i. S. d. § 271 Abs. 2 HGB. Voraussetzung ist dabei nicht, daß ein befreiender Konzernabschluß tatsächlich erstellt wird; die Möglichkeit hierzu allein reicht aus.

Beispiel:

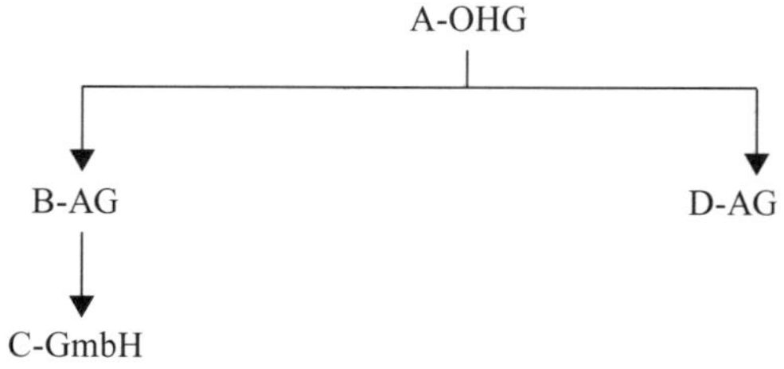

Unterstellt wird, daß zwischen A und B, B und C sowie A und D Mutter-Tochter-Beziehungen dadurch geschaffen wurden, daß in allen Fällen eine Stimmrechtsmehrheit vorliegt. In diesem Fall könnte A für B einen von der Pflicht zur Erstellung eines Teilkonzernabschlusses befreienden Konzernabschluß erstellen, indem die Vorschriften des HGB beachtet und alle vier beteiligten Unternehmen in die Konsolidierung einbezogen würden. Alle vier Unternehmen sind verbundene Unternehmen, ohne Rücksicht darauf, ob ein solcher befreiender Konzernabschluß tatsächlich erstellt wird.

Minderheiten-schutz

In diesem Zusammenhang ist besonders auf den Minderheitenschutz gem. § 291 Abs. 3 HGB hinzuweisen. Danach können die Minderheitsgesellschafter eines der Konzernspitze nachgeordneten Mutterunternehmens, das seinerseits nach dem Zweiten Unterabschnitt zur (Teil-)Konzernrechnungslegung verpflichtet ist, unter bestimmten Voraussetzungen einen befreienden Konzernabschluß verhindern und die Erstellung eines Teilkonzernabschlusses verlangen. In diesem Fall ist eine Voraussetzung zur Erstellung eines befreienden Konzernabschlusses nicht erfüllt; die Konzernspitze kann keinen Gesamtkonzernabschluß mit befreiender Wirkung erstellen, selbst wenn sie es wollte. Ist aber ein befreiender Abschluß nicht möglich, ist nach dem Wortlaut des § 271 Abs. 2 HGB der Abgrenzung der Verbundbeziehungen nicht der befreiende Konzernabschluß zugrunde zu legen, sondern der jeweilige Teilkonzernabschluß. Es hängt somit vom Verhalten der Minderheitsgesellschafter ab, ob alle Konzernunternehmen als verbundene Unternehmen zu klassifizieren sind oder nur die Unternehmen des jeweiligen Teilkonzerns; eine unbefriedigende Rechtslage.

Unterstellt man, daß im obigen Beispiel die Minderheitsgesellschafter von B durch Ausübung ihres Vetorechts einen Teilkonzernabschluß erzwingen, sind nur die Beziehungen zwischen C und B als Verbundbeziehungen zu betrachten, während die Beziehungen A/B, A/D, B/D, C/D und C/A außen vor bleiben (ebenso Oser, P. 1993, S. 137 m. w. N.), obwohl auch diese eindeutig Konzernbeziehungen darstellen, die aus betriebswirtschaftlicher Sicht zu den Verbundbeziehungen zu rechnen sind. Als solche sind sie nach dem Gesetzeswortlaut allerdings nur einzuordnen, falls die Minderheitsgesellschafter auf die Erstellung eines Teilkonzernabschlusses verzichten; denn nur in diesem Fall kann ein Gesamtkonzernabschluß von der Pflicht zur Erstellung eines Teilkonzernabschlusses tatsächlich befreien. Diese betriebswirtschaftlich allein sinnvolle und wünschenswerte Abgrenzung der Verbundbeziehungen jedoch dadurch herbeizuführen, daß von einem befreienden Konzernabschluß ausgegangen wird, »wie er aufgestellt werden könnte, ohne Rücksicht darauf, daß wegen des entgegenstehenden Willens der Minderheit die Befreiung nicht in Anspruch genommen werden kann« (WP-Handbuch 2000, Bd. I, S. 2001), kann aus dem Wortlaut des Gesetzes nicht abgeleitet werden.

1.3.3.2 Konzernspitze mit Sitz im Ausland

Hat die Konzernspitze ihren Sitz im Ausland, sind nachfolgende Sachverhalte zu unterscheiden:

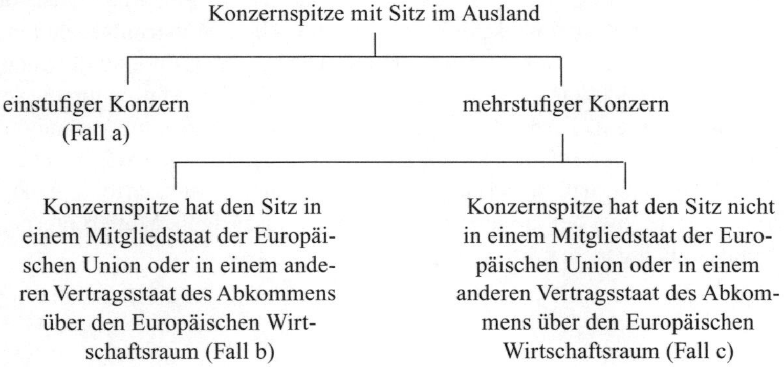

Keine Verbundbeziehungen im einstufigen Konzern

Liegt der Fall (a) vor, besitzt also keines der dem ausländischen Mutterunternehmen nachgeordneten, in der Rechtsform einer Kapitalgesellschaft geführten inländischen Tochterunternehmen seinerseits Tochterunternehmen (Feld (2) in der Übersicht 4), besteht im gesamten Konzern keine Konzernrechnungslegungspflicht nach dem Zweiten Unterabschnitt. Zugleich ist es der Konzernspitze nicht möglich, einen befreienden Konzernabschluß zu erstellen, da dies notwendig einen mehrstufigen Konzern voraussetzt. Nach dem Wortlaut des Gesetzes kann folglich in einem einstufigen Konzern mit einer ausländischen Konzernspitze niemals ein Unternehmensverbund i. S. d. § 271 Abs. 2 HGB gegeben sein (vgl. Hoyos, M./Gutike, H.-J., in: Beck Bil-Komm. 1999, § 271 HGB, Rn. 44f.). Auch dies ist aus betriebswirtschaftlicher Sicht als sehr unbefriedigend zu beurteilen.

Beispiel:

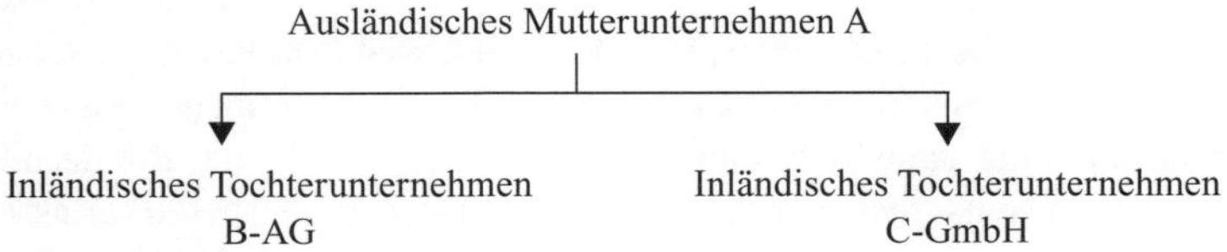

In diesem Konzern stellen weder die Beziehungen zwischen A und B noch die zwischen A und C Verbundbeziehungen dar. Darüber hinaus führt die Anwendung des § 271 Abs. 2 HGB zu dem ebenso unbefriedigenden Ergebnis, daß auch die zwischen B und C bestehenden Konzernbeziehungen nicht den Verbundtatbestand des HGB in seiner wörtlichen Interpretation erfüllen.

Mehrstufiger Konzern und ausländische Konzernspitze mit Sitz im EWR

Liegt ein mehrstufiger Konzern mit einer ausländischen Konzernspitze (Feld (3) in der Übersicht 4) vor, ist danach zu unterscheiden, ob die Konzernspitze ihren Sitz in einem Mitgliedstaat der EU oder in einem anderen EWR-Staat (Fall b) oder in einem anderen Staat (Fall c) hat. Liegt der Sitz innerhalb der EU oder in einem anderen EWR-Staat, gelten vom Grundsatz her die Ausführungen zum Fall des mehrstufigen Konzerns mit einer inländischen Konzernspitze, die in der Rechtsform einer Nicht-Kapitalgesellschaft geführt wird.

In diesem Zusammenhang ist hervorzuheben, daß es gleichgültig ist, ob der übergeordnete Konzernabschluß des ausländischen Mutterunternehmens den Befreiungsvoraussetzungen des § 291 HGB bzgl. Inhalt, Offenlegung und Prüfung auch tatsächlich entspricht. In jedem Fall bestehen Unternehmensverbindungen i. S. d. § 271 Abs. 2 HGB zwischen allen Konzernunternehmen, die in einen solchen befreienden Konzernabschluß einzubeziehen wären. Dies liegt darin begründet, daß der Gesetzeswortlaut allein auf die Befreiungsmöglichkeit abstellt, die bei in einem EWR-Staat ansässigen Mutterunternehmen grundsätzlich gegeben ist.

Beispiel:

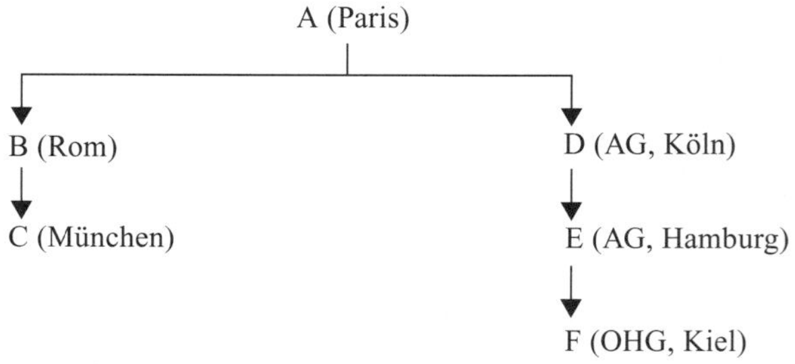

Unterstellt man, daß alle Unternehmensverflechtungen auf Stimmrechtsmehrheiten beruhen, müßten D (AG, Köln) und E (AG, Hamburg) einen Teilkonzernabschluß erstellen. Vorausgesetzt, daß die Minderheitsaktionäre von D und E keinen Teilkonzernabschluß verlangen, könnte ein Konzernabschluß mit befreiender Wirkung aus der Sicht von D und E von A erstellt werden. Alle Unternehmen des A-Konzerns wären aus Sicht von D und E verbundene Unternehmen.

Ausländische Konzernspitze mit Sitz außerhalb des EWR

Hat die ausländische Konzernspitze ihren Sitz weder in einem Mitgliedstaat der EU noch in einem anderen EWR-Staat, kann deren übergeordneter Konzernabschluß nur dann befreiende Wirkung besitzen, falls der Bundesminister der Justiz eine entsprechende Rechtsverordnung gem. § 292 HGB erlassen hat. Die Beantwortung der Frage, ob ein befreiender Konzernabschluß überhaupt möglich ist, hängt somit vom Erlaß einer Rechtsverordnung nach § 292 HGB ab. »Solange eine solche Rechtsverordnung nicht ergangen ist (bzw. keine in Kraft befindliche existiert, d. Verf.), scheidet ein befreiender Konzernabschluß aus« (Kropff, B. 1986, S. 365), denn die Voraussetzungen für einen solchen sind nicht erfüllt. Ein befreiender Konzernabschluß kann nicht erstellt werden, selbst wenn die ausländische Konzernspitze es wollte.

Konzernabschlußbefreiungsverordnung

Seit dem Geschäftsjahr 1990 existiert in Form der sog. Konzernabschlußbefreiungsverordnung (KonBefrV) eine mittlerweile unbefristet ausgestaltete Rechtsverordnung, durch die die grundsätzliche Möglichkeit zur Erstellung eines befreienden Konzernabschlusses auf solche Unternehmen ausgedehnt worden ist, die weder in einem EU-Mitgliedstaat noch in einem anderen EWR-Vertragsstaat ansässig sind (vgl. BT-Drucks. 12/1237 i.V.m. BT-Drucks. 13/6053). Danach entfalten Konzernabschlüsse von Unternehmen mit Sitz außerhalb des EWR eine befreiende Wirkung, wenn die entsprechenden, mit § 291 HGB weitgehend inhaltsgleichen Voraussetzungen der KonBefrV erfüllt sind. Bei Erfüllen der Voraussetzungen kann jedes Unternehmen, das unter den Anwendungsbereich dieser Verordnung fällt, einen befreienden Konzernabschluß erstellen, es sei denn, die Minderheitenregelung des § 2 Abs. 2 KonBefrV i. V. m. § 291 Abs. 3 HGB kommt zum Tragen. Mit Ausnahme des letztgenannten Falls besteht somit ein Unternehmensverbund i. S. d. § 271 Abs. 2 HGB zwischen allen Konzernunternehmen, die in den befreienden Konzernabschluß – unbeschadet der §§ 295, 296 HGB – einzubeziehen sind, unabhängig davon, ob ein solcher tatsächlich erstellt wird. Ungeachtet dieser gegenwärtigen Rechtslage ist es aus betriebswirtschaftlicher Sicht als äußerst unbefriedigend zu werten, daß die Klassifizierung von Verbundbeziehungen zwischen Unternehmen vom Vorhandensein einer gültigen Rechtsverordnung abhängt.

Beispiel:

A-Corp., USA
↓
B-GmbH, München
↓
C-GmbH, Köln

Unterstellt wird, daß zwischen der A-Corp. und der B-GmbH sowie zwischen der B-GmbH und der C-GmbH Stimmrechtsmehrheiten bestehen. In diesem Fall liegt ein Unternehmensverbund zwischen der B-GmbH und der C-GmbH vor, da die B-GmbH grundsätzlich einen Teilkonzernabschluß erstellen müßte. Zwischen der A-Corp. und der B-GmbH sowie der A-Corp. und der C-GmbH liegt gem. der KonBefrV ebenfalls ein Unternehmensverbund nach HGB vor, da die Möglichkeit zur Aufstellung eines befreienden Konzernabschlusses durch die A-Corp. gegeben ist, sofern nicht die Minderheitsgesellschafter der B-GmbH auf der Grundlage von § 2 Abs. 2 KonBefrV i.V.m. § 291 Abs. 3 HGB die Erstellung eines Teilkonzernabschlusses verlangen.

1. Der Tatbestand eines Unternehmensverbunds nach § 271 Abs. 2 HGB setzt zwei Bedingungen voraus, die kumulativ erfüllt sein müssen:
   - Vorliegen eines Mutter-Tochter-Verhältnisses i. S. d. § 290 HGB (Verbundbedingung I);
   - Die Mutter- und Tochterunternehmen sind nach den Vorschriften über die Vollkonsolidierung in den Konzernabschluß eines Mutterunternehmens einzubeziehen, das als oberstes Mutterunternehmen den am weitestgehenden Konzernabschluß aufzustellen hat, auch wenn die Aufstellung gesetzwidrig unterbleibt, oder alternativ, das einen befreienden Konzernabschluß nach § 291 oder § 292 HGB aufstellt oder aufstellen könnte (Verbundbedingung II).
2. Wird von der Konsolidierung eines Unternehmens aufgrund eines Einbeziehungswahlrechts (§ 296 HGB) oder des Einbeziehungsverbots (§ 295 HGB) abgesehen, so gilt es gleichwohl als verbundenes Unternehmen.
3. Die schwer lesbare und unverständliche Definition verbundener Unternehmen in § 271 Abs. 2 HGB läßt eine Reihe von zweifelsfrei bestehenden Verbundbeziehungen unberücksichtigt.

1.4 Verbundkonzeptionen im Vergleich

Wie der Übersicht 5 zu entnehmen ist, führen die Verbundkonzeptionen des AktG und des HGB zu grundlegend verschiedenen Ergebnissen. Zahlreiche Unternehmensverbunde des AktG erfüllen nicht den Verbundtatbestand gem. § 271 Abs. 2 HGB, während nur in wenigen und zudem praktisch bedeutungslosen Fällen ein Unternehmensverbund nach HGB vorliegt, ohne daß damit ein aktienrechtlicher Verbundtatbestand einhergeht. Die in der Praxis vorkommenden Unternehmensverbunde dürften jedoch größtenteils sowohl den Verbundtatbestand des AktG als auch den Verbundtatbestand des HGB gleichzeitig erfüllen.

Übersicht 5: Verhältnis des aktienrechtlichen und handelsrechtlichen Begriffs der verbundenen Unternehmen

Verbundene Unternehmen nach § 15 AktG

A.1. Mehrheitsbeteiligung (§ 16 AktG)
- (a) Kapitalmehrheit des Mutterunternehmens
- (b) Stimmrechtsmehrheit des Mutterunternehmens, ohne daß die Verbundbedingung II erfüllt ist

A.2. Beherrschungsmöglichkeit (§ 17 AktG)
Beherrschungsmittel des Mutterunternehmens, soweit sie nicht unter § 290 Abs. 2 Nr. 2 und 3 HGB fallen oder die Beherrschungsmittel nach § 290 Abs. 2 Nr. 2 und 3 HGB voliegen und die Verbundbedingung II nicht erfüllt ist

A.3. Konzernunternehmen (§ 18 AktG)
- (a) Konzernunternehmen eines Unterordnungskonzerns, ohne daß die Verbundbedingung II erfüllt ist
- (b) Konzernunternehmen eines Gleichordnungskonzerns

A.4. Einfache wechselseitige Beteiligung (§ 19 Abs. 1 AktG)

A.5. Beherrschungsvertrag (§ 291 Abs. 1 AktG), ohne daß die Verbundbedingung II erfüllt ist

A.6. Vertragsteile eines Unternehmensvertrags (§§ 291, 292 AktG)
- (a) Gewinnabführungsvertrag (§ 291 Abs. 1 AktG)
- (b) Gewinngemeinschaftsvertrag (§ 292 Abs. 1 Nr. 1 AktG)
- (c) Teilgewinnabführungsvertrag (§ 292 Abs. 1 Nr. 2 AktG)
- (d) Betriebspacht- oder -überlassungsvertrag (§ 292 Abs. 1 Nr. 3 AktG)

Verbundene Unternehmen nach § 271 Abs. 2 HGB und § 15 AktG

B.l. Unternehmen eines Unterordnungskonzerns (§ 290 Abs. 1 HGB; § 18 Abs. 1 AktG)

B.2. Stimmrechtsmehrheit des Mutterunternehmens (§ 290 Abs. 2 Nr. 1 HGB; § 16 Abs. 1 AktG)

B.3. Recht des Mutterunternehmens, Organmitglieder des Tochterunternehmens zu bestellen oder abzuberufen (§ 290 Abs. 2 Nr. 2 HGB; § 17 Abs. 1 AktG)

B.4. Recht des Mutterunternehmens, beherrschenden Einfluß auf das Tochterunternehmen auszuüben, aufgrund vertraglicher oder statutarischer Bestimmungen (§ 290 Abs. 2 Nr. 3 HGB; § 17 Abs. 1 AktG; § 291 Abs. 1 AktG)

} Dabei wird davon ausgegangen, daß die Unternehmen nach den Vorschriften des Zweiten Unterabschnitts in den Konzernabschluß einzubeziehen sind. Dem wird gleichgestellt, daß ein befreiender Konzernabschluß aufgestellt wird oder aufgestellt werden könnte (Verbundbedingung II)

Mittelbare Stimmrechtsmehrheit an einem Enkelunternehmen, die dadurch entsteht, daß einem konsolidierungspflichtigen Mutterunternehmen die Stimmrechte eines lediglich in Stimmrechtsmehrheitsbesitz stehenden Tochterunternehmens an einem Enkelunternehmen zugerechnet werden (§ 290 Abs. 2 Nr. 1 i.V.m. § 290 Abs. 3 Satz 1 HGB). Den einem Mutterunternehmen an einem anderen Unternehmen zustehenden Rechten werden die Rechte hinzugerechnet, über die es oder ein Tochterunternehmen aufgrund einer Vereinbarung mit anderen Gesellschaftern dieses Unternehmens verfügen kann (§ 290 Abs. 2 Nr. 1 i.V.m. § 290 Abs. 3 Satz 2 HGB).

Verbundene Unternehmen nach § 271 Abs. 2 HGB

Zusammenfassend sei auf folgende Punkte besonders hingewiesen:

(1) Das Vorliegen einer Kapitalmehrheit, eines Gleichordnungskonzerns, einer einfachen wechselseitigen Beteiligung sowie der meisten Unternehmensverträge führt nur zu einem aktienrechtlichen Unternehmensverbund. Bemerkenswert sind darüber hinaus die Fälle eines Unterordnungskonzerns, in denen die Verbundbedingung II des HGB nicht erfüllt ist.

(2) Ein großer Teil der Unternehmensverbunde dürfte deckungsgleich sein; denn der Hauptfall des Unterordnungskonzerns, der zugleich die Verbundbedingung II erfüllt, führt sowohl zu verbundenen Unternehmen nach HGB als auch nach AktG.

(3) Daß der Verbundbegriff des HGB weitreichender ist, dürfte nur in ganz wenigen Ausnahmesituationen zutreffen. Hier ist auf die mittelbare Stimmrechtsmehrheit an einem Enkelunternehmen hinzuweisen.

Beispiel:

Liegen zwischen A und B sowie zwischen B und C lediglich Stimmrechtsmehrheiten vor, ohne daß gleichzeitig auch der Abhängigkeitstatbestand gegeben ist, werden nach HGB (vgl. § 290 Abs. 2 Nr. 1 i.V.m. § 290 Abs. 3 Satz 1 HGB) die von B an dem Unternehmen C gehaltenen Stimmrechte dem Unternehmen A zugerechnet, während nach dem AktG eine solche Zurechnung nur dann möglich ist, wenn zwischen A und B ein Abhängigkeitsverhältnis i.S.d. § 17 AktG vorliegt. Nach dem HGB liegt zwischen A, B und C ein Unternehmensverbund vor, während nach dem AktG ein Unternehmensverbund nur zwischen A und B sowie B und C, nicht aber zwischen A und C gegeben wäre.

1.5 Betriebswirtschaftliche Beurteilung

Unverständliche und schwer lesbare HGB-Vorschrift

(1) Die Vorschrift des § 271 Abs. 2 HGB ist aufgrund ihrer komplexen Formulierung nur schwer lesbar und darüber hinaus z.T. unverständlich. Sie ist unter Verständlichkeitsgesichtspunkten ein Musterbeispiel dafür, wie Gesetze nicht geschaffen werden sollten. Zu Recht wirft BIEG (H. 1985, S. 16) die Frage auf, ob es »dieser babylonischen Sprachverwirrung wirklich bedarf. Gesetze leben nicht zuletzt auch davon, daß sie nicht nur von ihren Verfassern und einigen wenigen Spezialisten verstanden werden«!

Unterschiedliche Begriffsbestimmungen in HGB und AktG

(2) Es ist unbefriedigend, daß im HGB und AktG von unterschiedlichen Begriffsbestimmungen der verbundenen Unternehmen ausgegangen wird. Eine 9. EG-Richtlinie (kurz: Konzernrechtrichtlinie), deren weitere Beratung zurückgestellt ist, soll Definitionen der Abhängigkeit enthalten sowie den Vertragskonzern und den faktischen Konzern umschreiben (vgl. BANK, G., in: KÜTING/WEBER 1998, Kap. I, Rn. 23). Der Gesetzgeber sollte spätestens im Zuge einer anstehenden Umsetzung dieser Richtlinie die Gelegenheit nutzen, eine einheitliche Begriffsbestimmung verbundener Unternehmen im AktG und HGB vorzunehmen.

Unvollständige Erfassung der Verbundbeziehungen

(3) Die Definition verbundener Unternehmen muß unter Rechnungslegungsgesichtspunkten so beurteilt werden, daß sie die Grundlage einer zweckentsprechenden Offenlegung der Verbundbeziehungen bildet. Zweck dieser spezifischen Berichterstattung ist es insbes., »die finanzielle Verflechtung mit verbundenen Unternehmen und ihren Einfluß auf die Ertragslage offenzulegen« (KROPFF, B. 1986, S. 364); denn Beziehungen zwischen verbundenen Unternehmen haben eine andere Qualität als jene zwischen nichtverbundenen Unternehmen.

Eine Begriffsbestimmung der verbundenen Unternehmen wird daran zu messen sein, inwieweit sie die Grundlage einer möglichst umfassenden Begriffsbestimmung aller betriebswirtschaftlichen Verbundbeziehungen schafft. Wird die Begriffsbestimmung des § 271 Abs. 2 HGB hieran beurteilt, muß diese Definition abgelehnt werden, da sie diese Verbundbeziehungen nur teilweise erfaßt. Obwohl aus betriebswirtschaftlicher Sicht zweifelsfrei Verbundbeziehungen vorliegen und von daher die Notwendigkeit einer spezifischen Berichterstattung besteht, werden bei einer wörtlichen Auslegung des Gesetzestexts diese Beziehungen nicht als solche ausgewiesen, wenn

- in einem einstufigen Konzern das Mutterunternehmen seinen Sitz im Ausland hat oder in der Rechtsform einer Nicht-Kapitalgesellschaft geführt wird;
- der Konzern die größenabhängige Befreiung des § 293 HGB in Anspruch nehmen kann;
- für keines der Tochterunternehmen eine Konsolidierungspflicht besteht;
- in einem mehrstufigen Konzern die Minderheitsgesellschafter die Erstellung eines Teilkonzernabschlusses verlangen und somit einen befreienden Konzernabschluß durch das übergeordnete Mutterunternehmen verhindern.

Der Ausweis von Verbundbeziehungen im Rahmen der einzelgesellschaftlichen Rechnungslegung wird somit von der Erfüllung bestimmter Tatbestände im Rahmen der Konzernrechnungslegung abhängig gemacht. Dies ist betriebswirtschaftlich unbefriedigend, da diese Konzernrechnungslegungsvorschriften zur Charakterisierung eines Unternehmensverbunds ungeeignet sind.

Verbesserungsvorschlag

(4) Eine Neufassung der handelsrechtlichen Verbunddefinition sollte in jene Richtung gehen, wie sie von KROPFF (B. 1986, S. 366) vorgezeichnet wurde:

Verbundene Unternehmen sind, unabhängig von der Rechtsform und dem Sitz der betroffenen Unternehmen,

- Mutter- und Tochterunternehmen, die i. S. d. § 290 Abs. 1 HGB unter einheitlicher Leitung zusammengefaßt sind;
- Mutter- und Tochterunternehmen, zwischen denen eine Stimmrechtsmehrheit i. S. d. § 290 Abs. 2 Nr. 1 HGB oder eine Beziehung i. S. d. § 290 Abs. 2 Nr. 2 oder 3 HGB besteht.

Alle mit einem Unternehmen nach (a) oder (b) verbundenen Unternehmen sind auch im Verhältnis zueinander verbundene Unternehmen.

(5) Bis zu einer bislang zeitlich noch nicht absehbaren gesetzlichen Neuregelung der Verbundbeziehungen wäre es unbefriedigend, wenn wesentliche Teile zweifelsfrei bestehender Verbundbeziehungen nicht als solche ausgewiesen werden würden. Die Vermögens-, Finanz- und Ertragslage eines Unternehmens würde dann u. U. unzutreffend dargestellt.

Es dürften daher keine Bedenken dagegen bestehen, in betriebswirtschaftlich eindeutigen Verbundfällen i. S. d. unter (4) genannten Kriterien die Beziehungen auch als solche kenntlich zu machen, obwohl eine wörtliche Auslegung des Gesetzestexts dem entgegensteht (so auch HOYOS, M./GUTIKE, H.-J., in: Beck Bil-Komm. 1999, § 271 HGB, Rn. 53). Denn es ist für die mit § 271 Abs. 2 HGB verfolgten »Publizitätsinteressen unerheblich, ob die Einbeziehung dieser Unternehmen in den (Teil-)Konzernabschluß (oder die Möglichkeit zur Erstellung eines befreienden Konzernabschlusses nach §§ 291, 292) an der Rechtsform des Mutterunternehmens, am Nichterreichen der in § 293 HGB definierten Größenmerkmale oder an sonstigen Sonderkonstellationen scheitert« (ULMER, P. 1987, S. 633). Hier dürfte die Generalnorm des § 264 Abs. 2 HGB, wonach der Jahresabschluß »unter Beachtung der Grundsätze ordnungsmäßiger Buchführung ein den tatsächlichen Verhältnissen entsprechendes Bild der Vermögens-, Finanz- und Ertragslage« vermitteln soll, höher zu bewerten sein als eine unvollständige und im Widerspruch zu dieser Generalnorm stehende Einzelvorschrift. Eine solche Vorgehensweise wäre nicht nur wünschenswert, sondern zu fordern. Jedoch wären in diesem Fall entsprechende Angaben im Anhang unverzichtbar.

2. Der Konzern als Zusammenschlußform

Der Konzern stellt eine alternative Form der unternehmerischen Zusammenarbeit dar (vgl. hierzu ausführlich Schubert, W./Küting, K. 1981, S. 239ff.). Auf die Grundlagen dieser Zusammenschlußform soll nun eingegangen werden.

2.1 Konzernbegriff

Rechtliche Selbständigkeit der Gliedbetriebe

Eine Unternehmung kann aus einem Betrieb oder mehreren Gliedbetrieben bestehen, wobei die Gliedbetriebe ihrerseits wieder rechtlich selbständig oder rechtlich unselbständig sein können. Eine Unternehmung, deren Gliedbetriebe alle rechtlich unselbständig sind, wird als Einheitsunternehmung oder Einheitsgesellschaft bezeichnet. Setzt sich eine Unternehmung hingegen aus mindestens zwei rechtlich selbständigen Gliedbetrieben zusammen, liegt der Unternehmenstyp des Konzerns vor.

Aufgabe wirtschaftlicher Unabhängigkeit

Durch die ausgeübte einheitliche Leitung, deren Grundlage in aller Regel eine Beteiligung und damit eine Kapitalverflechtung ist, verlieren die rechtlich selbständigen Einheiten ihre wirtschaftliche Unabhängigkeit. Es sind nach der aktienrechtlichen Terminologie Konzernunternehmen (vgl. § 18 AktG), während das HGB von Mutter- und Tochterunternehmen spricht (vgl. § 290 HGB). Der Konzern als Ganzes stellt vielmehr die Unternehmung dar.

Konzern als fiktives rechtliches Gebilde

Obwohl unter ökonomischen Gesichtspunkten als Unternehmung bezeichnet, ist der Konzern keine rechtliche Einheit. Das Gebilde Konzern hat somit keine eigene Rechtspersönlichkeit und ist rechtlich nicht existent. Es hat keine eigenen Organe wie Vorstand, Aufsichtsrat oder Hauptversammlung. Es nimmt keine Gewinnverwendung vor und hat auch keine Anteilseigner. Schließlich ist der Konzern kein Steuersubjekt. Vielmehr treten lediglich die einzelnen Konzernunternehmen als Gebilde mit eigenem Rechtsmantel in Erscheinung.

Derivative Konzernabschlußerstellung

Der Konzern hat auch keine eigene Buchführung bzw. kein eigenes Buchwerk. Vielmehr wird der Abschluß des fiktiven Gebildes Konzern aus den Einzelabschlüssen der Konzernunternehmen abgeleitet, die zwar wirtschaftlich abhängig, rechtlich jedoch selbständig sind. Die Einzelabschlüsse der Konzernunternehmen bilden die Ausgangsgrundlage zur Ableitung des Konzernabschlusses. Der Weg von diesen Einzelabschlüssen bis hin zum Konzernabschluß bildet den Gegenstand der Konsolidierung bzw. des Konsolidierungsprozesses.

Der Weg von den jeweiligen Einzelabschlüssen der einzelnen Tochterunternehmen bis hin zur Erstellung eines Konzernabschlusses kann demnach wie folgt dargestellt werden (Übersicht 6 modifiziert entnommen aus Kessler, H./Strickmann, M. 2000, Rn. 2484):

Übersicht 6: Prozeß der derivativen Konzernabschlußerstellung

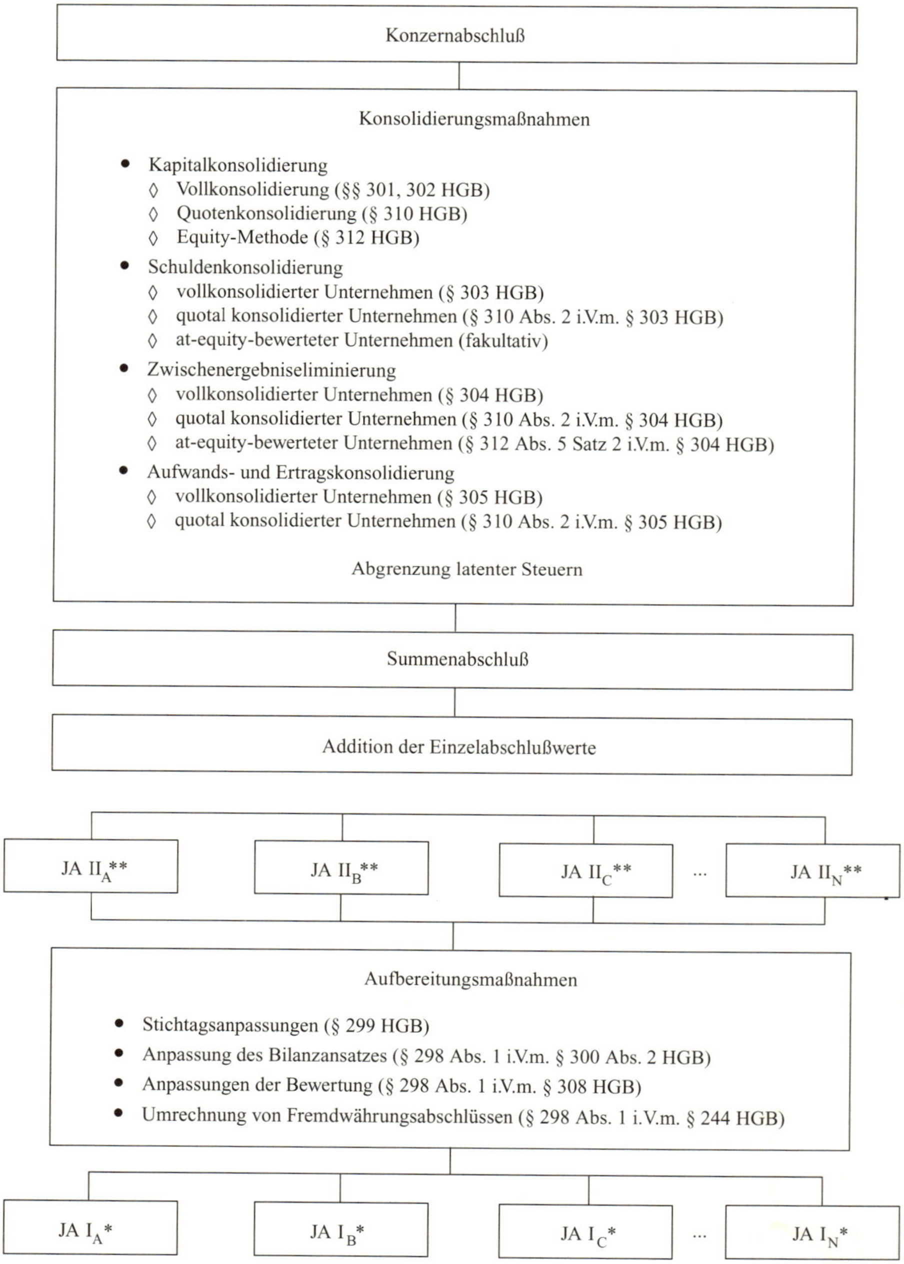

* Jahresabschluß I (Handelsbilanz I) des Unternehmens A, B, C, … N.
** Jahresabschluß II (Handelsbilanz II) des Unternehmens A, B, C, … N.

Weder die Größe des ökonomischen Potentials des sich aus mehreren rechtlich selbständigen Gliedbetrieben zusammensetzenden Gebildes noch die Anzahl oder die Rechtsform dieser Gliedbetriebe und der Zweck des Zusammenschlusses sind konstituierende Merkmale des Konzernbegriffs. Darüber hinaus ist es belanglos, auf welcher Grundlage die einheitliche Leitung ausgeübt wird und auf welchen Wegen ein Konzern zustande kommt. Allein entscheidend ist, daß mindestens zwei Unternehmen unter einheitlicher Leitung zusammengefaßt sind. Synonym zur einheitlichen Leitung wird im Unterordnungskonzern auch von einem tatsächlich ausgeübten beherrschenden Einfluß gesprochen.

Vorschriften im AktG und HGB

Das deutsche Handelsrecht enthält Vorschriften über den Konzern u.a. im AktG und HGB. Während das AktG in § 18 mit der tatsächlich ausgeübten einheitlichen Leitung eine eigene Definition des Konzernbegriffs enthält, verzichtet das HGB auf eine selbständige Begriffsbestimmung. Stattdessen werden dort für Zwecke der Konzernrechnungslegung die Begriffe des Mutter- und des Tochterunternehmens eingeführt und ein Konzern dann angenommen, wenn eines der in § 290 Abs. 1 und 2 HGB definierten Mutter-Tochter-Verhältnisse gegeben ist.

Begriffsursprung ›Konzern‹

Die ethymologische Quelle des Begriffs »Konzern« ist das Lateinische, »wo seit dem Spätlateinischen ›concernere‹ als zusammenfügen, vermischen, als Gegensatz zu ›secernere‹ im Sinne von trennen nachweisbar ist« (Ochs, D. 1976, S. 5). Im Englischen wird später der gleiche Wortstamm als »to concern = betreffen, angehen, interessieren bzw. substantivisch als Angelegenheit, Interesse, aber auch Geschäft, Firma« (Ochs, D. 1976, S. 6) gebraucht. Für Konzern wird im Englischen das Wort »group« verwendet, und der Konzernabschluß wird mit »consolidated financial statements« übersetzt.

Nebeneinander von Einzel- und Konzernabschluß

Der Konzern als eine einzige wirtschaftliche Einheit setzt sich aus mindestens zwei rechtlich selbständigen Unternehmen zusammen, denn die wirtschaftlich wie unselbständige Betriebsstätten zu betrachtenden Konzernunternehmen behalten auch weiterhin ihre eigene Rechtspersönlichkeit. »Diese Polarität zwischen der (wirtschaftlichen) Einheit und der (rechtlichen) Vielfalt ist das zentrale Problem des Konzerns im allgemeinen und der Konzernrechnungslegung im besonderen« (Steinbach, A. 1976, S. 2). Die Polarität wird z.B. dadurch offenkundig, daß es regelmäßig im Konzern zwei Arten von Jahresabschlüssen gibt. Einerseits erstellen die rechtlich selbständigen Konzernunternehmen auch weiterhin ihre Einzelabschlüsse und negieren im Rahmen ihrer einzelgesellschaftlichen Rechnungslegung weitgehend die Konzernzugehörigkeit. Andererseits verpflichtet der deutsche Gesetzgeber die Konzerne zur Konzernrechnungslegung und geht hier von der Leitidee der Einheitsunternehmung Konzern aus.

Vom Konzern unterscheidet sich

(1) die Fusion (Verschmelzung) dadurch, daß bei dieser Zusammenschlußform zumindest ein Unternehmen die rechtliche Selbständigkeit verliert;

(2) das Gemeinschaftsunternehmen durch die zumindest von zwei Gesellschafterunternehmen gemeinsam ausgeübte einheitliche Leitung;

(3) das assoziierte Unternehmen dadurch, daß hier lediglich ein maßgeblicher Einfluß und nicht – wie beim Konzern – ein beherrschender Einfluß ausgeübt wird.

2.2 Theorien und Aufgaben der Konzernrechnungslegung

2.2.1 Konsolidierungskonzepte

In der Literatur werden insbes. zwei Haupttheorien über den konsolidierten Jahresabschluß diskutiert, die auch in einer Kurzformel als Konsolidierungskonzepte bezeichnet werden.

Interessentheorie oder property-concept

Nach der Interessentheorie – auch property-concept genannt – wird die Bilanzierung allein aus der Sicht des Mutterunternehmens vorgenommen. Der Konzernabschluß wird als ein erweiterter Abschluß des Mutterunternehmens betrachtet. Nach diesem Konzept sind daher bei einer Beteiligung des Mutterunternehmens an einem Tochterunternehmen von weniger als 100% die Vermögensgegenstände und Schulden des Tochterunternehmens nur anteilig oder quotal in den Konzernabschluß zu übernehmen; auf andere Gesellschafter entfallende Anteile am Kapital eines so einbezogenen Unternehmens werden im Konzernabschluß nicht ausgewiesen. Dieses Konzept liegt der für Gemeinschaftsunternehmen gem. § 310 HGB zulässigen Quotenkonsolidierung zugrunde, hat im übrigen aber in Deutschland kaum eine Bedeutung erlangt. International – insbes. im angelsächsischen Raum – spielt dieses Konzept eine größere Rolle.

Allerdings ist darauf hinzuweisen, daß international noch zwei weitere Konzepte mit interessentheoretischen Ausprägungen

(1) das proprietary- oder auch parent-company concept und

(2) das parent-company-extension-concept

diskutiert werden (vgl. WEBER, C.-P. 1991, S. 14f.).

Einheitstheorie oder entity-concept

In Deutschland hat sich weitgehend die Einheitstheorie – auch entity-concept genannt – durchgesetzt. Auf der Grundlage der Einheitstheorie wird der Konzern nicht nur als wirtschaftliche, sondern auch als fiktive rechtliche Einheit betrachtet. Unter dieser Fiktion, die erhebliche formelle und materielle Auswirkungen auf die Gestaltung des Konzernabschlusses hat, werden die rechtlich selbständigen Konzernunternehmen als unselbständige Betriebe oder Betriebsabteilungen behandelt. Nach dem Grundsatz der Einheitstheorie werden alle Transaktionen zwischen den Konzernunternehmen als innerbetriebliche Lieferungs- oder Leistungsbeziehungen betrachtet; eine Gewinnrealisierung z. B. kann erst bei Veräußerung an Konzernfremde eintreten. Auf dieser Grundlage ist der Konzernabschluß »vergleichbar mit einer Quasi-Einzelbilanz aller zum Konzerngefüge gehörenden Betriebe insgesamt unter der Fiktion der Aufgabe ihrer rechtlichen Selbständigkeit, d.h. unter der Hypothese des völligen Zusammenschlusses aller Konzernbetriebe zu einem einzigen Unternehmen« (MÜNSTERMANN, H. 1958, S. 43). Diese Fiktion hat zur Folge, daß – ohne weitere rechtliche Konsequenzen – »der Konzernabschluß einem Abschluß eines rechtlich einheitlichen Unternehmens entspricht« (BUSSE VON COLBE, W. 1978, S. 94).

Gesetzliche Kodifizierung des Einheitsgrundsatzes

Im geltenden Konzernbilanzrecht ist der Einheitsgrundsatz, dessen theoretisches Fundament die Einheitstheorie ist, ausdrücklich genannt; denn gem. § 297 Abs. 3 Satz 1 HGB sind im Konzernabschluß die Vermögens-, Finanz- und Ertragslage der in die Konsolidierung einbezogenen Unternehmen so darzustellen, als ob die Konzernunternehmen insgesamt ein einziges Unternehmen bildeten. Damit kommt der Einheitstheorie – wie nachfolgend ausgeführt – eine ganz besondere Bedeutung zu:

(1) An dieser Theorie »hat sich nicht nur die Auslegung der einzelnen Konsolidierungsvorschriften, sondern auch ihre Beurteilung auszurichten« (BUSSE VON COLBE, W./CHMIELEWICZ, K. 1986, S. 332).

(2) Der Gesetzgeber unterstreicht damit, daß er »die Einheitstheorie nicht nur generell als Grundlage für die Konzernbilanzierung verstanden wissen will, sondern darüber hinaus auch als Leitlinie für die Beantwortung aller Einzelfragen, die im Gesetz nicht geregelt sind« (HAVERMANN, H. 1987, S. 177f.).

(3) »Daraus folgt, daß Zweifelsfragen grundsätzlich im Rahmen der Fiktion der wirtschaftlichen (und rechtlichen, d. Verf.) Einheit der einbezogenen Unternehmen zu lösen sind« (FÖRSCHLE, G./LUST, P./KRONER, M., in: Beck Bil-Komm. 1999, § 297 HGB, Rn. 142).

(4) COENENBERG faßt daher zutreffend zusammen:
»Die theoretische Basis und damit auch den übergeordneten Bezugspunkt für eine sachgerechte Lösung bei Zweifelsfragen im Rahmen der konsolidierten Rechnungslegung stellt die sog. ›Einheitstheorie‹ dar« (COENENBERG, A. G. 1989, S. 8). Die Einheitstheorie ist damit die »Gesamtkonzeption der Konzernrechnungslegungsvorschriften« (WP-HANDBUCH 2000, Bd. I, S. 929).

Die Einheitstheorie schlägt sich in einer Vielzahl von Einzelvorschriften nieder. Hierzu zählen bspw.:

(1) das Weltabschlußprinzip (vgl. § 294 Abs. 1 HGB);

(2) die Einheitlichkeit der Abschlußstichtage (vgl. § 299 Abs. 1 HGB);

(3) das Vollständigkeitsgebot (vgl. § 300 Abs. 2 HGB);

(4) die Vorschriften zur Kapitalkonsolidierung (vgl. § 301 HGB), Schuldenkonsolidierung (vgl. § 303 HGB), Zwischenergebniseliminierung (vgl. § 304 HGB) sowie zur Aufwands- und Ertragskonsolidierung (vgl. § 305 HGB) sowie

(5) der Grundsatz der konzerneinheitlichen Bewertung (vgl. § 308 HGB).

Ausnahmen von der Einheitstheorie

Demgegenüber existieren jedoch auch Konsolidierungsnormen, die der Einheitstheorie nicht entsprechen. Derartige Ausnahmen sind z.B.:

(1) die Konsolidierungsverbote und -wahlrechte (vgl. §§ 295 und 296 HGB);

(2) die Zulässigkeit abweichender Abschlußstichtage (vgl. § 299 Abs. 2 Satz 1 HGB);

(3) die Möglichkeit der erfolgsneutralen Verrechnung von Geschäfts- oder Firmenwerten aus der Kapitalkonsolidierung (vgl. § 309 Abs. 1 Satz 3 HGB);

(4) das Wahlrecht zur Einbeziehung von Gemeinschaftsunternehmen auf der Grundlage der Quotenkonsolidierung (vgl. § 310 HGB).

Allerdings ist zu beachten, daß diese Abweichungen – insbes. das Wahlrecht zur Quotenkonsolidierung – »keine bewußte Abkehr von der Einheitstheorie, sondern im wesentlichen das Ergebnis politischer Kompromisse« (WP-HANDBUCH 2000, Bd. I, S. 929) darstellen, die in der 7. EG-Richtlinie als Mitgliedstaatenwahlrechte formuliert sind und vom deutschen Gesetzgeber an die Unternehmen weitergegeben wurden. Infolgedessen ist festzustellen, daß mit den handelsrechtlichen Konzernrechnungslegungsvorschriften ein weiterer großer Schritt in Richtung einer Verwirklichung des Einheitsgedankens vollzogen wurde.

In den Konzernabschluß nach AktG 1965 durften nur Konzernunternehmen einbezogen werden. »Ein nahestehendes Unternehmen gehörte entweder zum Konzern, oder es wurde wie ein beliebiger anderer Marktpartner behandelt« (ORDELHEIDE, D. 1986, S. 497). Dadurch war sichergestellt, daß im Konzernabschluß auch nur solche Aktivitäten erfaßt wurden, die der Einheitsunternehmung Konzern zuzurechnen waren und die die Konzernleitung allein beherrschend beeinflussen konnte.

Das Kriterium des tatsächlich ausgeübten beherrschenden Einflusses ist nun nicht mehr alleinige Voraussetzung für eine Konsolidierung. Der Konzernabschluß nach geltendem Recht bildet nicht mehr nur die Einheit Konzern ab, sondern es wird »ein stufenweiser Übergang vom Kern der Unternehmensgruppe zur Umwelt unterstellt, der durch verschiedene Grade der Einflußnahme der Obergesellschaft auf andere Unternehmen gekennzeichnet ist« (BUSSE VON COLBE, W./CHMIELEWICZ, K. 1986, S. 326).

Neben Unternehmen, die durch eine tatsächlich ausgeübte einheitliche Leitung miteinander verbunden sind, unterliegen gem. § 290 Abs. 2 HGB auch solche

Unternehmen der Einbeziehungspflicht, bei denen – vereinfacht formuliert – nur die Möglichkeit der Beherrschung vorliegt. Weiterhin können Gemeinschaftsunternehmen auf der Grundlage der Quotenkonsolidierung einbezogen werden; assoziierte Unternehmen sind auf der Grundlage der Equity-Methode zu berücksichtigen.

Erweiterung des Konzepts der einheitlichen Leitung

Im Konzernabschluß können damit gleichzeitig solche Unternehmen erfaßt sein, die der Konzern

(1) tatsächlich allein beherrschend beeinflußt oder

(2) allein beherrschend beeinflussen könnte oder

(3) nur mit anderen Unternehmen gemeinsam beeinflußen kann oder

(4) lediglich maßgeblich beeinflußt.

Somit ist der deutsche Gesetzgeber »von dem theoretisch richtigen Konzept der Abgrenzung des Konsolidierungskreises mit Hilfe des Kriteriums der einheitlichen Leitung« (Havermann, H. 1987, S. 179) in wesentlichen Fällen abgewichen. Der Konzernabschluß gibt nunmehr nicht nur Auskunft über die wirtschaftliche und fiktive rechtliche Einheit Konzern, sondern stellt darüber hinausgehend einen Abschluß »über die Einflußsphäre des Konzerns« (Eisele, W./Rentschler, K. 1989, S. 311) dar.

2.2.2 Zwecke des Konzernabschlusses

Konzernabschluß als Informations-, Dokumentations- und Entscheidungsinstrument

Der Konzernabschluß stellt vor allem ein Informations-, Dokumentations- und Entscheidungsinstrument dar. Er soll gem. § 297 Abs. 2 Satz 2 HGB »unter Beachtung der Grundsätze ordnungsmäßiger Buchführung ein den tatsächlichen Verhältnissen entsprechendes Bild der Vermögens-, Finanz- und Ertragslage des Konzerns vermitteln«.

Ausgangspunkt der Konzernrechnungslegung sind bislang noch die Einzelabschlüsse der in die Konsolidierung einbezogenen Unternehmen; diese Einzelabschlüsse bilden sozusagen die Bausteine des Konzernabschlusses. Die Konsolidierung stellt aber mehr dar als die bloße Addition der Einzelabschlüsse zum Konzernabschluß; denn die »geschäftlichen Beziehungen zwischen den einzelnen Konzernunternehmen, namentlich der Lieferungs- und Leistungsverkehr zwischen ihnen, sind, da sie von der Konzernleitung gesteuert werden können, wirtschaftlich anders zu beurteilen als die geschäftlichen Beziehungen zwischen nicht nur rechtlich, sondern auch wirtschaftlich selbständigen Unternehmen« (Kropff, B. 1965, S. 436). Ganz generell stellen sich viele Sachverhalte aus Konzernsicht ganz anders dar, als sie in den Einzelabschlüssen zu beurteilen waren.

Aufgabe des Konzernabschlusses ist es nun, unter Ausschaltung aller innerkonzernlichen Beziehungen die Vermögens-, Finanz- und Ertragslage der Einheitsunternehmung Konzern darzustellen. Hier wird deutlich, daß zwischen dem Zweck des Konzernabschlusses und dem sog. Konsolidierungskonzept eine enge Beziehung besteht; denn die Art und Weise der Zweckerfüllung wird maßgeblich von dem zur Anwendung gelangenden Konsolidierungskonzept bestimmt.

Externe Berichtsempfänger des Konzernabschlusses

Externe Berichtsempfänger sind vor allem die derzeitigen und potentiellen Anteilseigner von Mutter- und Tochterunternehmen, die Gläubiger sowie die Arbeitnehmer des Konzerns, aber auch Lieferanten und die Öffentlichkeit. Diese Interessenten betrachten den Konzernabschluß im Rahmen seiner Informationsfunktion als »Einzelabschluß des Konzerns« (MÜLLER, E. 1983, S. 218). So werden die Anteilseigner sowohl des Mutter- als auch der Tochterunternehmen ihre zukünftige Beteiligung von dem Konzernergebnis und weniger von den Einzelergebnissen abhängig machen. Gleichzeitig gibt der Konzernabschluß den potentiellen und tatsächlichen Gläubigern Informationen über den Kreditbedarf und die darauf möglichen Sicherheiten, aber auch über evtl. bereits in anderen Konzernunternehmen bestehende Kreditverbindlichkeiten.

Interne Bilanzadressaten des Konzernabschlusses

Interner Bilanzadressat ist insbes. die Konzernleitung, die zusammen mit der Geschäftsführung der Tochterunternehmen eine weitere Interessentengruppe darstellt. Der Konzernabschluß stellt hier – im Zusammenhang mit weiteren internen Rechenwerken – ein wichtiges Entscheidungs- und Führungsinstrument dar.

Ausschüttungsbemessungsgrundlage

Obwohl im Konzernabschluß regelmäßig ein Konzerngewinn ausgewiesen wird und auch Rücklageneinstellungen bzw. -entnahmen vorgenommen werden, bildet der Konzernabschluß – anders als der Einzelabschluß – formalrechtlich nicht die Grundlage der Gewinnverwendung. Infolgedessen bedarf der Konzernabschluß keiner Feststellung durch Vorstand und Aufsichtsrat oder die Haupt- bzw. Gesellschafterversammlung, sondern es genügt die Vorlage an den Aufsichtsrat und die Haupt- bzw. Gesellschafterversammlung des Mutterunternehmens (vgl. § 337 AktG und § 42a GmbHG). Gleichwohl steht dem nicht entgegen, daß der Konzernerfolg als (ein) Entscheidungskriterium insbes. bei der Beurteilung der Angemessenheit der Gewinnausschüttungen des Mutterunternehmens herangezogen wird, bspw. um die Ausschüttung von aus Konzernsicht noch nicht realisierten Gewinnen zu vermeiden (vgl. WP-HANDBUCH 2000, Bd. I, S. 927).

Besteuerungsgrundlage

Darüber hinaus dient der handelsrechtliche Konzernabschluß bislang – zumindest in der Bundesrepublik Deutschland – nicht als Grundlage der Besteuerung. Steuersubjekt ist nicht der Konzern, sondern sind vielmehr die einzelnen rechtlich selbständigen Konzernunternehmen; denn »solange Unternehmen, die sich in irgendeiner Form zusammengeschlossen haben, ihre rechtliche Selbständigkeit nicht aufgeben, erfolgt die Besteuerung jedes Unternehmens nach den normalen Vorschriften für Kapitalgesellschaften und Personenunternehmen« (WÖHE, G., in: KÜTING/WEBER 1998, Kap. II, Rn. 154). Dabei versteht es sich von selbst, daß die isolierte Besteuerung der Konzernunternehmen insgesamt zu anderen Belastungen führt als die Besteuerung der fiktiven Einheitsunternehmung Konzern.

Insbes. in letzter Zeit werden die Fragen wieder verstärkt diskutiert, ob der Konzernabschluß nicht auch für eine Gewinnverwendung und für eine eigene Konzernbesteuerung herangezogen werden sollte. Grundlage für eine zukünftige Konzernbesteuerung im Rahmen der EWG ist die Konzernbesteuerungsrichtlinie vom 23. Juli 1990 (90/435/EWG; ABl. Nr. L 225/6), die zur Verminderung der Doppelbesteuerung von Gewinnen eine gemeinsame Besteuerung von Mutter- und Tochterunternehmen vorsieht. Wann eine Transformation dieser Richtlinie in deutsches Recht erfolgen wird, ist indessen noch nicht abzusehen. Auf Dauer wird sich der deutsche Gesetzgeber dieser Diskussion jedoch nicht verschließen können.

2.3 Konzernarten

Da der Konzern ein komplexes und vielschichtiges Gebilde darstellt, kann eine Systematisierung der Konzernarten – je nach dem gewählten Blickwinkel – nach verschiedenen, nicht überschneidungsfreien Einteilungskriterien vorgenommen werden (vgl. Übersicht 7):

(1) Unterteilungskriterium ist zunächst die Grundlage zur Ausübung der einheitlichen Leitung und damit das Mittel der Beherrschung. Wird die einheitliche Leitung auf der Grundlage eines Beherrschungsvertrags (vgl. § 291 AktG) ausgeübt, liegt ein sog. Vertragskonzern vor. Ist ein Unternehmen in ein anderes Unternehmen eingegliedert (vgl. § 319 AktG), ist es üblich, von einem sog. Eingliederungskonzern zu sprechen, obwohl die Eingliederung nach der Systematik des deutschen Konzernrechts eine eigenständige Zusammenschlußform darstellt (vgl. Schubert, W./ Küting, K. 1981, S. 310ff.).

    Liegt weder ein Beherrschungsvertrag noch eine Eingliederung vor und wird gleichwohl eine einheitliche Leitung ausgeübt, hat sich für diese Form der Konzernierung der Begriff faktischer Konzern durchgesetzt.

    Da mit diesen drei Konzernformen die unterschiedlichsten Weisungsrechte sowie Gläubiger- und Minderheitenschutzvorschriften verbunden sind, wird in diesem Zusammenhang auch von der Einteilung nach der »Intensität der Abhängigkeit« (Emmerich, V./Sonnenschein, J. 1993, S. 26) gesprochen.

(2) Das Aktiengesetz unterscheidet zwischen einem sog. Unterordnungskonzern oder auch Subordinationskonzern (vgl. § 18 Abs. 1 AktG) und einem sog. Gleichordnungskonzern oder auch Koordinationskonzern (vgl. § 18 Abs. 2 AktG). Während im Rahmen des in Deutschland eindeutig dominierenden Unterordnungskonzerns die Konzernunternehmen in einem Abhängigkeitsverhältnis (vgl. § 17 AktG) stehen und auf diesem Wege im

Verhältnis zueinander unter- bzw. übergeordnet sind, stehen im Gleichordnungskonzern rechtlich selbständige Unternehmen gleicher Stufe unter einheitlicher Leitung, ohne daß ein Abhängigkeitsverhältnis zwischen den einzelnen Konzernunternehmen vorliegt.

(3) Hinsichtlich der Gestaltung des Leistungsprogramms kann zwischen einem horizontalen, vertikalen oder einem heterogenen Konzern, der auch als lateral, gemischt, konglomerat oder diagonal bezeichnet wird, unterschieden werden. Ein horizontaler Konzern ist dadurch charakterisiert, daß solche Unternehmen zusammengeschlossen sind, die gleiche oder ähnliche Güter herstellen oder absetzen. Ein vertikaler Konzern umfaßt Unternehmen verschiedener Produktions- und Handelsstufen, während schließlich der heterogene Konzern den Zusammenschluß solcher Unternehmungen darstellt, deren Leistungen in keiner Beziehung zueinander stehen. Die Situation, daß ein Konzern in der Wirtschaftspraxis einer dieser drei Kategorien in einer eindeutigen Weise zugeordnet werden kann, dürfte den Ausnahmefall darstellen; vielmehr wird ein Konzern gleichzeitig in mehrere der genannten Richtungen expandieren. Der Zweck der hier vorgenommenen Einteilung ist unter diesem Aspekt darin zu sehen, die Grund- und Hauptstrukturen eines Konzerns in bezug auf die Leistungsbreite und Leistungstiefe als die beiden Strukturkomponenten der Konzerntätigkeit zu charakterisieren.

(4) Hinsichtlich der Delegation von Leitungsmacht kann zwischen einem zentralen und einem dezentralen Konzern unterschieden werden.

Im zentralen Konzern behält sich die Konzernleitung im Extremfall jedwede Leitungsmacht vor, während im dezentralen Konzern die Leitungsmacht in einem mehr oder minder starken Umfang auf die einzelnen Konzernuntergesellschaften übertragen wird.

(5) Ein einstufiger Konzern ist gegeben, wenn nur das Mutterunternehmen als herrschendes Unternehmen direkt und unmittelbar den beherrschenden Einfluß gegenüber anderen Konzernunternehmen ausübt. Sind hingegen zwischen der Konzernleitung und den Konzernunternehmen noch weitere Konzernunternehmen in Form sog. Zwischenholdings geschaltet, liegt ein mehrstufiger Konzern vor. Ein mehrstufiger Konzern ist folglich dadurch charakterisiert, daß einem unmittelbaren Mutter-Tochter-Verhältnis noch zumindest eine weitere Konzernstufe nachgeschaltet ist und somit auch mittelbare Konzernbeziehungen bestehen. Es kann in diesem Fall je nach Konzernaufbau ein zwei- oder mehrstufiger Konzern vorliegen.

(6) Hinsichtlich der räumlichen oder geographischen Struktur des Konzerns wird unterschieden, ob die einzelnen Gliedbetriebe räumlich eng zusammen strukturiert werden sollen (agglomerierter Konzerntyp) oder ob die einzelnen Gliedbetriebe räumlich weit auseinander zu errichten sind (deglomerierter Konzerntyp).

(7) Unterhält der Staat (Bund, Länder und Kommunen) die Mehrheit an einer Muttergesellschaft, ist ein Staatskonzern gegeben; ansonsten liegt ein Privatkonzern vor. Als Beispiele bedeutender Staatskonzerne seien für die Vergangenheit folgende Unternehmen genannt:

- DEUTSCHE BAHN AG, Berlin/Frankfurt (Bundesanteil 100%),
- DEUTSCHE POST AG, Bonn (Bundesanteil 100%).

(8) Unterhält eine Privatperson oder eine Familiengruppe eine Mehrheit an dem Mutterunternehmen, kann dieser Konzern als Mehrheitskonzern bezeichnet werden. Je weiter die Anteile einer Unternehmung hingegen gestreut sind, um so eher ist dieser Konzerntyp als Aktionärs- oder Publikumskonzern zu charakterisieren.

(9) Je mehr Produktionsstätten ein Konzern im Ausland unterhält und je höher der Anteil der Auslandsproduktion an der Gesamtproduktion eines Konzerns ist, um so eher wird von einem internationalen oder multinationalen Konzern zu sprechen sein; ansonsten ist der Konzern als national zu bezeichnen. Welche Bedingungen im einzelnen gegeben sein müssen, um den Tatbestand des multinationalen Konzerns zu erfüllen, ist in der Literatur strittig. Hier wird die auch in der Literatur vertretene Ansicht geteilt, daß von einem multinationalen Konzern gesprochen werden kann, wenn:

- die Auslandsaktivitäten des Konzerns mindestens in sechs Ländern entfaltet werden,
- wenigstens 25% der Gesamtinvestitionen eines Konzerns auf die Auslandsinvestitionen entfallen und zugleich eine Auslandsproduktion von mindestens 25% der Gesamtproduktion erzielt wird.

(10) Aus der unterschiedlichen Art ihrer historischen Entwicklung kann zwischen einem Personal- und einem Realkonzern unterschieden werden. Dabei ist ein Personalkonzern dadurch charakterisiert, daß er von einer einzigen Persönlichkeit gegründet und auch entsprechend gestaltet und geführt wird, so daß er sehr stark von dieser Persönlichkeit das Gepräge erhält und mit ihr sehr eng verknüpft ist (Beispiele: Stinnes, Flick, Thyssen). Realkonzerne sind vorwiegend aus sachlichen Notwendigkeiten auf Grund von Gemeinschaftsüberlegungen entstanden. Die Unterteilung in Personal- und Realkonzerne ist nicht operational, beruht auf historischen Entwicklungen und ist in der heutigen Wirtschaftspraxis – wenn überhaupt – nur in einem geringen Umfange zur Charakterisierung einzelner Konzerntypen geeignet. Sie wurde lediglich aus Vollständigkeitsgründen aufgeführt, da sie auch heute noch in der Literatur zum Konzernbegriff vorzufinden ist.

(11) Beim Holdingkonzern ist die Geschäftstätigkeit des Mutter-(Spitzen-) Unternehmens vorwiegend oder ausschließlich auf den Erwerb und die Verwaltung von auf Dauer angelegten Beteiligungen an anderen Unter-

nehmen gerichtet. Im Stammhauskonzern ist das Mutterunternehmen im Produktionsbereich tätig und zugleich das wirtschaftlich dominante Unternehmen im Konzern.

Übersicht 7: Systematisierung verschiedener Konzernarten

Einteilungskriterien	Konzernarten		
(1) Mittel der Beherrschung	Faktischer Konzern	Vertragskonzern	Eingliederungskonzern
(2) Über-/Unter- oder Gleichordnung der Konzernunternehmen	Unterordnungskonzern (Subordinationskonzern)	Gleichordnungskonzern (Koordinationskonzern)	–
(3) Leistungsprogramm	Horizontaler Konzern	Vertikaler Konzern	Heterogener Konzern (gemischter, konglomerater, diagonaler, lateraler Konzern)
(4) Delegation der Leitungsmacht	Zentraler Konzern	Dezentraler Konzern	–
(5) Anzahl der Konzernstufen	Einstufiger Konzern	Mehrstufiger Konzern	–
(6) Räumliche Struktur der Konzernunternehmen	Agglomerierter Konzern	Deglomerierter Konzern	–
(7) Person der Anteilseigner	Privatkonzern	Staatskonzern	–
(8) Verteilung der Anteile	Mehrheitskonzern	Publikumskonzern (Aktionärskonzern, anonymer Konzern)	–
(9) Umfang der Auslandsaktivitäten	Nationaler Konzern	Internationaler Konzern (multinationaler Konzern)	–
(10) Art der historischen Entstehung	Personalkonzern	Realkonzern	–
(11) Funktionen des Mutterunternehmens	Holdingkonzern	Stammhauskonzern	–

2.4 Zur Bedeutung der Konzernrechnungslegung

Im Zuge der Harmonisierung des Europäischen Bilanzrechts wurden grundlegende Mängel der Konzernrechnungslegung im Rahmen des AktG 1965 beseitigt. Als Beispiele sind die Aufhebung des Maßgeblichkeitsprinzips der Einzelabschlüsse für den Konzernabschluß sowie die Einführung des Weltabschlusses anzuführen. Nicht zuletzt diese Neuerungen in zentralen Bereichen der konsolidierten Rechnungslegung haben dazu geführt, daß die Bedeutung des

Konzernabschlusses im Vergleich zur einzelgesellschaftlichen Rechnungslegung eine enorme Aufwertung erfuhr.

2.4.1 Zunehmende Anzahl von Konzernabschlüssen

Während auf der Grundlage des AktG 1965 ca. 700 bundesdeutsche Konzerne einen Konzernabschluß im Bundesanzeiger veröffentlichten, ist die Zahl nunmehr auf ca. 1100 angestiegen. Der Grund hierfür ist insbes. darin zu sehen, daß als Folge der Transformation der 7. EG-Richtlinie in deutsches Recht auch der sog. GmbH-Konzern zur Konzernrechnungslegung verpflichtet ist. Allerdings kann davon ausgegangen werden, daß nur die wenigsten GmbH-Konzerne, die einen Konzernabschluß veröffentlichen müssen, ihrer Publizitätspflicht auch tatsächlich nachkommen.

Mit Blick auf die strengeren Sanktions- und Offenlegungsvorschriften durch das KapCoRiLiG bleibt abzuwarten, inwieweit die Zahl der Unternehmen, die ihrer Publizitätspflicht tatsächlich nachkommt, ansteigen wird.

Ausweitung durch die Änderungen des KapCoRiLiG

Eine weitere Ausweitung der konzernabschlußpflichtigen Unternehmen ist durch die Änderungen im Rahmen des KapCoRiLiG zu erwarten. Neben der Tatsache, daß durch die Umklassifizierung bestimmter Personenhandelsgesellschaften nach § 264a HGB die Regelungen der §§ 264ff. HGB und somit auch die Vorschriften der §§ 290ff. HGB nun auch auf diese Unternehmen anzuwenden sein sollen, stellt die geplante Halbierung der Größenklassen des § 293 HGB für Berichtsjahre, die nach dem 31.12.1999 enden, eine erhebliche Erweiterung des Kreises der aufstellungspflichtigen Konzerne dar (vgl. hierzu m.w.N. Zwirner, C. 1999, S. 879–884). Auf die beabsichtigten Änderungen der Größenkriterien des § 293 HGB wird an späterer Stelle detaillierter eingegangen (vgl. Gliederungspunkt 3.3.2.2.4).

Üblicherweise verbindet sich mit dem Konzernbegriff ein Großgebilde. Es ist jedoch zu beachten, daß »auch kleine und mittlere Unternehmen heute als Konzern organisiert sind oder eine Gruppe bilden« (Schneider, U. H. 1989, S. 1990). Daraus erklärt sich, daß die Strukturform des Konzerns häufig auch bei diesen Größenklassen anzutreffen ist. Die erwähnten Änderungen der Größenkriterien durch das KapCoRiLiG werden zur Folge haben, daß zukünftig auch mehr kleine und mittlere Konzerne (i. S. v. § 293 HGB vor den Änderungen des KapCoRiLiG) einen Konzernabschluß erstellen und offenlegen müssen.

Konzernierungsgrad nimmt zu

Wird berücksichtigt, daß auch die Zahl der einbeziehungspflichtigen Tochterunternehmen, Gemeinschaftsunternehmen und assoziierten Unternehmen erheblich zugenommen hat, dann belegt diese Aussage, daß dem Grunde nach ein großer Teil aller deutschen Unternehmen in irgendeiner Weise von der Konzernrechnungslegung betroffen ist (vgl. Ordelheide, D. 1986a, S. 293ff.).

Teilkonzern-abschlüsse auf freiwilliger Basis

Ferner ist zu beachten, daß in zahlreichen Konzernen auf freiwilliger Basis Teilkonzernabschlüsse erstellt und veröffentlicht werden. So werden z.B. im RUHRKOHLE-Konzern neben dem RUHRKOHLE-Konzernabschluß auch von der RÜTGERS AG, dem ESCHWEILER-BERGWERKSVEREIN, der STEAG AG und der RUHRKOHLE-HANDEL GmbH Teilkonzernabschlüsse veröffentlicht.

Konzernabschluß im Rahmen der Kreditvergabe

Schließlich ist erwähnenswert, daß die Banken im Rahmen der Kreditvergabe immer stärker auf die Erstellung von freiwilligen Konzernabschlüssen drängen, und auch Minderheits-Anteilseigner sowie nicht an der Geschäftsführung beteiligte Eigentümer legen immer größeren Wert auf eine Konzernrechnungslegung.

Hinsichtlich der Frage, welche Bedeutung die Konzernrechnungslegung in Deutschland besitzt oder noch erreichen wird, sollte daher nicht nur auf die gesetzlich erzwungenen, sondern auch auf die freiwillig erstellten Konzernabschlüsse abgestellt werden.

2.4.2 Aufwertung des Konzernabschlusses zum Objekt der Bilanzpolitik

Während sich auf der Grundlage des AktG 1965 die Konsolidierung lediglich als eine bloße Zusammenfassung der Einzelabschlüsse zum Summenabschluß sowie einer sich daran anschließenden Eliminierung konzerninterner Vorgänge darstellte, wird auf der Grundlage des aktuellen Konzernbilanzrechts der Konsolidierungsvorgang ganz wesentlich aufgewertet.

Eigenständige Konzernbilanz-politik

Zunächst ist festzustellen, daß die Möglichkeiten einer Konzernbilanzpolitik erheblich zugenommen haben. Möglichkeiten zur zweckorientierten Gestaltung von Konzernabschlüssen ergeben sich bereits bei der Aufstellung der Einzelabschlüsse, der Erstellung der sog. Handelsbilanzen II und im Zuge des Konsolidierungsprozesses selbst.

Ganz besonders sei auf nachfolgende Aspekte hingewiesen:

(1) Das bilanzpolitische Instrumentarium des Einzelabschlusses kann vollständig auch für Konzernabschlußzwecke eingesetzt werden, und zwar auch anders als im Einzelabschluß sowohl aller Tochterunternehmen als auch des Mutterunternehmens selbst, so daß derselbe Sachverhalt im Einzel- und Konzernabschluß unterschiedlich dargestellt werden kann. In diesem Zusammenhang wird auf Gliederungspunkt 6 (1. Abschn., 1. Kap.) verwiesen. Dort wird gezeigt, wie eine eigenständige Konzernbilanzpolitik umgesetzt werden kann.

(2) Den Bilanzierenden stehen bedeutende Wahlrechte im Rahmen der Konsolidierung zur Verfügung, so daß das konzernspezifische bilanzpolitische Instrumentarium erheblich erweitert wurde.

(3) Zahlreiche wichtige Konsolidierungsfragen sind im Gesetz nicht geklärt. Gleichwohl werden bei der Diskussion dieser Konsolidierungsfragen die

unterschiedlichsten Konsolidierungstechniken erörtert und damit alternative Lösungswege eröffnet.

(4) Das Konzernbilanzrecht beinhaltet zahlreiche Vorschriften, in denen der Gesetzgeber sog. unbestimmte Rechtsbegriffe verwendet. So sind z.B. die Begriffe »der geringen oder besonderen Bedeutung« bzw. »einer wesentlichen oder nachhaltigen Beeinträchtigung« recht häufig zu finden und eröffnen damit einen erheblichen Interpretationsspielraum für die Bilanzierenden.

Nicht zuletzt diese vier Gründe haben dazu geführt, daß die Konsolidierung mehr darstellt als eine bloße Anwendung von Konsolidierungstechniken. Da die Möglichkeiten zur Konzernbilanzpolitik wesentlich zugenommen haben, tritt damit auch immer stärker die zweckorientierte Beeinflussung und Gestaltung des Konzernabschlusses in den Vordergrund. Dies bedeutet aber auch gleichzeitig, daß die externe Unternehmensbeurteilung »im zwischenbetrieblichen Vergleich problematischer« (MÜLLER, H. 1988, S. 152) wird.

1. Der Konzern als eine einzige wirtschaftliche Einheit setzt sich aus mindestens zwei rechtlich selbständigen Gebilden zusammen. Durch die ausgeübte einheitliche Leitung verlieren die rechtlich selbständigen Einheiten ihre wirtschaftliche Unabhängigkeit.
2. Die Konzernrechnungslegung basiert auf der Einheitstheorie. Die Fiktion der rechtlichen Einheit führt dazu, daß trotz bestehender rechtlicher Selbständigkeit der einzelnen Unternehmen diese aus Konzernsicht wie unselbständige Betriebsstätten behandelt werden. Die Einheitstheorie dient als Leitlinie für die Beantwortung von im Gesetz nicht explizit geregelten Einzelfragen; gleichwohl wird sie auch im neuen Konzernbilanzrecht nicht konsequent verwirklicht.
3. Das Gebilde Konzern hat keine eigene Rechtspersönlichkeit und dementsprechend auch keine eigenen Organe. Es nimmt keine Gewinnverwendung vor und hat weder Anteilseigner noch ist es Steuersubjekt.
4. Im Konzernabschluß werden nunmehr Unternehmensaktivitäten zusammengefaßt, die durch verschiedene Grade der Einflußnahme des Mutterunternehmens gekennzeichnet sind.
5. Der Konzernabschluß stellt ein Informations-, Dokumentations- und Entscheidungsinstrument dar, das sich sowohl an externe Berichtsempfänger (Anteilseigner an Mutter- und Tochterunternehmen, Gläubiger, Lieferanten, Arbeitnehmer des Konzerns) als auch an interne Bilanzadressaten (Konzernleitung) wendet.

6. Die Möglichkeiten zur Konzernbilanzpolitik haben wesentlich zugenommen. Damit tritt immer stärker die zweckorientierte Beeinflussung und Gestaltung des Konzernabschlusses in den Vordergrund.
7. Durch die Einführung des § 264a HGB respektive Änderung des § 293 HGB durch das KapCoRiLiG wird der Umfang an rechnungslegungspflichtigen Konzernen in Deutschland zunehmen.

3. Pflicht zur Konzernrechnungslegung

3.1 Grundlagen

Nach dem Vorbild der für Kapitalgesellschaften geltenden Regelung zur Aufstellung eines Einzelabschlusses (vgl. § 264 Abs. 1 HGB) umfaßt der Konzernabschluß die Konzernbilanz, die Konzern-GuV und den Konzernanhang. Diese bilden zusammen eine Einheit (vgl. § 297 Abs. 1 HGB bzw. § 13 Abs. 2 Satz 1 PublG i.V.m. § 297 Abs. 1 HGB). Des weiteren tritt der Konzernlagebericht als selbständiger Teil neben den Konzernabschluß.

Bevor nunmehr im weiteren Verlauf des Ersten Abschnitts auf die einzelnen Vorschriften zur Konzernrechnungslegung nach HGB eingegangen werden soll, wird vorab ein Überblick über die einzelnen Titel des Zweiten Unterabschnitts im Zweiten Abschnitt des Dritten Buches des HGB gegeben (Abbildung entnommen aus Baetge, J./Kirsch, H.-J./Thiele, S. 2000, S. 19).

Übersicht 8: Übersicht über die Konzernrechnungslegungsvorschriften nach HGB

Titel des Zweiten Unterabschnitts im Zweiten Abschnitt des Dritten Buches des HGB (Konzernabschluss und Konzernlagebericht)	**Vorschriften des HGB** **§-Nr.**	 **Überschrift der Vorschrift**
Erster Titel Anwendungsbereich	§ 290: § 291: § 292: § 292a: § 293:	Pflicht zur Aufstellung Befreiende Konzernabschlüsse und Konzernlageberichte Rechtsverordnungsermächtigung für befreiende Konzernabschlüsse und Konzernlageberichte Befreiung von der Aufstellungspflicht Größenabhängige Befreiungen
Zweiter Titel Konsolidierungskreis	§ 294: § 295: § 296:	Einzubeziehende Unternehmen. Vorlage- und Auskunfspflichten Verbot der Einbeziehung Verzicht auf die Einbeziehung
Dritter Titel Inhalt und Form des Konzernabschlusses	§ 297: § 298: § 299:	Inhalt Anzuwendende Vorschriften. Erleichterungen Stichtag für die Aufstellung

Übersicht 8: Übersicht über die Konzernrechnungslegungsvorschriften nach HGB (Forts.)	
Vierter Titel Vollkonsolidierung	§ 300: Konsolidierungsgrundsätze, Vollständigkeitsgebot § 301: Kapitalkonsolidierung § 302: Kapitalkonsolidierung bei Interessenzusammenführung § 303: Schuldenkonsolidierung § 304: Behandlung der Zwischenergebnisse § 305: Aufwands- und Ertragskonsolidierung § 306: Steuerabgrenzung § 307: Anteile anderer Gesellschafter
Fünfter Teil Bewertungsvorschriften	§ 308: Einheitliche Bewertung § 309: Behandlung des Unterschiedsbetrags
Sechster Titel Anteilmäßige Konsolidierung	§ 310: (Quotenkonsolidierung)
Siebenter Titel Assoziierte Unternehmen	§ 311: Definition, Befreiung § 312: Wertansatz der Beteiligung und Behandlung des Unterschiedsbetrags
Achter Titel Konzernanhang	§ 313: Erläuterung der Konzernbilanz und der Konzern-Gewinn- und Verlustrechnung, Angaben zum Beteiligungsbesitz § 314: Sonstige Pflichtangaben
Neunter Titel Konzernlagebericht	§ 315: (Konzernlagebericht)

3.2 Pflicht zur Aufstellung von Konzernabschlüssen und Konzernlageberichten

Allgemeine Aufstellungspflicht

Die allgemeine Verpflichtung zur Erstellung eines Konzernabschlusses und Konzernlageberichts ist für inländische Kapitalgesellschaften in § 290 Abs. 1 und 2 HGB und für Unternehmen anderer Rechtsformen in §§ 11ff. PublG gesetzlich geregelt. Die Konzernrechnungslegungsvorschriften des PublG verweisen dabei weitestgehend auf die Regelungen der §§ 290ff. HGB. Daneben sind – unabhängig von Größe und Rechtsform – gem. § 340i Abs. 1 HGB Kreditinstitute sowie »Mutterunternehmen, deren einziger Zweck darin besteht, Beteiligungen an Tochterunternehmen zu erwerben sowie die Verwaltung und Verwertung dieser Beteiligungen wahrzunehmen, sofern die Tochterunternehmen ausschließlich oder überwiegend Kreditinstitute sind« (§ 340i Abs. 3 HGB), verpflichtet, einen Konzernabschluß und Konzernlagebericht aufzustellen. Entsprechendes gilt gem. § 341i Abs. 1 HGB für Versicherungsunternehmen respektive gem. § 341i Abs. 2 HGB für Mutterunternehmen, deren alleiniger oder wesentlicher Zweck auf den Erwerb, die Verwaltung sowie die Herstellung der Profitabilität von Beteiligungen an Tochterunternehmen, die ausschließlich oder überwiegend Versicherungsunternehmen sind, gerichtet ist. Auch die für Kreditinstitute und Versicherungsunternehmen geltenden Vorschriften verweisen hinsichtlich der Ausgestaltung des Konzernabschlusses und Konzernlageberichtes im wesentlichen auf die §§ 290ff. HGB; auf branchenspezifische Besonderheiten wird im folgenden nicht eingegangen.

Ausweitung der Anwendung der Vorschriften der §§ 290ff. HGB durch das KapCoRiLiG

Durch die Verabschiedung des KapCoRiLiG im März 2000 werden eine Reihe von zuvor noch nach dem PublG konzernabschlußpflichtigen Unternehmen zukünftig durch das HGB zur Konzernrechnungslegung verpflichtet. Auf die Änderungen, die sich durch das KapCoRiLiG im einzelnen ergeben, wird in den folgenden Ausführungen an der jeweiligen Stelle verwiesen.

Konzernabschlußpflicht gem. § 290 HGB

Den handelsrechtlichen Voraussetzungen, die eine Aufstellungspflicht begründen, liegen zwei unterschiedliche Konzeptionen zugrunde. Während § 290 Abs. 1 HGB das sog. ökonomische bzw. deutsche Konzept beinhaltet, ist in § 290 Abs. 2 HGB das sog. juristische bzw. angelsächsische Konzept – auch als Control-Konzept bezeichnet – verankert.

Mit der Übernahme des deutschen bzw. ökonomischen Konzepts hat der deutsche Gesetzgeber das Mitgliedstaatenwahlrecht in Art. 1 Abs. 2 Buchst. b der 7. EG-Richtlinie in Anspruch genommen und so den aktienrechtlichen Begriff der einheitlichen Leitung (vgl. §§ 18 und 329 Abs. 1 AktG 1965) bewußt aufrechterhalten, »um der Harmonisierung des allgemeinen Konzernrechts nicht vorzugreifen« (Biener, H./Berneke, W. 1986, S. 286). »Obwohl das Control-Konzept erst in Abs. 2 geregelt wird, ist es im neuen Konzernbilanzrecht das Grundkonzept für die Verpflichtung zur Konzernrechnungslegung« (Siebourg, P., in: Küting/Weber 1998, § 290 HGB, Rn. 4), denn nach Art. 1 Abs. 1 der 7. EG-Richtlinie ist es zwingend anzuwenden.

Das in § 290 Abs. 1 HGB verankerte ökonomische bzw. deutsche Konzept und das in § 290 Abs. 2 HGB verankerte Control-Konzept sind unabhängig voneinander zu beachten. Wird demzufolge nach § 290 Abs. 1 HGB keine Pflicht zur Konzernrechnungslegung begründet, so ist ungeachtet dessen § 290 Abs. 2 HGB zu prüfen (und umgekehrt).

3.2.1 Aufstellungspflicht nach § 290 Abs. 1 HGB (Konzept der »einheitlichen Leitung«)

Rechtsform und Sitz des Mutterunternehmens

Die grundsätzliche Pflicht zur Aufstellung des Konzernabschlusses und Konzernlageberichts, die sich an die gesetzlichen Vertreter des Mutterunternehmens richtet, ist rechtsformabhängig gestaltet. Nur wenn das Mutterunternehmen als Kapitalgesellschaft (AG, KGaA, GmbH) oder bestimmte Personenhandelsgesellschaft (i. S. v. § 264a HGB) geführt wird, besteht nach § 290 Abs. 1 HGB die Pflicht zur Aufstellung eines Konzernabschlusses. Der Sitz des Mutterunternehmens, der sich nach Gesetz, Gesellschaftsvertrag oder Satzung bestimmt, muß sich gem. § 290 Abs. 1 HGB im Inland befinden. Der Ort der Geschäftsleitung des Mutterunternehmens ist im Hinblick auf die Aufstellungspflicht ohne materielle Bedeutung. Befindet sich der Sitz des Mutterunternehmens im Ausland, die Geschäftsleitung im Inland, so besteht keine Pflicht zur Aufstellung eines Konzernabschlusses und Konzernlageberichts.

Kriterien nach § 290 Abs. 1 HGB

§ 290 Abs. 1 HGB führt die Regelung des § 329 Abs. 1 Satz 1 AktG 1965 fort, wonach ein Konzernabschluß aufzustellen ist, wenn in einem Konzern die Unternehmen unter der einheitlichen Leitung eines Mutterunternehmens stehen; zusätzlich muß dem Mutterunternehmen nunmehr eine Beteiligung nach § 271 Abs. 1 HGB (unmittelbar oder mittelbar) an dem anderen Unternehmen gehören. § 290 Abs. 1 HGB kann somit nur dann Anwendung finden, wenn ein Mutter-Tochter-Verhältnis, das die folgenden Voraussetzungen erfüllt, gegeben ist:

(1) das Mutterunternehmen muß seinen Sitz im Inland haben;

(2) das Mutterunternehmen muß in der Rechtsform einer Kapitalgesellschaft geführt werden;

(3) das Mutterunternehmen übt auf ein Unternehmen die einheitliche Leitung tatsächlich aus;

(4) das Mutterunternehmen hält an diesem Unternehmen (sog. Tochterunternehmen) eine Beteiligung gem. § 271 Abs. 1 HGB.

3.2.1.1 Kriterium der »einheitlichen Leitung«

Das Tatbestandsmerkmal der einheitlichen Leitung hat der Gesetzgeber bewußt aus dem AktG 1965 übernommen. Im Hinblick auf den materiellen Gehalt des Begriffs der einheitlichen Leitung ist keine Änderung eingetreten; »... für die Konzernrechnungslegungspflicht (wird, d. Verf.) entsprechend dem geltenden Recht an dem Merkmal der einheitlichen Leitung festgehalten« (BT-Drucks. 10/3440, abgedruckt bei Biener, H./Bernecke, W. 1986, S. 290).

Insofern kann zur Konkretisierung des Begriffs der einheitlichen Leitung auf die bislang gewonnenen Erkenntnisse zurückgegriffen werden (vgl. Biener, H./Bernecke, W. 1986, S. 286). Dies gilt auch für den Fall, daß das Mutterunternehmen in der Rechtsform der GmbH organisiert ist. Der Gesetzgeber hat auf eine GmbH-spezifische Konzerndefinition verzichtet und ist insofern offenbar von einem übereinstimmenden Begriffsinhalt ausgegangen.

Definition der einheitlichen Leitung

Eine allgemeingültige Definition des Begriffs der einheitlichen Leitung gibt es nicht. Wann eine einheitliche Leitung i.S.d. § 290 Abs. 1 HGB (bzw. § 11 Abs. 1 PublG) vorliegt, kann deshalb immer nur im Einzelfall entschieden werden (vgl. Wysocki, K. v. 1987, S. 275). Denn aufgrund der vielfältigen Formen, die die Praxis für das Vorliegen einer Konzernleitung herausbilden kann, ist es auch nicht möglich, Anforderungen, die an die einheitliche Leitung zu stellen sind, gesetzlich festzulegen (vgl. KROPFF, B. 1965, S. 33).

Entscheidend ist, daß der Einfluß des Mutterunternehmens in Form der einheitlichen Leitung auch tatsächlich ausgeübt werden muß. Die bloße Möglichkeit der Ausübung der einheitlichen Leitung reicht für die Pflicht zur Aufstellung eines Konzernabschlusses und Konzernlageberichts gem. § 290 Abs. 1 HGB (bzw. § 11 Abs. 1 PublG) nicht aus. Demzufolge können sich insbes. dann Abgrenzungsschwierigkeiten ergeben, »wenn Tochterunternehmen im Ausland Betätigungs- oder Transferbeschränkungen unterliegen« (WYSOCKI, K. v. 1987, S. 275). Die Entscheidung, ob eine einheitliche Leitung vorliegt, muß dem zur Konzernabschlußerstellung verpflichteten Personenkreis vorbehalten sein.

Grundsätzlich dürfte eine einheitliche Leitung im Sinne des Gesetzes vorliegen, »wenn die Konzernleitung die Geschäftspolitik der Konzerngesellschaften und sonstige grundsätzliche Fragen ihrer Geschäftsführung aufeinander abstimmt« (KROPFF, B. 1965, S. 33). Zentrales Begriffsmerkmal ist demnach die Koordination der Konzernaktivitäten, wobei dies im Ergebnis die »tatsächliche Unterordnung der Einzelinteressen unter das Konzerninteresse« (ADLER/DÜRING/SCHMALTZ 1972, § 329 AktG, Rn. 9) bedeuten dürfte. Dabei muß nicht notwendigerweise das Einzelinteresse bei der Konzernplanung gänzlich ausgeschlossen sein. So ist durchaus denkbar, daß auch die Einzelinteressen bei der Konzernplanung mitberücksichtigt werden können (vgl. LEO, H.-C. 1968, S. 397). Die Unterordnung der Einzelinteressen unter das Konzerninteresse kann dabei auch stillschweigend erfolgen.

In der konkreten Ausgestaltung könnte Gegenstand der einheitlichen Leitung die Entwicklung von Grundsätzen für die Unternehmenspolitik sein, die sich z. B. sowohl auf die Bereiche »Beschaffung« und »Vorratshaltung« als auch auf die Bereiche »Forschung« und »Entwicklung« beziehen (vgl. MEIER, A. 1966, S. 571). Weiterhin können insbes. der Bereich »Absatz« oder der Bereich »Investition und Finanzierung« betroffen sein. Ob die Entwicklung von Grundsätzen für einen einzigen Unternehmensbereich bereits für die Annahme einer einheitlichen Leitung ausreichend ist, hängt davon ab, ob der betreffende Unternehmensbereich im Rahmen des Gesamtbilds von Bedeutung ist.

Unwiderlegbare Vermutung der einheitlichen Leitung nach AktG

Es ist nicht zu verkennen, daß mit der bloßen Verwendung des Begriffs der einheitlichen Leitung, ohne ihn gesetzlich näher zu konkretisieren, eine gewisse Rechtsunsicherheit verbunden ist. Dieser Rechtsunsicherheit begegnet der Gesetzgeber mit einer unwiderlegbaren Vermutung der einheitlichen Leitung in § 18 Abs. 1 Satz 2 AktG. Hiernach sind »Unternehmen, zwischen denen ein Beherrschungsvertrag (§ 291) besteht oder von denen das eine in das andere eingegliedert ist (§ 319), … als unter einheitlicher Leitung zusammengefaßt anzusehen«. Diese unwiderlegbare Vermutung der einheitlichen Leitung ist auch im HGB anwendbar und kann »als solche ein Konzernverhältnis i.S.v. § 290 Abs. 1 HGB begründen« (WP-Handbuch 2000, Bd. I, S. 1880). Dem steht auch nicht entgegen, daß das Vorliegen eines Beherrschungsvertrags bereits eine Einbeziehungspflicht gem. § 290 Abs. 2 Nr. 3 HGB begründet. »Vielmehr wird dadurch erreicht, daß einheitliche Leitung und Kontrollrechte nicht auseinanderfallen können« (Busse von Colbe, W./Ordelheide, D. 1993, S. 79).

Widerlegbare Vermutung der einheitlichen Leitung

Ebenso wie die unwiderlegbare Vermutung ist auch die widerlegbare Vermutung der einheitlichen Leitung gem. § 18 Abs. 1 Satz 3 i.V.m. § 17 Abs. 2 AktG im HGB anwendbar; sie gilt sinngemäß gleichermaßen für Mutterunternehmen in der Rechtsform der GmbH. Obgleich § 18 Abs. 1 Satz 3 AktG von einer Konzernvermutung spricht und nicht konkret von der Vermutung einer einheitlichen Leitung, dürfte sich die gesetzlich widerlegbare Vermutung in § 18 Abs. 1 Satz 3 AktG unstrittig auf die einheitliche Leitung beziehen. Dies ergibt sich aus der Widerlegung der gesetzlichen Vermutung; die Konzernvermutung gilt dann als widerlegt, wenn nachgewiesen werden kann, daß eine einheitliche Leitung tatsächlich nicht ausgeübt wird, obwohl der Tatbestand der Abhängigkeit gem. § 17 Abs. 1 AktG vorliegt.

3.2.1.2 Vorliegen einer Beteiligung i.S.v. § 271 Abs. 1 HGB

Eine weitere Voraussetzung für die Pflicht zur Aufstellung eines Konzernabschlusses gem. § 290 Abs. 1 HGB ist das Vorliegen einer Beteiligung i.S.d. § 271 Abs. 1 HGB. Diese Beteiligung muß dem Mutterunternehmen »gehören«. Auf die rechtlichen Eigentumsverhältnisse kommt es hierbei nicht an; entscheidend ist die wirtschaftliche Zugehörigkeit der Beteiligung zum Mutterunternehmen (vgl. WP-Handbuch 2000, Bd. I, S. 934).

Eine Zugehörigkeit zum Mutterunternehmen ist neben einer unmittelbaren Beteiligung auch dann gegeben, wenn die Beteiligung einem von dem Mutterunternehmen abhängigen Unternehmen oder einem anderen Unternehmen gehört, das die Beteiligung für Rechnung des Mutterunternehmens oder für Rechnung des von dem Mutterunternehmen abhängigen Unternehmens, das ebenfalls in die Konsolidierung einbezogen wurde, hält (vgl. § 271 Abs. 1 Satz 4 HGB i.V.m. § 16 Abs. 4 AktG).

Voraussetzungen für eine Beteiligung i.S.v. § 271 Abs. 1 HGB

Das Vorliegen einer Beteiligung i.S.v. § 271 Abs. 1 HGB ist an vier Voraussetzungen geknüpft (vgl. Bieg, H., in: Küting/Weber 1995, § 271 Abs. 1 HGB, Rn. 1ff.):

(1) Es müssen gesellschaftsrechtliche Kapitalanteile (Anteilsrechte) an anderen Unternehmen bestehen;

(2) die Beteiligung muß (u.E. über die Absicht der reinen Erzielung von Kapitalerträgen hinaus) dem eigenen Geschäftsbetrieb dienen;

(3) es muß eine Verbindung bestehen (diese ist bei gesellschaftsrechtlichen Kapitalanteilen immer gegeben), die ihrerseits

(4) in der Absicht des Bilanzierenden dauernd sein soll.

Diese Voraussetzungen müssen kumulativ erfüllt sein; liegt eine dieser Voraussetzungen nicht vor, so ist eine Pflicht zur Aufstellung eines Konzernabschlusses und eines Konzernlageberichts nach § 290 Abs. 1 HGB nicht gegeben. Grundsätzlich kommt es nicht auf die Höhe der Beteiligung an.

»Als Beteiligung gelten im Zweifel Anteile an einer Kapitalgesellschaft, deren Nennbeträge insgesamt den fünften Teil des Nennkapitals dieser Gesellschaft überschreiten« (§ 271 Abs. 1 Satz 3 HGB). Bei der Ermittlung dieses Teils des Nennkapitals ist § 16 Abs. 2 und 4 AktG zu beachten:

Beispiel:	Nennbetrag
unmittelbare Beteiligung des Mutterunternehmens (einschl. der für Rechnung des Mutterunternehmens gehaltenen Anteile)	100 000
mittelbare Beteiligung des Mutterunternehmens (einschl. der für Rechnung der vom Mutterunternehmen abhängigen Unternehmen gehaltenen Anteile)	50 000
dem Mutterunternehmen gehörende Anteile	150 000
Nennkapital des anderen Unternehmens	1 000 000
eigene Anteile des anderen Unternehmens (einschl. der Anteile, die für Rechnung dieses anderen Unternehmens gehalten werden)	./. 300 000
	700 000.

Anteil des Mutterunternehmens:

$$\frac{150\,000}{1\,000\,000} \times 100 = 15\,\% \text{ (bezogen auf das gesamte Nennkapital);}$$

$$\frac{150\,000}{700\,000} \times 100 = 21{,}43\,\% \text{ (bezogen auf das korrigierte Nennkapital).}$$

Es gilt die Beteiligungsvermutung des § 271 Abs. 1 Satz 3 HGB.

3.2.2 Aufstellungspflicht nach § 290 Abs. 2 HGB (»Control-Konzept«)

Im Vergleich zum Konzept der »einheitlichen Leitung«, das in seiner Ausgestaltung flexibel gehalten ist, verpflichtet § 290 Abs. 2 HGB unter Verwendung eindeutig bestimmbarer, starrer Abgrenzungskriterien zur Aufstellung von Konzernabschlüssen und Konzernlageberichten. Durch diese Abgrenzungskriterien, mit denen die Übernahme des in der angelsächsischen Rechnungslegung vorherrschenden »Control-Konzepts« in deutsches Bilanzrecht erfolgt, wird im Vergleich zum Konzept der »einheitlichen Leitung« eine leichtere praktische Handhabung gewährleistet.

Ungeachtet § 290 Abs. 1 HGB ist eine inländische Kapitalgesellschaft nach § 290 Abs. 2 HGB stets zur Aufstellung eines Konzernabschlusses und Konzernlageberichts verpflichtet, wenn eine der in § 290 Abs. 2 HGB genannten Voraussetzungen erfüllt ist. In der Praxis dürften vielfach die Voraussetzungen des § 290 Abs. 1 und Abs. 2 HGB gleichzeitig vorliegen. Zu beachten ist aber, daß zwischen beiden Vorschriften tatsächlich ein qualitativer Unterschied besteht und der Rechnungslegende die Voraussetzungen des § 290 Abs. 1 und 2 HGB nebeneinander zu prüfen hat. Die in § 290 Abs. 2 Nr. 1 bis 3 HGB aufgeführten Kriterien beschreiben Rechtspositionen im Verhältnis zu anderen Unternehmen, die bei dem berechtigten Unternehmen (dem Mutterunternehmen), wenn es eine Kapitalgesellschaft mit Sitz im Inland ist, die Pflicht zur Aufstellung eines Konzernabschlusses und eines Konzernlageberichts auslösen. Unbeachtlich ist, ob das Mutterunternehmen von den ihm zustehenden Rechten tatsächlich Gebrauch macht. Es reicht aus, wenn die in § 290 Abs. 2 Nr. 1 bis 3 HGB genannten Rechte dem Mutterunternehmen »zustehen«; dabei dürfte der Ausdruck »zustehen« für eine wirtschaftliche Zugehörigkeit (Zurechnung) sprechen. D.h., wenn eine Aufstellungspflicht gegeben sein soll, muß dem Mutterunternehmen die rechtliche Möglichkeit zur Ausübung der einheitlichen Leitung auch tatsächlich zustehen.

Ihren konkreten Ausdruck findet diese wirtschaftliche Betrachtungsweise in § 290 Abs. 3 HGB. Hiernach wird bestimmt, welche Rechte als dem Mutterunternehmen zustehend gelten.

3.2.2.1 Dem Mutterunternehmen zustehende Rechte

Ermittlungsschema

Als Rechte, die dem Mutterunternehmen zustehen, gelten gem. § 290 Abs. 3 HGB die dem Mutterunternehmen unmittelbar und mittelbar zustehenden Rechte. Gem. § 290 Abs. 3 HGB stellt sich die Ermittlung der dem Mutterunternehmen zustehenden Rechte wie folgt dar:

	Rechte, die dem Mutterunternehmen unmittelbar zustehen
+	Rechte, die Tochterunternehmen zustehen
+	Rechte, die den für Rechnung des Mutterunternehmens oder von Tochterunternehmen handelnden Personen zustehen
+	Rechte, über die das Mutterunternehmen oder ein Tochterunternehmen aufgrund einer Vereinbarung mit den anderen Gesellschaftern des betreffenden (Tochter-) Unternehmens verfügen kann
=	Zwischensumme
./.	mit Anteilen verbundene Rechte, die vom Mutterunternehmen oder von Tochterunternehmen für Rechnung anderer Personen gehalten werden
./.	mit Anteilen verbundene Rechte, die als Sicherheit gehalten werden, sofern diese Rechte auf Weisung des Sicherungsgebers oder, wenn ein Kreditinstitut die Anteile als Sicherheit für ein Darlehen hält, im Interesse des Sicherungsgebers ausgeübt werden
=	dem Mutterunternehmen zustehende Rechte.

Konsequenterweise müssen hier auch – obwohl in § 290 Abs. 3 HGB nicht gesondert aufgeführt – mit Anteilen verbundene Rechte, über die andere Gesellschafter aufgrund einer Vereinbarung verfügen können, abgezogen werden.

Die vorstehenden Zu- und Abrechnungen beziehen sich auf alle in § 290 Abs. 2 Nr. 1 bis 3 HGB genannten Rechte. Im Ergebnis bedeutet die Zurechnung der mittelbar dem Mutterunternehmen zustehenden Rechte, daß alle mittelbaren Tochterunternehmen zugleich Tochterunternehmen des Mutterunternehmens sind.

Die sicherlich flexibelste Regelung im Hinblick auf die dem Mutterunternehmen mittelbar zustehenden Rechte stellt die Vorschrift des § 290 Abs. 3 Satz 2 HGB dar, wonach sich die Zurechnung der Rechte aus der bloßen Vereinbarung mit den Gesellschaftern des betreffenden (Tochter-)Unternehmens ergibt. »Anwendungsfälle dieser Vorschrift sind Stimmrechtsbindungsverträge, Stimmrechtsüberlassungsverträge, Poolverträge, Konsortial- und ähnliche Verträge, die einem Gesellschafter alleine die Ausübung der (Stimm-)Rechte ermöglichen« (WP-Handbuch 2000, Bd. I, S. 938). Über diese Rechte kann das Mutterunternehmen oder ein Tochterunternehmen infolgedessen nur dann verfügen, »... wenn die Ausübung nicht an die Weisung der anderen Gesellschafter gebunden ist, weil sie nur unter dieser Voraussetzung den Charakter von eigenen Rechten haben« (Biener, H./Bernecke, W. 1986, S. 288).

3.2.2.2 Die Rechte des § 290 Abs. 2 HGB im einzelnen

3.2.2.2.1 Mehrheit der Stimmrechte

Die Mehrheit der Stimmrechte als Voraussetzung für die Pflicht zur Aufstellung eines Konzernabschlusses und eines Konzernlageberichts dürfte in der Praxis wohl den Hauptanwendungsfall darstellen. Obgleich die Mehrheit der Stimmrechte häufig mit der Mehrheit des Kapitals zusammenfällt, kommt es entscheidend auf die Mehrheit der Stimmrechte und nicht auf die Mehrheit des Kapitals an. Somit ergibt sich künftig auch dann die Verpflichtung zur Aufstellung eines Konzernabschlusses und Konzernlageberichts, wenn trotz Mehrheitsbeteiligung an Stimmrechten nur eine Minderheitsbeteiligung am Kapital besteht.

Berechnung

Für die Berechnung der Mehrheit der dem Mutterunternehmen zustehenden Rechte i. S. d. § 290 Abs. 2 Nr. 1 HGB ist § 290 Abs. 4 HGB zu beachten. Danach bestimmt sich der dem Mutterunternehmen zuzurechnende Teil der Stimmrechte »... nach dem Verhältnis der Zahl der Stimmrechte, die es aus den ihm gehörenden Anteilen ausüben kann, zur Gesamtzahl aller Stimmrechte«; Stimmrechte aus eigenen Anteilen, »die dem Tochterunternehmen selbst, einem seiner Tochterunternehmen oder einer anderen Person für Rechnung dieser Unternehmen gehören« (§ 290 Abs. 4 Satz 2 HGB), sind zur Berechnung des dem Mutterunternehmen zustehenden Teils der Stimmrechte von der Gesamtzahl der Stimmrechte abzuziehen.

Beispiel:

An einem Tochterunternehmen bestehen		100 Stimmrechte
davon: Stimmrechte aus eigenen Anteilen, die		
a) dem Tochterunternehmen selbst gehören,	10	
b) einem seiner Tochterunternehmen gehören,	2	
c) einer anderen Person für Rechnung von a) gehören,	3	
d) einer anderen Person für Rechnung von b) gehören	5	./. 20 Stimmrechte
		80 Stimmrechte.

Das Mutterunternehmen hält 40 Stimmrechte.

Anteil des Mutterunternehmens $\frac{40}{80} \times 100 = 50\%$.

Ergebnis: Das Mutterunternehmen ist nicht zur Aufstellung eines Konzernabschlusses und eines Konzernlageberichts nach § 290 Abs. 2 Nr. 1 HGB verpflichtet, da ihm nicht die Mehrheit der Stimmrechte der Gesellschafter (des Tochterunternehmens) zusteht.

Lediglich formelle Stimmrechtsmehrheit

Bei Überschreiten der 50%-Grenze ist nach »wirtschaftlicher Betrachtungsweise gleichwohl eine Aufstellungspflicht bei nur formeller Stimmrechtsmehrheit des Mutterunternehmens nicht in jedem Fall gegeben. Trotz Vorhandenseins einer formellen Stimmrechtsmehrheit (z.B. von 60%) bei dem Tochterunternehmen ist das Mutterunternehmen zur Aufstellung eines Konzernabschlusses wohl nicht verpflichtet, wenn der Einfluß auf das Tochterunternehmen nur beschränkt möglich ist, weil z.B. laut Satzung des Tochterunternehmens für alle wichtigen Entscheidungen ein höherer Stimmanteil (z.B. 75%) erforderlich ist. In solchen Fällen liegt materiell eine Stimmrechtsmehrheit nicht vor« (WYSOCKI, K. v. 1987, S. 276).

Weitere Beispiele:
- Bei der M-AG und der X-AG handelt es sich um inländische Kapitalgesellschaften.
- Die Prozentangaben beziehen sich auf die Stimmrechtsanteile.

(1)

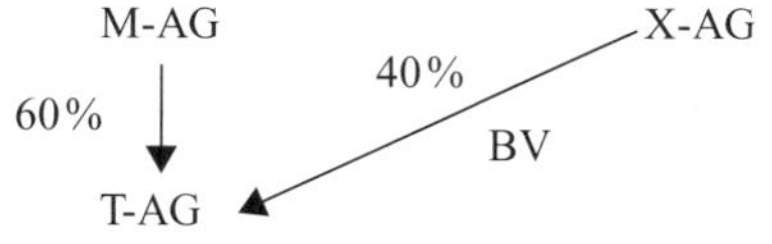

Obwohl der M-AG die Mehrheit der Stimmrechte an der T-AG zusteht, ist die M-AG nach § 290 Abs. 2 Nr. 1 HGB nicht zur Aufstellung eines Konzernabschlusses und eines Konzernlageberichts verpflichtet. Denn die grundlegende Voraussetzung des § 290 Abs. 2 HGB, wonach die rechtliche Möglichkeit zur Ausübung der einheitlichen Leitung tatsächlich gegeben sein muß, ist für die M-AG wegen des zwischen der X-AG und der T-AG bestehenden Beherrschungsvertrags (BV) als nicht erfüllt anzusehen. § 293 Abs. 1 Satz 1 und 2 AktG bestimmt lediglich, daß für die Wirksamkeit eines Unternehmensvertrags das in der Hauptversammlung vertretene Grundkapital zu mindestens drei Viertel zustimmen muß, und nicht, daß drei Viertel der stimmberechtigten Anteile gehalten werden müssen. Die Höhe der gehaltenen, stimmberechtigten Anteile ist daher – theoretisch betrachtet – für den Abschluß eines Unternehmensvertrags nicht relevant. Demnach ist die X-AG und nicht die M-AG nach § 290 Abs. 2 Nr. 3 HGB grundsätzlich zur Aufstellung eines Konzernabschlusses und eines Konzernlageberichts verpflichtet. Nach § 308 Abs. 1 AktG ist demnach die X-AG grundsätzlich berechtigt, dem Vorstand der T-AG hinsichtlich der Leitung der T-AG Weisungen zu erteilen, die der Vorstand der T-AG nach § 308 Abs. 2 AktG i. d. R. befolgen muß.

(2)

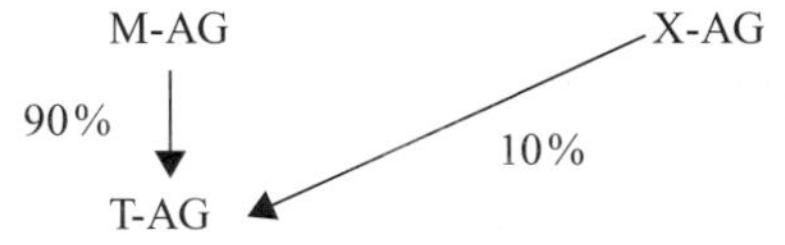

Zwischen der M-AG und der X-AG besteht ein Stimmrechtsbindungsvertrag. In diesem Stimmrechtsbindungsvertrag verpflichten sich die M-AG und die X-AG, ihre Stimmrechte an der T-AG nur im beiderseitigen Einvernehmen auszuüben.

Auch in diesem Fall ist die M-AG, obwohl sie mit 90% eine klare Stimmrechtsmehrheit aufweisen kann, nach § 290 Abs. 2 Nr. 1 HGB nicht zur Aufstellung eines Konzernabschlusses und eines Konzernlageberichts verpflichtet. Denn auch hier ist die grundlegende Voraussetzung des § 290 Abs. 2 HGB, wonach die rechtliche Möglichkeit zur Ausübung der einheitlichen Leitung tatsächlich gegeben sein muß, für die M-AG wegen des mit der X-AG geschlossenen Stimmrechtsbindungsvertrags als nicht erfüllt anzusehen.

Vielmehr stellt die T-AG ein Gemeinschaftsunternehmen der M-AG und der X-AG dar, da auf Grund des Stimmrechtsbindungsvertrags die einheitliche Leitung nur gemeinsam ausgeübt werden kann (vgl. ZÜNDORF, H. 1987a, S. 1913).

3.2.2.2.2 Personelle Einflußnahme

Gem. § 290 Abs. 2 Nr. 2 HGB ergibt sich eine Pflicht zur Aufstellung eines Konzernabschlusses und eines Konzernlageberichts auch dann, wenn ein Mutterunternehmen das Recht hat, die Mehrheit der Mitglieder des Verwaltungs-, Leitungs- oder Aufsichtsorgans eines Unternehmens zu bestellen oder abzuberufen, und es gleichzeitig Gesellschafter dieses Unternehmens ist. Da mit diesem Recht i. d. R. die Gesellschafterstellung verbunden ist, dürfte sich die Zusatzbedingung, daß das Mutterunternehmen auch Gesellschafter sein muß, als überflüssig erweisen. Das dem Mutterunternehmen zustehende Recht muß auch in diesem Fall nicht tatsächlich ausgeübt werden; es reicht aus, wenn die Möglichkeit hierzu gegeben ist.

Geringe praktische Bedeutung

Verwaltungs-, Leitungs- oder Aufsichtsorgan ist nach deutschem Recht bei Kapitalgesellschaften Vorstand, Geschäftsführung, Aufsichtsrat, bei Personenhandelsgesellschaften die entsprechenden Gremien. Da das Recht zur Bestellung bzw. Abberufung von Mitgliedern der bezeichneten Organe regelmäßig an die Mehrheit der Stimmrechte gebunden sein wird, besteht gewöhnlich bereits eine Konzernrechnungslegungspflicht nach § 290 Abs. 2 Nr. 1 HGB. Die ausschließliche Anwendung des § 290 Abs. 2 Nr. 2 HGB bezieht sich infolgedessen auf diejenigen Fälle, in denen einem Gesellschafter unabhängig von seinen Stimmrechten das Recht zusteht, die Mehrheit der Mitglieder eines der genannten Organe zu bestellen oder abzuberufen (z. B. gemäß Gesellschaftsvertrag oder Satzungsbestimmung). Da die Möglichkeit der personellen Einflußnahme dabei nicht auf rein faktischen Verhältnissen beruhen darf, sondern rechtlich gesichert sein muß, dürfte die praktische Bedeutung derartiger Regelungen gering sein.

3.2.2.2.3 Beherrschender Einfluß

Nach § 290 Abs. 2 Nr. 3 HGB ergibt sich eine Pflicht zur Aufstellung eines Konzernabschlusses und eines Konzernlageberichts dann, wenn dem Mutterunternehmen das Recht zusteht, auf ein Unternehmen einen beherrschenden Einfluß auszuüben. Das Recht muß auf einem mit diesem Unternehmen geschlossenen Beherrschungsvertrag oder auf einer Satzungsbestimmung dieses Unternehmens beruhen.

3.2.3 Vergleich der Aufstellungspflicht nach § 290 Abs. 1 HGB und § 290 Abs. 2 HGB

Grundsätzlich ergibt sich die Verpflichtung zur Konzernrechnungslegung nach HGB entweder aus dem in § 290 Abs. 1 HGB kodifizierten Konzept der einheitlichen Leitung oder aus dem in § 290 Abs. 2 HGB kodifizierten Control-Konzept. Hierbei stellen diese beiden Konzepte formal gleichrangige Konzepte dar, die unabhängig voneinander die Verpflichtung zur Konzernrechnungslegung begründen können. In der Praxis dürften sich aus der Anwendung der beiden Konzeptionen jedoch nur marginale Unterschiede ergeben, so daß im Regelfall beide Konzepte zum gleichen Ergebnis führen dürften (so auch DUSEMOND, M./KESSLER, H. 2001, S. 167).

Zu unterscheiden ist bei der Abgrenzung der beiden Konzepte indes, daß im Rahmen des Konzepts der einheitlichen Leitung auf die tatsächliche Ausübung letzterer abzustellen ist, während im Rahmen des Control-Konzepts bereits die Möglichkeit zur Ausübung einer Rechtsposition ausreicht, eine Verpflichtung zur Konzernrechnungslegung zu begründen.

Abschließend sollen die beiden dargestellten Konzeptionen synoptisch dargestellt werden.

3.2.4 Aufstellungspflicht nach § 11 Abs. 1 PublG

In § 290 HGB wird ausschließlich die Konzernrechnungslegungspflicht für Mutterunternehmen geregelt, die als inländische Kapitalgesellschaften organisiert sind.

Konzernabschlußpflicht bei Nicht-Kapitalgesellschaften

Ist das Mutterunternehmen dagegen nicht als Kapitalgesellschaft organisiert und erfüllt der jeweilige Konzern bestimmte Größenkriterien, dann regelt § 11 Abs. 1 PublG die Pflicht zur Konzernrechnungslegung. Nach § 11 Abs. 1 PublG ist eine inländische Nicht-Kapitalgesellschaft, die auf mindestens ein anderes Unternehmen die einheitliche Leitung auch tatsächlich ausübt, zur

Übersicht 9: Aufstellungspflicht nach § 290 Abs. 1 HGB und § 290 Abs. 2 HGB

§ 290 HGB (Mutter-Tochter-Verhältnis)	
Konzept der einheitlichen Leitung § 290 Abs. 1 HGB	**Control-Konzept § 290 Abs. 2 HGB**

– Kapitalgesellschaft oder bestimmte Personenhandelsgesellschaft nach § 264a HGB
– Sitz im Inland
– tatsächliche einheitliche Leitung über mindestens 1 Unternehmen
– Beteiligung gemäß § 271 Abs. 1 HGB
 	
deutsches, ökonomisches Konzept
	– Kapitalgesellschaft oder bestimmte Personenhandelsgesellschaft nach § 264a HGB
	– Sitz im Inland
	– Vorliegen mindestens einer der folgenden Rechtspositon bei mindestens einem Unternehmen
	  – Mehrheit der Stimmrechte (§ 290 Abs. 2 Nr. 1 HGB)
	  – Organbestellungsrecht (§ 290 Abs. 2 Nr. 2 HGB)
	  – Beherrschungsrecht aufgrund Vertrag oder Satzung (§ 290 Abs. 2 Nr. 3 HGB)
	
	angelsächsisches, juristisches Konzept

→ formal gleichrangige Konzepte, die unabhängig voneinander die Konzernrechnungslegungspflicht respektive ein Mutter-Tochter-Verhältnis begründen können	
Tatsächliche Einflußnahme nötig	bloßes Bestehen einer Rechtsposition ausreichend

Konzernrechnungslegung verpflichtet, »wenn für drei aufeinanderfolgende Konzernabschlußstichtage jeweils mindestens zwei der drei folgenden Merkmale zutreffen«:

Übersicht 10: Merkmale der größenabhängigen Aufstellungspflicht nach PublG

Konzernbilanzsumme	> 125 Mio. DM
Konzernumsatzerlöse	> 250 Mio. DM
Konzernarbeitnehmer	> 5000

Konzept der einheitlichen Leitung

In Abweichung zu den handelsrechtlichen Rechnungslegungsvorschriften liegt der Konzernrechnungslegungspflicht gem. § 11 Abs. 1 PublG nur die Konzeption der tatsächlich ausgeübten »einheitlichen Leitung« zugrunde.

Demnach entspricht § 11 Abs. 1 PublG nur § 290 Abs. 1 HGB. Soll aber ein Konzernabschluß nach den §§ 11ff. PublG befreiende Wirkung haben, dann muß nach § 11 Abs. 6 PublG i.V.m. § 291 HGB auch § 290 Abs. 2 HGB bei der Beantwortung der Frage, welche Unternehmen als Tochterunternehmen einzubeziehen sind, beachtet werden.

3.3 Befreiungen von der Pflicht zur Aufstellung von Konzernabschlüssen und Konzernlageberichten

3.3.1. Überblick über die Vorschriften zur Befreiung von der Konzernrechnungslegung nach HGB

Bevor im Rahmen der nachfolgenden Gliederungspunkte die einzelnen Befreiungsmöglichkeiten näher erläutert werden sollen, soll bereits an dieser Stelle ein erster schaubildartiger Überblick über die einzelnen Vorschriften gegeben werden. Hierbei ist zu beachten, daß die – sich aus § 290 Abs. 1 respektive § 290 Abs. 2 grundsätzlich ergebende – Verpflichtung zur Konzernrechnungslegung durch mehrere Vorschriften (namentlich die Vorschriften der §§ 291, 292, 293, 295, 296 HGB) eingeschränkt wird. Während die letztgenannten Vorschriften das Mutterunternehmen von der grundsätzlichen Verpflichtung zur Erstellung eines Konzernabschlusses befreien, befreien die Regelungen des § 292a HGB das Unternehmen lediglich von der Konzernrechnungslegung nach HGB.

Zusammenfassend lassen sich die bereits angeführten und im weiteren detaillierter zu erläuternden Vorschriften wie in Übersicht 11darstellen.

Übersicht 11: Vorschriften zur Befreiung von der Konzernrechnungslegungspflicht nach HGB

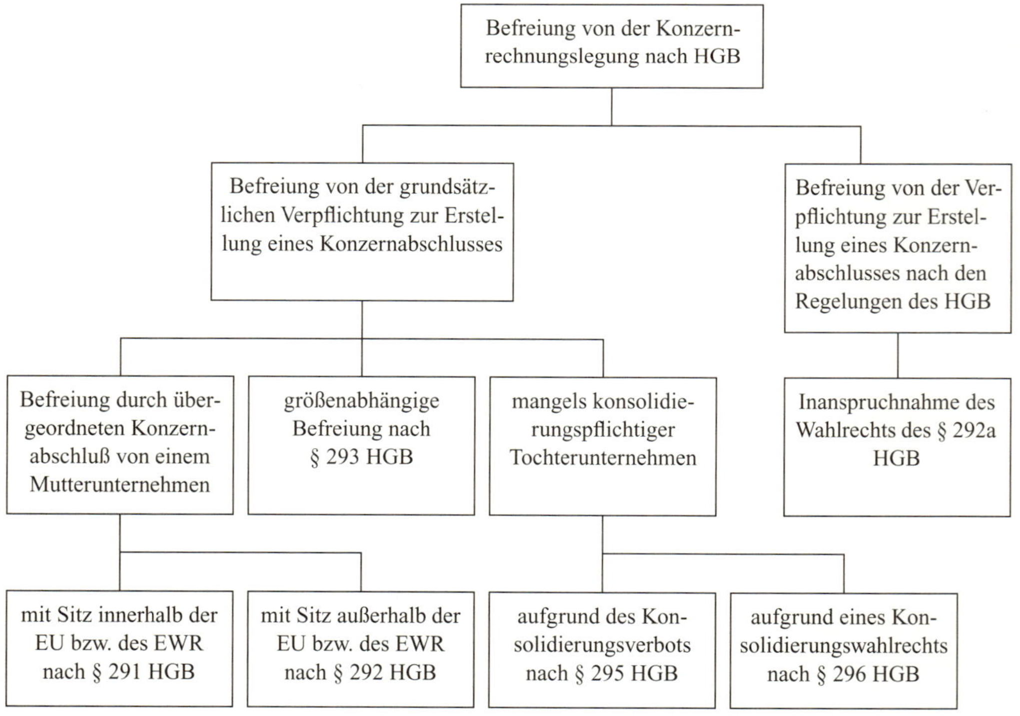

3.3.2 Befreiende Konzernabschlüsse und Konzernlageberichte

»Tannenbaumprinzip«

Jedes Mutterunternehmen i.S.d. § 290 Abs. 1 und/oder Abs. 2 HGB ist grundsätzlich zur Aufstellung eines Konzernabschlusses und eines Konzernlageberichts verpflichtet. Nach der Konzeption dieser Vorschrift gilt dies, wie gezeigt wurde, auch für Tochterunternehmen, die ihrerseits wieder Tochterunternehmen i.S.d. § 290 HGB haben (sog. Tannenbaumprinzip). Ein Tochterunternehmen auf der untersten Stufe eines Konzerns wäre damit in so viele Konzernabschlüsse einzubeziehen, wie Konzernstufen vorhanden sind. Angesichts der schwerwiegenden Bedenken in der Literatur wurde die in der 7. EG-Richtlinie anfangs beabsichtigte kompromißlose Einführung des Tannenbaumprinzips durch Einfügung von Befreiungsvorschriften relativiert (vgl. Biener, H. 1983, S. 6f.). Denn das Tannenbaumprinzip wird i.d.R. der Einheitstheorie (vgl. § 297 Abs. 3 Satz 1 HGB) widersprechen, »da ein Teilkonzern keine wirtschaftliche Einheit, sondern nur einen wirtschaftlich unselbständigen Teil des Gesamtkonzerns darstellt« (Wysocki, K. v./Wohlgemuth, M. 1986, S. 68f.).

Befreiungsvorschrift für Teilkonzernabschlüsse

Der deutsche Gesetzgeber machte deshalb von den in der 7. EG-Richtlinie eingeräumten Wahlrechten Gebrauch und übernahm Befreiungsvorschriften von der Pflicht zur Aufstellung von Teilkonzernabschlüssen und -lageberichten in nationales Recht. Bei der Anwendung dieser Befreiungsvorschriften ist danach zu unterscheiden, ob das Mutterunternehmen den Sitz innerhalb oder außerhalb eines Mitgliedstaats der EU bzw. eines EWR-Staats hat.

3.3.2.1 Mutterunternehmen mit Sitz innerhalb der EU bzw. des EWR

Gem. § 291 Abs. 1 HGB ist ein Mutterunternehmen, das zugleich Tochterunternehmen eines Mutterunternehmens mit Sitz in einem Mitgliedstaat der EU bzw. EWR-Staat ist, von der Verpflichtung zur Aufstellung eines Teilkonzernabschlusses und -lageberichts unter bestimmten Voraussetzungen befreit, wenn das zu befreiende Mutterunternehmen und seine Tochterunternehmen in den Konzernabschluß und den Konzernlagebericht des übergeordneten Mutterunternehmens einbezogen werden.

3.3.2.1.1 Mutterunternehmen

Kreis der potentiellen Mutterunternehmen

Aufgestellt werden können der befreiende Konzernabschluß und Konzernlagebericht von jedem Unternehmen unabhängig von seiner Rechtsform und Größe, wenn es als Kapitalgesellschaft mit Sitz in einem Mitgliedstaat der EU bzw. EWR-Staat »zur Aufstellung eines Konzernabschlusses unter Einbeziehung des zu befreienden Mutterunternehmens und seiner Tochterunternehmen verpflichtet wäre« (§ 291 Abs. 1 Satz 2 HGB). Nur Privatpersonen, Bund, Länder und Gemeinden können in diesem Sinne nicht Mutterunternehmen sein (vgl. BT-Drucks. 10/4268, S. 113).

Das Mutterunternehmen muß nicht notwendigerweise an der Spitze des Gesamtkonzerns stehen oder in der Konzernhierarchie auf der Konzernstufe unmittelbar über dem zu befreienden Unternehmen stehen. Es genügt, daß ein dem zu befreienden Mutterunternehmen übergeordnetes Unternehmen einen den Anforderungen des § 291 HGB entsprechenden Konzernabschluß unter Einbeziehung des betreffenden Teilkonzerns aufstellt.

§ 291 HGB ist gem. § 11 Abs. 6 PublG auch sinngemäß auf Unternehmen anzuwenden, die nach § 11 PublG grundsätzlich einen Konzernabschluß und einen Konzernlagebericht aufstellen müssen.

3.3.2.1.2 Konsolidierungskreis

Konsolidierungsverbote und -wahlrechte

Sollen der Konzernabschluß und der Konzernlagebericht eines übergeordneten Unternehmens befreiende Wirkung haben, so muß das zu befreiende Mutterunternehmen mit seinen Tochterunternehmen in diesen Konzernabschluß einbezogen werden (vgl. § 291 Abs. 2 Nr. 1 HGB). Bei der Abgrenzung des Konsolidierungskreises sind das Konsolidierungsverbot (vgl. § 295 HGB) und die Konsolidierungswahlrechte (vgl. § 296 HGB) zu beachten, deren Voraussetzungen nunmehr aus der Sicht des übergeordneten Mutterunternehmens zu prüfen sind. Dabei ist es denkbar, daß Tochterunternehmen, für die im Rahmen des kleineren Konsolidierungskreises ein Konsolidierungsverbot bestand, in den übergeordneten Konzernabschluß einzubeziehen sind, weil sich aus Sicht des größeren Konsolidierungskreises die wirtschaftliche Tätigkeit nicht mehr erheblich von der Tätigkeit der anderen einbezogenen Unternehmen unterscheidet und insofern eine Konsolidierungspflicht besteht.

Das Konsolidierungswahlrecht gem. § 296 Abs. 1 Nr. 1 HGB wird i. d. R. auch für den größeren Konsolidierungskreis des übergeordneten Konzernabschlusses Gültigkeit behalten, da sich an der Beschränkung der Rechtsausübung durch das Mutterunternehmen durch die Einbeziehung in einen größeren Konzernabschluß nichts ändert.

Eine andere Einschätzung kann sich aber durchaus für Tochterunternehmen ergeben, die in Ausübung des Konsolidierungswahlrechts gem. § 296 Abs. 1 Nr. 2 HGB nicht konsolidiert werden sollen, weil die für die Aufstellung des Konzernabschlusses erforderlichen Angaben nicht ohne unverhältnismäßig hohe Kosten oder Verzögerungen zu erhalten sind. Denn durch die größere Anzahl zu konsolidierender Unternehmen steigt im befreienden Konzernabschluß die Wahrscheinlichkeit, daß die Unverhältnismäßigkeit anders zu beurteilen ist.

Das Konsolidierungswahlrecht gem. § 296 Abs. 1 Nr. 3 HGB kann entfallen, wenn die Anteile eines Tochterunternehmens innerhalb des kleineren Konsolidierungskreises an ein Unternehmen des größeren Konsolidierungskreises veräußert werden sollen. Denn aus Sicht des übergeordneten Konzerns liegt dann keine – das Konsolidierungswahlrecht begründende – Veräußerung eines Konzernanteils mehr vor.

Eine abweichende Beurteilung kann sich schließlich auch hinsichtlich des Konsolidierungswahlrechts gem. § 296 Abs. 2 HGB ergeben. Einerseits kann ein Tochterunternehmen, das für die Vermittlung eines den tatsächlichen Verhältnissen entsprechenden Bilds der Vermögens-, Finanz- und Ertragslage des Konzerns in einem kleineren Konsolidierungskreis sehr wohl von Bedeutung ist, in einem größeren Konsolidierungskreis von untergeordneter Bedeutung sein. Andererseits ist es denkbar, daß unbedeutende Tochterunternehmen, die nur deshalb in den Konzernabschluß einbezogen werden mußten, weil sie insgesamt nicht von untergeordneter Bedeutung waren (vgl. § 296 Abs. 2 Satz 2 HGB), aus der Sicht des übergeordneten Mutterunternehmens für den größeren Konsolidierungskreis auch insgesamt unbedeutend sind.

3.3.2.1.3 Inhalt

Anforderungen der 7. EG-Richtlinie

Gem. § 291 Abs. 2 Nr. 2 HGB müssen der befreiende Konzernabschluß und Konzernlagebericht nach dem Recht erstellt werden, das für das den befreienden Abschluß erstellende Mutterunternehmen maßgeblich ist. Dieses Recht muß zudem im Einklang mit der 7. EG-Richtlinie stehen.

Diese Bedingung ist i. d. R. automatisch erfüllt, wenn das übergeordnete Mutterunternehmen eine Kapitalgesellschaft mit Sitz im Inland oder in einem Mitgliedstaat der EU bzw. in einem EWR-Staat ist. Ebenfalls befreiende Wirkung hat ein Konzernabschluß, der zwar nicht dem Recht des Landes entspricht, in dem das befreiende Mutterunternehmen seinen Sitz hat, wohl aber dem deutschen Recht (vgl. WP-Handbuch 2000, Bd. I, S. 947f.).

Der Konzernabschluß einer Nicht-Kapitalgesellschaft hat nur dann befreiende Wirkung, wenn er die Voraussetzungen des § 291 HGB insgesamt erfüllt. Für ein Kreditinstitut oder ein Versicherungsunternehmen hat die Aufstellung eines befreienden Konzernabschlusses unter Beachtung der übrigen Voraussetzungen des § 291 HGB im Einklang mit der Bankbilanzrichtlinie bzw. Versicherungsrichtlinie zu erfolgen.

3.3.2.1.4 Prüfung

Abschlußprüfer und Bestätigungsvermerk

Der befreiende Konzernabschluß und Konzernlagebericht müssen im Einklang mit der 8. EG-Richtlinie nach dem für das übergeordnete Mutterunternehmen geltenden Recht von einem zugelassenen Abschlußprüfer geprüft worden sein (vgl. § 291 Abs. 2 Nr. 2 HGB). Der befreiende Konzernabschluß eines inländischen Mutterunternehmens ist somit – unabhängig von dessen Rechtsform – nach den Grundsätzen der §§ 316 bis 324 HGB zu prüfen. Als Abschlußprüfer von Konzernabschlüssen kommen dabei im Inland nur Wirtschaftsprüfer und Wirtschaftsprüfungsgesellschaften in Frage (vgl. § 316 Abs. 2 i.V.m. § 319 Abs. 1 HGB).

Auf die zunehmende Anzahl von Konzernabschlüssen aufgrund der herabgesetzten Größenkriterien des KapCoRiLiG und die dadurch resultierenden Auswirkungen auf den Berufsstand soll an dieser Stelle nicht weiter eingegangen werden. Fest steht, daß sich der Wirtschaftsprüfer zukünftig (spätestens ein Jahr nach der erstmalig verpflichtenden Anwendung der neuen Größenkriterien) einer weitaus größeren Zahl von prüfungspflichtigen Konzernabschlüssen gegenübersieht (vgl. zu den Auswirkungen auf den Berufsstand STUCKERT, F. 1999, S. 819; BIHR, D. 1999, S. 199).

Bei der Prüfung muß grundsätzlich auch ein Bestätigungsvermerk erteilt worden sein. Wurde der Bestätigungsvermerk dagegen versagt, so bedeutet dies u. U. – in Abhängigkeit »von der Art und Schwere der Versagungsgründe« (HOYOS, M./LECHNER, H., in: Beck Bil-Komm. 1999, § 291 HGB, Rn. 25) –, daß der Abschluß nicht den maßgebenden Rechnungslegungsvorschriften des betreffenden Staats entspricht. Dann würde es aber an der notwendigen inhaltlichen Befreiungsvoraussetzung fehlen.

3.3.2.1.5 Offenlegung

Der befreiende Konzernabschluß und Konzernlagebericht unterliegen derselben Publizität wie ein von dem zu befreienden Tochterunternehmen aufzustellender Konzernabschluß und Konzernlagebericht. D. h., der befreiende Abschluß und Lagebericht müssen einschl. des Bestätigungsvermerks im Bundesanzeiger in deutscher Sprache bekannt gemacht werden (vgl. § 325 Abs. 3 HGB). Eine Umrechnung ausländischer Währungen in Deutsche Mark ist aber nicht erforderlich.

3.3.2.1.6 Angaben im Anhang

In den Anhang des befreiten Unternehmens sind gem. § 291 Abs. 2 Nr. 3 HGB folgende Angaben aufzunehmen:

(1) Name und Sitz des Mutterunternehmens, das den befreienden Konzernabschluß und Konzernlagebericht aufstellt,

(2) Hinweis auf die Inanspruchnahme der Befreiung von der Verpflichtung, einen Konzernabschluß und Konzernlagebericht aufzustellen,

(3) Erläuterung der Bilanzierungs-, Bewertungs- und Konsolidierungsmethoden, die im befreienden Konzernabschluß vom deutschen Recht abweichend angewendet wurden.

3.3.2.1.7 Minderheitsvotum

Verhinderung der Befreiungswirkung

Auch wenn alle vorstehend genannten Voraussetzungen erfüllt sind, kann ein bestimmter Prozentsatz von Minderheitsaktionären/-gesellschaftern des zu befreienden Tochterunternehmens die befreiende Wirkung verhindern, indem diese die Aufstellung eines Teilkonzernabschlusses und -lageberichts verlangen bzw. einer Befreiung nicht zustimmen (vgl. § 291 Abs. 3 HGB).

Durch dieses Votum soll den Minderheitsaktionären die Möglichkeit gegeben werden, zusätzliche Informationen über den Konzernbereich zu erhalten, zu dem das Unternehmen, an dem sie beteiligt sind, gehört.

Übersicht 12: Minderheitenschutz des § 291 Abs. 3 HGB

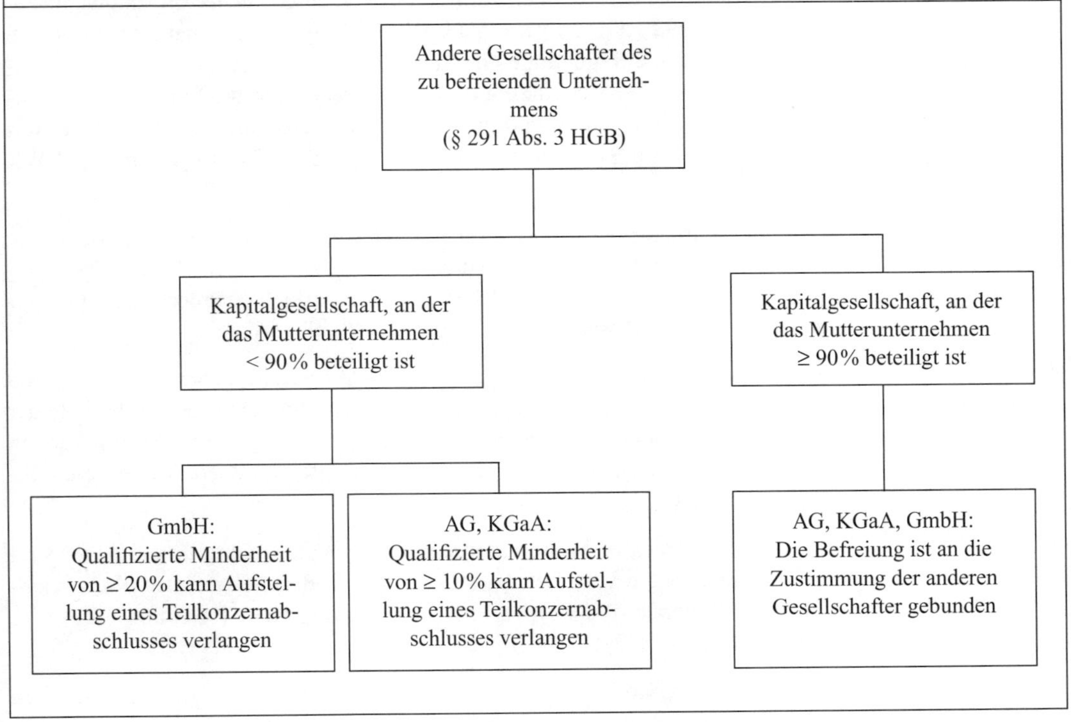

Nach § 291 Abs. 3 Satz 1 HGB haben ein ansonsten befreiender Konzernabschluß und Konzernlagebericht keine befreiende Wirkung, wenn 10% der Aktionäre bei einer AG oder KGaA bzw. 20% der Gesellschafter bei einer GmbH spätestens 6 Monate vor Ablauf des Konzerngeschäftsjahrs die Aufstellung eines Teilkonzernabschlusses und -lageberichts beantragt haben. Gehören dem übergeordneten Mutterunternehmen mindestens 90% der Anteile an dem zu befreienden Mutterunternehmen, können ein Konzernabschluß und ein Konzernlagebericht nur dann befreiende Wirkung haben, wenn die anderen Gesellschafter der Befreiung ausdrücklich zustimmen (vgl. § 291 Abs. 3 Satz 2 HGB).

3.3.2.2 Mutterunternehmen mit Sitz außerhalb der EU bzw. des EWR

Rechtsverordnung erforderlich

§ 292 HGB ermächtigt das Bundesministerium der Justiz, im Einvernehmen mit dem Bundesministerium der Finanzen und dem Bundesministerium für Wirtschaft eine Rechtsverordnung zu erlassen, die die Anforderungen an einen befreienden Konzernabschluß von Mutterunternehmen mit Sitz außerhalb der EU bzw. des EWR konkretisiert. § 292 HGB enthält somit lediglich eine Rechtsverordnungsermächtigung, die in Übereinstimmung mit Art. 11 der 7. EG-Richtlinie den Rahmen vorgibt, der von einer Rechtsverordnung auszufüllen ist. § 292 HGB ist gem. § 13 Abs. 4 PublG entsprechend anzuwenden. Damit betrifft die Regelung einheitlich alle Mutterunternehmen, die zur Aufstellung eines Teilkonzernabschlusses nach deutschen Rechnungslegungsvorschriften verpflichtet sind und gleichzeitig Tochterunternehmen eines Mutterunternehmens mit Sitz außerhalb der EU bzw. eines Vertragsstaats des EWR sind.

Konzernabschluß-befreiungsverordnung

Von dieser Rechtsverordnungsermächtigung wurde durch den Erlaß der sog. Konzernabschlußbefreiungsverordnung (KonBefrV) vom 15.11.1991 Gebrauch gemacht. Diese ist zwischenzeitlich mehrfach geändert und dabei unbefristet verlängert worden (vgl. BGBl. I 1996, S. 1862).

Allgemeine Anforderungen

Der Konzernabschluß des übergeordneten Mutterunternehmens (Größe und Rechtsform sind unerheblich; vgl. § 1 Satz 2 KonBefrV) mit Sitz außerhalb der EU bzw. eines anderen EWR-Staats muß folgende allgemeine Anforderungen erfüllen, um eine befreiende Wirkung für das untergeordnete Mutterunternehmen zu besitzen:

(1) das zu befreiende Mutterunternehmen und seine Tochterunternehmen sind unbeschadet der §§ 295 und 296 HGB in den befreienden Konzernabschluß einbezogen worden (vgl. § 291 Abs. 2 Nr. 1 HGB und § 2 Abs. 1 Nr. 1 KonBefrV);

(2) der befreiende Konzernabschluß wurde in deutscher Sprache nach den Vorschriften offengelegt, die nach dem Recht des zu befreienden Unternehmens für den entfallenden Teilkonzernabschluß gelten (vgl. § 291 Abs. 1 HGB und § 1 Satz 1 KonBefrV);

(3) der Anhang des Einzelabschlusses des zu befreienden Mutterunternehmens enthält die Angaben nach § 291 Abs. 2 Nr. 3 HGB (vgl. § 2 Abs. 1 Nr. 4 KonBefrV);

(4) Beachtung der Minderheitenrechte des § 291 Abs. 3 HGB (vgl. § 2 Abs. 2 KonBefrV).

Spezielle Anforderungen

Hinsichtlich des Inhalts und der Prüfung des befreienden Konzernabschlusses sind nach § 292 HGB i.V.m. der KonBefrV bestimmte spezielle Anforderungen zu erfüllen. Diese sind weitgehend inhaltsgleich mit den in § 291 HGB genannten. Im einzelnen werden folgende Anforderungen gestellt:

(1) Der befreiende Konzernabschluß muß im Einklang mit der 7. EG-Richtlinie nach dem Recht eines EU-Mitgliedstaates oder eines anderen EWR-Staates aufgestellt worden sein oder einem nach diesem Recht aufgestellten Konzernabschluß gleichwertig sein (vgl. § 2 Abs. 1 Nr. 2 KonBefrV).

Aufstellung

Was im einzelnen unter Gleichwertigkeit zu verstehen ist, kann in der Rechtsverordnung geregelt werden (vgl. § 292 Abs. 3 Satz 1 HGB). In der KonBefrV ist dies nicht erfolgt. Zum Zweck der einheitlichen Auslegung des Begriffs Gleichwertigkeit hat die EU-Kommission in einer Stellungnahme vom 15.3.1991 die wesentlichen Grundsätze und Einzelangaben aufgeführt, die von einem gleichwertigen Abschluß zu fordern sind. Danach sind »für die Auslegung des Begriffs der ›Gleichwertigkeit‹ ... diejenigen Vorschriften des Gemeinschaftsrechts zugrundezulegen, denen alle innerhalb der EG erstellten Abschlüsse entsprechen müssen, und zwar unabhängig von der Ausübung der den Mitgliedstaaten eingeräumten Wahlrechte« (Stellungnahme Der Kommission 1991, Nr. 8).

Gleichwertigkeit

Nach § 292 Abs. 1 Satz 1 HGB und § 2 Abs. 1 Nr. 2 KonBefrV kann das übergeordnete Mutterunternehmen auch das Recht eines anderen Mitgliedstaats der EU bzw. EWR-Staats anwenden oder für die Herstellung der Gleichwertigkeit heranziehen. Nach § 291 Abs. 1 Satz 2 HGB setzt dies aber voraus, daß in dem Staat, dessen Recht angewandt oder für die Herstellung der Gleichwertigkeit herangezogen wurde, durch eine Offenlegung des Konzernabschlusses ebenfalls ein Teilkonzern von der Rechnungslegung befreit wird.

(2) Der befreiende Konzernabschluß wurde von einem Abschlußprüfer geprüft, der in Übereinstimmung mit den Vorschriften der 8. EG-Richtlinie zugelassen ist oder der eine den Anforderungen dieser Richtlinie gleichwertige Befähigung besitzt und den Konzernabschluß in einer den Anforderungen der §§ 316ff. HGB entsprechenden Weise geprüft hat (vgl. § 292 Abs. 2 HGB und § 2 Abs. 1 Nr. 3 KonBefrV).

Prüfung

Neben diesen Anforderungen kann nach § 292 Abs. 1 Satz 3 HGB die Befreiung von der Teilkonzernrechnungslegung für ein Mutterunternehmen mit Sitz außerhalb eines EU- bzw. EWR-Staats davon abhängig gemacht werden, daß deutschen Mutterunternehmen mit Tochterunternehmen in dem betreffenden Staat die gleichen Befreiungen gewährt werden. In der vorliegenden KonBefrV ist eine solche Forderung allerdings nicht enthalten.

Gegenseitigkeitsklausel

3.3.3 Größenabhängige Befreiungen

3.3.3.1 Grundsatz

Konzerne, die bestimmte Größenmerkmale nicht überschreiten, sind gem. § 293 HGB von der Pflicht zur Konzernrechnungslegung befreit. Diese Befreiung gilt für alle andernfalls zur Konzernrechnungslegung verpflichteten

Befreiung gem. § 293 HGB

Mutterunternehmen in der Rechtsform der AG, KGaA, GmbH (sowie nach KapCoRiLiG für bestimmte Personenhandelsgesellschaften gem. § 264a HGB; vgl. § 293 Abs. 1 HGB). Für Mutterunternehmen, die Kreditinstitute oder Versicherungsunternehmen sind, gelten die größenabhängigen Befreiungen nicht (vgl. §§ 340i Abs. 2 und 341j Abs. 1 HGB). Unberührt bleiben die Konzernrechnungslegungspflichten für Nicht-Kapitalgesellschaften gem. § 11 Abs. 1 PublG.

3.3.3.2 Größenmerkmale

Befreiungs-voraussetzungen

Ein Mutterunternehmen ist von der Pflicht zur Aufstellung eines Konzernabschlusses und eines Konzernlageberichts befreit, wenn an zwei aufeinanderfolgenden Abschlußstichtagen mindestens zwei der drei in Übersicht 13 genannten Merkmale erfüllt sind. Hierbei gelten die Größenkriterien nach § 293 HGB i.V.m. Art. 48 und Art. 49 EGHGB für Geschäftsjahre, die nach dem 31.12.1998 enden. Auf die in Art. 49 EGHGB modifizierte Übergangsregelung der Kriterien des § 293 HGB für Geschäftsjahre, die nach dem 31.12.1998 beginnen und die spätestens am 31.12.1999 enden, soll an dieser Stelle nur hingewiesen werden.

Übersicht 13: Merkmale der größenabhängigen Befreiung nach HGB

	Bruttomethode nach § 293 Abs. 1 Nr. 1 HGB	Nettomethode nach § 293 Abs. 1 Nr. 2 HGB
Bilanzsumme (Mio. DM)	≤ 32,27	≤ 26,89
Umsatzerlöse (Mio. DM)	≤ 64,54	≤ 53,78
Arbeitnehmer	≤ 250	≤ 250

Bilanzsumme und Umsatzerlöse können entweder durch Addition der Jahresabschlüsse aller einzubeziehenden Unternehmen (Bruttomethode) oder aber durch Aufstellung eines konsolidierten (Probe-)Abschlusses (Nettomethode) ermittelt werden (vgl. § 293 Abs. 1 Nr. 1 und 2 HGB). Es ist den Mutterunternehmen freigestellt, welche Methode sie anwenden (vgl. WP-Handbuch 2000, Bd. I, S. 955). Das Wahlrecht kann auch von Jahr zu Jahr unterschiedlich ausgeübt werden, da das nur für Konsolidierungsmethoden formulierte Stetigkeitsgebot des § 297 Abs. 3 Satz 2 HGB nicht greift. Bezieht man das Wahlrecht aber auf einen Stichtag, so darf es für den gesamten Konsolidierungskreis nur einheitlich ausgeübt werden.

3.3.3.2.1 Bilanzsumme

Zur Ermittlung der Bilanzsummen i.S.d. § 293 Abs. 1 Nr. 1a HGB (Bruttomethode) sind die Bilanzsummen der einzubeziehenden Unternehmen (vgl.

§§ 294 bis 296 HGB) zu addieren. Ein in den Einzelbilanzen ggf. ausgewiesener Posten »Nicht durch Eigenkapital gedeckter Fehlbetrag« (§ 268 Abs. 3 HGB) ist abzuziehen.

Probekonzernabschluß

Soll die Konzernbilanzsumme nach der Nettomethode (vgl. § 293 Abs. 1 Nr. 2a HGB) ermittelt werden, so ist grundsätzlich die Aufstellung eines »Probekonzernabschlusses« – wobei das konzernbilanzpolitische Potential in seiner Gesamtheit zielgerichtet eingesetzt werden kann – erforderlich. Auch hier ist ein ggf. auf der Aktivseite ausgewiesener Fehlbetrag abzuziehen.

3.3.3.2.2 Umsatzerlöse

Zu ermitteln sind die additiven Umsatzerlöse der letzten 12 Monate der einzubeziehenden Unternehmen (Bruttomethode) bzw. deren Außenumsatzerlöse (Nettomethode).

3.3.3.2.3 Arbeitnehmer

Als Arbeitnehmer sind ausschließlich die bei Unternehmen des Konsolidierungskreises beschäftigten Personen zu berücksichtigen; Arbeitnehmer, die bei Tochterunternehmen beschäftigt sind, für die ein Einbeziehungsverbot besteht oder die in Ausübung eines Konsolidierungswahlrechts nicht in den Konzernabschluß einbezogen werden, sind nicht zu berücksichtigen.

Für die Ermittlung der durchschnittlichen Zahl der Arbeitnehmer ist § 267 Abs. 5 HGB anzuwenden (vgl. § 293 Abs. 1 Satz 2 HGB), d.h., der maßgebliche Durchschnitt errechnet sich aus dem vierten Teil der Summe der an den Quartalsenden jeweils beschäftigten Arbeitnehmer. Einzubeziehen sind auch die im Ausland angestellten Arbeitnehmer, nicht jedoch die zu ihrer Berufsausbildung Beschäftigten.

3.3.3.3 Zeitliche Erweiterung der Befreiung

Zeitliche Aspekte

Die Befreiung von der Konzernrechnungslegungspflicht nach § 293 Abs. 1 HGB setzt voraus, daß der Konzern mindestens zwei der drei Größenmerkmale am Abschlußstichtag und am vorhergehenden Stichtag nicht überschreitet. Dabei ist es nicht erforderlich, daß es sich an den beiden Abschlußstichtagen jeweils um die gleichen Größenmerkmale handelt. Ergänzend zu § 293 Abs. 1 HGB ist in § 293 Abs. 4 HGB geregelt, daß eine Konzernrechnungslegungspflicht auch dann entfällt, wenn die Befreiungsvoraussetzungen des Absatzes 1 nur an einem der beiden Abschlußstichtage erfüllt sind und das Mutterunternehmen am vorangegangenen Abschlußstichtag von der Konzernrechnungslegungspflicht befreit war. Diese Regelung soll verhindern, daß bereits ein erstmaliges oder einmaliges Überschreiten der Größenkriterien die Konzernrechnungslegungspflicht zur Folge hat. Andererseits resultiert aus dieser Bestimmung, daß ein Unterschreiten der Schwellenwerte dann nicht zu einer

Befreiung von der Konzernrechnungslegungspflicht führt, wenn das Mutterunternehmen am vorhergehenden Abschlußstichtag nicht befreit war.

Die stark herabgesetzten Größenkriterien des § 293 Abs. 1 HGB durch die Änderungen des KapCoRiLiG haben zur Folge, daß im Geschäftsjahr 2001 eine Vielzahl von Unternehmen erstmals einen Konzernabschluß zu erstellen hat. Dies beruht auf der Vorschrift des § 293 Abs. 1 HGB, nach der erst das wiederholte Überschreiten von mindestens zwei der drei genannten Merkmale an zwei aufeinanderfolgenden Abschlußstichtagen die (erstmalige) Pflicht zur Konzernrechnungslegung bestimmt.

Für Unternehmen, die demnach erstmalig im Geschäftsjahr, das nach dem 31.12.1999 endet, auf Grundlage der neuen Schwellenwerte des § 293 Abs. 1 HGB konzernabschlußpflichtig werden, greift beim erstmaligen Überschreiten die in § 293 Abs. 1 HGB kodifizierte Befreiungsregelung. Somit ist erstmals für das dann nachfolgende Geschäftsjahr ein Konzernabschluß aufzustellen, zu prüfen und offenzulegen.

3.3.3.4 Börsennotierte Unternehmen

Börsennotierung in einem Mitgliedstaat der EU bzw. einem EWR-Staat

Die Befreiung nach § 293 Abs. 1 HGB kann – auch wenn die jeweiligen Größenmerkmale erfüllt werden – nicht in Anspruch genommen werden, »wenn am Abschlußstichtag Aktien oder andere von dem Mutterunternehmen oder einem in den Konzernabschluß des Mutterunternehmens einbezogenen Tochterunternehmen ausgegebene Wertpapiere an einer Börse in einem Mitgliedstaat der Europäischen Wirtschaftsgemeinschaft oder in einem anderen Vertragsstaat des Abkommens über den Europäischen Wirtschaftsraum zum amtlichen Handel oder zum geregelten Markt zugelassen sind oder die Zulassung zum amtlichen Handel oder zum geregelten Markt beantragt ist« (§ 293 Abs. 5 HGB). Werden Wertpapiere in einem Nicht-Mitgliedsland des EWR an der Börse gehandelt, so bleibt die Befreiung davon unberührt. Auch an der Börse gehandelte Wertpapiere eines nicht einbezogenen Tochterunternehmens (vgl. §§ 295 und 296 HGB) bleiben unberücksichtigt.

Änderungen des § 293 Abs. 5 HGB durch das KapCoRiLiG

Korrespondierend zu den Änderungen des Wortlauts des § 292a HGB durch das KapCoRiLiG (vgl. Zwirner, C. 1999, S. 879ff.) wurde der Wortlaut des § 293 Abs. 5 HGB durch einen Bezug zum WpHG modifiziert. So sind demzufolge die Absätze 1 und 4 des § 293 HGB dann nicht anzuwenden, »wenn das Mutterunternehmen oder ein in den Konzernabschluß des Mutterunternehmens einbezogenes Tochterunternehmen am Abschlußstichtag einen organisierten Markt im Sinne des § 2 Abs. 5 des Wertpapierhandelsgesetzes durch von ihm ausgegebene Wertpapiere im Sinne des § 2 Abs. 1 Satz 1 des Wertpapierhandelsgesetzes in Anspruch nimmt oder die Zulassung zum Handel an einem organisierten Markt beantragt worden ist« (BR-Drucks. 458/99, S. 7 sowie BT-Drucks. 14/1806, S. 7; zu den Begriffen ›Wertpapier i. S. d. § 2 Abs. 1 Satz 1 WpHG‹ und ›organisierter Markt i. S. d. § 2 Abs. 5 WpHG‹ vgl. m. w. N. Zwirner, C. 1999, S. 881ff.).

3.3.4 Befreiung durch Inanspruchnahme der §§ 295 und 296 HGB

Fehlende Einbeziehungspflicht für alle Tochterunternehmen

Ein Mutterunternehmen ist auch dann von der grundsätzlichen Pflicht zur Aufstellung eines Konzernabschlusses und eines Konzernlageberichts befreit, wenn aufgrund der Anwendung der §§ 295 und 296 HGB für kein Tochterunternehmen eine Einbeziehungspflicht gegeben ist (vgl. ARBEITSKREIS »EXTERNE UNTERNEHMENSRECHNUNG« DER SCHMALENBACH-GESELLSCHAFT – DEUTSCHE GESELLSCHAFT FÜR BETRIEBSWIRTSCHAFT E.V. 1989, S. 22f.; SIEBOURG, P., in: KÜTING/WEBER 1998, § 290 HGB, Rn. 7). Dies gilt auch für Unternehmen, die gem. § 11 PublG grundsätzlich zur Aufstellung eines Konzernabschlusses und eines Konzernlageberichts verpflichtet sind, da § 13 Abs. 2 Satz 1 PublG auf die §§ 294 bis 314 HGB verweist.

3.3.5 Befreiung bei Anwendung von international anerkannten Rechnungslegungsgrundsätzen

Befreiung von der Erstellung eines Konzernabschlusses nach HGB

Der durch das KapAEG neu in das HGB aufgenommene § 292a eröffnet börsennotierten Mutterunternehmen die Möglichkeit, auf die Aufstellung eines Konzernabschlusses und Konzernlageberichts nach den §§ 290 bis 315 HGB zu verzichten, wenn sie statt dessen nach international anerkannten Rechnungslegungsgrundsätzen Rechnung legen. Einerseits soll diese Regelung deutsche Konzerne entlasten, die zur Inanspruchnahme ausländischer Kapitalmärkte verpflichtet sind, einen Konzernabschluß nach internationalen Rechnungslegungsgrundsätzen oder ausländischem Recht zu erstellen (vgl. BT-DRUCKS. 13/7141, S. 1). Andererseits wird berücksichtigt, daß deutsche Konzerne auch am heimischen Kapitalmarkt in Konkurrenz zu ausländischen Kapitalgesellschaften stehen, die nach den §§ 21ff. BörsZulV zur Zulassung an deutschen Börsen einen Konzernabschluß nach internationalen Standards vorlegen können (vgl. BT-DRUCKS. 13/9909, S. 11). Zu beachten ist, daß – anders als bei den zuvor erläuterten Befreiungstatbeständen (vgl. Kapitel 3.3.1 und 3.3.2) – »nicht die Konzernrechnungslegungspflicht als solche, sondern nur das Erfordernis, einen HGB-konformen Konzernabschluß und Konzernlagebericht zu erstellen« (KESSLER, H./STRICKMANN, M. 2000, Rn. 2441) entfällt. »Seiner Funktionsweise nach ist § 292a HGB ein lex specialis zu § 290 HGB. Es wandelt die dort kodifizierte Pflicht zur Erstellung eines die §§ 294ff. HGB beachtenden Konzernabschlusses in ein Wahlrecht um« (HÜTTEN, C./LORSON, P. 2000, S. 616).

Anforderungen

Im einzelnen formuliert § 292a HGB folgende Anforderungen:

(1) Das Mutterunternehmen, das § 292a HGB in Anspruch nehmen will, muß börsennotiert sein (vgl. § 292a Abs. 1 Satz 1 HGB). Als börsennotiert gelten dabei entsprechend § 3 Abs. 2 AktG »Gesellschaften, deren Aktien an einem Markt gehandelt werden, der von staatlich anerkannten Stellen geregelt und überwacht wird, regelmäßig stattfindet und für das Publikum mittelbar oder unmittelbar zugänglich ist.«

(2) Das Mutterunternehmen und seine Tochterunternehmen müssen unbeschadet der §§ 295 und 296 HGB in den befreienden Konzernabschluß einbezogen werden (vgl. § 292a Abs. 2 Nr. 1 HGB).

(3) Der befreiende Konzernabschluß und Konzernlagebericht müssen nach international anerkannten Rechnungslegungsgrundsätzen aufgestellt worden sein und im Einklang mit der 7. EG-Richtlinie stehen (vgl. § 292a Abs. 2 Nr. 2 HGB). Hinsichtlich der Aussagekraft muß eine Gleichwertigkeit mit einem nach HGB erstellten Konzernabschluß und Konzernlagebericht gegeben sein (vgl. § 292a Abs. 2 Nr. 3 HGB). Dies ist insbes. bei Anwendung der IAS und US-GAAP anzunehmen (vgl. BT-Drucks. 13/7141, S. 9, 11). Dem Bundesministerium der Justiz steht es im Einvernehmen mit dem Bundesministerium der Finanzen und dem Bundesministerium für Wirtschaft frei, zu erfüllende Gleichwertigkeitskriterien zu benennen oder Rechnungslegungsgrundsätze zu bezeichnen, bei deren Anwendung eine Gleichwertigkeit gegeben ist (vgl. § 292a Abs. 3 HGB).

(4) Der Anhang oder die Erläuterungen zum befreienden Konzernabschluß müssen die Bezeichnung der angewandten Rechnungslegungsgrundsätze sowie eine Erläuterung der vom deutschen Recht abweichenden Bilanzierungs-, Bewertungs- und Konsolidierungsmethoden enthalten (vgl. § 292a Abs. 2 Nr. 4 HGB).

(5) Der befreiende Konzernabschluß und Konzernlagebericht müssen von einem Abschlußprüfer geprüft werden, wobei dieser zu bestätigen hat, daß die Bedingungen für eine Befreiung erfüllt sind (vgl. § 292a Abs. 2 Nr. 5 HGB).

(6) Der befreiende Konzernabschluß und Konzernlagebericht sind in deutscher Sprache und in DM nach den §§ 325 und 328 HGB offenzulegen, wobei ausdrücklich auf den Umstand hinzuweisen ist, daß es sich nicht um einen nach HGB erstellten Konzernabschluß und Konzernlagebericht handelt (vgl. § 292a Abs. 1 HGB).

Befristung des § 292a HGB

In Art. 5 KapAEG wird die Geltungsdauer des § 292a HGB zeitlich beschränkt. Sie ist letztmalig auf ein am 31.12.2004 endendes Geschäftsjahr anwendbar. Dem Gesetzgeber soll Zeit gegeben werden, eine – insbes. für börsennotierte Unternehmen – als notwendig erachtete Anpassung der Konzernrechnungslegungsvorschriften an internationale Rechnungslegungsgrundsätze vorzunehmen (vgl. BT-Drucks. 13/9909, S. 11). Dem § 292a HGB kommt somit der Charakter einer Zwischenlösung zu.

Änderung des § 292a HGB durch das KapCoRiLiG

Während nach der Formulierung »börsennotiert« im § 292a HGB i.V.m. § 3 Abs. 2 AktG »die Befreiungswirkung (des § 292a HGB, d. Verf.) ausschließlich AG zugute« (Ernst, C. 1999, S. 907) kommt, sollen es neben Aktien zukünftig auch andere Wertpapiere den Unternehmen ermöglichen, die Vorschrift des § 292a HGB in Anspruch zu nehmen (vgl. Zwirner, C. 1999, S. 880). So braucht nach dem neuen Wortlaut des § 292a HGB »ein Mutterunternehmen, das einen organisierten Markt im Sinne des § 2 Abs. 5 des Wertpapierhandelsgesetzes durch von ihm oder einem seiner Tochterunternehmen ausgegebene Wertpapiere im Sinne des § 2 Abs. 1 Satz 1 des Wertpapierhandelsgesetzes in Anspruch nimmt«, seinen Konzernabschluß und Konzernlagebericht nicht nach den Vorschriften des HGB aufzustellen.

Ausweitung der internationalen Bilanzierung durch das KapCoRiLiG

Durch die Neuregelungen des KapCoRiLiG wird der Kreis der Unternehmen, die zukünftig die Möglichkeit erhalten sollen, international zu bilanzieren, von mehreren Seiten aus erweitert. So führen im einzelnen folgende Änderungen zu einer Ausweitung der möglichen Inanspruchnahme der Befreiungsmöglichkeit des § 292a HGB (vgl. hierzu Zwirner, C. 1999, S. 884):

(1) durch die Änderungen des § 292a HGB begründen neben Aktien auch andere Wertpapiere die Möglichkeit, einen Konzernabschluß nach international anerkannten Grundsätzen aufzustellen;

(2) durch die Reduktion der Größenmerkmale des § 293 Abs. 1 HGB wird eine Vielzahl neuer Unternehmen erstmals konzernabschlußpflichtig;

(3) durch die Neueinführung des § 264a HGB und die damit einhergehende Subsumierung bestimmter Personenhandelsgesellschaften unter die bislang ausschließlich für Kapitalgesellschaften geltenden Regelungen der §§ 264ff. HGB (und somit auch der §§ 290ff. HGB) müssen zukünftig mehr Konzerne (die aufgrund der weiter gefaßten Größenkriterien des PublG bislang von der Konzernrechnungslegung befreit waren) nun einen Konzernabschluß nach HGB aufstellen;

(4) durch die Neuregelung des § 11 Abs. 6 Nr. 2 PublG können nunmehr auch zur Konzernrechnungslegung nach PublG verpflichtete Mutterunternehmen unter bestimmten Voraussetzungen die Vorschriften des § 292a HGB in Anspruch nehmen.

3.4 Schrittfolge zur Prüfung der Aufstellungspflicht von Konzernabschlüssen und Konzernlageberichten

Die Prüfung, ob im konkreten Fall eine Pflicht zur Aufstellung eines Konzernabschlusses und eines Konzernlageberichts nach den Vorschriften des HGB gegeben ist, läßt sich in drei Stufen unterteilen.

In der ersten Stufe erfolgt eine Prüfung dahingehend, ob die Voraussetzungen des § 290 HGB vorliegen. Soweit diese Voraussetzungen vorliegen, ist zu prüfen, ob eine von der Aufstellungspflicht befreiende Vorschrift zur Anwendung kommt (vgl. §§ 291 bis 293 HGB). Selbst in den Fällen, in denen eine explizit im Gesetz genannte Befreiungsvorschrift nicht zur Anwendung kommt, ist weiter zu prüfen, ob trotz Vorliegen eines Mutter-Tochter-Verhältnisses eine Konsolidierungspflicht von Tochterunternehmen im Einzelfall möglicherweise infolge der Auswirkungen der Regelungen in den §§ 295 und 296 HGB nicht besteht. Ist eine Konsolidierungspflicht für alle Tochterunternehmen zu verneinen, so besteht über die im Gesetz explizit genannten Befreiungsvorschriften hinaus keine Pflicht zur Aufstellung eines Konzernabschlusses.

In Anlehnung an den Gesetzesaufbau stellen sich die Prüfungsschritte zur Beantwortung der Frage nach der Aufstellungspflicht von Konzernabschlüssen und Konzernlageberichten somit wie in Übersicht 14 veranschaulicht dar.

Übersicht 14: Schrittfolge zur Prüfung der Aufstellungspflicht von Konzernabschlüssen inländischer Kapitalgesellschaften

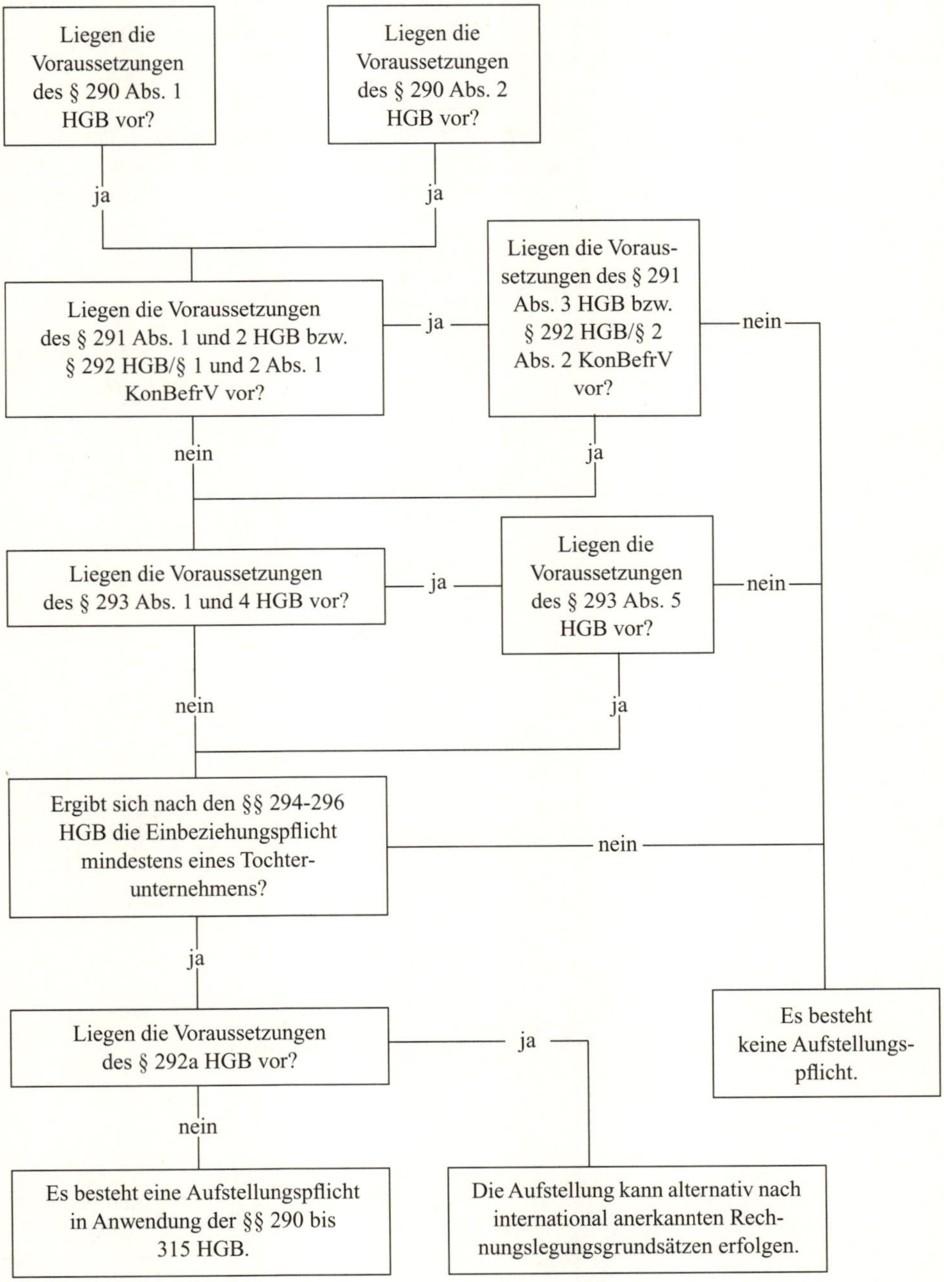

Prüfung einer möglichen Anwendung der Befreiungsvorschrift des § 292a HGB nach KapCoRiLiG

Durch die Änderungen des KapCoRiLiG muß die obige Übersicht zur Prüfung der Aufstellungspflicht von Konzernabschlüssen inländischer Kapitalgesellschaften in bezug auf den § 292a HGB wie folgt ergänzt werden. Hierbei ist nach der Prüfung der §§ 290 bis 296 HGB in Übersicht 15 folgende Schrittfolge anzuwenden (Übersicht unwesentlich modifiziert entnommen aus ZWIRNER, C. 1999, S. 884):

Übersicht 15: Möglichkeiten zur Aufstellung eines internationalen Konzernabschlusses nach § 292a HGB nach KapCoRiLiG

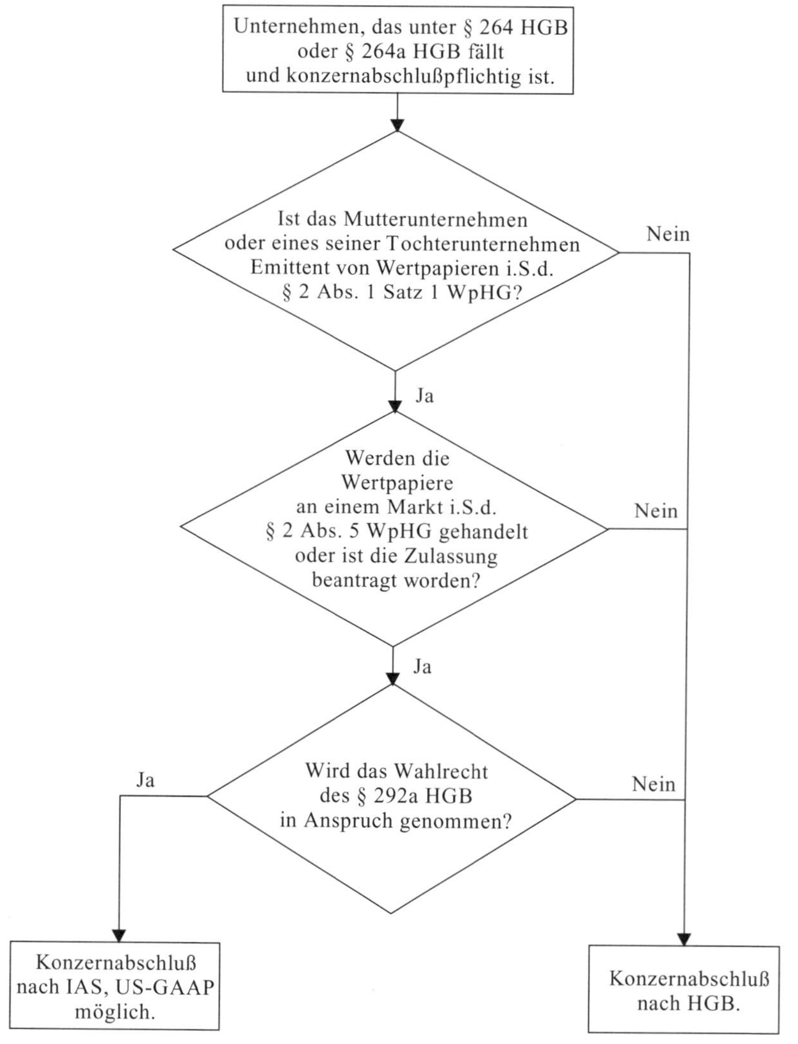

1. § 290 Abs. 1 und 2 HGB enthält die Voraussetzungen, unter denen ein Unternehmen zur Aufstellung eines Konzernabschlusses und Konzernlageberichts verpflichtet ist.

2. Gem. § 290 Abs. 1 HGB ist ein Konzernabschluß dann aufzustellen, wenn in einem Konzern mindestens ein Unternehmen (Tochterunternehmen) gleich welcher Rechtsform unter einheitlicher Leitung einer inländischen Kapitalgesellschaft (Mutterunternehmen) steht, und das Mutterunternehmen darüber hinaus eine Beteiligung nach § 271 Abs. 1 HGB hält.

3. Das sog. »Control-Konzept« gem. § 290 Abs. 2 HGB verwendet im Gegensatz zum flexibel gehaltenen »Konzept der einheitlichen Leitung« eindeutig bestimmbare und starre Abgrenzungskriterien. Während nach § 290 Abs. 1 HGB die einheitliche Leitung tatsächlich ausgeübt werden muß, reicht nach § 290 Abs. 2 HGB das Vorhandensein der Möglichkeit zur Ausübung der einheitlichen Leitung aus.

4. In Abweichung zu den handelsrechtlichen Vorschriften liegt der Konzernrechnungslegungspflicht für Mutterunternehmen, die nicht als Kapitalgesellschaften organisiert sind und deren Konzerne bestimmte Größenkriterien erfüllen, gem. § 11 Abs. 1 PublG nur die Konzeption der tatsächlich ausgeübten einheitlichen Leitung zugrunde.

5. § 290 HGB verpflichtet grundsätzlich jedes Mutterunternehmen zur Aufstellung eines Konzernabschlusses und Konzernlageberichts, sofern die im einzelnen genannten Voraussetzungen erfüllt sind. Diese Vorgehensweise würde bedeuten, daß auf jeder Ebene eines mehrstufigen Konzerns Teilkonzernabschlüsse zu erstellen wären (sog. Tannenbaumprinzip). §§ 291 und 292 HGB sehen deshalb unter bestimmten Voraussetzungen eine Befreiung von der Verpflichtung zur Aufstellung eines Teilkonzernabschlusses vor.

6. Konzerne, die bestimmte Größenmerkmale nicht überschreiten, sind gem. § 293 HGB von der Pflicht zur Konzernrechnungslegung befreit.

7. Ein börsennotiertes Mutterunternehmen kann unter den Voraussetzungen des § 292a HGB auf die Aufstellung eines Konzernabschlusses und Konzernlageberichts nach den §§ 290ff. HGB verzichten, wenn es statt dessen einen Konzernabschluß und Konzerlagebericht nach international anerkannten Rechnungslegungsgrundsätzen erstellt.

8. Durch die Änderungen des KapCoRiLiG wird die Möglichkeit zur internationalen Bilanzierung gleich mehrfach ausgeweitet.

4. Abgrenzung des Konsolidierungskreises

4.1 Grundlagen

Konsolidierungskreis im engeren Sinn

In den handelsrechtlichen Konzernrechnungslegungsvorschriften wird mit dem Begriff Konsolidierungskreis »die Gesamtheit der von einem Mutterunternehmen im Wege der Vollkonsolidierung in ihren Konzernabschluß einzubeziehenden Tochterunternehmen bezeichnet« (ODENWALD, O., in: Beck'sches Handbuch der Rechnungslegung 1999, C 210, Rn. 1). Dies macht der Gesetzgeber auch durch die Überschrift des Zweiten Titels (vgl. §§ 294 bis 296 HGB) des HGB mit »Konsolidierungskreis« deutlich.

Bei den darüber hinaus in den §§ 310 und 311 HGB enthaltenen Regelungen zur Einbeziehung von Nicht-Konzernunternehmen in den Konzernabschluß handelt es sich demnach nicht um Vorschriften zur Abgrenzung des Konsolidierungskreises im engeren Sinn. Die §§ 310 und 311 HGB haben im Vergleich zu den §§ 294 bis 296 HGB insoweit nachrangige Bedeutung, als sie nicht die Vollkonsolidierung, sondern eine Einbeziehung auf geringerer Stufe, nämlich nur quotal im Falle der Gemeinschaftsunternehmen bzw. die Bewertung von Beteiligungen »at equity« betreffen.

Die Bedeutung der §§ 294 bis 296 HGB geht über die bloße Zusammenfassung von Unternehmen in einen Konzernabschluß hinaus; sie können auch Einfluß darauf haben, ob überhaupt eine Konzernrechnungslegungspflicht besteht. Sind nämlich die Voraussetzungen des § 290 HGB erfüllt, unterbleibt aber die Einbeziehung aller Tochterunternehmen aufgrund der §§ 295 und 296 HGB, so ist das Mutterunternehmen von der Verpflichtung zur Aufstellung eines Konzernabschlusses und eines Konzernlageberichts befreit (vgl. ARBEITSKREIS »EXTERNE UNTERNEHMENSRECHNUNG« DER SCHMALENBACH-GESELLSCHAFT DEUTSCHE GESELLSCHAFT FÜR BETRIEBSWIRTSCHAFT E.V. 1989, S. 22). Die Anwendung der §§ 310 und 311 HGB hingegen ist unabdingbar an die Voraussetzung geknüpft, daß überhaupt eine Pflicht zur Aufstellung eines Konzernabschlusses besteht.

Konsolidierungskreis im weiteren Sinn

Sollen aber die §§ 310 und 311 HGB bei der Abgrenzung des Konsolidierungskreises dennoch berücksichtigt werden, sollte von einer Abgrenzung des Konsolidierungskreises im weiteren Sinn gesprochen werden. Bei einer Abgrenzung des Konsolidierungskreises im weiteren Sinn sind dann nicht mehr nur Konzernunternehmen (sog. Mutter- und Tochterunternehmen; vgl. § 290 HGB), sondern auch Gemeinschaftsunternehmen (vgl. § 310 HGB) und assoziierte Unternehmen (vgl. § 311 HGB) zu berücksichtigen (vgl. Übersicht 16).

Wenn in der Literatur ganz allgemein von einer Abgrenzung des Konsolidierungskreises bzw. von in den Konzernabschluß einzubeziehenden Tochterunternehmen die Rede ist, dann wird eine Abgrenzung des Konsolidierungskreises im engeren Sinn unterstellt.

Übersicht 16: Bei der Abgrenzung des Konsolidierungskreises zu berücksichtigende Unternehmenskategorien

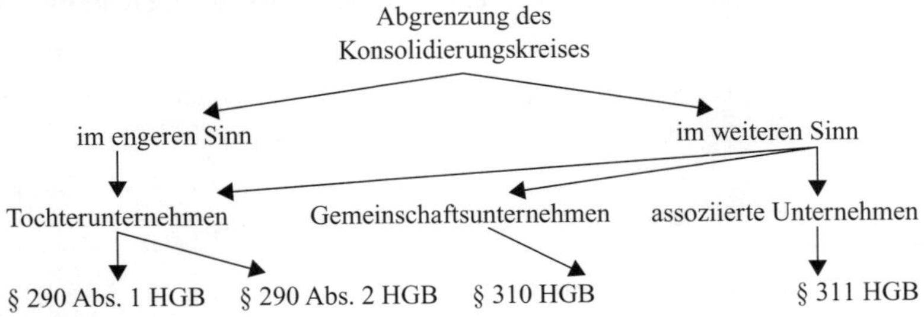

Vgl. DUSEMOND, M. 1991, S. 102

Aus den vorangegangenen Ausführungen wird deutlich, daß sich das neue Recht durch einen stufenweisen Übergang vom eigentlichen Kern des Konzerns zu seiner Umwelt, der durch verschiedene Grade der Einflußnahme des Mutterunternehmens auf andere Unternehmen gekennzeichnet ist, auszeichnet (vgl. BUSSE VON COLBE, W./CHMIELEWICZ, K. 1986, S. 326).

Als Kern des Konzerns sind hierbei die Konzernunternehmen nach § 290 Abs. 1 HGB, bei denen die einheitliche Leitung tatsächlich ausgeübt wird, zu verstehen.

Übersicht 17: Intensität der Einflußnahme

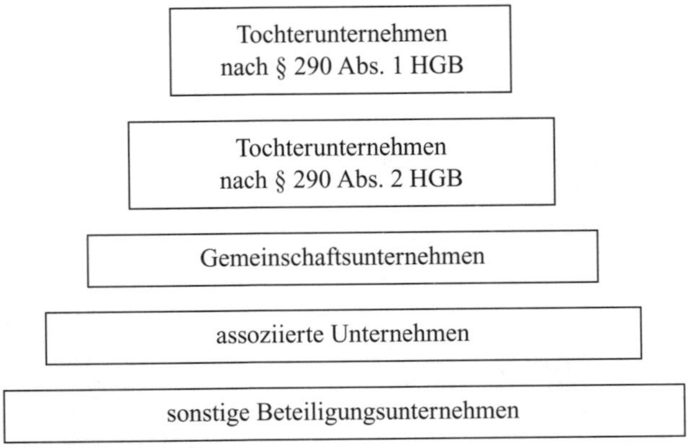

In Anlehnung an: DUSEMOND, M./KESSLER, H. 2001, S. 180

»Die Pyramidenform soll dabei verdeutlichen, daß:

- auf jeder höheren Stufe die Intensität der Einflußnahme zunimmt und
- auch gleichzeitig die Voraussetzungen restriktiver werden« (Dusemond, M. 1991, S. 102).

Die angesprochene Stufenkonzeption des Konzernbilanzrechts läßt sich – mit Blick auf den Grad der Einflußnahme – auch wie folgt darstellen:

Übersicht 18: Stufenkonzeption des Konzernbilanzrechts

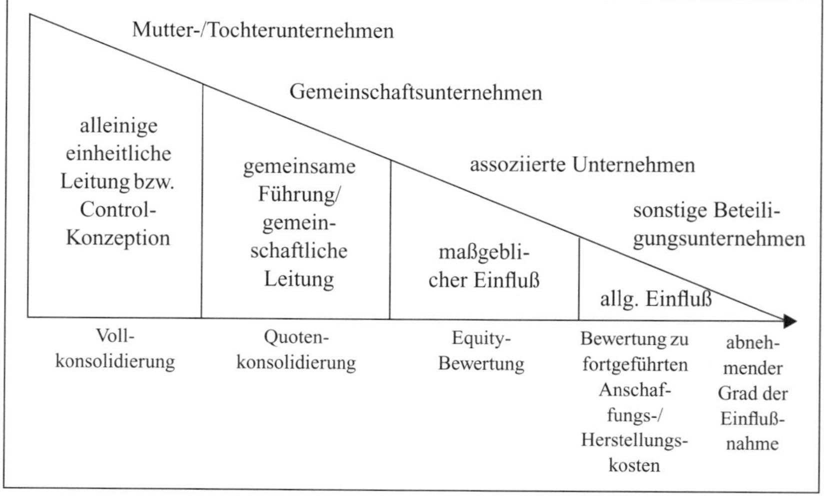

4.2 Abgrenzung des Konsolidierungskreises im engeren Sinn

Welche Tochterunternehmen auf der Grundlage der Vollkonsolidierung (vgl. §§ 300 bis 307 HGB) in einen Konzernabschluß einzubeziehen sind, ergibt sich aus den §§ 294 bis 296 HGB. Das Gesetz unterscheidet bei der Abgrenzung des Konsolidierungskreises zwischen einer Konsolidierungspflicht, einem Konsolidierungsverbot und verschiedenen Konsolidierungswahlrechten.

Übersicht 19: Abgrenzung des Konsolidierungskreises

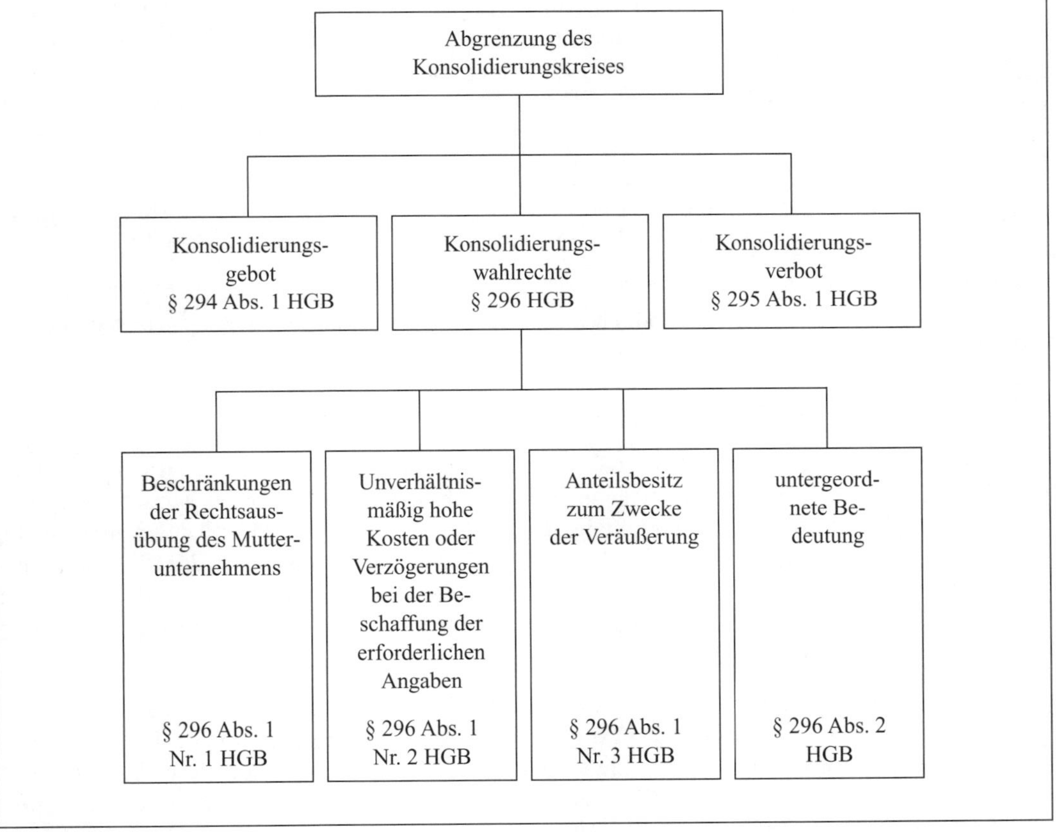

4.2.1 Konsolidierungsgebot gem. § 294 Abs. 1 HGB

Grundsatz der Einbeziehungspflicht

In den Konzernabschluß sind das Mutterunternehmen und grundsätzlich alle Tochterunternehmen ohne Rücksicht auf den Sitz der Tochterunternehmen einzubeziehen (vgl. § 294 Abs. 1 HGB).

Alleinige Voraussetzung für die Einbeziehung in den Konzernabschluß ist also das Bestehen eines Mutter-Tochter-Verhältnisses gem. § 290 HGB. Die Untersuchung, ob ein solches Verhältnis besteht, ist der Prüfung vorgelagert, welche Unternehmen zu konsolidieren sind. In den Konzernabschluß einzubeziehen sind dann grundsätzlich alle Unternehmen, die mit dem betreffenden Mutterunternehmen durch ein solches Mutter-Tochter-Verhältnis verbunden sind.

»Weltabschluß-prinzip«

Bedeutsam ist, daß Tochterunternehmen ohne Rücksicht auf ihren Sitz in den Konzernabschluß einzubeziehen sind. Dieses »Weltabschlußprinzip« führt zu einer wesentlichen Erweiterung des Konsolidierungskreises im Vergleich zum AktG 1965. In die gleiche Richtung zielt die Tatsache, daß nun nicht mehr die Höhe des Anteilsbesitzes für die Konsolidierung maßgeblich ist, sondern allein das Merkmal »Tochterunternehmen«. Während nach dem AktG 1965 grundsätzlich erst bei einem Anteilsbesitz von mehr als 50% eine Konsolidierungspflicht bestand (vgl. § 329 Abs. 2 Satz 1 AktG 1965), kann das nun allein maßgebende Merkmal »Tochterunternehmen« vom Grundsatz her schon bei Beteiligungen von 20% oder sogar weniger erfüllt sein.

Mutter- und Tochterunternehmen, für die nach § 294 Abs. 1 HGB eine Einbeziehungspflicht besteht, sind auf der Grundlage der Vollkonsolidierung (vgl. §§ 300 bis 307 HGB) in den Konzernabschluß einzubeziehen.

Nach § 13 Abs. 2 PublG ist das »Weltabschlußprinzip« auch für Konzernabschlüsse verbindlich vorgeschrieben, die nach dem PublG erstellt werden müssen.

4.2.2 Konsolidierungsverbot gem. § 295 HGB

Wahrung der Generalnorm

Ein nach § 294 HGB grundsätzlich konsolidierungspflichtiges Tochterunternehmen darf nicht in den Konzernabschluß einbezogen werden, wenn sich seine Tätigkeit von der der anderen zu konsolidierenden Unternehmen derart unterscheidet, daß durch die Einbeziehung ein unzutreffendes Bild der Vermögens-, Finanz- und Ertragslage des Konzerns vermittelt würde (vgl. § 295 Abs. 1 HGB; SAHNER, F./SAUERMANN, K., in: KÜTING/WEBER 1998, § 295 HGB, Rn. 3).

Nach § 295 Abs. 2 HGB unterscheidet sich die Tätigkeit eines Tochterunternehmens von der Tätigkeit der anderen einbezogenen Tochterunternehmen im Hinblick auf ein Einbeziehungsverbot nicht schon allein deshalb, weil es sich teils um Industrie-, teils um Handels- und teils um Dienstleistungsunternehmen handelt oder weil die »Unternehmen unterschiedliche Erzeugnisse herstellen, mit unterschiedlichen Erzeugnissen Handel treiben oder Dienstleistungen unterschiedlicher Art erbringen«.

Kritik am Einbeziehungsverbot

Wird zudem berücksichtigt, daß

(1) ein der Generalnorm entsprechendes Bild »durch den Konzernabschluß im Grunde nur vermittelt werden (kann, d. Verf.), wenn alle Tochterunternehmen von Bedeutung unabhängig von ihrer jeweiligen Tätigkeit in den Abschluß einbezogen werden« (SABI 1/1988, S. 342) und

(2) durch die Einfügung von Sonderposten in den Konzernabschluß (vgl. § 298 Abs. 1 HGB i.V.m. § 265 Abs. 1 und 5 HGB) und durch entsprechende Erläuterungen im Konzernanhang eine klare Darstellung der Vermögens-, Finanz- und Ertragslage gewöhnlich ohne Schwierigkeiten erreicht werden kann (vgl. FÖRSCHLE, G./DEUBERT, M., in: Beck Bil-Komm. 1999, § 295 HGB, Rn. 6; BUSSE VON COLBE, W./ORDELHEIDE, D. 1993, S. 89),

dann gelangt man zu dem Ergebnis, daß aus betriebswirtschaftlicher Sicht § 295 Abs. 1 HGB sehr restriktiv auszulegen ist.

Konzernuntypische Tätigkeit

Das Konsolidierungsverbot kann also nur dann greifen, wenn bezogen auf die Summe aller grundsätzlich konsolidierungspflichtigen Unternehmen das betreffende Tochterunternehmen in einem Geschäftszweig tätig ist, der nach dem Gesamtbild als konzernuntypisch qualifiziert werden muß. Die Entscheidung hierüber muß dem Einzelfall vorbehalten bleiben (vgl. BT-DRUCKS. 10/4268, S. 114) und muß jedes Jahr von neuem getroffen werden, da sich die konzerntypische Tätigkeit im Zeitablauf wandeln kann. Dabei ist die Beurteilung, ob eine konzernuntypische Tätigkeit vorliegt, sehr eng zu fassen. So sind Tochterunternehmen, »deren Tätigkeit vom üblichen Geschäftszweig des Konzerns abweicht, … demnach nicht als konzernuntypisch zu qualifizieren, wenn sie trotz abweichenden Tätigkeitsbereichs dennoch dem Gesamtinteresse des Konzerns dienen« (SAHNER, F./SAUERMANN, K., in: KÜTING/WEBER 1998, § 295 HGB, Rn. 14). BIENER/BERNEKE (H./W. 1986, S. 314) führen hier als Beispiel »das Kreditinstitut eines im Versandhandel tätigen Konzerns, das den Kunden dieses Konzerns Kredite zur Verfügung stellt«, an. Daher ist sowohl auf einen Mischkonzern, bei dem kein Geschäftszweig überwiegt, als auch auf Unternehmen, die dem eigentlichen Konzerninteresse trotz Zugehörigkeit zu einem anderen Geschäftszweig dienen, die Vorschrift des § 295 Abs. 1 HGB nicht anzuwenden (vgl. BIENER, H./BERNEKE, W. 1986, S. 314).

I.d.R. dürften vom Einbeziehungsverbot des § 295 Abs. 1 HGB rechtlich selbständige gemeinnützige Unterstützungskassen erfaßt sein, da im Fall der Einbeziehung insbes. die Vermögenslage des Konzerns unzutreffend ausgewiesen werden würde; der Konzern würde das Vermögen der Unterstützungsberechtigten ausweisen und nicht das des Konzerns.

4.2.3 Konsolidierungswahlrechte gem. § 296 HGB

Anwendungsbereich

§ 296 HGB gewährt die Möglichkeit, unter bestimmten Voraussetzungen auf die Einbeziehung von Tochterunternehmen in den Konzernabschluß zu verzichten. Diese Ausnahmetatbestände, die sowohl für die Aufstellungspflicht nach § 290 Abs. 1 HGB als auch nach § 290 Abs. 2 HGB Gültigkeit besitzen, korrespondieren insbes. mit dem Control-Konzept des § 290 Abs. 2 HGB. Die Zielsetzung des Gesetzgebers bestand darin, »dem eher starren »Control«-Konzept die nötige Flexibilität zu verleihen, und so eine weitgehende Annäherung an das bis dahin im deutschen Konzernbilanzrecht allein maßgebende Konzept der einheitlichen Leitung« (SAHNER, F./SAUERMANN, K., in: KÜTING/WEBER 1998, § 296 HGB, Rn. 2; vgl. auch BT-DRUCKS. 10/4268, S. 114) zu erreichen.

Die Prüfung des Vorliegens der Voraussetzungen zur Inanspruchnahme eines Einbeziehungswahlrechts ist für jedes einzelne Tochterunternehmen in jedem Jahr erneut durchzuführen. Im übrigen gilt auch für die Einbeziehungswahlrechte der Grundsatz der Stetigkeit, nach dem diese im Zeitablauf in gleicher Weise ausgeübt werden sollen, sofern sich die zugrundeliegenden Sachverhalte nicht geändert haben (vgl. BAETGE, J./KIRSCH H.-J./THIELE, S. 2000, S. 124).

4.2.3.1 Beschränkungen in der Rechtsausübung

Ein Tochterunternehmen braucht nicht in den Konzernabschluß einbezogen zu werden, wenn erhebliche und andauernde Beschränkungen die Ausübung der Rechte des Mutterunternehmens in bezug auf das Vermögen oder die Geschäftsführung nachhaltig beeinträchtigen (vgl. § 296 Abs. 1 Nr. 1 HGB).

Enge Auslegung des Wahlrechts

An die Inanspruchnahme dieses Wahlrechts sind hohe Anforderungen zu stellen; nur vorübergehende oder nur geringfügige Beeinträchtigungen sind kein hinreichender Grund (vgl. WYSOCKI, K. v./WOHLGEMUTH, M. 1996, S. 53). Es muß vielmehr die Möglichkeit der Einflußnahme durch das Mutterunternehmen in den Fällen ausgeschlossen sein, die für Bestand und Fortentwicklung von Bedeutung sind (vgl. ARBEITSKREIS »WELTBILANZ« DES IDW 1977, S. 16). Diese Beschränkungen müssen zudem während des Geschäftsjahrs und bis zur Aufstellung des Konzernabschlusses und des Konzernlageberichts bestanden haben; mit ihrer Aufhebung darf in absehbarer Zeit nicht zu rechnen sein.

4.2.3.2 Unverhältnismäßig hohe Kosten oder Verzögerungen

Sind die für die Aufstellung des Konzernabschlusses erforderlichen Angaben nicht ohne unverhältnismäßig hohe Kosten oder Verzögerungen zu erhalten, müssen Tochterunternehmen gem. § 296 Abs. 1 Nr. 2 HGB nicht in den Konzernabschluß einbezogen werden.

Grundsatz der Wirtschaftlichkeit

Dieses auf Wirtschaftlichkeitsüberlegungen beruhende Wahlrecht sollte auf Ausnahmefälle beschränkt bleiben (vgl. SAHNER, F./KAMMERS, H. 1983, S. 2212). Nur wenn zwischen den Kosten für die Konsolidierung und dem dadurch zu erzielenden Informationsgewinn ein ungewöhnlich krasses Mißverhältnis besteht, sollte auf die Konsolidierung eines Tochterunternehmens verzichtet werden. Verzögerungen sind dann als unverhältnismäßig anzusehen, wenn wegen der fehlenden Unterlagen der Konzernabschluß nicht in der im Gesetz vorgesehenen Frist von fünf Monaten (vgl. § 290 Abs. 1 HGB) aufgestellt werden kann.

Denkbare Sachverhalte wären darin zu sehen, daß

(1) ein Konzernunternehmen neu erworben wird und die Anpassung des Rechnungswesens Zeit erfordert,

(2) ein Zusammenbruch im EDV-System eintritt,

(3) aufgrund eines langandauernden Streiks die Daten nicht entsprechend aufbereitet werden können.

4.2.3.3 Absicht der Weiterveräußerung

Hält ein Mutterunternehmen Anteile an einem Tochterunternehmen ausschließlich zum Zweck der Weiterveräußerung, so braucht dieses Tochterunternehmen nicht in den Konzernabschluß einbezogen zu werden (vgl. § 296 Abs. 1 Nr. 3 HGB). D. h., ein »Verzicht auf die Einbeziehung nach § 296 Abs. 1 Nr. 3 HGB wird in der Regel nur zulässig sein, wenn bereits bei Erwerb der Anteile die Weiterveräußerungsabsicht besteht« (WP-Handbuch 2000, Bd. I, S. 968). Dieses Konsolidierungswahlrecht erlangt ausschließlich bei den auf der Grundlage des Control-Konzepts beruhenden Konzernrechnungslegungspflichten Bedeutung, da das Konzept der einheitlichen Leitung gem. § 290 Abs. 1 HGB das Vorliegen einer Beteiligung nach § 271 Abs. 1 HGB fordert. Die Regelung soll demnach bewirken, daß nur die wirtschaftliche Einheit Konzern vollkonsolidiert wird (vgl. Baetge, J./Kirsch H.-J./Thiele, S. 2000, S. 128).

Indizien für eine Weiterveräußerungsabsicht

Wegen der unbestimmten Gesetzesformulierung wird die Prüfung der Voraussetzungen auf Indizien angewiesen sein. So können als Hinweis auf eine bestehende Weiterveräußerungsabsicht z. B. Verkaufsverhandlungen oder die Beauftragung eines Maklers angesehen werden.

Dieses Wahlrecht wird vor allem von Kreditinstituten anzuwenden sein, die nur vorübergehend Anteile in der Absicht erwerben, sie am Kapitalmarkt zu plazieren.

4.2.3.4 Untergeordnete Bedeutung

Grundsatz der Wesentlichkeit

§ 296 Abs. 2 Satz 1 HGB gewährt ein Konsolidierungswahlrecht für solche Tochterunternehmen, deren Einbeziehung in den Konzernabschluß für die Vermittlung eines den tatsächlichen Verhältnissen entsprechenden Bilds der Vermögens-, Finanz- und Ertragslage des Konzerns nur von untergeordneter Bedeutung ist.

Entscheidend für die Beurteilung eines Tochterunternehmens muß dabei seine Einbeziehung in die wirtschaftliche Tätigkeit des gesamten Konzerns sein. Als Beurteilungsmerkmale kommen insbes. die Umsatzerlöse, die Bilanzsumme sowie die Höhe des Jahresergebnisses und der zu eliminierenden konzerninternen Beziehungen in Betracht.

Sind mehrere Tochterunternehmen von untergeordneter Bedeutung, so müssen sie dennoch in den Konzernabschluß einbezogen werden, wenn sie zusammen nicht von untergeordneter Bedeutung sind (vgl. § 296 Abs. 2 Satz 2 HGB).

4.2.4. Zusammenfassende Übersicht über mögliche Anwendungsfälle der §§ 295 und 296 HGB

Übersicht 20: Exemplarische Anwendungsfälle der §§ 295 und 296 HGB

Gesetzesvorschrift	Mögliche Anwendungsfälle
§ 295 HGB	rechtlich selbständige gemeinnützige Pensions-/ Unterstützungskasse;
§ 296 Abs. 1 Nr. 1 HGB	Vermögensbeschränkung; Satzungsbestimmung sieht 3/4-Mehrheit bei Hauptversammlungsbeschlüssen vor;
§ 296 Abs. 1 Nr. 2 HGB	Streik; Zusammenbruch der EDV; Erwerb eines Unternehmens oder Teilkonzerns kurz vor Stichtag; Umstellung des Rechnungswesens; Katastrophen;
§ 296 Abs. 1 Nr. 3 HGB	geplante Anteilsveräußerung; kurzfristige Anlage- respektive Halteabsicht;
§ 296 Abs. 2 HGB	unwesentliche Bedeutung für nach § 264 Abs. 2 HGB i.V.m. § 297 Abs. 2 HGB geforderte Darstellung eines den tatsächlichen Verhältnissen entsprechenden Bildes der Vermögens-, Finanz- und Ertragslage;

4.2.5 Berichtspflichten

Vergleichbarkeit bei wesentlichen Änderungen des Konsolidierungskreises

Gem. § 294 Abs. 2 HGB sind wesentliche Änderungen des Konsolidierungskreises in der Weise zu erläutern, daß ein sinnvoller Vergleich aufeinanderfolgender Konzernabschlüsse ermöglicht wird. Wann eine »wesentliche« Änderung des Konsolidierungskreises gegeben ist, entscheidet sich nicht nach der Anzahl der ausscheidenden bzw. neu hinzutretenden Tochterunternehmen. Entscheidend ist vielmehr der Anspruch der Generalnorm (vgl. § 297 Abs. 2 HGB), wonach der Konzernabschluß unter Beachtung der Grundsätze ordnungsmäßiger Buchführung ein den »tatsächlichen Verhältnissen entsprechendes Bild der Vermögens-, Finanz- und Ertragslage des Konzerns zu vermitteln (hat, d. Verf.)«, dessen Vergleichbarkeit auch im Zeitablauf gewährleistet sein muß. Änderungen sind demnach dann als »wesentlich« einzustufen, »wenn die Entwicklung, die ohne Änderungen des Konsolidierungskreises zu verzeichnen war, nicht erkennbar ist« (HFA 3/1995, S. 697).

Wie die Vergleichbarkeit sichergestellt wird, entscheidet das zur Rechnungslegung verpflichtete Unternehmen. Einerseits kann diese durch zusätzliche betragsmäßige (Anhang-)Angaben zu allen wesentlichen Posten des Konzernabschlusses sichergestellt werden. Andererseits wird den gesetzlichen Vorschriften auch durch die (vollständige) Angabe der angepaßten Vorjahreszahlen entsprochen. Die Angabe der tatsächlichen Vorjahresbeträge ist dann zwar nicht mehr erforderlich, sie empfiehlt sich aber, so daß Konzernbilanz und Konzern-GuV letztlich in einer Drei-Spalten-Form ausgewiesen werden (vgl. HFA 3/1995, S. 697).

Anhangangabe bei Einbeziehungswahlrechten oder -verboten

Die Anwendung des Konsolidierungsverbots (vgl. § 295 Abs. 1 HGB) ist im Konzernanhang anzugeben und zu begründen (vgl. § 295 Abs. 3 Satz 1 HGB). Wird der Jahresabschluß eines nicht einbezogenen Tochterunternehmens im Inland nicht offengelegt, so ist er zusammen mit dem Konzernabschluß zum Handelsregister einzureichen.

Die Inanspruchnahme eines Einbeziehungswahlrechts ist gem. § 296 Abs. 3 HGB im Konzernanhang zu begründen. Ein Verweis allein auf die entsprechende Vorschrift in § 296 HGB dürfte hierfür nicht ausreichend sein; dies gilt auch für die Begründung eines Konsolidierungsverbots. Es sind zusätzlich Angaben erforderlich, die die Berechtigung der Inanspruchnahme von § 295 oder § 296 HGB begründen. In Deutschland dürfte insbes. der Verzicht auf die Konsolidierung wegen untergeordneter Bedeutung als Regelfall respektive Hauptanwendungsfall der Konsolidierungswahlrechte des § 296 HGB angesehen werden.

4.3 Abgrenzung des Konsolidierungskreises im weiteren Sinn

Bei der Abgrenzung des Konsolidierungskreises im weiteren Sinn sind neben Tochterunternehmen (vgl. § 290 HGB und oben unter 4.2.) auch Gemeinschaftsunternehmen (vgl. § 310 HGB) und assoziierte Unternehmen (vgl. § 311 HGB) zu berücksichtigen.

4.3.1 Gemeinschaftsunternehmen

4.3.1.1 Grundlagen

Begriff des Gemeinschaftsunternehmens

Nach § 310 HGB ist ein Unternehmen dann als Gemeinschaftsunternehmen einzuordnen, wenn ein in den Konzernabschluß einbezogenes Mutter- oder Tochterunternehmen dieses Unternehmen gemeinsam mit einem oder mehreren nicht in den Konzernabschluß einbezogenen Unternehmen führt. »Es kommt also auf die tatsächliche gemeinsame Führung des Gemeinschaftsunternehmens durch die Gesellschafterunternehmen an« (SIGLE, H., in: KÜTING/WEBER 1998, § 310 HGB, Rn. 24).

Gemeinschafts-unternehmen versus Tochter-unternehmen

Wird ein Unternehmen als Gemeinschaftsunternehmen eingeordnet, dann schließt die tatsächliche gemeinsame Führung des Gemeinschaftsunternehmens durch die Gesellschafterunternehmen die gleichzeitige Einordnung dieses Unternehmens als Tochterunternehmen aus, da in diesem Fall die einheitliche Leitung durch ein Konzernunternehmen nicht mehr möglich ist, und umgekehrt (vgl. BIENER, H./BERNEKE, W. 1986, S. 365; BUDDE, W. D./SUHRBIER, H., in: Beck Bil-Komm. 1999, § 310 HGB, Rn. 5ff.; SIGLE, H., in: KÜTING/WEBER 1998, § 310 HGB, Rn. 31; HERRNBERGER, K., in: Beck'sches Handbuch der Rechnungslegung 1999, C 500, Rn. 2; a. A. ADLER/DÜRING/SCHMALTZ 1995, § 290 HGB, Rn. 102ff.; WP-HANDBUCH 2000, Bd. I, S. 942).

»Die Definitionen von Gemeinschaftsunternehmen und Tochterunternehmen schließen sich gegenseitig aus« (KÜTING, K./KÖTHNER, R./ZÜNDORF, H., in: KÜTING/WEBER 1998, § 311 HGB, Rn. 97).

4.3.1.2 Wahlrecht zur anteilmäßigen Konsolidierung gem. § 310 Abs. 1 HGB

Nach § 310 Abs. 1 HGB dürfen Gemeinschaftsunternehmen auf der Grundlage der Quotenkonsolidierung in den Konzernabschluß einbezogen werden. Wird dieses Wahlrecht nicht ausgeübt, kommt regelmäßig die Anwendung der Equity-Bewertung für Beteiligungen an Gemeinschaftsunternehmen gem. den §§ 311 und 312 HGB in Betracht.

4.3.2 Assoziierte Unternehmen

4.3.2.1 Grundlagen

Begriff des assoziierten Unternehmens

Unter einem assoziierten Unternehmen versteht man ein nicht in den Konzernabschluß einbezogenes Unternehmen, auf dessen Geschäfts- und Finanzpolitik ein in den Konzernabschluß einbezogenes Unternehmen einen maßgeblichen Einfluß ausübt und gleichzeitig eine Beteiligung nach § 271 Abs. 1 HGB hält (vgl. § 311 Abs. 1 Satz 1 HGB).

»Ein maßgeblicher Einfluß wird vermutet, wenn ein Unternehmen bei einem anderen Unternehmen mindestens den fünften Teil der Stimmrechte der Gesellschafter innehat« (§ 311 Abs. 1 Satz 2 HGB).

Ebenso wie bei der einheitlichen Leitung nach § 290 Abs. 1 HGB kommt es auch bei dem maßgeblichen Einfluß nach § 311 Abs. 1 HGB nicht darauf an, ob er ausgeübt werden könnte, sondern vielmehr darauf, ob er auch tatsächlich ausgeübt wird.

4.3.2.2 Auf der Grundlage der §§ 295 und 296 HGB nicht in den Konzernabschluß einbezogene Tochterunternehmen

Equity-Konsolidierung statt Vollkonsolidierung

Während § 295 Abs. 1 letzter Halbsatz HGB für Tochterunternehmen, die nicht in den Konzernabschluß einbezogen werden dürfen, die Prüfung der Anwendbarkeit des § 311 HGB explizit vorgibt, ist eine vergleichbare Vorschrift in

§ 296 HGB für Tochterunternehmen, die nicht in den Konzernabschluß einbezogen werden müssen, nicht vorhanden. Trotzdem wird man »davon ausgehen müssen, daß die Anwendung der Equity-Konsolidierung, die vom Gesetz für Tochterunternehmen, für die ein Konsolidierungsverbot gilt, explizit nicht ausgeschlossen ist, erst recht für solche Tochterunternehmen anwendbar ist, die in Ausübung eines Konsolidierungswahlrechts nicht in den Konzernabschluß einbezogen werden« (WP-HANDBUCH 2000, Bd. I, S. 970).

Demnach ist bei allen nicht in den Konzernabschluß einbezogenen Tochterunternehmen jeweils gesondert zu prüfen, ob die Voraussetzungen des § 311 HGB erfüllt sind:

(1) Maßgeblicher Einfluß

Tatsächliche Ausübung des maßgeblichen Einflusses

»Die einheitliche Leitung ... umfaßt auch den maßgeblichen Einfluß, so daß Tochterunternehmen, die in den Konzernabschluß nicht einbezogen werden, grundsätzlich nach der Equity-Methode im Konzernabschluß zu berücksichtigen sind« (KÜTING, K./KÖTHNER, R./ZÜNDORF, H., in: KÜTING/WEBER 1998, § 311 HGB, Rn. 100). Eine Ausnahme kann bei Tochterunternehmen i. S. d. § 290 Abs. 2 Nr. 1 und Nr. 2 HGB gegeben sein, »da § 290 Abs. 2 HGB auf die Möglichkeit der Beherrschung, § 311 HGB dagegen auf die tatsächliche Ausübung eines maßgeblichen Einflusses abstellt« (WP-HANDBUCH 2000, Bd. I, S. 966; vgl. auch KÜTING, K./KÖTHNER, R./ZÜNDORF, H., in: KÜTING/WEBER 1998, § 311 HGB, Rn. 102).

Auch bei erheblichen und andauernden Beschränkungen, die die Ausübung der Rechte des Mutterunternehmens in bezug auf das Vermögen oder die Geschäftsführung nachhaltig beeinträchtigen (vgl. § 296 Abs. 1 Nr. 1 HGB), ist zu prüfen, ob »die Rechte des Mutterunternehmens soweit eingeschränkt sind, daß auch kein maßgeblicher Einfluß mehr realisiert werden kann« (MÜLLER, E., in: Beck'sches Handbuch der Rechnungslegung 1999, C 510, Rn. 69).

(2) Beteiligung nach § 271 Abs. 1 HGB

Halten der Anteile auf Dauer

Werden Tochterunternehmen, deren Anteile ausschließlich zum Zweck der Weiterveräußerung gehalten werden (vgl. § 296 Abs. 1 Nr. 3 HGB), nicht in den Konzernabschluß einbezogen, dann handelt es sich bei diesen Tochterunternehmen grundsätzlich auch nicht um assoziierte Unternehmen; denn die Anteile an solchen Tochterunternehmen stellen, da sie nicht auf Dauer gehalten werden, i. d. R. keine Beteiligungen nach § 271 Abs. 1 HGB dar (vgl. KÜTING, K./KÖTHNER, R./ZÜNDORF, H., in: KÜTING/WEBER 1998, § 311 HGB, Rn. 105, die aber eine Ausnahme bei Tochterunternehmen i. S. d. § 290 Abs. 1 HGB sehen).

(3) Untergeordnete Bedeutung gem. § 311 Abs. 2 HGB

Untergeordnete Bedeutung

Ist ein Konzernunternehmen wegen untergeordneter Bedeutung aufgrund § 296 Abs. 2 Satz 1 HGB nicht in den Konzernabschluß einbezogen worden, so kann i.d.R. davon ausgegangen werden, daß dann auch i.S.v. § 311 Abs. 2 HGB eine untergeordnete Bedeutung gegeben ist.

4.3.2.3 Nicht auf der Grundlage von § 310 Abs. 1 HGB in den Konzernabschluß einbezogene Gemeinschaftsunternehmen

Equity-Konsolidierung statt Quotenkonsolidierung

Wird von dem Wahlrecht zur Quotenkonsolidierung kein Gebrauch gemacht, dann ist die Beteiligung an dem Gemeinschaftsunternehmen aufgrund der Tatsache, daß das Gemeinschaftsunternehmen i.d.R. die Voraussetzungen des § 311 Abs. 1 HGB erfüllt (vgl. KÜTING, K./KÖTHNER, R./ZÜNDORF, H., in: KÜTING/WEBER 1998, § 311 HGB, Rn. 97ff.), im Konzernabschluß grundsätzlich im Posten »Beteiligung an assoziierten Unternehmen« auszuweisen.

4.3.2.4 Berücksichtigung im Konzernabschluß

Grundsatz der Wesentlichkeit

Beteiligungen an assoziierten Unternehmen sind in der Konzernbilanz gesondert auszuweisen und auf der Grundlage der, in § 312 HGB geregelten, Equity-Methode zu bewerten. Ist eine Beteiligung an assoziierten Unternehmen für die Vermittlung eines den tatsächlichen Verhältnissen entsprechenden Bilds der Vermögens-, Finanz- und Ertragslage des Konzerns von untergeordneter Bedeutung, besteht für die Anwendung der §§ 311 Abs. 1 und 312 HGB ein Wahlrecht (vgl. § 311 Abs. 2 HGB).

4.3.3 Zusammenfassende Systematisierung

Die vorangegangenen Abschnitte haben verdeutlicht, daß die Einbeziehung eines Unternehmens in den Konzernabschluß auf verschiedene Arten erfolgen kann. Hierbei entscheiden einzelne gesetzlich kodifizierte Wahlrechte oder Verbote im Einzelfall, wie das Unternehmen konkret im Konzernabschluß abzubilden ist. Folgende Übersicht soll diese Zusammenhänge systematisch aufbereiten und bestehende Interdependenzen zwischen den einzelnen Einbeziehungsmethoden aufzeigen (Übersicht modifiziert entnommen aus KESSLER, H./STRICKMANN, M. 2000, Rn. 2472; siehe auch BAETGE, J./KIRSCH, H.-J./THIELE, S. 2000, S. 135):

Übersicht 21: Abgrenzung des Konsolidierungskreises und Festlegen der jeweiligen Einbeziehungsmethode in den Konzernabschluß

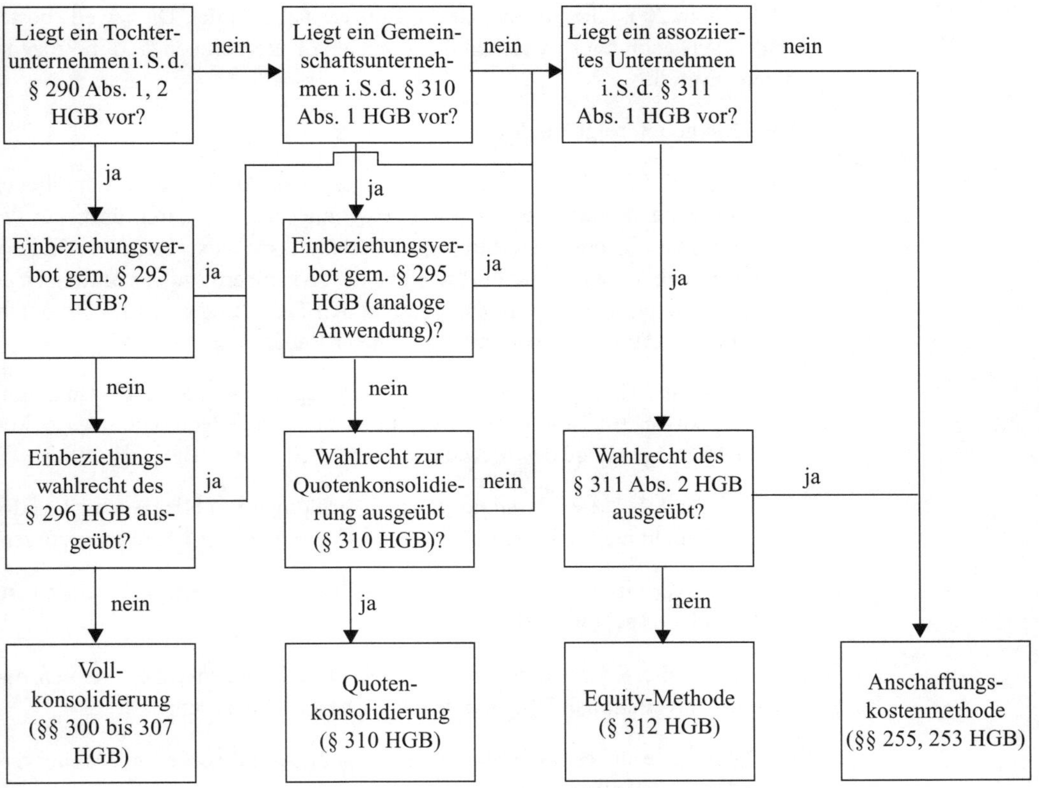

4.4 Beispiel

4.4.1 Sachverhalt

In Übersicht 20 ist die Struktur des A-Konzerns abgebildet. Die jeweils bestehenden Verflechtungen zwischen den einzelnen Unternehmen sind in Prozentsätzen vermerkt.

Weiterhin gelten folgende Prämissen:

(1) Bei der E-AG handelt es sich um ein noch in der Aufbauphase befindliches Unternehmen, das ausschließlich Forschungsarbeiten durchführt. Für die Verpflichtung, ein den tatsächlichen Verhältnissen entsprechendes Bild der Vermögens-, Finanz- und Ertragslage des A-Konzerns zu vermitteln, ist es zusammen mit der Q-GmbH, die nicht den Tatbestand eines Tochterunternehmens erfüllt, nur von untergeordneter Bedeutung.

(2) Die F-GmbH ist eine rechtlich selbständige, gemeinnützige Unterstützungskasse. Im Falle einer Konsolidierung dieses Unternehmens würde die Vermögenslage des A-Konzerns erheblich zu günstig ausgewiesen.

(3) Aufgrund der besonderen politischen Verhältnisse in Nicaragua ist es der A-AG nicht mehr möglich, frei über das Vermögen der I-S.A. zu verfügen.

(4) Die L-AG wird gemeinsam mit einem nicht zum Konzern gehörenden anderen Unternehmen geführt.

(5) Die für die Konsolidierung der R-AG erforderlichen Daten können nur unter unverhältnismäßig hohen Kosten beschafft werden.

(6) Die Anteile an der S-GmbH werden ausschl. zum Zwecke ihrer Weiterveräußerung gehalten.

An sämtlichen in Übersicht 22 aufgeführten Unternehmen liegt eine Beteiligung i. S. d. § 271 Abs. 1 HGB vor. Die Größenmerkmale des § 293 HGB werden für den A-Konzern überschritten. Die Prozentsätze entsprechen sowohl dem Kapital- als auch dem Stimmrechtsanteil.

Die Vermutung des § 311 Abs. 1 HGB, nach der ein maßgeblicher Einfluß auf die Geschäfts- und Finanzpolitik eines nicht in den Konzernabschluß einbezogenen Unternehmens für den Fall vermutet wird, daß ein Unternehmen bei einem anderen Unternehmen (= assoziiertes Unternehmen) mindestens den fünften Teil der Stimmrechte der Gesellschafter innehat, kann nicht widerlegt werden.

Aufgabe:

1. Nehmen Sie die Abgrenzung des Konsolidierungskreises im weiteren Sinn vor (vgl. HAEGER, B./ZÜNDORF, H. 1988, S. 105ff.)!

2. Unterstellen Sie, daß die H-GmbH nur 3% eigene Anteile hält. Nehmen Sie unter dieser veränderten Prämisse die Abgrenzung des Konsolidierungskreises vor!

Übersicht 22: Struktur des A-Konzerns

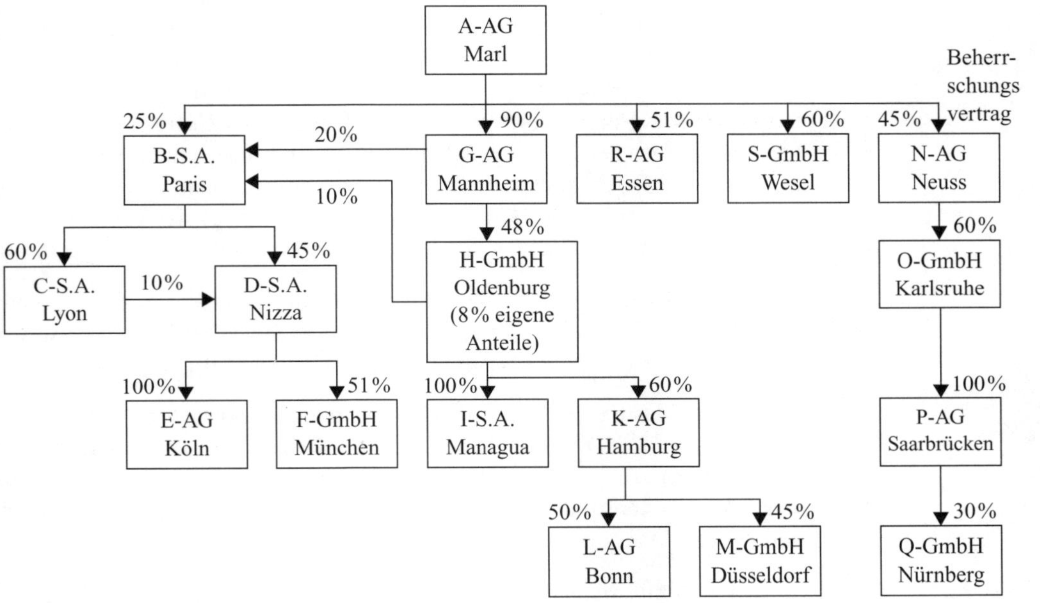

4.4.2 Lösungshinweise

1. Aufgabe:

Wie bereits unter Gliederungspunkt 4.1 erläutert wurde, ist zwischen einer Abgrenzung des Konsolidierungskreises im engeren Sinn und einer Abgrenzung des Konsolidierungskreises im weiteren Sinn zu unterscheiden. Da entsprechend der Aufgabenstellung auf den Konsolidierungskreis im weiteren Sinn abgestellt werden soll, ist zu untersuchen, welche der in Übersicht 22 aufgeführten Unternehmen als Tochterunternehmen, Gemeinschaftsunternehmen sowie als assoziierte Unternehmen anzusehen sind.

(1) Tochterunternehmen

Grundsätzlich gilt nach § 294 Abs. 1 HGB, daß im Konzernabschluß das Mutterunternehmen und alle Tochterunternehmen ohne Rücksicht auf den Sitz der Tochterunternehmen auf der Grundlage der Vollkonsolidierung (mit Minderheitenausweis) in den Konzernabschluß einzubeziehen sind, sofern die Einbeziehung nicht nach den §§ 295 und 296 HGB unterbleibt. Alleinige Voraussetzung für die Einbeziehung in den Konzernabschluß ist daher das Bestehen eines Mutter-Tochter-Verhältnisses i. S. d. § 290 HGB. Hierbei gilt es jedoch zu beachten, daß § 290 HGB nur eine Vorauswahl im Hinblick auf die in den Konzernabschluß einzubeziehenden Tochterunternehmen trifft (vgl. SAHNER, F./ SAUERMANN, K., in: KÜTING/WEBER 1998, § 294 HGB, Rn. 10). Denn sind die Voraussetzungen der §§ 295 und 296 HGB für ein Einbeziehungsverbot bzw. -wahlrecht erfüllt, so muß bzw. kann – trotz Vorliegen eines Mutter-Tochter-Verhältnisses gem. § 290 HGB – eine auf der Grundlage der Vollkonsolidierung vorzunehmende Einbeziehung in den Konzernabschluß unterbleiben.

Gleichwohl ist die Prüfung, ob ein solches Mutter-Tochter-Verhältnis gem. § 290 HGB vorliegt, der Prüfung, welche Unternehmen tatsächlich zu konsolidieren sind bzw. welche konsolidiert werden können, vorgelagert.

Bezogen auf das Beispiel sind alle Unternehmen, mit Ausnahme der Q-GmbH (vgl. Prämisse 1), der M-GmbH sowie der L-AG (vgl. hierzu die Ausführungen weiter unten), Tochterunternehmen der A-AG und daher grundsätzlich im Wege der Vollkonsolidierung (mit Minderheitenausweis) in den Konzernabschluß der A-AG einzubeziehen.

Zu prüfen ist nun, ob und inwieweit für die jeweiligen Tochterunternehmen die Voraussetzungen der §§ 295 und 296 HGB erfüllt sind, d. h., ob eine Einbeziehung im Wege der Vollkonsolidierung (mit Minderheitenausweis) unterbleiben kann bzw. unterbleiben muß.

So kann – ausgehend von den eingangs dargestellten Prämissen – für die E-AG das Einbeziehungswahlrecht gem. § 296 Abs. 2 Satz 1 HGB wegen untergeordneter Bedeutung in Anspruch genommen werden. Weiterhin kommt ein Einbeziehungswahlrecht für die I-S. A. gem. § 296 Abs. 1 Nr. 1 HGB (hier: Beschränkung in der Ausübung der Vermögensrechte), für die R-AG gem. § 296 Abs. 1 Nr. 2 HGB (hier: unverhältnismäßig hohe Kosten bei der Beschaffung der für die Konsolidierung erforderlichen Angaben) sowie für die S-GmbH gem. § 296 Abs. 1 Nr. 3 HGB (Anteilsbesitz ausschl. zum Zweck der Weiterveräußerung) in Betracht.

Demgegenüber darf eine Einbeziehung der F-GmbH im Wege der Vollkonsolidierung (mit Minderheitenausweis) aufgrund von § 295 HGB (Konsolidierungsverbot) nicht erfolgen, da bei deren Einbeziehung – ausgehend von Prämisse 2 – kein den tatsächlichen Verhältnissen entsprechendes Bild der Vermögens-, Finanz- und Ertragslage gegeben wäre.

(2) Gemeinschaftsunternehmen

Nach § 310 HGB liegt ein Gemeinschaftsunternehmen dann vor, wenn ein in einen Konzernabschluß einbezogenes Mutter- oder Tochterunternehmen ein anderes Unternehmen gemeinsam mit einem oder mehreren nicht in den Konzernabschluß einbezogenen Unternehmen führt. Ausgehend von Prämisse 4 dieses Beispiels ist die L-AG unter diese Kategorie von Unternehmen zu subsumieren. Gem. den §§ 310ff. HGB darf daher die L-AG entweder quotal oder aber nach der Equity-Methode in den Konzernabschluß einbezogen werden.

(3) Assoziierte Unternehmen

Entsprechend der Definition der assoziierten Unternehmen in § 311 Abs. 1 HGB und unter Berücksichtigung der Prämissen sind im A-Konzern zwei assoziierte Unternehmen zu finden: Die M-GmbH sowie die Q-GmbH.

Grundsätzlich hat gem. den §§ 311 und 312 HGB die Einbeziehung assoziierter Unternehmen in den Konzernabschluß auf der Grundlage der Equity-Methode zu erfolgen. Lediglich dann, wenn ein assoziiertes Unternehmen »für die Vermittlung eines den tatsächlichen Verhältnissen entsprechenden Bilds der Vermögens-, Finanz- und Ertragslage des Konzerns von untergeordneter Bedeutung ist«, darf auf eine Einbeziehung in den Konzernabschluß auf der Grundlage der Equity-Methode verzichtet werden. Dieser Tatbestand ist lt. Prämisse 1 für die Q-GmbH erfüllt, so daß lediglich die M-GmbH »at equity« in den Konzernabschluß einbezogen werden muß.

Grundsätzlich kommt die Anwendung der Equity-Methode – bei Vorliegen der Voraussetzungen gem. § 311 Abs. 1 HGB – auch für solche Tochterunternehmen in Betracht, die auf der Grundlage der §§ 295 und 296 HGB nicht im Wege der Vollkonsolidierung (mit Minderheitenausweis) in den Konzernabschluß einbezogen werden. Da aufgrund der Prämissen des Beispiels der maßgebliche Einfluß nach § 311 Abs. 1 HGB nicht widerlegt werden kann und weiterhin an allen Unternehmen eine Beteiligung i. S. d. § 271 Abs. 1 HGB vorliegt (dies ist im Hinblick auf die S-GmbH zumindest strittig; vgl. unter 4.3.2.2 (2)), sind die I-S.A., die R-AG, die S-GmbH sowie die F-GmbH »at equity« in den Konzernabschluß einzubeziehen. Wird dagegen die Auffassung vertreten, daß bei der S-GmbH keine Beteiligung nach § 271 Abs. 1 HGB vorliegt, dann besteht für die Einbeziehung in den Konzernabschluß auf der Grundlage der Equity-Methode ein Verbot. Demgegenüber kann bei der E-AG gem. § 311 Abs. 2 HGB wegen untergeordneter Bedeutung auf eine Einbeziehung nach der Equity-Methode verzichtet werden. Wird die L-AG nicht quotal einbezogen, dann besteht für die Einbeziehung »at equity« eine Pflicht.

Musterlösung

Grundlage der Einbeziehung / Gesellschaft	Vollkonsolidierung	Quoten-konsolidierung	Equity-Methode
A – AG	Pflicht		
B – S.A.	Pflicht		
C – S.A.	Pflicht		
D – S.A.	Pflicht		
E –AG	Wahlrecht (§ 296 Abs. 2 HGB		Wahlrecht (§ 311 Abs. 2 HGB)
F – GmbH	Verbot (§ 295 HGB)		Pflicht
G – AG	Pflicht		
H – GmbH	Pflicht		
I – S.A.	Wahlrecht (§ 296 Abs. 1 Nr. 1 HGB)		Pflicht
K – AG	Pflicht		
L – AG	Verbot	Wahlrecht	Pflicht
M – GmbH	Verbot		Pflicht
N – AG	Pflicht		
O – GmbH	Pflicht		
P – AG	Pflicht		
Q – GmbH	Verbot		Wahlrecht (§ 311 Abs. 2 HGB)
R – AG	Wahlrecht (§ 296 Abs. 1 Nr. 2 HGB)		Pflicht
S – GmbH	Wahlrecht (§ 296 Abs. 1 Nr. 2 HGB)		Pflicht bzw. Verbot

2. Aufgabe:

Unter der Voraussetzung, daß die H-GmbH lediglich 3% eigene Anteile hält, liegt keine Mehrheitsbeteiligung der G-AG an der H-GmbH vor. Damit wird der gesamte zur H-GmbH gehörige (Teil-)Konzern nicht mehr dem A-Konzern zugerechnet.

Gleichzeitig entfällt auch die Zurechnung der Anteile, die die H-GmbH an der B-S.A. hält. Folglich ist der A-Konzern nur noch mit 45% an der B-S.A. beteiligt, d.h. auch hier existiert keine Mehrheitsbeteiligung mehr. Daraus ergibt sich, daß die direkt und indirekt von der B-S.A. gehaltenen Anteile nicht mehr dem A-Konzern zugerechnet werden dürfen.

Ergebnis: Bei der veränderten Aufgabenstellung sind die B-S.A., C-S.A., D-S.A., E-AG, F-GmbH, H-GmbH, I-S.A. und K-AG keine im Mehrheitsbesitz des A-Konzerns stehenden Unternehmen. Es ist davon auszugehen, daß die B-S.A. und die H-GmbH nunmehr assoziierte Unternehmen des A-Konzerns sind.

1. Bei der Abgrenzung des Konsolidierungskreises im weiteren Sinn sind, im Gegensatz zur Abgrenzung des Konsolidierungskreises im engeren Sinn, neben Konzernunternehmen (vgl. § 290 HGB) zusätzlich auch Gemeinschaftsunternehmen (vgl. § 310 HGB) und assoziierte Unternehmen (vgl. § 311 HGB) zu berücksichtigen.
2. Dem sog. Weltabschlußprinzip folgend, sind das Mutterunternehmen und grundsätzlich alle Tochterunternehmen ohne Rücksicht auf deren Sitz und Rechtsform in den Konzernabschluß einzubeziehen (vgl. § 294 Abs. 1 HGB). Nach § 13 Abs. 2 PublG ist das »Weltabschlußprinzip« auch für nach PublG zu erstellende Konzernabschlüsse verbindlich vorgeschrieben.
3. Ausnahmen vom »Weltabschlußprinzip« sind im § 295 HGB (Einbeziehungsverbot) und im § 296 HGB (Einbeziehungswahlrecht) kodifiziert.
4. Nach § 310 Abs. 1 HGB dürfen Gemeinschaftsunternehmen auf der Grundlage der Quotenkonsolidierung in den Konzernabschluß einbezogen werden. Wird dieses Wahlrecht nicht ausgeübt, kommt regelmäßig die Anwendung der Equity-Bewertung für die Beteiligung an dem Gemeinschaftsunternehmen gem. § 311 HGB in Betracht. Ein Gemeinschaftsunternehmen darf niemals als Tochterunternehmen vollkonsolidiert werden.
5. Gem. § 311 Abs. 1 HGB sind Unternehmen, die von einem in den Konzernabschluß einbezogenen Unternehmen maßgeblich beeinflußt werden, auf der Grundlage der Equity-Bewertung in den Konzernabschluß einzubeziehen.

5. Konzernabschlußstichtag und Zwischenabschluß

5.1 Wahl des Konzernabschlußstichtags

Gesetzliche Wahlmöglichkeiten

Gem. § 299 Abs. 1 HGB ist der Konzernabschluß auf den Stichtag des Jahresabschlusses des Mutterunternehmens oder auf den hiervon abweichenden Stichtag der Jahresabschlüsse der bedeutendsten oder der Mehrzahl der Tochterunternehmen aufzustellen. Eine Abweichung vom Abschlußstichtag des Mutterunternehmens ist im Konzernanhang anzugeben und zu begründen.

Übersicht 23: Wahl des Konzernabschlußstichtags

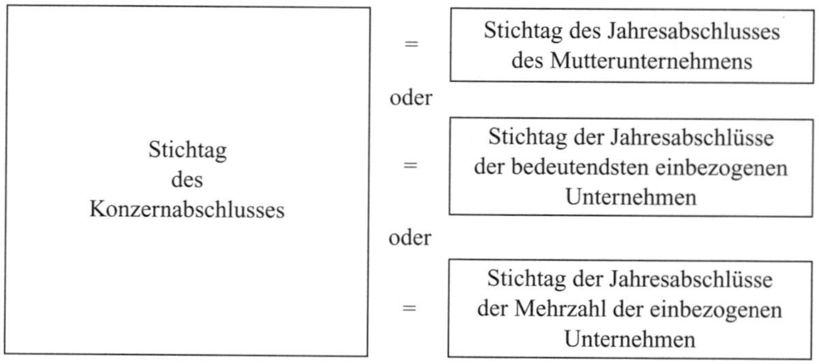

In Deutschland wird nahezu einhellig der Stichtag des Jahresabschlusses des Mutterunternehmens gewählt.

5.2 Zur Notwendigkeit eines Zwischenabschlusses

Drei-Monats-Frist

Gemäß der Konzeption der handelsrechtlichen Konzernrechnungslegungsvorschriften sind die Jahresabschlüsse aller einbezogenen Unternehmen grundsätzlich auf den Stichtag des Konzernabschlusses aufzustellen (vgl. § 299 Abs. 2 Satz 1 HGB). Dieser Grundsatz der Einheitlichkeit des Abschlußstichtags ist eine wichtige Voraussetzung zur Erstellung eines möglichst aussagefähigen Konzernabschlusses. Der als Sollvorschrift formulierte Grundsatz verdeutlicht jedoch, daß der Gesetzgeber Ausnahmen gestattet. Denn gem. § 299 Abs. 2 Satz 2 HGB dürfen Einzelabschlüsse auch dann in den Konzernabschluß einbezogen werden, wenn der Stichtag um nicht mehr als drei Monate vor dem Stichtag des Konzernabschlusses liegt. Erst für den Fall, daß die Drei-Monats-Frist überschritten wird, muß ein Zwischenabschluß aufgestellt werden.

Übersicht 24: Zur Notwendigkeit eines Zwischenabschlusses

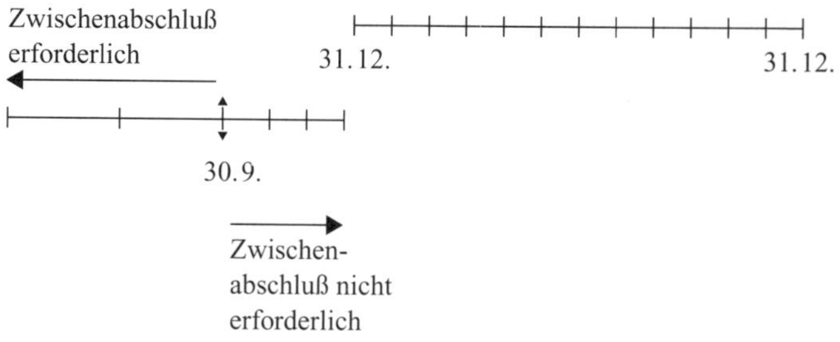

Liegt der Konzernabschlußstichtag – wie in der Übersicht 22 dargestellt – am 31.12. und deckt sich somit der für den Konzernabschluß relevante Zeitraum mit dem Kalenderjahr, so müssen diejenigen einzubeziehenden Unternehmen, die ihren Abschlußstichtag zwischen dem 30.9. und dem 31.12. haben, keinen Zwischenabschluß aufstellen. Etwas anderes gilt dagegen, sofern der Abschlußstichtag eines einbezogenen Unternehmens vor dem 30.9. liegt. In diesem Fall hat das betreffende Unternehmen einen Zwischenabschluß für den Zeitraum vom 1.1. bis zum 31.12. aufzustellen.

Prüfung des Zwischenabschlusses

Wird ein Zwischenabschluß aufgestellt, dann muß dieser durch einen Abschlußprüfer zumindest überprüft werden (allerdings nicht in dem Umfang einer Jahresabschlußprüfung mit Testat und Prüfungsbericht), da nach § 317 Abs. 3 Satz 1 HGB alle Jahresabschlüsse, die im Konzernabschluß zusammengefaßt werden, in entsprechender Anwendung des § 317 Abs. 1 HGB zu prüfen sind. Ausgenommen hiervon sind gem. § 317 Abs. 3 Satz 2 HGB solche Jahresabschlüsse, die ohnehin schon freiwillig oder aufgrund gesetzlicher Bestimmungen nach den Vorschriften der §§ 316ff. HGB geprüft worden sind.

Dagegen braucht ein Zwischenabschluß nicht dem Aufsichtsrat vorgelegt zu werden, da es keine Spezialvorschrift über die Prüfung des Zwischenabschlusses durch den Aufsichtsrat gibt und gem. § 171 AktG der Aufsichtsrat nur den Jahresabschluß, den Lagebericht und den Gewinnverwendungsvorschlag zu prüfen hat. Auch braucht er nicht publiziert zu werden, da er nicht zu den nach § 325 HGB offenzulegenden Unterlagen gehört.

5.3 Informationspflichten bei Verzicht auf Zwischenabschlüsse

Bericht über Vorgänge von besonderer Bedeutung

Für den Fall, daß bei abweichenden Stichtagen kein Zwischenabschluß aufgestellt wird, sind Vorgänge von besonderer Bedeutung für die Vermögens-, Finanz- und Ertragslage eines in den Konzernabschluß einbezogenen Unternehmens, die zwischen dem Abschlußstichtag dieses Unternehmens und dem Stichtag des Konzernabschlusses eingetreten sind, entweder

(1) in der Konzernbilanz und in der Konzern-GuV zu berücksichtigen oder aber

(2) im Konzernanhang anzugeben (vgl. § 299 Abs. 3 HGB).

Diese Informationspflichten sind vor dem Hintergrund der Generalnorm des § 297 Abs. 2 Satz 2 HGB zu sehen. »Durch den Verzicht auf die Erstellung von Zwischenabschlüssen besteht die Gefahr, daß der Konzernabschluß – gewollt und/oder ungewollt – Informationslücken aufweist, die der Vermittlung eines den tatsächlichen Verhältnissen entsprechenden Bildes entgegenstehen. Um derartige Informationsverluste möglichst zu verhindern und um möglichen Manipulationen weitgehend entgegenzuwirken, hat der Gesetzgeber diese Informationspflichten vorgesehen« (TRÜTZSCHLER, K., in: KÜTING/WEBER 1998, § 299 HGB, Rn. 37).

Übersicht 25 stellt die Rechtslage bei unterschiedlichen Stichtagen in einem Diagramm dar.

Übersicht 25: Unterschiedliche Stichtage im Konzern-Bilanzrecht

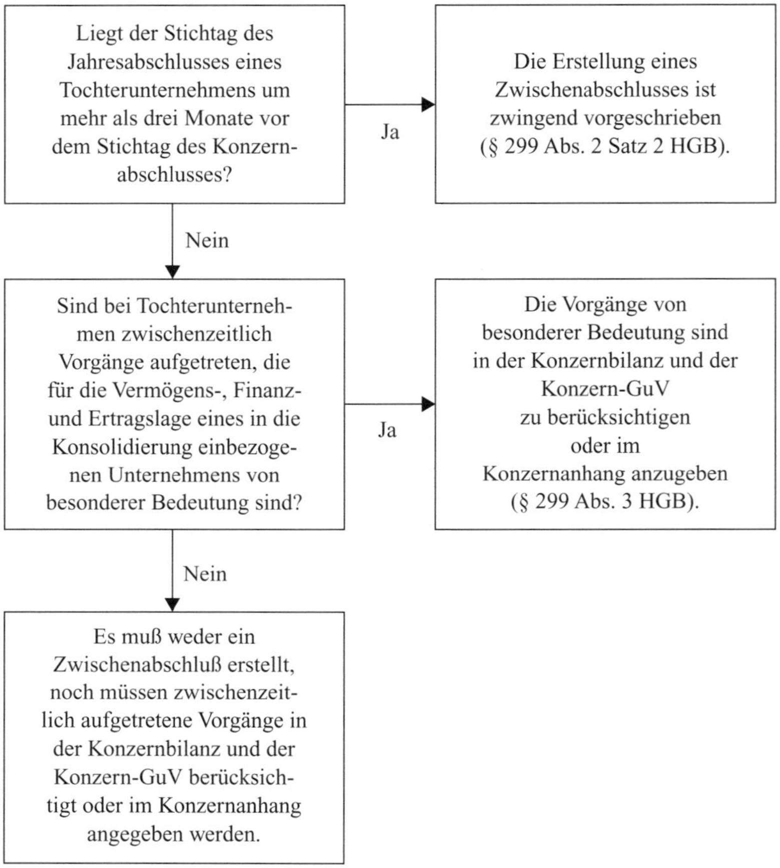

5.4 Zur Problematik unterschiedlicher Abschlußstichtage

Bei der Vollkonsolidierung werden bekanntlich die Einzelabschlußwerte der konsolidierten Konzernunternehmen vollständig in den Summenabschluß übernommen und die innerkonzernlichen Beziehungen ebenfalls in voller Höhe ausgeschaltet. Stimmen die Stichtage nicht überein, wird die rein rechnerische Zusammenfassung der Abschlußwerte zwar nicht erschwert, jedoch können sich – bedingt durch den unterschiedlichen Zeitbezug des Zahlenmaterials – Beeinträchtigungen für die Aussagefähigkeit des Konzernabschlusses ergeben.

Gefahr zeitlicher Verwerfung

Erhebliche Schwierigkeiten können sich hingegen beim eigentlichen Konsolidierungsprozeß ergeben. Diese können bei den Problemkreisen Schuldenkonsolidierung, Zwischenergebniseliminierung, Kapitalkonsolidierung sowie der Aufwands- und Ertragskonsolidierung entstehen.

Ferner sind Liquiditätsverlagerungen bzw. -doppelausweise dadurch möglich, daß konzerninterne Geschäftsvorgänge wegen der vom Konzernabschlußstichtag abweichenden Abschlußstichtage der Tochtergesellschaften gesteuert werden. Die bilanziellen Auswirkungen dieser Geschäftsvorfälle werden im Konzernabschluß nur »einseitig« erfaßt, so daß die ansonsten durchzuführenden gegenseitigen Aufrechnungen nicht möglich sind und die Konsolidierungsvorgänge dann zu systemfremden Differenzbeträgen führen.

Hat z. B. ein Tochterunternehmen seinen Stichtag zum 30. 9., während der Konzernabschluß zum 31. 12. aufgestellt wird, und bucht die Tochtergesellschaft zum 1. 10. eine Forderung an ein anderes einbezogenes Unternehmen, sind im Konzernabschluß nur die Verbindlichkeiten, nicht aber die damit korrespondierenden Forderungen enthalten. Oder anders formuliert: Konzerninterne Vorgänge werden nur einseitig erfaßt. Solche zeitlichen Verwerfungen können auch in anderen Konsolidierungsbereichen auftreten.

Anwendung alternativer Konsolidierungstechniken

Im Zuge der Eliminierung konzerninterner Vorgänge können – da eine parallele Buchung nicht vorhanden ist – die klassischen Konsolidierungstechniken nicht ohne weiteres Anwendung finden. Vielmehr müssen die Konsolidierungstechniken modifiziert werden, wozu grundsätzlich drei unterschiedliche Vorgehensweisen zur Diskussion stehen:

(1) Konzerninterne Vorgänge, die im Konzernabschluß nur einseitig erfaßt sind, bleiben konsolidierungstechnisch unberücksichtigt.

(2) Einseitig erfaßte konzerninterne Vorgänge werden eliminiert, indem eine Korrekturbuchung fiktiv auf den vom Stichtag des Konzernabschlusses abweichenden Stichtag eines Konzernunternehmens ausgerichtet wird.

(3) Einseitig erfaßte konzerninterne Vorgänge werden eliminiert, indem eine Korrekturbuchung fiktiv auf den Stichtag des Konzernabschlusses vorgenommen wird.

Konsolidierungs-mehraufwand

Unterschiedliche Bilanzstichtage führen i.d.R. zu erheblichen Konsolidierungsmehraufwendungen. »Sie stoßen darüber hinaus auf vielfältige und teilweise zumindest theoretisch unlösbare Schwierigkeiten, so daß keine exakten Lösungen, sondern lediglich zweitbeste Hilfslösungen möglich sind. Es stellt sich daher die berechtigte Frage, ob die zum Konzernabschluß verpflichteten Unternehmen nicht den Grundsatz des einheitlichen Abschlußstichtags in ihrem Konzern im Rahmen der ihnen gegebenen Möglichkeiten durchsetzen sollten« (TRÜTZSCHLER, K., in: KÜTING/WEBER 1998, § 299 HGB, Rn. 26).

1. Der Konzernabschlußstichtag kann wahlweise auf den Stichtag des Jahresabschlusses des Mutterunternehmens oder aber auf den hiervon abweichenden Stichtag des Jahresabschlusses der bedeutendsten oder der Mehrzahl der Tochterunternehmen festgelegt werden. Eine Abweichung vom Abschlußstichtag des Mutterunternehmens ist im Konzernanhang anzugeben und zu begründen.
2. Einzelabschlüsse dürfen auch dann in den Konzernabschluß einbezogen werden, wenn deren Stichtag um nicht mehr als drei Monate vor dem Stichtag des Konzernabschlusses liegt. Ein sog. Zwischenabschluß wird somit erst dann erforderlich, wenn diese Drei-Monats-Frist überschritten wird, oder aber der Abschlußstichtag des Tochterunternehmens nach dem Konzernabschlußstichtag liegt.
3. Eine fehlende Übereinstimmung der Abschlußstichtage der in den Konzernabschluß einbezogenen Unternehmen macht grundsätzlich Angaben und ggf. modifizierte Konsolidierungstechniken erforderlich.

6. Grundsatz der Maßgeblichkeit des Bilanzierungs- und Bewertungsrahmens des Mutterunternehmens

Während nach dem AktG 1965 das sog. Prinzip der Maßgeblichkeit der Einzelabschlüsse für den Konzernabschluß Gültigkeit besaß, nach dem die in den Einzelabschlüssen ausgewiesenen Abschlußposten grundsätzlich unverändert in den Konzernabschluß zu übernehmen waren, gilt nunmehr der Grundsatz der Maßgeblichkeit des Bilanzierungs- und Bewertungsrahmens des Mutterunternehmens.

6.1 Anpassung der Bilanzansätze

Bilanzansatz

Die Maßgeblichkeit des Rechts des Mutterunternehmens gilt gem. § 300 Abs. 2 Satz 2 i.V.m. § 298 Abs. 1 HGB zunächst für die Bilanzansätze. Hierbei handelt es sich um die für große Kapitalgesellschaften maßgeblichen Rechnungslegungsvorschriften, die stets anzuwenden sind, soweit nicht die Eigenart des Konzernabschlusses Abweichungen bedingt oder in den §§ 298ff. HGB anderes bestimmt ist.

Daraus folgt:

(1) Bestehende Ansatzgebote und -verbote sind auch im Rahmen der Konzernrechnungslegung zu beachten. Übersicht 26 faßt die in Rede stehenden Bilanzansatzgebote und -verbote des HGB zusammen:

Übersicht 26: Bilanzansatzgebote und -verbote des HGB

Bilanzansatzgebote	
Gesetzliche Grundlage	Ansatzvorschrift
§ 246 Abs. 1 HGB	Vollständigkeitsgebot für sämtliche Vermögensgegenstände, Schulden, Rechnungsabgrenzungsposten, Aufwendungen und Erträge, soweit gesetzlich nichts anderes bestimmt ist
§ 249 Abs. 1 Satz 1 HGB	Rückstellungen für ungewisse Verbindlichkeiten und für drohende Verluste aus schwebenden Geschäften
§ 249 Abs. 1 Satz 2 Nr. 1 HGB	Rückstellungen für im Geschäftsjahr unterlassene Instandhaltungen (Nachholfrist: 3 Monate) und für Aufwendungen für Abraumbeseitigungen (Nachholfrist: 1 Jahr)
§ 249 Abs. 1 Satz 2 Nr. 2 HGB	Rückstellungen für Gewährleistungen ohne rechtliche Verpflichtung
§ 250 Abs. 1 Satz 1 HGB, § 250 Abs. 2 HGB i.V.m. § 246 Abs. 1 HGB	Sämtliche aktivische und passivische (transitorische) Rechnungsabgrenzungsposten
§ 251 HGB	Haftungsverhältnisse (Angabe unter der Bilanz)
§ 274 Abs. 1 HGB	Passivische latente Steuern
Bilanzansatzverbote	
Gesetzliche Grundlage	Ansatzverbote
§ 248 Abs. 1 HGB	Aufwendungen für die Gründung des Unternehmens und für die Beschaffung des Eigenkapitals
§ 248 Abs. 2 HGB	Nicht-entgeltlich erworbene immaterielle Vermögensgegenstände des Anlagevermögens
§ 249 Abs. 3 HGB	Rückstellungen für andere als in § 249 Abs. 1 und 2 HGB bezeichnete Zwecke

(2) Da im Rahmen der einzelgesellschaftlichen Rechnungslegung bestehende Bilanzansatzwahlrechte nach herrschender Meinung von Fall zu Fall unterschiedlich ausgeübt werden können, dürfen diese Wahlrechte auch unterschiedlich im Rahmen der Konzernrechnungslegung in Anspruch genommen werden. Übersicht 27 zeigt die Bilanzierungswahlrechte, die im Rahmen der Konzernrechnungslegung unabhängig von ihrer Ausübung in den Jahresabschlüssen der in den Konzernabschluß einbezogenen Unternehmen neu ausgeübt werden dürfen. Auf diese Möglichkeit der Abkopplung des Konzernabschlusses von den Einzelabschlüssen, die auch in einer Kurzformel als sog. zweigleisige Bilanzierungsstrategie bezeichnet wird, weist der Gesetzgeber ausdrücklich hin.

Übersicht 27: Bilanzierungswahlrechte im Konzernabschluß

§ 300 Abs. 2 Satz 2 i.V.m. § 298 Abs. 1 HGB:
»Nach dem Recht des Mutterunternehmens zulässige Bilanzierungswahlrechte dürfen im Konzernabschluß unabhängig von ihrer Ausübung in den Jahresabschlüssen der in den Konzernabschluß einbezogenen Unternehmen ausgeübt werden.«

- Allgemeingültige Bilanzierungswahlrechte
  - Wahlrechte, Vermögensgegenstände, Schulden und Rechnungsabgrenzungsposten zu bilanzieren oder nicht zu bilanzieren
    - § 247 Abs. 3: Sonderposten mit Rücklageanteil, bei Kapitalgesellschaften durch § 273 eingeschränkt
    - § 249 Abs. 1 Art. 28 EG HGB: Rückstellungen für unmittelbare Pensionszusagen, die vor dem 1.1.1987 erteilt wurden und Rückstellungen für mittelbare Pensionszusagen und für ähnliche Verpflichtungen
    - § 249 Abs. 1 Satz 3: Rückstellungen für unterlassene Reparaturen, soweit sie später als drei Monate nach dem Bilanzstichtag, aber noch im folgenden Geschäftsjahr nachgeholt werden
    - § 249 Abs. 2: bestimmte Aufwandsrückstellungen
    - § 250 Abs. 1 Satz 2: Zölle und Verbrauchsteuern auf auszuweisende Gegenstände des Vorratsvermögens, Umsatzsteuer auf auszuweisende oder von den Vorräten offen abgesetzte Anzahlungen
    - § 250 Abs. 3: Unterschiedsbetrag bei Verbindlichkeiten (»Disagio«)
- Wahlrecht der Bilanzierung bestimmter Bilanzierungshilfen
  - § 255 Abs. 4: Bilanzierung eines derivativen Geschäfts- oder Firmenwerts
  - § 269: Aufwendungen für die Ingangsetzung und Erweiterung des Geschäftsbetriebs
  - § 274 Abs. 2: Abgrenzungsposten für aktivische latente Steuern

Eine Anpassung der Bilanzansätze kann einerseits obligatorisch andererseits aber auch fakultativ sein. Übersicht 29 (vgl. S. 132) gibt Auskunft über zwingend notwendige und freiwillige Anpassungen gem. § 300 Abs. 2 Satz 2 HGB.

Die Neuausübung von Bilanzierungswahlrechten findet nicht erst im Konzernabschluß selbst statt, sondern erfolgt – ebenso wie die nachfolgend zu betrachtende Anpassung an die konzerneinheitliche Bewertung – durch Modifikation der offiziellen Handelsbilanz (HB I). Die daraus resultierende sog. Handelsbilanz II (HB II) stellt dann die Basis für die Konsolidierung bzw. die Erstellung des Konzernabschlusses dar.

6.2 Anpassung an die konzerneinheitliche Bewertung

6.2.1 Neue Ausübung der Bewertungswahlrechte

Bilanzierung der Höhe nach

Der Grundsatz der Maßgeblichkeit des Bewertungsrahmens des Mutterunternehmens bezieht sich auf die Bilanzierung der Höhe nach. Gem. § 308 Abs. 1 Satz 1 HGB wird die äußere Grenze für die Bewertung der gem. § 300 Abs. 2 HGB in den Konzernabschluß zu übernehmenden Vermögensgegenstände und Schulden nicht durch die tatsächlich angewandten, sondern vielmehr durch die im Einzelabschluß des Mutterunternehmens anwendbaren Bewertungsvorschriften fixiert. Folglich ist die Konzernleitung nicht an die tatsächliche Ausübung der Bewertungswahlrechte in den Einzelabschlüssen der einbezogenen Unternehmen gebunden, denn nach § 308 Abs. 1 Satz 2 HGB können Bewertungswahlrechte, sofern sie dem Recht des Mutterunternehmens entsprechen, unabhängig von ihrer Ausübung in den Einzelabschlüssen für Zwecke der Konzernrechnungslegung neu ausgeübt werden. Ebenso wie bei den Ansatzvorschriften gelten dabei auch für die Bewertung grundsätzlich die für große Kapitalgesellschaften maßgeblichen Regelungen (vgl. § 308 Abs. 1 i.V.m. § 298 Abs. 1 HGB). Somit leben – neben den sog. faktischen Bewertungswahlrechten (vgl. KÜTING, K./WEBER, C.-P. 2001, S. 412) wie z.B. der Festlegung des Prozentsatzes zur Abzinsung der Pensionsrückstellungen – die in Übersicht 26 dargestellten gesetzlichen Bewertungswahlrechte im Rahmen der Erstellung des Konzernabschlusses wieder neu auf.

Werden die Bewertungswahlrechte abweichend vom Jahresabschluß des Mutterunternehmens ausgeübt, ist dies im Konzernanhang anzugeben und zu begründen (vgl. § 308 Abs. 1 Satz 3 HGB).

Übersicht 28: Bewertungswahlrechte für Kapitalgesellschaften

Gesetzliche Grundlage	Entscheidungsparameter
	Wertansatzwahlrechte
§ 253 Abs. 2 Satz 3 i.V.m. § 279 Abs. 1 Satz 2 HGB	außerplanmäßige Abschreibungen (auf den niedrigeren beizulegenden Wert) im Finanzanlagevermögen bei nur vorübergehender Wertminderung
§ 253 Abs. 3 Satz 3 HGB	Abschreibungen auf den zukünftigen Wertschwankungswert im Umlaufvermögen
§ 254 i.V.m. §§ 279 Abs. 2 und 308 Abs. 3 HGB	(Beibehaltung oder) Rückgängigmachung von Abschreibungen auf den niedrigeren, nur steuerrechtlich zulässigen Wert
§§ 253 Abs. 5 und 254 Satz 2 i.V.m. §§ 280 Abs. 1, 2 und 308 Abs. 3 HGB*	(Beibehaltung oder) Aufhebung von unterlassenen Zuschreibungen
	Methodenwahlrechte
§ 256 i.V.m. § 240 Abs. 3 und 4 HGB	Anwendung der Einzel-, Fest- oder Gruppenbewertung sowie Verbrauchsfolgeverfahren
§ 255 Abs. 2 und 3 HGB	Bemessung des Umfangs der Herstellungskosten
§§ 253 Abs. 2 und 255 Abs. 4 Satz 2 und 3 HGB	Bestimmung der Abschreibungsmethoden

* Gilt nur noch für Geschäftsjahre, die vor dem 1.1.1999 enden.

6.2.2 Konzerneinheitliche Bewertung und Neubewertung

Die grundsätzlich uneingeschränkte Möglichkeit der (erneuten) Ausübung von Bewertungswahlrechten wird durch die gesetzlich kodifizierte Pflicht zur konzerneinheitlichen Bewertung begrenzt (vgl. § 308 Abs. 1 Satz 1 HGB). Nach diesem Grundsatz muß die Wertfindung bei gleichen Sachverhalten nach den gleichen Bewertungsmethoden erfolgen. Gleiche Sachverhalte liegen vor, wenn (vgl. HFA 3/1988, S. 483)

(1) art- oder funktionsgleiche Vermögensgegenstände oder Schulden vorliegen und gleichzeitig

(2) die gleichen wertbestimmenden Bedingungen, i. S. v. wertbeeinflussenden standort-, branchen- und betriebsspezifischen Faktoren, gegeben sind.

Durchbrechung des Einheitlichkeitsgrundsatzes

Der Gesetzgeber sieht jedoch in vier Fällen eine Durchbrechung des Einheitlichkeitsgrundsatzes vor:

(1) § 308 Abs. 2 Satz 2 HGB erlaubt eine Abweichung von der einheitlichen Bewertung für die in den Konzernabschluß zu übernehmenden Wertansätze, »die auf der Anwendung von für Kreditinstitute oder Versicherungs-

unternehmen wegen der Besonderheiten des Geschäftszweigs geltenden Vorschriften beruhen«; auf die Inanspruchnahme dieser Ausnahmeregelung ist im Konzernanhang hinzuweisen.

(2) Eine Neubewertung ist gem. § 308 Abs. 2 Satz 3 HGB weiterhin dann nicht erforderlich, wenn sie in bezug auf die Zielsetzung des Konzernabschlusses, ein den tatsächlichen Verhältnissen entsprechendes Bild der Vermögens-, Finanz- und Ertragslage zu vermitteln, »nur von untergeordneter Bedeutung« ist.

(3) Weiterhin räumt § 308 Abs. 2 Satz 4 HGB die Möglichkeit ein, in Ausnahmefällen vom Grundsatz der Einheitlichkeit der Bewertung abzuweichen, wobei die Abweichungen dann im Konzernanhang anzugeben und zu begründen sind.

(4) Nur nach Steuerrecht zulässige Wertansätze dürfen nach § 308 Abs. 3 Satz 1 HGB beibehalten oder rückgängig gemacht werden. Nach § 308 Abs. 3 Satz 2 HGB sind entsprechende Angaben im Konzernanhang zu machen und die Maßnahmen zu begründen.

Um die in § 308 Abs. 1 HGB geforderte (konzerneinheitliche) Bewertung innerhalb des Bewertungsrahmens des Mutterunternehmens zu gewährleisten, verpflichtet § 308 Abs. 2 Satz 1 HGB – klarstellend – dann zur Neubewertung, wenn in den Konzernabschluß aufzunehmende Vermögengegenstände und Schulden in den Jahresabschlüssen der einbezogenen Unternehmen nach Methoden bewertet worden sind, die sich von denen unterscheiden, die auf den Konzernabschluß anzuwenden sind oder die von den gesetzlichen Vertretern des Mutterunternehmens in Ausübung von Bewertungswahlrechten auf den Konzernabschluß angewendet werden. Demnach ist eine Neubewertung im Rahmen der Erstellung der der Konsolidierung zugrundezulegenden HB II obligatorisch, wenn einerseits in- und ausländische Konzernunternehmen in ihren Jahresabschlüssen nicht in Übereinstimmung mit den für große Kapitalgesellschaften geltenden Vorschriften bewerten und andererseits Anpassungen an die konzerneinheitliche Bewertung erforderlich werden.

Bei der Frage, wann im erstgenannten Fall Neubewertungen vorgenommen werden müssen, ist zwischen inländischen und ausländischen Konzernunternehmen zu unterscheiden.

Neubewertungsursachen bei inländischen Konzernunternehmen

Bei inländischen Konzernunternehmen kommen insbes. drei Bestimmungen in Betracht, die eine Neubewertung erforderlich machen können:

(1) Nach § 279 Abs. 1 Satz 2 HGB dürfen Kapitalgesellschaften nur noch beim Finanzanlagevermögen Abschreibungen auch wegen einer nur vorübergehenden Wertminderung vornehmen. Haben Tochterunternehmen, die nicht in der Rechtsform der AG, KGaA oder GmbH geführt werden, auf Gegenstände des Sachanlagevermögens eine Abschreibung wegen einer nur vorübergehenden Wertminderung vorgenommen, so wird hier im Zuge

der Konsolidierung eine Neubewertung erforderlich, da dem Mutterunternehmen als Kapitalgesellschaft diese Wertminderungsmöglichkeit nicht zusteht.

(2) Für Kapitalgesellschaften gilt generell ein Wertaufholungsgebot, sofern § 280 Abs. 1 HGB erfüllt ist. Für Nicht-Kapitalgesellschaften gilt stets ein Zuschreibungswahlrecht, so daß es auch in diesem Zusammenhang regelmäßig zu Pflichtanpassungen kommt.

(3) Außerdem dürfen Nicht-Kapitalgesellschaften gem. § 253 Abs. 4 HGB Vermögensgegenstände des Anlage- und Umlaufvermögens mit einem unter dem beizulegenden Wert liegenden Wert ansetzen, soweit dieser »im Rahmen vernünftiger kaufmännischer Beurteilung« liegt. Haben Konzernunternehmen, die nicht Kapitalgesellschaften sind, von dieser Möglichkeit Gebrauch gemacht, müssen auch in diesem Fall im Zuge der Konsolidierung Umbewertungen vorgenommen werden.

Neubewertung bei ausländischen Konzern-unternehmen

Bei ausländischen Konzernunternehmen sind zwei Fälle zu unterscheiden, bei denen eine Neubewertung erforderlich werden kann:

(1) Das Tochterunternehmen hat den Sitz in einem EWR-Vertragsstaat; gleichwohl weichen die Bewertungsvorschriften dieses Landes von den nationalen Bewertungsvorschriften des Landes des Mutterunternehmens ab.

(2) Das Tochterunternehmen hat den Sitz in einem Nicht-EWR-Vertragsstaat, und die Bewertungsvorschriften stehen nicht im Einklang mit den Vorschriften der 4. EG-Richtlinie und den nationalen Vorschriften des Mutterunternehmens.

Anpassung an konzern-einheitliche Bewertung

Selbst wenn die einzelnen Konzernunternehmen im Zuge der einzelgesellschaftlichen Rechnungslegung einheitlich nach den Vorschriften für große Kapitalgesellschaften bewerten, können im Rahmen der Konzernrechnungslegung dann Korrekturen erforderlich werden, wenn die Konzernunternehmen die Bewertungsmethoden unterschiedlich ausnutzen und damit ein Verstoß gegen den Einheitlichkeitsgrundsatz der Bewertung im Konzern vorliegt. Auch in diesem Fall wird eine Neubewertung gem. § 308 Abs. 2 Satz 1 HGB notwendig.

Übersicht 29 stellt die obligatorischen und freiwilligen Anpassungen der Bilanzierung und Bewertung gem. den §§ 300 Abs. 2 und 308 HGB bei der Erstellung der HB II zusammenfassend dar:

<table>
<tr><th colspan="4">Übersicht 29: Anpassung der Bilanzierung und Bewertung</th></tr>
<tr><th rowspan="3">Anpassungen gem. den §§ 300 Abs. 2 und 308 HGB</th><th colspan="3">Sitz des Tochterunternehmens</th></tr>
<tr><th rowspan="2">Inland</th><th colspan="2">Ausland</th></tr>
<tr><th>EWR-Vertragsstaat</th><th>Nicht-EWR-Vertragsstaat</th></tr>
<tr><td rowspan="2">zwingend</td><td>Personenhandelsgesellschaften bilanzieren und/oder bewerten nicht im Rahmen der zulässigen Wahlrechte des Mutterunternehmens.</td><td>Bilanzierungs- und/oder Bewertungsvorschriften weichen von den nationalen Vorschriften des Landes ab.</td><td>Bilanzierungs- und/oder Bewertungsvorschriften entsprechen nicht den Vorschriften der 4. EG-Richtlinie und den Vorschriften des Mutterunternehmens.</td></tr>
<tr><td colspan="3">In den einzelnen Jahresabschlüssen wird zwar im Rahmen der zulässigen Wahlrechte des Mutterunternehmens einheitlich bewertet, die Wertfindung erfolgt für gleiche Sachverhalte in verschiedenen Jahresabschlüssen jedoch nach unterschiedlichen Bewertungsmethoden.</td></tr>
<tr><td>möglich</td><td colspan="3">Die Tochterunternehmen bilanzieren innerhalb der für das Mutterunternehmen zulässigen Bilanzierungs- und Bewertungsvorschriften; die Bewertung gleicher Sachverhalte erfolgt in allen Jahresabschlüssen einheitlich. Das Mutterunternehmen kann entsprechend seinem Bilanzierungs- und Bewertungsrahmen eine abweichende Bilanzierung und/oder (konzerneinheitliche) Bewertung für Zwecke der Konzernrechnungslegung vorgeben.</td></tr>
</table>

6.3 Probleme und Konsequenzen der Anpassung

6.3.1 Probleme bei der Gewinnausschüttung

Veränderung des Erfolgsausweises in der HB II

Weichen die Einzelabschlüsse in- und ausländischer Konzernunternehmen hinsichtlich der dort angewandten Bilanzierungs- und Bewertungsmethoden von denen des Konzernabschlusses ab, sind – wie oben bereits dargestellt – eigens für Konsolidierungszwecke sog. HB II oder Zweitabschlüsse aufzustellen, die auf den im Konzernabschluß angewandten Bilanzierungs- und Bewertungsmethoden basieren. Durch die hiermit verbundenen ansatz- und bewertungsmäßigen Homogenisierungsmaßnahmen wird der Erfolgsausweis in der HB II im Vergleich zum ursprünglichen Erfolgsausweis regelmäßig verändert.

Erhöhter Jahresüberschuß in der HB II

Soweit sich in der HB II der ausgewiesene Jahresüberschuß gegenüber dem Ursprungsabschluß erhöht, ergeben sich – abgesehen von der Notwendigkeit, daß die Abweichungen in einer Nebenbuchhaltung permanent verfolgt werden müssen – keine besonderen Probleme, denn der den Jahresüberschuß aufgrund der Umbewertungen übersteigende Betrag ist in der HB II unter Berücksichtigung latenter Steueraufwendungen als Gewinnvortrag bzw. Teil des Jahresüberschusses zu behandeln.

Verminderter Jahresüberschuß in der HB II

Führen die Vereinheitlichungsmaßnahmen jedoch zu einer Verminderung des Jahresüberschusses in der HB II, wird dadurch das sich ergebende Ausschüttungspotential des Tochterunternehmens geschmälert. Der Gewinnverwendungsbeschluß orientiert sich aber am Ursprungsabschluß. Wird in diesem Fall z. B. eine Vollausschüttung des Jahresüberschusses beschlossen und weiter unterstellt, daß Rücklagen nicht vorhanden sind, werden unter dem Aspekt der konzerneinheitlichen Bilanzierung und Bewertung Teile der Unternehmenssubstanz – möglicherweise an konzernfremde Dritte – ausgeschüttet. Eine nachträgliche Anpassung ist nicht möglich, da die ausgeschütteten Beträge nicht zurückgefordert werden können, vor allem, wenn sie – bei Ausschüttungen an die Gesellschafter – bereits den Unternehmensbereich verlassen haben.

Vermeidung übermäßiger Ausschüttungen

In diesen Fällen hat daher die Konzernleitung dafür Sorge zu tragen, daß unter Beachtung der ansatz- und bewertungsmäßigen Homogenisierungsmaßnahmen keine übermäßigen Ausschüttungen auftreten. Dies sollte bereits im Ursprungsabschluß durch entsprechende Rücklagenbildung bzw. Ausschüttungssperren erfolgen. Die teilweise praktizierte Rücklagenbildung im Jahresabschluß des Mutterunternehmens führt nicht zum gleichen Ergebnis.

6.3.2 Handelsbilanz II und Prinzip der Wirtschaftlichkeit der Rechnungslegung

Die Erstellung einer HB II kann vorgenommen werden, indem

(1) parallel zur offiziellen Buchführung eine Buchführung II geführt wird und die Bilanzierungs- und Bewertungsvorgänge daraufhin überprüft werden, ob und inwieweit sie mit den Bilanzierungs- und Bewertungsmethoden des Mutterunternehmens vereinbar sind,

(2) am Ende des Jahres nachträglich eine Beurteilung und ggf. eine Neubewertung der im Berichtsjahr angefallenen Geschäftsvorfälle bzw. eine abweichende Ausübung von Ansatzwahlrechten vorgenommen wird.

Konsolidierungsmehraufwendungen durch die Erstellung einer HB II

In beiden Fällen kommen auf die Konzerne erhebliche Schwierigkeiten und wesentliche Konsolidierungsmehraufwendungen zu. Schwierigkeiten ergeben sich u. a. dadurch, daß

- bei ausländischen Konzernunternehmen Bilanzierungs- und Konsolidierungsfachleute gefunden werden müssen, die Bilanzierungs- und Bewertungsfragen in unterschiedlichen Rechtskreisen beantworten können,
- die offizielle Handelsbilanz (HB I) und die HB II über mehrere Jahre hinweg völlig auseinanderlaufen können und gleichwohl jedes Jahr eine Brücke zwischen beiden Rechenwerken geschlagen werden muß. Dies wird insbes. dann deutlich, wenn im ausländischen Einzelabschluß inflationsbedingte Neubewertungen über die Anschaffungskosten hinaus vorgenommen werden oder die Equity-Methode angewendet wird.

Latente Steuern und erhöhter Prüfungsumfang

Konsolidierungsmehraufwendungen fallen nicht nur durch die eigentlichen Konsolidierungsbuchungen oder Konsolidierungskorrekturen an; vielmehr sind im Zuge der Anpassung von Bilanzansatz und Bewertung auch Fragen bzgl. latenter Steuern zu beantworten. Darüber hinaus müssen die neuerstellten HB II entweder von einem Abschlußprüfer oder zumindest in eingeschränktem Umfang vom Konzernabschlußprüfer geprüft werden (vgl. § 317 Abs. 2 HGB).

Prinzip der Wirtschaftlichkeit bei Erstellung der HB II

Somit stellt sich zwangsläufig die Frage nach dem Genauigkeitsgrad, der bei der Erstellung der HB II zu fordern ist, denn auch in diesem Zusammenhang gilt das Prinzip der Wirtschaftlichkeit der Rechnungslegung, nach dem die Kosten der Erstellung einer HB II und der hiermit verbundene Informationsgewinn gegeneinander abgewogen werden müssen. Hier sollte eine Kompromißlösung gesucht und von allen beteiligten Gruppen akzeptiert werden, die einerseits eine hinreichende Aussagefähigkeit der HB II gewährleistet und andererseits den Bedürfnissen der Praxis gerecht wird.

6.3.3 Abgrenzung latenter Steuern

Ergeben sich im Zuge der Anpassungen an den Bilanzierungs- und Bewertungsrahmen des Mutterunternehmens Ergebnisdifferenzen zwischen der HB I und der HB II, bewirkt dies vom Grundsatz her die Erfassung latenter Steuern.

Primäre latente Steuern

Da diese Anpassungsmaßnahmen der eigentlichen Konsolidierung vorgelagert sind, führen sie nach herrschender Meinung nicht zu konzernspezifischen latenten Steuern, sondern zu primären latenten Steuern i.S.d. § 274 HGB. Bekanntlich besteht im Rahmen der einzelgesellschaftlichen Rechnungslegung nur für sog. passivische latente Steuern eine Ansatzpflicht; für die sog. aktivischen latenten Steuern existiert dagegen ein Ansatzwahlrecht.

6.4 Aspekte der Konzernbilanzpolitik

Erheblicher konzernbilanzpolitischer Spielraum

Da eine Neuausübung von Bilanzierungs- und Bewertungswahlrechten im Zuge der Konsolidierung gem. den §§ 300 Abs. 2 und 308 HGB auch auf freiwilliger Basis vorgenommen werden kann, eröffnet sich damit dem Mutterunternehmen ein erhebliches eigenständiges konzernbilanzpolitisches Gestaltungspotential. Konkret heißt dies, daß ein bestimmter Sachverhalt im Rahmen der Konzernrechnungslegung völlig anders behandelt werden kann als im Einzelabschluß. Entscheidend ist, daß sich der Bilanzierende im Rahmen des Bilanzierungs- und Bewertungsspielraums bewegt, der dem Mutterunternehmen im Zuge der einzelgesellschaftlichen Rechnungslegung eingeräumt wurde. So kann z.B. ein Unternehmen im Rahmen der einzelgesellschaftlichen Rechnungslegung steuerrechtliche Sonderabschreibungen in Anspruch nehmen und sie im Zuge der Konsolidierung für Zwecke der Konzernbilanzierung rückgängig machen. Es können aber bspw. auch in einem Rechenwerk Aufwendungen für die Ingangsetzung und Erweiterung des Geschäftsbetriebs aktiviert werden, während im anderen Rechenwerk eine sofortige Aufwandsverrechnung erfolgt.

Möglichkeiten und Grenzen der Anpassungen

Nimmt der Bilanzierende den eingeräumten Bilanzierungs- und Bewertungsspielraum wahr, handelt es sich hier – im Gegensatz zur zwingenden Umbewertung nach § 308 Abs. 2 Satz 1 HGB – um eine freiwillige Korrektur der Einzelabschlußwerte, die ebenfalls in einer HB II vorzunehmen wäre. Durch die Konzeption der Maßgeblichkeit des Bilanzierungs- und Bewertungsrahmens des Mutterunternehmens »hat die HB II quantitativ und qualitativ an Bedeutung gewonnen« (HAVERMANN, H. 1988, S. 186f.). Die Möglichkeit, die zur Verfügung stehenden (Bilanzierungs- und) Bewertungswahlrechte unabhängig von ihrer Inanspruchnahme in den Einzelabschlüssen der einbezogenen Unternehmen freiwillig neu auszuüben, erfährt allerdings – abgesehen vom Grundsatz der konzerneinheitlichen Bewertung – Einschränkungen durch den Grundsatz der (interperiodischen) Bewertungsstetigkeit gem. § 252 Abs. 1 Nr. 6 i.V.m. § 298 Abs. 1 HGB. Ferner sind die »Neuausübung von Ermessensentscheidungen sowie die Änderung von Schätzgrößen gegenüber den Jahresabschlüssen der einbezogenen Unternehmen … wegen des Grundsatzes der Willkürfreiheit in der Regel nur insoweit zulässig, als die Änderungen zum Zweck der Einheitlichkeit der Bewertung erfolgen« (HFA 3/1988, S. 483).

Eigenständige Konzernbilanzpolitik durch die Konzernleitung

Erfahrungen mit dem geltenden Bilanzrecht zeigen, daß deutsche Konzerne von dieser zweigleisigen Bilanzierungsstrategie regen Gebrauch machen und hierin auch ein wichtiges Instrument der Bilanzpolitik sehen (vgl. Übersicht 30). Indem die Konsolidierung sich somit nicht nur auf die Summation der Einzelabschlußwerte und auf die Ausschaltung innerkonzernlicher Beziehungen beschränkt, sondern vielmehr auch die Möglichkeit einer Neuausübung sämtlicher Bilanzierungs- und Bewertungswahlrechte einschließt, wird der Konsolidierungsvorgang erheblich aufgewertet. Das bedeutet gleichzeitig, daß die Stellung der Konzernleitung aufgewertet wird; denn sie kann im Zuge der Konsolidierung eine eigenständige Konzernbilanzpolitik betreiben, die durchaus andere Zielsetzungen als die einzelgesellschaftliche Bilanzpolitik verfolgen kann; dies gilt insbes. deshalb, weil sich an den Konzernabschluß keine Rechtsfolgen hinsichtlich Ausschüttung und Ermittlung des steuerpflichtigen Einkommens knüpfen, wie dies beim Einzelabschluß der Fall ist.

Übersicht 30: Zweigleisige Strategie in deutschen Konzernabschlüssen 1994

		Auswirkungen auf den Konzernjahresüberschuß
BAHLSEN	Abweichend von den Einzelabschlüssen werden bei Bahlsen im Konzern Aufwandsrückstellungen nach § 249 Abs. 2 HGB gebildet.	↓
BEIERSDORF	Bei der Beiersdorf AG wird – anders als im Konzernabschluß – das Vorratsvermögen nach der Lifo-Methode bewertet.	↑
CONTINENTAL	Bei Continental werden bewegliche Gegenstände des Anlagevermögens im Einzelabschluß geometrisch-degressiv abgeschrieben, während im Konzernabschluß eine lineare Abschreibung erfolgt.	↑
DEGUSSA	Die Degussa AG hat auch die Nichtedelmetalle im Einzelabschluß nach der Lifo-Methode bilanziert, und zwar einige wichtige Einsatzstoffe sowie die Halberzeugnisse, die Fertigfabrikate und Waren. In der Konzernbilanz sind diese Vorräte wie bei den meisten Tochtergesellschaften zu fortgeschriebenen Anschaffungs- oder Herstellungskosten angesetzt.	↑
DIDIER	Ähnlich bewertet Didier die gesamten Rohstoffe im Einzelabschluß nach der Lifo-Methode, während im Konzern das Durchschnittsverfahren angewendet wird.	↑
DOUGLAS HOLDING	Die Douglas Holding hat allein auf Konzernebene in Ausübung des handelsrechtlichen Wahlrechts angemessene Rückstellungen für im Geschäftsjahr unterlassene Aufwendungen für Instandhaltung gebildet.	↓

Übersicht 30: (Fortsetzung)

		Auswirkungen auf den Konzernjahresüberschuß
DRÄGER	Bei Dräger wird die zweigleisige Strategie gleich in dreifacher Form praktiziert: – Während im Konzernabschluß »Darlehensabgelder« aktiviert und in den Rechnungsabgrenzungsposten erfaßt werden, werden die Abgelder bei der Drägerwerk AG unmittelbar als Aufwand verrechnet. – Die Vorräte werden im Einzelabschluß unter Anwendung der Lifo-Methode bewertet; im Konzernabschluß erfolgt der Ansatz zu durchschnittlichen Anschaffungskosten. – Im Einzelabschluß werden die Gegenstände des beweglichen Sachanlagevermögens geometrisch-degressiv abgeschrieben, während im Konzernabschluß die lineare Abschreibung vorgenommen wird.	↑ ↑ ↑
ESCOM	Escom legt im Einzel- und im Konzernabschluß bei der Ermittlung der Abschreibung unterschiedliche Nutzungsdauern zugrunde.	?
FRESENIUS	Für Rohstoffe und Fertigerzeugnisse sind bei der Fresenius AG Abschreibungen gem. § 253 Abs. 3 Satz 3 HGB vorgenommen worden; im Konzern ganz offensichtlich nicht. Ferner werden die planmäßigen Abschreibungen im Konzernabschluß linear vorgenommen, dies geschieht in Abweichung zu der im Jahresabschluß der Fresenius AG, soweit steuerlich zulässig, angewandten degressiven Abschreibungsmethode.	↑

Übersicht 30: (Fortsetzung)

		Auswirkungen auf den Konzernjahresüberschuß
Gerry Weber	Bei Gerry Weber wird im Konzernabschluß grundsätzlich linear abgeschrieben, während im Einzelabschluß die Abschreibung degressiv erfolgt. Die Maßnahme erfolgt, um im Konzernabschluß eine Ertragslage darstellen zu können, die die betriebswirtschaftlichen Erträge der Gruppe besser widerspiegelt, ohne steuerlich auf die Vorteile der degressiven Abschreibung verzichten zu müssen.	↑ (?)
Haniel	Bei Haniel wurde eine Lifo-Reserve des Unternehmensbereichs Scrivner in der Konzernbilanz je hälftig den Gewinnrücklagen und den latenten Steuerrückstellungen zugeordnet.	↑ (?)
Jungheinrich	Bei Jungheinrich werden im Konzernabschluß die Abschreibungen planmäßig entsprechend der linearen Methode vorgenommen. Im Jahresabschluß der Jungheinrich AG werden die Abschreibungen auf Sachanlagen planmäßig nach der linearen und degressiven Methode vorgenommen.	↑
Klöckner-Humboldt-Deutz	Im Klöckner-Humboldt-Deutz-Konzern werden die Gebäude einheitlich über die voraussichtliche, angemessene Nutzungsdauer abgeschrieben, die teilweise länger ist als diejenige in den Einzelabschlüssen.	↑
Leonische Drahtwerke	Die Leonische Drahtwerke setzen die Herstellungskosten im Konzernabschluß unter Einbeziehung von Gemeinkosten an, während im Einzelabschluß ein Ansatz allein zu Einzelkosten erfolgt.	↑

Übersicht 30: (Fortsetzung)

		Auswirkungen auf den Konzernjahres-überschuß
PAPIERWERKE WALDHOF-ASCHAFFEN-BURG	Bei den Papierwerken Waldhof-Aschaffenburg werden die Bilanzierungs- und Bewertungsmethoden in den Einzelabschlüssen der Tochter- und Gemeinschaftsunternehmen durchweg an den ertragsteuerlichen Vorschriften ausgerichtet und bei Wahlrechten der jeweils steuerlich günstigste Wert angesetzt. Im Konzernabschluß gelten dagegen einheitliche handelsrechtliche Bilanzierungs- und Bewertungsgrundsätze, die auf betriebswirtschaftlichen Gesichtspunkten basieren.	↑
PUMA	Bei Puma werden die beweglichen Wirtschaftsgüter grundsätzlich degressiv unter Ausnutzung der steuerlichen Vereinfachungsregel abgeschrieben. Im Konzernabschluß erfolgt die Abschreibung ganz offensichtlich auf Basis der linearen Methode.	↑
QUANTE	Bei Quante werden Gebäude im Einzelabschluß mit den steuerlich höchstzulässigen Beträgen abgeschrieben. In der Konzernbilanz erfolgt die Abschreibung der Gebäude nach betriebswirtschaftlichen Gesichtspunkten.	↑
SAP	Bei der SAP werden die Gebäude im Einzel- und Konzernabschluß auf der Grundlage von unterschiedlichen Methoden abgeschrieben.	↑
SOMMER ALLIBERT	Bei Sommer Allibert werden im Konzernabschluß und in den Einzelabschlüssen teilweise unterschiedliche Nutzungsdauern zugrunde gelegt.	↑
STUTTGARTER HOFBRÄU	Bei der Stuttgarter Hofbräu werden die Pensionsrückstellungen im Konzern mit 6% ermittelt; im Einzelabschluß wird ein Rechnungszinsfuß von 3,5% zugrunde gelegt.	↑

Übersicht 30: (Fortsetzung)		
		Auswirkungen auf den Konzernjahresüberschuß
VILLEROY & BOCH	Abweichend vom Jahresabschluß der Villeroy & Boch AG werden für die Bewertung der Konzern-Eigenerzeugnisse einheitlich alle handelsrechtlich aktivierbaren Herstellungskosten angesetzt. Zusätzlich wurde ein Abschlag gem. § 253 Abs. 3 Satz 3 HGB in Höhe von 6.000 TDM auf die Fertigerzeugnisse vorgenommen, der durch den Kursverfall verschiedener Export-Währungen in 1995 begründet ist.	↑ ↓
VOLKSWAGEN	Bei Volkswagen wird – abweichend vom Jahresabschluß der Volkswagen AG – teilweise im Konzernabschluß die pro-rata-temporis-Abschreibung praktiziert.	↑
WELLA	Im Jahresabschluß der Wella AG wird für den überwiegenden Teil der Vorräte das Lifo-Verfahren verwendet. Im Konzernabschluß werden die Vorräte nach der Durchschnittsmethode bewertet.	↑

6.5 Beibehaltung der steuerrechtlich zulässigen Werte

Die Verpflichtung zur Anwendung konzerneinheitlicher Bewertungsmethoden müßte sich bei konsequenter Verfolgung dieses Grundsatzes auch auf solche Wertansätze erstrecken, die in den Einzelabschlüssen der konsolidierten Unternehmen nach steuerrechtlichen Bewertungsmethoden ermittelt wurden; denn es würde dem Grundsatz der einheitlichen Bewertung widersprechen, wenn in einem nach deutschem Recht zu erstellenden Konzernabschluß steuerrechtliche Wertansätze eines im Ausland gelegenen Konzernunternehmens eingingen, die sich aufgrund der Bestimmungen des ausländischen Steuersystems von denen des deutschen Mutterunternehmens völlig unterscheiden können. So wäre es z. B. denkbar, daß ein dem französischen Recht unterliegendes Konzernunternehmen in seinem Jahrsabschluß auf steuerrechtlichen Vergünstigungsvorschriften beruhende Bewertungsmaßnahmen berücksichtigt hat, die der Art und der Höhe nach von einem deutschen Mutterunternehmen nicht in Anspruch genommen werden könnten.

EG-Richtlinie: Wahlrecht zur Beibehaltung des niedrigeren Werts

In Art. 29 Abs. 5 Satz 1 der 7. EG-Richtlinie wurde daher eine grundsätzliche Eliminierungspflicht für solche Bewertungsmaßnahmen vorgeschrieben, die »allein für die Anwendung steuerlicher Vorschriften vorgenommen worden« sind. In Art. 29 Abs. 5 Satz 2 hat der Richtliniengeber diesen Grundsatz allerdings wieder wesentlich relativiert, indem er den Mitgliedstaaten ein Wahlrecht einräumt, nach dem es vorgeschrieben oder gestattet werden kann, die niedrigeren Wertansätze beizubehalten und statt dessen die an sich zu korrigierenden Beträge im Konzernanhang anzugeben und zu begründen. Mit diesem nationalen Wahlrecht wurde den Mitgliedstaaten einerseits ein weiter Gestaltungsrahmen hinsichtlich der Behandlung steuerrechtlich bedingter Sachverhalte im künftigen Konzernabschluß eingeräumt. Andererseits darf aber nicht übersehen werden, daß damit gleichzeitig die Harmonisierungsbestrebungen innerhalb der Mitgliedstaaten der EU in einem wichtigen Punkt der Konzernrechnungslegung in Frage gestellt werden.

Wahlrecht der Anpassung bei umgekehrter Maßgeblichkeit

Mit der Umsetzung der 7. EG-Richtlinie in nationales Recht hat der deutsche Gesetzgeber das in Art. 29 Abs. 5 Satz 2 enthaltene Mitgliedstaatenwahlrecht in vollem Umfang an die Unternehmen weitergegeben. Nach § 308 Abs. 3 Satz 1 HGB kann daher auf eine Bewertungsanpassung verzichtet werden, wenn »in den Konzernabschluß zu übernehmende Vermögensgegenstände oder Schulden im Jahresabschluß eines in den Konzernabschluß einbezogenen Unternehmens mit einem nur nach Steuerrecht zulässigen Wert angesetzt (wurden, d. Verf.), weil dieser Wertansatz sonst nicht bei der steuerrechtlichen Gewinnermittlung berücksichtigt werden würde, oder ... aus diesem Grunde auf der Passivseite ein Sonderposten gebildet worden« ist. Auf der Grundlage dieser Vorschrift ist die Behandlung steuerrechtlicher Sachverhalte im Rahmen der Konzernrechnungslegung im einzelnen wie folgt geregelt.

Voraussetzungen für das Beibehaltungswahlrecht steuerrechtlicher Wertansätze

Die unveränderte Übernahme steuerrechtlicher Wertansätze in den Konzernabschluß setzt nachfolgende Bedingungen voraus:

(1) Steuerrechtlich motivierte Sachverhalte dürfen nur insoweit im Konzernabschluß beibehalten werden, als das Steuerrecht ihre Anerkennung bei der steuerrechtlichen Gewinnermittlung von einer gleichlautenden Bilanzierung und Bewertung in der Handelsbilanz abhängig macht (Geltung der umgekehrten Maßgeblichkeit der Handels- für die Steuerbilanz).

(2) Das Beibehaltungswahlrecht des § 308 Abs. 3 HGB ist auf die in den Einzelabschlüssen der konsolidierten Unternehmen tatsächlich gebildeten Sonderposten mit Rücklageanteil sowie auf jene niedrigeren Wertansätze beschränkt, die ausschließlich steuerrechtlich bedingt sind.

(3) Entscheidet sich die Konzernleitung für die Beibehaltung steuerrechtlich bedingter Sachverhalte, dann sind der »Betrag der im Geschäftsjahr ... in den Jahresabschlüssen vorgenommenen Abschreibungen, Wertberichtigungen und Einstellungen in den Sonderposten sowie der Betrag der un-

terlassenen Zuschreibungen ... im Konzernanhang anzugeben; die Maßnahmen sind zu begründen« (§ 308 Abs. 3 Satz 2 HGB).

Keine Nachholung steuerrechtlich zulässiger Werte im Konzernabschluß

Der Bilanzierende kann somit steuerrechtlich zulässige Werte beibehalten; er kann sie aber auch rückgängig machen. Bei einer extensiven Auslegung des § 308 Abs. 1 und 3 HGB könnte man es auf den ersten Blick für zulässig halten, daß eine im Rahmen der einzelgesellschaftlichen Rechnungslegung aus dividendenpolitischen oder sonstigen Gründen nicht in Anspruch genommene steuerrechtliche Abschreibung allein für Zwecke der Konzernrechnungslegung (fiktiv) nachgeholt werden kann. Denn ebenso wie der Gesetzgeber die Beibehaltung steuerrechtlich bedingter Sachverhalte gestattet, könnte man auch für den umgekehrten Fall die Auffassung vertreten, daß die im Steuerrecht eingeräumten Wahlrechte hinsichtlich der Inanspruchnahme von Steuervergünstigungen im Konzernabschluß in vollem Umfang wieder aufleben, sofern sie in den Einzelabschlüssen der einbezogenen Unternehmen nicht bzw. nicht vollständig ausgeschöpft wurden. Eine solche Interpretation ist jedoch aus folgenden vier Gründen abzulehnen:

Argumente für ein Nachholungsverbot

(1) § 308 Abs. 1 und 2 HGB beziehen sich allein auf handelsrechtliche Bewertungsmaßstäbe, die aus den Grundsätzen ordnungsmäßiger Buchführung abgeleitet wurden. Dies bringt der Gesetzgeber dadurch zum Ausdruck, daß er für die Behandlung steuerrechtlicher Sachverhalte im Konzernabschluß die Spezialvorschrift des Abs. 3 geschaffen hat.

(2) In § 308 Abs. 3 HGB spricht der Gesetzgeber ausdrücklich von der Möglichkeit der »unveränderten Übernahme« eines nur steuerrechtlich zulässigen Wertansatzes und erlaubt somit nur dessen Beibehaltung oder Stornierung. Anders ist jedoch die Regelung in Abs. 1 zu verstehen, die explizit darauf hinweist, daß nach dem Recht des Mutterunternehmens bestehende Bewertungswahlrechte »im Konzernabschluß unabhängig von ihrer Ausübung in den Jahresabschlüssen der in den Konzernabschluß einbezogenen Unternehmen ausgeübt werden (dürfen, d. Verf.)«. Dies bedeutet, daß rein handelsbilanzielle Wertansätze nicht nur beibehalten oder storniert, sondern auch in ihrer Höhe verändert werden können. Für steuerrechtliche Sachverhalte gilt hingegen nur die Alternative Beibehalten oder Stornieren.

(3) Steuerrechtlich bedingte Wertansätze verfälschen zweifelsfrei insbes. die Darstellung der Vermögenslage eines Konzerns. Dies war ursprünglich in der 7. EG-Richtlinie der Anlaß dafür, daß steuerrechtliche Wertansätze gem. Art. 29 Abs. 5 Satz 1 rückgängig zu machen waren. Es wäre mit dem Zweck der Konzernrechnungslegung daher nicht zu vereinbaren, wenn zusätzlich zu den in den Einzelabschlüssen vorhandenen und in den Konzernabschluß übernommenen steuerrechtlichen Wertansätzen eine weitere Verzerrung durch »fiktive«, auf steuerrechtlichen Vergünstigungsvorschriften beruhende Buchungen im Zuge der Konsolidierung hinzukäme.

(4) § 298 Abs. 1 HGB verweist ausdrücklich auch auf die §§ 273, 279 Abs. 2 und 280 Abs. 2 HGB, wonach steuerrechtliche Sachverhalte nur dann in Ansatz gebracht werden dürfen, wenn das Steuerrecht ihre Anerkennung bei der steuerrechtlichen Gewinnermittlung von einem entsprechenden Ansatz in der Handelsbilanz abhängig macht. Da der Konzern aber kein Steuersubjekt ist, können jene fiktiven Steuerkonsolidierungsbuchungen auch nicht damit begründet werden, daß sie wegen des umgekehrten Maßgeblichkeitsprinzips zur Erlangung von Steuervorteilen notwendig sind.

Beispiele aus der Unternehmenspraxis

Daß zahlreiche deutsche Konzerne die Auswirkungen rein steuerlich motivierter Sachverhalte im Konzernabschluß rückgängig machen, belegt die Übersicht 31. Hier sind beispielhaft einige Konzerne aufgeführt, die im Zuge der Konsolidierung den Sonderposten mit Rücklageanteil, der Ausdruck der deutschspezifischen umgekehrten Maßgeblichkeit ist, auflösen. Da der Sonderposten mit Rücklageanteil verfälschende, rein steuerlich motivierte Bewertungen beinhaltet, ist die Praxis deutscher Konzerne, diesen Posten z. T. dem Eigenkapital und in Höhe der zukünftig zu erwartenden Steuern dem Fremdkapital zuzuordnen, zu begrüßen.

Übersicht 31: Konzerne, die 1994 im Zuge der Konsolidierung den Sonderposten mit Rücklageanteil vollständig auflösten

Asea Brown Boveri	Hoechst
Asko	Löwenbräu
Bahlsen	Mannesmann
Bertelsmann	PreussenElektra
Braun	Preussag
Degussa	Reemtsma
Dräger	Rütgers
Flender	Schering
Gehe	Siemens
Goldschmidt	Tchibo
Haniel	Thyssen
Heidelberger Zement	Veba
Henkel	Wella

6.6 Konkrete Anwendungsfälle der §§ 300 und 308 HGB

Beispiele

Bei der Beurteilung der in Übersicht 30 aufgeführten Sachverhalte ist jeweils die Frage zu beantworten, ob eine Unternehmung auch in ihrer einzelgesellschaftlichen Rechnungslegung die unterschiedlichen Wertansätze wählen dürfte. Wird die Frage bejaht, kann dieses Wahlrecht auch im Rahmen der Konzernrechnungslegung in Anspruch genommen werden.

Übersicht 32: Anwendungsfälle der §§ 300 und 308 HGB

Dürfen einzelne Konzernunternehmen …………	ja	nein	ja, wenn begründet
(1) geringwertige Wirtschaftsgüter voll abschreiben, während andere Konzernunternehmen die Abschreibung über die gesamte Nutzungsdauer verteilen	X		
(2) Ingangsetzungsaufwendungen aktivieren, während andere sie in voller Höhe als Aufwand buchen	X		
(3) die Pensionsrückstellungen mit 6% abzinsen, während andere einen Zinssatz von 3,5% wählen*		X	
(4) die Erzeugnisse zu Teilkosten bewerten, während andere die Vollkosten ansetzen			X
(5) eine Zuschreibung unter Berufung auf § 280 Abs. 2 HGB unterlassen, während andere Konzernunternehmen eine Zuschreibung vornehmen**	X		
(6) gleichzeitig die lineare und geometrisch-degressive Abschreibungsmethode anwenden	X		
(7) gleichzeitig die lineare und geometrisch-degressive Abschreibungsmethode für gleiche und gleichgenutzte Vermögensgegenstände anwenden			X
(8) für gleiche und gleichgenutzte Vermögensgegenstände eine Nutzungsdauer von x Jahren ansetzen, während andere Konzernunternehmen eine Nutzungsdauer von y Jahren unterstellen		X	
(9) bestimmte steuerrechtliche Abschreibungen gem. § 254 HGB in Anspruch nehmen, während andere Konzernunternehmen hiervon keinen Gebrauch machen	X		
(10) bei kurzfristigen (vorübergehenden) Wertminderungen im Finanzanlagevermögen eine Abschreibung vornehmen, während andere eine mögliche Abschreibung unterlassen	X		

* Dabei wird unterstellt, daß der Konzern nur inländische Konzernunternehmen und Betriebsstätten hat.

** Gilt nur noch für Geschäftsjahre, die vor dem 1.1.1999 enden.

Erläuterungen zu den einzelnen Sachverhalten:

(1) Da im Rahmen der einzelgesellschaftlichen Rechnungslegung die Möglichkeit besteht, fallweise über die Inanspruchnahme der Sofortabschreibung geringwertiger Wirtschaftsgüter zu entscheiden, kann dieses Wahlrecht auch im Rahmen der Konzernrechnungslegung ausgeübt werden.

(2) Für Bilanzansatzwahlrechte gilt nach herrschender Meinung der Grundsatz der Einheitlichkeit nicht. Auch in dieser Situation kann von Fall zu Fall neu entschieden werden.

(3) Wenn es keine sachlich fundierte Begründung für die Wahl unterschiedlicher Zinssätze bei der Ermittlung der Pensionsrückstellungen gibt, dürfen auch im Rahmen der Konzernrechnungslegung keine unterschiedlichen Zinssätze Anwendung finden. Etwas anderes kann aber im Fall der Einbeziehung ausländischer Tochterunternehmen gelten, wenn in den jeweiligen Ländern z.B. unterschiedliche Kapitalmarktzinsen oder für das Konzernunternehmen relevante Refinanzierungskosten gelten.

(4) Im Rahmen der einzelgesellschaftlichen Rechnungslegung dürfen Vermögensgegenstände zu Teilkosten bewertet werden, während andere zu Vollkosten in Ansatz gebracht werden, sofern dies sachlich begründet ist. So können fertige Erzeugnisse aufgrund ihrer Marktnähe zu Vollkosten bewertet werden, während unfertige Erzeugnisse zu Teilkosten angesetzt werden.

(5) Im Rahmen der Zuschreibungsproblematik des § 280 HGB darf sich der Bilanzierende auch teilweise auf die Relativierung des in Abs. 1 geforderten Zuschreibungsgebots beziehen. Dies gilt jedoch nur für Geschäftsjahre, die vor dem 1.1.1999 enden.

(6) Da der Bilanzierende im Einzelabschluß einzelne Vermögensgegenstände linear abschreiben kann, während andere geometrisch degressiv abgeschrieben werden, darf er dies auch im Rahmen der Konzernrechnungslegung.

(7) Um das Gebot der Willkürfreiheit nicht zu verletzen, dürfen gleiche und gleichgenutzte Vermögensgegenstände nur dann nach unterschiedlichen Methoden abgeschrieben werden, wenn dies sachlich begründet werden kann. Eine derartige Begründung wäre bspw., daß die Vermögensgegenstände nicht den gleichen wertbestimmenden Bedingungen unterliegen.

(8) Unterschiedliche Nutzungsdauern für gleiche und gleichgenutzte Vermögensgegenstände dürfen grundsätzlich nicht gewählt werden, da es sich hierbei um die willkürliche Ausnutzung eines Ermessensspielraums handeln würde. Eine Ausnahme ist nur dann denkbar, wenn gleiche und gleichgenutzte Vermögensgegenstände z.B. in Europa und in Afrika so eingesetzt werden würden, daß die unterschiedlichen Umweltbedingungen

eine sachliche Begründung liefern würden. Allerdings dürfte diese Begrenzung praktisch nur selten greifen, da die gleiche Nutzung schon an verschiedenen Orten oder durch unterschiedlich ausgebildetes Personal nur selten gegeben sein dürfte.

(9) Bei Inanspruchnahme steuerrechtlicher Abschreibungen braucht keine Bewertungsanpassung vorgenommen zu werden (vgl. § 308 Abs. 3 Satz 1 HGB). Auch im Rahmen der einzelgesellschaftlichen Rechnungslegung dürfen steuerrechtliche Abschreibungen fallweise in Anspruch genommen werden.

(10) Dem Bilanzierenden steht es prinzipiell frei, im jeweiligen Einzelfall neu zu entscheiden, ob er bei kurzfristigen (vorübergehenden) Wertminderungen im Finanzanlagevermögen eine Abschreibung vornimmt. Folglich darf er dieses Wahlrecht auch im Rahmen der konsolidierten Rechnungslegung in Anspruch nehmen.

1. Nach den §§ 300 Abs. 2 und 308 HGB muß für in den Konzernabschluß einzubeziehende Einzelabschlüsse der Bilanzierungs- und Bewertungsrahmen des den Konzernabschluß aufstellenden Mutterunternehmens beachtet werden. Dabei wird die äußere Grenze der Bilanzierung und konzerneinheitlichen Bewertung nicht durch die tatsächlich angewandten, sondern vielmehr durch die im Einzelabschluß des Mutterunternehmens anwendbaren Vorschriften fixiert.

2. Weichen die im Einzelabschluß eines einzubeziehenden Unternehmens angewandten Bilanzansätze und Bewertungsmethoden von den nach dem Recht des Mutterunternehmens anwendbaren ab, dann muß eine sog. HB II aufgestellt werden, in der die entsprechenden Anpassungen vorgenommen werden müssen.

3. Daneben dürfen nach dem Recht des Mutterunternehmens zulässige Bilanzierungs- und Bewertungswahlrechte bei der Aufstellung der HB II »unabhängig von ihrer Ausübung in den Jahresabschlüssen der in den Konzernabschluß einbezogenen Unternehmen ausgeübt werden« (§§ 300 Abs. 2 Satz 2 und 308 Abs. 1 Satz 2 HGB). Der Grundsatz der konzerneinheitlichen Bewertung ist jedoch zu beachten.

7. Währungsumrechnung

7.1 Grundlagen

Zwang zur Währungsumrechnung

Nach § 298 Abs. 1 i.V.m. § 244 HGB ist der Konzernabschluß eines deutschen Mutterunternehmens in DM aufzustellen. Einzelabschlüsse ausländischer Unternehmen des Konsolidierungskreises, die auf fremde Währung lauten, müssen somit für Zwecke der Konzernrechnungslegung in DM umgerechnet werden. Erst nachdem diese Vereinheitlichung der Recheneinheit durchgeführt wurde, kann die eigentliche Konsolidierung, d.h. die Eliminierung der aus konzerninternen Beziehungen resultierenden Einflüsse auf die Einzelabschlüsse, erfolgen.

Weltabschlußprinzip und Stufenkonzeption des HGB

Die Währungsumrechnung im Konzernabschluß hat in jüngerer Vergangenheit eine erhebliche Aufwertung in der Unternehmenspraxis erfahren. Diese Tatsache liegt vor allem in den veränderten rechtlichen Rahmenbedingungen begründet, denen sich die Unternehmen seit der Umsetzung der 7. EG-Richtlinie in deutsches Recht gegenübersehen. So sind nach geltendem Konzernbilanzrecht gem. § 294 Abs. 1 HGB grundsätzlich alle Tochterunternehmen ohne Rücksicht auf ihren Sitz in den Konzernabschluß einzubeziehen (sog. Weltabschlußprinzip), während nach AktG 1965 lediglich für inländische Konzernunternehmen eine Einbeziehungspflicht bestand (vgl. § 329 Abs. 2 Satz 1 AktG 1965). Zudem stellt sich die Umrechnungsproblematik in analoger Weise auch bei Gemeinschaftsunternehmen und assoziierten Unternehmen, sofern deren Einzelabschlüsse auf fremde Währung lauten (vgl. hierzu insbes. LANGENBUCHER, G., in: KÜTING/WEBER 1998, Kap. II, Rn. 1180ff.).

Fehlen gesetzlicher Bestimmungen

Ungeachtet dessen beinhaltet das HGB – wie auch die 7. EG-Richtlinie – keine konkreten Regelungen dazu, auf welche Weise die Umrechnung von Fremdwährungsabschlüssen in DM zu erfolgen hat. In § 313 Abs. 1 Nr. 2 HGB wird lediglich gefordert, daß im Konzernanhang »die Grundlagen für die Umrechnung in Deutsche Mark angegeben werden (müssen, d. Verf.), sofern der Konzernabschluß Posten enthält, denen Beträge zugrunde liegen, die auf fremde Währung lauten oder ursprünglich auf fremde Währung lauteten«. Darüber hinaus kodifiziert § 328 Abs. 4 HGB die Möglichkeit, den Konzernabschluß zusätzlich zur Offenlegung in DM auch in Europäischer Währungseinheit (ECU) offenzulegen, wobei dieser Umrechnung der am Bilanzstichtag gültige Umrechnungskurs zugrunde zu legen ist. Diese Vorschrift betrifft jedoch ausschließlich die Offenlegung des Konzernabschlusses und berührt die gesetzliche Regelungslücke bzgl. der Aufstellung, die weiterhin in DM zu erfolgen hat, somit nicht. Nach § 244 HGB i.V.m. Art. 42ff. EGHGB ist der Jahresabschluß und somit in gleicher Weise auch der Konzernabschluß für Berichtsjahre, die nach dem 31.12.1998 beginnen und vor dem 01.01.2002 enden, wahlweise in DM oder in Euro aufzustellen. Für Abschlußstichtage nach dem 01.01.2002 ist der Jahres-/Konzernabschluß verpflichtend in Euro aufzustellen.

Entwurf einer Stellungnahme zur Währungsumrechnung im Konzern (HFA 1998)

Nach seinem Entwurf einer Verlautbarung zur Währungsumrechnung im Konzern aus dem Jahre 1986 (vgl. HFA 1986) hat sich der HFA im Jahr 1998 erneut ausführlich zur Problematik der Währungsumrechnung im Konzernabschluß geäußert (vgl. HFA 1998). Hierbei stellt der HFA – unter Berücksichtigung der Generalnorm des § 297 Abs. 2 Satz 2 HGB – bei der Entscheidung, welche Umrechnungsmethode anzuwenden ist, auf das Ausmaß der finanzwirtschaftlichen Beziehungen zwischen dem Mutterunternehmen und dem ausländischen Tochterunternehmen ab (vgl. HFA 1998, S. 549).

Generalnorm als Beurteilungsmaßstab

Bei der Umrechnung von Fremdwährungsabschlüssen im Rahmen der Aufstellung des Konzernabschlusses handelt es sich um einen weitgehend gesetzlich ungeregelten Bereich. Folglich ist die Generalnorm des § 297 Abs. 2 Satz 2 HGB, nach der der Konzernabschluß »unter Beachtung der Grundsätze ordnungsmäßiger Buchführung ein den tatsächlichen Verhältnissen entsprechendes Bild der Vermögens-, Finanz- und Ertragslage des Konzerns zu vermitteln« hat, als maßgebliches Beurteilungskriterium hierfür anzusehen (vgl. BAETGE, J./KIRSCH, H.-J., in: KÜTING/WEBER 1998, § 297 HGB, Rn. 26). Denn die Generalnorm ist immer dann als übergeordneter Beurteilungsmaßstab heranzuziehen, wenn Einzelvorschriften Interpretationsspielräume eröffnen oder Gesetzeslücken vorliegen (vgl. ADLER/DÜRING/SCHMALTZ 1995, § 297 HGB, Rn. 15; FÖRSCHLE, G./LUST, P./KRONER, M., in: BECK Bil-Komm. 1999, § 297 HGB, Rn. 137).

Entscheidungsparameter der Währungsumrechnung

Der Konzernabschlußersteller ist somit bei den Entscheidungen, die er im Rahmen der Umrechnung von Fremdwährungsabschlüssen zu treffen hat, an die Generalnorm des § 297 Abs. 2 Satz 2 HGB gebunden. Die einzelnen Entscheidungsbereiche, die hiervon betroffen sind und das konzernbilanzpolitische Potential bei der Währungsumrechnung im Konzernabschluß beschreiben, lassen sich wie folgt abgrenzen:

(1) Wahl der Umrechnungsmethode;

(2) Wahl der Art des Umrechnungskurses;

(3) Behandlung von Währungsumrechnungsdifferenzen.

Unter einer Umrechnungsmethode ist eine systematische Zuordnung bestimmter zeitbezogener Umrechnungskurse zu den einzelnen Posten des umzurechnenden Einzelabschlusses zu verstehen. Die Wahl der Umrechnungsmethode beinhaltet somit die Entscheidung darüber, welchen Zeitbezug die auf die einzelnen Posten des Fremdwährungsabschlusses anzuwendenden Umrechnungskurse haben sollen. Folgende zeitbezogene Umrechnungskurse kommen dabei grundsätzlich in Betracht:

(1) Historischer Kurs (HK):

Der historische Kurs bezeichnet den Kurs im Zeitpunkt des Geschäftsvorfalls, der den umzurechnenden Posten begründet hat. In der Literatur findet sich daher auch teilweise der Begriff »Transaktionskurs« (GEBHARDT, G., in: Beck'sches Handbuch der Rechnungslegung 1999, C 310, Rn. 45).

(2) Stichtagskurs (SK):

Unter dem Stichtagskurs ist der Kurs am Abschlußstichtag des umzurechnenden Einzelabschlusses zu verstehen.

(3) Durchschnittskurs (DK):

Der Durchschnittskurs ist ebenfalls ein historischer Kurs. Er stellt einen periodenbezogenen Mittelwert von in dieser Periode gültigen Umrechnungskursen dar. In bezug auf die Währungsumrechnung im Konzernabschluß wird im Schrifttum insbes. die Verwendung ungewichteter sowie gewichteter Tages-, Monats-, Quartals- und Jahresdurchschnittskurse diskutiert (vgl. hierzu m.w.N. ADLER/DÜRING/SCHMALTZ 1995, § 298 HGB, Rn. 17).

Ist der Zeitbezug der Umrechnungskurse, die auf die einzelnen Posten des Fremdwährungsabschlusses angewendet werden sollen, bestimmt, muß der Konzernabschlußersteller entscheiden, welche Art von Umrechnungskurs gewählt werden soll. Im allgemeinen kommen für jeden zeitbezogenen Umrechnungskurs mehrere Kursarten in Betracht, da selbst in einem bestimmten Zeitpunkt nicht »das« Austauschverhältnis zweier Währungen existiert, sondern verschiedene Arten von Wechselkursen notiert werden, wie z.B. Geld-, Brief- oder Mittelkurs, Devisenkassa- oder Devisenterminkurs.

Durch die Veränderung der Wechselkurse im Zeitablauf sowie die Umrechnung der einzelnen Posten des Fremdwährungsabschlusses mit differenzierten Kursen können sowohl in der Bilanz als auch in der GuV Umrechnungsdifferenzen auftreten. In diesem Fall muß der Abschlußersteller entscheiden, auf welche Weise diese zu behandeln sind, wobei – je nachdem, ob Einfluß auf den Jahreserfolg genommen wird – grundsätzlich eine erfolgsneutrale oder eine erfolgswirksame Verrechnung möglich ist.

7.2 Wahl der Umrechnungsmethode

7.2.1 Zugrundeliegende Theorien

7.2.1.1 Globale Theorie

Fiktion der einheitlichen Währungs- und Rechtsordnung

Die globale Theorie ist von der Fiktion geprägt, daß der gesamte Konzern in einem Wirtschaftsgebiet mit einer einheitlichen Währungs- und Rechtsordnung ansässig ist (vgl. BUSSE VON COLBE, W./ORDELHEIDE, D. 1993, S. 123). Anhand dieser Fiktion versuchen deren Vertreter, dem Einheitsgrundsatz des § 297 Abs. 3 Satz 1 HGB, nach dem im Konzernabschluß die wirtschaftliche Lage der einbezogenen Unternehmen so darzustellen ist, als ob diese insgesamt ein einziges Unternehmen wären, in bezug auf ausländische Tochterunternehmen Rechnung zu tragen. Danach stellen diese Unternehmen ebenfalls nur unselbständige Betriebsstätten des den Konzernabschluß aufstellenden Mutterunternehmens dar, so daß der Grundsatz, daß sämtliche Geschäfte so zu behandeln sind, als ob sie unmittelbar für Namen und Rechnung des den Konzernabschluß aufstellenden Mutterunternehmens getätigt worden wären, auch für sie Gültigkeit besitzt (vgl. ARBEITSKREIS »WELTBILANZ« des IDW 1977, S. 78). Für die Umrechnung in fremder Währung aufgestellter Einzelabschlüsse bedeutet dies, daß alle Geschäftsvorfälle, die hierin abgebildet werden, so umzurechnen sind, als ob sie unmittelbar in Konzernwährung gebucht worden wären. Ein aus den Einzelabschlüssen der einbezogenen Unternehmen (derivativ) erstellter Konzernabschluß ist also »lediglich als Substitut für die Ergebnisse einer originären Konzernbuchführung zu betrachten« (LÜCK, W./JUNG, U. 1991, S. 291).

Die Anforderungen der globalen Theorie können bei im Zeitablauf schwankenden Wechselkursen, die in der Realität den Regelfall darstellen, nur erfüllt werden, wenn eine differenzierende Umrechnungsmethode angewendet wird, bei der sowohl mit historischen Kursen als auch mit Stichtagskursen umgerechnet wird. Dies liegt einerseits darin begründet, daß die Abschlußposten der umzurechnenden Einzelabschlüsse Geschäftsvorfälle beinhalten, die zu unterschiedlichen Zeitpunkten (und Wechselkursen) abgewickelt wurden. Andererseits knüpfen die Bewertungsmaßstäbe des HGB, denen die Abschlußwerte unterworfen sind, an unterschiedlichen Zeitpunkten an (vgl. BAETGE, J./KIRSCH, H.-J./THIELE, S. 2000, S. 167f.). So ist bspw. im Rahmen der Bewertung eines Vermögensgegenstands für die Ermittlung der Herstellungskosten der Zeitraum der Herstellung maßgebend, während die Bestimmung des beizulegenden Werts auf die Verhältnisse des Abschlußstichtags abstellt.

7.2.1.2 Lokale Theorie

Die lokale Theorie lehnt die Fiktion einer einheitlichen Währungs- und Rechtsordnung für den gesamten Konzern ab. Statt dessen betonen deren Vertreter gerade die Tatsache, daß ausländische Tochterunternehmen als weitgehend selbständige Einheiten in eigenen Währungs- und Rechtsgebieten tätig sind: »Insbesondere wirken … die Währungssysteme … in starkem Maße dezentralisierend, als sie mehr oder weniger geschlossene Teilmärkte schaffen und sich innerhalb der in den verschiedenen Währungsgebieten befindlichen Konzerngesellschaften weitgehend voneinander unabhängige und in sich geschlossene Umsatzprozesse in der betreffenden Landeswährung abspielen, für die die Änderung von Währungsparitäten keine Bedeutung hat« (ARBEITSKREIS »WELTBILANZ« DES IDW 1977, S. 79).

Währungsumrechnung als »lineare Transformation«

Vom Standpunkt der lokalen Theorie kann somit nur der Fremdwährungsabschluß selbst Aufschluß über die Vermögens-, Finanz- und Ertragslage des ausländischen Unternehmens geben. Folgerichtig wird die Währungsumrechnung als »lineare Transformation« (WYSOCKI, K. v. 1971, S. 692) in eine einheitliche Rechengröße angesehen, da nur so die ursprünglichen Relationen des Fremdwährungsabschlusses beibehalten werden und der Einzelabschluß seinem Gewicht entsprechend in den Konzernabschluß eingeht (vgl. WYSOCKI, K. v. 1971, S.691f.). Eine solche lineare Transformation ist indes nur möglich, wenn der Abschluß mit einem einheitlichen Kurs umgerechnet wird.

Übersicht 33: Methoden der Währungsumrechnung

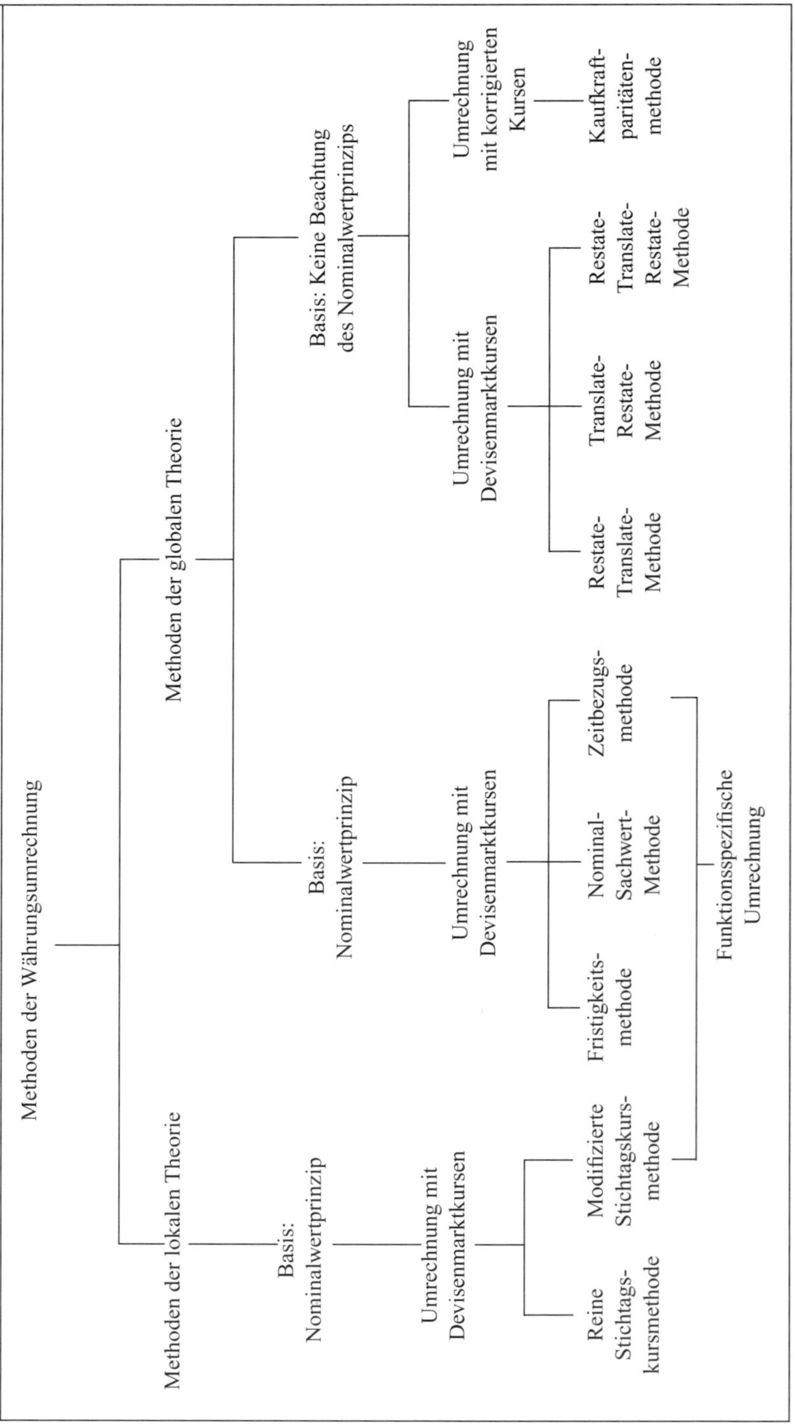

Eine andere Systematisierung der einzelner Theoriekonzeptionen und Umrechnungsvorgehensweisen zur Währungsumrechnung im Konzernabschluß findet sich bei LACHNIT/AMMANN (LACHNIT, L./AMMANN, H. 1998, S. 755):

Übersicht 34: Theorien und Methoden zur Währungsumrechnung im Konzernabschluß

Theorien und daraus abgeleitete Methoden zur Währungsumrechnung im Konzernabschluß

Lokale Theorie

Annahmen
- relative Selbständigkeit der Konzernunternehmen, die in eigenen Rechts- und Wirtschaftskreisen operieren (nicht integrierte Konzernunternehmen)
- Währungsumrechnung als lineare Transformation der Auslandsabschlüsse in DM

Methoden
- reine Stichtagskursmethode
- modifizierte Stichtagskursmethode

Globale Theorie

Annahmen
- Konzernunternehmen sind in einem Wirtschaftsgebiet mit einheitlicher Währung und Rechtsordnung als quasi unselbständige Betriebsstätten tätig (integrierte Konzernunternehmen)
- Währungsumrechnung auf Basis historischer (Translations-)Kurse

Methoden
- Zeitbezugsmethode ohne Niederst- und Höchstwerttest
- Zeitbezugsmethode mit Niederst- und Höchstwerttest
- Fristigkeitsmethode
- Sachwertmethode
- Indizierung der Einzelabschlüsse

Funktionale Theorie

Annahmen
- Konzernunternehmen haben unterschiedliche Funktionen (nicht integrierte und integrierte Konzernunternehmen)
- Währungsumrechnung in Abhängigkeit von der Funktion des Konzernunternehmens

Methoden
- funktionale Währungsumrechnung (= Kombination von Stichtagskurs- und Zeitbezugsmethode)

Im folgenden werden nunmehr die in den Übersichten 33 und 34 abgebildeten Methoden näher erläutert.

7.2.2 Darstellung der einzelnen Umrechnungsmethoden

Die fehlenden gesetzlichen Regelungen zur Währungsumrechnung im Konzernabschluß haben dazu geführt, daß sich in der Literatur und in der Unternehmenspraxis eine Vielzahl verschiedener Umrechnungsmethoden herausgebildet haben. Der HFA arbeitet in seinem Entwurf zu einer Stellungnahme zur Währungsumrechnung im Konzern (vgl. HFA 1998) zwar lediglich zwei Methoden als sachgerecht heraus (vgl. hierzu auch Gliederungspunkt 7.2.4), im folgenden sollen jedoch alle möglichen Methoden dargestellt und anhand eines Beispielsachverhaltes erläutert werden.

Die Reinformen dieser Methoden systematisiert – insbes. im Hinblick auf die zugrundeliegende theoretische Grundkonzeption – Übersicht 31. Auf die einzelnen Methoden wird im folgenden detailliert eingegangen. Ausgenommen hiervon werden dabei die Methoden, die dem deutschen Nominalwertprinzip nicht genügen. Der Grund hierfür ist darin zu sehen, daß gem. § 308 HGB für die Einzelabschlüsse der einzubeziehenden (ausländischen) Unternehmen der Bewertungsrahmen des (deutschen) Mutterunternehmens maßgebend ist und somit in einem deutschen Konzernabschluß im Regelfall die Möglichkeit zur Umrechnung nach einer solchen Methode entfällt (vgl. TIETZE, W. 1976; HIEKE, M. 1975).

Der Darstellung der Auswirkungen der einzelnen Umrechnungsmethoden liegt dabei folgendes Beispiel zugrunde:

Bilanz des Tochterunternehmens A
in Tausend US-$ zum 31.12.01

Anlagevermögen			Eigenkapital		280
Grundstücke		170	– davon Jahresüberschuß	20	
Maschinen		320			
			Rückstellungen		130
Umlaufvermögen			– davon langfristig	90	
Vorräte		150			
Forderungen		80	Verbindlichkeiten		340
– davon langfristig	50		– davon langfristig	210	
Liquide Mittel		30			
		750			750

GuV des Tochterunternehmens A
in Tausend US-$ zum 31.12.01

Abschreibungen auf		Verschiedene Erträge	130
Maschinen	40		
Verschiedene Aufwendungen	70		
Jahresüberschuß	20		
	130		130

Prämissen:

(1) Das Tochterunternehmen A soll zum 31.12.01 – wie auch in den vorangegangenen Jahren – in den Konzernabschluß einbezogen werden.

(2) Historischer Kurs (HK): 1 $ = 1,60 DM (bis 30.6.01); 1 $ = 1,40 DM (ab 1.7.01)
Stichtagskurs (SK): 1 $ = 1,40 DM
Durchschnittskurs (DK): 1 $ = 1,50 DM.

Die Abwertung des US-$, die gegenüber den historischen Verhältnissen zum Bilanzstichtag eingetreten ist, ist als nicht von Dauer zu betrachten.

(3) Zu einem Zeitpunkt, an dem der historische Kurs (HK) von 1,60 DM/$ galt, fanden folgende Geschäftsvorfälle statt:

- Erwerb des Anlagevermögens;
- Erwerb von Vorräten in Höhe von 100 000 US-$;
- Entstehung langfristiger Forderungen in Höhe von 40 000 US-$;
- Bildung langfristiger Rückstellungen in Höhe von 70 000 US-$;
- Entstehung der langfristigen Verbindlichkeiten;
- Aufnahme des Eigenkapitals.

(4) Alle anderen Posten entstanden zu einem Zeitpunkt, in dem ein Kurs von 1,40 DM/$ galt.

(5) Folgende beizulegende Werte besitzen am Bilanzstichtag Gültigkeit:

- Grundstücke 180 000 US-$
- Maschinen 320 000 US-$
- Vorräte 170 000 US-$
- Forderungen 80 000 US-$.

7.2.2.1 Umrechnungsmethoden der globalen Theorie

7.2.2.1.1 Fristigkeitsmethode

Grundgedanke

Die Fristigkeitsmethode (»current-noncurrent method«) läßt sich auf eine Verlautbarung des früheren »American Institute of Accountants« (AIA) aus dem Jahre 1931 (vgl. AIA 1931) zurückführen. Sie wurde im Jahre 1953 vom »American Institute of Certified Public Accountants« (AICPA) zur Währungsumrechnung im Konzernabschluß empfohlen (vgl. ARB No. 43, Chap. 12) und war in den USA bis einschl. 1975 zulässig. Ihr Grundgedanke liegt in »der Prämisse stabiler, nur in engen Grenzen schwankender Wechselkurse« (Busse von Colbe, W./Ordelheide, D. 1993, S. 136). Vor diesem Hintergrund wurde angenommen, daß vorübergehende Wechselkursschwankungen sich auf Dauer wieder ausgleichen und folglich den Wert (in Konzernwährung) der langfristig gebundenen Abschlußposten des einzubeziehenden ausländischen Unternehmens nicht berühren. Dagegen sei der Wert kurzfristiger Abschlußposten von solchen Wechselkursschwankungen betroffen, da diese im allgemeinen bereits vor dem Ausgleich der Schwankungen wieder aufgelöst würden (vgl. RUPPERT, B. 1993, S.143f.).

Vorgehensweise

Entsprechend diesem Grundgedanken differenziert die Fristigkeitsmethode die auf die einzelnen Posten des Fremdwährungsabschlusses anzuwendenden Umrechnungskurse nach der bestimmungsmäßigen Bindungsdauer der Abschlußposten: Langfristige Posten werden mit den historischen Kursen umgerechnet, auf kurzfristige Posten wird der Stichtagskurs angewendet, der die beste Approximation des im unmittelbar bevorstehenden Auflösungszeitpunkts geltenden Kurses darstellt. Im einzelnen impliziert diese Methode insbes. folgende Umrechnungsregeln (vgl. auch WYSOCKI, K. v./WOHLGEMUTH, M. 1996, S. 235f.):

(1) Auf der Aktivseite der Bilanz werden das Anlagevermögen und die langfristigen Forderungen mit den korrespondierenden historischen Kursen, die liquiden Mittel, die kurzfristigen Forderungen sowie das sonstige Umlaufvermögen dagegen mit dem Stichtagskurs umgerechnet.

(2) Auf der Passivseite der Bilanz werden das Eigenkapital – mit Ausnahme des Jahreserfolgs – sowie die langfristigen Verbindlichkeiten und Rückstellungen mit historischen Kursen umgerechnet. Kurzfristige Verbindlichkeiten und Rückstellungen werden demgegenüber mit dem Stichtagskurs umgerechnet.

(3) In der GuV werden die Aufwendungen und Erträge mit dem Durchschnittskurs umgerechnet. Ausgenommen hiervon sind allerdings die Abschreibungen, auf die die gleichen Kurse wie auf die zugehörigen Bilanzposten Anwendung finden (historische Kurse).

(4) Der Jahreserfolg wird mit dem Stichtagskurs umgerechnet, wobei insofern vereinfachend unterstellt wird, daß dieser zum Ende des Geschäftsjahrs entstanden ist.

Lösung des Beispielfalls

Bei Anwendung der Fristigkeitsmethode auf das zugrundeliegende Beispiel ergibt sich folgender umgerechneter Abschluß:

Bilanz zum 31.12.01
in Tausend DM

Anlagevermögen			Eigenkapital		444 (HK; SK)
Grundstücke		272 (HK)	– davon Jahres-		
Maschinen		512 (HK)	überschuß	28 (SK)	
Umlaufvermögen			Rückstellungen[2)]		196 (HK; SK)
Vorräte		210 (SK)	– davon lang-		
Forderungen[1)]		120 (HK; SK)	fristig	140 (HK)	
– davon lang-					
fristig	78 (HK)		Verbindlichkeiten		518 (HK; SK)
Liquide Mittel		42 (SK)	– davon lang-		
Umrechnungs-			fristig	336 (HK)	
differenz		2			
		1158			1158

1) Die Forderungen in Höhe von 120 000 DM setzen sich wie folgt zusammen (vgl. Prämissen 3 und 4):

Langfristige Forderungen:	40 000 US-$×1,60 DM/$	= 64 000 DM
	+ 10 000 US-$×1,40 DM/$	= 14 000 DM
		= 78 000 DM
Kurzfristige Forderungen:	+ 30 000 US-$×1,40 DM/$	= 42 000 DM
		= 120 000 DM.

2) Der Betrag der Rückstellungen in Höhe von 196 000 DM setzt sich wie folgt zusammen (vgl. Prämissen 3 und 4):

Langfristige Rückstellungen:	70 000 US-$×1,60 DM/$	= 112 000 DM
	+ 20 000 US-$×1,40 DM/$	= 28 000 DM
		= 140 000 DM
Kurzfristige Rückstellungen:	+ 40 000 US-$×1,40 DM/$	= 56 000 DM
		= 196 000 DM.

GuV zum 31.12.01
in Tausend DM

Abschreibungen		Verschiedene Erträge	195 (DK)
auf Maschinen	64 (HK)	Umrechnungsdifferenz	2
Verschiedene Aufwendungen	105 (DK)		
Jahresüberschuß	28 (SK)		
	197		197

Kritik

Der Anwendung der Fristigkeitsmethode ist bei den heutigen Weltwährungsverhältnissen in aller Regel die Grundlage entzogen, da im System der überwiegend flexiblen Wechselkurse große Kursschwankungen mit sich z.T. jahrelang in eine Richtung ergebenden Trends zu beobachten sind (vgl. LANGENBUCHER, G., in: KÜTING/WEBER 1998, Kap. II, Rn. 1043). »Die Prämisse einer Oszillation um einen konstanten Mittelwert kann daher auch für langfristig gebundene Posten nicht mehr aufrechterhalten werden« (BUSSE VON COLBE, W./ORDELHEIDE, D. 1993, S. 137). Diese Veränderungen haben zur Folge, daß das Kriterium der bestimmungsmäßigen Bindungsdauer, das bereits als Fristigkeitskriterium selbst in Frage zu stellen ist, da es sich stärker an der formalen Bilanzgliederung als an der tatsächlichen Fristigkeit der einzelnen Posten orientiert (vgl. MÜLLER, K. 1985 m.w.N.), seiner theoretischen Konzeption – der globalen Theorie – nicht mehr genügt, sofern diese auf deutsche Bewertungsgrundsätze gestützt wird. Denn unweigerlich wird gegen diese Grundsätze verstoßen. Bspw. führt die Umrechnung der langfristigen Forderungen zum historischen Kurs im Falle einer Aufwertung der DM bzw. Abwertung der ausländischen Währung (Wechselkurs sinkt) zu einer Verletzung des Imparitätsprinzips, da zum Bilanzstichtag verursachte unrealisierte Verluste nicht ausgewiesen werden (vgl. hierzu ausführlich BUSSE VON COLBE, W./ORDELHEIDE, D. 1993, S.137f.; vgl. auch COENENBERG, A. G. 2000, S. 550).

Wertung

Diese Kritikpunkte haben dazu geführt, daß die Fristigkeitsmethode in der Unternehmenspraxis keine große Bedeutung mehr besitzt. Dennoch kann ihre Anwendung im konkreten Einzelfall mit der Generalnorm des § 297 Abs. 2 Satz 2 HGB vereinbar sein, falls ihre grundlegende Prämisse der geringen Wechselkursschwankungen realitätsnah ist (vgl. ADLER/DÜRING/SCHMALTZ 1995, § 298 HGB, Rn. 22; RUPPERT, B. 1993, S. 149ff.; so wohl auch HFA 1995, S. 666). Soweit dies zu verneinen ist, ist sie dagegen als nicht sachgerechte Methode der Währungsumrechnung im Konzernabschluß abzulehnen.

7.2.2.1.2 Nominal-Sachwert-Methode

Grundgedanke

Die Nominal-Sachwert-Methode (»monetary-nonmonetary method«) wurde vor dem Hintergrund nachhaltiger Abwertungen ausländischer Währungen gegenüber der Konzernwährung von HEPWORTH (S. R. 1956, S. 8ff.) entwickelt und später von der »National Association of Accountants« (NAA) aufgegriffen (vgl. NAA 1960, S. 15ff.). Sie entstand aus der Kritik an der Fristigkeitsmethode heraus, die sich hauptsächlich auf die Umrechnung der Vorräte sowie der langfristigen Forderungen und Verbindlichkeiten bezog.

Danach seien Vorräte – wie andere Sachwerte auch – nicht direkt von einem nachhaltigen Kursverfall betroffen, da dieser regelmäßig im Ausland mit Preissteigerungen bei den Sachwerten verbunden sei, die den Kursverfall kompensierten (Kompensationsprämisse). Eine Umrechnung der Vorräte zum Stichtagskurs, wie sie die Fristigkeitsmethode vorschlägt, führe also fälschlicherweise zum Ausweis einer Wertminderung, obwohl das Produkt aus dem Tageswert in Fremdwährung und dem Stichtagskurs nicht niedriger liege als das Produkt von Fremdwährungsanschaffungskosten/-herstellungskosten und dem historischen Kurs. Im Gegensatz dazu seien langfristige Forderungen und Verbindlichkeiten als Nominal- bzw. Geldwerte durch einen solchen Kursverfall unmittelbar in ihrem Wert beeinflußt, da keine kompensierende Preissteigerung möglich sei. Sie sollten demzufolge nicht mit dem historischen Kurs, sondern vielmehr mit dem Stichtagskurs, der als beste Approximation des Wechselkurses im Zeitpunkt der Fälligkeit angesehen werden kann, umgerechnet werden (diesem Kritikpunkt wurde vom AICPA später insofern Rechnung getragen, als ein solches Vorgehen auch im Rahmen der Fristigkeitsmethode zugelassen wurde; vgl. APB No. 6, Par. 17).

Vorgehensweise

Die Nominal-Sachwert-Methode gründet folglich auf der sog. Kaufkraftparitätentheorie, die von einer »parallelen Entwicklung von Binnenwert und Außenwert einer Währung und somit der Kompensation von währungsbedingten Wertänderungen durch gegenläufige, inflationsbedingte Wertänderungen« (Lück, W. 1994, S.183) ausgeht. Darauf aufbauend unterteilt sie die umzurechnenden Posten des Fremdwährungsabschlusses in Geld- bzw. Nominalwerte und Sachwerte. Erstere sind mit dem Stichtagskurs umzurechnen, da Wechselkursänderungen sie unmittelbar tangieren, letztere mit historischen Kursen, da Wechselkursänderungen für sie keine Wertänderung in DM bedeuten. Im einzelnen ist dabei insbes. wie folgt vorzugehen (vgl. auch Langenbucher, G., in: Küting/Weber 1998, Kap. II, Rn. 1046):

(1) Auf der Aktivseite der Bilanz werden das Anlagevermögen – mit Ausnahme der Ausleihungen – und die Vorräte mit den korrespondierenden historischen Kursen umgerechnet; auf Ausleihungen, Forderungen, liquide Mittel sowie sonstiges Umlaufvermögen wird der Stichtagskurs angewendet.

(2) Auf der Passivseite der Bilanz ist das Eigenkapital – mit Ausnahme des Jahreserfolgs – zu historischen Kursen umzurechnen, die Verbindlichkeiten und Rückstellungen zum Stichtagskurs.

(3) GuV-Posten, die sich auf Sachwerte beziehen (Abschreibungen, Materialverbrauch), werden mit den gleichen Kursen wie die entsprechenden Bilanzposten umgerechnet (historische Kurse). Andere Aufwendungen und Erträge werden mit dem Durchschnittskurs umgerechnet.

(4) Der Jahreserfolg wird mit dem Stichtagskurs umgerechnet.

Lösung des Beispielfalls

Die Anwendung der Nominal-Sachwert-Methode auf das zugrundeliegende Beispiel führt zu folgendem Ergebnis:

Bilanz zum 31.12.01
in Tausend DM

Anlagevermögen			Eigenkapital		444 (HK; SK)
Grundstücke		272 (HK)	– davon Jahresüberschuß	28 (SK)	
Maschinen		512 (HK)			
Umlaufvermögen			Rückstellungen		182 (SK)
Vorräte[1]		230 (HK)	– davon langfristig	126 (SK)	
Forderungen		112 (SK)	Verbindlichkeiten		476 (SK)
– davon langfristig	70 (SK)		– davon langfristig	294 (HK)	
Liquide Mittel		42 (SK)	Umrechnungsdifferenz		66
		1168			1168

1) Der Betrag der Vorräte in Höhe von 230 000 DM setzt sich wie folgt zusammen (vgl. Prämissen 3 und 4):

100 000 US-$ × 1,60 DM/$	= 160 000 DM
+ 50 000 US-$ × 1,40 DM/$	= 70 000 DM
	= 230 000 DM.

GuV zum 31.12.01
in Tausend DM

Abschreibungen auf Maschinen	64 (HK)	Verschiedene Erträge	195 (DK)
Verschiedene Aufwendungen	105 (DK)	Umrechnungsdifferenz	2
Jahresüberschuß	28 (SK)		
	197		197

Kritik

Die Nominal-Sachwert-Methode, die seit 1976 in den USA nicht mehr zulässig ist, ist – wie die Fristigkeitsmethode – vor allem im Hinblick auf ihre Prämissen zu kritisieren. So ist zum einen heutzutage oftmals kein eindeutiger Trend in der Entwicklung der Wechselkurse verschiedener Währungen gegeben. Zum anderen läßt sich auch die Kompensationsprämisse, wie ein Vergleich von Inflationsraten und Wechselkursentwicklung zeigt, regelmäßig allenfalls langfristig stützen (zu empirischen Untersuchungen vgl. z.B. ALIBER, R. Z./STICKNEY, C. P. 1975; RUPPERT, B. 1993, S. 170ff.). Darüber hinaus impliziert sie Verstöße gegen eine auf deutschen Bewertungsgrundsätzen aufbauende globale Theorie: Bei einer Abwertung der ausländischen Währung bzw. Aufwertung der DM (Wechselkurs sinkt) bewirkt z.B. die Umrechnung der Verbindlichkeiten zum Stichtagskurs den Ausweis unrealisierter Gewinne und damit eine Verletzung des Imparitätsprinzips (vgl. hierzu auch LÜCK, W. 1974, S. 38f.; BUSSE VON COLBE, W./ORDELHEIDE, D. 1993, S. 139).

Wertung

Von daher kann die Nominal-Sachwert-Methode, die in der Unternehmenspraxis kaum anzutreffen ist, überhaupt nur dann zulässig sein, falls die Prämissen im konkreten Einzelfall zutreffen und ihre Anwendung nicht zu (wesentlichen) Verletzungen deutscher Bewertungsgrundsätze führt (so wohl auch ADLER/DÜRING/SCHMALTZ 1995, § 298 HGB, Rn. 27). Im allgemeinen wird dies jedoch nicht der Fall sein, so daß diese Umrechnungsmethode grundsätzlich mit der Forderung der Generalnorm des § 297 Abs. 2 Satz 2 HGB nicht vereinbar und folglich als nicht sachgerechte Methode der Währungsumrechnung im Konzernabschluß zu werten ist.

7.2.2.1.3 Zeitbezugsmethode

Die Umrechnung von Fremdwährungsabschlüssen nach dem Zeitbezug der abgebildeten Geschäftsvorfälle (»temporal principle of translation«) wurde beinahe zeitgleich in den USA (vgl. LORENSEN, L. 1972) und in Deutschland (vgl. BUSSE VON COLBE, W. 1972) eingeführt. Die US-amerikanische Variante, die nach SFAS No. 8 von 1976 bis 1981 die allein zulässige Umrechnungsmethode in den USA war, unterscheidet sich dabei z.T. von dem deutschen, auch als »Umrechnung nach dem Äquivalenzprinzip« (BUSSE VON COLBE, W./ORDELHEIDE, D. 1993, S. 146) bezeichneten Verfahren. Auf diese Unterschiede soll im folgenden jedoch nicht näher eingegangen, sondern lediglich die deutsche Ausprägung diskutiert werden.

Zielsetzung der Äquivalenzmethode

Ziel der »Äquivalenzmethode« ist es, eine Umrechnung des Fremdwährungsabschlusses herbeizuführen, die mit einem nach deutschen Bewertungsvorschriften unmittelbar in DM erstellten Abschluß übereinstimmt: »Danach ist der ausländische Abschluß so umzurechnen, daß die Zahlen des umgerechneten Abschlusses analog zu denen eines unmittelbar in DM aufgestellten Abschlusses interpretiert werden können« (BUSSE VON COLBE, W./ORDELHEIDE, D. 1993, S. 125). Zur Verwirklichung dieses Ziels werden die einzelnen Posten des Fremdwährungsabschlusses – bzw. die einzelnen Geschäftsvorfälle, die sich dahinter verbergen – mit den Kursen umgerechnet, die mit ihrer »Bewertungsbasis in Landeswährung« (LANGENBUCHER, G., in: KÜTING/WEBER 1998, Kap. II, Rn. 1049) korrespondieren, d.h. dem einschlägigen Bewertungsmaßstab (z.B. Anschaffungs- oder Herstellungskosten, beizulegender Wert) zuzuordnen sind.

Umrechnungsregeln

Entsprechend dieser Konzeption sind in der Bilanz

(1) Anschaffungs- und Herstellungswerte von Vermögensgegenständen sowie Entstehungswerte von Eigenkapital und Schulden mit dem Kurs, der im Anschaffungs-, Herstellungs- oder Entstehungszeitpunkt gegolten hat (historischer Kurs) und

(2) Tageswerte mit dem Kurs am Bilanzstichtag (Stichtagskurs),

und in der GuV

(1) Wertänderungen an Vermögensgegenständen (bspw. Abschreibungen) zu den gleichen Kursen wie die entsprechenden Vermögensgegenstände,

(2) alle übrigen Aufwendungen und Erträge zu den historischen Kursen im Zeitpunkt des jeweiligen Geschäftsvorfalls (Reinform der Zeitbezugsmethode) oder vereinfachend zum Durchschnittskurs und

(3) der Jahreserfolg mit dem Stichtagskurs umzurechnen.

Die Anwendung dieser Umrechnungsregeln allein stellt jedoch nicht in jedem Fall eine Bewertung sicher, die den deutschen Bewertungsgrundsätzen genügt. Ein einfaches Beispiel soll diese Tatsache illustrieren (vgl. darüber hinaus auch das Beispiel bei SCHERRER, G. 1994, S. 203):

Die Anschaffungskosten eines in der Bilanz eines ausländischen Tochterunternehmens angesetzten Rohstoffs betrugen 1 400 $. Im Zeitpunkt des Erwerbs wurde ein historischer Kurs von 1,50 DM/$ notiert. Zum Bilanzstichtag besaß dieser Rohstoff einen beizulegenden Wert von 1 500 $. Eine Erhöhung des Wertansatzes in fremder Währung gegenüber dem Anschaffungswert kam jedoch nicht in Frage, da der Bewertungsrahmen des deutschen Mutterunternehmens gilt. Die Fremdwährungsbilanz wies somit zum Bilanzstichtag, an dem ein Wechselkurs von 1,30 DM/$ galt, den Anschaffungswert von 1 400 $ aus.

Nach den oben dargestellten Umrechnungsregeln wäre der Anschaffungswert von 1 400 $ mit dem historischen Kurs von 1,50 DM/$ umzurechnen, was einem Wert von 2 100 DM entspricht. Wird dagegen der Tageswert von 1 500 $ mit dem Stichtagskurs von 1,30 DM/$ multipliziert, ergibt sich ein umgerechneter Wert von 1 950 DM. Eine Bewertung zu 2 100 DM würde also eine Verletzung des strengen Niederstwertprinzips im Umlaufvermögen bewirken.

Niederstwert- bzw. Höchstwerttest

Um auch in einer solchen Situation den deutschen Bewertungsgrundsätzen zu genügen, sieht die Umrechnung nach dem Äquivalenzprinzip die Durchführung eines »Niederstwerttests« (BUSSE VON COLBE, W./ORDELHEIDE, D. 1993, S. 148) für Vermögensgegenstände sowie eines »Höchstwerttests« (GEBHARDT, G., in: Beck'sches Handbuch der Rechnungslegung 1999, C 310, Rn. 40) für Schulden vor: Danach wird das Produkt aus dem (fortgeführten) Fremdwährungsanschaffungswert (bzw. -herstellungswert, -entstehungswert) und dem historischen Kurs mit dem Produkt aus dem (fortgeführten) Fremdwährungstageswert und dem Stichtagskurs verglichen; ist bei Vermögensgegenständen der DM-Tageswert höher als der historische DM-Wert bzw. bei Schulden der DM-Tageswert niedriger als der historische DM-Wert, so ist der historische DM-Wert anzusetzen; ist die umgekehrte Situation gegeben, so ist der DM-Tageswert anzusetzen, sofern für die umzurechnenden Posten das strenge Niederst- bzw. Höchstwertprinzip gilt, er darf angesetzt werden, falls es sich um Posten handelt, die dem gemilderten Niederst- bzw.

Höchstwertprinzip unterliegen (vgl. hierzu ausführlich BUSSE VON COLBE, W./ ORDELHEIDE, D. 1993, S. 146ff; HFA 1998, S. 551).

Der beschriebene Niederstwerttest respektive Höchstwerttest läßt sich demnach formelhaft wie folgt darstellen:

Buchwert × Historischer Kurs ↔ Zeitwert × Stichtagskurs.

Die Überprüfung, »ob die (äquivalenten) handelsrechtlichen Bewertungsgrundsätze in der umgerechneten Bilanz eingehalten worden sind« (BAETGE, J./KIRSCH, H.-J./THIELE, S. 2000, S. 170) erfolgt demnach auf zwei Ebenen. Zum einen erfolgt ein Vergleich zwischen Buchwert und Zeitwert, zum anderen wird der Kurs zum Zeitpunkt des Entstehens der Bilanzposition mit dem aktuellen Stichtagskurs, zu dem die betrachtete Bilanzposition umzurechnen wäre, verglichen.

Besonderes Vorgehen für Forderungen und Verbindlichkeiten

Von der strikten Anwendung des Niederst- bzw. Höchstwerttests auf jeden einzelnen Vermögensgegenstand bzw. jede einzelne Schuld ausgenommen werden allerdings in einer bestimmten Auslandswährung bestehende Forderungen und Verbindlichkeiten, sofern diese gleich hohe Beträge und gleiche Restlaufzeiten aufweisen. Da Wechselkursänderungen auf die Werte von Forderungen und Verbindlichkeiten gegenläufig wirken, sei insoweit keine Gefahr von Währungsgewinnen bzw. -verlusten gegeben. Mithin sei das Imparitätsprinzip nur auf Forderungs- und Verbindlichkeitsspitzenbeträge anzuwenden, für die weiterhin eine Verlustgefahr bestehe, während gegenseitig deckungsfähige Forderungen und Verbindlichkeiten einheitlich zum Stichtagskurs umzurechnen seien (vgl. BUSSE VON COLBE, W./ORDELHEIDE, D. 1993, S. 152ff.).

Lösung des Beispielfalls

Wendet man die so verstandene, in bezug auf die übrigen Aufwendungen und Erträge, die zum Durchschnittskurs umgerechnet werden sollen, modifizierte Zeitbezugsmethode unter der Annahme abweichender Restlaufzeiten der Forderungen und Verbindlichkeiten auf das zugrundeliegende Beispiel an, so erhält man folgendes Ergebnis:

Bilanz zum 31.12.01
in Tausend DM

Anlagevermögen			Eigenkapital		444 (HK; SK)
Grundstücke[1]		272 (HK)	– davon Jahresüberschuß	28 (SK)	
Maschinen[2]		512 (HK)			
			Rückstellungen[5,6]		196 (HK)
Umlaufvermögen			– davon langfristig	140 (HK)	
Vorräte[3]		230 (HK)			
Forderungen[4]		112 (SK; NW)	Verbindlichkeiten[6]		518 (HK)
– davon langfristig	70 (SK)		– davon langfristig	336 (HK)	
Liquide Mittel		42 (SK)	Umrechnungsdifferenz		10
		1168			1168

1) Niederstwerttest (NW):
   - Fremdwährungsanschaffungswert × HK (vgl. Prämisse 3)
     170 000 US-\$ × 1,60 DM/\$ = 272 000 DM
   - Fremdwährungstageswert × SK (vgl. Prämisse 5)
     180 000 US-\$ × 1,40 DM/\$ = 252 000 DM.

   Da laut Prämisse (2) der beizulegende DM-Wert voraussichtlich nicht von Dauer ist, darf gem. § 298 Abs. 1 i.V.m. § 279 Abs. 1 Satz 2 HGB keine Abschreibung auf den niedrigeren beizulegenden Wert erfolgen.

2) Niederstwerttest:
   - Fremdwährungsanschaffungswert × HK (vgl. Prämisse 3)
     320 000 US-\$ × 1,60 DM/\$ = 512 000 DM
   - Fremdwährungstageswert × SK (vgl. Prämisse 5)
     320 000 US-\$ × 1,40 DM/\$ = 448 000 DM.

   Die Ausführungen zum Posten »Grundstücke« gelten in analoger Weise.

3) Niederstwerttest:
   - Fremdwährungsanschaffungswert × HK (vgl. Prämissen 3 und 4)
     100 000 US-\$ × 1,60 DM/\$ = 160 000 DM
     + 50 000 US-\$ × 1,40 DM/\$ = 70 000 DM
     = 230 000 DM
   - Fremdwährungstageswert × SK (vgl. Prämisse 5)
     170 000 US-\$ × 1,40 DM/\$ = 238 000 DM.

4) Niederstwerttest:
   - Fremdwährungsanschaffungswert × HK (vgl. Prämissen 3 und 4)
     40 000 US-\$ × 1,60 DM/\$ = 64 000 DM
     + 40 000 US-\$ × 1,40 DM/\$ = 56 000 DM
     = 120 000 DM
   - Fremdwährungstageswert × SK (vgl. Prämisse 5)
     80 000 US-\$ × 1,40 DM/\$ = 112 000 DM.

   Aufgrund des strengen Niederstwertprinzips im Umlaufvermögen (vgl. § 298 Abs. 1 i.V.m. § 253 Abs. 3 Satz 1 und 2 HGB) ist eine Abschreibung in Höhe von 8 000 DM vorzunehmen.

5) Der Betrag der Rückstellungen in Höhe von 196 000 DM setzt sich wie folgt zusammen (vgl. Prämissen 3 und 4):

Langfristige Rückstellungen:	70 000 US-\$ × 1,60 DM/\$	= 112 000 DM
	+ 20 000 US-\$ × 1,40 DM/\$	= 28 000 DM
		= 140 000 DM
Kurzfristige Rückstellungen:	+ 40 000 US-\$ × 1,40 DM/\$	= 56 000 DM
		= 196 000 DM.

6) Bei den Rückstellungen und den Verbindlichkeiten braucht kein Höchstwerttest durchgeführt zu werden, da der Stichtagskurs den historischen Kurs nicht übersteigt und zudem am Bilanzstichtag kein vom Wertansatz im Fremdwährungsabschluß abweichender höherer Wertansatz vorliegt.

GuV zum 31.12.01
in Tausend DM

Abschreibungen auf Maschinen	64 (HK)	Verschiedene Erträge	195 (DK)
Abschreibungen auf Forderungen	8 (NW)	Umrechnungs-differenz	10
Verschiedene Aufwendungen	105 (DK)		
Jahresüberschuß	28 (SK)		
	205		205

Vereinfachungen

In der Unternehmenspraxis findet die »Äquivalenzmethode« in ihrer theoretisch konsequenten Ausprägung allerdings kaum Anwendung. Dem Grundsatz der Wirtschaftlichkeit entsprechend werden vielmehr zumeist bestimmte, in ihrem Ausmaß unterschiedliche Vereinfachungen vorgenommen. So kann es aus Wirtschaftlichkeitsaspekten gerechtfertigt sein,

(1) Vorräte, deren Zugangszeitpunkt nur unter unverhältnismäßig hohem Aufwand nachvollziehbar ist, insgesamt zum Stichtagskurs umzurechnen (vgl. BUSSE VON COLBE, W./ORDELHEIDE, D. 1993, S. 151),

(2) Geldforderungen und -verbindlichkeiten zum Stichtagskurs umzurechnen (vgl. WYSOCKI, K. v./WOHLGEMUTH, M. 1996, S. 238),

(3) auf Rückstellungen sowie aktivische und passivische Rechnungsabgrenzungsposten den Stichtagskurs anzuwenden (vgl. ARBEITSKREIS »EXTERNE UNTERNEHMENSRECHNUNG« DER SCHMALENBACH-GESELLSCHAFT – DEUTSCHE GESELLSCHAFT FÜR BETRIEBSWIRTSCHAFT E.V. 1989, S. 58) und

(4) den Niederst- bzw. Höchstwerttest nur bei wesentlichen Posten durchzuführen.

Wertung

Im Hinblick auf die Konzeption der globalen Theorie, die einzelnen Posten des Fremdwährungsabschlusses in einer Weise umzurechnen, als ob die darin abgebildeten Geschäftsvorfälle unmittelbar in Konzernwährung (d.h. DM) gebucht worden wären, ist die dargestellte Reinform der Zeitbezugsmethode als konsequente Umsetzung zu beurteilen (so auch GEBHARDT, G./BERGMANN, J. 1991, Rn. 211). Unter Berufung auf den Einheitsgrundsatz des § 297 Abs. 3 Satz 1 HGB, nach dem im Konzernabschluß die wirtschaftliche Lage der einbezogenen Unternehmen so darzustellen ist, als ob diese insgesamt ein einziges Unternehmen wären, sehen einige Autoren in der Zeitbezugsmethode daher »die« nach deutschem Konzernbilanzrecht gebotene Methode (so z.B. ARBEITSKREIS »EXTERNE UNTERNEHMENSRECHNUNG« DER SCHMALENBACH-GESELLSCHAFT – DEUTSCHE GESELLSCHAFT FÜR BETRIEBSWIRTSCHAFT E.V.

1989, S. 52; Busse von Colbe, W./Ordelheide, D. 1993, S. 186; Coenenberg, A. G. 2000, S. 823ff.).

Im jüngeren Schrifttum wird indes dargelegt, daß der Einheitsgrundsatz auf die den eigentlichen Konsolidierungsmaßnahmen vorgelagerten Fragen der Konzernrechnungslegung, zu denen auch die Währungsumrechnung zählt, nicht anzuwenden ist (vgl. Ruppert, B. 1993, S. 73). Vielmehr ist allein die Generalnorm des § 297 Abs. 2 Satz 2 HGB diesbzgl. als relevanter Beurteilungsmaßstab anzusehen (so auch Baetge, J./Kirsch, H.-J./Thiele, S. 2000, S. 167ff.). Folglich ist es verfehlt, aus dem Einheitsgrundsatz einen bilanzrechtlichen Zwang zur Anwendung der Zeitbezugsmethode zu folgern. Im Falle weitgehend autonomer Tochterunternehmen kann sie sogar zu einer Verzerrung der ökonomischen Realität führen und damit ein den tatsächlichen Verhältnissen widersprechendes Bild ihrer wirtschaftlichen Lage erzeugen (vgl. das Beispiel bei Gebhardt, G., in: Beck'sches Handbuch der Rechnungslegung 1999, C 310, Rn. 142f.). Der Anwendungsbereich der Zeitbezugsmethode sollte sich somit im allgemeinen auf Unternehmen erstrecken, die aufgrund ihrer sehr engen wirtschaftlichen Verflechtungen mit dem Mutterunternehmen wie unselbständige Betriebsstätten agieren (so auch Ruppert, B. 1993, S. 196ff.; Baetge, J./Kirsch, H.-J./Thiele, S. 2000, S. 184; vgl. auch Müller, K. 1985, S. 240ff.).

7.2.2.2 Umrechnungsmethoden der lokalen Theorie

7.2.2.2.1 Reine Stichtagskursmethode

Grundgedanke

Aus der Sicht der lokalen Theorie hat eine Wechselkursänderung auf die Vermögens-, Finanz- und Ertragslage eines ausländischen Tochterunternehmens vom Grundsatz her keine anderen Auswirkungen als auf die wirtschaftliche Lage inländischer Konzernunternehmen (vgl. Kern, W. 1976, S. 158). Demzufolge spiegelt nur der Fremdwährungsabschluß die »richtige« Vermögens-, Finanz- und Ertragslage des jeweiligen ausländischen Unternehmens wider. Verzerrungen der Abschlußrelationen, wie sie im Rahmen der Anwendung differenzierender Umrechnungsmethoden den Regelfall darstellen, sind von daher bei der Währungsumrechnung im Konzernabschluß zu vermeiden. Insbes. wird die Währungsumrechnung nicht als Bewertungsvorgang interpretiert: Den deutschen Bewertungsgrundsätzen müßten nicht die umgerechneten Abschlüsse genügen, wie dies bei der »Äquivalenzmethode« angestrebt wird, sondern nur die in fremder Währung aufgestellten Abschlüsse selbst.

Dieser Grundkonzeption könne aber lediglich eine »lineare Transformation« (Wysocki, K. v. 1971, S. 692; so auch HFA 1998, S. 550) der Fremdwährungsabschlüsse gerecht werden; denn nur diese erfülle die Bedingungen, die an die Währungsumrechnung im Konzernabschluß zu stellen seien (vgl. Wysocki, K. v. 1971, S. 691f.):

(1) Gleichheit der Abschlußrelationen im Fremdwährungsabschluß und im umgerechneten Abschluß, da nur so der Einzelabschluß mit dem ihm zukommenden Gewicht in den Konzernabschluß eingehe;

(2) Vermeiden des Versuchs, durch die teilweise Verwendung von historischen Kursen im Rahmen der Währungsumrechnung eine Eliminierung von Scheinerfolgen, die bspw. bei langfristig gebundenen Vermögensgegenständen der ausländischen Unternehmen auftreten können, zu erreichen, da dies die Umrechnung nicht leisten könne und wegen der Beschränkung auf ausländische Tochterunternehmen zudem inkonsequent sei.

Umrechnungsregel

Folgerichtig wird von den Vertretern der lokalen Theorie die reine Stichtagskursmethode (»closing rate method«) befürwortet, die eine Umrechnung des gesamten Fremdwährungsabschlusses mit dem Stichtagskurs vorsieht. Daß der Stichtagskurs gewählt wird, ist in bezug auf die Zielsetzung der lokalen Theorie keineswegs zwingend; denn jeder beliebige einheitliche Kurs läßt die Relationen des Fremdwährungsabschlusses unverändert. Der Stichtagsbezug der Bilanzierung legt eine solche Vorgehensweise allerdings nahe, wenngleich dadurch dem Charakter der GuV als Zeitraumrechnung nicht entsprochen wird, was nicht zuletzt auch zur Entwicklung der modifizierten Stichtagskursmethode beigetragen hat.

Entstehen von Umrechnungsdifferenzen

Bei dieser Art der Umrechnung können naturgemäß keine (offenen) Umrechnungsdifferenzen auftreten, da sich auch nach der Umrechnung sowohl die Aktiv- und die Passivseite der Fremdwährungsbilanz als auch die Soll- und Habenseite der Fremdwährungs-GuV formal entsprechen (vgl. auch JUNG, U. 1991, S. 31). Da jedoch in aller Regel die Stichtagskurse zweier aufeinanderfolgender Abschlußstichtage voneinander abweichen, ergeben sich in bezug auf die Wertansätze der Bilanz im Zeitablauf sog. versteckte Umrechnungsdifferenzen; denn die Differenzen, die aus der Umrechnung der Fremdwährungsbilanzen des Vorjahrs zum Stichtagskurs des Vorjahrs und den Fremdwährungsbilanzen des aktuellen Geschäftsjahrs zum aktuellen Stichtagskurs resultieren, sind nicht unmittelbar erkennbar (vgl. DUCKSTEIN, G./DUSEMOND, M. 1995, S. 1674). Sie werden vielmehr direkt – ohne offen ausgewiesen zu werden – mit dem Eigenkapital des ausländischen Unternehmens verrechnet. Diese stillschweigende Verrechnung der Umrechnungsdifferenzen mit dem Eigenkapital ist unbefriedigend und führt im Hinblick auf die Kapitalkonsolidierung dazu, daß in jedem Jahr eine Anpassungsbuchung erforderlich wird, um das aufzurechnende Eigenkapital mit den DM-Werten auszuweisen, die im Rahmen der Erstkonsolidierung angesetzt wurden (vgl. hierzu DUCKSTEIN, G./ DUSEMOND, M. 1995, S. 1673f.).

Lösung des Beispielfalls

Bei Anwendung der reinen Stichtagskursmethode auf das zugrundeliegende Beispiel gelangt man zu folgendem Ergebnis:

Bilanz zum 31.12.01
in Tausend DM

Anlagevermögen			Eigenkapital		392
Grundstücke		238	– davon Jahresüberschuß	28	
Maschinen		448			
			Rückstellungen		182
Umlaufvermögen			– davon langfristig	126	
Vorräte		210			
Forderungen		112	Verbindlichkeiten		476
– davon langfristig	70		– davon langfristig	294	
Liquide Mittel		42			
		1050			1050

GuV zum 31.12.01
in Tausend DM

Abschreibungen auf		Verschiedene Erträge	182
Maschinen	56		
Verschiedene Aufwendungen	98		
Jahresüberschuß	28		
	182		182

7.2.2.2.2 Modifizierte Stichtagskursmethode

Modifikationen

Die modifizierte Stichtagskursmethode (in Anlehnung an CSIK, A./SCHNECK, A. 1983, S. 297) zielt zum einen darauf ab, die Mängel der reinen Stichtagskursmethode bzgl. des Ausweises der umrechnungsbedingten Eigenkapitalveränderungen zu vermeiden, indem das Eigenkapital des ausländischen Unternehmens nicht mit dem Stichtagskurs, sondern mit historischen Kursen umgerechnet wird (Modifikation I). Zum anderen wird auf die Posten der GuV – mit Ausnahme des Jahreserfolgs, der weiterhin zum Stichtagskurs umgerechnet wird – entsprechend deren Charakter als Zeitraumrechnung nicht der Stichtags-, sondern der Durchschnittskurs angewendet (Modifikation II).

Lösung des Beispielfalls

Wendet man die so modifizierten Umrechnungsregeln der Stichtagskursmethode auf das zugrundeliegende Beispiel an, so gelangt man zu folgendem Ergebnis:

Bilanz zum 31.12.01
in Tausend DM

Anlagevermögen			Eigenkapital		444
Grundstücke		238	– davon Jahresüberschuß	28	
Maschinen		448			
			Rückstellungen		182
Umlaufvermögen			– davon langfristig	126	
Vorräte		210			
Forderungen		112	Verbindlichkeiten		476
– davon langfristig	70		– davon langfristig	294	
Liquide Mittel		42			
Umrechnungsdifferenz		52			
		1102			1102

GuV zum 31.12.01
in Tausend DM

Abschreibungen auf		Verschiedene Erträge	195
Maschinen	60		
Verschiedene Aufwendungen	105		
Jahresüberschuß	28		
Umrechnungs-differenz	2		
	195		195

Vergleich der Stichtagskursmethoden

Aus der Sicht der lokalen Theorie ist die modifizierte der reinen Stichtagskursmethode vorzuziehen. Dies beruht auf der Tatsache, daß nur bei Anwendung der ersteren Methode die Eigenkapitalveränderungen, die auf einer Veränderung des Wechselkurses beruhen, offen im umgerechneten Abschluß ausgewiesen werden und zudem eine Vermischung der Währungsumrechnung im Konzernabschluß mit der Kapitalkonsolidierung vermieden wird. Gleichzeitig wird durch die Anwendung des Durchschnittskurses in der GuV die Aussagekraft der Erfolgsrechnung erhöht. Die zwangsläufig entstehenden Verzerrungen der Abschlußrelationen innerhalb des Eigenkapitals und in der GuV wiegen nicht so schwer, als daß sie zu einer anderen Beurteilung führen müßten.

Wertung

Im Hinblick auf die Generalnorm des § 297 Abs. 2 Satz 2 HGB ist die (modifizierte) Stichtagskursmethode gegenüber den differenzierenden Umrechnungsmethoden – insbes. der Zeitbezugsmethode – als überlegen anzusehen, sofern das einzubeziehende ausländische Unternehmen einen hohen Grad an

Autonomie besitzt und kein intensiver Zahlungsverkehr mit dem Mutterunternehmen stattfindet (vgl. BAETGE, J./KIRSCH, H.-J./THIELE, S. 2000, S. 184; so auch MÜLLER, K. 1985, S. 247).

Auch der HFA sieht in solchen Fällen die Anwendung der modifizierten Stichtagskursmethode vor (vgl. HFA 1998, S. 550f.).

7.2.2.3 Funktionsspezifische Umrechnung

Bedeutung

Die funktionsspezifische Umrechnungskonzeption wurde in den USA entwikkelt und ist dort gem. SFAS No. 52 seit Dezember 1982 als Methode der Währungsumrechnung im Konzernabschluß verbindlich vorgeschrieben. Seit diesem Zeitpunkt hat sie auf internationaler Ebene eine große Bedeutung erlangt: So fordern bspw. auch das »International Accounting Standards Committee« (IASC) in IAS 21 (vgl. auch Gliederungspunkt 7., 2. Abschn., 1. Kap.) sowie das frühere britische »Accounting Standards Committee« (ASC) in SSAP 20 die Anwendung funktionsspezifischer Umrechnungsgrundsätze.

Begriff der funktionalen Währung

Die funktionsspezifische Umrechnung trägt der Erkenntnis Rechnung, »daß Auswirkungen von Wechselkursänderungen auf das Mutterunternehmen vom Grad der Abhängigkeit ausländischer Tochterunternehmen bzw. von der Intensität der ökonomischen Beziehungen zum Mutterunternehmen bestimmt werden« (LÜCK, W. 1989, Sp. 1824). Sie basiert von daher auf der Differenzierung der einzubeziehenden ausländischen Unternehmen in relativ selbständig und unselbständig operierende Unternehmen. Welcher Kategorie ein Unternehmen zuzuordnen ist, richtet sich dabei nach dessen funktionaler Währung: Hierunter wird die Währung des Landes verstanden, in dem das Unternehmen den wesentlichen Teil seiner Geschäftstätigkeit entfaltet, wobei dies in aller Regel die Währung sein wird, in der das Unternehmen seine Zahlungen abwickelt (vgl. SFAS No. 52, Par. 5). Um die funktionale Währung bzw. den Grad der Integration eines Unternehmens in die Geschäftstätigkeit des Mutterunternehmens im Einzelfall bestimmen zu können, enthält SFAS No. 52 eine Aufstellung von sechs betriebswirtschaftlichen Indikatoren, die zur Identifizierung herangezogen werden können (vgl. hierzu SFAS No. 52, Par. 42; vgl. auch KUBIN, K. W./LÜCK, W. 1984, S. 364).

Wesentliche Übereinstimmung zwischen SFAS No. 52 und HFA 1998

Ein Vergleich des Konzeptes nach SFAS No. 52 mit dem des HFA 1998 zeigt im wesentlichen eine Übereinstimmung der zugrunde zu legenden Indikatoren (vgl. HFA 1998 sowie Übersicht 33). Nach beiden Konzepten ist die Umrechnung des ausländischen Einzelabschlusses in Abhängigkeit der funktionalen Währung bzw. der Intensität der Zahlungsströme zwischen Mutter- und Tochterunternehmen vorzunehmen.

Umrechnungsvorschriften

In Abhängigkeit von der jeweiligen funktionalen Währung ist im Rahmen der Umrechnung wie folgt vorzugehen (vgl. SFAS No. 52, Par. 10 und 12ff.):

(1) Sofern als funktionale Währung die Währung des Mutterunternehmens anzusehen ist, gilt das betreffende Unternehmen als relativ unselbständig operierend, d.h. als weitgehend in die Geschäftstätigkeit des Mutterunternehmens integriert (z.B. ausländische Vertriebsgesellschaften). Infolgedessen ist die Währungsumrechnung nach der Zeitbezugsmethode vorzunehmen, um auf diese Weise ein Umrechnungsergebnis zu erhalten, das einem unmittelbar in Konzernwährung erstellten Abschluß des ausländischen Unternehmens entspricht.

(2) Besitzt ein Unternehmen einen hohen Grad an Selbständigkeit und ist die funktionale Währung die Währung seines Sitzstaats, so ist lediglich eine lineare Transformation des Fremdwährungsabschlusses erforderlich, um der ökonomischen Realität gerecht zu werden. Dementsprechend ist in diesem Fall eine Umrechnung nach der modifizierten Stichtagskursmethode vorgesehen.

(3) Stellt bei einem relativ selbständigen Unternehmen weder die Konzern- noch die Sitzstaatswährung, sondern die Währung eines Drittstaats die funktionale Währung dar, so ist zunächst anhand der Zeitbezugsmethode eine Umbewertung von der Sitzstaatswährung, in der die Bücher geführt werden, in die funktionale Währung vorzunehmen. Daran schließt sich dann der Transformationsvorgang in die Konzernwährung an, wozu die modifizierte Stichtagskursmethode heranzuziehen ist.

Wertung

Eine solche Vorgehensweise ist grundsätzlich geeignet, die konzeptionellen Gegensätze der globalen und der lokalen Theorie zu überwinden. Dabei ist es positiv zu werten, daß »die Vorstellung eines einheitlichen, für alle denkbaren ökonomischen Realitäten zweckmäßigen Umrechnungsverfahrens aufgegeben« (Ruppert, B. 1993, S. 112) und statt dessen eine an sachgerechten Kriterien ausgerichtete Beurteilung der im jeweiligen Einzelfall angemessenen Umrechnungsmethode angestellt wird. Denn auf diese Weise kann der Forderung der Generalnorm des § 297 Abs. 2 Satz 2 HGB im Rahmen der Währungsumrechnung im Konzernabschluß nachgekommen werden.

7.2.3 Umrechnung von Fremdwährungsabschlüssen aus Hochinflationsländern

Problematik bei Anwendung der Stichtagskursmethode

Die Anwendung der (modifizierten) Stichtagskursmethode in einem international operierenden Konzern ist problematisch, soweit die einzubeziehenden ausländischen Unternehmen, deren Abschlüsse nach dieser Methode umgerechnet werden sollen, ihren Sitz in hochinflationären Staaten haben. Hierzu werden allgemein solche Staaten gerechnet, deren kumulierte Inflationsrate über einen Zeitraum von drei Jahren 100% oder mehr beträgt (vgl. SFAS No. 52, Par. 11; sowie HFA 1998, S. 553). In diesem Fall führt die Anwendung der Stichtagskursmethode nämlich insbes. zu starken, mit der Generalnorm des § 297 Abs. 2 Satz 2 HGB nicht zu vereinbarenden Unterbewertungen der langfristig gebundenen nicht-monetären Aktiva in DM (vgl. ADLER/DÜRING/SCHMALTZ 1995, § 298 HGB, Rn. 57). Dies liegt darin begründet, daß hohe Inflationsraten in einem ausländischen Staat in aller Regel mit einem stark sinkenden Wechselkurs aufgrund des abnehmenden Außenwerts der ausländischen Währung verbunden sind. Gleichzeitig dürfen nach den deutschen Bewertungsgrundsätzen die in Fremdwährung bilanzierten Vermögensgegenstände höchstens mit den Anschaffungs- oder Herstellungskosten angesetzt werden, die infolge des enormen Preisanstiegs jedoch weit unter den Tageswerten liegen. Eine Anwendung des Stichtagskurses, der die Inflation widerspiegelt, auf die historischen Anschaffungs- oder Herstellungskosten in Fremdwährung führt dann unweigerlich zu den genannten Unterbewertungen (vgl. dazu auch das Beispiel bei SCHILDBACH, T. 1998, S. 120).

Mögliche Umrechnungsmethoden

Ist ein einzubeziehendes Unternehmen in einem Hochinflationsland ansässig, so kommen für die Umrechnung seines Fremdwährungsabschlusses grundsätzlich zwei Methoden in Betracht, um diese Unterbewertungen zu vermeiden (vgl. auch WP-HANDBUCH 1996, Bd. I, S. 903 und WP-HANDBUCH 2000, Bd. I, S. 993):

(1) Zum einen kann die (modifizierte) Stichtagskursmethode angewendet werden, falls zuvor eine Inflationsbereinigung, die zumindest die langfristig gebundenen nicht-monetären Vermögensgegenstände umfaßt, durchgeführt wurde. Diese Vorgehensweise, deren Zulässigkeit vor dem Hintergrund des deutschen Nominalwertprinzips umstritten ist, wird international u.a. vom IASC (vgl. IAS 21, Par. 36) sowie dem früheren britischen ASC (vgl. SSAP 20, Par. 26) gefordert.

(2) Zum anderen kann die Umrechnung nach der Zeitbezugsmethode erfolgen, sofern keine Inflationsbereinigung des Fremdwährungsabschlusses durchgeführt wurde. Die Anwendung dieses Verfahrens schreibt international bspw. SFAS No. 52 (vgl. SFAS No. 52, Par. 11) vor.

Umrechnung von Fremdwährungsabschlüssen aus Hochinflationsländern nach HFA 1998

Auch mit Blick auf die Währungsumrechnung von Fremdwährungsabschlüssen aus Hochinflationsländern äußert sich der HFA erstmalig in Übereinstimmung mit den international geforderten Vorgehensweisen. So erachtet er die Umrechnung zu Stichtagskursen nur dann als sachgerecht, »wenn der Jahresabschluß des ausländischen Tochterunternehmens zuvor nach landesrechtlichen Vorschriften inflationsbereinigt worden ist« (HFA 1998, S. 553). Eine Umrechnung bei zuvor fehlender Inflationsbereinigung würde ansonsten dazu führen, »daß die nichtmonetären Vermögenswerte und Schulden je nach Anschaffungs- oder Herstellungszeitpunkt erheblich unterbewertet und die Vermögens- und Finanzlage insoweit unzutreffend dargestellt würde. [...] Die Inflationsbereinigung stellt in diesen Fällen keinen Verstoß gegen das handelsrechtliche Nominalwertprinzip dar, sondern ist Bestandteil der Währungsumrechnung« (HFA 1998, S. 553).

Im Gegensatz zur Anwendung der (modifizierten) Stichtagskursmethode ist eine Inflationsbereinigung bei Anwendung der Zeitbezugsmethode nach Ansicht des HFA nicht notwendig. »Durch die Verwendung historischer Kurse für die nichtmonetären Vermögenswerte und das Eigenkapital werden die geänderten Kaufkraftverhältnisse vielmehr implizit berücksichtigt« (HFA 1998, S. 554).

Übersicht 35 zeigt deutlich, daß sich der HFA bei der Festlegung seiner Indikatoren zwecks Festlegung der funktionalen Währung eng an den Kriterienkatalog des FASB angelehnt hat. So führt SFAS No. 52 in gleicher Weise die dargestellten fünf Kriterien auf.

7.2.4 Zur Frage der »richtigen« Umrechnungsmethode

International »richtige« Umrechnungsmethode

Die Meinungsverschiedenheiten bzgl. der »richtigen« Umrechnungsmethode sind bis heute nicht beigelegt. Allerdings beschränkt sich die Diskussion inzwischen hauptsächlich auf die Zeitbezugsmethode und die modifizierte Stichtagskursmethode (so auch LACHNIT, L./AMMANN, H. 1998, S. 766), nicht zuletzt aufgrund der Tatsache, daß diese die bei weitem gebräuchlichsten Umrechnungsmethoden in der Unternehmenspraxis darstellen (zu empirischen Untersuchungen der Umrechnungspraxis vgl. insbes. C&L 1997, S. 175ff.; JUNG, U. 1991, S. 51ff.; GELHAUSEN, W./MUJKANOVIC, R. 1995, S. 1725f.; PEEMÖLLER, V. H./HUSMANN, R. 1996, S.106f.). Neben dem Entwurf des HFA zur Währungsumrechnung im Konzern (vgl. HFA 1998) gehen auch die Stellungnahmen der ausländischen nationalen und internationalen Berufsverbände im Rahmen des funktionsspezifischen Umrechnungskonzepts nur noch auf diese beiden Methoden ein: SFAS No. 52, IAS 21 und SSAP 20 versuchen, die einzubeziehenden ausländischen Unternehmen nach bestimmten Kriterien (relative Eigenständigkeit, Ausdehnung des Mutterunternehmens, Einfluß von Hochinflation) zu qualifizieren und dieser Einordnung entsprechend die jeweils »angemessene« Umrechnungsmethode anzuwenden.

National »richtige« Umrechnungsmethode nach HFA 1998

In seinem Entwurf zu einer Stellungnahme zur Währungsumrechnung im Konzernabschluß erachtet der HFA in Abhängigkeit der Intensität der zwischen dem Mutterunternehmen und dem ausländischen Tochterunternehmen vorliegenden Zahlungsströme lediglich zwei Methoden als sachgerecht.

So ist der in ausländischer Währung aufgestellte Einzelabschluß dann lediglich in die Konzernwährung zu transformieren, wenn sich die finanzwirtschaftlichen Beziehungen zwischen Mutter- und Tochterunternehmen überhaupt nicht oder nur unwesentlich auf die Vermögens-, Finanz- und Ertragslage des Konzern auswirken. Der Einzelabschluß ist demnach zu Stichtagskursen umzurechnen (vgl. HFA 1998, S. 550).

Übersicht 35: Indikatoren der funktionalen Währung nach HFA 1998

	Wechselkursänderungen wirken sich unwesentlich auf die Ertragslage des Konzerns aus	Wechselkursänderungen wirken sich wesentlich auf die Ertragslage des Konzerns aus
Verkaufspreise für Produkte des Tochterunternehmens	• reagieren grundsätzlich nicht sofort auf Wechselkursänderungen • werden mehr durch den örtlichen Wettbewerb oder durch die örtliche Regierungsverwaltung bestimmt	• reagieren grundsätzlich sofort auf Wechselkursänderungen • werden mehr durch den Weltmarkt bestimmt
Absatzmarkt des Tochterunternehmens	• aktiver, örtlicher Absatzmarkt (obgleich Export bedeutend sein könnte)	• hauptsächlich das Land des Mutterunternehmens • Verkaufsverträge sind in der Währung des Mutterunternehmens abgeschlossen
Aufwendungen des Tochterunternehmens	• Materialkosten, Löhne und sonstige Kosten sind hauptsächlich örtliche Kosten (wenn auch importiert)	• Materialkosten, Löhne und sonstige Kosten sind hauptsächlich und kontinuierlich Kosten von Komponenten, die aus dem Land des Mutterunternehmens stammen
Finanzierung des Tochterunternehmens	• hauptsächlich in der Fremdwährung • Zahlungsmittel, die durch ausländische Unternehmen erwirtschaftet werden, reichen zur Schuldenabtragung aus	• hauptsächlich durch das Mutterunternehmen oder in der Währung des Mutterunternehmens • Zahlungsmittel, die durch das ausländische Unternehmen erwirtschaftet werden, reichen nicht zur Schuldenabtragung aus
Konzerninterne Lieferungen und Leistungen	• geringfügig (ausländische Unternehmen können sich auf Patente und Warenzeichen anderer Konzerngesellschaften stützen)	• bedeutend • intensive Beziehungen zwischen den Geschäftsbereichen des ausländischen Unternehmens und des Mutterunternehmens

Wirken sich die Zahlungsströme zwischen Mutter- und Tochterunternehmen hingegen wesentlich auf die Vermögens-, Finanz- und Ertragslage des Konzerns aus, so ist den aus der Beziehung zu dem ausländischen Tochterunternehmen »erwartenden Chancen und Risiken bei der Abbildung im Konzernabschluß nach allgemeinen Bewertungsgrundsätzen Rechnung zu tragen« (HFA 1998, S. 550). Nach dem Äquivalenzprinzip sind demnach das Vermögen und die Schulden des Tochterunternehmens entsprechend der Bewertung des Mutterunternehmens anzusetzen. Lediglich eine Umrechnung des Einzelabschlusses nach der Zeitbezugsmethode kann dieser Forderung gerecht werden.

Somit kann aus Sicht des HFA an dieser Stelle festgehalten werden, daß »in Abhängigkeit von den tatsächlichen Verhältnissen des einzelnen betroffenen Tochterunternehmens [...] die Umrechnung entweder zu Stichtagskursen als ein Transformationsvorgang oder nach dem Zeitbezug als ein Bewertungsvorgang vorzunehmen« (HFA 1998, S 550) ist.

Andere Verfahren sieht der HFA somit als nicht mehr sachgerecht an.

Vorgehensweise bei der Währungsumrechnung in deutschen Konzernabschlüssen

Übersicht 35 soll einen Anhaltspunkt geben, wie überprüft werden kann, ob sich die zwischen dem Mutterunternehmen und dem ausländischen Tochterunternehmen vorliegenden Zahlungsströme nun wesentlich oder unwesentlich auf den Konzern auswirken (Abbildung entnommen aus HFA 1998, S. 550).

Wie dargelegt, erscheint eine differenzierende Betrachtung am ehesten geeignet, der Forderung der Generalnorm des § 297 Abs. 2 Satz 2 HGB gerecht zu werden. In bezug auf die Aussagekraft und auch die Vergleichbarkeit von Konzernabschlüssen ist es von daher zu begrüßen, daß auf die international übliche funktionsspezifische Umrechnung auch in der deutschen Unternehmenspraxis zunehmend übergegangen wird. Der Großteil der deutschen Unternehmen rechnet jedoch – ohne daß die tatsächliche ökonomische Realität im konkreten Einzelfall geprüft wird – die einzubeziehenden Fremdwährungsabschlüsse – ggf. mit Ausnahme der Abschlüsse aus Hochinflationsländern – weiterhin einheitlich um (vgl. zu einer aktuellen empirischen Untersuchung LITTKEMANN, J./MOEDEBECK, P. 2000). Aufgrund der fehlenden gesetzlichen Vorschriften zur Währungsumrechnung wird dabei das große Spektrum an theoretisch fundierten Umrechnungsmethoden genutzt. Dieses Vorgehen wird von weiten Teilen der Literatur gestützt, nach denen ein allgemeines Wahlrecht bzgl. der anzuwendenden Umrechnungsmethode besteht (vgl. HOYOS, M./ LECHNER, H., in: Beck Bil-Komm. 1999, § 308 HGB, Rn. 61f.; WP-HANDBUCH 1996, Bd. I, S. 903; WP-HANDBUCH 2000, Bd. I, S. 988ff.).

Im Vergleich zu der Vielzahl der theoretisch diskutierten Methoden zeichnet sich in der Praxis ein anderes Bild ab. Eindeutig erfolgt die Umrechnung hierbei nach einem der Stichtagsmethode verwandten Verfahren. Ohnehin läßt sich in der Praxis feststellen, dass **die** Stichtagskursmethode oder **die** Zeitbezugsmethode nicht existieren (vgl. ausführlich LITTKEMANN, J./MOEDEBECK, P. 2000, S. 76/Fach 14, S. 8140). Vielmehr dürften die beiden letztgenanten Methoden als eine Art »Sammelbegriff zur Klassifizierung von Umrechnungsverfahren« (LITTKEMANN, J./MOEDEBECK, P. 2000, S. 76/Fach 14, S. 8140) angesehen werden.

Als Zwischenfazit bleibt demnach an dieser Stelle festzuhalten, daß sich die Währungsumrechnung in Deutschland derzeit weniger an theoretischen als vielmehr pragmatisch-operationalen Kriterien orientiert. In der Unternehmenspraxis ist infolge des hohen Komplexitätsgrads die Zeitbezugsmethode in theoretisch-reiner Form kaum anzutreffen. Vielmehr werden aus Wirtschaftlichkeitserwägungen heraus bestimmte Vereinfachungen vorgenommen. So beschränkt sich vielfach die Umrechnung zu historischen Kursen auf das Anlagevermögen sowie das Eigenkapital (vgl. KESSLER, H./STRICKMANN, M. 2000, Rn. 2511). Die Befunde zur Währungsumrechnung in deutschen Konzernabschlüssen verdeutlichen dies. Es läßt sich feststellen, daß stichtagsbezogene Umrechnungen dominieren und Umrechnungsmethoden nach dem Zeitbezug in den Hintergrund rücken (vgl. zu dem empirischen Befund LITTKEMANN, J./MOEDEBECK, P. 2000, S. 67ff./Fach 14, S. 8131ff.).

Mit Blick auf die zukünftige Entwicklung der Währungsumrechnung in Deutschland ist die Anwendung einer funktionsspezifischen Umrechnungsmethodik, die – wie zuvor gezeigt – die Anwendung einer stichtagsbezogenen sowie einer am Zeitbezug orientierten Umrechnung in Abhängigkeit der finanzwirtschaftlichen Beziehungen zwischen Mutter- und Tochterunternehmen kombiniert, zu begrüßen. Im Sinne einer internationalen Vergleichbarkeit sollte zudem eine Anlehnung an die internationalen Konzeptionen der Fremdwährungsumrechnung nach IAS und US-GAAP erfolgen (vgl. hierzu 2. Abschnitt, 1. Kap., Gliederungspunkt 7).

Bestimmtheit, Stetigkeit und Einheitlichkeit der Methode

Beschränkt wird dieses Wahlrecht lediglich durch die Grundsätze der Methodenbestimmtheit, Methodenstetigkeit und Methodeneinheitlichkeit: Nach dem Grundsatz der Methodenbestimmtheit ist eine theoretisch begründete Methode anzuwenden (vgl. HOYOS, M./LECHNER, H., in: Beck Bil-Komm. 1999, § 308 HGB, Rn. 61f.). Der Grundsatz der Methodenstetigkeit verlangt, daß eine einmal angewendete Methode im Zeitablauf beibehalten wird, sofern nicht sachliche Gründe für ein Abweichen sprechen, und gilt unabhängig davon, ob die Währungsumrechnung als Bewertungs- oder Transformationsvorgang angesehen wird (vgl. § 298 Abs. 1 i.V.m. § 252 Abs. 1 Nr. 6 HGB bzw. § 297 Abs. 3 Satz 2 HGB). Methodeneinheitlichkeit bedeutet, daß auf vergleichbare Fremdwährungsabschlüsse die gleiche Umrechnungsmethode anzuwenden ist (vgl. LANGENBUCHER, G., in: KÜTING/WEBER 1998, Kap. II, Rn. 1080); eine an sachgerechten Kriterien orientierte unterschiedliche Umrechnung verschiedenartiger Abschlüsse, wie bspw. im Rahmen des funktionsspezifischen Umrechnungskonzepts, bleibt davon unberührt.

7.3 Wahl der Art des Umrechnungskurses

Für die Umrechnung der Fremdwährungsabschlüsse einzubeziehender Unternehmen kommen folgende Arten von Umrechnungskursen in Betracht (vgl. Busse von Colbe, W./Ordelheide, D. 1993, S.126f.):

(1) Geld-, Brief- oder Mittelkurse von Devisen zu einem bestimmten Zeitpunkt;

(2) verschiedene amtliche Kurse zu einem bestimmten Zeitpunkt, z.B. spezielle Kurse für bestimmte Geschäftsarten;

(3) amtlicher oder freier Devisenkurs zu einem bestimmten Zeitpunkt bei Devisenbewirtschaftung.

Im Hinblick auf die Art des Umrechnungskurses, der der Währungsumrechnung im Konzernabschluß zugrunde zu legen ist, wird es aufgrund der eher geringen Auswirkungen auf die Darstellung der Vermögens-, Finanz- und Ertragslage regelmäßig für ausreichend gehalten, den Mittelkurs zu verwenden und auf eine denkbare, nach Abschlußposten differenzierte Anwendung von Geld- und Briefkurs zu verzichten. Existieren mehrere amtliche Transferkurse (z.B. Kassa-, Terminkurse oder Export-, Importkurse) oder nicht-offizielle Parallelkurse, so sollten die Kurse für die Umrechnung herangezogen werden, zu denen der Finanzverkehr zwischen dem Mutterunternehmen und dem ausländischen Unternehmen normalerweise oder überwiegend abgewickelt wird (vgl. WP-Handbuch 2000, Bd. I, S. 991).

7.4 Behandlung von Währungsumrechnungsdifferenzen

Die Darstellung der einzelnen Umrechnungsmethoden hat gezeigt, daß diese – mit Ausnahme der reinen Stichtagskursmethode – grundsätzlich zu offenen Währungsumrechnungsdifferenzen in den umgerechneten Fremdwährungsabschlüssen führen, wobei Differenzen sowohl in der Bilanz als auch in der GuV auftreten können. Wie auch zur Frage der »richtigen« Umrechnungsmethode, hat sich für deren Verrechnung und Ausweis in Schrifttum und Unternehmenspraxis bislang keine einheitliche Meinung herausgebildet. Erste Anhaltspunkte bzgl. der »richtigen« Behandlung von Währungsumrechnungsdifferenzen versucht der HFA in seinem Entwurf zu einer Stellungnahme zur Währungsumrechnung im Konzern zu geben (vgl. HFA 1998, S. 550f.; in gleicher Weise auch Lachnit, L./Ammann, H. 1998, S. 758ff.).

Verrechnung bilanzieller Differenzen

Treten Währungsumrechnungsdifferenzen in der Bilanz auf, so kann der Konzernabschlußersteller grundsätzlich zwischen den drei folgenden Verrechnungsmöglichkeiten wählen:

(1) Erfolgsneutrale Verrechnung:

Die auftretende Differenz wird ohne Berührung der GuV mit dem Eigenkapital verrechnet, so daß der zum Stichtagskurs umgerechnete Jahreserfolg nicht verändert wird. Dabei führt eine aktivische (passivische) Differenz zu einer Verminderung (Erhöhung) des Eigenkapitals.

(2) Erfolgswirksame Verrechnung:

Die bilanzielle Umrechnungsdifferenz wird in die GuV übernommen und verändert den zum Stichtagskurs umgerechneten Jahreserfolg. In diesem Zusammenhang ist zu beachten, daß sich diese Alternative allein auf die Veränderung der bilanziellen Differenz gegenüber dem Vorjahr bezieht. In Höhe der zum Ende des Vorjahrs bestehenden Differenz ist dagegen eine erfolgsneutrale Anpassungsbuchung erforderlich, um insoweit eine mehrmalige erfolgswirksame Erfassung ein und derselben Differenz in mehreren aufeinanderfolgenden Geschäftsjahren zu vermeiden.

(3) Imparitätische Verrechnung:

In analoger Anwendung des Imparitäts- und Realisationsprinzips (vgl. § 252 Abs. 1 Nr. 4 HGB) auf die Währungsumrechnung im Konzernabschluß wird ein Umrechnungsverlust erfolgswirksam und ein Umrechnungsgewinn erfolgsneutral erfaßt. »Dementsprechend sind die Entstehung und die gegenüber dem Vorjahr eingetretenen Veränderungen aktivischer Umrechnungsdifferenzen erfolgswirksam zu behandeln, während die Entstehung und die Veränderungen passivischer Umrechnungsdifferenzen erfolgsneutral erfaßt werden müssen« (KESSLER, H./STRICKMANN, M. 2000, Rn. 2519).

Verrechnung von GuV-Differenzen

In bezug auf etwaige in der GuV auftretende Umrechnungsdifferenzen stehen dem Konzernabschlußersteller grundsätzlich die gleichen Möglichkeiten zur Verfügung, wie sie auch für die Behandlung bilanzieller Differenzen gelten. Allerdings wird in der Unternehmenspraxis und der Literaturdiskussion überwiegend deren erfolgsneutrale Behandlung präferiert, bei der die Differenz als Aufwand oder Ertrag in der GuV ausgewiesen wird und somit der zum Stichtagskurs umgerechnete Jahreserfolg unverändert bleibt (vgl. z.B. HFA 1986, S. 666f.; SCHERRER, G. 1994, S. 209f.). Zu beachten ist dabei, daß die Terminologie diesbzgl. nicht einheitlich ist. So wird diese Vorgehensweise z.T. auch als »erfolgswirksam« bezeichnet (vgl. z.B. LANGENBUCHER, G., in: KÜTING/WEBER 1998, Kap. II, Rn. 1117; WYSOCKI, K. v./WOHLGEMUTH, M. 1996, S. 245); insofern wird nicht die Veränderung des umgerechneten Jahreserfolgs, sondern die Abbildung als Aufwands- oder Ertragsposten als maßgebendes Abgrenzungskriterium der Erfolgswirksamkeit herangezogen.

Unter der Prämisse, daß die modifizierte Stichtagskursmethode Anwendung findet und zum Ende des vergangenen Geschäftsjahrs die bilanzielle Umrechnungsdifferenz einen Wert von null hatte, führt die erfolgsneutrale Behandlung sowohl der bilanziellen als auch der in der GuV auftretenden Differenzen in bezug auf das zugrundeliegende Beispiel zu folgendem Ergebnis:

Bilanz zum 31.12.01
in Tausend DM

Anlagevermögen			Eigenkapital[1)]		392
Grundstücke		238	– davon Jahresüberschuß	28	
Maschinen		448			
Umlaufvermögen			Rückstellungen		182
Vorräte		210	– davon langfristig	126	
Forderungen		112			
– davon langfristig	70		Verbindlichkeiten		476
Liquide Mittel		42	– davon langfristig	294	
		1050			1050

GuV zum 31.12.01
in Tausend DM

Abschreibungen auf		Verschiedene Erträge	195
Maschinen	60		
Verschiedene			
Aufwendungen[2)]	107		
Jahresüberschuß	28		
	195		195

1) Die aktivische bilanzielle Umrechnungsdifferenz in Höhe von 52 000 DM hat das Eigenkapital unmittelbar gekürzt.

2) Die verschiedenen Aufwendungen beinhalten die in der GuV aufgetretene Umrechnungsdifferenz in Höhe von 2 000 DM.

Wird dagegen die bilanzielle Umrechnungsdifferenz erfolgswirksam berücksichtigt, so ergibt sich folgendes Abschlußbild:

Bilanz zum 31.12.01
in Tausend DM

Anlagevermögen			Eigenkapital[1)]		392
Grundstücke		238	– davon Jahresfehlbetrag	24	
Maschinen		448			
Umlaufvermögen			Rückstellungen		182
Vorräte		210	– davon langfristig	126	
Forderungen		112			
– davon langfristig	70		Verbindlichkeiten		476
Liquide Mittel		42	– davon langfristig	294	
		1050			1050

GuV zum 31.12.01
in Tausend DM

Abschreibungen auf Maschinen	60	Verschiedene Erträge	195
Verschiedene Aufwendungen[2)]	159	Jahresfehlbetrag	24
	219		219

1) Die erfolgswirksame Behandlung der bilanziellen Umrechnungsdifferenz führt im Vergleich zur erfolgsneutralen Behandlung zu einer anderen Struktur des Eigenkapitals. So ergibt sich nunmehr ein Jahresfehlbetrag in Höhe von 24 000 DM und ein sonstiges Eigenkapital in Höhe von 416 000 DM (392 000 + 24 000), während sich bei der erfolgsneutralen Erfassung ein Jahresüberschuß von 28 000 DM und ein sonstiges Eigenkapital von 364 000 DM (392 000 – 28 000) einstellt.

2) Die verschiedenen Aufwendungen beinhalten sowohl die bilanzielle (52 000 DM) als auch die in der GuV (2 000 DM) auftretende Umrechnungsdifferenz.

Abhängigkeit von der Umrechnungsmethode

Welche Behandlungsweise im konkreten Einzelfall geeignet ist, die Forderung der Generalnorm des § 297 Abs. 2 Satz 2 HGB zu erfüllen, läßt sich nicht allgemeingültig beurteilen. In aller Regel wird die Entscheidung über die Behandlung bilanzieller Umrechnungsdifferenzen jedoch eng damit verbunden sein, welche Umrechnungsmethode angewendet wird (vgl. auch WP-HANDBUCH 1996, Bd. I, S. 903). So bietet sich im Rahmen der modifizierten Stichtagskursmethode die erfolgsneutrale Verrechnung an, um die Verzerrung der Abschlußrelationen so gering wie möglich zu halten. Folgerichtig befürworten auch insbes. die Verlautbarungen des HFA (1986, S. 666), des FASB (vgl. SFAS No. 52, Par. 13) und des IASC (vgl. IAS 21, Par. 32) diese Vorgehensweise. Im Gegensatz dazu wird bei Anwendung der Zeitbezugsmethode die erfolgswirksame Behandlung als grundsätzlich zweckmäßig erachtet (vgl. HFA 1986, S. 666; SFAS No. 52, Par. 10 und 15; IAS 21, Par. 27 i.V.m. Par. 15). Dies entspricht der Konzeption der Methode, aus deren Sicht es sich um Wertänderungen an den Vermögensgegenständen und Schulden handelt, die auch in einem unmittelbar in Konzernwährung aufgestellten Einzelabschluß des ausländischen Unternehmens erfolgsbeeinflussend wären.

Behandlung von Währungsumrechnungsdifferenzen nach HFA 1998

Aus der Ansicht des HFA (vgl. HFA 1998), daß lediglich die Zeitbezugsmethode sowie die (modifizierte) Stichtagskursmethode als allein sachgerecht anzusehen sind, sowie den Äußerungen zu den jeweils möglicherweise auftretenden Umrechnungsdifferenzen ergibt sich folgende Übersicht 36, die die Behandlung von Umrechnungsdifferenzen in Abhängigkeit der zuvor gewählten Umrechnungsmethode abbildet:

Übersicht 36: Behandlung von Währungsumrechnungsdifferenzen nach HFA 1998

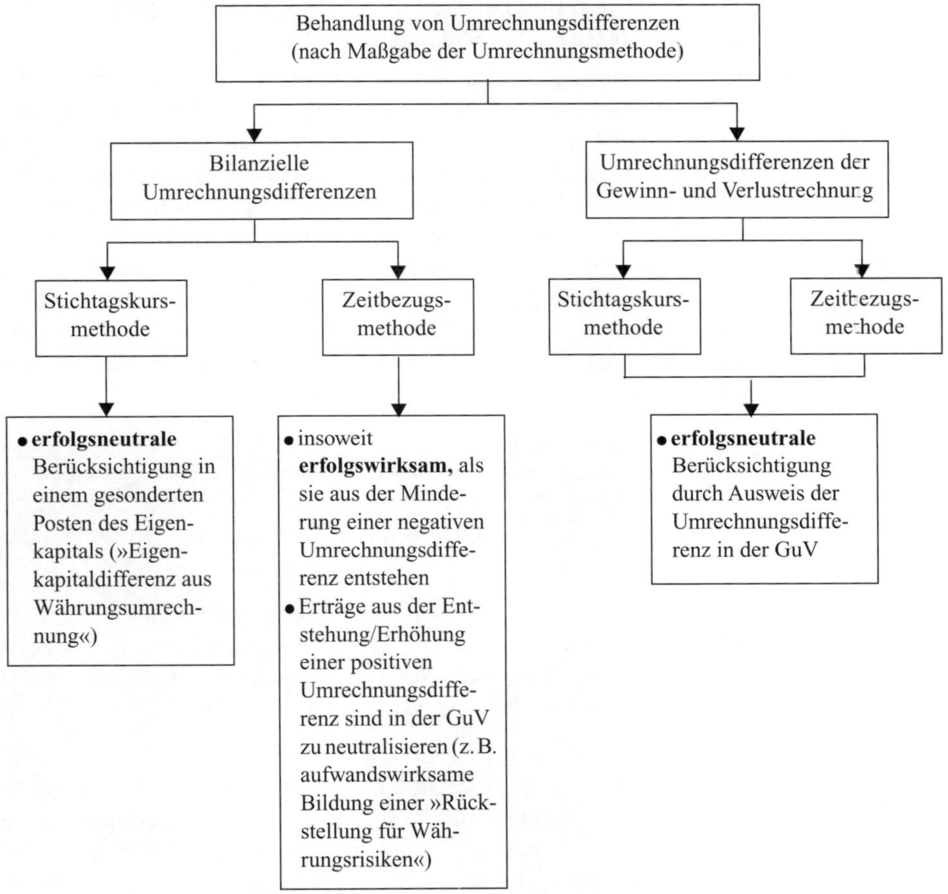

Wie die obenstehende Abbildung verdeutlicht, kommt nach Ansicht des HFA eine prinzipiell mögliche imparitätische Behandlung bilanziell auftretender Umrechnungsdifferenzen nicht mehr in Betracht. Vielmehr richtet sich die Behandlung bilanzieller Umrechnungsdifferenzen nach der angewandten Methode der Währumgsumrechnung. Hierbei sind im Rahmen der Zeitbezugsmethode unrealisierte Verluste aus der Währungsumrechnung erfolgswirksam zu erfassen (Antizipation unrealisierter Verluste), während unrealisierte Gewinne in der GuV durch eine aufwandswirksame Korrekturbuchung auszugleichen sind (Neutralisation unrealisierter Gewinne). Insofern kann im Zusammenhang mit der Umrechnung nach dem Zeitbezug nach wie vor von einer imparitätischen Behandlung eventuell auftretender bilanzieller Währungsumrechnungsdifferenzen gesprochen werden.

Im Vergleich zu den vor der HFA-Stellungnahme zur Währungsumrechnung aus dem Jahre 1998 (vgl. HFA 1998) geäußerten Ansichten besteht demnach nunmehr **kein Wahlrecht** bezüglich der Behandlung auftretender Umrechnungsdifferenzen aus der Währungsumrechnung.

Ausweis Im Zusammenhang mit der Bestimmung der Verrechnungsart muß der Konzernabschlußersteller des weiteren festlegen, in welchen Posten der Bilanz und/oder GuV auftretende Währungsumrechnungsdifferenzen ausgewiesen werden sollen: In der GuV entstehende Differenzen sollten dabei in die sonstigen betrieblichen Aufwendungen bzw. die sonstigen betrieblichen Erträge oder in einen gesonderten GuV-Posten eingestellt werden (vgl. HFA 1986, S. 666). Gleiches gilt für bilanzielle Differenzen, soweit diese erfolgswirksam verrechnet werden sollen (vgl. WYSOCKI, K. v./WOHLGEMUTH, M. 1996, S. 245). Wird statt dessen die erfolgsneutrale Behandlung gewählt, sollte der Ausweis in den Gewinnrücklagen oder einem gesonderten Eigenkapitalposten erfolgen (vgl. ADLER/DÜRING/SCHMALTZ 1995, § 298 HGB, Rn. 51).

1. Aufgrund fehlender gesetzlicher Regelungen liegt die Umrechnung von in Fremdwährung erstellten Abschlüssen einzubeziehender ausländischer Unternehmen weitgehend im Ermessen des Konzernabschlußerstellers.
2. Die im Rahmen der Währungsumrechnung zu treffenden Entscheidungen über die anzuwendende Umrechnungsmethode, die Art des Umrechnungskurses sowie die Behandlung von Währungsumrechnungsdifferenzen sind an der Generalnorm des § 297 Abs. 2 Satz 2 HGB auszurichten.
3. Die (modifizierte) Stichtagskursmethode und die Zeitbezugsmethode sind diejenigen Methoden, die einzeln oder kombiniert (funktionsspezifische Umrechnung) im In- und Ausland vorrangig Anwendung finden. Diese Tatsache wird durch die Akzeptanz des HFA als einzig anzuwendende Methode unterstrichen (vgl. HFA 1998).
4. Im Rahmen der Währungsumrechnung entstehende bilanzielle Umrechnungsdifferenzen können erfolgsneutral, erfolgswirksam oder imparitätisch behandelt werden. In der GuV auftretende Umrechnungsdifferenzen sollten erfolgsneutral verrechnet werden. Eine imparitätische Behandlung bilanzieller Umrechnungsdifferenzen ist nach jüngster Meinung des HFA als nicht sachgerecht zu beurteilen (vgl. HFA 1998).
5. Das Vorgehen bei der Währungsumrechnung muß methodisch erfolgen und ist an die Grundsätze der Stetigkeit und Einheitlichkeit gebunden.

2. Kapitel: Einbeziehung von Tochterunternehmen (Vollkonsolidierung mit Minderheitenausweis)

Ziel der Konsolidierungsmaßnahmen

Ausgehend von der Einheitstheorie hat der Konzern so Rechnung zu legen, als sei er ein einziges wirtschaftlich und rechtlich selbständiges Unternehmen.

Die Rechnungslegung der einbezogenen Unternehmen erfolgt auf der Grundlage ihrer rechtlichen Selbständigkeit; die Konzernzugehörigkeit bleibt dabei regelmäßig unberücksichtigt. Die Beziehungen zu Tochterunternehmen werden im Einzelabschluß vielmehr wie Beziehungen zu Nichtkonzernunternehmen berücksichtigt.

Eine bloße Summation der Einzelabschlußwerte der Tochterunternehmen würde daher auch die Beziehungen zwischen den Konzernunternehmen erfassen – ein Ergebnis, das vom Standpunkt der Einheitstheorie aus nicht denkbar ist. Denn indem die Konzernrechnungslegung aus der Sicht der Einheitsunternehmung zu erfolgen hat, haben innerkonzernliche Beziehungen im Rahmen einer solchen Rechnungslegung keinen Raum.

Eine Korrektur der Summation von Einzelabschlußwerten hat somit in der Weise zu erfolgen, daß die Auswirkungen innerkonzernlicher Beziehungen durch die Konsolidierung eliminiert werden. D.h., es müssen all jene Posten der summierten Einzelabschlußwerte korrigiert werden, die durch konzerninterne Beziehungen beeinflußt sind. Diese Korrekturen sind Gegenstand der Konsolidierungsmaßnahmen, auf die nunmehr eingegangen wird.

1. Kapitalkonsolidierung

1.1 Zweck der Kapitalkonsolidierung

Die Notwendigkeit der Durchführung einer Kapitalkonsolidierung und der mit ihr verfolgte Zweck soll mit Hilfe eines Beispiels verdeutlicht werden.

Beispiel

Das Unternehmen A weist zum 31.12.01 nachfolgende Bilanz aus:

Bilanz von A zum 31.12.01			
Aktiva	600	Gezeichnetes Kapital	400
		Rücklagen	200

Am 1.1.02 soll A sämtliche Vermögensgegenstände auf das neugegründete Unternehmen B übertragen. Dabei erwirbt das Unternehmen A sämtliche Anteile von B zu pari, so daß das gesamte Vermögen von A durch die Beteiligung an B repräsentiert wird. Diese Vermögenswerte können als »Konkretisierung des abstrakten Vermögenswertes ›Beteiligung‹« (Wysocki, K. v./Wohlgemuth, M. 1996, S. 78) des Mutterunternehmens angesehen werden.

Die Bilanzen von A und B haben nach diesem Erwerbsvorgang folgendes Aussehen:

	A	B	Summenbilanz von A + B	
Anteile an verbundenen Unternehmen	600	–	600	} = 1200
sonstige Aktiva	–	600	600	
Gezeichnetes Kapital und Rücklagen	600	600	1200	

Summenbilanz

Ein Vergleich der Summenbilanz von A/B mit der Bilanz von A zum 31.12.01 zeigt, daß die Summation der Einzelabschlußwerte zu einer Verdoppelung sowohl der Aktiva als auch der Passiva führt, obwohl – bei realwirtschaftlicher Betrachtung – weder das Vermögen noch das Kapital eine Änderung erfahren haben.

Der geschilderte Vorgang führt somit bei einer bloßen Summation der Einzelabschlußwerte zu einer Aufblähung beider Bilanzseiten. Im Zuge der (Kapital-)Konsolidierung ist daher dieser konzerninterne Vorgang in der Weise rückgängig zu machen, daß die Beteiligung (= Anteile an verbundenen Unternehmen) gegen das gezeichnete Kapital und gegen die Rücklagen des Tochterunternehmens aufgerechnet wird.

Konzernbilanz A/B			
Anteile an verbundenen Unternehmen	~~600~~	Gezeichnetes Kapital und Rücklagen	600
sonstige Aktiva	600		~~600~~

Die Notwendigkeit dieser Aufrechnung ergibt sich auch aus der Überlegung, »daß es sich bei dem Beteiligungskonto und den Konten des Eigenkapitals der Tochtergesellschaft um Spiegelbildkonten handelt. Sie repräsentieren beide ... das gleiche Recht an dem betreffenden Unternehmen und seinen Geschäftsergebnissen« (DREGER, K.-M. 1969, S. 51).

Oder anders formuliert:

Aufrechnung des Beteiligungsbuchwerts gegen das Eigenkapital des Tochterunternehmens

In den Summenabschluß werden die Vermögensgegenstände, Schulden, Bilanzierungshilfen, Rechnungsabgrenzungsposten sowie Sonderposten, Aufwendungen und Erträge und auch das Eigenkapital des Mutterunternehmens und aller (voll-)konsolidierten Tochterunternehmen übernommen. In dem Summenabschluß sind also neben den einzelnen Vermögens- und Schuldposten der jeweiligen Tochterunternehmen auch die in den Einzelabschlüssen ausgewiesenen Beteiligungsbuchwerte an diesen Tochterunternehmen angesetzt. Aus der Sicht des Konzerns würde aber »der gleichzeitige bilanzielle Ausweis der Beteiligung und der sie repräsentierenden Vermögenswerte eine unzulässige Doppelerfassung bedeuten« (WYSOCKI, K. v./WOHLGEMUTH, M. 1996, S. 79). Sie wäre nicht mit § 297 Abs. 3 Satz 1 HGB vereinbar, da im Konzernabschluß die Vermögens-, Finanz- und Ertragslage aller einbezogenen Unternehmen so darzustellen ist, als ob sie insgesamt auch rechtlich ein Unternehmen darstellen. Infolgedessen bestimmt der Gesetzgeber in § 300 Abs. 1 Satz 2 HGB, daß an »die Stelle der dem Mutterunternehmen gehörenden Anteile an den einbezogenen Tochterunternehmen … die Vermögensgegenstände, Schulden, Rechnungsabgrenzungsposten, Bilanzierungshilfen und Sonderposten der Tochterunternehmen (treten, d. Verf.), soweit sie nach dem Recht des Mutterunternehmens bilanzierungsfähig sind«. Die materielle Durchsetzung dieser Forderung zur Beseitigung von Doppelrechnungen infolge innerkonzernlicher Kapitalverflechtungen erfolgt im Rahmen der Kapitalkonsolidierung, indem gem. § 301 Abs. 1 Satz 1 HGB »der Wertansatz der dem Mutterunternehmen gehörenden Anteile an einem in den Konzernabschluß einbezogenen Tochterunternehmen … mit dem auf diese Anteile entfallenden Betrag des Eigenkapitals des Tochterunternehmens verrechnet wird«.

Entstehen von aktivischen bzw. passivischen Unterschiedsbeträgen

Bei der Aufrechnung der Beteiligung mit dem Eigenkapital können beide Aufrechnungskomponenten gleich hohe Werte aufweisen. Häufig treten jedoch Differenzen auf, die dann in einen Unterschiedsbetrag (Ausgleichsposten) aus der Kapitalkonsolidierung eingestellt werden. Übersteigt der Beteiligungsbuchwert die entsprechenden Werte des Eigenkapitals, ist der Unterschiedsbetrag auf der Aktivseite anzusetzen (kurz: aktivischer Unterschiedsbetrag). Im umgekehrten Fall erscheint der Unterschiedsbetrag auf der Passivseite (kurz: passivischer Unterschiedsbetrag).

Die Aufgabe der Kapitalkonsolidierung stellt sich nicht nur bei den gem. § 290 i.V.m. § 294 Abs. 1 HGB nach der sog. Vollkonsolidierung einzubeziehenden Tochterunternehmen, sondern auch bei der anteilmäßigen Konsolidierung von Gemeinschaftsunternehmen gem. § 310 HGB. Während sich bei der Vollkonsolidierung und der anteilmäßigen Konsolidierung die Kapitalkonsolidierung unmittelbar auf die Wertansätze in der Konzernbilanz auswirkt, entfaltet sie ihre Wirkung bei der Bewertung von assoziierten Unternehmen nach der Equity-Methode gem. § 312 HGB erst mittels ihres Einflusses auf die in den Konzernabschluß zu übernehmenden Eigenkapitalveränderungen des assoziierten Unternehmens.

Parameter der Kapitalkonsolidierung

Jede Form der Kapitalkonsolidierung muß folgende sechs Parameter setzen:

(1) die maßgebliche Beteiligungsquote;

(2) den maßgeblichen Wertansatz für die zu verrechnenden Anteile, nämlich deren ursprüngliche Anschaffungskosten oder den sich zu dem jeweiligen Stichtag ergebenden – möglicherweise abweichenden – Buchwert;

(3) den maßgeblichen Betrag des auf die Anteile entfallenden Eigenkapitals, nämlich entweder das nach Durchführung einer Anpassung an den Bilanzierungs- und Bewertungsrahmen des Mutterunternehmens ermittelte oder das sich aus der Handelsbilanz des Tochterunternehmens, so wie sie von diesem für eigene Rechnungslegungszwecke aufgestellt wurde, ergebende oder das aus einer zusätzlichen »Neubewertung« resultierende Eigenkapital;

(4) die maßgeblichen Komponenten des anteiligen Eigenkapitals, die in die Verrechnung einzubeziehen sind;

(5) den maßgeblichen Stichtag, auf den die Verrechnung der Anteile mit dem auf sie entfallenden anteiligen Eigenkapital durchzuführen ist, nämlich entweder den Stichtag des jeweiligen Konzernabschlusses oder den Tag des Erwerbs der Anteile oder bei sukzessivem Erwerb der Anteile den Tag, an dem das Unternehmen zum ersten Mal die Bedingungen für eine Einbeziehung erfüllt;

(6) die Behandlung einer sich regelmäßig ergebenden Differenz zwischen dem Ansatz der Anteile und dem anteiligen Eigenkapital.

Zulässige Kapitalkonsolidierungsmethoden

Nach den geltenden Konzernrechnungslegungsvorschriften darf gem. § 301 HGB lediglich die »reine angelsächsische Methode« der Kapitalkonsolidierung – auch als »Erwerbsmethode«, »Methode der erfolgswirksamen Erstkonsolidierung«, »Methode der erfolgswirksamen Konsolidierung« und im angloamerikanischen Sprachraum als »Purchase Method« bezeichnet – angewendet werden; daneben kann (Wahlrecht) unter besonderen Voraussetzungen die Kapitalkonsolidierung nach der Pooling-of-Interests-Methode (»Kapitalkonsolidierung bei Interessenzusammenführung«) gem. § 302 HGB zur Anwendung kommen. Die nachfolgenden Ausführungen beziehen sich zunächst allein auf die Purchase-Methode und gehen erst anschließend auf die Pooling-of-Interests-Methode ein.

1.2 Purchase-Methode

Einzelerwerbsfiktion

Der in den §§ 301, 307 und 309 HGB geregelten Purchase-Methode liegt die Fiktion zugrunde, daß der Konzern im »Zeitpunkt des Erwerbs der Anteile oder der erstmaligen Einbeziehung des Tochterunternehmens deren einzelne Vermögensgegenstände erworben und Schulden übernommen hat ... (Einzelerwerbsfiktion)« (Arbeitskreis »Externe Unternehmensrechnung« der Schmalenbach-Gesellschaft – Deutsche Gesellschaft für Betriebswirtschaft e. V. 1989, S. 67). Insofern kann die Erwerbsmethode als konsequente Umsetzung der Einheitstheorie betrachtet werden.

Nach der Erwerbsfiktion müssen Bilanzinhalt und Bilanzwerte neu bestimmt werden. Dies führt dazu, »daß die einzelnen Vermögensgegenstände und Schulden weder bezüglich des Ansatzes noch der Bewertung unverändert aus dem Einzelabschluß (bzw. der HB II, d. Verf.) des Tochterunternehmens übernommen werden können« (Schildbach, T. 1998, S. 150). Infolgedessen werden der Konsolidierung somit nicht die Buchwerte der Einzelposten der erworbenen Tochterunternehmen zugrunde gelegt, sondern deren Anschaffungswerte, die aus Konzernsicht bzw. aus der Sicht des obersten Mutterunternehmens zu ermitteln sind.

Von den tatsächlichen (historischen) Anschaffungskosten der Vermögensgegenstände und Schulden bei den jeweiligen Tochterunternehmen unterscheiden sich die neuen, aus Konzernsicht zutreffenden Anschaffungskosten dadurch,

- »daß der Anschaffungsvorgang fingiert wird,
- daß die Anschaffungskosten aus Sicht eines anderen Erwerbers – des Konzerns an Stelle des Tochterunternehmens – ermittelt werden, und
- daß sie auf einen späteren Zeitpunkt – den Erstkonsolidierungszeitpunkt – bezogen sind« (ORDELHEIDE, D. 1986, S. 493).

Wie die Wertfindung im einzelnen vorzunehmen ist, regelt der deutsche Gesetzgeber nicht. Nach der der Purchase-Methode zugrundeliegenden Konzeption kommt allerdings als Bewertungsmaßstab allein der Zeitwert in Betracht.

Indem somit im Rahmen der Kapitalkonsolidierung nach der Purchase-Methode die Buchwerte durch die aus Konzernsicht zutreffenden Anschaffungskosten ersetzt werden und diese Anschaffungskosten als Zeitwerte zu interpretieren sind, kann ein wesentlicher Teil der Kapitalkonsolidierung mithin als Bestimmung der Konzern-Anschaffungskosten interpretiert werden. Diese Bestimmung stellt aber nichts anderes dar als eine Überführung (Transformation) von Buchwerten in Tagesbeschaffungswerte. Da bei Vermögensgegenständen/Schulden die Differenz zwischen höherem/niedrigerem Tagesbeschaffungswert und niedrigerem/höherem Buchwert als stille Rücklage zu interpretieren ist (im umgekehrten Fall spricht man von stillen Lasten), kann die Kapitalkonsolidierung im Rahmen der Purchase-Methode letztlich als Offenlegung und Fortführung solcher stiller Rücklagen (aber auch stiller Lasten) interpretiert werden, die mit dem Kauf der Anteile vergütet wurden.

Mit der Einführung der Purchase-Methode paßte sich der deutsche Gesetzgeber dem international üblichen Verfahren der Kapitalkonsolidierung an. Vorgeschrieben wurde diese Anpassung durch Art. 19 der 7. EG-Richtlinie.

Varianten der Purchase-Methode

Das Bilanzrecht stellt mit den als formal gleichrangig betrachteten Verfahren der Buchwert- und der Neubewertungsmethode zwei alternative Varianten zur Durchführung der Kapitalkonsolidierung zur Wahl. Beide Varianten können von einem Konzern auf unterschiedliche Tochterunternehmen nebeneinander angewendet werden.

1.2.1 Buchwertmethode

Vorgehensweise

Die Konsolidierung nach der Buchwertmethode ist wie folgt vorzunehmen:

(1) Die im Jahresabschluß des Tochterunternehmens ausgewiesenen Abschlußposten werden, anders als bei der anteilmäßigen (= quotalen) Konsolidierung von Gemeinschaftsunternehmen gem. § 310 HGB, in voller Höhe, unabhängig von der Höhe des dem Mutterunternehmen zuzurechnenden Anteils am Kapital des Tochterunternehmens, in den Summen- und Konzernabschluß übernommen.

(2) Bei dem Ansatz und der Bewertung der Jahresabschlußposten sind die Grundsätze der Maßgeblichkeit des Bilanzierungs- und Bewertungsrahmens des Mutterunternehmens sowie der konzerneinheitlichen Bewertung gem. den §§ 300 Abs. 2 und 308 HGB zu beachten. Weicht der von dem Tochterunternehmen für eigene Rechnungslegungszwecke aufgestellte Jahresabschluß, die sog. HB I, von den dem Konzernabschluß zugrundeliegenden Ansatz- und Bewertungswahlrechten ab, so sind zunächst die entsprechenden Anpassungen in einer sog. HB II vorzunehmen. Nur die in dieser HB II angesetzten Aktiva und Passiva sind sodann unverändert in den Summenabschluß zu übernehmen, bevor die Kapitalkonsolidierung durchgeführt wird.

(3) Die dem Mutterunternehmen zuzurechnende Beteiligung an dem Tochterunternehmen wird mit dem auf die Beteiligung entfallenden anteiligen Eigenkapital des Tochterunternehmens, so wie es in der HB II des Tochterunternehmens ausgewiesen wird, verrechnet.

(4) Dem Mutterunternehmen werden gem. § 290 Abs. 3 HGB nicht nur die unmittelbaren, sondern auch alle mittelbaren Beteiligungen an dem Tochterunternehmen, die von auf der Grundlage der Vollkonsolidierung in den Konzernabschluß einbezogenen anderen Tochterunternehmen gehalten werden, zugerechnet.

(5) Die Verrechnung der Beteiligung mit dem anteiligen Eigenkapital wird gem. § 301 Abs. 2 Satz 1 HGB »auf der Grundlage der Wertansätze zum Zeitpunkt des Erwerbs der Anteile oder der erstmaligen Einbeziehung des Tochterunternehmens in den Konzernabschluß oder, beim Erwerb der Anteile zu verschiedenen Zeitpunkten, zu dem Zeitpunkt, zu dem das Unternehmen Tochterunternehmen geworden ist, durchgeführt«.

(6) Bei späteren Änderungen der beiden im Rahmen der Kapitalkonsolidierung zu berücksichtigenden Größen ist zu unterscheiden:

- Der Erwerb zusätzlicher Anteile am Tochterunternehmen von Dritten oder im Wege einer Kapitalerhöhung beim Tochterunternehmen führt nach herrschender Ansicht für die neuen Anteile zu einem neuen Erwerbszeitpunkt für die Durchführung der Kapitalkonsolidierung.

- Bei einer sich sonst ergebenden Erhöhung des Beteiligungsansatzes aufgrund eines Gesellschafterzuschusses oder einer -einlage ist zu unterscheiden, ob der Zuschuß beim empfangenden Tochterunternehmen als Ertrag bilanziert oder gem. § 272 Abs. 2 Nr. 4 HGB als Zuführung zur Kapitalrücklage behandelt wurde. Im ersten Fall wird der Geschäftsvorfall im Wege der Aufwands- und Ertragskonsolidierung gem. § 305 HGB, im zweiten Fall mittels der Kapitalkonsolidierung bereinigt.

- Bei einer Kapitalerhöhung des Tochterunternehmens ohne gleichzeitige Erhöhung der Beteiligung des Mutterunternehmens oder eines anderen in die Konsolidierung einbezogenen Tochterunternehmens ändert sich grundsätzlich das dem Mutterunternehmen anteilig zuzurechnende Eigenkapital des Tochterunternehmens, gegen das die Beteiligung verrechnet wird. Dabei können sich allerdings auch Auswirkungen auf die Rücklagen und/oder die Ertragslage des Konzerns ergeben.

(7) Ein sich aus der Verrechnung der Beteiligung mit dem anteiligen Eigenkapital ergebender Differenzbetrag ist gem. § 301 Abs. 1 Satz 3 HGB den Wertansätzen der in der Konzernbilanz anzusetzenden Vermögensgegenstände und Schulden des Tochterunternehmens insoweit zuzuschreiben oder mit diesen zu verrechnen, als deren Wert höher oder niedriger ist als der bisherige Wertansatz, der von der HB II in den Summenabschluß übernommen wurde (Aufdeckung stiller Rücklagen und Lasten). Die Wertobergrenze bzw. -untergrenze für die einzelnen Vermögensgegenstände und Schulden bilden dabei deren jeweilige Zeitwerte.

(8) Aufgrund der Regelung in § 307 Abs. 1 Satz 2 HGB erfolgt bei der Buchwertmethode eine Zuschreibung bzw. Verrechnung des Differenzbetrags auf die einzelnen Vermögensgegenstände und Schulden nur bis zur dem prozentualen Anteil des Mutterunternehmens am Kapital des Tochterunternehmens entsprechenden Höhe der aufdeckbaren stillen Rücklagen/Lasten des jeweiligen Tochterunternehmens. Anders als bei der Neubewertungsmethode werden die stillen Rücklagen/Lasten also nicht voll, sondern nur anteilig aufgedeckt.

(9) Verbleibt nach dieser Zuschreibung bzw. Verrechnung eine Restgröße, so ist sie als gesonderter Posten in der Konzernbilanz auszuweisen. Handelt es sich um eine aktivische Differenz, erfolgt der Ausweis nach § 301 Abs. 3 Satz 1 HGB als »Geschäfts- oder Firmenwert«, während eine passivische Differenz als »Unterschiedsbetrag aus der Kapitalkonsolidierung« in die Konzernbilanz einzustellen ist.

(10) Das Gesetz sieht grundsätzlich einen gesonderten Ausweis der aktivischen und passivischen Unterschiedsbeträge vor. § 301 Abs. 3 Satz 3 HGB erlaubt aber auch eine Saldierung.

(11) Ergibt sich ein Geschäfts- oder Firmenwert, läßt § 309 Abs. 1 HGB die Abschreibung zu mindestens einem Viertel in jedem folgenden Geschäftsjahr (was auch die Möglichkeit zur sofortigen Vollabschreibung einschließt) oder eine planmäßige Abschreibung über die voraussichtliche Dauer der Nutzung oder die offene Verrechnung mit den Rücklagen zu. Bis auf die Möglichkeit der Verrechnung mit den Rücklagen korrespondiert diese Regelung mit jener in § 255 Abs. 4 HGB zum Einzelabschluß.

(12) Unter welchem Posten ein passivischer Unterschiedsbetrag aus der Kapitalkonsolidierung in der Konzernbilanz auszuweisen ist, wird im Gesetz nicht geregelt; er darf nur unter den in § 309 Abs. 2 HGB genannten Bedingungen aufgelöst werden.

Zusammenfassend läßt sich der Ablauf der Erstkonsolidierung nach der Buchwertmethode demnach wie folgt schaubildartig beschreiben (Abbildung entnommen aus DUSEMOND, M./KESSLER, H. 2001, S. 202):

Übersicht 37: Ablauf der Erstkonsolidierung nach der Buchwertmethode

Ablauf der Erstkonsolidierung nach § 301 HGB (Buchwertmethode)

Ausgangspunkt: Summenabschluß
= Ergebnis der Queraddition der hinsichtlich Stichtag, Bilanzierung, Bewertung und Ausweis vereinheitlichten Einzelabschlüsse des MU und des einzubeziehenden TU

↓

Festlegung des Aufrechnungszeitpunkts
(§ 301 Abs. 2 HGB)
Zeitpunkt des Erwerbs der Anteile
oder Zeitpunkt der erstmaligen Einbeziehung des TU in den Konzernabschluß
oder Zeitpunkt, zu dem das Unternehmen TU geworden ist (sukzessiver Anteilserwerb)

Beteiligungsquote = 100 % ↓ | ↓ **Beteiligungsquote < 100 %**

Kapitalaufrechnung
(§ 301 Abs. 1 HGB)
Aufrechnung des Beteiligungsbuchwerts des MU gegen das
volle EK des TU | **anteilige** EK des TU

↓ ↓

Zuordnung einer verbleibenden Aufrechnungsdifferenz
(§ 301 Abs. 1 Satz 3, Abs. 3 Satz 1 HGB)
volle Aufdeckung stiller Rücklagen/Lasten | **quotale** Aufdeckung stiller Rücklagen/Lasten
unter Beachtung des Anschaffungswertprinzips
und/oder
Ansatz eines Geschäfts- oder Firmenwerts
und/oder
Ansatz eines passivischen Unterschiedsbetrags

↓

Anteile anderer Gesellschafter
(§ 307 Abs. 1 Satz 1 HGB)
Umbuchung des **aktuellen**, nicht auf Anteile des MU entfallenden EK des TU in einen Ausgleichsposten für Anteile anderer Gesellschafter

↓ ↓

Ggf. Fortführung der Kapitalaufrechnungsdifferenz
Abschreibung stiller Rücklagen/Reserven
und/oder Abschreibung/Verrechnung eines Geschäfts- oder Firmenwerts
oder Auflösung/Umgliederung eines passivischen Unterschiedsbetrags

1.2.2 Neubewertungsmethode

Aufdeckung der stillen Rücklagen/ Lasten in der HB III

Als zweite Variante der Kapitalkonsolidierung kann das Mutterunternehmen die Neubewertungsmethode wählen. Nach dieser Methode ist das Eigenkapital des Tochterunternehmens nach § 301 Abs. 1 Satz 2 Nr. 2 HGB anzusetzen »mit dem Betrag, der dem Wert der in den Konzernabschluß aufzunehmenden Vermögensgegenstände, Schulden, Rechnungsabgrenzungsposten, Bilanzierungshilfen und Sonderposten entspricht, der diesen … beizulegen ist«. Bei der Neubewertungsmethode erfolgt somit neben der Anpassung an die konzerneinheitlichen Bilanzierungs- und Bewertungsmethoden in der HB II eine weitere Modifikation der Einzelabschlußwerte des Tochterunternehmens, indem die stillen Rücklagen und Lasten – im Gegensatz zur Buchwertmethode – bereits in einer der eigentlichen Konsolidierung vorgelagerten sog. Handelsbilanz III den Vermögensgegenständen und Schulden zugeordnet werden. In dieser HB III werden somit sämtliche Vermögensgegenstände und Schulden des Tochterunternehmens mit ihren Zeitwerten zum Zeitpunkt der Erstkonsolidierung angesetzt, so daß aufgrund dieser Neubewertung bereits in der HB III ein höheres konsolidierungspflichtiges Eigenkapital angesetzt wird als im Fall der Buchwertmethode.

Vergleich der Behandlung stiller Reserven nach der Buchwertmethode und nach der Neubewertungsmethode

Während im Rahmen der Buchwertmethode die stillen Reserven erst in der Konsolidierungsspalte und dort auch nur entsprechend dem auf den Konzern entfallenden Anteil aufgedeckt werden, erfolgt die Aufdeckung der stillen Reserven im Zuge der Neubewertungsmethode auf Ebene der HB III und dort in voller Höhe – unabhängig von dem tatsächlich auf den Konzern entfallenden Anteil.

Demnach läßt sich die Behandlung stiller Reserven in Abhängigkeit der angewandten Konsolidierungsmethode nach dem Ort der Aufdeckung sowie der Höhe der Aufdeckung unterscheiden. Diesen Zusammenhang soll die nachstehende Abbildung wiedergeben.

Übersicht 38: Vergleich der Behandlung stiller Reserven nach der Buchwertmethode und nach der Neubewertungsmethode

Kriterien / Methode	Ort der Aufdeckung stiller Reserven	Höhe der aufgedeckten stillen Reserven
Buchwertmethode nach § 301 Abs. 1 Satz 2 Nr. 1 HGB	Konsolidierungsspalte	anteilig entsprechend der auf den Konzern entfallenden Beteiligungsquote
Neubewertungsmethode nach § 301 Abs. 1 Satz 2 Nr. 2 HGB	vorgelagerte HB III-Rechnung	voll

Begrenzung der Neubewertungsmethode

»Im Gegensatz zu Art. 19 Abs. 1 Buchst. b) der 7. EG-Richtlinie, der die Neubewertungsmethode ohne Begrenzung vorsieht, darf nach § 301 Abs. 1 Satz 4 HGB das anteilige Eigenkapital nicht höher als die von dem Mutterunternehmen aufgewendeten Anschaffungskosten der Beteiligung angesetzt werden. Diese als Methode der begrenzten Neubewertung bezeichnete Vorgehensweise entspricht den Grundlagen des deutschen Bilanzrechts« (SCHINDLER, J. 1986, S. 179). Infolge dieser Begrenzung der Neubewertungsmethode ergeben sich im Fall einer 100%igen Beteiligung des Mutterunternehmens am Tochterunternehmen grundsätzlich identische Wertansätze bei der Buchwertmethode und der Neubewertungsmethode. Zwar ist bei der Buchwertmethode der Unterschiedsbetrag zwischen Beteiligungsansatz und zu verrechnendem Eigenkapital – mangels Aufdeckung der stillen Rücklagen/Lasten in einer HB III – tendenziell größer als bei der Neubewertungsmethode, für die Höhe der Wertansätze der Vermögensgegenstände und Schulden in der Konzernbilanz ist es aber grundsätzlich unerheblich, in welcher Phase der Kapitalkonsolidierung die Aufdeckung der stillen Rücklagen/Lasten erfolgt.

Vorhandensein anderer Gesellschafter

Nur wenn auch andere Gesellschafter an dem Tochterunternehmen beteiligt sind, ergibt sich ein Unterschied: Während bei der Buchwertmethode stille Rücklagen/Lasten grundsätzlich nur anteilig in Höhe der dem Mutterunternehmen zuzurechnenden Beteiligungsquote aufgedeckt werden und der den anderen Gesellschaftern zuzurechnende Ausgleichsposten für deren Anteile am Eigenkapital »auf der Grundlage des nominalen Eigenkapitals aus dem Einzelabschluß des Tochterunternehmens berechnet wird, orientiert sich die Ermittlung bei der Methode der begrenzten Neubewertung am neubewerteten Eigenkapital des Tochterunternehmens« (SCHINDLER, J. 1986, S. 180) entsprechend der HB III (vgl. auch § 307 Abs. 1 Satz 2 HGB). Daraus folgt, daß bei der Neubewertungsmethode die stillen Rücklagen/Lasten nicht nur anteilig entsprechend der Beteiligungsquote des Mutterunternehmens, sondern voll aufgedeckt werden; die Aufwertungsbegrenzung durch § 301 Abs. 1 Satz 4 HGB ist dabei jedoch zu beachten. Ceteris paribus führt also die Methode der begrenzten Neubewertung verglichen mit der Buchwertmethode, falls andere Gesellschafter vorhanden sind, zu

(1) einer höheren Konzernbilanzsumme,

(2) einem höheren Ansatz des Ausgleichspostens für die Anteile anderer Gesellschafter und

(3) im Rahmen der Folgekonsolidierungen zu niedrigeren Konzernjahresüberschüssen bzw. zu höheren Konzernjahresfehlbeträgen.

Zusammenfassend läßt sich der Ablauf der Erstkonsolidierung nach der Neubewertungsmethode demnach wie folgt schaubildartig beschreiben (Abbildung entnommen aus DUSEMOND, M./KESSLER, H. 2001, S. 202):

Übersicht 39: Ablauf der Erstkonsolidierung nach der Neubewertungsmethode

Ablauf der Erstkonsolidierung nach § 301 HGB (Neubewertungsmethode)

Festlegung des Aufrechnungszeitpunkts
(§ 301 Abs. 2 HGB)
Zeitpunkt des Erwerbs der Anteile
oder Zeitpunkt der erstmaligen Einbeziehung des TU in den Konzernabschluß
oder Zeitpunkt, zu dem das Unternehmen TU geworden ist (sukzessiver Anteilserwerb)

↓

Neubewertung des Vermögens des TU
(§ 301 Abs. 1 Satz 2 Nr. 2, Satz 4 HGB)
Aufdeckung (und ggf. Fortführung) der im Aufrechnungszeitpunkt vorhandenen stillen Rücklagen/Lasten unter Beachtung des Anschaffungswertprinzips

↓

Summenabschluß
= Ergebnis der Queraddition der hinsichtlich Stichtag, Bilanzierung, Bewertung und Ausweis vereinheitlichten Einzelabschlüsse des MU und des einzubeziehenden TU

Beteiligungsquote = 100 % ↓ | ↓ **Beteiligungsquote < 100 %**

Kapitalaufrechnung
(§ 301 Abs. 1 HGB)
Aufrechnung des Beteiligungsbuchwerts des MU gegen das
volle neubewertete EK des TU | **anteilige** neubewertete EK des TU

↓

Zuordnung einer verbleibenden Aufrechnungsdifferenz
(§ 301 Abs. 3 Satz 1 HGB)
Ansatz eines Geschäfts- oder Firmenwerts
oder Ansatz eines passivischen Unterschiedsbetrags

↓ (bei Beteiligungsquote < 100 %)

Anteile anderer Gesellschafter
(§ 307 Abs. 1 Satz 1 HGB)
Umbuchung des **aktuellen**, nicht auf Anteile des MU entfallenden EK des TU in einen Ausgleichsposten für Anteile anderer Gesellschafter

↓

Ggf. Fortführung der Kapitalaufrechnungsdifferenz
Abschreibung/Verrechnung eines Geschäfts- oder Firmenwerts
oder Auflösung/Umgliederung eines passivischen Unterschiedsbetrags

1.2.3 Konsolidierungsfälle

Die nachfolgenden Konsolidierungsfälle gehen von den untenstehenden Daten aus.

Das Mutterunternehmen M-AG und das Tochterunternehmen T-GmbH weisen zum 31.12.01 folgende Einzelabschlüsse aus (vgl. DUSEMOND, M. 1991, S. 196ff.):

	M-AG		T-GmbH	
	Aktiva	Passiva	Aktiva	Passiva
Aktiva:				
Grundstücke	400		200	
Maschinen	1500		800	
Anteile an verbundenen Unternehmen	1330		200	
Vorräte	800		300	
sonstiges Umlaufvermögen	1450		1350	
Passiva:				
Gezeichnetes Kapital		1500		400
Kapitalrücklage		300		100
Gewinnrücklagen		1000		350
Bilanzgewinn		200		50
Rückstellungen		1000		500
sonstige Passiva		1480		1450
Summe	5480	5480	2850	2850

Erläuterungen:

Im Zuge ihrer Expansionsstrategie und zur Aufrechterhaltung ihrer Marktstellung erwarb die M-AG am 28.12.01 eine Beteiligung an der T-GmbH zu einem Kaufpreis von 1130.

Die Aktiva der T-GmbH weisen zum 31.12.01 folgende Werte auf:

	Buchwert	Zeitwert	Stille Rücklagen
Grundstücke	200	250	50
Maschinen	800	900	100
Anteile an verbundenen Unternehmen	200	200	–
Vorräte	300	300	–
sonstiges Umlaufvermögen	1350	1350	–

Anpassungen an den Bilanzierungs- und Bewertungsrahmen des Mutterunternehmens sind nicht notwendig und erfolgen auch nicht auf freiwilliger Basis.

1.2.3.1 Konsolidierung bei einem Anteilsbesitz von 100 %

Zunächst wird der Fall unterstellt, daß die M-AG alle Anteile an der T-GmbH erwirbt, demnach also keine anderen Gesellschafter vorhanden sind.

1.2.3.1.1 Erstkonsolidierung

Erste Einbeziehung eines Tochterunternehmens

Als Erstkonsolidierung wird der Vorgang bezeichnet, bei dem erstmalig, also anläßlich der ersten Einbeziehung eines Tochterunternehmens in den Konzernabschluß, Anteile an diesem Tochterunternehmen gegen das anteilige Eigenkapital aufgerechnet werden. Davon zu unterscheiden sind die sog. Folgekonsolidierungen, die jeweils zu den nachfolgenden Konzernabschlußstichtagen durchzuführen sind.

1.2.3.1.1.1 Buchwertmethode

Zugrundeliegende Daten

Im Rahmen der Buchwertmethode stehen in der Spalte der T-GmbH grundsätzlich die Abschlußwerte der handelsrechtlichen einzelgesellschaftlichen Rechnungslegung (HB I). Wurden gem. den §§ 300 Abs. 2 und 308 HGB jedoch freiwillig oder zwingend Anpassungen vorgenommen, so gelangen diese korrigierten Werte zum Ansatz (HB II). Da im konkreten Fall Anpassungen an den Bilanzierungs- und Bewertungsrahmen des Mutterunternehmens nicht notwendig sind und auch nicht auf freiwilliger Basis erfolgen, entsprechen sich bei der M-AG und der T-GmbH die jeweiligen HB I und HB II.

Darstellung der einzelnen Konsolidierungsschritte

Durch eine bloße Queraddition gleicher Abschlußposten der in die Konsolidierung einbezogenen Unternehmen wird der sog. Summenabschluß aufgestellt. Diese Zusammenfassung gleicher Abschlußposten bildet stets den Ausgangspunkt der Konsolidierung (vgl. Übersicht 40).

(1) Mit der Buchung (1) werden die von dem Mutterunternehmen gehaltenen »Anteile an verbundenen Unternehmen« gegen das Eigenkapital des Tochterunternehmens aufgerechnet. Da das Mutterunternehmen 100 % der Anteile hält, wird das gesamte Eigenkapital des Tochterunternehmens aufgerechnet. Für beide Aufrechnungskomponenten gilt, daß die Wertverhältnisse zum Zeitpunkt der Erstkonsolidierung maßgebend sind.

(2) Dem Wert der Anteile von 1130 (Kaufpreis für die T-GmbH) steht ein aufzurechnendes Eigenkapital in Höhe von 900 [= 400+100+350+50] gegenüber. Da beide Komponenten nicht gleich hoch sind, entsteht ein Unterschiedsbetrag. Im konkreten Fall ergibt sich ein Unterschiedsbetrag in Höhe von 230 [= 1130–900], der aus rein didaktischen Gründen lediglich vorübergehend bis zur weiteren Verrechnung als »Ausgleichsposten aus der Kapitalkonsolidierung« ausgewiesen wird. Da sich die Konsolidierungsbuchungen im Soll und Haben ausgleichen müssen, entsteht der Unterschiedsbetrag stets auf der Kontenseite, auf der ein höherer Betrag verrechnet wurde. Auf der Aktivseite wurde ein Wert von 1130 verrechnet,

dem ein passivischer Eliminierungsbetrag von 900 gegenübersteht. Folglich ergibt sich im konkreten Fall ein aktivischer Unterschiedsbetrag von 230.

(3) Der Unterschiedsbetrag von 230 wird auf seine Ursachen hin analysiert. Wie den Erläuterungen zu entnehmen ist, liegen bei der T-GmbH die Zeitwerte der Grundstücke um 50 und die Zeitwerte der Maschinen um 100 höher als die Buchwerte. Da die M-AG alle Anteile an der T-GmbH hält, werden alle stillen Rücklagen als positive Differenz zwischen den Zeit- und Buchwerten aufgedeckt. Mit der Buchung (2) werden somit die bisherigen Buchwerte der T-GmbH in volle Zeitwerte umgewandelt. Die Zuordnung erfolgt erfolgsneutral; denn die Erfolgsrechnung wird durch diese Aufdeckung der stillen Rücklagen nicht tangiert.

(4) Während sich der gesamte Unterschiedsbetrag aus der Kapitalkonsolidierung auf 230 belief, wurden bislang mit der Buchung (2) lediglich 150 [= 50+100] des Ausgleichspostens weiterverrechnet. Die noch verbleibende Differenz von 80 [= 230–150] ist im Posten »Geschäfts- oder Firmenwert« auszuweisen. Auch dieser Ausweis erfolgt mit der Buchung (2), womit gleichzeitig der (aus didaktischen Gründen vorübergehend ausgewiesene) Ausgleichsposten aus der Kapitalkonsolidierung wieder aufgelöst wurde.

(5) Damit ist klargestellt, daß der Unterschiedsbetrag zunächst den jeweiligen Wertansätzen zuzuordnen ist. Erst nach dieser Zuordnung kann eine evtl. verbleibende unverteilbare Restgröße als Geschäfts- oder Firmenwert ausgewiesen werden.

(6) Wenn sodann in einem letzten Schritt die Summenbilanz und die Konsolidierungsbuchungen sozusagen »ineinander geschoben« werden, wird auf diesem Wege die Konzernbilanz erstellt.

Übersicht 40: Buchwertmethode (Erstkonsolidierung zum 31.12.01)
– 100%iger Anteilsbesitz –

	M-AG HB II	T-GmbH HB II	Σ-Bilanz	Konsolidierung S	Konsolidierung H	Konzern-bilanz
Geschäfts- oder Firmenwert	–	–	–	(2) 80		80
Grundstücke	400	200	600	(2) 50		650
Maschinen	1500	800	2300	(2) 100		2400
Anteile an verbundenen Unternehmen	1330	200	1530		(1) 1130	400
Vorräte	800	300	1100			1100
sonstiges Umlaufvermögen	1450	1350	2800			2800
Ausgleichsposten aus der Kapitalkonsolidierung	–	–	–	(1) 230	(2) 230	–
Summe	5480	2850	8330			7430
Gezeichnetes Kapital	1500	400	1900	(1) 400		1500
Kapitalrücklage	300	100	400	(1) 100		300
Gewinnrücklagen	1000	350	1350	(1) 350		1000
Bilanzgewinn	200	50	250	(1) 50		200
Ausgleichsposten für Anteile anderer Gesellschafter	–	–	–			–
Rückstellungen	1000	500	1500			1500
sonstige Passiva	1480	1450	2930			2930
Summe	5480	2850	8330	1360	1360	7430

1.2.3.1.1.2 Neubewertungsmethode

Aufdeckung der stillen Rücklagen bereits in der HB III

Im Rahmen der Neubewertungsmethode erfolgt die Aufdeckung der stillen Rücklagen/Lasten bereits vor der eigentlichen Kapitalkonsolidierung. Diese Zuordnung wird bereits in der HB III vorgenommen (vgl. Übersicht 41), die dann in den Summenabschluß eingeht. Da die Korrekturen wertmäßig im Soll und im Haben übereinstimmen müssen, wird die Haben-Buchung in den Gewinnrücklagen vorgenommen. Das durch diese Buchung erhöhte Eigenkapital ist dann auch Gegenstand der Kapitalkonsolidierung und wird gegen den Posten »Anteile an verbundenen Unternehmen« aufgerechnet.

Übersicht 41: Erstellung der HB III für die T-GmbH zum 31.12.01

	HB II	Korrekturbuchungen S	Korrekturbuchungen H	HB III
Grundstücke	200	(1) 50		250
Maschinen	800	(1) 100		900
Anteile an verbundenen Unternehmen	200			200
Vorräte	300			300
sonstiges Umlaufvermögen	1350			1350
Summe	2850			3000
Gezeichnetes Kapital	400			400
Kapitalrücklage	100			100
Gewinnrücklagen	350		(1) 150	500
Bilanzgewinn	50			50
Rückstellungen	500			500
sonstige Passiva	1450			1450
Summe	2850	150	150	3000

Die Durchführung der eigentlichen Kapitalkonsolidierung erfolgt in der Übersicht 42:

(1) In die Summenbilanz gehen nicht die Abschlußwerte der einzelgesellschaftlichen Rechnungslegung bzw. der HB II der T-GmbH ein, sondern die entsprechenden Werte der HB III.

(2) Mit der Buchung (1) erfolgt die Aufrechnung der Anteile gegen das Eigenkapital. Hinzuweisen ist in diesem Zusammenhang auf die um die stillen Rücklagen erhöhten Gewinnrücklagen. Den Anteilen in Höhe von 1130 steht ein aufzurechnendes Eigenkapital in Höhe von nunmehr 1050 [= 400+100+500+50] gegenüber. Die Differenz von 80 [= 1130–1050] wird in den Ausgleichsposten aus der Kapitalkonsolidierung eingestellt, der auch hier nur verrechnungstechnischen Charakter hat.

(3) Da die stillen Rücklagen im Rahmen der Neubewertungsmethode bereits vor der eigentlichen Kapitalkonsolidierung aufgedeckt wurden, muß ein in diesem Fall verbleibender aktivischer Unterschiedsbetrag ein Geschäfts- oder Firmenwert sein. Mit der Buchung (2) wird eben dieser Unterschiedsbetrag in den Posten »Geschäfts- oder Firmenwert« eingestellt.

Übersicht 42: Neubewertungsmethode (Erstkonsolidierung zum 31.12.01) – 100%iger Anteilsbesitz –

	M-AG HB II	T-GmbH HB III	Σ-Bilanz	Konsolidierung S	Konsolidierung H	Konzern-bilanz
Geschäfts- oder Firmenwert	–	–	–	(2) 80		80
Grundstücke	400	250	650			650
Maschinen	1500	900	2400			2400
Anteile an verbundenen Unternehmen	1330	200	1530		(1) 1130	400
Vorräte	800	300	1100			1100
sonstiges Umlaufvermögen	1450	1350	2800			2800
Ausgleichsposten aus der Kapitalkonsolidierung	–	–	–	(1) 80	(2) 80	–
Summe	5480	3000	8480			7430
Gezeichnetes Kapital	1500	400	1900	(1) 400		1500
Kapitalrücklage	300	100	400	(1) 100		300
Gewinnrücklagen	1000	500	1500	(1) 500		1000
Bilanzgewinn	200	50	250	(1) 50		200
Ausgleichsposten für Anteile anderer Gesellschafter	–	–	–			–
Rückstellungen	1000	500	1500			1500
sonstige Passiva	1480	1450	2930			2930
Summe	5480	3000	8480	1210	1210	7430

(4) Ein Vergleich der Bilanzbilder nach Durchführung der Buchwert- und Neubewertungsmethode zeigt, daß beide Bilanzen völlig übereinstimmen. Diese Übereinstimmung ist grundsätzlich gegeben, wenn andere Gesellschafter nicht vorhanden sind.

1.2.3.1.2 Folgekonsolidierung

Prämissen

Es sind nunmehr die Folgekonsolidierungen zum 31.12.02 durchzuführen. Dabei ist von nachfolgenden Prämissen auszugehen:

(1) Ein sich ergebender Geschäfts- oder Firmenwert ist in jedem folgenden Geschäftsjahr zu 25% abzuschreiben.

(2) Die Restnutzungsdauer der Maschinen beträgt fünf Jahre. Aus Vereinfachungsgründen soll die Abschreibung auf die aufgedeckten stillen Rücklagen erstmalig im Geschäftsjahr 02 erfolgen.

(3) Die Bilanzdaten bleiben zum 31.12.02 bis auf folgende Modifikationen unverändert:

Bei der T-GmbH wurde der Bilanzgewinn des Vorjahrs in Höhe von 50 vollständig thesauriert. Ferner werden aus dem Jahresüberschuß des laufenden Geschäftsjahrs in Höhe von 150 weitere 100 in die Gewinnrücklagen eingestellt, so daß auch im Geschäftsjahr 02 der Bilanzgewinn der T-GmbH 50 beträgt. Die im Vergleich zum Vorjahr aufgrund der erhöhten Gewinnrücklagen in Höhe von 150 resultierende Bilanzverlängerung schlägt sich auf der Aktivseite als Erhöhung des sonstigen Umlaufvermögens nieder. Bei der T-GmbH betragen somit in 02 – abweichend zum Vorjahr – das sonstige Umlaufvermögen 1500 und die Gewinnrücklagen 500.

1.2.3.1.2.1 Buchwertmethode

(1) In den Summenabschluß gehen wieder die handelsrechtlichen Abschlußwerte der einzelgesellschaftlichen Rechnungslegung der T-GmbH, nach einer evtl. Anpassung gem. den §§ 300 Abs. 2 und 308 HGB (HB II), ein (vgl. Übersicht 43).

(2) Mit der Buchung (1) erfolgt eine Aufrechnung der Anteile gegen das gesamte Eigenkapital. Hier ist zu beachten, daß die Werte der Erstkonsolidierung entscheidend sind. Bei den Gewinnrücklagen werden daher nicht 500, sondern 350 verrechnet. Die während der Konzernzugehörigkeit bei der T-GmbH gebildeten Rücklagen gehen somit nicht in die Kapitalkonsolidierung ein, sondern erhöhen in der Konzernbilanz die Konzernrücklagen (vgl. aber Gliederungspunkt 1.2.3.4).

(3) Es entsteht somit – wie bei der Erstkonsolidierung – ein Ausgleichsposten aus der Kapitalkonsolidierung in Höhe von 230 [= 1130–900].

(4) Mit der Buchung (2) werden 50 stille Rücklagen den Grundstücken und 100 stille Rücklagen den Maschinen zugeordnet. Die verbleibende Differenz von 80 wird in den Posten »Geschäfts- oder Firmenwert« eingestellt.

(5) Bis hierher stimmen alle Buchungen der Erst- und Folgekonsolidierung überein. Generell gilt: Bei einem 100%igen Anteilsbesitz setzt jede Folgekonsolidierung die Erstkonsolidierung voraus.

(6) Mit der Buchung (3) wird der Geschäfts- oder Firmenwert abgeschrieben.

(7) Die Buchung (4) nimmt eine Abschreibung der im Posten »Maschinen« aufgedeckten stillen Rücklagen vor; denn die aufgedeckten stillen Rücklagen teilen das Schicksal jener Posten, denen sie zugeordnet wurden. Da die Maschinen über eine Nutzungsdauer von fünf Jahren abzuschreiben sind, ist auch eine entsprechende Abschreibung der stillen Rücklagen vorzunehmen.

(8) Die Konsolidierungsbuchungen (3) und (4) berühren, da sie erfolgswirksam sind, die GuV (hier vereinfacht gegen den Bilanzgewinn gebucht).

(9) Es ist zu beachten: Während die Aufdeckung (Zuordnung) stiller Rücklagen und die Ermittlung des Geschäfts- oder Firmenwerts erfolgsneutral vorgenommen werden, handelt es sich bei den Abschreibungen auf die stillen Rücklagen und den Geschäfts- oder Firmenwert um erfolgswirksame Vorgänge.

Übersicht 43: Buchwertmethode (Zweitkonsolidierung zum 31.12.02) – 100%iger Anteilsbesitz –

	M-AG HB II	T-GmbH HB II	Σ-Bilanz	Konsolidierung S	Konsolidierung H	Konzern-bilanz
Geschäfts- oder Firmenwert	–	–	–	(2) 80	(3) 20	60
Grundstücke	400	200	600	(2) 50		650
Maschinen	1500	800	2300	(2) 100	(4) 20	2380
Anteile an verbundenen Unternehmen	1330	200	1530		(1) 1130	400
Vorräte	800	300	1100			1100
sonstiges Umlaufvermögen	1450	1500*	2950			2950
Ausgleichsposten aus der Kapitalkonsolidierung	–	–	–	(1) 230	(2) 230	–
Summe	5480	3000	8480			7540
Gezeichnetes Kapital	1500	400	1900	(1) 400		1500
Kapitalrücklage	300	100	400	(1) 100		300
Gewinnrücklagen	1000	500*	1500	(1) 350		1150
Bilanzgewinn	200	50	250	(1) 50 (3) 20 (4) 20		160
Ausgleichsposten für Anteile anderer Gesellschafter	–	–	–			–
Rückstellungen	1000	500	1500			1500
sonstige Passiva	1480	1450	2930			2930
Summe	5480	3000	8480	1400	1400	7540

* Vgl. Prämisse (3), S. 200f.

1.2.3.1.2.2 Neubewertungsmethode

(1) Findet die Neubewertungsmethode Anwendung, geht in den Summenabschluß die HB III der T-GmbH ein. Die im Zuge der Erstkonsolidierung aufgedeckten stillen Rücklagen müssen in dieser HB III fortgeführt werden. Konkret müssen die im Posten »Maschinen« aufgedeckten stillen Rücklagen – entsprechend der unterstellten Nutzungsdauer – abgeschrieben werden. Auch hier zeigt sich, daß die Abschreibung erfolgswirksam ist und den Jahresüberschuß (hier vereinfacht den Bilanzgewinn) kürzt (vgl. Übersicht 44).

Übersicht 44: Erstellung der HB III für die T-GmbH zum 31.12.02

		Korrekturbuchungen		
	HB II	S	H	HB III
Grundstücke	200	(1) 50		250
Maschinen	800	(1) 100	(2) 20	880
Anteile an verbundenen Unternehmen	200			200
Vorräte	300			300
sonstiges Umlaufvermögen	1500*			1500
Summe	3000			3130
Gezeichnetes Kapital	400			400
Kapitalrücklage	100			100
Gewinnrücklagen	500*		(1) 150	650
Bilanzgewinn	50	(2) 20		30
Rückstellungen	500			500
sonstige Passiva	1450			1450
Summe	3000	170	170	3130

* Vgl. Prämisse (3), S. 200f.

(2) Buchung (1) der Übersicht 45 nimmt die Aufrechnung der Anteile gegen das Eigenkapital der T-GmbH vor. Entscheidend sind auch hier die Wertverhältnisse im Zeitpunkt der Erstkonsolidierung. Daher dürfen die Gewinnrücklagen nicht in Höhe von 650, sondern lediglich in Höhe von 500 in die Kapitalkonsolidierung eingehen (vgl. aber Gliederungspunkt 1.2.3.4).

(3) Es ergibt sich – wie bei der Erstkonsolidierung – ein verrechnungstechnischer Ausgleichsposten aus der Kapitalkonsolidierung in Höhe von 80 [= 1130–1050]. Da die stillen Rücklagen bei den Grundstücken und Maschinen bereits in der HB III aufgedeckt und fortgeführt wurden, muß es sich bei diesem Unterschiedsbetrag um einen Geschäfts- oder Firmenwert handeln.

(4) Der Geschäfts- oder Firmenwert wird mit der Buchung (2) eingestellt. Die Buchung (3) nimmt die erfolgswirksame Abschreibung des Geschäfts- oder Firmenwerts vor (hier vereinfacht gegen den Bilanzgewinn).

(5) Bei einem 100%igen Anteilsbesitz gilt auch bei der Neubewertungsmethode, daß die Folgekonsolidierung grundsätzlich die Buchungen der Erstkonsolidierung voraussetzt.

(6) Auch bei der Folgekonsolidierung führen die Buchwert- und Neubewertungsmethode bei einem 100%igen Anteilsbesitz grundsätzlich zum gleichen Ergebnis.

Übersicht 45: Neubewertungsmethode (Zweitkonsolidierung zum 31.12.02)
– 100%iger Anteilsbesitz –

	M-AG HB II	T-GmbH HB III	Σ-Bilanz	Konsolidierung S	Konsolidierung H	Konzern-bilanz
Geschäfts- oder Firmenwert	–	–	–	(2) 80	(3) 20	60
Grundstücke	400	250	650			650
Maschinen	1500	880	2380			2380
Anteile an verbundenen Unternehmen	1330	200	1530		(1) 1130	400
Vorräte	800	300	1100			1100
sonstiges Umlaufvermögen	1450	1500	2950			2950
Ausgleichsposten aus der Kapitalkonsolidierung	–	–	–	(1) 80	(2) 80	–
Summe	5480	3130	8610			7540
Gezeichnetes Kapital	1500	400	1900	(1) 400		1500
Kapitalrücklage	300	100	400	(1) 100		300
Gewinnrücklagen	1000	650	1650	(1) 500		1150
Bilanzgewinn	200	30	230	(1) 50		160
				(3) 20		
Ausgleichsposten für Anteile anderer Gesellschafter	–	–	–			–
Rückstellungen	1000	500	1500			1500
sonstige Passiva	1480	1450	2930			2930
Summe	5480	3130	8610	1230	1230	7540

(1) Bei der Buchung sind die Werte der HB III der Erstkonsolidierung maßgebend.

1.2.3.2 Konsolidierung bei einem Anteilsbesitz von weniger als 100%

Ausgleichsposten für Anteile anderer Gesellschafter

Auch dann, wenn der Konzern nicht alle Anteile an Konzernunternehmen hält und somit andere Gesellschafter an den Tochterunternehmen beteiligt sind, werden aus den Bilanzen der Tochterunternehmen die Vermögensgegenstände, Verbindlichkeiten usw. in voller Höhe in die Konzernbilanz übernommen. Es ist aber gem. § 307 Abs. 1 Satz 1 HGB in der Konzernbilanz »für nicht dem Mutterunternehmen gehörende Anteile an in den Konzernabschluß einbezogenen Tochterunternehmen ein Ausgleichsposten für die Anteile der anderen Gesellschafter in Höhe ihres Anteils am Eigenkapital unter entsprechender Bezeichnung innerhalb des Eigenkapitals gesondert auszuweisen«. Somit wird – auf eine Kurzformel gebracht – das auf andere Gesellschafter entfallende Kapital in einen Ausgleichsposten eingestellt.

1.2.3.2.1 Erstkonsolidierung

Nunmehr wird die bisherige Ausgangslage wie folgt geändert:

(1) Die M-AG erwirbt zum 28.12.01 nur 80% der Anteile an der T-GmbH zu einem Kaufpreis von 1130.

(2) Der Zeitwert bei den Vorräten der T-GmbH beträgt zum 31.12.01 insgesamt 400.

1.2.3.2.1.1 Buchwertmethode

(1) In den Summenabschluß gehen – trotz Existenz anderer Gesellschafter – die vollen Abschlußwerte der einzelgesellschaftlichen Rechnungslegung der T-GmbH, nach einer evtl. Anpassung gem. den §§ 300 Abs. 2 und 308 HGB (HB II), ein.

(2) Buchung (1) in der Übersicht 44 nimmt die Aufrechnung der Anteile gegen das Eigenkapital der T-GmbH vor. Da nunmehr andere Gesellschafter vorhanden sind, wird nicht gegen das gesamte Eigenkapital aufgerechnet, vielmehr ist nun auf das anteilige Kapital abzustellen. Da das Mutterunternehmen 80% der Anteile hält, erfolgt die Aufrechnung auch nur gegen 80% des Eigenkapitals. Den Anteilen in Höhe von 1130 steht nunmehr ein anteiliges Eigenkapital von 720 [= 0,8 × (400+100+350+50)] gegenüber, so daß sich ein Unterschiedsbetrag von 410 ergibt.

(3) Bei Existenz anderer Gesellschafter werden die stillen Rücklagen nur quotal – entsprechend dem Anteil des Mutterunternehmens – aufgedeckt. Diese Methode wird auch als quotale Aufdeckung stiller Rücklagen bezeichnet. Konkret werden mit der Buchung (2) 40 stille Rücklagen den Grundstücken, 80 stille Rücklagen den Maschinen sowie 80 stille Rücklagen den Vorräten zugeordnet.

(4) Die verbleibende Differenz von 210 [= 410–(40+80+80)] wird ebenfalls mit der Buchung (2) in den Posten »Geschäfts- oder Firmenwert« eingestellt.

(5) Mit der Buchung (3) werden die Anteile der anderen Gesellschafter ausgewiesen. Da 20% andere Gesellschafter vorhanden sind, werden dementsprechend auch 20% des Eigenkapitals der T-GmbH in den Ausgleichsposten umgegliedert. Dieser Ausgleichsposten für Anteile anderer Gesellschafter ist gesondert im Eigenkapital auszuweisen (vgl. § 307 Abs. 1 Satz 1 HGB). »In der Konzern-Gewinn- und Verlustrechnung ist der im Jahresergebnis enthaltene, anderen Gesellschaftern zustehende Gewinn und der auf sie entfallende Verlust nach dem Posten »Jahresüberschuß/Jahresfehlbetrag« unter entsprechender Bezeichnung gesondert auszuweisen« (§ 307 Abs. 2 HGB).

Übersicht 46: Buchwertmethode (Erstkonsolidierung zum 31.12.01)
– 80%iger Anteilsbesitz –

	M-AG HB II	T-GmbH HB II	Σ-Bilanz	Konsolidierung S	Konsolidierung H	Konzern-bilanz
Geschäfts- oder Firmenwert	–	–	–	(2) 210		210
Grundstücke	400	200	600	(2) 40		640
Maschinen	1500	800	2300	(2) 80		2380
Anteile an verbundenen Unternehmen	1330	200	1530		(1) 1130	400
Vorräte	800	300	1100	(2) 80		1180
sonstiges Umlaufvermögen	1450	1350	2800			2800
Ausgleichsposten aus der Kapitalkonsolidierung	–	–	–	(1) 410	(2) 410	–
Summe	5480	2850	8330			7610
Gezeichnetes Kapital	1500	400	1900	(1) 320 (3) 80		1500
Kapitalrücklage	300	100	400	(1) 80 (3) 20		300
Gewinnrücklagen	1000	350	1350	(1) 280 (3) 70		1000
Bilanzgewinn	200	50	250	(1) 40 (3) 10		200
Ausgleichsposten für Anteile anderer Gesellschafter	–	–	–		(3) 180	180
Rückstellungen	1000	500	1500			1500
sonstige Passiva	1480	1450	2930			2930
Summe	5480	2850	8330	1720	1720	7610

1.2.3.2.1.2 Neubewertungsmethode

(1) In die Summenbilanz gehen wieder die Werte der HB III der T-GmbH ein. Wie der Übersicht 47 zu entnehmen ist, sind nunmehr auch die Vorräte um 100 aufgewertet worden; entsprechend wurden auch die Gewinnrücklagen erhöht.

Übersicht 47: Erstellung der HB III für die T-GmbH zum 31.12.01				
		Korrekturbuchungen		
	HB II	S	H	HB III
Grundstücke	200	(1) 50		250
Maschinen	800	(1) 100		900
Anteile an verbundenen Unternehmen	200			200
Vorräte	300	(1) 100		400
sonstiges Umlaufvermögen	1350			1350
Summe	2850			3100
Gezeichnetes Kapital	400			400
Kapitalrücklage	100			100
Gewinnrücklagen	350		(1) 250	600
Bilanzgewinn	50			50
Rückstellungen	500			500
sonstige Passiva	1450			1450
Summe	2850	250	250	3100

(2) Mit der Buchung (1) in der Übersicht 42 erfolgt eine Aufrechnung der Anteile mit dem Eigenkapital von T. Auch hier ist das Eigenkapital lediglich quotal – also in Höhe des Konzernanteils – aufzurechnen. Es ergibt sich ein Unterschiedsbetrag von 210 [= 1130–0,8 × (400+100+600+50)].

(3) Die stillen Rücklagen sind bereits in der HB III aufgedeckt worden, so daß der verbleibende aktivische Differenzbetrag ein Geschäfts- oder Firmenwert sein muß. Der Posten »Geschäfts- oder Firmenwert« wird entsprechend mit der Buchung (2) angesprochen.

Keine Hochrechnung des Geschäfts- oder Firmenwerts auf andere Gesellschafter

Hier ergibt sich folgendes Problem: Wesensmerkmal der Neubewertungsmethode ist die grundsätzlich volle Aufdeckung stiller Rücklagen/Lasten, auch bei Existenz anderer Gesellschafter. Das Gesetz enthält keine Regelung, ob auch der im Posten »Geschäfts- oder Firmenwert« auszuweisende verbleibende aktivische Unterschiedsbetrag anteilig den Anteilen der anderen Gesellschafter zugerechnet werden darf oder muß. In der Literatur wird eine solche Hochrechnung des Geschäfts- oder Firmenwerts von der Beteiligungsquote des Mutterunternehmens auf die Quote der anderen Gesellschafter überwiegend abgelehnt. Z.T. wird argumentiert, daß es sich nur um eine rechnerische Restgröße handele, die nicht auf die Anteile anderer Gesellschafter hochgerechnet werden könne; danach ist es fraglich, »ob ein entsprechend höherer Betrag bei Erwerb sämtlicher Anteile gezahlt worden wäre« (Kommission Rechnungswesen im Verband der Hochschullehrer für Betriebswirtschaft e.V. 1985, S. 273). Die hier geäußerten Bedenken gelten allerdings in gleichem Maße für die hochgerechneten stillen Rücklagen/Lasten, denn der Neubewertungsmethode liegt »die Fiktion zugrunde, daß die anderen Gesellschafter im Zeitpunkt der Erstkonsolidierung den gleichen Preis für ihre Anteile gezahlt haben wie das Mutterunternehmen« (HAVERMANN, H. 1987, S. 191). Trotzdem wird hier die Ansicht vertreten, daß bei Anwendung der Neubewertungsmethode eine Hochrechnung des Geschäfts- oder Firmenwerts aus der Kapitalkonsolidierung auf die Anteile anderer Gesellschafter nicht erlaubt sein sollte. Infolgedessen werden nach der hier vertretenen Auffassung die Geschäfts- oder Firmenwerte bei Anwendung der Buchwert- und der Neubewertungsmethode stets in gleicher Höhe ausgewiesen.

(4) Die Anteile der anderen Gesellschafter werden auf der Grundlage des in der HB III ausgewiesenen Eigenkapitals von T ermittelt. Sie betragen 230 [$= 0{,}2 \times (400+100+600+50)$].

(5) Ein Vergleich zwischen beiden Methoden zeigt, daß nunmehr bei der Existenz anderer Gesellschafter wichtige Unterschiede auftreten:

- Da die stillen Rücklagen bei der Buchwertmethode lediglich quotal, bei der Neubewertungsmethode jedoch in voller Höhe aufgedeckt werden, wird mit der Neubewertungsmethode ein erhöhter Ausweis der Vermögenswerte erzielt.
- In dem Umfang, wie die Vermögenswerte bei der Neubewertungsmethode höher ausgewiesen werden, erfolgt auch eine entsprechend höhere Dotierung des Ausgleichspostens für Anteile anderer Gesellschafter. Da dieser Ausgleichsposten gem. § 307 Abs. 1 Satz 1 HGB zum Eigenkapital zu rechnen ist, wird bei der Neubewertungsmethode im Vergleich zur Buchwertmethode ein höheres Konzerneigenkapital ausgewiesen.

Übersicht 48: Neubewertungsmethode (Erstkonsolidierung zum 31.12.01)
– 80%iger Anteilsbesitz –

	M-AG HB II	T-GmbH HB III	Σ-Bilanz	Konsolidierung S	Konsolidierung H	Konzern-bilanz	BWM	Δ
Geschäfts- oder Firmenwert	–	–	–	(2) 210		210		
Grundstücke	400	250	650			650	640	10
Maschinen	1500	900	2400			2400	2380	20
Anteile an verbundenen Unternehmen	1330	200	1530		(1) 1130	400		
Vorräte	800	400	1200			1200	1180	20
sonstiges Umlaufvermögen	1450	1350	2800			2800		
Ausgleichsposten aus der Kapitalkonsolidierung	–	–	–	(1) 210	(2) 210	–		
Summe	5480	3100	8580			7660		
Gezeichnetes Kapital	1500	400	1900	(1) 320 (3) 80		1500		
Kapitalrücklage	300	100	400	(1) 80 (3) 20		300		
Gewinnrücklagen	1000	600	1600	(1) 480 (3) 120		1000		
Bilanzgewinn	200	50	250	(1) 40 (3) 10		200		
Ausgleichsposten für Anteile anderer Gesellschafter	–	–	–		(3) 230	230	180	50
Rückstellungen	1000	500	1500			1500		
sonstige Passiva	1480	1450	2930			2930		
Summe	5480	3100	8580	1570	1570	7660		

1.2.3.2.2 Folgekonsolidierung (Zweitkonsolidierung)

Für die Folgekonsolidierung (Zweitkonsolidierung) wird zusätzlich unterstellt, daß die Vorräte, die am 31.12.01 bei der T-GmbH auf Lager lagen, im Laufe des Jahrs 02 vollständig verbraucht wurden. Ansonsten gelten die gleichen Angaben wie oben.

1.2.3.2.2.1 Buchwertmethode

(1) Die Abschlußwerte der einzelgesellschaftlichen Rechnungslegung der T-GmbH (hier: HB I = HB II) werden in voller Höhe – trotz Existenz anderer Gesellschafter – in den Summenabschluß übernommen.

(2) Die Buchung (1) der Übersicht 49 nimmt eine Aufrechnung der Anteile gegen das anteilige Eigenkapital der T-GmbH vor. Es entsteht – wie bei der Erstkonsolidierung – ein verrechnungstechnischer Ausgleichs-

posten aus der Kapitalkonsolidierung in Höhe von 410 [= 1130–0,8 × (400+100+350+50)].

(3) Maßgeblich für die Kapitalaufrechnung sind die Wertverhältnisse im Zeitpunkt der Erstkonsolidierung. Daher sind bei den Gewinnrücklagen nicht 400 [= 500 × 0,8], sondern 280 [= 350 × 0,8] einzubeziehen (vgl. aber Gliederungspunkt 1.2.3.4).

(4) Mit der Buchung (2) wird zunächst die quotale Zuordnung der stillen Rücklagen auf die Grundstücke, Maschinen und Vorräte vorgenommen. Die verbleibende Differenz von 210 [= 410–(40+80+80)] wird in den Posten »Geschäfts- oder Firmenwert« eingestellt.

Grundlage für den Ausgleichsposten für Anteile anderer Gesellschafter bilden die Stichtagswerte

(5) Mit Hilfe der Buchung (3) wird der Ausgleichsposten für Anteile anderer Gesellschafter dotiert. Dieser wird nicht nach den Verhältnissen im Zeitpunkt der Erstkonsolidierung ermittelt, sondern nach den Verhältnissen zum jeweiligen Stichtag des Konzernabschlusses. Der Ausgleichsposten enthält somit auch den während der Konzernzugehörigkeit des Tochterunternehmens gebildeten und anteilig auf die Anteile der anderen Gesellschafter entfallenden Teil der Rücklagen und des Ergebnisses des Tochterunternehmens, soweit er nicht vor dem Stichtag ausgeschüttet worden ist. D.h. gleichzeitig, daß auch bei der reinen angelsächsischen Methode der Kapitalkonsolidierung aus den Gewinnrücklagen des Konzerns »nicht der vom Konzern insgesamt erwirtschaftete und in Rücklagen eingestellte Gewinn erkennbar ist, sondern lediglich der Anteil, der auf den Konzern als solchen entfällt« (Jung, W. 1979, S. 271).

Weiterführung des Ausgleichspostens bei der Folgekonsolidierung

Bei der Anwendung der Buchwertmethode bedeutet also der Unterschied zwischen Erst- und Folgekonsolidierung für die Ermittlung des Ausgleichspostens für die Anteile anderer Gesellschafter nur, daß der Ausgleichsposten um die Erfolge des Tochterunternehmens und um möglicherweise andere Kapitalveränderungen anteilig weitergeführt wird. Eigenständige andere Auswirkungen der Kapitalkonsolidierung auf die Anteile ergeben sich nicht.

Konkret ermittelt sich der Ausgleichsposten wie folgt:

0,2 × (400+100+500+50) = 210.

(6) Mit der Buchung (4) erfolgt die periodenanteilige Abschreibung des Geschäfts- oder Firmenwerts in Höhe von 52,5 [= 210 : 4].

(7) Die Buchung (5) nimmt die Abschreibung der aufgedeckten stillen Rücklagen im Posten »Maschinen« vor.

(8) Da unterstellt wurde, daß die Vorräte aus der Erstkonsolidierung im Geschäftsjahr 02 vollständig verbraucht wurden, müssen die Vorräte um 80 gekürzt und der Jahresüberschuß bzw. vereinfachend der Bilanzgewinn (durch die Erhöhung des Materialaufwands) in gleicher Höhe vermindert werden. Diese Korrektur erfolgt mit der Buchung (6).

Übersicht 49: Buchwertmethode (Zweitkonsolidierung zum 31.12.02)
– 80%iger Anteilsbesitz –

	M-AG HB II	T-GmbH HB II	Σ-Bilanz	Konsolidierung S	Konsolidierung H	Konzern-bilanz
Geschäfts- oder Firmenwert	–	–	–	(2) 210	(4) 52,5	157,5
Grundstücke	400	200	600	(2) 40		640
Maschinen	1500	800	2300	(2) 80	(5) 16	2364
Anteile an verbundenen Unternehmen	1330	200	1530		(1)1130	400
Vorräte	800	300	1100	(2) 80	(6) 80	1100
sonstiges Umlaufvermögen	1450	1500*	2950			2950
Ausgleichsposten aus der Kapitalkonsolidierung	–	–	–	(1) 410	(2) 410	–
Summe	5480	3000	8480			7611,5
Gezeichnetes Kapital	1500	400	1900	(1) 320 (3) 80		1500
Kapitalrücklage	300	100	400	(1) 80 (3) 20		300
Gewinnrücklagen	1000	500*	1500	(1) 280 (3) 100		1120
Bilanzgewinn	200	50	250	(1) 40 (3) 10 (4) 52,5 (5) 16 (6) 80		51,5
Ausgleichsposten für Anteile anderer Gesellschafter	–	–	–		(3) 210	210
Rückstellungen	1000	500	1500			1500
sonstige Passiva	1480	1450	2930			2930
Summe	5480	3000	8480	1898,5	1898,5	7611,5

* vgl. Prämisse (3), S. 200f.

1.2.3.2.2.2 Neubewertungsmethode

(1) In den Summenabschluß geht bei der Neubewertungsmethode wiederum die HB III der T-GmbH ein. Hierbei handelt es sich bei der Folgekonsolidierung um die fortgeführte HB III; denn die stillen Rücklagen der Erstkonsolidierung sind weiter zu verfolgen.

Daher müssen die Maschinen um 20 abgeschrieben und die Vorräte zu Lasten des Materialaufwands um 100 vermindert werden (vgl. Übersicht 50). Da beide Buchungen erfolgswirksam sind, vermindert sich der Jahresüberschuß bzw. vereinfachend der Bilanzgewinn in entsprechender Höhe (vgl. Buchungen (2) und (3)).

Übersicht 50: Erstellung der HB III für die T-GmbH zum 31.12.02

	HB II	Korrekturbuchungen S	Korrekturbuchungen H	HB III
Grundstücke	200	(1) 50		250
Maschinen	800	(1) 100	(2) 20	880
Anteile an verbundenen Unternehmen	200			200
Vorräte	300	(1) 100	(3) 100	300
sonstiges Umlaufvermögen	1500*			1500
Summe	3000			3130
Gezeichnetes Kapital	400			400
Kapitalrücklage	100			100
Gewinnrücklagen	500*		(1) 250	750
Bilanzgewinn	50	(2) 20 (3) 100		–70
Rückstellungen	500			500
sonstige Passiva	1450			1450
Summe	3000	370	370	3130

*vgl. Prämisse (3), S. 200f.

Beeinflussung des auf andere Gesellschafter entfallenden Erfolgs durch stille Rücklagen/Lasten

(2) Da im Rahmen der Neubewertungsmethode eine volle Aufdeckung stiller Rücklagen/Lasten vorgenommen wird, stellt sich für Folgekonsolidierungen die Frage, wie die Erfolgsauswirkungen daraus zu behandeln sind. Denn auch für die auf die Anteile anderer Gesellschafter entfallenden stillen Rücklagen/Lasten gilt, daß sie das Schicksal jener Posten teilen, denen sie zugeordnet wurden. Hier gilt folgende Regel: Die gesamten stillen Rücklagen/Lasten werden erfolgswirksam verrechnet, beeinflussen aber anteilig auch den den anderen Gesellschaftern zurechenbaren Anteil am Jahreserfolg. Da einerseits nur bei Anwendung der Neubewertungsmethode dieses Zurechnungsproblem auftritt und andererseits die Neubewertung auch den Ansatz der Anteile der anderen Gesellschafter am Eigenkapital des betreffenden Tochterunternehmens betrifft, ist nur diese Lösung sachgerecht, die auch mit dem Einheitsgedanken des § 297 Abs. 3 Satz 1 HGB vereinbar ist.

D. h. gleichzeitig, daß der Jahresüberschuß bei derNeubewertungsmethode niedriger ausgewiesen wird als bei der Buchwertmethode. Da aber die auf andere Gesellschafter entfallenden Erfolgsanteile nach dem Jahresüberschuß gesondert ausgewiesen werden, müssen die Konzerngewinne bei beiden Methoden übereinstimmen.

(3) Buchung (1) (vgl. Übersicht 51) nimmt die eigentliche Kapitalaufrechnung vor. Den Anteilen in Höhe von 1130 steht ein anteiliges Eigenkapital

von 920 [= 0,8 × (400+100+600+50)] gegenüber, so daß sich ein verrechnungstechnischer Ausgleichsposten aus der Kapitalkonsolidierung von 210 ergibt. Maßgebend für die Kapitalaufrechnung sind auch hier wiederum die Wertverhältnisse im Zeitpunkt der Erstkonsolidierung (vgl. aber Gliederungspunkt 1.2.3.4).

(4) Mit der Buchung (2) wird der Ausgleichsposten von 210 in den Posten »Geschäfts- oder Firmenwert« eingestellt.

(5) Mit der Buchung (3) erfolgt die Dotierung des Ausgleichspostens für Anteile anderer Gesellschafter. Für die Ermittlung dieses Ausgleichspostens sind die Verhältnisse am jeweiligen Bilanzstichtag entscheidend. Im konkreten Fall wird ein Ausgleichsposten von 236 [= 0,2 × (400 + 100+750–70)] ermittelt.

Dieser Ausgleichsposten kann auch wie folgt abgeleitet werden:

	Ausgleichsposten aus der Erstkonsolidierung	230
+	anteilige Zunahme der Gewinnrücklagen im Jahre 02 (150 × 0,2)	30
./.	Abschreibungen auf die aufgedeckten stillen Rücklagen, die auf die anderen Gesellschafter entfallen [0,2 × (20+100)]	24
		236.

(6) Die Buchung (4) nimmt die Abschreibung auf den Geschäfts- oder Firmenwert in Höhe von 52,5 [= 210 × 0,25] vor. Da nach der hier vertretenen Auffassung keine Hochrechnung des Geschäfts- oder Firmenwerts auf die Anteile anderer Gesellschafter erfolgt, betreffen die Abschreibungen desselben nur den dem Mutterunternehmen zuzurechnenden Anteil am Erfolg. Dementsprechend erfolgt die Abschreibung des Geschäfts- oder Firmenwerts erst nach der Dotierung des Ausgleichspostens für die Anteile der anderen Gesellschafter.

Im Vergleich zur Buchwertmethode wird bei Anwendung der Neubewertungsmethode ein um 26 (Vorjahr: 50) höherer Ausgleichsposten für Anteile anderer Gesellschafter ausgewiesen (vgl. Übersicht 51). Diese Annäherung ist auf die Abschreibungen der auf die anderen Gesellschafter bei der Neubewertungsmethode entfallenden aufgedeckten stillen Rücklagen zurückzuführen:

	Differenzbetrag aus der Erstkonsolidierung	50
./.	Abschreibungen der stillen Rücklagen, die auf andere Gesellschafter entfallen Maschinen 4; Vorräte 20	24
=	Differenzbetrag aus der Zweitkonsolidierung	26.

Übersicht 51: Neubewertungsmethode (Zweitkonsolidierung zum 31.12.02) – 80%iger Anteilsbesitz –

	M-AG HB II	T-GmbH HB III	Σ-Bilanz	Konsolidierung S	Konsolidierung H	Konzern-bilanz	BWM	Δ
Geschäfts- oder Firmenwert	–	–	–	(2) 210	(4) 52,5	157,5		
Grundstücke	400	250	650			650	640	10
Maschinen	1500	880	2380			2380	2364	16
Anteile an verbundenen Unternehmen	1330	200	1530		(1)1130	400		
Vorräte	800	300	1100			1100		
sonstiges Umlaufvermögen	1450	1500	2950			2950		
Ausgleichsposten aus der Kapitalkonsolidierung	–	–	–	(1) 210	(2) 210	–		
Summe	5480	3130	8610			7637,5		
Gezeichnetes Kapital	1500	400	1900	(1) 320 (3) 80		1500		
Kapitalrücklage	300	100	400	(1) 80 (3) 20		300		
Gewinnrücklagen	1000	750	1750	(1) 480 (3) 150		1120		
Bilanzgewinn	200	–70	130	(1) 40 (3) –14 (4) 52,5		51,5		
Ausgleichsposten für Anteile anderer Gesellschafter	–	–	–		(3) 236	236	210	26
Rückstellungen	1000	500	1500			1500		
sonstige Passiva	1480	1450	2930			2930		
Summe	5480	3130	8610	1628,5	1628,5	7637,5		

1.2.3.2.3 Folgekonsolidierung (Drittkonsolidierung)

Modifikationen

Für die Drittkonsolidierung bleiben die Bilanzdaten vom 31.12.02 bis auf folgende Modifikationen unverändert:

Bei der T-GmbH wurde der Bilanzgewinn der Vorperiode in Höhe von 50 wiederum vollständig thesauriert. Der Jahresüberschuß der laufenden Periode beträgt 150, davon werden 50 in die Gewinnrücklagen eingestellt, so daß ein Bilanzgewinn in Höhe von 100 ausgewiesen wird. Auf der Aktivseite schlägt sich die Bilanzverlängerung in einer Erhöhung des sonstigen Umlaufvermögens nieder. Insgesamt verändern sich die Bilanzdaten der T-GmbH durch die beschriebenen Vorgänge gegenüber dem Vorjahr wie folgt:

sonstiges Umlaufvermögen	1 650
Gewinnrücklagen	600
Bilanzgewinn	100.

1.2.3.2.3.1 Buchwertmethode

(1) In Fortführung des Beispiels gehen in den Summenabschluß wieder die Abschlußwerte der T-GmbH in voller Höhe ein.

(2) Mit den Buchungen (1) und (2) der Übersicht 50 werden zunächst die Buchungen der Erstkonsolidierung (Aufrechnung der Anteile mit dem anteiligen Eigenkapital der T-GmbH und Zuordnung des sich ergebenden Unterschiedsbetrags auf die anteiligen stillen Reserven sowie den Geschäfts- oder Firmenwert) wiederholt.

(3) Maßgebend für die Kapitalaufrechnung sind auch hier die Wertverhältnisse im Zeitpunkt der Erstkonsolidierung, d. h., die Gewinnrücklagen und der Bilanzgewinn sind nicht mit 480 [= 600 × 0,8] bzw. 80 [= 100 × 0,8], sondern in Höhe von 280 [= 350 × 0,8] respektive 40 [= 50 × 0,8] einzubeziehen (vgl. jedoch Gliederungspunkt 1.2.3.4).

(4) Mit der Buchung (3) erfolgt die Dotierung des Ausgleichspostens für Anteile anderer Gesellschafter. Dieser berechnet sich stets nach den Wertverhältnissen zum jeweiligen Konzernabschlußstichtag. Damit ergibt sich konkret ein Ausgleichsposten in Höhe von 240 [= 0,2 × (400 + 100 + 600 + 100)].

(5) Mit den Buchungen (4) und (5) werden die Abschreibungen des Geschäftsjahrs auf den Geschäfts- oder Firmenwert und die stillen Rücklagen im Posten »Maschinen« erfolgswirksam vorgenommen (hier vereinfacht gegen den Bilanzgewinn gebucht).

(6) Ohne weitere Korrekturen würden nunmehr der Geschäfts- oder Firmenwert mit einem Betrag von 157,5, die Maschinen mit einem Betrag von 2364 und die Vorräte in Höhe von 1180 in die Konzernbilanz eingehen. Dabei blieben jedoch die Abschreibungen des Vorjahrs bzw. die Auflösung der stillen Rücklagen im Posten »Vorräte« im vorangegangenen Geschäftsjahr unberücksichtigt, denn richtigerweise dürfen der Geschäfts- oder Firmenwert nur in Höhe von 105, die Maschinen lediglich mit 2348 und die Vorräte nur in Höhe von 1100 in die Konzernbilanz eingehen. Daher muß eine zusätzliche Korrektur dieser Aktivposten erfolgen. Mit der Buchung (6) werden die Abschreibungen des Geschäfts- oder Firmenwerts und der stillen Rücklagen im Posten »Maschinen« sowie die Auflösung der stillen Rücklagen im Posten »Vorräte« aus dem Vorjahr erfolgsneutral nachgeholt, indem diese sog. Anpassungsbuchung gegen die Gewinnrücklagen des Konzerns erfolgt. Diese Anpassungsbuchung ist notwendig, da – aufgrund des Fehlens einer eigenständigen Konzernbuchführung – der

Konzernabschluß in jedem Jahr erneut aus den summierten Einzelabschlüssen erstellt werden muß und hier die konzernspezifischen, aus den Konsolidierungen resultierenden Buchungen nicht berücksichtigt wurden. Diese erfolgsneutralen Nachholungsbuchungen sind allerdings zum korrekten Vermögens- und Kapitalausweis im Konzernabschluß zwingend notwendig und müssen daher in jedem Jahr erneut durchgeführt werden. Sie sind so lange zu berücksichtigen, wie das betreffende Tochterunternehmen in den Konsolidierungskreis einbezogen wird (zur konsolidierungstechnischen Lösung dieses Problems mittels sog. Konzernergänzungsbilanzen vgl. KESSLER, H. 1999a; ders. 1999b).

Übersicht 52: Buchwertmethode (Drittkonsolidierung zum 31.12.03) – 80%iger Anteilsbesitz –

	M-AG HB II	T-GmbH HB II	Σ-Bilanz	Konsolidierung S	Konsolidierung H	Konzern-bilanz
Geschäfts- oder Firmenwert	–	–	–	(2) 210	(4) 52,5 (6) 52,5	105
Grundstücke	400	200	600	(2) 40		640
Maschinen	1500	800	2300	(2) 80	(5) 16 (6) 16	2348
Anteile an verbundenen Unternehmen	1330	200	1530		(1) 1130	400
Vorräte	800	300	1100	(2) 80	(6) 80	1100
sonstiges Umlaufvermögen	1450	1650*	3100			3100
Ausgleichsposten aus der Kapitalkonsolidierung	–	–	–	(1) 410	(2) 410	–
Summe	5480	3150	8630			7693
Gezeichnetes Kapital	1500	400	1900	(1) 320 (3) 80		1500
Kapitalrücklage	300	100	400	(1) 80 (3) 20		300
Gewinnrücklagen	1000	600*	1600	(1) 280 (3) 120 (6) 148,5		1051,5
Bilanzgewinn	200	100*	300	(1) 40 (3) 20 (4) 52,5 (5) 16		171,5
Ausgleichsposten für Anteile anderer Gesellschafter	–	–	–		(3) 240	240
Rückstellungen	1000	500	1500			1500
sonstige Passiva	1480	1450	2930			2930
Summe	5480	3150	8630	1997	1997	7693

* vgl. Prämisse, S. 214f.

1.2.3.2.3.2 Neubewertungsmethode

(1) Findet die Neubewertungsmethode Anwendung, gehen in den Summenabschluß wiederum die Werte der HB III der T-GmbH ein. Die im Zuge der Erstkonsolidierung aufgedeckten stillen Rücklagen müssen in der HB III weiter fortgeführt werden. Konkret sind die im Posten »Maschinen« aufgedeckten stillen Rücklagen erfolgswirksam um 20 abzuschreiben (vgl. Buchung (2) in der Übersicht 53).

(2) Darüber hinaus ist aber auch hier zu beachten, daß die Abschreibungen des Vorjahrs auf die stillen Rücklagen im Posten »Maschinen« sowie die Auflösung der stillen Rücklagen im Posten »Vorräte« durch eine erfolgsneutrale Anpassungsbuchung (hier gegen die Gewinnrücklagen) in der HB III Berücksichtigung finden müssen (vgl. Buchung (3) und (4)), um die jeweiligen Posten mit den aus Konzernsicht zutreffenden Wertansätzen auszuweisen.

Übersicht 53: Erstellung der HB III für die T-GmbH zum 31.12.03

	HB II	Korrekturbuchungen S		Korrekturbuchungen H		HB III
Grundstücke	200	(1)	50			250
Maschinen	800	(1)	100	(2)	20	860
				(4)	20	
Anteile an verbundenen Unternehmen	200					200
Vorräte	300	(1)	100	(3)	100	300
sonstiges Umlaufvermögen	1650*					1650
Summe	3150					3260
Gezeichnetes Kapital	400					400
Kapitalrücklage	100					100
Gewinnrücklagen	600*	(4)	20	(1)	250	730
		(3)	100			
Bilanzgewinn	100*	(2)	20			80
Rückstellungen	500					500
sonstige Passiva	1450					1450
Summe	3150		390		390	3260

* vgl. Prämisse, S. 214f.

(3) Mit den Buchungen (1) und (2) der Übersicht 54 werden zunächst die Buchungen der Erstkonsolidierung wiederholt, indem die Anteile mit dem anteiligen Eigenkapital der T-GmbH aufgerechnet werden und der verbleibende Differenzbetrag in den Posten »Geschäfts- oder Firmenwert« eingestellt wird.

(4) Maßgebend für die Kapitalaufrechnung sind auch hier die Wertverhältnisse im Zeitpunkt der Erstkonsolidierung, d. h., die Gewinnrücklagen und der Bilanzgewinn sind nicht mit 584 [= 730 × 0,8] bzw. 64 [= 80 × 0,8], sondern in Höhe von 480 [= 600 × 0,8] respektive 40 [= 50 × 0,8] einzubeziehen (vgl. aber Gliederungspunkt 1.2.3.4).

(5) Mit der Buchung (3) erfolgt die Dotierung des Ausgleichspostens für Anteile anderer Gesellschafter, für dessen Berechnung die Wertverhältnisse zum jeweiligen Konzernabschlußstichtag maßgebend sind. Damit beträgt der Ausgleichsposten im konkreten Fall 262 [= 0,2 × (400 + 100 + 730 + 80)]. Ausgehend vom Ausgleichsposten zum Zeitpunkt der Erstkonsolidierung läßt sich der den anderen Gesellschaftern zustehende Eigenkapitalanteil auch wie folgt ableiten:

	Ausgleichsposten aus der Erstkonsolidierung	230
+	anteilige Zunahme der Gewinnrücklagen in den Jahren 02 und 03 [0,2 × (150 + 100)]	50
+	anteilige Zunahme des Bilanzgewinns in 03 im Vergleich zu 01 [0,2 × (100 – 50)]	10
./.	kumulierte Abschreibungen auf die stillen Rücklagen, die auf die anderen Gesellschafter entfallen	28
		262.

(6) Die Buchung (4) nimmt die Abschreibungen des Geschäftsjahrs auf den – ausschließlich den Anteil des Mutterunternehmens betreffenden – Geschäfts- oder Firmenwert erfolgswirksam vor (hier vereinfacht gegen den Bilanzgewinn gebucht).

(7) Mit der Buchung (5) wird die Abschreibung des Vorjahrs auf den Geschäfts- oder Firmenwert erfolgsneutral (gegen die Gewinnrücklagen) nachgeholt. Damit wird erreicht, daß nunmehr sowohl das Eigenkapital als auch der Geschäfts- oder Firmenwert in der Konzernbilanz mit den aus Konzernsicht zutreffenden Werten nach zwei Abschreibungsperioden ausgewiesen werden.

(8) Aufgrund der Abschreibung der auf die anderen Gesellschafter entfallenden stillen Rücklagen im Posten »Maschinen« wird die Differenz zum Ausgleichsposten für Anteile anderer Gesellschafter bei der Buchwertmethode weiter vermindert. Analoges gilt für den Vermögensausweis.

Übersicht 54: Neubewertungsmethode (Drittkonsolidierung zum 31.12.03)
– 80%iger Anteilsbesitz –

	M-AG HB II	T-GmbH HB III	Σ-Bilanz	Konsolidierung S	Konsolidierung H	Konzern-bilanz	BWM	Δ
Geschäfts- oder Firmenwert				(2) 210	(4) 52,5			
	–	–	–		(5) 52,5	105		
Grundstücke	400	250	650			650	640	10
Maschinen	1500	860	2360			2360	2348	12
Anteile an verbundenen Unternehmen	1330	200	1530		(1) 1130	400		
Vorräte	800	300	1100			1100		
sonstiges Umlaufvermögen	1450	1650	3100			3100		
Ausgleichsposten aus der Kapitalkonsolidierung	–	–	–	(1) 210	(2) 210	–		
Summe	5480	3260	8740			7715		
Gezeichnetes Kapital	1500	400	1900	(1) 320		1500		
				(3) 80				
Kapitalrücklage	300	100	400	(1) 80		300		
				(3) 20				
Gewinnrücklagen	1000	730	1730	(1) 480		1051,5		
				(3) 146				
				(5) 52,5				
Bilanzgewinn	200	80	280	(1) 40		171,5		
				(3) 16				
				(4) 52,5				
Ausgleichsposten für Anteile anderer Gesellschafter	–	–	–		(3) 262	262	240	22
Rückstellungen	1000	500	1500			1500		
sonstige Passiva	1480	1450	2930			2930		
Summe	5480	3260	8740	1707	1707	7715		

1.2.3.2.4 Vergleich der Buchwert- und der Neubewertungsmethode bei einem Anteilsbesitz von weniger als 100%

Einfluß auf die Vermögens-, Finanz- und Ertragslage

Die Buchwert- und die Neubewertungsmethode können je nach Bedeutung der Anteile anderer Gesellschafter und der Höhe der vorhandenen stillen Rücklagen/Lasten zu erheblichen Unterschieden bei der Darstellung der Konzern-Vermögens-, Finanz- und Ertragslage führen (vgl. die letzte Spalte der Übersichten 48, 51 und 54).

Beeinflussung der Vermögensstruktur

(1) Bei Anwendung der Neubewertungsmethode werden die Vermögensgegenstände in der Konzernbilanz um die stillen Rücklagen/Lasten, die auf die anderen Gesellschafter entfallen, höher/niedriger und die Schulden niedriger/höher ausgewiesen als bei der Buchwertmethode. Dies kann – vor dem Hintergrund der z. T. erheblichen Bedeutung, die der Ausgleichsposten für die Anteile anderer Gesellschafter in den Konzernbilanzen deutscher Unternehmen hat – zu starken Verschiebungen der Vermögensstruktur führen. Damit verbunden ist auch eine Erhöhung bzw. Verminderung der Konzernbilanzsumme.

Beeinflussung der Eigenkapitalhöhe

(2) Die Anwendung der Neubewertungsmethode führt – sofern stille Rücklagen aufgedeckt werden – zu einem höheren ausgewiesenen Eigenkapital und beeinflußt die Eigenkapitalquote, da die Anteile der anderen Gesellschafter gem. § 307 Abs. 1 HGB dem Eigenkapital des Konzerns zugerechnet werden. Die Anteilseigner des Mutterunternehmens und die anderen Gesellschafter des Tochterunternehmens sind im Prinzip gleichgeordnete Gruppen von Eigentümern, die dem Konzern als wirtschaftlicher Einheit haftendes Eigenkapital zur Verfügung stellen. In Anbetracht »der sehr ungünstigen Eigenkapitalausstattung deutscher Konzerne« (MÜLLER, E. 1985, S. 243) wird mit der Wahlmöglichkeit der Konsolidierungsmethode der deutschen Konsolidierungspraxis ein erheblicher Gestaltungsspielraum eingeräumt.

Empirische Erhebungen haben jedoch ergeben, daß die deutsche Bilanzierungspraxis von dem Wahlrecht zur Anwendung der Neubewertungsmethode nur sehr vereinzelt Gebrauch macht; die ganz überwiegende Mehrheit der Konzerne nimmt die Kapitalkonsolidierung auf der Grundlage der Buchwertmethode vor (vgl. KÜTING, K./DUSEMOND, M./NARDMANN, B. 1994, S. 6).

Erfolgswirksame Auflösung der stillen Rücklagen/ Lasten

(3) Die Aufdeckung der stillen Rücklagen/Lasten im Zuge der Erstkonsolidierung berührt die Konzern-GuV nicht und ist erfolgsneutral. Sind die stillen Rücklagen/Lasten den entsprechenden Posten in der Konzernbilanz zugeordnet, so teilen sie das Schicksal jener Posten, denen sie zugeordnet wurden. Diese Aussage gilt gleichermaßen für die stillen Rücklagen/Lasten, die auf die anderen Gesellschafter der einbezogenen Tochterunternehmen entfallen. Während die Aufdeckung erfolgsneutral vorgenommen wurde, ist die Auflösung erfolgswirksam. Da der Umfang der aufgedeckten stillen Rücklagen/Lasten bei der Neubewertungsmethode größer ist als bei der Buchwertmethode, sind für den Konzern die im Zuge der Auflösung stiller Rücklagen/Lasten auftretenden erfolgswirksamen Auswirkungen bei der Neubewertungsmethode höher als bei Anwendung der Buchwertmethode. Unter Berücksichtigung der Zuweisungen auf die Anteile der anderen Gesellschafter ergibt sich danach, daß der Konzern-Jahresüberschuß i.d.R. negativ beeinflußt wird, nicht aber der Konzerngewinn.

Werden die stillen Rücklagen/Lasten nur im abnutzbaren Anlagevermögen und im Umlaufvermögen zugeordnet, dann nähert sich der auf der Anwendung der Neubewertungsmethode beruhende Konzernabschluß in einem relativ kurzen Zeitraum einem auf der Grundlage der Buchwertmethode aufgestellten Konzernabschluß an.

1.2.3.3 Behandlung von erfolgswirksamen Kapitalkonsolidierungsbuchungen aus Vorjahren

Anpassungen an den Stand am Ende des Vorjahrs

Die obigen Beispiele verdeutlichen, daß anläßlich jeder Folgekonsolidierung für den dem Mutterunternehmen zuzurechnenden Anteil zuerst mittels Wiederholung der Erstkonsolidierungsbuchungen der Status der Erstkonsolidierung für die einzelnen betroffenen Bilanzposten wieder herzustellen ist. Anschließend müssen die Buchungen der Konzerngeschäftsjahre seit der Erstkonsolidierung, die diese Posten verändert haben, wiederholt werden, bevor das laufende Konzerngeschäftsjahr betrachtet wird (im Beispiel unter Gliederungspunkt 1.2.3.2.3 wurde aus didaktischen Gründen die Reihenfolge umgekehrt; letztlich ist die Reihenfolge der Buchungen unerheblich). Die erfolgswirksamen Buchungen aus Vorjahren müssen demnach so lange in jedem Jahr erfaßt werden, bis das Tochterunternehmen aus dem Konsolidierungskreis ausscheidet.

Mögliche Auffangposten

Diese Anpassungsbuchungen, die der jeweiligen Jahreskonsolidierung vorgelagert sind, steigen i. d. R. im Zeitablauf ständig an und können u. U. erhebliche Werte annehmen. In dem Umfang, wie die einzelnen Bilanzposten durch erfolgswirksame Buchungen abnehmen, sind diese wachsenden Konsolidierungsdifferenzen anderweitig in einem Konsolidierungsposten zu erfassen. Es stellt sich daher die Frage, in welchem Posten die erfolgswirksamen Kapitalkonsolidierungsbuchungen aus Vorjahren erfaßt werden sollten. Vor dem Hintergrund der Einheitstheorie und der Erwerbsfiktion ist zunächst die Verrechnung der erfolgswirksamen Differenzen aus Vorperioden gegen die Gewinnrücklagen in Betracht zu ziehen (vgl. das obige Beispiel), wie sie in der deutschen Bilanzierungspraxis ganz offensichtlich auch präferiert wird. Es kommt aber auch eine Erfassung der erfolgsneutralen Anpassungsbuchungen in einem eigens zu schaffenden Ausgleichsposten in Betracht (vgl. auch 1. Abschn., 5. Kap.).

1.2.3.4 Behandlung eines erworbenen Ergebnisses in der Folgekonsolidierung

Bei jeder Folgekonsolidierung ist der Wertansatz der Anteile gegen das anteilige Eigenkapital des Tochterunternehmens jeweils mit den Ansätzen im Zeitpunkt der Erstkonsolidierung aufzurechnen. Bestandteil des anteiligen Eigenkapitals ist auch der Betrag des erworbenen anteiligen Ergebnisses.

Erworbener Verlust

Handelt es sich bei dem erworbenen Ergebnis um einen Verlust, ergeben sich keine besonderen Probleme; in Höhe des Verlusts ist in den Folgeperioden jeweils gegen den Gewinnvortrag der entsprechende Betrag in das konsolidierungspflichtige Kapital des Tochterunternehmens einzubeziehen. Relativ zum Summenabschluß erhöht sich entsprechend der Konzerngewinn anläßlich der Folgekonsolidierungen.

Erworbener Gewinn

Bestand das erworbene Ergebnis dagegen aus einem positiven Überschuß, ist zu unterscheiden, ob dieser Gewinn später thesauriert oder ausgeschüttet wird.

Thesaurierung von vor der Konzernzugehörigkeit erwirtschafteten Gewinnen

Sofern das Tochterunternehmen einen Gewinn, den es vor der Einbeziehung in den Konzernabschluß erwirtschaftet hat, nicht ausschüttet, bleibt er Bestandteil des konsolidierungspflichtigen Eigenkapitals und ist entsprechend wie bei der Erstkonsolidierung zu behandeln. Führt das Tochterunternehmen das im Zeitpunkt der Erstkonsolidierung vorhandene Ergebnis den Gewinnrücklagen zu, sollte entsprechend bei den Folgekonsolidierungen die Verrechnung insoweit nicht mehr gegen das Ergebnis (Posten A.IV. bzw. A.IV. und A.V.), sondern gegen die Rücklagen (Posten A.III.) erfolgen, da sonst in der Konzernbilanz die Rücklagen überhöht und das Konzernergebnis bzw. der Ergebnisvortrag zu niedrig ausgewiesen werden würden. In den vorangegangenen Konsolidierungsbeispielen ist somit im Rahmen der Folgekonsolidierungen – abweichend von der aus didaktischen Gründen dargestellten Vorgehensweise – aufgrund der Thesaurierung des im Zeitpunkt der Erstkonsolidierung vorhandenen Ergebnisses der entsprechende Betrag nicht mehr gegen den Bilanzgewinn, sondern gegen die Gewinnrücklagen aufzurechnen.

Ausschüttung von erworbenen Gewinnen

Schüttet das Tochterunternehmen einen vor der Einbeziehung in den Konzernabschluß erwirtschafteten Gewinn an das Mutterunternehmen oder ein anderes einbezogenes Tochterunternehmen aus, so wird dies als Beteiligungsertrag im Einzelabschluß des Mutterunternehmens bzw. des anderen Tochterunternehmens gezeigt. Dieser »Beteiligungsertrag« stellt wirtschaftlich aber »eine Rückzahlung auf den Beteiligungsbuchwert« (Dreger, K.-M. 1969, S. 63) dar und sollte daher schon im Einzelabschluß gegen die Anteile an dem ausschüttenden Tochterunternehmen verrechnet werden.

Stornierung der Beteiligungserträge

Durch die Einbeziehung des Ergebnisses bzw. des Ergebnisvortrags zum Stichtag der Erstkonsolidierung in das konsolidierungspflichtige Kapital wird diese Handhabung für den Konzernabschluß nachgeholt, wenn das die Ausschüttung empfangende Konzernunternehmen die Ausschüttung nicht bereits im Einzelabschluß gegen den Beteiligungsansatz verrechnet hat. Infolgedessen sind Beteiligungserträge aus Ausschüttungen von Ergebnissen des Tochterunternehmens, die bei diesem vor der erstmaligen Einbeziehung in den Konzernabschluß erwirtschaftet wurden, gegen das konsolidierungspflichtige Eigenkapital des Tochterunternehmens [Buchung: Soll-Beteiligungsertrag (im Jahr des Zuflusses; später Gewinnvortrag); Haben-Eigenkapital, Bilanzgewinn oder Gewinnvortrag] zu stornieren, um dieses auf denselben Stand wie im Zeitpunkt der Erstkonsolidierung zu bringen. In die Stornierung sind die sich durch die Ausschüttung ergebenden Steueraufwendungen und -minderungen (-erträge) einzubeziehen; kommt es im Saldo der beiden Unternehmen dabei zu einem Ertrag oder Aufwand, so verbleibt dieser in der Konzern-GuV und ist in den Folgejahren als Erhöhung bzw. Verminderung des Konzerngewinns oder -verlusts zu behandeln. Wirtschaftlich handelt es sich dabei nicht um Ertragsteuern, sondern um Ertrag (bzw. Aufwand) aus dem Geldverkehr im Konzern, so daß in der Gliederung nach dem Umsatzkostenverfahren ein Ausweis unter dem Posten »allgemeine Verwaltungskosten« in Betracht kommt.

Diese Stornierung der Beteiligungserträge betrifft aber nur den dem Mutterunternehmen entsprechend seiner Beteiligungsquote zurechenbaren Teil der Ausschüttung; der auf die Anteile anderer Gesellschafter entfallende Teil der Ausschüttung wird davon nicht betroffen, sondern mindert den den anderen Gesellschaftern zurechenbaren Anteil am Kapital des Tochterunternehmens i. S. d. § 307 Abs. 1 HGB.

1. Im Rahmen der Kapitalkonsolidierung kann bei Anwendung der Purchase-Methode zwischen der Buchwertmethode und der Neubewertungsmethode gewählt werden.
2. Bei 100%igem Anteilsbesitz führt die Neubewertungsmethode aufgrund von § 301 Abs. 1 Satz 4 HGB grundsätzlich zu dem gleichen Ergebnis wie die Buchwertmethode.
3. Bei einem unter 100% liegenden Anteilsbesitz unterscheidet sich die Neubewertungsmethode von der Buchwertmethode dadurch, daß bei Anwendung der Neubewertungsmethode die stillen Rücklagen/Lasten in einer der Konsolidierung vorgelagerten HB III grundsätzlich zu 100% – also auch die auf die anderen Gesellschafter entfallenden stillen Rücklagen/Lasten (vgl. § 307 Abs. 1 Satz 2 HGB) – aufgedeckt werden, während bei Anwendung der Buchwertmethode die Aufdeckung der stillen Rücklagen/Lasten lediglich quotal in Höhe des Anteils des Mutterunternehmens im Rahmen der Konsolidierung erfolgt.

4. Bei Folgekonsolidierungen ist die Verrechnung »der dem Mutterunternehmen gehörenden Anteile an einem in den Konzernabschluß einbezogenen Tochterunternehmen ... mit dem auf diese Anteile entfallenden Betrag des Eigenkapitals des Tochterunternehmens« (§ 301 Abs. 1 Satz 1 HGB) mit den zum Zeitpunkt der Erstkonsolidierung maßgeblichen Werten durchzuführen. Dagegen ist für die Einstellung des den anderen Gesellschaftern zuzurechnenden Eigenkapitals des Tochterunternehmens in den entsprechenden Ausgleichsposten das Eigenkapital zum jeweiligen Bilanzstichtag relevant.

5. Die erfolgswirksamen Kapitalkonsolidierungsbuchungen aus Vorjahren sind anläßlich jeder Folgekonsolidierung erfolgsneutral nachzuholen, bis das betreffende Tochterunternehmen aus dem Konsolidierungskreis ausscheidet. Als Auffangposten für diese Anpassungsbuchungen bieten sich neben den Gewinnrücklagen auch der Ergebnisvortrag oder ein eigens zu schaffender Ausgleichsposten an.

6. Ein im Zeitpunkt der Erstkonsolidierung vorhandenes, vor der Konzernzugehörigkeit erwirtschaftetes Ergebnis ist auch bei Folgekonsolidierungen Bestandteil des aufzurechnenden Eigenkapitals. Wird dieses Ergebnis thesauriert, sollte bei den Folgekonsolidierungen die Verrechnung insoweit nicht mehr gegen das Ergebnis, sondern gegen die Rücklagen erfolgen. Bei einer Ausschüttung ist das Ergebnis in Höhe des auf den Konzern entfallenden Beteiligungsertrags entweder mit dem Wertansatz der dem Konzern gehörenden Anteile zu verrechnen oder zugunsten des Eigenkapitals des Tochterunternehmens zu stornieren.

1.2.4 Parameter der Kapitalkonsolidierung

Nachdem die Buchwert- und Neubewertungsmethode im Überblick dargestellt wurden, gilt es nun zu untersuchen:

(1) wie die aufzurechnenden Anteile am Tochterunternehmen zu bestimmen und zu bewerten sind,

(2) wie das Eigenkapital des Tochterunternehmens abzugrenzen ist,

(3) wie die relevante Beteiligungsquote bei einer Beteiligung von < 100 % bestimmt wird,

(4) von welchen Zeitpunkten für die Verrechnung der maßgeblichen Größen auszugehen ist,

(5) wie die Aktiva und Passiva von Tochterunternehmen im Zuge der Kapitalkonsolidierung umzubewerten sind,

(6) wie ggf. entstehende Unterschiedsbeträge aus der Kapitalkonsolidierung beurteilt und verrechnet werden.

1.2.4.1 Bestimmung der aufzurechnenden Anteile

Dem Mutterunternehmen gehörende Anteile

Im Zuge der Kapitalkonsolidierung sind die dem Mutterunternehmen gehörenden Anteile gegen das diesen Anteilen entsprechende Eigenkapital des Tochterunternehmens aufzurechnen.

Dabei gehören dem Mutterunternehmen:

(1) die Anteile, an denen es selbst das wirtschaftliche Eigentum hat;

(2) die Anteile, an denen ein auf der Grundlage der Vollkonsolidierung in den Konzernabschluß einbezogenes Tochterunternehmen das wirtschaftliche Eigentum hat;

(3) die Anteile in prozentualer Höhe, an denen ein gem. § 310 HGB anteilmäßig konsolidiertes Gemeinschaftsunternehmen das wirtschaftliche Eigentum hat.

1.2.4.1.1 Begriff der Anteile

Kapitalmäßige Beteiligungen mit Einlagen bei Tochterunternehmen

In die Kapitalkonsolidierung sind nur die Anteile am Eigenkapital des Tochterunternehmens einzubeziehen, also alle kapitalmäßigen Beteiligungen mit Einlagen bei Tochterunternehmen, nicht aber schuldrechtliche Ansprüche des Mutterunternehmens gegen das Tochterunternehmen oder umgekehrt. Bei Beteiligungen an Kapitalgesellschaften ist die Abgrenzung anhand der gesetzlichen Begriffe zur Bestimmung der Mitgliedschaftsrechte an dem Eigenkapital und/oder der Bezeichnung als Gesellschafteranteile durchzuführen.

1.2.4.1.1.1 Beteiligung an einer AG

Aktien

Bei einer Beteiligung an einer AG muß es sich um eine in »Aktien« verbriefte (oder doch zumindest verbriefbare) Gesellschafterstellung/Beteiligung am Grundkapital eines Tochterunternehmens handeln (vgl. § 1 Abs. 2 AktG). Nicht entscheidend ist die Gattung der Aktien (vgl. § 11 AktG), insbes. nicht deren Ausstattung mit Stimmrechten (vgl. § 12 AktG). Zusätzlich zu den Aktien kommen noch Zwischenscheine (vgl. § 10 Abs. 3 AktG) für die Einbeziehung in die Kapitalkonsolidierung in Betracht. Dagegen sind Wandelschuld- sowie Gewinnschuldverschreibungen (vgl. § 221 AktG) oder auch Optionsanleihen und Genußscheine nicht in die Kapitalkonsolidierung einzubeziehen; diese sind im Zuge der Schuldenkonsolidierung gem. § 303 HGB mit den entsprechenden Schuldposten beim Tochterunternehmen zu verrechnen.

1.2.4.1.1.2 Beteiligung an einer KGaA

Aktien oder Stellung als persönlich haftender Gesellschafter

Die Beteiligung an einer KGaA kann neben der Stellung als Kommanditaktionär, die sich wiederum in Aktien bzw. Zwischenscheinen verbrieft, auch als persönlich haftender Gesellschafter bestehen (vgl. § 278 AktG).

1.2.4.1.1.3 Beteiligung an einer GmbH

Geschäftsanteile

Ähnlich wie bei der AG nur in Aktien verbriefte Mitgliedschaftsrechte in die Kapitalkonsolidierung einbezogen werden, beschränkt sich bei der Einbeziehung einer GmbH die Kapitalkonsolidierung auf den Ansatz von »Geschäftsanteilen« (vgl. § 14 GmbHG). Die Verbriefung von GmbH-Geschäftsanteilen ist nicht üblich und in diesem Zusammenhang auch nicht relevant; entscheidend für die Einbeziehung in die Kapitalkonsolidierung ist die nach dem Gesellschaftsvertrag eingeräumte Stellung als Gesellschafter mit ihrer Ausstattung als »Geschäftsanteil«. Genußscheine, beteiligungsähnliche oder kapitalersetzende Darlehen fallen in aller Regel nicht unter die Kapitalkonsolidierung, sondern sind im Rahmen der Schuldenkonsolidierung zu eliminieren.

1.2.4.1.1.4 Beteiligung an einer Personenhandelsgesellschaft

Mitgliedschaftliche Stellung

Bei der Beteiligung an einer Personenhandelsgesellschaft sind die Posten als »Anteile« in die Kapitalkonsolidierung einzubeziehen, die Ausfluß der Aktivierungspflicht der Anschaffungskosten für den Erwerb einer Mitglieds-/Gesellschafterstellung in der Personenhandelsgesellschaft sind, sei es als voll oder beschränkt haftender Gesellschafter. Nicht relevant für die Einbeziehung in die Kapitalkonsolidierung ist die weite Definition als Kapitalanteilsrechte an anderen Unternehmen, sondern einzig und allein die mitgliedschaftliche Stellung und Beteiligung am Eigenkapital des Unternehmens. Diese Stellung ist durch die einem Gesellschafter typischerweise bei einer Personenhandelsgesellschaft eingeräumten Rechte, die im Zweifelsfall in ihrer Gesamtheit zu beurteilen sind, geprägt:

(1) Einfluß bzw. Überwachung der Geschäftsführung (vgl. §§ 114, 118, 125 und 166 HGB); der Ausschluß bzw. die wesentliche Beschränkung dieser Rechte steht der Annahme einer Gesellschafterstellung nicht entgegen (vgl. §§ 114 Abs. 2, 118 Abs. 2, 125 Abs. 4, 164 und 166 Abs. 2 HGB).

(2) Teilnahme am Gewinn und Verlust, also am unternehmerischen Risiko (vgl. §§ 120, 121, 167 und 168 HGB); die Beschränkung der Verlustteilnahme bei Kommanditisten steht der grundsätzlichen Teilnahme am unternehmerischen Risiko nicht entgegen.

(3) Teilnahme am im Liquidationsfall verbleibenden Vermögen (vgl. § 155 HGB). Gerade dieses Kriterium schafft häufig eine klare Abgrenzung zu partiarischen Darlehen und stillen Gesellschaften (vgl. § 236 HGB).

1.2.4.1.1.5 Beteiligung an einem ausländischen Unternehmen

Mitgliedschaftliche Stellung erforderlich

Die Bestimmung des Begriffs »Anteil« hinsichtlich ausländischer Unternehmen sollte anhand der oben dargestellten Kriterien zu den verschiedenen Formen der Kapitalgesellschaften bzw. Personenhandelsgesellschaften erfolgen. Danach hat der »Anteil« seine Entsprechung im »Eigenkapital« des Unternehmens, verbunden mit der mitgliedschaftlichen Stellung. Gekennzeichnet ist die Stellung insbes. durch die Übernahme unternehmerischen Risikos, das sich in der Teilnahme am Gewinn und Verlust sowie an dem im Liquidationsfall verbleibenden Vermögen niederschlägt, und die, wenn auch z.T. sehr beschränkten, Einfluß- oder Kontrollmöglichkeiten als Gesellschafter auf bzw. über die Geschäftspolitik.

1.2.4.1.2 Wertansatz der Anteile

Fortgeführte Anschaffungskosten

Gem. § 253 Abs. 1 Satz 1 HGB sind Anteile an anderen Unternehmen im Einzelabschluß zu ihren Anschaffungskosten vermindert um die Abschreibungen gem. § 253 Abs. 2 Satz 3 HGB bzw. für im Umlaufvermögen ausgewiesene Anteile gem. § 253 Abs. 3 HGB anzusetzen. Ferner können auf die Anteile rein steuerrechtliche Abschreibungen gem. § 254 HGB vorgenommen worden sein. Grundsätzlich gilt gem. § 279 Abs. 1 HGB auch für Kapitalgesellschaften das gemilderte Niederstwertprinzip gem. § 253 Abs. 2 HGB für solche Anteile, die im Finanzanlagevermögen ausgewiesen werden, uneingeschränkt weiter. Die Möglichkeit der Inanspruchnahme steuerrechtlich zulässiger Abschreibungen gem. § 254 HGB wird infolge des § 279 Abs. 2 HGB auf solche Abschreibungen begrenzt, deren steuerrechtliche Anerkennung davon abhängig ist, daß die entsprechende Abschreibung in der Handelsbilanz vorgenommen wurde.

§ 253 Abs. 4 HGB erlaubt über Abs. 2 bzw. Abs. 3 und § 254 HGB hinaus die Vornahme von Abschreibungen im Rahmen vernünftiger kaufmännischer Beurteilung. Gem. § 279 Abs. 1 Satz 1 HGB dürfen Kapitalgesellschaften von dieser Abschreibungsmöglichkeit keinen Gebrauch machen.

Wahlmöglichkeit bzgl. des Einbeziehungszeitpunkts der Anteile

Die der Kapitalkonsolidierung zugrundeliegende Verrechnung des Wertansatzes der Anteile mit dem auf sie entfallenden Betrag des Eigenkapitals des Tochterunternehmens ist auf jeden Konzernabschlußstichtag durchzuführen. Entsprechend der Regelung in § 301 Abs. 2 HGB erfolgt die Verrechnung dabei auf der Grundlage der Wertansätze zum Zeitpunkt des Erwerbs der Anteile oder der erstmaligen Einbeziehung des Tochterunternehmens in den Konzernabschluß oder, beim Erwerb der Anteile zu verschiedenen Zeitpunkten, zu dem Zeitpunkt, zu dem das Unternehmen Tochterunternehmen geworden ist. Aufgrund dieser Regelung wird im Regelfall der primäre Ansatz der Anteile zu ihren Anschaffungskosten im Rahmen der Kapitalkonsolidierung entscheidend sein.

Kaufpreis zzgl. Nebenkosten

Zu den Anschaffungskosten für Anteile an einem anderen Unternehmen zählen bei einem Erwerb von Dritten der Kaufpreis zzgl. der angefallenen Nebenkosten, wie Notariatskosten, Börsenumsatzsteuer, Provisionen und Spesen, nicht dagegen Aufwendungen, die der Vorbereitung der Entscheidung über den Erwerb dienten (z.B. Kosten eines Bewertungsgutachtens).

1.2.4.2 Aufzurechnendes Eigenkapital

Eigenkapital gem. § 266 HGB

Im Zuge der Kapitalkonsolidierung gem. § 301 HGB wird der Wertansatz für die dem Mutterunternehmen zuzurechnenden Anteile gegen das auf diese Anteile entfallende anteilige Eigenkapital des Tochterunternehmens aufgerechnet. Ob mit dem Begriff »Eigenkapital« im Gesetzestext Bezug auf die Darstellung in der Bilanz genommen wird oder ob er in einem weiteren betriebswirtschaftlichen Sinn verwendet wird, ist nach dem Wortlaut des Gesetzes nicht klar. Der Gesetzgeber hat allerdings in der Begründung ausgeführt, daß sich das aufzurechnende Eigenkapital aus den in der Bilanz unter dieser Bezeichnung gem. § 266 HGB auszuweisenden Bilanzposten zusammensetzt.

1.2.4.2.1 Buchwertmethode

1.2.4.2.1.1 Grundlagen

Aufzurechnendes Eigenkapital

Bei der Buchwertmethode ergibt sich das in die Konsolidierung einzubeziehende Eigenkapital aus der Handelsbilanz des Tochterunternehmens, evtl. nach einer Anpassung der Bilanzierung und Bewertung gem. den §§ 300 und 308 HGB. Danach stimmt also das in die Kapitalkonsolidierung nach der Buchwertmethode einzubeziehende Eigenkapital mit den Ansätzen in den »Büchern« (gem. § 301 Abs. 1 Satz 2 Nr. 1 HGB) des Tochterunternehmens überein, es sei denn, daß im Zuge der Aufstellung einer HB II die Ansätze oder Bewertungen von Posten den Vorschriften, die auf das Mutterunternehmen anwendbar sind, angepaßt werden mußten oder in Ausübung von Wahlrechten angepaßt wurden. Primär bleibt es aber bei den Buchansätzen des Tochterunternehmens.

Zunächst sind die folgenden auf der Passivseite auszuweisenden Eigenkapitalposten in die Kapitalkonsolidierung einzubeziehen:

(1) Gezeichnetes Kapital,
(2) Kapitalrücklage,
(3) Gewinnrücklagen,
(4) Ergebnisvortrag,
(5) Jahreserfolg,
bzw. bei Aufstellung der Bilanz nach teilweiser Gewinnverwendung statt des Ergebnisvortrags und des Jahreserfolgs der Bilanzgewinn/-verlust.

1.2.4.2.1.2 Einzelfragen

1.2.4.2.1.2.1 Ausstehende Einlagen auf das gezeichnete Kapital

Eingeforderte ausstehende Einlagen auf das gezeichnete Kapital

Die ausstehenden Einlagen auf das gezeichnete Kapital werden in § 272 Abs. 1 Satz 2 und 3 HGB geregelt. Bei den ausstehenden Einlagen handelt es sich rechtlich um Forderungen des Unternehmens gegenüber seinen Anteilseignern, wirtschaftlich dagegen um einen Korrekturposten zum Eigenkapital (obwohl – zumindest bei solventen Gesellschaftern – es sich um durchaus durchsetzbare Ansprüche des Unternehmens auf Kapitaleinzahlung handelt). Es ist zwischen eingeforderten und nicht eingeforderten ausstehenden Einlagen zu unterscheiden. Die eingeforderten ausstehenden Einlagen auf das gezeichnete Kapital des Tochterunternehmens haben Forderungscharakter, so daß sie, wenn sie Verbindlichkeiten bei einbezogenen Unternehmen darstellen, in die Schuldenkonsolidierung einzubeziehen sind; d. h., das gezeichnete Kapital wird konsolidierungstechnisch wie voll eingezahlt behandelt. Liegen demgegenüber Verbindlichkeiten von Dritten vor, so sollten die ausstehenden Einlagen in die Konzernbilanz übernommen werden.

Nicht eingeforderte ausstehende Einlagen auf das gezeichnete Kapital

Sind die ausstehenden Einlagen nicht eingefordert, so überwiegt der Charakter eines Korrekturpostens zum gezeichneten Kapital. Zur Behandlung dieses Korrekturpostens im Rahmen der Kapitalkonsolidierung ist allerdings eine differenzierte Betrachtung anzustellen. Werden die ausstehenden Einlagen von in den Konzernabschluß einbezogenen Unternehmen geschuldet, so sollten sie mit dem gezeichneten Kapital verrechnet werden, denn in diesem Fall stellen die ausstehenden Einlagen – anders als die entsprechenden Einlagen in der Bilanz eines rechtlich einheitlichen Unternehmens – keine Liquiditätsreserven dar. Aus nicht eingeforderten Einlagen, die von in den Konzernabschluß einbezogenen Unternehmen geschuldet werden, können somit gerade »keine Kapitalzuflüsse für den Konzern als Einheit resultieren« (BUSSE VON COLBE, W./ ORDELHEIDE, D. 1993, S. 299). Bei einer Übernahme der ausstehenden Einlagen in die Konzernbilanz würde ein den tatsächlichen Verhältnissen entsprechendes Bild der Finanzlage nicht vermittelt.

Bestehen dagegen die ausstehenden nicht eingeforderten Einlagen gegenüber nicht zum Konzern gehörenden Unternehmen, so sollten sie in die Konzernbilanz übernommen werden, denn diese Beträge stellen für den Konzern als wirtschaftliche Einheit Liquiditätsreserven dar, die es im Konzernabschluß zu zeigen gilt. Bei einer Übernahme der ausstehenden Einlagen in den Konzernabschluß sollte jedoch klargestellt werden, daß es sich nicht um ausstehende Einlagen des Mutterunternehmens handelt. Ob es daneben auch zulässig ist, die ausstehenden Einlagen gegenüber anderen Gesellschaftern unmittelbar mit dem Ausgleichsposten für Anteile anderer Gesellschafter zu verrechnen, muß in Anbetracht des Vollständigkeitsgebots zweifelhaft erscheinen.

Übersicht 55: Behandlung ausstehender Einlagen bei Tochterunternehmen

ausstehende Einlagen / Schuldner	eingefordert	nicht eingefordert
von in den Konzernabschluß einbezogenen Unternehmen geschuldet	Teil der Schuldenkonsolidierung	Korrekturposten zum Eigenkapital (Verrechnung mit gezeichnetem Kapital: Kürzung des konsolidierungspflichtigen Eigenkapitals)
von nicht in den Konzernabschluß einbezogenen Unternehmen geschuldet	Übernahme in die Konzernbilanz (Eigenkapitalanteil ist Teil des Ausgleichspostens für Anteile anderer Gesellschafter)	

Sofern die nicht voll eingezahlten Anteile von aufgrund der §§ 295 oder 296 HGB nicht konsolidierten Tochterunternehmen gehalten werden, ist hinsichtlich der ausstehenden Einlagen analog zur Vorgehensweise bei außenstehenden Gesellschaftern zu verfahren.

1.2.4.2.1.2.2 Eigene Anteile

Doppelcharakter der eigenen Anteile

Der gesonderte Ausweis der eigenen Anteile im Umlaufvermögen »zeigt, welcher Teil des Nennkapitals sich in den Händen der Gesellschaft selbst befindet« (WÖHE, G. 1997, S. 304). Der Posten »eigene Anteile« weist einen Doppelcharakter auf. Auf der einen Seite kann es sich um Vermögenswerte, auf der anderen Seite um einen Korrekturposten zum Eigenkapital handeln.

Hinsichtlich der Behandlung der eigenen Anteile im Rahmen der Kapitalkonsolidierung ist zwischen folgenden Fällen zu unterscheiden:

Eigene Anteile des Mutterunternehmens und Rückbeteiligungen

(1) Eigene Anteile des den Konzernabschluß aufstellenden Mutterunternehmens sowie Rückbeteiligungen:

Sofern das den Konzernabschluß aufstellende Mutterunternehmen Anteile an sich selbst hält, sind diese eigenen Anteile gem. § 301 Abs. 4 HGB als Vermögensgegenstände in der Konzernbilanz unter entsprechender Bezeichnung gesondert im Umlaufvermögen auszuweisen. Analog gilt dies für Anteile, die Tochterunternehmen an dem den Konzernabschluß aufstellenden Mutterunternehmen halten (sog. Rückbeteiligungen).

Rücklage für eigene Anteile

Eine vom Mutterunternehmen gem. § 272 Abs. 4 HGB gebildete Rücklage für eigene Anteile ist unverändert in den Konzernabschluß zu übernehmen. Haben Tochterunternehmen gem. § 272 Abs. 4 Satz 4 HGB eine der Rückbeteiligung entsprechende Rücklage für Anteile an einem herrschenden Unternehmen gebildet, so ist diese Rücklage nach herrschender Meinung (vgl. SCHERRER, G. 1994, S. 280 m. w. N.) nicht Bestandteil des konsolidierungspflichtigen Kapitals, sondern ebenfalls in die Konzernbilanz zu übernehmen. Denkbar wäre es jedoch auch, die Rücklage für eigene Anteile als erworbenes Eigenkapital in das konsolidierungspflichtige Eigenkapital des Tochterunternehmens einzubeziehen und sie aus den Konzerngewinnrücklagen neu zu bilden, um Auswirkungen auf die Höhe eines sich ergebenden aktivischen oder passivischen Unterschiedsbetrags zu vermeiden (vgl. DUSEMOND, M. 1991, S. 194). Da die Verpflichtung zur Bildung einer Rücklage für eigene Anteile letzlich eine Ausschüttungssperre bewirken soll, der Konzern jedoch nicht Bemessungsgrundlage für die Gewinnausschüttung ist, wäre schließlich auch der Verzicht auf die Bildung einer Rücklage für eigene Anteile vorstellbar (vgl. FÖRSCHLE, G./DEUBERT, M., in: Beck Bil.-Komm. 1999, § 301 HGB, Rn. 171f.).

Wird die Rücklage für eigene Anteile nicht dem konsolidierungspflichtigen Eigenkapital zugeordnet und sind an dem Tochterunternehmen, das die Rückbeteiligung besitzt, auch konzernfremde Gesellschafter beteiligt, so ist der auf sie entfallende Anteil an der beim Tochterunternehmen gebildeten Rücklage in den Ausgleichsposten für Anteile anderer Gesellschafter einzustellen. Die daraus resultierende Differenz zwischen den in der Konzernbilanz ausgewiesenen eigenen Anteilen und der Rücklage für eigene Anteile sollte im Konzernanhang erläutert werden (vgl. WP-HANDBUCH 2000, Bd. I, S. 1024f.).

Eigene Anteile von Tochterunternehmen

(2) Eigene Anteile der einbezogenen Tochterunternehmen:

Bei der Behandlung eigener Anteile von in den Konzernabschluß einbezogenen Tochterunternehmen sind zwei Fälle zu unterscheiden:

Kurzfristig gehalten

- Kurzfristig gehaltene eigene Anteile von Tochterunternehmen, aus denen Einzahlungen erwartet werden, »z. B. weil sie an Arbeitnehmer weitergegeben werden sollen … oder als kurzfristige Vermögensanlage dienen, … sollten in die Konzernbilanz übernommen werden« (BUSSE VON COLBE, W./ORDELHEIDE, D. 1993, S. 298). Dabei sollte »im Interesse der Klarheit des Jahresabschlusses der Ausweis getrennt von den eigenen Anteilen des Mutterunternehmens vorgenommen werden« (WYSOCKI, K. v./WOHLGEMUTH, M. 1996, S. 83).

  Der Posten »eigene Anteile« in der Konzernbilanz könnte demnach folgendes Aussehen haben:

  - Eigene Anteile
    davon gehalten von Tochterunternehmen,
  - Eigene Anteile von Tochterunternehmen.

  Als Alternative bietet sich eine Aufgliederung im Konzernanhang an.

  Ebenso wie die eigenen Anteile ist auch eine gem. § 272 Abs. 4 HGB vom Tochterunternehmen gebildete Rücklage für eigene Anteile in den

Konzernabschluß zu übernehmen und damit nicht Bestandteil des konsolidierungspflichtigen Eigenkapitals. Sind an dem die eigenen Anteile haltenden Tochterunternehmen neben dem Mutterunternehmen auch konzernfremde Gesellschafter beteiligt, so hat eine entsprechende Aufteilung der Rücklage für eigene Anteile zu erfolgen (vgl. ADLER/DÜRING/SCHMALTZ 1995, § 301 HGB, Rn. 218).

Langfristig gehalten

- Langfristig gehaltene eigene Anteile von Tochterunternehmen »sind eher als Korrekturposten zum Eigenkapital denn als Vermögenswerte anzusehen« (ARBEITSKREIS »WELTABSCHLÜSSE« DER SCHMALENBACH-GESELLSCHAFT – DEUTSCHE GESELLSCHAFT FÜR BETRIEBSWIRTSCHAFT E.V. 1979, S. 49). Sie sind infolgedessen mit dem konsolidierungspflichtigen Kapital des Tochterunternehmens zu verrechnen, wobei als Korrekturposten nur die »Rücklage für eigene Anteile« in Frage kommt. Das verbleibende Eigenkapital ist – sofern keine konzernfremden Gesellschafter vorhanden sind – in voller Höhe gegen die dem Mutterunternehmen gehörenden Anteile aufzurechnen. »Bei einer Beteiligung anderer Gesellschafter ist ein Restbetrag nach dem Verhältnis der Beteiligung des Konzerns und der konzernfremden Anteilseigner anteilig dem konsolidierungspflichtigen Kapital und dem Ausgleichsposten für Anteile anderer Gesellschafter zuzuordnen« (WP-HANDBUCH 2000, Bd. I, S. 1025f.).

Anteile an herrschenden oder mit Mehrheit beteiligten Unternehmen

(3) Anteile an einem herrschenden oder mit Mehrheit beteiligten Unternehmen, das nicht gleichzeitig das den Konzernabschluß aufstellende Unternehmen ist:

Sofern ein Tochterunternehmen Anteile an einer herrschenden oder mit Mehrheit beteiligten Zwischenholding besitzt, sind diese Anteile regelmäßig mit der entsprechend gem. § 272 Abs. 4 Satz 4 HGB gebildeten Rücklage für eigene Anteile zu verrechnen, da »aus Konzernsicht kein herrschendes oder mit Mehrheit beteiligtes Unternehmen mehr existiert« (DUSEMOND, M. 1995, S. 46). Sind keine konzernfremden Gesellschafter an der Zwischenholding und dem die Anteile haltenden Tochterunternehmen beteiligt, ist die vom Mutterunternehmen gehaltene Beteiligung grundsätzlich gegen das gesamte Eigenkapital der Zwischenholding aufzurechnen. Andernfalls sind hinsichtlich der Berechnung des dem Mutterunternehmen und den konzernfremden Gesellschaftergruppen zustehenden Eigenkapitalanteils komplexe Berechnungen vorzunehmen (vgl. ausführlich DUSEMOND, M. 1995, S. 48f.).

Einen zusammenfassenden Überblick über die Behandlung von eigenen Anteilen und die korrespondierenden Rücklagen gem. § 272 Abs. 4 HGB ohne Beteiligung konzernfremder Gesellschafter gibt die folgende Übersicht 56:

Übersicht 56: Behandlung eigener Anteile im Rahmen der Kapitalkonsolidierung (ohne Vorhandensein anderer Gesellschafter)

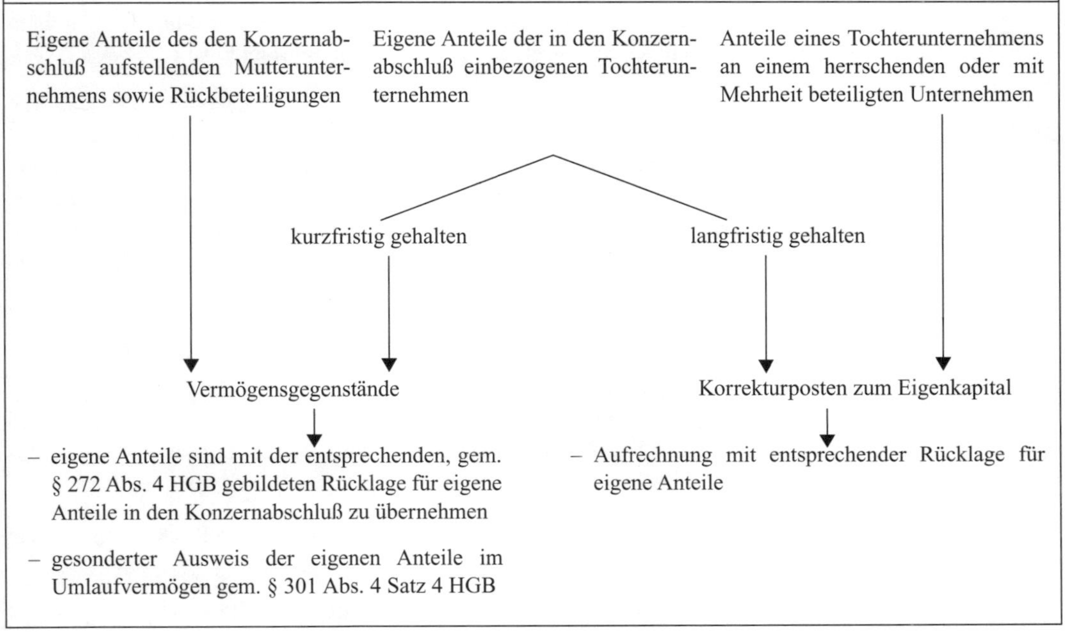

1.2.4.2.1.2.3 Nicht durch Eigenkapital gedeckter Fehlbetrag

Konsolidierungspflichtiges Eigenkapital

Das Gesetz sieht im Fall der buchmäßigen Überschuldung in § 268 Abs. 3 HGB den Ausweis eines aktivischen Eigenkapitalpostens vor: »Ist das Eigenkapital durch Verluste aufgebraucht und ergibt sich ein Überschuß der Passivposten über die Aktivposten, so ist dieser Betrag am Schluß der Bilanz auf der Aktivseite gesondert unter der Bezeichnung ›Nicht durch Eigenkapital gedeckter Fehlbetrag‹ auszuweisen.« Mit dem Ausweis dieses Postens wird der Ausweis eines Negativpostens auf der Passivseite vermieden. Auch dieser Posten ist als konsolidierungspflichtiges Eigenkapital anzusehen.

Im Rahmen der Kapitalkonsolidierung ergibt sich somit die Besonderheit, daß zwei aktivische Posten gegeneinander aufzurechnen sind: der Beteiligungsbuchwert und das negative Eigenkapital. Ein aus der Kapitalkonsolidierung resultierender Unterschiedsbetrag ist in solchen Fällen immer aktivisch und ergibt sich aus der Addition der beiden aufzurechnenden Größen.

1.2.4.2.1.2.4 Sonderposten mit Rücklageanteil

Anwendungsvoraussetzungen

Gem. § 247 Abs. 3 HGB dürfen »Passivposten, die für Zwecke der Steuern vom Einkommen und vom Ertrag zulässig sind, … in der Bilanz gebildet werden. Sie sind als Sonderposten mit Rücklageanteil auszuweisen und nach Maßgabe des Steuerrechts aufzulösen«. § 273 Satz 1 HGB schränkt die Bildung von Sonderposten mit Rücklageanteil für Kapitalgesellschaften dahingehend ein, daß sie »nur insoweit gebildet werden (dürfen, d. Verf.), als das Steuerrecht die Anerkennung ... bei der steuerrechtlichen Gewinnermittlung davon abhängig macht, daß der Sonderposten in der Bilanz gebildet wird.«

Bestandteile des Sonderpostens mit Rücklageanteil

Neben diesen – sich z.B. aus § 6b EStG, R 35 EStR ergebenden – Bestandteilen des Sonderpostens dürfen gem. § 281 Abs. 1 Satz 1 HGB die nach § 254 HGB zulässigen steuerrechtlichen Abschreibungen »auch in der Weise vorgenommen werden, daß der Unterschiedsbetrag zwischen der nach § 253 in Verbindung mit § 279 und der nach § 254 zulässigen Bewertung in den Sonderposten mit Rücklageanteil eingestellt wird«. Der Sonderposten mit Rücklageanteil kann sich also aus zwei Komponenten zusammensetzen:

(1) den sog. unversteuerten Rücklagen, die bei ihrer Auflösung zu versteuern sind, und

(2) den aufgelaufenen steuerrechtlich zulässigen Sonderabschreibungen i.S.d. § 254 HGB, soweit diese die handelsrechtlich zulässigen Normalabschreibungen übersteigen.

Im Rahmen der Konsolidierung ist der Sonderposten mit Rücklageanteil wie folgt zu behandeln:

Behandlung im Rahmen der Kapitalkonsolidierung

(1) Gem. § 308 Abs. 3 HGB, der das Wahlrecht zur Auflösung steuerrechtlich bedingter Sachverhalte vorsieht, kann der Sonderposten mit Rücklageanteil in der HB II erfolgswirksam aufgelöst und entsprechend seinem Mischpostencharakter den Rücklagen sowie – in Höhe der zukünftig zu erwartenden Steuerlast – den Rückstellungen zugeordnet werden. Die Rücklagenkomponente stellt dann im Zuge der Kapitalkonsolidierung aufzurechnendes Eigenkapital dar.

(2) Wird ein im Einzelabschluß gebildeter Sonderposten mit Rücklageanteil nicht in der HB II aufgelöst, sondern geht er in den Summenabschluß ein, ist er unverändert auch in den Konzernabschluß zu übernehmen. Eine anteilige Hinzurechnung zum konsolidierungspflichtigen Eigenkapital im Zuge der Kapitalkonsolidierung ist in diesem Fall nicht zulässig.

Baukostenzuschüsse

Die Ausführungen gelten entsprechend für einen insbes. in Jahresabschlüssen von Unternehmen der Elektrizitätswirtschaft ausgewiesenen Mischposten »Baukostenzuschüsse« oder »Sonderposten für Baukostenzuschüsse«. Dieser Posten fällt zwar nicht unter die Regelung des § 308 Abs. 3 HGB, da er nicht rein steuerrechtlich bedingt ist und daher die umgekehrte Maßgeblichkeit nicht gilt. Eine Auflösung dieses Postens ist jedoch gem. § 308 Abs. 1 HGB im Rahmen der Aufstellung der HB II möglich, mit der Folge, daß der den Rücklagen zugeordnete Teil konsolidierungspflichtiges Eigenkapital darstellt. Wird von einer Auflösung bei der Erstellung der HB II hingegen abgesehen, hat eine unveränderte Übernahme des Postens in den Konzernabschluß zu erfolgen.

1.2.4.2.2 Neubewertungsmethode

Veränderung des konsolidierungspflichtigen Kapitals durch Umbewertung

Die im Rahmen der Buchwertmethode angewendete Definition des Eigenkapitals bildet auch bei der Neubewertungsmethode die Grundlage für das in die Kapitalkonsolidierung einzubeziehende anteilige Eigenkapital. Allerdings ist das Eigenkapital nach § 301 Abs. 1 Satz 2 Nr. 2 HGB anzusetzen »mit dem Betrag, der dem Wert der in den Konzernabschluß aufzunehmenden Vermögensgegenstände, Schulden, Rechnungsabgrenzungsposten, Bilanzierungshilfen und Sonderposten entspricht, der diesen ... beizulegen ist«. Durch die Umbewertung dieser Posten in der HB III ändert sich gegenüber der ursprünglichen Handelsbilanz auch die Höhe des konsolidierungspflichtigen Eigenkapitals des Tochterunternehmens. In aller Regel wird die Umbewertung der Abschlußwerte in den Gewinnrücklagen des Tochterunternehmens erfaßt.

Begrenzung der Neubewertung auf die Anschaffungskosten der Beteiligung

Dieser Unterschied zwischen Buchwert- und Neubewertungsmethode führt zwar zu unterschiedlichen Differenzen zwischen den in die Verrechnung eingehenden Anteilen und dem anteiligen Eigenkapital, hat letztlich auf den Ansatz der in den Konzernabschluß zu übernehmenden Aktiva und Passiva des Tochterunternehmens aber nur dann Bedeutung, wenn an dem Tochterunternehmen auch andere Gesellschafter i. S. d. § 307 HGB beteiligt und gleichzeitig stille Rücklagen/Lasten vorhanden sind. Infolge der Begrenzung der Neubewertung gem. § 301 Abs. 1 Satz 4 HGB auf die Anschaffungskosten der Beteiligung kommen grundsätzlich beide Methoden ceteris paribus zum gleichen Ansatz für die Aktiva und Passiva des Tochterunternehmens im Konzernabschluß, wenn es sich um ein 100%iges Tochterunternehmen handelt.

Volle versus quotale Aufdeckung stiller Rücklagen/Lasten

Sind allerdings andere Gesellschafter an dem betreffenden Tochterunternehmen beteiligt, kommt es bei der Neubewertungsmethode auch zu einer Neubewertung des den anderen Gesellschaftern anteilig zuzurechnenden Eigenkapitals durch die volle Aufdeckung der stillen Rücklagen/Lasten des Tochterunternehmens, während bei der Buchwertmethode nur die der Beteiligungsquote des Mutterunternehmens entsprechenden stillen Rücklagen/Lasten aufgedeckt werden. Dabei werden bei der Buchwertmethode die stillen Rücklagen/Lasten nur bis zur Höhe des gem. § 301 Abs. 1 Satz 1 und Satz 2 Nr. 1 HGB ermittelten Unterschiedsbetrags, erhöht um die anteilig zugeordneten stillen Lasten, anteilig aufgedeckt, während bei der Neubewertungsmethode grundsätzlich die stillen Rücklagen/Lasten voll aufgelöst werden, allerdings unter Beachtung der Begrenzung infolge des § 301 Abs. 1 Satz 4 HGB.

1.2.4.3 Darstellung der aufzurechnenden Komponenten im Rahmen der Kapitalkonsolidierung

Nachdem unter den Gliederungspunkten 1.2.4.1 und 1.2.4.2 sowohl die aufzurechnenden Anteile am Tochterunternehmen als auch das bei dem betrachteten Tochterunternehmen aufzurechnende Eigenkapital abgegrenzt wurden, sollen die gewonnenen Erkenntnisse in nachfolgender Abbildung schaubildartig zusammengefaßt werden (Abbildung entnommen aus DUSEMOND, M./KESSLER, H. 2001, S. 196):

Übersicht 57: Aufzurechnende Komponenten im Rahmen der Kapitalkonsolidierung

Aufzurechnende Komponenten im Rahmen der Kapitalkonsolidierung nach § 301 HGB

Wertansatz der dem Mutterunternehmen gehörenden Anteile		auf die Anteile entfallender Betrag des Eigenkapitals des Tochterunternehmens

Begriff:
Als ›Anteile‹ i. S. d. § 301 HGB gelten sämtliche dem Mutterunternehmen zuzurechnende Beteiligungen am Eigenkapital des Tochterunternehmens mit Einlagecharakter, z. B.
– Anteile am Grundkapital (Aktien),
– Anteile am Stammkapital (GmbH-Geschäftsanteile),
– Komplementäreinlagen bei einer OHG oder einer KGaA.
 	
subjektive Zurechnung:
– Anteile im wirtschaftlichen Eigentum des MU.
– Anteile, die ein einbezogenes TU hält (→ § 16 Abs. 2, 4 AktG).
– Anteile, die ein einbezogenes Gemeinschaftsunternehmem hält (quotal).
 	
Bewertung:
Maßgeblich ist der Buchwert der Anteile im Zeitpunkt der erstmaligen Aufrechnung nach Anpassung an die konzerneinheitliche Bilanzierung und Bewertung.
	↔	**Eigenkapitalkomponenten**:
		Zum konsolidierungspflichtigen Eigenkapital rechnen
		– sämtliche Eigenkapitalposten gemäß § 266 Abs. 3 A. HGB (gezeichnetes Kapital, Rücklagen, Jahresergebnis, Ergebnisvortrag),
		– ein nicht durch Eigenkapital gedeckter Fehlbetrag (§ 268 Abs. 3 HGB),
		– ein Sonderposten mit Rücklageanteil nur, soweit er in der HB II aufgelöst und den Rücklagen zugeordnet wurde.
		Nicht zum konsolidierungspflichtigen Eigenkapital gehören
		– nicht eingeforderte Teile des gezeichneten Kapitals gegenüber einbezogenen Unternehmen (Aufrechnung mit ausstehenden Einlagen),
		– die Rücklage für eigene Anteile; sie ist
		  – in den Konzernabschluß zu übernehmen, soweit sie für Anteile an dem den Konzernabschluß aufstellenden MU (sog. Rückbeteiligungen; alternativ ist diese Rücklage in die Konsolidierung einzubeziehen, wobei sie in diesem Fall auf Konzernebene neu zu bilden ist) oder nur kurzfristig gehaltene eigene Anteile des TU gebildet wurde,
		  – mit den aktivierten Anteilen aufzurechnen, soweit sie für Anteile an einem herrschenden oder mit Mehrheit beteiligten, nicht den Konzernabschluß aufstellenden Unternehmen bzw. für längerfristig gehaltene eigene Anteile des TU gebildet wurde.
		
		Höhe des Eigenkapitals:
		– **Buchwertmethode:** maßgeblich ist das EK des TU in der zum Aufrechnungszeitpunkt nach konzerneinheitlichen Grundsätzen aufgestellten HB II.
		– **Neubewertungsmethode:** maßgeblich ist das EK des TU in der sich nach Aufdeckung der im Aufrechnungszeitpunkt vorhandenen stillen Rücklagen und Lasten ergebenden HB III.

1.2.4.4 Relevante Beteiligungsquote zur Bestimmung des anteiligen Kapitals

Kapitalanteil-mäßige Quote

Gem. § 301 Abs. 1 Satz 1 HGB ist nur das den Anteilen des Mutterunternehmens entsprechende anteilige Eigenkapital in die Kapitalkonsolidierung einzubeziehen. So wie es für die einbeziehungspflichtigen Anteile nicht entscheidend ist, ob sie Stimmrechte gewähren oder nicht, ist es auch für die den Anteilen zuzurechnende Beteiligungsquote unerheblich, wie sich etwa Stimmrechte oder besondere Gewinnanteilsrechte verteilen. Es kommt vielmehr entscheidend auf die kapitalanteilmäßige Quote an. Diese Quote bestimmt sich allein nach dem Betrag der in das Eigenkapital des Tochterunternehmens ursprünglich für die Anteile im engen Sinne geleisteten Beträge ohne Zahlungen bzw. Agien, unabhängig davon, ob möglicherweise unterschiedliche Rechte mit diesen ursprünglichen Einzahlungen verbunden sind.

Bestimmung der Beteiligungsquote

Handelt es sich um eine Kapitalgesellschaft, kommt es für die Bestimmung der Beteiligungsquote nach dieser Überlegung nur auf den Betrag der Nennwerte der dem Mutterunternehmen zuzurechnenden Anteile im Verhältnis zu dem Gesamtnennwert aller ausgegebenen Anteile an. Bei Personenhandelsgesellschaften wird man in konsequenter Fortführung dieser Betrachtung ausschließlich auf die prozentuale Beteiligung an den evtl. gesellschaftsvertraglich bestimmten »festen Kapitalkonten« abstellen können. Im Rahmen der Kapitalkonsolidierung ist das gesamte Eigenkapital des Tochterunternehmens zu verrechnen oder in einen »Ausgleichsposten für Anteile anderer Gesellschafter« gem. § 307 Abs. 1 HGB umzugliedern; die dem Mutterunternehmen zuzurechnende Beteiligungsquote zuzüglich der den anderen Gesellschaftern zuzurechnenden Quote (sowie evtl. der eigenen Anteile) muß demnach immer 100% ergeben.

1.2.4.5 Zeitpunkt für die Verrechnung der maßgeblichen Größen

1.2.4.5.1 Gesetzliche Wahlmöglichkeiten

Alternative Verrechnungszeitpunkte

Die Konzeption der Erwerbsmethode bedingt eine Verrechnung der Anschaffungskosten für die Anteile mit dem anteiligen Eigenkapital grundsätzlich zum Zeitpunkt des Erwerbs der Anteile. Nach dem Gesetz sind aber alternative Verrechnungszeitpunkte zugelassen worden.

Für die Bestimmung der für die Verrechnung des Beteiligungsbuchwerts mit dem anteiligen Eigenkapital gem. § 301 Abs. 1 HGB maßgeblichen Wertansätze läßt § 301 Abs. 2 HGB drei verschiedene Zeitpunkte zu:

(1) den Zeitpunkt des Erwerbs der Anteile,

(2) den Zeitpunkt der erstmaligen Einbeziehung des Tochterunternehmens in den Konzernabschluß,

(3) beim Erwerb der Anteile zu verschiedenen Zeitpunkten den Zeitpunkt, zu dem das Unternehmen Tochterunternehmen geworden ist.

Zeitpunkt des Erwerbs der Anteile

Der Erwerb von Anteilen wird häufig auf der Grundlage von Bewertungsgutachten durchgeführt, die oft auch die für die Anwendung der Kapitalkonsolidierung notwendigen Daten enthalten. Insofern bietet sich die Anwendung des Zeitpunkts des Erwerbs für die Verrechnung an. Dies gilt insbes. dann, wenn der Erwerb mit Wirkung auf einen Bilanzstichtag des Tochterunternehmens erfolgt. Wird der Erwerb dagegen auf einen anderen Stichtag durchgeführt, müßte für die Kapitalkonsolidierung auf den Erwerbsstichtag ein Zwischenabschluß für das Tochterunternehmen aufgestellt werden, um das zu verrechnende Eigenkapital einschl. der bis zu diesem Zeitpunkt erzielten Ergebnisse ermitteln zu können.

Erster Konzernabschlußstichtag nach Erwerb der Anteile

Um die Aufstellung eines Zwischenabschlusses in solchen Fällen zu vermeiden, kann aber gem. § 301 Abs. 2 HGB auch der erste Konzernabschlußstichtag, der dem Erwerb der Anteile folgt, für die Bestimmung der Wertverhältnisse der gem. § 301 Abs. 1 HGB zu verrechnenden Größen herangezogen werden.

Allerdings kann zwischen dem Zeitpunkt des Erwerbs der Anteile und der erstmaligen Einbeziehung in den Konzernabschluß auch eine erhebliche Zeitspanne liegen. Wird das Tochterunternehmen wegen eines bestehenden Einbeziehungswahlrechts oder -verbots (vgl. §§ 295 und 296 HGB) nicht im Jahr des Erwerbs in die Konsolidierung einbezogen, sondern in einer späteren Periode, so können zu diesem Zeitpunkt ein völlig anderer Beteiligungsbuchwert und ein vollkommen verändertes Eigenkapital vorliegen.

Sukzessiver Erwerb von Anteilen

Erfolgt der Kauf der Anteile des Tochterunternehmens in mehreren Schritten, also sukzessiv, so kann für die Verrechnung der Zeitpunkt gewählt werden, zu dem das Unternehmen Tochterunternehmen geworden ist. Es ist also nicht erforderlich, die Wertverhältnisse zu den jeweiligen Erwerbszeitpunkten zugrunde zu legen und eine rückwirkende Anpassung vorzunehmen. Diese Regelung ist aus Praktikabilitätserwägungen sehr zu begrüßen, denn wenn sich der Kauf der Anteile über einen längeren Zeitraum erstreckt, »kann die Feststellbarkeit dieser historischen Wertverhältnisse schwierig oder gar unmöglich sein« (SAHNER, F. 1983, S. 49).

1.2.4.5.2 Unterjähriger Erwerb

Bilanzpolitisches Potential

Das Wahlrecht, der Verrechnung des Beteiligungsbuchwerts mit dem anteiligen Eigenkapital entweder die Wertverhältnisse zum Erwerbsstichtag oder aber zum Zeitpunkt der erstmaligen Einbeziehung eines Tochterunternehmens in den Konzernabschluß zugrunde zu legen, besteht stets dann, wenn ein Tochterunternehmen zu einem vom Konzernabschlußstichtag abweichenden Stichtag erworben wird (sog. unterjähriger Erwerb). In Abhängigkeit von der Ausübung dieses Wahlrechts ergeben sich einerseits regelmäßig Auswirkungen auf den bei der erstmaligen Kapitalkonsolidierung entstehenden Unterschiedsbetrag, da davon auszugehen ist, daß sich zumindest das zu verrechnende Eigenkapital bedingt durch eine unterschiedliche Höhe des aufzurechnenden Jahreserfolgs verändert. Somit kann der Bilanzierende durch die Wahl des Verrechnungszeitpunkts Einfluß auf die Höhe der aufzudeckenden stillen Rücklagen/Lasten, den Geschäfts- oder Firmenwert bzw. den (passivischen) Unterschiedsbetrag aus der Kapitalkonsolidierung nehmen. Andererseits ist darauf hinzuweisen, daß in Abhängigkeit vom gewählten Verrechnungszeitpunkt die Erstkonsolidierung, d.h. die erstmalige Einbeziehung eines Unternehmens in den Konzernabschluß, bereits im Jahr des Erwerbs erfolgswirksam sein kann. Denn erfolgt bei unterjährigem Erwerb die Kapitalkonsolidierung mit den zum Zeitpunkt des Erwerbs maßgeblichen Wertansätzen, so sind auf aufgedeckte stille Rücklagen im abnutzbaren Anlagevermögen und auf einen Geschäfts- oder Firmenwert, sofern er erfolgswirksam behandelt wird, bereits zeitanteilige Jahresabschreibungen vorzunehmen. Diese können entweder pro-rata-temporis oder aber – aus Vereinfachungsgründen – bei einem Erwerb des Tochterunternehmens im ersten Halbjahr des Konzerngeschäftsjahrs in voller Höhe respektive bei einem Erwerb im zweiten Halbjahr hälftig vorgenommen werden. Sinngemäß ist mit aufgedeckten stillen Lasten bzw. einem passivischen Unterschiedsbetrag aus der Kapitalkonsolidierung zu verfahren.

Schließlich ist fraglich, welche Bestandteile der GuV eines unterjährig erworbenen Tochterunternehmens neben der Bilanz im Zuge der Erstkonsolidierung in den Konzernabschluß eingehen müssen bzw. können. Dieses Problem ergibt sich daraus, daß je nach gewähltem Verrechnungszeitpunkt der Jahreserfolg als Saldo der Aufwendungen und Erträge entweder in voller Höhe oder aber nur teilweise in das zu verrechnende Eigenkapital einbezogen wird, obwohl er wenigstens z.T. während der Konzernzugehörigkeit erwirtschaftet wurde. Gem. § 300 Abs. 2 HGB i.V.m. »der der Konzernrechnungslegung zugrundeliegenden Einheitstheorie sind (indessen, d.Verf.) in den Konzernabschluß alle Aufwendungen und Erträge des Geschäftsjahres aufzunehmen, die während der Konzernzugehörigkeit der einbezogenen Unternehmen entstanden sind« (HFA 3/1995, S. 698).

Grundsätzlich kommen für die Abbildung im Konzernabschluß neben der Bilanz die in Übersicht 56 dargestellten Bestandteile der GuV in Betracht:

Übersicht 58: Erstkonsolidierung – Wertansätze gem. § 301 Abs. 2 HGB bei unterjährigem Erwerb –

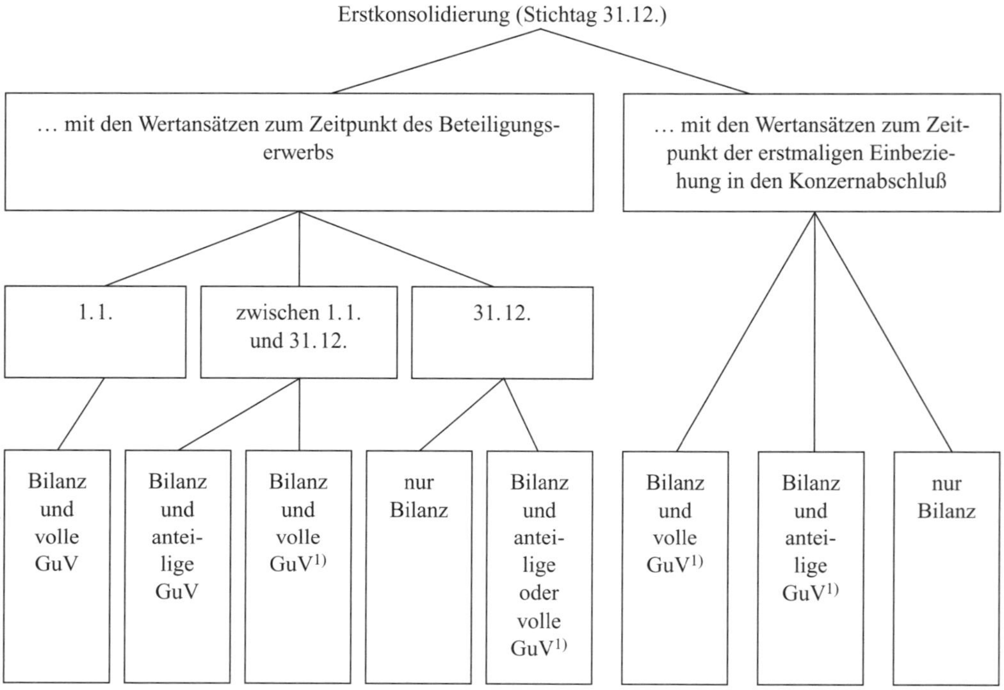

1) Jahreserfolg, der Bestandteil des zu verrechnenden Eigenkapitals ist, muß korrigiert werden. Alternativen:
1. eigene Zeile vor dem Konzern-Jahreserfolg, z.B. Anpassung/Ausgleichsposten aus der Erstkonsolidierung
2. Korrektur im »sonstigen betrieblichen Aufwand« bzw. im »sonstigen betrieblichen Ertrag«.

Wertansätze zum Erwerbszeitpunkt

Wird die Kapitalkonsolidierung mit den Wertansätzen zum Erwerbszeitpunkt durchgeführt, so sind – unter der Prämisse, daß der Konzernabschluß zum 31.12. aufgestellt wird – drei Fallgestaltungen zu unterscheiden:

(1) Der Erwerb des Tochterunternehmens erfolgt zum 1.1.:

In den Konzernabschluß ist neben der Bilanz auch die volle GuV des Tochterunternehmens aufzunehmen. Sämtliche Aufwendungen und Erträge des laufenden Geschäftsjahrs sind während der Konzernzugehörigkeit erwirtschaftet worden und somit im Rahmen der Konzern-GuV zu zeigen. Da das konsolidierungspflichtige Eigenkapital zum 1.1. keinen Jahreserfolg umfaßt, sind weitere Korrekturen nicht erforderlich.

(2) Der Erwerb des Tochterunternehmens erfolgt zwischen dem 1.1. und dem 31.12.:

In diesem Fall muß grundsätzlich ein Zwischenabschluß auf den Erwerbsstichtag aufgestellt werden, um den in das konsolidierungspflichtige Eigenkapital eingehenden Anteil am Jahreserfolg des Tochterunternehmens zu bestimmen. In die Konzern-GuV dürfen die Aufwendungen und Erträge bzw. der Jahreserfolg des Tochterunternehmens demgemäß nur insoweit eingehen, als sie nach dem Erwerbsstichtag, d.h. während der Konzernzugehörigkeit, erwirtschaftet wurden. Infolgedessen ist die GuV des unterjährig erworbenen Tochterunternehmens nur anteilig in der Konzern-GuV zu berücksichtigen. Wird kein Zwischenabschluß auf den Erwerbszeitpunkt erstellt, können die während der Konzernzugehörigkeit angefallenen Aufwendungen und Erträge respektive der zu konsolidierende Jahreserfolg ersatzweise statistisch ermittelt werden (vgl. hierzu HFA 3/1995, S. 698).

Prinzipiell könnte im Zuge der Erstkonsolidierung neben der Bilanz die gesamte GuV in den Konzernabschluß übernommen werden. Da jedoch der bis zum Erwerbsstichtag erwirtschaftete Jahreserfolg einen Bestandteil des aufzurechnenden Eigenkapitals darstellt, werden zusätzliche Korrekturen notwendig, um den in der Bilanz und der Konzern-GuV ausgewiesenen Konzern-Jahreserfolg in Einklang zu bringen und Doppelerfassungen zu vermeiden. Infolgedessen ist in Höhe des im Zuge der Kapitalkonsolidierung verrechneten Teils des Jahreserfolgs ein Ausgleichsposten vor dem Konzern-Jahreserfolg einzufügen (vgl. DUSEMOND, M./WEBER, C.-P./ZÜNDORF, H., in: KÜTING/WEBER, 1998, § 301 HGB, Rn. 154). Alternativ kommt eine Erfassung des in der Kapitalkonsolidierung berücksichtigten Anteils am Jahreserfolg als Korrektur der »sonstigen betrieblichen Aufwendungen« bzw. der »sonstigen betrieblichen Erträge« in Betracht (vgl. HFA 3/1995, S. 698). Allerdings ist zu beachten, daß diese Vorgehensweise gegen bestehende Vorschriften verstößt, da für Aufwendungen und Erträge, die vor oder nach der Konzernzugehörigkeit des Tochterunternehmens entstehen, ein Aufnahmeverbot für den Konzernabschluß besteht (vgl. HFA 3/1995, S. 698). Aus Konzernsicht zutreffend ist daher allein die erstgenannte Vorgehensweise.

(3) Der Erwerb des Tochterunternehmens erfolgt zum 31.12.:

In diesem Fall geht der Jahreserfolg des Tochterunternehmens in voller Höhe in das konsolidierungspflichtige Eigenkapital ein; es existieren keine während der Konzernzugehörigkeit erwirtschafteten Aufwendungen und Erträge. Zutreffenderweise ist demgemäß allein die Bilanz des Tochterunternehmens in den Konzernabschluß zu übernehmen. Findet hiervon abweichend die GuV des Tochterunternehmens teilweise oder in voller Höhe Berücksichtigung bei der Erstellung der Konzern-GuV, muß auch in diesem Fall durch die Einfügung eines Ausgleichspostens o.ä. eine Korrektur bzgl. des im Zuge der Kapitalkonsolidierung verrechneten Jahreserfolgs durchgeführt werden.

Wertansätze zum Zeitpunkt der erstmaligen Einbeziehung

Erfolgt die Kapitalkonsolidierung indessen mit den Wertansätzen zum Zeitpunkt der erstmaligen Einbeziehung in den Konzernabschluß (hier: 31.12.), so ist der Jahreserfolg des Tochterunternehmens unabhängig vom Zeitpunkt des unterjährigen Erwerbs stets in voller Höhe Bestandteil des konsolidierungspflichtigen Eigenkapitals. In Abhängigkeit vom Erwerbsstichtag sind damit entweder die Bilanz und die volle GuV (Erwerbsstichtag 1.1.), die Bilanz und anteilige GuV (Erwerbsstichtag zwischen 1.1. und 31.12.) oder aber nur die Bilanz (Erwerbsstichtag 31.12.) im Rahmen der Erstkonsolidierung zu berücksichtigen. Sofern die GuV vollständig oder anteilig in die Konzern-GuV übernommen wird, ist wegen der vollständigen Verrechnung des Jahreserfolgs bei der Kapitalkonsolidierung in Höhe des Saldos der übernommenen Aufwendungen und Erträge ein Ausgleichsposten vor dem Konzern-Jahresüberschuß einzufügen oder eine Korrektur der »sonstigen betriebliche Aufwendungen« bzw. der »sonstigen betrieblichen Erträge« vorzunehmen.

1.2.4.6 Ansatz der Aktiva und Passiva von Tochterunternehmen

Auflösung von stillen Rücklagen/Lasten

An die Stelle des mit der Kapitalkonsolidierung verrechneten Ansatzes für die Anteile an den einbezogenen Tochterunternehmen und des auf diese Anteile entfallenden Eigenkapitals dieser Tochterunternehmen treten deren Vermögens- und Schuldposten. In diesem Zusammenhang sind stille Rücklagen/Lasten sowohl bei der Buchwert- als auch bei der Neubewertungsmethode aufzulösen.

Begriff der stillen Rücklagen/Lasten

Als stille Rücklagen bezeichnet man die Differenz zwischen dem Ansatz eines Aktiv- oder Passivpostens in der Bilanz und dem – im Fall aktivischer Gegenstände höheren bzw. im Fall passivischer Gegenstände niedrigeren – Wert, der den Gegenständen an einem Stichtag – hier dem der Erstkonsolidierung – beigelegt werden kann; handelt es sich um einen niedrigeren bzw. im Fall passivischer Gegenstände höheren beizulegenden Wert, spricht man von einer stillen Last. Als stille Rücklagen/Lasten werden im Zusammenhang mit der Kapitalkonsolidierung aber auch Posten bezeichnet, die zwar nicht im Einzelabschluß eines Unternehmens angesetzt werden dürfen, die aber aus Konzernsicht ansatzpflichtig oder ansatzfähig sind.

Begriff des Buchwerts

Als »Buchwert« wird im Zusammenhang mit der Kapitalkonsolidierung der Ansatz in der HB II des Tochterunternehmens, nach Durchführung der Maßnahmen gem. den §§ 300 Abs. 2 und 308 HGB, aber vor Durchführung der Neubewertung i.S.d. § 301 Abs. 1 Satz 2 Nr. 2 oder Satz 3 HGB bezeichnet.

Aufdeckung stiller Rücklagen/Lasten nur bei ansatzfähigen Aktiva/Passiva

Für die Aufdeckung stiller Rücklagen/Lasten kommen im Konzernabschluß nur aus Konzernsicht ansatzfähige Aktiva und Passiva des Tochterunternehmens in Betracht. Aus § 301 Abs. 1 Satz 2 Nr. 1 und Nr. 2 sowie Satz 3 HGB wird deutlich, daß sonstige erwartete wirtschaftliche Vorteile, die keine Vermögensgegenstände im Sinne des Bilanzrechts sind und die auch nicht die Kriterien eines aktivischen Rechnungsabgrenzungspostens oder einer Bilanzierungshilfe erfüllen, auch nicht bei der Erstkonsolidierung in den Konzernabschluß aufgenommen werden können. Entsprechendes gilt für die Passiva, die nur als Verbindlichkeiten oder Rückstellungen i.S.d. § 249 HGB oder als passivische Rechnungsabgrenzungsposten bzw. Sonderposten i.S.d. § 247 Abs. 3 HGB in den Konzernabschluß eingehen können, unabhängig davon, ob sie im Einzelabschluß des Tochterunternehmens angesetzt werden durften oder nicht. Entscheidend ist allein die Konzernsicht.

Buchwert- und Neubewertungsmethode unterscheiden sich bei der Aufdekkung stiller Rücklagen/Lasten in einem wichtigen Punkt:

(1) Bei der Neubewertungsmethode werden stille Rücklagen/Lasten grundsätzlich in voller Höhe aufgedeckt, so daß die Buchwerte in »volle« Zeitwerte transformiert werden.

(2) Bei der Buchwertmethode werden stille Rücklagen/Lasten grundsätzlich nur in Höhe des Konzernanteils aufgedeckt, so daß folglich auch nur »anteilige« (quotale) Zeitwerte entstehen.

1.2.4.7 Charakter und Behandlung eines aktivischen Unterschiedsbetrags

Verbleibt nach der Zuordnung stiller Rücklagen/Lasten ein aktivischer Unterschiedsbetrag, so ist dieser im Posten »Geschäfts- oder Firmenwert« auszuweisen.

1.2.4.7.1 Charakter des Geschäfts- oder Firmenwerts

Berücksichtigung künftiger Ertragserwartungen

Der Geschäfts- oder Firmenwert resultiert u.a. aus der Berücksichtigung künftiger Ertragserwartungen, die über den Substanzwert des Vermögens hinaus im Kaufpreis berücksichtigt werden. Diese Erwartungen können z.B. auf der Qualität der Belegschaft und des Managements, dem Kundenstamm, dem Ruf des Unternehmens und der damit verbundenen Kreditwürdigkeit, Standortvorteilen, der Produktqualität, dem Know-how, so z.B. Produktionsverfahren, der inneren und äußeren Organisation oder einer günstigen Stellung am Markt beruhen.

Komponenten des Geschäfts- oder Firmenwerts

WÖHE (G. 1980, S. 99) teilt den Geschäfts- oder Firmenwert in drei Komponenten auf: in »den Wert nicht bilanzierungsfähiger Wirtschaftsgüter wie Kundenstamm, Organisation usw., den Kapitalisierungsmehrwert, der in den bilanzierten Wirtschaftsgütern steckt, und den Betrag, der ggf. à fonds perdu gezahlt wird, weil der Käufer den Betrieb unbedingt erwerben will und sonst nicht bekäme«.

Die Aufzählung verdeutlicht, daß für das Vorliegen eines Geschäfts- oder Firmenwerts eine Fülle von Komponenten ursächlich sein kann und daß es sich insoweit um einen äußerst heterogen zusammengesetzten Posten handeln kann. WÖHE kommt zu dem Ergebnis, daß eine Zerlegung des Geschäfts- oder Firmenwerts in seine Bestandteile »in der Praxis in den seltensten Fällen möglich« (WÖHE, G. 1980, S. 99) sein wird. KROPFF (B. 1973, § 153 AktG, Rn. 65) weist darauf hin, daß der Geschäfts- oder Firmenwert auch darauf beruhen kann, »daß mehr bezahlt wurde, um einen störenden Konkurrenten oder lästigen Kartellaußenseiter loszuwerden«.

Geschäfts- oder Firmenwert als Wirtschaftsgut bzw. Vermögensgegenstand

Aus dem HGB läßt sich der bilanzielle Charakter des Geschäfts- oder Firmenwerts nicht eindeutig entnehmen. Im Gesetzentwurf der Bundesregierung wurde der Geschäfts- oder Firmenwert in § 244 Abs. 2 HGB-E noch eindeutig als immaterielles Wirtschaftsgut genannt, und in der Begründung zum Gesetzentwurf hieß es: »Es wird außerdem klargestellt, daß der Geschäfts- oder Firmenwert ein Wirtschaftsgut ist« (BT-DRUCKS. 10/317, S. 81). Auch die 4. EG-Richtlinie spricht in Art. 37 Abs. 2 von einem Gegenstand des Anlagevermögens.

Geschäfts- oder Firmenwert als Bilanzierungshilfe

Gegen eine Klassifizierung des Geschäfts- oder Firmenwerts als Vermögensgegenstand spricht aber vor allem, daß er nicht einzelveräußerungsfähig und auch nicht selbständig bewertungsfähig ist; nach den handelsrechtlichen Grundsätzen ordnungsmäßiger Bilanzierung kann Vermögensgegenstand aber nur sein, was einzelveräußerungsfähig ist. Hier wird der Geschäfts- oder Firmenwert daher als Bilanzierungshilfe angesehen.

1.2.4.7.2 Behandlung des Geschäfts- oder Firmenwerts

Bilanzpolitischer Spielraum

Die Behandlung des Geschäfts- oder Firmenwerts aus der Konsolidierung regelt § 309 Abs. 1 HGB. Danach stehen mehrere Verrechnungstechniken und damit ein erheblicher bilanzpolitischer Spielraum zur Verfügung (vgl. auch LACHNIT, L./AMMANN, H./MÜLLER, S./WULF, I. 1999, S. 680f.; vgl. zu einer aktuellen und empirischen Erhebung hinsichtlich des dem Geschäfts- oder Firmenwerts zuzuschreibenden bilanzpolitischen Spielraumes nur KÜTING, K. 2000a, S. 97ff.):

Bestimmung von Abschreibungshöhe und Abschreibungszeitraum

(1) § 309 Abs. 1 Satz 1 HGB sieht eine Abschreibung in jedem folgenden Geschäftsjahr zu mindestens einem Viertel vor. Geregelt wird nur die Höhe der Abschreibung in den der Erstkonsolidierung des betreffenden Tochterunternehmens folgenden Konzerngeschäftsjahren. Daraus kann jedoch nicht geschlossen werden, daß im Jahr der Erstkonsolidierung keine Abschreibungen vorgenommen werden dürfen. Vielmehr sind im Jahr der Erstkonsolidierung sehr wohl dann Abschreibungen vorzunehmen, wenn z.B. das Unternehmen zum 1.1.t_1 erworben wurde und die Kapitalkonsolidierung zum 31.12.t_1 gem. § 301 Abs. 2 HGB auf der Grundlage der Wertansätze zum Erwerbszeitpunkt durchgeführt wird; denn dann ist das abgelaufene Geschäftsjahr t_1 als das folgende Geschäftsjahr zu betrachten. Findet der Erwerb dagegen in der zweiten Hälfte des Geschäftsjahrs t_1 statt, dann sind Abschreibungen zwar nicht pflichtmäßig im ersten Jahr der Einbeziehung vorzunehmen, aber trotzdem nach Wahl des Mutterunternehmens als zulässig anzusehen.

Übersicht 59: Behandlungsmöglichkeiten eines Geschäfts- oder Firmenwerts aus der Kapitalkonsolidierung (gesetzliche Konzeption)

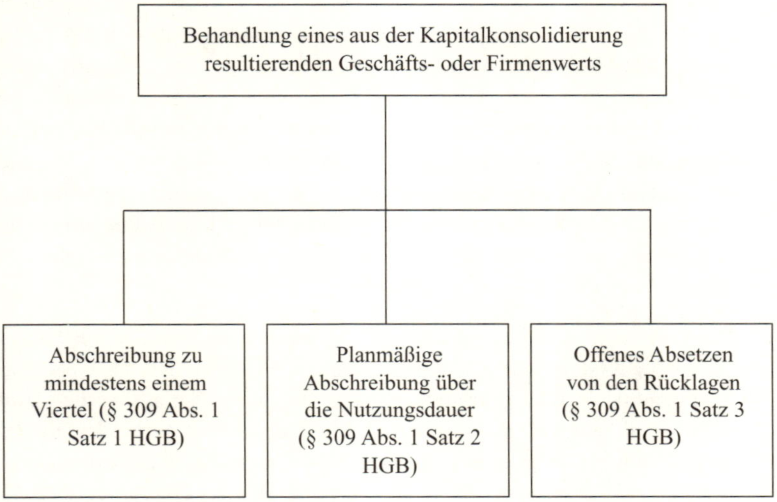

Für die Folgejahre ist eine jährliche Mindestabschreibung von 25% des ursprünglich aktivierten Betrags vorgesehen, d.h., jede Abschreibung, die diese Voraussetzung erfüllt, ist zulässig. Weniger als 25% des Ursprungsbetrags dürfen nur abgeschrieben werden, wenn der Restbuchwert weniger als 25% beträgt; in diesen Fällen ist aber der volle Restbuchwert abzuschreiben.

Planmäßige Abschreibung über die voraussichtliche Nutzungsdauer

(2) § 309 Abs. 1 Satz 2 HGB sieht auch eine planmäßige Abschreibung des Geschäfts- oder Firmenwerts über die voraussichtliche Nutzungsdauer vor. Eine planmäßige Abschreibung bedingt die Aufstellung eines Abschreibungsplans, d.h., vor Abschreibungsbeginn müssen die Grundlagen (voraussichtliche Nutzungsdauer, Abschreibungsmethode) für die Ermittlung der jährlichen Abschreibungsbeträge feststehen. Wie gezeigt, setzt sich der Geschäfts- oder Firmenwert aus zahlreichen Komponenten zusammen, die auch Einfluß auf die Entwicklung des Geschäfts- oder Firmenwerts im Zeitablauf nehmen. Um seine Nutzungsdauer bestimmen zu können, müßte er daher in seine Bestandteile zerlegt werden, und diese Bestandteile müßten jeweils an jedem Bilanzstichtag auf ihre Existenz hin überprüft und in ihrem Wert geschätzt werden. »Die Nutzungsdauer eines so heterogen zusammengesetzten Wertes wie des derivativen Firmenwertes zu schätzen, dürfte in den meisten Fällen reine Willkür sein« (WÖHE, G. 1980, S. 98), so daß den Mutterunternehmen im Ergebnis eine außeror-

dentlich flexible Handhabung und damit eine weite Spanne für Konzernbilanzpolitik ermöglicht wird.

Die gewährte Flexibilität ist trotz der Kritik zu begrüßen, denn eine Beurteilung der Nutzungsdauer eines Geschäfts- oder Firmenwerts läßt sich nur für den Einzelfall treffen. So ist es durchaus denkbar, daß sich das im Geschäfts- oder Firmenwert niederschlagende Image eines Unternehmens über mehrere Jahrzehnte nutzen und somit eine Abschreibungsdauer von z. B. bis zu 40 Jahren im Einzelfall begründen läßt. Basiert die Kapitalkonsolidierung bei einem unterjährig erworbenen Unternehmen auf den Wertansätzen des Erwerbszeitpunkts, so ist mit der planmäßigen Abschreibung des Geschäfts- oder Firmenwerts bereits bei der Erstkonsolidierung zu beginnen. Die Abschreibung kann dabei pro-rata-temporis oder aber nach der Vereinfachungsregel erfolgen.

Offene Verrechnung mit den Rücklagen

(3) Alternativ zur aufwandswirksamen Abschreibung gem. § 309 Abs. 1 Satz 1 oder 2 HGB läßt § 309 Abs. 1 Satz 3 HGB zu, daß der Geschäfts- oder Firmenwert auch offen mit den Rücklagen verrechnet werden kann. »Offen« bedeutet, daß die Konzernabschlußadressaten zumindest im Jahr der Absetzung Informationen über die Höhe des nicht erfolgswirksam abgeschriebenen Betrags erhalten. Die Verrechnung des Geschäfts- oder Firmenwerts mit den Rücklagen ist erfolgsneutral; es wird also »verhindert, daß (das Jahr der Erstkonsolidierung und auch, d. Verf.) die Folgeperioden aus dem goodwill ergebnismäßig belastet werden« (MÜLLER, E. 1985, S. 243).

Beurteilung der erfolgsneutralen Verrechnung

Aus betriebswirtschaftlicher Sicht ist die erfolgsneutrale Verrechnung des Geschäfts- oder Firmenwerts abzulehnen, da sie einerseits gegen die Einheitstheorie und andererseits gegen die Konzeption der Erwerbsmethode verstößt. Denn während im Abschluß eines rechtlich selbständigen Unternehmens der Geschäfts- oder Firmenwert gem. § 255 Abs. 4 HGB stets erfolgswirksam behandelt werden muß, führt die erfolgsneutrale Absetzung von den Rücklagen dazu, daß er »von der Ergebniswirksamkeit wie ein nichtabnutzbarer Vermögensgegenstand behandelt« (ORDELHEIDE, D. 1984, S. 244) wird. Ferner wird durch die Umgehung des Abschreibungsgebots die Ertragslage in den Folgeperioden verfälscht dargestellt mit der Konsequenz, daß die Grundlagen der Erwerbsmethode verletzt werden.

Verrechnungsgebot

§ 309 Abs. 1 HGB beinhaltet ein Verrechnungsgebot, das eine unveränderte Fortführung des Geschäfts- oder Firmenwerts nicht zuläßt. Infolgedessen ist die Verrechnung mit den Rücklagen entweder bereits im Jahr der Erstkonsolidierung, spätestens jedoch in dem dem Zugangsjahr folgenden Geschäftsjahr vorzunehmen.

Verrechenbare Rücklagen

Da der Gesetzgeber die verrechenbaren Rücklagen nicht näher spezifiziert, kann die erfolgsneutrale Verrechnung grundsätzlich sowohl mit der Konzernkapital- als auch mit den Konzerngewinnrücklagen erfolgen. Einschränkungen können sich jedoch insofern ergeben, als bestimmte Rücklagen durch Gesetz (gesetzliche Rücklage, Rücklage für eigene Anteile), Gesellschaftsvertrag oder Satzung (statutarische Rücklagen) gebunden sein können. Inwieweit diese zweckgebundenen Rücklagen für eine Verrechnung gem. § 309 Abs. 1 Satz 3 HGB verwendet werden können, ist in der Literatur strittig (vgl. KÜTING, K./DUSEMOND, M./NARDMANN, B. 1994, S. 9 m.w.N.). Unabhängig davon, welche Ansicht hinsichtlich der gebundenen Rücklagen vertreten wird, sollte die Verrechnung jedoch zuerst mit den anderen (Konzern-)Gewinnrücklagen erfolgen.

Ratierliche Verrechnung

Neben der einmaligen, d.h. vollständigen, Verrechnung des Geschäfts- oder Firmenwerts wird in der Literatur mehrheitlich auch die ratierliche, d.h. über mehrere Perioden andauernde, Verrechnung für gesetzlich zulässig erachtet (vgl. BUSSE VON COLBE, W./ORDELHEIDE, D. 1993, S. 236 m.w.N.). Begründet wird dies insbes. mit dem Argument, daß die ratierliche Verrechnung im Gegensatz zur einmaligen Verrechnung zu einer verbesserten Darstellung der tatsächlichen Vermögenslage und des Eigenkapitalausweises führe. Da es sich bei einer erfolgsneutralen ratierlichen Verrechnung des Geschäfts- oder Firmenwerts, die in der Konsolidierungspraxis häufig anzutreffen ist, de facto jedoch um eine Abschreibung ohne GuV-Effekt handelt, verstößt diese Vorgehensweise nicht nur gegen die Grundsätze ordnungsmäßiger Buchführung, sondern auch gegen die Generalnorm gem. § 297 Abs. 2 Satz 2 HGB. Insofern ist die ratierliche erfolgsneutrale Verrechnung als nicht gesetzeskonform abzulehnen (vgl. auch WP-HANDBUCH 2000, Bd. I, S. 1016).

Kombinationen von erfolgswirksamer und erfolgsneutraler Behandlung

Darüber hinaus ist noch auf die Möglichkeit der Kombination von erfolgswirksamer und erfolgsneutraler Behandlung von Geschäfts- oder Firmenwerten hinzuweisen. Während eine unterschiedliche Behandlung verschiedener, aus der Kapitalkonsolidierung resultierender Geschäfts- oder Firmenwerte bei Vorliegen sachlicher Gründe grundsätzlich zulässig ist, erscheint dies bei der Behandlung eines einzigen Geschäfts- oder Firmenwerts äußerst fraglich. Die teilweise erfolgswirksame, teilweise erfolgsneutrale Verrechnung eines Geschäfts- oder Firmenwerts ist generell »nur unter der restriktiven Prämisse als statthaft anzusehen, daß es gelingt, einen Geschäfts- oder Firmenwert in seine einzelnen Komponenten, die eine unterschiedliche Behandlung rechtfertigen, aufzuteilen« (KÜTING, K./DUSEMOND, M./NARDMANN, B. 1994, S. 10). Da dies jedoch im Regelfall nicht möglich sein wird, muß diese Vorgehensweise, die allerdings in der Konsolidierungspraxis Anwendung findet, äußerst kritisch betrachtet werden.

Stetigkeitsgrundsatz

Da ein interperiodischer Wechsel von der erfolgswirksamen Abschreibung auf die erfolgsneutrale Verrechnung et vice versa eine Durchbrechung des Prinzips der Konsolidierungsmethodenstetigkeit gem. § 297 Abs. 3 HGB bedeutet, ist er generell als unzulässig anzusehen. Ausnahmen, die allerdings stets Angabe- und Begründungspflichten im Konzernanhang auslösen, gelten lediglich für die Fälle, in denen die verrechenbaren Rücklagen zur alleinigen erfolgsneutralen Behandlung nicht ausreichen und der verbleibende Betrag daher erfolgswirksam abgeschrieben wird oder mangels verrechenbarer Rücklagen der Geschäfts- oder Firmenwert zunächst solange abgeschrieben wird, bis aufgrund von Gewinnthesaurierungen verrechenbare Rücklagen vorhanden sind und nunmehr der Restbetrag erfolgsneutral behandelt wird. Dagegen ist eine Reaktivierung bereits verrechneter oder erfolgswirksam abgeschriebener Geschäfts- oder Firmenwerte unter keinen Umständen gesetzeskonform, denn eine in Vorperioden vorgenommene erfolgswirksame oder erfolgsneutrale Behandlung eines Geschäfts- oder Firmenwerts »ist für die Dauer der Zugehörigkeit des Tochterunternehmens zum Konsolidierungskreis endgültig« (ADLER/DÜRING/SCHMALTZ 1995, § 309 HGB, Rn. 50).

Zusammenfassend lassen sich die Behandlungsalternativen eines einzigen Geschäfts- oder Firmenwerts aus der Kapitalkonsolidierung in der deutschen Unternehmenspraxis wie folgt systematisieren:

Übersicht 60: Behandlung eines aus der Kapitalkonsolidierung resultierenden Geschäfts- oder Firmenwerts in der Konsolidierungspraxis

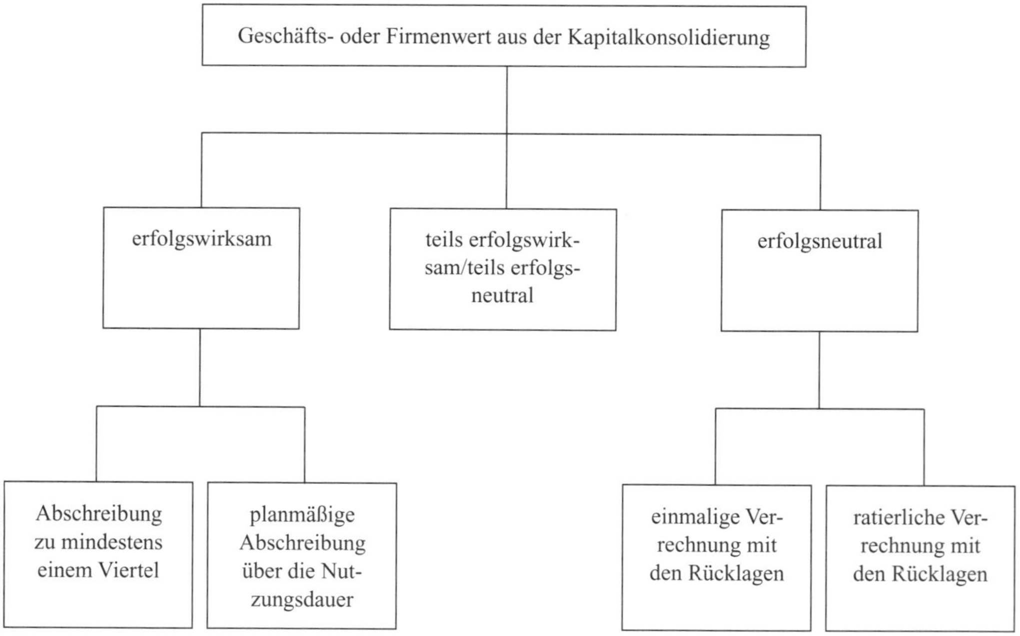

Abschließend ist noch auf das in § 301 Abs. 3 Satz 3 HGB kodifizierte Wahlrecht zur Saldierung von aus der Kapitalkonsolidierung resultierenden Geschäfts- oder Firmenwerten mit passivischen Unterschiedsbeträgen hinzuweisen. Wird von dieser Möglichkeit Gebrauch gemacht, sind die verrechneten Beträge im Anhang anzugeben. Da diese Saldierung jedoch lediglich eine Ausweisalternative darstellt, sind die einzelnen Geschäfts- oder Firmenwerte respektive die passivischen Unterschiedsbeträge materiell weiterhin gem. § 309 HGB zu behandeln und getrennt fortzuführen (vgl. ARBEITSKREIS »EXTERNE UNTERNEHMENSRECHNUNG« DER SCHMALENBACH-GESELLSCHAFT – DEUTSCHE GESELLSCHAFT FÜR BETRIEBSWIRTSCHAFT E.V. 1989, S. 79).

Saldierung aktivischer und passivischer Unterschiedsbeträge

1.2.4.8 Charakter und Behandlung eines passivischen Unterschiedsbetrags

Bei der Aufrechnung des Buchansatzes der Anteile an einem Tochterunternehmen mit dem anteiligen Eigenkapital kann sich auch ein passivischer Unterschiedsbetrag ergeben. Dies ist dann der Fall, wenn das (anteilige) Eigenkapital des Tochterunternehmens von vornherein, d. h. vor Aufdeckung stiller Rücklagen/Lasten den Ansatz der aufzurechnenden Anteile übersteigt.

Begriff

1.2.4.8.1 Charakter eines passivischen Unterschiedsbetrags

Die Ursachen für einen passivischen Unterschiedsbetrag können auf verschiedenen Umständen beruhen. Resultiert der passivische Unterschiedsbetrag aus Überbewertungen von Aktiva oder Unterbewertungen von Passiva, so hat er den Charakter einer Wertberichtigung. In diesem Fall sind zunächst die betreffenden Vermögensgegenstände und Schulden respektive das Eigenkapital um diese stillen Lasten zu korrigieren. Verbleibt nach den Korrekturen ein passivischer Unterschiedsbetrag, so können die Ursachen insbes. in nachfolgenden Sachverhalten zu suchen sein (vgl. KÜTING, K./DUSEMOND, M./NARDMANN, B. 1994, S. 15ff.):

Ursachen eines passivischen Unterschiedsbetrags

(1) Für das erworbene Unternehmen bestehen pessimistische Zukunftserwartungen, die z. B. auf einer mangelhaften Ertragskraft, konkreten Verlusterwartungen und/oder erwarteten Sanierungsaufwendungen beruhen. Dieser sog. »badwill« wurde bereits bei der Festlegung des Kaufpreises berücksichtigt.

(2) Dem Käufer gelang ein günstiger Kauf. Dieser sog. »lucky buy« ist i. d. R. auf das besondere Verhandlungsgeschick oder die Verhandlungsposition des Käufers bei den Kaufpreisverhandlungen zurückzuführen.

(3) Während der Konzernzugehörigkeit, aber vor der Erstkonsolidierung erfolgten Gewinnthesaurierungen beim betreffenden Tochterunternehmen.

Ferner können auch beim Mutterunternehmen erfolgte außerplanmäßige Abschreibungen auf die Anteile am Tochterunternehmen vor dem Zeitpunkt der Erstkonsolidierung zum Entstehen eines passivischen Unterschiedsbetrags führen.

Ist der passivische Unterschiedsbetrag auf eine mangelnde Rentabilität oder auf besonderes Verhandlungsgeschick des Käufers bei den Kaufpreisverhandlungen zurückzuführen, so handelt es sich um Einflüsse, die nicht einzelnen Vermögensgegenständen und Schulden zugerechnet werden können. Insofern präsentiert sich der passivische Unterschiedsbetrag i.d.R. »als eine Mischgröße aus zahlreichen, verschiedenen Einflüssen. Er ist das Resultat des Marktaustauschs zwischen den Parteien und damit beeinflußt von Zufälligkeiten und der jeweiligen Interessenlage« (Jonas, H. H. 1986, S. 222).

Bilanzieller Charakter eines passivischen Unterschiedsbetrags

Der passivische Unterschiedsbetrag kann je nach Entstehungsursache einen unterschiedlichen bilanziellen Charakter aufweisen, der beim Ausweis des Unterschiedsbetrags in der Konzernbilanz angemessen Berücksichtigung finden sollte:

(1) Bestehen für das erworbene Unternehmen pessimistische Zukunftserwartungen, die bereits bei der Kaufpreisbestimmung berücksichtigt wurden (»badwill«), so ist dem passivischen Unterschiedsbetrag Fremdkapitalcharakter beizumessen. In diesem Fall ist der Unterschiedsbetrag als Rückstellung zu interpretieren und entsprechend auszuweisen.

(2) Wurde für die Anteile hingegen weniger bezahlt, als sie eigentlich wert sind (»lucky buy«), so hat der passivische Unterschiedsbetrag zweifellos Eigenkapitalcharakter. In diesem Fall »ist der Unterschiedsbetrag als Rücklage zu interpretieren und … (als, d. Verf.) Bestandteil des Konzerneigenkapitals« (Sahner, F. 1983, S. 44) auszuweisen.

Ohne Rücksicht auf die Ursachen eines passivischen Unterschiedsbetrags ist jedoch grundsätzlich der Ausweis in einem gesonderten Posten zwischen Eigen- und Fremdkapital zulässig. Dieser Ausweis nach den Rücklagen und vor den Rückstellungen bietet sich ferner insbes. dann an, wenn der bilanzielle Charakter des passivischen Unterschiedsbetrags im Einzelfall nicht eindeutig festgestellt werden kann.

1.2.4.8.2 Behandlung eines passivischen Unterschiedsbetrags

Auflösung nur unter bestimmten Voraussetzungen

Anders als im Fall aktivischer Unterschiedsbeträge sieht das Gesetz in § 309 Abs. 2 HGB eine Auflösung passivischer Unterschiedsbeträge nur unter bestimmten Voraussetzungen vor. Trotz des Wortlauts (»darf nur«) ist davon auszugehen, daß nur unter den in § 309 Abs. 2 HGB genannten Voraussetzungen der Unterschiedsbetrag aufgelöst werden darf und bei ihrem Vorliegen auch aufgelöst werden muß. Grundsätzlich ist der Unterschiedsbetrag also unverändert in der Konzernbilanz fortzuführen, es sei denn, die Voraussetzungen gem. § 309 Abs. 2 Nr. 1 oder Nr. 2 HGB sind am Konzernabschlußstichtag erfüllt.

Auflösungsvoraussetzungen eines »badwill«

(1) Gem. § 309 Abs. 2 Nr. 1 HGB ist der passivische Unterschiedsbetrag aufzulösen, wenn »eine zum Zeitpunkt des Erwerbs der Anteile oder der erstmaligen Konsolidierung erwartete ungünstige Entwicklung der künftigen Ertragslage« des Tochterunternehmens eingetreten ist bzw. sich als »unterdurchschnittliche Verzinsung der Substanz« (Otte, H.-H. 1988, S. 103) ergibt »oder zu diesem Zeitpunkt erwartete Aufwendungen zu berücksichtigen sind«. In diesen Fällen hatte der ursprünglich eingestellte passivische Unterschiedsbetrag den Charakter einer Rückstellung gem. § 249 Abs. 1 bzw. Abs. 2 HGB. Die Auflösungsverpflichtung gem. § 309 Abs. 2 Nr. 1 HGB korrespondiert in diesen Fällen also mit der entsprechenden Auflösungsvorschrift in § 249 Abs. 3 Satz 2 HGB.

Die Auflösung des Unterschiedsbetrags darf und muß in diesen Fällen nur erfolgen, wenn die ihn begründenden negativen Auswirkungen auf den Konzernerfolg eingetreten sind; die erfolgswirksame Auflösung in der Konzern-GuV kompensiert in diesem Fall die beim Tochterunternehmen realisierten Verluste bzw. die beim Mutterunternehmen (oder bei einem die Anteile haltenden anderen Tochterunternehmen) realisierten Aufwendungen im Zusammenhang mit dem Tochterunternehmen.

Auflösungsvoraussetzung eines »lucky-buy«

(2) Gem. § 309 Abs. 2 Nr. 2 HGB darf ein passivischer Unterschiedsbetrag mit »lucky buy«-Charakter aufgelöst werden, wenn feststeht, daß er einem realisierten Gewinn entspricht; ist diese Feststellung getroffen, so hat die Auflösung des Unterschiedsbetrags auch pflichtmäßig zu erfolgen. Nach dem Entwurf des Sabi (1988, S. 346) ist diese Vorschrift allerdings sehr eng dahingehend zu interpretieren, daß, entsprechend dem Realisationsprinzip, die Gewinnverwirklichung erst zum Zeitpunkt der Veräußerung der Anteile feststeht.

Passivische Unterschiedsbeträge, die auf während der Konzernzugehörigkeit, aber vor der Erstkonsolidierung durchgeführten Gewinnthesaurierungen bei den betreffenden Tochterunternehmen beruhen, werden dagegen von der Norm des § 309 Abs. 2 HGB nicht erfaßt. Da es sich hierbei um während der Konzernzugehörigkeit erwirtschaftete Beträge handelt, ist die Umgliederung des Unterschiedsbetrags in die Konzerngewinnrücklagen endgültig; eine erfolgswirksame Auflösung gem. § 309 Abs. 2 HGB verbietet sich.

Abschließend läßt sich die Behandlung eines passivischen Unterschiedsbetrags aus der Kapitalkonsolidierung schaubildartig wie folgt zusammenfassen:

Übersicht 61: Behandlung eines passivischen Unterschiedsbetrags

Entstehungsursache	pessimistische Zukunftserwartungen für erworbenes Unternehmen »badwill«	günstiger Kauf »lucky buy«	Gewinnthesaurierungen beim Tochterunternehmen während Konzernzugehörigkeit, aber vor der Erstkonsolidierung
Bilanzieller Charakter	Fremdkapital → Rückstellung	Eigenkapital → Rücklage	Eigenkapital
Ausweis	Ausweis in einem gesonderten Posten zwischen Eigen- und Fremdkapital grundsätzlich zulässig		Ausweis im Eigenkapital
Auflösung	Bei Eintreten der erwarteten ungünstigen Entwicklung → Auflösungspflicht nach § 309 Abs. 2 Nr. 1 HGB (Kompensation der realisierten Aufwendungen)	Bei Realisierung des Gewinns → Auflösungspflicht nach § 309 Abs. 2 Nr. 2 HGB (spätestens Auflösung zum Zeitpunkt der Anteilsveräußerung)	Umgliederung in die Konzerngewinnrücklagen ist endgültig → keine erfolgswirksame Auflösung gemäß § 309 Abs. 2 HGB

1.2.4.9 Behandlung eines Unterschiedsbetrags aus der Kapitalkonsolidierung

Die in den Kapiteln 1.2.4.7 und 1.2.4.8 gewonnenen Erkenntnisse zu Charakter, Entstehung und Behandlung eines aktivischen respektive passivischen Unterschiedsbetrags aus der Kapitalkonsolidierung sollen durch die beiden nachfolgenden Übersichten verdeutlicht werden (beide Abbildungen modifiziert entnommen aus Dusemond, M./Kessler, H. 2001, S. 201):

Übersicht 62: Entstehung und Ausweis eines Unterschiedsbetrags aus der Kapitalkonsolidierung

Entstehung und Ausweis eines Unterschiedsbetrags aus der Kapitalkonsolidierung gemäß § 301 HGB

aktivischer Unterschiedsbetrag		**passivischer Unterschiedsbetrag**
≥ Σ anteilige stille Rücklagen – Σ anteilige stille Lasten	**< Σ anteilige stille Rücklagen – Σ anteilige stille Lasten**	
– Vollständige Aufdeckung der (anteilig) auf das Mutterunternehmen entfallenden stillen Rücklagen und stillen Lasten. – Ein verbleibender Unterschiedsbetrag ist auf der Aktivseite als ›Geschäfts- oder Firmenwert‹ auszuweisen (§ 301 Abs. 3 Satz 1 HGB). – Mehrere Geschäfts- oder Firmenwerte dürfen für Zwecke des Ausweises zusammengefaßt oder mit (nicht weiter zuordenbaren) passivischen Unterschiesbeträgen verrechnet werden (§ 301 Abs. 3 Satz 2 HGB).	– Vollständige Aufdeckung der (anteilig) auf das Mutterunternehmen entfallenden stillen Lasten. – Aufdeckung der (anteilig) auf das Mutterunternehmen entfallenden stillen Rücklagen nur bis zur Höhe des um die aufgedeckten stillen Lasten erhöhten Unterschiedsbetrags. ↓ **Zuordnung (Willkürverbot!), z. B.** – nach der relativen Bedeutung der stillen Rücklagen, – nach der Bestimmtheit des Vorhandenseins stiller Rücklagen, – nach Rentabilitätsgesichtspunkten – nach zunehmender/abnehmender Liquidierbarkeit, – nach Buchwerten, – proportionale Zuordnung.	– Keine Aufdeckung stiller Rücklagen. – Vollständige Aufdeckung der (anteilig) auf das Mutterunternehmen entfallenden stillen Lasten. – Ein verbleibender Unterschiedsbetrag ist auf der Passivseite als ›Unterschiedsbetrag aus der Kapitalkonsolidierung‹ auszuweisen (§ 301 Abs. 3 Satz 1 HGB) oder als »lucky buy« bzw. »bad will« zu behandeln. – Mehrere passivische Unterschiedsbeträge dürfen für Zwecke des Ausweises zusammengefaßt oder mit (nicht weiter zuordenbaren) aktivischen Unterschiedsbeträgen verrechnet werden (§ 301 Abs. 3 Satz 2).

Übersicht 63: Fortführung eines Unterschiedsbetrags aus der Kapitalkonsolidierung

Fortführung eines Unterschiedsbetrags aus der Kapitalkonsolidierung gemäß § 301 HGB

aufgedeckte stille Rücklagen/Lasten	**Geschäfts- oder Firmenwert**	**passivischer Unterschiedsbetrag**

– teilen das Schicksal des betreffenden Vermögensgegenstands bzw. der jeweiligen Schuld
– In Aktiva aufgedeckte stille Rücklagen oder stille Lasten sind aufzulösen
  – entsprechend dem planmäßigen Abschreibungsverlauf bei abnutzbaren Vermögensgegenständen,
  – bei gesunkenem beizulegenden Wert des betreffenden Vermögensgegenstands (stille Rücklagen),
  – bei Abgang des Aktivums
– In Passiva aufgedeckte stille Rücklagen oder stille Lasten sind aufzulösen
  – bei Abgang desAktivums
  – bei gestiegenem beizulegenden Wert des Passivums (stille Lasten)
	Für die Fortführung des Geschäfts- oder Firmenwerts sieht § 309 Abs. 1 HGB drei grundsätzliche Vorgehensweisen vor:
	Typisierte Abschreibung:
	jährlich mindestens zu einem Viertel (§ 309 Abs. 1 Satz 1 HGB)
	Planmäßige Abschreibung:
	über die geschätzte Nutzungsdauer (§ 309 Abs. 1 Satz 2 HGB)
	Erfolgsneutrale Behandlung:
	offene Verrechnung mit Rücklagen (§ 309 Abs. 1 Satz 3 HGB)
	In der Konsolidierungspraxis finden sich darüber hinaus folgende Kombinationen der gesetzlichen Grundformen:
	Variante 1:
	Ratierliche Verrechnung mit den Rücklagen über die geschätzte Nutzungsdauer.
	Variante 2:
	teils erfolgs**wirksame** und teils erfolgs**neutrale** Behandlung einzelner Komponenten des Geschäfts- oder Firmenwerts.
		– darf nur aufgelöst werden (Pflicht!), wenn
		(1) eine zum Zeitpunkt des Erwerbs der Anteile oder der erstmaligen Konsolidierung erwartete ungünstige Entwicklung der künftigen Ertragslage des Unternehmens eingetreten ist oder zu diesem Zeitpunkt erwartete Aufwendungen zu berücksichtigen sind (§ 309 Abs. 2 Nr. 1 HGB – **badwill-Fall**)
		(2) am Abschlußstichtag feststeht, daß er einem realisierten Gewinn entspricht (§ 309 Abs. 2 Nr. 2 HGB– **lucky-buy-Fall**). Davon ist nach der gebotenen engen Auslegung erst im Zeitpunkt der Anteilsveräußerung auszugehen.
		Passivische Unterschiedsbeträge, die auf während der Konzernzugehörigkeit, aber vor der Erstkonsolidierung erfolgten Gewinnthesaurierungen beruhen, fallen nicht unter § 309 Abs. 2 HGB, sondern sind in die Konzerngewinnrücklagen umzugliedern.

1. In die Kapitalkonsolidierung sind nur die mit den (fortgeführten) Anschaffungskosten angesetzten Anteile am Eigenkapital des Tochterunternehmens einzubeziehen, also alle kapitalmäßigen Beteiligungen mit Einlagen bei Tochterunternehmen, nicht aber schuldrechtliche Ansprüche des Mutterunternehmens gegen das Tochterunternehmen.

2. Das aufzurechnende Eigenkapital des Tochterunternehmens entspricht dem in der HB II des Tochterunternehmens ausgewiesenen Eigenkapital, wobei bei Anwendung der Neubewertungsmethode das neubewertete Eigenkapital der HB III maßgeblich ist. Auch ein auf der Aktivseite ausgewiesener »Nicht durch Eigenkapital gedeckter Fehlbetrag« ist bei der Bestimmung des aufzurechnenden Eigenkapitals zu berücksichtigen. Der Eigenkapitalanteil von Mischposten, wie z. B. des »Sonderposten mit Rücklageanteil«, gehört grundsätzlich nicht zu dem aufzurechnenden Eigenkapital des Tochterunternehmens.

3. Ausstehende Einlagen von nicht in den Konzernabschluß einbezogenen Unternehmen sind auch im Konzernabschluß als solche auszuweisen. Dagegen sind die ausstehenden Einlagen von in den Konzernabschluß einbezogenen Unternehmen, soweit sie nicht eingefordert sind, als Korrekturposten zum gezeichneten Kapital zu betrachten und bei der Bestimmung des aufzurechnenden Eigenkapitals mit dem gezeichneten Kapital zu saldieren. Eingeforderte ausstehende Einlagen sind Gegenstand der Schuldenkonsolidierung.

4. Eigene Anteile des den Konzernabschluß aufstellenden Mutterunternehmens sowie sog. Rückbeteiligungen sind gem. § 301 Abs. 4 HGB im Konzernabschluß gesondert auszuweisen. Eigene Anteile von in den Konzernabschluß einbezogenen Tochterunternehmen sind bei längerfristigem Halten als Korrekturposten zum Eigenkapital anzusetzen und bei kurzfristigem Halten als Vermögensgegenstände in den Konzernabschluß zu übernehmen.

5. Für die Bestimmung der Beteiligungsquote kommt es nur auf den Betrag der Nennwerte der dem Mutterunternehmen zuzurechnenden Anteile im Verhältnis zum Gesamtnennwert aller ausgegebenen Anteile an.

6. Für die Bestimmung der für die Verrechnung des Beteiligungsbuchwerts mit dem anteiligen Eigenkapital maßgeblichen Wertansätze läßt § 301 Abs. 2 HGB drei verschiedene Zeitpunkte zu.

7. Ein nach der Zuordnung von stillen Rücklagen/Lasten verbleibender Unterschiedsbetrag ist nach § 301 Abs. 3 HGB in der Konzernbilanz auszuweisen und nach § 309 HGB zu behandeln.

1.2.5 Ausgewählte Einzelfragen

1.2.5.1 Aufzudeckende stille Rücklagen übersteigen den aktivischen Unterschiedsbetrag

Zuordnungsproblem, wenn stille Rücklagen den Unterschiedsbetrag aus der Kapitalkonsolidierung übersteigen

Während für den Fall, daß der Unterschiedsbetrag aus der Kapitalkonsolidierung, erhöht um die aufgedeckten stillen Lasten, größer ist als die Summe der im einzelnen ermittelten stillen Rücklagen, keine Schwierigkeiten bei der Zuordnung stiller Rücklagen auftreten, tritt ein Zuordnungsproblem in all jenen Fällen auf, in denen die stillen Rücklagen den Unterschiedsbetrag aus der Kapitalkonsolidierung, erhöht um die aufgedeckten stillen Lasten, übersteigen. Hier dürfen stille Rücklagen nur bis zur Höhe des Unterschiedsbetrags aufgedeckt werden, da ansonsten gegen das Anschaffungswertprinzip verstoßen wird. Damit stellt sich die Frage, nach welchen Verteilungsprinzipien die stillen Rücklagen den einzelnen Bilanzposten zuzuordnen sind (vgl. KÜTING, K. 1999, S. 6338f.).

1.2.5.1.1 Alternative Verteilungsprinzipien

Auswirkung auf Vermögensstruktur und Konzernerfolg

Die Wahl des Verteilungsschlüssels ist nicht nur ein formales Problem. Vielmehr kann mit der Zuordnung Einfluß auf die Vermögensstruktur genommen werden. Darüber hinaus kann die Zuordnung auch die Höhe des Konzernerfolgs bestimmen. Zwar ist die Aufdeckung der stillen Rücklagen erfolgsneutral, die Auflösung hingegen ist erfolgswirksam. Daher ist es z.B. bedeutsam, ob die stillen Rücklagen den abnutzbaren oder nicht abnutzbaren Vermögensgegenständen zugerechnet werden; ferner ist beim abnutzbaren Anlagevermögen die Restnutzungsdauer relevant.

1.2.5.1.1.1 Willkürliche Zuordnung

Hierbei würde es dem Unternehmen völlig freigestellt, die stillen Rücklagen – ohne bestimmte Kriterien zu beachten – willkürlich in einzelnen Vermögensgegenständen aufzudecken.

Willkürverbot

Da auch der Konzernabschluß klar und übersichtlich aufzustellen ist und ein den tatsächlichen Verhältnissen entsprechendes Bild der Vermögens-, Finanz- und Ertragslage vermitteln soll (vgl. § 297 Abs. 2 HGB), darf auch das Zuordnungsproblem stiller Rücklagen im Rahmen der Kapitalkonsolidierung nicht willkürlich gelöst werden.

1.2.5.1.1.2 Zuordnung nach den Buchwerten

Zuordnung in Abhängigkeit von der Höhe der Buchwerte

Eine mögliche Verteilungsbasis stiller Rücklagen könnten die Buchwerte der Vermögensgegenstände sein. Stille Rücklagen würden dann den einzelnen Bilanzposten entsprechend ihren Buchwerten zugeordnet. D.h.: Je höher die Buchwerte einzelner Bilanzposten sind, um so höher ist der Betrag der zuzuordnenden stillen Rücklagen und umgekehrt. Hier könnte der Fall eintreten, daß der Zuordnungsbetrag den Betrag der tatsächlichen stillen Rücklagen innerhalb eines Postens übersteigt. Die Folge wäre, daß in der Konzernbilanz dann Werte ausgewiesen würden, die den Zeitwert übersteigen. Allein aus diesen grundsätzlichen Überlegungen heraus ist die Zuordnung auf der Grundlage von Buchwerten abzulehnen.

1.2.5.1.1.3 Zuordnung nach dem Materiality-Prinzip

Eine Neubewertung der Vermögensgegenstände könnte im Extremfall zu dem Ergebnis führen, daß einerseits bei allen Vermögensgegenständen schwierige Bewertungsprobleme auftreten, andererseits die stillen Rücklagen in ihrer Gesamtheit relativ unbedeutend sind und/oder die insgesamt zu verrechnende Differenz gering ist.

Zuordnung in Abhängigkeit von der Höhe der stillen Rücklagen

Der zusätzliche Informationsgewinn einer exakten Zurechnung stünde in keinem angemessenen Verhältnis zum zusätzlichen Konsolidierungsaufwand. In diesem Fall dürften keine Bedenken dagegen bestehen, Vereinfachungsregeln z. B. in der Form anzuwenden, daß die Zurechnung stiller Rücklagen auf einzelne Bilanzposten mit wesentlichen Beträgen stiller Rücklagen beschränkt wird. Diese Vereinfachungsregelung ist mit dem Grundsatz der Wesentlichkeit zu rechtfertigen.

1.2.5.1.1.4 Zuordnung nach der Bestimmtheit des Vorhandenseins stiller Rücklagen

Zuordnung in Abhängigkeit vom Bestimmtheitsgrad der stillen Rücklagen

Den Schwierigkeiten bei der Ermittlung von Zeitwerten einerseits können andererseits Situationen gegenüberstehen, in denen Zeitwerte und damit stille Rücklagen (relativ) exakt ermittelt werden können. Hier wird vorgeschlagen, die stillen Rücklagen nach dem Grad ihrer Bestimmtheit aufzudecken. Demnach würden stille Rücklagen zunächst bei jenen Vermögenswerten aufgedeckt, deren Zeitwerte am sichersten zu ermitteln sind.

Diese grundsätzlich akzeptable Verteilungsmodalität ist jedoch mit einem erheblichen Ermessensspielraum verbunden, da zunächst die Frage beantwortet werden muß, wie sicher und bestimmt die einzelnen Wertansätze sind und sodann auf dieser Basis eine Rangfolge festgelegt werden muß. Weiterhin ist auf den Fall hinzuweisen, daß alle Wertansätze in gleichem Maße bestimmt sind.

1.2.5.1.1.5 Proportionale Zuordnung

Wird eine Bewertung auf der Grundlage der Zeitwerte vorgenommen, kann die Höhe der stillen Rücklagen durch einen Vergleich mit den Buchwerten für jeden einzelnen Vermögensgegenstand festgestellt werden.

Zuordnung stiller Rücklagen in relativ gleicher Höhe

In solchen Fällen bietet es sich an, den Unterschiedsbetrag proportional zu den stillen Rücklagen aufzuteilen. Diese Zuordnungsmethodik behandelt alle stillen Rücklagen vom Grundsatz her gleich. Indem alle vorhandenen stillen Rücklagen in allen Bilanzposten in relativ gleicher Höhe aufgedeckt werden, erfolgt die Bewertung der Vermögensgegenstände auch nicht zu vollen Zeitwerten. Vielmehr enthalten alle Vermögensgegenstände, in denen stille Rücklagen enthalten sind, Wertabschläge in Höhe der nicht aufgedeckten stillen Rücklagen. Diese Wertabschläge sind in allen Posten relativ gleich hoch, so daß von gleichen »anteiligen Zeitwerten« gesprochen werden kann. Die Anwendung dieses Verfahrens ist aus betriebswirtschaftlicher Sicht begrüßenswert und wird anschließend anhand eines Beispiels verdeutlicht.

1.2.5.1.1.6 Zuordnung nach der Liquidierbarkeit

Ein weiterer Zuordnungsmodus könnte sich an dem Kriterium der Liquidierbarkeit jener Vermögensgegenstände ausrichten, in denen stille Rücklagen enthalten sind. Abzustellen wäre demnach auf den zeitlichen Abstand des Vermögensgegenstands vom Geldzustand. Innerhalb dieses Zuordnungskriteriums lassen sich zwei Möglichkeiten unterscheiden: die Zuordnung nach zunehmendem Grad der Liquidierbarkeit und die Zuordnung nach abnehmendem Grad der Liquidierbarkeit.

Zuordnung nach zunehmender Liquidierbarkeit

Unterstellt man, daß die Handelsbilanz auf der Aktivseite streng nach dem Liquidierbarkeitskriterium gegliedert ist, dann müßten die Vermögensgegenstände der Aktivseite von oben nach unten auf das Vorhandensein stiller Rücklagen hin untersucht werden (Zuordnung nach zunehmender Liquidierbarkeit). Diese Überlegungen führen dazu, daß stille Rücklagen zunächst den Vermögensgegenständen zuzuordnen sind, deren Rückwandlung in Geld am weitesten in der Zukunft liegt. Der Gliederung der Bilanz gemäß HGB folgend, würden demnach zunächst den Immobilien die darin enthaltenen stillen Rücklagen zugerechnet. Verbleiben nach dieser Zuteilung weitere stille Rücklagen, so sind sie den nachfolgenden Posten zuzuordnen. Hinter dieser Zurechnungskonzeption verbirgt sich der Zweck, stille Rücklagen überhaupt nicht oder möglichst spät und langsam aufzulösen.

Zuordnung nach abnehmender Liquidierbarkeit

Bei der Zuordnung stiller Rücklagen nach abnehmender Liquidierbarkeit wird umgekehrt vorgegangen: Die Bilanzposten werden von unten nach oben auf die Existenz stiller Rücklagen hin untersucht. Damit werden stille Rücklagen zunächst jenen Vermögensgegenständen zugeordnet, deren Rückwandlung in Geld zeitlich am nächsten liegt. Mit dieser Zurechnungskonzeption könnte das Ziel verfolgt werden, stille Rücklagen so schnell wie möglich aufzulösen. Mit der frühen Erfolgswirksamkeit wäre gleichzeitig auch der Nebeneffekt verbunden, daß stille Rücklagen nur über einen relativ kurzen Zeitraum buchhalterisch erfaßt werden müssen.

1.2.5.1.2 Beispiel zur proportionalen Zuordnung stiller Rücklagen

Ausgangsdaten des Beispiels

Die proportionale Zuordnung stiller Rücklagen soll nunmehr auf der Grundlage eines Konsolidierungsbeispiels verdeutlicht werden. Grundsätzlich werden die Daten des Beispiels aus Gliederungspunkt 1.2.3 dieses Kapitels zugrunde gelegt und ein 80%iger Anteilsbesitz unterstellt. In Abänderung der dort angegebenen Daten sind folgende Tatbestände zu berücksichtigen:

(1) Der Zeitwert bei den Grundstücken der T-GmbH zum 31.12.01 beläuft sich nicht auf 250, sondern auf 800.

(2) Der Zeitwert bei den Maschinen der T-GmbH beträgt nicht 900, sondern 1100.

Aufgabe: Es ist die Kapitalkonsolidierung sowohl auf der Grundlage der Buchwert- als auch der Neubewertungsmethode zum 31.12.01 durchzuführen.

1.2.5.1.2.1 Buchwertmethode

(1) Im Zuge der Kapitalaufrechnung wird ein aktivischer Unterschiedsbetrag in Höhe von 410 wie folgt ermittelt:

$$1130 - [0{,}8 \times (400+100+350+50)] = 410.$$

(2) Der Ausgleichsposten für Anteile anderer Gesellschafter ermittelt sich wie folgt:

$$0{,}2 \times (400+100+350+50) = 180.$$

(3) Bei der T-GmbH sind stille Rücklagen in Höhe von 1000 gegeben:
- Grundstücke 600
- Maschinen 300
- Vorräte 100.

Davon entfallen 80% [= 800] auf den Konzern. Es dürfen aber nur maximal stille Rücklagen in Höhe von 410 aufgedeckt werden, da ansonsten ein Verstoß gegen das Anschaffungswertprinzip vorliegen würde.

Ermittlung der Aufteilungsquote

(4) Somit stellt sich die Frage, nach welchen Prinzipien die stillen Rücklagen den einzelnen Bilanzposten zuzuordnen sind. Hier soll die proportionale Zuordnung zu den stillen Rücklagen gewählt werden, so daß zunächst eine sog. Aufteilungsquote zu ermitteln ist:

$$\text{Aufteilungsquote} = \frac{\text{Unterschiedsbetrag}}{\text{Summe der vorhandenen anteiligen stillen Rücklagen}} = \frac{410}{800} = 0{,}5125.$$

Zuordnung auf der Grundlage der Aufteilungsquote

(5) Auf der Basis dieser Aufteilungsquote ergibt sich nachfolgende Zuordnung der stillen Rücklagen:

- Grundstücke:
  $600 \times 0{,}8 = 480 \rightarrow 480 \times 0{,}5125 = 246$
- Maschinen:
  $300 \times 0{,}8 = 240 \rightarrow 240 \times 0{,}5125 = 123$
- Vorräte:
  $100 \times 0{,}8 = 80 \rightarrow 80 \times 0{,}5125 = 41$

  $410.$

1.2.5.1.2.2 Neubewertungsmethode

(1) Bei Anwendung der Neubewertungsmethode darf nicht gegen § 301 Abs. 1 Satz 4 HGB verstoßen werden. Daher darf – auf den Anteil des Mutterunternehmens bezogen – auch nur ein Betrag von 410 zugeordnet werden.

(2) Im Gegensatz zur Buchwertmethode muß nunmehr der Anteil der anderen Gesellschafter an den stillen Rücklagen in den Ausgleichsposten einbezogen werden. Es ist eine einfache Dreisatzrechnung durchzuführen:

$$410 = 80\%$$
$$x = 20\%$$
$$x = \frac{410 \times 20}{80} = 102{,}5.$$

Folglich dürfen nun maximal 512,5 [= 410+102,5] stille Rücklagen zugeordnet werden.

(3) Die Aufteilungsquote beträgt:

$$\frac{512{,}5}{1000} = 0{,}5125.$$

(4) Auf der Grundlage der ermittelten Aufteilungsquote ist die HB III zu erstellen:

	HB II	Korrekturbuchungen S	H	HB III
Grundstücke	200	(1) 600 × 0,5125 = 307,5		507,5
Maschinen	800	(1) 300 × 0,5125 = 153,75		953,75
Anteile an verbundenen Unternehmen	200			200
Vorräte	300	(1) 100 × 0,5125 = 51,25		351,25
sonstiges Umlaufvermögen	1350			1350
Summe	2850			3362,5
Gezeichnetes Kapital	400			400
Kapitalrücklage	100			100
Gewinnrücklagen	350		(1) 512,5	862,5
Bilanzgewinn	50			50
Rückstellungen	500			500
sonstige Passiva	1450			1450
Summe	2850	512,5	512,5	3362,5

(5) Die Kapitalkonsolidierung ist wie folgt durchzuführen:

$$1130 - [0{,}8 \times (400+100+862{,}5+50)] = 0.$$

(6) Der Ausgleichsposten für Anteile anderer Gesellschafter erhöht sich im Vergleich zur Buchwertmethode um 102,5:

$$[0{,}2 \times (400+100+862{,}5+50)] = 282{,}5.$$

1.2.5.2 Gleichzeitiges Vorhandensein von stillen Rücklagen und stillen Lasten

Begriffsdefinitionen

Als stille Rücklagen bezeichnet man die Differenz zwischen dem tatsächlichen Ansatz in der Bilanz und einem anderen – im Fall aktivischer Gegenstände höheren bzw. im Fall passivischer Gegenstände niedrigeren – Wert, der den in der Bilanz angesetzten Gegenständen am Stichtag der Erstkonsolidierung beigelegt werden kann; handelt es sich um einen niedrigeren, bzw. im Fall passivischer Gegenstände höheren beizulegenden Wert, spricht man von einer stillen Last (eine negative stille Rücklage).

1.2.5.2.1 Entstehung stiller Lasten

Überbewertung von Aktiva und Unterbewertung von Passiva

Stille Lasten können sich aus einer Überbewertung der Aktiva und einer Unterbewertung der Passiva ergeben. Dabei kommt es für die Betrachtung im Zusammenhang mit der Erstkonsolidierung nur auf die Über- bzw. Unterbewertung im Rahmen der HB II im Vergleich zu dem den Aktiva oder Passiva beizulegenden Zeitwert zum Stichtag der Erstkonsolidierung an.

Beschränkung auf Ausnahmefälle

Durch das für die Bewertung der Aktiva gem. § 308 i.V.m. § 253 HGB auch für den Ansatz in der HB II geltende Niederstwertprinzip wird es nur in Ausnahmefällen dazu kommen, daß in den Aktiva stille Lasten enthalten sind. Denkbar sind sie bspw. im Bereich des Anlagevermögens, wenn – infolge des anzuwendenden gemilderten Niederstwertprinzips – auf einen zum Stichtag beizulegenden niedrigeren Wert (im Vgl. zu den beim Tochterunternehmen fortgeführten Anschaffungs- bzw. Herstellungskosten) in der HB II deswegen nicht abgeschrieben wird, weil dieser voraussichtlich nicht von Dauer ist (vgl. § 253 Abs. 2 Satz 3 HGB und § 279 Abs. 1 Satz 2 HGB).

Entstehungsgründe

Auch im Bereich der Passiva scheinen die Möglichkeiten für den Ansatz stiller Lasten gering zu sein, wenn man der hier vertretenen Meinung folgt, daß Ansatzwahlrechte (sowohl für Aktiva als auch) für Passiva abschließend für den Konzernabschluß auch im Zuge der Erstkonsolidierung nur in der HB II ausgeübt werden können. Damit entfallen wesentliche sonst in der Literatur aufgeführte Möglichkeiten für den Ansatz stiller Lasten. Nach der hier vertretenen Auffassung ergeben sich auf der Passivseite stille Lasten z.B. lediglich aus Unterschieden in der Bewertung von bestimmten Passiva nach HGB oder Grundsätzen ordnungsmäßiger Buchführung und Zeitwertermittlungsprinzipien.

Der wohl wichtigste Bereich für die Entstehung stiller Lasten ist aber darin zu sehen, daß sich aus Konzernsicht Wertansätze ergeben können, die in der HB II – und damit aus Einzelabschlußsicht – keine Berücksichtigung finden dürfen. So kann z.B. der Fall eintreten, daß aus Konzernsicht Rückstellungen zu bilden sind, für die aus der Sicht der einbezogenen Konzernunternehmen keine Grundlage existiert, oder daß aus Konzernsicht bestimmten Vermögensgegenständen ein niedrigerer Wert beizulegen ist, der aus Einzelabschlußsicht jeglicher Grundlage entbehrt.

1.2.5.2.2 Konsolidierungstechnische Behandlung stiller Lasten

Im Zuge der Kapitalkonsolidierung sind sowohl stille Rücklagen als auch stille Lasten aufzudecken. Aus Vorsichtsgründen sollten dabei vor der Zuordnung der stillen Rücklagen zunächst die stillen Lasten zugeordnet werden.

Erhöhung des aktivischen Unterschiedsbetrags

Wie im folgenden Konsolidierungsfall zu zeigen sein wird, führt die Zuordnung stiller Lasten dazu, daß sich ein aktivischer Unterschiedsbetrag um den Betrag der zugeordneten stillen Lasten erhöht. Dies führt dazu, daß

(1) mehr stille Rücklagen zugeordnet werden können,

(2) sich ein bereits bestehender Geschäfts- oder Firmenwert um die stillen Lasten erhöhen kann oder

(3) eine Kombination von (1) und (2) auftreten kann.

Für das nachfolgende Konsolidierungsbeispiel gelten die Ausgangsdaten aus Gliederungspunkt 1.2.3. Zunächst ist folgender Sachverhalt zu berücksichtigen:

Die T-GmbH hat in ihrer HB I Rückstellungen passiviert, die einen aus Konzernsicht zu niedrigen Wert ausweisen. Aus Konzernsicht ist der Rückstellungsbetrag um 120 höher auszuweisen.

Aufgabe: Es ist die Kapitalkonsolidierung zum 31.12.01 sowohl auf der Grundlage der Buchwertmethode als auch der Neubewertungsmethode durchzuführen.

1.2.5.2.2.1 Buchwertmethode

(1) Buchung (1) (vgl. Übersicht 62) nimmt die Kapitalaufrechnung vor. Ein sich ergebender aktivischer Unterschiedsbetrag von 410 entsteht wie folgt:

$$1130 - [0{,}8 \times (400+100+350+50)] = 410.$$

(2) Mit der Buchung (2) werden die Anteile anderer Gesellschafter ermittelt:

$$[0{,}2 \times (400+100+350+50)] = 180.$$

(3) Mit der Buchung (3) erfolgt die Zuordnung stiller Lasten. Da bei der Buchwertmethode die stillen Rücklagen nur quotal zugeordnet werden, sind auch die stillen Lasten nur in Höhe des Anteils des Mutterunternehmens offenzulegen. Da die stillen Lasten insgesamt 120 ausmachen, entfallen 96 [= 120 × 0,8] auf den Konzern.

(4) Durch diese Zuordnung stiller Lasten erhöht sich der rechentechnische Ausgleichsposten aus der Kapitalkonsolidierung um 96 von 410 auf 506.

(5) Mit der Buchung (4) werden die stillen Rücklagen quotal zugeordnet:
- Grundstücke : 40 [= 50 × 0,8],
- Maschinen : 80 [= 100 × 0,8],
- Vorräte : 80 [= 100 × 0,8].

(6) Die verbleibende Differenz von 306 [= 506 – (40+80+80)] wird ebenfalls mit der Buchung (4) in den Posten »Geschäfts- oder Firmenwert« eingestellt. Dieser Geschäfts- oder Firmenwert hat sich nunmehr im Vergleich zum Ausgangsbeispiel um die aufgedeckten stillen Lasten erhöht.

Übersicht 64: Buchwertmethode bei Existenz stiller Rücklagen/Lasten
– 80%iger Anteilsbesitz –

	M-AG HB II	T-GmbH HB II	Σ-Bilanz	Konsolidierung S	Konsolidierung H	Konzern-bilanz
Geschäfts- oder Firmenwert	–	–	–	(4) 306		306
Grundstücke	400	200	600	(4) 40		640
Maschinen	1500	800	2300	(4) 80		2380
Anteile an verbundenen Unternehmen	1330	200	1530		(1) 1130	400
Vorräte	800	300	1100	(4) 80		1180
sonstiges Umlaufvermögen	1450	1350	2800			2800
Ausgleichsposten aus der				(1) 410		
Kapitalkonsolidierung	–	–	–	(3) 96	(4) 506	–
Summe	5480	2850	8330			7706
Gezeichnetes Kapital	1500	400	1900	(1) 320		1500
				(2) 80		
Kapitalrücklage	300	100	400	(1) 80		300
				(2) 20		
Gewinnrücklagen	1000	350	1350	(1) 280		1000
				(2) 70		
Bilanzgewinn	200	50	250	(1) 40		200
				(2) 10		
Ausgleichsposten für Anteile						
anderer Gesellschafter	–	–	–		(2) 180	180
Rückstellungen	1000	500	1500		(3) 96	1596
sonstige Passiva	1480	1450	2930			2930
Summe	5480	2850	8330	1912	1912	7706

1.2.5.2.2.2 Neubewertungsmethode

(1) Die Aufdeckung stiller Rücklagen und stiller Lasten wird im Rahmen der Neubewertungsmethode bereits in der HB III vorgenommen (vgl. Übersicht 65).

Übersicht 65: Erstellung der HB III für die T-GmbH zum 31.12.01

	HB II	Korrekturbuchungen S	Korrekturbuchungen H	HB III
Grundstücke	200	(2) 50		250
Maschinen	800	(2) 100		900
Anteile an verbundenen Unternehmen	200			200
Vorräte	300	(2) 100		400
sonstiges Umlaufvermögen	1350			1350
Summe	2850			3100
Gezeichnetes Kapital	400			400
Kapitalrücklage	100			100
Gewinnrücklagen	350	(1) 120	(2) 250	480
Bilanzgewinn	50			50
Rückstellungen	500		(1) 120	620
sonstige Passiva	1450			1450
Summe	2850	370	370	3100

(2) Die Aufdeckung stiller Rücklagen und stiller Lasten erfolgt nunmehr in voller Höhe; also auch in Höhe des Anteils der anderen Gesellschafter.

(3) Die Werte der HB III gehen sodann in den Summenabschluß ein (vgl. Übersicht 66).

(4) Mit der Buchung (1) erfolgt die Kapitalaufrechnung. Es entsteht ein Unterschiedsbetrag in Höhe von 306 [= 1130 – 0,8 × (400+100+480+50)].

(5) Der Unterschiedsbetrag wird mit der Buchung (2) in voller Höhe in den Posten »Geschäfts- oder Firmenwert« eingestellt.

(6) Mit der Buchung (3) wird der Ausgleichsposten für Anteile anderer Gesellschafter dotiert.

(7) Ein Vergleich der Buchwert- und der Neubewertungsmethode (vgl. letzte Spalte der Übersicht 66) zeigt, daß sich bei den aufgewerteten Vermögens- und Schuldposten sowie beim Ausgleichsposten für Anteile anderer Gesellschafter Unterschiede ergeben haben.

Übersicht 66: Neubewertungsmethode bei Existenz stiller Rücklagen/Lasten – 80%iger Anteilsbesitz –

	M-AG HB II	T-GmbH HB III	Σ-Bilanz	Konsolidierung S	Konsolidierung H	Konzern-bilanz	BWM	Δ
Geschäfts- oder Firmenwert	–	–	–	(2) 306		306		
Grundstücke	400	250	650			650	640	10
Maschinen	1500	900	2400			2400	2380	20
Anteile an verbundenen Unternehmen	1330	200	1530		(1) 1130	400		
Vorräte	800	400	1200			1200	1180	20
sonstiges Umlaufvermögen	1450	1350	2800			2800		
Ausgleichsposten aus der Kapitalkonsolidierung	–	–	–	(1) 306	(2) 306	–		
Summe	5480	3100	8580			7756		
Gezeichnetes Kapital	1500	400	1900	(1) 320 (3) 80		1500		
Kapitalrücklage	300	100	400	(1) 80 (3) 20		300		
Gewinnrücklagen	1000	480	1480	(1) 384 (3) 96		1000		
Bilanzgewinn	200	50	250	(1) 40 (3) 10		200		
Ausgleichsposten für Anteile anderer Gesellschafter	–	–	–		(3) 206	206	180	26
Rückstellungen	1000	620	1620			1620	1596	24
sonstige Passiva	1480	1450	2930			2930		
Summe	5480	3100	8580	1642	1642	7756		

1.2.5.3 Abschreibungen auf den Beteiligungsbuchwert

Auf Beteiligungen können im Rahmen der einzelgesellschaftlichen Rechnungslegung nach § 253 Abs. 2 Satz 3 HGB i.V.m. § 279 Abs. 1 HGB »außerplanmäßige Abschreibungen vorgenommen werden, um die Vermögensgegenstände mit dem niedrigeren Wert anzusetzen, der ihnen am Abschlußstichtag beizulegen ist; sie sind vorzunehmen bei einer voraussichtlich dauernden Wertminderung«. Ferner können steuerrechtliche Abschreibungen nach § 254 HGB vorgenommen werden.

Verstoß gegen die Einheitstheorie

Nach § 297 Abs. 3 Satz 1 HGB ist im Konzernabschluß die Vermögens-, Finanz- und Ertragslage der einbezogenen Unternehmen so darzustellen, als ob diese wirtschaftlich und rechtlich ein einziges Unternehmen wären. Nach dem Zeitpunkt der Erstkonsolidierung vorgenommene Abschreibungen auf den Beteiligungsansatz von in den Konzernabschluß einbezogenen Unternehmen wären, wenn sie im Konzernabschluß aufrechterhalten würden, nicht mit dem Prinzip des Konzerns als wirtschaftlicher und rechtlicher Einheit zu vereinbaren, denn die »wirtschaftliche Einheit kann nicht auf sich selbst abschreiben« (JONAS, H. H. 1973, S. 3). Die Abschreibung des Beteiligungsbuchwerts ist vielmehr »ein konzerninterner Vorgang, der nicht im Konzernabschluß erscheinen darf« (DREGER, K.-M. 1969, S. 92).

Im Einzelabschluß eines einbezogenen Unternehmens nach dem Zeitpunkt der Erstkonsolidierung vorgenommene Abschreibungen auf den Beteiligungsansatz für Anteile an einem anderen einbezogenen Unternehmen sind daher – unabhängig davon, ob sie auf der Grundlage von handelsrechtlichen oder steuerrechtlichen Vorschriften vorgenommen wurden – im Konzernabschluß rückgängig zu machen.

Stornierung der Abschreibung

Die Stornierung der Abschreibung wird in der Periode ihrer Bildung erfolgswirksam vorgenommen, indem mit der Buchung »Anteile an verbundenen Unternehmen an Abschreibungen« die im Einzelabschluß des Mutterunternehmens durchgeführten Buchungen rückgängig gemacht werden. In den Folgeperioden wird die Stornierung der Abschreibung erfolgsneutral gegen einen Rücklagenposten oder gegen den Ergebnisvortrag vorgenommen.

Vornahme der Abschreibung im Konzernabschluß

Erscheint es zweckmäßig, die im Einzelabschluß vorgenommenen Abschreibungen auf die Anteile auch im Konzernabschluß zum Ansatz zu bringen, bietet es sich an, »zu Lasten des Konzernjahresüberschusses/-fehlbetrags außerplanmäßige Abschreibungen auf diejenigen Vermögensgegenstände vorzunehmen, die durch die Beteiligung repräsentiert werden. Hierfür bieten sich in erster Linie die bei der Erstkonsolidierung aufgedeckten stillen Rücklagen und ggf. ein Geschäfts- oder Firmenwert … an« (WP-HANDBUCH 2000, Bd. I, S. 1021). Sind die stillen Rücklagen und ein Geschäfts- oder Firmenwert bereits voll abgeschrieben worden, so sind auch Abschreibungen auf die Buchwerte der Vermögensgegenstände lt. HB II/III zulässig und es besteht darüber hinaus auch die Möglichkeit der Bildung zusätzlicher Rückstellungen.

1.2.5.4 Endkonsolidierung

1.2.5.4.1 Grundlagen

Anlässe für Endkonsolidierungen

Eine Endkonsolidierung – in der Literatur auch als »Entkonsolidierung« bezeichnet – ist vorzunehmen, wenn ein vollkonsolidiertes Tochterunternehmen aus dem Konsolidierungskreis ausscheidet. Ein ähnliches Problem stellt sich, sofern nur eine teilweise Veräußerung von Anteilen erfolgt. In diesem Fall muß ferner eine Differenzierung danach vorgenommen werden, ob die bisher angewandte Konsolidierungsmethode beibehalten oder ein Wechsel der Konsolidierungsmethode erforderlich wird (Übergangskonsolidierung). Vergleichbare Fragestellungen ergeben sich, wenn ein bisher quotal einbezogenes

Gemeinschaftsunternehmen oder ein bisher nach der Equity-Methode bewerteter Anteil an einem assoziierten Unternehmen infolge veränderter Umstände oder in Ausübung von Wahlrechten abweichend zu bilanzieren ist. Die nachfolgenden Ausführungen beschränken sich aus Praktikabilitätsgründen allerdings auf das vollständige Ausscheiden bislang vollkonsolidierter Tochterunternehmen.

Ableitung aus der Einheitstheorie

Die Endkonsolidierung ist im Gesetz nicht geregelt. Die Pflicht zur Vornahme einer Endkonsolidierung leitet sich jedoch einerseits aus dem in § 297 Abs. 3 Satz 1 HGB kodifizierten Einheitsgrundsatz ab (vgl. Hayn, B. 1999, S. 224ff.). Danach stellt der Konzern nicht nur eine wirtschaftliche, sondern auch eine (fiktive) rechtliche Einheit dar. Dies führt dazu, daß die einzelnen Tochterunternehmen im Rahmen des Konsolidierungsprozesses wie rechtlich unselbständige Betriebsstätten des Mutterunternehmens zu behandeln sind. Insofern werden im Konzernabschluß die vom Konzern gehaltenen Anteile an verbundenen Unternehmen durch die jeweils dahinterstehenden Vermögensgegenstände, Schulden und während der Konzernzugehörigkeit erwirtschafteten und thesaurierten Eigenkapitalien ersetzt. Werden nun Anteile an verbundenen Unternehmen an konzernfremde Dritte veräußert, scheiden aus Konzernsicht nicht die Anteile, sondern vielmehr die entsprechenden Vermögensgegenstände, Schulden und Eigenkapitalien aus. Dieser Vorgang ist vergleichbar mit dem Abgang eines Teilbetriebs aus einzelgesellschaftlicher Sicht.

Ableitung aus dem Grundsatz der Bilanzidentität

Andererseits ergibt sich die Pflicht zur Endkonsolidierung aus dem Grundsatz der Bilanzidentität nach § 298 Abs. 1 i.V.m. § 252 Abs. 1 Nr. 1 HGB. In die »fiktive« Konzerneröffnungsbilanz des Jahrs, in dem ein bislang vollkonsolidiertes Tochterunternehmen aus dem Konsolidierungskreis ausscheidet, werden die Bilanzposten des betreffenden Tochterunternehmens noch mit den in der Konzernabschlußbilanz des Vorjahrs ausgewiesenen Beträgen übernommen. Das Ausscheiden dieses Tochterunternehmens während des Konzerngeschäftsjahrs bedingt, daß bei der Aufstellung des Konzernabschlusses zum Ende des Konzerngeschäftsjahrs die in der Konzerneröffnungsbilanz enthaltenen Posten entsprechend den Grundsätzen ordnungsmäßiger Buchführung ausgebucht werden müssen. Dies gilt unabhängig davon, ob der Endkonsolidierung eine Veräußerung der Anteile an dem Tochterunternehmen oder andere Umstände zugrunde liegen.

Abgang der einzelnen Vermögensgegenstände und Schulden

Im Einzelabschluß des die Anteile haltenden Konzernunternehmens wird dagegen, sofern die Endkonsolidierung auf einem Verkauf der Anteile beruht, ein Abgang im Posten »Anteile an verbundenen Unternehmen« ausgewiesen. Aus Konzernsicht gehen jedoch – wie dargestellt – die hinter den Anteilen stehenden Vermögensgegenstände, Schulden und Eigenkapitalposten ab. Beide Sachverhalte stehen sich i.d.R. nicht in gleicher Höhe gegenüber, da die Anschaffungskosten für die Investition in das Tochterunternehmen im Einzel- und Konzernabschluß unterschiedlich periodisiert werden. In der Erfolgsrechnung des beteiligten (Mutter-)Unternehmens erfolgt die Periodisierung der Anschaffungskosten durch ggf. vorzunehmende außerplanmäßige Abschreibungen bzw. die Veräußerung der Beteiligung, denn ein im Zeitpunkt der Veräußerung noch aktivierter Restbuchwert wirkt sich erfolgsmindernd aus. Dagegen werden im Konzernabschluß die Anschaffungskosten durch eine Verrechnung der im Zeitpunkt der Erstkonsolidierung die Beteiligung repräsentierenden (neubewerteten) Vermögensgegenstände und Schulden des Tochterunternehmens periodisiert (vgl. ORDELHEIDE, D. 1987a, S. 310f.). Im Gegensatz zum Einzelabschluß werden somit im Konzernabschluß einerseits bspw. Teile der Anschaffungskosten durch Abschreibungen auf aufgedeckte stille Rücklagen oder den Geschäfts- oder Firmenwert bereits während der Konzernzugehörigkeit aufwandswirksam; andererseits gehen beim Tochterunternehmen erwirtschaftete Jahreserfolge sowie Erfolge aus der Währungsumrechnung bereits im Entstehungszeitpunkt in die Konzern-GuV ein. Infolgedessen ist der im Einzelabschluß ausgewiesene Veräußerungserfolg aus dem Abgang des Tochterunternehmens, der über die Zusammenfassung der Einzelabschlüsse zum Konzernabschluß mit in denselben eingegangen ist, aus Konzernsicht unzutreffend. Um den aus Konzernsicht zutreffenden Veräußerungserfolg (= Endkonsolidierungserfolg) zu ermitteln, müssen daher entsprechende Korrekturen vorgenommen werden. Diese Korrekturen können – in Abhängigkeit von der Ausgangsgröße – auf zwei unterschiedliche Arten erfolgen.

Berechnung des Endkonsolidierungserfolgs

Unter der Prämisse, daß die Anteile vom Mutterunternehmen gehalten und veräußert wurden, ergibt sich der aus Konzernsicht zutreffende Endkonsolidierungserfolg, sofern keine anderen Gesellschafter an dem veräußerten Unternehmen beteiligt sind, – ausgehend vom Veräußerungserlös des Mutterunternehmens – wie folgt (vgl. BAETGE, J./KIRSCH, H.-J./THIELE, S. 2000, S. 472):

Übersicht 67: Ermittlung des Endkonsolidierungserfolgs ausgehend vom Veräußerungserlös für die Beteiligung

	Veräußerungserlös
Abgangswert	– Vermögenswerte des Tochterunternehmens zu Buchwerten in der HB II
	+ Schulden des Tochterunternehmens zu Buchwerten in der HB II
	– Noch nicht erfolgswirksam verrechnete stille Rücklagen aus der Erstkonsolidierung
	+ Noch nicht erfolgswirksam verrechnete stille Lasten aus der Erstkonsolidierung
	– Noch nicht erfolgswirksam verrechneter Geschäfts- oder Firmenwert aus der Erstkonsolidierung
	+ Noch nicht erfolgswirksam aufgelöster passivischer Unterschiedsbetrag aus der Erstkonsolidierung
	= Erfolg aus der Veräußerung des Tochterunternehmens

Die im Konzernabschluß erfaßten Aktiva und Passiva des Tochterunternehmens sowie die Teile der aus der Erstkonsolidierung resultierenden aktivischen oder passivischen Unterschiedsbeträge, die noch nicht erfolgswirksam geworden sind, stellen den Abgangswert des Tochterunternehmens dar. Der aus Konzernsicht zutreffende Veräußerungserfolg ergibt sich sodann als Differenz zwischen dem Veräußerungserlös und dem derart ermittelten Abgangswert.

Andererseits läßt sich der aus Konzernsicht zutreffende Endkonsolidierungserfolg auch ausgehend vom Veräußerungserfolg des Mutterunternehmens durch folgende Modifikationen ermitteln:

Übersicht 68: Ermittlung des Endkonsolidierungserfolgs ausgehend vom Veräußerungserfolg des Mutterunternehmens

	Veräußerungserfolg des Mutterunternehmens
–	Kumulierte außerplanmäßige Abschreibungen (unter Verrechnung der kumulierten Zuschreibungen) auf den Beteiligungsbuchwert im Einzelabschluß des Mutterunternehmens
+	Bereits erfolgswirksam verrechnete stille Rücklagen aus der Erstkonsolidierung
–	Bereits erfolgswirksam verrechnete stille Lasten aus der Erstkonsolidierung
+	Bereits erfolgswirksam verrechneter Geschäfts- oder Firmenwert aus der Erstkonsolidierung
–	Bereits erfolgswirksam verrechneter passivischer Unterschiedsbetrag aus der Erstkonsolidierung
–/+	Rücklagenzuführungen/-minderungen im Tochterunternehmen seit Beteiligungserwerb
–/+	Jahresüberschuß/-fehlbetrag des Tochterunternehmens im Veräußerungszeitpunkt
=	Erfolg aus der Veräußerung des Tochterunternehmens

Im obigen Berechnungsschema wird unterstellt, daß die im Einzelabschluß des Mutterunternehmens vorgenommenen außerplanmäßigen Abschreibungen nicht in den Konzernabschluß übernommen wurden. Da diese Teile der Anschaffungskosten somit im Konzernabschluß noch nicht aufwandswirksam geworden sind, hat zur Ermittlung des aus Konzernsicht zutreffenden Erfolgs eine Subtraktion dieses Betrags vom Veräußerungserfolg des Mutterunternehmens zu erfolgen. Andererseits ist der Veräußerungserfolg des Mutterunternehmens – zur Vermeidung von Doppelerfassungen – um die Aufwendungen und Erträge zu korrigieren, die im Konzernabschluß bereits während der Konzernzugehörigkeit erfolgswirksam geworden sind.

Handelt es sich bei dem abgehenden Tochterunternehmen um ein ausländisches, so sind (bilanzielle) Währungsumrechnungsdifferenzen – in Abhängigkeit von ihrer Behandlung in früheren Perioden – entweder bei der Berechnung des Abgangswerts (vormals erfolgsneutrale Behandlung) oder der Korrektur des Veräußerungserfolgs des Mutterunternehmens (vormals erfolgswirksame Behandlung) zu berücksichtigen.

Vorhandensein anderer Gesellschafter

Sind an dem ausscheidenden Tochterunternehmen auch andere Gesellschafter beteiligt, müssen die obigen Berechnungsschemata – in Abhängigkeit von der Anwendung der Buchwert- und der Neubewertungsmethode – modifiziert werden. Das Berechnungsschema ausgehend vom Veräußerungserfolg des Mutterunternehmens ist nur bei Anwendung der Neubewertungsmethode zu verändern, und zwar insoweit, als lediglich der auf das Mutterunternehmen entfallende Anteil an den bereits erfolgswirksam verrechneten stillen Rücklagen und Lasten in die Berechnung eingehen darf. Der Geschäfts- oder Firmenwert respektive der passivische Unterschiedsbetrag sind, da sie in voller Höhe dem Mutterunternehmen zuzurechnen sind, vollständig zu Lasten des Endkonsolidierungserfolgs zu eliminieren. Wird der Endkonsolidierungserfolg hingegen ausgehend vom Veräußerungserlös des Mutterunternehmens berechnet, so darf diesem nur der anteilige Abgangswert des Tochterunternehmens gegenübergestellt werden. Dieser ergibt sich bei der Buchwertmethode wie folgt:

Übersicht 69: Ermittlung des anteiligen Abgangswerts bei der Buchwertmethode

	Anteilige Vermögenswerte des Tochterunternehmens zu Buchwerten in der HB II
–	Anteilige Schulden des Tochterunternehmens zu Buchwerten in der HB II
+	Noch nicht erfolgswirksam verrechnete stille Rücklagen aus der Erstkonsolidierung
–	Noch nicht erfolgswirksam verrechnete stille Lasten aus der Erstkonsolidierung
+	Noch nicht erfolgswirksam verrechneter Geschäfts- oder Firmenwert aus der Erstkonsolidierung
–	Noch nicht erfolgswirksam aufgelöster passivischer Unterschiedsbetrag aus der Erstkonsolidierung
=	anteiliger Abgangswert des Tochterunternehmens

Da bei der Buchwertmethode die stillen Rücklagen/Lasten nur anteilig entsprechend der Beteiligungsquote des Mutterunternehmens aufgedeckt wurden, ergeben sich hier keine weiteren Korrekturen. Dagegen muß bei Anwendung der Neubewertungsmethode zusätzlich berücksichtigt werden, daß auch die in voller Höhe aufgedeckten stillen Rücklagen/Lasten nur in Höhe des auf das Mutterunternehmen entfallenden Anteils in die Berechnung des anteiligen Abgangswerts einbezogen werden dürfen. Da der Geschäfts- oder Firmenwert bzw. der passivische Unterschiedsbetrag bei beiden Methoden vollständig dem Mutterunternehmen zuzurechnen sind, werden sie jeweils in voller Höhe in den Abgangswert einbezogen.

Während somit die Endkonsolidierung der Anteile des Mutterunternehmens einen erfolgswirksamen Vorgang darstellt, ist die Endkonsolidierung der Minderheiten erfolgsneutral. Rein buchungstechnisch wird der auf die Minderheiten entfallende anteilige Abgangswert des Tochterunternehmens gegen den (gleich hohen) Ausgleichsposten für Anteile anderer Gesellschafter aufgerechnet. Bei Anwendung der Buchwertmethode berechnet sich der auf die anderen Gesellschafter entfallende anteilige Abgangswert als Differenz zwischen den anteiligen Vermögenswerten und den anteiligen Schulden des Tochterunternehmens jeweils zu Buchwerten der HB II. Im Rahmen der Neubewertungsmethode sind bei der Ermittlung des Abgangswerts zusätzlich die auf die anderen Gesellschafter entfallenden, noch nicht erfolgswirksam verrechneten stillen Rücklagen und Lasten zu berücksichtigen.

Stichtag der Endkonsolidierung

Das Gesetz enthält keine Regelungen zum Stichtag der Endkonsolidierung. Als Abgangszeitpunkt der einzelnen Aktiva und Passiva des Tochterunternehmens kann nur der »Zeitpunkt des Abgangs der Anteile im Sinne der GoB« (Ordelheide, D., in: Beck'sches Handbuch der Rechnungslegung 1999a, C 403, Rn. 27; vgl. auch Hayn, B. 1999, S. 229f.) maßgeblich sein. Wird für die Stimmrechte an dem Tochterunternehmen ein abweichender Stichtag für den Übergang auf den Erwerber gewählt, so ist dieser Zeitpunkt für die Endkonsolidierung zugrunde zu legen.

Scheidet ein Tochterunternehmen unterjährig aus dem Konsolidierungskreis aus, so ist grundsätzlich die Aufstellung eines Zwischenabschlusses erforderlich, um die Konzernbuchwerte der Vermögensgegenstände und Schulden des betroffenen Unternehmens und damit einhergehend den Endkonsolidierungserfolg zutreffend zu ermitteln. Ferner ist die Erstellung eines Zwischenabschlusses prinzipiell notwendig, um – analog zur Erstkonsolidierung – die während der Konzernzugehörigkeit erwirtschafteten Aufwendungen und Erträge des Tochterunternehmens, die noch in die Konzern-GuV zu übernehmen sind, exakt abzugrenzen. Da die Aufstellung eines Zwischenabschlusses jedoch regelmäßig mit erheblichem Aufwand verbunden ist, ist es als zulässig anzusehen, der Endkonsolidierung vereinfachend den letzten Einzelabschluß des ausscheidenden Unternehmens zugrunde zu legen (vgl. Busse von Colbe, W./Ordelheide, D. 1993, S. 256). Da bei dieser Vorgehensweise während des Konzernverhältnisses entstandene Aufwendungen und Erträge nicht in die Konzern-GuV eingehen, sollte – sofern die erforderlichen Informationen zur Verfügung stehen – bei Wesentlichkeit der Erfolgskomponenten zumindest eine zeitanteilige Schätzung erfolgen (vgl. HFA 3/1995, S. 698).

1.2.5.4.2 Anwendungsbeispiel

Die buchungstechnische Vorgehensweise bei der Endkonsolidierung eines Tochterunternehmens soll anhand des folgenden Beispiels erläutert werden:

Ausgangsdaten

Die M-AG erwirbt am 1.1.01 eine 80%ige Beteiligung an der T-AG zum Preis von 100 000. Da die T-AG die Voraussetzungen eines Tochterunternehmens erfüllt, wird sie auf der Grundlage der Purchase-Methode (Buchwertmethode) in den Konzernabschluß der M-AG einbezogen. Bei der Erstkonsolidierung und in den Folgeperioden waren die folgenden Sachverhalte zu beachten:

(1) Im Zeitpunkt des Beteiligungserwerbs (1.1.01), dessen Wertansätze der Kapitalkonsolidierung zugrunde gelegt werden, weist die T-AG ein gezeichnetes Kapital von 50 000, eine Kapitalrücklage von 10 000 und Gewinnrücklagen von 15 000 aus.

(2) Im Zeitpunkt des Beteiligungserwerbs beträgt der Zeitwert der Grundstücke 50 000 (Buchwert: 40 000), der Maschinen 45 000 (Buchwert: 40 500) und der Vorräte 7 000 (Buchwert: 5 000). Die stillen Rücklagen im Posten »Maschinen« sind beginnend mit dem Geschäftsjahr 01 linear über 5 Jahre abzuschreiben. Die Vorräte, denen die stillen Rücklagen zugeordnet wurden, werden im Laufe des Geschäftsjahrs 02 verkauft.

(3) Ein sich ergebender Geschäfts- oder Firmenwert wird – beginnend in 01 – jährlich mit 25% abgeschrieben.

Am 31.12.03 veräußert die M-AG ihre 80%ige Beteiligung an der T-AG zu einem Preis von 130 000. Die Einzelabschlüsse der M-AG und der T-AG weisen nach der Transaktion folgende Abschlußposten aus:

Bilanz der / Bilanzposten	M-AG		T-AG	
	Aktiva	Passiva	Aktiva	Passiva
Aktiva:				
Grundstücke	100 000		55 000	
Maschinen	78 000		43 000	
Anteile an verbundenen Unternehmen	–			
Vorräte	10 000		8 000	
sonstiges Umlaufvermögen	134 000		7 000	
Passiva:				
Gezeichnetes Kapital		80 000		50 000
Kapitalrücklage		20 000		10 000
Gewinnrücklagen		40 000		15 000
Bilanzgewinn		31 000		–
Rückstellungen		25 000		14 000
sonstige Passiva		126 000		24 000
Summe	322 000	322 000	113 000	113 000

Erst- und Folgekonsolidierung

Im Zuge der Erstkonsolidierung ergibt sich ein aktivischer Unterschiedsbetrag in Höhe von 40 000 [100 000 – 0,8 × (50 000 + 10 000 + 15 000)], der mit 8 000 (0,8 × 10 000) den Grundstücken, mit 3 600 (0,8 × 4 500) dem Posten »Maschinen« und dem Posten »Vorräte« in Höhe von 1 600 (0,8 × 2 000) zugeordnet wird. Der verbleibende Restbetrag in Höhe von 26 800 stellt den Geschäfts- oder Firmenwert dar. In den Geschäftsjahren 01 bis 03 werden die stillen Rücklagen im Posten »Maschinen« jeweils in Höhe von 720 (3 600 × 0,2) und der Geschäfts- oder Firmenwert mit einem Betrag von 6 700 (26 800 × 0,25) abgeschrieben. Die den Vorräten zugeordneten stillen Rücklagen werden mit dem Verkauf derselben im Geschäftsjahr 02 erfolgswirksam aufgelöst.

Ermittlung des Endkonsolidierungserfolgs

Der Endkonsolidierungserfolg beim Ausscheiden des Tochterunternehmens berechnet sich ausgehend vom Veräußerungserfolg des Mutterunternehmens wie folgt:

	Veräußerungserfolg des Mutterunternehmens (130 000 – 100 000)	30 000
+	bereits erfolgswirksam verrechnete stille Rücklagen [(720 × 3) + 1 600]	3 760
+	bereits erfolgswirksam verrechneter Geschäfts- oder Firmenwert (6 700 × 3)	20 100
=	Endkonsolidierungserfolg	53 860.

Zum gleichen Ergebnis gelangt man, wenn dem Veräußerungserlös der anteilige Abgangswert des Tochterunternehmens gegenübergestellt wird:

	Veräußerungserlös	130 000
–	anteiliges Vermögen der T-AG zu Buchwerten (55 000 + 43 000 + 8 000 + 7 000) × 0,8	90 400
+	anteilige Schulden der T-AG zu Buchwerten (14 000 + 24 000) × 0,8	30 400
–	noch nicht erfolgswirksam verrechnete stille Rücklagen (1 440 + 8 000)	9 440
–	noch nicht erfolgswirksam verrechneter Geschäfts- oder Firmenwert	6 700
=	Endkonsolidierungserfolg	53 860.

Der (erfolgsneutrale) Abgang des auf die anderen Gesellschafter entfallenden Reinvermögens ergibt sich, indem ausgehend vom Ausgleichsposten für die Anteile anderer Gesellschafter das anteilige Vermögen subtrahiert, die anteiligen Schulden hingegen addiert werden:

	Ausgleichsposten für Anteile anderer Gesellschafter (50 000 + 10 000 + 15 000) × 0,2	15 000
–	anteiliges Vermögen der T-AG zu Buchwerten (55 000 + 43 000 + 8 000 + 7 000) × 0,2	22 600
+	anteilige Schulden der T-AG zu Buchwerten (14 000 + 24 000) × 0,2	7 600
=	auf andere Gesellschafter entfallender Erfolg	0.

Die Konzernbilanz ergibt sich (ceteris paribus), indem zunächst die Einzelabschlüsse der M-AG und der T-AG durch bloße Queraddition zum Summenabschluß zusammengefaßt werden.

(1) Da durch die Veräußerung der Anteile an der T-AG diese im Einzelabschluß der M-AG nicht mehr enthalten sind, wird zunächst mit der Buchung (0) die Veräußerungsbuchung rückgängig gemacht, indem die Anteile an verbundenen Unternehmen wieder eingebucht und der Veräußerungserlös (Verminderung des Bankguthabens als Bestandteil des sonstigen Umlaufvermögens) sowie der Veräußerungserfolg (Verminderung des Jahresüberschusses) ausgebucht werden.

(2) Die Buchungen (1) und (2) wiederholen die Erstkonsolidierung; Buchung (3) nimmt die Dotierung des Ausgleichspostens für Anteile anderer Gesellschafter vor.

(3) Mit der Buchung (4) werden die Abschreibungen auf den Geschäfts- oder Firmenwert und die stillen Rücklagen im Posten »Maschinen« der Jahre 01 und 02 sowie die Auflösung der stillen Rücklagen im Posten »Vorräte« in 02 erfolgsneutral nachgeholt.

(4) Mit der Buchung (5) erfolgt die Abschreibung der stillen Rücklagen im Posten »Maschinen« und des Geschäfts- oder Firmenwerts für das Geschäftsjahr 03.

(5) Buchung (6) nimmt die eigentliche Endkonsolidierung vor. Das sonstige Umlaufvermögen (Bankguthaben) wird um den Veräußerungserlös erhöht, die sonstigen Passiva der T-AG sowie der Ausgleichsposten für Anteile anderer Gesellschafter werden mit einer Sollbuchung ausgebucht. Andererseits werden der verbliebene Geschäfts- oder Firmenwert, die Grundstücke und Maschinen inklusive der noch vorhandenen stillen Reserven sowie das Umlaufvermögen der T-AG mit einer Habenbuchung ausgebucht. Um Soll- und Habenbuchung auszugleichen, ist die Differenz (53 860) als sonstiger betrieblicher Ertrag bzw. als Erhöhung des Jahresüberschusses zu erfassen.

Übersicht 70: Endkonsolidierung zum 31.12.03

	M-AG HB II	T-AG HB II	Σ-Bilanz	Konsolidierung S	Konsolidierung H	Konzern-bilanz
Geschäfts- oder Firmenwert	–	–	–	(2) 26 800	(4) 13 400	–
					(5) 6 700	
					(6) 6 700	
Grundstücke	100 000	55 000	155 000	(2) 8 000	(6) 63 000	100 000
Maschinen	78 000	43 000	121 000	(2) 3 600	(4) 1 440	78 000
					(5) 720	
					(6) 44 440	
Anteile an verbundenen Unternehmen	–	–	–	(0) 100 000	(1) 100 000	–
Vorräte	10 000	8 000	18 000	(2) 1 600	(4) 1 600	10 000
					(6) 8 000	
Sonstiges Umlaufvermögen	134 000	7 000	141 000	(6) 130 000	(0) 130 000	134 000
					(6) 7 000	
Ausgleichsposten aus der Kapitalkonsolidierung	–	–	–	(1) 40 000	(2) 40 000	–
Summe	322 000	113 000	435 000			322 000
Gezeichnetes Kapital	80 000	50 000	130 000	(1) 40 000		80 000
				(3) 10 000		
Kapitalrücklage	20 000	10 000	30 000	(1) 8 000		20 000
				(3) 2 000		
Gewinnrücklagen	40 000	15 000	55 000	(1) 12 000		23 560
				(3) 3 000		
				(4) 16 440		
Jahresüberschuß	31 000	–	31 000	(0) 30 000	(6) 53 860	47 440
				(5) 7 420		
Ausgleichsposten für Anteile anderer Gesellschafter	–	–	–	(6) 15 000	(3) 15 000	–
Rückstellungen	25 000	14 000	39 000	(6) 14 000		25 000
sonstige Passiva	126 000	24 000	150 000	(6) 24 000		126 000
Summe	322 000	113 000	435 000	491 860	491 860	322 000

1.2.5.4.3 Behandlung eines zuvor erfolgsneutral verrechneten Geschäfts- oder Firmenwerts

Gründe für eine Rückgängigmachung der Rücklagenverrechnung

Wurden Geschäfts- oder Firmenwerte in Vorjahren in einem einmaligen Akt oder ratierlich erfolgsneutral gegen die Rücklagen verrechnet, stellt sich die Frage, wie eine derartige Behandlung im Rahmen der Endkonsolidierung zu berücksichtigen ist. Die herrschende Meinung (vgl. WP-HANDBUCH 2000, Bd. I, S. 1028f. m. w. N.) – und diese wird hier unter betriebswirtschaftlichen Gesichtspunkten geteilt – hält die Rückgängigmachung der erfolgsneutralen Verrechnung im Zeitpunkt der Endkonsolidierung für unerläßlich. Dies hat zur

Folge, daß der Endkonsolidierungserfolg im Vergleich zur erfolgsneutralen Beibehaltung entsprechend niedriger und die Konzernrücklagen entsprechend höher ausgewiesen werden (vgl. zu den bilanzpolitischen Auswirkungen der beiden skizzierten Methoden KÜTING, K, 2000a, S. 103ff.). Gegen eine Beibehaltung der erfolgsneutralen Verrechnung des Geschäfts- oder Firmenwerts sprechen nachfolgende Gründe:

(1) Eine Beibehaltung der Verrechnung mit den Konzernrücklagen widerspricht der Erfolgskonzeption der Erwerbsmethode. Ihr folgend, stellt ein Geschäfts- oder Firmenwert als Bestandteil der Anschaffungskosten nach den Grundsätzen der Pagatorik Aufwand dar und ist infolgedessen erfolgsmindernd zu berücksichtigen. Geschieht dies nicht – analog zum Einzelabschluß – durch eine sofortige Aufwandsverrechnung im Jahr des Erwerbs oder in Folgeperioden durch erfolgswirksame Abschreibungen, so hat dies zur Konsequenz, daß vor der Endkonsolidierung die erfolgsneutrale Verrechnung rückgängig zu machen ist und der so »wiederauflebende« Geschäfts- oder Firmenwert im Rahmen der Endkonsolidierung aufwandswirksam behandelt werden muß. Mit anderen Worten: Der Erfolgskonzeption entsprechend müssen die gesamten Anschaffungskosten einer Beteiligung spätestens mit deren Abgang aufwandswirksam werden.

(2) Die Beibehaltung der Rücklagenkürzung verstößt eindeutig gegen das Kongruenzprinzip. Dieser allgemeingültige, gesetzlich nicht kodifizierte Grundsatz ordnungsmäßiger Buchführung, der für die Konsolidierung gleichermaßen Gültigkeit hat, besagt, daß die Summe der einzelnen Periodenerfolge gleich dem Totalerfolg während der gesamten Existenz des Unternehmens sein muß. Wird der Geschäfts- oder Firmenwert im Zuge der Endkonsolidierung nicht erfolgsmindernd berücksichtigt, ist die Durchbrechung des Kongruenzprinzips »endgültig« (BUSSE VON COLBE, W. 1992, S. 129), da in Höhe des erfolgsneutral verrechneten Geschäfts- oder Firmenwerts unzutreffenderweise ein Ertrag ausgewiesen wird. Es ist jedoch nicht einsichtig, daß durch eine rein konsolidierungstechnische Maßnahme Buchgewinne entstehen können, die in Extremsituationen die Ertragslage des Konzerns völlig verzerrt oder sogar verfälscht darstellen.

Gründe für eine Beibehaltung der Rücklagenverrechnung

Demgegenüber werden im Schrifttum indes auch Argumente für eine Beibehaltung der erfolgsneutralen Verrechnung des Geschäfts- oder Firmenwerts gegen die Rücklagen vorgetragen:

(1) Eine einmal vorgenommene Erstkonsolidierung und sich daran anschließende Folgekonsolidierungen – so wird argumentiert – müssen beibehalten werden, da einer Korrektur die Sondervorschrift des § 309 Abs. 1 Satz 3 HGB entgegenstehe. »Der Forderung nach einer Pflicht zur Einbeziehung sämtlicher vormals erfolgsneutral verrechneter Geschäfts- oder Firmenwerte ist … entgegen zu halten, daß für eine Stornierung der Verrechnung des Geschäfts- oder Firmenwerts gegen die Rücklagen, also quasi

eine Rücklagendotierung anläßlich des Abgangs, kein Raum ist. Eine solche Stornierung der früheren Buchung, noch dazu mit der Gegenbuchung im Aufwand der Konzern-GuV, wäre ein völliges Novum, für das auch wegen der Regelung in § 309 (HGB, d. Verf.) keine Notwendigkeit besteht« (DUSEMOND, M./WEBER, C.-P./ZÜNDORF, H., in: KÜTING/WEBER 1998, § 301 HGB, Rn. 371; vgl. auch OSER, P. 1995, S. 272f.).

(2) Für eine nachträgliche Abschreibung eines im Zuge der Erstkonsolidierung offen mit den Rücklagen verrechneten Geschäfts- oder Firmenwerts bestehe keine Notwendigkeit, weil allein entscheidend der richtige Ausweis des Konzerneigenkapitals insgesamt sei. »Die nicht ergebniswirksame Verrechnung eines Teils der Anschaffungskosten einer Beteiligung während der Konzernzugehörigkeit ist eine zwangsläufige Folge der vom Gesetzgeber getroffenen Regelungen« (ELKART, W./HUNDT, K.-H./MÜLLER, K. 1991, S. 70).

Vorgehensweise in Abhängigkeit von der Dauer der Konzernzugehörigkeit

Um allen genannten Aspekten in ausreichendem Maße Rechnung zu tragen, wird ferner vorgeschlagen, die Behandlung eines in Vorjahren erfolgsneutral verrechneten Geschäfts- oder Firmenwerts im Rahmen der Endkonsolidierung von der Dauer der Konzernzugehörigkeit des betreffenden Unternehmens abhängig zu machen (vgl. hierzu ZIELKE, W. 1995, S. 841f.). Wäre demnach ein erfolgsneutral verrechneter Geschäfts- oder Firmenwert unter normalen Umständen im Zeitpunkt der Endkonsolidierung bereits vollständig abgeschrieben, so ist es nicht sinnvoll, den Geschäfts- oder Firmenwert im Zuge der Endkonsolidierung aufwandswirksam werden zu lassen. Eine Stornierung der Verrechnung würde zwar dem Erfolgskonzept der Erwerbsmethode und dem Kongruenzprinzip genügen, der Informationswert dieser Vorgehensweise ist jedoch äußerst fraglich, da dann nicht nur die Ertragslage in den Perioden der fehlenden Abschreibung des Geschäfts- oder Firmenwerts, sondern darüber hinaus auch noch die Ertragslage im Jahr der Endkonsolidierung verfälscht dargestellt wird. Infolgedessen ist in diesem Fall die Beibehaltung der Verrechnung im Endkonsolidierungszeitpunkt aufgrund der zutreffenderen Darstellung der Vermögens-, Finanz- und speziell der Ertragslage zu befürworten. Dagegen hat eine aufwandswirksame Verrechnung in Höhe des »fiktiven« Restbuchwerts zu erfolgen, wenn der Geschäfts- oder Firmenwert beim Ausscheiden des betreffenden Unternehmens noch nicht vollständig abgeschrieben wäre, um wenigstens im Zeitpunkt der Endkonsolidierung die Ertragslage zutreffend darzustellen. Unabhängig von der gewählten Vorgehensweise empfiehlt es sich jedoch, im Jahr der Endkonsolidierung die Behandlung eines vormals erfolgsneutral verrechneten Geschäfts- oder Firmenwerts durch entsprechende Anhangangaben ausführlich zu dokumentieren und so dem Informationszweck des Konzernabschlusses hinreichend Rechnung zu tragen.

1. Übersteigt die Summe der aufgedeckten stillen Rücklagen den aus der Kapitalkonsolidierung resultierenden Unterschiedsbetrag, erhöht um die aufgedeckten stillen Lasten, dann dürfen die stillen Rücklagen nur bis zur Höhe dieses Unterschiedsbetrags und zwar mit Hilfe eines Zuordnungsverfahrens aufgelöst werden, da ansonsten gegen das Anschaffungskostenprinzip verstoßen wird.

   Aus einem ursprünglich aktivischen Unterschiedsbetrag darf durch die Aufdeckung von stillen Rücklagen/Lasten kein passivischer Unterschiedsbetrag werden.

2. Sind im Zuge der Konsolidierung sowohl stille Rücklagen als auch stille Lasten aufzudecken, dann sollten die stillen Lasten aus Vorsichtsgründen vor den stillen Rücklagen zugeordnet werden.

3. Im Einzelabschluß eines einbezogenen Unternehmens nach dem Zeitpunkt der Erstkonsolidierung vorgenommene Abschreibungen auf den Beteiligungsansatz für Anteile an einem anderen einbezogenen Unternehmen sind für Zwecke der Konsolidierung rückgängig zu machen.

4. Eine Endkonsolidierung ist grundsätzlich immer dann vorzunehmen, wenn durch Anteilsveräußerung oder infolge anderer Umstände bzgl. der Einbeziehung (Vollkonsolidierung, Quotenkonsolidierung, Bewertung »at equity«) eines Tochterunternehmens, eines Gemeinschaftsunternehmens oder eines assoziierten Unternehmens in den Konzernabschluß gegenüber dem Vorjahr eine Änderung eingetreten ist. Obwohl gesetzlich nicht geregelt, ergibt sich die Pflicht zur Durchführung einer Endkonsolidierung einerseits aus der Einheitstheorie und andererseits aus dem Grundsatz der Bilanzidentität. Besondere Probleme im Rahmen der Endkonsolidierung bereitet die Behandlung von vormals erfolgsneutral verrechneten Geschäfts- oder Firmenwerten.

1.3 Kapitalkonsolidierung im mehrstufigen Konzern

1.3.1 Grundlagen

Fehlende gesetzliche Bestimmungen

Das HGB sieht keine besonderen Regelungen für die Kapitalkonsolidierung in mehrstufigen Konzernen vor, sondern die nach ihrer Konzeption für einstufige Konzerne geschaffenen Vorschriften sind entsprechend auf die sich bei mehrstufigen Konzernen stellenden Fragen anzuwenden. Ein mehrstufiger Konzern ist dann gegeben, wenn hinter einem Mutter-Tochter-Verhältnis noch zumindest eine weitere Konzernstufe nachgeschaltet ist.

Dabei ergeben sich in mehrstufigen Konzernen im Vergleich mit einstufigen Konzernen insbes. dann zusätzliche Probleme, wenn am Kapital einbezogener Tochterunternehmen andere Gesellschafter beteiligt sind. So ist z.B. die Frage zu beantworten, wie die für die Kapitalkonsolidierung relevanten Beteiligungsquoten zu ermitteln sind.

Zur Kapitalkonsolidierung im mehrstufigen Konzern gibt es mehrere, schon zum alten Recht entwickelte Verfahren. Hinsichtlich der Vorgehensweise wird dabei zwischen der Kettenkonsolidierung und der Simultankonsolidierung unterschieden, wobei sich innerhalb der Simultankonsolidierung wiederum das Gleichungs- und Matrizenrechnungsverfahren unterscheiden lassen. Diese Vorgehensweisen sind dann jeweils in Kombination mit der Buchwert- oder der Neubewertungsmethode anwendbar.

Es ist davon auszugehen, daß, unabhängig davon welches Verfahren zur Kapitalkonsolidierung im mehrstufigen Konzern zur Anwendung gelangt, alle Verfahren grundsätzlich die gleichen Ergebnisse liefern.

1.3.2 Kettenkonsolidierung

Erstellung von Teilkonzern-abschlüssen

Bei der Kettenkonsolidierung werden die einzelnen Konzernunternehmen nacheinander, schrittweise entsprechend der Konzernhierarchie beginnend mit dem Unternehmen, das am weitesten vom Mutterunternehmen entfernt ist, konsolidiert. Das jeweils unmittelbar übergeordnete Konzernunternehmen erstellt mit dem jeweils ihm unmittelbar nachgeordneten Konzernunternehmen einen Teilkonzernabschluß. Dieser Zwischenabschluß wird wiederum vom nächsthöheren Konzernunternehmen konsolidiert.

1.3.3 Simultankonsolidierung

Bei der Simultankonsolidierung wird auf die Erstellung von Teilkonzernabschlüssen verzichtet. Die Kapitalkonsolidierung wird vielmehr in einem einzigen Konsolidierungsvorgang im Anschluß an die Erstellung des Summenabschlusses aller einzubeziehenden Unternehmen durchgeführt. Für die erforderlichen Berechnungen des Anteils am Eigenkapital der Tochterunternehmen, der dem Mutterunternehmen bzw. den anderen Gesellschaftern zugerechnet wird, eignet sich besonders die Matrizenrechnung, bei einfacheren Konzernstrukturen kann auch auf die von FORSTER/HAVERMANN (K.-H./H. 1969, S. 4) entwickelten Gleichungen zurückgegriffen werden, die aber den gegenüber dem AktG 1965 geänderten Regelungen anzupassen sind.

1.3.3.1 Gleichungsverfahren

Die ursprünglich für die Kapitalkonsolidierung nach dem AktG 1965 von FORSTER/HAVERMANN entwickelten Gleichungen können für das geltende Recht nicht unverändert übernommen werden, da danach ein in Vorstufen entstehender Unterschiedsbetrag aus der Verrechnung gem. § 301 Abs. 1 Satz 1 HGB sowie der nach dem AktG 1965 entstehende Konsolidierungsausgleichsposten auf der nächsthöheren Konsolidierungsstufe auf den Konzern und die anderen

Gesellschafter aufgeteilt würde. Dies ist nach geltendem Recht unzulässig (vgl. Gliederungspunkt 1.3.4.1.1.1; a. A. offenbar ADLER/DÜRING/SCHMALTZ 1995, § 301 HGB, Rn. 224ff.; FASS, J. 1989, S. 1164ff.).

Auch ist zu beachten, daß die von FORSTER/HAVERMANN entwickelten Gleichungen von einer additiv ermittelten Beteiligungsquote ausgehen, die die tatsächliche Beteiligung der anderen Gesellschafter am Konzern im Konzernabschluß unzutreffend widerspiegelt. Ausgehend von einer multiplikativ ermittelten Beteiligungsquote sind demnach die von FORSTER/HAVERMANN entwickelten Gleichungen für einen zweistufigen Konzern wie folgt zu modifizieren:

Ermittlung des Unterschiedsbetrags

(1) Ermittlung des Unterschiedsbetrags aus der Verrechnung nach § 301 Abs. 1 Satz 1 HGB:

  Ansatz der Beteiligung von A an B bei A
– prozentuale Beteiligung von A an B × Kapital von B
+ prozentuale Beteiligung von A an B × Ansatz der Beteiligung von B an C bei B
– prozentuale Beteiligung von A an B × prozentuale Beteiligung von B an C × Kapital von C

= Gesamter Unterschiedsbetrag aus der Verrechnung nach § 301 Abs. 1 Satz 1 HGB.

Unterschiedsbetrag als reine Saldogröße

Dieser Unterschiedsbetrag stellt den Saldo aus allen Unterschiedsbeträgen der einzelnen Konsolidierungsstufen dar, so daß verfahrensbedingt die Höhe eines einzelnen Unterschiedsbetrags nicht mehr ersichtlich ist. Dies bedeutet, daß es aufgrund nachfolgender Sachverhalte (vgl. Gliederungspunkt 1.3.4.1.1.1.1 und 1.3.4.1.1.1.2) zweifelhaft sein muß, ob die Kapitalkonsolidierung auf der Grundlage des Gleichungsverfahrens nach geltendem Recht überhaupt noch Anwendung finden darf.

Bei Anwendung der Buchwertmethode wird der Unterschiedsbetrag aus der Kapitalkonsolidierung auf der Grundlage des, in der nach den §§ 300 und 308 HGB berichtigten HB II, ausgewiesenen Kapitals ermittelt. Daraus ergibt sich, daß in dem Unterschiedsbetrag bei Anwendung der Buchwertmethode auch noch die anteiligen stillen Rücklagen/Lasten des konsolidierten Tochterunternehmens enthalten sind. Da nun aber bei Anwendung des Gleichungsverfahrens nur der Saldo aus allen Unterschiedsbeträgen der einzelnen Konsolidierungsstufen bekannt ist, ist es für das den Konzernabschluß aufstellende Mutterunternehmen nicht ersichtlich, inwieweit bei den einzelnen konsolidierten Tochterunternehmen stille Rücklagen/Lasten hätten aufgedeckt werden können.

Auch bei Anwendung der Neubewertungsmethode, bei der der Unterschiedsbetrag auf der Grundlage des »neubewerteten« Kapitals ermittelt wird, kann dies zu einem Verstoß gegen die Norm des § 301 Abs. 1 Satz 4 HGB führen.

Denn aus einem ursprünglich aktivischen Unterschiedsbetrag – evtl. erhöht um vorhandene aufdeckbare stille Lasten – darf sowohl bei Anwendung der Buchwertmethode als auch bei Anwendung der Neubewertungsmethode wegen der Geltung der Nominalwertprinzips und des § 301 Abs. 1 Satz 4 HGB durch die Zuordnung vorhandener aufdeckbarer stiller Rücklagen kein passivischer Unterschiedsbetrag werden.

Informationsverluste

Auch fehlen dem Mutterunternehmen, da eine Saldierung aktivischer und passivischer Unterschiedsbeträge verfahrensbedingt nicht mehr zu erkennen ist, die notwendigen Informationen für die Angabe der verrechneten Beträge im Anhang (vgl. § 301 Abs. 3 Satz 3 HGB).

Ausgleichsposten für Anteile anderer Gesellschafter

(2) Ermittlung des Ausgleichspostens für die Anteile der anderen Gesellschafter nach § 307 Abs. 1 HGB:

prozentuale Beteiligung der anderen Gesellschafter an B × Kapital von B
\+ [prozentuale (indirekte) Beteiligung der anderen Gesellschafter von B an C + prozentuale (direkte) Beteiligung der anderen Gesellschafter an C] × Kapital von C
– prozentuale Beteiligung der anderen Gesellschafter an B × Ansatz der Beteiligung von B an C bei B
= Ausgleichsposten für die Anteile der anderen Gesellschafter nach § 307 Abs. 1 HGB.

Dabei erfolgt die Ermittlung des Ausgleichspostens hier ebenso wie im einstufigen Konzern mit den Beträgen des Eigenkapitals zu dem jeweiligen Konzernbilanzstichtag.

1.3.3.2 Matrizenrechnung

Multiplikative Ermittlung der Beteiligungsquote

Die Simultankonsolidierung mittels Matrizenrechnung bietet Vorteile gegenüber den anderen Verfahren, insbes. weil mit ihr »alle denkbaren Verflechtungsformen« konsolidiert werden können, sie »auch bei gegenseitigen Beteiligungen genaue Ergebnisse« ermöglicht und damit »das Rechenverfahren« schematisiert »und so für Rechenmaschinen programmierbar« macht (Busse von Colbe, W./Ordelheide, D. 1993, S. 284f.; vgl. zur Vorgehensweise im Rahmen der Matrizenrechnung Haase, K. D. 1969). Der Matrizenrechnung ist die multiplikative Ermittlung der Beteiligungsquote systemimmanent.

1.3.4 Besondere Problembereiche

1.3.4.1 Ermittlung des Eigenkapitals

1.3.4.1.1 Buchwertmethode

1.3.4.1.1.1 Behandlung der aus der Kapitalkonsolidierung resultierenden Unterschiedsbeträge aus Vorstufen

Fraglich ist bei Anwendung der Buchwertmethode, wie sich Unterschiedsbeträge aus der Verrechnung gem. § 301 Abs. 1 Satz 1 HGB vor Aufdeckung der stillen Rücklagen/Lasten oder evtl. nach der Aufdeckung verbleibende Unterschiedsbeträge i. S. d. § 301 Abs. 3 HGB aus nachgeordneten Stufen auf übergeordnete Stufen im Konzernabschluß auswirken.

1.3.4.1.1.1.1 Aufzudeckende stille Rücklagen/Lasten

§ 301 Abs. 1 Satz 3 HGB verlangt grundsätzlich die Aufdeckung der stillen Rücklagen/Lasten für jedes einzelne einzubeziehende Tochterunternehmen, so daß auch die Zuordnung stiller Rücklagen/Lasten auf jeder Konzernstufe vorzunehmen ist.

Gefahr eines Verstoßes gegen das Nominalwertprinzip

Wird dagegen die Aufdeckung der stillen Rücklagen/Lasten nicht auf jeder Konsolidierungsstufe, sondern nur auf der obersten Konsolidierungsebene vorgenommen (vgl. ADLER/DÜRING/SCHMALTZ 1995, § 301 HGB, Rn. 224, die diese Vorgehensweise als zulässig erachten), dann besteht auf einer untergeordneten Konsolidierungsstufe die Gefahr eines Verstoßes gegen das Nominalwertprinzip; denn auf jeder Konsolidierungsstufe gilt die Konsolidierungsregel, daß aus einem ursprünglich aktivischen Unterschiedsbetrag durch die Aufdeckung von stillen Rücklagen/Lasten kein passivischer Unterschiedsbetrag werden darf.

Die Aufdeckung der stillen Rücklagen/Lasten ist auf jeder Konsolidierungsstufe vorzunehmen (vgl. FÖRSCHLE, G./HOFFMANN, K., in: Beck Bil-Komm. 1999, § 301 HGB, Rn. 276; DUSEMOND, M./WEBER, C.-P./ZÜNDORF, H., in: KÜTING/WEBER 1998, § 301 HGB, Rn. 250).

1.3.4.1.1.1.2 Verbleibende Unterschiedsbeträge i. S. v. § 301 Abs. 3 HGB

Die Unterschiedsbeträge i. S. v. § 301 Abs. 3 HGB stellen besondere Aktiv- bzw. Passivposten in der Konzernbilanz – auch in Teilkonzernbilanzen – dar, die nicht in das konsolidierungspflichtige Eigenkapital einbezogen werden dürfen (a. A. ORDELHEIDE, D., in: Beck'sches Handbuch der Rechnungslegung 1999 b, C 401, Rn. 43; WP-HANDBUCH 2000, Bd. I, S. 1027; ADLER/DÜRING/SCHMALTZ 1995, § 301 HGB, Rn. 226ff.; FASS, J. 1989, S. 1164). Wurde der Unterschiedsbetrag gem. § 309 Abs. 1 Satz 3 HGB gegen die Rücklagen verrechnet oder als passivischer Betrag in die Rücklagen eingestellt, kürzt bzw. erhöht er allerdings das konsolidierungspflichtige Eigenkapital. »Für Zwecke der Konsolidierug (sollte, d. Verf.) eine derartige Verrechnung rückgängig gemacht und auf Konzernebene nachgeholt werden« (DUSEMOND, M./WEBER, C.-P./ZÜNDORF, H., in: KÜTING/WEBER 1998, § 301 HGB, Rn. 255).

Auch ein passivischer Unterschiedsbetrag sollte i. d. R. als außerhalb des Eigenkapitals stehender Posten unverändert in die nächsthöhere Konsolidierungsstufe übernommen werden. Nur in Ausnahmefällen kommt die Behandlung als Eigenkapitalposten mit der daraus folgenden Aufteilung auf das dem Mutterunternehmen zuzurechnende und das auf die Anteile der anderen Gesellschafter der Zwischenholding entfallende Eigenkapital in Betracht.

Nur diese Vorgehensweise verhindert auch die Saldierung aktivischer und passivischer Unterschiedsbeträge bereits bei der Durchführung der Kapitalkonsolidierung, die mit den §§ 301 Abs. 3 und 309 HGB unvereinbar wäre.

1.3.4.1.1.2 Behandlung der Ausgleichsposten für die Anteile anderer Gesellschafter aus Vorstufen

Nach § 307 Abs. 1 Satz 1 HGB ist ein Ausgleichsposten für die Anteile anderer Gesellschafter »unter entsprechender Bezeichnung innerhalb des Eigenkapitals gesondert auszuweisen«. Dieser Ausweis entspricht der Einheitstheorie, da nach dieser auch die anderen Gesellschafter als Eigenkapitalgeber des Konzerns angesehen werden.

Fraglich ist nun, ob auch bei der Ermittlung des konsolidierungspflichtigen Eigenkapitals auf einer untergeordneten Konzernstufe ein aus einer Vorstufe resultierender Ausgleichsposten für die Anteile anderer Gesellschafter als Aufrechnungskomponente anzusehen ist. Entgegen der wörtlichen Auslegung des § 307 Abs. 1 Satz 1 HGB und entgegen der Einheitstheorie (vgl. § 297 Abs. 3 Satz 1 HGB) ist ein Ausgleichsposten für die Anteile anderer Gesellschafter bei der Kapitalkonsolidierung auf einer nächsthöheren Konzernstufe nicht gegen den Beteiligungsbuchwert aufzurechnen (vgl. Förschle, G./Hoffmann, K., in: Beck Bil-Komm. 1999, § 301 HGB, Rn. 275; Dusemond, M./Weber, C.-P./Zündorf, H., in: Küting/Weber 1998, § 301 HGB, Rn. 257; Adler/Düring/Schmaltz 1995, § 301 HGB, Rn. 228ff.).

Der Ausgleichsposten für die Anteile anderer Gesellschafter »ist unverändert durch die Konsolidierungsstufen bis zur höchsten Stufe fortzuführen« (Dusemond, M./Weber, C.-P./Zündorf, H., in: Küting/Weber 1998, § 301 HGB, Rn. 257), da ansonsten der Ausgleichsposten für die Anteile anderer Gesellschafter zu niedrig ausgewiesen werden würde und somit ein Verstoß gegen die Generalnorm (vgl. § 297 Abs. 2 Satz 2 HGB), wonach der Konzernabschluß ein den tatsächlichen Verhältnissen entsprechendes Bild der Vermögens-, Finanz- und Ertragslage des Konzerns zu vermitteln hat, vorliegen würde.

Beispiel:

Gegeben sei folgende Konzernstruktur:

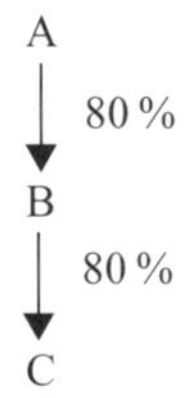

Unterstellt man auf der Teilkonzernebene B/C einen Ausgleichsposten für die Anteile anderer Gesellschafter in Höhe von 100, dann wäre, bei einer der wörtlichen Auslegung entsprechenden Vorgehensweise, dieser Ausgleichsposten für die Anteile anderer Gesellschafter bei der Kapitalkonsolidierung des Teilkonzernabschlusses B/C auf A in Höhe von 80 als Eigenkapitalanteil mit dem Beteiligungsbuchwert aufzurechnen und in Höhe von 20 dem auf der Konzernebene A entstehenden Ausgleichsposten für die Anteile anderer Gesellschafter zuzuordnen. Der Ausgleichsposten für die Anteile anderer Gesellschafter würde zu niedrig ausgewiesen.

Dieser Sachverhalt wird noch deutlicher, falls das Konzernunternehmen A ein 100%iges Tochterunternehmen des Mutterunternehmens M ist:

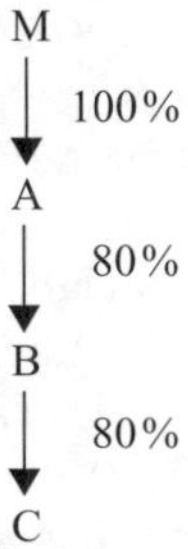

In diesem Fall wäre bei der Kapitalkonsolidierung des Teilkonzernabschlusses A/B/C auf M der auf der Konzernebene A/B/C vorhandene Ausgleichsposten für die Anteile anderer Gesellschafter in voller Höhe als Eigenkapitalanteil mit dem Beteiligungsbuchwert aufzurechnen, so daß im Konzernabschluß der M kein Ausgleichsposten für die Anteile anderer Gesellschafter zum Ausweis käme. Hierdurch würde der Eindruck erweckt werden, daß im M-Konzern – entgegen den tatsächlichen Gegebenheiten – andere Gesellschafter nicht vorhanden wären.

1.3.4.1.2 Neubewertungsmethode

Die zur Buchwertmethode dargestellten Überlegungen können ohne weiteres auch auf die Neubewertungsmethode übertragen werden. Allerdings wird im Rahmen der Neubewertungsmethode der Unterschiedsbetrag aus der Verrechnung gem. § 301 Abs. 1 Satz 1 HGB nach dem neubewerteten Eigenkapital des Tochterunternehmens ermittelt. Der Unterschiedsbetrag entspricht somit i. d. R. dem Geschäfts- oder Firmenwert bzw. dem passivischen Unterschiedsbetrag bei der Buchwertmethode, denn die stillen Rücklagen/Lasten wurden bereits zuvor in der sog. HB III zugeordnet.

1.3.4.2 Ermittlung der Beteiligungsquote

Fraglich ist, ob die für die Kapitalkonsolidierung maßgebliche Beteiligungsquote additiv, wie für die Ermittlung der in den Konzernabschluß einzubeziehenden Tochterunternehmen gem. § 290 HGB, oder multiplikativ zu ermitteln ist (vgl. hierzu ausführlich Küting, K./Weber C.-P./Dusemond, M. 1991, S. 1085ff.; Göth, P. 1997, S. 454ff.; sowie auch Küting, K./Göth, P. 1997, S. 305ff.). Dahinter verbirgt sich die Frage, ob bei der Berechnung des Ausgleichspostens für die Anteile anderer Gesellschafter auch die indirekten Anteile der anderen Gesellschafter zu berücksichtigen sind (multiplikativ) oder nicht (additiv).

Die Beantwortung dieser Frage hat auch Auswirkungen auf die Höhe der bei der Buchwertmethode aufzudeckenden stillen Rücklagen/Lasten und auf die nach § 301 Abs. 3 HGB verbleibenden Unterschiedsbeträge (vgl. DUSEMOND, M./WEBER, C.-P./ZÜNDORF, H., in: KÜTING/WEBER 1998, § 301 HGB, Rn. 260).

Eine Konzernbilanz, die die mittelbaren Beteiligungen der anderen Gesellschafter nicht zum Ausdruck bringt, »stellt die Beteiligungen der verschiedenen Gruppen von Anteilseignern am Vermögen und Erfolg des Konzerns unzutreffend dar« (FORSTER, K.-H./HAVERMANN, H. 1969, S. 3). Schon in der Literatur zum AktG 1965 wurde dementsprechend überwiegend die Auffassung vertreten, daß bei der Kapitalkonsolidierung die indirekten Anteile der anderen Gesellschafter berücksichtigt werden müssen, denn eine Nichtberücksichtigung »führt zu einer falschen Darstellung der Vermögens- und Ertragslage des Konzerns und ist daher abzulehnen« (ADLER/DÜRING/SCHMALTZ 1972, § 331 AktG, Rn. 106 m.w.N.). Da es nun nicht einsichtig wäre, wenn bei der Kapitalkonsolidierung nach § 301 HGB die indirekten Anteile der anderen Gesellschafter keine Berücksichtigung fänden, sind auch nach geltendem Recht – und zwar im Einklang mit der Einheitstheorie (vgl. § 297 Abs. 3 Satz 1 HGB) – bei der Kapitalkonsolidierung die indirekten Anteile der anderen Gesellschafter zu berücksichtigen (vgl. ADLER/DÜRING/SCHMALTZ 1995, § 301 HGB, Rn. 228ff.; FÖRSCHLE, G./HOFFMANN, K., in: Beck Bil-Komm. 1999, § 301 HGB, Rn. 276 und im Ergebnis auch WP-HANDBUCH 1996, Bd. I, S. 941).

Auch nach § 307 Abs. 1 Satz 1 HGB, wonach für nicht dem Mutterunternehmen gehörende Anteile ein Ausgleichsposten auszuweisen ist, sind die indirekten Anteile der anderen Gesellschafter bei der Bildung des Ausgleichspostens für die Anteile der anderen Gesellschafter zu berücksichtigen, denn unzweifelhaft gehören die indirekten Anteile der anderen Gesellschafter nicht dem Mutterunternehmen.

Nur die multiplikative Ermittlung der Beteiligungsquote stellt die aus Konzernsicht gegebenen Verhältnisse zutreffend dar. Die nach der hier vertretenen Auffassung theoretisch richtige Vorgehensweise (vgl. KÜTING, K./WEBER, C.-P./DUSEMOND, M. 1991, S. 1087ff.) soll anhand des nachfolgenden, stark vereinfachten, Beispiels im Rahmen der Kettenkonsolidierung auf der Grundlage der Buchwertmethode dargestellt werden.

Beispiel:

Es liegt ein zweistufiger Konzern M-T-E vor. Die Beteiligungsquote von M an T beträgt 70%, die von T an E dagegen nur 60%. E weist ein Eigenkapital von 100 lt. HB II bei stillen Rücklagen von ebenfalls 100 im Zeitpunkt der Erstkonsolidierung aus. T hatte Anschaffungskosten für die Beteiligung an E von 130. Außerdem weist T ein Eigenkapital lt. HB II von 300 bei stillen Rücklagen von 150 im Zeitpunkt der Erstkonsolidierung aus. M hatte Anschaffungskosten für die Beteiligung an T von 350.

M
↓ 70%
T ← 30% andere Gesellschafter
↓ 60%
E ← 40% andere Gesellschafter

Buchwertmethode

(1) Teilkonzernabschluß T/E

(a) Aufrechnung des »anteiligen« Beteiligungsbuchwerts mit dem anteiligen Eigenkapital

Eigenkapital [0,42 × 100]	42	Beteiligungsbuchwert [0,7 × 130]	91
Unterschiedsbetrag	49		

(b) Zuordnung des Unterschiedsbetrags

stille Rücklagen [0,42 × 100]	42	Unterschiedsbetrag	49
Geschäfts- oder Firmenwert	7		

(c) Ermittlung des Ausgleichspostens für die Anteile anderer Gesellschafter (AfAaG)

Eigenkapital [0,58 × 100]	58	AfAaG	58
AfAaG	39	Beteiligungsbuchwert [130 – 91]	39

(2) Konzernabschluß M

(a) Aufrechnung des Beteiligungsbuchwerts mit dem anteiligen Eigenkapital

Eigenkapital [0,7 × 300]	210	Beteiligungsbuchwert	350
Unterschiedsbetrag	140		

(b) Zuordnung des Unterschiedsbetrags

stille Rücklagen [0,7 × 150]	105	Unterschiedsbetrag	140
Geschäfts- oder Firmenwert	35		

(c) Ermittlung des Ausgleichspostens für die Anteile anderer Gesellschafter (AfAaG)

Eigenkapital [0,3 × 300]	90	AfAaG	90

Bei dieser Vorgehensweise wird der Tatsache Rechnung getragen, daß die auf einer übergeordneten Konzernstufe vorhandenen anderen Gesellschafter nicht nur an dem Eigenkapital der untergeordneten Konzernstufe indirekt beteiligt sind, sondern daß diesen anderen Gesellschaftern auch ein der Beteiligungshöhe entsprechender Anteil am Beteiligungsbuchwert, der von der übergeordneten Konzernstufe an der untergeordneten Konzernstufe gehalten wird, zusteht.

Auf das hier zugrundeliegende Beispiel bezogen bedeutet dies, daß bei der Kapitalkonsolidierung von E auf T nicht der Beteiligungsbuchwert in Höhe von 130 gegen das anteilige Eigenkapital in Höhe von 42 [= 0,42 × 100] aufgerechnet wird, sondern nur der auf den Konzern entfallende Beteiligungsbuchwert in Höhe von 91.

Denn der Beteiligungsbuchwert in Höhe von 130 wurde für 60% der Anteile an E gezahlt und nicht für 42%. Demnach ist den anderen Gesellschaftern von T von dem Beteiligungsbuchwert, der von T an E gehalten wird, ein der Höhe ihrer Beteiligung entsprechender 30%iger Anteil zuzurechnen.

Den Ausgleichsposten für die Anteile der anderen Gesellschafter in Höhe von 19 erhält man, wenn der auf die anderen Gesellschafter entfallende Teil des Beteiligungsbuchwerts mit dem Ausgleichsposten für die Anteile der anderen Gesellschafter verrechnet wird (vgl. Buchungssatz (1) (c)). Diese Verrechnung stellt sicher, daß die indirekten Ansprüche der anderen Gesellschafter nicht doppelt erfaßt werden (vgl. Haase, D. 1969, S. 447ff., aber insbes. S. 449f., der diese Problematik anhand eines Beispiels plausibel macht und leicht verständlich darstellt). Denn wird der Beteiligungsbuchwert (39), der auf die anderen Gesellschafter entfällt, unter entsprechender Bezeichnung im Konzernabschluß der M ausgewiesen, dann spiegelt sowohl dieser Beteiligungsbuchwert als auch der Ausgleichsposten für die Anteile der anderen Gesellschafter die gleichen Rechte am Vermögen und Kapital des Konzerns wider.

Aus betriebswirtschaftlicher Sicht unbefriedigende Ergebnisse würde man auch dann erhalten, wenn man den ursprünglichen Beteiligungsbuchwert in Höhe von 130 gegen das anteilige, multiplikativ ermittelte Eigenkapital aufrechnete und sonst keine Korrekturen vornähme, weil dann der Geschäfts- oder Firmenwert um 39 zunähme, obwohl die durch den Geschäfts- oder Firmenwert repräsentierten immateriellen Vermögensgegenstände keine Änderung erfahren haben.

Neubewertungsmethode

Bei Anwendung der Neubewertungsmethode ist – ausgehend von den obigen Daten – wie folgt vorzugehen:

(1) Teilkonzernabschluß T/E

(a) Aufrechnung des »anteiligen« Beteiligungsbuchwerts mit dem anteiligen »neubewerteten« Eigenkapital

Eigenkapital [0,42 × 200]	84	Beteiligungsbuchwert [0,7 × 130]	91
Geschäfts- oder Firmenwert	7		

(b) Ermittlung des Ausgleichspostens für die Anteile anderer Gesellschafter (AfAaG)

Eigenkapital [0,58 × 200]	116	AfAaG	116
AfAaG	39	Beteiligungsbuchwert [0,3 × 130]	39

(2) Konzernabschluß M

(a) Aufrechnung des Beteiligungsbuchwerts mit dem anteiligen »neubewerteten« Eigenkapital

Eigenkapital [0,7 × 450]	315	Beteiligungsbuchwert	350
Geschäfts- oder Firmenwert	35		

(b) Ermittlung des Ausgleichspostens für die Anteile anderer Gesellschafter (AfAaG)

Eigenkapital [0,3 × 450]	135	AfAaG	135

Im Gegensatz zur Buchwertmethode wird bei der Neubewertungsmethode sowohl auf der Ebene des Teilkonzernabschlusses T/E als auch des Konzernabschlusses M der Kapitalkonsolidierung jeweils das neubewertete Eigenkapital der HB III zugrunde gelegt. Während somit im gesamten Konzern bei der Buchwertmethode stille Rücklagen in Höhe von 147 (42 + 105) aufgedeckt und ein Ausgleichsposten für Anteile anderer Gesellschafter in Höhe von 109 (19 + 90) ausgewiesen werden, sind die entsprechenden Posten bei Anwendung der Neubewertungsmethode jeweils um die auf die anderen Gesellschafter entfallenden stillen Rücklagen höher [stille Rücklagen: 250 (100 + 150); Ausgleichsposten für Anteile anderer Gesellschafter: 212 (77 + 135); Differenz zur Buchwertmethode jeweils 103].

1. Das HGB sieht keine besonderen Regelungen für die Kapitalkonsolidierung im mehrstufigen Konzern vor, sondern die nach ihrer Konzeption für einstufige Konzerne geschaffenen Vorschriften sind entsprechend auf die sich bei mehrstufigen Konzernen stellenden Fragen anzuwenden.
2. Die stillen Rücklagen/Lasten sind auf jeder Konsolidierungsstufe aufzudecken.
3. Die Unterschiedsbeträge i.S.d. § 301 Abs. 3 HGB stellen besondere Aktiv- bzw. Passivposten in der Konzernbilanz – auch in Teilkonzernbilanzen – dar, die bei der Kapitalkonsolidierung auf eine nächsthöhere Konzernstufe nicht in das konsolidierungspflichtige Eigenkapital einbezogen werden dürfen.
4. Der Ausgleichsposten für die Anteile anderer Gesellschafter ist bei der Kapitalkonsolidierung auf eine nächsthöhere Konzernstufe kein Bestandteil des konsolidierungspflichtigen Eigenkapitals.
5. Bei der Kapitalkonsolidierung im mehrstufigen Konzern stellt nur die multiplikative Ermittlung der Beteiligungsquote die aus Konzernsicht gegebenen Verhältnisse zutreffend dar.

1.4 Kapitalkonsolidierung bei Interessenzusammenführung

1.4.1 Theoretische Konzeption

Komponenten der »Pooling-of-Interests«-Methode

Die Kapitalkonsolidierung bei Interessenzusammenführung – in der Literatur vielfach auch als Interessenzusammenführungsmethode bezeichnet – hat keine Entsprechung im AktG 1965 und stellt eine für die deutsche Konzernrechnungslegungspraxis neue Methode der Kapitalkonsolidierung dar. Die theoretische Konzeption der Interessenzusammenführungsmethode ist in den USA, wo sie als »Pooling-of-Interests«-Methode bezeichnet wird, entwickelt worden und baut im wesentlichen auf den folgenden Komponenten auf:

(1) Der wirtschaftliche Zweck des Erwerbs der Beteiligung an dem anderen Unternehmen besteht darin, daß die Anteilseigner beider Unternehmen sich entschlossen haben, ihre Vermögensinteressen und ihre bisher getrennten Ressourcen in dem entsprechenden Unternehmensverbund zu »poolen« bzw. zu vereinigen.

(2) Der Erwerb der Anteile des Unternehmens wird in Form eines Anteilstauschs durchgeführt.

(3) Das erwerbende und das erworbene Unternehmen sind in einem konsolidierten Jahresabschluß so zu bilanzieren, als ob sie seit Gründung des erworbenen Unternehmens im Konzern geführt werden.

Der Interessenzusammenführungsmethode liegt somit eine Verschmelzungsfiktion zugrunde, d.h., trotz der weiterhin bestehenden rechtlichen Selbständigkeit der Unternehmen handelt es sich wirtschaftlich um einen der Verschmelzung durch Aufnahme vergleichbaren Vorgang.

1.4.2 Anwendungsvoraussetzungen

Kapitalkonsolidierungswahlrecht

Die Interessenzusammenführungsmethode ist in § 302 HGB als Kapitalkonsolidierungswahlrecht im Rahmen der Vorschriften zur Vollkonsolidierung (vgl. §§ 300 bis 307 HGB) geregelt und stellt immer dann eine Alternative zur Buchwert- bzw. Neubewertungsmethode des § 301 HGB dar, wenn die folgenden in § 302 Abs. 1 HGB aufgeführten Anwendungsvoraussetzungen erfüllt sind (vgl. Übersicht 69).

(1) Mindestanteil

Beteiligungsquote von mindestens 90%

§ 302 HGB geht, wie es § 290 HGB als Voraussetzung für die Vollkonsolidierung bestimmt, von einem Über-/Unterordnungsverhältnis aus und unterscheidet zwischen Mutter- und Tochterunternehmen. Nach § 302 Abs. 1 Nr. 1 HGB müssen dem Mutterunternehmen mindestens 90% des Nennbetrags oder, falls ein Nennbetrag nicht vorhanden ist, des rechnerischen Werts der (Kapital-)Anteile des Tochterunternehmens gehören. Falls das Tochterunternehmen eigene Anteile besitzt, sind diese bei der Berechnung der 90%-Grenze abzusetzen. Als Anteile, die dem Mutterunternehmen gehören, gelten gem. § 290 Abs. 3 Satz 1 HGB auch solche Anteile, die anderen in den Konzernabschluß einbezogenen Unternehmen gehören. Dies bedeutet, daß die Mindestanteilsquote von 90% auch mittels einer indirekten Beteiligung erreicht werden kann.

Im Gesetz findet sich kein Hinweis darauf, daß ausschließlich Kapitalgesellschaften nach der Interessenzusammenführungsmethode Kapitalkonsolidierungen durchführen dürfen. Da die Anwendung der Methode auch bei solchen Unternehmen möglich ist, für deren Anteile sich lediglich ein rechnerischer Wert ermitteln läßt, können auch Personenhandelsgesellschaften nach der Methode des § 302 HGB in einen Konzernabschluß einbezogen werden.

(2) Anteilstausch

Form der Gegenleistung für die erworbenen Anteile

Die Anwendungsvoraussetzung des § 302 Abs. 1 Nr. 2 HGB bildet die Grundlage für die Konzeption der Interessenzusammenführungsmethode und kennzeichnet die Art und Weise, wie die Beteiligung an dem Tochterunternehmen erworben wurde, als Anteilstausch. Dem Beteiligungserwerb muß eine Vereinbarung zugrunde liegen, die als Gegenleistung für die erworbenen Anteile die Hingabe von Anteilen eines in den Konzernabschluß einbezogenen Unternehmens vorsieht. Dies können Anteile des (erwerbenden) Mutterunternehmens sein, das hierfür i. d. R. eine Kapitalerhöhung durchführen muß, falls nicht bereits eigene Anteile vorhanden sind. Es besteht aber auch die Möglichkeit, daß Anteile anderer Konzernunternehmen als Gegenleistung hingegeben werden. Hierbei kann es sich um Anteile handeln, die sich im Besitz des Mutterunternehmens befinden, oder um eigene Anteile des Konzernunternehmens, die, sofern nicht schon vorhanden, im Wege der Kapitalerhöhung beschafft werden müssen. Eine solche Durchführung des Beteiligungserwerbs kann dazu führen, daß zum einen die Beteiligung an dem erworbenen Unternehmen aufgespalten wird und seine Anteile von mehreren in den Konzernabschluß einbezogenen Unternehmen gehalten werden, und daß zum anderen die bisherigen Anteilseigner des veräußerten Unternehmens nicht nur an dem Mutterunternehmen, sondern auch an verschiedenen in den Konzernabschluß einbezogenen Unternehmen beteiligt sind (vgl. ECKES, B./WEBER, C.-P., in: KÜTING/WEBER 1998, § 302 HGB, Rn. 20 ff.).

Einzelheiten des Beteiligungserwerbs

Grundsätzlich ist es eine Frage der Vereinbarung zwischen den Beteiligten, wie die verschiedenen Anteile zu bewerten sind und wie die weiteren Einzelheiten des Beteiligungserwerbs gestaltet werden sollen. I. d. R. werden die Anteilseigner des zu veräußernden Unternehmens einer Vereinbarung nur zustimmen, wenn sie nach vollzogenem Anteilstausch eine im Vergleich zur Ausgangssituation zumindest gleichwertige Rechtsposition innehaben. Da das Gesetz jedoch offenläßt, wie die für den Erwerb der Beteiligung hinzugebenden Anteile ausgestattet und qualitativ beschaffen sein müssen, kann die Vereinbarung vorsehen, daß die Gegenleistung in Form von Anteilen unterschiedlicher Ausstattung (z. B. mit und/oder ohne Stimmrecht) und auch unterschiedlicher wirtschaftlicher Bedeutung im Konzernverbund erbracht wird. Im Gesetz ist ebenfalls nicht geregelt, ob die Abwicklung des Anteilstauschs innerhalb eines bestimmten zeitlichen Rahmens zu erfolgen hat und in einem Schritt oder in mehreren Abschnitten vollzogen werden kann.

(3) Barzahlungsanteil

Bei der Bewertung der zu tauschenden Anteile können sich Schwierigkeiten dahingehend ergeben, daß sich die ermittelten Werte der hinzugebenden und der zu erwerbenden Anteile nicht genau betragsmäßig entsprechen. Zum Ausgleich einer solchen Bewertungsspitze kann nach § 302 Abs. 1 Nr. 3 HGB eine Barzahlung erfolgen, die jedoch 10% des Nennbetrags oder, falls ein Nennbetrag nicht vorhanden ist, des rechnerischen Werts der ausgegebenen, d. h. hinzugebenden, Anteile nicht übersteigen darf.

Übersicht 71: Kapitalkonsolidierungswahlrechte im Rahmen der Vollkonsolidierung

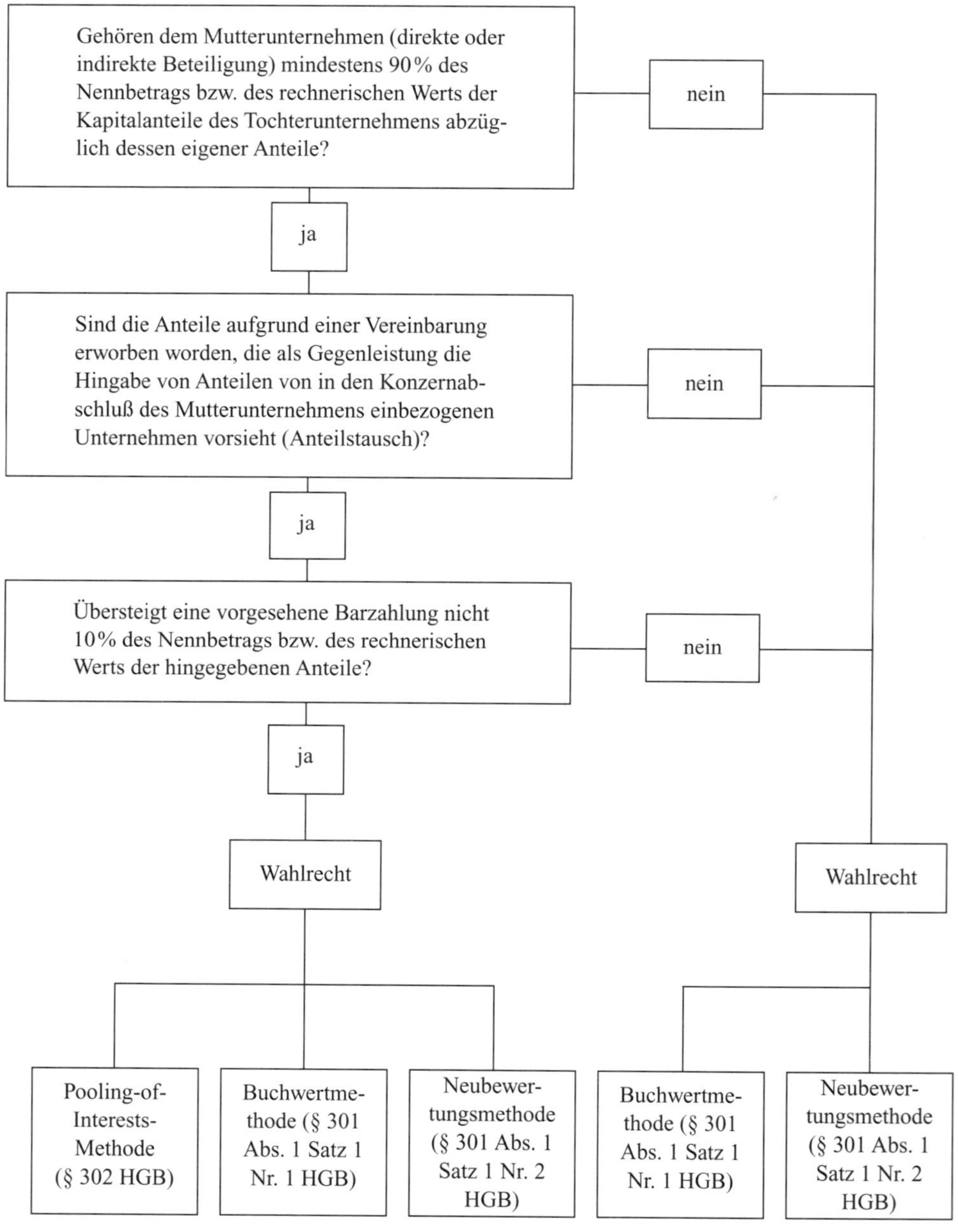

1.4.3 Konsolidierung

Aufrechnung der Anteile gegen das gezeichnete Kapital

Sind die Voraussetzungen des § 302 Abs. 1 Nr. 1 bis 3 HGB erfüllt, ist die Anwendung der im Vergleich zu § 301 HGB wesentlich einfacheren Konsolidierungstechnik der Interessenzusammenführungsmethode erlaubt. Unter Beachtung aller übrigen Konzernrechnungslegungsvorschriften (z.B. Aufstellung einer HB II aufgrund konzerneinheitlicher Bilanzierungs- und Bewertungsmethoden) darf gem. § 302 Abs. 1 HGB die Verrechnung der Anteile des Mutterunternehmens am Tochterunternehmen auf das gezeichnete Kapital des Tochterunternehmens beschränkt werden. Sofern sich aus anderen Konsolidierungsvorgängen keine neuen Werte ergeben, werden die übrigen Eigenkapitalposten (vgl. § 266 Abs. 3 HGB) sowie alle anderen Posten der Bilanz und GuV unverändert zu Buchwerten in die Konzernbilanz bzw. Konzern-GuV übernommen.

Aktivischer Unterschiedsbetrag

Gem. § 302 Abs. 2 HGB ist ein sich aus der Aufrechnung zwischen dem Beteiligungsbuchwert des Mutterunternehmens und dem gezeichneten Kapital des Tochterunternehmens ergebender aktivischer Unterschiedsbetrag mit den Konzernrücklagen zu verrechnen, ein passivischer Unterschiedsbetrag ist den Rücklagen hinzuzurechnen. Der Unterschiedsbetrag wird demnach im Gegensatz zur Handhabung bei der Buchwert- bzw. Neubewertungsmethode gem. § 301 HGB nicht erfolgswirksam aufgelöst, sondern vollständig verrechnet. Die Notwendigkeit zur Auflösung und Zuordnung stiller Rücklagen/Lasten besteht nicht, so daß auch kein in den Folgeperioden abzuschreibender Geschäfts- oder Firmenwert bzw. ein ggf. gem. § 309 Abs. 2 HGB aufzulösender passivischer Unterschiedsbetrag entstehen kann. Somit bleibt die Kapitalkonsolidierung bei Interessenzusammenführung bei der Erst- und den Folgekonsolidierungen stets erfolgsneutral. Der Verrechnungszeitpunkt (vgl. § 301 Abs. 2 Satz 1 HGB) ist ohne Einfluß auf die Konzernbilanz.

Verrechnung mit bzw. Hinzurechnung zu der Kapitalrücklage

Im Gesetz erfolgt jedoch keine Angabe, mit welcher der beiden Rücklagengruppen – Kapitalrücklage oder Gewinnrücklagen – die Verrechnung bzw. die Hinzurechnung eines sich ergebenden Unterschiedsbetrags erfolgen soll. In den Ländern, die die »Pooling-of-Interests«-Methode bereits anwenden (z.B. USA, Großbritannien), wird ein sich ergebender Unterschiedsbetrag grundsätzlich unter Inanspruchnahme der Kapitalrücklage verrechnet bzw. der Kapitalrücklage hinzugerechnet. Dies entspricht dem Grundgedanken und der Zielsetzung der Interessenzusammenführungsmethode, die Erfolgsrechnung des entstehenden Konzerns für die Dauer seines Bestehens von Kapitalkonsolidierungsvorgängen unberührt zu lassen. Die Verminderung oder Erhöhung der aus dem Ergebnis des Geschäftsjahrs oder früherer Geschäftsjahre gebildeten Gewinnrücklagen (vgl. § 272 Abs. 3 HGB) durch einen Unterschiedsbetrag aus der Kapitalkonsolidierung bei Interessenzusammenführung würde einer solchen Zielsetzung nicht entsprechen. Ein passivischer Unterschiedsbetrag stellt demzufolge eine für die Ergebnisbildung des Konzerns nicht verfügbare Rücklage aus der Kapitalkonsolidierung dar, die als Kapitalrücklage zu passivieren ist. Der Betrag wird also wie ein Agio behandelt, das die bisherigen Anteilseigner des Tochterunternehmens über höhere Anschaffungskosten für dessen (Netto-)Aktiva auf die von dem erwerbenden Unternehmen übernommenen Anteile aufgewendet haben. Demgegenüber ist ein aktivischer Unterschiedsbetrag von der Kapitalrücklage abzusetzen, da er als Differenz zwischen dem Beteiligungsbuchwert und dem niedrigeren anteiligen gezeichneten Kapital dem Betrag entspricht, um den die Rücklagen des erworbenen Unternehmens tatsächlich höher ausgewiesen werden, als für das Austauschverhältnis der Anteile berücksichtigt wurde (vgl. ECKES, B./WEBER, C.-P., in: KÜTING/WEBER 1998, § 302 HGB, Rn. 33f.). In der Literatur wird bei eindeutigem Ergebnisbezug von Komponenten des Unterschiedsbetrags die Verrechnung bzw. Hinzurechnung dieser Bestandteile auch mit bzw. zu den Gewinnrücklagen für zulässig gehalten.

Aktivischer Unterschiedsbetrag übersteigt Kapitalrücklage des Konzerns

Aufgrund der Beschränkung des konsolidierungspflichtigen Kapitals auf das gezeichnete Kapital wird in vielen Fällen ein im Vergleich zur Konsolidierung gem. § 301 HGB höherer aktivischer Unterschiedsbetrag entstehen, der die i. d. R. relativ geringe Kapitalrücklage durchaus übersteigen kann. Dann wäre eine vollständige Verrechnung des aktivischen Unterschiedsbetrags mit der Kapitalrücklage nicht mehr möglich. Da das Gesetz jedoch den Ausweis des Unterschiedsbetrags bei Anwendung der Interessenzusammenführungsmethode nicht vorsieht, wird die Konsolidierung nun unter Inanspruchnahme der Gewinnrücklagen in Höhe des die Kapitalrücklage übersteigenden aktivischen Unterschiedsbetrags durchzuführen sein. Für den Fall, daß ein aktivischer Unterschiedsbetrag die gesamten Rücklagen des Konzerns übersteigt, enthält das Gesetz keine Regelung. Möglich wäre ein gesonderter Ausweis in der Konzernbilanz als »(verbleibender) Unterschiedsbetrag aus der Kapitalkonsolidierung bei Interessenzusammenführung«.

Ausgleichsposten für Anteile anderer Gesellschafter

Gem. § 302 Abs. 1 Nr. 1 HGB müssen dem Mutterunternehmen zur Anwendung der Interessenzusammenführungsmethode mindestens 90% der Anteile des Tochterunternehmens gehören, so daß sich bis zu 10% der Anteile im Besitz anderer Gesellschafter befinden können. Die Bemessungsgrundlage des Ausgleichspostens für Anteile anderer Gesellschafter umfaßt den auf sie entfallenden Teil des gesamten bilanziellen Eigenkapitals auf der Basis der Bilanz des Tochterunternehmens, die der Konsolidierung am jeweiligen Stichtag zugrunde gelegt wird. Es ist daher erforderlich, die Verrechnung eines aktivischen Unterschiedsbetrags von den um den Minderheitenanteil an den Rücklagen des Tochterunternehmens gekürzten Konzernrücklagen vorzunehmen. Unter buchungstechnischen Gesichtspunkten sollte die Verbuchung des Ausgleichspostens der Kapitalkonsolidierungsbuchung vorangestellt werden.

Konsolidierungsbuchungen

Aufgrund der Erfolgsneutralität der Kapitalkonsolidierung bei Interessenzusammenführung ergeben sich somit – für Erst- und Folgekonsolidierungen identisch – vier verschiedene Konsolidierungsbuchungen:

(1) Aktivischer Unterschiedsbetrag = Beteiligungsbuchwert des Mutterunternehmens übersteigt anteiliges gezeichnetes Kapital des Tochterunternehmens.
Buchung: anteiliges gezeichnetes Kapital
(Konzern-)Kapitalrücklage
an Beteiligungsbuchwert

(2) Passivischer Unterschiedsbetrag = Beteiligungsbuchwert des Mutterunternehmens ist niedriger als anteiliges gezeichnetes Kapital des Tochterunternehmens.
Buchung: anteiliges gezeichnetes Kapital
an (Konzern-)Kapitalrücklage
Beteiligungsbuchwert

(3) Aktivischer Unterschiedsbetrag übersteigt die (Konzern-)Kapitalrücklage.
Buchung: anteiliges gezeichnetes Kapital
(Konzern-)Kapitalrücklage
(Konzern-)Gewinnrücklagen
an Beteiligungsbuchwert

(4) Ausweis von Anteilen anderer Gesellschafter sowie Vorhandensein eines Unterschiedsbetrags.
Buchungen: (a) anteiliges gezeichnetes Kapital
anteilige Kapitalrücklage (des Tochterunternehmens)
anteilige Gewinnrücklagen (des Tochterunternehmens)
anteiliger Bilanzgewinn (des Tochterunternehmens)
an
Ausgleichsposten für die Anteile anderer Gesellschafter

(b) Je nach Sachlage (1), (2) oder (3), wobei nur die um den Minderheitenanteil verringerten Rücklagen des Tochterunternehmens in die Konzernrücklagen einzubeziehen sind.

Beispiele

Zur Verdeutlichung dieser Konsolidierungstechnik sollen für die Fälle (1), (3) und (4) die folgenden Beispiele dienen.

Ohne andere Gesellschafter

Beispiel:

Ein Unternehmen hat ein anderes Unternehmen unter Erfüllung der Voraussetzungen des § 302 Abs. 1 Nr. 1 bis 3 HGB erworben und hält 100% der Anteile. In Übersicht 60 sind die Bilanzen von Mutter- und Tochterunternehmen nach dem Erwerbsvorgang und nach einer ggf. erfolgten Kapitalerhöhung des Mutterunternehmens dargestellt. Im Rahmen der Kapitalkonsolidierung bei Interessenzusammenführung entsteht ein aktivischer Unterschiedsbetrag von 500.

Buchung: gezeichnetes Kapital	1000
(Konzern-)Kapitalrücklage	500
an Anteile an verbundenen Unternehmen	1500.

Übersicht 72: Kapitalkonsolidierung bei Interessenzusammenführung (Verrechnung eines aktivischen Unterschiedsbetrags)

Abschlußposten	Mutterunternehmen		Tochterunternehmen		Summenbilanz		Korrekturbuchungen		Konzernbilanz	
	S	H	S	H	S	H	S	H	S	H
AKTIVA										
A. Anlagevermögen										
I. Sachanlagen	5500		3000		8500				8500	
II. Finanzanlagen – Anteile an verbundenen Unternehmen	1500				1500			1500		
B. Umlaufvermögen										
I. Vorräte	3500		1550		5050				5050	
II. Forderungen und sonstige Vermögensgegenstände	200		300		500				500	
C. Rechnungsabgrenzungsposten	25		20		45				45	
PASSIVA										
A. Eigenkapital										
I. Gezeichnetes Kapital		3800		1000		4800	1000			3800
II. Kapitalrücklage		600		300		900	500			400
III. Gewinnrücklagen		700		300		1000				1000
IV. Bilanzgewinn		100		70		170				170
B. Rückstellungen		280		200		480				480
C. Verbindlichkeiten		4900		2800		7700				7700
D. Rechnungsabgrenzungsposten		345		200		545				545
	10725	10725	4870	4870	15595	15595	1500	1500	14095	14095

Übersicht 73: Kapitalkonsolidierung bei Interessenzusammenführung (Aktivischer Unterschiedsbetrag übersteigt die (Konzern-)Kapitalrücklage)

Abschlußposten	Mutterunternehmen		Tochterunternehmen		Summenbilanz		Korrekturbuchungen		Konzernbilanz	
	S	H	S	H	S	H	S	H	S	H
AKTIVA										
A. Anlagevermögen										
I. Sachanlagen	5500		3000		8500				8500	
II. Finanzanlagen										
– Anteile an verbundenen Unternehmen	2000				2000			2000		
B. Umlaufvermögen										
I. Vorräte	3500		1550		5050				5050	
II. Forderungen und sonstige Vermögensgegenstände	200		300		500				500	
C. Rechnungsabgrenzungsposten	25		20		45				45	
PASSIVA										
A. Eigenkapital										
I. Gezeichnetes Kapital		3800		1000		4800	1000			3800
II. Kapitalrücklage		600		300		900	900			0
III. Gewinnrücklagen		700		300		1000	100			900
IV. Bilanzgewinn		100		70		170				170
B. Rückstellungen		280		200		480				480
C. Verbindlichkeiten		5400		2800		8200				8200
D. Rechnungsabgrenzungsposten		345		200		545				545
	11225	11225	4870	4870	16095	16095	2000	2000	14095	14095

Beispiel:

Der Übersicht 73 liegt der gleiche Erwerbsvorgang zugrunde, jedoch mit dem Unterschied, daß in der Bilanz des Mutterunternehmens der Beteiligungsbuchwert mit 2000 um 500 höher als in dem vorangegangenen Beispiel ausgewiesen ist. Der sich ergebende Unterschiedsbetrag von 1000 ist um 100 größer als die Kapitalrücklage des Konzerns.

Buchung:	gezeichnetes Kapital	1000
	(Konzern-)Kapitalrücklage	900
	(Konzern-)Gewinnrücklagen	100
	an Anteile an verbundenen Unternehmen	2000.

Vergleiche Übersicht 73.

Beispiel:

Vorhandensein anderer Gesellschafter

In Abwandlung des Beispiels aus Übersicht 73 hat das Mutterunternehmen lediglich 90% der Anteile des Tochterunternehmens auf dem Wege des Anteilstauschs gem. § 302 HGB erworben und weist in seiner Bilanz (vgl. Übersicht 74) einen Beteiligungsbuchwert von 1800 [= 90% von 2000] aus.

(1) Ausweis von Anteilen anderer Gesellschafter auf der Grundlage des Eigenkapitals in der Bilanz des Tochterunternehmens

Buchung:	gezeichnetes Kapital [0,1 × 1000]	100
	Kapitalrücklage [0,1× 300]	30
	Gewinnrücklagen [0,1 × 300]	30
	Bilanzgewinn [0,1 × 70]	7
	an Ausgleichsposten für Anteile anderer Gesellschafter	167.

(2) Verrechnung eines aktivischen Unterschiedsbetrags von 900 [= 1800 – (1000 × 0,9)], der gegen die zusammengefaßte Kapitalrücklage von Mutter- und Tochterunternehmen aufzurechnen ist. Diese ermittelt sich wie folgt:

	Kapitalrücklage des Mutterunternehmens	600
	+ Kapitalrücklage des Tochterunternehmens	300
	– Anteil anderer Gesellschafter an der Kapitalrücklage des Tochterunternehmens	30
=	zusammengefaßte Kapitalrücklage	870

Buchung:	gezeichnetes Kapital [1000 – 100]	900
	(Konzern-)Kapitalrücklage	870
	(Konzern-)Gewinnrücklagen	30
	an Anteile an verbundenen Unternehmen	1800.

Übersicht 74: Kapitalkonsolidierung bei Interessenzusammenführung (Ausweis von Anteilen anderer Gesellschafter, aktivischer Unterschiedsbetrag übersteigt die (Konzern-)Kapitalrücklage)

Abschlußposten	Mutterunternehmen		Tochterunternehmen		Summenbilanz		Korrekturbuchungen		Konzernbilanz	
	S	H	S	H	S	H	S	H	S	H
AKTIVA										
A. Anlagevermögen										
I. Sachanlagen	5500		3000		8500				8500	
II. Finanzanlagen										
– Anteile an verbundenen Unternehmen	1800				1800			(2) 1800		
B. Umlaufvermögen										
I. Vorräte	3500		1550		5050				5050	
II. Forderungen und sonstige Vermögensgegenstände	200		300		500				500	
C. Rechnungsabgrenzungsposten	25		20		45				45	
PASSIVA										
A. Eigenkapital										
I. Gezeichnetes Kapital		3800		1000		4800	(1) 100			3800
							(2) 900			
II. Kapitalrücklage		600		300		900	(1) 30			0
							(2) 870			
III. Gewinnrücklagen		700		300		1000	(1) 30			940
							(2) 30			
IV. Bilanzgewinn		100		70		170	(1) 7			163
V. Ausgleichsposten für Anteile anderer Gesellschafter								(1) 167		167
B. Rückstellungen		280		200		480				480
C. Verbindlichkeiten		5200		2800		8000				8000
D. Rechnungsabgrenzungsposten		345		200		545				545
	11025	11025	4870	4870	15895	15895	1967	1967	14095	14095

1.4.4 Angaben im Konzernanhang

Aus dem Konzernabschluß ist nicht unmittelbar ersichtlich, in welchem Umfang die Rücklagen durch die Verrechnung des Unterschiedsbetrags verändert worden sind. Aus diesem Grund verlangt § 302 Abs. 3 HGB die folgenden Angaben im Anhang:

(1) Anwendung der Methode der Kapitalkonsolidierung bei Interessenzusammenführung;

(2) Veränderung der Rücklagen aufgrund der vorgenommenen Verrechnung bzw. Hinzurechnung des Unterschiedsbetrags;

(3) Name und Sitz der (des) Tochterunternehmen(s), bei denen (dem) die Kapitalkonsolidierung nach dem Verfahren der Abs. 1 und 2 durchgeführt worden sind (ist).

1.4.5 Unterschiede zur Purchase-Methode

Konzernbilanzpolitik

Da die Kapitalkonsolidierung bei Interessenzusammenführung im Falle der Erfüllung der Anwendungsvoraussetzungen des § 302 Abs. 1 HGB eine Alternative zur Buchwert- bzw. Neubewertungsmethode sein kann, sind die Unterschiede zwischen den Methoden insbes. unter konzernbilanzpolitischen Aspekten von Bedeutung. Für die Interessenzusammenführungsmethode gilt:

Einfachere Konsolidierungstechnik

(1) Die Konsolidierungstechnik ist für Erst- und Folgekonsolidierungen einfacher, da das konsolidierungspflichtige Kapital auf das gezeichnete Kapital des Tochterunternehmens beschränkt ist und die Verrechnung eines sich ergebenden Unterschiedsbetrags mit den Rücklagen zu erfolgen hat.

Stille Rücklagen/ Lasten

(2) Die Auflösung der stillen Rücklagen/Lasten sowie der mit deren Zuordnung zu einzelnen Vermögensgegenständen entstehende Arbeitsaufwand entfällt.

Erstkonsolidierung

(3) Durch das Nichteinbeziehen des Jahreserfolgs des Tochterunternehmens in das konsolidierungspflichtige Kapital wird bei Erstkonsolidierungen der in der Bilanz des Tochterunternehmens ausgewiesene Jahresüberschuß/-fehlbetrag bzw. Bilanzgewinn/-verlust unabhängig vom Zeitpunkt der Einbeziehung in den Konzernabschluß in voller Höhe in der Konzernbilanz ausgewiesen. Dies kann zur Vermeidung eines Konzernjahresfehlbetrags bzw. zur Verbesserung eines Konzernjahresüberschusses führen. Das folgende Beispiel soll die mit der Anwendung der unterschiedlichen Methoden verbundenen Auswirkungen auf die Konzernbilanz und insbes. auf den Konzernerfolg verdeutlichen:

Beispiel:
Das Mutterunternehmen hat am 30.12.01 100% der Anteile am Tochterunternehmen im Wege des Anteilstauschs gem. § 302 HGB erworben. Die erstmalige Einbeziehung des Tochterunternehmens in den Konzernabschluß erfolgt zum 31.12.01. Das

Sachanlagevermögen beinhaltet stille Rücklagen von 2000. Bei Anwendung der Buchwertmethode ergeben sich folgende Konsolidierungsvorgänge sowie nachfolgend gezeigte (verkürzte) Konzernbilanz (vgl. Übersicht 75):

Übersicht 75: Erstkonsolidierung nach der Buchwertmethode

	M-AG	T-AG	Summen-bilanz	Korrekturbuchungen S	Korrekturbuchungen H	Konzern-bilanz
Geschäfts- oder Firmenwert				(3) 500		500
Sachanlagevermögen	20000	7000	27000	(2) 2000		29000
Anteile an verbundenen Unternehmen	8000		8000		(1) 8000	
Ausgleichsposten aus der Kapitalkonsolidierung				(1)2500	(2) 2000 (3) 500	
sonstige Aktiva	9700	8000	17700			17700
Summe	37700	15000	52700			47200
Gezeichnetes Kapital	15000	4000	19000	(1) 4000		15000
Rücklagen	6000	1000	7000	(1) 1000		6000
Jahresüberschuß/-fehlbetrag	./. 300	500	200	(1) 500		./. 300
sonstige Passiva	17000	9500	26500			26500
Summe	37700	15000	52700	10500	10500	47200

Buchung (1) nimmt die Aufrechnung des Beteiligungsbuchwerts gegen das anteilige Eigenkapital des Tochterunternehmens vor. Daraus ergibt sich ein aktivischer Unterschiedsbetrag (Ausgleichsposten), dessen Ausbuchung durch die Zuordnung der aufgedeckten stillen Rücklagen von 2000 mit Buchung (2) und den Ausweis des danach verbleibenden Geschäfts- oder Firmenwerts gem. § 301 Abs. 3 HGB mit Buchung (3) erfolgt. Entsprechend der Konzeption der Buchwertmethode wird der Jahresüberschuß des Tochterunternehmens in voller Höhe in das konsolidierungspflichtige Eigenkapital gem. § 301 Abs. 1 HGB einbezogen, so daß der Jahresfehlbetrag des Mutterunternehmens zugleich auch den Jahresfehlbetrag des Konzerns darstellt.

Das Konsolidierungsergebnis bei Anwendung der Interessenzusammenführungsmethode ergibt sich wie folgt (vgl. Übersicht 76):

Übersicht 76: Erstkonsolidierung nach der Pooling-of-Interests-Methode

	M-AG	T-AG	Summen-bilanz	Korrekturbuchungen S	Korrekturbuchungen H	Konzern-bilanz
Sachanlagevermögen	20000	7000	27000			27000
Anteile an verbundenen Unternehmen	8000		8000		8000	
sonstige Aktiva	9700	8000	17700			17700
Summe	37700	15000	52700			44700
Gezeichnetes Kapital	15000	4000	19000	4000		15000
Rücklagen	6000	1000	7000	4000		3000
Jahresüberschuß/-fehlbetrag	./. 300	500	200			200
sonstige Passiva	17000	9500	26500			26500
Summe	37700	15000	52700	8000	8000	44700

Der Vergleich beider Konzernbilanzen zeigt, daß gegenüber einem Jahresfehlbetrag von 300 bei Anwendung der Buchwertmethode ein Jahresüberschuß von 200 nach Konsolidierung gem. § 302 HGB ausgewiesen wird. Die Differenz von 500 entspricht dem von der Interessenzusammenführungsmethode nicht betroffenen Jahresüberschuß des Tochterunternehmens.

(4) Durch Wegfall der Abschreibungen auf den Geschäfts- oder Firmenwert und auf die aufgedeckten stillen Rücklagen wird der Konzernerfolg im Rahmen der Folgekonsolidierungen entlastet.

Allgemein können die Unterschiede zwischen der Pooling-of-Interests- und der Purchase-Methode wie folgt zusammengefaßt werden (vgl. Dusemond, M. 1993, S. 144ff.; Eckes, B./Weber, C.-P., in: Küting/Weber 1998, § 302 HGB, Rn. 50):

Übersicht 77: Unterschiede zwischen der Pooling-of-Interests- und der Purchase-Methode

Kriterium	§ 302 HGB	§ 301 HGB
Anwendung	Wahlrecht, wenn Anwendungsvoraussetzungen erfüllt sind	Grundsätzlich Pflicht im Rahmen der Vollkonsolidierung
Fiktion	Verschmelzungsfiktion	Erwerbsfiktion
Konsolidierungspflichtiges Kapital	Anteiliges »gezeichnetes« (Teil-) Kapital	Anteiliges (volles) Eigenkapital
Bewertung der Vermögensgegenstände und Schulden	Übernahme in die Konzernbilanz zu Buchwerten	Übernahme in die Konzernbilanz zu anteiligen bzw. vollen Zeitwerten
Behandlung der Unterschiedsbeträge	Vollständige Verrechnung mit den zusammengefaßten Rücklagen von Mutter- und Tochterunternehmen; ein Unterschiedsbetrag i. S. v. § 309 HGB entsteht nicht	Verrechnung gem. § 309 HGB
Auswirkungen auf den Konzernerfolg	Erfolgsneutral	Erfolgswirksam durch Abschreibung eines Geschäfts- oder Firmenwerts, Auflösung eines passivischen Unterschiedsbetrags und durch Abschreibung/Auflösung der aufgedeckten stillen Rücklagen/Lasten
Bilanzsumme	I. d. R. niedriger	I. d. R. höher
Ausgleichsposten für Anteile anderer Gesellschafter	Sollte aus Vereinfachungsgründen zuerst berechnet werden	Reihenfolge der Berechnung beliebig
Höhe des Ausgleichspostens für Anteile anderer Gesellschafter	Die auf die anderen Gesellschafter entfallenden stillen Rücklagen/ Lasten werden nicht aufgedeckt	Die auf die anderen Gesellschafter entfallenden stillen Rücklagen/ Lasten müssen nicht, können aber aufgedeckt werden
Erst- und Folgekonsolidierung	Keine Unterscheidung erforderlich (betreffend den Anteil des Mutterunternehmens)	Ergebnis der Erstkonsolidierung maßgeblich für die Folgekonsolidierungen (Unterscheidung erforderlich wegen Fortführung der aufgedeckten stillen Rücklagen, des Geschäfts- oder Firmenwerts etc.)
Untermethoden	Keine	Wahlrecht zwischen Buchwert- und Neubewertungsmethode
Ressourcen des Konzerns	Anteilstausch, nur Spitzenausgleich in bar; geringer Ressourcenabfluß	Frühere Anteilseigner werden ausbezahlt; hoher Ressourcenabfluß
Angabepflicht im Anhang	Vgl. § 302 Abs. 3 HGB	Vgl. § 301 Abs. 1 Satz 5, Abs. 2 Satz 2, Abs. 3 Satz 2 und 3 HGB

1. Die Pooling-of-Interests-Methode stellt bei Vorliegen der Anwendungsvoraussetzungen (vgl. § 302 Abs. 1 HGB) eine Kapitalkonsolidierungsalternative zur Purchase-Methode dar.
2. Bei Anwendung der Pooling-of-Interests-Methode werden die dem Konzern gehörenden Anteile an dem Tochterunternehmen lediglich mit dem gezeichneten Kapital des Tochterunternehmens verrechnet. Ein sich aus dieser Verrechnung ergebender aktivischer Unterschiedsbetrag ist mit den Konzernrücklagen zu verrechnen, ein passivischer Unterschiedsbetrag hinzuzurechnen.
3. Bei Anwendung der Pooling-of-Interests-Methode können demnach keine stillen Rücklagen/Lasten aufgedeckt werden.
4. Die Kapitalkonsolidierung nach § 302 HGB ist somit bei der Erst- und den Folgekonsolidierungen stets erfolgsneutral.
5. Sind andere Gesellschafter vorhanden, dann sollte unter buchungstechnischen Gesichtspunkten die Verbuchung des entsprechenden Ausgleichspostens der Kapitalkonsolidierungsbuchung vorangestellt werden.

2. Schuldenkonsolidierung

Die Schuldenkonsolidierung ist in § 303 HGB geregelt, wonach – vereinfacht formuliert – innerkonzernliche Kreditbeziehungen zu eliminieren sind.

2.1 Gegenstand und Umfang der Schuldenkonsolidierung

Fiktion der rechtlichen Einheit

Ausgehend von der Fiktion der rechtlichen Einheit kann der Konzern keine Forderungen und Verbindlichkeiten gegenüber sich selbst haben. Werden in den Einzelbilanzen der Konzernunternehmen Forderungen oder Verbindlichkeiten gegenüber Konzernunternehmen ausgewiesen, ist dieser Ausweis auf die rechtliche Selbständigkeit der Konzernunternehmen zurückzuführen. Eine bloße Summation der Einzelabschlußwerte würde der Fiktion der rechtlichen Einheit insofern nicht gerecht, als dann im Konzernabschluß Vorgänge dargestellt würden, die vom Standpunkt des Konzerns nicht denkbar sind. Forderungen und Verbindlichkeiten zwischen in den Konzernabschluß einbezogenen Unternehmen sind daher im Zuge der Konsolidierung zu eliminieren; dieser Eliminierungsvorgang ist Gegenstand der Schuldenkonsolidierung.

Wirtschaftlichkeits- und Wesentlichkeitsgrundsatz

Eine Schuldenkonsolidierung braucht dann nicht durchgeführt zu werden, »wenn die wegzulassenden Beträge für die Vermittlung eines den tatsächlichen Verhältnissen entsprechenden Bildes der Vermögens-, Finanz- und Ertragslage des Konzerns nur von untergeordneter Bedeutung sind« (§ 303 Abs. 2 HGB). Diese aus dem Wirtschaftlichkeits- und Wesentlichkeitsgrundsatz abgeleitete Ausnahmeregel ist erstmals ausdrücklich in das Gesetz aufgenommen worden.

Eliminierung aller Rechtsbeziehungen mit zwischengesellschaftlichem Forderungs- und Verbindlichkeitscharakter

Die Begriffe Forderungen und Verbindlichkeiten sind nicht im engen bilanztechnischen Sinne auszulegen; vielmehr sind alle innerkonzernlichen Rechtsbeziehungen zwischen in den Konzernabschluß einbezogenen Unternehmen, soweit sie zwischengesellschaftlichen Forderungs- und Verbindlichkeitscharakter besitzen, im Konzernabschluß auszuschalten. Demnach können folgende Posten Gegenstand der Schuldenkonsolidierung sein:

Aktivseite	Posten nach § 266 Abs. 2 HGB
– ausstehende Einlagen auf das gezeichnete Kapital	–
– geleistete Anzahlungen	A.I.3.; A.II.4.; B.I.4.
– Ausleihungen an verbundene Unternehmen	A.III.2.
– Ausleihungen an Unternehmen, mit denen ein Beteiligungsverhältnis besteht*	A.III.4.
– Forderungen gegen verbundene Unternehmen	B.II.2.
– Forderungen gegen Unternehmen, mit denen ein Beteiligungsverhältnis besteht*	B.II.3.
– sonstige Vermögensgegenstände	B.II.4.
– sonstige Wertpapiere	B.III.3.
– Schecks und Guthaben bei Kreditinstituten	B.IV.
– Rechnungsabgrenzungsposten	C.
– weitere Untergliederungen nach § 265 Abs. 5 HGB mit Forderungscharakter	

* Diese Posten können nur dann Gegenstand der Schuldenkonsolidierung sein, wenn die Quotenkonsolidierung Anwendung findet.

Passivseite	Posten nach § 266 Abs. 3 HGB
– sonstige Rückstellungen	B.3.
– Anleihen	C.1.
– Verbindlichkeiten gegenüber Kreditinstituten	C.2.
– erhaltene Anzahlungen auf Bestellungen	C.3
– Verbindlichkeiten aus der Annahme gezogener Wechsel und der Ausstellung eigener Wechsel	C.5.
– Verbindlichkeiten gegenüber verbundenen Unternehmen	C.6.
– Verbindlichkeiten gegenüber Unternehmen, mit denen ein Beteiligungsverhältnis besteht*	C.7.
– Rechnungsabgrenzungsposten	D.
– weitere Untergliederungen nach § 265 Abs. 5 HGB mit Verbindlichkeitscharakter	

* Diese Posten können nur dann Gegenstand der Schuldenkonsolidierung sein, wenn die Quotenkonsolidierung Anwendung findet.

Posten unter der Bilanz oder im Anhang:

- Verbindlichkeiten aus der Begebung und Übertragung von Wechseln (vgl. § 251 HGB);
- Verbindlichkeiten aus Bürgschaften, Wechsel- und Scheckbürgschaften (vgl. § 251 HGB);
- Verbindlichkeiten aus Gewährleistungsverträgen (vgl. § 251 HGB);
- Haftungsverhältnisse aus der Bestellung von Sicherheiten für fremde Verbindlichkeiten (vgl. § 251 HGB);
- Finanzielle Verpflichtungen, soweit sie sich nicht aus der Bilanz ergeben und auch nicht nach § 251 HGB anzugeben sind (vgl. § 285 Nr. 3 HGB).

2.2 Konsolidierungsmaßnahmen bei einzelnen Bilanzposten

2.2.1 Forderungen und Verbindlichkeiten

Erfolgsneutrale Schuldenkonsolidierung

Forderungen gegen verbundene Unternehmen sind gegen die hiermit korrespondierenden Verbindlichkeiten gegenüber verbundenen Unternehmen aufzurechnen, soweit es sich um in den Konzernabschluß einbezogene Unternehmen handelt. Im Regelfall stehen sich beide Größen wertgleich gegenüber, so daß die Aufrechnung erfolgsneutral erfolgt, da die Erfolgsrechnung nicht tangiert wird.

Beispiel:

Das Mutterunternehmen weist eine Forderung gegen ein konsolidiertes Tochterunternehmen in Höhe von 100 unter dem Posten »Forderungen gegen verbundene Unternehmen« aus, während das Tochterunternehmen die entsprechende Verbindlichkeit (in Höhe von 100) unter dem Posten »Verbindlichkeiten gegenüber verbundenen Unternehmen« bilanziert.

Erfolgswirksame Schuldenkonsolidierung

Stehen sich die Forderungen und Verbindlichkeiten nicht in gleicher Höhe gegenüber, berührt die Differenz die Erfolgsrechnung. Es wird dann auch von einer erfolgswirksamen Schuldenkonsolidierung gesprochen.

Beispiel:

Ausgehend von obigem Beispiel hat das Mutterunternehmen die Forderung gegen verbundene Unternehmen in Höhe von 20 in der Betrachtungsperiode abgeschrieben.

2.2.2 Ausstehende Einlagen auf das gezeichnete Kapital

Differenzierung zwischen eingeforderten und nicht-eingeforderten ausstehenden Einlagen

Ausstehende Einlagen auf das gezeichnete Kapital werden, soweit sie eingefordert und bei einbezogenen Konzernunternehmen als Einzahlungsverpflichtung passiviert sind, im Zuge der Schuldenkonsolidierung gegeneinander aufgerechnet, da auch diese konzerninternen Schuldverhältnisse keinen Raum im Konzernabschluß haben.

Soweit ausstehende Einlagen auf das gezeichnete Kapital gegenüber in den Konzernabschluß einbezogenen Unternehmen bestehen und diese noch nicht eingefordert sind, sind diese Einlagen als Korrekturposten zum gezeichneten Kapital zu betrachten. Sie sind dann im Zuge der Kapitalkonsolidierung mit dem konsolidierungspflichtigen Eigenkapital zu verrechnen. Handelt es sich dagegen um ausstehende Einlagen auf das gezeichnete Kapital gegenüber Unternehmen, die nicht in den Konzernabschluß einbezogen wurden, so sind diese ausstehenden Einlagen auch im Konzernabschluß gesondert auszuweisen.

2.2.3 Rechnungsabgrenzungsposten

Als Rechnungsabgrenzungsposten sind

- auf der Aktivseite Ausgaben vor dem Abschlußstichtag auszuweisen, soweit sie Aufwand für eine bestimmte Zeit nach diesem Tag darstellen;
- auf der Passivseite Einnahmen vor dem Abschlußstichtag auszuweisen, soweit sie Ertrag für eine bestimmte Zeit nach diesem Tag darstellen.

Transitorische Abgrenzungsposten

Soweit der Bildung dieser sog. transitorischen Abgrenzungsposten »konzerninterne Schuldverhältnisse (z.B. Verrechnung von Zinsen, Mieten und Pachten) zugrunde liegen, besteht für sie eine Konsolidierungspflicht nach § 303 Abs. 1 HGB. Dabei ist es unerheblich, daß der Ausgleich von Anspruch und Verpflichtung nicht in Geld, sondern durch eine andere Leistung erfolgt« (WP-Handbuch 2000, Bd. I, S. 1048).

Beispiel:

Am 28.12.01 hat die Auto AG die am 1.1.02 fällige Miete für Lagerräume für die Zeit vom 1.11.01 bis zum 28.2.02 in Höhe von 80 überwiesen. Die Zahlung wurde bei der Motor GmbH erst am 2.1.02 gebucht.

In den Einzelabschlüssen schlug sich dieser Vorgang zum 31.12.01 wie folgt nieder:

– Die Auto AG wies aus:	
Mietaufwand	40
Rechnungsabgrenzungsposten	40
an Bank	80
– Die Motor GmbH buchte:	
sonstige Vermögensgegenstände	40
an Mieterträge	40.

Folgende Konsolidierungsmaßnahmen werden erforderlich:

- In der Summenbilanz sind die Posten »sonstige Vermögensgegenstände« sowie »Rechnungsabgrenzungsposten« um jeweils 40 zu kürzen, während der Posten »Bankguthaben« um 80 zu erhöhen ist.
- In der GuV müssen die Mietaufwendungen und Mieterträge in Höhe von 40 gegeneinander aufgerechnet werden.

2.2.4 Rückstellungen

Verpflichtung des Konzerns gegen sich selbst

Konzerninterne Leistungsbeziehungen sowie konzerninterne Schuldverhältnisse können aus der Sicht der Einheitsunternehmung Konzern zu keiner Rückstellungsbildung führen, da andernfalls eine Rückstellungsbildung zu einer Verpflichtung des Konzerns gegenüber sich selbst führen würde. Es besteht daher eine Eliminierungspflicht solcher Rückstellungen, »die zur Abdeckung von Verpflichtungen gegenüber anderen einbezogenen Unternehmen gebildet worden sind« (WP-Handbuch 2000, Bd. I, S. 1047).

Ausnahmen

Es ist jedoch nicht auszuschließen, daß im Einzelfall die aufgrund innerkonzernlicher Beziehungen gebildeten Rückstellungen in die Konzernbilanz zu übernehmen sind, wenn weitere Sachverhalte hinzukommen, die aus der Sicht der Einheitsunternehmung Konzern die Bildung dieser Rückstellungen rechtfertigen bzw. gebieten.

Beispiel:

Das Konzernunternehmen A, das als Herstellerwerk in t_1 Waren an das Konzernunternehmen B liefert, bildet aufgrund dieses Vorgangs in der gleichen Periode eine Rückstellung für Gewährleistungen. Das Konzernunternehmen B, das die Funktion einer Vertriebsgesellschaft ausübt, veräußert die Waren ebenfalls in t_1 an Konzernfremde und unterläßt eine Rückstellungsbildung, da sämtliche Gewährleistungsansprüche der Abnehmer gegenüber dem Konzernunternehmen B von A erfüllt werden.

Hier wäre es gerechtfertigt bzw. sogar geboten, die im Zuge konzerninterner Vorgänge gebildete Rückstellung in die Konzernbilanz zu übernehmen, da die Übernahme dieser Rückstellung aufgrund der ungewissen Verbindlichkeiten des Konzerns gegenüber Dritten gerechtfertigt ist.

2.2.5 Anzahlungen

Eliminierung geleisteter bzw. erhaltener Anzahlungen

Werden Anzahlungen zwischen Konzernunternehmen getätigt, finden konzerninterne Liquiditätsverschiebungen statt, die gleichzeitig ein innerkonzernliches Schuldverhältnis begründen. Indem der Gläubiger den Posten »geleistete Anzahlungen«, der Schuldner den Posten »erhaltene Anzahlungen auf Bestellungen« bucht, würde eine bloße Summation der Einzelabschlußwerte zu einer aufgeblähten Konzernbilanz führen, da innerkonzernliche Schuldverhältnisse keinen Raum im Konzernabschluß haben. Die Posten »geleistete Anzahlungen« sowie »erhaltene Anzahlungen auf Bestellungen« sind daher – soweit sie auf konzerninterne Vorgänge zurückzuführen sind und es sich um in den Konzernabschluß einbezogene Unternehmen handelt – grundsätzlich im Zuge der Konsolidierung gegeneinander aufzurechnen.

Vorgehensweise

Da gem. § 266 Abs. 2 A.II.4. HGB die geleisteten Anzahlungen und Anlagen im Bau in einem Bilanzposten gemeinsam auszuweisen sind, kann eine Abgrenzung der beiden Teilkomponenten schwierig und von Zufälligkeiten abhängig sein. »Maßgeblich für die Verrechnung kann dann der Betrag sein, den das Unternehmen, welches die Anzahlungen erhalten hat, nach § 266 Abs. 3 (HGB, d. Verf.) unter dem Posten C.3. (erhaltene Anzahlungen auf Bestellungen, d. Verf.) ausweist« (ADLER/DÜRING/SCHMALTZ 1995, § 303 HGB, Rn. 3).

2.3 Drittschuldverhältnisse

Begriff

Soll der Annahme entsprochen werden, daß die Konzernrechnungslegung so durchzuführen ist, als sei der Konzern auch ein rechtlich selbständiges Unternehmen, muß die Frage, ob Drittschuldverhältnisse im Konzern zu konsolidieren sind, analog zu den Aufrechnungsmöglichkeiten von Forderungen und Verbindlichkeiten im Einzelabschluß beantwortet werden. »Unter Drittschuldverhältnissen werden Forderungen eines einbezogenen Unternehmens gegenüber einem Dritten verstanden, denen Forderungen des außenstehenden Dritten gegenüber einem anderen einbezogenen Unternehmen entsprechen« (WYSOCKI, K. v. 1966, S. 287).

Aufrechnung von Forderungen und Verbindlichkeiten

Gem. § 246 Abs. 2 HGB dürfen Forderungen und Verbindlichkeiten grundsätzlich nicht aufgerechnet werden. Jedoch hält die herrschende Meinung eine Aufrechnung dann für zulässig, wenn Forderungen und Verbindlichkeiten i. S. d. § 387 BGB aufrechenbar sind. Notwendige Voraussetzung für die Aufrechenbarkeit in diesem Sinne ist, daß zwei Personen einander eine Leistung schulden; also: Schuldner und Gläubiger sind aus dem jeweiligen Leistungsverhältnis heraus identisch.

Drittschuldverhältnisse aus Sicht der Einheitstheorie

Liegt ein Drittschuldverhältnis im Konzern vor, bestehen die Forderungen und Verbindlichkeiten zwar im Verhältnis zwischen den jeweils rechtlich selbständigen Konzernunternehmen und demselben Dritten. Gleichwohl aber tritt der fremde Dritte – aus der Sicht der Einheitstheorie – mit dem Einheitsunternehmen Konzern in Beziehung, wie umgekehrt der Konzern als Ganzes in einem Rechtsverhältnis zu dem fremden Dritten steht.

Es entspricht damit der Einheitstheorie, Drittschuldverhältnisse nicht anders zu behandeln als Forderungen und Verbindlichkeiten im Einzelabschluß. Das aber hieße, daß eine Konsolidierung von Drittschuldverhältnissen nur dann möglich ist, wenn eine Aufrechnung von Forderungen und Verbindlichkeiten analog in der Einzelbilanz erlaubt ist.

Mit dieser Feststellung ist die Konsolidierung von Drittschuldverhältnissen zugleich an die Bedingungen geknüpft, die im Rahmen der Einzelbilanz an die Aufrechnung von Forderungen und Verbindlichkeiten gestellt werden müssen.

Freiwillige Konsolidierung von Drittschuldverhältnissen

Obwohl die handelsrechtlichen Konsolidierungsvorschriften lediglich eine Konsolidierung von Konzernschuldverhältnissen vorschreiben, dürften einerseits keine Bedenken gegen eine freiwillige Konsolidierung von Drittschuldverhältnissen bestehen. Andererseits kann in der Praxis »die Ermittlung eines evtl. aufzurechnenden Betrags mit erheblichen Schwierigkeiten verbunden sein, so daß unter dem Wirtschaftlichkeitsgrundsatz auf die Saldierung der Drittschuldverhältnisse verzichtet werden sollte« (ARBEITSKREIS »EXTERNE UNTERNEHMENSRECHNUNG« DER SCHMALENBACH-GESELLSCHAFT – DEUTSCHE GESELLSCHAFT FÜR BETRIEBSWIRTSCHAFT E.V. 1989, S. 90).

Tatsächliche Konsolidierung von Drittschuldverhältnissen aus Konzernsicht

Die Problematik der Konsolidierung von Drittschuldverhältnissen soll an dem folgenden Beispiel verdeutlicht werden:

Die Unternehmen A und B stellen Konzernunternehmen dar. Das Unternehmen C stellt ein konzernfremdes Unternehmen dar. Das Unternehmen A hat eine Forderung gegenüber C. Unternehmen C hat indes eine Forderung gegenüber B.

Aus Konzernsicht hat die wirtschaftliche Einheit Konzern eine Forderung gegenüber C (über A) sowie gleichzeitig eine Verbindlichkeit gegenüber C (über B).

Auch wenn sowohl die Forderung als auch die Verbindlichkeit die gleiche Höhe sowie dieselbe Fristigkeit aufweisen, dürfte eine Aufrechnung des somit saldierungsfähigen Drittschuldverhältnisses aus Gründen der fehlenden notwendigen Informationen regelmäßig – wenn überhaupt – auf ausgewählte – und ihrer Höhe nach grundsätzlich wesentliche – Forderungen und Verbindlichkeiten beschränkt bleiben.

2.4 Eventualverbindlichkeiten und Haftungsverhältnisse

Bilanzposten unter dem Strich

Die Schuldenkonsolidierung bezieht sich nicht nur auf die Eliminierung konzerninterner Beziehungen, die in der Bilanz oder Erfolgsrechnung ihren Niederschlag gefunden haben, vielmehr sind auch Bilanzvermerke – also sog. Bilanzposten unter dem Strich – dem Grunde und der Höhe nach auszuschalten, die den Rechtsverkehr zwischen den einbezogenen Konzernunternehmen betreffen. Zwar ergibt sich diese Ausschaltung nicht aus einer wörtlichen Auslegung des § 303 Abs. 1 HGB; vielmehr fordert der Einheitsgedanke zwingend auch die Eliminierung innerkonzernlicher Eventualverbindlichkeiten und Haftungsverhältnisse. Es gilt: »Bei der Aufstellung der Konzernbilanz sind daher alle in den Einzelbilanzen ausgewiesenen Bilanzvermerke auszuscheiden, die auf Rechtsverhältnissen zwischen den in den Konzernabschluß einbezogenen Unternehmen beruhen« (HAEGERT, L. 1965, S. 502).

Die Konsolidierungspflicht umfaßt unter Bezugnahme auf § 251 HGB folgende Komponenten:

Wechselobligo

(1) Verbindlichkeiten aus der Begebung und Übertragung von Wechseln (Wechselobligo) müssen insoweit entfallen, »als Wechsel, die von einem einbezogenen Konzernunternehmen ausgestellt oder indossiert worden sind, sich in der Hand eines anderen konsolidierten Konzernunternehmens befinden; dasselbe gilt, wenn bei einem einbezogenen Unternehmen die Wechsel als Wechselverbindlichkeiten auszuweisen sind« (ADLER/DÜRING/SCHMALTZ 1995, § 303 HGB, Rn. 19).

Beispiel:

Das Mutterunternehmen stellt einen Wechsel aus, der von einem konzernfremden Unternehmen akzeptiert wird. Das Mutterunternehmen gibt den Wechsel an das Tochterunternehmen weiter, das den Wechsel am Stichtag des Konzernabschlusses im Bestand hat. Das Mutterunternehmen weist in seiner Bilanz am Bilanzstichtag ein Wechselobligo als Aussteller aus.

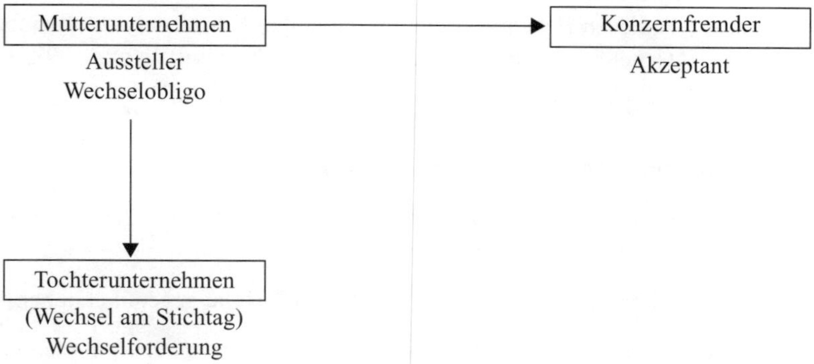

Das Wechselobligo des Mutterunternehmens besteht gegenüber dem in den Konzernabschluß einbezogenen Tochterunternehmen. Daher ist der Vermerk des Wechselobligos »wegzulassen«; denn der Konzern als wirtschaftliche Einheit darf keine Eventualverbindlichkeit gegen sich selbst ausweisen (vgl. HARMS, J. E., in: KÜTING/WEBER 1998, § 303 HGB, Rn. 43 ff.).

Verbindlichkeiten aus Bürgschaften, Wechsel- und Scheckbürgschaften

(2) Bei den Verbindlichkeiten aus Bürgschaften, Wechsel- und Scheckbürgschaften sind zwei Sachverhalte zu unterscheiden. Zunächst gilt der Grundsatz, daß Bürgschaften, die Konzernunternehmen gegenüber anderen einbezogenen Unternehmen gewähren, eliminiert werden müssen. Hinzu kommen weitere Fälle, in denen bereits die entsprechende Hauptschuld unter den Passiva ausgewiesen wird. »Leisten einbezogene Unternehmen Bürgschaften für die Verbindlichkeiten anderer einbezogener Unternehmen gegenüber konzernfremden Dritten, so muß im Konzernabschluß der Vermerk der Bürgschaft unterbleiben, da die ihr zugrundeliegende Hauptschuld bereits unter den Passiva des Konzerns ausgewiesen wird und darüber hinaus für den Konzern keine Verbindlichkeit besteht« (WP-HANDBUCH 2000, Bd. I, S. 1049).

Verbindlichkeiten aus Gewährleistungsverträgen

(3) Für Verbindlichkeiten aus Gewährleistungsverträgen gelten – soweit es sich um branchenübliche Garantieversprechen handelt – analog die Ausführungen über die Konsolidierung von konzerninternen Bürgschaften. Verbindlichkeiten aus Gewährleistungsverträgen stellen i. d. R. bürgschaftsähnliche Rechtsverhältnisse dar, die in der Form von Garantieversprechen, Freistellungsverpflichtungen, kumulativen Schuldübernahmen oder auch Patronatserklärungen auftreten.

Bestellung von Sicherheiten für fremde Verbindlichkeiten

(4) Vermerke in den Einzelabschlüssen der konsolidierten Unternehmen aus der Bestellung von Sicherheiten für fremde Verbindlichkeiten, wie z. B.
- Sicherungsübertragungen,
- Bestellung von Grundpfandrechten,
- Bestellung von Pfandrechten an beweglichen Sachen und Rechten

dürfen nicht in die Konzernbilanz übernommen werden, wenn die Begünstigten aus diesen Haftungsverhältnissen in den Konzernabschluß einbezogene Unternehmen sind (vgl. HARMS, J. E., in: KÜTING/WEBER 1998, § 303 HGB, Rn. 51).

2.5 Behandlung von Aufrechnungsdifferenzen

Echte und unechte Aufrechnungsdifferenzen

Im Zuge der Eliminierung von Forderungen und Verbindlichkeiten können Aufrechnungsdifferenzen entstehen, wenn

(1) beide Teilkomponenten sich nicht in gleicher Höhe gegenüberstehen,

(2) Forderungen und Verbindlichkeiten zu verschiedenen Zeitpunkten erfaßt werden und hierdurch sog. zeitliche Buchungsunterschiede entstehen.

In der Literatur wird in diesem Zusammenhang zwischen »echten« und »unechten« Aufrechnungsdifferenzen unterschieden (vgl. HARMS, J. E., in: KÜTING/WEBER 1998, § 303 HGB, Rn. 28ff.).

2.5.1 »Unechte« Aufrechnungsdifferenzen

Entstehungsursachen

Als »unecht« werden Aufrechnungsdifferenzen dann bezeichnet, wenn sie nicht auf einer unterschiedlichen Bewertung der Forderungen und Verbindlichkeiten in den Jahresabschlüssen der einzelnen Konzernunternehmen, sondern »auf fehlerhaften Buchungen oder zeitlichen Buchungsunterschieden beruhen« (ADLER/DÜRING/SCHMALTZ 1995, § 303 HGB, Rn. 33). Es handelt sich hierbei um solche Aufrechnungsdifferenzen, die bei einer ordnungsmäßigen Vorbereitung und Durchführung des Konsolidierungsprozesses an sich nicht entstehen dürften. Auf dem Wege entsprechender Konzern-Richtlinien und evtl. Buchungsstopps kurz vor dem Bilanzstichtag lassen sich solche Differenzen i.d.R. vermeiden.

Fiktive Buchungen im Rahmen der Konsolidierung

Treten gleichwohl solche Differenzen auf, müssen diese Unterschiedsbeträge entweder erfolgsneutral oder erfolgswirksam beseitigt werden. »Die sich bei der Saldenabstimmung ergebende zeitliche Buchungsdifferenz ist durch eine fiktive Buchung im Rahmen der Konsolidierung entsprechend zu berücksichtigen« (ARBEITSKREIS »EXTERNE UNTERNEHMENSRECHNUNG« DER SCHMALENBACH-GESELLSCHAFT – DEUTSCHE GESELLSCHAFT FÜR BETRIEBSWIRTSCHAFT E.V. 1989, S. 87). Durch diese fiktive Buchung wird erreicht, »daß der Konzernabschluß die Situation zum Konzernabschlußstichtag darstellt, die sich ohne die verspätete oder ggf. fehlerhafte Buchung ergeben hätte« (FISCHER, H., in: Beck'sches Handbuch der Rechnungslegung 1999, C 420, Rn. 78).

2.5.2 »Echte« Aufrechnungsdifferenzen

Anwendung unterschiedlicher Bewertungsgrundsätze

Neben den buchungstechnischen Unterschieden »können sich jedoch auch materielle Unterschiede aus verschieden hohen Wertansätzen von Forderungen und Verbindlichkeiten in den jeweiligen Einzelbilanzen ergeben« (COENEN-

BERG, A. G. 1989, S. 173). Solche sog. »echten« Differenzen resultieren daraus, daß für Forderungen und Verbindlichkeiten unterschiedliche Bewertungsgrundsätze angewendet werden können oder angewendet werden müssen.

Echte Unterschiedsbeträge resultieren z.B. aus:

(1) Rückstellungen für konzerninterne Lieferbeziehungen, denen keine entsprechenden Aktivposten gegenüberstehen;

(2) der Abzinsung einer Forderung, während die korrespondierende Verbindlichkeit zum Nominalwert ausgewiesen wird;

(3) der Abschreibung einer Forderung, während die entsprechende Verbindlichkeit ebenfalls zum Nominalwert angesetzt wird;

(4) der Verbuchung eines Disagios im Rahmen konzerninterner Darlehensgewährung;

(5) der Umrechnung von Fremdwährungsforderungen und Fremdwährungsverbindlichkeiten mit unterschiedlichen Kursen.

Beispiel:

Das Mutterunternehmen gewährt dem Tochterunternehmen zu Beginn der Periode t_1 ein zinsloses Darlehen in Höhe von 30. Das Darlehen ist in t_5 zurückzuzahlen. Das Mutterunternehmen diskontiert das Darlehen und bewertet es an den Bilanzstichtagen jeweils wie folgt:

t_1: 20
t_2: 22
t_3: 25
t_4: 30.

Das Mutterunternehmen erzielt aus konzernexternen Geschäften einen jährlichen Jahresüberschuß in Höhe von 40, den es, verändert um Erfolge aus konzerninternen Vorgängen, ausschüttet. Die ausgewiesenen Jahresüberschüsse des Mutterunternehmens ermitteln sich wie folgt:

t_1: 40–10 = 30
t_2: 40+ 2 = 42
t_3: 40+ 3 = 43
t_4: 40+ 5 = 45
t_5: 40.

Das Tochterunternehmen weist einen Jahresüberschuß von jeweils Null aus.

In t_1 ist der Konzernjahresüberschuß um die bei dem Mutterunternehmen vorgenommene Abzinsung in Höhe von 10 zu erhöhen, so daß vom Konzernstandpunkt aus insgesamt 40 Einheiten als tatsächlich erzielter Jahresüberschuß der fiktiven Konzerngewinnverwendung zugeführt werden.

In t_2, t_3 und t_4 werden der Jahresüberschuß und die Gewinnverwendung in der Summen-GuV zu hoch ausgewiesen, da die bei dem Mutterunternehmen vorgenommenen Aufzinsungen nicht auf konzernexterne Vorgänge zurückzuführen sind.

Demnach müssen in diesen Perioden die Konzernjahresüberschüsse um 2 bzw. 3 bzw. 5 vermindert werden.

Konkret ergeben sich in den Perioden t_1 bis t_4 die folgenden Differenzen:

	t_1	t_2	t_3	t_4
(1) Ausleihungen an verbundene Unternehmen	20	22	25	30
(2) Verbindlichkeiten gegenüber verbundenen Unternehmen	30	30	30	30
(3) Differenz, absolut	10	8	5	–
(4) Veränderung der Differenz gegenüber dem Vorjahr	+10	–2	–3	–5

Im Zuge der Konsolidierung ist wie folgt zu verfahren:

(1) Konsolidierungstechnisch muß die gesamte Differenz (10, 8, 5, –) ausgeglichen werden.

(2) Der Konzernjahresüberschuß jedoch darf nur um die Veränderung der Differenz gegenüber dem Vorjahr verändert werden (+10, –2, –3, –5).

(3) Die Differenz nach dem Stand am Ende des Vorjahrs wird in der Konsolidierungspraxis u.a. gegen den Ergebnisvortrag, gegen die Gewinnrücklagen oder gegen einen gesonderten Ausgleichsposten gebucht (vgl. auch 1. Abschn., 5. Kap.).

Passivische Aufrechnungsdifferenz

Regelmäßig wird sich bei der Schuldenkonsolidierung eine passivische Aufrechnungsdifferenz ergeben; denn aufgrund des Vorsichtsprinzips wird der Wert der Verbindlichkeiten den der Forderungen übersteigen. Für diesen Regelfall gilt – unter der Prämisse, daß die Aufrechnungsdifferenz nach dem Stand am Ende des Vorjahrs mit dem Ergebnisvortrag verrechnet wird – folgendes Grundschema für die Erfassung von Aufrechnungsdifferenzen aus der Schuldenkonsolidierung:

Grundschema zur Erfassung von passivischen Aufrechnungsdifferenzen aus der Schuldenkonsolidierung

	Jahresüberschuß/-fehlbetrag der Summenerfolgsrechnung
+	Erhöhung der passivischen Aufrechnungsdifferenzen während des abgelaufenen Geschäftsjahrs
–	Minderung der passivischen Aufrechnungsdifferenzen während des abgelaufenen Geschäftsjahrs
=	Konzernjahresüberschuß/-fehlbetrag
+	passivische Aufrechnungsdifferenz nach dem Stand am Ende des vorangegangenen Geschäftsjahrs
=	Konzerngewinn/-verlust

Tritt dagegen der seltene Fall einer aktivischen Aufrechnungsdifferenz ein, so sind im obigen Schema die Vorzeichen entsprechend anzupassen.

1. Im Rahmen der Schuldenkonsolidierung sind grundsätzlich alle innerkonzernlichen Rechtsbeziehungen zwischen in den Konzernabschluß einbezogenen Unternehmen, soweit sie zwischengesellschaftlichen Forderungs- und Verbindlichkeitscharakter besitzen, unabhängig von der dem Konzern zuzuordnenden Anteilshöhe voll (Ausnahme: Beziehungen zu Gemeinschaftsunternehmen) auszuschalten.
2. Stehen sich Forderungen und Verbindlichkeiten nicht in gleicher Höhe gegenüber, dann entstehen Aufrechnungsdifferenzen. Nur die »echten« Aufrechnungsdifferenzen sind Gegenstand der Schuldenkonsolidierung.
3. Soll der Konzernjahresüberschuß/-fehlbetrag periodenrichtig ermittelt werden, dann darf nicht die gesamte Aufrechnungsdifferenz, sondern nur die Veränderung im Vergleich zum Vorjahr erfolgswirksam verrechnet werden. Die Aufrechnungsdifferenz nach dem Stand am Ende des Vorjahrs ist erfolgsneutral zu verrechnen. Als Verrechnungsposten kommen dabei neben dem Ergebnisvortrag (Auswirkungen auf das Konzernergebnis) auch die Gewinnrücklagen oder ein eigens zu schaffender Ausgleichsposten in Betracht.

3. Zwischenergebniseliminierung

3.1 Grundlagen

Gewinnrealisierung im Einzelabschluß

Den Ausgangspunkt der Konzernrechnungslegung bilden die Einzelabschlüsse der rechtlich zwar selbständigen, aber wirtschaftlich unter einheitlicher Leitung stehenden Konzernunternehmen. Die Einzelabschlüsse dieser Konzernunternehmen erfassen konzerninterne Beziehungen regelmäßig wie Beziehungen zu Konzernfremden, da die Rechnungslegung der einzelnen Konzernunternehmen aus der Sicht ihrer rechtlichen Selbständigkeit grundsätzlich keinen Unterschied zwischen Konzernfremden und Konzernunternehmen macht. So werden auch jene Gewinne, die gegenüber Konzernunternehmen erzielt werden, als realisierte Gewinne in den Einzelabschlüssen der Konzernunternehmen ausgewiesen.

Gewinnrealisierung aus Konzernsicht

Auf der Grundlage der Einheitstheorie jedoch, wonach die einzelnen Konzernunternehmen den Status von rechtlich und wirtschaftlich unselbständigen Betriebsstätten annehmen, gelten Gewinne erst dann als realisiert, wenn der Abnehmer nicht wieder ein Konzernunternehmen ist, sondern die Lieferung den Konzernbereich verläßt. Denn ein Unternehmen mit mehreren Betrieben darf

Umsatzerlöse auch erst dann als realisiert betrachten, wenn die Vermögensgegenstände an Dritte veräußert werden, und nicht bereits dann, wenn eine Lieferung zwischen den Betrieben eines einzigen Unternehmens erfolgt.

Ausschaltung von konzerninternen Gewinnen

Folgerichtig sind daher im Rahmen der Konsolidierung konzerninterne Gewinne, die kurz Zwischengewinne genannt werden, zu eliminieren, so daß das Problem der Zwischengewinneliminierung zunächst darin besteht, Zwischengewinne auszuschalten (zu neutralisieren). Werden die in einer früheren Periode eliminierten Zwischengewinne aus Konzernsicht in der Folgezeit realisiert, findet dieser Realisationsvorgang – ebenso wie die ursprüngliche Zwischengewinneliminierung – als solcher in den Einzelabschlüssen keinen Niederschlag. Aus Konzernsicht jedoch muß nun die Realisation der Zwischengewinne gebucht werden. Damit zieht jede Zwischengewinneliminierung in aller Regel in einer späteren Periode eine Zwischengewinnrealisation nach sich. Auf lange Sicht gleichen sich daher die in den Einzelabschlüssen und im Konzernabschluß ausgewiesenen Erfolge aus. Hier wird deutlich, daß die Zwischengewinneliminierung letztlich ein reines Periodisierungsproblem darstellt (vgl. zu der Totalerfolgskonzeption und dem Kongruenzprinzip im Konzern auch KÖNIGSMAIER, H. 2000, S. 192f.).

Eliminierung konzerninterner Verluste

Ebenso wie sich die Realisation der Zwischengewinne aus einzelgesellschaftlicher Sicht und Konzernsicht unterschiedlich darstellt, kann diese Betrachtungsweise analog auch auf die Realisation von Zwischenverlusten übertragen werden. Diese liegen dann vor, wenn durch die Wahl entsprechender Konzernverrechnungspreise in den Einzelabschlüssen Verluste gebucht werden, die aus Konzernsicht tatsächlich nicht entstanden sind. Eine entsprechende Rückgängigmachung dieser aus Konzernsicht (willkürlich) gebuchten Verluste ist Gegenstand der Zwischenverlustaufwertung.

Sowohl die Zwischengewinneliminierung als auch die Zwischenverlustaufwertung sind Gegenstand der Behandlung der Zwischenergebnisse, wie der Gesetzgeber den entsprechenden § 304 HGB überschrieben hat.

3.2 Verpflichtung zur Korrektur der Zwischenergebnisse

Fiktion der rechtlichen Einheit

Nach § 304 Abs. 1 HGB sind in »den Konzernabschluß zu übernehmende Vermögensgegenstände, die ganz oder teilweise auf Lieferungen oder Leistungen zwischen in den Konzernabschluß einbezogenen Unternehmen beruhen, ... in der Konzernbilanz mit einem Betrag anzusetzen, zu dem sie in der auf den Stichtag des Konzernabschlusses aufgestellten Jahresbilanz dieses Unternehmens angesetzt werden könnten, wenn die in den Konzernabschluß einbezogenen Unternehmen auch rechtlich ein einziges Unternehmen bilden würden.« Das bedeutet, daß die Einzelabschlußwerte der einbezogenen Unternehmen, die in die Summenbilanz eingegangen sind, an die allein aus Konzernsicht zulässigen Wertansätze – die Konzernanschaffungs- und Konzernherstellungskosten – angepaßt werden müssen.

In konsequenter Anwendung der Einheitstheorie müssen damit auf der Grundlage dieser Vorschrift grundsätzlich alle Zwischenergebnisse, d.h. sowohl die Gewinne als auch die Verluste aus Geschäften zwischen den in den Konzernabschluß einbezogenen Unternehmen, korrigiert werden. Die Zwischenergebniseliminierung umfaßt jedoch nicht nur die Stornierung von Zwischengewinnen und -verlusten im eigentlichen Sinn, d.h. die Eliminierung der ausgewiesenen, aus innerkonzernlichen Lieferungen und Leistungen resultierenden Erfolge, sondern darüber hinaus sämtliche Differenzen zwischen den in den HB II der einbezogenen Unternehmen ausgewiesenen Anschaffungs- oder Herstellungskosten und den aus Konzernsicht anzusetzenden Konzernanschaffungs- oder -herstellungskosten.

Voraussetzungen für eine Zwischenergebniseliminierungspflicht

Im einzelnen setzt eine Pflicht zur Korrektur von Zwischenergebnissen nachfolgende Sachverhalte voraus:

(1) Es müssen Vermögensgegenstände – also Sachen oder Rechte – vorliegen. »Bei innerkonzernlichen Leistungen, die bei den beteiligten Unternehmen nur zu Aufwendungen und Erträgen führen, z.B. Kreditgewährungen oder sonstige Dienstleistungen, kommt eine Eliminierung von Zwischenergebnissen nicht in Betracht, da sich in diesen Fällen bei zutreffender Bilanzierung Aufwendungen des empfangenden und Erträge des leistenden Unternehmens betragsmäßig entsprechen und sich die dadurch entstehenden Mehr- und Mindergewinne ausgleichen« (Weber, H., in: Küting/Weber 1998, § 304 HGB, Rn. 8).

(2) Die Vermögensgegenstände müssen bei einem einbezogenen Unternehmen bilanziert werden. § 304 HGB ist im Abschnitt »Vollkonsolidierung« geregelt, so daß es sich bei den Unternehmen um voll einbezogene Konzernunternehmen handeln muß. Jedoch verweist auch § 310 Abs. 2 HGB auf den § 304 HGB und schreibt vor, daß auf quotal einbezogene Gemeinschaftsunternehmen eine Zwischenergebniseliminierung »entsprechend« anzuwenden ist. Sind innerkonzernlich bezogene Vermögensgegenstände am Bilanzstichtag an Konzernfremde weiterveräußert worden, darf keine Zwischenergebniskorrektur vorgenommen werden.

(3) Die Vermögensgegenstände müssen auf Lieferungen oder Leistungen einbezogener Unternehmen beruhen. Die Pflicht zur Zwischenergebniseliminierung ist nur dann gegeben, wenn die Lieferungen oder Leistungen direkt erfolgten. »Für Vermögensgegenstände, die ursprünglich von einbezogenen Unternehmen stammen, jedoch nicht unmittelbar, sondern über nicht einbezogene Unternehmen wieder in den Konzernbereich gelangten (sog. Dreiecksgeschäfte), besteht damit keine Eliminierungspflicht« (Weber, H., in: Küting/Weber 1998, § 304 HGB, Rn. 14). Eine Zwischenergebniskorrektur darf auch dann nicht vorgenommen werden, wenn die Lieferung oder Leistung von Konzernunternehmen erfolgte, die aufgrund der

§§ 295 oder 296 HGB nicht einbezogen wurden. Hierbei ist aber grundsätzlich § 312 Abs. 5 HGB zu beachten.

(4) Schließlich setzt die Korrektur von Zwischenergebnissen natürlich voraus, daß die in den Summenabschluß eingegangenen Buchwerte der betreffenden Vermögensgegenstände aus Konzernsicht unzulässig sind. Sind die Wertansätze aus Konzernsicht zu hoch, hat eine Zwischengewinneliminierung zu erfolgen. Im umgekehrten Fall ist eine Zwischenverlusteliminierung vorzunehmen.

3.3 Verzicht auf eine Korrektur der Zwischenergebnisse

Von einer Pflicht zur Korrektur von Zwischenergebnissen darf nur abgesehen werden, wenn einer der beiden nachfolgenden Sachverhalte vorliegt:

Übliche Marktbedingungen und unverhältnismäßig hoher Aufwand

(1) Zunächst darf eine Korrektur dann unterbleiben, wenn »die Lieferung oder Leistung zu üblichen Marktbedingungen vorgenommen worden ist und die Ermittlung des nach Absatz 1 vorgeschriebenen Wertansatzes einen unverhältnismäßig hohen Aufwand erfordern würde« (§ 304 Abs. 2 Satz 1 HGB). Wird von dieser Ausnahmevorschrift Gebrauch gemacht, so ist dies »im Konzernanhang anzugeben und, wenn der Einfluß auf die Vermögens-, Finanz- und Ertragslage des Konzerns wesentlich ist, zu erläutern« (§ 304 Abs. 2 Satz 2 HGB).

Die beiden Voraussetzungen der »üblichen Marktbedingungen« und des »unverhältnismäßig hohen Aufwands« müssen gleichzeitig vorliegen. »Übliche Marktbedingungen« liegen dann nicht vor, wenn sie mit einem Konzernfremden nicht vereinbart worden wären. Ein »unverhältnismäßig hoher Aufwand« ist dann anzunehmen, wenn der Konsolidierungsmehraufwand in keinem sinnvollen Verhältnis zu dem damit erreichbaren verbesserten Einblick in die Vermögens-, Finanz- und Ertragslage des Konzerns steht.

Untergeordnete Bedeutung

(2) Eine Befreiung von der Verpflichtung zur Zwischenergebniseliminierung ist auch für den Fall vorgesehen, daß »die Behandlung der Zwischenergebnisse nach Absatz 1 für die Vermittlung eines den tatsächlichen Verhältnissen entsprechenden Bildes der Vermögens-, Finanz- und Ertragslage des Konzerns nur von untergeordneter Bedeutung ist« (§ 304 Abs. 3 HGB). Entscheidend ist die Bedeutung aus der Sicht des Konzerns und nicht die Bedeutung aus der Sicht eines Konzernunternehmens. Diese Befreiungsmöglichkeit ist Ausdruck des Prinzips der Wesentlichkeit und stellt insbes. auf die Frage ab, ob die aus den anstehenden Korrekturen zu gewinnenden Informationen die Beurteilungen und Entscheidungen der Abschlußadressaten beeinflussen können.

3.4 Vorgehensweise bei der Ermittlung von Zwischenergebnissen

Die Eliminierung von Zwischenergebnissen setzt zunächst deren quantitative Bestimmung voraus. Dabei sind im Vorfeld der Zwischenergebniseliminierung die Konzernbestände, die relevanten Einzelabschlußwerte sowie die aus Konzernsicht zutreffenden Anschaffungs- oder Herstellungskosten zu ermitteln (vgl. im folgenden DUSEMOND, M. 1993, S. 165ff.).

3.4.1 Ermittlung der Konzernbestände

Individuelle versus pauschale Ermittlung

Zunächst sind alle im Summenabschluß ausgewiesenen Vermögensgegenstände des Anlage- und Umlaufvermögens, die ganz oder teilweise auf innerkonzernlichen Lieferungen und Leistungen beruhen (= Konzernbestände), zu bestimmen. Diese Ermittlung kann einerseits individuell erfolgen, indem für die einzelnen aus innerkonzernlichen Lieferungen und/oder Leistungen bestehenden Vermögensgegenstände die am Abschlußstichtag vorhandenen Konzernbestände gesondert erfaßt werden. Die individuelle Ermittlung der Konzernbestände setzt allerdings voraus, daß sich die einzelnen Lieferungen/Leistungen bspw. durch getrennte Lagerung oder eindeutige Kennzeichnung eindeutig voneinander unterscheiden lassen. Da diese Unterscheidbarkeit vor allem bei Vermögensgegenständen des Vorratsvermögens regelmäßig nicht gewährleistet ist, verbleibt hier nur die Möglichkeit der pauschalen Ermittlung. Hierbei werden die Konzernbestände mit Hilfe von Vereinfachungsverfahren (Durchschnitts- oder Verbrauchsfolgeverfahren) bestimmt.

3.4.2 Ermittlung der Einzelabschlußwerte

Werte der HB I oder der HB II maßgebend?

Der Einzelabschlußwert entspricht dem Wertansatz in dem für die Konsolidierung maßgeblichen Jahresabschluß. Dies kann zunächst der Abschlußwert aus der offiziellen Jahresbilanz (HB I) sein. Dessen Wertobergrenze liegt im Sinne des Nominalwertprinzips bei den (fortgeführten) Anschaffungs- und Herstellungskosten, ggf. nach unten durch das Niederstwertprinzip korrigiert. Er entspricht somit dem (fortgeführten) Konzernverrechnungspreis, auf dessen Grundlage die konzerninterne Lieferung oder Leistung erfolgte, sofern keine Abwertung auf den niedrigeren beizulegenden Wert vorgenommen wurde. Als ein weiteres Beurteilungskriterium kann jedoch auch der Wert aus der HB II in Betracht kommen, wenn die Abschlußwerte der offiziellen Jahresbilanz entweder umbewertet werden mußten (vgl. § 308 Abs. 2 HGB) oder auf freiwilliger Basis umbewertet worden sind (vgl. § 308 Abs. 1 HGB).

3.4.3 Ermittlung der Konzernanschaffungs- oder Konzernherstellungskosten

Vergleichsmaßstab bei der Beurteilung, ob eine Zwischenergebniseliminierung gem. § 304 HGB zu erfolgen hat, sind die aus Konzernsicht zutreffenden Anschaffungs- oder Herstellungskosten, deren Ermittlung somit ebenfalls vor der eigentlichen Zwischenergebniseliminierung zu erfolgen hat.

3.4.3.1 Konzernanschaffungskosten

Einzeln zurechenbare Aufwendungen

Von außenstehenden Dritten bezogene Vermögengegenstände sind mit den Konzernanschaffungskosten zu bewerten. Gem. § 298 Abs. 1 i.V.m. § 255 Abs. 1 HGB zählen zu den Konzernanschaffungskosten einerseits alle »Aufwendungen, die von in den Konzernabschluß einbezogenen Unternehmen insgesamt an konzernfremde Dritte geleistet werden, um einen Vermögensgegenstand zu erwerben und ihn in einen betriebsbereiten Zustand zu versetzen, sofern die Aufwendungen dem Vermögensgegenstand aus Konzernsicht einzeln zugeordnet werden können« (NIEHUS, R.J./SCHOLZ, W. 1987, Rn. 1215). Andererseits gehören hierzu auch Aufwendungen für eigene Leistungen der einbezogenen Konzernunternehmen zur Erlangung der Betriebsbereitschaft (Konzernanschaffungsnebenkosten), sofern sie aus Konzernsicht einzeln zurechenbar sind. Da die Bestimmung der Konzernanschaffungskosten stets aus der Sicht der Gesamtheit Konzern vorzunehmen ist, ergeben sich regelmäßig Abweichungen zu den Einzelabschlußwerten.

3.4.3.2 Konzernherstellungskosten

Bewertungswahlrecht bei den Herstellungskosten

Die Konzernherstellungskosten stellen den Bewertungsmaßstab für im Konzernverbund hergestellte, be- oder verarbeitete Vermögensgegenstände dar. Da bei der Ermittlung der Konzernherstellungskosten § 255 Abs. 2 und 3 i.V.m. § 298 Abs. 1 HGB anzuwenden ist, lassen sich auch für die Konzernherstellungskosten eine Obergrenze (Konzernhöchstwert) und eine Untergrenze (Konzernmindestwert) bestimmen.

Übersicht 78: Bestimmung des Konzernhöchst- und -mindestwerts für die Herstellungskosten

Aktivierungspflichtige Konzernherstellungskosten	Materialeinzelkosten + Fertigungseinzelkosten + Sondereinzelkosten der Fertigung + Aktivierungspflichtige Herstellungskostenmehrungen (Einzelkosten) ./. Herstellungskostenminderungen (Einzelkosten)
Aktivierungsfähige, aber nicht aktivierungspflichtige Konzernherstellungskosten	= Mindestwert der Konzernherstellungskosten **(= Untergrenze)** + Angemessene Teile der notwendigen Materialgemeinkosten + Angemessene Teile der notwendigen Fertigungsgemeinkosten und des Wertverzehrs des Anlagevermögens + Kosten der allgemeinen Verwaltung + Aufwendungen für soziale Einrichtungen des Betriebs, für freiwillige soziale Leistungen und betriebliche Altersversorgung + u. U. Zinsen für Fremdkapital (§ 255 Abs. 3 HGB) + Aktivierungsfähige, aber nicht aktivierungspflichtige Herstellungskostenmehrungen (Gemeinkosten) ./. Herstellungskostenminderungen (Gemeinkosten)
	= Höchstwert der Konzernherstellungskosten **(= Obergrenze)**

Konzern-Einzelkosten

Bei der Bepreisung von Vermögensgegenständen zu Herstellungskosten (vgl. Übersicht 78) sind diese analog zu den Bewertungsvorschriften für den Einzelabschluß nach § 255 Abs. 2 HGB mindestens zu Einzelkosten (aktivierungspflichtige Konzernherstellungskosten) zu bewerten. Kennzeichen dieser Einzelkosten sind, daß sie direkt (unmittelbar) einem Bezugsobjekt zugerechnet werden können und eindeutig stück- oder ausbringungsbezogen anfallen. Ausgehend vom Prinzip der Einzelbewertung, wonach jeder Vermögensgegenstand einzeln zu erfassen und zu bewerten ist, kommt als Bezugsobjekt allein die einzelne Mengeneinheit eines Kostenträgers in Betracht. Folglich ist bei der Bestimmung von Einzelkosten auf das Bezugsobjekt »einzelne Leistungseinheit« abzustellen. Dabei ist zunächst Voraussetzung, daß die Zurechnung auf das einzelne Stück gemäß nachweisbaren, eindeutig quantitativen Zusammenhängen zwischen Kosten und Leistungen erfolgt. Einzelkosten sind dann diejenigen direkt meßbaren Kosten, die nicht entstehen würden, wenn die jeweils betrachtete Kostenträgereinheit wegfiele. Die auf dieser Grundlage definierten Einzelkosten sind daher stets variable Kosten, da sie durch die Produktion eines Stücks verursacht werden.

»Sie können vermieden werden, wenn dieses Stück nicht produziert würde« (WÖHE, G. 2000, S. 1136). Zur Beantwortung der Frage, ob Konzern-Einzelkosten vorliegen, ist allein die Sicht der Einheitsunternehmung Konzern entscheidend und nicht die Kostenbeurteilung aus der Sicht des einzelnen rechtlich selbständigen Konzernunternehmens.

Konzern-Gemeinkosten

Ebenso wie im Einzelabschluß besteht im Konzernabschluß bei der Bestimmung der Herstellungskosten hinsichtlich der Gemeinkosten ein Aktivierungswahlrecht. Aktivierungsfähig sind demgemäß angemessene Teile der notwendigen Material- und Fertigungsgemeinkosten sowie des durch die Fertigung veranlaßten Wertverzehrs des Anlagevermögens, die Kosten der allgemeinen Verwaltung, Aufwendungen für soziale Einrichtungen des Betriebs, freiwillige soziale Leistungen und betriebliche Altersversorgung sowie Fremdkapitalzinsen, soweit sie auf den Zeitraum der Herstellung entfallen.

Herstellungskostenmehrungen

Bei der Ermittlung der Konzernherstellungskosten sind ausgehend von der Fiktion der rechtlichen Einheit des Konzerns solche Aufwendungen zusätzlich zu berücksichtigen, die in der Einzelbilanz nicht aktivierungsfähig sind, vom Konzernstandpunkt aber den Charakter aktivierungspflichtiger (Einzelkosten) oder aktivierungsfähiger (Gemeinkosten) Herstellungskosten haben (sog. Herstellungskostenmehrungen). Dabei kann es sich insbes. um Aufwendungen handeln, die aus der Sicht des einzelnen rechtlich selbständigen Konzernunternehmens Vertriebskosten sind, aus Konzernsicht hingegen Herstellungskostencharakter haben (z.B. innerkonzernliche Transportkosten; vgl. WYSOCKI, K. v./ WOHLGEMUTH, M. 1996, S. 194).

Herstellungskostenminderungen

Andererseits ist es möglich, daß im Einzelabschluß aktivierungsfähige oder aktivierungspflichtige Kosten aus Konzernsicht nicht oder nur teilweise aktiviert werden dürfen. So sind z.B. Lizenzgebühren, die an einbezogene Konzernunternehmen gezahlt und im Einzelabschluß als Sondereinzelkosten der Fertigung aktiviert wurden, auf Konzernebene grundsätzlich als sog. Herstellungskostenminderungen zu berücksichtigen.

Zu beachten ist, daß die in der HB II im Rahmen der Anpassung an die konzerneinheitliche Bewertung gem. § 308 Abs. 1 Satz 1 HGB getroffene Entscheidung für einen Ansatz zu Vollkosten (Höchstwert), Einzelkosten (Mindestwert) oder zu einem Zwischenwert maßgebend für den Ansatz des Konzernhöchst-, -mindest- oder -zwischenwerts ist.

3.4.4 Ableitung der Zwischenergebnisse

Nach der Ermittlung der mengenmäßigen Konzernbestände sowie der relevanten Einzel- und Konzernabschlußwerte kann nunmehr die Höhe der zu eliminierenden Zwischenergebnisse bestimmt werden.

3.4.4.1 Zwischengewinne

Ausgehend von der Prämisse, daß im Rahmen der Erstellung der HB II keine Umbewertungen stattgefunden haben (HB I = HB II), kann die Höhe eines Zwischengewinns für einen im Konzernverbund hergestellten, be- oder verarbeiteten Vermögensgegenstand grundsätzlich wie folgt bestimmt werden:

Übersicht 79: Zur Definition des Zwischengewinns

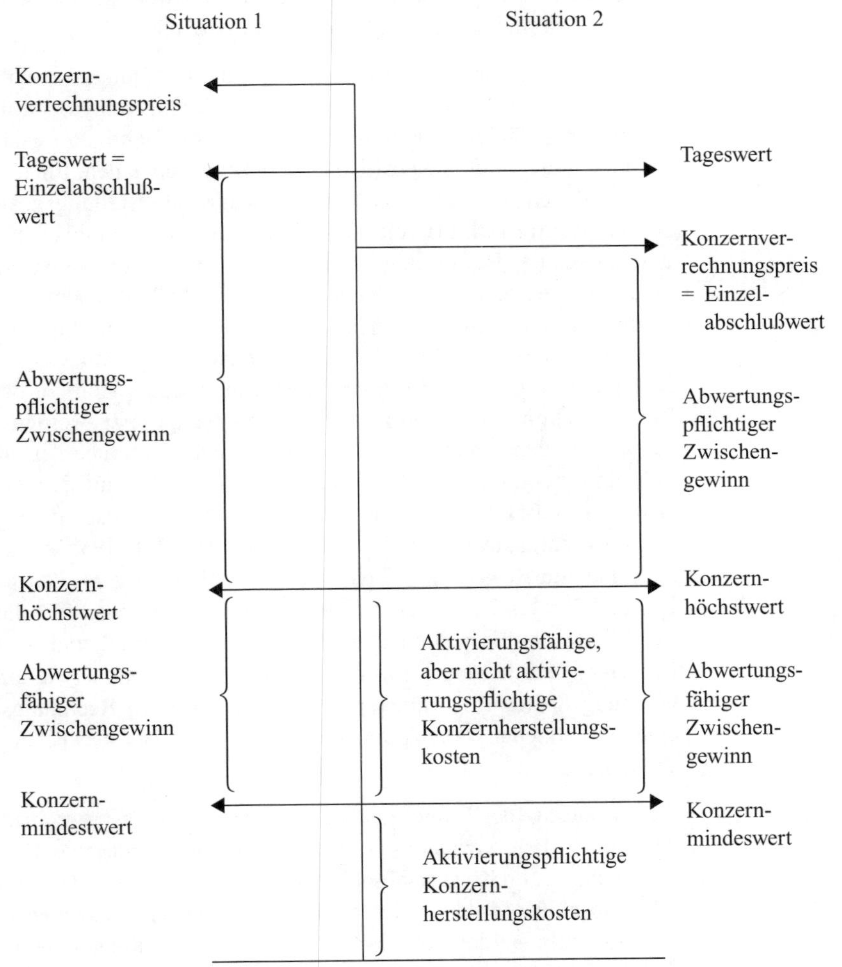

Abwertungspflichtiger und abwertungsfähiger Zwischengewinn

(1) Gemäß dem Niederstwertprinzip wurde in der Situation 1 auf einzelgesellschaftlicher Ebene nicht der Konzernverrechnungspreis, sondern der niedrigere Stichtagswert berücksichtigt. Dann muß für Zwecke des Konzernabschlusses im Zuge der Konsolidierung ein Bewertungsabschlag um die Differenz zwischen dem Einzelabschlußwert und der Obergrenze der Konzernherstellungskosten auf den Konzernhöchstwert vorgenommen werden (abwertungspflichtiger Zwischengewinn). Es kann jedoch auch eine Bewertung der Vermögensgegenstände nur mit den aktivierungspflichtigen Einzelkosten erfolgen; denn der Konzernhöchstwert stellt keinen Fixwert, sondern lediglich einen möglichen Wertansatz dar.

Ansatz eines Zwischenwerts

Nach den handelsrechtlichen Konzernrechnungslegungsvorschriften setzt sich der Zwischengewinn aus einem eliminierungspflichtigen und einem eliminierungsfähigen, aber nicht eliminierungspflichtigen Bestandteil zusammen und umfaßt die positive Differenz zwischen dem Einzelabschlußwert und den aktivierungspflichtigen Konzernherstellungskosten (Konzernmindestwert). Im Bereich des Eliminierungsspielraums für Zwischenergebnisse (= Bewertungswahlrecht für die Vermögensgegenstände) unterhalb des Konzernhöchstwerts und oberhalb des Konzernmindestwerts kann auch ein Zwischenwert angesetzt werden. Diese Vorgehensweise wird durch § 304 HGB gestützt, wonach die Vermögensgegenstände in der Konzernbilanz mit einem Betrag anzusetzen sind, zu dem sie im Einzelabschluß des Mutterunternehmens »angesetzt werden könnten, wenn die in den Konzernabschluß einbezogenen Unternehmen auch rechtlich ein einziges Unternehmen bilden würden«. Da auf den Konzernabschluß grundsätzlich nur die für große Kapitalgesellschaften geltenden Vorschriften anzuwenden sind (vgl. § 298 Abs. 1 HGB), kommen daher auch nur die Bewertungspflichten und -wahlrechte gem. den §§ 252 bis 256 und 279 bis 283 HGB in Betracht. Hierzu zählt auch die dargestellte Ermittlung der Herstellungskosten gem. § 255 Abs. 2 und 3 HGB. Die Einheitsunternehmung Konzern hat somit folgerichtig – wie eine Unternehmung im Rahmen ihrer einzelgesellschaftlichen Rechnungslegung – einen erheblichen bilanzpolitischen Spielraum bei der Festlegung des Wertansatzes.

Unterschiedlicher Wertansatz in Einzel- und Konzernabschluß

Der Grundsatz der Einheitlichkeit der Bewertung gestattet ausdrücklich, daß »nach dem Recht des Mutterunternehmens zulässige Bewertungswahlrechte … im Konzernabschluß unabhängig von ihrer Ausübung in den Jahresabschlüssen der in den Konzernabschluß einbezogenen Unternehmen ausgeübt werden« (§ 308 Abs. 1 Satz 2 HGB) können. Folglich kann der gleiche Vermögensgegenstand im Einzel- und im Konzernabschluß mit unterschiedlichen Werten angesetzt werden bzw. die Herstellungskosten für den gleichen Vermögensgegenstand können im Einzel- und Konzernabschluß unterschiedliche Komponenten umfassen.

(2) In der Situation 2 der Übersicht 79 ist zu berücksichtigen, daß auf einzelgesellschaftlicher Ebene der (fortgeführte) Konzernverrechnungspreis als Anschaffungskosten im Rahmen des Einzelabschlusses angesetzt wurde; ein darüberliegender Stichtagswert durfte wegen des Nominalwertprinzips nicht bilanziert werden. Ein eliminierungspflichtiger Zwischengewinn ergibt sich wiederum aus der Differenz zwischen dem Einzelabschlußwert und dem Konzernhöchstwert, während sich darüber hinaus zwischen dem Konzernhöchst- und -mindestwert ein eliminierungsfähiger Zwischengewinn (Wahlrecht) ergibt.

Beachtung des Nominalwertprinzips

(3) Sind Konzernbestände hingegen mit den (Konzern-)Anschaffungskosten anzusetzen, so existiert – mangels Wahlbestandteilen bei der Bestimmung der Anschaffungskosten – lediglich ein eliminierungspflichtiger Zwischengewinn in Höhe der Differenz zwischen einem höheren Einzelabschlußwert und den niedrigeren, aus Konzernsicht anzusetzenden Anschaffungskosten.

Konzernanschaffungskosten

3.4.4.2 Zwischenverluste

Die Zwischenergebniseliminierung gem. § 304 Abs. 1 HGB umfaßt gleichermaßen die Verpflichtung zur Aufwertung von Zwischenverlusten.

(1) Ebenso wie beim Zwischengewinn wird auch beim Zwischenverlust zwischen einem eliminierungspflichtigen und einem eliminierungsfähigen, aber nicht eliminierungspflichtigen Bestandteil unterschieden. Die Bewertungsmaßstäbe für die Zwischenverlusteliminierung (Einzelabschlußwert, Konzernmindest- und -höchstwert) sind so zu ermitteln, wie sie im Rahmen der Zwischengewinndefinition dargestellt wurden. In der folgenden Fallgestaltung ist als Einzelabschlußwert stets der Konzernverrechnungspreis in der einzelgesellschaftlichen Rechnungslegung (Prämisse HB I = HB II) berücksichtigt worden. Der eliminierungspflichtige Verlust (vgl. Übersicht 80) wird als positive Differenz zwischen dem Mindestwert (der Wertuntergrenze) der Konzernherstellungskosten bzw. einem evtl. niedrigeren beizulegenden Stichtagswert (absolute Wertobergrenze auch im Konzernabschluß) und dem Einzelabschlußwert definiert. Daher sind die Vermögensgegenstände mindestens mit den aktivierungspflichtigen Einzelkosten zu bilanzieren, so daß im Zuge der Konsolidierung eine Werterhöhung auf den Konzernmindestwert (Situation 2) bzw. auf den Stichtagswert (Situation 1) vorgenommen werden muß.

Bestandteile des Zwischenverlusts

(2) Analog zu den Ausführungen zum Zwischengewinn wird die positive Differenz zwischen dem Höchst- und Mindestwert der Konzernherstellungskosten als eliminierungsfähiger Zwischenverlust bezeichnet (vgl. Situation 2 in Übersicht 80), so daß die Differenz zwischen dem Konzernhöchstwert und dem niedrigeren Einzelabschlußwert den gesamten Zwischenverlust umfaßt. Die Vermögensgegenstände können somit zu

Aufwertungsfähiger Zwischenverlust

Einzelkosten oder zu Vollkosten oder einem Zwischenwert oberhalb der Wertuntergrenze und unterhalb der Wertobergrenze der Herstellungskosten im Konzernabschluß bewertet werden. Die Differenz zwischen den höchstmöglichen und den niedrigstmöglichen Konzernherstellungskosten braucht daher weder bei der Zwischengewinneliminierung abgewertet noch bei der Zwischenverlusteliminierung aufgewertet zu werden, so daß hier – vereinfacht formuliert – ein neutraler Eliminierungsbereich von Zwischenergebnissen vorliegt.

Aufwertungspflichtiger Zwischenverlust

(3) Eine Besonderheit ergibt sich für den Fall, daß der beizulegende Stichtagswert über dem Einzelabschlußwert, aber unter dem Konzernmindestwert liegt (vgl. Situation 1 in Übersicht 80). In dieser Situation gilt, daß im Zuge der Konsolidierung eine Werterhöhung auf den Stichtagswert (eliminierungspflichtiger Zwischenverlust) vorgenommen werden muß. Der beizulegende Stichtagswert stellt auch für den Konzernabschluß die Wertobergrenze dar. Eine Aufwertung auf den Konzernmindestwert darf also nicht erfolgen, da – wie im Einzelabschluß – auch hier das Niederstwertprinzip beachtet werden muß. Ein Eliminierungsspielraum besteht somit in diesem Fall nicht.

Konzernanschaffungskosten

(4) Ebenso existiert bei der Bewertung von Vermögensgegenständen zu Konzernanschaffungskosten stets lediglich ein eliminierungspflichtiger Zwischenverlust in Höhe der Differenz zwischen dem niedrigeren Einzelabschlußwert und den höheren, unter Beachtung des Niederstwertprinzips aus Konzernsicht anzusetzenden Anschaffungskosten.

Übersicht 80: Zur Definition des Zwischenverlusts

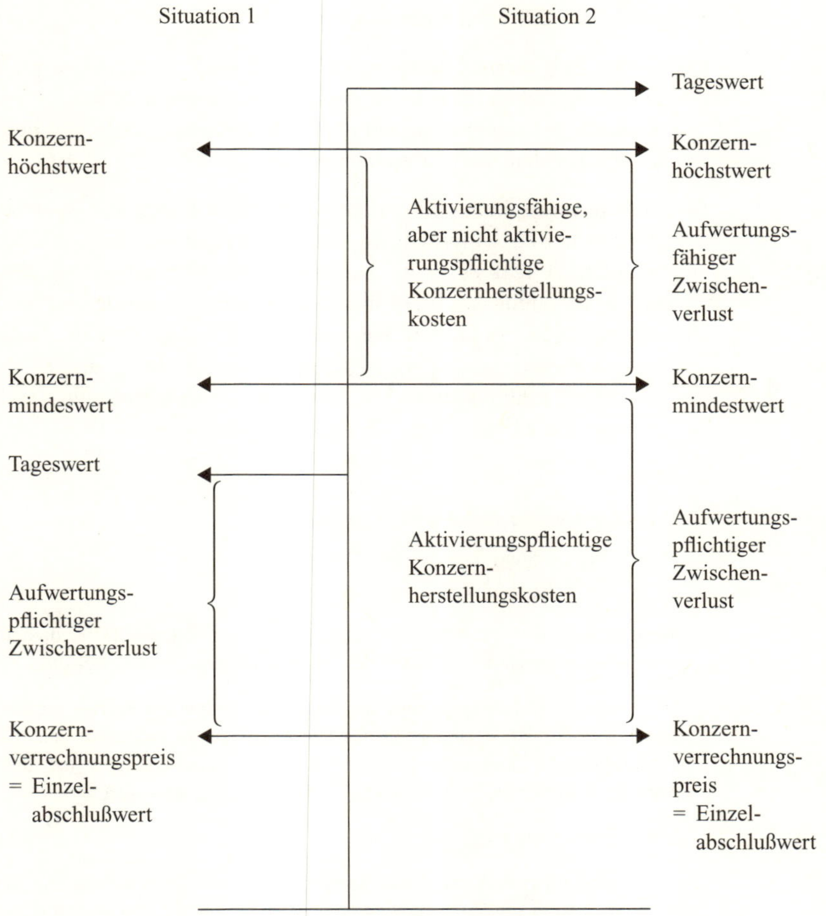

3.5 Zur Technik der Zwischenergebniseliminierung

Wurden Unternehmen auf der Grundlage der Vollkonsolidierung einbezogen, gelten folgende Konsolidierungsregeln: *Konsolidierungsregeln*

(1) Die Bestände sind stets in voller Höhe um die Zwischenergebnisse zu korrigieren.

(2) Für den Fall, daß Zwischenergebnisse zum ersten Mal auftreten, beeinflussen die Zwischenergebnisse in voller Höhe den Jahresüberschuß. Dabei können beim Gesamtkostenverfahren insbes. die Posten »Bestandsverän-

derungen«, »andere aktivierte Eigenleistungen« oder der »Materialaufwand« betroffen sein. Beim Umsatzkostenverfahren kommt eine Verbuchung insbes. im Posten »Herstellungskosten der zur Erzielung der Umsatzerlöse erbrachten Leistungen« in Frage.

(3) In den Folgekonsolidierungen dürfen Zwischenergebnisse nicht in voller Höhe Einfluß auf den Konzernjahresüberschuß nehmen; vielmehr ist der Konzernjahresüberschuß nur um die Veränderung der Zwischenergebnisse gegenüber dem Vorjahr zu korrigieren.

(4) Gewinne aus konzerninternen Geschäften haben die Jahreserfolge der konsolidierten Unternehmen erhöht, obwohl aus Konzernsicht die Gewinne nicht realisiert sind. Deshalb ist der Jahresüberschuß der Summenerfolgsrechnung um diese in der Betrachtungsperiode entstandenen Zwischengewinne zu kürzen. Werden Vermögensgegenstände, die aus Vorjahren stammen und Zwischengewinne enthielten, an Konzernfremde veräußert, erhöhen diese Zwischengewinne entsprechend durch die Stornierung der Eliminierung den Konzernjahresüberschuß.

Beispiel:

Zwischengewinne sind wie folgt gegeben:

t_1 = 5 000,
t_2 = 12 500.

Wenn unterstellt wird, daß Zwischengewinne erstmalig in t_1 anfielen, sind die gesamten Zwischengewinne zu Lasten des Jahresüberschusses abzuwerten.

In t_2 müssen 12 500 Geldeinheiten Zwischengewinn abgewertet werden, allerdings nicht in voller Höhe zu Lasten des Konzernjahresüberschusses. Vielmehr darf der Jahresüberschuß lediglich um die Differenz der Zwischengewinne gegenüber dem Vorjahr in Höhe von 7 500 [= 12 500 – 5 000] vermindert werden.

Diese These ist wie folgt zu begründen:

– Es wird unterstellt, die Zwischengewinne aus t_1 seien vollständig in t_2 realisiert worden, und die Zwischengewinne in Höhe von 12 500 entstanden ebenfalls in voller Höhe in t_2. In diesem Fall wird der Konzernjahresüberschuß durch die in t_2 entstandenen und noch nicht realisierten Zwischengewinne zu hoch ausgewiesen. Andererseits werden die bereits in t_1 abgewerteten und in t_2 realisierten Zwischengewinne in den Einzelabschlüssen nicht als Gewinn erfaßt, so daß im Zuge der Konsolidierung der Konzernjahresüberschuß um diese Zwischengewinne zu erhöhen ist. Demnach gilt:

  Jahresüberschuß der Summen-GuV
  – nicht realisierte Zwischengewinne aus der Betrachtungsperiode
  + aus Vorperioden stammende und in der Betrachtungsperiode realisierte Zwischengewinne.

Das aber muß zum gleichen Ergebnis wie nachfolgende Rechnung führen:

Jahresüberschuß der Summen-GuV
– Zunahme der Zwischengewinne gegenüber dem Vorjahr
+ Abnahme der Zwischengewinne gegenüber dem Vorjahr.

– Es wird unterstellt, die Zwischengewinne aus t_1 seien auch in t_2 noch nicht realisiert. In diesem Fall sind in t_2 noch nicht realisierte Zwischengewinne in Höhe von 7 500 neu entstanden. Lediglich diese Zwischengewinne dürfen den Konzernjahresüberschuß der Betrachtungsperiode vermindern, da die aus den Vorjahren stammenden und noch nicht realisierten Zwischengewinne bereits in Vorjahren den Konzernjahresüberschuß verminderten, so daß auch in diesem Fall der Konzernjahresüberschuß um die Zunahme der Zwischengewinne gegenüber dem Vorjahr zu vermindern ist.

(5) Verluste aus konzerninternen Geschäften haben die Jahreserfolge der in die Konsolidierung einbezogenen Konzernunternehmen gekürzt. Diese Verluste wurden willkürlich herbeigeführt; denn die wirtschaftliche Einheit Konzern hat einen solchen Verlust nicht realisiert und wird ihn auch nicht realisieren. Vielmehr handelt es sich hierbei um künstlich hervorgerufene Zwischenverluste; man spricht in diesem Zusammenhang auch von »Scheinverlusten«. Die Eliminierung der Zwischenverluste erhöht – soweit in der Betrachtungsperiode entstanden – den Konzernjahresüberschuß. Wurden in der Betrachtungsperiode Vermögensgegenstände aus Vorjahren die Zwischenverluste enthielten, an Konzernfremde veräußert, kürzen sie entsprechend den Konzernjahresüberschuß. Es gilt:

Jahresüberschuß der Summen-GuV
+ neu entstandene Zwischenverluste aus der Betrachtungsperiode
– aus Vorperioden stammende und in der Betrachtungsperiode abgebaute Zwischenverluste.

Das aber muß zum gleichen Ergebnis wie nachfolgende Rechnung führen:

Jahresüberschuß der Summen-GuV
+ Zunahme der Zwischenverluste gegenüber dem Vorjahr
– Abnahme der Zwischenverluste gegenüber dem Vorjahr.

(6) Wie die Bewertungsdifferenzen nach dem Stand am Ende des Vorjahrs zu verrechnen sind, wird im Gesetz nicht geregelt. In der Literatur werden unterschiedliche Verrechnungstechniken z. B. in der Weise zur Diskussion gestellt, daß die Bewertungsdifferenzen nach dem Stand am Ende des Vorjahrs in den Ergebnisvortrag, in die Gewinnrücklagen oder in einen eigens zu schaffenden Ausgleichsposten eingestellt werden (vgl. auch 1. Abschn., 5. Kap.).

(7) Werden Zwischenergebnisse eliminiert, müssen latente Steuern i. S. d. § 306 HGB berücksichtigt werden. Auf die entsprechenden Ausführungen im Rahmen der latenten Steuern wird verwiesen (vgl. Gliederungspunkt 5., 1. Abschn., 2. Kap.).

3.6 Zum Verhältnis von Zwischenergebniseliminierung und konzerneinheitlicher Bewertung gem. § 308 HGB

Festlegung auf Herstellungskostenbestandteile bereits in der HB II

Wie bereits erwähnt, erfolgt die Entscheidung darüber, welche Bestandteile in die Herstellungskostenbewertung einbezogen werden, nicht erst im Rahmen der eigentlichen Zwischenergebniseliminierung, sondern grundsätzlich bereits bei der Bestimmung der konzerneinheitlichen Bewertungsmethoden gem. § 308 Abs. 1 Satz 1 HGB. Infolgedessen hat der Konzernabschlußersteller bei der Zwischenergebniseliminierung selbst in aller Regel nicht mehr das Wahlrecht, durch die Festlegung auf den Konzernmindest-, -zwischen- oder -höchstwert die Höhe des zu eliminierenden Zwischenergebnisses zu bestimmen, da eine Bindung an die konzerneinheitlichen Bewertungsmethoden gem. § 308 Abs. 1 Satz 1 HGB besteht. Somit ergibt sich im Zuge der eigentlichen Zwischenergebniseliminierung nur noch eine eliminierungspflichtige Komponente.

Unterschiede

Gleichwohl ist auf die folgenden Unterschiede zwischen der Zwischenergebniseliminierung und der Neubewertung im Rahmen der Anpassung an konzerneinheitliche Bewertungsmethoden bei der Erstellung der HB II hinzuweisen:

(1) Die von anderen konsolidierten Konzernunternehmen erzielten Gewinne und verrechneten Vertriebskosten dürfen und müssen nur im Rahmen der Zwischenergebniseliminierung ausgeschaltet werden, während sie im Zuge der Neubewertung in der HB II als Bestandteile der Anschaffungs- bzw. Herstellungskosten nicht eliminiert werden dürfen.

(2) Erst im Rahmen der Zwischenergebniseliminierung sind Herstellungskostenmehrungen und/oder Herstellungskostenminderungen zu berücksichtigen. Dabei ist besonders auf den in der Konsolidierungspraxis wichtigen Fall hinzuweisen, daß bestimmte Kostenkategorien im Einzelabschluß als Einzelkosten zu betrachten sind, während sie aus Konzernsicht Gemeinkosten darstellen. Dieser Sachverhalt ist wie folgt zu erklären:

   - konzernintern bezogene Waren gehen im Rahmen der einzelgesellschaftlichen Rechnungslegung im Zuge des Verbrauchs als Anschaffungskosten (regelmäßig Einzelkosten) in die Herstellungskosten des einzelnen Konzernunternehmens ein;
   - aus Konzernsicht wäre eine solche Erfassung und Verrechnung als Anschaffungskosten undenkbar, weil keine Transaktionen mit Konzernfremden erfolgt sind.

Maßgabe der Konzernkostenstruktur

Da im Rahmen der Konzernrechnungslegung nur die Konzernsicht entscheidend ist, würde die Konzern-Kostenstruktur verfälscht widergespiegelt, wenn die Einzelabschlußwerte nicht korrigiert würden. Die nachfolgende Übersicht 81 verdeutlicht diesen Zusammenhang; dabei wird von sonstigen Herstellungskostenmehrungen und Herstellungskostenminderungen abstrahiert.

Übersicht 81: Kostenstrukturen			
	Gesamt-Herstellungskosten		
Kostenstruktur des Konzern-unternehmens, das konzerninterne Lieferungen empfängt	Einzelkosten		Gemeinkosten
Konzern-Kostenstruktur	Einzelkosten	Gemeinkosten	

3.6.1 Beispiel

Ein Beispiel soll den obigen Sachverhalt verdeutlichen. Das konsolidierte Konzernunternehmen A kalkuliert einen Vermögensgegenstand wie folgt:

Fertigungseinzelkosten	100
Fertigungsgemeinkosten	400
Materialeinzelkosten	1200
Materialgemeinkosten	1200
Sondereinzelkosten der Fertigung	50
Verwaltungskosten	120
Vertriebskosten	150
Gewinn	300
Verrechnungspreis	3520.

Aus einzelgesellschaftlicher Sicht stellen sich die möglichen Wertansätze des Vermögensgegenstandes bei A wie folgt dar:

Einzelkosten		
Fertigungseinzelkosten	100	
Materialeinzelkosten	1200	
Sondereinzelkosten der Fertigung	50	
Zwischensumme der (aktivierungspflichtigen) Einzelkosten	*1350*	*1350*
Wertuntergrenze		**1350**
Gemeinkosten		
Fertigungsgemeinkosten	400	
Materialgemeinkosten	1200	
Verwaltungskosten	120	
Zwischensumme der (aktivierungsfähigen) Gemeinkosten	*1720*	*1720*
Wertobergrenze		**3070**
Nicht aktivierungsfähige Kalkulationsbestandteile		
Vertriebskosten	150	
Gewinn	300	
Zwischensumme der nicht aktivierungsfähigen Kalkulationsbestandteile	*450*	*450*
Verrechnungspreis		**3520**

A verkauft den Vermögensgegenstand zum Preis von 3520 an das konsolidierte Konzernunternehmen B. B bucht den Wareneingang – was aus Konzernsicht undenkbar ist – zu Anschaffungskosten und verarbeitet den gekauften Vermögensgegenstand als Rohstoff. Die auf der Grundlage dieses Rohstoffs gefertigten Güter befinden sich am Bilanzstichtag t_1 noch auf Lager bei B. B hat den Rohstoffverbrauch als Materialaufwand gebucht, der aus der Sicht von B Materialeinzelkosten darstellt. Außer dem Materialaufwand von 3520 sind bei B noch aktivierungspflichtige Fertigungseinzelkosten in Höhe von 400 und Materialeinzelkosten in Höhe von 200 sowie aktivierungsfähige, aber nicht aktivierungspflichtige Fertigungsgemeinkosten in Höhe von 1100 und Materialgemeinkosten in Höhe von 500 angefallen. B könnte am Bilanzstichtag t_1 den Vermögensgegenstand im Einzelabschluß wie folgt ansetzen:

Fertigungseinzelkosten	400
Materialeinzelkosten (3520+200)	3720
Wertuntergrenze	4120
Fertigungsgemeinkosten	1100
Materialgemeinkosten	500
Wertobergrenze	5720.

B entscheidet sich, in t_1 den Vermögensgegenstand mit der Wertobergrenze von 5720 zu bewerten. Die bei B verrechneten Einzelkosten stellen aus Konzernsicht – auf eine Kurzformel gebracht – zusammengesetzte Kostenarten dar. Sie enthalten sowohl Einzel- als auch Gemeinkosten, ohne daß B den Anteil der Konzern-Gemeinkosten kennt.
Aus Konzernsicht stellt sich die Situation wie folgt dar:

Fertigungseinzelkosten	A	100
Materialeinzelkosten	A	1200
Sondereinzelkosten der Fertigung	A	50
Fertigungseinzelkosten	B	400
Materialeinzelkosten	B	200
Wertuntergrenze		1950
Fertigungsgemeinkosten	A	400
Materialgemeinkosten	A	1200
Verwaltungskosten	A	120
Fertigungsgemeinkosten	B	1100
Materialgemeinkosten	B	500
Wertobergrenze		5270.

Nimmt B im Rahmen der Anpassung an konzerneinheitliche Bewertungsmethoden gem. § 308 Abs. 1 Satz 1 HGB eine Neubewertung auf die Wertuntergrenze vor, so hat in der HB II eine Abwertung bis auf 4120 zu erfolgen. Dieser Wert geht dann in den Summenabschluß ein. Im Rahmen der Zwischengewinneliminierung – also im Zuge der Konsolidierung selbst – muß noch erheblich tiefer abgewertet werden; denn der Bilanzierende muß den Vermögensgegenstand auch mit dem Konzernmindestwert (hier = 1950) ansetzen. Die Differenz von 2170 [= 4120–1950] resultiert aus folgenden Komponenten:

(1)	Gewinn 300 von A+Vertriebskosten 150 von A, die bei einer Neubewertung nicht ausgeschaltet werden dürfen, während sie bei der Zwischenergebniseliminierung ausgesondert werden müssen:	450.
(2)	Fertigungsgemeinkosten, Materialgemeinkosten und Verwaltungskosten bei A in Höhe von 1720 [= 400 +1200+120], die im Einzelabschluß bei B zutreffend als Einzelkosten verrechnet werden; denn aus der Sicht von B sind die im Zuge der Produktion in Herstellungskosten transformierten Anschaffungskosten der Rohstoffe eindeutig Einzelkosten. Es sind Kosten, die einer Leistungseinheit direkt zugerechnet werden können. Sie würden nicht entstehen, wenn die jeweils betrachtete Kostenträgereinheit wegfiele. Aus Konzernsicht hingegen behalten diese Kostenkategorien ihren Charakter von Gemeinkosten; denn A und B werden aus der Sicht der Einheitsunternehmung als rechtlich unselbständige Betriebsstätten betrachtet. Diese rechtlich unselbständigen Betriebsstätten können als Kostenstellen der Einheitsunternehmung Konzern klassifiziert werden:	1720
		2170.

Bei den 1720 Einheiten handelt es sich somit um solche Kostenkategorien, die im Rahmen des innerkonzernlichen Lieferungs- und Leistungsverkehrs auf Konzern-Vorstufen als Gemeinkosten verrechnet wurden, während sie später – aus Konzernsicht unzutreffend – in den Kostenrechnungen nachgelagerter Konzernunternehmen in Einzelkosten umgewandelt werden. Hierdurch stimmt die Kostenstruktur beim beziehenden Konzernunternehmen nicht mehr mit der tatsächlichen Konzernkostenstruktur überein. Die Verfälschung aus Konzernsicht tritt bereits dann ein, wenn ein einziger konzerninterner Lieferungs- und Leistungsverkehr erfolgt. Sie ist um so stärker, je mehr Konzernstufen vom innerkonzernlichen Lieferungs- und Leistungsverkehr betroffen sind.

3.6.2 Schlußfolgerungen

Primärkostencharakter entscheidend

Beschränkt sich der Bilanzierende – in Übereinstimmung mit der konzerneinheitlichen Bewertung in der HB II – auf die Ermittlung des Konzernhöchstwerts, sind allein die im Gegensatz zum Einzelabschluß aus Konzernsicht nicht aktivierungsfähigen Kostenbestandteile zu eliminieren; aktivierungspflichtige sowie -fähige Herstellungskostenmehrungen sind zu addieren. Will der Bilanzierende jedoch eine aus dem Blickwinkel der Einheitsunternehmung Konzern zutreffende Bewertung zu Einzelkosten vornehmen, muß er darüber hinaus die Kostenkategorien kennen, die im Einzelabschluß der einbezogenen Konzernunternehmen als Einzelkosten erfaßt sind, aus Konzernsicht dagegen Gemeinkosten darstellen.

Für die Konzernbewertung ist somit – vereinfacht formuliert – der Primärkostencharakter und nicht der in den Einzelabschlüssen veränderte und aus Konzernsicht unzutreffende Sekundärkostencharakter entscheidend. Daher wäre eine Sonderrechnung aus Konzernsicht anzustellen, wie sie SCHUBERT (W. 1965, S. 358ff.) in grundsätzlich ähnlicher Form – allerdings aus völlig unterschiedlichen Beweggründen heraus – mit seiner Primärkostenrechnung für Zwecke der einzelwirtschaftlichen Kostenrechnung entwickelt hat.

Notwendigkeit einer Konzernkostenrechnung

Daraus folgt, daß in einer – in der Praxis in aller Regel (noch) nicht existierenden – Konzern-Kostenrechnung Sonderrechnungen anzustellen wären, die eine Bewertung zu den Konzern-Einzelkosten ermöglichen, da die Kostenrechnungen der einzelnen Konzernunternehmen nicht ohne weiteres über die entsprechenden Informationen verfügen (vgl. hierzu nur KÜTING, K./LORSON, P. 1997, S. 6067ff. und S. 6076ff.).

Zusätzlicher Bewertungsspielraum versus Arbeitsmehraufwand

Diese Sonderrechnungen sind u. U. mit erheblichen Mehraufwendungen verbunden. Dem steht gegenüber, daß der hierdurch erst ermöglichte Bewertungsspielraum in der konkreten Praxis bedeutsam sein kann. Diese Bedeutung sollte insbes. in tief gestaffelten (vertikalen) Konzernen und Konzernen mit einem intensiven innerkonzernlichen Lieferungsverkehr gegeben sein, da sich hier in aller Regel die Kostenstruktur aus der Sicht der einzelnen Konzernunternehmen und die Kostenstruktur aus der Sicht der Einheitsunternehmung Konzern erheblich unterscheiden dürfte. Erste Untersuchungen in der Konsolidierungspraxis zeigen, daß häufig der größte Teil des beim letzten Unternehmen der Konzernkette erfaßten Einzelkostenblocks tatsächlich aus Konzernsicht Gemeinkosten darstellt.

Ob der zusätzliche Bewertungsspielraum den Mehraufwand rechtfertigt, kann nicht generell beantwortet werden. Es spricht jedoch vieles dafür, daß die Zusatzrechnungen – häufiger als auf den ersten Blick vermutet – durchaus bilanzpolitisch interessant sind und auch tatsächlich durchgeführt werden (vgl. zu einem Beispiel betreffend den bilanzpolitischen Spielraum auch unter Berücksichtigung der IAS- und US-GAAP-Normen KÜTING, K./LORSON, P. 1997, S. 6080ff.).

3.7 Besonderheiten bei einzelnen Bilanzposten

Die zur Korrektur der Zwischenergebnisse notwendigen Arbeitsschritte – Ermittlung der Konzernbestände, der Einzelabschlußwerte und der aus Konzernsicht zutreffenden Wertansätze, buchungstechnische Verrechnung der Zwischenergebnisse – können sich je nach Charakter der einzelnen Bilanzposten unterschiedlich aufwendig und schwierig gestalten. In diesem Zusammenhang sei insbes. auf die folgenden Bilanzposten hingewiesen:

Schutzrechte/ Lizenzen

(1) Werden von einem Konzernunternehmen gewerbliche Schutzrechte und ähnliche Rechte und Werte sowie Lizenzen an ein anderes Konzernunternehmen veräußert und hat das veräußernde Unternehmen diese Werte selbst geschaffen, liegen aus Konzernsicht selbsterstellte immaterielle Vermögensgegenstände des Anlagevermögens vor. Diese immateriellen Vermögensgegenstände des Anlagevermögens, die aus Konzernsicht nicht entgeltlich erworben wurden, dürfen gem. § 298 Abs. 1 i.V.m. § 248 Abs. 2 HGB auch im Konzernabschluß nicht aktiviert werden und sind damit im Zuge der Zwischenergebniskorrektur in voller Höhe zu eliminieren.

Abnutzbares Anlagevermögen

(2) Im Rahmen des abnutzbaren Anlagevermögens nimmt die Korrektur der Zwischenergebnisse auch Einfluß auf die Höhe der planmäßigen Abschreibungen (vgl. KPMG Treuverkehr AG 1990, S. 213).

Beispiel:

Ein Konzernunternehmen verkauft eine selbst hergestellte Maschine an ein anderes Konzernunternehmen zum Preis von 1 200. Die Herstellungskosten aus Konzernsicht betragen 1 000; es soll bei einer Nutzungsdauer von 10 Jahren linear abgeschrieben werden.

Wertansatz im Einzelabschluß nach einem Jahr:

Anschaffungskosten	1 200
– Abschreibung	120
= fortgeführte Anschaffungskosten	1 080.

Wertansatz im Konzernabschluß nach einem Jahr:

Herstellungskosten	1 000
– Abschreibungen	100
= fortgeführte Herstellungskosten	900.

Im Zuge der Konsolidierung sind somit u. a. die Abschreibungen zugunsten des Konzernjahresüberschusses um 20 [= 120 – 100] zu vermindern.

Rohstoffe/bezogene Waren

(3) Insbes. bei den Rohstoffen und bezogenen Waren können Schwierigkeiten bei der Ermittlung der Konzernbestände und der Ermittlung der Einzelabschlußwerte auftreten.

Diese Probleme sind dann gegeben, wenn gleiche Vermögensgegenstände von verschiedenen Konzernunternehmen und/oder von Konzernfremden bezogen werden. In dieser Situation sind die Konzernbestände und ihre Zusammensetzung nur durch Schätzung und bestimmte Annahmen festzulegen (pauschale Ermittlung). Neben dem Durchschnittsverfahren und den traditionellen Verbrauchsfolgeverfahren im Rahmen der einzelgesellschaftlichen Rechnungslegung (LIFO-, FIFO-, HIFO-, LOFO-Verfahren) kommen im Zuge der konzernrechtlichen Bestandsermittlung und -bewertung das KIFO- und das KILO-Verfahren in Betracht.

Beim KIFO-Verfahren (Konzern in - first out) wird unterstellt, daß die von Konzernunternehmen bezogenen Vermögensgegenstände zuerst verbraucht werden. Das KILO-Verfahren (Konzern in - last out) geht von der Annahme aus, daß die konzernintern bezogenen Güter zuletzt verbraucht werden.

3.8 Fälle zur Korrektur von Zwischenergebnissen

Nachfolgend werden vier Fälle zur Zwischenergebniskorrektur vorgestellt.

1. Fall:

Das Konzernunternehmen A verkauft einen Vermögensgegenstand zum Preis von 1 200 an das Konzernunternehmen B. A hat wie folgt kalkuliert:

Löhne (Einzelkosten)	150
Fertigungsgemeinkosten	320
Rohstoffe	140
Materialgemeinkosten	210
Sondereinzelkosten der Fertigung	50
Verwaltungskosten	60
Vertriebskosten	30
Freiwillige Sozialaufwendungen	40
Gewinn	200
	1 200.

B verarbeitet den bezogenen Vermögensgegenstand. Bei B fallen noch an:

Löhne (Einzelkosten)	120
Materialgemeinkosten	20
Fertigungsgemeinkosten	160.

In den Sondereinzelkosten der Fertigung bei A sind Lizenzgebühren in Höhe von 15 enthalten, die A an ein anderes Konzernunternehmen gezahlt hat. Dieses andere Unternehmen hat das Patent selbst geschaffen. In den Vertriebskosten bei A sind 8 Geldeinheiten enthalten, die sich aus Konzernsicht als innerbetriebliche Transportkosten darstellen und als Fertigungsgemeinkosten einzustufen sind.
Ermitteln Sie die Wertunter- und Wertobergrenze der Konzernherstellungskosten!

Lösung:

Löhne A	150
Löhne B	120
Rohstoffe A	140
Sondereinzelkosten der Fertigung A [= 50-15]	35
Wertuntergrenze	445
Fertigungsgemeinkosten A (320+8)	328
Fertigungsgemeinkosten B	160
Materialgemeinkosten A	210
Materialgemeinkosten B	20
Verwaltungskosten A	60
Freiwillige Sozialaufwendungen A	40
Wertobergrenze	1263.

2. Fall:

Das Konzernunternehmen A liefert Vorräte an das Konzernunternehmen B. Die Einzelkosten aus Konzernsicht betragen 60, die Gemeinkosten 140.

Situation 1:	Verkaufspreis	230
	Marktpreis	215
Situation 2:	Verkaufspreis	230
	Marktpreis	250
Situation 3:	Verkaufspreis	50
	Marktpreis	215
Situation 4:	Verkaufspreis	30
	Marktpreis	50.

Ermitteln Sie – unter Vernachlässigung möglicher Bindungswirkungen gem. § 308 Abs. 1 Satz 1 HGB – die grundsätzlich eliminierungspflichtigen und -fähigen Zwischenergebnisse!

Lösung:

Situation 1:

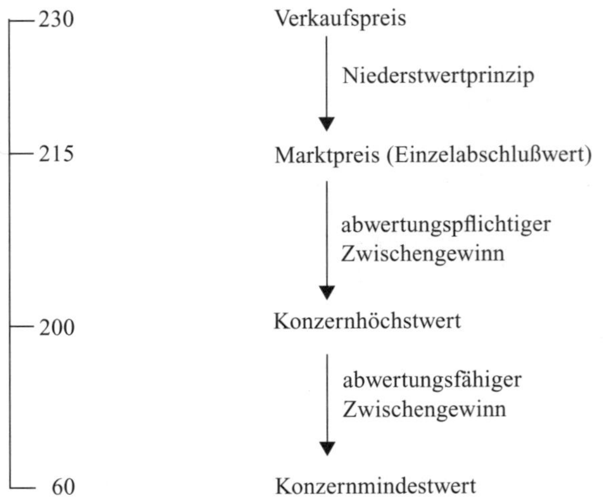

Situation 2:

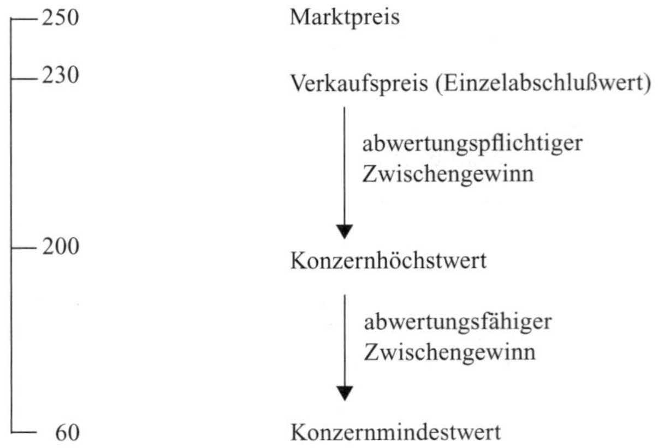

Situation 3:

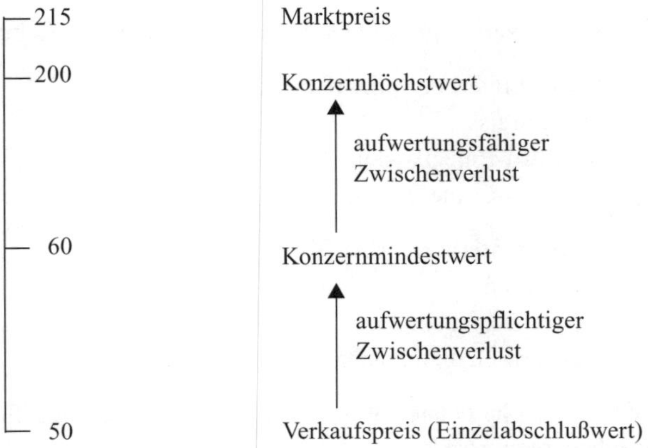

Situation 4:

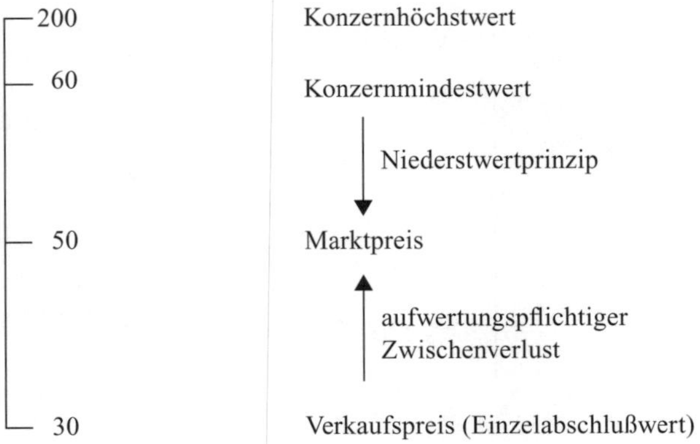

3. Fall:

In einem Konzern ergeben sich folgende Entscheidungssituationen:

(1)	– konzerninterner Verkaufspreis für Vorräte	1 100
	– Marktpreis	900
	– Konzern-Einzelkosten	250
	– Konzern-Gemeinkosten	700
(2)	– konzerninterner Verkaufspreis für Vorräte	100
	– Marktpreis	300
	– Konzern-Einzelkosten	220
	– Konzern-Gemeinkosten	300.

In welcher Höhe entstehen grundsätzlich eliminierungspflichtige und -fähige Zwischenergebnisse?

Lösung:

Situation 1:

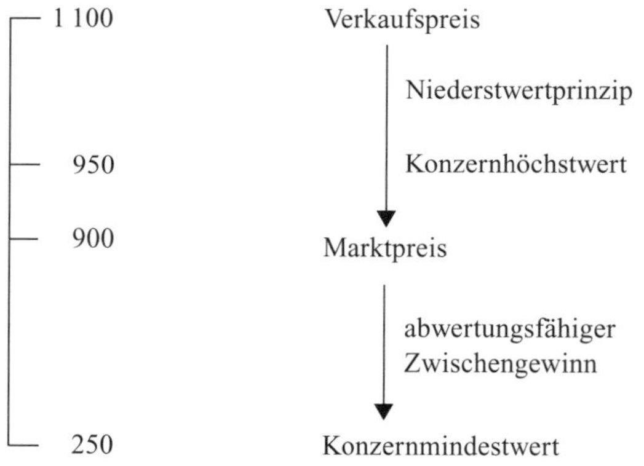

Situation 2:

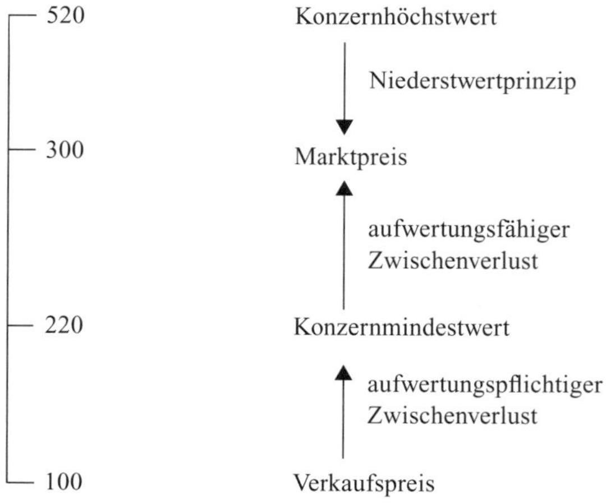

4. Fall:

In einem Konzern fallen zum ersten Mal am 31.12.01 Zwischengewinne bei den Vorräten in Höhe von 100 an. Am 31.12.02 steigen die Zwischengewinne auf 150; am 31.12.03 sinken die Zwischengewinne auf 30. Schließlich werden am 31.12.04 Zwischenverluste in Höhe von 120 ermittelt. Der Konzern wendet das Gesamtkostenverfahren an und erzielt aus konzerninternen und -externen Geschäften jährlich einen Jahresüberschuß in Höhe von 300 (= Summenjahresüberschuß).

Verbuchen Sie die Zwischengewinne und -verluste unter der Prämisse, daß die Zwischenergebnisse nach Stand am Ende des Vorjahrs gegen den Ergebnisvortrag verrechnet werden!

Lösung:

(1) Korrekturen der Vorräte:

01	02	03	04
– 100	– 150	– 30	+ 120

(2) Ableitung des Konzernbilanzgewinns:

– 01:	Summenjahresüberschuß	300
	Materialaufwand/Bestandsveränderung	– 100
	Konzernjahresüberschuß = Konzerngewinn	200
– 02:	Summenjahresüberschuß	300
	Materialaufwand/Bestandsveränderung	– 50
	Konzernjahresüberschuß	250
	Ergebnisvortrag	– 100
	Konzerngewinn	150
– 03:	Summenjahresüberschuß	300
	Materialaufwand/Bestandsveränderung	+ 120
	Konzernjahresüberschuß	420
	Ergebnisvortrag	– 150
	Konzerngewinn	270
– 04:	Summenjahresüberschuß	300
	Materialaufwand/Bestandsveränderung	+ 150
	Konzernjahresüberschuß	450
	Ergebnisvortrag	– 30
	Konzerngewinn	420.

5. Fall

Bei einem Konzernunternehmen liegen zum 31.12. eines jeden Jahres konzernintern gelieferte Vorräte in folgender Höhe auf Lager:

Periode 01:	1 000
Periode 02:	1 500
Periode 03:	1 800
Periode 04:	500
Periode 05:	0

Die Vorräte enthalten hierbei zum 31.12. jeweils einen (abwertungspflichtigen) Zwischengewinn in Höhe von 10%. Demnach liegen zum 31.12. jeweils zu eliminierende Zwischenergebnisse in folgender Höhe vor:

Periode 01:	100
Periode 02:	150
Periode 03:	180
Periode 04:	50
Periode 05:	0

Bei der Korrektur der Zwischenergebnisse soll die Korrekturbuchung in der GuV in der Position Materialaufwand oder alternativ in der Position Bestandsveränderung erfaßt werden. Die Korrekturbuchungen zum Stand Ende des Vorjahres sollen erfolgsneutral gegen den Ergebnisvortrag gebucht werden.

Basierend auf den vorstehenden Angaben sind in den Perioden 01 bis 05 folgende Buchungen zur Korrektur des Vorratsvermögens aus Konzernsicht notwendig:

Periode 01:

Materialaufwand/Bestandsveränderung 100	an	Vorräte 100

Periode 02:

Materialaufwand/Bestandsveränderung 50	an	Vorräte 150
Ergebnisvortrag 100		

Periode 03:

Materialaufwand/Bestandsveränderung 30	an	Vorräte 180
Ergebnisvortrag 150		

Periode 04:

Ergebnisvortrag 180	an	Vorräte 50
		Materialaufwand/ Bestandsveränderung 130

Periode 05:

Ergebnisvortrag 50	an	Materialaufwand/ Bestandsveränderung 50
		Da zum 31.12.05 keine konzernintern gelieferten Vorräte mehr vorhanden sind, ist keine Korrekturbuchung zu der Position »Vorräte« notwendig.

Mit Blick auf die Beeinflussung des Jahresüberschusses durch die Zwischengewinneliminierung läßt sich demnach festhalten, daß das Jahresergebnis in den einzelnen Perioden wie folgt tangiert wurde:

Periode 01:	./. 100
Periode 02:	./. 50
Periode 03:	./. 30
Periode 04:	+ 130
Periode 05:	+ 50
Summe über alle Perioden:	0

Anhand des oben stehenden Beispielsachverhaltes lassen sich folgende – teilweise bereits zuvor gewonnene – Erkenntnisse verdeutlichen:

(1) Die Vorräte sind zum Betrachtungszeitpunkt stets in voller Höhe um die enthaltenen Zwischenergebnisse zu korrigieren.

(2) Das Jahresergebnis darf im Rahmen der Zwischenergebniseliminierung stets nur in Höhe der Veränderung der Zwischenergebnisse gegenüber dem Vorjahr korrigiert werden.

(3) Zwischenergebnisse nach dem Stand am Ende des Vorjahres sind in der betrachteten Periode erfolgsneutral im Eigenkapital (hier: Ergebnisvortrag) zu verbuchen.

(4) Jede Zwischengewinneliminierung zieht in zeitlich nachgelagerten Perioden zwingend eine Zwischengewinnrealisation nach sich.

(5) Die Zwischenergebniseliminierung stellt ein reines Periodisierungsproblem dar. Über alle Perioden betrachtet gleichen sich die Korrekturen des Jahresergebnisses wieder aus.

1. Gem. § 304 Abs. 1 HGB sind »in den Konzernabschluß zu übernehmende Vermögensgegenstände, die ganz oder teilweise auf Lieferungen oder Leistungen zwischen in den Konzernabschluß einbezogenen Unternehmen beruhen«, in der Konzernbilanz grundsätzlich mit Konzernanschaffungs- oder -herstellungskosten zu bewerten. Für die Bestimmung der Konzernanschaffungs- oder -herstellungskosten ist allein die Konzernsicht entscheidend.

2. Ein eliminierungspflichtiger Zwischengewinn ist grundsätzlich in Höhe der positiven Differenz zwischen dem Einzelabschlußwert und den Konzernanschaffungskosten bzw. dem Einzelabschlußwert und der Obergrenze der Konzernherstellungskosten gegeben. Die Differenz zwischen der Obergrenze und der Untergrenze der Konzernherstellungskosten stellt regelmäßig einen eliminierungsfähigen, aber nicht eliminierungspflichtigen Zwischengewinn dar.

3. Ein eliminierungspflichtiger Zwischenverlust ist allgemein in Höhe der positiven Differenz zwischen den Konzernanschaffungskosten bzw. der Untergrenze der Konzernherstellungskosten und dem Einzelabschlußwert gegeben. Die Differenz zwischen der Untergrenze und der Obergrenze der Konzernherstellungskosten stellt regelmäßig einen eliminierungsfähigen, aber nicht eliminierungspflichtigen Zwischenverlust dar.

4. Die Zwischenergebniseliminierung wirkt sich folgendermaßen auf das Konzerneigenkapital aus:

	Jahresüberschuß/-fehlbetrag aus der Summen-GuV
–	Zunahme der Zwischengewinne gegenüber dem Vorjahr
+	Abnahme der Zwischengewinne gegenüber dem Vorjahr
+	Zunahme der Zwischenverluste gegenüber dem Vorjahr
–	Abnahme der Zwischenverluste gegenüber dem Vorjahr
=	Konzernjahresüberschuß/-fehlbetrag
–	Zwischengewinne nach Stand am Ende des Vorjahrs
+	Zwischenverluste nach Stand am Ende des Vorjahrs
=	Konzerngewinn/-verlust

Der Konzernerfolg (Jahresüberschuß/-fehlbetrag) darf durch die Zwischenergebniseliminierung nur insoweit berührt werden, als im abgelaufenen Geschäftsjahr Zwischenerfolge (Zwischengewinne abzüglich Zwischenverluste) neu entstanden sind oder durch Realisation bzw. Bewertungsmaßnahmen abgebaut wurden. Mit anderen Worten: Nur die Veränderung der Zwischenergebnisse im Vergleich zum Vorjahr darf erfolgswirksam werden und den Konzernjahreserfolg im Vergleich zum Summenerfolg verändern. Die Bewertungsdifferenz aus der Zwischenergebniseliminierung nach dem Stand am Ende des Vorjahrs wird dagegen erfolgsneutral gegen den Ergebnisvortrag (Auswirkungen auf das Konzernergebnis), die Gewinnrücklagen oder einen eigens zu schaffenden Ausgleichsposten verrechnet.

4. Aufwands- und Ertragskonsolidierung

Einheitstheorie

Die Konzern-GuV ergibt sich nicht durch bloße Addition der Einzelerfolgsrechnungen der in den Konzernabschluß einbezogenen Unternehmen; vielmehr sind Korrekturen erforderlich, deren Grundlage wiederum die Einheitstheorie bildet. Demnach

(1) sind in der Konzern-GuV nur die Aufwendungen und Erträge zu erfassen, die aus Beziehungen mit Konzernfremden resultieren, ferner

(2) ist die Konzern-GuV so zu erstellen, als sei der Konzern eine Einheitsunternehmung.

4.1 Notwendigkeit der Aufwands- und Ertragskonsolidierung

In den Einzelabschlüssen werden die Aufwendungen und Erträge so erfaßt, wie sie sich aus einzelgesellschaftlicher Sicht darstellen. Daraus folgt, daß Aufwendungen und Erträge, die aus einem innerkonzernlichen Lieferungs- und Leistungsverkehr resultieren, im Einzelabschluß ohne einen Konzernbezug dargestellt werden. Dies aber muß aus Konzernsicht, wie die beiden nachfolgenden Fälle belegen, zu einem falschen Bild führen.

Behandlung der Umsatzerlöse

(1) Umsatzerlöse dürfen aus einzelgesellschaftlicher Sicht erst dann gebucht werden, wenn die vertraglich geschuldete Leistung gegenüber einem Dritten erbracht ist. »Im Regelfall ist der Kaufvertrag mit der körperlichen Übergabe der Sache erfüllt. Vermietungs-, Verpachtungs- und Dienstleistungsverträge sind i.d.R. erfüllt, wenn die geschuldete Leistung erbracht ist. Erlöse aus solchen Verträgen können im Zeitpunkt der Leistungserbringung fakturiert werden« (SIGLE, H., in: KÜTING/WEBER 1995, § 277 HGB, Rn. 62). Diese Überlegungen sind auf folgenden Sachverhalt zu übertragen (vgl. WÖHE, G. 1997, S. 1018): Das Unternehmen A produziert aus dem Rohstoff X Halbfabrikate Y und liefert diese an das konsolidierte Unternehmen B. Dieses verarbeitet die Halbfabrikate, die bei ihm als Materialeinkauf Y verbucht werden, zu Fertigfabrikaten Z und verkauft diese nach außen. Zwischenergebnisse fallen nicht an.

GuV A

Rohstoff X	300	Umsatz Y	550
Löhne	250		

GuV B

Material Y	550	Umsatz Z	820
Löhne	150		
Gewinn	120		

Konzern-GuV

Rohstoff X	300	Umsatz Z	820
Löhne	400		
Gewinn	120		

Eliminierung von Innenumsatzerlösen

Ebenso wie im Einzelabschluß Umsatzerlöse erst dann gebucht werden dürfen, wenn ein Verkauf an Unternehmensfremde erfolgt ist, gelten aus Konzernsicht Umsatzerlöse erst dann als realisiert, wenn die Konzerngrenze überschritten ist. Umsatzerlöse, die aus innerkonzernlichen Beziehungen resultieren, werden als Innenumsatzerlöse bezeichnet und müssen eliminiert werden. Im konkreten Beispiel werden diese Innenumsatzerlöse gegen die Materialaufwendungen Y aufgerechnet (550); dieser Aufrechnungsvorgang ist i. d. R. der wichtigste Konsolidierungsschritt im Rahmen der Aufwands- und Ertragskonsolidierung. Die Ausschaltung von Innenumsatzerlösen führt dazu, daß im Konzernabschluß nur Außenumsatzerlöse erfaßt werden.

Berücksichtigung von Darlehensbeziehungen

(2) Gewährt ein Konzernunternehmen einem anderen einbezogenen Unternehmen ein Darlehen, muß der Darlehensnehmer Zinsen zahlen. Während im Rahmen der Schuldenkonsolidierung die Darlehensforderung mit der Darlehensverbindlichkeit aufgerechnet wird, ist nunmehr im Zuge der Aufwands- und Ertragskonsolidierung eine weitere Konsolidierung notwendig. Denn: Ebenso wie ein Unternehmen nicht gegenüber sich selbst Zinsen gleichzeitig zahlen und vereinnahmen kann, ist diese Überlegung analog auf die Konzernrechnungslegung zu übertragen. Demnach müssen im Rahmen der Aufwands- und Ertragskonsolidierung die Zinsaufwendungen mit den Zinserträgen verrechnet und damit diese innerkonzernlichen Aufwands- und Ertragskomponenten eliminiert werden.

4.2 Die Gestaltung der Konzern-GuV

Die Rechtsgrundlage der Aufwands- und Ertragskonsolidierung bildet § 305 HGB, »der jedoch nur in relativ allgemeiner Form die Eliminierung konzerninterner Umsatzerlöse sowie anderer Erträge aus Lieferungen und Leistungen vorschreibt« (Coenenberg, A. G. 1989, S. 187).

Vollkonsolidierte Konzern-GuV

Im Gegensatz zum AktG 1965, das drei verschiedene Formen der Konzern-GuV erlaubte, lassen die 7. EG-Richtlinie (vgl. Art. 26 Abs. 1 Satz 2 Buchst. b) und ihr folgend § 305 i.V.m. § 297 Abs. 3 Satz 1 HGB nur noch die vollkonsolidierte Konzern-GuV zu, d.h., die Konzern-GuV hat der GuV zu entsprechen, die aufzustellen wäre, wenn der Konzern ein einheitliches Unternehmen bildete. Durch den Verweis in § 298 Abs. 1 HGB gelten bis auf die größenabhängigen Ausnahmen des § 276 HGB alle für die GuV des Einzelabschlusses relevanten Bestimmungen auch für die Konzern-GuV, sofern diese keine Abweichungen aufgrund ihrer Eigenart bedingt oder in den Vorschriften zum Konzernabschluß nichts anderes bestimmt ist.

Gesamt- oder Umsatzkostenverfahren

Daraus ergibt sich insbes., daß den zur Aufstellung eines Konzernabschlusses verpflichteten Unternehmen auch für den Konzernabschluß die Wahl zwischen dem Gesamtkostenverfahren und dem Umsatzkostenverfahren offensteht. Allerdings sind als unmittelbar im Gesetz geregelte Abweichungen von der GuV des Einzelabschlusses zu nennen:

(1) der gesonderte Ausweis des Anteils der anderen Gesellschafter am Gewinn oder Verlust (vgl. § 307 Abs. 2 HGB);

(2) der gesonderte Ausweis des auf assoziierte Beteiligungen entfallenden Ergebnisses (vgl. § 312 Abs. 4 Satz 2 HGB).

Aufrechnungen und Umgliederungen

§ 305 Abs. 1 Nr. 1 HGB bestimmt, daß in der Konzern-GuV Umsatzerlöse und andere Erträge aus Lieferungen und Leistungen zwischen in den Konzernabschluß einbezogenen Unternehmen mit den auf sie entfallenden Aufwendungen zu verrechnen sind, soweit sie nicht als Erhöhung des Bestands an fertigen und unfertigen Erzeugnissen oder als andere aktivierte Eigenleistungen auszuweisen sind. Das bedeutet, daß im Rahmen der Aufwands- und Ertragskonsolidierung nicht nur Aufrechnungen, sondern auch Umgliederungen vorzunehmen sind, um die Aufwendungen und Erträge auch aus Konzernsicht zutreffend auszuweisen.

Im Rahmen der Aufwands- und Ertragskonsolidierung sind jedoch nicht nur Umsatzerlöse aus innerkonzernlichen Beziehungen, sondern gem. § 305 Abs. 1 Nr. 2 HGB darüber hinaus auch andere aus innerkonzernlichen Beziehungen resultierende Erträge mit den auf sie entfallenden Aufwendungen zu verrechnen oder umzugliedern.

Betroffene GuV-Posten

Eine nach § 305 HGB vorgenommene Aufwands- und Ertragskonsolidierung kann somit insbes. auf nachfolgende Abschlußposten Einfluß nehmen.

Übersicht 82: Mögliche von der Aufwands- und Ertragskonsolidierung betroffene Abschlußposten

Gesamtkostenverfahren
- Umsatzerlöse
- Erhöhung oder Verminderung des Bestands an fertigen und unfertigen Erzeugnissen
- andere aktivierte Eigenleistungen
- sonstige betriebliche Erträge
- Materialaufwand
- sonstige betriebliche Aufwendungen

Umsatzkostenverfahren
- Umsatzerlöse
- Herstellungskosten der zur Erzielung der Umsatzerlöse erbrachten Leistungen
- Vertriebskosten
- allgemeine Verwaltungskosten
- sonstige betriebliche Erträge
- sonstige betriebliche Aufwendungen

Gesamt- und Umsatzkostenverfahren
- Erträge aus Beteiligungen
- Erträge aus anderen Wertpapieren und Ausleihungen des Finanzanlagevermögens
- sonstige Zinsen und ähnliche Erträge
- Zinsen und ähnliche Aufwendungen
- Erträge/Aufwendungen aus Verlustübernahmen und Gewinnabführungen

Erfolgsneutrale Konsolidierungen

§ 305 Abs. 1 HGB behandelt dabei ausschließlich erfolgsneutrale Verrechnungen bzw. Umgliederungen von Aufwendungen und Erträgen in der Konzern-GuV, d.h., der Konzernjahresüberschuß selbst wird durch die Konsolidierung nicht verändert, wohl aber einzelne Aufwands- und Ertragsposten.

Erfolgswirksame Konsolidierungen

Soll der Forderung nach Einhaltung der Einheitstheorie bei der Aufwands- und Ertragskonsolidierung entsprochen werden, reicht es jedoch nicht aus, die in § 305 Abs. 1 HGB angesprochenen (erfolgsneutralen) Konsolidierungsvorgänge durchzuführen, da der dortige Katalog nicht vollständig ist. So ist analog zu den in § 305 Abs. 1 Nr. 2 HGB genannten »anderen Erträgen« auch eine Eliminierung »anderer Aufwendungen« vorzunehmen. Ferner hat eine (erfolgswirksame) Korrektur konzerninterner Gewinnausschüttungen sowie der Abschreibungen und Zuschreibungen auf Anteile an konsolidierten Unternehmen zu erfolgen.

Auswirkungen anderer Konsolidierungsmaßnahmen

Überdies ergeben sich aus zahlreichen anderen Konsolidierungsmaßnahmen erfolgswirksame Auswirkungen auf die Konzern-GuV.

(1) Im Rahmen der Purchase-Methode müssen stille Rücklagen/Lasten nach ihrer erfolgsneutralen Aufdeckung in den Folgeperioden erfolgswirksam aufgelöst werden. Auch nimmt die Abschreibung eines Geschäfts- oder Firmenwerts Einfluß auf Posten der Erfolgsrechnung.

(2) Ähnliche Konsolidierungen wie bei der Purchase-Methode können auch im Rahmen der Quotenkonsolidierung und der Equity-Methode erforderlich werden.

(3) Die Zwischenergebniseliminierung ist eng mit der Aufwands- und Ertragskonsolidierung verknüpft und kann insbes. die Materialaufwendungen und die Bestandsveränderungen tangieren.

(4) Soweit sich innerkonzernliche Forderungen und Schulden nicht in gleicher Höhe gegenüberstehen, wird eine erfolgswirksame Schuldenkonsolidierung notwendig, die ebenfalls Einfluß auf die Konzern-GuV nehmen kann.

(5) Die in § 306 HGB vorgeschriebene Steuerabgrenzung kann insbes. den Posten »Steuern vom Einkommen und vom Ertrag« berühren, indem neben dem effektiven Steueraufwand auch latente Steuern verrechnet werden.

Grundsatz der Wesentlichkeit

Gem. § 305 Abs. 2 HGB braucht eine Aufrechnung der konzerninternen Aufwendungen und Erträge nicht durchgeführt zu werden, wenn dies für die Vermittlung eines den tatsächlichen Verhältnissen entsprechenden Bilds der Vermögens-, Finanz- und Ertragslage des Konzerns nur von untergeordneter Bedeutung ist (Grundsatz der Wesentlichkeit). Dies bezieht sich allerdings nicht auf einzelne Aufrechnungsvorgänge; vielmehr muß die Summe aller Vorgänge, die unter Hinweis auf den Grundsatz der Wesentlichkeit nicht konsolidiert werden sollen, aus Sicht des Konzerns unbedeutend sein.

4.3 Einzelne Konsolidierungsvorgänge

4.3.1 Konsolidierung der Innenumsatzerlöse gem. § 305 Abs. 1 Nr. 1 HGB

Kriterien für die Eliminierung von Innenumsatzerlösen

Als Innenumsatzerlöse werden die Erlöse bezeichnet, die aus Lieferungen und Leistungen zwischen einbezogenen Konzernunternehmen resultieren. Wie die einzelnen Korrekturbuchungen im Rahmen der Eliminierung von Innenumsatzerlösen vorzunehmen sind, richtet sich u.a. danach, ob

(1) das Umsatzkostenverfahren oder das Gesamtkostenverfahren zur Anwendung gelangt,

(2) die konzerninternen Lieferungen vom liefernden Unternehmen selbst hergestellt oder von einem Dritten bezogen werden,

(3) die konzerninternen Lieferungen beim empfangenden Unternehmen den Bestand erhöhen oder die bezogenen Vermögensgegenstände direkt in den Aufwand – z.B. als Reparaturaufwand – gehen,

(4) die konzerninternen Lieferungen das Anlage- oder das Umlaufvermögen des beziehenden Unternehmens erhöhen.

Grundregel für das Gesamt- bzw. Umsatzkostenverfahren

Da die Korrektur der Innenumsatzerlöse somit von vier Kriterien abhängig ist, erklärt dieser Sachverhalt die Vielfalt der nunmehr abzuleitenden Konsolidierungsregeln. Hinsichtlich der unterschiedlichen Behandlung im Umsatzkosten- und im Gesamtkostenverfahren gilt folgende Grundregel: »Während das Gesamtkostenverfahren auf die Primärkostenstruktur des Lieferunternehmens abstellt, ergibt sich beim Umsatzkostenverfahren jene Kostenstruktur, wie sie sich aus der Sicht des letzten Unternehmens der Konzernkette (= empfangendes Unternehmen) darstellt« (TELKAMP, H.-J., in: KÜTING/WEBER 1998, § 305 HGB, Rn. 15). Mit primären Kosten wird der bewertete Verzehr jener Güter bezeichnet, die das Unternehmen nicht selbst erstellt, sondern vom Beschaffungsmarkt bezogen hat.

Sind in den Innenumsatzerlösen Zwischenergebnisse enthalten, müssen erfolgswirksame Konsolidierungen durchgeführt werden. Dabei werden die Zwischenergebnisse entweder bereits vor oder mit der Durchführung der Umsatzkonsolidierung bei den Umsatzerlösen gekürzt. Erfolgt die Zwischenergebniseliminierung dagegen erst im Anschluß an die Umsatzkonsolidierung, sind diese in den nunmehr maßgebenden Posten (Bestandsveränderungen, andere aktivierte Eigenleistungen, Materialaufwand) erfolgswirksam zu stornieren (vgl. BUDDE, W. D./DREISSIG, E./KRONER, M., in: Beck Bil-Komm. 1999, § 305 HGB, Rn. 15).

In den folgenden Beispielen wird stets die Aufwands- und Ertragskonsolidierung mit der Zwischenergebniseliminierung verknüpft, d. h., die Eliminierung der Zwischenergebnisse erfolgt simultan zur Konsolidierung der Innenumsatzerlöse.

4.3.1.1 Innenumsatzerlöse aus Lieferungen

(1) Die Gegenstände werden vom liefernden Konzernunternehmen (im folgenden A genannt) selbst hergestellt, be- oder verarbeitet.

(a) A stellte die Gegenstände im Berichtsjahr her, für das empfangende Konzernunternehmen (im folgenden B genannt) handelt es sich um Anlagevermögen (Nutzungsdauer 10 Jahre, lineare Abschreibung).

Behandlung im Gesamtkostenverfahren:

Postenbezeichnung	GuV A		GuV B		Summen-GuV		Konsolidierungsbuchungen		Konzern-GuV	
	A	E	A	E	A	E	S	H	A	E
1. Umsatzerlöse		70				70	70			
3. andere aktivierte Eigenleistungen								60		60
5a. Materialaufwand	60				60				60	
7. Abschreibungen			7		7			1	6	
20. JÜ/JF	10			7	3			9		6
Summe	70	70	7	7	70	70	70	70	66	66

Behandlung im Umsatzkostenverfahren:

Postenbezeichnung	GuV A		GuV B		Summen-GuV		Konsolidierungsbuchungen		Konzern-GuV	
	A	E	A	E	A	E	S	H	A	E
1. Umsatzerlöse		70				70	70			
2. Herstellungskosten	60				60			60		
7. sonstige betriebl. Aufwendungen			7		7			1	6	
19. JÜ/JF	10			7	3			9		6
Summe	70	70	7	7	70	70	70	70	6	6

In beiden Fällen ist besonders auf die Korrektur der Abschreibungen hinzuweisen (die im Umsatzkostenverfahren der Einfachheit halber im Posten »sonstige betriebliche Aufwendungen« erfaßt wurden), die sich aus der Verminderung des Abschreibungsausgangswerts Anschaffungskosten um den Zwischengewinn ergibt.

(b) Wie (a), aber Herstellung durch A im Vorjahr.

Behandlung im Gesamtkostenverfahren:

Postenbezeichnung	GuV A		GuV B		Summen-GuV		Konsoli-dierungs-buchungen		Konzern-GuV	
	A	E	A	E	A	E	S	H	A	E
1. Umsatzerlöse		70				70	70			
2. Bestands-veränderungen	60				60				60	
3. andere aktivierte Eigenleistungen								60		60
7. Abschreibungen			7		7			1	6	
20. JÜ/JF	10			7	3			9		6
Summe	70	70	7	7	70	70	70	70	66	66

Behandlung im Umsatzkostenverfahren: wie in (a)

(c) A stellte die Gegenstände im Berichtsjahr her, B nahm sie unbearbeitet auf Lager. Aus der Sicht von B stellen sie (hier und in den folgenden Beispielen) Roh-, Hilfs- und Betriebsstoffe dar, ein Weiterverkauf ist beabsichtigt.

Behandlung im Gesamtkostenverfahren:

Postenbezeichnung	GuV A		GuV B		Summen-GuV		Konsoli-dierungs-buchungen		Konzern-GuV	
	A	E	A	E	A	E	S	H	A	E
1. Umsatzerlöse		50				50	50			
2. Bestandsveränderungen								38		38
5a. Materialaufwand	38				38				38	
20. JÜ/JF	12				12			12		
Summe	50	50	–	–	50	50	50	50	38	38

Behandlung im Umsatzkostenverfahren:

Postenbezeichnung	GuV A		GuV B		Summen-GuV		Konsoli-dierungs-buchungen		Konzern-GuV	
	A	E	A	E	A	E	S	H	A	E
1. Umsatzerlöse		50				50	50			
2. Herstellungs-kosten	38				38			38		
19. JÜ/JF	12				12			12		
Summe	50	50	–	–	50	50	50	50	–	–

(d) Wie (c), aber Herstellung durch A im Vorjahr.

Behandlung im Gesamtkostenverfahren:

Postenbezeichnung	GuV A		GuV B		Summen-GuV		Konsoli-dierungs-buchungen		Konzern-GuV	
	A	E	A	E	A	E	S	H	A	E
1. Umsatzerlöse		50				50	50			
2. Bestandsverän-derungen	38				38			38		
20. JÜ/JF	12				12			12		
Summe	50	50	–	–	50	50	50	50	–	–

Behandlung im Umsatzkostenverfahren: wie in (c)

(e) A stellte die Gegenstände im Berichtsjahr her, B verarbeitete sie weiter (zusätzlicher Materialaufwand 12), ein Verkauf an außenstehende Dritte ist beabsichtigt, aber noch nicht erfolgt.

Behandlung im Gesamtkostenverfahren:

Postenbezeichnung	GuV A		GuV B		Summen-GuV		Konsolidierungsbuchungen		Konzern-GuV	
	A	E	A	E	A	E	S	H	A	E
1. Umsatzerlöse		68				68	68			
2. Bestandsveränderungen				80		80		2		82
5a. Materialaufwand	70		80		150			68	82	
20. JÜ/JF		2				2	2			
Summe	70	70	80	80	150	150	70	70	82	82

Behandlung im Umsatzkostenverfahren:

Postenbezeichnung	GuV A		GuV B		Summen-GuV		Konsolidierungsbuchungen		Konzern-GuV	
	A	E	A	E	A	E	S	H	A	E
1. Umsatzerlöse		68				68	68			
2. Herstellungskosten	70				70			70		
19. JÜ/JF		2				2	2			
Summe	70	70	–	–	70	70	70	70	–	–

(f) Wie (e), aber Herstellung durch A im Vorjahr.

Behandlung im Gesamtkostenverfahren:

Postenbezeichnung	GuV A		GuV B		Summen-GuV		Konsolidierungsbuchungen		Konzern-GuV	
	A	E	A	E	A	E	S	H	A	E
1. Umsatzerlöse		68				68	68			
2. Bestandsveränderungen	70			80		10		2		12
5a. Materialaufwand			80		80			68	12	
20. JÜ/JF		2				2	2			
Summe	70	70	80	80	80	80	70	70	12	12

Behandlung im Umsatzkostenverfahren: wie in (e)

(g) A stellte die Gegenstände im Berichtsjahr her, B verarbeitete sie weiter (zusätzlicher Materialaufwand 15) und verkaufte sie an außenstehende Dritte.

Behandlung im Gesamtkostenverfahren:

Postenbezeichnung	GuV A		GuV B		Summen-GuV		Konsolidierungsbuchungen		Konzern-GuV	
	A	E	A	E	A	E	S	H	A	E
1. Umsatzerlöse		130		170		300	130			170
5a. Materialaufwand	107		145		252			130	122	
20. JÜ/JF	23		25		48				48	
Summe	130	130	170	170	300	300	130	130	170	170

Das Zwischenergebnis aus der Lieferung von A an B wird in diesem Fall durch den Außenumsatz realisiert und geht so in den Konzernjahresüberschuß ein.

Behandlung im Umsatzkostenverfahren:

Postenbezeichnung	GuV A		GuV B		Summen-GuV		Konsoli-dierungs-buchungen		Konzern-GuV	
	A	E	A	E	A	E	S	H	A	E
1. Umsatzerlöse		130		170		300	130			170
2. Herstellungs-kosten	107		145		252			130	122	
19. JÜ/JF	23		25		48				48	
Summe	130	130	170	170	300	300	130	130	170	170

Auch hier geht das Zwischenergebnis in den Konzernjahresüberschuß ein.

(h) Wie (g), aber Herstellung durch A im Vorjahr.

Behandlung im Gesamtkostenverfahren:

Postenbezeichnung	GuV A		GuV B		Summen-GuV		Konsoli-dierungs-buchungen		Konzern-GuV	
	A	E	A	E	A	E	S	H	A	E
1. Umsatzerlöse		130		170		300	130			170
2. Bestandsverän-derung	107				107				107	
5a. Materialauf-wand			145		145			130	15	
20. JÜ/JF	23		25		48				48	
Summe	130	130	170	170	300	300	130	130	170	170

Auch hier geht das Zwischenergebnis in den Konzernjahresüberschuß ein.

Behandlung im Umsatzkostenverfahren: wie in (g)

(i) A stellte die Gegenstände im Vorjahr her, in dem B sie unbearbeitet auf Lager nahm (siehe Fall (c)). Im Berichtsjahr verarbeitete B sie weiter (zusätzlicher Materialaufwand 10) und verkaufte sie an außenstehende Dritte.

Behandlung im Gesamtkostenverfahren:

Postenbezeichnung	GuV A		GuV B		Summen-GuV		Konsolidierungsbuchungen		Konzern-GuV	
	A	E	A	E	A	E	S	H	A	E
1. Umsatzerlöse				73		73				73
2. Bestandsveränderung							38		38	
5a. Materialaufwand			60		60			50	10	
20. JÜ/JF			13		13		12		25	
Summe	–	–	73	73	73	73	50	50	73	73

Der im Vorjahr neutralisierte Zwischengewinn von 12 aus der Lieferung von A an B geht jetzt durch die Umgliederung des Materialaufwands bei B in die Bestandsveränderung in den Konzernjahresüberschuß ein.

Behandlung im Umsatzkostenverfahren:

Postenbezeichnung	GuV A		GuV B		Summen-GuV		Konsolidierungsbuchungen		Konzern-GuV	
	A	E	A	E	A	E	S	H	A	E
1. Umsatzerlöse				73		73				73
2. Herstellungskosten			60		60			12	48	
19. JÜ/JF			13		13		12		25	
Summe	–	–	73	73	73	73	12	12	73	73

Eine Umgliederung wie im Gesamtkostenverfahren muß hier nicht erfolgen. Lediglich der Zwischengewinn des Vorjahrs geht in den Konzernjahresüberschuß ein und verändert die Herstellungskosten.

(2) Die an B gelieferten Gegenstände hat A nicht selbst hergestellt, be- oder verarbeitet, sondern fremdbezogen.

(a) A bezog die Gegenstände im Berichtsjahr, für B handelt es sich um Anlagevermögen.

Behandlung im Gesamtkostenverfahren: wie (1a)
Behandlung im Umsatzkostenverfahren: wie (1a)

(b) Wie (2a), aber Bezug durch A im Vorjahr.

Behandlung im Gesamtkostenverfahren: wie in (2a)
Behandlung im Umsatzkostenverfahren: wie in (2a)

(c) A bezog die Gegenstände im Berichtsjahr, B nahm sie unbearbeitet auf Lager. Aus der Sicht von B stellen sie (hier und in den folgenden Beispielen) Roh-, Hilfs- und Betriebsstoffe dar, ein Weiterverkauf ist beabsichtigt, aber noch nicht erfolgt.

Behandlung im Gesamtkostenverfahren:

Postenbezeichnung	GuV A		GuV B		Summen-GuV		Konsolidierungsbuchungen		Konzern-GuV	
	A	E	A	E	A	E	S	H	A	E
1. Umsatzerlöse		85				85	85			
5a. Materialaufwand	90				90			90		
20. JÜ/JF		5				5	5			
Summe	90	90	–	–	90	90	90	90	–	–

Behandlung im Umsatzkostenverfahren: wie in (1c)

(d) Wie (2c) aber Bezug durch A im Vorjahr

Behandlung im Gesamtkostenverfahren: wie in (2c)
Behandlung im Umsatzkostenverfahren: wie in (1c)

(e) A bezog die Gegenstände im Berichtsjahr, B verarbeitet sie weiter, ein Weiterverkauf ist beabsichtigt, aber noch nicht erfolgt.

Behandlung im Gesamtkostenverfahren: wie in (1e)
Behandlung im Umsatzkostenverfahren: wie in (1e)

(f) Wie (e), aber Bezug durch A im Vorjahr

Behandlung im Gesamtkostenverfahren: wie in (1e), nicht wie in (1f)
Behandlung im Umsatzkostenverfahren: wie in (1e)

(g) A bezog die Gegenstände im Berichtsjahr, B verarbeitete sie weiter und verkaufte sie an außenstehende Dritte.

Behandlung im Gesamtkostenverfahren: wie in (1g)
Behandlung im Umsatzkostenverfahren: wie in (1g)

(h) Wie (g), aber Bezug durch A im Vorjahr

Behandlung im Gesamtkostenverfahren: wie in (1g), nicht wie in (1h)

Behandlung im Umsatzkostenverfahren: wie in (1g)

(i) A bezog die Gegenstände im Vorjahr, in dem sie B unbearbeitet auf Lager nahm (siehe 2c). Im Berichtsjahr verarbeitete B sie weiter (zusätzlicher Materialaufwand 14) und verkaufte sie an außenstehende Dritte.

Behandlung im Gesamtkostenverfahren:

Postenbezeichnung	GuV A		GuV B		Summen-GuV		Konsolidierungsbuchungen		Konzern-GuV	
	A	E	A	E	A	E	S	H	A	E
1. Umsatzerlöse				107		107				107
5a. Materialaufwand			99		99		5		104	
20. JÜ/JF			8		8			5	3	
Summe	–	–	107	107	107	107	5	5	107	107

Die Summen-GuV ist richtig bis auf den im Vorjahr neutralisierten Zwischenverlust, der jetzt den Materialaufwand im Konzern erhöht.

Behandlung im Umsatzkostenverfahren: wie im Gesamtkostenverfahren.

4.3.1.2 Innenumsatzerlöse aus Leistungen

Als Umsatzerlöse sind gem. § 277 Abs. 1 HGB die Erlöse aus dem Verkauf von Erzeugnissen und Waren sowie Dienstleistungen auszuweisen. Zu den Umsatzerlösen zählt somit nicht nur der Absatz von Vermögensgegenständen, sondern auch die Abrechnung von Leistungen. Konsequenterweise fordert der Gesetzgeber daher in § 305 Abs. 1 Nr. 1 HGB, daß auch die Leistungen zwischen den in den Konzernabschluß einbezogenen Unternehmen mit den auf sie entfallenden Aufwendungen zu verrechnen sind. Den Erträgen aus dem Absatz von Leistungen stehen in aller Regel gleichhohe Aufwendungen beim Empfänger gegenüber, so daß die Aufrechnung in aller Regel keine Probleme aufweist.

Beispiele solcher Leistungen i. S. d. § 305 Abs. 1 Nr. 1 HGB sind Erträge aus

(1) Miet- und Pachtverträgen,
(2) Kundendienst- und Wartungsarbeiten,
(3) Reparaturleistungen,
(4) Speditionsleistungen,
(5) Patent- und Lizenzverträgen.

Voraussetzung ist immer, daß es sich um Umsatzerlöse handelt, die aus der gewöhnlichen Geschäftstätigkeit resultieren und typische Dienstleistungen des Unternehmens darstellen.

Behandlung beim Gesamt- bzw. Umsatzkostenverfahren

Da im Zuge der Konsolidierung die mit den Leistungen korrespondierenden Aufwendungen beim empfangenden Unternehmen wegzulassen sind, zeigt die Konzern-GuV im Gesamtkostenverfahren nur die Einzelaufwendungen des leistenden Unternehmens. Werden die Einzel-GuV nach dem Umsatzkostenverfahren aufgestellt, sind die Umsatzerlöse in den Posten »sonstige betriebliche Aufwendungen« umzugliedern, ein Zwischenergebnis ist hiermit zu verrechnen.

4.3.2 Konsolidierung anderer Erträge gem. § 305 Abs. 1 Nr. 2 HGB

Abgrenzung der »anderen Erträge«

Gem. § 305 Abs. 1 Nr. 2 HGB sind in der Erfolgsrechnung »andere Erträge aus Lieferungen und Leistungen zwischen den in den Konzernabschluß einbezogenen Unternehmen mit den auf sie entfallenden Aufwendungen zu verrechnen, soweit sie nicht als andere aktivierte Eigenleistungen auszuweisen sind«. Hierbei handelt es sich um Erträge des liefernden oder leistenden Unternehmens aus Geschäften mit anderen einbezogenen Unternehmen, die nicht über die Umsatzerlöse in die Einzel-GuV eingingen. Es sind somit Erträge, die nicht aus der gewöhnlichen Geschäftstätigkeit eines Unternehmens resultieren. Über den Wortlaut von § 305 Abs. 1 Nr. 2 HGB – der auf andere Erträge abstellt – hinausgehend, müssen in einem Konzernabschluß, der der Einheitstheorie entsprechen soll, allerdings auch andere Aufwendungen des liefernden oder leistenden Unternehmens eliminiert werden.

4.3.2.1 Erträge aus Lieferungen und Leistungen

Erträge des liefernden oder leistenden Unternehmens sind mit den Aufwendungen des empfangenden Unternehmens zu verrechnen, wenn dieses in der Einzel-GuV hierfür einen Aufwand gebucht hat.

Aktiviert das empfangende Unternehmen statt dessen die empfangene Lieferung oder Leistung, ist der Ertrag des liefernden oder leistenden Unternehmens in einer nach dem Gesamtkostenverfahren aufgestellten GuV in den Posten »andere aktivierte Eigenleistungen« umzugliedern. Im Umsatzkostenverfahren wird der Ertrag in dieser Situation mit den Aufwendungen des Lieferers verrechnet.

Handelt es sich bei einer Lieferung um den Abgang eines Gegenstands des Anlagevermögens, der über Buchwert erfolgt, liegt aus Konzernsicht eine Zuschreibung vor. Diese ist im Rahmen der Zwischenergebniseliminierung zu eliminieren. Unterbleibt eine solche Konsolidierung, da die Lieferung zu marktüblichen Bedingungen erfolgt ist, erübrigt sich eine Umgliederung aus den sonstigen betrieblichen Erträgen der Einzel-GuV, da in diesem Posten auch die Zuschreibungsbeträge enthalten sind.

4.3.2.2 Aufwendungen aus Lieferungen und Leistungen

Aufwendungen aus dem Abgang von Gegenständen des Anlagevermögens

Hierunter fallen in erster Linie Aufwendungen (»Verluste«) aus dem Abgang von Gegenständen des Anlagevermögens, die in der Einzel-GuV in den sonstigen betrieblichen Aufwendungen erfaßt sind. Wie bei den entsprechenden Erträgen handelt es sich i.d.R. um eliminierungspflichtige Zwischenergebnisse. Unterbleibt eine solche Eliminierung, sind die Aufwendungen, die aus Konzernsicht Abschreibungen darstellen, im Gesamtkostenverfahren aus den sonstigen betrieblichen Aufwendungen in die Abschreibungen umzugliedern.

Im Umsatzkostenverfahren hat u.U. eine Umgliederung in die Herstellungskosten oder andere Funktionskosten zu erfolgen, wenn die Abschreibungen auf den Vermögensgegenstand in der Einzel-GuV dort erfaßt werden.

4.3.3 Konsolidierung von Ergebnisübernahmen

Unter dem Gesichtspunkt der Einheitstheorie sind innerkonzernliche Ergebnisübernahmen nicht möglich, so daß hier Korrekturen erforderlich werden.

4.3.3.1 Ergebnisse aus Ergebnisübernahmeverträgen

Innerkonzernliche Liquiditätsverlagerungen

Bestehen zwischen Konzernunternehmen Gewinnabführungsverträge, würde eine bloße Summation der Einzelabschlußwerte insofern zu einer Aufblähung der Konzern-GuV führen, als die Posten »auf Grund einer Gewinngemeinschaft, eines Gewinnabführungs- oder eines Teilgewinnabführungsvertrags erhaltene Gewinne« und »auf Grund einer Gewinngemeinschaft, eines Gewinnabführungs- oder eines Teilgewinnabführungsvertrags abgeführte Gewinne« wertmäßig gleich hohe Beträge enthalten, die allein auf konzerninterne Transaktionen zurückzuführen sind und vom Konzernstandpunkt als innerkonzernliche Liquiditätsverlagerungen beurteilt werden müssen.

Insofern dürfen diese Transaktionen in der Konzern-GuV nicht berücksichtigt werden, so daß im Zuge der Konsolidierung Erträge aus der Ergebnisübernahme und die entsprechenden Aufwendungen gegeneinander aufzurechnen sind.

Berücksichtigung außenstehender Anteilseigner

Sind am Tochterunternehmen auch außenstehende Anteilseigner beteiligt, denen eine Ausgleichszahlung oder Dividendengarantie i.S.d. § 304 AktG zugesichert ist, »kann das Mutterunternehmen zwar den vollen Jahresüberschuß des Tochterunternehmens als Forderung bilanzieren, muß aber dagegen den Dividendenertrag um die außenstehenden Gesellschaftern bzw. Aktionären garantierte Dividende kürzen und eine entsprechende Verbindlichkeit einbuchen« (TELKAMP, H.-J., in: KÜTING/WEBER 1998, § 305 HGB, Rn. 41). Der auf die anderen Gesellschafter entfallende Dividendenbetrag ist in der Erfolgsrechnung aus dem Posten »sonstige betriebliche Aufwendungen« – wo er regelmäßig erfaßt sein dürfte – auszubuchen und in den Posten »auf andere Gesellschafter entfallende Gewinne« nach dem Jahresüberschuß einzustellen. »Diese

Vorgehensweise stellt sicher, daß die Ausgleichszahlung nicht als Aufwand, sondern der Einheitstheorie entsprechend als Gewinnverwendung ausgewiesen wird« (WYSOCKI, K. V./WOHLGEMUTH, M. 1996, S. 289).

4.3.3.2 Ergebnisse aus Beteiligungen ohne Ergebnisübernahmeverträge

Zeitkongruente Vereinnahmung von Gewinnen

Liegt kein Ergebnisübernahmevertrag vor, kann das Mutterunternehmen unter bestimmten Voraussetzungen die Gewinne bereits in dem Jahr verbuchen, in dem sie beim Tochterunternehmen entstanden sind. In diesem Fall müssen die Beteiligungserträge und der Jahresüberschuß um die vereinnahmten Beteiligungserträge gekürzt werden, da ansonsten der gleiche Betrag in doppelter Höhe den Konzernjahresüberschuß beeinflussen würde.

Zeitverschobene Vereinnahmung von Gewinnen

Werden die Beteiligungserträge dagegen zeitverschoben vereinnahmt, so führt dies dazu, daß der gleiche Ertrag im Jahr der Entstehung und im Jahr der Vereinnahmung in der Summen-GuV ausgewiesen wird, obwohl aus Konzernsicht nur der erste Fall zulässig ist. Daher ist der Beteiligungsertrag im Jahr der Vereinnahmung entsprechend zu kürzen.

Beispiel zur Notwendigkeit von Korrekturbuchungen im Rahmen der Aufwands- und Ertragseliminierung bei zeitverschobener (innerkonzernlicher) Gewinnvereinnahmung

Die Problematik der phasenverschobenen (zeitverschobenen) innerkonzernlichen Gewinnvereinnahmung soll anhand des nachfolgenden Beispiels verdeutlicht werden.

Es gelten folgende Prämissen:

(1) Es liegt ein mehrstufiger Konzern vor, in dem die Unternehmen A, B, C und D alle als vollkonsolidierte Tochterunternehmen anzusehen sind.

(2) Die Beteiligungsquote zwischen den einzelnen Unternehmen beträgt jeweils 100%.

(3) Zwischen den einzelnen Unternehmen wurde kein Ergebnisabführungsvertrag geschlossen.

(4) Das Periodenergebnis wird jeweils mit einem time-lag von einem Jahr nach oben (also von D zu C, von C zu B, von B zu A) ausgeschüttet. Der Betrag wird im jeweiligen Einzelabschluß als Beteiligungsertrag verbucht.

(5) Lediglich das Unternehmen D erzielt in jedem Jahr ein Periodenergebnis aus dem operativen Bereich in Höhe von 10. Auf jeder anderen Stufe des Konzerns fällt jährlich nur das hochgeschüttete Beteiligungsergebnis an.

Mit Blick auf die Perioden t_1 bis t_4 stellt sich der oben beschriebene Sachverhalt demnach wie folgt dar:

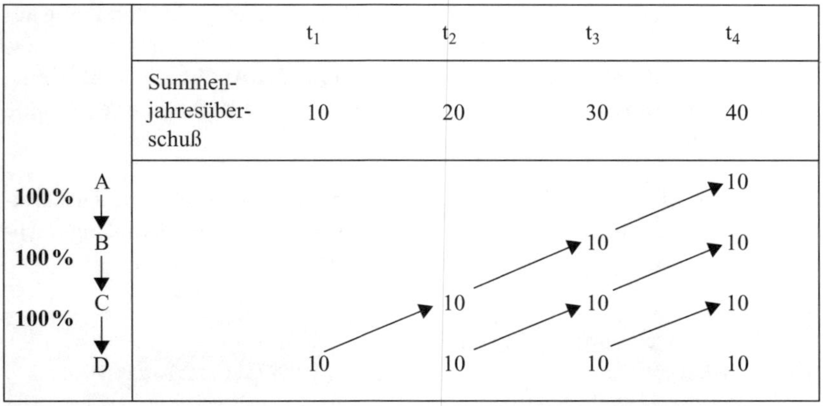

Würden in diesem Fall keine Korrekturen im Rahmen der Aufwands- und Ertragseliminierung vorgenommen werden, würde dies dazu führen, daß in der Periode 04 ein Konzernergebnis in Höhe von 40 ausgewiesen würde, obwohl im betrachteten Konzern lediglich ein Ergebnis aus operativer Tätigkeit in Höhe von 10 (nämlich bei D) angefallen ist. Die restlichen 30 beruhen alleine auf zeitlich verschobenen Gewinnausschüttungen respektive Gewinnvereinnahmungen. Aus Konzernsicht darf der ausgewiesene Jahreserfolg je Periode nur 10 betragen, da die künstliche Erhöhung des Summenerfolgs lediglich auf innerkonzernlichen Gewinnausschüttungen bzw. Gewinnvereinnahmungen beruht, die im Zuge der Konzernabschlußerstellung zu korrigieren sind.

Demnach müssen im Rahmen der Aufwands- und Ertragseliminierung in den einzelnen Perioden die folgenden Korrekturbuchungen vorgenommen werden:

Periode 01:	./.	
Periode 02:	Beteiligungsertrag 10	an Ergebnisvortrag 10
Periode 03:	Beteiligungsertrag 20	an Ergebnisvortrag 20
Periode 04:	Beteiligungsertrag 30	an Ergebnisvortrag 30

Als Gegenposten kommen der Ergebnisvortrag, die Gewinnrücklagen oder ein Sonderposten – wie z. B. vereinnahmte Vorjahresergebnisse – in Betracht (vgl. auch 1. Abschn., 5. Kap.). In tiefgestaffelten Konzernen kann sich die Anpassung über mehrere Jahre erstrecken und zu recht hohen Korrekturbuchungen führen.

4.3.4 Abschreibungen und Zuschreibungen auf konsolidierte Anteile

Sofern im Einzelabschluß des beteiligten Unternehmens Abschreibungen auf Anteile an konsolidierten Unternehmen vorgenommen und diese in die Summen-GuV übernommen wurden, sind die Abschreibungen in der Konzern-GuV grundsätzlich erfolgswirksam aufzulösen. Erscheint es dagegen zweckmäßig, die im Einzelabschluß vorgenommene Abschreibung auch im Konzernabschluß wirksam werden zu lassen, hat eine außerplanmäßige Abschreibung auf einen aus der Konsolidierung resultierenden Geschäfts- oder Firmenwert bzw. aufgedeckte stille Rücklagen zu erfolgen. Anstelle der Auflösung ist dann eine entsprechende Umgliederung der Abschreibung auf die konsolidierten Anteile vorzunehmen.

Für den Fall, daß im Einzelabschluß des beteiligten Unternehmens Zuschreibungen auf konsolidierte Anteile als Korrektur früherer außerplanmäßiger Abschreibungen erfolgt sind, ist sinngemäß zu verfahren.

1. Ziel der Aufwands- und Ertragskonsolidierung ist es,
   - in der Konzern-GuV nur die Aufwendungen und Erträge zu erfassen, die aus Beziehungen mit Konzernfremden resultieren und
   - die Konzern-GuV so darzustellen, als sei der Konzern eine Einheitsunternehmung.
2. Dabei reicht es nicht aus, die in § 305 Abs. 1 HGB angesprochenen Konsolidierungsvorgänge durchzuführen, da der dortige Katalog nicht vollständig ist.
3. Bei der Konsolidierung der Innenumsatzerlöse gem. § 305 Abs. 1 Nr. 1 HGB gilt folgende Grundregel:»Während das Gesamtkostenverfahren auf die Primärkostenstruktur des Lieferunternehmens abstellt, ergibt sich beim Umsatzkostenverfahren jene Kostenstruktur, wie sie sich aus der Sicht des letzten Unternehmens der Konzernkette (= empfangendes Unternehmen) darstellt« (TELKAMP, H.-J., in: KÜTING/WEBER 1998, § 305 HGB, Rn. 15).

5. Latente Steuern

5.1 Grundkonzeption der Steuerabgrenzung

Der Grundgedanke für die Erfassung latenter Steuern basiert auf der Überlegung, daß der in der Handelsbilanz ausgewiesene Ertragsteueraufwand (Körperschaft- und Gewerbeertragsteuer) ursprünglich nur aus dem steuerrechtlichen Einkommen bzw. aus der Steuerbilanz abgeleitet wird und der so ermittelte Steueraufwand nicht notwendigerweise mit dem ausgewiesenen Jahreserfolg der Handelsbilanz korrespondiert. Im Extremfall können sogar in der Handelsbilanz ertragsabhängige Steuern ausgewiesen werden, obwohl in der GuV ein Jahresfehlbetrag entstanden ist; umgekehrt kann sich im handelsrechtlichen Jahresabschluß ein Überschuß ergeben, ohne daß ertragsabhängige Steuern anfallen.

Differenz zwischen effektiver Steuerschuld und fiktiver Steuerbelastung

Latente Steuern sollen daher eine Kongruenz zwischen dem in der Handelsbilanz gezeigten Erfolg und den dort gezeigten ertragsabhängigen Steuern herstellen. Daraus erklärt sich, daß latente Steuern auch definiert werden können als Differenz zwischen effektiver Steuerschuld und jener – fiktiven – Steuerbelastung, die sich unter Zugrundelegung des handelsbilanziellen Jahreserfolgs als steuerrechtliche Bemessungsgrundlage ergäbe.

Permanente Differenzen

Dabei sei aber darauf hingewiesen, daß auch mit Hilfe der Bilanzierung latenter Steuern eine völlige Kongruenz von Handelsbilanzerfolg und Steuerausweis nicht erreicht wird und nicht erreicht werden soll, denn der Tatbestand latenter Steuern schließt solche Differenzen zwischen dem handels- und dem steuerrechtlichen Ergebnis aus, die zwar in einer Periode entstehen, aber in den folgenden Zeiträumen nicht wieder kompensiert werden (sog. permanente Differenzen; insbes. nicht abzugsfähige Betriebsausgaben bzw. steuerfreie Erträge).

Zeitliche Differenzen

Grundlage für die Erfassung latenter Steuern sind nur die sog. zeitlichen wertmäßigen Differenzen zwischen Handels- und Steuerbilanz, die in einer bestimmten Periode auftreten und sich in einer oder mehreren nachfolgenden Rechnungsperioden ausgleichen. Latente Steuern sind also dadurch charakterisiert, daß bestimmte Geschäftsvorfälle in der Handels- und Steuerbilanz in unterschiedlichen Abrechnungsperioden berücksichtigt werden und sich über mehrere Perioden hinweg in der Handels- und in der Steuerbilanz in gleicher Höhe auswirken, d.h., in der Totalperiode sind keine Abweichungen vorhanden.

Abweichungsursachen

Insgesamt können (vgl. Übersicht 83) zwei Hauptgruppen möglicher Abweichungsursachen zwischen dem handels- und steuerrechtlichen Erfolg auftreten und damit eine Angleichung des aufgrund der steuerrechtlichen Bemessungsgrundlage ermittelten Steueraufwands an das ausgewiesene Ergebnis der Handelsbilanz erforderlich machen:

(1) Erträge in der Handelsbilanz sind dem Ausweis in der Steuerbilanz zeitlich vorgelagert; bei den Aufwendungen erfolgt der Ausweis in der Steuerbilanz vor dem in der Handelsbilanz; der Gewinnausweis in der Steuerbilanz wird somit in einer späteren Periode nachgeholt (sog. passivische latente Steuern; Fälle 1 und 2 der Übersicht 83).

Bei Vorliegen passivischer latenter Steuern ist der handelsbilanzielle Erfolg größer als das steuerliche Ergebnis.

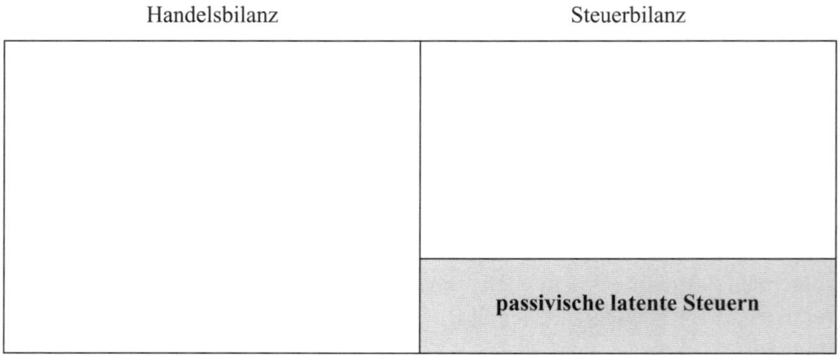

(2) Erträge der Steuerbilanz sind dem Ausweis in der Handelsbilanz zeitlich vorgelagert, bei den Aufwendungen verhält es sich umgekehrt; der Gewinnausweis in der Handelsbilanz wird somit zeitlich in einer späteren Periode nachgeholt (sog. aktivische latente Steuern; Fälle 3 und 4 der Übersicht 83).

Bei Vorliegen aktivischer latenter Steuern ist der handelsbilanzielle Erfolg geringer als das steuerliche Ergebnis.

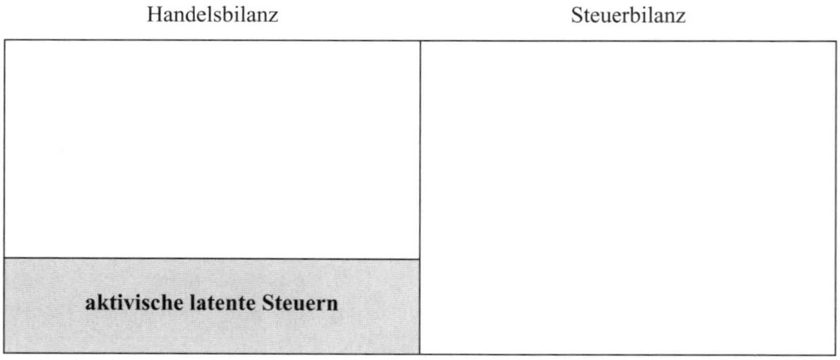

Gezahlte Ertragsteuern gemessen am handelsbilanziellen Erfolg zu niedrig

Für die erste Gruppe von Geschäftsvorfällen ist charakteristisch, daß Aufwendungen in der Steuerbilanz früher als in der Handelsbilanz (kurz: Betriebsausgabe vor Aufwand) bzw. Erträge in der Handelsbilanz früher als in der Steuerbilanz (kurz: Ertrag vor Betriebseinnahme) erfaßt werden. Die auf der Grundlage der Steuerbilanz verrechneten bzw. gezahlten Ertragsteuern, die üblicherweise in die Handelsbilanz übernommen werden, sind im Vergleich zum handelsrechtlichen Jahreserfolg zu niedrig.

Wird nunmehr – unter Außerachtlassung permanenter Differenzen – die fiktive Steuerschuld auf der Grundlage des ausgewiesenen Handelsbilanzergebnisses ermittelt und der sich aufgrund der steuerrechtlichen Bemessungsgrundlage ergebende Betrag hiervon subtrahiert, stellt der verbleibende Unterschiedsbetrag die latenten Steuern dar; er führt – abrechnungstechnisch gesehen – zu einem passivischen Ausgleichsposten in der Bilanz.

Übersicht 83: Ursachen latenter Steuern

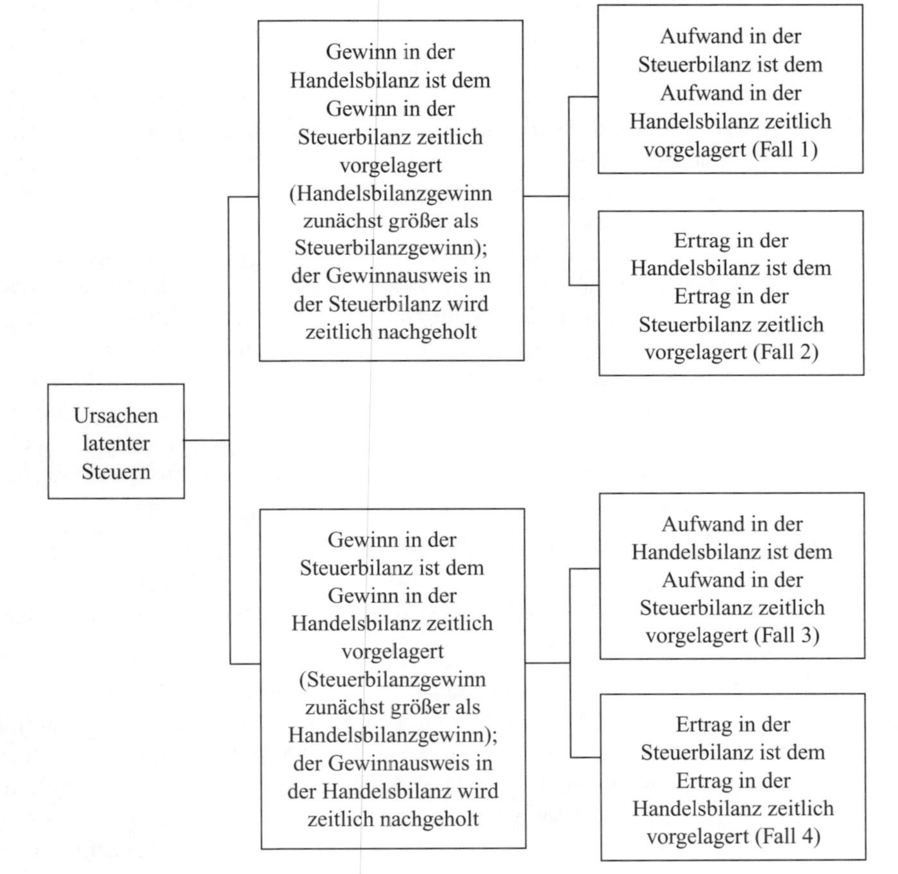

Gezahlte Ertragsteuern gemessen am handelsbilanziellen Ergebnis zu hoch

Bei der zweiten Gruppe von Geschäftsvorfällen werden die Aufwendungen in der Handelsbilanz früher als in der Steuerbilanz (kurz: Aufwand vor Betriebsausgabe) bzw. die Erträge in der Steuerbilanz früher als in der Handelsbilanz erfaßt (kurz: Betriebseinnahme vor Ertrag). Daraus folgt, daß die tatsächlich verrechneten bzw. gezahlten Steuern im Vergleich zum handelsrechtlichen Ergebnis zu hoch sind. Bekannt ist wiederum der tatsächliche

Steueraufwand gemäß Steuerbilanz, und ermittelt wird wiederum die fiktive Steuerschuld auf der Grundlage des handelsrechtlichen Ergebnisses. Über die Verrechnung latenter Steuern werden nunmehr die tatsächlich angefallenen Steuern auf die fiktive Steuerschuld zurückgeschraubt; in der Handelsbilanz führt dies zu einem aktivischen Ausgleichsposten.

5.2 Die Steuerabgrenzung im Konzern

Konzern kein Steuersubjekt

Wenn bislang von »tatsächlich angefallenen Steuern« gesprochen wurde, handelt es sich hierbei nicht um den vom Konzern zu zahlenden Steueraufwand, denn die Einheit Konzern ist kein Steuersubjekt und wird nicht zur Steuerzahlung herangezogen. Bekanntlich gibt es in der Bundesrepublik Deutschland kein geschlossenes Konzernsteuerrecht. Das deutsche Steuerrecht sieht zwar Rechtsinstitute wie die Organschaft und das Schachtelprivileg vor, gleichwohl werden grundsätzlich nur die einzelnen rechtlich selbständigen, aber wirtschaftlich unselbständigen Konzernunternehmen und nicht die Einheitsunternehmung Konzern der Besteuerung unterworfen. Steuersubjekt ist somit nicht der Konzern, sondern vielmehr die einzelnen rechtlich selbständigen Konzernunternehmen mit der Begründung: »Solange Unternehmen, die sich in irgendeiner Form zusammengeschlossen haben, ihre rechtliche Selbständigkeit nicht aufgeben, erfolgt die Besteuerung jedes Unternehmens nach den normalen Vorschriften für Kapitalgesellschaften und Personenunternehmen« (WÖHE, G., in: KÜTING/WEBER 1998, Kap. II, Rn. 154). Dabei versteht es sich fast von selbst, daß die isolierte Besteuerung der Konzernunternehmen insgesamt zu anderen Belastungen führt als die Besteuerung der fiktiven Einheitsunternehmung Konzern. Gründe hierfür liegen:

(1) in mehreren erfolgswirksamen Differenzen im Rahmen des Konsolidierungsprozesses. Eine in § 306 HGB geregelte Steuerabgrenzung nimmt dann i. d. R. eine fiktive Besteuerung dieser erfolgswirksamen Konsolidierungsdifferenzen vor;

(2) in einer unterschiedlichen Gewinnverwendungspolitik der Konzernunternehmen im Vergleich zu einer fingierten Konzernverwendungspolitik. Obwohl keine Differenzbeträge i. S. d. § 306 HGB vorliegen, wird gleichwohl allgemein üblich eine Steuerabgrenzung im Sinne einer sog. Nachversteuerung vorgenommen; denn die Gewinnverwendungspolitik aus Konzernsicht stellt sich anders dar, als dies bei den einzelnen Konzernunternehmen der Fall ist;

(3) in einer Besteuerung von Gewinnen bei einzelnen Konzernunternehmen bei gleichzeitiger Existenz von aufrechenbaren Verlusten (Verlustvorträgen) bei anderen Konzernunternehmen.

Die Steuerabgrenzung im Konzern kann sinnvoll wie folgt interpretiert werden:

Aufgabe der Steuerabgrenzung im Konzern

Latente Steuern sind der Unterschiedsbetrag zwischen dem Steueraufwand, der auf der Grundlage des Konzernabschlusses dem Geschäftsjahr und den früheren Geschäftsjahren zugerechnet wird, und den für diese Geschäftsjahre von den einzelnen konsolidierten Gesellschaften gezahlten oder zu zahlenden bzw. als Aufwand verrechneten Steuern. Latente Steuern verfolgen somit unter diesem Aspekt eine Angleichung des Steueraufwands an den vom Konzern ausgewiesenen Jahreserfolg.

Konzernjahresüberschuß als fiktive Basis der Besteuerung

Ohne die Erfassung latenter Steuern würde in den Konzernabschluß die summierte Steuerbelastung der wirtschaftlich unselbständigen, aber rechtlich selbständigen Konzernunternehmen aufgenommen. Die bloße Summation des Steueraufwands der einzelnen Konzernglieder führt jedoch zwangsläufig zu einem anderen Ergebnis, als wenn der Konzernjahresüberschuß Basis für die Besteuerung wäre.

Durch die Berücksichtigung latenter Steuern soll der effektive Steueraufwand in der GuV der einzelnen Konzerngesellschaften dem fiktiven Steueraufwand auf der Grundlage des Konzernabschlusses angeglichen werden. Unter dieser Zielsetzung beinhalten latente Steuern also den Differenzbetrag zwischen den dem Geschäftsjahr und den vorausgegangenen Geschäftsjahren zugerechneten Steuern (im Sinne eines im Hinblick auf den Konzernerfolg richtig bemessenen Steueraufwands) und den für diese Geschäftsjahre von den einzelnen Konzernunternehmen tatsächlich gezahlten bzw. als Aufwand in den Einzel-GuV verrechneten Steuern.

Eine völlige Kongruenz zwischen dem im Konzernabschluß ausgewiesenen Jahreserfolg einerseits und dem Ertragsteueraufwand andererseits kann jedoch nicht erreicht werden, da als Grundlage für die Erfassung latenter Steuern nicht alle auftretenden Differenzen ausschlaggebend sind. Das Konzept der Steuerabgrenzung im Konzern bezieht sich – ebenso wie im Einzelabschluß – nur auf zeitlich begrenzte Differenzen, die sich in einem vorhersehbaren Zeitraum wieder ausgleichen. Zeitlich unbegrenzte Differenzen zwischen dem Konzernjahreserfolg und dem ausgewiesenen Ertragsteueraufwand, sowie quasipermanente Differenzen, deren Umkehrung entweder nur sehr langfristig erfolgt oder aber im Zeitpunkt ihres Entstehens nicht abzusehen ist, führen nicht zur Abgrenzung latenter Steuern.

Demnach sind im Rahmen ihrer nachfolgend genannten drei Herkunftsarten latente Steuern nur dann abzugrenzen, wenn es sich um zeitliche (temporäre) Unterschiede handelt.

5.2.1 Ursachen latenter Steuern im Konzern

Die im Konzernabschluß zu erfassenden latenten Steuern lassen sich vereinfacht auf folgende drei Sachverhalte zurückführen (vgl. WYSOCKI, K. v./WOHLGEMUTH, M. 1996, S. 251):

(1) latente Steuern, die bereits auf Einzelabschlußebene gem. § 274 HGB aufgrund von Differenzen zwischen handels- und steuerrechtlichem Erfolg abzugrenzen sind;

(2) latente Steuern, die im Rahmen der Erstellung der HB II bei der Anpassung an die konzerneinheitliche Bilanzierung und Bewertung gem. den §§ 300 Abs. 2 und 308 HGB abzugrenzen sind;

(3) latente Steuern, die aufgrund von erfolgswirksamen Konsolidierungsmaßnahmen des Vierten Titels des Zweiten Unterabschnitts (§§ 300 bis 307 HGB) gem. § 306 HGB abzugrenzen sind.

Die Ursachen latenter Steuern lassen sich graphisch demnach wie folgt skizzieren.

Übersicht 84: Ursachen latenter Steuern im Konzern

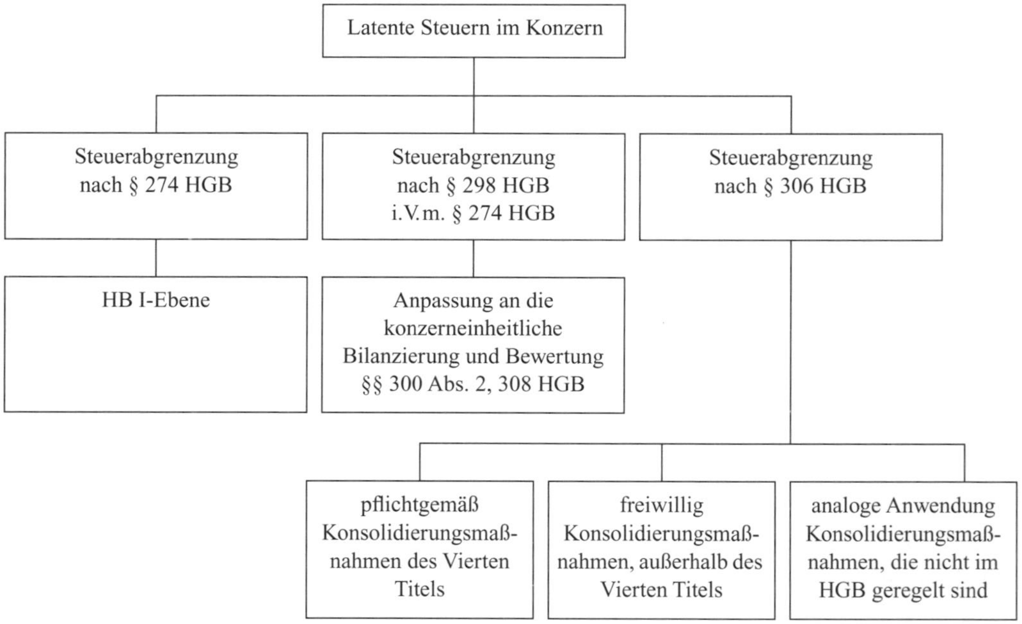

Mit Blick auf die zuvor gewonnenen Ergebnisse sind demnach im Rahmen der Abgrenzung latenter Steuern letztere nur dann abzugrenzen, wenn zwischen den beiden betrachteten Rechenwerken zeitliche (temporäre) Differenzen vorliegen. Im Einzelfall bedeutet dies, wenn

(1) temporäre Ergebnisunterschiede zwischen Handels- und Steuerbilanz vorliegen (primäre latente Steuern auf HB I-Ebene);

(2) temporäre Ergebnisunterschiede zwischen HB I und HB II vorliegen (primäre latente Steuern auf HB II-Ebene);

(3) temporäre Ergebnisunterschiede zwischen dem Summenabschluß und dem Konzernabschluß vorliegen (sekundäre latente Steuern auf Konzerabschluß-Ebene).

5.2.1.1 Übernahme latenter Steuerposten aus der Handelsbilanz

Nach dem Recht des Mutterunternehmens zulässige Bilanzierungswahlrechte dürfen gem. § 300 Abs. 2 Satz 2 HGB im Konzernabschluß unabhängig von ihrer Inanspruchnahme in den Jahresabschlüssen der einbezogenen Unternehmen neu ausgeübt werden. Da bei Vorliegen der entsprechenden Voraussetzungen gem. § 274 Abs. 2 HGB ein Wahlrecht zur Aktivierung latenter Steuern besteht, kann dieses Ansatzwahlrecht im Zuge der Aufstellung der HB II für den Konzernabschluß neu ausgeübt werden. Infolgedessen ist es möglich, daß ein in den Konzernabschluß einbezogenes Unternehmen in seinem Einzelabschluß aktivische latente Steuern gem. § 274 Abs. 2 HGB abgrenzt, im Rahmen der Aufstellung der HB II hingegen auf die Aktivierungsmöglichkeit verzichtet. Darüber hinaus ist es möglich, das Aktivierungswahlrecht nur teilweise in Anspruch zu nehmen, bspw. um zu erreichen, daß sich aktivische und passivische Steuerabgrenzungsposten bei einer Saldierung im Konzernabschluß gerade gegenseitig aufheben (vgl. Hoyos, M./Fischer, N., in: Beck Bil-Komm. 1999, § 306 HGB, Rn. 27). Das hieraus resultierende bilanzpolitische Gestaltungspotential ist offensichtlich.

Dagegen sind auf Einzelabschlußebene passivierte Rückstellungen für latente Steuern aufgrund der Passivierungspflicht gem. § 274 Abs. 1 HGB stets unverändert in den Konzernabschluß zu übernehmen.

5.2.1.2 Abgrenzung latenter Steuern aufgrund der Anpassung an die konzerneinheitliche Bilanzierung und Bewertung

Durch die unterschiedliche Ausübung von Ansatz- und Bewertungswahlrechten gem. den §§ 300 Abs. 2 und 308 HGB beim Übergang von der HB I auf die HB II kommt es regelmäßig zu einem Unterschied zwischen den Erfolgen der HB I der einbezogenen Unternehmen und den Erfolgen aus deren HB II. Im Regelfall handelt es sich hierbei um zeitlich begrenzte Differenzen. Dennoch ist § 306 HGB hierauf nicht anwendbar, da gemäß dieser Vorschrift nur ein aus

Konsolidierungsmaßnahmen – die Bilanzierungs- und Bewertungsanpassungen sind jedoch der eigentlichen Konsolidierung vorgelagert – resultierender Unterschied zwischen den summierten Einzelerfolgen – worunter die der HB II fallen – und dem Konzernerfolg zur Abgrenzung latenter Steuern führt. Da dies hier nicht der Fall ist, greift die für den Konzernabschluß geschaffene Regelung bzgl. latenter Steuern nicht. Die Erstellung der HB II auf der Grundlage der §§ 300 Abs. 2 und 308 HGB wird vielmehr als Vorgang im Rahmen des Einzelabschlusses betrachtet. Steuerabgrenzungen auf zeitliche Erfolgsdifferenzen sind folglich nach § 274 HGB zu behandeln.

5.2.1.3 Abgrenzung latenter Steuern aufgrund von erfolgswirksamen Konsolidierungsmaßnahmen

5.2.1.3.1 Grundlagen

Abgrenzungsposten auf der Aktiv-, Rückstellungen auf der Passivseite

Latente Steuern sind unter der Bezeichnung »Steuerabgrenzung« in § 306 HGB geregelt. »Ist das im Konzernabschluß ausgewiesene Jahresergebnis auf Grund von Maßnahmen, die nach den Vorschriften dieses Titels durchgeführt worden sind, niedriger oder höher als die Summe der Einzelergebnisse der in den Konzernabschluß einbezogenen Unternehmen, so ist der sich für das Geschäftsjahr und frühere Geschäftsjahre ergebende Steueraufwand, wenn er im Verhältnis zum Jahresergebnis zu hoch ist, durch Bildung eines Abgrenzungspostens auf der Aktivseite oder, wenn er im Verhältnis zum Jahresergebnis zu niedrig ist, durch Bildung einer Rückstellung nach § 249 Abs. 1 Satz 1 HGB anzupassen, soweit sich der zu hohe oder der zu niedrige Steueraufwand in späteren Geschäftsjahren voraussichtlich ausgleicht.«

Anwendungsbereich

§ 306 HGB bezieht sich allein auf solche latenten Steuern, die im Rahmen der Konzernrechnungslegung zu erfassen sind. Darüber hinaus schränkt der Gesetzgeber die Berücksichtigung latenter Steuern auf solche Konsolidierungsmaßnahmen ein, die im Vierten Titel des Zweiten Unterabschnitts – also in den §§ 300 bis 307 HGB unter der Bezeichnung »Vollkonsolidierung« – geregelt sind. Somit unterliegen nicht alle zeitlichen Differenzen der Erfassungspflicht.

Pflicht zur Bildung aktivischer und passivischer latenter Steuern

Soweit zeitliche Differenzen aufgrund der in den Vorschriften der §§ 300 bis 307 HGB geregelten Konsolidierungsmaßnahmen auftreten, müssen stets latente Steuern verrechnet werden. Diese Verpflichtung bezieht sich sowohl auf aktivische als auch auf passivische latente Steuern. Während im Einzelabschluß für sog. primäre latente Steuern gem. § 274 HGB lediglich eine Erfassungspflicht für passivische latente Steuern besteht, müssen somit im Konzernabschluß sowohl aktivische als auch passivische (sekundäre) latente Steuern erfaßt werden.

5.2.1.3.2 Konsolidierungsregeln

Vor diesem rechtlichen Hintergrund gelten u.a. folgende Konsolidierungsregeln:

Differenzen im Rahmen der Kapitalkonsolidierung

(1) Differenzen zwischen der Summe der Einzelerfolge und dem Konzernerfolg ergeben sich aus der Kapitalkonsolidierung bei Anwendung der Purchase-Methode gem. § 301 HGB bspw. durch die Abschreibung des Geschäfts- oder Firmenwerts oder die Aufwandsverrechnung aufgedeckter stiller Rücklagen. Bei diesen Differenzen handelt es sich jedoch um quasipermanente Beträge, die nur einseitig auftreten und damit nicht die Voraussetzung für zeitliche Differenzen erfüllen; denn die Aktivierung eines Geschäfts- oder Firmenwerts und die Zuordnung der stillen Rücklagen erfolgt erfolgsneutral, während ihre Behandlung in den Folgeperioden i.d.R. erfolgswirksam ist. Obwohl bei der Veräußerung oder Liquidation des Unternehmens eine Realisierung stattfinden würde und somit »timing differences« gegeben wären, dürfen nach herrschender Meinung (vgl. Coenenberg, A. G./Hille, K. 1997, Rn. 87, m.w.N.) keine latenten Steuern für diese Sachverhalte erfaßt werden, da auch für den Konzern gem. § 298 Abs. 1 i.V.m. § 252 Abs. 1 Nr. 2 HGB das »going-concern-principle« Geltung hat.

Gleichwohl wird im Schrifttum auch die Abgrenzung latenter Steuern auf erfolgswirksame Differenzen aus der Kapitalkonsolidierung befürwortet (vgl. WP-Handbuch 2000, Bd. I, S. 1010). Nach dieser Auffassung hat im Rahmen der Erstkonsolidierung korrespondierend mit der erfolgsneutralen Aufdeckung stiller Rücklagen und eines Geschäfts- oder Firmenwerts eine erfolgsneutrale Abgrenzung latenter Steuern durch Bildung einer entsprechenden Rückstellung zu erfolgen. Werden die stillen Rücklagen und der Geschäfts- oder Firmenwert in Folgeperioden erfolgswirksam aufgelöst, so bewirkt die korrespondierende Auflösung des passivischen Steuerabgrenzungspostens eine Angleichung von Konzernerfolg und ausgewiesenem Steueraufwand (vgl. Hoyos, M./Fischer, N., in: Beck Bil-Komm. 1999, § 306 HGB, Rn. 11f.).

Erfolgswirksame Schuldenkonsolidierung

(2) Im Rahmen der erfolgswirksamen Schuldenkonsolidierung gem. § 303 HGB treten zeitlich verschobene Aufrechnungsdifferenzen mit jeweils umgekehrten Vorzeichen auf, die zu zeitlich begrenzten Differenzen zwischen Konzern- und Summenerfolg führen. Eine Steuerabgrenzung gem. § 306 HGB ist daher vorzunehmen.

Zwischenergebniseliminierung

(3) Wird gem. § 304 HGB ein Zwischengewinn (Zwischenverlust) im abnutzbaren Anlagevermögen eliminiert, so sinkt (steigt) der Konzernerfolg gegenüber dem Summenerfolg. Diese Anfangsdifferenz gleicht sich in der Folgezeit über niedrigere (höhere) Abschreibungen oder eine Veräußerung an Konzernfremde in der Konzern-GuV gegenüber der Summen-GuV wieder aus. Es liegen zeitliche Differenzen vor, auf die nach § 306 HGB aktivische (passivische) latente Steuern abzugrenzen sind. Bei einer Zwi-

schenergebniskorrektur im Umlaufvermögen sind stets latente Steuern zu erfassen.

Konzerninterne Gewinnausschüttungen

(4) Im Rahmen der Aufwands- und Ertragskonsolidierung gem. § 305 HGB entstehen aufgrund der Erfolgsneutralität dieser Konsolidierungsmaßnahme grundsätzlich keine Differenzen, die eine Abgrenzung latenter Steuern notwendig machen. Erfolgswirksame Differenzen ergeben sich jedoch bei der Eliminierung von periodenverschobenen konzerninternen Gewinnausschüttungen. Obwohl diese Eliminierungsmaßnahme nicht in den §§ 300 bis 307 HGB geregelt ist, wird eine analoge Anwendung gem. § 306 HGB regelmäßig für zweckmäßig erachtet (vgl. WP-Handbuch 2000, Bd. I, S. 1079f.).

Konzerninterner Verlustausgleich

(5) Entsprechendes gilt, wenn einzelne Konzernunternehmen Gewinne ausweisen, während andere mit Verlusten abschließen, die zu Verlustvorträgen führen. Die Zusammenfassung der Einzelerfolge in der Summen-GuV führt dazu, daß der ausgewiesene Steueraufwand vergleichsweise zu hoch ist. Auch wenn dieser Sachverhalt von § 306 HGB nicht unmittelbar erfaßt wird, sollte eine Abgrenzung (sekundärer) latenter Steuern erfolgen, sofern durch vorgesehene Gewinnausschüttungen anderer Konzernunternehmen in die Verlustgesellschaft Steuererstattungen wahrscheinlich sind (vgl. Langer, K./Blaum, U. 1995, S. 899).

Equity-Methode

(6) Während eine Steuerabgrenzung analog zu § 306 HGB aufgrund eines expliziten Verweises in § 310 Abs. 2 HGB bei der Quotenkonsolidierung stets vorzunehmen ist, besteht mangels Verweis keine Erfassungspflicht für latente Steuern, sofern im Rahmen der – außerhalb des Vierten Titels geregelten – Equity-Methode zeitliche Differenzen anfallen. Gleichwohl bestehen gegen eine freiwillige Abgrenzung latenter Steuern keine Bedenken.

Erfolgswirksame Währungsumrechnungsdifferenzen

(7) Dagegen entspricht es der herrschenden Meinung, auf erfolgswirksam verrechnete Umrechnungsdifferenzen aus der Währungsumrechnung keine Steuerabgrenzung vorzunehmen. Begründet wird diese Ablehnung einerseits mit dem quasipermanenten Charakter der Differenzen, da eine Umkehrung erst mit einer gegenläufigen Entwicklung der Wechselkurse oder aber der Veräußerung oder Liquidation des betreffenden Unternehmens eintritt (vgl. Busse von Colbe, W./Ordelheide, D. 1993, S. 176). Andererseits kann ein Ausgleich der Differenzen auch durch andere Sachverhalte wie z.B. eine veränderte Bilanzstruktur des ausländischen Tochterunternehmens bewirkt werden, die jedoch in keiner Beziehung zu der ursprünglichen Umrechnungsdifferenz stehen (vgl. Hoyos, M./Fischer, N., in: Beck Bil-Komm. 1999, § 306 HGB, Rn. 28).

5.2.1.3.3 Anwendungsbeispiele

5.2.1.3.3.1 Schuldenkonsolidierung

Ein einbezogenes Konzernunternehmen hat zu Beginn des Geschäftsjahrs t_1 einem anderen einbezogenen Konzernunternehmen ein Darlehen mit fünfjähriger Laufzeit und einem Disagio von 3 000 gewährt. Während das Gläubigerunternehmen das Disagio gleichmäßig über die Laufzeit vereinnahmt, erfaßt das Schuldnerunternehmen hingegen den Betrag sofort in voller Höhe als Aufwand. Es wird ein Steuersatz von 40% unterstellt (vgl. Übersicht 85).

Übersicht 85: Latente Steuern im Rahmen der Schuldenkonsolidierung

Perioden	t_1	t_2	t_3	t_4	t_5	Summe
GuV-Gläubigerunternehmen	+ 600	+ 600	+ 600	+ 600	+ 600	+ 3000
GuV-Schuldnerunternehmen	./. 3000	–	–	–	–	./. 3000
Summen-GuV	./. 2400	+ 600	+ 600	+ 600	+ 600	0
Konsolidierung	+ 2400	./. 600	./. 600	./. 600	./. 600	0
Latente Steuern in der Konzern-GuV (40%)	+ 960 (Steueraufwand)	./. 240	./. 240 (Steuerertrag)	./. 240	./. 240	0
Konzernbilanz (passivische latente Steuern)	960	720	480	240	0	–

Durch die erfolgswirksame Schuldenkonsolidierung erhöht sich in t_1 der Konzernerfolg gegenüber dem Summenerfolg um (brutto) 2 400. Da es sich um eine zeitlich begrenzte Differenz handelt, ist in der Konzernbilanz eine Rückstellung für latente Steuern erfolgswirksam mit der Buchung

Steueraufwand an Rückstellung für latente Steuern 960

zu bilden. In den Perioden t_2 bis t_5 wird die Aufrechnungsdifferenz aus der Schuldenkonsolidierung erfolgswirksam aufgelöst, indem der Konzernerfolg gegenüber dem Summenerfolg um die vereinnahmten Zinserträge des Gläubigerunternehmens jeweils in Höhe von (brutto) 600 vermindert wird. Korrespondierend damit ist die Rückstellung für latente Steuern jeweils in Höhe von 240 (= 0,4 × 600) wieder aufzulösen. Aufgrund des Fehlens einer eigenständigen Konzernbuchführung ist jedoch zunächst der Rückstellungsbetrag nach dem Stand am Ende des Vorjahrs erfolgsneutral gegen die Gewinnrücklagen, den Ergebnisvortrag oder einen eigenen Ausgleichsposten wieder einzubuchen (vgl. auch 1. Abschn., 5. Kap.). Somit sind im Rahmen der latenten Steuerabgrenzung in den Geschäftsjahren t_2 bis t_5 folgende Buchungen vorzunehmen:

t_2:	Gewinnrücklagen an Rückstellung für latente Steuern	960
	Rückstellung für latente Steuern an Steuerertrag	240
t_3:	Gewinnrücklagen an Rückstellung für latente Steuern	720
	Rückstellung für latente Steuern an Steuerertrag	240
t_4:	Gewinnrücklagen an Rückstellung für latente Steuern	480
	Rückstellung für latente Steuern an Steuerertrag	240
t_5:	Gewinnrücklagen an Rückstellung für latente Steuern	240
	Rückstellung für latente Steuern an Steuerertrag	240.

5.2.1.3.3.2 Zwischengewinneliminierung

Zwischengewinne werden im Jahr ihrer Entstehung im Einzelabschluß des jeweiligen Konzernunternehmens als realisierte Gewinne erfaßt und in vollem Umfang der Besteuerung unterworfen, obwohl es sich aus Konzernsicht um nicht realisierte Gewinne handelt. Werden die in einer früheren Periode eliminierten Zwischengewinne aus Konzernsicht in der Folgezeit realisiert, findet dieser Realisationsvorgang – ebenso wie die ursprüngliche Zwischengewinneliminierung – als solcher in den Einzelabschlüssen keinen Niederschlag. Somit wird auch keine Besteuerung der dann aus Konzernsicht realisierten Zwischengewinne ausgelöst, gleichwohl liegt aus Konzernsicht im Zeitpunkt der Realisation eine zu versteuernde Gewinnerzielung vor.

Unter dem Gesichtspunkt der Berücksichtigung latenter Steuern ist daher im Rahmen der Zwischengewinneliminierung die Gewinnrealisation in den summierten Ergebnissen der konsolidierten Gesellschaften der Gewinnrealisation im Konzernabschluß vorgelagert. Der Gewinnausweis im Konzernabschluß wird zeitlich nachgeholt, und zwar dann, wenn die betreffenden Lieferungen und/oder Leistungen den Konzern verlassen, sie also an Konzernfremde verkauft werden.

Das folgende Beispiel soll die Verrechnungstechnik bei der Berücksichtigung latenter Steuern im Fall der Zwischengewinneliminierung verdeutlichen (vgl. Übersicht 86).

Beispiel:

(1) Gegeben ist ein Konzern, der aus einem Mutterunternehmen und einem Tochterunternehmen besteht.

(2) Der Konzern erzielt in den Perioden t_1 und t_2 Überschüsse aus konzernexternen Lieferungen in Höhe von jeweils 2 000 vor Ertragsteuern. In t_1 fallen erstmalig zu eliminierende Zwischengewinne von 600 an. Am Ende von t_2 sind keine Zwischengewinne mehr vorhanden, d.h., die 600 aus t_1 werden in t_2 realisiert. Damit ergibt sich in t_2 aus Konzernsicht ein Jahresüberschuß von 2 600 vor Ertragsteuern.

(3) Als Ertragsteuer wird der seit dem Inkrafttreten des Steuersenkungsgesetzes geltende einheitliche Körperschaftsteuersatz von 25% berücksichtigt (vgl. Zeile [2] der Übersicht 86).

(4) Demnach sind latente Steuern wie folgt zu erfassen: Bei einem summierten Jahresüberschuß aufgrund der Einzelabschlüsse von 2 600 (extern = 2 000, intern = 600) vor Ertragsteuern und einer darauf ruhenden Körperschaftsteuerbelastung von 25% wurden aufgrund der summierten Einzel-GuV tatsächlich in t_1 650 Ertragsteuern als Aufwand gebucht (vgl. Zeile [2] der Übersicht 86).

Unter der obigen Annahme ergibt sich aufgrund der erfolgswirksamen Konsolidierungsmaßnahmen im Vergleich zu den summierten Jahresüberschüssen in t_1 ein um 600 niedrigerer Konzernjahresüberschuß vor Ertragsteuern (vgl. Zeile [4] der Übersicht 86). Um die Steuerbelastung im Konzern im Verhältnis zum ausgewiesenen Jahresergebnis zutreffend darzustellen, wird im Konzern ein adäquater Steueraufwand von

$$[1\,170 - 150\ (25\%\ \text{von}\ 600)] = 1020$$

verrechnet (vgl. Zeile [7] der Übersicht 86).

Die in t_1 im Vergleich zum Konzernjahresüberschuß zu viel verrechneten Steuern sind buchungstechnisch im Rahmen der Konsolidierung wie folgt zu erfassen (vgl. Zeile [6] der Übersicht 86):

Abgrenzungsposten für latente Steuern
 an Steuern vom Einkommen und vom Ertrag 150.

In t_2 wird auf der Grundlage der beiden Einzel-Erfolgsrechnungen ein summierter Jahresüberschuß von 2 000 vor Ertragsteuern mit 25% versteuert, so daß sich insgesamt eine tatsächliche Steuerbelastung von 500 ergibt (vgl. Zeile [2] der Übersicht 86). Der Konzernjahresüberschuß übersteigt den summierten Jahresüberschuß um die realisierten Zwischengewinne (vgl. Zeile [4] der Übersicht 86). Der Steueraufwand ist aus Konzernsicht entsprechend zu erhöhen. In t_2 lautet die Konsolidierungsbuchung:

Steuern vom Einkommen und vom Ertrag
 an Abgrenzungsposten für latente Steuern 150.

Übersicht 86: Latente Steuern im Rahmen der Zwischengewinneliminierung

Abschlußposten \ Perioden	t_1	t_2	Summe
(1) Summierte Jahresüberschüsse der konsolidierten Unternehmen vor Ertragsteuern	2600	2000	4600
(2) Summierte Ertragsteuern der konsolidierten Unternehmen	650	500	1150
(3) Summierte Jahresüberschüsse der konsolidierten Unternehmen nach Ertragsteuern	1950	1500	3450
(4) Konzernjahresüberschuß vor Ertragsteuern	2000	2600	4600
(5) Erfolgswirksame Konsolidierungsvorgänge = (4) – (1)	./. 600	600	–
(6) 25% latente Ertragsteuern auf der Grundlage von (5)	./. 150	150	–
(7) Ertragsteuern des Konzerns = (2) + (6)	500	650	1150
(8) Konzernjahresüberschuß nach Ertragsteuern = (4) – (7)	1500	1950	3450

5.2.1.3.3.3 Zeitverschobene Gewinnvereinnahmung

Periodengerechter Erfolgsausweis

Für den Fall, daß Konzernunternehmen von anderen Konzernunternehmen Beteiligungserträge vereinnahmen und keine Ergebnisabführungsverträge bestehen, muß der Konzernjahreserfolg gegenüber der Summen-GuV korrigiert werden. Während im Einzelabschluß des Tochterunternehmens der Jahreserfolg periodengerecht im Jahr seiner Entstehung ausgewiesen wird, wird er bei dem Mutterunternehmen als Beteiligungsertrag erst in einer späteren Periode verbucht und beeinflußt somit wiederum den Konzernjahreserfolg. Der von dem Tochterunternehmen erzielte Erfolg würde daher bei einer bloßen Summation der Einzelabschlußwerte den Konzernjahreserfolg gleich zweimal beeinflussen; ein Ergebnis, das mit der Fiktion der Einheitstheorie unvereinbar ist. Um einen periodengerechten Erfolgsausweis zu erreichen, muß daher im Jahr der Gewinnausschüttung der summierte Konzernjahreserfolg in Höhe dieser

Gewinnausschüttung korrigiert werden. Es handelt sich hierbei nicht um eine Steuerabgrenzung i. S. d. § 306 HGB; vielmehr entspricht es einem Grundsatz ordnungsmäßiger Konsolidierung, auch in diesem Fall eine Steuerabgrenzung vorzunehmen.

In diesem Zusammenhang ist zu beachten, daß das körperschaftsteuerliche Anrechnungsverfahren mit Verabschiedung des Gesetzes zur Senkung der Steuersätze und zur Reform der Unternehmensbesteuerung (Steuersenkungsgesetz – StSenkG) vom 14.07.2000 zum 31.12.2000 abgeschafft wurde. Zukünftig werden Gewinne von Kapitalgesellschaften unabhängig davon, ob sie thesauriert oder ausgeschüttet werden, mit einem einheitlichen Steuersatz von 25% belastet (Definitivsteuer). Die neue Regelung gilt bei Kapitalgesellschaften, die ihren Gewinn für ein mit dem Kalenderjahr übereinstimmendes Wirtschaftsjahr ermitteln, erstmals ab dem Veranlagungszeitraum 2001 (vgl. § 34 Abs. 1 KStG). Soweit jedoch Gewinnausschüttungen bis zum 31.12.2001 beschlossen und ausgeschüttet werden, gilt das Anrechnungsverfahren nach den Regelungen des Vierten Teils des KStG a. F. weiter fort.

Einhergehend mit der Abschaffung des gespaltenen Körperschaftsteuersatzes entfällt zukünftig auch die Notwendigkeit der Bildung passivischer latenter Steuern. Gewinne, die das Tochterunternehmen an das Mutterunternehmen ausschüttet, unterliegen bei letzterem – unabhängig von seinem Ausschüttungsverhalten – nicht mehr der Besteuerung. Das durch den Steueraufwand beeinflußte Konzernergebnis ist bei zeitverschobener Gewinnvereinnahmung sowohl im Jahr der Gewinnentstehung beim Tochterunternehmen, als auch im Jahr der Gewinnausschüttung an das Mutterunternehmen zutreffend ausgewiesen (vgl. Baetge, J./Kirsch, H.-J./Thiele, S. 2000, S. 511f.)

Zur Verdeutlichung der sich bei kalendergleichem Wirtschaftsjahr letztmalig in 2001 ergebenden Verrechnungsproblematik wird von folgenden Prämissen ausgegangen:

(1) Das Mutterunternehmen ist an dem Tochterunternehmen zu 100% beteiligt; die Voraussetzungen für eine phasenkongruente Gewinnvereinnahmung liegen nicht vor.

(2) Das Mutterunternehmen soll außer den Beteiligungserträgen keine weiteren Erträge sowie Aufwendungen erzielen, während das Tochterunternehmen in t_1 einen Umsatzerfolg in Höhe von 200 erwirtschaftet.

(3) In t_2 vereinnahmt das Mutterunternehmen den in t_1 von dem Tochterunternehmen erzielten Erfolg; beim Tochterunternehmen fallen in t_2 keine Aufwendungen und Erträge an.

(4) Der Beteiligungsertrag beim Tochterunternehmen wird – entsprechend der Stellungnahme HFA 2/1977 des IDW – nach der Brutto-Methode erfaßt, weil der Körperschaftsteuer-Anrechnungsbetrag von $^3/_7$ der Bardividende bei wirtschaftlicher Betrachtungsweise einen zusätzlichen Beteiligungser-

trag darstellt. Im Beispiel entspricht daher der im Beteiligungsertrag vom Mutterunternehmen enthaltene Körperschaftsteuer-Anrechnungsbetrag von $^3/_7$ der Bardividende beim Tochterunternehmen der Körperschaftsteuer-Belastung von 30% des Jahresüberschusses vor Körperschaftsteuer.

(5) Es wird von den geltenden Körperschaftsteuersätzen für ausgeschüttete Gewinne von 30% und für thesaurierte Gewinne von 40% ausgegangen.

(6) Das Tochterunternehmen hat den Körperschaftsteueraufwand unter der Prämisse der Vollausschüttung berechnet (vgl. § 58 AktG). In t_2 thesauriert das Mutterunternehmen die von dem Tochterunternehmen vereinnahmten Beteiligungserträge.

Aus der Übersicht 85 ergibt sich, daß beim Tochterunternehmen in der Periode t_1 unter der Ausschüttungsprämisse ein Körperschaftsteueraufwand von 60 entstanden ist (vgl. § 27 Abs. 1 KStG a.F.). Dieser Steueraufwand wird zunächst in den Konzernabschluß übernommen. Dabei ist aber zu berücksichtigen, daß aus Konzernsicht in t_1 der Gewinn des Tochterunternehmens nicht zur Ausschüttung gelangen wird; das ist frühestens in t_2 möglich. »Aus der Sicht des Konzerns liegt jedoch in Höhe des Konzernanteils keine Ausschüttung, sondern ein Gewinnvortrag vor« (WP-Handbuch 2000, Bd. I, S. 1079), der mit 40% zu versteuern wäre. Andererseits erhöht sich im Jahr der Vereinnahmung des Gewinnanteils die Belastung bei dem Mutterunternehmen unter Berücksichtigung des Anrechnungsbetrags um 10% – sofern es die vereinnahmten Gewinne nicht seinerseits ausschüttet. Unter Konzerngesichtspunkten ist es daher erforderlich, die Differenzbelastung von 10% als latenten Steueraufwand zu erfassen, d.h., in t_1 wird die Thesaurierungsbelastung von 40% auf 200 = 80 hergestellt (vgl. Buchung (1) der Übersicht 85). Der verbleibende Konzernjahresüberschuß beläuft sich somit auf 120. Da außerdem in t_1 noch nicht bekannt ist, ob überhaupt in t_2 durch das Mutterunternehmen eine Ausschüttung erfolgen oder eine Thesaurierung vorgenommen wird, führt die Anwendung des Thesaurierungssatzes von 40% im Rahmen der Ermittlung eines latenten Steueraufwands hier zu einer vorsichtigen Bewertung.

Übersicht 87: Latente Steuern bei zeitverschobener Gewinnvereinnahmung

Abschlüsse / Abschluß-posten	Mutter-unter-nehmen	Tochter-unter-nehmen	Summen-abschluß	Konsoli-dierung	Konzern-abschluß
Periode t_1					
(1) Umsatzerfolg	–	200	200	–	200
(2) Beteiligungs-erträge (Bardividende)	–	–	–	–	–
(3) Körperschaft-steuer-Anrechnung	–	–	–	–	–
(4) Körperschaft-steuer	–	./. 60	./. 60	–	./. 60
(5) latenter Steueraufwand	–	–	–	(1) ./. 20	./. 20
Jahresüberschuß	–	140	140	./. 20	120
Periode t_2					
(1) Umsatzerfolg	–	–	–	–	–
(2) Beteiligungs-erträge (Bardividende)	140	–	140	(2) ./. 140	–
(3) Körperschaft-steuer-Anrechnung	60	–	60	(3) ./. 60	–
(4) Körperschaft-steuer	./. 80	–	./. 80	(3) 60	./. 20
(5) latenter Steueraufwand	–	–	–	(4) 20	20
Jahresüberschuß	120	–	120	./. 120	–

In der Periode t_2 vereinnahmt das Mutterunternehmen eine Bardividende vom Tochterunternehmen in Höhe von 140. Nach der Bruttomethode wird der Anrechnungsbetrag von $^3/_7$ [$^3/_7$ von 140 = 60] dem Beteiligungsertrag hinzugerechnet. Da der Beteiligungsertrag des Mutterunternehmens nicht weiter ausgeschüttet wird, ist im Einzelabschluß des Mutterunternehmens die Thesaurierungsbelastung von 40% (vgl. § 23 Abs. 1 KStG a.F.) herzustellen; im Einzelabschluß ergibt sich somit ein Körperschaftsteueraufwand von 80. Für die Konsolidierung ist nunmehr zu beachten, daß unter der Fiktion der Einheitstheorie der Mechanismus des körperschaftsteuerlichen Anrechnungsverfahrens nicht zur Wirkung kommen kann. Innerhalb der »Einheitsunternehmung Konzern« gibt es keine Anrechnungsansprüche. Der beim Mutterunternehmen entstandene Anrechnungsanspruch ist daher aus Konzernsicht mit dem Körperschaftsteueraufwand zu verrechnen (Buchung (3) der Übersicht 85). Es verbleibt in diesem Fall der Unterschiedsbetrag zwischen Ausschüttungs- und Thesaurierungsbelastung von 10% des Gewinns vor Körperschaftsteuer. Gleichzeitig ergibt sich ein latenter Steuerertrag, weil aus der Konzernsicht die Thesaurierungsbelastung bereits in der Periode t_1 hergestellt worden war (Buchung (4) der Übersicht 87), d.h., es besteht kein Anlaß mehr für die Erfassung eines latenten Steueraufwands. Der in t_1 in der Konzernbilanz gebildete passivische Ausgleichsposten wird in t_2 aufgelöst. Die Beteiligungserträge (Bardividende) werden im Rahmen der Konsolidierung erfolgswirksam z.B. zugunsten der Gewinnrücklagen eliminiert, da sie das Vorjahr betrafen (Buchung (2) der Übersicht 87). In t_2 wird folglich kein Konzernjahresüberschuß ausgewiesen, weil der Konzern nach der Einheitstheorie nur in der Vorperiode einen Überschuß erwirtschaftet hat.

5.2.2 Anzuwendender Steuersatz

Da der Gesetzgeber keinen bestimmten Steuersatz bei der Abgrenzung latenter Steuern vorschreibt, wird in der Literatur die Anwendung verschiedener Steuersätze diskutiert. Grundsätzlich gilt jedoch, daß für deutsche Kapitalgesellschaften sowohl die Gewerbeertragsteuer als auch die Körperschaftsteuer in die Ertragsteuerabgrenzung einzubeziehen sind; bei den Personenhandelsgesellschaften kommt indes im allgemeinen nur die Gewerbeertragsteuer in Betracht. Weitgehende Einigkeit besteht in der Literatur auch darüber, daß bei der Steuerabgrenzung gem. § 274 HGB auf Bilanzierungs- und Bewertungsunterschiede im Rahmen der Erstellung der HB II der individuelle Steuersatz des jeweiligen Konzernunternehmens anzuwenden ist (vgl. nur BAUMANN, K.-H., in: KÜTING/WEBER 1998, § 306 HGB, Rn. 44). Im Rahmen der Steuerabgrenzung gem. § 306 HGB werden dagegen im wesentlichen die folgenden Steuersätze diskutiert:

Steuersatz des die erfolgswirksame Maßnahme auslösenden Konzernunternehmens

(1) Da mit den erfolgswirksamen Konsolidierungsmaßnahmen Ergebnisse korrigiert werden, die im Abschluß einzelner Konzernunternehmen ausgewiesen und versteuert werden, wäre der theoretisch richtige Steuersatz für die Steuerabgrenzung derjenige des die Transaktion auslösenden Unter-

nehmens. Da dies jedoch eine Einzelbetrachtung der jeweiligen Konsolidierungsdifferenzen notwendig macht, erweist sich diese Vorgehensweise bei der Steuerabgrenzung gem. § 306 HGB im allgemeinen als unpraktikabel (vgl. BAUMANN, K.-H., in: KÜTING/WEBER 1998, § 306 HGB, Rn. 44).

(2) Die Bedenken hinsichtlich der mangelnden Praktikabilität gelten analog auch für die Anwendung der effektiven marginalen Steuerbelastung des jeweiligen die Steuerabgrenzung auslösenden Geschäftsvorfalls (vgl. HOYOS, M./FISCHER, N., in: Beck Bil-Komm. 1999, § 306 HGB, Rn. 44).

Effektive marginale Steuerbelastung des Geschäftsvorfalls

(3) Unter der Prämisse, daß sich letztlich alle Konsolidierungsmaßnahmen in den Rücklagen der Konzernobergesellschaft auswirken, weil der Konzern als einheitliches Unternehmen zu verstehen ist, kommt ferner der Spitzensteuersatz der Obergesellschaft in Betracht (vgl. HOYOS, M./FISCHER, N., in: BECK Bil-Komm. 1999, § 306 HGB, Rn. 44). Diese Vorgehensweise ist zudem praktikabel, da eine Gesamtbetrachtung aller eine Steuerabgrenzung auslösender Geschäftsvorfälle möglich ist. Allerdings können sich erhebliche Abweichungen zwischen den gezahlten bzw. zu zahlenden und den abgegrenzten Steuerbeträgen ergeben.

Spitzensteuersatz des Mutterunternehmens

(4) Überwiegend wird im Rahmen der Steuerabgrenzung gem. § 306 HGB in der Literatur ein einheitlicher, und zwar der durchschnittliche Konzernsteuersatz bevorzugt (vgl. ADLER/DÜRING/SCHMALTZ 1995, § 306 HGB, Rn. 40; WP-HANDBUCH 2000, Bd. I, S. 1081f.). Für einen durchschnittlichen, ggf. gewichteten konzerneinheitlichen Steuersatz spricht nicht nur die Praktikabilität aufgrund der vorzunehmenden Gesamtbetrachtung. Es ist ferner zu beachten, daß die Differenz zwischen den tatsächlichen Steuerzahlungen und den mittels eines konzerneinheitlichen Durchschnittssteuersatzes abgegrenzten Steuerbeträgen regelmäßig am geringsten ist und daher auch nach dem Grundsatz der Wesentlichkeit diese pauschalierte Ermittlung des sachgerechten Steuersatzes als zulässig erachtet werden muß. Der Durchschnittssteuersatz sollte unter Berücksichtigung der Steuerlastquoten der einbezogenen Unternehmen bei unterschiedlichen Steuersystemen und im Fall eines gespaltenen Steuersatzes unter Berücksichtigung des langfristigen Ausschüttungs- und Thesaurierungsverhaltens ermittelt werden. Eine Anpassung an Steuersatzänderungen sollte nur erfolgen, falls der neu ermittelte Durchschnittssteuersatz deutlich vom bisher verwendeten Steuersatz abweicht und mit einer Verminderung dieser Abweichung im Folgejahr nicht zu rechnen ist (vgl. DEBUS, C., in: Beck'sches Handbuch der Rechnungslegung 1999, C 440, Rn. 61). Letzteres ist im Fall der Herabsetzung der Körperschaftsteuer durch das Steuersenkungsgesetz auf einen einheitlichen (Definitiv-)Steuersatz von 25% anzunehmen. Im Vergleich zu den bisherigen Steuersätzen (30% bei Ausschüttung und 40% bei Thesaurierung) kann für den sich hieraus ergebenden durchschnittlichen Steuersatz unterstellt werden, daß er sich deutlich verringern wird.

Durchschnittlicher Konzernsteuersatz

Ob für die Ermittlung latenter Steuern aktuelle oder zukünftige Steuersätze herangezogen werden, hängt dagegen von der gewählten Methode ab. Während die liability- sowie die net-of-Tax-Methode die Anwendung zukünftiger Steuersätze erfordern, gelangen bei der deferral-Methode aktuelle Steuersätze zur Anwendung. Vereinfachend wird generell auf die aktuellen Steuersätze zurückgegriffen.

5.2.3 Ausweis latenter Steuern im Konzernabschluß

Ausweis in der Bilanz

Infolge der gebotenen Gesamtdifferenzenbetrachtung, bei der die für die Steuerabgrenzung gem. § 306 HGB relevante Erfolgsdifferenz durch Vergleich des Summenerfolgs mit dem Konzernerfolg unter Eliminierung aller permanenten und quasipermanenten Differenzen ermittelt wird, darf nur ein (aktivischer oder passivischer) Steuerabgrenzungsposten nach § 306 HGB in der Konzernbilanz angesetzt werden. Während für aktivische latente Steuern ein Abgrenzungsposten auf der Aktivseite zu bilden ist, erfordert das Vorliegen passivischer latenter Steuern die Bildung einer Rückstellung gem. § 249 Abs. 1 Satz 1 HGB. Der jeweilige Posten ist entweder in der Konzernbilanz gesondert auszuweisen oder aber im Konzernanhang anzugeben. Ausweistechnisch unterscheiden sich die gem. § 274 HGB in den Konzernabschluß zu übernehmenden latenten Steuern im Vergleich zur Steuerabgrenzung nach § 306 HGB nur hinsichtlich der aktivischen latenten Steuern. Sofern von dem Aktivierungswahlrecht Gebrauch gemacht wird, ist die Bilanzierungshilfe gem. § 274 Abs. 2 Satz 2 HGB unter entsprechender Bezeichnung gesondert auszuweisen und im Anhang zu erläutern. Ferner ist es gesetzlich zulässig, den nach § 306 HGB auszuweisenden Steuerabgrenzungsposten mit den Posten nach § 274 HGB zusammenzufassen und somit in der Konzernbilanz nur noch einen aktivischen oder passivischen Steuerabgrenzungsposten auszuweisen.

Ausweis in der GuV

Mangels gesetzlicher Regelungen hat sich der Ausweis der latenten Steuern in der Konzern-GuV an dem mit der Steuerabgrenzung verfolgten Zweck – Herstellung einer Kongruenz zwischen Konzernerfolg und ausgewiesenem Ertragsteueraufwand – zu orientieren. Infolgedessen wird es als sachgerecht angesehen, die latenten Steuern aufgrund erfolgswirksamer Konsolidierungsmaßnahmen – ebenso wie die latenten Steuern in den Einzelabschlüssen – mit dem effektiven Ertragsteueraufwand in einem Posten in der Konzern-GuV zusammenzufassen bzw. zu verrechnen (vgl. WP-Handbuch 2000, Bd. I, S. 1083). Zur Erhöhung der Aussagefähigkeit des Konzernabschlusses wäre indes eine freiwillige Angabe der Abgrenzungsbeträge zu begrüßen (vgl. Debus, C., in: Beck'sches Handbuch der Rechnungslegung 1999, C 440, Rn. 36).

1. Der Gesamtbetrag der im Konzernabschluß berücksichtigungspflichtigen latenten Steuern setzt sich zusammen aus Abgrenzungsbeträgen aus den Einzelabschlüssen der einbezogenen Unternehmen, den im Rahmen der Erstellung der HB II bei der Anpassung an die konzerneinheitliche Bilanzierung und Bewertung abzugrenzenden latenten Steuern sowie den konzernspezifischen Steuerabgrenzungsposten gem. § 306 HGB.

2. Latente Steuern gem. § 306 HGB sind abzugrenzen, sofern Differenzen zwischen dem Konzernerfolg und dem Summenerfolg auftreten, die dazu führen, daß der summierte Ertragsteueraufwand nicht mit dem ausgewiesenen Konzernerfolg korrespondiert.

   Eine latente Steuerabgrenzung nach § 306 HGB darf aber nur dann vorgenommen werden, wenn keine permanenten, sondern zeitliche Differenzen, die auf Konsolidierungsmaßnahmen des Vierten Titels (vgl. §§ 300 bis 307 HGB) beruhen, vorliegen. Somit unterliegen nicht alle auf Konsolidierungsmaßnahmen zurückzuführenden zeitlichen Differenzen der Erfassungspflicht.

3. Gem. § 306 HGB besteht sowohl für aktivische als auch für passivische latente Steuern eine Erfassungspflicht.

4. Ein nach § 306 HGB abzugrenzender Steuerposten darf mit den Posten gem. § 274 HGB zusammengefaßt ausgewiesen werden.

3. Kapitel: Einbeziehung von Gemeinschafts-unternehmen (Quotenkonsolidierung)

1. Zur Charakteristik des Gemeinschaftsunternehmens

1.1 Grundlagen

Durchführung von Aufgaben im gemeinsamen Interesse

Gemeinschaftsunternehmen sind eine Form der wirtschaftlichen Zusammenarbeit zwischen zwei oder mehreren voneinander unabhängigen Unternehmen – den sog. Gesellschafterunternehmen (Stammunternehmen) –, die sich darin niederschlägt, daß ein rechtlich selbständiges Unternehmen gemeinsam gegründet oder erworben wird mit dem Ziel, Aufgaben im gemeinsamen Interesse der Gesellschafterunternehmen auszuführen. § 310 Abs. 1 HGB stellt darauf ab, daß ein in einen Konzernabschluß einbezogenes Mutter- oder Tochterunternehmen ein anderes Unternehmen gemeinsam mit einem oder mehreren nicht in den Konzernabschluß einbezogenen Unternehmen führt.

Gemeinschaftliche Leitung

Konstitutive Merkmale eines Gemeinschaftsunternehmens sind damit weder die einzelnen Beteiligungshöhen, die von den Gesellschafterunternehmen gehalten werden, noch eine bestimmte Anzahl von Gesellschafterunternehmen. Vielmehr ist das Gemeinschaftsunternehmen – auf eine Kurzformel gebracht – durch eine gemeinschaftliche Leitung von mindestens zwei Gesellschafterunternehmen charakterisiert, wobei die Zusammenarbeit regelmäßig auf Dauer angelegt ist.

Synonyme Begriffe

In der Literatur wird das Gemeinschaftsunternehmen gelegentlich auch als »Partnerschaftsunternehmen« oder als »gemeinsame Tochtergesellschaft« bezeichnet; ferner ist der meist zur Kennzeichnung einer internationalen Zusammenarbeit aus der anglo-amerikanischen Literatur stammende Begriff »joint-venture« gebräuchlich.

Prototyp ist das sog. 50 : 50-Gemeinschaftsunternehmen, das auch als 50 : 50-Beteiligung oder als 50 : 50-Gesellschaft bezeichnet wird. Es ist dadurch charakterisiert, daß zwei Gesellschafterunternehmen paritätisch am Gemeinschaftsunternehmen beteiligt sind.

Genauso ist aber auch eine paritätische Beteiligung von drei Gesellschafterunternehmen zu jeweils 33,33 % oder von vier Gesellschafterunternehmen zu jeweils 25 % an einem Gemeinschaftsunternehmen denkbar.

1.2 Gemeinschaftsunternehmen gem. § 310 HGB

Im einzelnen setzt der Tatbestand des Gemeinschaftsunternehmens i. S. d. § 310 Abs. 1 HGB nachfolgende Merkmale voraus:

Unternehmenseigenschaft

(1) Für Gemeinschaftsunternehmen muß der Tatbestand der Unternehmenseigenschaft vorliegen. »Dabei können die hierunter zu fassenden Unterneh-

men grundsätzlich alle Rechtsformen (i.d.R. Personenhandels- und Kapitalgesellschaften) annehmen. Auch BGB-Gesellschaften fallen unter den Unternehmensbegriff, sofern in einer nach außen in Erscheinung tretenden Organisation kaufmännische oder gewerbliche zielgerichtete Interessen wahrgenommen werden« (SIGLE, H., in: KÜTING/WEBER 1998, § 310 HGB, Rn. 15). Daher kann auch eine Arbeitsgemeinschaft als Gemeinschaftsunternehmen betrachtet werden, wenn sie über ein eigenes Buchwerk verfügt.

Konsolidiertes Unternehmen als Gesellschafter

(2) Einer der Gesellschafter des Gemeinschaftsunternehmens muß – und darf i.d.R. auch nur – ein in die Konsolidierung einbezogenes Mutter- oder Tochterunternehmen sein.

Tatsächliche gemeinsame Führung

(3) Das Gemeinschaftsunternehmen muß gemeinsam mit einem oder mehreren nicht in den Konzernabschluß einbezogenen Unternehmen geführt werden; dabei muß die gemeinsame Führung tatsächlich auch ausgeübt werden. Die bloße Möglichkeit zur gemeinsamen Führung reicht nicht aus. »Gemeinsame Führung heißt, daß bei unterschiedlichen Auffassungen ein Kompromiß für die gemeinsam zu vertretenden Interessen gefunden werden muß. Zwar kann vorgesehen werden, daß eine Reihe fachlicher Fragen von jeweils einem der Gesellschafterunternehmen sachlich bearbeitet wird; eine einvernehmliche Stellungnahme ist schließlich doch erforderlich« (SIGLE, H., in: KÜTING/WEBER 1998, § 310 HGB, Rn. 29).

Quotenkonsolidierung

Sind die obigen drei Voraussetzungen erfüllt, darf das Gemeinschaftsunternehmen auf der Grundlage der sog. Quotenkonsolidierung einbezogen werden. Der Gesetzgeber spricht nicht von der Quoten-, sondern von der »anteilmäßigen Konsolidierung«. Wird das Gemeinschaftsunternehmen nicht auf der Grundlage der Quotenkonsolidierung einbezogen, ist es in aller Regel auf der Grundlage der Equity-Methode einzubeziehen, da ein Gemeinschaftsunternehmen in der Mehrzahl der Fälle auch unter einem maßgeblichen Einfluß eines Gesellschafterunternehmens stehen dürfte.

Auf den mit dem faktischen Wahlrecht des § 310 HGB über die Einbeziehung eines Gemeinschaftsunternehmens nach der Quotenkonsolidierung oder nach der Equity-Methode einhergehenden bilanzpolitischen Gestaltungsspielraum kann an dieser Stelle nur hingewiesen werden (vgl. ausführlich hierzu Abschn. 1, Kap. 4, Gliederungspunkt 5.8).

2. Die Quotenkonsolidierung

2.1 Darstellung der Konsolidierungstechnik

Für die Quotenkonsolidierung gelten nachfolgende Konsolidierungsregeln:

Abschlußposten nur in Höhe des Konzernanteils

(1) Die Abschlußposten aus der Bilanz des Gemeinschaftsunternehmens werden – nach Anpassung an die konzerneinheitliche Bilanzierung und Bewertung gem. der §§ 300 Abs. 2 und 308 HGB – in der Konzernbilanz nur in Höhe des Konzernanteils erfaßt. Entscheidend ist nicht der Stimmen-, sondern der Kapitalanteil. Dabei ist die Vorgehensweise der lediglich anteiligen Übernahme der Vermögensgegenstände, Schulden, Rechnungsabgrenzungsposten, Aufwendungen und Erträge bereits im Zuge der Erstellung des Summenabschlusses zu präferieren. Die vollständige Übernahme in den Summenabschluß und die darauffolgende Eliminierung in Höhe des nicht dem Konzern zurechenbaren Kapitalanteils wird hier zwar als theoretisch möglich angesehen, aus konsolidierungstechnischen Gründen aber abgelehnt.

Aufrechnung des Beteiligungsbuchwerts mit dem anteiligen Eigenkapital

(2) Der Beteiligungsbuchwert des Gesellschafterunternehmens ist dann mit dem in den Summenabschluß übernommenen – bereits anteiligen – Eigenkapital des Gemeinschaftsunternehmens aufzurechnen. Auch hier kann sich der Art nach die gleiche Kapitalaufrechnungsdifferenz wie bei der Vollkonsolidierung ergeben. In dieser Beziehung bestehen somit zwischen der anteilmäßigen Konsolidierung und der Vollkonsolidierung keine Unterschiede.

Kein Ausgleichsposten für Anteile anderer Gesellschafter

(3) Die auf die anderen Gesellschafter entfallenden Aktiva und Passiva werden demnach nicht in die Konzernbilanz übernommen. Damit wird bei der anteilmäßigen Konsolidierung auch kein Ausgleichsposten für Anteile anderer Gesellschafter ausgewiesen. Die Quotenkonsolidierung und die Vollkonsolidierung unterscheiden sich daher in grundlegender Weise.

Vorgehensweise entsprechend der Buchwertmethode

(4) Auch bei der Quotenkonsolidierung ist von der sog. reinen angelsächsischen Methode der Kapitalkonsolidierung auszugehen. Wie eine Zuordnung der stillen Rücklagen/Lasten im Rahmen der Quotenkonsolidierung auf die Vermögensgegenstände und Schulden vorzunehmen ist, regelt das Gesetz nicht. Da jedoch bei der Quotenkonsolidierung die einzelnen Vermögensgegenstände und Schulden lediglich in Höhe des Konzernanteils in den Konzernabschluß übernommen werden, wäre es demnach folgerichtig, auch die stillen Rücklagen/Lasten nur in Höhe des Konzernanteils aufzudecken.

Beispiel:

Es soll bei einer $33^1/_3$%igen Kapitalbeteiligung der Zeitwert eines Gegenstands 3 000 und der Buchwert 1 800 betragen. Der Gegenstand ist zunächst mit 600 [= 1 800 × 0,33] in der Summenbilanz zu erfassen. Sodann sind im Rahmen der Buchwertmethode grundsätzlich die stillen Rücklagen von 1 200 [= 3 000 – 1 800] anteilig in Höhe von 400 [= 1 200 × 0,33] aufzudecken, so daß letztlich der Gegenstand zum anteiligen Zeitwert in Höhe von 1 000 [= 3 000 × 0,33] in der Konzernbilanz ausgewiesen wird.

Bei der Neubewertungsmethode wird der Beteiligungsbuchwert direkt dem neubewerteten Eigenkapital gegenübergestellt und die Posten des Gemeinschaftsunternehmens werden dann anteilig in den Konzernabschluß übernommen. Daher führen bei einer anteilmäßigen Konsolidierung die Buchwert- und Neubewertungsmethode stets zum selben Konzernbilanzbild.

Verbleibende passivische Unterschiedsbeträge sowie aus der Kapitalkonsolidierung resultierende Geschäfts- oder Firmenwerte sind – analog zur Vollkonsolidierung – gem. § 309 HGB zu behandeln.

Quotaler Jahreserfolg

(5) In der Konzern-GuV werden die Aufwendungen und Erträge des Gemeinschaftsunternehmens lediglich anteilig erfaßt; folglich geht in den Konzernjahreserfolg nur der quotale Erfolg des Gemeinschaftsunternehmens ein.

Innerkonzernliche Beziehungen

(6) Innerkonzernliche Beziehungen sind lediglich in Höhe des Konzernanteils auszuschalten. Diese Aussage trifft nur auf Beziehungen zwischen Gemeinschafts- und Tochterunternehmen zu, soweit diese Beziehungen in den Einzelabschlüssen der Tochterunternehmen ihren Niederschlag gefunden haben. Die Beziehungen, die aus dem Einzelabschluß des Gemeinschaftsunternehmens in den Summenabschluß eingehen, werden hingegen in voller Höhe ausgeschaltet. Die völlige Eliminierung resultiert daraus, daß die Einzelabschlußwerte des Gemeinschaftsunternehmens – im Gegensatz zu den Einzelabschlußwerten der Tochterunternehmen – letztlich nur in Höhe des Konzernanteils im Summenabschluß erfaßt werden und sodann eine quotale Eliminierung der »innerkonzernlichen« Beziehungen erfolgt.

Beispiel:

Das Gesellschafterunternehmen A liefert dem $33^1/_3$%igen Gemeinschaftsunternehmen B Waren in Höhe von 900 und räumt hierfür einen Kredit ein. Im Rahmen der Schuldenkonsolidierung wird die beim Konzernunternehmen A ausgewiesene Forderung mit der beim Gemeinschaftsunternehmen B ausgewiesenen Verbindlichkeit aufgerechnet. Da die Vermögensgegenstände, Schulden etc. des Gemeinschaftsunternehmens B aber nur anteilmäßig (in Höhe von $33^1/_3$% = 300) in den Summenabschluß einbezogen werden, kann die Schuldenkonsolidierung nur in Höhe von 300 durchgeführt werden. Während somit die Verbindlichkeit im Konzernabschluß nicht mehr enthalten ist, wird die Forderung noch mit 600 ausgewiesen. Damit sind die Beziehungen zu einem Gemeinschaftsunternehmen, die sich in dem Einzelabschluß des in den Konzernabschluß einbezogenen Gesellschafterunternehmens niedergeschlagen haben, nur in Höhe des Konzernanteils, nämlich zu $33^1/_3$ %, eliminiert, während die Beziehungen, die im Einzelabschluß des Gemeinschaftsunternehmens erfaßt werden, im Konzernabschluß nicht mehr enthalten sind.

(7) Auch im Rahmen der anteilmäßigen Konsolidierung ist die Abgrenzung latenter Steuern (vgl. § 310 Abs. 2 HGB) auf erfolgswirksame Konsolidierungsdifferenzen gem. § 306 HGB obligatorisch.

2.2 Anwendungsbeispiel

Ausgangsdaten

Die Quotenkonsolidierung soll nunmehr auf der Grundlage eines konkreten Anwendungsbeispiels einer Folgekonsolidierung demonstriert werden.

(1) Das Gesellschafterunternehmen O ist am Gemeinschaftsunternehmen U mit 50% beteiligt.

(2) Im Zeitpunkt des Beteiligungserwerbs wies U ein gezeichnetes Kapital von 5 000 und Rücklagen von 3 000 aus. Der Beteiligungsbuchwert betrug 6 000, so daß sich im Rahmen der Erstkonsolidierung eine aktivische Aufrechnungsdifferenz von 2 000 [= 6 000 – 0,5 × (5 000 + 3 000)] ergab.

(3) Bei einem Vergleich der Zeit- und Buchwerte bei U stellte sich im Zeitpunkt des Beteiligungserwerbs (Erstkonsolidierung) die folgende Situation dar:

Abschlußposten	Zeitwert	Buchwert	Stille Rücklagen	Auf O entfallende stille Rücklagen
Unbebautes Grundstück	2800	1000	1800	900
Maschinen	3200	2000	1200	600

(4) Es errechnete sich somit ein nicht weiter verteilungsfähiger Geschäfts- oder Firmenwert in Höhe von 500 [= 2 000 – (0,5 × 3 000)], der erstmalig in der Betrachtungsperiode linear um 20% [= 100] abgeschrieben werden soll, da der Geschäfts- oder Firmenwert voraussichtlich fünf Jahre genutzt wird (vgl. § 310 Abs. 2 i.V.m. § 309 Abs. 1 Satz 2 HGB). In dieser Höhe werden der Konzernjahreserfolg und das Konzernergebnis vermindert.

(5) Die stillen Rücklagen im Abschlußposten Maschinen sollen ebenfalls erstmalig in der Betrachtungsperiode um 20% linear abgeschrieben werden.

(6) Aus Geschäften zwischen O und U liegen bei U Vorräte auf Lager, in denen Zwischengewinne in Höhe von 100 enthalten sind.

(7) O weist eine Forderung gegenüber U in Höhe von 50 aus, die bei U in gleicher Höhe als Verbindlichkeit gebucht ist.

(8) Auf die Abgrenzung latenter Steuern gem. § 306 HGB soll verzichtet werden.

Erläuterung der Konsolidierungsbuchungen

Die nachfolgenden Ausführungen erläutern die in Übersicht 86 vorgenommenen Konsolidierungsbuchungen.

(1) Buchung (1) rechnet den Beteiligungsbuchwert in Höhe von 6 000 gegen das anteilige Eigenkapital zum Zeitpunkt des Beteiligungserwerbs auf, so daß sich eine aktivische Aufrechnungsdifferenz in Höhe von 2 000 ergibt.

(2) Die Buchung (2) deckt stille Rücklagen in Höhe des Konzernanteils auf und führt diese den Posten »Grundstücke« [= 900] und »Maschinen« [= 600] zu. Die verbleibende Differenz von 500 wird in den Posten »Geschäfts- oder Firmenwert« eingestellt.

(3) Buchung (3) nimmt eine Abschreibung der bei dem Posten »Maschinen« aufgedeckten stillen Rücklagen vor. Die Jahresabschreibung erfolgt ebenfalls, entsprechend den anteilig aufgedeckten stillen Rücklagen, lediglich in Höhe des Konzernanteils [= 120].

(4) Buchung (4) nimmt eine Abschreibung auf den Geschäfts- oder Firmenwert in Höhe von 20% [= 100] vor.

(5) Mit der Buchung (5) werden Zwischengewinne nur in Höhe der Quote von 50% [= 50] eliminiert. Da aber nur 50% der Vermögenswerte von U in den Konzernabschluß eingehen, sind mit der Buchung (5) letztlich keine Zwischengewinne mehr in den Vermögensgegenständen des Konzernabschlusses – sehr wohl aber in den Umsatzerlösen – enthalten.

(6) Buchung (6) rechnet die Forderungen und Verbindlichkeiten ebenfalls nur in Höhe des Konzernanteils [= 25] auf; im Konzernabschluß verbleiben somit die gegenüber dem Gemeinschaftsunternehmen bestehenden Forderungen in Höhe von 25, während die Verbindlichkeiten in voller Höhe ausgeschaltet sind.

Übersicht 88: Zur Technik der Quotenkonsolidierung

	Bilanz O 100%	Bilanz U 100%	Summenbilanz 100% O + 50% U	Kapitalkonsolidierung S	Kapitalkonsolidierung H	Zwischenergebniseliminierung S	Zwischenergebniseliminierung H	Schuldenkonsolidierung S	Schuldenkonsolidierung H	Konzernbilanz S	Konzernbilanz H
Geschäfts- oder Firmenwert				(2) 500	(4) 100					400	
Grundstücke	2000	1000	2500	(2) 900						3400	
Maschinen	5000	2000	6000	(2) 600	(3) 120					6480	
Beteiligungen	6000		6000		(1)6000						
Ausgleichsposten aus der Kapitalkonsolidierung				(1)2000	(2)2000						
Forderungen	3000	2000	4000						(6)25	3975	
Vorräte	8000	5000	10500				(5) 50			10450	
sonstige Aktiva	10000	6000	13000							13000	
Summe	34000	16000	42000								
Gezeichnetes Kapital	10000	5000	12500	(1)2500							10000
Rücklagen	5000	3000	6500	(1)1500							5000
Gewinn	2000	–	2000	(3) 120 (4) 100		(5) 50					1730
Verbindlichkeiten	4000	3000	5500					(6) 25			5475
sonstige Passiva	13000	5000	15500								15500
Summe	34000	16000	42000	8220	8220	50	50	25	25	37705	37705

2.3 Kritische Würdigung

Vorteile der Quotenkonsolidierung

Für die Quotenkonsolidierung werden nachfolgende Argumente angeführt (vgl. SIGLE, H., in: KÜTING/WEBER 1998, § 310 HGB, Rn. 11):

(1) Durch das Unternehmenswahlrecht für die Quotenkonsolidierung können mit der Konsolidierungsmethode Erfahrungen im Hinblick auf die Darstellung der Vermögens-, Finanz- und Ertragslage gesammelt werden. Ziel ist eine zutreffendere Beurteilung und Darstellung der Gesamtaktivitäten eines Konzerns.

(2) Die Auswirkungen der Quotenkonsolidierung auf die externe Rechnungslegung des Gesamtkonzerns dürften zu einer intensiveren Betreuung des Rechnungswesens des Gemeinschaftsunternehmens führen.

(3) Das Unternehmen kann aufgrund seiner eigenen Einschätzung der Aktivitäten des Gemeinschaftsunternehmens eine quotale Einbeziehung vornehmen, die bestimmte Berichterstattungspflichten zur Folge hat (z. B. im Anhang oder Lagebericht des Mutterunternehmens).

(4) Denkbar ist auch, daß eine Reihe von Aktivitäten des Konzerns in manchen Ländern durch vollkonsolidierte Tochterunternehmen ausgeübt werden, in anderen Ländern jedoch durch Unternehmen, an denen aufgrund gesetzlicher Vorschriften nur bestimmte Beteiligungen bestehen können. Diese Beteiligungen, die an Gemeinschaftsunternehmen bestehen, dürfen – sofern der Tatbestand der gemeinsamen Führung vorliegt – quotal in den Konzernabschluß einbezogen werden.

(5) Die Ausgestaltung der Quotenkonsolidierung in § 310 HGB als unternehmensbezogenes Wahlrecht verhindert nicht die Vergleichbarkeit von Konzernabschlüssen. Es obliegt zunächst dem einzelnen Konzern, zu entscheiden, ob er seine Aktivitäten in dem Gemeinschaftsunternehmen für so wichtig hält, um diese Zahlen in den Konzernabschluß einzubeziehen.

Gegen die Quotenkonsolidierung werden insbes. nachfolgende Argumente angeführt (vgl. KÜTING, K. 1983, S. 804ff.):

Wertansätze sind abhängig von der Anteilshöhe

(1) Die Übernahme der Einzelabschlußwerte in den Konzernabschluß erfolgt bei der Quotenkonsolidierung in Höhe des jeweiligen Kapitalanteils, so daß der Wertansatz eines Gegenstands damit von der Anteilshöhe abhängig wird. Denn mit steigender Anteilshöhe nimmt gleichzeitig auch der Wertansatz im Konzernabschluß zu und umgekehrt. Dies führt zu dem kuriosen und betriebswirtschaftlich höchst fragwürdigen Ergebnis, daß bei ungleichen Kapitalanteilen die ansonsten gleichen Sachverhalte unterschiedlich hoch bewertet werden müßten. Dieser Zusammenhang widerspricht »elementar den Grundsätzen für eine sachgerechte Bilanzerstellung, da die Wertgrundlagen in einer Bilanz, beispielsweise im Hinblick auf die Bewertungsobergrenze, grundsätzlich gleich sein müssen« (WENTLAND, N. 1979, S. 51).

Problem der Informationsbeschaffung

(2) Eine Eliminierung der innerkonzernlichen Beziehungen setzt voraus, daß das Gesellschafterunternehmen Kenntnis über die Wertansätze des Vermögens beim Gemeinschaftsunternehmen erhält; darüber hinaus macht die Zwischenergebniskorrektur eine Einblickgewährung in die Kalkulationsunterlagen des Gemeinschaftsunternehmens erforderlich. Die hiermit verbundene Informationsbeschaffung dürfte dann keine Schwierigkeiten bereiten, wenn die Gesellschafterunternehmen gemeinsam vorgehen und der gemeinsam ausgeübte beherrschende Einfluß zu einer Bekanntgabe der erforderlichen Daten führt.

Schwierigkeiten können sich jedoch dann ergeben, wenn der Einfluß eines einzelnen Gesellschafterunternehmens nicht ausreichend ist, die erforderlichen Informationen zu beschaffen und der (die) andere(n) Gesellschafter nicht daran interessiert ist (sind), das Gemeinschaftsunternehmen zur Herausgabe der Informationen zu zwingen.

Vernachlässigung der Anteile anderer Gesellschafter

(3) Bei der Vollkonsolidierung werden die Anteile der anderen Gesellschafter gesondert im Posten »Ausgleichsposten für Anteile anderer Gesellschafter« gezeigt und lassen somit die Bedeutung der anderen Gesellschafter erkennen. Auch wird durch eine Zu- oder Abnahme des Ausgleichspostens für Anteile anderer Gesellschafter ein sich ändernder Einfluß sichtbar. Diese Einblickgewährung erlaubt die Quotenkonsolidierung nicht, da bekanntlich nur die anteiligen Vermögensgegenstände und Schulden in den Abschluß übernommen werden und somit der »Ausgleichsposten für Anteile anderer Gesellschafter« überflüssig wird.

Widerspruch zur Einheitstheorie

(4) Durch die Anwendung der Quotenkonsolidierung wird die wirtschaftliche und auch fiktive rechtliche (vgl. § 297 Abs. 3 Satz 1 HGB) Einheit des Konzerns ignoriert; denn die Quotenkonsolidierung entspricht nicht der in § 297 Abs. 3 Satz 1 HGB kodifizierten Einheitstheorie. Sie stellt vielmehr ein Musterbeispiel für die Vorgehensweise im Rahmen der Interessentheorie dar, nach der der Konzernabschluß als erweiterter Abschluß des Mutterunternehmens zu betrachten ist und somit die Vermögensgegenstände und Schulden der Tochterunternehmen nur in Höhe der von dem Mutterunternehmen gehaltenen Anteile in den Konzernabschluß einzubeziehen sind. Die Quotenkonsolidierung steht somit in einem krassen Widerspruch zur Einheitstheorie und spiegelt demnach das Selbstverständnis der Zusammenschlußform Konzern unzutreffend wider.

Fazit

Bei Würdigung aller Argumente wird hier die Ansicht vertreten, daß die Quotenkonsolidierung in elementarer Weise gegen die Einheitstheorie verstößt (vgl. KÜTING, K. 1983, S. 804ff.).

1. Die Quotenkonsolidierung darf nur auf Unternehmen angewandt werden, die nach § 310 Abs. 1 HGB als Gemeinschaftsunternehmen einzuordnen sind.

2. Sowohl die Einbeziehung der Einzelabschlußwerte in den Konzernabschluß als auch die Konsolidierungsmaßnahmen werden bei Anwendung der Quotenkonsolidierung nur in Höhe des Konzernanteils (anteilmäßig) durchgeführt.

3. Bei Anwendung der Quotenkonsolidierung kann kein »Ausgleichsposten für Anteile anderer Gesellschafter« entstehen. Damit ergeben sich bei der Quotenkonsolidierung – mit Ausnahme der Vorgehensweise – weder bei der Erst- noch bei Folgekonsolidierungen Unterschiede zwischen dem Konzernbilanzbild bei Anwendung der Buchwert- im Vergleich zur Neubewertungsmethode (gleiche Bilanzsumme, gleiche Höhe der Aktiva und Passiva). Entsprechendes gilt auch für die Konzern-GuV.

4. Kapitel: Einbeziehung von assoziierten Unternehmen (Equity-Bewertung)

1. Grundlagen

In den Konzernabschluß auf der Grundlage des AktG 1965 durften nur Konzernunternehmen einbezogen werden, so daß der Konzernabschluß auch nur die Einheit Konzern abbildete. Nach dem BiRiLiG ergab sich hier eine wesentliche Neuerung; denn nunmehr stellt der Konzernabschluß einen Abschluß »über die Einflußsphäre des Konzerns« (EISELE, W./RENTSCHLER, R. 1989, S. 311) dar. Eine spezifische Form der Einflußnahme ist der maßgebliche Einfluß, der den Tatbestand des assoziierten Unternehmens auszeichnet. Beteiligungen an solchen assoziierten Unternehmen sind nach den handelsrechtlichen Konzernrechnungslegungsvorschriften (vgl. § 311 Abs. 1 Satz 1 HGB) gesondert auszuweisen und auf der Grundlage der Equity-Methode zu bewerten (vgl. Art. 33 der 7. EG-Richtlinie).

Equity-Verbot im Einzelabschluß

Die Equity-Methode bricht mit dem klassischen deutschen Bilanzverständnis, wonach Beteiligungen auf der Grundlage der Anschaffungskostenmethode zu bewerten waren. Dieser Bruch wurde nicht konsequent vollzogen; denn im Einzelabschluß darf die Equity-Methode nach wie vor nicht angewandt werden. Zwar sieht die 4. EG-Richtlinie in Art. 59 ein Mitgliedstaatenwahlrecht für die Equity-Methode vor, gleichwohl hat der deutsche Gesetzgeber dieses Wahlrecht nicht an die deutsche Bilanzierungspraxis weitergegeben. Diese Konstellation eines Equity-Gebots im Konzernabschluß sowie eines Equity-Verbots im Einzelabschluß führt zu erheblichen Konsolidierungsmehraufwendungen. Darüber hinaus trägt auch dieser Sachverhalt mit dazu bei, daß sich der Konzernabschluß und der Einzelabschluß des Mutterunternehmens auseinander entwickeln.

Die Equity-Methode, die in Deutschland eine große Rolle spielt, ist in den §§ 311 und 312 HGB geregelt. Während § 311 HGB den Tatbestand des assoziierten Unternehmens zum Gegenstand hat und den gesonderten Ausweis der Equity-Beteiligung fordert, regelt § 312 HGB den Wertansatz einer Beteiligung an einem assoziierten Unternehmen.

Merkmale der Equity-Methode

Die Equity-Methode ist insbes. durch zwei Merkmale charakterisiert:

(1) Kernstück der Equity-Methode ist die jährliche Fortschreibung des Beteiligungswertansatzes entsprechend dem Anteil am Jahreserfolg des assoziierten Unternehmens. Ein erzielter Jahresüberschuß erhöht, ein Jahresfehlbetrag vermindert den Wertansatz.

(2) Der Wertansatz der Equity-Beteiligung tendiert zum anteiligen Eigenkapital der Beteiligungsgesellschaft.

2. Anwendungsbereich

2.1 Assoziierte Unternehmen im engeren Sinn

Charakteristika assoziierter Unternehmen

Den klassischen Anwendungsfall der Equity-Methode stellt die Einbeziehung von assoziierten Unternehmen dar. Diese Unternehmenskategorie ist gem. § 311 Abs. 1 HGB durch folgende Merkmale gekennzeichnet:

(1) Ein in den Konzernabschluß einbezogenes Unternehmen hält eine Beteiligung gem. § 271 Abs. 1 HGB an einem anderen, nicht einbezogenen Unternehmen.

(2) Das einbezogene Unternehmen übt tatsächlich einen maßgeblichen Einfluß auf die Geschäfts- und Finanzpolitik des anderen Unternehmens aus. Es wird vermutet, daß von einem Stimmrechtsanteil von 20 % an ein maßgeblicher Einfluß vorliegt.

Demnach lassen sich die beiden zuvor genannten Merkmale, die ein assoziiertes Unternehmen im engeren Sinne charakterisieren, wie folgt abbilden (Abbildung modifiziert entnommen aus Baetge, J./Kirsch, H.-J./Thiele, S. 2000, S. 424):

Übersicht 89: Charakteristika eines assoziierten Unternehmens im engeren Sinne

Charakteristika eines assoziierten Unternehmens im engeren Sinne

Kriterium der Beteiligung	Kriterium des maßgeblichen Einflusses
(1) Halten von Anteilen an einem Unternehmen (2) Dauerhaftigkeit der Beteiligungsabsicht (3) Einbeziehung des beteiligten Unternehmens in den Konzernabschluß Im Zweifel ist die Beteiligungsvermutung heranzuziehen: Eine Beteiligung wird bei einem Kapitalanteil von > 20 % widerlegbar vermutet.	– Indikatoren für die Ausübung eines maßgeblichen Einflusses – Assoziierungsvermutung: Ein maßgeblicher Einfluß wird bei einem Stimmrechtsanteil von ≥ 20 % widerlegbar vermutet.

Tatsächliche Einflußnahme

Hinzuweisen ist insbes. auf die Notwendigkeit der tatsächlichen Ausübung des maßgeblichen Einflusses. Selbst wenn die Möglichkeit bestünde, aufgrund der Stimmrechtsverhältnisse einen maßgeblichen Einfluß auszuüben, dieser aber nicht tatsächlich genutzt wird, entfällt die Anwendung der Equity-Methode. Hier zeigt sich eine gewisse Inkonsequenz des Gesetzes, »das für die Vollkonsolidierung in bestimmten Fällen lediglich die Existenz von (möglichen) Rechtspositionen, für die Equity-Methode dagegen die tatsächliche Einflußnahme voraussetzt« (HAVERMANN, H. 1987a, S. 303).

Eine abstraktere Definition läßt sich wohl kaum für den unbestimmten Rechtsbegriff eines maßgeblichen Einflusses finden. Es steht jedoch fest, daß der maßgebliche Einfluß hinsichtlich der Intensität unter dem kontrollierenden, beherrschenden Einfluß im Rahmen des Konzerntatbestands einzuordnen ist, aber über die reine Vermögensverwaltung hinausgeht: »the investor then has a degree of responsibility for the return on its investment« (APB No. 18. 12).

Abgrenzung des maßgeblichen vom beherrschenden Einfluß

Eine eindeutige Abgrenzung des maßgeblichen Einflusses vom beherrschenden Einfluß und dem Begriff der einheitlichen Leitung ist nur schwer möglich, da aufgrund der im Schrifttum oft sehr weit gefaßten Auslegungen dieser Begriffe die Übergänge vielfach fließend sind. »Ein objektives Kriterium zur Trennung der fließenden Übergänge zwischen einheitlicher Leitung und maßgeblichem Einfluß ist bisher auch nicht entwickelt worden« (NIEHUS, R. J./ SCHOLZ, W. 1987, §§ 238 bis 315 HGB, Rn. 1315). Geht man aber von der Definition aus, daß die einheitliche Leitung vorliegt, wenn die Beratungsergebnisse vom Konzerninteresse bestimmt werden, welches bei Interessenkollision immer den Interessen der einzelnen Tochterunternehmen übergeordnet wird, so kann von einer nur maßgeblichen Einflußnahme gesprochen werden, wenn lediglich von Fall zu Fall Entscheidungen im Beteiligungsunternehmen getroffen werden, die im Interesse des Investors liegen. Im Vergleich zur einheitlichen Leitung handelt es sich um eine schwächere Form der Einflußnahme. Trotz dieser wenigen Eckpunkte bleibt es bei der Feststellung von BUSSE VON COLBE (W. 1986, S. 255), daß der maßgebliche Einfluß »in ähnlicher Weise nicht exakt definierbar und damit schwer justiziabel wie die einheitliche Leitung zur Feststellung eines Konzernverhältnisses« ist.

Der Unterschied zwischen den unbestimmten Rechtsbegriffen »beherrschender« und »maßgeblicher« Einfluß wird weder im Gesetz noch in der Begründung näher erläutert. Denn ansonsten könnten »die vielfältigen Formen und Möglichkeiten, die im Wirtschaftsleben bestehen, um das Geschehen eines Unternehmens zu beeinflussen« (BT-DRUCKS. 7/5221, S. 10), nicht erfaßt werden. Die APB Opinion No. 18, die die Anwendung der Equity-Methode in den USA regelt, nennt als Anhaltspunkte für das Vorliegen eines maßgeblichen Einflusses die Vertretung im »board of directors«, die Mitwirkung an wichtigen Entscheidungen, bedeutende Lieferbeziehungen mit den Beteiligungsunternehmen, Personalverflechtungen sowie technologische Abhängigkeit.

Widerlegung der Vermutung des maßgeblichen Einflusses

Zur Widerlegung der Vermutung des maßgeblichen Einflusses reicht nach Ansicht von MÜLLER (E. 1985a, S. 1) »die schriftliche Mitteilung der Geschäftsführung der Equity-Gesellschaft aus, daß die verlangten Daten aus organisatorischen oder aus Geheimhaltungsgründen nicht geliefert werden können bzw. nicht zur Verfügung gestellt werden sollen«. »Dies wäre ein Indiz dafür, daß dann eben kein maßgeblicher Einfluß vorläge« (NIEHUS, R. J. 1984, S. 1794). Diese Ansicht ist strittig. Dafür spricht eine analoge Anwendung des § 296 Abs. 1 Nr. 2 HGB. Danach braucht ein Tochterunternehmen dann nicht in den Konzernabschluß einbezogen zu werden, wenn »die für die Aufstellung des Konzernabschlusses erforderlichen Angaben nicht ohne unverhältnismäßig hohe Kosten oder Verzögerungen zu erhalten« sind. Wenn aber diese Tatbestände eine Nichtkonsolidierung auf der Grundlage der Vollkonsolidierung rechtfertigen, dürfte erst recht eine solche Möglichkeit dann analog anzunehmen sein, wenn überhaupt keine Informationen bei der Partialkonsolidierung einer Equity-Bewertung zur Verfügung stehen.

Dagegen spricht jedoch, daß der Gesetzgeber eine Equity-Konsolidierung verbindlich auch dann vorsieht, wenn die zur Zwischenergebniseliminierung erforderlichen Daten nicht zugänglich sind. In dieser Situation entfällt lediglich die Pflicht zur Zwischenergebniseliminierung, nicht aber zur Equity-Bewertung. Weiterhin könnte ein maßgeblicher Einfluß »dazu genutzt werden, daß das Beteiligungsunternehmen zur Verweigerung der Information veranlaßt wird, damit der erhebliche Einfluß widerlegt werden kann« (SCHÄFER, H. 1982, S. 213).

Höhe der Stimmrechtsanteile als Beurteilungsmaßstab

Bei der Frage, ob ein maßgeblicher Einfluß ausgeübt wird, dürfte die Höhe der Stimmrechtsanteile zweifelsfrei der wichtigste Beurteilungsmaßstab sein. Dabei darf aber nicht übersehen werden, daß auch die Streuung der übrigen Stimmenanteile von Bedeutung ist. Ein Investor mit einem Anteil von 25%, dem nur zwei Großaktionäre gegenüberstehen, kann wahrscheinlich nur einen geringeren Einfluß geltend machen als derjenige, der bspw. nur einen Kapitalanteil von 15% bei gleichhohem Stimmenanteil besitzt, wenn sich der Rest der Anteile in Streubesitz befindet.

Ganz generell dürfte die Aussage gelten, daß sich schon rein begrifflich das gleichzeitige Vorliegen eines beherrschenden und maßgeblichen Einflusses ausschließt. Wenn z.B. – wie in der deutschen Konsolidierungspraxis bekannt wurde – trotz eines 49%igen Stimmrechtsanteils die Hauptverwaltung eines Unternehmens verlegt und das Produktionsprogramm grundlegend geändert wird, ohne daß das Unternehmen den Eigentümer des 49%igen Stimmrechtspakets in die Entscheidung einbezieht, sind dies eindeutige Indizien dafür, daß trotz eines Stimmrechtsanteils von weit über 20% kein maßgeblicher Einfluß vorliegen muß.

Die Equity-Methode – im Rahmen der Konzernrechnungslegung auch als »partielle Konsolidierung« (BUSSE VON COLBE, W. 1976, S. 675), »Minikonsolidierung« (ZOGG, H. 1978, S. 38), »Einzeilenkonsolidierung« (MÜLLER, E. 1982, S. 252), »Ersatzkonsolidierung« (HAVERMANN, H. 1975, S. 237), »kleine Konsolidierung« (HAVERMANN, H. 1975, S. 237) oder auch »one-line-consolidation« (RÄTSCH, C. P. 1981, S. 575) bezeichnet – soll die Vollkonsolidierung mit Minderheitenausweis gem. § 301 HGB nicht ersetzen. Sie ist vielmehr in ihrem klassischen Anwendungsfall als spezifische Konsolidierungsmethode für solche Beteiligungen zu betrachten, die nicht den Tatbestand der Konzernbeteiligung, sondern unter dem Aspekt der Intensität der Einflußnahme lediglich den Tatbestand einer Beteiligung an einem assoziierten Unternehmen erfüllen.

2.2 Assoziierte Unternehmen im weiteren Sinn

Anwendungsbereich der Equity-Methode

Die Anwendung der Equity-Methode kommt für die konsolidierungstechnische Behandlung assoziierter Unternehmen in Betracht, wobei auch nicht auf der Grundlage der Vollkonsolidierung einbezogene Tochterunternehmen sowie nicht auf der Grundlage der Quotenkonsolidierung einbezogene Gemeinschaftsunternehmen grundsätzlich als assoziierte Unternehmen einzurechnen sind. D.h., die Equity-Methode muß auch dann Anwendung finden, wenn ein sog. Gemeinschaftsunternehmen nicht auf der Grundlage der Quotenkonsolidierung einbezogen wird (vgl. § 310 HGB), da davon auszugehen ist, daß in aller Regel ein Gemeinschaftsunternehmen auch den Tatbestand eines assoziierten Unternehmens erfüllt; denn der maßgebliche Einfluß ist i.d.R. eine schwächere Form der Einflußnahme als die gemeinsam ausgeübte einheitliche Leitung im Rahmen von Gemeinschaftsunternehmen.

Darüber hinaus kommt die Anwendung der Equity-Methode auch auf Tochterunternehmen in Betracht, wenn diese nicht auf der Grundlage der Vollkonsolidierung in den Konzernabschluß einbezogen werden, sei es infolge des Konsolidierungsverbots (vgl. § 295 HGB) oder in Ausübung eines der Konsolidierungswahlrechte (vgl. § 296 HGB), da auch Tochterunternehmen üblicherweise den Tatbestand assoziierter Unternehmen erfüllen; denn der maßgebliche Einfluß ist i.d.R. eine schwächere Form der Einflußnahme als der beherrschende Einfluß.

Abschließend läßt sich somit der Anwendungsbereich der Equity-Methode auf assoziierte Unternehmen im engeren Sinne (= typische assoziierte Unternehmen) und auf assoziierte Unternehmen im weiteren Sinne (= untypische assoziierte Unternehmen) im handelsrechtlichen Konzernabschluß – unter Verweis auf Übersicht 89 – wie folgt darstellen (Abbildung entnommen aus Baetge, J./Kirsch, H.-J./Thiele, S. 2000, S. 422):

Übersicht 90: Anwendung der Equity-Methode auf assoziierte Unternehmen im engeren und im weiteren Sinne

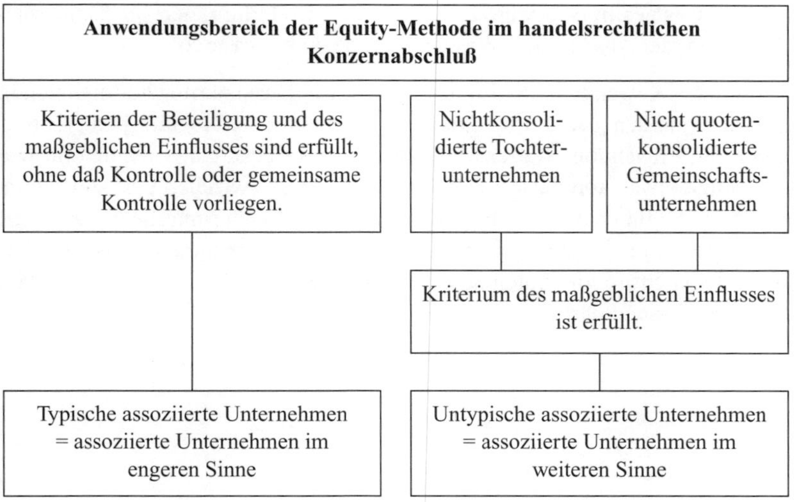

Befreiung von der Equity-Bewertung

§ 311 Abs. 2 HGB weist darauf hin, daß Abs. 1 und § 312 HGB auf eine Beteiligung an einem assoziierten Unternehmen nicht angewendet werden müssen, wenn die Beteiligung für die Vermittlung eines den tatsächlichen Verhältnissen entsprechenden Bilds der Vermögens-, Finanz- und Ertragslage des Konzerns von untergeordneter Bedeutung ist; jedoch dürfte diese Aussage analog auch für die Equity-Bewertung von nicht konsolidierten Tochterunternehmen und von nicht anteilmäßig einbezogenen Gemeinschaftsunternehmen gelten. Ist ein Tochterunternehmen oder ein Gemeinschaftsunternehmen wegen untergeordneter Bedeutung aufgrund § 296 Abs. 2 Satz 1 HGB nicht in den Konzernabschluß einbezogen worden, so kann i.d.R. davon ausgegangen werden, daß dann auch i.S.v. § 311 Abs. 2 HGB eine untergeordnete Bedeutung gegeben ist.

Zusammenfassend kann die Equity-Bewertung im Konzernabschluß für nachfolgende Kategorien von Beteiligungen in Betracht kommen:

(1) Beteiligungen mit einem Stimmrechtsanteil zwischen 20% und 50% bei Ausübung des maßgeblichen Einflusses (Hauptanwendungsfall);

(2) Beteiligungen mit einem Stimmrechtsanteil unter 20%, sofern ein tatsächliches Ausüben des maßgeblichen Einflusses nachgewiesen werden kann;

(3) Beteiligungen an Tochterunternehmen, die nach den §§ 295 und 296 HGB nicht (voll) konsolidiert werden;

(4) Beteiligungen an Gemeinschaftsunternehmen, sofern sie nicht gem. § 310 HGB auf der Grundlage der Quotenkonsolidierung einbezogen werden.

Alle anderen Beteiligungsgesellschaften, die weder voll- noch quotenkonsolidiert noch »at equity« bewertet werden, sind weiterhin auch im Konzernabschluß nach der Anschaffungskostenmethode zu bilanzieren.

Während die Anwendung der Equity-Methode auf assoziierte Unternehmen im engeren Sinne den grundsätzlichen und verpflichtenden Regelfall darstellt, erscheint die Anwendung dieser Methode auf assoziierte Unternehmen im weiteren Sinne etwas komplexer. Den Zusammenhang zwischen der Anwendung der Equity-Methode und nicht vollkonsolidierten Tochterunternehmen respektive nicht quotal konsolidierten Gemeinschaftsunternehmen stellt nachfolgende Übersicht (entnommen aus Baetge, J./Kirsch, H.-J./Thiele, S. 2000, S. 430) umfassend dar:

Übersicht 91: Anwendung der Equity-Methode auf assoziierte Unternehmen im weiteren Sinne

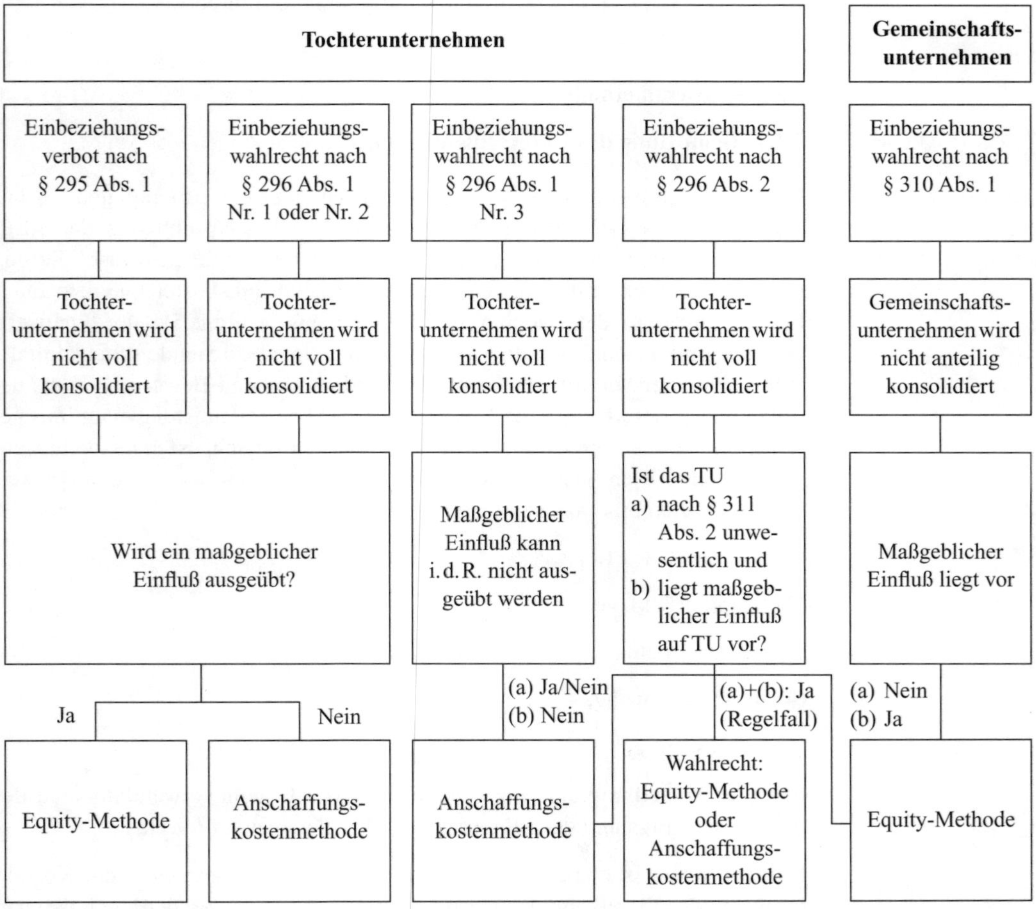

3. Equity-Varianten

Unterschiede zur Vollkonsolidierung

Bei der Konsolidierung auf der Grundlage der Equity-Methode werden – anders als bei der Vollkonsolidierung – das Vermögen, die Schulden sowie die Aufwendungen und Erträge des assoziierten Unternehmens nicht in den Konzernabschluß übernommen. Wie bei der Vollkonsolidierung nach § 301 HGB wird aber auch bei der Equity-Methode der Unterschiedsbetrag zwischen den Anschaffungskosten der Beteiligung und den hierauf (anteilig) entfallenden Eigenkapitalposten des assoziierten Unternehmens ermittelt.

Der Gesetzgeber sieht mit der Buchwert- und der Kapitalanteilsmethode zwei Equity-Varianten vor, die als formal gleichwertig betrachtet werden und nur in wenigen Punkten zu unterschiedlichen Ergebnissen führen.

3.1 Buchwertmethode

3.1.1 Ermittlung des Unterschiedsbetrags

Komponenten des aufzurechnenden anteiligen Eigenkapitals

Bei der Buchwertmethode erfolgt der Ansatz der Beteiligung gem. § 312 Abs. 1 Satz 1 Nr. 1 HGB mit dem Buchwert des Einzelabschlusses, der i. d. R. den Anschaffungskosten entspricht. Im Zuge der erstmaligen Konsolidierung wird der Unterschiedsbetrag zwischen den Anschaffungskosten und dem anteiligen Eigenkapital des assoziierten Unternehmens ermittelt. Bei der Buchwertmethode ergibt sich das in die Konsolidierung einzubeziehende Eigenkapital – evtl. nach einer Vereinheitlichung der Bilanzierung und Bewertung – aus der Einzelbilanz des assoziierten Unternehmens. Abzustellen ist dabei auf das gesamte bilanzielle Eigenkapital, wobei aber die sog. Mischposten nicht einbezogen werden dürfen. Danach sind die folgenden auf der Passivseite auszuweisenden Eigenkapitalposten zu nennen:

(1) Gezeichnetes Kapital,

(2) Kapitalrücklage,

(3) Gewinnrücklagen,

(4) Ergebnisvortrag,

(5) Jahreserfolg,

bzw. bei Aufstellung der Bilanz nach teilweiser Gewinnverwendung statt des Ergebnisvortrags und des Jahreserfolgs der Bilanzgewinn/-verlust.

Darüber hinaus ist zu prüfen, ob auch auf der Aktivseite ausgewiesene Korrekturposten des Eigenkapitals oder negatives Eigenkapital bei der Kapitalkonsolidierung Berücksichtigung finden müssen. Hier kann es sich handeln um

(1) ausstehende Einlagen auf das gezeichnete Kapital,

(2) eigene Anteile,

(3) einen nicht durch Eigenkapital gedeckten Fehlbetrag.

Zeitpunkt der Aufrechnung

Nach § 312 Abs. 3 HGB werden der »Wertansatz der Beteiligung und die Unterschiedsbeträge … auf der Grundlage der Wertansätze zum Zeitpunkt des Erwerbs der Anteile oder der erstmaligen Einbeziehung des assoziierten Unternehmens in den Konzernabschluß oder beim Erwerb der Anteile zu verschiedenen Zeitpunkten zu dem Zeitpunkt, zu dem das Unternehmen assoziiertes Unternehmen geworden ist, ermittelt. Der gewählte Zeitpunkt ist im Konzernanhang anzugeben«.

Für die Verrechnung des Beteiligungsbuchwerts mit dem anteiligen Eigenkapital läßt die Equity-Methode in § 312 Abs. 3 HGB also drei verschiedene Zeitpunkte zu:

(1) den Zeitpunkt des Erwerbs der Anteile;

(2) den Zeitpunkt der erstmaligen Einbeziehung des assoziierten Unternehmens in den Konzernabschluß;

(3) beim Erwerb der Anteile zu verschiedenen Zeitpunkten den Zeitpunkt, zu dem das Unternehmen assoziiertes Unternehmen geworden ist.

Der Erwerb von Anteilen wird häufig auf der Grundlage von Bewertungsgutachten durchgeführt, die i. d. R. auch die für die Anwendung einer Konsolidierungsmethode notwendigen Daten enthalten. Insofern bietet sich bei Anwendung einer Konsolidierungsmethode der Zeitpunkt des Erwerbs für die Verrechnung an.

Bilanzpolitische Bedeutung des Verrechnungszeitpunkts

Allerdings kann zwischen dem Zeitpunkt des Erwerbs der Anteile und der erstmaligen Einbeziehung in den Konzernabschluß als assoziiertes Unternehmen eine erhebliche Zeitspanne liegen. Wird das assoziierte Unternehmen z. B. wegen untergeordneter Bedeutung gem. § 311 Abs. 2 HGB nicht im Jahr des Erwerbs in die Konsolidierung einbezogen und besteht wegen eines starken Wachstums des assoziierten Unternehmens in einer späteren Periode eine Einbeziehungspflicht, so können zu diesem Zeitpunkt ein völlig anderer Beteiligungsbuchwert und ein vollkommen anderes Eigenkapital vorliegen. Eine Verrechnung dieser beiden Größen führt demnach auch zu einem veränderten Unterschiedsbetrag.

Aber auch bereits in der Periode des Erwerbs können sich zwischen dem Erwerbszeitpunkt und der Einbeziehung am Ende des Geschäftsjahrs Veränderungen des Beteiligungsbuchwerts und des anteiligen Eigenkapitals ergeben. Gerade in diesem Fall kann die Wahl des Zeitpunkts für das Mutterunternehmen bilanzpolitische Handlungsspielräume eröffnen.

Sukzessiver Erwerb

Erfolgt der Kauf der Anteile in mehreren Schritten, also sukzessiv, so ist für die Verrechnung der Zeitpunkt maßgeblich, zu dem das Unternehmen zu einem assoziierten Unternehmen geworden ist. Es ist also nicht erforderlich, die Wertverhältnisse zu den jeweiligen Erwerbszeitpunkten zugrunde zu legen und eine rückwirkende Anpassung vorzunehmen.

Diese Regelung ist aus Praktikabilitätserwägungen sehr zu begrüßen; denn wenn sich der Kauf der Anteile über einen längeren Zeitraum erstreckt, kann die Ermittlung der historischen Wertverhältnisse problematisch oder sogar unmöglich sein.

3.1.2 Behandlung des Unterschiedsbetrags

Fortschreibung in den Folgeperioden

Verbleibt nach der Aufrechnung des Beteiligungsbuchwerts mit dem anteiligen Eigenkapital ein Unterschiedsbetrag, so ist dieser auf darin enthaltene stille Rücklagen/Lasten zu analysieren und gem. § 312 Abs. 2 Satz 1 HGB (in einer statistischen Nebenrechnung und nicht tatsächlich als Erhöhung der Abschlußwerte in der Konzernbilanz) den Wertansätzen von Vermögensgegenständen und Schulden des assoziierten Unternehmens insoweit zuzuordnen, »als deren Wert höher oder niedriger ist als der bisherige Wertansatz«. Diese stillen Rücklagen/Lasten sind gem. § 312 Abs. 2 Satz 2 HGB »entsprechend der Behandlung der Wertansätze dieser Vermögensgegenstände und Schulden im Jahresabschluß des assoziierten Unternehmens im Konzernabschluß fortzuführen, abzuschreiben oder aufzulösen«. Diese Fortführung, Abschreibung oder Auflösung bezieht sich ebenfalls nicht auf den Konzernabschluß, denn in diesem sind nicht die Posten des assoziierten Unternehmens enthalten. Sie bezieht sich vielmehr auf die Fortschreibung der stillen Rücklagen/Lasten im Rahmen der statistischen Nebenrechnung und setzt voraus, daß der Jahresabschluß des assoziierten Unternehmens jährlich nach erstmaligem Ansatz »at equity« einen gesonderten Bestandsnachweis der Vermögensgegenstände und Schulden enthält, die zum Zeitpunkt des Erstansatzes »at equity« stille Rücklagen/Lasten enthielten.

Erfordernis einer Nebenbuchhaltung

Die im Zuge der Erstkonsolidierung ermittelten stillen Rücklagen/Lasten müssen somit in den Folgeperioden fortgeschrieben werden, da sie – vereinfacht formuliert – in Form von Zugängen/Abgängen das Schicksal derjenigen Posten teilen, denen sie zugeordnet wurden. Die Behandlung der stillen Rücklagen/Lasten in den Folgejahren ist somit von der Fortschreibung der einzelnen Vermögensgegenstände und Schulden abhängig, wodurch die Verpflichtung besteht, den Verbleib und die Bewertungsentwicklung jedes einzelnen betroffenen Postens zu verfolgen. Diese Vorgehensweise erfordert eine »regelrechte Konsolidierungsbuchführung, in der die Konsolidierungsvorgänge von Jahr zu Jahr fortzuschreiben sind« (Rätsch, H. 1968, S. 568f.; vgl. auch Kessler, H. 1999, S. 1751ff.). Die Konzerne müssen also die auf stille Rücklagen/Lasten entfallenden Beträge bilanzpostenweise in einer Nebenbuchhaltung ständig fortführen (HB II für assoziierte Unternehmen).

Verbleibt nach dieser Zuordnung ein aktivischer oder passivischer Unterschiedsbetrag, so ist auf ihn gem. § 312 Abs. 2 Satz 3 HGB die Vorschrift des § 309 HGB entsprechend anzuwenden.

Aktivischer Differenzbetrag

Eine aktivische Differenz ist als Geschäfts- oder Firmenwert zu interpretieren. Dieser ist nach § 309 Abs. 1 HGB »in jedem folgenden Geschäftsjahr zu mindestens einem Viertel durch Abschreibungen zu tilgen. Die Abschreibung des Geschäfts- oder Firmenwerts kann aber auch planmäßig auf die Geschäftsjahre verteilt werden, in denen er voraussichtlich genutzt werden kann. Der Geschäfts- oder Firmenwert darf auch offen mit den Rücklagen verrechnet werden«. Damit stehen deutschen Konzernen mehrere Verrechnungstechniken und gleichzeitig wichtige bilanzpolitische Alternativen zur Verfügung.

Vorspaltenvermerk oder Konzernanhangsangabe

Im Rahmen der Buchwertmethode sind die aufzudeckenden stillen Rücklagen und der Geschäfts- oder Firmenwert Bestandteil des Buchwerts. Der Ausweis dieser Größen in Form von gesonderten Posten in der Konzernbilanz ist somit nicht möglich, da in diesem Fall eine doppelte aktivische Erfassung vorläge. Der Unterschiedsbetrag zwischen dem Buchwert und dem anteiligen Eigenkapital ist deswegen gem. § 312 Abs. 1 Satz 2 HGB entweder nur als Vorspaltenvermerk oder im Konzernanhang anzugeben. Eine Differenzierung nach stillen Rücklagen/Lasten und einem Geschäfts- oder Firmenwert im Bilanzausweis schreibt das Gesetz nicht vor, so daß nur der gesamte Unterschiedsbetrag gezeigt werden muß. In der Konzernbilanz stellt sich die Buchwertmethode somit als eine »one-line-consolidation« dar.

Passivischer Differenzbetrag

Im Zuge der Aufrechnung der Anschaffungskosten mit dem anteiligen Eigenkapital kann auch der Fall eines passivischen Differenzbetrags auftreten. Dann liegt der Kaufpreis für die Anteile am assoziierten Unternehmen bzw. der Buchwert bei erstmaliger Anwendung der Equity-Methode in den Jahren nach dem Anteilserwerb unter dem anteiligen Eigenkapital dieser Gesellschaft.

Ein passivischer Unterschiedsbetrag darf aber bei strenger Auslegung des Gesetzes bei beiden Methoden als eigenständiger Posten in der Konzernbilanz nicht ausgewiesen werden, da bei der Buchwertmethode durch § 312 Abs. 1 Satz 1 Nr. 1 und Satz 2 HGB der Ansatz der Beteiligung auf den Buchwert festgeschrieben ist und bei der Kapitalanteilsmethode gem. § 312 Abs. 1 Satz 3 HGB das anteilige Eigenkapital höchstens mit dem Buchwert der Beteiligung angesetzt werden darf. Somit ist auch hier als Obergrenze für den Ansatz der Beteiligung in der Konzernbilanz der Buchwert festgeschrieben. Obwohl keine gesetzliche Verpflichtung besteht, wäre es aus informationspolitischen Gesichtspunkten begrüßenswert, wenn bei Existenz eines passivischen Unterschiedsbetrags entweder ein Vorspaltenvermerk oder eine Angabe im Anhang erfolgen würde.

3.1.3 Fortschreibung des Beteiligungsbuchwerts

Der Wertansatz der Beteiligung ist gem. § 312 Abs. 4 HGB »in den Folgejahren um den Betrag der Eigenkapitalveränderungen, die den dem Mutterunternehmen gehörenden Anteilen am Kapital des assoziierten Unternehmens entsprechen, zu erhöhen oder zu vermindern; auf die Beteiligung entfallende Gewinnausschüttungen sind abzusetzen«. Damit ergibt sich die in Übersicht 90 gezeigte Pflicht zur Fortschreibung des Buchwerts in den Folgeperioden bei Anwendung der Buchwertmethode.

Übersicht 92: Fortschreibung des Beteiligungsbuchwerts nach der Equity-Methode

Ausgangsbewertung	Anschaffungskosten
Regelmäßige Fortschreibungen	+ anteilige Jahresüberschüsse des assoziierten Unternehmens – anteilige Jahresfehlbeträge des assoziierten Unternehmens – vereinnahmte Gewinnausschüttungen vom assoziierten Unternehmen – Abschreibung zuordnungsfähiger Unterschiedsbeträge – Abschreibung eines aktivischen nicht zuordnungsfähigen Unterschiedsbetrags (Geschäfts- oder Firmenwert) + Auflösung eines passivischen nicht zuordnungsfähigen Unterschiedsbetrags +/– Ergebniswirkung der – möglichen – Neubewertung gem. § 312 Abs. 5 HGB einschl. der Zwischenergebniseliminierung
Außerplanmäßige Fortschreibungen	– ggf. außerplanmäßige Abschreibungen + ggf. Zuschreibungen + Kapitaleinzahlungen – Kapitalrückzahlungen

Der Grundgedanke der Equity-Methode wird auf der Grundlage eines von Havermann (H. 1975, S. 235ff.) übernommenen Beispiels verdeutlicht.

Beispiel:

(1) Eine Beteiligung in Höhe von 80% wird zum Anschaffungspreis von 100 zu Beginn von t_1 erworben.

(2) In t_1 erzielt die Beteiligungsgesellschaft einen Jahresüberschuß von 30 und nimmt keine Ausschüttung vor.

(3) In t_2 wird kein Jahreserfolg erwirtschaftet, aber eine Ausschüttung von 10 vorgenommen.

(4) In t_3 wird ein Jahresfehlbetrag von 15 ausgewiesen, und es erfolgt keine Ausschüttung.

(5) In t_4 schließlich wird eine außerplanmäßige Abschreibung in Höhe von 20 auf die Beteiligung vorgenommen; ansonsten wird ein Jahresergebnis von Null erzielt und keine Dividende ausgeschüttet.

Auf der Basis dieser Ausgangsdaten entwickelt sich der Bilanzansatzwert der Beteiligung im Konzernabschluß in den einzelnen Jahren wie folgt:

	Anschaffungswert	100
+	anteiliger Jahresüberschuß	24
=	Bilanzansatz in t_1	124
–	vereinnahmte Gewinne	8
=	Bilanzansatz in t_2	116
–	anteiliger Jahresfehlbetrag	12
=	Bilanzansatz in t_3	104
–	außerplanmäßige Abschreibung	20
=	Bilanzansatz in t_4	84.

Neben diesen im Beispiel vorgenommenen Fortschreibungen werden weitere konsolidierungsspezifische Korrekturen erforderlich, wie sie in dem nachfolgenden Beispiel (vgl. Gliederungspunkt 4., 1. Abschn., 4. Kap.) verdeutlicht werden.

3.2 Kapitalanteilsmethode

3.2.1 Ermittlung des Unterschiedsbetrags

Im Gegensatz zur Buchwertmethode erfolgt bei der Kapitalanteilsmethode der Ansatz der Beteiligung am assoziierten Unternehmen gem. § 312 Abs. 1 Satz 1 Nr. 2 HGB »mit dem Betrag, der dem anteiligen Eigenkapital des assoziierten Unternehmens entspricht«. Dabei ist das Eigenkapital gem. § 312 Abs. 1 Satz 3 HGB »mit dem Betrag anzusetzen, der sich ergibt, wenn die Vermögensgegenstände, Schulden, Rechnungsabgrenzungsposten, Bilanzierungshilfen und Sonderposten des assoziierten Unternehmens mit dem Wert angesetzt werden, der ihnen … beizulegen ist, jedoch darf dieser Betrag die Anschaffungskosten für die Anteile an dem assoziierten Unternehmen nicht überschreiten«. Der Wortlaut dieser Vorschrift entspricht dem bei der Neubewertungsmethode der Kapitalkonsolidierung. Dementsprechend müssen auch bei der Equity-Methode bei Anwendung der Kapitalanteilsmethode die stillen Rücklagen/Lasten in einer HB II bzw. III des assoziierten Unternehmens aufgedeckt werden, die anschließend die weitere Grundlage für die Anwendung der Equity-Konsolidierung bildet.

3.2.2 Behandlung des Unterschiedsbetrags

Das auf diese Weise ermittelte anteilige Eigenkapital wird nunmehr gegen die Anschaffungskosten der Beteiligung aufgerechnet.

Ein sich bei der Aufrechnung von Anschaffungskosten und anteiligem Eigenkapital ergebender aktivischer Unterschiedsbetrag hat demnach immer den

Charakter eines Geschäfts- oder Firmenwerts. Dieser Geschäfts- oder Firmenwert ist – dies schreibt der Gesetzgeber ausdrücklich vor – gem. § 312 Abs. 1 Satz 3 zweiter Halbsatz HGB »bei erstmaliger Anwendung in der Konzernbilanz gesondert auszuweisen oder im Konzernanhang anzugeben«.

Ausweis des Geschäfts- oder Firmenwerts

Gleichwohl ist hier zu beachten, daß trotz der eindeutigen Formulierung des Gesetzgebers aus konsolidierungstechnischen Gründen nur eine Angabe in der Konzernbilanz – und zwar auch in den Folgejahren – zweckentsprechend sein kann, da ansonsten in der Konzernbilanz in Höhe des Unterschiedsbetrags eine Aufrechnungsdifferenz entstehen würde; denn der Unterschiedsbetrag (= Geschäfts- oder Firmenwert) ist bei Anwendung der Kapitalanteilsmethode nicht Bestandteil des Equity-Ansatzes. Dem für den Konzernabschluß maßgeblichen Gliederungsschema des § 266 HGB folgend, ist der Ausweis im immateriellen Anlagevermögen vorzunehmen. Damit wird offenkundig, daß es sich bei der Kapitalanteilsmethode nicht um eine »one-line-consolidation« handelt. Vielmehr hat der deutsche Gesetzgeber – vielleicht unbewußt – in § 312 HGB eine bislang unbekannte Equity-Variante in Form der »two-lines-consolidation« festgeschrieben.

Zusammenfassung aller Geschäfts- oder Firmenwerte in der Konzernbilanz

Aus dem Gesetzestext ist nicht zu entnehmen, ob der Geschäfts- oder Firmenwert aus der Equity-Konsolidierung als gesonderter Posten oder gemeinsam mit dem Geschäfts- oder Firmenwert aus der Voll- bzw. Quotenkonsolidierung und dem erworbenen Geschäfts- oder Firmenwert aus den Einzelabschlüssen auszuweisen ist. Da ein gesonderter Ausweis nicht verlangt wird, dürfte die Möglichkeit der Zusammenfassung sämtlicher Geschäfts- oder Firmenwerte in der Konzernbilanz bestehen. In der Konzernbilanz käme somit nur ein einziger Posten zum Ausweis. Aus der Sicht des externen Bilanzlesers wäre es allerdings zu begrüßen, wenn im Konzernabschluß auf freiwilliger Basis ein differenzierter Ausweis der einzelnen Geschäfts- oder Firmenwerte erfolgte.

3.3 Vergleich der Equity-Varianten

Vergleich beider Equity-Varianten

Beide Varianten führen zu gleichen Bilanzsummen und zu gleichen Jahreserfolgen. Sie unterscheiden sich grundsätzlich:

(1) durch die Höhe des Beteiligungsansatzes; denn während der Beteiligungsbuchwert bei der Buchwertmethode auch den anteiligen Geschäfts- oder Firmenwert enthält, ist dieser Geschäfts- oder Firmenwert bei der Kapitalanteilsmethode als eigenständiger Bilanzposten auszuweisen;

(2) durch die Höhe des Unterschiedsbetrags aus der Equity-Konsolidierung; denn dieser Unterschiedsbetrag enthält bei der Buchwertmethode auch die anteilig aufgedeckten stillen Rücklagen/Lasten;

(3) durch die Ausweisform des Unterschiedsbetrags. Bei der Buchwertmethode ist der Unterschiedsbetrag lediglich bei der erstmaligen Konsolidierung in der Konzernbilanz zu vermerken oder alternativ im Anhang anzu-

geben. Bei der Kapitalanteilsmethode darf der Unterschiedsbetrag nicht in den Beteiligungsbuchwert eingehen; er ist vielmehr gesondert im Konzernabschluß als eigenständiger Posten auszuweisen.

Es gilt jedoch zu beachten, daß der Unterschied (1) dann nicht auftritt, wenn der Geschäfts- oder Firmenwert im Jahr der erstmaligen Bewertung »at equity« gem. § 309 Abs. 1 Satz 3 HGB offen (erfolgsneutral) mit den Rücklagen verrechnet wird. In diesem Fall stimmen sowohl die Höhe des Beteiligungsansatzes als auch die Ausweisform des Unterschiedsbetrags hinsichtlich des Bestandteils Geschäfts- oder Firmenwert bei der Buchwert- und der Kapitalanteilsmethode überein. Zudem entfällt auch der gesonderte Ausweis des Geschäfts- oder Firmenwerts im Rahmen der Kapitalanteilsmethode.

4. Beispiel

4.1 Grundlagen

Die Anwendung der Equity-Methode soll nunmehr anhand des nachfolgenden Beispiels erläutert werden.

Ausgangsdaten

Die M-AG ist Muttergesellschaft des M-Konzerns und zur Aufstellung eines Konzernabschlusses verpflichtet. Sie erwirbt am 1.1.01 insgesamt 40% der Anteile an der E-AG zu einem Preis von 100 000, auf die sie nach dem Erwerb einen maßgeblichen Einfluß ausübt. Die M-AG erstellt zum 31.12.01 einen Konzernabschluß, in den die E-AG nach der Equity-Methode einbezogen wird. Die Wertansätze der Bilanz der E-AG am Erwerbstag enthält Übersicht 91. In dieser Übersicht sind auch die Zeitwerte der Bilanzposten der E-AG zum Erwerbstag enthalten.

Übersicht 93: Bilanz der E-AG am Erwerbstag

	Buchwert	Zeitwert	stille Rücklagen
Anlagevermögen			
Grundstücke	50000	70000	20000
Maschinen	70000	90000	20000
Umlaufvermögen	160000		
Gezeichnetes Kapital	100000		
Rücklagen	80000		
Verbindlichkeiten	100000		

Prämissen

Dabei wird von folgenden Prämissen und Sachverhalten ausgegangen:

(1) Für die Verrechnung der Anschaffungskosten mit dem anteiligen Eigenkapital wird der Zeitpunkt des Erwerbs der Beteiligung zugrunde gelegt.

(2) Die aufzudeckenden stillen Rücklagen im Posten »Maschinen« sollen linear in fünf Jahren abgeschrieben werden.

(3) Ein entstehender Geschäfts- oder Firmenwert soll linear in vier Jahren abgeschrieben werden, wobei die erste Abschreibung bereits im Jahr der Anschaffung vorgenommen werden soll.

(4) Im Jahr 01 erwirtschaftet die E-AG einen Jahresüberschuß von 90 000.

(5) Im Jahr 02 ergibt sich bei der E-AG ein Jahresfehlbetrag in Höhe von 40 000. Die E-AG löst Rücklagen in Höhe von 50 000 auf und weist einen Bilanzgewinn von 10 000 aus.

(6) Die M-AG vereinnahmt im Jahr 02 von der E-AG einen Beteiligungsertrag von 36 000.

4.2 Konsolidierung zum 31.12.01

Vorgehen bei der Buchwertmethode

Zunächst sei die Vorgehensweise bei der Buchwertmethode demonstriert: Den Ausgangspunkt bildet die Aufrechnung der Anschaffungskosten gegen das anteilige Eigenkapital des assoziierten Unternehmens:

	Anschaffungskosten der Beteiligung	100 000
–	anteiliges Eigenkapital des assoziierten Unternehmens [= 0,4 × (100 000 + 80 000)]	72 000
		28 000.

Aus dieser Aufrechnung resultiert ein aktivischer Unterschiedsbetrag von 28 000, der auf die Existenz von stillen Rücklagen/Lasten hin zu untersuchen ist. Die im assoziierten Unternehmen enthaltenen stillen Rücklagen sind vom Unterschiedsbetrag von 28 000 zu subtrahieren und in einer Nebenbuchhaltung fortzuschreiben:

	Unterschiedsbetrag	28 000
–	anteilige stille Rücklagen im Posten »Grundstücke« [= 0,4 × 20 000]	8 000
–	anteilige stille Rücklagen im Posten »Maschinen« [= 0,4 × 20 000]	8 000
		12 000.

Die nach dieser Subtraktion verbleibende Differenz in Höhe von 12 000 stellt den Geschäfts- oder Firmenwert dar.

Buchwertermittlung zum 31.12.01

Auf der Grundlage der bisher ermittelten Werte kann nunmehr der Buchwert zum 31.12.01 wie folgt errechnet werden:

	Anschaffungskosten der Beteiligung	100 000
+	anteiliger Jahresüberschuß	36 000
–	Abschreibung der anteilig aufgedeckten stillen Rücklagen im Posten »Maschinen« [= 8 000 × 0,2]	1 600
–	Abschreibung des Geschäfts- oder Firmenwerts [= 12 000 × 0,25]	3 000
		131 400.

Der Wertansatz für die Anteile am assoziierten Unternehmen beträgt am 31.12.01 insgesamt 131 400. Darüber hinaus ist auch der fortgeführte Unterschiedsbetrag zwischen den Anschaffungskosten und dem anteiligen Eigenkapital in der Konzernbilanz zu vermerken oder im Konzernanhang anzugeben. Bei einem Vermerk in der Konzernbilanz ergäbe sich somit folgender Ausweis:

Anteile an assoziierten Unternehmen	131 400
davon Unterschiedsbetrag	23 400.

Die 23 400 resultieren aus der Differenz zwischen dem ursprünglichen Unterschiedsbetrag (28 000) und den Abschreibungen auf die anteilig aufgedeckten stillen Rücklagen im Posten »Maschinen« sowie den Abschreibungen auf den Geschäfts- oder Firmenwert.

Buchungstechnische Erfassung

Buchungstechnisch ist dabei wie folgt vorzugehen: Nach § 312 Abs. 4 Satz 2 HGB ist in »der Konzern-Gewinn- und Verlustrechnung … das auf assoziierte Beteiligungen entfallende Ergebnis unter einem gesonderten Posten auszuweisen«. Dem Gesetz wird also bereits Genüge getan, wenn sämtliche Fortschreibungen des Postens »Anteile an assoziierten Unternehmen« in einer einzigen saldierten Größe in der Konzern-GuV ausgewiesen werden. Die Abschreibungen auf die anteilig aufgedeckten stillen Rücklagen und den Geschäfts- oder Firmenwert werden mit der Buchung

Ergebnis aus assoziierten Unternehmen
  an Anteile an assoziierten Unternehmen 4 600

vorgenommen.

Ferner wird der anteilige Jahresüberschuß mit der Buchung

Anteile an assoziierten Unternehmen
  an Ergebnis aus assoziierten Unternehmen 36 000

erfaßt, so daß in der Konzern-GuV der Posten »Ergebnis aus assoziierten Unternehmen« saldiert in Höhe von 31 400 zum Ausweis gelangt.

Übersicht 94: Konsolidierungsbuchungen zum 31.12.01 nach der Buchwertmethode

	Summenabschluß	Korrekturbuchungen Soll	Korrekturbuchungen Haben	Konzernabschluß
Beteiligungen	100000		(1) 100000	–
Anteile an assoziierten Unternehmen		(1) 100000	(3) 4600	
		(2) 36000		131400
Ergebnis aus assoziierten Unternehmen		(3) 4600	(2) 36000	31400

Vorgehen bei der Kapitalanteilsmethode

Im Rahmen der Kapitalanteilsmethode werden die stillen Rücklagen/Lasten bereits in einer HB II bzw. III zugeordnet. Für die Anwendung dieser Variante ist also »zunächst eine Ergänzungsbilanz unter Berücksichtigung der Neubewertung aufzustellen, aus der sich das anteilige konsolidierungspflichtige Eigenkapital ergibt« (SCHRUFF, W. 1984, S. 217). Bezogen auf das Beispiel erhöht sich das Eigenkapital durch die Neubewertung um die stillen Rücklagen von 40 000, so daß sich ein aufzurechnendes anteiliges Eigenkapital in Höhe von 88 000 [= 0,4 × (100 000 + 80 000 + 40 000)] ergibt:

	Anschaffungskosten der Beteiligung	100 000
–	anteiliges Eigenkapital des assoziierten Unternehmens nach Neubewertung	88 000
		12 000.

Diese verbleibende Differenz stellt den Geschäfts- oder Firmenwert dar, der in seiner Höhe dem Geschäfts- oder Firmenwert aus der Buchwertmethode entspricht. Während aber der Geschäfts- oder Firmenwert bei der Buchwertmethode Bestandteil des Beteiligungsbuchwerts ist, muß er im Rahmen der Kapitalanteilsmethode als gesonderter Posten in der Konzernbilanz ausgewiesen werden.

Ausgehend von diesen Zahlenangaben sind weitere Korrekturen zur Ermittlung des auszuweisenden Betrags in der Konzernbilanz notwendig. Da in die Konzernbilanz bei der Kapitalanteilsmethode zwei Posten eingestellt werden, sind auch beide Posten jährlich fortzuschreiben:

	Anteiliges Eigenkapital des assoziierten Unternehmens	88 000
+	anteiliger Jahresüberschuß	36 000
–	Abschreibung der anteilig aufgedeckten stillen Rücklagen im Posten »Maschinen«	1 600
		122 400.

Eigenständiger Konzernbilanzausweis des Geschäfts- oder Firmenwerts

Im Posten »Anteile an assoziierten Unternehmen« wird somit in der Konzernbilanz ein Betrag von 122 400 ausgewiesen. Darüber hinaus erfolgt der Ausweis eines Geschäfts- oder Firmenwerts in Höhe von 9 000, da entsprechend den Prämissen im Jahr 01 bereits Abschreibungen in Höhe von 3 000 vorgenommen wurden (vgl. Übersicht 93).

Übersicht 95: Konsolidierungsbuchungen zum 31.12.01 nach der Kapitalanteilsmethode

	Summenabschluß	Korrekturbuchungen Soll	Haben	Konzernabschluß
Beteiligungen	100000		(1) 100000	–
Geschäfts- oder Firmenwert		(1) 12000	(4) 3000	9000
Anteile an assoziierten Unternehmen		(1) 88000 (2) 36000	(3) 1600	122400
Ergebnis aus assoziierten Unternehmen		(3) 1600 (4) 3000	(2) 36000	31400

In der Konzernbilanz zum 31.12.01 ergibt sich damit folgendes Bild:

Geschäfts- oder Firmenwert 9 000
...
...
...
Anteile an assoziierten Unternehmen 122 400.

Buchungstechnische Besonderheit im Rahmen der Kapitalanteilsmethode

Eine buchungstechnische Besonderheit ergibt sich hier bzgl. des gesondert auszuweisenden Geschäfts- oder Firmenwerts, da für die Abschreibung auf diesen Posten in der Gliederung der GuV des § 275 Abs. 2 Nr. 7a HGB auch der Posten »Abschreibungen auf immaterielle Vermögensgegenstände des Anlagevermögens und Sachanlagen sowie auf aktivierte Aufwendungen für die Ingangsetzung und Erweiterung des Geschäftsbetriebs« in Betracht kommt. Um aber sämtliche Buchungen aus der Equity-Methode auch gesondert zu erfassen, wird hier vorgeschlagen, die Abschreibung auf den Geschäfts- oder Firmenwert bei Anwendung der Kapitalanteilsmethode im Posten »Ergebnis aus assoziierten Unternehmen« zu erfassen.

4.3 Konsolidierung zum 31.12.02

Vorgelagerte Anpassungsbuchungen

Ausgangspunkt für die Ermittlung des Wertansatzes der Beteiligung zum 31.12.02 ist jener fortgeführte Buchwert, der im letztjährigen Konzernabschluß ausgewiesen wurde. In den Summenabschluß geht aber lediglich der Wert ein, der in der Einzelbilanz des Konzernunternehmens für die Anteile an dem assoziierten Unternehmen ausgewiesen wird. Da die Equity-Konsolidierung nur im Konzernabschluß erlaubt ist und im summierten Abschluß nicht der fortgeführte, sondern der »unkorrigierte« Buchwert erscheint, ist somit eine Anpassungsbuchung an den fortgeführten Buchwert des Vorjahrs notwendig. In dieser Angleichungsbuchung sind sämtliche Wertfortschreibungen gegenüber dem Vorjahr zu erfassen.

Da der Konzern-Jahresüberschuß z. B. jährlich nur um eine Geschäftswert-Abschreibung von 3 000 gekürzt werden darf, sind die in Vorjahren vorgenommenen Geschäftswert-Abschreibungen erfolgsunwirksam mit einer Anpassungsbuchung zu erfassen. Ebenfalls zu erfassen wären hier alle weiteren in Vorjahren vorgenommenen erfolgswirksamen Korrekturbuchungen. Daraus folgt, daß die Anpassungsbuchung im Zeitablauf ständig höhere Werte aus erfolgswirksamen Buchungen der Vorjahre annehmen kann. In dem Umfang, wie der Geschäfts- oder Firmenwert abgeschrieben wird und stille Rücklagen durch erfolgswirksame Korrekturbuchungen aufgelöst werden, nimmt die Anpassungsbuchung zu. Sie ist so lange vorzunehmen, wie die Beteiligung am assoziierten Unternehmen gehalten wird. Insofern ist die von ENKE aufgestellte These zwar richtig, wonach sich der entstehende Unterschiedsbetrag »bei Anwendung der Equity-Methode fortlaufend bis zur endgültigen Abschreibung auf Null reduzieren« (ENKE, R. 1977, S. 126) kann, jedoch ist genau in dem Umfange, wie dieser Unterschiedsbetrag durch erfolgswirksame Konsolidierungsbuchungen wertmäßig abnimmt, diese ständig wachsende Konsolidierungsdifferenz in einem anderen Bilanzposten zu erfassen.

Diese Angleichungsbuchung kann dabei gegen einen gesonderten Ausgleichsposten, gegen den Ergebnisvortrag oder gegen die Gewinnrücklagen des Konzerns vorgenommen werden (vgl. auch 1. Abschn., 5. Kap.). Hier erfolgt beispielhaft eine Verbuchung gegen die Gewinnrücklagen.

Buchungen:

(1) Buchwertmethode

Anteile an assoziierten Unternehmen	
an Gewinnrücklagen des Konzerns	31 400

(2) Kapitalanteilsmethode

Anteile an assoziierten Unternehmen	
an Gewinnrücklagen des Konzerns	34 400
Gewinnrücklagen des Konzerns	
an Geschäfts- oder Firmenwert	3 000

bzw. zusammengefaßt

Anteile an assoziierten Unternehmen	34 400
an Gewinnrücklagen des Konzerns	31 400
Geschäfts- oder Firmenwert	3 000.

Mit dieser Buchung wird der Ausgangspunkt für die Fortschreibung des Beteiligungsbuchwerts zum 31.12.02 fixiert.

Tatsächliche Vereinnahmung von Beteiligungserträgen

Eine zweite Anpassung – und ebenfalls der eigentlichen Equity-Konsolidierung vorgelagert – wird erforderlich, wenn das Mutterunternehmen im betrachteten Geschäftsjahr Beteiligungserträge tatsächlich vereinnahmt. Diese wurden bereits im Vorjahr als anteiliger Jahresüberschuß im Konzernabschluß erfolgswirksam erfaßt. Bei dem Mutterunternehmen werden diese Beteiligungserträge im Einzelabschluß im Jahr der Vereinnahmung erneut erfolgswirksam erfaßt, so daß sie dann auch im Summenabschluß enthalten sind. Folglich müssen sie daher – um eine Doppelverrechnung zu vermeiden – nunmehr im Rahmen der Konzernrechnungslegung eliminiert werden.

Zunächst ist daher eine Umgliederung der Beteiligungserträge in den Posten »Ergebnis aus assoziierten Unternehmen« vorzunehmen. Die so umgegliederten Beträge sind anschließend mit der Buchung

Ergebnis aus assoziierten Unternehmen
an Anteile an assoziierten Unternehmen 36 000

aus der Summen-GuV zu eliminieren. Diese Buchung ist sowohl im Rahmen der Buchwert- als auch der Kapitalanteilsmethode durchzuführen.

Diese Konsolidierungsbuchung wäre nicht erforderlich, wenn bereits im Einzelabschluß die Equity-Methode angewandt worden wäre. Die Vereinnahmung der Dividende wäre dann im Einzelabschluß als eine erfolgsneutrale Vermögensumschichtung gebucht worden, »indem eine entsprechende Reduzierung des Beteiligungsbuchwertes erfolgt (Aktivtausch)« (BÜHNER, H./HILLE, K. 1980a, S. 223). Lediglich der anteilige Jahresfehlbetrag wäre im Einzelabschluß erfolgswirksam zu berücksichtigen gewesen. Hier zeigt sich ganz besonders die Problematik einer unterschiedlichen Behandlung der Equity-Methode im Einzel- und im Konzernabschluß.

Beteiligungsansatz zum 31.12.02 nach der Buchwertmethode

Bei der Buchwertmethode ist der Beteiligungsansatz wie folgt abzuleiten (vgl. Übersicht 96):

Wertansatz des Vorjahrs	131 400
– anteiliger Jahresfehlbetrag	16 000
– vereinnahmte Gewinnausschüttung	36 000
– Abschreibung der anteilig aufgedeckten stillen Rücklagen im Posten »Maschinen«	1 600
– Abschreibung des Geschäfts- oder Firmenwerts	3 000
	74 800.

Übersicht 96: Konsolidierungsbuchungen zum 31.12.02 nach der Buchwertmethode

	Summenabschluß	Korrekturbuchungen Soll	Korrekturbuchungen Haben	Konzernabschluß
Beteiligungen	100000		(1) 100000	–
Anteile an assoziierten Unternehmen		(1) 100000	(4) 36000	
		(3) 31400	(5) 20600	74800
Gewinnrücklagen			(3) 31400	31400
Ergebnis aus assoziierten Unternehmen		(4) 36000	(2) 36000	(20600)
		(5) 20600		
Erträge aus Beteiligung	36000	(2) 36000		–

Beteiligungsansatz zum 31.12.02 nach der Kapitalanteilsmethode

Bei der Kapitalanteilsmethode ist der Beteiligungsansatz wie folgt abzuleiten (vgl. Übersicht 97):

Anteiliges Eigenkapital des assoziierten Unternehmens	122 400
– anteiliger Jahresfehlbetrag	16 000
– vereinnahmte Gewinnausschüttung	36 000
– Abschreibung der anteilig aufgedeckten stillen Rücklagen im Posten »Maschinen«	1600
	68 800.

Buchungstechnisches Vorgehen

Der anteilige Fehlbetrag sowie die Abschreibungen auf die anteilig aufgedeckten stillen Rücklagen sind mit der Buchung

Ergebnis aus assoziierten Unternehmen
an Anteile an assoziierten Unternehmen 17 600

zu erfassen.

Die Abschreibung der laufenden Periode auf den Geschäfts- oder Firmenwert wird wie folgt gebucht:

Ergebnis aus assoziierten Unternehmen
an Geschäfts- oder Firmenwert 3 000.

Folglich ergibt sich zum Bilanzstichtag 31.12.02 folgender Ausweis in der Konzernbilanz:

Geschäfts- oder Firmenwert	6 000
...	
...	
Anteile an assoziierten Unternehmen	68 800.

Übersicht 97: Konsolidierungsbuchungen zum 31.12.02 nach der Kapitalanteilsmethode

	Summenabschluß	Korrekturbuchungen Soll	Korrekturbuchungen Haben	Konzernabschluß
Beteiligungen	100 000		(1) 100 000	–
Geschäfts- oder Firmenwert		(1) 12 000	(3) 3 000	
			(6) 3 000	6 000
Anteile an assoziierten Unternehmen		(1) 88 000	(4) 36 000	
		(3) 34 400	(5) 17 600	68 800
Gewinnrücklagen			(3) 31 400	31 400
Ergebnis aus assoziierten Unternehmen		(4) 36 000	(2) 36 000	
		(5) 17 600		
		(6) 3 000		(20 600)
Erträge aus Beteiligung	36 000	(2) 36 000		–

4.4 Konsolidierungsregeln

Es wird hier auf die Folgekonsolidierung zum 31.12.02 des Beispiels unter Gliederungspunkt 4.3 verwiesen.

4.4.1 Buchwertmethode

1. Arbeitsschritt:
Umgliederung der Anteile aus dem Posten »Beteiligungen« in den Posten »Anteile an assoziierten Unternehmen«.

Buchung: Anteile an assoziierten Unternehmen
an Beteiligungen.

2. Arbeitsschritt:
Umgliederung der vereinnahmten Beteiligungserträge aus dem Posten »Erträge aus Beteiligungen« in den Posten »Ergebnis aus assoziierten Unternehmen«.

Buchung: Erträge aus Beteiligungen
an Ergebnis aus assoziierten Unternehmen.

3. Arbeitsschritt:
Anpassung des Einzelabschlußwerts der Anteile an den Konzernabschlußwert nach dem Stand am Ende des Vorjahrs.

Buchung: Anteile an assoziierten Unternehmen
an Gewinnrücklagen.

Die eigentlichen Equity-Buchungen werden im 4. und 5. Arbeitsschritt vorgenommen.

4. Arbeitsschritt:
Korrektur der im Einzelabschluß des Mutterunternehmens erfolgswirksam vereinnahmten Beteiligungserträge.

Buchung: Ergebnis aus assoziierten Unternehmen
an Anteile an assoziierten Unternehmen.

5. Arbeitsschritt:
Korrekturen des Postens »Anteile an assoziierten Unternehmen« zugunsten oder zu Lasten des Postens »Ergebnis aus assoziierten Unternehmen«.

4.4.2 Kapitalanteilsmethode

1. Arbeitsschritt:
Umgliederung der Anteile aus dem Posten »Beteiligungen« in die Posten »Anteile an assoziierten Unternehmen« und »Geschäfts- oder Firmenwert«.

Buchung: Geschäfts- oder Firmenwert
Anteile an assoziierten Unternehmen
an Beteiligungen.

2. Arbeitsschritt:
Umgliederung der vereinnahmten Beteiligungserträge aus dem Posten »Erträge aus Beteiligungen« in den Posten »Ergebnis aus assoziierten Unternehmen«.

Buchung: Erträge aus Beteiligungen
an Ergebnis aus assoziierten Unternehmen.

3. Arbeitsschritt:
Anpassung des Einzelabschlußwerts der Anteile und des Geschäfts- oder Firmenwerts an den Konzernabschlußwert der Anteile und des Geschäfts- oder Firmenwerts nach dem Stand am Ende des Vorjahrs.

Buchung: Anteile an assoziierten Unternehmen
an Geschäfts- oder Firmenwert
Gewinnrücklagen.

Auch hier werden die eigentlichen Equity-Buchungen im 4. und 5. Arbeitsschritt vorgenommen.

4. Arbeitsschritt:
Korrektur der im Einzelabschluß des Mutterunternehmens erfolgswirksam vereinnahmten Beteiligungserträge.

Buchung: Ergebnis aus assoziierten Unternehmen
an Anteile an assoziierten Unternehmen.

5./6. Arbeitsschritt:
- Korrekturen des Postens »Anteile an assoziierten Unternehmen« zugunsten oder zu Lasten des Postens »Ergebnis aus assoziierten Unternehmen«.
- Abschreibungen des laufenden Geschäftsjahrs auf den Geschäfts- oder Firmenwert.

5. Einzelfragen

5.1 Ausweis im Anlagespiegel

Auch für den Konzernabschluß ist die Erstellung eines Anlagespiegels i. S. d. § 268 Abs. 2 HGB nach § 298 Abs. 1 HGB gesetzlich vorgeschrieben.

Anschaffungskosten im Rahmen der Buchwertmethode

Als Anschaffungskosten sind die Beträge im Anlagespiegel zu zeigen, die ein Unternehmen tatsächlich aufgewendet hat, um einen Vermögensgegenstand zu beschaffen. Konkret heißt dies, daß bei der Bewertung der Anteile an assoziierten Unternehmen vom historischen Kaufpreis der Beteiligung einschl. der angefallenen Anschaffungsnebenkosten auszugehen ist. Bei der Buchwertmethode wirft diese Abgrenzung keine Probleme auf, da die Zeile Beteiligungen unverändert aus dem Anlagespiegel des Einzelabschlusses in den Anlagespiegel des Konzernabschlusses übernommen werden kann. Es muß lediglich eine Umgliederung der Zeile in den Posten »Anteile an assoziierten Unternehmen« erfolgen.

Anschaffungskosten im Rahmen der Kapitalanteilsmethode

Bei der Kapitalanteilsmethode müssen die historischen Anschaffungskosten auf den Posten »Anteile an assoziierten Unternehmen« und auf den Posten »Geschäfts- oder Firmenwert« aufgeteilt werden. Schwierigkeiten liegen dann vor, wenn im Einzelabschluß außerplanmäßige Abschreibungen und ggf. Zuschreibungen auf den Posten »Beteiligungen« vorgenommen worden sind; denn dann stellt sich die Frage, inwieweit hiervon auch die Teilkomponenten der Anteile an assoziierten Unternehmen und des Geschäfts- oder Firmenwerts betroffen sind. Zunächst erscheint eine proportionale Aufteilung auf die Posten »Anteile an assoziierten Unternehmen« und »Geschäfts- oder Firmenwert« diskussionswürdig. Eine derartige Aufteilung verbietet sich jedoch bei konsequenter Anwendung des Vorsichtsprinzips. Daher sollten im Einzelabschluß vorgenommene Abschreibungen im Konzernabschluß zunächst den Geschäfts- oder Firmenwert reduzieren, denn dieser weist die größten Unsicherheitsfaktoren auf.

Abschreibungen und Zuschreibungen

Als Abschreibungen und Zuschreibungen sind im Anlagespiegel des Konzerns auch die Abschreibungen und Zuschreibungen zu zeigen, die in den Einzelabschlüssen vorgenommen worden sind, wobei die Zuschreibungen aus Vorjahren ggf. mit den kumulierten Abschreibungen zu verrechnen sind, sofern sie nicht auf freiwilliger Basis gesondert gezeigt werden. Als Abschreibungen sollten auch die im Zuge der Equity-Konsolidierung vorgenommenen Abschreibungen auf die anteilig aufgedeckten stillen Rücklagen sowie auf den Geschäfts- oder Firmenwert ausgewiesen werden.

Behandlung vereinnahmter Ergebnisse

Schwierigkeiten bereiten die Buchungen der anteiligen Jahresüberschüsse bzw. der anteiligen Jahresfehlbeträge, die Vereinnahmung der Beteiligungserträge und die konsolidierungstechnische Verrechnung von Zwischengewinnen oder Zwischenverlusten. Bei der Erzielung eines Jahresüberschusses z.B. liegt bei einer strengen Betrachtung keine mengenmäßige Ausweitung des Anlagevermögens vor. Zuschreibungen hingegen setzen grundsätzlich eine vorherige außerplanmäßige Abschreibung voraus. Man könnte allenfalls von Vereinfachungen ausgehen, indem man z.B. mit der Erfassung der anteiligen Jahresüberschüsse einen anschaffungsäquivalenten Vorgang oder »Verausgabungen zu sukzessiver Aufstockung der Beteiligung« (HARTMANN, E./SCHUFFENHAUER, W. 1975, S. 705) unterstellt. Zu gleichen oder ähnlichen Ergebnissen wie bei der Erfassung der Jahresüberschüsse gelangt man auch bei den anderen obigen Wertkorrekturen der Equity-Methode. Diese Vorgänge können nicht exakt in den Spalten des Anlagespiegels erfaßt werden. Sie stellen insofern systemfremde Elemente dar, für deren Ausweis lediglich angreifbare Hilfslösungen angeboten werden können.

Erfassung aller Wertkorrekturen in einer Gitterspalte

Hier wird der Vorschlag unterbreitet, die Wertkorrekturen lediglich in einer positiven Gitterspalte (also entweder Zuschreibung oder Zugang) bzw. einer negativen Gitterspalte (also entweder Abschreibung oder Abgang) zu erfassen. Da mit bestimmten Buchungen (Abschreibungen auf anteilig aufgedeckte stille Rücklagen und den Geschäfts- oder Firmenwert) zweifelsfrei die Abschreibungsspalte betroffen ist, wird hier vorgeschlagen, auch für die anderen Korrekturen die Abschreibungsspalte (im positiven Fall die Zuschreibungsspalte) zu wählen. Diese Vorgehensweise hätte zwei Vorteile:

(1) Alle Equity-Korrekturen würden zusammen in einer Spalte ausgewiesen.

(2) Die Zugangs- und Abgangsspalten blieben einer tatsächlichen mengenmäßigen Ausweitung und mengenmäßigen Verringerung des Anlagevermögens vorbehalten.

Bei dieser Verrechnungstechnik könnte aber der betriebswirtschaftlich kuriose Fall eintreten, daß durch die Saldierung von kumulierten Abschreibungen und Zuschreibungen aus Vorjahren der Betrag der Zuschreibungen den Betrag der kumulierten Abschreibungen übersteigt. In diesem Fall wären im Anlagespiegel negative Abschreibungen zu berücksichtigen. Ferner können die Abschreibungen des Geschäftsjahrs den Betrag der kumulierten Abschreibungen übersteigen.

Wird der anteilige Jahresüberschuß des assoziierten Unternehmens »als ertragserhöhende Investition der Obergesellschaft in die Beteiligung vergleichbar der Verbesserung einer Sachanlage« (HARTMANN, E./SCHUFFENHAUER, W. 1975, S. 705) gesehen, so kämen für den Ausweis eines Jahresüberschusses, eines Jahresfehlbetrags und der vereinnahmten Gewinnausschüttungen auch die Spalten »Abgänge« und »Zugänge« in Frage.

Einführung einer gesonderten Spalte

Eine weitere Ausweisvariante könnte darin bestehen, eigens für Zwecke der Equity-Methode eine gesonderte Spalte in den Anlagespiegel aufzunehmen, die die Korrekturbuchungen aufnimmt. Diese Ausweistechnik hätte den Vorteil, daß keine Verfälschung der vom Gesetz vorgeschriebenen Spalten aufträte und daß somit die Ausweisproblematik exakter gelöst wäre. Allerdings wäre dann für eine einzige Zeile des Anlagevermögens eine gesonderte Spalte im gesamten Anlagespiegel einzurichten.

5.2 Entstehung eines negativen Beteiligungsbuchwerts

Behandlung eines negativen Beteiligungsbuchwerts

Durch die Fortschreibung des Beteiligungsbuchwerts um anteilige Jahresfehlbeträge kann der Fall eintreten, daß der Beteiligungsbuchwert unter den Wert Null sinkt. In der Literatur wird empfohlen, den Beteiligungsbuchwert dann grundsätzlich nicht fortzuschreiben und somit die Equity-Methode auszusetzen. In den Folgejahren auftretende Jahresfehlbeträge sollten zwar keine Berücksichtigung im Beteiligungsbuchwert finden, sind aber in einer Nebenbuchhaltung fortzuschreiben. Denn: Erwirtschaftet das assoziierte Unternehmen in den Folgejahren wieder Jahresüberschüsse, so dürfen diese erst dann berücksichtigt werden, wenn die zwischenzeitlich angefallenen Jahresfehlbeträge kompensiert wurden. Es ist also erst dann wieder ein Posten auf der Aktivseite der Konzernbilanz auszuweisen, wenn Jahresüberschüsse erzielt werden, die den Betrag der in der Nebenbuchhaltung festgehaltenen Jahresfehlbeträge übersteigen (vgl. Pacter, P. 1971, S. 57; a.A. Harms, J. E. 1987, S. 939).

Eine andere Situation stellt sich indes ein, wenn das Mutterunternehmen für die Jahresfehlbeträge des assoziierten Unternehmens einstehen muß, z.B. weil es »ein unbeschränkt haftender Gesellschafter ist, ... Nachschußpflichten im Gesellschaftsvertrag vereinbart hat, ... noch nicht alle Einlagen geleistet hat, eine Bürgschaft übernommen oder eine Patronatserklärung abgegeben hat« (Fricke, G. 1983, S. 242). Hier sollte ein sich ergebender negativer Beteiligungsbuchwert auf der Passivseite der Konzernbilanz ausgewiesen werden, denn das Mutterunternehmen hat für die anteiligen Jahresfehlbeträge die Haftung übernommen. Dieser Betrag ist dann – je nach bilanziellem Charakter – in der Konzernbilanz entweder als Verbindlichkeit oder als Rückstellung auszuweisen und erscheint dementsprechend nicht mehr im Anlagespiegel.

5.3 Einheitlichkeit der Bewertung

Wahlrecht

Die Regelung für die Vereinheitlichung der Bewertung bei der Einbeziehung von assoziierten Unternehmen findet sich in § 312 Abs. 5 HGB in Form eines Wahlrechts: »Wendet das assoziierte Unternehmen in seinem Jahresabschluß vom Konzernabschluß abweichende Bewertungsmethoden an, so können abweichend bewertete Vermögensgegenstände oder Schulden ... nach den auf den Konzernabschluß angewandten Bewertungsmethoden bewertet werden. Wird die Bewertung nicht angepaßt, so ist dies im Konzernanhang anzugeben«.

Obwohl in § 312 Abs. 5 HGB von »angewandten Bewertungsmethoden« gesprochen wird, ist davon auszugehen, daß auf die anwendbaren Bewertungsmethoden abzustellen ist. Ansonsten würden die Abschlüsse von assoziierten Unternehmen strengeren Anforderungen unterworfen als die von Tochterunternehmen; denn § 308 Abs. 1 Satz 1 HGB spricht ausdrücklich von »anwendbaren Bewertungsmethoden«. Diese Formulierung ist erst im letzten Stadium des Transformationsprozesses in § 308 Abs. 1 Satz 1 HGB aufgenommen worden, nachdem zuvor auch hier von »angewandten Bewertungsmethoden« gesprochen wurde.

Obwohl § 312 Abs. 5 HGB ausdrücklich nur die Anpassung von Bewertungsmethoden erwähnt, wird in der Literatur eine sinngemäße Anwendung des § 300 Abs. 2 HGB für notwendig erachtet. Demnach sind auch bei der Anwendung der Equity-Methode grundsätzlich die Bilanzansatzgebote, -verbote und -wahlrechte nach dem Recht des Mutterunternehmens maßgebend. Wird auf eine (notwendige) Anpassung der Bilanzansätze hingegen verzichtet, so ist analog zum Verzicht bei der Anpassung der Bewertung eine entsprechende

Konzernanhangangabe erforderlich (vgl. ADLER/DÜRING/SCHMALTZ 1995, § 312 HGB, Rn. 128ff.).

Aussagefähigkeit versus Arbeitsmehraufwand

Eine einheitliche Bilanzierung und Bewertung im Bereich der assoziierten Unternehmen wäre einerseits im Interesse der Aussagefähigkeit des Konzernabschlusses wünschenswert. Dies gilt insbes. dann, wenn die assoziierten Gesellschaften von Bedeutung sind. Andererseits muß aber auch gesehen werden, daß im Fall der Anpassung an konzerneinheitliche Bilanzierungs- und Bewertungsmethoden zusätzlich für assoziierte Unternehmen eine mit erheblichen Mehraufwendungen verbundene HB II aufzustellen und ständig fortzuführen wäre. Darüber hinaus treten i. d. R. grundlegende Probleme der Informationsbeschaffung auf.

5.4 Unterschiedliche Stichtage

Größere Ungenauigkeiten als bei der Vollkonsolidierung

Nach § 312 Abs. 6 Satz 1 HGB ist »jeweils der letzte Jahresabschluß des assoziierten Unternehmens zugrunde zu legen«, auch wenn der Bilanzstichtag des assoziierten Unternehmens länger als drei Monate zurückliegt. Während im Rahmen der Vollkonsolidierung und der Quotenkonsolidierung der maximale zeitliche Abstand drei Monate beträgt, sind also bei Anwendung der Equity-Methode größere Abweichungen möglich. Hier kann die Stichtagsabweichung durch den Rückgriff auf den letzten Jahresabschluß des assoziierten Unternehmens sogar bis zu zwölf Monate betragen (vgl. MAAS, U./SCHRUFF, W. 1985, S. 6).

Es wäre daher von der Zielsetzung der Equity-Methode und im Hinblick auf eine erhöhte Aussagefähigkeit des Konzernabschlusses grundsätzlich auch für die assoziierten Unternehmen ein mit dem Konzerngeschäftsjahr übereinstimmendes Geschäftsjahr zu fordern. Allerdings sind die Einflußmöglichkeiten, eine Umstellung des Geschäftsjahrs vorzunehmen, wegen des nur maßgeblichen Einflusses auf die Geschäfts- und Finanzpolitik der assoziierten Unternehmen gering. Daher ist in aller Regel eine Umstellung des Geschäftsjahrs nicht durchsetzbar. Damit kann das mit der Equity-Methode angestrebte Ziel, einen periodengerechten Jahreserfolg auszuweisen, nur eingeschränkt erreicht werden. Im Gegenteil: Es kann der bemerkenswerte Fall eintreten, daß im Einzelabschluß die Beteiligungserträge vereinnahmt werden, bevor im Konzernabschluß die Jahreserfolge den Beteiligungsbuchwert entsprechend verändern. In diesem Fall wäre der Konzernabschluß bei Nichtanwendung der Equity-Methode aktueller, obwohl diese Aktualität gerade das erklärte Ziel der Equity-Methode ist.

5.5 Eliminierung der Zwischenergebnisse

Eliminierungspflicht analog zu § 304 HGB

Hinsichtlich der Behandlung von Zwischenergebnissen im Rahmen der Equity-Methode verweist § 312 Abs. 5 Satz 3 HGB darauf, daß § 304 HGB »entsprechend anzuwenden« ist. Demnach »sollen Erfolgsbeiträge aus Geschäften zwischen konsolidierten und assoziierten Unternehmen (Verbunderfolge) denen aus Geschäften zwischen konsolidierten Unternehmen gleichgestellt werden« (SCHRUFF, W. 1984, S. 297).

Die Tatsache, daß in der konsolidierten Bilanz nicht die einzelnen Posten des Jahresabschlusses des assoziierten Unternehmens, sondern lediglich der Posten »Anteile an assoziierten Unternehmen« und in der Konzern-GuV nur der Posten »Ergebnis aus assoziierten Unternehmen« an Stelle der konsolidierten Aufwendungen und Erträge des assoziierten Unternehmens ausgewiesen werden, erfordert eine gegenüber der Voll- bzw. Quotenkonsolidierung variierte Technik der Verrechnung von Zwischenergebnissen. Aufgrund der Komplexität dieser Fragestellung einerseits und ihrer sehr geringen Bedeutung in der Konsolidierungspraxis andererseits, wird auf weiterführende Literatur verwiesen (vgl. KÜTING, K./ZÜNDORF, H., in: KÜTING/WEBER 1998, § 312 HGB, Rn. 213ff.).

5.6 Latente Steuern

Im Rahmen der Equity-Konsolidierung könnte die Erfassung latenter Steuern in mehrfacher Weise Bedeutung erlangen.

Auflösung stiller Rücklagen

(1) Zunächst könnten bei der Abschreibung der anteilig aufgedeckten stillen Rücklagen latente Steuern in Betracht kommen. Hier ist jedoch zu beachten, daß die Aufdeckung (Zuordnung) stiller Rücklagen erfolgsunwirksam vorgenommen wird, während nur die Auflösung (Abschreibung) der stillen Rücklagen die Erfolgsrechnung berührt. Zwar treten Differenzen zwischen den Erfolgen im summierten Abschluß und im Konzernabschluß auf, gleichwohl ist – ebenso wie bei der Vollkonsolidierung – nach herrschender Meinung der Tatbestand sog. zeitlicher Differenzen nicht erfüllt. Die Erfolgsdifferenzen »werden nicht wieder ausgeglichen, es handelt sich um zeitlich unbegrenzte Differenzen« (HILLE, K. 1982, S. 133), die nur einseitig auftreten und sich in einer oder mehreren nachfolgenden Rechnungsperioden nicht wieder aufheben.

Gewinnausschüttungen

(2) Beim Konzernunternehmen, das die Anteile am assoziierten Unternehmen hält, werden nur die vom assoziierten Unternehmen vereinnahmten Gewinnausschüttungen steuerwirksam. Unter der Annahme, daß die Dividende erst im Jahr nach der Erwirtschaftung des zugrundeliegenden Gewinns gezahlt wird, »ergibt sich in Höhe der Ausschüttung eine zeitlich begrenzte Abweichung, so daß latente Steuern anzusetzen« (SCHINDLER, J. 1984, S. 1658) wären.

Jahresfehlbeträge

(3) Erzielt das assoziierte Unternehmen Jahresfehlbeträge, wird im Konzernabschluß ein negatives Ergebnis aus der Equity-Konsolidierung gebucht. Da mit Jahresfehlbeträgen keine späteren Gewinneinbehaltungen oder sog. negative Beteiligungserträge korrespondieren, liegen hier keine zeitlichen Differenzen vor, so daß auch keine latenten Steuern erfaßt werden dürfen. Aufgrund dieses Sachverhalts werden nach Ansicht von MÜLLER (E. 1985, S. 246) »die Unternehmen gezwungen, in den Einzelabschlüssen versteuerte Ergebnisse zur Aufwandsdeckung im Konzernabschluß einzusetzen«.

Eliminierung von Zwischenergebnissen

(4) Im Rahmen der Equity-Konsolidierung schreibt der Gesetzgeber eine Eliminierung von Verbundgewinnen und -verlusten vor, so daß hier der Tatbestand von zeitlichen Differenzen vorliegt und infolgedessen auch hier vom Grundsatz her latente Steuern zu erfassen wären.

Keine Pflicht zur Steuerabgrenzung

§ 306 HGB schreibt eine Steuerabgrenzung nur dann vor, wenn sich zeitliche Differenzen aufgrund von Konsolidierungsmaßnahmen des Vierten Titels des Dritten Buchs des HGB ergeben haben. Die Regelungen zur Equity-Konsolidierung finden sich aber mit § 312 HGB im Siebenten Titel des Dritten Buchs des HGB, so daß für eine Erfassung latenter Steuern im Rahmen der Equity-Methode keine Pflicht besteht. Diese Aussage gilt auch für die Zwischenergebniseliminierung im Rahmen der Equity-Konsolidierung. Zwar verweist § 312 Abs. 5 HGB auf den im Vierten Titel des Dritten Buchs des HGB geregelten Bereich der Zwischenergebniseliminierung in § 304 HGB, gleichwohl kann durch diesen Verweis keine Pflicht zur Steuerabgrenzung auf Zwischenergebnisse hergeleitet werden, denn

(1) der Verweis auf § 304 HGB soll unter redaktionellen Gesichtspunkten lediglich Mehrfachregelungen vermeiden;

(2) der Gesetzgeber hat offensichtlich bewußt die Equity-Methode zur Equity-Konsolidierung ausgebaut. Zur Equity-Konsolidierung zählt auch die Eliminierung von Zwischenergebnissen. Diese Equity-Konsolidierung ist in § 312 HGB geregelt und liegt außerhalb des Vierten Titels des Dritten Buchs;

(3) ohne die Bewertung einer Beteiligung auf der Grundlage der Equity-Methode käme eine Eliminierung von Zwischenergebnissen nicht in Betracht, so daß auch hierdurch verdeutlicht wird, daß die Eliminierung von Zwischenergebnissen als Bestandteil der Equity-Konsolidierung und nicht als eigenständige Konsolidierungsmaßnahme zu betrachten ist.

Würdigung des Steuerabgrenzungswahlrechts

Die Regelung des Gesetzgebers, den Bereich der Equity-Konsolidierung aus dem Pflichtbereich der Steuerabgrenzung herauszunehmen, ist mit Einschränkungen zu begrüßen. Zunächst zeigt sich, daß bei einer exakt vorgenommenen Steuerabgrenzung schwierige und vielfältige Konsolidierungsmaßnahmen vorzunehmen wären. Mehrere in diesem Zusammenhang auftretende Fragen sind bislang strittig.

Darüber hinaus zeigt die konkrete Anwendung, daß die Equity-Konsolidierung ohnehin die unterschiedlichsten Fragen aufwirft und hohe Anforderungen an den Konsolidierungsfachmann stellt. Die Erfassung latenter Steuern hätte diesen komplexen Konsolidierungsbereich noch weiter erschwert.

Zwar dürfte es den Konzernen vorbehalten bleiben, im Rahmen der Equity-Konsolidierung auf freiwilliger Basis latente Steuern zu erfassen, jedoch wird hiervon nach den bisherigen Erfahrungen weitgehend abgesehen.

5.7 Probleme bei der Informationsbeschaffung

Eine konsequente Verwirklichung der Equity-Methode setzt sowohl bei der Buchwertmethode als auch bei der Kapitalanteilsmethode seitens des konsolidierungspflichtigen Unternehmens Kenntnisse über die Wertansätze des Vermögens beim assoziierten Unternehmen voraus. Die notwendigen Informationen beziehen sich nicht nur auf den Zeitpunkt des Beteiligungserwerbs, sondern auch auf Folgeperioden.

Zunächst müssen Informationen darüber vorliegen, welche Bilanzposten beim assoziierten Unternehmen stille Rücklagen/Lasten enthalten. Ferner müssen Informationen darüber vorhanden sein, wie diese aufgedeckten stillen Rücklagen/Lasten nach der Erstkonsolidierung zweckentsprechend fortgeführt werden sollen. Soweit keine geeigneten Bewertungsgutachten zur Verfügung stehen, müssen Vereinfachungen als zulässig erachtet werden. So wäre es sinnvoll, den Unterschiedsbetrag bei der Buchwertmethode entweder in voller Höhe als Geschäfts- oder Firmenwert zu behandeln oder vereinfachend als stille Rücklagen des assoziierten Unternehmens die Beträge anzunehmen, die gem. § 281 Abs. 1 HGB in den »Sonderposten mit Rücklageanteil« eingestellt werden könnten (vgl. die Angabepflichten nach § 281 Abs. 2 HGB im Anhang). Die stillen Rücklagen könnten sodann pauschal nach einem die betriebsübliche durchschnittliche Nutzungsdauer berücksichtigenden Verfahren abgeschrieben (fortgeführt) werden. Dies scheint angesichts des Erfordernisses, zur exakten Anwendung der Equity-Methode über Jahre hinweg besondere Informationen über das Schicksal der Vermögensgegenstände und Schulden zu erhalten, der einzig praktisch gangbare Weg zu sein. Aber auch bei Vorliegen eines Bewertungsgutachtens sollte unter dem Gesichtspunkt der Wesentlichkeit für die Fortführung der ermittelten stillen Rücklagen/Lasten eine pauschale Abschreibungsmöglichkeit diskutiert werden, die von einer exakten Weiterverfolgung der Vermögensgegenstände und Schulden in Folgeperioden entbindet.

Ein weiteres Problem der Informationsbeschaffung stellt sich im Rahmen der Zwischenergebniseliminierung. Eine Zwischenergebniseliminierung ist bei Anwendung der Equity-Methode nach § 312 Abs. 5 Satz 3 HGB nur durchzuführen, »soweit die für die Beurteilung maßgeblichen Sachverhalte bekannt oder zugänglich sind«. Eine Eliminierung wird also davon abhängig gemacht, daß die erforderlichen Daten zur Verfügung stehen. In diesem Zusammenhang weist MÜLLER darauf hin, daß es bei einer »upstream-Lieferung« (= Lieferung vom assoziierten Unternehmen an Konzernunternehmen) wenig wahrscheinlich ist, »daß eine Minderheitsbeteiligung bereit ist, ihre Kalkulation offenzulegen und anzugeben, welche Ergebniskomponenten in den Beständen enthalten sind, die bei der beziehenden Obergesellschaft (oder anderen Konzerngesellschaften) am Stichtag noch vorhanden sind« (MÜLLER, E. 1982, S. 253). Damit dürfte eine Zwischenergebniseliminierung im Rahmen der Equity-Methode häufig »an den praktischen Schwierigkeiten der Informationsbeschaffung scheitern« (BÜHNER, R./HILLE, K. 1980, S. 263). Insofern setzt eine Verwirklichung der Gesetzeskonzeption gleichzeitig voraus, »daß der ›erhebliche Einfluß‹ ausreicht, um die erforderlichen Informationen von den Beteiligungsgesellschaften zu erhalten« (UHLIG, B. 1980, S. 304).

Konkret ist der Konzern gezwungen, sich Daten von einer anderen Wirtschaftseinheit zu beschaffen, auf die er nur einen maßgeblichen (erheblichen), aber keinen beherrschenden Einfluß ausüben kann. Die Bekanntgabe der erforderlichen Daten ist somit freiwillig. Eine gesetzlich verankerte Informationspflicht besteht nicht; sie wäre auch abzulehnen, da sie in hohem Maße in die Autonomie einer anderen Wirtschaftseinheit eingreift und die »berechtigten Interessen des assoziierten Unternehmens« (KOMMISSION RECHNUNGSWESEN IM VERBAND DER HOCHSCHULLEHRER FÜR BETRIEBSWIRTSCHAFT E.V. 1979, S. 411) verletzen kann. Es ist BÜHNER/HILLE (R./K. 1980, S. 263) zuzustimmen, daß der mit einer gesetzlich verankerten Informationspflicht verbundene Schaden für die Beteiligungsgesellschaft (Offenlegung der Buchhaltung u. U. gegenüber mehreren Unternehmen) nur schwer mit dem erzielten Nutzen einer Informationsvermittlung zu rechtfertigen ist.

5.8 Vergleich zwischen der Anwendung der Quotenkonsolidierung und der Equity-Methode

Mit Blick auf die Vorschrift des § 310 HGB ist festzuhalten, daß das Wahlrecht, Gemeinschaftsunternehmen nach der Quotenkonsolidierung oder nach der Equity-Methode in den Konzernabschluß einzubeziehen, »erhebliche konzernbilanzpolitische Spielräume« (BAETGE, J./KIRSCH, H.-J./THIELE, S. 2000, S. 413) eröffnet. So dürfen neben den »typischen« assoziierten Unternehmen auch Gemeinschaftsunternehmen, die nach § 310 Abs. 1 HGB nicht quotal konsolidiert werden, im Konzernabschluß nach der Equity-Methode berücksichtigt werden. In diesem Zusammenhang verweisen BAETGE, J./KIRSCH, H.-J./THIELE, S. darauf, daß Gemeinschaftsunternehmen grundsätzlich auch als assoziierte Unternehmen anzusehen sind, da entsprechend der Stufenkonzeption des deutschen Bilanzrechts (vgl. Übersichten 17 und 18) das Kriterium der gemeinschaftlichen Führung bereits das Vorliegen eines maßgeblichen Einflusses einschließt (vgl. BAETGE, J./KIRSCH, H.-J./THIELE, S. 2000, S. 431).

Mit Blick auf die Frage, ob ein Gemeinschaftsunternehmen – unter strenger Beachtung des Stetigkeitsgrundsatzes – nach der Quotenkonsolidierung oder nach der Equity-Methode im Konzernabschluß berücksichtigt wird, ist auf die hiermit verbundenen bilanziellen Auswirkungen hinzuweisen. Die wesentlichen Unterschiede stellen sich demnach wie folgt dar:

(1) Im Rahmen der Quotenkonsolidierung werden alle Vermögensgegenstände und Schulden sowie alle Aufwendungen und Erträge quotal in den Konzernabschluß übernommen. Im Rahmen der Equity-Methode wird »lediglich« der Beteiligungsansatz fortgeschrieben.

(2) Die Übernahme der einzelnen Bilanz- und GuV-Positionen des Gemeinschaftsunternehmens bei Berücksichtigung nach der Quotenkonsolidierung hat zur Folge, daß im Zuge der Konzernabschlußerstellung dieselben bilanziellen Aufbereitungsmaßnahmen notwendig sind, wie dies bei vollkonsolidierten Unternehmen der Fall ist.

(3) Auch mit Blick auf die einzelnen Konsolidierungsmaßnahmen läßt sich festhalten, daß bei Anwendung der Quotenkonsolidierung entsprechend dem Vorgehen bei vollkonsolidierten Tochterunternehmen alle Maßnahmen durchzuführen sind.

(4) Regelmäßig dürfte die Anwendung der Quotenkonsolidierung zu dem gleichen Einfluß auf das Konzernjahresergebnis führen wie die Anwendung der Equity-Methode. Diese Aussage gilt jedoch nicht für alle Fälle. Erwirtschaftet ein Unternehmen nachhaltige Verluste, werden diese im Konzernabschluß nur solange im Rahmen der Equity-Methode gezeigt, bis der Beteiligungsbuchwert unter Null sinkt (vgl. Abschn. 1, Kap. 4, Gliederungspunkt 5.2). In den Folgejahren auftretende Jahresfehlbeträge bei dem betrachteten Unternehmen sind in einer Nebenbuchhaltung festzuhalten, finden aber keinen unmittelbaren Eingang in den Konzernabschluß. Erst wenn in den Folgejahren positive Jahresergebnisse die zuvor akkumulierten Jahresfehlbeträge kompensieren, erfolgt eine Wiederaufnahme des Beteiligungsansatzes in den Konzernabschluß und somit ein Ausweis aller diesen Ansatz korrigierenden Buchungen in der Konzern-GuV. Im Vergleich dazu werden bei Anwendung der Quotenkonsolidierung die anteiligen Jahresfehlbeträge zu jedem Zeitpunkt – unabhängig vom Ansatz der Beteiligung im Einzelabschluß des Gesellschafterunternehmens, also auch in einer über diesen originären Ansatz hinausgehenden Höhe – im Konzernabschluß gezeigt.

Die aufgeführten Unterschiede dürften das bilanzpolitische Gestaltungspotential, das mit der Anwendung der Quotenkonsolidierung respektive der Equity-Methode auf Gemeinschaftsunternehmen einhergeht, verdeutlicht haben. Nachfolgende Übersicht 98 soll synoptisch die wesentlichen Unterschiede abschließend zusammenfassen.

Übersicht 98: Synoptischer Vergleich zwischen Quotenkonsolidierung und Equity-Methode

Quotenkonsolidierung		**Equity-Methode**
Aufbereitungs-/Konsolidierungsmaßnahmen		
Erstellung einer HB II	erforderlich	nicht erforderlich
Zwischenabschluß	ggf. erforderlich nach § 299 HGB	nicht erforderlich, der Konsolidierung wird der letzte verfügbare Abschluß zugrunde gelegt
Währungsumrechnung	erforderlich für alle Bilanz- und GuV-Positionen	erforderlich nur für Periodenergebnis respektive Eigenkapitalposten
Kapitalkonsolidierung	quotal vorzunehmen in der Konsolidierungsspalte	anteilig vorzunehmen in Nebenrechnung
Schuldenkonsolidierung	quotal vorzunehmen	nicht erforderlich
Zwischenergebniseliminierung	quotal vorzunehmen	i.d.R. nicht erforderlich
Aufwands- und Ertragseliminierung	quotal vorzunehmen	nicht erforderlich
Abgrenzung latenter Steuern	Pflicht nach § 306 HGB	keine Pflicht nach § 306, freiwillige Anwendung zulässig
Bilanzielle Auswirkungen		
Konzernvermögen	i.d.R. höher	i.d.R. niedriger
Konzernschulden	i.d.R. höher	i.d.R. niedriger
Konzerneigenkapital	i.d.R. bei beiden Methoden gleich, solange kein negativer Beteiligungsbuchwert entsteht	
Konzernjahresergebnis	i.d.R. bei beiden Methoden gleich, solange kein negativer Beteiligungsbuchwert entsteht	
Konzernumsatzerlöse	i.d.R. höher	i.d.R. niedriger
Konzerneigenkapitalquote	i.d.R. niedriger	i.d.R. höher

1. Beteiligungen an assoziierten Unternehmen sind gesondert auszuweisen (vgl. § 311 Abs. 1 Satz 1 HGB) und auf der Grundlage der Equity-Methode zu bewerten (vgl. § 312 HGB).
2. Auch nicht auf der Grundlage der Vollkonsolidierung (vgl. §§ 300 bis 307 HGB) einbezogene Tochterunternehmen und nicht auf der Grundlage der Quotenkonsolidierung (vgl. § 310 HGB) einbezogene Gemeinschaftsunternehmen erfüllen i.d.R. die Voraussetzungen eines assoziierten Unternehmens (vgl. § 311 HGB).
3. Bei Anwendung der Equity-Methode werden die Vermögensgegenstände, Schulden usw. des assoziierten Unternehmens nicht in den Konzernabschluß übernommen.
4. Die Equity-Methode gem. § 312 HGB stellt sich als ein konsolidierungsähnliches Verfahren dar; denn neben der eigentlichen Equity-Bewertung sind grundsätzlich auch Konsolidierungsmaßnahmen durchzuführen.
5. Im Rahmen der Equity-Methode kann zwischen den Varianten Buchwertmethode und Kapitalanteilsmethode gewählt werden.
6. Beide Varianten führen zu den gleichen Bilanzsummen und zu den gleichen Jahreserfolgen. Sie unterscheiden sich lediglich im Ausweis.
7. Im Rahmen des Wahlrechts des § 310 HGB, das die Einbeziehung eines Gemeinschaftsunternehmens nach der Quotenkonsolidierung oder der Equity-Methode erlaubt, ist auf das mit diesem Wahlrecht einhergehende bilanzpolitische Gestaltungspotential hinzuweisen.

5. Kapitel: Ergebnisdarstellung und Eigenkapitalausweis

1. Ermittlung des Konzernerfolgs

Wie in den vorangegangenen Kapiteln bereits gezeigt wurde, wird der Konzernjahresüberschuß bzw. -fehlbetrag (= Konzernerfolg) nicht durch bloße Addition der Erfolge aus den Einzelabschlüssen der konsolidierten Unternehmen ermittelt; vielmehr nehmen vielfältige Konsolidierungsmaßnahmen Einfluß auf die summierten Erfolge. Hierzu zählen erfolgswirksame Konsolidierungsvorgänge, »die Bereinigung zeitlicher Verschiebungen zwischen Ergebniserzielung und Ergebnisvereinnahmung in den Einzelbilanzen (und, d. Verf.) im Konzernabschluß und ähnliche konsolidierungstechnische Maßnahmen einschließlich der dadurch ausgelösten rechnerischen Steuerbe- oder -entlastung« (WP-Handbuch 2000, Bd. I, S. 1083).

Ableitung von Konsolidierungsregeln

Die im Rahmen der Konzernjahreserfolgsrechnung – also bis zum Konzernjahresüberschuß bzw. Konzernjahresfehlbetrag – erforderlichen Konsolidierungsbuchungen werden in der Theorie und Praxis weitgehend gleich behandelt und die ihnen zugrundeliegenden Konsolidierungsregeln nahezu einheitlich als allgemein gültig anerkannt. Die wichtigsten Konsolidierungsregeln lauten wie folgt:

Kapitalkonsolidierung

(1) Die summierten Erfolge sind u.a. um die im Zuge der Purchase-Methode in der Betrachtungsperiode vorgenommenen Abschreibungen auf aufgedeckte stille Rücklagen und auf einen evtl. ausgewiesenen Geschäfts- oder Firmenwert zu kürzen.

Schuldenkonsolidierung

(2) Im Rahmen der erfolgswirksamen Schuldenkonsolidierung ist der Jahresüberschuß jeweils nur um die in der betrachteten Periode vorgenommenen Aufwands- und Ertragsbuchungen zu erhöhen bzw. zu vermindern, soweit sie im Zusammenhang mit konzerninternen Forderungen bzw. Verbindlichkeiten vorgenommen wurden. Es gilt somit die Konsolidierungsregel, daß allein die Veränderung der Summe der Aufrechnungsdifferenzen gegenüber dem Stand am Ende des Vorjahrs den Jahreserfolg beeinflussen darf.

Zwischenergebniseliminierung

(3) Zwischenergebnisse sind zwar in voller Höhe bei der Bewertung der Aktiva auszuschalten, gleichwohl darf der Konzernjahreserfolg lediglich um die Differenz der Zwischenergebnisse gegenüber dem Stand am Ende des Vorjahrs verändert werden.

Konzerninterne Gewinnausschüttungen

(4) Für den Fall, daß Konzernunternehmen von anderen Konzernunternehmen ohne Vorliegen eines Ergebnisabführungsvertrags Beteiligungserträge zeitkongruent oder zeitverschoben vereinnahmen, muß der Konzernerfolg gegenüber dem Summenerfolg korrigiert werden, um eine Mehrfacherfassung desselben Erfolgs im Konzernerfolg zu vermeiden. Ein periodengerechter Erfolgsausweis wird erreicht, indem im Jahre der Gewinnausschüttung der Konzernjahreserfolg in Höhe dieser Dividende korrigiert wird.

(5) Durch die erfolgswirksam zu erfassenden Veränderungen der sekundären latenten Steuern gegenüber dem Vorjahr wird der Konzernerfolg gegenüber dem Summenerfolg verändert.

Sekundäre latente Steuern

(6) Die Equity-Bewertung führt in Höhe der in der jeweiligen Betrachtungsperiode erfolgswirksam zu berücksichtigenden Beträge zu Differenzen zwischen dem Konzernerfolg und dem Summenerfolg.

Equity-Methode

Schließlich ergeben sich regelmäßig erfolgswirksame Auswirkungen aus der Anpassung an die konzerneinheitliche Bilanzierung und Bewertung und der damit einhergehenden abweichenden Steuerabgrenzung sowie aus der Währungsumrechnung, die zu Differenzen zwischen dem Konzernerfolg und der Summe der ausgewiesenen Erfolge der einbezogenen Unternehmen beitragen.

2. Darstellung des Ergebnisausweises sowie konzernspezifischer Eigenkapitalveränderungen

Erfassung erfolgsneutral zu behandelnder Konsolidierungsdifferenzen

Während die Fragen der Erfolgsermittlung im Konzern im Schrifttum nahezu einheitlich beantwortet werden, sind zahlreiche Konsolidierungstechniken bei der Ermittlung des Konzerngewinns bzw. -verlusts (= Konzernergebnis) und der Darstellung des Eigenkapitals bislang noch strittig. Damit verbunden ist insbes. die Frage, in welchem Posten die erfolgsneutral zu behandelnden Konsolidierungsdifferenzen wie z.B. die Differenzen aus der Zwischenergebniseliminierung und der Schuldenkonsolidierung nach dem Stand am Ende des Vorjahrs erfaßt werden sollen.

2.1 Grundlagen

Zweck der Erfolgsverwendungsrechnung im Einzelabschluß

In der Erfolgs- bzw. Ergebnisverwendungsrechnung wird der jeweilige Jahreserfolg des Unternehmens – also der Jahresüberschuß bzw. der Jahresfehlbetrag – bis hin zum Bilanzgewinn/-verlust fortgeführt. Berücksichtigt werden die von den bei der Auf- und Feststellung des Jahresabschlusses kompetenten Organen vorgenommenen Einstellungen in oder die Auflösungen von Rücklagen sowie ein aus dem Vorjahr verbliebener Gewinn- oder Verlustvortrag. Ein sodann ausgewiesener Bilanzgewinn steht allein den Gesellschaftern zur Ausschüttung bzw. zur anderweitigen Verwendung zur Verfügung (vgl. § 29 Abs. 1 und 2 GmbHG bzw. § 174 AktG). Zweck der Erfolgsverwendungsrechnung ist somit einerseits die Darstellung der Rücklagenbewegungen, wie sie die auf- und feststellungsberechtigten Organe vorgenommen haben, sowie andererseits die Ermittlung des ausschüttungsfähigen und der Disposition der Gesellschafter unterliegenden Teils des erwirtschafteten Erfolgs. Damit stellt sich die Erfolgsverwendungsrechnung auch als ein Teil der Rechnungslegung dar, der gedanklich und konzeptionell nur zum Einzelabschluß, nicht aber zum Konzernabschluß paßt, denn

(1) nur die einzelnen rechtlich selbständigen Konzernunternehmen haben Organe in dem dargestellten Sinn;

(2) nur der Einzelabschluß dient zur Ermittlung der Beträge, über die die aufstellenden Organe des Unternehmens durch die Einstellung in bzw. Auflösung von Rücklagen verfügen können;

(3) nur der Bilanzgewinn des Einzelabschlusses steht zur Disposition der Gesellschafter.

Funktion der Erfolgsverwendungsrechnung im Konzernabschluß

Insofern kann dem Konzernabschluß, der die Vermögens-, Finanz- und Ertragslage einer rechtlich nicht existierenden Einheit »Konzern« darstellen soll, zur Zeit noch keine originäre oder unmittelbare Erfolgsverwendungsfunktion zufallen. Aufgrund dieser Eigenart des Konzernabschlusses erscheint es sinnvoll, auf die Darstellung einer Erfolgsverwendungsrechnung zu verzichten und nach dem Posten Konzernjahresüberschuß/-fehlbetrag lediglich den auf die anderen Gesellschafter entfallenden Gewinn oder Verlust in Übereinstimmung mit § 307 Abs. 2 HGB gesondert auszuweisen (vgl. SCHILDBACH, T. 1998, S. 329f.; WP-HANDBUCH 2000, Bd. I, S. 1062f.; WYSOCKI, K. V./ WOHLGEMUTH, M. 1996, S. 294). Da aber in der Konsolidierungspraxis nicht selten das verfügbare Ausschüttungspotential bei dem Mutterunternehmen in Verbindung zum Konzernerfolg gesehen wird, kann der Konzernabschluß bzw. der Konzernerfolg unter diesem Aspekt im Einzelfall eine derivative oder mittelbare Ausschüttungsbemessungsfunktion erhalten. In diesem Fall wäre freiwillig eine Erfolgsverwendungsrechnung zu erstellen.

Eigenkapitalveränderungen im Konzernabschluß

Neben den grundsätzlichen Ursachen, die zu einer Eigenkapitalveränderung führen, müssen im Rahmen des Konzernabschlusses darüber hinaus konzernspezifische Besonderheiten berücksichtigt werden. Im Konzerneigenkapital werden alle erfolgswirksamen und erfolgsneutralen Buchungen im Rahmen der einzelnen Aufbereitungsmaßnahmen (im Zuge der HB II-Erstellung) respektive im Zuge der einzelnen Konsolidierungsvorgänge berücksichtigt. Während die erfolgswirksamen Buchungen über eine Verbuchung in der Konzern-GuV unmittelbar das Periodenergebnis tangieren, berühren die erfolgsneutralen Korrekturen nicht den Ergebnisausweis des Konzerns. Indes verändern die erfolgsneutralen Buchungen die Höhe des Konzerneigenkapitals, da sie einzelne zum Konzerneigenkapital gehörende Bestandteile (bspw. Rücklagen, Ergebnisvortrag) erhöhen oder mindern (vgl. BAETGE, J./KIRSCH, H.-J./ THIELE, S. 2000, S. 538f.).

Es handelt sich in diesem Zusammenhang regelmäßig um erfolgsneutrale Korrekturen des Eigenkapitals, die – aufgrund der derivativen Konzernabschlußerstellung – die notwendigen Anpassungen zur Herstellung der Bilanzidentität darstellen.

Im folgenden werden die wesentlichen Sachverhalte, die im Zuge der Konzernabschlußerstellung **entweder erfolgswirksam** das Periodenergebnis tangieren **oder auch erfolgsneutral** andere Eigenkapitalbestandteile korrigieren, in Anlehnung an BAETGE/KIRSCH/THIELE (vgl. BAETGE, J./KIRSCH, H.-J./THIELE, S. 2000, S. 539ff.; siehe auch dort eine weitere Erläuterung der nachfolgenden Punkte) genannt:

(1) Währungsumrechnung;

(2) Kapitalkonsolidierung;

(3) Schuldenkonsolidierung;

(4) Zwischenergebniseliminierung;

(5) Aufwands- und Ertragskonsolidierung;

(6) Quotenkonsolidierung;

(7) Equity-Methode;

(8) Änderungen bestehender Beteiligungsverhältnisse.

Keine Konzern-Buchhaltung

Der Konzern stellt nur ein wirtschaftliches Gebilde dar, das keine eigene Rechtspersönlichkeit besitzt, während die einzelnen Konzernunternehmen zwar rechtlich selbständig, aber wirtschaftlich abhängig sind. »Diese Polarität zwischen der (wirtschaftlichen) Einheit und der (rechtlichen) Vielfalt ist das zentrale Problem des Konzerns im allgemeinen und der Konzernrechnungslegung im besonderen« (STEINBACH, A. 1976, S. 2). Der Jahresabschluß des Konzerns wird – anders als der Jahresabschluß des einzelnen Konzernunternehmens – »aus den Jahresabschlüssen der Konzerngesellschaften und nicht aus einer Konzern-Buchhaltung« (WEITKAMP, J. 1971, S. 28) entwickelt. Diese Tatsache erfordert einerseits die grundsätzliche Festlegung, gegen welchen Posten erfolgsneutral zu behandelnde Konsolidierungsdifferenzen der Vorperioden aus der Kapital-, Zwischenergebnis- und Schuldenkonsolidierung, der Abgrenzung sekundärer latenter Steuern sowie der Equity-Bewertung und Währungsumrechnung zu verrechnen sind. Entsprechendes gilt für die Erfassung periodenverschobener konzerninterner Gewinnausschüttungen.

Fiktive Erfolgsverwendungsrechnung

Andererseits müssen somit für den Fall, daß im Konzernabschluß eine Konzernerfolgsverwendung dargestellt werden soll, entweder implizit Annahmen darüber getroffen werden, wie die fiktiven Gesellschaftsorgane des Konzerns eine fiktive Erfolgsverwendung desselben vorgenommen hätten, oder man begnügt sich damit, im Rahmen der Konzernerfolgsverwendungsrechnung nur die Summe der Erfolgsverwendungen der in den Konzernabschluß einbezogenen rechtlich selbständigen Konzernunternehmen darzustellen. Das Gesetz regelt den Problemkreis der Ergebnisdarstellung und der Erfassung erfolgsneutraler Konsolidierungsdifferenzen nicht. Dies erklärt u.a., warum in der Literatur und in der Wirtschaftspraxis die unterschiedlichsten Verrechnungstechniken diskutiert und auch angewendet werden.

Die nachfolgenden Ausführungen stellen drei mögliche und in der Praxis anzutreffende Konsolidierungsmodelle vor, die auf der Grundlage eines einheitlichen Zahlenbeispiels gegenübergestellt werden. Sie gehen von der derzeitigen Rechtssituation aus, nach der der Konzernabschluß weder eine Grundlage für die Gewinnausschüttung darstellt, noch für Zwecke der Besteuerung herangezogen wird.

2.2 Darstellung der Konsolidierungsmodelle

Ausgangsdaten

Ausgegangen wird von nachfolgenden Daten:

(1) Das Mutterunternehmen M ist zu 100% an dem Tochterunternehmen T beteiligt; Minderheitsaktionäre sind somit nicht vorhanden.

(2) Ein Gewinnabführungsvertrag zwischen M und T besteht nicht; der von T erzielte Bilanzgewinn wird in voller Höhe erst in der jeweiligen Folgeperiode an M ausgeschüttet und dort auch erst dann als Beteiligungsertrag vereinnahmt. Fragen der Körperschaftsteuer-Anrechnung bleiben außer Betracht.

(3) Am 31.12.01 fallen zu eliminierende Zwischengewinne in Höhe von 80 an, während am 31.12.02 Zwischengewinne in Höhe von 100 auftreten.

(4) Aufrechnungsdifferenzen aus der erfolgswirksamen Schuldenkonsolidierung sind am 31.12.01 in Höhe von 20 gegeben, während sich die entsprechende Größe am 31.12.02 auf insgesamt 30 beläuft. Es handelt sich hierbei um eine Rückstellung zur Abdeckung von Verpflichtungen gegenüber anderen einbezogenen Unternehmen, die in der Einzel-Gewinn- und Verlustrechnung des Tochterunternehmens im Posten »Sonstige Aufwendungen« enthalten ist.

(5) M vereinnahmt in 02 von T das Vorjahr betreffende Beteiligungserträge in Höhe von 120.

(6) Der Buchwert der Beteiligung von M an T beträgt 800. Im Zeitpunkt der Erstkonsolidierung wies T ein gezeichnetes Kapital von 500 und eine Kapitalrücklage in Höhe von 100 aus. Die Aufrechnungsdifferenz war in Höhe von 150 auf ein unbebautes und unterbewertetes Grundstück und zu 50 auf einen Geschäfts- oder Firmenwert zurückzuführen. In 01 wurde erstmalig eine Abschreibung auf den Geschäfts- oder Firmenwert in Höhe von 10 vorgenommen. Der gleiche Betrag wird auch in 02 abgeschrieben und im Posten »Sonstige Aufwendungen« verbucht.

Es soll der Konzernabschluß zum 31.12.02 aufgestellt werden! (Hinweis: Die in Klammern gesetzten Werte in den Übersichten 97, 99 und 101 geben jeweils positive oder negative Auswirkungen auf bestimmte Posten an, die nicht selbst Bestandteil von Buchungen sind.)

2.2.1 Verrechnung der Konsolidierungsdifferenzen gegen den Ergebnisvortrag im Rahmen der Erfolgsverwendungsrechnung

Überleitung zum Konzernergebnis

Charakteristikum dieses Konsolidierungsmodells ist, daß ausgehend vom Konzernerfolg (Konzernjahresüberschuß/-fehlbetrag), der bereits die im laufenden Geschäftsjahr erfolgswirksam zu berücksichtigenden Konsolidierungsdifferenzen umfaßt, eine Erfolgsverwendungsrechnung, die zum Konzernergebnis (Konzerngewinn/-verlust) überleitet, dargestellt wird. Dabei werden die Entnahmen aus/Einstellungen in die Gewinnrücklagen von M und T unverändert aus den Einzelerfolgsverwendungsrechnungen in die Erfolgsverwendungsrechnung des Konzerns übernommen. Bzgl. der Summe der Einzelergebnisvorträge ergibt sich jedoch die Besonderheit, daß

(1) die Differenz aus der erfolgswirksamen Schuldenkonsolidierung sowie die Zwischenergebnisse jeweils nach dem Stand am Ende des Vorjahrs als Erhöhung des Gewinnvortrags bzw. als Minderung des Verlustvortrags und auch

(2) die in Vorjahren vorgenommenen erfolgswirksamen Buchungen aus der Kapitalkonsolidierung sowie der von M vereinnahmte Beteiligungsertrag gegen den Ergebnisvortrag verrechnet werden (vgl. Übersicht 97).

Übersicht 99: Konzernabschluß zum 31.12.02 (Ergebnisvortrag als Auffangposten)

Abschlußposten	Mutterunternehmen	Tochterunternehmen	Summe	Zwischenergebniselimierung	Schuldenkonsolidierung	Vereinnahmte Vorjahresergebnisse	Kapitalkonsolidierung	Konzernabschluß
1. Bilanz								
Aktiva								
Anteile an verb. Unt.	800	–	800				(4a) 800 H	–
Anlagevermögen	2000	500	2500				(4a) 150 S	2650
Vorräte	700	500	1200	(1) 100 H				1100
Forderungen	500	300	800					800
Geschäfts- oder Firmenwert							(4a) 50 S (4b) 20 H	30
	4000	1300	5300	(100 H)			(620 H)	4580
Passiva								
Gezeichnetes Kapital	2000	500	2500				(4a) 500 S	2000
Kapitalrücklage	100	100	200				(4a) 100 S	100
Gewinnrücklagen	200	200	400					400
Bilanzgewinn	300	200	500	(100 S)	(30 H)		(20 S)	410
Rückstellungen	–	100	100		(2) 30 S			70
Verbindlichkeiten	1400	200	1600					1600
	4000	1300	5300	(100 S)	–		(620 S)	4580
2. Gewinn- und Verlustrechnung								
Umsatzerlöse	2800	1000	3800					3800
Bestandsveränderung	200	200	400	(1) 20 S				380
Gesamtleistung	3000	1200	4200	(20 S)				4180
Materialeinsatz	1500	600	2100					2100
Beteiligungserträge	120	–	120			(3) 120 S	–	–
Sonstige Erträge	30	–	30					30
Personalkosten	1000	150	1150					1150
Abschreibungen	200	100	300					300
Sonstige Aufwendungen	100	50	150		(2) 10 H		(4b) 10 S	150
Jahresüberschuß	350	300	650	(20 S)	(10 H)	(120 S)	(10 S)	510
Gewinnvortrag	50	10	60	(1) 80 S	(2) 20 H	(3) 120 H	(4b) 10 S	110
Rücklagenzuführung	100	110	210					210
Bilanzgewinn	300	200	500	(100 S)	(30 H)		(20 S)	410

Ergebnisvortrag als Eigenkapitalkonto mit Speicherfunktion

In diesem Konsolidierungsmodell, das auf den Vorschlägen des Sonderausschusses Neues Aktienrecht des IDW (vgl. NA 2/1967; NA 3/1968) basiert, wird der Ergebnisvortrag demzufolge als ein positives oder negatives Eigenkapitalkonto mit Speicherfunktion angesehen. »Diese Speicherfunktion hat dazu geführt, daß dem Ergebnisvortrag im Konzernabschluß konzernspezifische Speicherfunktionen zugewiesen« (WP-HANDBUCH 2000, Bd. I, S. 1087) werden. Zwar wird im vorliegenden Konsolidierungsmodell der Konzernjahreserfolg zutreffend ausgewiesen, gleichwohl sind einige Argumente gegen diese Verrechnungstechnik vorzutragen, die insbes. aus dem Verständnis der Bilanzadressaten und insoweit aus der Funktion des Ergebnisvortrags im Rahmen der einzelgesellschaftlichen Rechnungslegung zu erklären sind:

Unterschiedlicher Inhalt begrifflich identischer Posten

(1) Der Bilanzleser findet bei einem Vergleich des Ergebnisvortrags von Einzel- und Konzernabschluß begrifflich identische Posten vor, jedoch sind Inhalt und Umfang unterschiedlich. Während nämlich auf der Grundlage des Einzelabschlusses der Ergebnisvortrag ein Teil des ausschüttungsfähigen Bilanzgewinns ist, steht er im Konzernabschluß insoweit nicht zur Disposition der Gesellschafter des Mutterunternehmens, da nun einmal nicht der Konzernabschluß, sondern nur der Einzelabschluß des Mutterunternehmens dieses Ausschüttungspotential bestimmt und weiter im Ergebnisvortrag sich Erträge aus Beteiligungen niederschlagen, die aus Sicht des Mutterunternehmens mangels Ausschüttung nach oben (noch) nicht realisiert worden sind.

Mangelnde Interpretationsfähigkeit

(2) Der Ergebnisvortrag des Konzerns erhält bei dieser Konsolidierungsmethode den Charakter eines Sammelbeckens für sehr verschiedene konsolidierungstechnische Differenzbeträge und stellt i. d. R. eine »nicht mehr interpretationsfähige Saldogröße dar« (WYSOCKI, K. V./WOHLGEMUTH, M. 1996, S. 302).

Inkompatibilität von Rücklagenbewegungen und Ergebnisvorträgen

(3) Darüber hinaus kann die hier zur Diskussion stehende Konsolidierungstechnik zu Ergebnissen führen, die dem externen Bilanzleser auf den ersten Blick völlig unverständlich erscheinen müssen. So ist der Fall denkbar, daß bei erheblichen Einstellungen in die Rücklagen bei Tochterunternehmen und hohen aufwandswirksamen Konsolidierungsbuchungen (z. B. im Rahmen der Eliminierung von Zwischengewinnen und/oder als Folge der Abschreibung aufgedeckter stiller Rücklagen bzw. eines Geschäfts- oder Firmenwerts im Rahmen der Purchase-Methode) sich im Konzernabschluß Verlustvorträge bei gleichzeitig hohen Einstellungen in Rücklagen ergeben können. Durch die Purchase-Methode und auch als Folge der Equity-Methode hat sich die Möglichkeit des Eintretens solcher Fälle erheblich verstärkt.

Weiterhin ist der Fall denkbar, daß trotz auch über mehrere Geschäftsjahre ausgewiesener Konzernjahresfehlbeträge aufgrund hoher Gewinnvorträge regelmäßig Konzerngewinne im Konzernabschluß aufgeführt werden. Gerade diese Fallkonstellation ist für einen (unkundigen) Bilanzleser schwer erklärbar.

Speicherung von vereinnahmten Vorjahreserfolgen

(4) Im vorliegenden Konsolidierungsmodell werden die vereinnahmten Vorjahreserfolge in den Ergebnisvortrag umgegliedert. Infolgedessen hat die Eliminierung von Vorjahreserfolgen konsolidierter Unternehmen keinen Einfluß auf die Höhe des Konzerngewinns.

Diese Methode führt auch dazu, daß insbes. in vielstufigen Konzernen die mehrfache Stornierung der konzerninternen Gewinnausschüttungen und die damit verbundene Speicherung von im Konzern erzielten Ergebnissen zum Ausweis von »abnorm hohen Gewinnvorträgen und Konzernergebnissen« (WYSOCKI, K. v./WOHLGEMUTH, M. 1996, S. 302) führt, die (noch) nicht für eine konzernexterne Gewinnausschüttung auf der Ebene des Mutterunternehmens zur Verfügung stehen.

Modifikationen

Eine Beeinflussung des Ergebnisvortrags wird hingegen vermieden, wenn das obige Konsolidierungsmodell in der Weise modifiziert wird, daß das Eigenkapital global durch die Einfügung eines Sonderpostens in die Erfolgsverwendungsrechnung, der die erfolgsneutral zu behandelnden Konsolidierungsdifferenzen aufnimmt, korrigiert wird. Dieser Posten könnte bspw. die Bezeichung »Vortrag von Konsolidierungsdifferenzen« tragen und nach dem Ergebnisvortrag in die Erfolgsverwendungsrechnung eingefügt werden. Durch diese Modifikation wird jedoch nicht verhindert, daß sich die erfolgsneutralen Konsolidierungsunterschiede weiterhin im Konzernergebnis auswirken. Derartiges wird erst durch den Verzicht auf die Verrechnung der Konsolidierungsdifferenzen in der Erfolgs(verwendungs)rechnung zugunsten einer direkten Verrechnung mit dem (bilanziellen) Eigenkapital des Konzerns – bspw. den Konzerngewinnrücklagen – erreicht (vgl. WYSOCKI, K. v./WOHLGEMUTH, M. 1996, S. 304). Wird die letztgenannte Vorgehensweise gewählt, so umfassen die Konzerngewinnrücklagen die folgenden Komponenten (vgl. Übersicht 100):

Übersicht 100: Positive und negative Bestandteile der Gewinnrücklagen im Konzern

Gewinnrücklagen des Konzerns

- Gewinnrücklagen einbezogener Unternehmen
  - Gesamte Gewinnrücklagen des Mutterunternehmens (+)
  - Seit der Erstkonsolidierung vorgenommene auf den Konzern entfallende Erhöhung/Verminderung der Gewinnrücklagen bei Tochterunternehmen (+)/(–)
  - Seit der Erstkonsolidierung vorgenommene auf den Konzern entfallende Erhöhung/Verminderung der Gewinnrücklagen bei quotal konsolidierten Gemeinschaftsunternehmen (+)/(–)
- Anpassungsmaßnahmen im Zuge der Erstellung der Handelsbilanzen II
  - Erfolgsneutrale Verrechnung von Differenzen aus der Währungsumrechnung (+)/(–)
  - Erfolgswirksame Differenzen nach Stand am Ende des Vorjahrs
    - Rückgängigmachung steuerlicher Sachverhalte (+)
    - Bilanzansatz und Bewertungskorrekturen (+)/(–)
    - Währungsumrechnung (+)/(–)
- Positive und negative Differenzen aus Konsolidierungsmaßnahmen
  - Goodwill-Verrechnung aus der Kapitalkonsolidierung (–)
  - Verrechnung passivischer Unterschiedsbeträge (+)
  - Umgliederung von Beteiligungserträgen solcher Unternehmen, mit denen kein Gewinnabführungsvertrag besteht (+)
  - Erfolgswirksame Differenzen nach Stand am Ende des Vorjahrs
    - Zwischenergebniseliminierung (+)/(–)
    - Schuldenkonsolidierung (+)/(–)
    - Kapitalkonsolidierung (+)/(–)
    - Equity-Methode (+)/(–)
    - Latente Steuern (+)/(–)

2.2.2 Verrechnung von Konsolidierungsdifferenzen bei Angleichung des Konzernbilanzgewinns an den Bilanzgewinn des Mutterunternehmens

Konsolidierungsregeln

Bei diesem Konsolidierungsmodell (vgl. Übersicht 99) wird eine Anpassung des Konzerngewinns an den Bilanzgewinn des Mutterunternehmens vorgenommen, so daß eine Identität beider Größen erreicht wird. Im einzelnen sind die wichtigsten Maßnahmen dieser Konsolidierungstechnik wie folgt beschrieben:

Bilanzieller Sonderposten

(1) Der Posten »Rücklagen des Konzerns aus dem Ertrag« oder ein besonderer »Ausgleichsposten aus der Erfolgskonsolidierung« nimmt in der Konzernbilanz alle Zwischenergebnisse, alle Differenzen aus der erfolgswirksamen Schuldenkonsolidierung sowie alle erfolgswirksamen Beträge aus der Kapitalkonsolidierung und vereinnahmten konzerninternen Beteiligungserträge auf. Ferner werden in diesen Posten alle Bilanzgewinne und -verluste der Tochterunternehmen eingestellt.

Umgliederung der gesamten Konsolidierungsdifferenzen

(2) Infolgedessen werden zunächst die gesamten Konsolidierungsdifferenzen, d. h. sowohl die erfolgswirksam als auch die erfolgsneutral zu behandelnden Komponenten, in diesen passivischen Ausgleichsposten umgegliedert. »Eine derartige Umgliederung hat demzufolge auch beim erstmaligen Auftreten eines ab- oder aufzuwertenden Betrags, der … erfolgswirksam zu berücksichtigen ist, zu erfolgen« (KÜTING, K./DUSEMOND, M. 1995, S. 1471).

Sonderposten in der Erfolgsverwendungsrechnung

(3) Als ergebniswirksame Veränderung dieser Rücklagen bzw. als Veränderung eines speziellen Ausgleichspostens werden im Rahmen der Erfolgsverwendungsrechnung in der Konzern-Gewinn- und Verlustrechnung in einem besonderen Posten nach dem Konzernjahresüberschuß/-fehlbetrag die folgenden Vorgänge als »Entnahmen aus/Zuführungen zum Ausgleichsposten aus der Erfolgskonsolidierung« erfaßt (vgl. Übersicht 99):
   - die Veränderung der Zwischenergebnisse gegenüber dem Stand am Ende des Vorjahrs;
   - die Veränderung der Aufrechnungsdifferenzen aus der Schuldenkonsolidierung gegenüber dem Stand am Ende des Vorjahrs;
   - die im Berichtsjahr vereinnahmten Ausschüttungen aus Vorjahresergebnissen von konsolidierten Unternehmen;
   - die Veränderung erfolgswirksamer Differenzen aus der Kapitalkonsolidierung gegenüber dem Stand am Ende des Vorjahrs.

Verrechnung der Ergebnisse der Tochterunternehmen

(4) Schließlich werden mit der Buchung

   Zuführung zum Ausgleichsposten aus der Erfolgskonsolidierung (Erfolgsverwendungsrechnung)

   an Ausgleichsposten aus der Erfolgskonsolidierung (Bilanz)

   die Bilanzgewinne/-verluste der Tochterunternehmen in diesen Posten eingestellt, um letztlich als Konzernergebnis das Ergebnis des Mutterunternehmens auszuweisen.

Übersicht 101: Konzernabschluß zum 31.12.02 (Identität von Konzerngewinn und Bilanzgewinn des Mutterunternehmens)

Abschlußposten	Mutterunternehmen	Tochterunternehmen	Summe	Zwischenergebniseliminierung	Schuldenkonsolidierung	Vereinnahmte Vorjahresergebnisse	Kapitalkonsolidierung	Umgliederung der Gewinne der TU	Konzernabschluß
1. Bilanz									
Aktiva									
Anteile an verb. Unt.	800	–	800				(4a) 800 H		–
Anlagevermögen	2000	500	2500				(4a) 150 S		2650
Vorräte	700	500	1200	(1a) 100 H					1100
Forderungen	500	300	800						800
Geschäfts- oder Firmenwert							(4a) 50 S (4b) 20 H		30
	4000	1300	5300	(100 H)			(620 H)		4580
Passiva									
Gezeichnetes Kapital	2000	500	2500				(4a) 500 S		2000
Kapitalrücklage	100	100	200				(4a) 100 S		100
Gewinnrücklagen	200	200	400						400
Bilanzgewinn	300	200	500					(200 S)	300
Ausgleichsposten aus der Erfolgskonsolidierung	–	–		(1a) 100 S	(2a) 30 H	(3a) 120 H (3b) 120 S	(4b) 20 S	(5) 200 H	110
Rückstellungen	–	100	100		(2a) 30 S				70
Verbindlichkeiten	1400	200	1600						1600
	4000	1300	5300	(100 S)	–		(620 S)		4580
2. Gewinn- und Verlustrechnung									
Umsatzerlöse	2800	1000	3800						3800
Bestandsveränderung	200	200	400	(1b) 20 S					380
Gesamtleistung	3000	1200	4200	(20 S)					4180
Materialeinsatz	1500	600	2100						2100
Beteiligungserträge	120	–	120			(3) 120 S			–
Sonstige Erträge	30	–	30						30
Personalkosten	1000	150	1150						1150
Abschreibungen	200	100	300						300
Sonstige Aufwendungen	100	50	150		(2b) 10 H		(4b) 10 S		150
Jahresüberschuß	350	300	650	(20 S)	(10 H)	(120 S)	(10 S)		510
Gewinnvortrag	50	10	60						60
Rücklagenzuführung	100	110	210						210
Entnahme aus/Zuführung zum Ausgleichsposten aus der Erfolgskonsolidierung				(1b) 20 H	(2b) 10 S	(3b) 120 H	(4c) 10 H	(5) 200 S	60
Bilanzgewinn	300	200	500	–	–	–	–	(200 S)	300

Identität von Konzerngewinn und Bilanzgewinn des Mutterunternehmens

Das Konsolidierungsmodell basiert auf der Grundüberlegung, daß in dem Umfange, wie Konsolidierungsmaßnahmen Einfluß auf den Konzernerfolg nehmen, in gleicher Höhe – aber mit umgekehrten Vorzeichen – quasi eine Gegenbuchung im Rahmen der Erfolgsverwendungsrechnung vorgenommen wird. Diese Maßnahmen, die die Auswirkungen von Konsolidierungsbuchungen auf den Konzernerfolg ausgleichen bzw. stornieren, zusammen mit der Einstellung aller Bilanzgewinne von einbezogenen Tochterunternehmen in die Rücklagen bzw. in den Ausgleichsposten oder im Falle von Bilanzverlusten der Tochterunternehmen der entsprechenden Auflösung dieser Posten, führen im Ergebnis dazu, daß der Konzernbilanzgewinn gleich dem Bilanzgewinn des Mutterunternehmens ist.

Das zur Diskussion stehende Konsolidierungsmodell weist – ebenso wie das Modell unter Gliederungspunkt 2.2.1 – den Konzernjahreserfolg zutreffend aus und berücksichtigt, daß im Konzern – von Minderheitsaktionären abgesehen – Dividenden oder sonstige Gewinnausschüttungen nur über das Mutterunternehmen an seine Gesellschafter konzernextern abfließen. Das Konsolidierungsmodell trägt diesem Sachverhalt Rechnung und weist als Konzerngewinn den »insgesamt zur Ausschüttung vorgesehenen Betrag« (Busse von Colbe, W. 1978a, S. 657) und damit jenen Betrag aus, über den die Hauptversammlung des Mutterunternehmens zur Ausschüttung bzw. Nichtausschüttung an die Gesellschafter des Mutterunternehmens ebenfalls nur verfügen kann.

Schematisch läßt sich die Ergebnisverwendungsrechnung im Konzern unter Zugrundelegen der Vorschriften des § 158 Abs. 1 AktG i.V.m. § 298 Abs. 1 HGB demnach wie folgt aufzeigen (in Anlehnung an Baetge, J./Kirsch, H.-J./Thiele, S. 2000, S. 538):

Übersicht 102: Ergebnisverwendungsrechnung im Konzern

	Konzernjahresüberschuß/Konzernjahresfehlbetrag (vor Minderheiten)
./.	auf Minderheiten entfallender Gewinn
+	auf Minderheiten entfallender Verlust
=	dem Mutterunternehmen zustehender Anteil des Konzernergebnisses
+ / ./.	Ergebnisvortrag
+ / ./.	Veränderungen der Gewinnrücklagen
=	Konzernbilanzgewinn/Konzernbilanzverlust

Ablehnung des Modells

Gleichwohl ist das Konsolidierungsmodell, das sich in der Praxis großer Beliebtheit erfreut, abzulehnen (a.A. Baetge, J./Kirsch, H.-J./Thiele, S. 2000, S. 537f.). Denn hier wird zwar versucht, dem Konzerngewinn einen materiellen Inhalt zu geben, indem er eben den Bilanzgewinn des Mutterunternehmens mit allen darin enthaltenen handelsrechtlichen Funktionen darstellt. Aus Konzernsicht handelt es sich aber um die zwangsläufig falsche Annahme, daß nur der Bilanzgewinn des Konzern-Mutterunternehmens den Konzerngewinn darstellt. Diese Fiktion kann dem Konzerngewinn eine echte Funktion nicht dadurch geben, daß durch eine entsprechend formale Buchungstechnik eine betragsmäßige Identität hypothetisch konstruiert wird (so auch BEINE, F. 1996, S. 946).

Damit wird auch impliziert, daß Gewinne bzw. Verluste nur von dem Mutterunternehmen, nicht aber von den Tochterunternehmen erzielt werden, und Konsolidierungsvorgänge keinen Einfluß auf den Konzerngewinn bzw. -verlust nehmen. So ist es z.B. fraglich »ob der Konzernbilanzgewinn, der den möglichen Ausschüttungsbetrag für Aktionäre der Obergesellschaft angibt, aus der Sicht der wirtschaftlichen Einheit überhaupt ausschüttungsfähig wäre, da er erhebliche Zwischengewinne enthalten kann« (SCHRUFF, W. 1984, S. 332).

Weiterhin wird die Ergebnisdarstellung nach diesem Modell um so fragwürdiger, je stärker das Gewicht der Tochterunternehmen mit den von ihnen erwirtschafteten Erfolgen wird und je größer das Volumen der Differenzen aus den Konsolidierungsvorgängen ist. Die Verfahrensweise der Anpassung des Konzernbilanzgewinns an den Bilanzgewinn des Mutterunternehmens ist erst recht dann zweifelhaft, wenn es den deutschen Unternehmen zukünftig erlaubt ist, nach § 292a HGB einen befreienden Konzernabschluß nach international anerkannten Rechnungslegungsvorschriften wie etwa den US-GAAP oder den IAS zu erstellen. In einem solchen Fall würde durch die Identität von Konzernbilanzgewinn und Bilanzgewinn des Mutterunternehmens bei dem Bilanzleser zusätzlich die nicht den Tatsachen entsprechende Illusion erzeugt, daß beide Rechnungslegungsvorschriften materiell identisch sind.

2.2.3 Verzicht auf eine Erfolgsverwendungsrechnung im Konzernabschluß

Konzernergebnis nur fiktive Größe

Wie oben bereits dargelegt, stellt das in deutschen Konzernabschlüssen gezeigte Gewinnverwendungspotential, d.h. der Konzerngewinn, vom Grundsatz her zwangsläufig nichts anderes als eine fiktive Größe dar, aufgrund derer eine fiktive Hauptversammlung eine fiktive Gewinnausschüttung beschließen könnte. Der Ausweis hat demnach aus Konzernsicht keinen Realitätsbezug, sondern nur hypothetischen Charakter, und ist weder intersubjektiv nachprüfbar noch falsifizierbar. Wird darüber hinaus berücksichtigt, daß die deutsche Konsolidierungspraxis den Bereich der Erfolgsverwendung häufig zu einem für Außenstehende kaum überschaubaren Konglomerat vormals erfolgswirksamer Konsolidierungsdifferenzen werden läßt, drängt sich zwangsläufig die Frage auf, warum dann die Hilfskonstruktion eines fiktiven, z.T. irreführenden, mit Sicherheit aber funktionslosen und in diesem Sinne überflüssigen Postens »Konzerngewinn« bzw. »Konzernverlust« überhaupt noch vorgenommen wird.

Verzicht auf Erfolgsverwendungsrechnung

Vor diesem Hintergrund verzichtet das hier diskutierte Konsolidierungsmodell (vgl. hierzu ausführlich HARMS, J. E./KÜTING, K. 1983, S. 344ff.) in konsequenter Weiterführung der obigen Überlegungen auf die Darstellung der Erfolgsverwendung (vgl. auch EBELING, R. M. 1995, S. 341ff.; SCHILDBACH, T.

1998, S. 336ff.). Die Konzern-GuV endet dann mit dem Konzernjahreserfolg, der »eine eigenständige Funktion (besitzt, d. Verf.) ..., die unabhängig zu sehen ist von der Bilanzierung des Mutterunternehmens und von Ausschüttungsüberlegungen« (BRUNS, H.-G., in: Beck'sches Handbuch der Rechnungslegung 1999, C 450, Rn. 57). Ggf. in den Einzelabschlüssen der einbezogenen Unternehmen vorgenommene Rücklagenzuführungen oder -auflösungen dürfen somit bei der Aufstellung des Konzernabschlusses keine Berücksichtigung finden (vgl. bspw. die Konzernabschlüsse des Geschäftsjahrs 1994 der BERLINER ELEKTRO AG, der FRIATEC AG, der PFLEIDERER BAU- UND VERKEHRSSYSTEME AG, der SCHERING AG und der TH. GOLDSCHMIDT AG).

»Eingezahltes Kapital« und »Erwirtschaftetes Kapital«

Im vorliegenden Konsolidierungsmodell (vgl. Übersicht 103) wird der Posten »Eigenkapital« in »Eingezahltes Kapital« und »Erwirtschaftetes Kapital« unterteilt. Der Posten »Erwirtschaftetes Kapital« umfaßt wiederum die Gewinnrücklagen, den Ergebnisvortrag und den Jahreserfolg. Er nimmt die gesamten Zwischenergebnisse, die vereinnahmten Vorjahresergebnisse von konsolidierten Tochterunternehmen, alle Aufrechnungsdifferenzen aus der Schuldenkonsolidierung und alle erfolgswirksamen Beträge aus der Kapitalkonsolidierung auf. Während die erfolgswirksam zu korrigierenden Konsolidierungsdifferenzen über den Jahreserfolg, d. h. über die Konzern-GuV, Eingang in das Konzerneigenkapital finden, werden die erfolgsneutral zu behandelnden Konsolidierungsdifferenzen ausschließlich und unmittelbar bilanziell verrechnet. Ferner wird der Konzernerfolg in Höhe der vereinnahmten Vorjahresergebnisse zugunsten der Gewinnrücklagen gekürzt.

Übersicht 103: Konzernabschluß zum 31.12.02 (ohne Erfolgsverwendungsrechnung)

Abschlußposten	Mutterunternehmen	Tochterunternehmen	Summe	Zwischenergebniseliminierung	Schuldenkonsolidierung	Vereinnahmte Vorjahresergebnisse	Kapitalkonsolidierung	Konzernabschluß
1. Bilanz								
Aktiva								
Anteile an verb. Unt.	800	–	800				(4a) 800 H	–
Anlagevermögen	2000	500	2500				(4a) 150 S	2650
Vorräte	700	500	1200	(1) 100 H				1100
Forderungen	500	300	800					800
Geschäfts- oder Firmenwert							(4a) 50 S (4b) 20 H	30
	4000	1300	5300	(100 H)			(620 H)	4580
Passiva								
Gezeichnetes Kapital	2000	500					(4a) 500 S	2000
Kapitalrücklage	100	100					(4a) 100 S	100
Eingezahltes Kapital	2100	600	2700					2100
Gewinnrücklagen	100	90		(1) 80 S	(2) 20 H	(3) 120 H	(4b) 10 S	
Gewinnvortrag	50	10						
Jahresüberschuß	350	300		(20 S)	(10 H)	(120 S)	(10 S)	
Erwirtschaftetes Kapital	500	400	900	(100 S)	(30 H)		(20 S)	810
Rückstellungen	–	100	100		(2) 30 S			70
Verbindlichkeiten	1400	200	1600					1600
	4000	1300	5300	(100 S)	–	–	(620 S)	4580
2. Gewinn- und Verlustrechnung								
Umsatzerlöse	2800	1000	3800					3800
Bestandsveränderung	200	200	400	(1) 20 S				380
Gesamtleistung	3000	1200	4200	(20 S)				4180
Materialeinsatz	1500	600	2100					2100
Beteiligungserträge	120	–	120			(3) 120 S		–
Sonstige Erträge	30	–	30					30
Personalkosten	1000	150	1150					1150
Abschreibungen	200	100	300					300
Sonstige Aufwendungen	100	50	150		(2) 10 H		(4b) 10 S	150
Jahresüberschuß	350	300	650	(20 S)	(10 H)	(120 S)	(10 S)	510
Gewinnvortrag	50	10						
Rücklagenzuführung	100	110						
Bilanzgewinn	300	200						

Abweichung vom Gliederungsschema

Für die Gliederung des Konzernabschlusses gelten gem. § 298 HGB grundsätzlich die Gliederungsvorschriften für große Kapitalgesellschaften. Daraus folgt, daß bei einer wörtlichen Auslegung des Gesetzestexts die (einzeln zu zeigenden Komponenten der) Gewinnrücklagen, der Ergebnisvortrag und der Konzernjahreserfolg nicht zum Posten »Erwirtschaftetes Kapital« zusammengefaßt werden dürfen.

§ 298 Abs. 1 Satz 1 HGB spricht aber ausdrücklich davon, daß die Vorschriften für große Kapitalgesellschaften nur dann zwingend sind, »soweit der Konzernabschluß keine Abweichung bedingt«. Da die Verrechnung erfolgswirksamer Differenzen gegen einzelne Posten des Konzerneigenkapitals zu mehr oder minder willkürlichen Ergebnissen führt und stets fiktiv konstruierte Eigenkapitalkomponenten zeigen würde, dürfte dieser Anwendungsfall ein klassischer Anwendungsfall für eine Abweichung vom Gliederungsschema des Einzelabschlusses sein (vgl. auch Busse von Colbe, W./Ordelheide, D. 1993, S. 419).

Ein weiterer Ausnahmefall sollte hinsichtlich einer analogen Anwendung des § 268 Abs. 1 HGB gegeben sein, wonach es im Rahmen der einzelgesellschaftlichen Rechnungslegung freigestellt ist, den Jahresabschluß nach einer teilweisen oder vollständigen Erfolgsverwendung aufzustellen. Denn da der Konzern selbst keine Erfolgsverwendung vornimmt, dürfte die Konzernbilanz auch nicht unter Berücksichtigung einer nicht erfolgten, sondern fiktiv konstruierten vollständigen oder teilweisen Verwendung des Konzernjahreserfolgs aufgestellt werden. Es zeigt sich hier gleichzeitig, daß der konsequenten Verwirklichung der Einheitstheorie systembedingte Grenzen gesetzt sind.

2.3 Beurteilung der Konsolidierungsmodelle

Zusammenfassung zum »Erwirtschafteten Kapital« zulässig

U. E. ist es zulässig und sinnvoll, im Konzernabschluß die Gewinnrücklagen, den Ergebnisvortrag und den Konzernjahreserfolg zum Posten »Erwirtschaftetes Kapital« zusammenzufassen und die Konsolidierungsdifferenzen hiermit zu verrechnen. Denkbar wäre auch, nur die Gewinnrücklagen und die Ergebnisvorträge zusammenzufassen und in diesem zusammengefaßten Posten die gesamten erfolgswirksamen Differenzen nach dem Stand am Ende des Vorjahrs aufzunehmen, während der Posten »Konzernjahreserfolg« die Verbindung zwischen der Konzern-GuV und der Konzernbilanz herstellt. Denkbar erscheint weiterhin, die Gewinnrücklagen, den Ergebnisvortrag und den Konzernjahreserfolg im Posten »Erwirtschaftetes Kapital« auszuweisen und zusätzlich eine weitere Unterkategorie in Form eines »Unterschiedsbetrags aus erfolgswirksamen Konsolidierungsvorgängen der Vorjahre« einzuführen. Ggf. könnte dieser Unterschiedsbetrag weiter untergliedert werden.

Somit wäre der Ausweis z. B. wie folgt denkbar:

1. Gezeichnetes Kapital
2. Kapitalrücklage
3. Erwirtschaftetes Kapital

   – Gewinnrücklagen der einbezogenen Unternehmen
   – Ergebnisvorträge der einbezogenen Unternehmen
   – Unterschiedsbeträge aus erfolgswirksamen Konsolidierungsvorgängen der Vorjahre (evtl. weiter untergliedert)
   – Konzernjahresüberschuß/-fehlbetrag.

Diese(r) Zusatzposten würde(n) dann die erfolgsneutral zu behandelnden Konsolidierungsdifferenzen aufnehmen. Sollte der zusammengefaßte Ausweis präferiert werden, wäre eine Erläuterung im Anhang wünschenswert, bei Konsolidierungsdifferenzen von wesentlichem Umfang auch zu fordern.

»retained earnings«

Der Bilanzgewinn im Einzelabschluß ist ein besonderes Rechtsinstitut mit bestimmten sich daran anknüpfenden Ansprüchen. Im Ausland ist dieser Begriff mit seinen rechtlichen Konsequenzen weitgehend unbekannt. Im US-amerikanischen Raum werden bspw. sog. »retained earnings« ausgewiesen (vgl. EISOLT, D. 1992, S. 204), deren Differenzierung in Rücklagen und einen Bilanzgewinn »eine reine Fiktion (wäre, d. Verf.), die eingeführt werden müßte, wenn man nach deutschen Grundsätzen bilanzieren sollte oder müßte« (MÜLLER, E. 1980, S. 387f.).

Nachdem einerseits die Internationalisierung der Konzernabschlüsse zugenommen hat und andererseits der oben definierte Begriff »Erwirtschaftetes Kapital« mit den »retained earnings« weitgehend identisch ist, dürfte mit der zur Diskussion stehenden Verfahrensweise eine weitere Gleichschaltung in der internationalen Konzernrechnungslegung und ein verminderter Konsolidierungsaufwand verbunden sein.

Dies gilt um so mehr, als es deutschen Konzernen, die Unternehmen aus dem angelsächsischen Bereich konsolidieren, unmöglich ist, exakt den Bilanzgewinn bzw. Bilanzverlust dieser Töchter zu bestimmen bzw. nach traditioneller Methode in den Konzernabschluß zu übernehmen, weil dieses Rechtsinstitut dort so nicht existiert. Es müssen daher – falls eine »traditionelle« Darstellung der Ergebnisverwendung im Konzern gewählt wird – in diesem Bereich erhebliche konsolidierungstechnische »Klimmzüge« gemacht werden.

Konzernerfolg als Mittelpunkt des Erfolgsausweises

Der Konzernerfolg wird dagegen auf der Grundlage allgemein anerkannter und nachprüfbarer Konsolidierungsregeln abgeleitet. Wenn überhaupt, kann nur die Größe Konzernerfolg einen Überblick über die Erfolgssituation des Konzerns vermitteln. Sie gewinnt somit eine zentrale Bedeutung als Ausgangspunkt der Erfolgsbeurteilung eines Konzerns. Das hier präferierte Konsolidierungsmodell rückt infolgedessen den Konzernerfolg in den Mittelpunkt des Erfolgsausweises und damit der Erfolgsbeurteilung, während die »möglicherweise irreführende« (BUSSE VON COLBE, W. 1978a, S. 657) und nach der hier vertretenen Auffassung zudem noch überflüssige Größe »Konzernergebnis« folglich nicht mehr als eigenständiger Abschlußposten erscheint.

Die Beurteilung zeigt insgesamt, daß die hier befürwortete Konsolidierungstechnik im Vergleich zu den anderen Darstellungsmodellen Vorteile aufweist. Sie basiert nicht auf Fiktionen, verzichtet auf den Ausweis eines zwangsläufig falschen Konzernergebnisses und könnte die Grundlage für eine einheitliche Bilanzierungspraxis im Einzel- und Konzernabschluß bilden. Sie kann weiterhin unter dem Aspekt der Internationalisierung von Konzernabschlüssen zu einer Gleichschaltung in der Konzernrechnungslegung beitragen.

1. Während den Konzernerfolg nur die Veränderungen der Konsolidierungsunterschiede tangieren dürfen, sind die Konsolidierungsdifferenzen nach Stand am Ende des Vorjahrs erfolgsneutral zu verrechnen.
2. Die Frage nach einem geeigneten Posten für die Erfassung dieser erfolgsneutral zu behandelnden Konsolidierungsdifferenzen ist eng verbunden mit der Darstellung des Eigenkapitals im Konzernabschluß insbes. der Ableitung einer Erfolgsverwendungsrechnung im Konzern.
3. Zur Darstellung des Konzerneigenkapitals bieten sich in erster Linie drei Grundmodelle an, die noch weiter modifiziert werden können. Im ersten Konsolidierungsmodell werden alle erfolgsneutral zu behandelnden Konsolidierungsunterschiede im Ergebnisvortrag im Rahmen der Konzernerfolgsverwendungsrechnung erfaßt.
4. Dagegen werden im zweiten vorgestellten Konsolidierungsmodell sowohl die erfolgswirksamen als auch die erfolgsneutralen Konsolidierungsdifferenzen zunächst direkt mit dem bilanziellen Eigenkapital (Einfügung eines Sonderpostens) verrechnet. Durch die ergebniswirksame Erfassung der Veränderung dieses Eigenkapitalpostens im Vergleich zum Vorjahr im Rahmen der Konzernerfolgsverwendungsrechnung als Entnahme aus bzw. Zuführung zu diesem Posten sowie durch die Verrechnung aller Bilanzergebnisse der Tochterunternehmen – abgesehen von den auf andere Gesellschafter entfallenden Beträgen – mit diesem Eigenkapitalposten wird letztlich die Identität von Konzernbilanzgewinn und Bilanzgewinn des Mutterunternehmens herbeigeführt.

5. Das dritte – hier präferierte – Konsolidierungsmodell verzichtet auf die Darstellung einer Konzernerfolgsverwendungsrechnung mit der Folge, daß die Konzern-GuV mit dem Konzernjahresüberschuß/-fehlbetrag endet. Der Posten »Eigenkapital« wird in »Eingezahltes Kapital« und »Erwirtschaftetes Kapital« unterteilt, wobei letzteres die Gewinnrücklagen, den Ergebnisvortrag und den Konzernjahreserfolg umfaßt. Das »Erwirtschaftete Kapital« nimmt die gesamten Zwischenergebnisse, die vereinnahmten Vorjahresergebnisse von konsolidierten Tochterunternehmen, alle Aufrechnungsdifferenzen aus der Schuldenkonsolidierung und alle erfolgswirksamen Beträge aus der Kapitalkonsolidierung auf.
6. Unabhängig vom gewählten Konsolidierungsmodell ist der den anderen Gesellschaftern zustehende Anteil am Gewinn bzw. der auf die anderen Gesellschafter entfallende Verlust gesondert auszuweisen (vgl. § 307 Abs. 2 HGB).

6. Kapitel: Gliederung des Konzernabschlusses

1. Gliederung der Bilanz

Besonderheiten der Konzernbilanz

Gem. § 298 Abs. 1 HGB ist auch die Vorschrift des § 266 HGB, der die Gliederung der einzelgesellschaftlichen Bilanz regelt, analog für die Konzernrechnungslegung anzuwenden. Auf folgende Besonderheiten wird hingewiesen (vgl. Übersicht 104):

(1) Die bei Anwendung der Purchase-, Quoten- oder Equity-Konsolidierung auftretenden Geschäfts- oder Firmenwerte dürfen zusammen mit einem Geschäfts- oder Firmenwert gem. § 255 Abs. 4 HGB ausgewiesen werden. Gegen einen getrennten Ausweis unter den immateriellen Vermögensgegenständen bestehen keine Bedenken.

(2) Beteiligungen an assoziierten Unternehmen, die auf der Grundlage der Equity-Methode bewertet wurden, sind gem. § 311 Abs. 1 HGB gesondert auszuweisen.

(3) Vorräte dürfen in der Konzernbilanz in einem Posten zusammengefaßt werden, wenn deren Aufgliederung wegen besonderer Umstände mit einem unverhältnismäßigen Aufwand verbunden wäre (vgl. § 298 Abs. 2 HGB).

(4) Der Gesetzgeber schreibt nicht vor, wo aktivische latente Steuern ausgewiesen werden müssen. Hier wird der Ausweis vor den Rechnungsabgrenzungsposten präferiert.

(5) Im Zuge der Kapitalkonsolidierung und sonstiger ergebniswirksamer Konsolidierungsvorgänge können Aufrechnungsdifferenzen auftreten, die eindeutig Eigenkapitalcharakter tragen. Ist dies der Fall, sollten solche Posten unter den Gewinnrücklagen – möglichst gesondert – ausgewiesen werden.

(6) Ausgleichsposten für Anteile anderer Gesellschafter, die sich im Zuge der Kapitalkonsolidierung ergeben, sind gem. § 307 HGB als gesonderter Posten im Eigenkapital auszuweisen.

(7) Im Rahmen der Kapitalkonsolidierung können sich auch passivische Unterschiedsbeträge ergeben, die nicht eindeutig dem Eigenkapital zuzurechnen sind. Hier könnte ein Ausweis zwischen dem Eigenkapital und dem Sonderposten mit Rücklageanteil erfolgen.

(8) Passivische latente Steuern sind alternativ in der Konzernbilanz oder im Konzernanhang gesondert anzugeben.

Übersicht 104: Vereinfachte Gliederung der Konzernbilanz

Aktivseite	Passivseite
A. Ausstehende Einlagen auf das gezeichnete Kapital B. Aufwendungen für die Ingangsetzung und Erweiterung des Geschäftsbetriebs C. Anlagevermögen I. Immaterielle Vermögensgegenstände – Geschäfts- oder Firmenwert aus der Purchase-, Quoten- oder Equity-Konsolidierung II. Sachanlagen III. Finanzanlagen – Beteiligungen an assoziierten Unternehmen D. Umlaufvermögen I. Vorräte – weitere Unterteilung braucht u. U. nicht vorgenommen zu werden (vgl. § 298 Abs. 2 HGB) II. Forderungen und sonstige Vermögensgegenstände III. Wertpapiere IV. Schecks, Kassenbestand, Bundesbank und Postgiroguthaben, Guthaben bei Kreditinstituten E. Ausgleichsposten für primäre (vgl. § 274 HGB) und sekundäre (vgl. § 306 HGB) latente Steuern E. Rechnungsabgrenzungsposten G. Nicht durch Eigenkapital gedeckter Fehlbetrag	A. Eigenkapital I. Gezeichnetes Kapital II. Kapitalrücklage III. Gewinnrücklagen – Rücklagen aus der Konsolidierung IV. Konzernergebnisvortrag V. Konzernerfolg VI. Ausgleichsposten für Anteile anderer Gesellschafter B. Unterschiedsbetrag aus der Kapitalkonsolidierung C. Sonderposten mit Rücklageanteil D. Rückstellungen – Rückstellungen für primäre (vgl. § 274 HGB) und sekundäre (vgl. § 306 HGB) latente Steuern E. Verbindlichkeiten F. Rechnungsabgrenzungsposten

2. Gliederung der Konzern-GuV

Da die Vorschriften zur Konzernrechnungslegung keine spezifischen Regeln zur Gliederung der Konzernerfolgsrechnung enthalten, sind gem. § 298 i.V.m. § 275 HGB die Gliederungsvorschriften zur einzelgesellschaftlichen Erfolgsrechnung analog anzuwenden. »Die Nichtanwendbarkeit der größenabhängigen Erleichterungen für kleine und mittelgroße Kapitalgesellschaften nach § 276 HGB ergibt sich aus den Dimensionen des Konzerns, die regelmäßig die Größenkriterien für große Kapitalgesellschaften erreichen« (COENENBERG, A. G. 1989, S. 187f.).

Besonderheiten der Konzern-GuV

Auf die beiden nachfolgenden konzernspezifischen Besonderheiten ist hinzuweisen:

(1) Gem. § 312 Abs. 4 Satz 2 HGB ist das auf assoziierte Beteiligungen entfallende Ergebnis in einem gesonderten Posten auszuweisen.

(2) Der im Jahresergebnis enthaltene, anderen Gesellschaftern zustehende Gewinn und der auf sie entfallende Verlust ist gem. § 307 Abs. 2 HGB nach dem Posten Jahresüberschuß/-fehlbetrag unter entsprechender Bezeichnung gesondert auszuweisen.

3. Der Anlagespiegel im Konzernabschluß

Im Konzernabschluß ist analog zum Einzelabschluß die Entwicklung des Anlagevermögens, dem Prinzip der direkten Bruttomethode folgend, in Form eines Anlagespiegels horizontal aufzugliedern. § 298 HGB verweist auf § 268 HGB, der in Abs. 2 die Erstellung des Anlagespiegels regelt: »In der Bilanz oder im Anhang ist die Entwicklung der einzelnen Posten des Anlagevermögens und des Postens ›Aufwendungen für die Ingangsetzung und Erweiterung des Geschäftsbetriebs‹ darzustellen. Dabei sind, ausgehend von den gesamten Anschaffungs- und Herstellungskosten, die Zugänge, Abgänge, Umbuchungen und Zuschreibungen des Geschäftsjahrs sowie die Abschreibungen in ihrer gesamten Höhe gesondert aufzuführen. Die Abschreibungen des Geschäftsjahrs sind entweder in der Bilanz bei dem betreffenden Posten zu vermerken oder im Anhang in einer der Gliederung des Anlagevermögens entsprechenden Aufgliederung anzugeben«.

Im Vergleich zum Anlagespiegel der einzelgesellschaftlichen Rechnungslegung ergeben sich im Rahmen der Konzernrechnungslegung konzernspezifische Besonderheiten bei der horizontalen Darstellung des Konzernanlagevermögens.

3.1 Umgliederungen innerhalb des Konzernvermögens

Umgliederung vom Umlauf- in das Anlagevermögen

Im Zuge der Erstellung des Konzernabschlusses kann sich die Notwendigkeit ergeben, Umgliederungen von einzelnen Vermögensposten vorzunehmen. Aus der Sicht des Konzerns als wirtschaftlicher Einheit kann z. B. der Fall eintreten, daß Umgruppierungen von Posten des Umlaufvermögens aus den Einzelbilanzen der einbezogenen Tochterunternehmen in das Konzernanlagevermögen notwendig sind. Diese Konstellation ist gegeben, wenn es sich bei einem Vermögensgegenstand vom Standpunkt eines Einzelunternehmens zwar um einen Gegenstand des Vorratsvermögens, aus der Sicht des Konzerns aber um einen Gegenstand des Anlagevermögens handelt. Hier ist insbes. die Erstellung von Anlagegütern im Auftrag anderer einbezogener Konzernunternehmen zu nennen.

Sind Vermögensgegenstände fertiggestellt, aber noch nicht an das bestellende Konzernunternehmen geliefert, so erfolgt beim fertigenden Tochterunternehmen der Ausweis im Posten »fertige Erzeugnisse und Waren«. Aus Konzernsicht liegt aber ein Vermögensgegenstand des Anlagevermögens vor, eine Erfassung im Konzernanlagevermögen ist somit erforderlich.

Umgliederungen innerhalb des Anlagevermögens

Die Notwendigkeit zur Umgliederung kann sich auch innerhalb des Anlagevermögens ergeben. So dürfen z.B. Verkäufe von Anlagegütern zwischen einbezogenen Konzernunternehmen nicht als Zu- oder Abgang im Konzernanlagespiegel gezeigt werden. Ausgangspunkt für die Darstellung im Konzernanlagespiegel sollte aus Praktikabilitätsgründen der Ausweis im Anlagespiegel des empfangenden Unternehmens nach Abstimmung mit dem liefernden Unternehmen sein.

Die hier beschriebenen Umgliederungen unterscheiden sich von den Gliederungsanpassungen, die bereits aufgrund von § 298 Abs. 1 i.V.m. § 266 HGB im Rahmen der Erstellung der HB II vorgenommen werden müssen. Erstere werden zeitlich nach Erstellung des Summenanlagespiegels durchgeführt und beruhen auf einer übergeordneten Konzernsicht.

3.2 Umgliederungen aufgrund von Veränderungen des Konsolidierungskreises

Umgliederungen sind im Zuge der Erstellung des Konzernanlagespiegels auch dann erforderlich, wenn neue Unternehmen akquiriert und erstmalig konsolidiert werden müssen. Fraglich ist in diesem Zusammenhang insbes., welche Wertansätze des Anlagevermögens des Tochterunternehmens maßgeblich für den Ansatz im Konzernanlagespiegel sind.

Die im Rahmen der erstmaligen Einbeziehung eines Tochterunternehmens in den Konzernabschluß auftretenden Ausweisvarianten im Anlagespiegel sollen anhand des nachfolgenden Beispiels erläutert werden. Die M-AG erwirbt am 1.1.01 100% der Anteile an der T-AG. Zum Zeitpunkt der Erstkonsolidierung (31.12.01) weisen die Anlagespiegel der M-AG und der T-AG die in den Übersichten 105 und 106 gezeigten Werte auf.

Übersicht 105: Anlagespiegel der M-AG zum 31.12.01

	Anschaffungs- und Herstellungskosten	Zugänge	Abgänge	Umbuchungen	Zuschreibungen	Abschreibungen (kumuliert)	Stand am 31.12.	Abschreibungen des Geschäftsjahrs
A. Anlagevermögen								
I. Immaterielle Vermögensgegenstände								
1. Konzessionen	3000	–	–	–	–	1500	1500	500
II. Sachanlagen								
1. Grundstücke	8000	–	3500	–	–	–	4500	–
2. technische Anlagen und Maschinen	12000	2000	4000	–	500	4500	6000	1000
3. andere Anlagen	11000	1000	1000	–	1000	7000	5000	1500
III. Finanzanlagen								
1. Anteile an verbundenen Unternehmen	–	10000	–	–	–	–	10000	–
2. Beteiligungen	–	12000	–	–	–	–	12000	–

Übersicht 106: Anlagespiegel der T-AG zum 31.12.01

	Anschaffungs- und Herstellungskosten	Zugänge	Abgänge	Umbuchungen	Zuschreibungen	Abschreibungen (kumuliert)	Stand am 31.12.	Abschreibungen des Geschäftsjahrs
A. Anlagevermögen								
I. Sachanlagen								
1. Grundstücke	1000	500	–	–	–	–	1500	–
2. technische Anlagen und Maschinen	10000	1000	1500	–	500	6000	4000	1000
3. andere Anlagen	6000	500	–	–	–	3500	3000	500

Übersicht 107: Summenanlagespiegel zum 31.12.01 ohne Umgliederung der Anschaffungs- und Herstellungskosten

	Anschaffungs- und Herstellungskosten	Zugänge	Abgänge	Umbuchungen	Zuschreibungen	Abschreibungen (kumuliert)	Stand am 31.12.	Abschreibungen des Geschäftsjahrs
A. Anlagevermögen								
I. Immaterielle Vermögensgegenstände								
1. Konzessionen	3000	–	–	–	–	1500	1500	500
II. Sachanlagen								
1. Grundstücke	9000	500	3500	–	–	–	6000	–
2. technische Anlagen und Maschinen	22000	3000	5500	–	1000	10500	10000	2000
3. andere Anlagen	17000	1500	1000	–	1000	10500	8000	2000
III. Finanzanlagen								
1. Anteile an verbundenen Unternehmen	–	10000	–	–	–	–	10000	–
2. Beteiligungen	–	12000	–	–	–	–	12000	–

Alternative Ausweistechniken

In welcher Weise soll nun verfahren werden? Würde man es bei einer bloßen Addition sämtlicher Spalten der Anlagespiegel des Mutter- und Tochterunternehmens zum Summenanlagespiegel belassen (vgl. Übersicht 107), so käme im Konzernanlagespiegel nicht zum Ausdruck, daß das Tochterunternehmen am Ende der Berichtsperiode erworben wurde. Während also im Einzelabschluß der M-AG der Erwerb als Zugang im Posten »Anteile an verbundenen Unternehmen« gezeigt wird, kann diese Investitionstätigkeit dem Summenanlagespiegel nicht mehr entnommen werden. Gerade im Anlagespiegel des Konzerns sollte aber der Erwerb eines Tochterunternehmens klar gezeigt werden. Um diesen Sachverhalt auch zu dokumentieren, sollten daher im Jahr der Erstkonsolidierung sämtliche (fiktiv einzeln) erworbenen Vermögensgegenstände des Anlagevermögens des Tochterunternehmens im Anlagespiegel des Konzerns in der Spalte Zugänge ausgewiesen werden. Somit müssen die im Summenanlagespiegel in der Spalte der historischen Anschaffungs- und Herstellungskosten ausgewiesenen Vermögensgegenstände mit ihren ursprünglichen Anschaffungs- bzw. Herstellungskosten herausgenommen und in die Zugangsspalte umgegliedert werden (sog. Bruttomethode).

Übersicht 108: Summenanlagespiegel nach Umgliederung der Anschaffungs- und Herstellungskosten zum 31.12.01

	Anschaffungs- und Herstellungskosten	Zugänge	Abgänge	Umbuchungen	Zuschreibungen	Abschreibungen (kumuliert)	Stand am 31.12.	Abschreibungen des Geschäftsjahrs
A. Anlagevermögen								
I. Immaterielle Vermögensgegenstände								
1. Konzessionen	3000	–	–	–	–	1500	1500	500
II. Sachanlagen								
1. Grundstücke	8000	1500	3500	–	–	–	6000	–
2. technische Anlagen und Maschinen	12000	13000	5500	–	1000	10500	10000	2000
3. andere Anlagen	11000	7500	1000	–	1000	10500	8000	2000
III. Finanzanlagen								
1. Anteile an verbundenen Unternehmen	–	10000	–	–	–	–	10000	–
2. Beteiligungen	–	12000	–	–	–	–	12000	–

Sowohl die bloße Addition der Spalten wie sie im Summenanlagespiegel zum Ausdruck kommt (vgl. Übersicht 107) als auch die Umgliederung der historischen Anschaffungs- und Herstellungskosten in die Zugangsspalte (vgl. Übersicht 108) stehen allerdings nicht im Einklang mit dem Zweck des Konzernabschlusses, der von der Fiktion des Einzelerwerbs der einzelnen Vermögensgegenstände ausgeht. Aus der Sicht des erwerbenden Mutterunternehmens sind für die Buchung in der Zugangsspalte des Anlagespiegels nicht die historischen Anschaffungs- oder Herstellungskosten des Tochterunternehmens entscheidend, sondern die fiktiven Anschaffungskosten zum Zeitpunkt des Erwerbs des Tochterunternehmens. Die vor dem Erwerbszeitpunkt beim Tochterunternehmen vorliegenden Werte sind aus Konzernsicht nicht maßgeblich. Die in der Anlagenbuchhaltung des Tochterunternehmens geführten Werte sind somit für den Konzernabschluß nicht relevant.

Maßgeblich sind vielmehr die Anschaffungskosten aus der Sicht des Mutterunternehmens. Würde, bezogen auf das Beispiel, unterstellt, daß die Buchwerte beim akquirierten Tochterunternehmen den fiktiven Anschaffungskosten des Mutterunternehmens entsprechen, so müßten die Buchwerte – und auch nur die Buchwerte – zum Zeitpunkt des Unternehmenskaufs in die Spalte Zugänge des Summenanlagespiegels übernommen werden (vgl. Übersicht 109). Dies setzt voraus, daß die Vermögensgegenstände mit ihren historischen Anschaffungs- und Herstellungskosten ausscheiden und auch die bislang vorgenommenen Abschreibungen aus der Abschreibungsspalte eliminiert werden. Gleichzeitig wären die Buchwerte in die Zugangsspalte einzustellen. Für den Fall, daß die fiktiven Anschaffungskosten die Buchwerte übersteigen, wären die im Zuge der Kapitalkonsolidierung aufgedeckten stillen Rücklagen ebenfalls in der Zugangsspalte auszuweisen (sog. Nettomethode).

Übersicht 109: Summenanlagespiegel zum 31.12.01 mit Umgliederung der Buchwerte (= Zeitwerte)

	Anschaffungs- und Herstellungskosten	Zugänge	Abgänge	Umbuchungen	Zuschreibungen	Abschreibungen (kumuliert)	Stand am 31.12.	Abschreibungen des Geschäftsjahrs
A. Anlagevermögen								
I. Immaterielle Vermögensgegenstände								
1. Konzessionen	3000	–	–	–	–	1500	1500	500
II. Sachanlagen								
1. Grundstücke	8000	1500	3500	–	–	–	6000	–
2. technische Anlagen und Maschinen	12000	6000	4000	–	500	4500	10000	1000
3. andere Anlagen	11000	4000	1000	–	1000	7000	8000	1500
III. Finanzanlagen								
1. Anteile an verbundenen Unternehmen	–	10000	–	–	–	–	10000	–
2. Beteiligungen	–	12000	–	–	–	–	12000	–

Es wird deutlich, daß nur die erste Variante (vgl. Übersicht 107) keine Umgliederungen im Summenanlagespiegel erforderlich macht, während die zweite und dritte Variante eine der Erstellung des Summenanlagespiegels nachgelagerte Umgliederung notwendig werden lassen, um Vorgänge, die aus Konzernsicht eine andere Qualität erhalten, entsprechend würdigen zu können. Den Ansprüchen an einen nach der Einheitstheorie erstellten Konzernanlagespiegel genügt allein die Alternative drei (vgl. Übersicht 109).

Einrichtung einer gesonderten Spalte

Eine weitere Möglichkeit zur Gestaltung des Anlagespiegels ist darin zu sehen, daß eine gesonderte Spalte – zum Beispiel mit der Bezeichnung »Veränderung des Konsolidierungskreises« – eingerichtet wird. Diese Spalte würde dann auch all jene Wertbewegungen aufnehmen, die sich aus der Erweiterung des Konsolidierungskreises ergeben. Diese Darstellungstechnik wird von mehreren deutschen Konzernen präferiert.

3.3 Auswirkungen der Kapitalkonsolidierung

(1) Im Rahmen der Kapitalkonsolidierung wird der Posten »Anteile an verbundenen Unternehmen« gegen das entsprechende Eigenkapital des Tochterunternehmens aufgerechnet. In der Zeile »Anteile an verbundenen Unternehmen« dürfen im Konzernabschluß nur die Anteile an solchen Tochterunternehmen ausgewiesen werden, die gem. den §§ 295 und 296 HGB nicht in den Konsolidierungskreis einbezogen und auch nicht nach § 312 HGB »at equity« bewertet werden.

Buchwertmethode

(2) Im Rahmen der Buchwertmethode werden im Zuge des Konsolidierungsvorgangs die stillen Rücklagen/Lasten einzelnen Vermögensgegenständen zugeordnet. Diese Zuordnung hat in der Spalte Zugänge zu erfolgen, denn es handelt sich um eine mengenmäßige Zuführung zum Anlagevermögen. Nach der Fiktion eines Kaufs der einzelnen Vermögensgegenstände erwirbt das Mutterunternehmen das Vermögen des Tochterunternehmens, und zwar zu Zeitwerten.

Die Anschaffungskosten für die Vermögensgegenstände des Tochterunternehmens setzen sich demnach aus den in der Einzelbilanz angesetzten Werten und den stillen Rücklagen/Lasten zusammen. Wird der Anlagespiegel auf freiwilliger Basis um Spalten für die Veränderungen des Konsolidierungskreises erweitert, so sind die stillen Rücklagen/Lasten in diesen Spalten auszuweisen.

Neubewertungsmethode

(3) Bei Anwendung der Neubewertungsmethode wird die Zuordnung der stillen Rücklagen/Lasten bereits in einer HB III vorgenommen, die dann Grundlage für die Konsolidierung ist. Damit gehen in den Summenabschluß bereits die Werte dieser Sekundärbilanz ein. Auch im Summenanlagespiegel sind die stillen Rücklagen/Lasten somit enthalten, so daß die Zeitwerte der Gegenstände des Anlagevermögens des Tochterunternehmens im Jahr der Erstkonsolidierung der Spalte »Zugänge« entnommen werden können. Eine andere Vorgehensweise ist bei der Neubewertungsmethode nicht sinnvoll. Somit ergibt sich im Grunde dasselbe Ergebnis wie bei der Buchwertmethode.

Geschäfts- oder Firmenwert

(4) In der horizontalen Aufgliederung sollte der Geschäfts- oder Firmenwert analog zu den stillen Rücklagen behandelt werden. Im Jahr der Erstkonsolidierung sollte der auftretende Geschäfts- oder Firmenwert im Anlagespiegel als Zugang oder in einer gesonderten Spalte für Veränderungen des Konsolidierungskreises ausgewiesen werden, um die Investitionstätigkeit des Konzerns zum Ausdruck zu bringen.

Bei beiden Varianten der Kapitalkonsolidierung kommt ein Geschäfts- oder Firmenwert gesondert zum Ausweis. Wird der Geschäfts- oder Firmenwert nach § 309 Abs. 1 HGB abgeschrieben, so treten im Konzernanlagespiegel keinerlei Probleme auf; die Abschreibungen des laufenden Geschäftsjahrs und die Abschreibungen der Vorjahre sind in den kumulierten Abschreibungen enthalten. Wird der Geschäfts- oder Firmenwert gem. § 309 Abs. 1 Satz 3 HGB in voller Höhe offen mit den Rücklagen verrechnet, so braucht der Geschäfts- oder Firmenwert nicht in den Konzernanlagespiegel aufgenommen zu werden. Wird der Geschäfts- oder Firmenwert jedoch im Konzernanlagespiegel gezeigt, so sollte bei offener Verrechnung in gleicher Höhe ein Abgang ausgewiesen werden. Ein Ausweis als Abschreibung dürfte nicht zulässig sein, da dieser Vorgang nicht erfolgswirksam ist und die Konzern-GuV nicht berührt.

Endkonsolidierung

(5) Da auch im Rahmen der Konzernrechnungslegung die Vermögensgegenstände und Schulden der einbezogenen Tochterunternehmen in den Konzernabschluß so übernommen werden, als ob der Konzern entsprechend der Vorgabe gem. § 297 Abs. 3 Satz 1 HGB ein einziges Unternehmen darstellt, geht bei der Veräußerung eines Tochterunternehmens aus Konzernsicht »nicht eine Beteiligung ab, sondern es werden Vermögensgegenstände und Schulden abgegeben, mit denen das Tochterunternehmen in der Konzernbilanz enthalten ist« (ARBEITSKREIS »EXTERNE UNTERNEHMENSRECHNUNG« DER SCHMALENBACH-GESELLSCHAFT – DEUTSCHE GESELLSCHAFT FÜR BETRIEBSWIRTSCHAFT E.V. 1989, S. 83).

Im Rahmen der Endkonsolidierung scheiden somit die Vermögensgegenstände und Schulden des veräußerten Tochterunternehmens aus dem Konzernabschluß aus. Es wird also eine Veräußerung der einzelnen Vermögensgegenstände fingiert, die im Anlagespiegel folgerichtig in der Spalte Abgänge oder einer gesonderten Spalte für Veränderungen des Konsolidierungskreises zu erfassen ist. Dabei können die Beträge mit den aus den Einzelabschlüssen der einbezogenen Unternehmen übernommenen Werte der Spalte Abgänge zusammengefaßt werden (vgl. ORDELHEIDE, D., in: Beck'sches Handbuch der Rechnungslegung 1999a C 403, Rn. 3). Besteht eine Spalte »Veränderung des Konsolidierungskreises«, sollten die mit der Einengung des Konsolidierungskreises verbundenen Wertbewegungen in dieser Spalte erfaßt werden.

3.4 Auswirkungen der Equity-Bewertung

Die Auswirkungen der Equity-Bewertung auf den Konzernanlagespiegel finden sich ausführlich erläutert im Gliederungspunkt 5.1, 1. Abschn., 4. Kap.

1. Gem. § 298 Abs. 1 HGB ist für die Gliederung der Konzernbilanz § 266 HGB analog anzuwenden.
2. Gem. § 298 Abs. 1 HGB ist für die Gliederung der Konzern-GuV § 275 HGB analog anzuwenden.
3. Im Konzernabschluß ist analog zum Einzelabschluß die Entwicklung des Anlagevermögens, dem Prinzip der direkten Bruttomethode folgend, in Form eines Anlagespiegels horizontal aufzugliedern (vgl. § 298 Abs. 1 HGB i.V.m. § 268 Abs. 2 HGB).

7. Kapitel: Konzernanhang

Konzernanhang als Bestandteil des Konzernabschlusses

Der Konzernanhang – generell in den §§ 313 und 314 HGB geregelt – bildet zusammen mit der Konzernbilanz und der Konzern-GuV den Konzernabschluß (vgl. § 297 Abs. 1 HGB), so daß der Konzernanhang von allen gem. den §§ 290ff. HGB zur Konzernrechnungslegung verpflichteten – auch ausländischen – Mutterunternehmen erstellt werden muß. Alle drei Komponenten bilden dabei eine Einheit.

<table>
<tr><td colspan="4">Übersicht 110: Komponenten des Konzernabschlusses</td></tr>
<tr><td>Konzernbilanz</td><td>Konzern-
GuV</td><td>Konzernanhang</td><td rowspan="2">Konzern-
Lagebericht</td></tr>
<tr><td colspan="3">Konzernabschluß</td></tr>
</table>

1. Funktionen des Konzernanhangs

Die Rechnungslegung im Konzern verfolgt den Zweck, einen möglichst sicheren Einblick in die Vermögens-, Finanz- und Ertragslage des Konzerns zu vermitteln. Die Konzernbilanz und die Konzern-GuV tragen diesem Zweck insofern Rechnung, als sie auf der Grundlage von Zahlenangaben Aufschluß über bestimmte quantitative Größen des Konzerns geben. Dem Bilanzleser bleibt es vorbehalten, diese Größen auszuwerten und zu interpretieren, um auf diesem Wege Einblick in die Größe, Struktur und wirtschaftliche Lage des Konzerns zu erhalten.

Die nach bestimmten Bilanzierungsgrundsätzen erfaßten und nach bestimmten Prinzipien strukturierten art- und wertmäßigen Angaben in der Konzernbilanz und Konzernerfolgsrechnung reichen allein jedoch nicht aus, um diese zentrale Aufgabe befriedigend lösen zu können, weil beide Rechenwerke aufgrund ihrer mathematisch abstrakten Natur zahlreiche Fragen vom Grundsatz her nicht beantworten.

Einzelfunktionen des Konzernanhangs

Die Lücke zwischen den mathematisch abstrakten Angaben in der Konzernbilanz und Konzernerfolgsrechnung einerseits und der Forderung nach einem möglichst sicheren Einblick in die Vermögens-, Finanz- und Ertragslage andererseits zu schließen, ist Aufgabe des Konzernanhangs und des Konzernlageberichts. Diese Basis- oder Überbrückungsfunktion wird durch mehrere Einzelfunktionen spezifiziert.

(1) Aus der Konzernbilanz und Konzernerfolgsrechnung sind nicht die zugrundeliegenden Geschäftsvorfälle bzw. Ursachen ersichtlich, deren Ausfluß die komprimierten Rechenwerke darstellen. Die Abschlußerläuterungen können daher als Instrument der Ursachenanalyse gekennzeichnet werden.

(2) In der Konzernbilanz und Konzernerfolgsrechnung werden zahlreiche Arten von Aktiv- und Passivposten bzw. Aufwendungen und Erträgen aus den konsolidierten Gesellschaften zu Gruppen zusammengefaßt abgebildet. Den Abschlußerläuterungen fällt hier die Aufgabe zu, Aufschluß über die Zusammensetzung der wichtigsten Posten zu geben. Die Abschlußerläuterungen erfüllen insofern eine Aufschlüsselungs- oder Zerlegungsfunktion.

(3) Für die Darstellung der Lage des Konzerns ist die Abgrenzung des Konsolidierungskreises von zentraler Bedeutung. Diese Information ist weder aus der Konzernbilanz noch aus der Konzernerfolgsrechnung ersichtlich. In den Konzernerläuterungen sind daher die auf Basis der Vollkonsolidierung, der Quotenkonsolidierung und der Equity-Bewertung einbezogenen Unternehmen anzugeben.

(4) Konzernbilanz und Konzernerfolgsrechnung sind Vergangenheitsrechnungen. Zwischen dem Bilanzstichtag und dem Zeitpunkt der Veröffentlichung liegt i. d. R. ein Zeitraum von mehreren Monaten. Die Abschlußerläuterungen sollen den Gegenwarts- und Zukunftsbezug herstellen. Sie üben daher eine Aktualisierungs- und Prognosefunktion aus.

(5) Die Bilanz und die Erfolgsrechnung erfassen nur quantifizierbare Größen. Zahlreiche Sachverhalte lassen sich aber nicht quantifizieren. Sie sind dennoch für die Darstellung der Vermögens-, Finanz- und Ertragslage des Konzerns von Bedeutung. Die Abschlußerläuterungen setzen hier an und liefern Informationen über bestimmte qualitative Tatbestände. Sie ergänzen somit das Zahlenmaterial.

(6) Die Konzernerläuterungen sollen darlegen, warum bestimmte Bilanzierungs- und Konsolidierungsmethoden gewählt wurden und welche Auswirkungen sich daraus ergeben. Der Gesetzgeber räumt ferner dem Bilanzierenden zahlreiche Wahlrechte ein. Da sich hieraus nicht unerhebliche Auswirkungen auf die Darstellung der Lage des Konzerns ergeben, haben die Abschlußerläuterungen hierüber zu informieren.

(7) Werden im Vergleich zum Vorjahr andere Bilanzierungs- und Konsolidierungsmethoden gewählt oder ändert sich der Konsolidierungskreis, ergibt sich im Rahmen der Konzernerläuterungen eine Berichtspflicht. Dadurch sollen die Voraussetzungen für einen aussagefähigen Zeitvergleich geschaffen werden (Herstellung der zeitlichen Vergleichbarkeit).

(8) Ohne Abschlußerläuterungen besteht die Gefahr, daß die Inhalte von Konzernbilanz und Konzernerfolgsrechnung fehlinterpretiert werden (vgl. FORSTER, K.-H. 1982, S. 1578). Die Abschlußerläuterungen können daher einen Schutz vor Fehlinterpretationen bieten (Schutzfunktion).

(9) In zahlreichen Fällen eröffnet das Bilanzrecht einen alternativen Ausweis bestimmter Angaben in der Konzernbilanz/Konzern-GuV oder im Konzernanhang. Viele deutsche Unternehmen haben sich für einen Ausweis dieser Angaben in Form sog. »notes« im Anhang entschieden, so daß in der Bilanz und der Erfolgsrechnung dann häufig nur die zentralen Daten zu finden sind und diese beiden Rechenwerke damit den Charakter von leicht lesbaren Gesamtübersichten erhalten. Die Detailangaben sind dann im Anhang zu finden.

2. Grundlagen des Konzernanhangs

Gesetzliche Grundlagen

Die in den Konzernanhang aufzunehmenden Angaben sind zunächst in den §§ 313 und 314 HGB geregelt. Darüber hinaus finden sich in den allgemeinen Vorschriften (vgl. §§ 290 bis 312 HGB) zur Konzernrechnungslegung zahlreiche Bezüge zum Konzernanhang. Schließlich sind auch freiwillige Angaben zulässig, wenn dadurch das Prinzip der Klarheit und Übersichtlichkeit (vgl. § 297 Abs. 2 Satz 1 HGB) nicht verletzt wird. Mit der Verabschiedung des KonTraG im März 1998 wurde für börsennotierte Mutterunternehmen die Pflicht eingeführt, den Konzernanhang um eine Kapitalflußrechnung und eine Segmentberichterstattung zu erweitern (vgl. § 297 Abs. 1 Satz 2 HGB). Damit wurde ein international üblicher Bestandteil des Jahresabschlusses im deutschen Bilanzrecht kodifiziert. Bis dahin erfolgte die Offenlegung von Kapitalflußrechnungen und Segmentberichterstattungen in Deutschland ausschließlich auf freiwilliger Basis, obgleich im betriebswirtschaftlichen Schrifttum schon seit geraumer Zeit eine verpflichtende Offenlegung gefordert wurde.

Der Konzernanhang und der Anhang des Jahresabschlusses des Mutterunternehmens dürfen zusammengefaßt werden (vgl. § 298 Abs. 3 HGB). Diese Zusammenfassung soll Wiederholungen im Einzel- und Konzernabschluß vermeiden. Insbes. große Konzerne stellen zunächst den Konzernanhang dar und weisen sodann auf spezifische Besonderheiten in der einzelgesellschaftlichen Rechnungslegung hin.

Offenlegungspflicht

Als Teil des Konzernabschlusses unterliegt der Konzernanhang auch der Offenlegungspflicht, d.h., da keine größenabhängigen Erleichterungen vorgesehen sind, ist der Konzernanhang gem. § 325 Abs. 3 HGB sowohl zum Handelsregister einzureichen als auch im Bundesanzeiger bekannt zu machen. Dies gilt unabhängig von einer evtl. Offenlegung des Einzelabschlusses des Mutterunternehmens. Sofern jedoch der Konzernanhang und der Anhang des Einzelabschlusses zusammengefaßt werden (vgl. § 298 Abs. 3 HGB), müssen sie auch gemeinsam offengelegt werden.

Angaben zum Beteiligungsbesitz

In § 313 Abs. 2 HGB fordert der Gesetzgeber Angaben zum Beteiligungsbesitz. Diese Angaben stehen in einem engen sachlichen Zusammenhang mit den

Vorschriften zur Abgrenzung des Konsolidierungskreises. »Diese Vorschriften ergänzen sich gegenseitig und bilden eine sachliche Einheit. Sie sollen dem Leser des Konzernabschlusses Auskunft darüber geben, welche Unternehmen zum Konzern gehören, welcher Art die Unternehmensverbindung ist und welche Unternehmen wie in die Konsolidierung einbezogen worden sind. Je nach den Verhältnissen kann dieser Angabenkatalog sehr umfangreich sein« (DÖRNER, D./WIRTH, M., in: KÜTING/WEBER 1998, §§ 313 und 314 HGB, Rn. 280). Hinsichtlich der Angaben zum Beteiligungsbesitz ist auf zwei Besonderheiten hinzuweisen:

(1) Angaben zum Beteiligungsbesitz brauchen gemäß der sog. Schutzklausel des § 313 Abs. 3 Satz 2 HGB insoweit nicht gemacht zu werden, als nach vernünftiger kaufmännischer Beurteilung damit gerechnet werden muß, daß durch die Angaben dem Mutterunternehmen, einem Tochterunternehmen oder einem sonstigen in § 313 Abs. 2 HGB genannten Unternehmen erhebliche Nachteile entstehen können.

(2) Die Angaben zum Beteiligungsbesitz dürfen statt im Anhang auch in einer Aufstellung des Anteilsbesitzes gesondert gemacht werden. Diese sog. Anteils- oder Beteiligungsliste i.S.d. § 313 Abs. 4 HGB ist Bestandteil des Anhangs. Auf die besondere Aufstellung des Anteilsbesitzes und den Ort ihrer Hinterlegung ist im Anhang hinzuweisen. Eine Bundesanzeigerpublizität der Anteilsliste erübrigt sich; vielmehr genügt ihre Einreichung zum Handelsregister. In der deutschen Bilanzierungspraxis wird von dieser gesonderten Aufstellung der Anteilsliste in großem Umfang Gebrauch gemacht.

3. Kapitalflußrechnung und Segmentberichterstattung

3.1 Neue Bestandteile des Konzernanhangs von börsennotierten Mutterunternehmen

Erweiterung des Konzernanhangs um eine Kapitalflußrechnung und eine Segmentberichterstattung

In § 297 Abs. 1 Satz 1 HGB werden als integrale Bestandteile des Konzernabschlusses die Konzernbilanz, die Konzern-Gewinn- und Verlustrechnung und der Konzernanhang genannt. Durch das am 1.5.1998 in Kraft getretene KonTraG wurde § 297 Abs. 1 HGB um einen Satz 2 ergänzt (vgl. Art. 2 Nr. 4 KonTraG). Demnach haben »die gesetzlichen Vertreter eines börsennotierten Mutterunternehmens ... den Konzernanhang um eine Kapitalflußrechnung und eine Segmentberichterstattung zu erweitern«. »Indem dies ... nicht zwingend aus dem EU-Recht folgt, hat der deutsche Gesetzgeber in formaler Hinsicht eine Chance vertan, die Abschlußkonzeption nach HGB mit der angelsächsischen vergleichbar zu machen« (HÜTTEN, C./LORSON, P. 2001, S. 136). Hierzu wäre es allein notwendig gewesen, die Kapitalflußrechnung zu einem eigenständigen Abschlußbestandteil zu machen (vgl. zu den Abschlußkonzeptionen nach US-GAAP/SEC, IAS, EU-Richtlinien und HGB nur Hütten, C./Lorson, P. 2001, S. 133ff.). Diese Verpflichtung gilt für nach dem 31.12.1998 beginnende Geschäftsjahre (vgl. Art. 12 KonTraG). Der Gesetzgeber differenziert somit für Informationszwecke zwischen börsennotierten und nichtbörsennotierten Aktiengesellschaften (vgl. grundlegend zur Konzernkapitalflußrechnung auch Baetge, J./Kahling, D. 1999, S. 1109ff., Fach 18, S. 641ff.).

Begriff der Börsennotierung

Zur Klärung, welche Unternehmen als börsennotiert gelten, ist die durch das KonTraG neu in das Aktiengesetz aufgenommene Legaldefinition der Börsennotierung des § 3 Abs. 2 AktG heranzuziehen (vgl. BT-Drucks. 13/10038, S. 26). Börsennotiert sind demnach Gesellschaften, »deren Aktien an einem Markt gehandelt werden, der von staatlich anerkannten Stellen geregelt und überwacht wird, regelmäßig stattfindet und für das Publikum mittelbar oder unmittelbar zugänglich ist.« Als Märkte, die diese Kriterien erfüllen, gelten in Deutschland der amtliche Handel, der geregelte Markt und der Neue Markt, nicht aber der Freiverkehr; im Ausland wird eine Notierung an vergleichbaren Börsen durch den Gesetzeswortlaut erfaßt (vgl. BT-Drucks. 13/9712, S. 12 i.V.m. BT-Drucks. 13/10038).

Deutscher Standardisierungsrat (DSR)

Vorschriften zur Ausgestaltung der Kapitalflußrechnung und Segmentberichterstattung wurden in § 297 Abs. 1 Satz 2 HGB mit dem Verweis auf das im März 1998 neu konstituierte Deutsche Rechnungslegungs Standards Committee (DRSC) gesetzlich bewußt nicht kodifiziert. Zum Zwecke der Ermittlung, der Festsetzung und der Auslegung der deutschen Standards der Rechnungslegung wurde seitens des DRSC ein Standardisierungsrat eingesetzt. Der Deutsche Standardisierungsrat (DSR) hat die Aufgabe, Grundsätze für eine ordnungsgemäße Konzernrechnungslegung zu entwickeln und den Gesetzgeber bei der Fortentwicklung der Rechnungslegung zu beraten. Des weiteren hat der DSR die Bundesrepublik Deutschland in internationalen Rechnungslegungsgremien zu vertreten. Somit stellt der DSR das Organ des DRSC dar, das den an ein privates Rechnungslegungsgremium gestellten Anforderungen nach § 342 HGB gerecht werden soll.

Demzufolge werden die Deutschen Rechnungslegungsstandards von dem DSR erstellt und zur Kommentierung herausgegeben. Als Entwurf vorgelegte Standards werden vom DSR nach sorgfältiger Prüfung (insbes. nach der Prüfung, ob der vorab zur Kommentierung vorgelegte Entwurf den Grundsätzen einer ordnungsmäßigen Buchführung (vgl. § 342 Abs. 2 HGB) entspricht) und unter Berücksichtigung der während der Kommentierungsphase eingegangenen Stellungnahmen in einer öffentlichen Sitzung beschlossen.

In der Fachdiskussion wird derzeit insbes. das Layout der Deutschen Rechnungslegungsstandards kritisiert. Durch die Hervorhebung von bestimmten Textabsätzen mittels einer Fett-Schreibweise werden die Anwender dieser Standards dazu verleitet, zunächst nur die fettgedruckten Absätze zu beachten und die normalgedruckten – aber dennoch nicht unwichtigeren – Textabsätze zu vernachlässigen (vgl. stellvertretend BIEG, H. 2000, S. 137).

DRS 2 »Kapitalflußrechnung«

Der DSR verabschiedete am 29. Oktober 1999 den Deutschen Rechnungslegungsstandard Nr. 2 »Kapitalflußrechnung« (DRS 2), der die Grundsätze für die verpflichtende Erstellung von Kapitalflußrechnungen im Konzernabschluß von börsennotierten Mutterunternehmen enthält. Durch DRS 2 wurde die Regelungslücke in § 297 Abs. 1 Satz 2 HGB geschlossen, die durch die Verabschiedung des KonTraG im März 1998 zunächst entstanden war. Vor der Verabschiedung von DRS 2 regelte die vom Hauptfachausschuß (HFA) des Instituts der Wirtschaftsprüfer in Deutschland e. V. und dem Arbeitskreis »Finanzierungsrechnung« der Schmalenbach-Gesellschaft gemeinsam herausgegebene Stellungnahme HFA 1/1995 »Die Kapitalflußrechnung als Ergänzung des Jahres- und Konzernabschlusses« (im folgenden kurz HFA 1/1995) die Veröffentlichung freiwillig erstellter Kapitalflußrechnungen. Im angelsächsischen Bilanzierungsraum ist das »Statement of Cash Flows« indes schon seit längerem ein verpflichtender Bestandteil des offenzulegenden Jahresabschlusses. DRS 2 soll auch von Unternehmen angewendet werden, die freiwillig eine Kapitalflußrechnung erstellen (vgl. DRS 2, Tz. 3). Insofern kommt HFA 1/1995 in Zukunft keine praktische Bedeutung mehr zu. DRS 2 ist – wie bereits HFA 1/1995 – inhaltlich sehr stark an die beiden international bedeutendsten Standards zur Kapitalflußrechnung SFAS No. 95 und IAS 7 angelehnt. Die einzelnen Standards unterscheiden sich jedoch in Teilbereichen z. T. signifikant.

DRS 3 »Segmentberichterstattung«

Am 20. Dezember 1999 wurde vom DSR der Deutsche Rechnungslegungsstandard Nr. 3 »Segmentberichterstattung« (DRS 3) verabschiedet, der die Grundsätze für die verpflichtende Erstellung einer Segmentberichterstattung im Konzernabschluß von börsennotierten Muttergesellschaften enthält. DRS 3 schließt – analog zu DRS 2 – die Regelungslücke in § 297 Abs. 1 Satz 2 HGB, die durch die Verabschiedung des KonTraG zunächst entstanden war. Das »Segment Reporting« ist im angelsächsischen Bilanzierungsraum indes schon seit längerem ein verpflichtender Bestandteil des offenzulegenden Jahresabschlusses. Der DSR hat sich bei der Ausarbeitung von DRS 3 inhaltlich sehr stark an die beiden international bedeutendsten Standards zur Segmentberichterstattung SFAS 131 und IAS 14 angelehnt. Die einzelnen Standards unterscheiden sich jedoch auch hier in Teilbereichen z. T. signifikant.

In den nachfolgenden Gliederungspunkten 3.2 und 3.3 werden die beiden Deutschen Rechnungslegungsstandards zur Kapitalflußrechnung (DRS 2) und zur Segmentberichterstattung (DRS 3) im Vergleich mit den international anerkannten Standards analysiert und kommentiert.

3.2 Kapitalflußrechnung

3.2.1 International einheitliche Grundsätze zur Aufstellung einer Kapitalflußrechnung

Internationale Bedeutung

Ausgehend von den USA, wo die Offenlegung einer zahlungsstromorientierten Kapitalflußrechnung (»Statement of Cash Flows«) zusammen mit dem Jahresabschluß seit 1988 vorgeschrieben ist, wurden ähnliche Vorschriften zur liquiditätsorientierten Rechnungslegung innerhalb weniger Jahre von zahlreichen Ländern verabschiedet. Derzeit ist in der EU eine solche Kapitalflußrechnung bspw. in Irland und Großbritannien Pflichtbestandteil der Rechnungslegung. Auch die IAS No. 7 sehen die Kapitalflußrechnung als Pflichtbestandteil des Jahresabschlusses vor.

Gemeinsames Merkmal dieser Rechnungslegungsnormen, die sich oftmals nur in Detailfragen unterscheiden, ist die Verpflichtung zur Offenlegung zahlungsstromorientierter Rechnungen. Die Zielsetzung der Kapitalflußrechnung besteht folglich nicht mehr wie in früheren Bewegungs- oder Veränderungsbilanzen in der Darstellung von Beständedifferenzen, sondern ist ausschließlich auf den Ausweis von Zahlungsströmen gerichtet.

Ziel der Stellungnahme HFA 1/1995

In Deutschland hat der Hauptfachausschuß des Instituts der Wirtschaftsprüfer dieser Entwicklung mit der Stellungnahme HFA 1/1995 (vgl. HFA 1/1995, S. 210ff.), die zusammen mit dem Arbeitskreis »Finanzierungsrechnung« der Schmalenbach-Gesellschaft/Deutsche Gesellschaft für Betriebswirtschaft erarbeitet wurde, Rechnung getragen und damit eine Kehrtwende von der bislang gültigen, bewegungsbilanzorientierten Stellungnahme HFA 1/1978 vollzogen. Die Zielsetzung bestand darin, einen Beitrag zur einheitlicheren Ausgestaltung der freiwillig erstellten Kapitalflußrechnungen zu leisten und dem Abschlußprüfer Kriterien für die Beurteilung veröffentlichter Kapitalflußrechnungen an die Hand zu geben.

Pflichtbestandteil des Jahresabschlusses in Deutschland

Seit dem Inkrafttreten des KonTraG am 1.5.1998 ist die Kapitalflußrechnung nun auch in Deutschland Pflichtbestandteil des Konzernabschlusses. Nach § 297 Abs. 1 HGB müssen die gesetzlichen Vertreter eines börsennotierten Mutterunternehmens den Konzernanhang um eine Kapitalflußrechnung und eine Segmentberichterstattung erweitern. Damit reagiert der deutsche Gesetzgeber zum einen auf die seit Jahren von Analysten und Wissenschaftlern vorgetragene Forderung nach einer ergänzenden zahlungsstromorientierten Rechnung und zum anderen auf die seit einigen Jahren zu beobachtende Tendenz der freiwilligen Veröffentlichung derartiger Rechnungen durch deutsche Unternehmen.

Empfehlungen des DRSC zur Konzernrechnungslegung

Am 29. Oktober 1999 hat der DSR den Deutschen Rechnungslegungsstandard Nr. 2 »Kapitalflußrechnung« (DRS 2) verabschiedet. DRS 2 enthält Grundsätze für die gem. § 297 Abs. 1 Satz 2 HGB verpflichtende Erstellung von Kapitalflußrechnungen im Konzernabschluß von börsennotierten Mutterunternehmen. Zum Erlaß derartiger Empfehlungen zur Konzernrechnungslegung ist das DRSC aufgrund der Regelung in § 342 HGB berechtigt. Gem. § 342 Abs. 1 HGB kann das Bundesministerium der Justiz eine privatrechtlich organisierte Institution vertraglich anerkennen, die Empfehlungen zur Konzernrechnungslegung erläßt. Nach § 342 Abs. 2 HGB werden diese nach der Verabschiedung durch das DRSC vom Bundesministerium der Justiz bekannt gemacht. Allerdings kommt den Empfehlungen auch nach der in § 342 Abs. 2 HGB vorgesehenen Bekanntmachung keine Gesetzeskraft zu. Hierin sind vielmehr Auslegungshilfen gesetzlicher Regelungen zu sehen (vgl. STROBEL, W. 1999, S. 1047), für die das Gesetz jedoch ausdrücklich ausführt, daß bei ihrer Befolgung die Beachtung der die Kapitalflußrechnung betreffenden Grundsätze ordnungsmäßiger Buchführung vermutet wird.

DRS 2 ersetzt HFA-Stellungnahme 1/1995

Vor der Veröffentlichung von DRS 2 regelte HFA 1/1995 die Veröffentlichung freiwillig erstellter Kapitalflußrechnungen. DRS 2 soll auch von Unternehmen angewendet werden, die freiwillig eine Kapitalflußrechnung erstellen (vgl. DRS 2, Tz. 3). Insofern kommt HFA 1/1995 in Zukunft keine praktische Bedeutung mehr zu (so auch WYSOCKI, K. v. 1999, S. 2377). DRS 2 ist inhaltlich sehr stark an die beiden international bedeutendsten Standards zur Kapitalflußrechnung SFAS No. 95 und IAS 7 angelehnt. Obwohl sich DRS 2, SFAS No. 95 und IAS 7 sehr ähneln, unterscheiden sie sich in Teilbereichen z.T. signifikant. DRS 2 unterscheidet sich materiell nur unwesentlich von HFA 1/1995, da bereits HFA 1/1995 im wesentlichen an die internationalen Entwicklungen und hier insbes. an SFAS No. 95 und IAS 7 angepasst wurde. Folglich ist der Übergang von HFA 1/1995 auf DRS 2 »weniger eine inhaltliche Fortentwicklung der Konzern-Kapitalflußrechnung als vielmehr eine statusmäßige Aufwertung auf Grund des Bezugs zur handelsrechtlichen Pflichtvorschrift in § 297 Abs. 1 Satz 2 HGB« (STAHN, F. 2000, S. 233). Für deutsche Unternehmen, die bereits bisher bei der Erstellung ihrer Kapitalflußrechnungen die Empfehlungen der HFA-Stellungnahme 1/1995 beachtet haben, ergeben sich im allgemeinen keine Anpassungsmaßnahmen, da HFA 1/1995 mit IAS 7 und folgerichtig auch mit DRS 2 weitgehend übereinstimmt. Anpassungsbedarf ergibt sich nur für diejenigen Unternehmen, die bisher von dem Wahlrecht der Nichtangabe der freiwilligen Angabepflichten in der Anlage der HFA-Stellungnahme 1/1995 Gebrauch gemacht haben.

Zielkonflikt des DSR bei der Ausarbeitung des DRS 2

Bei der Ausarbeitung des DRS 2 wurde der DSR mit einem Zielkonflikt konfrontiert (vgl. ausführlich WYSOCKI, K. v. 1999, S. 2376 ff). Einerseits sollte DRS 2 nationale Richtlinien für solche Unternehmen manifestieren, die seit der Veröffentlichung des KonTraG im März 1998 zur Aufstellung einer Kapitalflußrechnung gem. § 297 Abs. 1 Satz 2 HGB verpflichtet waren. Die Zielsetzung war somit eine inhaltliche Fortentwicklung der Konzernkapitalflußrechnung und eine Beeinflussung des internationalen Harmonisierungsprozesses im Bereich der Kapitalflußrechnung. Andererseits mußte sich DRS 2 zwangsläufig im wesentlichen an den international anerkannten Standards

SFAS No. 95 und IAS 7 orientieren, um darüber hinaus auch denjenigen Unternehmen gerecht zu werden, die einen befreienden Konzernabschluß nach internationalen Standards gem. § 292a HGB erstellen. Folglich blieb dem DSR insgesamt nicht sehr viel Spielraum für innovative bzw. zu SFAS No. 95 bzw. IAS 7 stark differierende Vorschriften. Der Zielkonflikt wurde in DRS 2 durch die Einräumung von zahlreichen Wahlrechten gelöst, die zugleich die Erstellung einer SFAS No. 95- bzw. IAS 7-konformen Kapitalflußrechnung erlauben. DRS 2 versucht im wesentlichen »eine vermittelnde Position zwischen SFAS No. 95 und IAS 7 einzunehmen« (Wysocki, K. v. 1999, S. 2374). In der Fachdiskussion wird in diesem Zusammenhang jedoch zutreffend festgestellt, daß die Einräumung dieser Wahlrechte nicht erforderlich gewesen wäre. IAS 7 wird seit 1994 von der SEC als gleichwertig anerkannt, d. h., ausländische Unternehmen können bei der SEC im Rahmen des nach Form 20-F erstellten Abschlusses eine Kapitalflußrechnung nach IAS 7 an Stelle nach SFAS No. 95 einreichen. Insofern hätte es »bei der Abfassung von DRS 2 ausgereicht, die Befolgung der IAS-Regeln zwingend vorzuschreiben und entsprechend auf die (Angleichungs-)Wahlrechte zu verzichten« (Wysocki, K. v. 1999, S. 2377).

Da eine gemäß SFAS No. 95 bzw. IAS 7 erstellte Kapitalflußrechnung im allgemeinen die Anforderungen von DRS 2 erfüllt, werden im folgenden neben DRS 2 auch die international anerkannten Standards zur Kapitalflußrechnung SFAS No. 95 und IAS 7 vergleichend diskutiert. Dabei werden zunächst allen Standards gemeinsame Grundsatzfragen der Erstellung einer Kapitalflußrechnung dargelegt, bevor die nationalen und internationalen Standards im einzelnen kurz erläutert werden. Auf die Diskussion der HFA-Stellungnahme 1/1995 wird verzichtet, da sie durch DRS 2 abgelöst wurde.

3.2.2 Grundsatzfragen der Erstellung von Kapitalflußrechnungen

3.2.2.1 Aufgaben der Kapitalflußrechnung

Informationen über die Liquiditätslage

Obwohl der Begriff der Kapitalflußrechnung sowohl in der betriebswirtschaftlichen Literatur als auch in der Praxis bislang sehr unterschiedlich definiert wurde, hat sich in den letzten Jahren eine Angleichung der unterschiedlichen Standpunkte ergeben. Den verschiedenen Ausprägungen der Kapitalflußrechnung wie sie in den oben genannten Standards festgeschrieben sind, ist insbes. die Zahlungsstromorientierung gemeinsam. Die Hauptaufgabe der Veröffentlichung von Kapitalflußrechnungen wird heute in der Offenlegung der Zahlungsströme des Unternehmens im abgelaufenen Berichtszeitraum gesehen. Die Kapitalflußrechnung soll die Bilanz sowie die Gewinn- und Verlustrechnung als dritte Jahresrechnung um zusätzliche Informationen ergänzen, die über Herkunft und Verwendung der liquiden Mittel während der Abrechnungsperiode Auskunft geben. Auf diese Weise soll die Investitions- und Finanzierungstätigkeit des Unternehmens dokumentiert und die Ermittlung des Finanzbedarfs ermöglicht werden, der durch Investitionen, die Tilgung von Verbindlichkeiten und die Ausschüttung von Dividenden entsteht.

3.2.2.2 Allgemeine Gestaltungsgrundsätze für die Aufstellung von Kapitalflußrechnungen

Aufgrund dieser über alle Standards hinweg einheitlichen Zielsetzungen sind bei der Erstellung von Kapitalflußrechnungen die folgenden allgemeinen Prinzipien zu beachten (vgl. MANSCH, H./WYSOCKI, K. v. 1996, S. 117f.):

Allgemeine Gestaltungsgrundsätze

(1) Verzicht auf Periodisierung

In der Kapitalflußrechnung dürfen nur die tatsächlichen Zahlungsströme der Periode ausgewiesen werden, jede Form der Periodisierung führt zu einer Verfälschung dieser Zahlungsgrößen.

Periodisierung

(2) Stetigkeit

Damit die Kapitalflußrechnung in zeitlicher Hinsicht vergleichbar ist, dürfen insbes. bei der Fondsabgrenzung und der Abgrenzung der Bereiche laufende Geschäftstätigkeit sowie Investitions- und Finanzierungstätigkeit keine anderen Kriterien als in den Vorjahren zugrunde gelegt werden.

Stetigkeit

(3) Bruttoprinzip

Eine Saldierung von Einzahlungen und Auszahlungen kommt grundsätzlich nicht in Betracht, da in einer Kapitalflußrechnung alle Zahlungen des Unternehmens gezeigt werden sollen.

Bruttoprinzip

(4) Nachprüfbarkeit

Die Kapitalflußrechnung beruht – wie die anderen Jahresrechnungen – auch auf den einzelnen im Rechnungswesen erfaßten Geschäftsvorfällen. Dementsprechend muß sie für einen sachverständigen Dritten aus den entsprechenden Daten ableitbar sein.

Nachprüfbarkeit

(5) Wesentlichkeit

Ein Verzicht auf den Ausweis einzelner Zahlungen soll dann möglich sein, wenn der dadurch entstandene Informationsverlust als unwesentlich angesehen werden kann.

Wesentlichkeit

3.2.2.3 Fondsabgrenzung

Unter einem Fonds versteht man die Zusammenfassung bestimmter Bilanzposten zu einer buchhalterischen Einheit (KÄFER, K. 1984, S. 41). Durch die Ausgliederung eines Fonds soll die Veränderung der ausgegliederten Bilanzposten erklärt werden. Die Basisrechnung wird hierdurch in zwei Teile aufgespalten. Während im Fondsveränderungsnachweis die Veränderungen des Fonds angezeigt wird, sollen diese mit Hilfe der Ursachenrechnung erklärt werden.

Zusammenfassung bestimmter Bilanzposten

Im Fall der zahlungsstromorientierten Kapitalflußrechnung kann die Abgrenzung des Fonds nach dem Kriterium der Liquidierbarkeit in unterschiedlicher Weise vom Umlaufvermögen bis hin zu den Barmitteln erfolgen. In der Vergangenheit war die Frage der Abgrenzung des Finanzmittelfonds heftig um-

Abgrenzung nach verschiedenen Kriterien möglich

stritten. Dabei wurde insbes. die Fondsabgrenzung auf Grundlage des Nettoumlaufvermögens oder des Nettogeldvermögens diskutiert (vgl. WYSOCKI, K. v. 1998b, S. 10f.).

Abgrenzung nach dem Nettoumlaufvermögen

Im Falle der Abgrenzung nach dem Nettoumlaufvermögen ergibt sich der Finanzmittelfonds als Saldo sämtlicher kurzfristiger Aktiv- und Passivposten. Folglich gehen nach dieser Fondsdefinition auch Änderungen von Nichtgeldpositionen wie Vorräten oder Rechnungsabgrenzungsposten in die abzubildenden Fondsveränderungen ein. Hinzu kommt, daß Bewertungsänderungen der im Fonds enthaltenen Nichtgeldpositionen, wie bspw. den Vorräten, als Zahlungsmittelzu- und -abflüsse interpretiert würden.

Abgrenzung nach dem Nettogeldvermögen

Erfolgt die Fondsabgrenzung auf Grundlage des Nettogeldvermögens, gehen neben den liquiden Mitteln auch sämtliche kurzfristigen (d.h. Restlaufzeit bis zu einem Jahr) Geldforderungen abzüglich der kurzfristigen Geldverbindlichkeiten in den Fonds ein. Zwar sind diese Größen einfach aus dem Jahresabschluß abzuleiten, aber auch in diesem Fall werden Bewertungsänderungen der im Fonds enthaltenen Forderungen und Verbindlichkeiten als Fondsveränderungen gezeigt.

Abgrenzung nach den Zahlungsmitteln heute dominierend

Aufgrund dieser Verfälschungen werden heute für die Fondsausgliederung nur noch die Zahlungsmittel bzw. Zahlungsmitteläquivalente in Betracht gezogen, wobei im einzelnen unterschiedliche Abgrenzungen der liquiden Mittel denkbar sind, um der unternehmensindividuellen Disposition der flüssigen Mittel Rechnung tragen zu können. Durch die grundsätzliche Beschränkung des Fonds auf Zahlungsmittel werden im Fondsveränderungsnachweis die Veränderungen der Zahlungsmittel angezeigt, während mit Hilfe der Ursachenrechnung die Zahlungsströme erklärt werden.

3.2.2.4 Gliederung der Kapitalflußrechnung

Vielzahl von Gliederungsvorschlägen

Es gibt eine Vielzahl verschiedener Gliederungsvorschläge für die Kapitalflußrechnung, die sich sowohl nach der Gliederungssystematik als auch nach der Anzahl der ausgewiesenen Posten unterscheiden. Sämtliche Gliederungsmodelle gehen indes auf zwei Grundformen zurück, die auch für die Bilanz und Gewinn- und Verlustrechnung eine Rolle spielen – die Konto- und die Staffelform.

Kontoform

Die Kontoform ist eng verbunden mit der traditionellen Gliederung nach Mittelherkunft und -verwendung in einer Bewegungsbilanz. Daher kommt diesem Konzept in der heutigen Diskussion lediglich eine untergeordnete Bedeutung zu.

Staffelform

Demgegenüber trägt die heute gebräuchliche Staffelform dem zahlungsstromorientierten Charakter der Kapitalflußrechnung weit mehr Rechnung. Eine solche fortlaufende Darstellung der einzelnen Posten erlaubt sowohl deren Gliederung nach bestimmten Kriterien als auch die Bildung von Zwischensummen.

Denkbar ist hierbei bspw. eine Gliederung nach Finanzierungsarten oder nach betrieblichen Teilbereichen.

Gliederung nach Finanzierungsarten

Im ersten Fall, der Gliederung nach Finanzierungsarten, zeigt die Kapitalflußrechnung die Herkunft der Zahlungsmittel des Unternehmens getrennt nach Innen- und Außenfinanzierung. Dieses Gliederungskonzept zeigt insbes. den Charakter der Zahlungsströme aus Sicht der Finanzwirtschaft des Unternehmens.

Aktivitätsformat

Das zweite mögliche Gliederungsschema ist das Aktivitätsformat. Hierbei werden die Zahlungsströme anhand der drei betrieblichen Bereiche »gewöhnliche Geschäftstätigkeit« sowie »Investitions- und Finanzierungstätigkeit« untergliedert. Eine solche Darstellung der Kapitalflußrechnung eignet sich auch für interne Steuerungs- und Kontrollrechnungen, weil dadurch nicht nur die Veränderungen des Fonds angezeigt werden, sondern auch die Aktivitäten dargestellt werden, die in der Berichtsperiode zu Veränderungen des Fonds geführt haben. Das Aktivitätsformat wird deshalb von sämtlichen Stellungnahmen zur zahlungsstromorientierten Kapitalflußrechnung vorgeschrieben. Die Abgrenzung zwischen den betrieblichen Bereichen laufende Geschäftstätigkeit sowie Finanzierungs- und Investitionstätigkeit ist auf Grundlage der einzelnen Standards weitgehend übereinstimmend vorzunehmen. Lediglich in einigen Detailfragen ergeben sich abweichende Regelungen.

3.2.2.4.1 Mittelzu- und -abflüsse aus laufender Geschäftstätigkeit

Zahlungen aus der Erbringung der betrieblichen Leistung

Alle Ein- und Auszahlungen, die aus der Erbringung der betrieblichen Leistung resultieren, stellen grundsätzlich Mittelzu- oder -abflüsse aus laufender Geschäftstätigkeit dar. Dabei können Mittelzuflüsse u.a. aus folgenden Geschäftsvorfällen resultieren:

(1) Bareinnahmen aus Umsätzen;
(2) Einzahlungen aus Forderungen aus Lieferungen und Leistungen;
(3) empfangene Versicherungsleistungen;
(4) Einzahlungen aus Rechtsstreitigkeiten.

Mittelabflüsse aus der laufenden Geschäftstätigkeit können sich insbes. aus nachstehenden Geschäftsvorfällen ergeben:

(1) Auszahlungen für die Beschaffung von Material oder Handelswaren;
(2) Auszahlungen für die Begleichung von Verbindlichkeiten aus Lieferungen und Leistungen;
(3) Lohn- und Gehaltszahlungen.

Zwei Darstellungsmethoden

Grundsätzlich können die Aus- und Einzahlungen aus dem betrieblichen Bereich auf zwei verschiedene Arten dargestellt werden. Einmal können allen Einzahlungen des zu betrachtenden Funktionsbereichs die entsprechenden Auszahlungen direkt gegenübergestellt werden. Der Saldo entspricht dem Mittelzu- oder -abfluß dieses Bereichs. Eine solche Anordnung wird als direkte

Darstellung bezeichnet. Möglich ist auch, das Ergebnis des betreffenden Funktionsbereichs als Saldo aller Aufwendungen und Erträge dieses Teilbereichs, korrigiert um die zahlungsunwirksamen Aufwendungen und Erträge, darzustellen. Das so modifizierte Ergebnis entspricht gerade den Veränderungen an Zahlungsmitteln. Diesen Ausweis bezeichnet man als indirekte Darstellung.

Im Bereich der laufenden Geschäftstätigkeit ist bei dieser Darstellungsweise der Jahresüberschuß Ausgangspunkt der Rechnung. Diese Erfolgsgröße ist anschließend um die nicht zahlungswirksamen Aufwendungen zu erhöhen und um die nicht zahlungswirksamen Erträge zu vermindern. Zu diesen Korrekturen gehören bspw. Abschreibungen, Bestandsveränderungen der Vorräte und Veränderungen der Rückstellungen. Nach der Umgliederung von Aus- und Einzahlungen, die der Investitions- und Finanzierungstätigkeit zuzuordnen sind, entspricht der so modifizierte Jahresüberschuß gerade der Veränderung der Zahlungsmittel aus laufender Geschäftstätigkeit.

3.2.2.4.2 Mittelzu- und -abflüsse aus der Investitions- und Finanzierungstätigkeit

Direkte Methode

Für den Bereich der Investitions- und Finanzierungstätigkeit schreiben alle Standards übereinstimmend die Darstellung nach der direkten Methode vor. Der gesonderte Ausweis von Mittelveränderungen aufgrund der Investitionstätigkeit soll Informationen über den Mitteleinsatz für künftige Erfolge und künftige Einnahmeüberschüsse vermitteln (vgl. WYSOCKI, K. v. 1998b, S. 21). Dies umfaßt vor allem Auszahlungen für Investitionen in Sachanlagen und sonstige Produktionsgüter, die dem Unternehmen zur Leistungserstellung in der Zukunft dienen. Umgekehrt sind Einzahlungen aus dem Abgang von Anlagevermögen als Desinvestitionen zu interpretieren und dem Investitionsbereich als Mittelzufluß zuzuordnen. Zahlungsabgänge für Beteiligungen und Wertpapiere werden ebenfalls als Investitionen in zukünftiges Einzahlungspotential des Konzerns interpretiert.

Im Bereich der Finanzierungstätigkeit werden Mittelzu- und -abflüsse aufgrund von Eigen- oder Fremdkapitalveränderungen erfaßt. Diese Abgrenzung umfaßt insbes. Mittelveränderungen aus Kapitalerhöhungen und -herabsetzungen, Auszahlungen aufgrund der Tilgung von Krediten und umgekehrt die Einzahlungen bei Fremdkapitalaufnahme. Dividendenzahlungen an Anteilseigner sind ebenfalls dem Finanzierungsbereich zuzuordnen.

3.2.2.4.3 Nachweis der Finanzmittelveränderungen

Überleitung des Finanzmittelfonds

Der Fondsveränderungsnachweis enthält die Überleitung des Finanzmittelfonds vom Anfangsbestand über die Summe der Zu- und Abflüsse aus laufender Geschäftstätigkeit sowie aus der Investitions- und Finanzierungstätigkeit bis hin zum Endbestand am Ende der Berichtsperiode. Die Summe der Zahlungsströme der drei Bereiche ergibt insgesamt gerade die Veränderung des Finanzmittelfonds. Bewegungen zwischen den einbezogenen Komponenten des Finanzmittelfonds sind hingegen nicht als Zahlungsmittelzu- bzw. -abflüsse zu betrachten. Diese Veränderungen stellen weder Zahlungsvorgänge im Finanzierungs- noch im Investitionsbereich oder im Bereich der laufenden Geschäftstätigkeit dar, sondern sind allein Veränderungen der Zusammensetzung des Fonds.

Neben diesen zahlungswirksamen Veränderungen können sich trotz der engen Abgrenzung des Finanzmittelfonds in Ausnahmefällen auch nicht zahlungswirksame Veränderungen des Zahlungsmittelbestands ergeben. Diese können einmal auf Wechselkursveränderungen beruhen oder sich aus Abschreibungen auf im Fonds enthaltene Wertpapiere ergeben.

3.2.2.5 Ermittlungstechniken der Kapitalflußrechnung

Verschiedene Ermittlungsmethoden

Zahlungsstromorientierte Kapitalflußrechnungen können grundsätzlich entweder aus den Konten der Finanzbuchhaltung oder derivativ aus dem Jahresabschluß abgeleitet werden. Beide Ermittlungsmethoden führen zum gleichen Ergebnis, sofern bei Anwendung der derivativen Methode Zusatzangaben aus der Finanzbuchhaltung berücksichtigt werden, ohne die eine Eliminierung der zahlungsunwirksamen Vorgänge nicht möglich ist. Bei Anwendung der derivativen Methode ist darüber hinaus zu unterscheiden, ob die Konzernkapitalflußrechnung aus den Kapitalflußrechnungen der einzelnen Konzernunternehmen abgeleitet oder ob sie aus der Konzernbilanz ermittelt wird (vgl. BIEG, H./REGNERY, P. 1993, S. 3). Die erste Methode wird als Bottom-up-Konzept bezeichnet, letztere Vorgehensweise als Top-down-Konzept (vgl. SIENER, F. 1998, S. 40f.).

3.2.2.5.1 Originäre Ermittlung

Erfassung der Daten in der Finanzbuchhaltung

Wesensmerkmal der originären Erstellung der Kapitalflußrechnung ist die direkte Erfassung aller hierfür benötigten Daten unmittelbar in der Finanzbuchhaltung. Um die zahlungswirksamen Geschäftsvorfälle bzw. Buchungen der einzelnen Bereiche vollständig zu erfassen, können bspw. zwei zusätzliche Schlüssel aufgenommen werden, die Auskunft über die Zahlungswirksamkeit des Geschäftsvorfalls geben und darüber hinaus eine Zuordnung zu den Bereichen laufende Geschäftstätigkeit, Finanzierung und Investition ermöglichen. Diese Vorgehensweise zur Datenermittlung führt fast zwangsläufig zu einer direkten Ausgestaltung der Kapitalflußrechnung als Gegenüberstellung von Ein- und Auszahlungen; die indirekte Darstellung scheidet als Gliederungsalternative bei originärer Ermittlung nahezu aus.

Unmittelbare Erfassung der Zahlungsströme

Im Fall der Konzernkapitalflußrechnung können diese Daten entweder aus einer Konzernbuchhaltung oder direkt aus den Buchhaltungen der einzelnen Konzernunternehmen abgeleitet werden. Im Gegensatz zu den anderen Ermittlungsmethoden werden hier die Zahlungsströme unmittelbar erfaßt. Eine Konsolidierung der Zahlungsströme ist nur dann erforderlich, wenn die

Konzernkapitalflußrechnung auf der Grundlage der Buchhaltung der einbezogenen Unternehmen ermittelt wird.

Derivative Ableitung ist die Regel

Die originäre Kapitalflußrechnung stellt die umfassendste und detaillierteste Form einer Liquiditätsrechnung dar und kann daher unter der Voraussetzung einer entsprechenden Ausgestaltung des Rechnungswesens auch für Zwecke der internen Steuerung verwendet werden. Allerdings setzt die originäre Ermittlung bestimmte EDV-Anwendungen voraus, die, wenn überhaupt, nur auf der Ebene des Einzelabschlusses realisierbar sind. Eine Konzernbuchhaltung, die die Ableitung der originären Zahlungsströme auf Konzernebene erlaubt, scheidet als Datengrundlage in aller Regel aus, weil diese in der Unternehmenspraxis bislang nur in Ausnahmefällen realisiert ist. Demnach kommt auf Ebene des Konzernabschlusses nur die derivative Ermittlung in Betracht.

3.2.2.5.2 Derivative Ermittlung

Ableitung aus dem aufgestellten Jahresabschluß

Im Gegensatz zur originären Ermittlung der Kapitalflußrechnung baut die derivative Vorgehensweise auf dem aufgestellten Jahresabschluß auf. Dabei werden die Stromgrößen der Gewinn- und Verlustrechnung und die Bestandsveränderungen der Bilanz um zahlungsunwirksame Veränderungen korrigiert, die entweder aus der Bilanz, Gewinn- und Verlustrechnung oder aus zusätzlichen Unterlagen ermittelt werden. Bei dieser Art der Datenermittlung ist sowohl eine direkte als auch eine indirekte Darstellung des Bereichs der laufenden Geschäftstätigkeit denkbar.

Im Fall der Ermittlung der Konzernkapitalflußrechnung ist weiterhin zu unterscheiden, ob die Kapitalflußrechnung aus den bereits aufgestellten Kapitalflußrechnungen der einzelnen Konzernunternehmen abgeleitet wird (Bottom-up-Konzept) oder ob die bereits konsolidierte Konzernbilanz Grundlage der Ermittlung der Konzernkapitalflußrechnung ist (Top-down-Konzept).

Ableitung aus den Abschlüssen der Konzernunternehmen

Im Fall der Vorgehensweise nach dem Bottom-up-Konzept werden analog zur Vorgehensweise bei der Aufstellung der Konzernbilanz sowie der Konzern-Gewinn- und Verlustrechnung die Kapitalflußrechnungen der einbezogenen Unternehmen zu einer Summenkapitalflußrechnung aufaddiert. Anschließend muß diese Summenkapitalflußrechnung um konzerninterne Zahlungsvorgänge korrigiert werden. Dieses Verfahren hat allerdings den Nachteil, daß bei jedem Unternehmen des Konzerns das Know-how vorhanden sein muß, um eine Kapitalflußrechnung zu erstellen.

Ableitung aus dem Konzernabschluß

Im Falle der Ableitung nach dem Top-down-Konzept wird dieser Nachteil vermieden. Denn bei dieser Vorgehensweise wird grundsätzlich nur die bereits aufgestellte Konzernbilanz sowie die Konzern-Gewinn- und Verlustrechnung zur Erstellung der Konzernkapitalflußrechnung herangezogen. Die Vereinfachung besteht darin, daß nur zentral eine Konzernkapitalflußrechnung abgeleitet wird und nicht jede Tochtergesellschaft eine Kapitalflußrechnung aufstellen muß. Dieser einfachen Ermittlung steht jedoch der Nachteil gegenüber, daß die

Ermittlung auf einer sehr aggregierten Ebene erfolgt und infolgedessen die Fehlerwahrscheinlichkeit einer Top-down erstellten Konzernkapitalflußrechnung zunimmt. Dennoch ist das Top-down-Konzept in der Praxis – aufgrund der einfacheren Durchführbarkeit – weiter verbreitet als das Bottom-up-Konzept (vgl. WYSOCKI, K. v. 2000, S. 430f.).

3.2.2.6 Besonderheiten der Kapitalflußrechnung im Konzern

Eliminierung von konzerninternen Zahlungsströmen

Neben den bereits erwähnten Alternativen der Herleitung einer Konzernkapitalflußrechnung sind im Zuge ihrer Ermittlung weitere Besonderheiten zu beachten, die sich aus der wirtschaftlichen Einheit Konzern ergeben (vgl. zu einem Beispiel KÜTING, K./DAWO, S. 1999a, S. 285ff.). Insbes. sind konzerninterne Zahlungsströme zwischen den einzelnen Konzernunternehmen zu eliminieren. Welche Unternehmen zur wirtschaftlichen Einheit Konzern gehören, ist nach dem Konsolidierungskreis zu beurteilen, der auch den anderen Jahresrechnungen zugrunde liegt. Die in der Vergangenheit in Erwägung gezogene Abgrenzung des Konsolidierungskreises nach finanzwirtschaftlichen Erwägungen kommt für Kapitalflußrechnungen, die aufgrund einer gesetzlichen Verpflichtung erstellt werden, nicht in Betracht.

3.2.2.6.1 Veränderungen des Konsolidierungskreises

Veränderungen des Konsolidierungskreises

Veränderungen des Konsolidierungskreises sind in der Konzernkapitalflußrechnung nicht gem. der für die Konzernbilanz geltenden Einzelerwerbsfiktion, sondern entsprechend ihrem finanzwirtschaftlichen Charakter als Investitionsauszahlungen bzw. Desinvestitionseinzahlungen zu erfassen. Werden bspw. Anteile im Berichtsjahr erworben und erfolgt eine erstmalige Konsolidierung im Jahr des Beteiligungserwerbs, so besteht grundsätzlich die Möglichkeit, die Tochter zum Zeitpunkt des Erwerbs oder zum Jahresende einzubeziehen. In beiden Fällen ist die Konzernkapitalflußrechnung um die Auszahlungen für den Beteiligungserwerb und um die erworbenen Zahlungsmittel zu korrigieren, die das neu hinzukommende Tochterunternehmen zum Zeitpunkt der Einbeziehung besaß. Umgekehrt ist im Falle der Endkonsolidierung eines Tochterunternehmens dem Erlös aus der Veräußerung der Beteiligung der Abgang der Zahlungsmittel des abgehenden Unternehmens gegenzurechnen. Änderungen des Konsolidierungskreises dürfen sich somit in der Kapitalflußrechnung nur dann auswirken, wenn sich hieraus aus der Sicht des Konzerns Zahlungsmittelbewegungen ergeben haben.

3.2.2.6.2 Auswirkungen von Wechselkursänderungen

Differenzierung zwischen Einzel- und Konzernabschlußebene

Die Änderungen von Währungsparitäten dürfen sich in der Kapitalflußrechnung nur dann auswirken, wenn die Wechselkursveränderungen auch zu veränderten Zahlungsströmen führen. Dazu ist zwischen der Einzel- und Konzernabschlußebene zu unterscheiden. Im Einzelabschluß kann ein sinkender Wechselkurs bei Unterschreiten der Anschaffungskosten beispielsweise im

Umlaufvermögen eine Abschreibungspflicht nach sich ziehen. Diese erfolgswirksame Korrektur bleibt aber per Saldo ohne Auswirkung auf den Mittelzu- oder -abfluß aus der gewöhnlichen Geschäftstätigkeit, denn bei direkter Ermittlung hat eine Abschreibung als zahlungsunwirksamer Aufwand keinen Einfluß auf die Ermittlung des Mittelzu- oder -abflusses aus gewöhnlicher Geschäftstätigkeit. Wird der Mittelzu- oder -abfluß hingegen nach der indirekten Methode ermittelt, so ist die Ausgangsgröße dieser Ermittlung, der Jahresüberschuß, bereits um die Abschreibungen reduziert. In diesem Fall muß in Höhe der Abschreibungen eine Korrektur erfolgen.

Demgegenüber wirkt sich die Umrechnung der Abschlüsse ausländischer Tochterunternehmen für Zwecke der Konzernrechnungslegung auf die nominelle Höhe des ermittelten Mittelzu- oder -abflusses aus und muß aus diesem Grund eliminiert werden.

Konzernkapitalflußrechnung muß korrigiert werden

Im Fall der in der Rechnungslegungspraxis am häufigsten anzutreffenden Möglichkeit der Herleitung der Konzernkapitalflußrechnung aus der Konzernbilanz sind die Verfälschungen aufgrund der Änderungen der Währungsparitäten bereits in der noch nicht korrigierten Kapitalflußrechnung enthalten. Auf Grundlage der Bilanz des jeweiligen einbezogenen Unternehmens muß für jeden Bilanzposten der reine Währungseffekt bestimmt und berichtigt werden (vgl. hierzu SIENER, F. 1998, S. 57f.), so daß die korrigierte Kapitalflußrechnung keine Wechselkurseffekte aus der Umrechnung mehr beinhaltet.

3.2.3 Nationale und internationale Standards zur Erstellung einer Kapitalflußrechnung

Wahlrechte des DRS 2

In DRS 2 wurden dem Anwender zahlreiche Wahlrechte eingeräumt, um eine gleichzeitige Befolgung der Vorschriften von DRS 2 und SFAS No. 95 bzw. IAS 7 zu gewährleisten. Damit wird die Erstellung einer Kapitalflußrechnung für solche börsennotierten Mutterunternehmen erleichtert, die gem. § 292a HGB von der Möglichkeit der Aufstellung eines befreienden Konzernabschlusses nach international anerkannten Rechnungslegungsgrundsätzen Gebrauch machen. Folglich entspricht eine gem. SFAS No. 95 bzw. IAS 7 erstellte Kapitalflußrechnung im allgemeinen gleichzeitig den Anforderungen in DRS 2. Aufgrund dieser ambivalenten Ausrichtung von DRS 2 kommen insbes. den beiden international anerkannten Standards SFAS No. 95 und IAS 7 die Funktion einer Orientierungshilfe bei der Aufstellung einer Kapitalflußrechnung gem. DRS 2 zu. Die Verlautbarungen folgen grundsätzlich dem gerade skizzierten Konzept einer zahlungsstromorientierten Rechnung. Unterschiede treten insbes. bei der Zuordnung von Ertragsteuern, Dividenden und Zinsen zu den einzelnen Bereichen auf (vgl. PILHOFER, J. 2000, S. 295f.). Weiterhin ergeben sich Abweichungen aus unterschiedlichen Gliederungsschemata und den verlangten Zusatzangaben. Durch die zahlreichen Wahlrechte in DRS 2 wird die Vergleichbarkeit von nach diesem Standard erstellten Kapitalflußrechnungen deutscher Unternehmen erschwert. Im folgenden werden DRS 2, SFAS No. 95 und IAS 7 analysiert und insbes. die Unterschiede hervorgehoben.

3.2.3.1 Kapitalflußrechnung nach DRS 2

Gegenstand und Geltungsbereich

Am 29. Oktober 1999 hat der DSR den Deutschen Rechnungslegungsstandard Nr. 2 »Kapitalflußrechnung« (DRS 2) verabschiedet. DRS 2 enthält Grundsätze für die gem. § 297 Abs. 1 Satz 2 HGB verpflichtende Erstellung von Kapitalflußrechnungen im Konzernabschluß von börsennotierten Mutterunternehmen (vgl. DRS 2, Tz. 2). Vor der Veröffentlichung von DRS 2 regelte HFA 1/1995 die Veröffentlichung freiwillig erstellter Kapitalflußrechnungen. DRS 2 soll auch von Unternehmen angewendet werden, die freiwillig eine Kapitalflußrechnung erstellen (vgl. DRS 2, Tz. 3). Insofern kommt HFA 1/1995 in Zukunft keine praktische Bedeutung mehr zu (so auch Wysocki, K. v. 1999, S. 2377). DRS 2 gilt auch für Unternehmen der Versicherungs- und Kreditwirtschaft, Pensionsfonds und Investmentgesellschaften, soweit in anderen Standards nicht ausdrücklich etwas anderes bestimmt ist (vgl. DRS 2, Tz. 4). Ziel der Kapitalflußrechnung ist es, den Einblick in die Fähigkeit des Unternehmens zu verbessern, »künftig finanzielle Überschüsse zu erwirtschaften, seine Zahlungsverpflichtungen zu erfüllen und Ausschüttungen an die Anteilseigner zu leisten« (DRS 2, Tz. 1). DRS 2 ist für alle nach dem 31. Dezember 1998 beginnenden Geschäftsjahre anzuwenden (vgl. DRS 2, Tz. 58).

Abgrenzung des Finanzmittelfonds

In der internationalen Fachdiskussion wird die einhellige Meinung vertreten, daß im Finanzmittelfonds nur Zahlungsmittel und Zahlungsmitteläquivalente enthalten sein dürfen. DRS 2 folgt dieser Auffassung und läßt für den zu entwickelnden Finanzmittelfonds nur liquide Mittel ersten Grades (Zahlungsmittel- und Zahlungsmitteläquivalente) zu, »um Wertänderungsrisiken von Fondsbeständen in ihrer jeweiligen Währung und Einlöserisiken zu minimieren« (DRS 2, Tz. 17). Zahlungsmitteläquivalente werden in DRS 2 als als Liquiditätsreserve gehaltene, kurzfristige und äußerst liquide Finanzmittel des Unternehmens definiert, »die jederzeit in Zahlungsmittel umgewandelt werden können und nur unwesentlichen Wertschwankungen unterliegen« (DRS 2, Tz. 6). Darunter zählen auch Zahlungsmittel mit einer vom Erwerbszeitpunkt ausgehenden Restlaufzeit von nicht mehr als drei Monaten (vgl. DRS 2, Tz. 18). In den Finanzmittelfonds dürfen gem. DRS 2, Tz. 19 auch jederzeit fällige Bankverbindlichkeiten inkludiert werden, die in die Disposition der liquiden Mittel einbezogen werden. In diesem Fall ergibt sich der Wert des Finanzmittelfonds aus der Differenz von liquiden Mitteln und jederzeit fälligen Bankverbindlichkeiten. Der Abzug von kurzfristigen Überziehungskrediten von den positiven Fondsbestandteilen ist aufgrund der Führung von Kontokorrentkonten in der Praxis durchaus sinnvoll. Unterschiedsbeträge von Wertänderungen im Finanzmittelfonds, die z. B. durch Abschreibungen oder Wechselkursänderungen hervorgerufen werden, sind zwingend einem der Bereiche laufende Geschäfts-, Investitions- oder Finanzierungstätigkeit zuzuordnen und in einem gesonderten Posten auszuweisen. Der Grundsatz der Stetigkeit gem. DRS 2, Tz. 10 ist insbes. im Rahmen der Fondsabgrenzung anzuwenden, um einen unmittelbaren Zeitvergleich zu gewährleisten.

Aufgrund der zulässigen Flexibilität bei der Abgrenzung des Finanzmittelfonds mit der Folge eines unterschiedlichen Aussagegehaltes der Kapitalflußrechnung fordert DRS 2, Tz. 52 die Offenlegung

(a) der Definition des Finanzmittelfonds,

(b) der Auswirkungen von Änderungen in der Definition des Finanzmittelfonds und

(c) der Zusammensetzung des Finanzmittelfonds sowie eine Überleitung zu den entsprechenden Bilanzposten, sofern der Finanzmittelfonds von dem Bilanzposten »Schecks, Kassenbestand, Bundesbankguthaben, Guthaben bei Kreditinstituten« abweicht.

Fondsbestandteile, über die das Unternehmen nicht oder nur eingeschränkt verfügen kann, sowie die Bestände des Finanzmittelfonds von quotal einbezogenen Unternehmen sind gem. DRS 2, Tz. 53 separat offenzulegen.

Gliederung der Kapitalflußrechnung

Die Kapitalflußrechnung ist gem. DRS 2, Tz. 10 in Staffelform darzustellen; Vergleichszahlen für die vergangene Rechnungslegungsperiode sind offenzulegen. DRS 2 folgt der international einhelligen Auffassung, die Zahlungsmittelzuflüsse und -abflüsse in der Berichtsperiode den folgenden drei Teilbereichen zuzuordnen (vgl. DRS 2, Tz. 7f.):

(a) Zahlungsmittelzuflüsse/-abflüsse aus der laufenden Geschäftstätigkeit,

(b) Zahlungsmittelzuflüsse/-abflüsse aus der Investitionstätigkeit (einschließlich Desinvestitionen) und

(c) Zahlungsmittelzuflüsse/-abflüsse aus der Finanzierungstätigkeit.

Die Summe der Zahlungsmittelzuflüsse/-abflüsse der drei Teilbereiche muß der Veränderung des Finanzmittelfonds in der Berichtsperiode entsprechen, soweit diese nicht auf Wechselkurs- oder sonstigen Wertänderungen beruht (vgl. DRS 2, Tz. 7). Soweit die jeweiligen Standards keine verbindlichen Zuordnungsvorschriften enthalten, sind die Zahlungsströme im allgemeinen nach vernünftiger kaufmännischer Beurteilung den Teilbereichen zuzuordnen. Bei Geschäftsvorfällen, deren Zahlungsströme unterschiedlichen Tätigkeitsbereichen zuzurechnen sind (z.B. Rückzahlung eines Darlehens mit Zins- und Tilgungsanteil), kann eine Zuordnung gem. DRS 2, Tz. 9 entweder auf den vorrangig betroffenen Bereich (Grundsatz der Wesentlichkeit) vorgenommen werden oder es erfolgt eine entsprechende Aufteilung nach vernünftiger kaufmännischer Beurteilung (z.B. wird der Zinsanteil der laufenden Geschäftstätigkeit und der Tilgungsanteil der Finanzierungstätigkeit zugeordnet).

Bei der Erstellung der Kapitalflußrechnung sind gem. DRS 2, Tz. 12 sowohl die originäre als auch die derivative Erstellung grundsätzlich zulässig. Es wird keine Vorgehensweise bevorzugt; in der Praxis erfolgt die Erstellung aus Wirtschaftlichkeitsgesichtspunkten i. d. R. derivativ. DRS 2 schreibt für die Darstellung des Cash Flow aus der laufenden Geschäftstätigkeit weder die direkte noch die indirekte Methode verpflichtend vor – in der Praxis wird daher im wesentlichen aus Kostengesichtspunkten und Praktikabilitätsgründen im allgemeinen die indirekte gegenüber der i. d. R. wesentlich aufwendigeren direkten Ermittlung vorgezogen (vgl. DRS 2, Tz. 12). Bei der Ermittlung des Cash Flow aus der Investitions- und Finanzierungstätigkeit kommt ausschließlich die direkte Methode in Betracht (vgl. DRS 2, Tz. 12). Im Gegensatz zu SFAS No. 95 und IAS 7 werden in DRS 2 Mindestgliederungsschemata für die Ermittlung des Cash Flow aus der laufenden Geschäfts-, Finanzierungs- und Investitionstätigkeit vorgegeben. Diese sind ggf. entsprechend den weiteren Anforderungen von DRS 2 zu untergliedern; Vorgänge von wesentlicher Bedeutung sind dabei stets gesondert offenzulegen (vgl. DRS 2, Tz. 25).

Übersicht 111: Kapitalflußrechnung nach DRS 2 mit direkter Darstellung des Cash Flow aus laufender Geschäftstätigkeit

(1)		Einzahlungen von Kunden für den Verkauf von Erzeugnissen, Waren und Dienstleistungen
(2)	–	Auszahlungen an Lieferanten und Beschäftigte
(3)	+	Sonstige Einzahlungen, die nicht der Investitions- oder Finanzierungstätigkeit zuzuordnen sind
(4)	–	Sonstige Auszahlungen, die nicht der Investitions- oder Finanzierungstätigkeit zuzuordnen sind
(5)	±	Ein- und Auszahlungen aus außerordentlichen Posten
(6)	=	**Cash Flow aus laufender Geschäftstätigkeit**
(7)		Einzahlungen aus Abgängen von Gegenständen des Sachanlagevermögens/immateriellen Anlagevermögens
(8)	–	Auszahlungen für Investitionen in das Sachanlagevermögen/immaterielle Anlagevermögen
(9)	+	Einzahlungen aus Abgängen von Gegenständen des Finanzanlagevermögens
(10)	–	Auszahlungen für Investitionen in das Finanzanlagevermögen
(11)	+	Einzahlungen aus dem Verkauf von konsolidierten Unternehmen und sonstigen Geschäftseinheiten
(12)	–	Auszahlungen aus dem Erwerb von konsolidierten Unternehmen und sonstigen Geschäftseinheiten
(13)	+	Einzahlungen aufgrund von Finanzmittelanlagen im Rahmen der kurzfristigen Finanzdisposition
(14)	–	Auszahlungen aufgrund von Finanzmittelanlagen im Rahmen der kurzfristigen Finanzdisposition
(15)	=	**Cash Flow aus der Investitionstätigkeit**
(16)		Einzahlungen aus Eigenkapitalzuführungen (Kapitalerhöhungen, Verkauf eigener Anteile, etc.)
(17)	–	Auszahlungen an Unternehmenseigner und Minderheitsgesellschafter (Dividenden, Erwerb eigener Anteile, Eigenkapitalrückzahlungen, andere Ausschüttungen)
(18)	+	Einzahlungen aus der Begebung von Anleihen und der Aufnahme von (Finanz-)Krediten
(19)	–	Auszahlungen aus der Tilgung von Anleihen und (Finanz-)Krediten
(20)	=	**Cash Flow aus der Finanzierungstätigkeit**
(21)		Zahlungswirksame Veränderung des Finanzmittelbestands (Summe aus Zf. 6, 15, 20)
(22)	±	Wechselkurs-, konsolidierungskreis- und bewertungsbedingte Änderungen des Finanzmittelbestands
(23)	+	Finanzmittelbestand am Anfang der Periode
(24)	=	**Finanzmittelbestand am Ende der Periode**

Übersicht 112: Kapitalflußrechnung nach DRS 2 mit indirekter Darstellung des Cash Flow aus laufender Geschäftstätigkeit

(1)		Periodenergebnis (einschließlich Ergebnisanteile von Minderheitsgesellschaftern) vor außerordentlichen Posten
(2)	±	Abschreibungen/Zuschreibungen auf Gegenstände des Anlagevermögens
(3)	±	Zunahme/Abnahme der Rückstellungen
(4)	±	Sonstige zahlungsunwirksame Aufwendungen und Erträge (bspw. Abschreibungen auf ein aktiviertes Disagio)
(5)	∓	Gewinn/Verlust aus dem Abgang von Gegenständen des Anlagevermögens
(6)	∓	Zunahme/Abnahme der Vorräte, der Forderungen aus Lieferungen und Leistungen sowie anderer Aktiva, die nicht der Investitions- oder Finanzierungstätigkeit zuzuordnen sind
(7)	±	Zunahme/Abnahme der Verbindlichkeiten aus Lieferungen und Leistungen sowie anderer Passiva, die nicht der Investitions- oder Finanzierungstätigkeit zuzuordnen sind
(8)	±	Ein- und Auszahlungen aus außerordentlichen Posten
(9)	=	**Cash Flow aus laufender Geschäftstätigkeit**
(10)		Einzahlungen aus Abgängen von Gegenständen des Sachanlagevermögens/ immateriellen Anlagevermögens
(11)	–	Auszahlungen für Investitionen in das Sachanlagevermögen/ immaterielle Anlagevermögen
(12)	+	Einzahlungen aus Abgängen von Gegenständen des Finanzanlagevermögens
(13)	–	Auszahlungen für Investitionen in das Finanzanlagevermögen
(14)	+	Einzahlungen aus dem Verkauf von konsolidierten Unternehmen und sonstigen Geschäftseinheiten
(15)	–	Auszahlungen aus dem Erwerb von konsolidierten Unternehmen und sonstigen Geschäftseinheiten
(16)	+	Einzahlungen aufgrund von Finanzmittelanlagen im Rahmen der kurzfristigen Finanzdisposition
(17)	–	Auszahlungen aufgrund von Finanzmittelanlagen im Rahmen der kurzfristigen Finanzdisposition
(18)	=	**Cash Flow aus der Investitionstätigkeit**

Übersicht 112: (Fortsetzung)	
(19)	Einzahlungen aus Eigenkapitalzuführungen (Kapitalerhöhungen, Verkauf eigener Anteile, etc.)
(20) –	Auszahlungen an Unternehmenseigner und Minderheitsgesellschafter (Dividenden, Erwerb eigener Anteile, Eigenkapitalrückzahlungen, andere Ausschüttungen)
(21) +	Einzahlungen aus der Begebung von Anleihen und der Aufnahme von (Finanz-)Krediten
(22) –	Auszahlungen aus der Tilgung von Anleihen und (Finanz-)Krediten
(23) =	**Cash Flow aus der Finanzierungstätigkeit**
(24)	Zahlungswirksame Veränderung des Finanzmittelbestands (Summe aus Zf. 9, 18, 23)
(25) ±	Wechselkurs-, konsolidierungskreis- und bewertungsbedingte Änderungen des Finanzmittelbestands
(26) +	Finanzmittelbestand am Anfang der Periode
(27) =	**Finanzmittelbestand am Ende der Periode**

Überleitungsrechnung

Eine Überleitungsrechnung vom Mittelzufluß/-abfluß aus der laufenden Geschäftstätigkeit zum Jahresergebnis ist im Falle einer indirekten Erstellung der Kapitalflußrechnung integrierter Bestandteil der zahlungsstromorientierten Rechnung. Bei einer direkten Erstellung der Kapitalflußrechnung wird eine entsprechende Überleitungsrechnung im Gegensatz zu SFAS No. 95 indes nicht gefordert.

Bruttoausweis

DRS 2 verlangt grundsätzlich einen Bruttoausweis der Zahlungsströme, da dieser im allgemeinen informativer als ein saldierter Nettoausweis ist (vgl. DRS 2, Tz. 15). Gem. DRS 2, Tz. 15 darf ein Nettoausweis der Zahlungsströme in folgenden Fällen erfolgen:

»(a) bei hoher Umschlagshäufigkeit, großen Beträgen und kurzen Laufzeiten, bspw. dem Kauf und Verkauf von Wertpapieren oder

(b) bei Zahlungsströmen für Rechnung von Dritten, wenn sie überwiegend auf Aktivitäten der Dritten zurückzuführen sind, etwa bei für Dritte eingezogenen und an sie weitergeleiteten Mieten«.

Zahlungsströme in fremder Währung

Zahlungsströme in Fremdwährungen sind gem. DRS 2, Tz. 22 »grundsätzlich mit dem Wechselkurs des jeweiligen Zahlungszeitpunktes in die Berichtswährung umzurechnen; dies gilt auch für ausländische Tochterunternehmen«. Aus Vereinfachungsgründen kann alternativ ein Näherungskurs, insbes. ein gewogener Durchschnittskurs herangezogen werden.

Zahlungsunwirksame und unbare Transaktionen

In der Kapitalflußrechnung werden lediglich Mittelzuflüsse und -abflüsse abgebildet – Geschäftsvorfälle, die nicht zu einer Veränderung des Finanzmittelfonds führen, sind gem. DRS 2, Tz. 48 nicht in die Kapitalflußrechnung aufzunehmen. Als Beispiele für derartige Geschäftsvorfälle werden in DRS 2, Tz. 49 angeführt:

»(a) der Erwerb von Vermögenswerten mit Stundung des Erwerbspreises, durch Übernahme fremder Verbindlichkeiten oder durch Finanzierungsleasing,

(b) der Erwerb eines Unternehmens gegen Ausgabe eigener Anteile oder

(c) die Umwandlung von Schulden in Eigenkapital«.

Bedeutende zahlungsunwirksame Investitions- und Finanzierungsvorgänge sowie unbare Geschäftsvorfälle sind gem. DRS 2, Tz. 52 dennoch angabepflichtig. Nur so ermöglicht die Kapitalflußrechnung einen sicheren Einblick in die Vermögens- und Kapitalstruktur.

Zinsen und Dividenden

Erhaltene und gezahlte Zinsen sowie erhaltene Dividenden und andere übernommene Ergebnisse werden gem. DRS 2, Tz. 36 im allgemeinen der laufenden Geschäftstätigkeit zugeordnet. Erhaltene Zinsen und Dividenden dürfen davon abweichend bei sachlicher Begründung auch der Investitionstätigkeit, gezahlte Zinsen der Finanzierungstätigkeit und aktivierte Zinsen der Investitionstätigkeit zugeordnet werden (vgl. DRS 2, Tz. 39). Der Gesamtbetrag der gezahlten Zinsen ist unabhängig von der Erfassung als Aufwand oder der Aktivierung im Anhang offenzulegen (vgl. DRS 2, Tz. 38). Gezahlte Dividenden sind gem. DRS 2, Tz. 37 der Finanzierungstätigkeit zuzuordnen und gesondert anzugeben.

Ertragsteuerbedingte Zahlungsströme

Gezahlte Ertragsteuern werden im allgemeinen der laufenden Geschäftstätigkeit zugeordnet und gesondert offengelegt (vgl. DRS 2, Tz. 40f.). Die Angabe kann dabei bei Anwendung der indirekten Methode entweder als gesonderter Posten in der Kapitalflußrechnung oder alternativ als gesonderte Angabe im Anhang erfolgen (vgl. DRS 2, Tz. 43). Gezahlte Ertragsteuern dürfen auch ausnahmsweise der Investitions- oder der Finanzierungstätigkeit zugeordnet werden, wenn sie sich auf einen dieser Tätigkeitsbereiche eindeutig zuordnen lassen (vgl. DRS 2, Tz. 42).

Außerordentliche Posten

Mittelzuflüsse und -abflüsse aus außerordentlichen Posten müssen gem. DRS 2, Tz. 50 gesondert offengelegt und entsprechend den Teilbereichen laufende Geschäfts-, Investitions- oder Finanzierungstätigkeit zugeordnet werden. Analysten sollen dadurch in die Lage versetzt werden, die Ursachen dieser außerordentlichen Posten zu verstehen sowie die Auswirkungen auf zukünftige Zahlungsströme zu prognostizieren. Die außerordentlichen Zahlungsströme sind nicht mit den außerordentlichen Erfolgspositionen in der handelsrechtlichen Gewinn- und Verlustrechnung identisch. Eine in der handelsrechtlichen Gewinn- und Verlustrechnung ausgewiesene außerordentliche Vollabschreibung für eine durch einen Großbrand zerstörte Lagerhalle darf in der Kapitalflußrechnung bspw. nicht als außerordentlicher Posten gezeigt werden, sondern lediglich die dafür erforderlichen Ersatzinvestitionen.

Sicherungsgeschäfte

DRS 2 folgt der international einhelligen Auffassung, Zahlungsmittelzuflüsse und -abflüsse im Zusammenhang mit Sicherungsgeschäften grundsätzlich dem Tätigkeitsbereich zuzuordnen, dem die Zahlungen aus dem Grundgeschäft zugrunde liegen (vgl. DRS 2, Tz. 47).

Besonderheiten bei der Aufstellung einer Konzernkapitalflußrechnung

Entsprechend der Einheitstheorie ist im Konzernabschluß die Vermögens-, Finanz- und Ertragslage der einbezogenen Unternehmen so darzustellen, als ob diese Unternehmen insgesamt ein einziges Unternehmen wären (vgl. § 297 Abs. 3 Satz 1 HGB). Für die Konzernkapitalflußrechnung gelten somit die gleichen Aufstellungsgrundsätze wie für die Einzel-Kapitalflußrechnung (vgl. DRS 2, Tz. 13). Folgerichtig sind die in den Konzernabschluß einzubeziehenden Unternehmen gem. DRS 2, Tz. 14 analog ihrer Konsolidierungsmethode in die Kapitalflußrechnung einzubeziehen. Die Zahlungsströme von quotenkonsolidierten Unternehmen sind in die Kapitalflußrechnung entsprechend ihrer Quote anteilig zu übernehmen; bei Unternehmen, die mittels Equity-Methode in den Konzernabschluß einbezogen werden, sind nur die Zahlungen zwischen dem Konzern und diesen assoziierten Unternehmen zu erfassen (z. B. Dividendenzahlungen, Kapitalerhöhungen durch Einzahlungen sowie Zahlungen im Zusammenhang mit dem Erwerb oder Verkauf solcher Beteiligungen). Der erfolgswirksam vereinnahmte anteilige Jahreserfolg bei Anwendung der Equity-Methode darf somit nicht als Mittelzufluß/-abfluß in der Kapitalflußrechnung gezeigt werden.

Der Gesamtbetrag der Mittelzuflüsse und -abflüsse aus dem Erwerb und Verkauf von konsolidierten Unternehmen oder sonstigen Geschäftseinheiten ist gem. DRS 2, Tz. 44 innerhalb des Cash Flow aus der Investitionstätigkeit gesondert darzustellen. Dieser Betrag ergibt sich als Unterschiedsbetrag aus den als Kauf- bzw. Verkaufspreis gezahlten oder erhaltenen Mitteln und den übernommenen oder abgegebenen Zahlungsmitteln und Zahlungsmitteläquivalenten. Die geforderten Anhangangaben nach DRS 2 gehen hierbei sogar über die der US-amerikanischen Vorschrift SFAS No. 95 hinaus. DRS 2 verlangt die Offenlegung folgender Informationen (vgl. DRS 2, Tz. 52):

(a) die Summe der Kauf- oder Verkaufspreise,

(b) der durch Zahlungsmittel und Zahlungsmitteläquivalente beglichene Teil des Kauf- oder Verkaufspreises,

(c) die im Zusammenhang mit dem Kauf oder dem Verkauf erworbenen bzw. verkauften Beträge an Zahlungsmitteln und Zahlungsmitteläquivalenten sowie

(d) die im Zusammenhang mit dem Kauf oder dem Verkauf erworbenen bzw. verkauften Vermögenswerte (mit Ausnahme der Zahlungsmittel und Zahlungsmitteläquivalente) und Schulden, gegliedert nach Hauptposten.

Analysten können durch diese umfangreichen Anhangangaben insbes. die Mittelzuflüsse und -abflüsse aus dem Erwerb und Verkauf von konsolidierten Unternehmen von den üblichen Zahlungsströmen unterscheiden und separieren.

Freiwillige Angaben

In die Kapitalflußrechnung können freiwillig beliebige Angaben zusätzlich aufgenommen werden.

Übergangsvorschriften

Bei erstmaliger Anwendung von DRS 2 kann auf die Angabe der Vorjahreszahlen verzichtet werden (vgl. DRS 2, Tz. 56). Wurde bisher eine von DRS 2 abweichende Kapitalflußrechnung erstellt, so sind die Vorjahreszahlen nur dann anzugeben, wenn sie in Übereinstimmung mit DRS 2 ermittelt wurden (vgl. DRS 2, Tz. 57).

3.2.3.2 SFAS No. 95

Gegenstand und Geltungsbereich

SFAS No. 95 »Statement of Cash Flows« (im folgenden kurz SFAS 95) wurde vom FASB im November 1987 herausgegeben und ersetzte die vom Accounting Principles Board im Jahre 1971 veröffentlichte APB-Opinion No. 19 »The Statement of Sources and Application of Funds«. Das »Statement of Cash Flows« zählt als dritte Rechnung neben der Bilanz sowie Gewinn- und Verlustrechnung zu einem Pflichtbestandteil des Jahresabschlusses nach US-GAAP und ist daher sowohl beim Einzelabschluß (wenn er überhaupt offengelegt wird) als auch beim Konzernabschluß aufzustellen. SFAS 95 ist nur für prüfungspflichtige Unternehmen und für Unternehmen, die sich einer freiwilligen Prüfung unterziehen, zwingend anzuwenden (vgl. SFAS 95, Abs. 3 bzw. Regulation S-X, Rule 3-02). Befreiungsvorschriften bestehen für »not-for-profit organizations« sowie bestimmte Pensionsfonds und Investmentgesellschaften gem. SFAS No. 102. SFAS 95 ist für Geschäftsjahre anzuwenden, die nach dem 15. Juli 1988 enden (vgl. SFAS 95, Abs. 34).

Abgrenzung des Finanzmittelfonds

Als Bestandteile des Fonds kommen nur Zahlungsmittel i. S. v. Barbeständen und täglich fälligen Sichteinlagen sowie Zahlungsmitteläquivalenten in Betracht (vgl. SFAS 95, Abs. 7). Um Verfälschungen des Fonds durch Bewertungsänderungen weitgehend zu vermeiden, dürfen als Zahlungsmitteläquivalente nur kurzfristige, äußerst liquide Finanzmittel aufgenommen werden. Diese Voraussetzung ist gem. SFAS 95, Abs. 8 dann erfüllt, wenn die Restlaufzeit weniger als drei Monate beträgt und keine Einlösungsrisiken bestehen. Bei der Abgrenzung der Bestandteile der Zahlungsmitteläquivalente können unternehmensindividuelle Besonderheiten berücksichtigt werden, bspw. können Fondsbestandteile ausgegliedert und der Investitionstätigkeit zugeordnet werden (vgl. SFAS 95, Abs. 10 und Abs. 56). Eine Saldierung von Zahlungsmitteln oder Zahlungsmitteläquivalenten mit kurzfristigen Bankverbindlichkeiten ist grundsätzlich unzulässig (vgl. SFAS 95, Abs. 7 und Abs. 11). SFAS 95 fordert analog DRS 2 die Offenlegung der Komponenten des Finanzmittelfonds sowie die Methode zur Abgrenzung der »cash and cash equivalents« als Teil der »accounting policy« im Anhang (vgl. SFAS 95, Abs. 7, Abs. 10 und Abs. 56). Eine Methodenänderung in der Abgrenzung des Finanzmittelfonds gilt gem. SFAS 95, Abs. 10 und APB 20 als Änderung der Bilanzierungs- und Bewertungsmethoden (»change in accounting principles«) und führt im allgemeinen zu umfangreichen Angabepflichten im Anhang sowie zu einer Anpassung von Vorjahreswerten (»restatement«). Des weiteren fordert SFAS 95, Abs. 7 analog DRS 2 für die Komponenten des Finanzmittelfonds zusätzlich Überleitungsrechnungen zu den entsprechenden Bilanzposten. Analog DRS 2 sind nach SFAS 95 Fondsbestandteile mit Verfügungsbeschränkungen offenzulegen (Regulation S-X, Rule 5-02.1). Verfügungsbeschränkungen bestehen insbes. bei der Sicherung von Fremdkapital durch liquide Mittel (»compensating balance arrangements«).

Gliederung der Kapitalflußrechnung

Die Rechnung ist nach der Staffelform anzuordnen (die Kontenform ist explizit verboten) und Vergleichszahlen für die vergangene Rechnungslegungsperiode sind offenzulegen (vgl. ARB 43, Chapter 2, Section A, Abs. 1 bzw. Regulation S-X, Rule 3-01). Die Zahlungsströme sind gem. SFAS 95, Abs. 14 entsprechend den drei betrieblichen Bereichen »cash flows from operating activities«, »cash flows from investing activities« und »cash flows from financing activities« zu zeigen. Bei Geschäftsvorfällen, deren Zahlungsströme unterschiedlichen Tätigkeitsbereichen zuzuordnen sind (z.B. Rückzahlung eines Darlehens mit Zins- und Tilgungsanteil), ist ausschließlich eine Zuordnung der Zahlungsströme zu der dominierenden Tätigkeit zulässig (vgl. SFAS 95, Abs. 24). Die »cash flows from operating activities« können nach der direkten und indirekten Methode dargestellt werden. Die Zahlungsströme der Bereiche »investing« und »financing« sind hingegen zwingend nach der direkten Methode zu zeigen. SFAS 95 bevorzugt weder die originär noch die derivativ erstellte Kapitalflußrechnung, so daß grundsätzlich beide Erstellungsformen zulässig sind. Im Gegensatz zu DRS 2 präferiert das FASB die Anwendung der direkten Methode für die Darstellung des Cash Flow aus der laufenden Geschäftstätigkeit, die in SFAS 95, Abs. 27f. explizit empfohlen wird. Dennoch dominiert auch in der US-amerikanischen Praxis im wesentlichen aus Kostengesichtspunkten und Praktikabilitätsgründen die alternativ zulässige indirekte Methode. Für die Darstellung der Kapitalflußrechnung gilt der Grundsatz der Stetigkeit (vgl. ARB 43, Chapter 2, Section A, Abs. 2). Mindestgliederungsschemata analog DRS 2 werden nicht vorgegeben. Es werden indes in Form eines Katalogs typische Mittelzuflüsse und -abflüsse der drei Teilbereiche beispielhaft aufgeführt (vgl. SFAS 95, Abs. 22f., Abs. 16f. und Abs. 19f.). Vergleichszahlen für die vergangene Rechnungslegungsperiode sind offenzulegen (vgl. ARB 43, Chapter 2, Section A, Abs. 1 bzw. Regulation S-X, Rule 3-01).

Übersicht 113: Beispiel eines Statement of Cash Flows nach der indirekten Methode

Cash Flows from operating activities:		
Net income		$ 760
Adjustments to reconcile net income to net cash provided by operating activities:		
Depreciation and amortization	$ 445	
Provision for losses on accounts receivable	200	
Gain on sale of facility	(80)	
Undistributed earnings of affiliate	(25)	
Payment received on installment note receivable for sale of inventory	100	
Change in assets and liabilities net of effects from purchase of Company S:		
Increase in accounts receivable	(215)	
Decrease in inventory	205	
Increase in prepaid expenses	(25)	
Decrease in accounts payable and accrued expenses	(250)	
Increase in interest and income taxes payable	50	
Increase in deferred taxes	150	
Increase in other liabilities	50	
Total adjustments		605
Net cash provided by operating activities		1,365
Cash Flows from investing activities:		
Proceeds from sale of facility	600	
Payment received on note for sale of plant	150	
Capital expenditures	(1,000)	
Payment for purchase of Company S, net of cash acquired	(925)	
Net cash used in investing activities		(1,175)
Cash Flows from financing activities:		
Net borrowings under line-of-credit agreement	300	
Principal payments under capital lease obligation	(125)	
Proceeds from issuance of long-term debt	400	
Proceeds from issuance of common stock	500	
Dividends paid	(200)	
Net cash provided by financing activities		875
Net increase in cash and cash equivalents		1,065
Cash and cash equivalents at beginning of year		600
Cash and cash equivalents at end of year		$ 1,665

Übersicht 114: Beispiel eines Statement of Cash Flows nach der direkten Methode

Cash Flows from operating activities:		
Cash received from customers	$ 13,850	
Cash paid to suppliers and employees	(12,000)	
Dividend received from affiliate	20	
Interest received	55	
Interest paid (net of amount capitalized)	(220)	
Income taxes paid	(325)	
Insurance proceeds received	15	
Cash paid to settle lawsuit for patent infringement	(30)	
Net cash provided by operating activities		$ 1,365
Cash Flows from investing activities:		
Proceeds from sale of facility	600	
Payment received on note for sale of plant	150	
Capital expenditures	(1,000)	
Payment for purchase of Company S, net of cash acquired	(925)	
Net cash used in investing activities		(1,175)
Cash Flows from financing activities:		
Net borrowings under line-of-credit agreement	300	
Principal payments under capital lease obligation	(125)	
Proceeds from issuance of long-term debt	400	
Proceeds from issuance of common stock	500	
Dividends paid	(200)	
Net cash provided by financing activities		875
Net increase in cash and cash equivalents		1,065
Cash and cash equivalents at beginning of year		600
Cash and cash equivalents at end of year		$ 1,665

Überleitungsrechnung

SFAS 95 verlangt sowohl bei Anwendung der direkten als auch der indirekten Methode eine Überleitungsrechnung vom Mittelzufluß/-abfluß aus der laufenden Geschäftstätigkeit zum Jahresergebnis (vgl. SFAS 95, Abs. 28ff.). Bei Anwendung der direkten Methode ist diese Überleitung gesondert darzustellen – im Falle einer indirekten Erstellung der Kapitalflußrechnung muß diese Überleitungsrechnung ohnehin zwingend vorgenommen werden und ist ein integrierter Bestandteil der Kapitalflußrechnung. Unternehmen, die sich für die vom FASB empfohlene direkte Methode entscheiden, müssen somit zusätzlich zwingend den Mittelzufluß/-abfluß aus der laufenden Geschäftstätigkeit nach der indirekten Methode ermitteln. Dieser Mehraufwand, der nur bei direkter Ableitung der Kapitalflußrechnung entsteht, wird in der Fachdiskussion neben den Kostengesichtspunkten und den Praktikabilitätsgründen als weiterer Grund dafür angesehen, daß die indirekte Methode in der US-amerikanischen Praxis dominiert.

Bruttoausweis

SFAS 95 fordert generell einen Bruttoausweis der Zahlungsströme (vgl. SFAS 95, Abs. 11ff.). Ein Nettoausweis ist gem. SFAS 95, Abs. 12 für Posten zulässig, die durch hohe Beträge, kurze Laufzeiten und einen schnellen Umschlag gekennzeichnet sind. Darunter fallen gem. SFAS 95, Abs. 13:

(a) Investitionen ins Anlagevermögen, sofern sie nicht die Zahlungsmitteläquivalente betreffen,

(b) Ausleihungen und

(c) Schulden, sofern die Gesamtlaufzeit unter drei Monaten liegt.

Zahlungsströme in fremder Währung

Gem. SFAS 95, Abs. 25 sind Zahlungsströme in Fremdwährung analog DRS 2 generell mit dem zum Zahlungszeitpunkt gültigen Transaktionskurs in die Berichtswährung umzurechnen; dies gilt entsprechend für ausländische Tochterunternehmen. Analog DRS 2 ist gem. SFAS 95, Abs. 25 bei unwesentlichen Effekten eine Näherungslösung in Form eines gewogenen Durchschnittskurses zulässig. Des weiteren sind gem. SFAS 95, Abs. 25 nicht realisierte Gewinne und Verluste aus Kursänderungen nicht als Mittelzuflüsse und -abflüsse, sondern als separater Korrekturposten in der Überleitung des Finanzmittelfonds zu zeigen, um eine Überleitung vom Anfangsbestand zum Endbestand der »cash and cash equivalents« in der Periode zu gewährleisten.

Zahlungsunwirksame und unbare Transaktionen

Wesentliche zahlungsunwirksame Investitions- und Finanzierungsvorgänge sowie unbare Geschäftsvorfälle sind gem. SFAS No. 95, Abs. 32 an einer anderen Stelle im Abschluß, d. h. außerhalb der Kapitalflußrechnung anzugeben, sofern die Bereitstellung der Informationen über diese Investitions- und Finanzierungsvorgänge notwendig ist (Grundsatz der Wesentlichkeit). Besteht ein Geschäftsvorfall sowohl aus einem Baranteil als auch einem unbaren Anteil, ist in die Kapitalflußrechnung nur der Baranteil einzubeziehen; der unbare Anteil ist gem. SFAS 95, Abs. 32 außerhalb der Kapitalflußrechnung offenzulegen.

Zinsen und Dividenden

Erhaltene und gezahlte Zinsen sowie erhaltene Dividenden und andere übernommene Ergebnisse sind nach dem in SFAS 95 gewählten »inclusion concept« grundsätzlich der laufenden Geschäftstätigkeit, gezahlte Dividenden grundsätzlich der Finanzierungstätigkeit zuzuordnen (vgl. SFAS 95, Abs. 20a, Abs. 22b, Abs. 23d, Abs. 27b, Abs. 27e und Abs. 88ff.). Diese Mittelzuflüsse und -abflüsse sind bei Anwendung der direkten Methode zur Ermittlung des Cash Flow aus der laufenden Geschäftstätigkeit gem. SFAS 95, Abs. 21–23 gesondert auszuweisen.

Ertragsteuerbedingte Zahlungsströme

Ertragsteuerzahlungen sind gem. SFAS 95 ein Abzugsposten innerhalb des Cash Flow aus der laufenden Geschäftstätigkeit und im Falle einer direkten Ableitung der Kapitalflußrechnung gesondert auszuweisen (vgl. SFAS 95, Abs. 23c, Abs. 27 und Abs. 91f.).

Außerordentliche Posten

Es besteht im Gegensatz zu DRS 2 keine Verpflichtung zum separaten Ausweis von außerordentlichen Zahlungsströmen beim jeweiligen Cash Flow (vgl. SFAS 95, Abs. 26, Fn. 10). Macht ein Unternehmen dennoch von diesem freiwilligen Ausweis Gebrauch, so muß dieser Ausweis in den Folgeperioden konsistent beibehalten werden.

Sicherungsgeschäfte

Zahlungsmittelzuflüsse und -abflüsse im Zusammenhang mit Sicherungsgeschäften sind grundsätzlich dem Tätigkeitsbereich zuzuordnen, dem die Zahlungen aus dem Grundgeschäft zugehören (vgl. SFAS 104, Abs. 6).

Besonderheiten bei der Aufstellung einer Konzernkapitalflußrechnung

Die in den Konzernabschluß einzubeziehenden Unternehmen werden analog ihrer Konsolidierungsmethode in die Kapitalflußrechnung einbezogen. Gemeinschaftsunternehmen müssen zwingend mittels Equity-Methode einbezogen werden, da nach US-GAAP die Anwendung der Quotenkonsolidierung grundsätzlich unzulässig ist. Zahlungsströme zwischen Gemeinschaftsunternehmen und dem Konzern dürfen folglich generell nicht in die Konzernkapitalflußrechnung einfließen (Ausnahme: Materiality). Der Gesamtbetrag der Mittelzuflüsse und -abflüsse aus dem Erwerb und Verkauf von konsolidierten Unternehmen oder sonstigen Geschäftseinheiten ist gem. SFAS 95 innerhalb des Cash Flow aus der Investitionstätigkeit gesondert darzustellen. Dieser Betrag ergibt sich als Unterschiedsbetrag aus den als Kauf- bzw. Verkaufspreis gezahlten oder erhaltenen Mitteln und den übernommenen oder abgegebenen Zahlungsmitteln und Zahlungsmitteläquivalenten. SFAS 95 fordert generell weniger Anhangangaben als bspw. DRS 2. In SFAS 95, Appendix C wird in einer Beispielrechnung u.a. im Rahmen des Erwerbs eines Konzernunternehmens lediglich die Angabe des »fair value of assets aquired«, des Abzugspostens »cash paid for the capital stock« und des daraus folgenden Betrags »liabilities assumed« verlangt.

Freiwillige Angaben

Die Offenlegung von freiwilligen Informationen ist im Gegensatz zu DRS 2 sehr restriktiv. Die Angabe der Kennzahl »cash flow per share« im Jahresabschluß ist z.B. gem. SFAS 95, Abs. 33 explizit unzulässig, um eine Verwechslung mit der verpflichtend anzugebenden Kennzahl »earnings per share« als erfolgswirtschaftliche Maßgröße zu vermeiden.

3.2.3.3 IAS 7

Gegenstand und Geltungsbereich

Der ursprüngliche IAS 7 »Statement of Changes in Financial Position«, der im Oktober 1977 vom IASC erlassen wurde, ist mit der Veröffentlichung von IAS 7 (revised 1992) »Cash Flow Statements« (im folgenden kurz IAS 7) im Dezember 1992 abgelöst worden. IAS 7 hat in den letzten Jahren zunehmend an internationaler Bedeutung gewonnen, da diese Vorschrift seit 1994 von der

SEC als gleichwertig anerkannt wird, d. h., ausländische Unternehmen können bei der SEC im Rahmen des nach Form 20-F erstellten Abschlusses eine Kapitalflußrechnung nach IAS 7 anstelle nach SFAS 95 einreichen. IAS 7 hat sich weitgehend an SFAS 95 angepaßt (vgl. auch Wysocki, K. v. 1999, S. 2373), wobei die Angabepflichten von IAS 7 über die Anforderungen von SFAS 95 hinausgehen. IAS 7 ist für alle Unternehmen verpflichtend anzuwenden, die nach IAS bilanzieren (vgl. IAS 7, Abs. 1 und Abs. 3). Es bestehen im Gegensatz zu DRS 2 und SFAS 95 keinerlei Befreiungsvorschriften. IAS 7 ist für alle Geschäftsjahre anzuwenden, die nach dem 1.1.1994 beginnen (vgl. IAS 7, Abs. 53).

Abgrenzung des Finanzmittelfonds

In den Finanzmittelfonds sind nur Zahlungsmittel- und Zahlungsmitteläquivalente einzubeziehen (vgl. IAS 7, Abs. 6ff.). Unter Zahlungsmittel (»cash«) werden gem. IAS 7, Abs. 6 Barmittel und Sichteinlagen subsumiert. Zahlungsmitteläquivalente (»cash equivalents«) sind kurzfristige, äußerst liquide Finanzinvestitionen, die jederzeit in bestimmte Zahlungsmittelbeträge umgewandelt werden können und nur unwesentlichen Wertschwankungsrisiken unterliegen. Finanzinvestitionen zählen gem. IAS 7, Abs. 7 nur dann zu den Zahlungsmitteläquivalenten, wenn sie eine vom Erwerbszeitpunkt an gerechnete Restlaufzeit von nicht mehr als drei Monaten besitzen. Bankverbindlichkeiten gehören im allgemeinen zu den Finanzierungstätigkeiten, dürfen jedoch gem. IAS 7, Abs. 8 ausnahmsweise in den Finanzmittelfonds einbezogen werden, wenn Kontokorrent-Beziehungen bestehen und die Bankverbindlichkeiten in die Disposition der liquiden Mittel einbezogen werden. Bei der Zuordnung von Posten zu den Zahlungsmitteläquivalenten sollen insbes. unternehmensindividuelle Besonderheiten berücksichtigt werden (vgl. IAS 7, Abs. 7 und Abs. 45). Bewegungen innerhalb des Finanzmittelfonds sind keine Mittelzuflüsse oder -abflüsse (vgl. IAS 7, Abs. 9). IAS 7 fordert analog DRS 2 die Offenlegung der Komponenten des Finanzmittelfonds sowie die Methode zur Abgrenzung der »cash and cash equivalents« als Teil der »accounting policy« im Anhang (vgl. IAS 7, Abs. 45ff.). Eine Methodenänderung in der Abgrenzung des Finanzmittelfonds gilt gem. IAS 7, Abs. 47 und IAS 8 als Änderung der Bilanzierungs- und Bewertungsmethoden (»change in accounting principles«) und führt im allgemeinen zu umfangreichen Angabepflichten im Anhang sowie zu einer Anpassung von Vorjahreswerten (»restatement«). Des weiteren fordert IAS 7, Abs. 45 analog DRS 2 für die Komponenten des Finanzmittelfonds zusätzlich Überleitungsrechnungen zu den entsprechenden Bilanzposten. Analog DRS 2 sind nach SFAS 95 Fondsbestandteile mit Verfügungsbeschränkungen offenzulegen (vgl. IAS 7, Abs. 48 f.). Verfügungsbeschränkungen bestehen insbes. bei der Sicherung von Fremdkapital durch liquide Mittel (»compensating balance arrangements«).

Gliederung der Kapitalfluß-rechnung

Die Kapitalflußrechnung ist nach Staffelform aufzustellen – die Kontenform ist jedoch im Gegensatz zu SFAS 95 nicht explizit verboten. Vergleichszahlen für die vergangene Rechnungslegungsperiode sind gem. IAS 1, Abs. 38 offenzulegen. Die Zahlungsströme sind gem. IAS 7, Abs. 10 entsprechend den drei betrieblichen Bereichen »cash flows from operating activities«, »cash flows from investing activities« und »cash flows from financing activities« zu zeigen. Bei Geschäftsvorfällen, deren Zahlungsströme unterschiedlichen Tätigkeitsbereichen zuzuordnen sind (z. B. Rückzahlung eines Darlehens mit Zins- und Tilgungsanteil), kann eine Zuordnung entweder auf den vorrangig betroffenen Bereich vorgenommen werden oder es erfolgt eine entsprechende Aufteilung nach vernünftiger kaufmännischer Beurteilung (vgl. IAS 7, Abs. 11f.). Die »cash flows from operating activities« können nach der direkten und indirekten Methode dargestellt werden. Die Zahlungsströme der Bereiche »investing« und »financing« sind hingegen zwingend nach der direkten Methode zu zeigen. IAS 7 bevorzugt weder die originär noch die derivativ erstellte Kapitalflußrechnung, so daß grundsätzlich beide Erstellungsformen zulässig sind. Im Gegensatz zu DRS 2 präferiert das IASC die Anwendung der direkten Methode für die Darstellung des Cash Flow aus der laufenden Geschäftstätigkeit (vgl. IAS 7, Abs. 18ff.). Dennoch dominiert auch in der internationalen Praxis im wesentlichen aus Kostengesichtspunkten und Praktikabilitätsgründen die alternativ zulässige indirekte Methode. Für die Darstellung der Kapitalflußrechnung gilt der Grundsatz der Stetigkeit (vgl. IAS 1, Abs. 27). Mindestgliederungsschemata analog DRS 2 werden nicht vorgegeben. Es werden indes in Form eines Katalogs typische Mittelzuflüsse und -abflüsse der drei Teilbereiche beispielhaft aufgeführt (vgl. IAS 7, Abs. 14, Abs. 16 und Abs. 17).

Überleitungsrechnung

Eine Überleitungsrechnung vom Mittelzufluß/-abfluß aus der laufenden Geschäftstätigkeit zum Jahresergebnis ist im Falle einer indirekten Erstellung der Kapitalflußrechnung integrierter Bestandteil der zahlungsstromorientierten Rechnung. Bei einer direkten Erstellung der Kapitalflußrechnung wird im Gegensatz zu SFAS 95 eine entsprechende Überleitungsrechnung indes nicht gefordert.

Bruttoausweis

IAS 7 fordert generell einen Bruttoausweis der Zahlungsströme (vgl. IAS 7, Abs. 18ff.). Gem. IAS 7, Abs. 22 ist ein Nettoausweis für Mittelzuflüsse und -abflüsse zulässig, die aus den folgenden laufenden Geschäfts-, Investitions- oder Finanzierungstätigkeiten resultieren:

(a) im Namen von Kunden geleistete und empfangene Zahlungen, wenn die Mittelzuflüsse und -abflüsse mehr auf die Aktivitäten des Kunden als auf die des Unternehmens zurückzuführen sind (z. B. Annahme und Rückzahlung von Sichteinlagen bei einem Kreditinstitut) und

(b) Ein- und Auszahlungen für Posten mit großer Umschlagshäufigkeit, großen Beträgen und kurzen Laufzeiten (z. B. Darlehensbeträge gegenüber Kreditkartenkunden).

Zahlungsströme in fremder Währung

Gem. IAS 7, Abs. 25f. sind Zahlungsströme in Fremdwährung analog DRS 2 generell mit dem zum Zahlungszeitpunkt gültigen Transaktionskurs in die Berichtswährung umzurechnen; dies gilt entsprechend für ausländische Tochterunternehmen. Analog DRS 2 ist gem. IAS 7, Abs. 27 bei unwesentlichen Effekten eine Näherungslösung in Form eines gewogenen Durchschnittskurses zulässig. Des weiteren sind gem. IAS 7, Abs. 28 nicht realisierte Gewinne und Verluste aus Kursänderungen nicht als Mittelzuflüsse und -abflüsse, sondern als separater Korrekturposten in der Überleitung des Finanzmittelfonds zu zeigen, um eine Überleitung vom Anfangsbestand zum Endbestand der »cash and cash equivalents« in der Periode zu gewährleisten.

Zahlungsunwirksame und unbare Transaktionen

Wesentliche zahlungsunwirksame Investitions- und Finanzierungsvorgänge sowie unbare Geschäftsvorfälle sind gem. IAS 7, Abs. 43 an einer anderen Stelle im Abschluß, d. h. außerhalb der Kapitalflußrechnung anzugeben, sofern die Bereitstellung der Informationen über diese Investitions- und Finanzierungsvorgänge notwendig ist (Grundsatz der Wesentlichkeit). Besteht ein Geschäftsvorfall sowohl aus einem Baranteil als auch einem unbaren Anteil, ist in die Kapitalflußrechnung nur der Baranteil einzubeziehen; der unbare Anteil ist gem. IAS 7, Abs. 43 außerhalb der Kapitalflußrechnung offenzulegen.

Zinsen und Dividenden

IAS 7 schreibt für Industrieunternehmen keine verpflichtende Zuordnung von Zinsen und Dividenden vor. Gem. IAS 7, Abs. 31 sind Zahlungsströme aus gezahlten sowie erhaltenen Zinsen und Dividenden jeweils gesondert anzugeben und unter Beachtung des Stetigkeitsgebots entweder der laufenden Geschäfts-, Investitions- oder Finanzierungstätigkeit zuzuordnen; bei der Zuordnung sind insbes. die unternehmensspezifischen Gegebenheiten zu berücksichtigen. Gezahlte Dividenden können als Finanzierungstätigkeit oder laufende Geschäftstätigkeit klassifiziert werden (vgl. IAS 7, Abs. 34). Der Gesamtbetrag der gezahlten Zinsen ist gem. IAS 7, Abs. 32 unabhängig von der Erfassung als Aufwand oder Aktivierung im Anhang offenzulegen.

Ertragsteuerbedingte Zahlungsströme

Eine Aufteilung von Mittelzuflüssen und -abflüssen aus Ertragsteuern auf die Bereiche laufende Geschäfts-, Investitions- oder Finanzierungstätigkeit ist gem. IAS 7, Abs. 35f. in den Fällen verpflichtend vorzunehmen, in denen eine praktische Umsetzung durchführbar ist. Wenn diese Zuordnung in der Praxis scheitert, sollen die Zahlungsströme der laufenden Geschäftstätigkeit zugeordnet werden. Der Gesamtbetrag der gezahlten Steuern muß unabhängig von der Zuordnung gesondert angegeben werden (vgl. IAS 7, Abs. 35f.).

Außerordentliche Posten

Zahlungen im Zusammenhang mit außerordentlichen Vorgängen sind auf die Teilbereiche laufende Geschäfts-, Investitions- und Finanzierungstätigkeit verpflichtend zuzuordnen und gesondert offenzulegen (vgl. IAS 7, Abs. 29f.). Analysten sollen dadurch in die Lage versetzt werden, die Ursachen dieser außerordentlichen Posten zu verstehen sowie die Auswirkungen auf zukünftige Zahlungsströme zu prognostizieren. Diese Angaben müssen gem. IAS 7, Abs. 30 zusätzlich zu den entsprechenden Angaben über Art und Höhe von außerordentlichen Posten erfolgen, die gem. IAS 8 »Net Profit or Loss for the Period, Fundamental Errors and Changes in Accounting Policies« gefordert werden.

Sicherungsgeschäfte

Zahlungsmittelzuflüsse und -abflüsse im Zusammenhang mit Sicherungsgeschäften sind grundsätzlich dem Tätigkeitsbereich zuzuordnen, dem die Zahlungen aus dem Grundgeschäft zugehören (vgl. IAS 7, Abs. 16).

Besonderheiten bei der Aufstellung einer Konzernkapitalflußrechnung

Bei der Erstellung von Konzernkapitalflußrechnungen ist von der Fiktion der wirtschaftlichen Einheit des Konzerns auszugehen. Folgerichtig sind die in den Konzernabschluß einzubeziehenden Unternehmen gem. IAS 7, Abs. 37f. analog ihrer Konsolidierungsmethode in die Kapitalflußrechnung einzubeziehen. Die Zahlungsströme von quotenkonsolidierten Unternehmen sind in die Kapitalflußrechnung entsprechend ihrer Quote anteilig zu übernehmen; bei Unternehmen, die mittels Equity-Methode in den Konzernabschluß einbezogen werden, sind nur die Zahlungen zwischen dem Konzern und diesen assoziierten Unternehmen zu erfassen (z.B. Dividendenzahlungen, Kapitalerhöhungen durch Einzahlungen sowie Zahlungen im Zusammenhang mit dem Erwerb oder Verkauf solcher Beteiligungen). Der erfolgswirksam vereinnahmte anteilige Jahreserfolg bei Anwendung der Equity-Methode darf somit nicht als Mittelzufluß/-abfluß in der Kapitalflußrechnung gezeigt werden. Der Gesamtbetrag der Mittelzuflüsse und -abflüsse aus dem Erwerb und Verkauf von konsolidierten Unternehmen oder sonstigen Geschäftseinheiten ist gem. IAS 7, Abs. 39 innerhalb des Cash Flow aus der Investitionstätigkeit gesondert darzustellen. Dieser Betrag ergibt sich als Unterschiedsbetrag aus den als Kauf- bzw. Verkaufspreis gezahlten oder erhaltenen Mitteln und den übernommenen oder abgegebenen Zahlungsmitteln und Zahlungsmitteläquivalenten. Die geforderten Anhangangaben nach IAS 7 gehen über die der US-amerikanischen Vorschrift SFAS 95 hinaus. IAS 7, Abs. 40 verlangt die Offenlegung folgender Informationen:

(a) die Summe der Kauf- oder Verkaufspreise,

(b) der durch Zahlungsmittel und Zahlungsmitteläquivalente beglichene Teil des Kauf- oder Verkaufspreises,

(c) die im Zusammenhang mit dem Kauf oder dem Verkauf erworbenen bzw. verkauften Beträge an Zahlungsmitteln und Zahlungsmitteläquivalenten und

(d) die im Zusammenhang mit dem Kauf oder dem Verkauf erworbenen bzw. verkauften Vermögenswerte (mit Ausnahme der Zahlungsmittel und Zahlungsmitteläquivalente) und Schulden, gegliedert nach Hauptposten.

Analysten können durch die umfangreichen Anhangangaben insbes. die Mittelzuflüsse und -abflüsse aus dem Erwerb und Verkauf von konsolidierten Unternehmen von den üblichen Zahlungsströmen unterscheiden und separieren.

Freiwillige Angaben

IAS 7 empfiehlt über die o.g. Pflichtangaben hinaus im Gegensatz zu DRS 2 und SFAS 95 die Offenlegung weiterer fakultativer Informationen. Durch die Offenlegung dieser freiwilligen Angaben sollen insbes. Analysten zusätzliche nützliche Informationen zur Beurteilung der Vermögens-, Finanz- und Ertragslage zur Verfügung gestellt werden. Gem. IAS 7, Abs. 50 werden folgende fakultative Angaben empfohlen:

(a) der Betrag nicht ausgenutzter Kreditlinien (können für die künftige Geschäftstätigkeit und zur Erfüllung von Verpflichtungen genutzt werden),

(b) der Gesamtbetrag aller Zahlungsströme, die sich auf quotal einbezogene Gemeinschaftsunternehmen (»joint ventures«) beziehen,

(c) der Gesamtbetrag der Zahlungsströme, die die Erweiterungen der betrieblichen Kapazität betreffen (im Gegensatz zu Zahlungsströmen, die zur Kapazitätserhaltung erforderlich sind) und

(d) Aufgliederung der Mittelzuflüsse und -abflüsse aus laufender Geschäfts-, Investitions- und Finanzierungstätigkeit nach geographischen Segmenten oder Geschäftsfeldern analog IAS 14 (»Segment Reporting«).

Diese Angaben sind z. T. ungewöhnlich und werden in der Praxis daher selten offengelegt. Insbes. von der Offenlegung o. g. Segmentinformationen wird eine zunehmende Akzeptanz und Anwendung in der Praxis erwartet, da die neu überarbeiteten internationalen Vorschriften zur Segmentberichterstattung SFAS 131 und IAS 14 (revised 1997) u. a. bereits eine Segmentierung von wesentlichen nicht zahlungswirksamen Aufwendungen und Erträgen inkl. Abschreibungen und Wertminderungen zwingend vorschreiben.

3.3 Segmentberichterstattung

Deutscher Rechnungslegungsstandard Nr. 3 »Segmentberichterstattung«

Am 20. Dezember 1999 wurde vom DSR der Deutsche Rechnungslegungsstandard Nr. 3 »Segmentberichterstattung« (DRS 3) verabschiedet, der die Grundsätze für die verpflichtende Erstellung einer Segmentberichterstattung im Konzernabschluss von börsennotierten Muttergesellschaften enthält (vgl. DRS 3, Tz. 3). DRS 3 ist erstmals für nach dem 31. Dezember 1998 beginnende Geschäftsjahre anzuwenden (vgl. DRS 3, Tz. 51). Unternehmen, die freiwillig eine Segmentberichterstattung erstellen, müssen ebenfalls DRS 3 anwenden (vgl. DRS 3, Tz. 4). DRS 3 schließt die Regelungslücke in § 297 Abs. 1 Satz 2 HGB, die durch die Verabschiedung des KonTraG im März 1998 zunächst entstanden war. Vor der Verabschiedung des KonTraG wurde im Konzernanhang gemäß § 314 Abs. 1 Nr. 3 HGB lediglich eine rudimentäre Aufgliederung der Umsatzerlöse nach Tätigkeitsbereichen sowie nach geographisch bestimmten Märkten gefordert. Im Gegensatz zur deutschen Rechnungslegung ist das »segment reporting« im angelsächsischen Bilanzierungsraum schon seit längerem ein verpflichtender Bestandteil des offenzulegenden Jahresabschlusses. IAS 14 (revised 1997) »Segment Reporting« (im folgenden kurz IAS 14) wurde vom IASC nach über dreijähriger Beratungszeit im August 1997 veröffentlicht und ist für Berichtsperioden, die nach dem 1. Juli 1998 beginnen, verpflichtend anzuwenden. SFAS No. 131 »Disclosures about Segments of an Enterprise and Related Information« (im folgenden kurz SFAS 131) wurde vom FASB im

Juni 1997 herausgegeben. Diese Vorschrift ersetzt das im Dezember 1976 vom FASB veröffentlichte SFAS No. 14 »Financial Reporting for Segments of a Business Enterprise« und ist für Geschäftsjahre, die nach dem 15. Dezember 1997 beginnen, verpflichtend anzuwenden. Nach Ansicht des DSR hat die Segmentberichterstattung das Ziel, »Informationen über die wesentlichen Geschäftsfelder eines Unternehmens zu geben« (DRS 3, Tz. 1). Dem externen Adressaten soll hiermit ein besseres Verständnis der wirtschaftlichen Leistung(skraft) des Unternehmens oder des Konzerns vermittelt werden. Darüber hinaus soll es ihm ermöglicht werden, die mit dem jeweiligen Geschäftsfeld verbundenen Chancen und Risiken zutreffender einschätzen und somit differenzierter beurteilen zu können (vgl. DRS 3, Tz. 2). DRS 3 gilt auch für Unternehmen der Versicherungs- und Kreditwirtschaft, soweit in anderen Standards nicht ausdrücklich etwas anderes bestimmt ist (vgl. DRS 3, Tz. 5).

Einordnung des DRS 3 im Verhältnis zu IAS 14 und SFAS 131

Der DSR hat sich bei der Ausarbeitung von DRS 3 inhaltlich sehr stark an die beiden international bedeutendsten Standards zur Segmentberichterstattung SFAS 131 und IAS 14 angelehnt. Obwohl das IASC und das FASB bei der annähernd zeitgleichen Überarbeitung ihrer Standards zur Segmentberichterstattung eng zusammengearbeitet haben, konnte keine Übereinstimmung erzielt werden. IAS 14 und SFAS 131 ähneln sich zwar in wesentlichen Punkten – unterscheiden sich indes in Teilbereichen erheblich (vgl. ausführlich KÜTING, K./PILHOFER, J. 1999a, S. 559 ff.; KÜTING, K./PILHOFER, J. 1999b, S. 603 ff.; FEY, G./MUJKANOVIC, R. 1999, S. 261 f.). Im Verhältnis zu SFAS 131 und IAS 14 kann DRS 3 inhaltlich wie folgt eingeordnet werden:

(1) Es handelt sich um einen Kompromiß aus den beiden international anerkannten Standards zur Segmentberichterstattung SFAS 131 und IAS 14.

(2) Formal folgt DRS 3 zunächst – in Anlehnung an den US-amerikanischen Standard Setter – dem sog. »management approach«. Die weiteren (erläuternden, aber auch grundsätzlichen) Regelungen, stehen allerdings hierzu zumindest in Konflikt. So wird als Prinzip – in Anlehnung an SFAS 131 – formuliert: »Die Segmentierung hat primär anhand der operativen Segmente des Unternehmens zu erfolgen. Dabei sind grundsätzlich die Kriterien zu Grunde zu legen, nach denen die Unternehmensleitung Teileinheiten des Unternehmens bestimmt, die sie ihrer wirtschaftlichen Beurteilung und ihren operativen Entscheidungen insbesondere auch im Hinblick auf die Ressourcenallokationen zugrundelegt.« (DRS 3, Tz. 9). Die Erläuterungen hierzu (vgl. DRS 3, Tz. 10) sowie die Kongruenz- bzw. Bewertungsgrundsätze (vgl. DRS 3, Tz. 19ff.) sind hingegen IAS-geprägt, d.h. folgen dem sog. »risk and reward approach«: »Die Segmentierung ergibt sich somit aus der internen Organisations- und Berichtsstruktur des Unternehmens. Dabei wird unterstellt, daß die Strukturierung auf die unterschiedlichen Chancen und Risiken der Aktivitäten des Unternehmens abstellt. Danach wird sich in der Regel eine produktorientierte oder geographische Segmentierung ergeben. Diese können auch nebeneinander

bestehen.« (DRS 3, Tz. 10). »Die Segmentberichterstattung hat in Übereinstimmung mit den Bilanzansatz- und Bewertungsmethoden des zugrundeliegenden Abschlusses zu erfolgen. Die Beträge sind vor Konsolidierungsmaßnahmen zu ermitteln, jedoch sind innerhalb eines anzugebenden Segments Konsolidierungen vorzunehmen« (DRS 3, Tz. 19).

(3) Als Konsequenz hieraus wird – typisierend – bei Anwendung von DRS 3 im Vergleich mit

- SFAS 131 die quantitative Segmentberichterstattung mit höheren direkten Rechnungslegungskosten, mit einer geringeren individuellen Aussagekraft, dafür aber mit einer höheren zwischenbetrieblichen Vergleichbarkeit zu rechnen sein;
- IAS 14 die quantitative Segmentberichterstattung mit vergleichbar beachtlichen direkten Rechnungslegungskosten, einer leicht erhöhten individuellen Aussagekraft und einer leicht verminderten zwischenbetrieblichen Aussagekraft zu rechnen sein.

(4) Dem deutschen Rechnungsleger ist es durch Befolgung von DRS 3 weder möglich, eine SFAS 131- noch eine IAS 14-Kompatibilität zu erreichen. Bei DRS 3 handelt es sich letztlich um eine »Mixtur aus Elementen der bekannten internationalen Standards, so daß sich konzeptionelle Brüche nicht vermeiden lassen« (Geiger, T. 2000, S. 779; im Ergebnis auch Currle, M./Lutz, B. 2000, S. 265). Somit ist bspw. eine direkte Vergleichbarkeit mit Jahresabschlüssen von deutschen Unternehmen, die einen befreienden Konzernabschluß nach internationalen Standards gem. § 292a HGB erstellen, nicht mehr gegeben.

(5) Die Vorgaben in DRS 3 sind, verglichen mit den Normen des FASB und des IASC, insgesamt sehr spärlich und ermöglichen somit zahlreiche Gestaltungsspielräume. DRS 3 ist demzufolge nur bei Kenntnis von SFAS 131 und IAS 14 nachvollziehbar (vgl. auch Mujkanovic, R. 2000, S. 126).

Da eine Segmentberichterstattung gem. SFAS 131 bzw. IAS 14 im allgemeinen keine DRS 3-Kompatiblität herstellen kann, wird im folgenden auf eine ausführliche Diskussion der beiden international anerkannten Standards SFAS 131 und IAS 14 verzichtet. Es wird an dieser Stelle ein Überblick über die einzelnen Konzeptionen in DRS 3 gegeben und die signifikanten Unterschiede zu SFAS 131 bzw. IAS 14 dargestellt.

Folgende Übersicht 115 vergleicht die derzeit konkurrierenden Konzeptionen der Segmentberichterstattung nach den Regelungen des IASC und des FASB (Übersicht entnommen aus Küting, K/Lorson, P. 1999, S. 53):

Übersicht 115: Vergleich der konkurrierenden Segmentberichterstattungskonzeptionen von IAS 14 und SFAS 131

	SEGMENTBERICHTERSTATTUNG	
Zielsetzung	**Einblick in die Geschäftstätigkeit eines diversifizierten Unternehmens/Konzerns durch Vermittlung disaggregierter und unkonsolidierter Informationen über Teilbereiche (SFAS 131):** (a) Verständnis des wirtschaftlichen Erfolgs (b) Prognose zukünftiger Netto-Einzahlungsüberschüsse (c) Beurteilung eines Unternehmens als Ganzes	
Varianten	**MANAGEMENT APPROACH** (z.B. SFAS 131)	**RISKS AND RETURNS APPROACH** (z.B. IAS 14)
Segmentbildung und -angaben	Entscheidungsrelevante Informationen für Investoren = entscheidungsrelevante Informationen für Managementprozesse **(= Konvergenzthese)**	Entscheidungsrelevante Informationen für Investoren ≠ entscheidungsrelevante Informationen für Managementprozesse **(= Divergenzthese)**
Entscheidungs-nützlichkeit und Folgen	→ Maximaler Informationsgehalt bei »weißen Schafen« (= Gefahr maximaler indirekter Rechnungslegungskosten) → Minimale direkte Rechnungslegungskosten	→ Maximaler Informationsgehalt bei »schwarzen Schafen« (= gemäßigte Gefahr indirekter Rechnungslegungskosten) → Beachtliche direkte Rechnungslegungskosten

›management approach‹

Die Segmentierung der gesamten Konzerntätigkeit hat anhand der Kriterien zu erfolgen, nach denen die Unternehmensleitung/Konzernleitung einzelne Teilbereiche des Unternehmens/Konzerns bestimmt und sowohl operative Entscheidungen als auch wirtschaftliche Analysen vornimmt. An dieser Stelle weist DRS 3 deutliche Parallelen zum international anerkannten – aber nicht unumstrittenen (vgl. KÜTING, K./PILHOFER, J. 1999a, S. 562f.) – »management approach« auf (vgl. DRS 3, Tz. 9). Die Segmentierung ergibt sich diesem Ansatz folgend aus der internen Organisations-, Berichts- und Verwaltungsstruktur des Unternehmens/Konzerns. Demnach sollen die externen Adressaten der Rechnungslegung des Unternehmens/Konzerns in die Lage versetzt werden, das Unternehmen aus dem Blickwinkel des Managements (»to look at the business through the eyes of the management«) zu sehen, um mittels Evaluierung von Chancen und Risiken bessere Prognosen treffen zu können.

Anforderungen an die einzelnen Segmente nach DRS 3

Damit im Rahmen der Segmentberichterstattung eine die vorhandenen Chancen und Risiken der einzelnen Geschäftsbereiche des Unternehmens sachgerecht widerspiegelnde Segmentierung erfolgt, stellt der DSR – wiederum in Übereinstimmung mit den international anerkannten Vorschriften – folgende Anforderungen an die aufzuführenden Segmente (vgl. DRS 3, Tz. 12f. und Tz. 15f.):

(1) Es sind solange zusätzliche operative Segmente aufzuführen, bis mindestens 75% der gesamten konsolidierten Umsatzerlöse durch die angegebenen Segmente erreicht sind,

(2) eine Zusammenfassung einzelner operativer Segmente darf nur dann erfolgen, wenn diese im Verhältnis zueinander homogene Chancen und Risiken aufweisen, und

(3) ein operatives Segment ist immer dann anzugeben, wenn

- seine externen und intersegmentären Umsatzerlöse mindestens 10% der gesamten externen und intersegmentären Umsatzerlöse ausmachen, oder
- sein Segmentergebnis mindestens 10% des zusammengefaßten Ergebnisses aller Segmente mit positivem oder aller Segmente mit negativem Ergebnis beträgt (wobei der jeweils größere Gesamtbetrag zugrundezulegen ist), oder
- sein Segmentvermögen mindestens 10% des gesamten operativen Segmentvermögens ausmacht.

(4) Ferner kann ein operatives Segment dann angegeben werden, wenn hierdurch die Klarheit und Übersichtlichkeit der Segmentberichterstattung nicht leidet, auch wenn keines der o. g. Größenkriterien überschritten wird.

Vollständig integrierte Segmente

Weiterhin wird explizit angeführt, daß ein operatives Segment auch vollständig vertikal integriert sein kann, also: »seine Leistung ausschließlich ... an andere operative Segmente abgibt« (DRS 3, Tz. 8).

Mindestanzahl an berichtspflichtigen Segmenten und Segmentdominanz

In der Literatur ist im Zusammenhang mit der grundsätzlichen Diskussion über Schwellenwerte, bei deren Überschreitung aus einem operativen Segment ein extern berichtspflichtiges operatives Segment wird, die Frage nach dessen (tolerierbarer) »Obergrenze« aufgeworfen worden. Demnach sollte – dem Grundsatz einer klaren und übersichtlichen sowie die Chancen und Risiken eines einzelnen Geschäftsfeldes sachgerecht widerspiegelnden Segmentberichterstattung folgend – ein bestimmter Prozentsatz festgelegt werden, bei dessen Überschreitung ein Segment weiter aufzugliedern ist. Hierdurch soll eine »Segmentdominanz« vermieden werden (vgl. KÜTING, K./PILHOFER, J. 1999a,

S. 562). In DRS 3 wurden jedoch – wie bereits in SFAS 131 und IAS 14 – keine derartigen Schwellenwerte manifestiert. Eine Konkretisierung dieser Forderung liegt nur insoweit vor, als dem Verzicht auf die Erstellung einer Segmentberichterstattung mit der Begründung auf fehlende Segmente präventiv entgegengetreten wird. Unternehmen, die nur in einer spezifischen Branche tätig sind (z. B. Brauereien oder EDV-Unternehmen), vertreten in diesem Zusammenhang häufig die Meinung, dass eine Segmentierung nicht erforderlich sei. Dieser Auffassung kann insofern nicht gefolgt werden, da nach der hier vertretenen Meinung jedes Unternehmen – auch ein klassisches Einproduktunternehmen – eine adäquate Segmentberichterstattung implementieren kann (vgl. ausführlich KÜTING, K./PILHOFER, J. 1999a, S. 561). Folgt man dieser Auffassung, sollte die Anzahl der offenzulegenden Segmente (unter Berücksichtigung der Mindestanforderungen bzgl. Umsatz, Ergebnis, Vermögen) zwischen zwei und zehn Segmenten liegen. Auf keinen Fall sollte die Anzahl der Segmente zehn übersteigen, um einen Informationsverlust (sog. »information overload«) zu vermeiden.

Ermittlung und Kongruenz der Segmentdaten

Dem Vorwurf, der insbes. einer Segmentberichterstattung nach US-GAAP entgegengebracht wird, daß eine solche Segmentberichterstattung – basierend auf Daten der internen Berichterstattung – teilweise von den Daten der Gewinn- und Verlustrechnung abweicht bzw. im Extremfall sogar bestehenden Bilanzierungsnormen widerspricht, wirkt der DSR durch seine Forderung in DRS 3, Tz. 19 entgegen, daß »die Segmentberichterstattung ... in Übereinstimmung mit den Bilanzansatz- und Bewertungsmethoden des zugrundeliegenden Abschlusses zu erfolgen« hat. Begründet wird dies mit dem Hinweis, daß die Segmentberichterstattung ein Teil des Jahres- bzw. Konzernabschlusses ist und somit in Kongruenz zu den dem Abschluß zugrundeliegenden Bilanzierungs- und Bewertungsmethoden stehen muß (vgl. DRS 3, Tz. 20). Im einzelnen heißt dies, daß die für das einzelne Segment ausgewiesenen Vermögens- und Schuldposten bzw. Aufwendungen und Erträge nach einheitlichen Bilanzierungs- und Bewertungsgrundsätzen zu ermitteln sind. Das DRSC verfolgt mit dieser Vorschrift das Ziel, »eine intersegmentäre und zwischenbetriebliche Vergleichbarkeit zumindest für Unternehmen einer Branche zu ermöglichen« (CURRLE, M./LUTZ, B. 2000, S. 264).

Angabepflichten je Segment nach DRS 3

Bzgl. den Angabepflichten je Segment orientiert sich DRS 3 wiederum stark an den derzeit international bedeutendsten Vorschriften zur Segmentberichterstattung SFAS 131 und IAS 14. Generell sind je Segment die folgenden Angaben zu machen (vgl. DRS 3, Tz. 29):

(1) Segmentumsatzerlöse, unterteilt nach Umsatzerlösen mit Dritten und mit anderen Segmenten,

(2) Segmentergebnis sowie die darin enthaltenen Abschreibungen, andere wesentliche nicht zahlungswirksame Posten sowie Ergebnisse aus nach der Equity-Methode bilanzierten und sonstigen Beteiligungen,

(3) Segmentvermögen sowie die darin enthaltenen Equity- und sonstigen Beteiligungen,

(4) Investitionen in das langfristige Segmentvermögen sowie

(5) Segmentschulden.

Des weiteren sind die Zinserträge und -aufwendungen anzugeben, sofern als Segmentergebnis das Ergebnis der gewöhnlichen Geschäftstätigkeit ausgewiesen wird (vgl. DRS 3, Tz. 32). Wird hingegen das Periodenergebnis als Segmentergebnis ausgewiesen, sind neben den Zinserträgen und -aufwendungen zusätzlich die Ertragsteuern anzugeben (vgl. DRS 3, Tz. 33).

Für den Fall, daß der Cash Flow je Segment angegeben wird, kann auf die gesonderte Angabe der Abschreibungen sowie anderer wesentlicher nicht zahlungswirksamer Posten verzichtet werden (vgl. DRS 3, Tz. 36).

Sonstige Angabepflichten

Werden die Segmente primär produktorientiert abgegrenzt, sind gem. DRS 3, Tz. 38 die Umsatzerlöse, das Segmentvermögen und die Investitionen zusätzlich je Produkt- oder Dienstleistungsgruppe anzugeben. In allen anderen Fällen (z.B. wenn die Segmente primär produktorientiert abgegrenzt werden) sind gem. DRS 3, Tz. 39 für die unternehmensrelevanten geographischen Regionen die Umsatzerlöse (abgegrenzt nach dem Standort der Kunden) sowie das Vermögen und die Investitionen in das langfristige Vermögen (abgegrenzt nach dem Standort des Vermögens) anzugeben. Hierbei gilt eine geographische Region als unternehmensrelevant, »wenn in ihr mindestens 10% der Umsatzerlöse des Unternehmens erzielt werden oder mindestens 10% seines Vermögens belegen ist« (DRS 3, Tz. 40).

Erzielt ein einzelner Kunde 10% oder mehr des konsolidierten Umsatzes, so müssen gem. DRS 3, Tz. 42 analog SFAS 131 der Betrag des Umsatzes und die betroffenen Segmente, in denen der Umsatz mit diesem »major customer« erzielt worden ist, angegeben werden. Nicht offengelegt werden muss die Identität des Kunden (Name, Lieferort, usw.). Eine vergleichbare Vorschrift sieht bspw. IAS 14 nicht vor.

Überleitungsrechnungen

DRS 3 fordert entsprechende Überleitungsrechnungen (reconciliations), um den Zusammenhang zwischen aggregierten und disaggregierten Daten im Jahresabschluß besser nachvollziehen zu können. Die Überleitungsbeträge sind hierbei im allgemeinen geringer als bei einer strikten Übernahme der Rechnungsgrößen des internen Berichtswesens analog SFAS 131. Die als nicht berichtspflichtig eingestuften Segmente werden im Rahmen der Überleitungsrechnung in einer Position »Sonstige Segmente« zusammengefasst. DRS 3, Tz. 37 fordert im einzelnen folgende Überleitungsrechnungen:

(a) von den Segmentumsatzerlösen zu den Gesamtumsatzerlösen,

(b) von der Summe der Segmentergebnisse zu dem Jahresüberschuß,

(c) von dem Segmentvermögen zu dem Gesamtvermögen,

(d) von den Segmentschulden zu den Gesamtschulden und

(e) von den sonstigen wesentlichen Segmentposten zu den korrespondierenden Gesamtsummen im Abschluß.

Des weiteren müssen alle wesentlichen Überleitungspositionen zu der jeweiligen Gesamtunternehmenssumme gesondert ausgewiesen und erläutert werden (vgl. DRS 3, Tz. 37). Grundsätzlich gilt im Rahmen der Überleitung von der Summe der Segmentergebnisse zu dem konsolidierten Gesamtergebnis des Unternehmens: je mehr Aufwendungen und Erträge (z.B. auch Einkommensteueraufwendungen/-erträge sowie außergewöhnliche Aufwendungen und Erträge) auf einzelne Segmente zugeordnet werden können, desto geringer werden ceteris paribus die Überleitungsbeträge, und desto geringer sind letztlich die quantitativen und qualitativen Anforderungen, die an die Überleitungsrechnung gestellt werden.

Stetigkeit und Vergleichbarkeit sowie Übergangsvorschriften

Abschließend regelt DRS 3, Tz. 46ff. die Stetigkeit und Vergleichbarkeit einer zweckadäquaten Segmentberichterstattung sowie spezielle Übergangsvorschriften. Demnach hat die Festlegung der Segmente stetig zu erfolgen (vgl. DRS 3, Tz. 46); eine Durchbrechung ist nur in begründeten Ausnahmefällen und unter Angabe der Gründe erlaubt (vgl. DRS 3, Tz. 47). Auf den Wegfall eines Segmentes ist gem. DRS 3, Tz. 48 gesondert hinzuweisen. DRS 3 ist erstmals für nach dem 31. Dezember 1998 beginnende Geschäftsjahre anzuwenden (vgl. DRS 3, Tz. 51). Hierbei ist es Unternehmen, die erstmals eine Segmentberichterstattung nach DRS 3, Tz. 49 vornehmen, gestattet, auf die Angabe von Vorperiodenwerten zu verzichten. Wurden bereits in der Vergangenheit Angaben zu einzelnen Segmenten gemacht, sind diese nur dann anzugeben, wenn sie an die Regelungen dieses Standards angepaßt wurden (vgl. DRS 3, Tz. 50).

Einordnung und Würdigung des DSR 3

Zusammenfassend kann festgehalten werden, daß ein Vergleich des DRS 3 mit den korrespondierenden Regelungen der IAS (hier IAS 14, revised 1997) und US-GAAP (hier SFAS 131) eine weitgehende Übereinstimmung (z.B. die Anforderungen und Angabepflichten an die einzelnen operativen Segmente), aber auch wesentliche Unterschiede aufweist. Es handelt sich um einen neuen Kompromiß aus Management Approach und Risks and Returns Approach. Die speziellen Vorbehalte, die gegenüber dem Management Approach immer wieder geäußert werden (z.B. die Divergenz zwischen den auf dem externen Rechnungswesen beruhenden Daten des Jahres-/Konzernabschlusses und den teilweise aus dem internen Berichtswesen resultierenden Daten der Segmentberichterstattung), sollen mit DSR 3 ausgeräumt werden. Mithin wird weitaus mehr dem Risks and Returns Approach gefolgt, der im übrigen auch dem deutschen Vorsichts- und Gläubigerschutzprinzip nähersteht.

4. Struktur des Konzernanhangs

Im Gesetz ist keine bestimmte Form des Konzernanhangs vorgegeben, auch kann keine bestimmte Reihenfolge der Angaben abgeleitet werden. Erforderlich ist lediglich, daß alle verlangten Angaben in den Konzernanhang aufgenommen werden (siehe auch im Vergleich zu US-GAAP, IAS und EU-Richtlinien HÜTTEN, C./LORSON, P. 2001, S. 179ff.). Angesichts der zahlreichen Berichtspflichten ist jedoch zur Wahrung des Grundsatzes der Klarheit und Übersichtlichkeit der Rechnungslegung eine Strukturierung des Konzernanhangs erforderlich.

Ein für alle Unternehmen gleichermaßen gültiges Gliederungsschema dürfte dabei nicht aufzustellen sein, weil die einzelnen Unternehmen in unterschiedlichem Umfang und dieselben Unternehmen im Zeitablauf von wechselnden Berichtspflichten betroffen werden. Grundsätzlich sollte der Konzernanhang jedoch unabhängig von der Paragraphenfolge des Gesetzes in sachlich zusammenhängende Abschnitte untergliedert werden. Innerhalb der die Konzernbilanz und Konzern-GuV erläuternden Angaben sollte dabei die Reihenfolge der einzelnen Posten entsprechend dem jeweiligen Gliederungsschema beibehalten werden.

Strukturierungsvorschlag

Die nachfolgende Übersicht 114 enthält einen Strukturierungsvorschlag für den Konzernanhang, der als Orientierungshilfe betrachtet werden kann. (Weitere Strukturierungsvorschläge finden sich bei JANZ, R./SCHÜLEN, W. 1986, S. 57f.; SELCHERT, F. W./KARSTEN, J. 1986, S. 1258f.; ARBEITSKREIS »EXTERNE UNTERNEHMENSRECHNUNG« DER SCHMALENBACH-GESELLSCHAFT – DEUTSCHE GESELLSCHAFT FÜR BETRIEBSWIRTSCHAFT E.V. 1989, S. 159).

Übersicht 116: Strukturierungsvorschlag für den Konzernanhang

I. Kapitalflußrechnung

II. Segmentberichterstattung

III. Abgrenzung des Konsolidierungskreises
(1) Konzern- und Beteiligungsunternehmen
(2) Änderung des Konsolidierungskreises
(3) Begründung der Nichteinbeziehung

IV. Konsolidierungsgrundsätze
(1) Allgemeine Angaben
(2) Einheitlichkeit der Bewertung
(3) Kapitalkonsolidierung und kapitalkonsolidierungsähnliche Verfahren
(4) Zwischenerfolgseliminierung

V. Erläuterungen zur Konzernbilanz und Konzernerfolgsrechnung
(1) Generalnorm
(2) Einzelangaben

VI. Sonstige Angaben
(1) Größe und Struktur der Belegschaft
(2) Inanspruchnahme steuerlicher Vergünstigungen
(3) Anwendung der Schutzklausel

Notwendige Anhangangaben

Die nachfolgende Aufstellung (vgl. Übersicht 117) enthält neben der in § 297 Abs. 1 Satz 2 HGB für börsennotierte Mutterunternehmen geforderten Aufnahme einer Kapitalflußrechnung und Segmentberichterstattung alle Angaben, die unabhängig von der Rechtsform im Konzernanhang aufzuführen sind. Sie geht vom obigen Strukturierungsvorschlag aus und weist auch auf alternative Darstellungsmöglichkeiten in anderen Teilen des Konzernabschlusses hin. Daneben enthalten Spezialgesetze weitere Vorschriften über Angaben, die im Anhang zu machen sind (vgl. z.B. §§ 160 und 240 AktG, § 42 Abs. 3 GmbHG).

Übersicht 117: Gegenstand der Berichtspflicht

Gegenstand der Berichtspflicht	Vorschrift (alle Paragraphenangaben beziehen sich auf das HGB)	Alternative Darstellung in anderen Teilen des Konzernabschlusses
I. Kapitalflußrechnung – Börsennotierte Mutterunternehmen haben den Konzernanhang für nach dem 31.12.1998 beginnende Geschäftsjahre um eine Kapitalflußrechnung zu erweitern	§ 297 Abs. 1 Satz 2	
II. Segmentberichterstattung – Börsennotierte Mutterunternehmen haben den Konzernanhang für nach dem 31.12.1998 beginnende Geschäftsjahre um eine Segmentberichterstattung zu erweitern	§ 297 Abs. 1 Satz 2	
III. Abgrenzung des Konsolidierungskreises (1) Konzern- und Beteiligungsunternehmen a) Konzernunternehmen – konsolidiert auf der Grundlage der Vollkonsolidierung Angabe von Name und Sitz der in den Konzernabschluß einbezogenen Unternehmen sowie des Anteils der einbezogenen Unternehmen oder von im eigenen Namen, aber für Rechnung dieser Unternehmen handelnden Personen am Kapital der Tochterunternehmen sowie des zur Konsolidierung verpflichtenden Sachverhalts, soweit keine Stimmrechtsmehrheit besteht	§ 313 Abs. 2 Nr. 1 Satz 1	Beteiligungsliste gem. § 313 Abs. 4
– nicht konsolidiert entsprechende Angaben sind für nicht in den Konzernabschluß einbezogene Tochterunternehmen zu machen	§ 313 Abs. 2 Nr. 1 Satz 2	
b) Gemeinschaftsunternehmen – einbezogen auf der Grundlage der Quotenkonsolidierung Angabe von Name und Sitz der Unternehmen, die nur anteilmäßig in den Konzernabschluß einbezogen worden sind; Angabe des Tatbestands, aus dem sich die gemeinsame Leitung ergibt, sowie des Anteils am Kapital, der von konsolidierten Unternehmen oder von in eigenem Namen, aber für Rechnung dieser Unternehmen handelnden Personen gehalten wird	§ 313 Abs. 2 Nr. 3	

Übersicht 117: Gegenstand der Berichtspflicht (Forts.)		
c) Assoziierte Unternehmen – bewertet auf der Grundlage der Equity-Methode Angabe von Name und Sitz der assoziierten Unternehmen, Angabe des Anteils am Kapital der assoziierten Unternehmen jedes in den Konzernabschluß einbezogenen Unternehmens oder von in eigenem Namen, aber für Rechnung dieser Unternehmen handelnden Personen	§ 313 Abs. 2 Nr. 2 Satz 1	
– entsprechende Angaben und Begründung sind für nicht nach der Equity-Methode bewertete assoziierte Unternehmen zu machen	§ 313 Abs. 2 Nr. 2 Satz 2	
d) Andere Unternehmen Angabe von Name und Sitz der anderen Unternehmen (Anteilsbesitz mind. 20 %), Angabe des Anteils am Kapital sowie der Höhe des Eigenkapitals und des Ergebnisses des letzten Geschäftsjahrs, für das ein Abschluß aufgestellt wurde, soweit die Angaben für die Darstellung eines den tatsächlichen Verhältnissen entsprechenden Bildes nicht von untergeordneter Bedeutung sind. Keine Angabe von Eigenkapital und Ergebnis, wenn das im Anteilsbesitz stehende Unternehmen nicht offenlegungspflichtig ist und der Anteil am Kapital weniger als die Hälfte beträgt	§ 313 Abs. 2 Nr. 4	
e) Anwendung der Schutzklausel Angabe der Anwendung der Ausnahmeregelung zugunsten betroffener Unternehmen	§ 313 Abs. 3	
f) Hinweis auf die Erstellung und Hinterlegung einer gesonderten Aufstellung nach § 313 Abs. 4 HGB	§ 313 Abs. 4 Satz 3	
(2) Änderung des Konsolidierungskreises Angaben bei wesentlichen Änderungen in der Zusammensetzung der einzubeziehenden Unternehmen, die es ermöglichen, die aufeinanderfolgenden Konzernabschlüsse sinnvoll zu vergleichen, soweit keine Anpassung der entsprechenden Beträge des vorhergehenden Konzernabschlusses erfolgt	§ 294 Abs. 2	
(3) Begründung der Nichteinbeziehung – Angabe und Begründung der Nichteinbeziehung von Tochterunternehmen in den Konzernabschluß	§ 295 Abs. 3 Satz 1; § 296 Abs. 3	
– Angabe und Begründung der Nichteinbeziehung von assoziierten Unternehmen in den Konzernabschluß	§ 313 Abs. 2 Nr. 2 Satz 2 i.V. m. § 311 Abs. 2	

Übersicht 117: Gegenstand der Berichtspflicht (Forts.)		
IV. Konsolidierungsgrundsätze		
(1) Allgemeine Angaben		
a) Generalnorm		
– Erläuterung besonderer Umstände zur Vermittlung eines den tatsächlichen Verhältnissen entsprechenden Bildes	§ 297 Abs. 2 Satz 3	
b) Vorgänge nach dem Bilanzstichtag		
– Angabe von Vorgängen von besonderer Bedeutung zwischen dem Stichtag des Jahresabschlusses von Konzernunternehmen und dem Stichtag des Konzernabschlusses, soweit nicht im Konzernabschluß berücksichtigt	§ 299 Abs. 3	Bilanz + GuV
c) Abweichende Konsolidierungsmethoden gegenüber dem Vorjahr		
– Angabe und Begründung des Einflusses auf die Vermögens-, Finanz- und Ertragslage des Konzerns	§ 297 Abs. 3 Satz 4 und 5	
– Angabe und Begründung von Abweichungen von Bilanzierungs-, Bewertungs- und Konsolidierungsmethoden, gesonderte Darstellung des Einflusses der Änderungen auf die Vermögens-, Finanz- und Ertragslage	§ 313 Abs. 1 Satz 2 Nr. 3	
d) Abweichender Bilanzstichtag		
– Angabe und Begründung eines vom Stichtag des Jahresabschlusses des Mutterunternehmens abweichenden Stichtags für die Aufstellung des Konzernabschlusses	§ 299 Abs. 1 Halbsatz 2	
e) Währungsumrechnung		
– Angabe der Grundlagen für die Umrechnung von Posten in Euro	§ 313 Abs. 1 Satz 2 Nr. 2	
(2) Einheitlichkeit der Bewertung		
a) Abweichungen vom Einheitlichkeitsgrundsatz		
– Angabe und Begründung der Abweichungen von den auf den Jahresabschluß des Mutterunternehmens angewandten Bewertungsmethoden	§ 308 Abs. 1 Satz 3	
– Hinweis auf Anwendung abweichender Bewertungsmethoden nach den Vorschriften für Kreditinstitute oder Versicherungsunternehmen	§ 308 Abs. 2 Satz 2 Halbsatz 2	
b) Unterlassung einer Neubewertung		
– Angabe und Begründung der Unterlassung einer Neubewertung, wenn in Ausnahmefällen vom Einheitlichkeitsgrundsatz abgewichen wurde	§ 308 Abs. 2 Satz 4	

Übersicht 117: Gegenstand der Berichtspflicht (Forts.)		
c) Steuerliche Sonderregelungen		
– Angabe und Begründung des Betrags der im Jahresabschluß eines Konzernunternehmens aus steuerlichen Gründen vorgenommenen Abschreibungen, Wertberichtigungen, Einstellungen in Sonderposten sowie der unterlassenen Zuschreibungen	§ 308 Abs. 3 Satz 2	
(3) Kapitalkonsolidierung und kapitalkonsolidierungsähnliche Verfahren		
a) Vollkonsolidierung		
– Angabe, ob die Buchwert- oder die Neubewertungsmethode angewandt wurde	§ 301 Abs. 1 Satz 5	
– Angabe des im Rahmen der angelsächsischen Methode der Kapitalkonsolidierung gewählten Verrechnungszeitpunkts	§ 301 Abs. 2 Satz 2	
– Erläuterung des Unterschiedsbetrags und der wesentlichen Änderungen gegenüber dem Vorjahr im Rahmen der angelsächsischen Methode der Kapitalkonsolidierung	§ 301 Abs. 3 Satz 2	
– Angabe der verrechneten aktivischen und passivischen Unterschiedsbeträge im Rahmen der angelsächsischen Methode der Kapitalkonsolidierung	§ 301 Abs. 3 Satz 3	
– Angabe der Anwendung der Kapitalkonsolidierung bei Interessenzusammenführung, sich daraus ergebender Rücklagenveränderungen sowie von Name und Sitz des Tochterunternehmens	§ 302 Abs. 3	
b) Quotenkonsolidierung Entsprechende Angaben wie bei der Vollkonsolidierung im Falle der anteilmäßigen Konsolidierung	§ 310 Abs. 2 i.V.m. § 301	
c) Equity-Methode		
– Angabe, ob die Buchwert- oder die Kapitalanteilsmethode angewandt wurde	§ 312 Abs. 1 Satz 4	
– Angabe des Unterschiedsbetrags zwischen dem Buchwert der Beteiligung und dem Eigenkapital (Buchwertmethode)	§ 312 Abs. 1 Satz 2	Bilanz
– Angabe des Unterschiedsbetrags zwischen dem anteiligen Eigenkapital des assoziierten Unternehmens und dem Buchwert der Beteiligung, soweit kein gesonderter Ausweis in der Konzernbilanz erfolgt und die Beteiligung nicht von untergeordneter Bedeutung ist (Kapitalanteilsmethode)	§ 312 Abs. 1 Satz 3 Halbsatz 2	Bilanz
– Angabe des Zeitpunkts für die Berechnung des Unterschiedsbetrags	§ 312 Abs. 3 Satz 2	
– Angabe des Verzichts auf eine Neubewertung trotz abweichender Bewertungsmethode beim assoziierten Unternehmen	§ 312 Abs. 5 Satz 2	

Übersicht 117: Gegenstand der Berichtspflicht (Forts.)		
– Angabe und Erläuterung des wesentlichen Einflusses auf die Vermögens-, Finanz- und Ertragslage bei Verzicht auf Zwischenergebniseliminierung	§ 312 Abs. 5 Satz 3 i.V.m. § 304 Abs. 2	
(4) Zwischenergebniseliminierung Angabe und Erläuterung des wesentlichen Einflusses auf die Vermögens-, Finanz- und Ertragslage bei Verzicht auf Zwischenergebniseliminierung bei Gemeinschafts- und Tochterunternehmen	§ 304 Abs. 2 Satz 2 i.V.m. § 310 Abs. 2	
V. Erläuterungen zur Konzernbilanz und Konzernerfolgsrechnung		
(1) Generalnorm		
– Angabe der auf die Posten der Konzernbilanz und der Konzern-GuV angewandten Bilanzierungs- und Bewertungsmethoden bzw.	§ 313 Abs. 1 Satz 2 Nr. 1	
– Abweichungen beim Aufbau und bei der Gliederung der Konzernbilanz und der Konzern-GuV	§ 298 Abs. 1 i.V.m. § 265 Abs. 1 Satz 2	
– Nicht vergleichbare oder angepaßte Vorjahresbeträge	§ 298 Abs. 1 i.V.m. § 265 Abs. 2 Satz 2 und Satz 3	
– Vermerk der Mitzugehörigkeit zu anderen Posten der Konzernbilanz	§ 298 Abs. 1 i.V.m. § 265 Abs. 3 Satz 1	Bilanz
– Gliederung nach verschiedenen Gliederungsvorschriften	§ 298 Abs. 1 i.V.m. § 265 Abs. 4 Satz 2	
– Zusammenfassung von Posten zur Verbesserung der Klarheit der Darstellung	§ 298 Abs. 1 i.V.m. § 265 Abs. 7 Nr. 2	
(2) Einzelangaben		
– Erläuterung der Aufwendungen für die Ingangsetzung und Erweiterung des Geschäftsbetriebs	§ 298 Abs. 1 i.V.m. § 269 Satz 1 Halbsatz 2	
– Anlagespiegel	§ 298 Abs. 1 i.V.m. § 268 Abs. 2	Bilanz
– Angabe von Zahl und Nennbetrag der Anteile am Mutterunternehmen und Anteil am Kapital des Mutterunternehmens	§ 314 Abs. 1 Nr. 7	
– Erläuterung von größeren antizipativen Posten unter den sonstigen Vermögensgegenständen	§ 298 Abs. 1 i.V.m. § 268 Abs. 4 Satz 2	
– Angabe eines unter den Rechnungsabgrenzungsposten ausgewiesenen Disagios/ Rückzahlungsagios	§ 298 Abs. 1 i.V.m. § 268 Abs. 6	Bilanz

Übersicht 117: Gegenstand der Berichtspflicht (Forts.)		
– Angabe eines aktivischen Steuerabgrenzungspostens	§ 298 Abs. 1 i.V.m. § 274 Abs. 2 Satz 2 bzw. § 306 Satz 2	Bilanz
– Angabe eines Ergebnisvortrags aus dem Vorjahr	§ 298 Abs. 1 i.V.m. § 268 Abs. 1 Satz 2 Halbsatz 2	Bilanz
– Angabe des Gesamtbetrags der ausgewiesenen Verbindlichkeiten mit einer Restlaufzeit von mehr als fünf Jahren sowie des Gesamtbetrags der ausgewiesenen Verbindlickeiten, die durch Pfandrechte oder ähnliche Rechte gesichert sind (Art und Form der Sicherheiten)	§ 314 Abs. 1 Nr. 1	
– Erläuterung von größeren antizipativen Posten unter den Verbindlichkeiten	§ 298 Abs. 1 i.V.m. § 268 Abs. 5 Satz 3	
– Vorschriften, nach denen der Sonderposten mit Rücklageanteil gebildet worden ist	§ 298 Abs. 1 i.V.m. § 273 Satz 2 Halbsatz 2	Bilanz
– Angabe eines passivischen Steuerabgrenzungspostens	§ 298 Abs. 1 i.V.m. § 274 Abs. 1 Satz 1 und § 306 Satz 2	Bilanz
– Angabe des Gesamtbetrags der sonstigen finanziellen Verpflichtungen, sofern bedeutsam für die Beurteilung der Finanzlage, Angabe der Verpflichtungen unter Nennung des Betrags gegenüber nicht konsolidierten Tochterunternehmen	§ 314 Abs. 1 Nr. 2 Halbsatz 2	
– Angabe der Haftungsverhältnisse nach § 251	§ 314 Abs. 1 Nr. 2	
– Angabe der Haftungsverhältnisse unter Nennung des Betrags gegenüber nicht konsolidierten Tochterunternehmen	§ 314 Abs. 1 Nr. 2 Halbsatz 2	
– Aufgliederung der Umsatzerlöse nach Tätigkeitsbereichen sowie nach geographisch bestimmten Märkten, soweit sie sich voneinander erheblich unterscheiden	§ 314 Abs. 1 Nr. 3	
– Angabe der Aufwendungen der Unternehmen für Mitglieder des Geschäftsführungsorgans, eines Aufsichtsrats, eines Beirats oder einer ähnlichen Einrichtung für jede Personengruppe	§ 314 Abs. 1 Nr. 6	
– Abschreibungen des Geschäftsjahrs auf das Anlagevermögen und die Aufwendungen für die Ingangsetzung und Erweiterung des Geschäftsbetriebs	§ 298 Abs. 1 i.V.m. § 268 Abs. 2 Satz 3	

Übersicht 117: Gegenstand der Berichtspflicht (Forts.)

– Außerplanmäßige Abschreibungen nach § 253 Abs. 2 Satz 3 und Abs. 3 Satz 3 HGB	§ 298 Abs. 1 i.V.m. § 277 Abs. 3 Satz 1	GuV
– Erläuterung der außerordentlichen Aufwendungen und Erträge, sofern sie für die Beurteilung der Ertragslage nicht von untergeordneter Bedeutung sind	§ 298 Abs. 1 i.V.m. § 277 Abs. 4 Satz 2	
– Erläuterung der periodenfremden Aufwendungen und Erträge, sofern sie für die Beurteilung der Ertragslage nicht von untergeordneter Bedeutung sind	§ 298 Abs. 1 i.V.m. § 277 Abs. 4 Satz 3	
– Angabe der im Geschäftsjahr aus steuerrechtlichen Gründen unterlassenen Zuschreibungen und hinreichende Begründung	§ 298 Abs. 1 i.V.m. § 280 Abs. 3	
– Angabe der steuerrechtlichen Vorschriften bei Einbeziehung steuerrechtlicher Abschreibungen in den Sonderposten mit Rücklageanteil	§ 298 Abs. 1 i.V.m. § 281 Abs. 1 Satz 2	Bilanz
– Betrag der nach steuerrechtlichen Vorschriften vorgenommenen Abschreibungen und hinreichende Begründung	§ 298 Abs. 1 i.V.m. § 281 Abs. 2 Satz 1	
– Erträge aus der Auflösung des und Einstellung in den Sonderposten mit Rücklageanteil	§ 298 Abs. 1 i.V.m. § 281 Abs. 2 Satz 2	GuV
VI. Sonstige Angaben		
(1) Anzahl und Struktur der Belegschaft		
(a) Angaben bei vollkonsolidierten Unternehmen Angabe der durchschnittlichen Zahl der Arbeitnehmer getrennt nach Gruppen sowie des im Geschäftsjahr verursachten Personalaufwands	§ 314 Abs. 1 Nr. 4	GuV
(b) Angaben bei quotal einbezogenen Unternehmen Angabe der durchschnittlichen Zahl der Arbeitnehmer aller quotal einbezogenen Unternehmen	§ 314 Abs. 1 Nr. 4 Halbsatz 2	
(2) Inanspruchnahme steuerrechtlicher Vergünstigungen Angaben über das Ausmaß der Ergebnisbeeinflussung durch Inanspruchnahme steuerrechtlicher Vergünstigungen (einschl. der für Vorjahre) und der sich künftig daraus ergebenden erheblichen Belastungen	§ 314 Abs. 1 Nr. 5	
(3) Anwendung der Schutzklausel Angabe der Anwendung der Ausnahmeregelung im Hinblick auf die Aufgliederung der Umsatzerlöse	§ 314 Abs. 2	

1. Gem. § 297 Abs. 1 HGB bildet der Konzernanhang zusammen mit der Konzernbilanz und der Konzern-GuV den Konzernabschluß.

2. Der Konzernanhang enthält neben den Angaben zum Beteiligungsbesitz Erläuterungen zur Konzernbilanz und zur Konzern-GuV (vgl. z.B. § 313 HGB) sowie sonstige Pflichtangaben (vgl. § 314 HGB) und trägt somit dazu bei, einen möglichst sicheren Einblick in die Vermögens-, Finanz- und Ertragslage des Konzerns zu geben. Börsennotierte Mutterunternehmen haben den Konzernanhang um eine Kapitalflußrechnung und eine Segmentberichterstattung zu erweitern (vgl. § 297 Abs. 1 Satz 2 HGB).

3. Das DRSC hat in Deutschland in zwei Standards Vorschriften zur Erstellung einer Kapitalflußrechnung (DRS 2) und Segmentberichterstattung (DRS 3) gem. § 297 Abs. 1 Satz 2 HGB veröffentlicht. Hierbei zeigt sich eine weitgehende Orientierung an den internationalen Regelungen.

4. Gem. § 298 Abs. 3 HGB dürfen – um Wiederholungen zu vermeiden – »der Konzernanhang und der Anhang des Jahresabschlusses des Mutterunternehmens ... zusammengefaßt werden«.

8. Kapitel: Konzernlagebericht

1. Grundlagen und Zweck

Pflicht zur Aufstellung eines Konzernlageberichts

Zusätzlich zum Konzernabschluß muß jedes zur Konzernrechnungslegung verpflichtete Mutterunternehmen einen Konzernlagebericht aufstellen (vgl. § 290 Abs. 1 und 2 HGB bzw. § 11 Abs. 1 i.V.m. § 13 Abs. 1 PublG), der als selbständiges Informationsinstrument neben dem Konzernabschluß steht. Zweck des Konzernlageberichts ist die Ergänzung des Konzernabschlusses, d.h., im Konzernlagebericht sind alle wesentlichen Sachverhalte, die nicht bereits im Konzernabschluß enthalten, aber dennoch für eine zutreffende Beurteilung der tatsächlichen Lage des Konzerns von Bedeutung sind, darzustellen. Deshalb sind im Konzernlagebericht »zumindest der Geschäftsverlauf und die Lage des Konzerns so darzustellen, daß ein den tatsächlichen Verhältnissen entsprechendes Bild vermittelt wird; dabei ist auch auf die Risiken der künftigen Entwicklung einzugehen« (§ 315 Abs. 1 HGB). Darüber hinaus soll der Konzernlagebericht auch Angaben über Vorgänge von besonderer Bedeutung enthalten, die nach dem Schluß des Konzerngeschäftsjahrs eingetreten sind, sowie über die voraussichtliche Entwicklung und über den Bereich Forschung und Entwicklung im Konzern (vgl. § 315 Abs. 2 HGB) informieren.

Zusammenfassung mit dem Lagebericht des Mutterunternehmens

Um Doppelangaben zu vermeiden, kann der Konzernlagebericht mit dem Lagebericht des Mutterunternehmens zusammengefaßt werden (vgl. § 315 Abs. 3 i.V.m. § 298 Abs. 3 HGB); erforderlich ist dann allerdings auch eine gemeinsame Offenlegung, die auch eine Veröffentlichung des Konzernlageberichts im Bundesanzeiger umfaßt (vgl. § 325 Abs. 3 HGB).

Zweck des Konzernlageberichts

Da der Konzernlagebericht – wie gezeigt – jedoch nicht nur über Vergangenes informieren soll, »sondern darüber hinaus auch Prognoseinformationen enthalten soll« (BAETGE, J./KIRSCH, H.-J./THIELE, S., 2000, S. 599), kann der Zweck des Konzernlageberichts in erster Linie in der Informationsvermittlung gesehen werden. Daraus »resultiert für den Konzernlagebericht die Aufgabe, den Konzernabschluß **zu verdichten sowie sachlich und zeitlich zu ergänzen**« (BAETGE, J./KIRSCH, H.-J./THIELE, S., 2000, S. 599 m.w.N.).

Mit Blick auf die Forderung, den Konzernabschluß **zu verdichten**, muß der Konzernlagebericht die Vermögens-, Finanz- und Ertragslage des Konzerns zu einer (Gesamt-)Lage verdichten. Des weiteren ist der Konzernabschluß durch den Konzernlagebericht **sachlich zu ergänzen**. Aufgrund der Tatsache, daß oftmals wesentliche Informationen, die den Erfolg des Konzerns beeinflussen (können), nicht im Konzernabschluss abgebildet werden (dürfen), kommt dieser Teilfunktion des Konzernlageberichts eine wesentliche informativ-ergänzende Funktion zu.

Schließlich muß der Konzernlagebericht auch dem Anspruch eines Prognoseinstruments gerecht werden und den Konzernabschluß hiermit **zeitlich ergän-**

zen. Neben der stark vergangenheitsorientierten Rechnungslegung in der Konzernbilanz und Konzern-GuV muß im Konzernlagebericht bspw. über Risiken der zukünftigen Entwicklung, zukünftige Prognosen oder den Bereich Forschung und Entwicklung Auskunft gegeben werden (vgl. ausführlich und m. w. N. zu den drei angeführten (Teil-)Aufgaben nur BAETGE, J./KIRSCH, H.-J./ THIELE, S., 2000, S. 598ff.).

2. Inhalt des Lageberichts

Der Inhalt des Lageberichts (vgl. Übersicht 118) setzt sich aus einem Pflichtinhalt, einem Sollinhalt und einem freiwilligen Inhalt zusammen. Der Pflichtinhalt, der in einer Kurzformel als Wirtschaftsbericht bezeichnet werden kann, stellt den Geschäftsverlauf und die Lage des Konzerns dar (vgl. § 315 Abs. 1 HGB). Durch das Inkrafttreten des KonTraG ist der Konzernlagebericht spätestens für nach dem 31.12.1998 beginnende Geschäftsjahre um eine Erläuterung der Risiken der künftigen Entwicklung zu ergänzen (Risikobericht). Der Sollinhalt setzt sich aus drei Komponenten – dem Nachtrags-, Prognose- und Forschungsbericht – zusammen (vgl. § 315 Abs. 2 HGB).

Zwar ergibt sich – wie ausgeführt – der Inhalt des Konzernlageberichts aus den Vorschriften des § 315 HGB, jedoch enthalten diese Regelungen keine weiteren Konkretisierungen hinsichtlich der Ausgestaltung des Informationsinhalts und Informationsumfangs. Da demnach der Konzernlagebericht seiner Aufgabe, ein den tatsächlichen Verhältnissen entsprechendes Bild des Konzerns zu vermitteln, nur dann gerecht werden kann, »wenn er entsprechend den **Grundsätzen gewissenhafter und getreuer Rechenschaft** objektiv und ausgewogen über das wirtschaftliche Geschehen im Konzern informiert« (BAETGE, J./ KIRSCH, H.-J./THIELE, S. 2000, S. 600), muß auch mit Blick auf den Konzernlagebericht eine Orientierung an den **Grundsätzen ordnungsmäßiger Lageberichterstattung** erfolgen (vgl. nur und m. w. N. BAETGE, J./KIRSCH, H.-J./ THIELE, S., 2000, S. 600).

Übersicht 118: Bestandteile des Konzernlageberichts

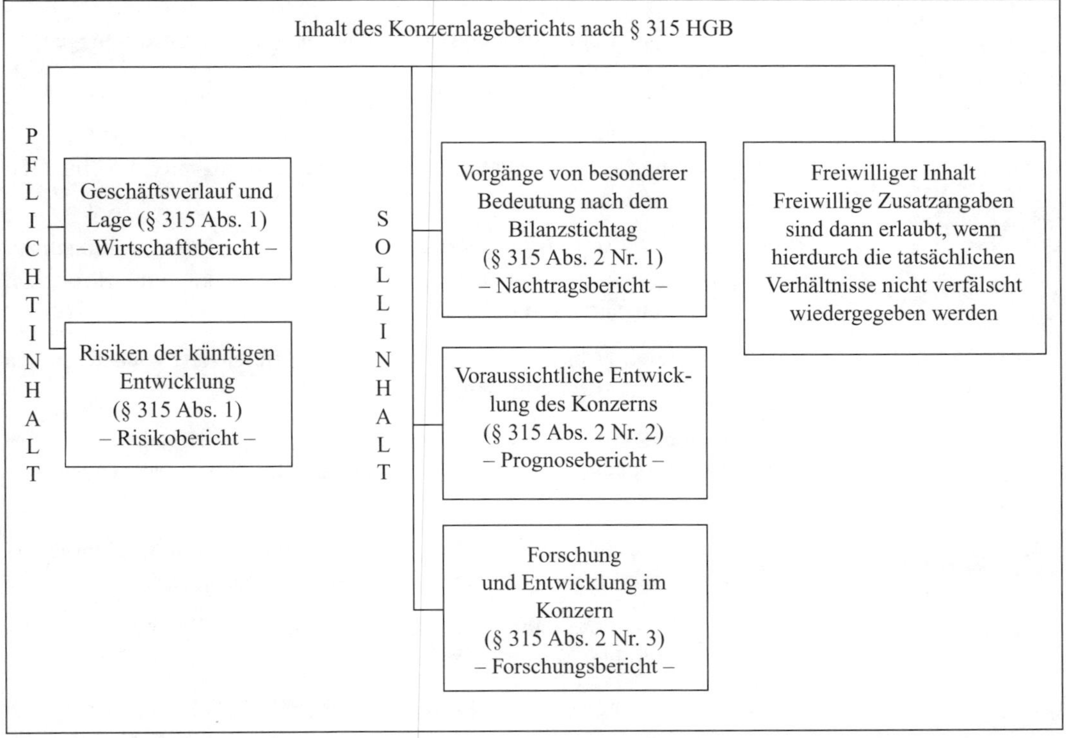

2.1 Geschäftsverlauf und Lage sowie Risiken der künftigen Entwicklung des Konzerns

2.1.1 Mindestumfang der Berichterstattung (Pflichtinhalt)

Darzustellen ist im Konzernlagebericht zum einen der Geschäftsverlauf des Konzerns im abgelaufenen Jahr. Dabei sollen die Angaben im Konzernlagebericht die Darstellungen im Konzernabschluß, in dem sich der Geschäftsverlauf auch niederschlägt, nur ergänzen und erläutern. Erforderlich sind deshalb z. B. Angaben zum Beschäftigungsgrad, zur Entwicklung der Kosten und Erlöse, der Rentabilität und Liquidität. Aufzunehmen sind weiterhin auch Angaben über besondere und bedeutsame Vorgänge während des Geschäftsjahrs, z. B. Abschluß wichtiger Verträge, Erwerb von Beteiligungen, Errichtung oder Aufhebung von Zweigniederlassungen. »Allgemein formuliert handelt es sich bei den Aussagen zum ›Geschäftsverlauf‹ um objektive Verlaufs- und Zustandsaussagen« (SAHNER, F./KAMMERS, H. 1984, S. 2310).

Angaben zur Darstellung des Geschäftsverlaufs

In Anlehnung an LÜCK (W., in: Küting/Weber 1998, § 315 HGB, Rn. 37) könnte die Darstellung des Geschäftsverlaufs wie folgt gegliedert werden:

(1) Überblick (wirtschaftliche und gesellschaftliche Rahmenbedingungen),

(2) Entwicklung des Konzernergebnisses (Analyse der Ergebniskomponenten),

(3) Beschaffungsbereich (Versorgungslage, Beschaffungspreise, Einkaufs- und Vorratspolitik, Energiekosten, Lagerhaltung),

(4) Produktions- und Leistungsbereich (Produktionsprogramm, Rationalisierung, Aufgabe und Inbetriebnahme neuer Werke und Produkte, Beschäftigungsgrad, Produktionsausfälle),

(5) Absatzbereich (Absatzmengen und Umsatz differenziert nach Regionen und Sparten, Auftragseingang, Marktanteil),

(6) Investitions- und Finanzierungsbereich (Entwicklung der Investitionstätigkeit, Rentabilität, grundlegende Finanzierungsmaßnahmen),

(7) Personal- und Sozialwesen (Analyse des Personalaufwands, Mitarbeiterstruktur, Ausbildungsmaßnahmen, Betriebsvereinbarungen),

(8) wichtige Ereignisse während des Geschäftsjahrs (Beteiligungserwerb, Abschlüsse wichtiger Verträge, Fusionen, wichtige Rechtsstreitigkeiten).

Die Berichterstattungspflicht im Konzernlagebericht erfaßt zum anderen auch die Lage des Konzerns, wie sie sich der Geschäftsleitung zum Schluß des Geschäftsjahrs darstellt. Verlangt wird in diesem Zusammenhang eine Beschreibung der Situation des Konzerns, die etwa durch den Auftragsbestand oder die Liquidität gekennzeichnet werden kann. Neben diesen objektiven Daten ist aber auch eine subjektive Würdigung der Verhältnisse durch die Geschäftsleitung in den Bericht aufzunehmen. Hierzu zählt auch ein Ausblick auf die weitere Entwicklung des Gesamtkonzerns.

Angaben zur Darstellung der Lage des Konzerns

Im einzelnen sollte die Konzernleitung über folgende Themenbereiche berichten (vgl. LÜCK, W., in: Küting/Weber 1998, § 315 HGB, Rn. 47):

(1) Konzernstruktur (Sparten und Tätigkeitsfelder des Konzerns mit den dort tätigen Unternehmen),

(2) Absatzlage (Auftragslage, Marktanteile und Marktaussichten),

(3) Vermögenslage (Vermögensstruktur, horizontale Bilanzierungsregeln),

(4) Finanzlage (Kapitalstruktur),

(5) Ertragslage (Produktivitäts- und Rentabilitätskennzahlen),

(6) Liquiditätslage (Liquiditätsbilanz).

Der Risikobericht hat über diejenigen Risiken zu informieren, die entweder ihren Ursprung im Geschäftsverlauf oder der Lage des Konzerns haben oder die sich auf den Geschäftsverlauf oder die Lage des Konzerns auswirken. Einzugehen ist auf alle Risiken, die für den Konzern nicht unwesentlich sind und deren Eintrittswahrscheinlichkeit nicht zu vernachlässigen ist.

Angaben zur Darstellung der Risiken der künftigen Entwicklung

Im einzelnen ist im Konzernlagebericht auf folgende Risiken einzugehen (vgl. Küting, K./Hütten, C. 1997, S. 250 ff.):

(1) gesamtwirtschaftliche Risiken (negative Konjunkturentwicklungen; angekündigte politische Maßnahmen mit negativen Folgewirkungen auf die Lage und den Geschäftsverlauf des Konzerns),

(2) branchenspezifische Risiken (negative Entwicklung der Branchenkonjunktur, Änderung der Wettbewerbsstrukturen),

(3) Risiken im Beschaffungsbereich (Preisentwicklung auf dem Beschaffungsmarkt, Beschaffungsengpässe),

(4) Risiken im Produktionsbereich (Auslastung der Produktion, technische Schwierigkeiten),

(5) Risiken im Absatzbereich (Veränderung des Konsumentenverhaltens, Wegfall von Großkunden, möglicher Preisverfall).

2.1.2 Freiwillige Erweiterung der Berichterstattung

§ 315 Abs. 1 HGB verlangt, daß zumindest der Geschäftsverlauf, die Lage und die Risiken der künftigen Entwicklung in einer Form dargestellt werden, daß ein den tatsächlichen Verhältnissen entsprechendes Bild des Konzerns vermittelt wird. Das bedeutet, daß in den Konzernlagebericht weitere, über den Geschäftsverlauf und die Lage des Konzerns hinausgehende Angaben aufgenommen werden dürfen. »Durch die freiwillige Berichterstattung dürfen jedoch die tatsächlichen Verhältnisse im Konzern nicht verfälscht wiedergegeben werden« (KPMG Treuverkehr AG 1990, S. 318). Beispiele für eine freiwillige Berichterstattung sind Sozialberichte oder Wertschöpfungsrechnungen. Allerdings ist zu beachten, daß auch freiwillige Erweiterungen des Konzernlageberichts der Prüfungs- und Offenlegungspflicht unterliegen.

2.2 Ergänzende Angaben (Sollinhalt)

Außer auf den Geschäftsverlauf, die Lage sowie die Risiken der künftigen Entwicklung des Konzerns »soll« im Konzernlagebericht auch auf bestimmte, in § 315 Abs. 2 HGB enumerierte Sachverhalte eingegangen werden. Aus der Gesetzesformulierung (»soll«) könnte auf ein Berichterstattungswahlrecht geschlossen werden. In Anbetracht der Zwecksetzung des Konzernlageberichts, der dazu beitragen soll, daß insgesamt ein den tatsächlichen Verhältnissen entsprechendes Bild des Konzerns vermittelt wird, ist jedoch von einer Berichterstattungspflicht auszugehen, wenn wesentliche, unter die vorgesehenen Einzelangaben zu subsumierende Sachverhalte gegeben sind. Abzustellen ist dabei auf den Konzern insgesamt, d.h., Sachverhalte, die wohl für ein einzelnes Tochterunternehmen, nicht aber für den Konzern in seiner Gesamtheit von Bedeutung sind, brauchen nicht erwähnt zu werden.

2.2.1 Vorgänge von besonderer Bedeutung nach Ablauf des Geschäftsjahrs (Nachtragsbericht)

Angaben im sog. Nachtragsbericht

Zu berichten ist im Konzernlagebericht über Vorgänge von besonderer Bedeutung, die nach Ablauf des Geschäftsjahrs eingetreten sind (vgl. § 315 Abs. 2 Nr. 1 HGB). »Zweck dieser Berichterstattung ist es, insbesondere die Aktionäre vor der Hauptversammlung über wichtige Vorgänge im neuen Geschäftsjahr zu unterrichten. Solche Veränderungen können bspw. die Ausübung der Stimmrechte erheblich beeinflussen. Auch unter den Aspekten der Gewinnverwendung sowie der Entlastung des Vorstandes ist diese Regelung bedeutsam« (Sahner, F./Kammers, H. 1984, S. 2310). Vorgänge, die nach dem Schluß des Geschäftsjahrs eingetreten sind, sind von solchen Vorgängen zu unterscheiden, die bereits am Bilanzstichtag vorlagen, deren Existenz aber der Konzernleitung erst später zwischen dem Abschlußstichtag und dem Tag der Bilanzaufstellung bekannt werden. Solche sog. wertaufhellenden Sachverhalte sind nicht Gegenstand des Nachtragsberichts, sondern müssen gem. § 298 Abs. 1 i.V.m. § 252 Abs. 1 Nr. 4 HGB bereits im Rahmen der laufenden Bilanzierung berücksichtigt werden.

Entsprechend dem Zweck der Berichtspflicht werden von ihr nur die Vorgänge erfaßt, die geeignet sind, die Beurteilung des Konzernabschlusses erheblich zu beeinflussen. Hierzu gehören u.a. (vgl. Lück, W., in: Küting/Weber 1998, § 315 HGB, Rn. 53):

(1) Die Branche betreffende wirtschaftliche oder politische Ereignisse (verschärfte Exportvorschriften, Auf- und Abwertungseinflüsse, Wettbewerbsverzerrungen),

(2) Abweichungen von der im Konzernabschluß vorgezeichneten zukünftigen Entwicklung (Kostensteigerungen, Umsatzrückgänge, veränderte Marktpreise),

(3) Erwerb oder Veräußerung von Beteiligungen,

(4) Kapitalerhöhungs- oder Kapitalherabsetzungsmaßnahmen,

(5) Berichterstattung über außerordentliche Verträge, Prozesse und Arbeitskämpfe,

(6) Belegschaftsauf- oder -abbau,

(7) Zusammenbrüche großer Kunden.

2.2.2 Voraussichtliche Entwicklung des Konzerns (Prognosebericht)

Eingeschränkte Aussagefähigkeit von Prognoseberichten

§ 315 Abs. 2 Nr. 2 HGB verlangt explizit, daß in den Konzernlagebericht eine zukunftsbezogene Betrachtung der voraussichtlichen Entwicklung des Konzerns aufgenommen wird. Wegen der aus der Ungewißheit der zukünftigen Entwicklung resultierenden Problematik von Prognosen dürfen an diese vom Gesetz geforderten Prognoseaussagen jedoch keine zu hohen Anforderungen gestellt werden.

So kann weder ein bestimmter Prognosezeitraum noch eine bestimmte Form der Prognose gefordert werden. Denn ein relativ langer Prognosezeitraum verspricht zwar einen hohen Informationsgehalt, jedoch wird die Prognose grundsätzlich um so unsicherer, je weiter sie in die Zukunft reicht. Prognosen mit quantitativen Aussagen haben gegenüber verbalen Aussagen grundsätzlich den Vorteil der besseren Überprüfbarkeit, jedoch kann durch detaillierte Zahlenangaben eine Prognosesicherheit vorgetäuscht werden, die i.d.R. nicht gegeben sein wird (vgl. SAHNER, F./KAMMERS, H. 1984, S. 2312f.).

Es ist deshalb ausreichend, wenn die Geschäftsleitung ihre »nach pflichtgemäßem Ermessen vorgenommene Einschätzung der künftigen Entwicklung der Gesellschaft (darlegt, d. Verf.)« (WP-HANDBUCH 1996, Bd. I, S. 493). Erforderlich ist aber auf jeden Fall, daß alle wesentlichen Annahmen, auf deren Grundlage Prognosen erstellt wurden, mit in den Konzernlagebericht aufgenommen werden, so daß der externe Adressat die Schlüssigkeit der abgeleiteten Aussagen nachvollziehen kann.

Angaben im sog. Prognosebericht

Im einzelnen enthält der Prognosebericht Angaben (vgl. LÜCK, W., in: Küting/Weber 1998, § 315 HGB, Rn. 64)

(1) zur allgemeinen volkswirtschaftlichen Entwicklung,

(2) zu wesentlichen Änderungen in den Bereichen Beschaffung, Produktion, Personal, Investition und Finanzierung,

(3) zur Marktstellung in den wichtigsten Tätigkeitsbereichen,

(4) zur tendenziellen Entwicklung der Konzernerfolge.

2.2.3 Bereich Forschung und Entwicklung (Forschungsbericht)

Angaben zur Forschungs- und Entwicklungstätigkeit

Gem. § 315 Abs. 2 Nr. 3 HGB ist im Konzernlagebericht auch auf die Forschungs- und Entwicklungstätigkeit des Konzerns einzugehen, wobei Art und Umfang der Berichterstattung nicht explizit vorgegeben sind. Somit ist es weitgehend in das Ermessen der Bilanzierenden gestellt, wie über den Bereich Forschung und Entwicklung im Konzern berichtet wird.

Keinesfalls zwingend erforderlich sind detaillierte Zahlenangaben, etwa über die Höhe des Forschungsaufwands im Konzern; ausreichend ist vielmehr eine verbale Beschreibung der Entwicklungstätigkeit, z.B. durch Darstellung der

Einrichtungen, die der Konzern für Forschungs- und Entwicklungstätigkeiten unterhält und der damit verbundenen allgemeinen Zielsetzungen.

Eine tiefergehende Berichterstattung wird insbes. dann nicht erwartet werden können, wenn abzusehen ist, »daß mit der Bekanntgabe von Informationen über die Forschungs- und Entwicklungstätigkeit Nachteile für das publizierende Unternehmen herbeigeführt werden, d.h., entweder selbstgeschaffene Wettbewerbsvorteile verloren gehen oder die Möglichkeit zur Stärkung der eigenen Marktposition unterbunden wird« (Sahner, F./Kammers, H. 1984, S. 2311).

Angaben im sog. Forschungsbericht

Im einzelnen sollte der Forschungsbericht Angaben zu folgenden Themenbereichen enthalten (vgl. Lück, W., in: Küting/Weber 1998, § 315 HGB, Rn. 65ff.):

(1) Grundlagenforschung,

(2) angewandte Forschung,

(3) experimentelle Entwicklung,

(4) Zahl der in der Forschung und Entwicklung tätigen Mitarbeiter,

(5) Einrichtungen, die für Forschungs- und Entwicklungszwecke unterhalten werden,

(6) Globalziele bei den Forschungs- und Entwicklungstätigkeiten,

(7) Gesamthöhe und Entwicklung der Forschungs- und Entwicklungsaufwendungen,

(8) Umfang der Investitionen im Bereich Forschung und Entwicklung,

(9) Restriktionen (Umweltschutz),

(10) laufende und geplante Forschungsprogramme.

1. Zusätzlich zum Konzernabschluß muß jedes zur Konzernrechnungslegung verpflichtete Mutterunternehmen einen Konzernlagebericht aufstellen (vgl. § 290 Abs. 1 und 2 HGB bzw. § 11 Abs. 1 i.V.m. § 13 Abs. 1 PublG), der als selbständiges Informationsinstrument neben dem Konzernabschluß steht.

2. Zweck des Konzernlageberichts ist die Ergänzung des Konzernabschlusses, d.h., im Konzernlagebericht sind alle wesentlichen Sachverhalte, die nicht bereits im Konzernabschluß enthalten, aber dennoch für eine zutreffende Beurteilung der tatsächlichen Lage des Konzerns von Bedeutung sind, darzustellen (vgl. § 315 Abs. 1 und 2 HGB).

3. Der Inhalt des Lageberichts setzt sich aus einem Pflichtinhalt, einem Sollinhalt und einem freiwilligen Inhalt zusammen. Der Pflichtinhalt besteht aus einem Wirtschaftsbericht, in dem der Geschäftsverlauf und die Lage des Konzerns zu erläutern ist, und einem Risikobericht, der die Risiken der künftigen Entwicklung des Konzerns abzubilden hat (vgl. § 315 Abs. 1 HGB). Der Sollinhalt setzt sich aus drei Komponenten – dem Nachtrags-, Prognose- und Forschungsbericht – zusammen (vgl. § 315 Abs. 2 HGB).

4. Um Doppelangaben zu vermeiden, kann der Konzernlagebericht mit dem Lagebericht des Mutterunternehmens zusammengefaßt werden (vgl. § 315 Abs. 3 i.V.m. § 298 Abs. 3 HGB).

9. Kapitel: Deutsches Rechnungslegungs Standards Committee

1. Zur Notwendigkeit institutioneller Neuerungen

Unternehmenskrisen und Vertrauensschwund

Vermeintliches und tatsächliches Mißmanagement sowie Mißbrauch von Kompetenzen haben in der jüngeren Vergangenheit vermehrt spektakuläre Unternehmenskrisen hervorgebracht. Wenn Unterschlagungen aufgedeckt oder Bilanzmanipulationen offenkundig werden, können sich gravierende Konsequenzen für die betroffenen unternehmensnahen Gruppen ergeben. Das Vertrauen in die vom Management und den Wirtschaftsprüfern bereitgestellten Informationen schwindet rapide (vgl. Böckem, H. 2000, S. 1185) und die Frage wird laut, ob die für die Kontrolle der Unternehmensführung bzw. des Zahlenwerks Verantwortlichen ihre Aufgabe nicht gewissenhaft wahrgenommen haben.

Bedeutung des Kapitalmarktes und Glaubwürdigkeit der Informationen

Im Zuge der zunehmenden Globalisierung der Kapitalmärkte und des ständigen Ringens seiner Teilnehmer um die Gunst der Anleger können sich die Unternehmen keine »Informationsverschleierungstaktik« erlauben. Jedwede Zweifel an der Glaubwürdigkeit der publizierten Unternehmensinformationen beinhalten die Gefahr, die Funktionsfähigkeit des Kapitalmarktes zu beeinträchtigen. Wenn der Produktionsfaktor Kapital seine Bedeutung im Zusammenhang mit Wachstum und Beschäftigung behalten oder gar weiter ausbauen soll, so müssen auch sachgerechte Rahmenbedingungen für seinen effizienten Einsatz geschaffen werden. Darunter sind u. a. Qualitätsverbesserungen in den Bereichen Rechnungslegung, Publizität sowie Unternehmenskontrolle zu subsumieren (vgl. Zitzelsberger, S. 1998, S. 247).

Suche nach Durchsetzungsinstanzen

Um den Anforderungen durch die zunehmende Internationalisierung der Rechnungslegung besser gerecht werden zu können, wurde unlängst die Frage nach einer Instanz zur Durchsetzung von Rechnungslegungsstandards in Deutschland laut (vgl. Biener, H. 1995, S. 56f.; vgl. auch Küting, K./Hayn, S. 1995, S. 671). Diese Diskussion war auch zum damaligen Zeitpunkt nicht neu.

Historische Betrachtung

Bereits Ende der siebziger Jahre wurden von der Kommission Rechnungswesen im Verband der Hochschullehrer für Betriebswirtschaft e. V. Reformvorschläge zur handelsrechtlichen Rechnungslegung (vgl. Kommission Rechnungswesen im Verband der Hochschullehrer für Betriebswirtschaft e. V. 1979, S. 3ff.) im Hinblick auf die Umsetzung der 4. EG-Bilanzrichtlinie intensiv diskutiert. Es wurde »die Bildung einer Kommission vorgeschlagen, die an der Auslegung und Weiterentwicklung der Grundsätze ordnungsmäßiger Buchführung und Bilanzierung als Beratungsgremium maßgeblich beteiligt« sei (Kommission Rechnungswesen im Verband der Hochschullehrer für Betriebswirtschaft e. V. 1979, S. 4). Bei den Spitzenverbänden der Wirtschaft stieß der Vorschlag zur Einrichtung eines derartigen Beratungsgremiums auf heftige Kritik und Ablehnung (vgl. DEUTSCHER INDUSTRIE- UND HANDELSTAG u.a. 1979, S. 1093ff.) und wurde deshalb zum damaligen Zeitpunkt nicht weiter vorangetrieben.

Regulierungsinstanz unverzichtbar

Eine Regulierungsinstanz wird jedoch – u.a. auch von der SEC – als eine unverzichtbare »Komponente eines qualitativ hochwertigen Rechnungslegungssystems« (HÜTTEN, C./BRAKENSIEK, S. 2000, S. 872) angesehen. Mit dem zunehmenden Bestreben der Adoption angelsächsischer Rechnungslegungsnormen geht die Forderung einher, ein Gremium zu schaffen, das auf aktuelle Bedürfnisse und neuartige Fragestellungen rasch reagiert (vgl. SCHILDBACH, T. 1999, S. 645). Zu diesem Zweck wurde das HGB mit dem Gesetz zur Kontrolle und Transparenz im Unternehmensbereich (KonTraG) im Jahre 1998 durch zwei neue Vorschriften (§§ 342, 342a) ergänzt, die die Einbindung interessierter Kreise in die Entwicklung von Rechnungslegungsgrundsätzen ermöglichen sollen. Wenig später wurde das Deutsche Rechnungslegungs Standards Committee (DRSC) als privates Rechnungslegungsgremium i.S.v. § 342 Abs. 1 Satz 1 HGB durch Vertrag anerkannt.

2. Aufgaben und Zielsetzung des DRSC

§ 342 Abs. 1 HGB nennt die Aufgaben, die das DRSC nach dem Willen des Gesetzgebers zu erfüllen hat. Konkret wahrgenommen werden diese vom Deutschen Standardisierungsrat.

Entwicklung von Empfehlungen

Die erste Aufgabe des neuen Gremiums besteht in der »Entwicklung von Empfehlungen zur Anwendung der Grundsätze über die Konzernrechnungslegung« (§ 342 Abs. 1 Nr. 1 HGB). Folglich sollen nicht etwa Grundsätze über die Konzernrechnungslegung entwickelt werden, sondern bloße Empfehlungen, die sich zudem nur auf die Anwendung der Grundsätze beziehen. Dabei ist zu gewährleisten, daß »die Empfehlungen unabhängig und ausschließlich von Rechnungslegern in einem Verfahren entwickelt und beschlossen werden, das die fachlich interessierte Öffentlichkeit einbezieht« (§ 342 Abs. 1 Satz 2 HGB). Die Verlautbarungen werden vom Bundesministerium der Justiz (BMJ) bekannt gemacht (vgl. § 342 Abs. 2 HGB). Die Anforderungen an die Bekanntmachung werden allerdings im Gesetz nicht konkretisiert, so daß unklar bleibt, ob die Empfehlungen vom BMJ inhaltlich zu überprüfen sind.

GoB-Vermutung

Die Aufgabe beinhaltet nicht die Schaffung neuer Grundsätze ordnungsgemäßer Buchführung (vgl. BALLWIESER, W. 1999, S. 443f.), allerdings wird bei Beachtung der Empfehlungen vermutet, daß die die Konzernrechnungslegung betreffenden GoB eingehalten wurden (vgl. § 342 Abs. 2 HGB). Für die berichtenden Unternehmen ergeben sich jedoch keine Konsequenzen bei

Nichtbeachten der DRSC-Standards. Das letzte Wort hinsichtlich der Rechenschaftsinhalte wird weiterhin bei den Gerichten bleiben, denn höchstrichterliche Entscheidungen können nicht vermutet werden (vgl. MOXTER, A. 1998, S. 1427). Mehr als eine Autorisierung von Anwendungsempfehlungen im Sinne einer »unverbindlichen« Meinungsäußerung kann aus verfassungsrechtlichen Gründen folglich nicht vertreten werden (vgl. BUDDE, W./STEUBER, E. 1998, S. 1186). Insofern läßt sich die erste Aufgabe faktisch darauf reduzieren, daß das DRSC offene Fragen zur Konzernrechnungslegung, die mit Blick auf die internationalen Vorbilder geboten erscheinen und daher »aus dem Fundus der IAS oder US-GAAP stammen« (BALLWIESER, W. 1999, S. 445), diskutiert und dem Gesetzgeber Lösungsvorschläge dazu unterbreitet. Der Vorrang des Gesetzes bleibt somit auch vor dem Hintergrund der Einsetzung und Autorisierung eines privaten Rechnungslegungsgremiums unangetastet, und die erarbeiteten Normen müssen sich daher innerhalb der bestehenden gesetzlichen Vorschriften bewegen. Wenn andererseits Regelungen in Standards einfließen sollen, die gegen handelsrechtliche Vorschriften verstoßen, so bedarf es zuerst einer Gesetzesänderung, bevor der entsprechende Standard verabschiedet werden kann (vgl. SPANHEIMER, J. 2000, S. 999).

Auswirkungen auf Einzelabschluß

Obwohl die einzelgesellschaftliche Rechnungslegung außerhalb des Verantwortungsbereiches des DRSC liegt und derzeit nur Reformbedarf für die handelsrechtliche Konzernrechnungslegung gesehen wird, ergeben sich langfristig betrachtet gewiß auch Auswirkungen auf den Einzelabschluß und damit einhergehend die steuerliche Gewinnermittlung (vgl. KÜTING, K. 2000, S. 42). Das DRSC präsentiert sich in dieser Hinsicht zukunftsoffen, zumal seine Zwecksetzung in der Satzung neutral als Ermittlung, Festsetzung und Auslegung der deutschen Standards der Rechnungslegung formuliert wurde (vgl. DRSC, Satzung, § 9 Abs. 1 Satz 1).

Beratung des BMJ

Als zweite Aufgabe, eng mit der ersten verbunden, ist die »Beratung des Bundesministeriums der Justiz bei Gesetzgebungsvorhaben zu Rechnungslegungsvorschriften« (§ 342 Abs. 1 Nr. 2 HGB) vorgesehen. Die Beratungsaufgabe wird dabei nicht explizit auf den Konzernabschluß beschränkt, weshalb sich wiederum eine indirekte Einflußmöglichkeit auf den Einzelabschluß und, aufgrund des Maßgeblichkeitsprinzips, auch auf die Steuerbilanz ergibt (vgl. BREIDENBACH, K. 1999, S. 644).

Vertretung Deutschlands

Durch Erfüllung der dritten Aufgabe, der »Vertretung der Bundesrepublik Deutschland in internationalen Standardisierungsgremien« (§ 342 Abs. 1 Nr. 3 HGB), wird bezweckt, den Einfluß Deutschlands in diesen Gremien zu stärken. Zugleich mag man dies mit der Erwartung verbinden, daß sich das deutsche Bilanzrecht internationalen Vorstellungen von der Bilanzierung mehr und mehr öffnet (vgl. SCHWAB, M. 1999, S. 732). Um Deutschlands Interessen im Rahmen der Rechnungslegung auf internationaler Ebene sachgerecht vertreten zu können, besteht zum einen die Notwendigkeit festzulegen, worin diese Interessen bestehen (vgl. BREIDENBACH, K. 1999, S. 644). Andererseits muß auf eine stärkere Anerkennung der Arbeit des DRSC auf nationaler Ebene hingearbeitet werden, damit die Akzeptanz des deutschen Gremiums durch die internationalen *standard setting bodies* erhöht wird. Bislang kann sein faktischer Einfluß auf internationaler Ebene durch seine fehlende rechtliche Autorität und Normsetzungsbefugnis angezweifelt werden. Es kann weder die Umsetzung auf internationaler Ebene entwickelter Vorschläge zur Veränderung deutscher Rechnungslegung zusichern, noch kann es die Übereinstimmung bestimmter Regeln mit den GoB entscheiden (vgl. BALLWIESER, W. 1999, S. 446).

Votum für Wahlrechtsausübung

Es bleibt dem DRSC allerdings unbenommen, sich in seinen Standards bspw. hinsichtlich expliziter handelsrechtlicher Wahlrechte mit Blick auf international anerkannte Rechnungslegungsgrundsätze für eine bestimmte Vorgehensweise auszusprechen und diese als bevorzugte Bilanzierungsmethode zu propagieren. Diese Feststellung impliziert zugleich Folgen für die Abschlußprüfung. Der Abschlußprüfer kann gegen eine Bilanzierung, die von einem Standard abweicht, aber gleichwohl noch im Rahmen gesetzlicher Bilanzierungswahlrechte erfolgt, keine Einwendungen gemäß § 322 HGB erheben. Denn die Bindungswirkung kann für den Abschlußprüfer nicht weiter gehen als für das bilanzierende Unternehmen. Im Falle der Anwendung der Standards in der Rechnungslegungspraxis könnte aber ein wertvoller Beitrag zur Verringerung der Kluft zwischen deutscher und internationaler Rechnungslegung geleistet werden, selbst wenn das Wirkungsvermögen und die Kompetenz des deutschen Gremiums faktisch eher bescheiden ausfallen.

3. Struktur des DRSC

Organe des Vereins

Beim DRSC handelt es sich um einen eingetragenen Verein, der sich international auch unter der Bezeichnung »GASC – German Accounting Standards Committee« (DRSC, Satzung, § 1 Abs. 2) präsentiert. Als Organe treten der Vorstand, der Verwaltungsrat und die Mitgliederversammlung in Erscheinung (vgl. DRSC, Satzung, § 6 Abs. 1).

Standardisierungsrat

Essentielles Gremium bildet der Standardisierungsrat, der »zum Zwecke der Ermittlung, Festsetzung und Auslegung der deutschen Standards der Rechnungslegung« (DRSC, Satzung, § 9 Abs. 1) eingesetzt wurde. Er kann folglich als Rechnungslegungsgremium im engeren Sinn bezeichnet werden.

Mitglieder

Die Organe und der Standardisierungsrat setzen sich nur aus Personen aus dem Kreis der Rechnungsleger zusammen. Diese sind durch Fachkenntnisse und Erfahrungen auf dem Gebiet der nationalen und internationalen Rechnungslegung ausgewiesen (vgl. DRSC, Satzung, § 9 Abs. 2).

4. Der Due Process

Mehrstufiges Verfahren

Die Geschäftsordnung des Standardisierungsrats sieht für die Erarbeitung von Rechnungslegungsstandards durch das DRSC ein mehrstufiges Verfahren vor, das in Anlehnung an internationale Vorbilder die interessierte Öffentlichkeit in den Prozeß einbezieht.

Arbeitsgruppen

Nachdem der Standardisierungsrat Themen und Prioritäten festgelegt hat, werden Arbeitsgruppen eingesetzt, die die ausgewählten Themenbereiche aufbereiten und dem Standardisierungsrat Zwischenergebnisse oder einen Standardentwurf mit möglichen Alternativen vorlegen.

Kommentierung

Die erarbeiteten Entwürfe werden mit der Aufforderung zur Abgabe von Stellungnahmen veröffentlicht. Bis ein Rechnungslegungsstandard endgültig verabschiedet werden kann, sind folgende Voraussetzungen zu erfüllen (vgl. DRSC, Standardisierungsvertrag, § 4):

Voraussetzungen zur Verabschiedung eines Standards

(1) Beschluß eines Entwurfs und Veröffentlichung mit einer Frist zur Stellungnahme von mindestens sechs Wochen,

(2) Auswertung der eingegangenen Stellungnahmen und Erörterung der wesentlichen Einwendungen und Änderungsvorschläge in einer öffentlichen Sitzung,

(3) im Falle wesentlicher Änderungen des Entwurfs nochmalige Offenlegung mit einer Frist zur Stellungnahme von mindestens vier Wochen.

In der Geschäftsordnung des Standardisierungsrats (vgl. DSR, Geschäftsordnung, § 10) werden zusätzlich folgende Voraussetzungen ergänzt:

(4) Anhörung des Konsultationsrats vor der Verabschiedung eines Standards,

(5) Verabschiedung des Standards in öffentlicher Sitzung.

5. Deutsche Rechnungslegungs Standards (DRS)

5.1 Übersicht und Status

Folgende Standards wurden vom Bundesministerium der Justiz bereits bekannt gemacht bzw. wurden verabschiedet oder liegen (zum Redaktionsschluß) lediglich in Entwurfsform vor:

DRS 1	Befreiender Konzernabschluß nach § 292a HGB, Bekanntmachung am 22. Juli 2000.
DRS 2	Kapitalflußrechnung, Bekanntmachung am 31. Mai 2000, wobei in DRS 2-10 bzw. DRS 2-20 die Besonderheiten von Kreditinstituten bzw. Versicherungsunternehmen explizite Berücksichtigung finden.

DRS 3	Segmentberichterstattung, Bekanntmachung am 31. Mai 2000. Auch für diesen Themenbereich wurden mit DRS 3-10 bzw. DRS 3-20 spezielle Standards für Kreditinstitute bzw. Versicherungsunternehmen erlassen.
DRS 4	Unternehmenserwerbe im Konzernabschluß, Bekanntmachung am 30. Dezember 2000.
E-DRS 5	Risikoberichterstattung, Entwurf vom 24. November 2000.
DRS 5-10	Risikoberichterstattung von Kredit- und Finanzdienstleistungsinstituten, Bekanntmachung am 30. Dezember 2000.
E-DRS 5-20	Risikoberichterstattung von Versicherungsunternehmen, Entwurf vom 8. Dezember 2000.
DRS 6	Zwischenberichterstattung, Bekanntmachung am 13. Februar 2001.
E-DRS 7	Darstellung des Konzerneigenkapitals, Entwurf vom 2. Oktober 2000.
E-DRS 8	Bilanzierung von Anteilen an assoziierten Unternehmen im Konzernabschluß, Entwurf vom 8. November 2000.
E-DRS 9	Bilanzierung von Anteilen an Gemeinschaftsunternehmen im Konzernabschluß, Entwurf vom 13. Februar 2001.

Die Standards bzw. ihre Entwürfe werden in den folgenden Abschnitten kurz dargestellt. Ferner wird an entsprechender Stelle auf weitergehende Ausführungen in anderen Kapiteln dieses Buches verwiesen.

5.2 DRS 1 – Befreiender Konzernabschluß nach § 292a HGB

Gegenstand des Standards

Seit 1998 können deutsche Unternehmen gemäß § 292a HGB befreiende Konzernabschlüsse nach international anerkannten Rechnungslegungsgrundsätzen aufstellen. Im Rahmen seiner Aufgabe, »Empfehlungen zur Anwendung der Grundsätze über die Konzernrechnungslegung« (§ 342 Abs. 1 Nr. 1 HGB) zu entwickeln, hat sich das DRSC in seinem Rechnungslegungsstandard Nr. 1 (DRS 1) mit den Anwendungsproblemen dieser Befreiungsvorschrift befaßt. Ziel des DRS 1 ist zu klären, welche Voraussetzungen Konzernabschlüsse und Konzernlageberichte erfüllen müssen, um befreiende Wirkung zu entfalten.

Anforderungen gemäß § 292a HGB

Die grundsätzlichen Anforderungen sind in § 292a HGB festgeschrieben. So hat der Konzernabschluß u. a. das Gesamtkonzept der einschlägigen EG-Richtlinien einzuhalten (vgl. DRS 1, Textziffer 17). Ferner muß der befreiende Konzernabschluß dem Kriterium der Gleichwertigkeit genügen, wobei in diesem Zusammenhang vom Gesetzgeber konstatiert wird, daß die IAS und aufgrund ihrer internationalen Verbreitung auch die US-GAAP dieser Anforderung genügen (vgl. BT-Drucks. 13/9909, S. 12). Dieser Ansicht schließt sich auch das DRSC an, sofern im Rahmen der Konzernabschlußerstellung die IAS oder die US-GAAP in vollem Umfang Anwendung finden (vgl. DRS 1, Textziffer 12).

Mit Blick auf die Befreiung von der Pflicht zur Aufstellung eines handelsrechtlichen Konzernabschlusses muß allerdings beachtet werden, daß nach international anerkannten Rechnungslegungsgrundsätzen kein dem Konzernlagebericht entsprechendes Berichtsinstrument existiert. Aus diesem Grund erfolgt in DRS 1, Textziffer 45 der Hinweis, daß der betreffende Konzernabschluß nur befreiende Wirkung entfalten kann, wenn die in einem Lagebericht gemäß § 315 HGB offenzulegenden Informationen in geeigneter Form transparent gemacht werden.

Erfüllungsbereich des DRS 1

Im Hinblick auf die zwingend einzuhaltenden gesetzlichen Regelungen des § 292a HGB ist DRS 1 vornehmlich als »Interpretation bzw. Konkretisierung der gesetzlichen Vorgaben« (Baetge, J./Siefke, K. 2000, S. 1061) einzustufen. Den Rechnungslegenden soll damit eine Hilfestellung bei der Erfüllung der Voraussetzungen geboten werden, die der Gesetzgeber an die Befreiung von der handelsrechtlichen Konzernrechnungslegungspflicht vorsieht.

Verweis

Weitergehende Ausführungen zur Befreiung von der Erstellung eines Konzernabschlusses bei Anwendung von international anerkannten Rechnungslegungsgrundsätzen finden sich im 1. Abschnitt in Kapitel 1 unter Gliederungspunkt 3.3.4.

5.3 DRS 2 – Kapitalflußrechnung

Erweiterung des Konzernanhangs

Gemäß § 297 Abs. 1 Satz 2 HGB haben »die gesetzlichen Vertreter eines börsennotierten Mutterunternehmens … den Konzernanhang um eine Kapitalflußrechnung … zu erweitern«. Vorschriften zur Ausgestaltung dieser neuen Komponente der externen Rechnungslegung wurden vom Gesetzgeber allerdings nicht erlassen. Dies ist insbes. vor dem Hintergrund zu sehen, daß eine inhaltliche Ausfüllung dieser Norm durch einen Rechnungslegungsstandard des DRSC möglich ist.

Gegenstand des Standards

Mit der Schaffung von DRS 2 ist das deutsche Rechnungslegungsgremium dieser Aufgabe nachgekommen und stellt nun detaillierte Anforderungen an die Ausgestaltung einer Kapitalflußrechnung. Ferner setzen sich DRS 2-10 und DRS 2-20 mit den Besonderheiten von Kreditinstituten und Unternehmen der Versicherungswirtschaft auseinander. Mit der Aufstellung einer Kapitalflußrechnung wird dabei insbes. das Ziel verfolgt, »für die Berichtsperiode die Zahlungsströme dar(zu)stellen und darüber Auskunft (zu; d. Verf.) geben, wie das Unternehmen aus der laufenden Geschäftstätigkeit Finanzmittel erwirtschaftet hat und welche zahlungswirksamen Investitions- und Finanzierungsmaßnahmen vorgenommmen wurden« (DRS 2, Textziffer 1).

Verweis

Detaillierte Ausführungen zur Kapitalflußrechnung werden im 1. Abschnitt dieses Buches in Kapitel 7 unter Gliederungspunkt 3.2 gemacht.

5.4 DRS 3 – Segmentberichterstattung

Erweiterung des Konzernanhangs

Gemäß § 297 Abs. 1 Satz 2 HGB haben »die gesetzlichen Vertreter eines börsennotierten Mutterunternehmens ... den Konzernanhang um ... eine Segmentberichterstattung zu erweitern«. Auch hinsichtlich der Ausgestaltung dieser Rechnungslegungskomponente wurden im Gesetz keine Vorschriften kodifiziert.

Gegenstand des Standards

Infolgedessen sollen DRS 3 sowie die ergänzenden branchenspezifischen Vorschriften für Kreditinstitute bzw. Versicherungsunternehmen in DRS 3-10 bzw. DRS 3-20 die Anforderungen an die Berichtspflichten auf Segmentebene konkretisieren. Aufgabe der Segmentberichterstattung ist es, Informationen über Vermögen und Ergebnis einzelner Teilbereiche (Segmente) des Konzerns aus dem Blickwinkel eines internen Entscheidungsträgers bereitzustellen (vgl. DRS 3, Textziffer 1). Denn eine Aufgliederung der Vermögens- und Ertragslage auf die jeweiligen Tätigkeitsbereiche unterstützt – insbes. bei stark diversifizierten Konzernen – eine zuverlässige Beurteilung der wirtschaftlichen Lage des Unternehmens.

Verweis

Detaillierte Ausführungen zur Segmentberichterstattung sind im 1. Abschnitt dieses Buches in Kapitel 7 unter Gliederungspunkt 3.3 zu finden.

5.5 DRS 4 – Unternehmenserwerbe im Konzernabschluß

Gegenstand des Standards

Den zentralen Gegenstand dieses Standards bildet die Bilanzierung von Unternehmenserwerben durch Unternehmen, die nach § 290 HGB oder § 11 PublG der Konzernrechnungslegungspflicht unterliegen. Für einen Unternehmenserwerb gemäß DRS 4 sind drei Gestaltungsvarianten denkbar:

- Ein Share Deal, im Rahmen dessen Anteile an einem Unternehmen erworben werden und ein Kontroll-Verhältnis zwischen dem erwerbenden und dem erworbenen Unternehmen begründet wird oder bereits vorliegt,
- ein Asset Deal, wobei ein Unternehmen in Form der einzelnen Vermögenswerte und Schulden erworben wird, oder
- eine Verschmelzung.

Kontroll-Verhältnis

Das beim Share Deal explizit geforderte Kontroll-Verhältnis umfaßt sowohl die rechtliche Möglichkeit, die Geschäftspolitik eines anderen Unternehmens zu bestimmen, als auch die tatsächliche Ausübung der einheitlichen Leitung des Unternehmens. Zur Begriffskonkretisierung findet sich im Standard eine nicht abschließende Aufzählung von Tatbeständen, aus denen ein Kontroll-Verhältnis resultieren kann. Im Vordergrund steht dabei die Mehrheit der Stimmrechte an dem anderen Unternehmen.

Erstkonsolidierungszeitpunkt

Als Erstkonsolidierungszeitpunkt bestimmt DRS 4 verpflichtend den Erwerbszeitpunkt, d.h. den Tag, von dem an das Kontroll-Verhältnis zwischen dem erwerbenden und dem erworbenen Unternehmen entsteht. Dies steht insoweit den HGB-Regelungen entgegen, als diese auch den Zeitpunkt der erstmaligen Einbeziehung oder den Zeitpunkt, zu dem das Unternehmen Tochterunternehmen wurde, gestatten (vgl. § 301 Abs. 1 HGB).

Anschaffungskosten

Die Anschaffungskosten bemessen sich nach der Gegenleistung des erwerbenden Unternehmens. In Betracht kommen dabei der Erwerbspreis oder der beizulegende Zeitwert hingegebener Vermögenswerte oder Anteile zuzüglich Anschaffungsnebenkosten sowie sonstiger dem Erwerb direkt zurechenbarer Leistungen.

Im Falle eines sukzessiven Unternehmenserwerbs sind grundsätzlich die Anschaffungskosten jedes Erwerbsschrittes zu bestimmen, wobei aus Wirtschaftlichkeitsaspekten wesentliche Schritte zusammengefaßt werden können.

Ansatz der Bilanzposten

Vermögens- und Schuldposten sind im Konzernabschluß zum Erwerbszeitpunkt unabhängig vom Ansatz in der Bilanz des erworbenen Unternehmens vollständig und einzeln zu erfassen. Für die bilanzielle Behandlung ist die Sicht des erwerbenden Unternehmens maßgeblich. Somit sind grundsätzlich auch nicht aktivierungsfähige selbsterstellte immaterielle Vermögensgegenstände der erworbenen Gesellschaft in der Konzernbilanz anzusetzen, da diese vor dem Erwerbszeitpunkt beim erworbenen Unternehmen entstanden sind und deshalb aus Konzernsicht von Dritten erworben wurden. Im Zusammenhang mit § 300 Abs. 2 Satz 1 HGB wird diese Vorgehensweise allerdings kontrovers diskutiert (vgl. KÜTING, K./WEBER, C. 1998, § 301 HGB, Rn. 76).

Damit in der Konzernbilanz eine Restrukturierungsrückstellung gebildet werden kann, müssen spätestens zum Erwerbszeitpunkt die Eckpunkte eines Restrukturierungsplans feststehen. Internationalen Regelungen folgend ist spätestens drei Monate später ein detaillierterer Plan vorzulegen. Sollte der Detailplan nicht bzw. nicht rechtzeitig umgesetzt werden, oder ist ein Mittelabfluß nicht mehr wahrscheinlich, so hat die Auflösung der Rückstellung, analog zu ihrer Bildung, erfolgsneutral zu erfolgen.

Eigene Anteile des erworbenen Unternehmens sind im Rahmen der Konsolidierung mit dessen Eigenkapital zu verrechnen. Anteile des erworbenen Unternehmens am Mutterunternehmen sind nach dem derzeit gültigen Standard weiterhin als eigene Anteile auf der Aktivseite der Konzernbilanz auszuweisen, um nicht in Widerspruch zu den Ausweisvorschriften des § 301 Abs. 4 HGB zu stehen. Allerdings schlägt der Standardisierungsrat auch diesbezüglich eine Gesetzesänderung vor, um eigene Anteile in Übereinstimmung mit den entsprechenden Vorschriften nach IAS und US-GAAP künftig als Korrekturposten offen vom Eigenkapital abzusetzen.

Bewertung der Bilanzposten

DRS 4 verlangt hinsichtlich der Bewertung der erworbenen Vermögenswerte und Schulden die Anwendung der Neubewertungsmethode. Handelt es sich um einen Erwerb von weniger als 100% der Anteile, so ist auch für die auf die

Minderheiten entfallenden Anteile der Vermögenswerte und Schulden eine Neubewertung vorzunehmen (vollständige Neubewertung).

Hinsichtlich der Neubewertung hält DRS 4 weiterhin an der Anschaffungskostenrestriktion fest. Konkret bedeutet dies die Begrenzung der Aufdeckung stiller Reserven durch die Anschaffungskosten der Beteiligung. Der Standardisierungsrat plädiert jedoch auch hier für eine Gesetzesänderung, um diese Restriktion (vgl. § 304 Abs. 1 Satz 4 HGB) aufzuheben.

Goodwill

Sofern das erworbene Unternehmen aus mehreren Geschäftsfeldern besteht, die voneinander unabhängige Mittelzuflüsse am Markt erzielen, fordert DRS 4 die Aufteilung des Goodwill auf die unterschiedlichen Tätigkeitsbereiche. Allerdings werden den Anwendern keine Hinweise an die Hand gegeben, wie diese Aufteilung konkret vorzunehmen ist.

Das in § 309 Abs. 1 Satz 3 HGB vorgesehene Wahlrecht, den Goodwill offen mit den Rücklagen zu verrechnen, ist nach DRS 4 genauso unzulässig wie die in der deutschen Konsolidierungspraxis anzutreffenden Verfahren der ratierlichen erfolgsneutralen Goodwill-Verrechnung oder Kombinationen von erfolgswirksamen und erfolgsneutralen Verrechnungen. Die Abschreibung des Goodwill erfolgt vielmehr in Anlehnung an die IAS-Regelungen planmäßig linear über seine voraussichtliche Nutzungsdauer, maximal über 20 Jahre. Um diese Nutzungsdauer abzuschätzen, findet sich in DRS 4 ein Kriterienkatalog, dessen Auflistung allenfalls Anhaltspunkte liefern kann und nicht als abschließend zu betrachten ist.

Ferner werden die Werthaltigkeit des Goodwill sowie seine verbleibende Restnutzungsdauer jährlich überprüft, wodurch gegebenenfalls außerplanmäßige Abschreibungen oder die Verkürzung der Restnutzungsdauer notwendig werden.

Außerplanmäßige Abschreibungen sind rückgängig zu machen, falls die Gründe hierfür nicht mehr bestehen. Auch dieses Zuschreibungsgebot wurde in den Standard aufgenommen, um nicht gegen zwingende handelsrechtliche Vorschriften (vgl. § 298 Abs. 1 HGB i.V. m. § 280 HGB) zu verstoßen.

Negativer Unterschiedsbetrag

Ein negativer Unterschiedsbetrag ist in die Konzernbilanz gesondert aufzunehmen und gegebenenfalls von einem aus anderen Unternehmenserwerben resultierenden Goodwill offen abzusetzen. Es bleibt jedoch unklar, ob ein nach der Kompensation verbleibender negativer Unterschiedsbetrag als negativer Aktivposten oder aber als Passivposten anzusetzen ist. Der negative Unterschiedsbetrag ist im Zeitpunkt der Erstkonsolidierung auf seine Ursachen hin zu untersuchen und i. d. R. in den Folgeperioden ergebniswirksam aufzulösen.

Minderheitenanteile

Minderheitenanteile sind im Eigenkapital des Konzerns gesondert zu zeigen und in Folgejahren um das anteilige Ergebnis der Minderheitsgesellschafter fortzuschreiben. Auch hier wird vom Standardisierungsrat die Orientierung an internationalen Grundsätzen empfohlen, die einen gesonderten Ausweis außerhalb des Eigenkapitals vorsehen. Das auf Minderheiten entfallende GuV-Ergebnis ist ebenfalls separat auszuweisen. Ferner ist bei der Bestimmung des Minderheitenergebnisses die Neubewertung der Vermögenswerte und Schulden zu berücksichtigen.

Weitere Vorschriften

Des weiteren finden sich in DRS 4 Vorschriften zur Anteilsveräußerung, die jedoch keine grundsätzlichen Neuerungen bringen und auf die an dieser Stelle nur hingewiesen werden soll (vgl. ausführlich dazu DRS 4, Textziffer 44ff.). Ferner ergeben sich in Anlehnung an internationale Gepflogenheiten insbes. für kapitalmarktorientierte Mutterunternehmen umfangreiche Angabepflichten im Anhang (vgl. DRS 4, Textziffer 52ff.).

Vorschläge für Gesetzgeber

Auf die vom Standardisierungsrat gemachten Vorschläge zur Neufassung einiger Textziffern des Standards wurde an entsprechender Stelle jeweils verwiesen. Allerdings bleiben diese ohne die Zustimmung des Gesetzgebers wirkungslos. Dies macht deutlich, daß der Handlungsspielraum des deutschen Rechnungslegungsgremiums sehr eng gefaßt ist. Es bleibt abzuwarten, inwieweit die Vorschläge durch Gesetzesänderungen tatsächlich umgesetzt werden und damit Eingang in einen neu formulierten Standard finden können, der die Orientierung an den IAS in stärkerem Maße verdeutlicht.

5.6 E-DRS 5 – Risikoberichterstattung

Geltungsbereich und Zwecksetzung

E-DRS 5 ist von allen Mutterunternehmen zu beachten, die gemäß § 315 Abs. 1 2. Halbsatz HGB im Konzernlagebericht auf die Risiken der künftigen Entwicklung einzugehen haben. Damit sollen den Adressaten entscheidungsrelevante Informationen zur Verfügung gestellt werden, die es ihnen ermöglichen, die mit den spezifischen Gegebenheiten des Konzerns und seiner Geschäftstätigkeit verbundenen Risiken abzuschätzen. Der Entwurf des Standards liegt darin begründet, daß der Gesetzgeber weder im Gesetz selbst noch in der Gesetzesbegründung konkrete Grundsätze für die Erstellung eines Risikoberichts vorgegeben hat (vgl. WEBER, C. 2001, S. 140).

Risikokategorisierung

Für Zwecke der Risikoberichterstattung hat sich das Unternehmen an der im Zusammenhang mit der Einrichtung des internen Risikofrüherkennungs- und Risikomanagementsystems (vgl. § 91 Abs. 2 AktG) vorgenommenen Risikokategorisierung zu orientieren. Zugleich hat eine Darstellung der hinsichtlich des Risikomanagements getroffenen Maßnahmen zu erfolgen.

Risikoquantifizierung und Eintrittswahrscheinlichkeit

Ferner sind die (Finanz-)Risiken, soweit dies möglich und unter Wirtschaftlichkeitsgesichtspunkten vertretbar ist, zu quantifizieren und Angaben über ihre Eintrittswahrscheinlichkeit zu machen, damit die Bedeutung der Risiken für den Konzern besser beurteilt werden kann.

Darstellung der Chancen

Um den Adressaten eine sachgerechte und fundierte Grundlage für ihren Entscheidungsprozeß und ihre Risikoeinschätzung zu liefern, darf der Risikoberichterstattung im Gegenzug die Darstellung der Chancen der künftigen Entwicklung gegenübergestellt werden. Allerdings wird eine explizite Verrechnung mit den Risiken für unzulässig erachtet.

Abgrenzung zum Prognosebericht

Schließlich bleibt zu beachten, daß die Risiko- und Prognoseberichterstattung, trotz des bestehenden sachlichen Zusammenhangs, getrennt zu erfolgen haben. Damit wird der Forderung nach einer in sich geschlossenen Risikodarstellung einmal mehr Nachdruck verliehen.

Risiken sind unternehmensindividuell

Die Vorschriften des Standardentwurfs wurden bewußt abstrakt formuliert, um unternehmensindividuelle Ausgestaltungen zu ermöglichen. Die Risikoberichterstattung sollte sich daher soweit wie möglich konkret auf die unternehmensspezifischen Gegebenheiten beziehen.

Sondervorschriften

Durch die Erarbeitung von DRS 5-10 bzw. DRS 5-20 finden branchenspezifische Besonderheiten hinsichtlich der Risikoberichterstattung von Kredit- und Finanzdienstleistungsinstituten bzw. Versicherungsunternehmen entsprechende Berücksichtigung. Soweit das Geschäft dieser Branchen keine Abweichungen bedingt, werden die Regelungen des allgemeinen DRS 5 Gültigkeit haben.

5.7 DRS 6 – Zwischenberichterstattung

Eigenständiges Rechnungslegungsinstrument

Der Zwischenbericht wird als eigenständiges Rechnungslegungsinstrument betrachtet. Er verfolgt die Zielsetzung, aktuellen und potentiellen Anteilseignern entscheidungsrelevante Informationen über unterjährige Berichtsperioden zeitnah zur Verfügung zu stellen (vgl. ALVAREZ, M./WOTSCHOFSKY, S. 2000b, S. 35). Dabei »konzentriert er sich auf wesentliche Aktivitäten, Ereignisse und Umstände des Berichtszeitraums« (DRS 6 2000, Textziffer 1). Zwar regelt der Standard nicht, welche Unternehmen Zwischenberichte zu erstellen haben, allerdings resultiert für diejenigen Unternehmen, die einen Konzernabschluß aufzustellen haben, die Verpflichtung, den Zwischenbericht auf konsolidierter Grundlage anzufertigen.

Mindestbestandteile eines Zwischenberichts

Gemäß Textziffer 10 des DRS 6 sind mindestens folgende Bestandteile in den Zwischenbericht, der jeweils für die ersten drei Quartale eines Geschäftsjahres zu erstellen ist, aufzunehmen:

- Eine Bilanz zum Schluß des Zwischenberichtszeitraums und eine Bilanz zum Schluß des vorangegangenen Geschäftsjahres,
- eine Gewinn- und Verlustrechnung für die Zeit vom Beginn des Geschäftsjahres bis zum Stichtag des Zwischenberichts sowie den entsprechenden Vorjahreszeitraum,
- erläuternde Angaben,
- eine Kapitalflußrechnung vom Beginn des Geschäftsjahres bis zum Stichtag des Zwischenberichts sowie den entsprechenden Vorjahreszeitraum und

– Angaben zum Geschäftsverlauf und der voraussichtlichen Entwicklung des Geschäftsjahres.

Ansatz und Bewertung

Ferner fordert der Standard, daß die Unternehmen in ihren Zwischenberichten die gleichen Bilanzierungs- und Bewertungsmethoden anwenden wie in ihren Jahresabschlüssen.

Aufwendungen und Erträge der gewöhnlichen Geschäftstätigkeit, die keinen saisonalen Charakter haben, aber regelmäßig erst am Ende des Geschäftsjahres anfallen, sind in den Quartalsberichten anteilig zu berücksichtigen. Darunter sind etwa Inventurdifferenzen, Abwertungen von Forderungen, Aufwendungen für Altersversorgung, Kosten der Jahresabschlußprüfung u.ä. zu subsumieren.

Schließlich sind außerordentliche Gewinne in der Periode zu erfassen, in der sie anfallen, während für außerordentliche Verluste der Berichtszeitraum ihrer Verursachung maßgebend ist.

Veröffentlichung und Prüfung

Zwischenberichte sind innerhalb von 60 Tagen zu veröffentlichen. Aus Praktikabilitätsgründen ist ihre Prüfung nicht verpflichtend, allerdings ist anzugeben, ob sie einer prüferischen Durchsicht unterzogen wurden.

5.8 E-DRS 7 – Darstellung des Konzerneigenkapitals

Konzerneigenkapitalspiegel

Dieser Standardentwurf sieht Regelungen zur systematischen Darstellung der Entwicklung des Konzerneigenkapitals vor. In einem sog. Konzerneigenkapitalspiegel wird zur Verbesserung der Transparenz im Konzernanhang die Entwicklung des Eigenkapitals für das Mutterunternehmen und die Minderheitsgesellschafter gesondert erfaßt. Während die US-amerikanischen Standards und die Regelungen des IASC kein Format für die Eigenkapitalveränderungsrechnung vorschreiben, sieht der deutsche Standardisierungsrat für die Darstellung des Konzerneigenkapitals bestimmte Formatvorschriften vor (vgl. Busse von Colbe, W. 2000a, S. 2405).

Eigene Anteile

Ferner sind nach geltendem Recht eigene Anteile grundsätzlich auf der Aktivseite der Bilanz auszuweisen (vgl. § 266 Abs. 2 HGB). Der Standardentwurf regt hingegen an, sämtliche eigenen Anteile internationalem Vorbild folgend in einer Summe offen vom Eigenkapital abzusetzen.

Anregung an den Gesetzgeber

Weder das HGB noch andere Gesetze sehen bislang eine systematische Eigenkapitalveränderungsrechnung vor. Insoweit wird der endgültige Standard eine Auslegung eines gesetzlich noch ungeregelten Rechnungslegungsbereichs darstellen. Hinsichtlich der vorgesehenen Behandlung der eigenen Anteile bleibt zu konstatieren, daß es für die Rechtsverbindlichkeit einer solchen Norm zuerst einer Gesetzesänderung bedarf. Dieser Vorschlag ist insofern zu unterstützen, als es damit zu einer stärkeren Annäherung an internationale Rechnungslegungsgrundsätze käme, die für eine größere Akzeptanz deutscher Konzernabschlüsse auf den internationalen Kapitalmärkten unerläßlich erscheint.

5.9 E-DRS 8 – Bilanzierung von Anteilen an assoziierten Unternehmen im Konzernabschluß

Equity-Methode

Anteile an einem assoziierten Unternehmen sind im Konzernabschluß nach der Equity-Methode zu bilanzieren (vgl. zur grundsätzlichen Vorgehensweise ausführlich 1. Abschnitt Kap. 4). Auf die Anwendung dieses Grundsatzes kann verzichtet werden, sofern die Beteiligung an einem assoziierten Unternehmen für die Beurteilung der Vermögens-, Finanz- und Ertragslage des Konzerns nur von untergeordneter Bedeutung ist. Diese Überprüfung ist sowohl für das einzelne assoziierte Unternehmen als auch für sämtliche als unwesentlich einzustufenden Unternehmen gemeinsam vorzunehmen. Ferner ist von der Anwendung der Equity-Methode abzusehen, falls der maßgebliche Einfluß nur vorübergehend besteht, bspw. weil die Anteile nur kurzfristig zum Zwecke der Weiterveräußerung gehalten werden. Dieser Sachverhalt ist zwar im HGB nicht explizit geregelt, entspricht aber den auf internationaler Ebene üblichen Normen.

Maßgeblicher Einfluß

Die Regelungen im Standardentwurf E-DRS 8 sind in ihrer jetzigen Form mit den geltenden Bilanzierungs- und Bewertungsvorschriften des HGB vereinbar. Sie konkretisieren bspw. den Begriff »maßgeblicher Einfluß«, indem sie einen Katalog von Indizien aufzählen. Allerdings empfiehlt der Standardisierungsrat darüber hinaus eine Gesetzesänderung bezüglich der Definition des maßgeblichen Einflusses. § 311 Abs. 1 Satz 1 HGB sieht bislang einen maßgeblichen Einfluß als gegeben an, wenn tatsächlich an der Geschäfts- und Finanzpolitik eines Beteiligungsunternehmens mitgewirkt wird. Gemäß den zur Diskussion stehenden Empfehlungen wird jedoch bereits die Möglichkeit zur Einflußnahme und Mitwirkung für ausreichend erachtet.

Abschlußstichtag

Gemäß § 312 Abs. 6 HGB ist aus Vereinfachungsgründen auf den letzten Jahresabschluß des assoziierten Unternehmens abzustellen. Die Regelungen des Standardentwurfs sehen bei abweichenden Abschlußstichtagen grundsätzlich die Erstellung eines Zwischenabschlusses auf den Konzernabschlußstichtag vor und schränken damit das faktische Wahlrecht des HGB ein. Endet das Geschäftsjahr des assoziierten Unternehmens allerdings maximal drei Monate vor dem Stichtag des Konzernabschlusses, so kann von der Beachtung dieser Vorschrift abgesehen werden. Vorgänge von besonderer Bedeutung für die wirtschaftliche Lage, die sich zwischen dem Abschlußstichtag des assoziierten Unternehmens und dem Konzernabschlußstichtag ereignen, sind dabei in der Konzernbilanz und in der Konzern-GuV zu berücksichtigen.

5.10 E-DRS 9 – Bilanzierung von Anteilen an Gemeinschaftsunternehmen im Konzernabschluß

Quotenkonsolidierung oder Equity-Methode

Gemeinschaftsunternehmen dürfen auf Grundlage der Quotenkonsolidierung in den Konzernabschluß einbezogen werden (vgl. grundsätzlich zur Einbeziehung von Gemeinschaftsunternehmen 1. Abschnitt Kap. 3). Sofern dieses

Wahlrecht nicht in Anspruch genommen wird, werden die Anteile an Gemeinschaftsunternehmen regelmäßig nach der Equity-Methode bilanziert. In diesem Fall sind die Vorschriften des DRS 8 entsprechend anzuwenden.

Anwendung der Quotenkonsolidierung

Die Kapital-, die Schulden-, die Aufwands- und Ertragskonsolidierung sowie die Zwischenergebniseliminierung sind anteilig entsprechend der Beteiligungsquote vorzunehmen. Obwohl im Schrifttum eine vollständige Zwischenergebniseliminierung als Wahlrecht in Analogie zu § 312 Abs. 5 HGB betrachtet wird, erscheint dem Standardisierungsrat nur die anteilige Eliminierung von Zwischenergebnissen sachgerecht (vgl. DRS 9, Begründung des Entwurfs in Anhang B). Ferner ist es mit diesem Standardentwurf nicht mehr vereinbar, auf eine Zwischenergebniseliminierung zu verzichten, selbst wenn die Lieferung oder Leistung zu üblichen Marktbedingungen vorgenommen worden ist oder die Ermittlung des bereinigten Wertansatzes einen unverhältnismäßig hohen Aufwand erfordern würde.

Angaben im Konzernanhang

Durch Einbeziehung eines Unternehmens im Wege der Quotenkonsolidierung sieht DRS 9 verschiedene Angabepflichten vor. So sind im Jahr des Erwerbs bspw. das erworbene Unternehmen, der Erwerbszeitpunkt und die Höhe des erworbenen Anteils anzugeben. Bei Ansatz eines Goodwill bzw. eines negativen Unterschiedsbetrags muß zu jedem Stichtag erläutert werden, wie dieser behandelt wird.

Inkrafttreten

Der fachlich interessierten Öffentlichkeit wurde bis zum 11. April 2001 die Möglichkeit zur Stellungnahme eingeräumt. Nach Verabschiedung des endgültigen Standards soll dieser erstmals auf das nach dem 30. Juni 2001 beginnende Geschäftsjahr zur Anwendung gelangen.

6. Kritische Würdigung

Verfassungsproblematik

Die Ausgestaltung des DRSC orientiert sich zwar an internationalen Vorbildern, aber eine getreue Abbildung eines ausländischen Standardsetters auf ein deutsches Gremium ist aufgrund der divergierenden Rechtsräume kaum möglich. Das »Zusammenspiel von Normsetzung und Normdurchsetzung« (BÖKKEM, H. 2000, S. 1187), wie es bspw. in den USA durch das sog. *case law* praktiziert wird, ist in Deutschland aus verfassungsrechtlichen Gründen auf der Grundlage des derzeitigen Rechts in der Weise kaum durchsetzbar. So läßt auch der rechtliche Rahmen, in den das DRSC eingebettet ist, kein zentrales Machtmittel zu, mit dessen Hilfe das DRSC seinen Vorstellungen mehr Nachdruck verleihen könnte.

Erfolg und Akzeptanz

Der Erfolg der Arbeit des deutschen Rechnungslegungsgremiums hängt folglich in entscheidendem Maße davon ab, inwieweit die Empfehlungen von den Jahresabschlußerstellern, -prüfern und -adressaten akzeptiert werden. Nur wenn die Arbeit des DRSC auf nationaler Ebene honoriert wird, kann Deutschland seinen Einfluß auf internationale Standardisierungsgremien stärken.

Harmonisierungsbestrebungen der EU

Andererseits machen die Harmonisierungsbestrebungen der EU deutlich, daß man im Hinblick auf die Effizienz des Kapitalmarktes in der EU die Schaffung eines einzigen Regelwerkes fördern will (vgl. Hulle, K. 2000, S. 538). Ein erster Schritt in diese Richtung wurde mit der Umsetzung der europäischen Bilanzrichtlinien in nationales Recht gemacht. Diese enthalten jedoch im wesentlichen nur Mindestanforderungen und lassen wichtige Themenbereiche ungeregelt. Daher wurden vom DRSC nun Vorschläge zur Reform dieser Richtlinien erarbeitet, die die Diskussion weiter vorantreiben sollen. Denn um eine verbesserte, länderübergreifende Vergleichbarkeit der Jahresabschlüsse zu erreichen, muß im Interesse des Kapitalmarktes letztlich ein einheitliches Regelwerk zur Anwendung gelangen (vgl. Hulle, K. 2000, S. 543).

IAS als Börsenstandard

In diesem Zusammenhang gewinnt andererseits auch das Strategiepapier der EU-Kommission an Bedeutung, dem entsprechend die IAS im Jahr 2005 zum europäischen Börsenstandard gekürt werden sollen. Zwar kann eine Vereinheitlichung der Rechnungslegungsvorschriften aufgrund unterschiedlicher Rechnungslegungstraditionen nicht kurzfristig durchgesetzt werden, andererseits ist ein dauerhaftes Nebeneinander verschiedener Regelwerke im Zuge der zunehmenden Globalisierung für den Kapitalmarkt nicht förderlich und daher nicht wünschenswert. Es soll kein eigenes Regelwerk der EU entwickelt werden – etwa im Sinne »europäischer IAS« – sondern die Chancen zur Schaffung eines weltweiten Rechnungslegungsstandards sollen genutzt werden.

Stellenwert des DRSC

Sollten die deutschen Konzernrechnungslegungsvorschriften an die IAS-Normen weiter angepaßt werden, so entstünden für die Unternehmen »neue GoB«, die es zu interpretieren gelte. Im Hinblick darauf könnte das DRSC Empfehlungen zu deren Anwendung erarbeiten und somit den berichtspflichtigen Unternehmen unterstützend und beratend zur Seite stehen.

In jedem Fall muß eine sachgerechte Abgrenzung seines Aufgabenbereichs vorgenommen werden, damit seine Arbeit sowohl auf nationaler als auch auf internationaler Ebene Anerkennung findet.

2. Abschnitt
Internationale Konzernrechnungslegung

1. Kapitel: Grundlagen

1. Einleitende Bemerkungen

1.1 Bilanzierung nach internationalen Rechnungslegungsvorschriften

US-GAAP und IAS als Alternative zur Rechnungslegung nach HGB

Die Rechnungslegung deutscher Unternehmen war bislang allein vom deutschen Handels- und Steuerrecht geprägt. Die Anforderungen an die externe Rechnungslegung haben sich in den vergangenen Jahren jedoch entscheidend verändert. Hierauf hat auch der deutsche Gesetzgeber inzwischen reagiert. Offenkundig verlieren nationale und regionale Kapitalmärkte an Bedeutung. An deren Stelle etabliert sich ein globaler Finanzmarkt. Im Zuge der auch auf anderen Märkten fortschreitenden Globalisierung besteht zunehmend die Notwendigkeit auf Seiten der Unternehmen, den internationalen Kapitalmarkt in Anspruch zu nehmen. Dies erfordert indes den Rückgriff auf international anerkannte Normensysteme zur Rechnungslegung, wie eine nach den Vorschriften der IAS (International Accounting Standards des International Accounting Standards Committee) und US-GAAP (Generally Accepted Accounting Principles in den USA). So erfordert bislang die Börsenzulassung an der NYSE (New York Stock Exchange) eine Rechnungslegung nach speziellen US-(SEC-)GAAP bzw. eine Überleitungsrechnung von einem HGB-Abschluß hierauf, und für die Notierung am Neuen Markt, dem deutschen Börsensegment für Wachstumsunternehmen, müssen die gelisteten Unternehmen Jahresabschlüsse nach IAS oder US-GAAP einreichen.

Möglichkeit zur Anwendung internationaler Vorschriften nach § 292a HGB.

Waren Unternehmen, die nach internationalen Normen Rechnung legen wollten, bis vor Kurzem noch gezwungen, entweder neben ihrem HGB-Konzernabschluß einen internationalen Abschluß oder zumindest eine Überleitungsrechnung zu erstellen, führen die Regelungen im Kapitalaufnahmeerleichterungsgesetz (KapAEG) in dieser Hinsicht zu weitreichenden Änderungen. Der durch die Verabschiedung dieses Gesetzes im April 1998 neu in das HGB aufgenommene § 292a eröffnet deutschen Mutterunternehmen die Möglichkeit, unter den im Gesetz spezifizierten Voraussetzungen anstelle eines handelsrechtlichen Konzernabschlusses einen befreienden Abschluß nach international anerkannten Vorschriften zu erstellen. Allerdings handelt es sich hierbei nur um eine Übergangsregelung, die bis zum Ende des Jahres 2004 gültig ist.

Europaweite Rechnungslegung nach angepaßten IAS

Nach Vorschlägen der EU-Kommission sollen ab 2005 alle auf einem geregelten Markt notierten EU-Unternehmen, sowie alle Unternehmen, die eine Börsennotierung vorbereiten, ihre Konzernabschlüsse nach EU-weit angenommenen IAS aufstellen. Allen Mitgliedsstaaten soll des weiteren das Wahlrecht eingeräumt werden, die angenommenen IAS für die Aufstellung von Einzelabschlüssen verbindlich vorzuschreiben oder als Alternative zur nationalen Rechnungslegung zu gestatten. Ebenfalls können die Mitgliedsstaaten ihren nichtbörsennotierten Unternehmen die Anwendung der angenommenen IAS vorschreiben oder gestatten (vgl. Kommission der Europäischen Gemeinschaft 2000, S. 4). Welche IAS von allen Mitgliedsstaaten zur Anwendung akzeptiert werden, muß zuvor in einem Auswahlverfahren geklärt werden.

1.2 IAS (International Accounting Standards)

Anwendungs-voraussetzungen

Bei den IAS handelt es sich um die primären Rechnungslegungsnormen des International Accounting Standards Board (IASB) (vormals International Accounting Standards Committee (IASC)). Zur Zielsetzung, Organisation, dem Normierungsprozeß etc. beim IASC vgl. Küting, K./Hayn, S., in: Küting/Weber 1995, Kap. I, Rn. 97ff.; Kleekämpfer, H./Kuhlewind, A.-M. 1997, Kap. I, Rn. 1ff.; Küting, K./Brakensiek, S. 1999, S. 678f.). Sie werden für *Profit*-Unternehmen erlassen und gelten grundsätzlich für alle Unternehmen, die pflichtgemäß oder freiwillig nach IAS Rechnung legen. Größen- und rechtsformabhängige Einschränkungen sind generell nicht vorgesehen. Ferner wird grundsätzlich nicht zwischen Einzel- und Konzernabschluß differenziert. Demgegenüber erläßt die IFAC (International Federation of Accountants) Rechnungslegungsnormen für *Non-Profit*-Unternehmen sowie internationale Prüfungsstandards ISA (International Standards on Auditing). Die IAS werden auf supranationaler Ebene erarbeitet und gelten insoweit als *international soft law*. Der Normensetzungsprozeß ist streng normiert und als *due process* ausgestaltet.

conceptual framework

Da die Vorgängerorganisation des IASB, das IASC, erst 1973 gegründet wurde, und im Gegensatz zum FASB nicht auf die Normen von Vorgängerorganisationen zurückgreifen konnte, weisen die IAS keine umfassende Regelungsdichte auf. Aus diesem Grund wurde, analog zu den US-GAAP, ein *conceptual framework* entwickelt. Da den Verantwortlichen des IASC bewußt war, daß dieses Rahmenkonzept vorrangig aus allgemein gehaltenen Definitionen und der Beschreibung von Verfahrensalternativen besteht, verweisen die IAS hinsichtlich offener Rechnungslegungsfragen auf die Normen verwandter Rechnungslegungssysteme und anerkannte Branchenpraktiken (vgl. zur Normenhierarchie bzw. einem »House of IAS« nur Hütten, C./Lorson, P. 2000, S. 992ff.). Daneben kann bzw. muß von den Einzelvorschriften abgewichen werden, soweit die Unternehmensleitung zu der Auffassung gelangt, daß die Befolgung der Einzelvorschrift irreführend wäre und der Abschluß daher kein den tatsächlichen Verhältnissen entsprechendes Bild vermittelt (*overriding function*).

Wahlrechte nach IAS

Die Standards des IASB bieten an wenigen Stellen den Anwendern zwei unterschiedliche Varianten zur Abbildung eines Vorgangs zur Auswahl: Das benchmark treatment und das allowed alternative treatment. Dabei handelt es sich aber nicht um Wahlrechte i. S. d. deutschen Handelsrechts. Vielmehr ist das benchmark treatment prinzipiell immer anzuwenden und nur falls dieses den Sachverhalt nicht angemessen abbildet, ist es durch das allowed alternative treatment zu ersetzen. Um Anwendungs- und Auslegungsermessen weiter zu begrenzen – und die Abhängigkeit von anderen Normensystemen zu mindern –, werden in jüngerer Zeit neben den eigentlichen Standards sog. SIC (Verlautbarungen des Standing Interpretation Committee) erarbeitet, die auf der Basis bestehender Regelungen zeitnah zu Anwendungsfragen Position beziehen. Sie werden herausgegeben, wenn bei konkreten Problemstellungen die bestehende Praxis der IAS-Anwendung unbefriedigend ist oder wenn im Zusammenhang mit einem bereits erlassenen Standard neue Fragen aufgeworfen werden. Diese *Interpretations* weisen zusammen mit den IAS den höchsten Verbindlichkeitsgrad auf.

Kooperation mit anderen Organisationen

Das IASB ist eine privatrechtliche Organisation, die supranationales Recht setzen will. Die Anwendung und Einhaltung der IAS werden derzeit allein durch eine Selbstverpflichtung der Mitglieder des IASB überwacht. Andere Durchsetzungs- oder auch Sanktionsmöglichkeiten existieren bislang nicht. Dieses *enforcement*-Defizit hemmt die Akzeptanz des IASB als globaler Rechnungslegungsstandardsetter. Diesbezüglich sollte die traditionell enge Kooperation mit den Börsenorganisationen, insbes. mit der International Organization of Securities Commissions (IOSCO), dem weltweiten Zusammenschluß der Wertpapier- und Börsenaufsichtsbehörden sowie der nationalen Wertpapierzulassungsorgane, Abhilfe schaffen. In jüngerer Zeit wurden weitere Maßnahmen ergriffen, wie die Kooperation mit der EU-Kommission und die Mitwirkung bei der Gruppe der G4+1. Außerdem sollen durch die zwischenzeitlich auf den Weg gebrachte professionelle Organisation und einen verbesserten *due process* die Weichen für die Zukunftsfähigkeit dieses Normensystems gestellt werden.

Kooperation mit nationalen Standardsettern

Um das Kernziel der internationalen Harmonisierung der Rechnungslegung zweckmäßig und sachgerecht erfüllen zu können, sollen in den Standard-Setting-Prozess möglichst alle an der Rechnungslegung interessierten Gruppen eingebunden werden. Die Zielgruppe besteht insbes. aus nationalen Standardsettern, aber auch aus national oder international tätigen Organisationen des Rechnungswesens und multinationalen Unternehmen. Durch die aktive Beteiligung nationaler Standardsetter am Entstehungsprozeß der IAS wird die Zwecksetzung verfolgt, Vorbehalte gegenüber den IAS frühzeitig auszuräumen und ihre Akzeptanz auf nationaler Ebene zu fördern. Daß sich die IAS bereits einer weltweit wachsenden Beliebtheit erfreuen, zeigen nicht zuletzt die Bestrebungen insbes. in Entwicklungs- und Schwellenländern, diese Standards als maßgebliche Grundlage für die Entwicklung nationaler Rechnungslegungsnormen heranzuziehen. Ziele sind eine Konvergenz von nationalen Rechnungslegungsnormen und IAS, um qualitativ hochwertigen (Kompromiß-) Normen erreichen zu können und mit einem Abschluß nach IAS auch den Zugang zum US-amerikanischen Kapitalmarkt zu ermöglichen.

Zur Vermittlung eines Überblicks wird nachfolgend eine Auflistung der wichtigsten verabschiedeten IAS abgebildet (in Anlehnung an BAETGE, J./KIRSCH, H.-J.,/THIELE, S. 2000, S. 25):

Schritte der Konzernrechnungslegung	**Einschlägige Regelungen der IAS** Regelungen	 Inhalt
Anwendungsbereich	IAS 27.7 IAS 27.8 SIC 9, 12	Aufstellungspflicht Befreiung von der Aufstellungspflicht
Konsolidierungskreis	IAS 27.11 IAS 27.13 Es bestehen keine expliziten Konsolidierungswahlrechte	Weltabschlußprinzip Einbeziehungsverbote
Bestandteile und Form des Konzernabschlusses	IAS 1.7 IAS 27.20	Abschlußbestandteile Stichtag des Konzernabschlusses
Konzerneinheitliche Bilanzierung und Bewertung	IAS 27.21	Anwendung einheitlicher Rechnungslegungsgrundsätze
Währungsumrechnung	IAS 21	Umrechnung nach dem Konzept der funktionalen Währung
Vollkonsolidierung	IAS 22 IAS 22.17–22.76 IAS 22.77–83 IAS 27.17 IAS 27.24 IAS 12	Kapitalkonsolidierung – Erwerbsmethode – Interessenzusammenführungsmethode Schuldenkonsolidierung, Zwischenergebniseliminierung sowie Aufwands- und Ertragseliminierung Endkonsolidierung Latente Steuern
Einbeziehung von Gemeinschaftsunternehmen	IAS 31 IAS 31.25–31.31 IAS 31.32–31.34	Rechnungslegung über Anteile an Joint Ventures – Anwendung der Quotenkonsolidierung (benchmark treatment) – Anwendung der Equitymethode (alternative treatment), Verweis auf IAS 28
Assoziierte Unternehmen	IAS 28	Bilanzierung von Anteilen an assoziierten Unternehmen
Kapitalflußrechnung sowie weitere Rechnungen und Angaben	IAS 7 IAS 14 IAS 33	Kapitalflußrechnung Segmentberichterstattung Earnings Per Share

Im Zentrum der Normierung der Konzernrechnungslegung nach IAS stehen IAS 21, 22, 27, 28, 31 sowie IAS 7 und 14. Diese Standards bilden folglich den Mittelpunkt der nachfolgenden Ausführungen. Das IASC hat bereits 1974 mit IAS 3 einen Standard zur Konzernrechnungslegung verabschiedet, der wesentlichen Einfluß auf die Verhandlungen zur 7. EG-Richtlinie genommen hat, um eine möglichst hohe Konformität zwischen beiden Regelungen zu gewährleisten (vgl. CAIRNS, D. 1995, S. 1773; HULLE, K. v./TAS, L. 1995, S. 1061; HAYN, S. 1997, S. 139). Das IASC wiederum hat bei der Überarbeitung der Konzernrechnungslegungsnormen und der Verabschiedung von IAS 27 und 28, die 1989 IAS 3 ersetzten, die mittlerweile verabschiedete Konzernbilanzrichtlinie als Referenzwerk herangezogen. Infolge dieser wechselseitigen Beeinflussung ergeben sich in weiten Teilen Übereinstimmungen zwischen den Anforderungen der Richtlinie und der IAS an die Konzernrechnungslegung. Unbenommen hiervon können

Für die Konsolidierung im wesentlichen relevante Normen

(1) durch die abweichende Ausnutzung von Mitgliedstaaten- und Unternehmenswahlrechten bei der nationalen Transformation und

(2) als Resultat der Revision von 10 Standards beim IASC

trotz dieses formellen Gleichklangs weitere Abweichungen hinzutreten.

IAS 22 ist 1998 ein weiteres Mal überarbeitet worden. Die Regelungen sind auf Berichtsperioden anzuwenden, die nach dem 30.06.1999 beginnen (vgl. IAS 22.102 (rev. 1998)). Für Kalenderjahrunternehmen sind die überarbeiteten Regelungen mithin erstmalig für das Geschäftsjahr 2000 zwingend bindend; eine vorzeitige freiwillige Anwendung ist unter einem entsprechenden Hinweis in den Anhangerläuterungen zulässig.

Überarbeitung des IAS 22

1.3 US-GAAP (Generally Accepted Accounting Principles in den USA)

Inwieweit ein US-Unternehmen verpflichtet ist, bei der Erstellung seiner Jahresabschlüsse die US-GAAP zu beachten, richtet sich nach der Börsennotierung und der durch Vertrag oder Satzung bestehenden Prüfungspflicht. Public Utility Holding Companies (Holdinggesellschaften öffentlicher Versorgungsbetriebe) müssen stets die US-GAAP anwenden. Sofern Wertpapiere des Unternehmens an einer nationalen Wertpapierbörse, im Handelssystem NASDAQ oder im Freiverkehr gehandelt werden, verlangt die SEC zwingend die Beachtung der US-(SEC-)GAAP. Für nicht börsennotierte Unternehmen existieren grundsätzlich keine landesweiten Vorschriften zur Rechnungslegung nach US-GAAP. Es ist hingegen nicht unüblich, daß sich diese Unternehmen bspw. im Rahmen von Kreditgewährungen zum Zweck des Gläubigerschutzes vertraglich zur Vorlage geprüfter Abschlüsse verpflichten. Nicht richtig ist hingegen, daß sich das für Abschlußprüfer verbindliche US-amerikanische Formeltestat auf die GAAP-Konformität bezöge und dadurch die Verpflichtung zur Rechnungslegung nach US-GAAP auf indirektem Weg

Anwendungsvoraussetzungen

erreicht weden könnte, denn der Prüfer kann nach dem Formeltestat auch ein anderes Normensystem testieren.

Vorschriften und Verlautbarungen

Da die SEC die Normsetzungskompetenz auf den privaten Sektor übertragen hat und inzwischen verschiedene Institutionen (zur Zeit das FASB) hiermit befaßt waren, umfaßt das Normensystem der US-GAAP eine Vielzahl möglicher Quellen von Rechnungslegungsregeln wie *promulgated* und *non-promulgated* GAAP. (Zu Aufbau und Organisation des FASB vgl. u. a. Haller, A./Eierle, B. 1998, S. 733ff.; Küting, K./Brakensiek, S. 1999, S. 679ff.). Formell erlassene US-GAAP (*promulgated*-GAAP) sind die *Accounting Research Bulletins* (ARBs) des Committee on Accounting Procedures (CAP), die *Opinions* des Accounting Principles Board (APB-Opinions) sowie die *Statements* (SFAS) und *Interpretations* (FIN) des Financial Accounting Standards Board (FASB). Demgegenüber existieren auch in der Praxis informell entwickelte Rechnungslegungspraktiken (*non-promulgated*-GAAP). Letztere entstehen, wenn ein Unternehmen zu einem individuellen Sachverhalt keine offizielle Verlautbarung der Rechnungslegungsinstitutionen findet und die praktizierte Lösung dieses Bilanzierungsproblems mehrfach von Wirtschaftsprüfern mit einem uneingeschränkten Testat bestätigt wird.

Das House of GAAP

Der unterschiedliche Verbindlichkeitsgrad von US-GAAP wird vielfach durch das *House of GAAP* illustriert. Dabei werden Normenklassen unterschiedlichen Etagen zugewiesen, wobei die unterste Etage den höchsten Verbindlichkeitsgrad ausweist und die oberste Etage den niedrigsten. Das *House of GAAP* basiert auf dem Prüfungsstandard SAS 69. Dieser schreibt vor, wie ein Abschlußprüfer die verschiedenen existierenden Quellen der US-GAAP zu gewichten hat, wenn er beurteilen muß, ob ein Jahresabschluß dem Grundsatz der *fair presentation* genügt. Demnach ist für den Fall, daß ein Sachverhalt in verschiedenen Normenklassen geregelt ist, grundsätzlich diejenige anzuwenden, die einer höheren Verbindlichkeitsstufe und damit im *House of GAAP* einem niedrigeren Stockwerk zuzuordnen ist. Folglich wird die Lösung eines Bilanzierungsproblems nur in Ausnahmefällen vom Bilanzierenden aus dem sog.

conceptual framework

conceptual framework entwickelt werden können, das der obersten Etage des *House of GAAP* zugerechnet wird. Dieses Rahmenkonzept bezeichnet einen theoretisch fundierten Bezugsrahmen, der als Wegweiser bei der Ausgestaltung noch ungeregelter Rechnungslegungsfragen sowie bei der Ausübung von Ermessensspielräumen bereits geregelter Rechnungslegungsbereiche dienen soll. Konkrete Fragestellungen werden darin allerdings nicht abgehandelt. Die Rahmengrundsätze beschreiben die Zielsetzung der Abschlußerstellung, die qualitativen Abschlußanforderungen, die Definitionen sowie Vorschriften zum Ansatz und der Bewertung der Abschlußbestandteile und die Kapital- und Kapitalerhaltungskonzepte.

Zur Vermittlung eines Überblicks wird nachfolgend eine Auflistung der wichtigsten aktuell gültigen promulgated US-GAAP abgebildet:

Schritte der Konzernrechnungslegung	**Einschlägige Regelungen nach US-GAAP** Regelungen	 Inhalt
Anwendungsbereich	ARB 51.1, SFAS 94.61, Reg. S-X, Rule 3-01f. Es bestehen keine expliziten Regelungen zur Befreiung von der Aufstellungspflicht	Aufstellungspflicht
Konsolidierungskreis	SFAS 94.9 ARB 51.2 u. 3, SFAS 94.13 Es bestehen keine expliziten Konsolidierungswahlrechte	Weltabschlußprinzip Einbeziehungsverbote
Bestandteile und Form des Konzernabschlusses	CON 5.13 ARB 51.1	Abschlußbestandteile Stichtag des Konzernabschlusses
Konzerneinheitliche Bilanzierung und Bewertung	Es bestehen keine expliziten Regelungen zur konzerneinheitlichen Bilanzierung und Bewertung	
Währungsumrechnung	SFAS 52	Umrechnung nach dem Konzept der funktionalen Währung
Vollkonsolidierung	APB 16f. APB 16.66ff. APB 16.42ff. ARB 51.6 ARB 51.6 IAS SFAS 109	Kapitalkonsolidierung – Erwerbsmethode – Interessenzusammenführungsmethode Schuldenkonsolidierung, Zwischenergebniseliminierung sowie Aufwands- und Ertragseliminierung Endkonsolidierung Latente Steuern
Einbeziehung von Gemeinschaftsunternehmen	AIN-APB 18.2 APB 18	Einbeziehung von incorporated joint ventures nach der Equity-Methode
Assoziierte Unternehmen	APB 18 SOP 79-8	Anwendung der Equity-Methode
Kapitalflußrechnung sowie weitere Rechnungen und Angaben	SFAS 95 SFAS 131 SFAS 128	Kapitalflußrechnung Segmentberichterstattung Earnings Per Share

2. Zwecke der Konzernrechnungslegung, Adressaten des Konzernabschlusses sowie Verhältnis zum Einzelabschluß

Funktionen des Konzernabschlusses nach IAS und US-GAAP

Die angelsächsisch geprägten Rechnungslegungssysteme, wie die US-GAAP und die IAS, dienen primär der Information des Jahresabschlußadressaten. Es sind grundsätzlich keine gesetzlichen Aufstellungs- und Offenlegungsverpflichtung von (handelsrechtlichen) Jahresabschlüssen bekannt. Die Abschlüsse haben dabei weder eine Ausschüttungs- noch eine Steuerbemessungsfunktion. Allerdings kann nach DITZ in den USA von einer faktischen Maßgeblichkeit der US-GAAP für die steuerliche Gewinnermittlung ausgegangen werden, da grundsätzlich die Regelungen der US-GAAP für die Tax Accounting ebenfalls Anwendung finden, sofern dem keine verbindliche steuerliche Vorschrift oder die Generalnorm der Sec. 446 (b) IRC entgegensteht (vgl. DITZ, X. 2001, S. 29). Im Fall der steuerlichen Anwendung des Lifo-Verbrauchsfolgeverfahrens existiert ausnahmsweise eine (partielle) umgekehrte Maßgeblichkeit (vgl. HAYN, S./WALDERSEE, G. 2000, S. 14). Diese Jahresabschlüsse haben primär eine Informationsfunktion. Welche Zielsetzungen im einzelnen verfolgt werden und welche Prinzipien sich hieraus ableiten, regelt das – jeweils einige Jahre nach Übernahme der Normensetzungskompetenz – sowohl vom IASC als auch vom FASB erlassene theoretische Rahmenwerk (*conceptual framework*). Die grundlegenden Anforderungen an die Rechnungslegung stellen sich dabei wie folgt dar:

decision usefulness

Eine herausragende Bedeutung nimmt der Grundsatz der *decision usefulness* ein. Dieser verlangt die Bereitstellung unternehmensspezifischer Informationen für jene Beteiligten, die Investitions-, Kreditvergabe- oder ähnliche Entscheidungen zu treffen haben. Einerseits wird den Entscheidungsträgern der potentielle Erfolg des Unternehmens aufgezeigt, andererseits wird versucht, ihnen das mit ihrer Entscheidung verbundene Risiko zu verdeutlichen. Der Kreis der potentiellen Nutzer der Unternehmensinformationen ist zwar groß, allerdings ist der Fokus insbes. auf die Informationsbedürfnisse der Kapitalgeber – und hier speziell der Eigenkapitalgeber – gerichtet. Die Zielsetzung lautet, aktuellen und potentiellen Investoren entscheidungsrelevante Informationen zur Verfügung zu stellen, die es ihnen ermöglichen, die Höhe, zeitliche Verteilung und Unsicherheit ihrer aus der Kapitalüberlassung resultierenden Zahlungsströme abzuschätzen.

Gläubigerschutzinteresse

Auch wenn Gläubigerschutzinteressen im angelsächsischen Bilanzdenken nur ein untergeordneter Stellenwert eingeräumt wird, so soll dennoch gewährleistet werden, daß Unsicherheiten und Risiken aus bilanzwirksamen Vorgängen angemessen Berücksichtigung finden. Vermögensgegenstände und Erträge sind daher mit Verweis auf das Vorsichtsprinzip nicht zu hoch sowie Schulden und Aufwendungen nicht zu niedrig auszuweisen. Weil angelsächsische Normen in besonderem Maße die periodengerechte Erfolgsermittlung in den Vordergrund stellen, hat das Vorsichtsprinzip in dem *decision usefulness*-Kriterium verpflichteten Normensystemen zur Rechnungslegung bei weitem nicht die Bedeutung wie in der kontinentaleuropäischen Rechnungslegung erlangt (vgl. ausführlich BURGER, A./BUCHHART, A. 2000, S. 2197f.). Insb. führt das System zur latenten Unterbewertung von Rückstellungen

reliable und materiality

Jahresabschlußadressaten verlangen die Bereitstellung glaubwürdiger und verläßlicher Informationen. Daher muß ihre Darstellung verständlich und nachvollziehbar sein, und sie müssen insbes. zeitnah zur Verfügung stehen. Damit können sie den Entscheidungsträgern bei der Prognosebildung bzw. der Korrektur oder Bestätigung ihrer früheren Erwartungshaltung hilfreich zur Seite stehen. Das Charakteristikum *relevance* ist folglich in der Weise zu interpretieren, daß die zu publizierenden Informationen fähig sind, die Entscheidungen der Adressaten zu beeinflussen, ohne jedoch das Erfordernis der Wesentlichkeit und Wirtschaftlichkeit (*materiality*) außer Acht zu lassen (vgl. zum Materiality-Grundsatz nach IAS ausführlich LÖCKE, J. 1999, S. 307ff.). In manchen Fällen reicht dabei bereits die Art der Information für die Bestimmung ihrer Relevanz aus. Damit die Informationen die Geschäftsvorfälle und andere Ereignisse sachgerecht darstellen, müssen sie gemäß ihrem tatsächlichen wirtschaftlichen Gehalt und nicht allein entsprechend ihrer rechtlichen Ausgestaltung bilanziert werden. Denn der Ansatz aller erkennbaren und wahrscheinlichen wirtschaftlichen Vorteile eines Unternehmens spielt für die getreue Abbildung seiner Lage eine entscheidende Rolle.

fair presentation

Der Grundsatz der *fair presentation* wird im Zusammenhang mit den US-GAAP vielfach als *overriding principle*, also als übergeordnete Vorschrift, verstanden, die zur Auslegung von Normen und zur Beantwortung neu aufgeworfener Zweifelsfälle heranzuziehen ist. Allerdings handelt es sich dabei im Grunde nicht um einen Grundsatz der Rechnungslegung, sondern um einen Grundsatz der Abschlußprüfung. Seine Erfüllung ist jedoch im Testat zu bestätigen, was wiederum seine besondere Stellung auch im Rahmen der US-GAAP zu unterstreichen vermag.

1. Die International Accounting Standards (IAS) genießen bereits heute den Rang eines international akzeptierten soft law.
2. Bei der SEC registrierte Unternehmen sowie US-amerikanische Holdinggesellschaften öffentlicher Versorgungsbetriebe müssen verpflichtend die US-GAAP anwenden. Ansonsten gibt es keine generellen Aufstellungspflichten. Diese Anforderung trifft auf US-Gesellschaften und Auslandsunternehmen gleichermaßen zu.
3. IAS und US-GAAP Abschluß dienen primär der Informationsvermittlung. Dem Abschluß kommt weder die Funktion einer Ausschüttungsnoch die einer Steuerbemessungsgrundlage zu.
4. Das Verhältnis des IAS-Konzernabschlusses zum Einzelabschluß ist von den nationalen Gegebenheiten abhängig.

3. Anwendungsbereich

3.1 Aufstellungspflicht

Die die Konzernrechnungslegungspflicht auslösenden Kriterien

Die IAS und die US-GAAP differenzieren die Konzernrechnungslegungspflicht weder bzgl. des Kriteriums der Rechtsform des Mutterunternehmens noch der Größe des Konzerns. Ebenso ist das Sitzland der Konzernmuttergesellschaft ohne Belang. Konzernrechnungslegungspflichtig ist grundsätzlich (zu den Widerlegungstatbeständen vgl. 2. Abschn., 1. Kap., Gliederungspunkt 4.2) jedes Unternehmen, das das Recht zur Ausübung eines beherrschenden Einflusses (»control«) auf mindestens ein anderes Unternehmen hat (vgl. IAS 27.1 und 6). Dabei ist »control« die Macht eines Unternehmens, die Finanz- und Geschäftspolitik einer Gesellschaft steuern zu können, um Erträge aus den Aktivitäten dieser Gesellschaft zu erlangen. Dieser Begriff wird als »kontrollierender Einfluß« (KUBIN, K.W. 1989, S. 105), »Einflußmöglichkeit« (IDW 1995, S. 254), »Beherrschungsmöglichkeit« (KPMG 1999, S. 199) oder »Kontrollmöglichkeit« (RISSE, A. 1996, S. 218) ins Deutsche übersetzt. Nach den SEC-Normen erstreckt sich die Konsolidierungspflicht explizit nur auf Kapitalgesellschaften sowie Gesellschaften anderer Rechtsformen (vgl. REG S-X, Rule 3A-02).

Mutter-Tochter-Beziehung

Allein das Control-Verhältnis begründet international eine Mutter-Tochter-Beziehung und löst die Pflicht zur Erstellung eines Konzernabschlusses aus. Das Mutterunternehmen und alle Tochterunternehmen, auf die die Mutter »control« ausübt, werden nach IAS als Gruppe (»group«) bezeichnet (vgl. IAS 27.6). Dagegen zählen einbezogene Gemeinschafts- und/oder assoziierte Unternehmen nicht zur Gruppe, d.h. dem Konsolidierungskreis im engeren Sinne. Weitere Ausführungen zum Begriff des Konzerns enthalten die IAS nicht. Mutterunternehmen, die ausschl. Beteiligungen an Gemeinschafts- oder assoziierten Unternehmen halten, sind nicht konzernrechnungslegungspflichtig (vgl. IAS 28.14 und IAS 31.48). Besteht jedoch eine Konzernrechnungslegungspflicht nach IAS 27 (vgl. IAS 27.7), sind die genannten Unternehmen in einen Konzernabschluß einzubeziehen. In den US-GAAP wird der Begriff der group weder nach ARB 51 noch nach SFAS 94 definiert. Die Bedeutung, die der Begriff in den USA hat, stimmt aber mit der Definition gem. IAS 27 überein (vgl. DION, G. 1999, S. 341).

3.1.1 Unterordnungskonzerne

3.1.1.1 Der Unterordnungskonzern nach IAS

Control-Verhältnis

IAS 27 vermutet widerlegbar die Einflußmöglichkeit des Mutterunternehmens bei unmittelbarem oder mittelbarem Besitz von mehr als 50% der Stimmrechte. Die von Tochterunternehmen gehaltenen Stimmrechte werden dem Mutterunternehmen im Zuge der Ermittlung der Stimmrechtsverhältnisse zugerechnet (vgl. IAS 27.12). Trotz Stimmrechtsmehrheit liegt in Ausnahmefällen keine Mutter-Tochter-Beziehung vor, wenn das Mutterunternehmen nachweist, daß mit der einfachen Stimmenmehrheit kein Einfluß zur Steuerung der Finanz- und Geschäftspolitik einhergeht (vgl. IAS 27.12). Dieses kann bspw. der Fall sein, wenn statutarische oder vergleichbare rechtliche Vertragsverhältnisse der Möglichkeit zur Control-Ausübung entgegenstehen.

Control-Verhältnis trotz mangelnder Stimmrechtsmehrheit

Da IAS 27 die Mutter-Tochter-Beziehung ausschl. an das Control-Kriterium anknüpft, kann das Recht zur Ausübung eines beherrschenden Einflusses trotz fehlender unmittelbarer oder mittelbarer Stimmrechtsmehrheit des Mutterunternehmens vorliegen, d.h., bei einem Stimmrechtsanteil von exakt 50% oder einer darunter liegenden Größe. Hierzu muß eine der nachfolgenden Voraussetzungen erfüllt sein (vgl. IAS 27.12):

(1) das Mutterunternehmen kann aufgrund vertraglicher Absprachen mit anderen Anteilseignern mehr als 50% der Stimmrechte ausüben;

(2) das Mutterunternehmen hat aufgrund der Satzung oder sonstiger Vereinbarungen den Einfluß, die Finanz- und Geschäftspolitik zu bestimmen;

(3) das Mutterunternehmen hat die Machtfülle inne, die Mehrheit der Mitglieder des Vorstands oder vergleichbarer leitender Organe zu benennen oder abzuberufen;

(4) das Mutterunternehmen hat die Machtfülle inne, die Stimmenmehrheit auf Vorstandssitzungen sowie Sitzungen vergleichbarer leitender Organe zu besetzen.

Unabhängig von diesen Kriterien sind des weiteren rechtliche Einheiten vollzukonsolidieren, die – rechtsformunabhängig – als sog. special purpose entities ausgestaltet sind, sofern das (Mutter-)Unternehmen die Geschäftstätigkeit der special purpose entity beherrscht. Hierunter fallen bspw. Unternehmen, die allein als Besitz- oder Verwaltungsgesellschaften für die Leasingobjekte oder die Forschungs- und Entwicklungsaktivitäten des Mutterunternehmens etc. fungieren (vgl. SIC 12.8).

Weshalb diese »auf den Idealmodellen der mikroökonomischen Theorie« basierende »einstufige Abgrenzung des Konzernbegriffs« infolge der Vielzahl praktischer Unternehmensverflechtungen »zum Scheitern verurteilt« und ungeeignet sein soll, eine »den tatsächlichen Verhältnissen entsprechende Lage eines Konzerns« (so GOEBEL, A. 1994, S. 2460; alle Zitate) abzubilden, kann hier nicht nachvollzogen werden, da IAS 27 explizit und ausschl. auf die Mutter-Tochter-Beziehung abstellt. Daher wird als Gruppe (»group«) lediglich der Konsolidierungskreis im engeren Sinn beschrieben. Dieser wird im Anwendungsbereich (vgl. 2. Abschn., 1. Kap., Gliederungspunkt 4.) um Gemeinschaftsunternehmen und assoziierte Unternehmen (Konsolidierungskreis im weiteren Sinn) ergänzt, während die in IAS 31 ebenfalls unter den weit definierten Begriff des »joint venture« subsumierten »jointly controlled operations« und »jointly controlled assets« infolge fehlender Unternehmenseigenschaft nicht zu den einzubeziehenden Unternehmen zählen und mithin keinesfalls als »Konzerngrenzfälle« (so aber GOEBEL, A. 1994, S. 2460) zu klassifizieren sind. Konsequenterweise unterscheiden sich die Bilanzierungsregeln für »jointly controlled operations« und »jointly controlled assets« in der einzelgesellschaftlichen und der konsolidierten Rechnungslegung nicht (so auch ALLENSPACH, M. 1992, S. 145).

Für sog. reverse acquisitions, in denen entgegen der rechtlichen Strukturierung das Zielobjekt unter ökonomischer Sichtweise als erwerbendes Unternehmen qualifiziert wird, bestehen Sonderregelungen (vgl. KÜTING, K./MÜLLER, W./ PILHOFER, J. 2000, S. 257ff.).

3.1.1.2 Der Unterordnungskonzern nach US-GAAP

Control-Verhältnis

Ein beherrschender Einfluß wird gem. den US-GAAP vermutet, sofern das Mutterunternehmen mittelbar oder unmittelbar über mehr als die Hälfte der Stimmrechte der umlaufenden Anteile verfügt, es sei denn, der Einfluß ist zeitlich begrenzt oder aus anderen Gründen bestehen erhebliche Zweifel an der Fähigkeit des Mutterunternehmens, den beherrschenden Einfluß auszuüben (ARB 51.2, SFAS 94.13).

Es ist darauf hinzuweisen, daß SEC-berichtspflichtige Unternehmen die Control-Definition der Regulation S-X beachten müssen. Diese stellt deutlich heraus, daß neben dem Controleinfluß aus Stimmrechtsmehrheit auch andere, ein controlverhältnis begründende Einflüsse, existieren, wie z.B. ein Beherrschungsvertrag, ein Stimmrechtsbindungsvertrag etc. (vgl. Reg. S-X, Rule 3A-02).

Control-Verhältnis trotz mangelnder Stimmrechtsmehrheit

Trotz fehlender Stimmrechtsmehrheit wird widerlegbar vermutet, daß ein beherrschender Einfluß bei stark ausgeprägten Mitspracherechten der Minderheiten bzgl. des operativen Tagesgeschäftes vorliegt (EITF 96.16). Übliche Schutz- und Mitspracherechte stehen einer Einbeziehungspflicht hingegen nicht entgegen.

Special Purpose Entities sind auch nach US-GAAP vollkonsolidierungspflichtig. Für die Einbeziehung von sog. reverse acquisitions bestehen ebenfalls Sonderregelungen.

3.1.2 Gleichordnungskonzerne

Analoge Anwendung

Für Gleichordnungskonzerne besteht nach den Grundsätzen des IASB keine Konzernrechnungslegungspflicht. Verlangen jedoch nationale Normen eine Konsolidierung im Gleichordnungskonzern, ist IAS 27 analog anzuwenden (vgl. CAIRNS, D. 1995, S. 1774). Nach US-GAAP besteht für Gleichordnungskonzerne ebenfalls keine Pflicht zur Konzernrechnungslegung (vgl. NIEHUS, R. J./THYLL, A. 2000, Rn. 68).

3.2 Befreiungen von der Aufstellungspflicht

3.2.1 Befreiung von der Aufstellungspflicht nach IAS

3.2.1.1 Befreiung von der Teilkonzernrechnungslegungspflicht

Grundsätzliche Gültigkeit des Tannenbaumprinzips

IAS 27 sieht prinzipiell keine Befreiungen von der Teilkonzernrechnungslegung vor; spezifische Regelungen für die Konsolidierung im mehrstufigen Konzern sind entbehrlich. Sämtliche Mutterunternehmen einschl. derer auf Teilkonzernebene, die »control« ausüben, sind auf der Grundlage von IAS 27 zur Konzernrechnungslegung verpflichtet. Ausnahmen existieren nur, sofern die Zwischenholding in einen darüber gelagerten Konzernabschluß einbezogen wird und das Mutterunternehmen der nächst höheren Konzernstufe an der Zwischenholding 100% oder annähernd 100% der Anteile hält (sog. »wholly owned subsidiary«). Während im ersten Fall von der Zwischenholding generell kein Konzernabschluß zu erstellen ist, müssen bei annähernd hundertprozentigem Anteilsbesitz die Minderheitsgesellschafter der Befreiung zustimmen (vgl. IAS 27.8). Beteiligungsprozentsätze von über 90% erfüllen nach allgemeiner Verkehrsauffassung die Voraussetzung des annähernd vollständigen Anteilsbesitzes (vgl. IAS 27.10; s.a. CAIRNS, D. 1995, S. 1774; IDW 1995, S. 257). Damit gilt im Regelfall das sog. Tannenbaumprinzip, das eine eigenständige Konzernrechnungslegungspflicht auf jeder Konzernstufe vorsieht.

Angaben

Die Befreiungsregelung aus IAS 27 wird von der Folgeverpflichtung weiterer Offenlegungen flankiert, die neben den Gründen, die zum Wegfall eines eigenen Konzernabschlusses führten, Angaben bzgl. der Bewertungsmethoden von Anteilen an Tochterunternehmen im Einzelabschluß der Muttergesellschaft verlangen, das den befreienden Konzernabschluß aufstellt. In formaler Hinsicht sind darüber hinaus der Name und Sitz des übergeordneten, den befreienden Konzernabschluß veröffentlichenden Mutterunternehmens anzugeben (vgl. IAS 27.8).

3.2.1.2 Sonstige Befreiungen

Keine größenabhängigen oder sonstigen Befreiungen

Die IAS kennen weder größenabhängige Befreiungsvorschriften noch befreiende Konzernabschlüsse, die auf der Basis anderer Rechnungslegungsgrundsätze erstellt wurden. Vielmehr verstehen sich die IAS als internationale Rechnungslegungsgrundsätze, die daher konzeptionsbedingt keine Befreiungstatbestände bzgl. der Anwendung anderer Normen kodifizieren können.

3.2.2 Befreiung von der Aufstellungspflicht nach US-GAAP

Es sind keine Befreiungen von der Pflicht zur Aufstellung eines Konzernabschlusses vorgesehen.

1. Die Konzernrechnungslegungspflicht nach IAS und US-GAAP leitet sich ausschließlich aus einem Control-Verhältnis her. Dabei genügt bereits das Recht zur Ausübung des »Control« zur Entstehung einer Mutter-Tochter-Beziehung.
2. Die IAS differenzieren die Konzernrechnungslegungspflicht weder bzgl. des Kriteriums der Rechtsform des Mutterunternehmens noch der Größe des Konzerns. Die US-GAAP beziehen sich explizit auf Kapitalgesellschaft sowie auf Gesellschaften anderer Rechtsformen.
3. Befreiungen von der Teilkonzernrechnungslegungspflicht existieren nach IAS nur für hundertprozentige oder annähernd hundertprozentige Tochterunternehmen. Die US-GAAP kennen keine Befreiungsvorschriften.
4. Es gilt das sog. Tannenbaumprinzip.

4. Konsolidierungskreis

4.1 Einzubeziehende Unternehmen

4.1.1 Tochterunternehmen

Konsolidierungskreis im engeren Sinn

Konzernunternehmen im engeren Sinn sind ausschl. Tochterunternehmen, die gemeinsam mit der Muttergesellschaft die Konzerngruppe bilden. Diese Konzernunternehmen werden um Gemeinschafts- und assoziierte Unternehmen zum Konsolidierungskreis im weiteren Sinn erweitert (vgl. 1. Abschn., 1. Kap., Gliederungspunkt 4.2). Tochterunternehmen sind vollzukonsolidieren; es gilt das Weltabschlußprinzip (vgl. IAS 27.11, bzw. ARB 51 u. SFAS 94). Nicht vollkonsolidierte Tochterunternehmen dürfen nach IAS in den Konzernabschluß nicht mittels der Equity-Methode einbezogen werden (vgl. im einzelnen 2. Abschn., 1. Kap., Gliederungspunkt 4.2). Nach US-GAAP ist nicht abschließend geregelt, wie vollzukonsolidierende Tochterunternehmen in den Konzernabschluß einzubeziehen sind.

4.1.2 Gemeinschaftsunternehmen

Konsolidierungskreis im weiteren Sinn – Gemeinschaftsunternehmen

IAS 31 differenziert verschiedene Formen von »joint ventures« (Gemeinschaftsvermögen). Aus Konsolidierungssicht kommt jedoch nur den als »jointly controlled entities« bezeichneten Gemeinschaftsunternehmen Bedeutung zu. Dieses sind Unternehmen mit eigener Rechtspersönlichkeit, die unter der gemeinsamen Leitung mehrerer Unternehmen stehen, und entweder quotal oder »at equity« in den Konzernabschluß einzubeziehen sind (vgl. im einzelnen 2. Abschn., 2. Kap., Gliederungspunkt 2.). Nach US-GAAP sind Gemeinschaftsunternehmen mittels der Equity-Methode in den Konzernabschluß einzubeziehen. Eine quotale Einbeziehung ist nur sehr restriktiv für Gesellschaften bestimmter Rechtsformen sowie Branchen zulässig (vgl. APB 18).

4.1.3 Assoziierte Unternehmen

Konsolidierungskreis im weiteren Sinn – assoziierte Unternehmen

Beteiligungen an Unternehmen, auf deren Geschäfts- oder Finanzpolitik ein maßgeblicher Einfluß ausgeübt werden kann, sind im Konzernabschluß nach IAS 28 bzw. APB 18 »at equity« zu bewerten. Die Ausübung eines beherrschenden oder maßgeblichen Einflusses eines Dritten auf die Unternehmenspolitik des assoziierten Unternehmens steht dem maßgeblichen Einfluß des Investors nicht entgegen. Die Einbeziehungspflicht setzt lediglich die Möglichkeit eines maßgeblichen Einflusses widerlegbar voraus. Die tatsächliche Ausübung ist unerheblich (vgl. im einzelnen 2. Abschn., 2. Kap., Gliederungspunkt 3.).

4.2 Einbeziehungsverbote

Allgemeine Anforderungen

Die Einbeziehung eines Tochterunternehmens darf nur unterbleiben, wenn kein »control« ausgeübt werden kann. Explizit hervorgehoben ist nach IAS das Einbeziehungsgebot für Tochterunternehmen mit abweichender Tätigkeit (vgl. IAS 27.14). Das Einbeziehungsgebot wird vom IASC mit dem gesteigerten Informationswert für den Adressaten begründet. Die Konsolidierung von Tochterunternehmen mit abweichender Tätigkeit (d.h. u.a. Einbeziehung von Banken und Versicherungen) und die Veröffentlichung entsprechender Angaben bzgl. der abweichenden Tätigkeit im Abschluß werden im Vergleich zur Nichteinbeziehung als vorteilhafter eingestuft. Desgleichen wird das »off-balance-sheet financing« wirksam unterbunden. Erläuterungen über das Ausmaß der Abweichungen können bspw. im Rahmen der Segmentberichterstattung erfolgen (vgl. IAS 27.14). Nach US-GAAP begründen abweichende Geschäftstätigkeiten ebenfalls kein Einbeziehungsverbot.

Explizite Verbote

Von der allgemeinen Einbeziehungspflicht von Unternehmen, auf die das Mutterunternehmen »control« ausübt, kennen IAS bzw. US-GAAP nur zwei explizite Ausnahmen in Form von expliziten Einbeziehungsverboten (vgl. IAS 27.13, ARB 51.2 u. 3, SFAS 94.13):

(1) das Control-Verhältnis besteht nur vorübergehend, da das Tochterunternehmen mit der Absicht der Weiterveräußerung in der nahen Zukunft erworben wurde;

(2) das Tochterunternehmen operiert unter langfristigen Restriktionen, die die Fähigkeit, Vermögenswerte an das Mutterunternehmen abzuführen, erheblich beeinträchtigen.

4.2.1 Einbeziehung nicht vollkonsolidierungspflichtiger Tochterunternehmen nach IAS

Keine Einbeziehung nicht vollkonsolidierter Tochterunternehmen »at equity«

Anteile an einem Tochterunternehmen, das aufgrund des Konsolidierungsverbots nach IAS 27 nicht vollkonsolidiert werden darf, sind nach Maßgabe des einschlägigen Standards zum Kapital- und Finanzanlagevermögen (vgl. IAS 39 (Finanzinstrumente: Bilanzierung und Bewertung) bzw. IAS 25 (Finanzinvestitionen)) zu bewerten (vgl. IAS 27.13). IAS 39 ist zwingend für Berichtsperioden anzuwenden, die nach dem 31.12.2000 beginnen. Bis zu diesem Zeitpunkt kann die Bewertung (noch) nach IAS 25 erfolgen; eine frühere Anwendung von IAS 39 wird empfohlen, ist aber ineffektiv. Gem. IAS 25 ist eine Bewertung entweder »at cost« oder als revaluation vorgesehen.

Eine Einbeziehung nicht vollkonsolidierter Tochterunternehmen »at equity« scheidet aus, da zum einen IAS 28 auch bzgl. des Tatbestands der Weiterveräußerung ein Einbeziehungsverbot kodifiziert (vgl. IAS 28.8) und im Falle von erheblichen und langfristigen Beschränkungen des Vermögenstransfers kein maßgeblicher Einfluß besteht (vgl. IAS 28.11). Bzgl. der Gemeinschaftsunternehmen enthält IAS 31 dieselben Verbotstatbestände wie IAS 27 betreffend Tochterunternehmen (vgl. IAS 31.35). Somit sind auch nicht konsolidierungsfähige Anteile an Gemeinschafts- und assoziierten Unternehmen analog IAS 25 zu bewerten.

Nach IAS wird ein Finanzinstrument als ein Vertrag definiert, der gleichzeitig bei dem einen Unternehmen zu einem finanziellen Vermögenswert und bei dem anderen zu einer finanziellen Verbindlichkeit oder einem Eigenkapitalinstrument führt (vgl. IAS 39.8). Der ganz überwiegende Teil der Finanzanlagen (insbes. Wertpapiere, Bonds etc.) fällt in den Anwendungsbereich des IAS 39.

Wertpapierkategorien nach IAS 39

IAS 39.10 differenziert zwischen den folgenden Wertpapierkategorien:

(1) bis zur Endfälligkeit gehaltene Finanzinvestitionen (held-to-maturity),

(2) jederzeit veräußerbare finanzielle Vermögenswerte (available-for-sale),

(3) zu Handelszwecken gehaltene finanzielle Vermögenswerte (trading),

(4) vom Unternehmen ausgereichte Kredite und Forderungen (loans and receivables originated by the enterprise).

Sofern ein Tochterunternehmen nicht vollkonsolidiert wird, da sich ein Konsolidierungsverbot als einschlägig erweist, hat die Bewertung künftig gem. IAS 39 als (a) available-for-sale oder (b) trading Papier zu erfolgen, da allein diese Wertpapiere Eigneranteile verbriefen. Zu den jederzeit veräußerbaren finanziellen Vermögenswerten (available-for-sale) zählen sämtliche finanziellen Vermögenswerte, die nicht unter eine der obigen anderen drei Kategorien (1), (3) oder (4) fallen (vgl. IAS 39.10). Demgegenüber ist ein zu Handelszwekken gehaltener finanzieller Vermögenswert (trading) als ein Finanzinstrument definiert, das mit der Absicht erworben oder eingegangen wurde, einen Gewinn aus kurzfristigen Schwankungen des Preises oder der Händlermarge zu erzielen (vgl. IAS 39.10).

Bewertung nach IAS 39

Während die Bewertung der available-for-sale und der trading Papiere im Zugangszeitpunkt zu Anschaffungskosten erfolgt (incl. Transaktionskosten; vgl. IAS 39.66), sind für die Folgebewertung stets die jeweiligen Stichtagszeitwerte maßgebend. Dabei besteht für available-for-sale Wertpapiere das einmalige Wahlrecht, die Gewinne und Verluste aus der Marktbewertung entweder stets erfolgswirksam im Periodenergebnis zu berücksichtigen oder stets erfolgsneutral gesondert im Eigenkapital zu erfassen (vgl. IAS 39.103b), bis das Investment verkauft, eingezogen oder anderweitig veräußert wird oder bis eine dauerhafte Wertminderung erfolgswirksam zu erfassen ist (vgl. IAS 39.110ff.). Erfolgsneutral in Vorperioden erfaßte Wertänderungen, die in eine gesonderte Eigenkapitalposition eingestellt wurden, sind im Veräußerungszeitpunkt zwingend erfolgswirksam aufzulösen (sog. Recycling; vgl. IAS 39.43). Demgegenüber sind noch nicht realisierte holding gains and losses im Rahmen der Folgebewertung zu Stichtagszeitwerten von trading Investments stets erfolgswirksam zu erfassen (vgl. IAS 39.103a).

4.2.2 Einbeziehung nicht vollkonsolidierungspflichtiger Tochterunternehmen nach US-GAAP

Einbeziehung nicht vollkonsolidierungspflichtiger Tochterunternehmen

Die US-GAAP geben keine explizite Methode zur Behandlung nicht vollkonsolidierungspflichtiger Tochterunternehmen vor (vgl. APB 18.14, SFAS 94.15). In der Literatur ist dieser Punkt stark umstritten. Miller geht davon aus, dass in diesen Fällen die Anwendung der Equity-Methode den größten Vorteil bringt (vgl. Miller, J. R. 1999, 6.06).

4.3 Einbeziehungswahlrechte

Universelle Gültigkeit des Wesentlichkeitsgrundsatzes

IAS 27, 28 und 31 kennen in bezug auf die Abgrenzung des Konsolidierungskreises im engeren und weiteren Sinn keine expliziten Einbeziehungswahlrechte. Gleichwohl kommen die IAS bei Unwesentlichkeit nicht zur Anwendung. Das Preface, auf das jeder IAS verweist, manifestiert diesen – jedoch nicht näher präzisierten – Grundsatz der Wesentlichkeit. Das in diesem Fall als Interpretationshilfe dienende Framework vermeidet die Nennung von quantitativen Grenzwerten. Eine Information ist wesentlich, sofern ihre Nichtveröffentlichung oder unzutreffende Darstellung geeignet ist, die auf dem veröffentlichten Abschluß basierenden wirtschaftlichen Entscheidungen des Abschlußadressaten zu beeinflussen. Daher ist die Wesentlichkeitsentscheidung regelmäßig eine Einzelfallentscheidung (vgl. IASC-Framework 1989, Par. 29f. i.V.m. IASC-Preface 1983, Par. 12). Auch nach US-GAAP bestehen keine expliziten Konsolidierungswahlrechte. Aus dem Grundsatz der Wesentlichkeit kann aber ein faktisches Einbeziehungswahlrecht abgeleitet werden.

4.4 Angaben zum Konsolidierungskreis

Angaben zu Tochterunternehmen

IAS 27 verlangt bzgl. der wesentlichen einbezogenen Tochterunternehmen weitere Angaben (vgl. IAS 27.32 (a) und (b):

(1) Aufstellung wesentlicher Tochterunternehmen unter Vermerk von Name, Sitz bzw. Gründungsstaat, Beteiligungsquote und ggf. Stimmrechtsquote, sofern diese von der Beteiligungsquote abweicht;

(2) weitere Offenlegungen, soweit die Tatbestände einschlägig sind:
   - Gründe für die Nichteinbeziehung von Tochterunternehmen;
   - die Art der Beziehung zwischen dem Mutter- und einem Tochterunternehmen, an dem die Mutter weder unmittelbar noch mittelbar mehr als die Hälfte der Stimmrechte hält;
   - den Namen einer Gesellschaft, an der das Mutterunternehmen unmittelbar oder mittelbar mehr als die Hälfte der Stimmrechte hält, die jedoch mangels beherrschendem Einfluß (»control«) kein Tochterunternehmen ist;
   - die Auswirkungen des Erwerbs oder der Veräußerung von Tochterunternehmen auf die Finanz- und Vermögenslage am Bilanzstichtag, die Ergebnisse der Berichtsperiode sowie die entsprechenden Beträge für die Vorjahre;

(3) Angaben bzgl. der Bilanzierung und Bewertung der Tochterunternehmen im Einzelabschluß des Mutterunternehmens.

Angaben zu Tochterunternehmen nach US-GAAP

Nach den US-GAAP sind gem. SFAS 57 im Anhang alle Tochterunternehmen aufzuführen. Zusätzlich werden im Jahr des Unternehmenserwerbs folgende Angaben zu dem neu einbezogenen Tochterunternehmen verlangt (vgl. APB 16.95 a-f, 16.96, 16.56 und SFAS 79, APB 16.64 u.16.65):

Bei Konsolidierung nach der Purchase-Methode

- Name des Unternehmens, zzgl. kurzer Beschreibung und Höhe der Anschaffungskosten;
- Angabe zur Kapitalkonsolidierungsmethode;
- Angabe zum Stichtag der erstmaligen Einbeziehung;
- Angaben zur Abschreibung des Geschäfts- oder Firmenwertes, einschließlich Angaben zu Abschreibungshöhe und -dauer;
- Ergebnis des laufenden Geschäftsjahres, als wäre das erworbene Unternehmen bereits zu Beginn des Geschäftsjahres erworben worden (nur bei börsennotierten Unternehmen);
- Vorjahresergebnisse sind so darzustellen, als ob das erworbene Unternehmen zu Beginn der Vergleichsperiode erworben worden wäre (nur bei börsennotierten Unternehmen);

Bei Konsolidierung nach der Pooling of Interests Methode

- Beschreibung der zusammengeschlossenen Unternehmen;

- Angaben zur Kapitalkonsolidierungsmethode;
- Angaben zu den Anteilen, die zum Zwecke des Zusammenschlusses ausgegeben werden (Beschreibung und Höhe);
- Angaben zu den im zusammengefaßten Jahresüberschuß enthaltenen Ergebnissen, die aus dem Zeitraum vor dem Zusammenschluß stammen, für jedes zusammengefaßte Unternehmen;
- Angaben zu den im Rahmen einheitlicher Konzernbewertung angewandten Bewertungskorrekturen;
- Im Falle von im Rahmen des Zusammenschlusses erfolgten Geschäftsjahresänderungen Angaben zu nicht im ausgewiesenen Ergebnis enthaltenen Änderungen des Eigenkapitals;
- Angaben zur Überleitung früherer Umsätze und Ergebnisse des erwerbenden Unternehmens auf die Umsätze des zusammengeschlossenen Unternehmens.
- Angaben zu einer über den Bilanzstichtag eingeleiteten aber nicht vollzogenen Interessenzusammenführung (vgl. ausführlich Born, K. 1999, S. 405f.).

Die aus den unterschiedlichen Gründen nicht einbezogenen Tochterunternehmen sind im Anhang ebenfalls anzuführen (vgl. Niehus, R. J./Thyll A. 2000, Rn. 226).

Allgemeine Angaben zum Konsolidierungskreis im weiteren Sinn

Ferner sind bzgl. wesentlicher Beteiligungen an assoziierten Unternehmen und Gemeinschaftsunternehmen u.a. Beteiligungslisten zu veröffentlichen. Neben den Beteiligungsquoten am Eigenkapital sind ebenfalls die Stimmrechtsquoten offenzulegen, sofern diese von den Kapitalanteilsquoten abweichen (vgl. IAS 28.27 und IAS 31.47 sowie zu US-GAAP APB 18.20).

1. Mutter- und Tochterunternehmen bilden die »group«, d.h. den Konsolidierungskreis im engeren Sinn, der um die Gemeinschafts- und die assoziierten Unternehmen zum Konsolidierungskreis im weiteren Sinn erweitert wird.
2. Es existieren explizite Einbeziehungsverbote für mit Weiterveräußerungsabsicht erworbene Unternehmen und Unternehmen, deren Fähigkeit, Vermögenswerte an das Mutterunternehmen abzuführen, erheblich und langfristig beeinträchtigt ist.
3. Ein faktisches Einbeziehungswahlrecht besteht nur bei Unwesentlichkeit.
4. Nicht vollkonsolidierte Tochterunternehmen können bislang noch gem. IAS 25 »at cost« bewertet werden; für Berichtsperioden, die nach dem 31.12.2000 beginnen, hat hingegen die Bewertung gem. IAS 39 entsprechend den Regeln für available-for-sale oder trading Wertpapiere zu erfolgen. Nach US-GAAP hat die Einbeziehung nicht vollzukonsolidierender Tochterunternehmen weiterhin i.d.R. at equity zu erfolgen.

5. Bestandteile und Form des Konzernabschlusses

5.1 Bestandteile

5.1.1 Bestandteile nach IAS

Mindestbestandteile

Das IASC benennt im Preface die Konzernbilanz, Konzern-GuV, Konzern-Kapitalflußrechnung sowie den Konzernanhang, weitere Rechnungen (bspw. Segmentrechnung) und erläuternde Angaben aus einzelnen IAS als integrale Mindestbestandteile eines Konzernabschlusses (vgl. HAYN, S. 1994, S. 718). Der für nach dem 20.06.1998 beginnende Geschäftsjahre verbindlich anzuwendende IAS 1.7 (rev. 1997) nennt explizit

(1) die Bilanz

(2) die Erfolgsrechnung

(3) ein Statement, das entweder

- alle Eigenkapitalveränderungen oder
- Eigenkapitalveränderungen mit Ausnahme von Kapitalzuführungen/ -rückzahlungen an die Anteileigner zeigt

(4) die Kapitalflußrechnung

(5) die Rechnungslegungsgrundsätze und erläuternden Angaben

als Mindestbestandteile. In wenigen Ausnahmen ist ein Teil der auszuweisenden Eigenkapitalveränderungen nicht als eigenständiger Abschlußbestandteil zu zeigen, sondern im Rahmen des Anhangs darzustellen (vgl. IAS 1.86ff. und HÜTTEN, C./LORSON, P. 2001 S. 134). Als Wahlbestandteil eines Konzernabschlusses führt der revidierte IAS 1 erstmals einen financial review by management an, zu dessen Offenlegung außerhalb des Abschlusses im Geschäftsbericht ermutigt wird. Ferner gilt für nach dem 31.12.1997 beginnende Geschäftsjahre IAS 33, der Vorschriften zur Ermittlung und Angabe von basic und diluted Earnings Per Share im Rahmen der Gewinn- und Verlustrechnung enthält. Ebenso wie IAS 33 gelten der revidierte IAS 14 zur Segmentberichterstattung sowie IAS 34 betreffend die unterjährige Rechnungslegung nur für Unternehmen, deren Eigenkapital- oder Schuldtitel öffentlich gehandelt werden oder die sich im Going Public Prozeß befinden. Unternehmen, die sowohl einen Einzel- als auch einen Konzernabschluß erstellen und veröffentlichen, brauchen die Kennziffern Earnings Per Share sowie die geforderten Segmentangaben nur auf der Basis der konsolidierten Daten zu ermitteln und anzugeben (vgl. IAS 33.2; IAS 14.7 (rev. 1997)). Tochterunternehmen mit börsennotierten Wertpapieren sind selbständig rechnungslegungspflichtig und müssen die Segmentangaben entsprechend gesondert im eigenen Abschluß veröffentlichen.

Unternehmen, die sich künftig im Rahmen der externen Rechnungslegung auf die IAS beziehen und die Beachtung der IAS bekunden, haben des weiteren ein Statement of Compliance zu veröffentlichen. Damit sind diese Unternehmen verpflichtet, aktiv die vollständige Beachtung der IAS zu bezeugen und klarzustellen, ob und wenn ja, wo die IAS aus welchen Gründen nicht zur Anwendung gelangt sind (vgl. IAS 1.11 (rev. 1997)). Das IASC betont in diesem Zusammenhang zum einen, daß in der Vergangenheit trotz fehlender Übereinstimmung in Einzelfällen gleichwohl die Beachtung der IAS testiert wurde. Zum anderen stellt der neue Standard unmißverständlich klar: »The existence of conflicting national requirements is not, in itself, sufficient to justify a departure in financial statements prepared using International Accounting Standards.« (vgl. IAS 1.14 (rev. 1997)). Abweichungen sind entsprechend dem ‚in letzter Minute' in IAS 1 noch neu eingefügten true and fair override (siehe noch HAYN, S. 1997, S. 535) ausschließlich »in the extremely rare circumstances when management concludes that compliance with a requirement in a Standard would be misleading, and therefore that departure from a requirement is necessary to achieve a fair presentation« (IAS 1.13 (rev. 1997)) zulässig. Insbes. ist keine Abweichung von den IAS zulässig, »because another treatment would also give a fair presentation« (IAS 1.16 (rev. 1997)).

5.1.2 Bestandteile nach US-GAAP

Mindestbestandteile

In den einzelnen Pflichtbestandteilen unterscheidet sich die US-GAAP nicht wesentlich von IAS 1, allerdings kann es im Detail Abweichungen geben (vgl. BLOOMER, C. 1999, S. 69). In den promulgated GAAP (SFAS, ARB, APB, FIN) finden sich i. d. R. nur Normen zu den Bestandteilen des Jahresabschlusses, insoweit diese konkret einzelne Komponenten regeln. Die Zusammensetzung des Konzernabschlusses ist daher dem Conceptual Framework zu entnehmen (vgl. SFAC 5). SEC-berichtspflichtige Unternehmen müssen zusätzlich die Bestimmungen der Regulation S-X beachten (vgl. HÜTTEN, C./LORSON, P. 2001, S. 134f.). Die SEC fordert verpflichtend als Jahresabschlußkomponenten:

- eine Bilanz
- eine Erfolgsrechnung
- eine Konzernkapitalflußrechnung (konkret geregelt in SFAS 95)
- einen Konzernkapitalspiegel und ggf. davon getrennt den Konzernrückstellungsspiegel (konkret geregelt in SFAS 95)
- Statement of Comprehensive Income (konkret geregelt in SFAS 130)
- einen Anhang (inklusive einer Segmentberichterstattung, konkret geregelt in SFAS 31)

(vgl. SCHERRER, W. 2000, S. 336).

5.2 Gliederungs- und ähnliche Formvorschriften

Substance over Form

Die Formvorschriften sind nach IAS infolge des Grundsatzes der »Substance over Form« generell wenig ausgeprägt. Hinsichtlich der konkreten Gliederung von Bilanz und GuV enthält IAS 1 (rev. 1997) Mindestanforderungen. Detailliertere Formvorschriften ergeben sich ferner aus IAS 7 betreffend die Kapitalflußrechnung. Dagegen enthalten IAS 1 und 13 lediglich rudimentäre Mindestverpflichtungen zur formalen Gestaltung des Konzernabschlusses.

Formvorschriften nach US-GAAP

Die Formvorschriften nach US-GAAP sind ebenfalls nur wenig ausgeprägt. Darüber hinaus enthalten zahlreiche Standards besondere Offenlegungsvorschriften (vgl. NIEHUS, R. J./THYLL, A. 2000, Rn. 245ff.). Für SEC-berichtspflichtige Unternehmen enthält die Regulation S-X zusätzlich umfangreiche Angaben. Aus den jeweiligen Standards resultieren jedoch umfangreiche Erläuterungs- und Offenlegungsvorschriften.

Vorjahresvergleichszahlen

Die ausgewiesenen Daten des Konzernabschlusses sind nach IAS in allen Rechnungen und Angaben des gesamten Abschlusses um Vorjahresvergleichszahlen zu ergänzen. Diese Verpflichtung bezieht sich auf Konzernbilanz und Konzern-GuV, die Kapitalfluß- und Segmentrechnung sowie den Anhang gleichermaßen (vgl. IAS 5.9; IAS 1.38 (rev. 1997)). Nach US-GAAP ist eine analoge Vorgehensweise lediglich empfohlen (vgl. ARB 43). Für SEC-berichtspflichtige Unternehmen muß die GuV, die Kapitalflußrechnung und die Eigenkapitalveränderungsrechnung hingegen für die letzten drei Geschäftsjahre vorgelegt werden (vgl. HÜTTEN, C./LORSON, P. 2000, S. 135).

Aufstellungsfrist, Währung und Sprache

Hinsichtlich der Aufstellungspflicht eines Konzernabschlusses fixieren die IAS keinen Mindestaufstellungszeitraum. Für die Beurteilung einer angemessenen Zeitperiode sind die im Framework niedergelegten Grundsätze der »Decision Usefulness« und der »Timeliness« als Interpretationshilfen heranzuziehen. IAS 1 stellt in seiner revidierten Fassung klar, daß Abschlüsse nach IAS grundsätzlich (vgl. zu den Ausnahmen IAS 1.50 (rev. 1997)) mindestens auf Jahresbasis zu erstellen und innerhalb von sechs Monaten nach dem Bilanzstichtag zu veröffentlichen sind (vgl. IAS 1.52 (rev. 1997)). Des weiteren stellt IAS 1 (rev. 1997) klar, daß die Struktur und Komplexität der Geschäftstätigkeit keine »sufficient reason for failing to report on a timely basis« bildet und exakte Terminierungen den handelsrechtlichen oder wertpapierrechtlichen Vorschriften auf nationaler Basis zu entnehmen sind (vgl. IAS 1.52 (rev. 1997)). Der Konzernabschluß ist nach IAS 21 in der Währung des Sitzlands des bilanzierenden Unternehmens, d.h. des Mutterunternehmens, aufzustellen. In begründeten Ausnahmefällen kann von diesem Erfordernis abgewichen werden. Hinsichtlich sprachlicher Anforderungen äußern sich die IAS nicht.

Eine Vorschrift über die Aufstellungsfrist existiert nach US-GAAP genauso wenig wie eine explizite Regelung über Sprache oder Währung des Konzernabschlusses. Bei US-amerikanischen Adressaten ist im Rahmen einer fair-presentation die englische Sprache zu wählen. Bei nicht US-amerikanischen Unternehmen verbleibt es bei der ausländischen Währung (vgl. Niehus, R. J./ Thyll, A. 2000, Rn. 305ff. u. 311). Der SEC berichtspflichtige US-Unternehmen müssen dieser ihren Jahresabschluß gem. Form 10-k binnen 90 Tagen, Auslandsunternehmen mit SEC-registrierten Wertpapiere müssen ihren Jahresabschluß gem. 20-F binnen 180 Tagen vorlegen.

5.3 Stichtag

5.3.1 Stichtag des Konzernabschlusses

Maßgeblichkeit des Abschlußstichtags des Mutterunternehmens

Der Konzernabschlußstichtag wird sowohl nach IAS (vgl. IAS 27) als auch nach US-GAAP (vgl. ARB 51) grundsätzlich durch den Einzelabschlußstichtag des Mutterunternehmens bestimmt. Tochterunternehmen haben daher ihren Abschluß zu diesem Stichtag oder einen Zwischenabschluß zu erstellen. Obwohl die Problematik abweichender Stichtage explizit geregelt wird, beziehen sich diese Ausnahmevorschriften lediglich auf abweichende Stichtage der Tochterunternehmen.

Zwischenabschluß

Das Erfordernis zur Erstellung eines Zwischenabschlusses stellt sich, wenn der Stichtag des Tochterunternehmens um mehr als drei Monate vor oder nach dem Konzernabschlußstichtag liegt (vgl. IAS 27.19 bzw. ARB 51.4). Bei abweichenden Stichtagen innerhalb der Drei-Monats-Frist sind überdies Berichtigungen aufgrund wesentlicher Geschäftsvorfälle vorzunehmen. Dabei steht ausschließlich die bilanzielle Korrektur bzw. eine Anpassung der GuV zur Auswahl.

5.3.2 Stichtag der erstmaligen Einbeziehung

Fixierung des Stichtags der erstmaligen Einbeziehung

Nach IAS ist der Stichtag der erstmaligen Einbeziehung für Tochterunternehmen exakt und wahlrechtsfrei determiniert. Sobald das Mutterunternehmen »control« auf das Tochterunternehmen ausüben kann, beginnt die Mutter-Tochter-Beziehung. Damit fallen der Erwerbsstichtag und der Erstkonsolidierungsstichtag immer zusammen. Ab diesem Stichag hat der Käufer alle Ergebnisbestandteile in der GuV sowie alle Aktiva und Passiva in der Bilanz auszuweisen (vgl. IAS 22.19 (rev. 1998)). Analoge Vorschiften existieren bzgl. der Bestimmung des Erstkonsolidierungsstichtags von Gemeinschafts- und assoziierten Unternehmen.

Die Erstkonsolidierung von Tochterunternehmen stellt nicht auf die Buchwerte der übernommenen Vermögensgegenstände und Schulden, sondern gem. der Erwerbsfiktion auf die detailliert kodifizierten Anschaffungskosten ab (vgl. IAS 22.21ff. (rev. 1998)). »Dies gilt insbesondere für die Ausgabe von Wertpapieren als Teil der Kaufpreisleistung« (KPMG 1999, S. 211). Die Anschaffungskosten setzen sich aus allen für den Erwerb des »control« über das Nettovermögen hingegebenen Zahlungsmitteln, Zahlungsmitteläquivalenten oder dem Verkehrswert anderer am Erwerbsstichtag aufgegebener Gegenwerte zzgl. dem Anschaffungsvorgang unmittelbar zurechenbarer Nebenkosten zusammen (vgl. IAS 22.21 (rev. 1998)), deren Hingabe zur Erlangung des »control« über das erworbene Nettovermögen notwendig war. Darüber hinaus können Kaufpreisänderungsklauseln (vgl. IAS 22.65 (rev. 1998)) und weitere Unsicherheiten in Form nachträglicher Anschaffungskosten Berücksichtigung finden. Generell wird der Aussagewert durch diese exakte Festlegung gesteigert und das konzernbilanzpolitische Instrumentarium deutlich beschränkt.

Als Stichtag der erstmaligen Einbeziehung nach US-GAAP ist der Erwerbsstichtag bestimmt, der als Stichtag der Vermögensübertragung der erworbenen Vermögenswerte und Schulden beschrieben wird (APB 16.93). Es kann sowohl auf den wirtschaftlichen als auch den juristischen Übergang abgestellt werden.

Sukzessiver Erwerb

Einen Sonderfall der Anschaffung stellt der sukzessive Erwerb dar. Sowohl IAS 22 als auch APB 16 fordern im Fall des sukzessiven Erwerbs die gesonderte Erstkonsolidierung für jeden wesentlichen Teilerwerb. Mit der obligatorischen Teilkonsolidierung für jede Tranche geht die stichtagsbezogene Bestimmung der Verkehrs- bzw. Zeitwerte und die jeweils gesonderte Bestimmung des positiven respektive negativen goodwill einher (vgl. IAS 22.36ff. (rev. 1998) bzw. APB 16.26).

1. Der internationale Konzernabschluß setzt sich aus der Konzernbilanz, der Konzern-GuV, der Konzern-Kapitalflußrechnung sowie dem Konzernanhang, weiteren Rechnungen und erläuternden Angaben zusammen.
2. Es existieren nur rudimentäre Gliederungs- und ähnliche Formvorschriften.
3. Vorjahresvergleichszahlen sind für alle Abschlußdaten einschl. derer im Anhang und in den weiteren Rechnungen obligatorisch.
4. Der Abschlußstichtag des Mutterunternehmens bestimmt den Konzernabschlußstichtag. Zwischenabschlüsse sind im Fall einer Abweichung von mehr als drei Monaten aufzustellen.
5. Nach IAS wird der Erstkonsolidierungsstichtag durch den Beginn der Möglichkeit, »control« auf ein anderes Unternehmen ausüben zu können, determiniert; analoge Regelungen gelten bzgl. der gemeinschaftlichen Leitung bzw. des maßgeblichen Einflusses bei Gemeinschafts- oder assoziierten Unternehmen. Nach US-GAAP bestimmt sich der Zeitpunkt der Erstkonsolidierung grundsätzlich als Stichtag der Übertragung der erworbenen Vermögensgegenstände und Schulden.

6. Konzerneinheitliche Bilanzierung und Bewertung

6.1 Allgemeine Anforderungen

Verpflichtung zur konzerneinheitlichen Bilanzierung und Bewertung nach IAS

Gem. IAS 27 liegen der Erstellung des Konzernabschlusses konzerneinheitliche Bilanzierungs- und Bewertungsgrundsätze zugrunde. Sofern nicht alle in den Konzernabschluß einbezogenen Unternehmen bereits im Einzelabschluß die IAS beachten oder bestehende Wahlrechte der IAS abweichend ausgeübt werden, müssen für die Zwecke der Konsolidierung Anpassungen vorgenommen werden. Derartige Anpassungen und Berichtigungen können unterbleiben, sofern sich die konzerneinheitliche Bilanzierung und Bewertung als nicht zweckmäßig erweist. In diesem Fall ist der Umstand sowie das Ausmaß der Sachverhalte bzw. der betroffene Anteil an den einzelnen Posten, bei denen die einheitlichen Methoden nicht zur Anwendung gelangten, offenzulegen (vgl. IAS 27.21). Eine entsprechende Regelung kodifiziert IAS 28 auch für assoziierte Unternehmen, wobei in diesem Fall auf die qualitativen und quantitativen Angaben zu den Auswirkungen verzichtet werden kann (vgl. IAS 28.17). Hier genügt die einfache Angabe, daß keine einheitlichen Bilanzierungs- und Bewertungsvorschriften zum Tragen kommen.

Die Beibehaltung steuerlich bedingter Wertansätze erfüllt das Praktikabilitätserfordernis indes nicht. Zudem sind einer eigenständigen Konzernbilanzpolitik enge Grenzen gesetzt. An die Stelle des Bilanzierungs- und Bewertungsrahmens des Mutterunternehmens treten die vereinheitlichten Methoden in Verbindung mit dem Stetigkeitsgrundsatz. Die Beachtung des Stetigkeitsprinzips wird durch die Interpretationen SIC-1 (horizontale Stetigkeit bzgl. Verbrauchsfolgeverfahren) und SIC-2 (horizontale und vertikale Stetigkeit bzgl. Fremdfinanzierungskosten) des Standing Interpretation Committee konkretisiert (zu einer vergleichenden Übersicht der wesentlichen einzelgesellschaftlichen Bilanzierungs- und Bewertungsnormen des HGB und des IAS siehe KÜTING, K./ HAYN, S. 1998, Rn. 88).

Die Verpflichtung zur konzerneinheitlichen Bilanzierung und Bewertung besteht nicht für unwesentliche Posten und Sachverhalte.

Verpflichtung zur konzerneinheitlichen Bilanzierung und Bewertung nach US-GAAP

Nach US-GAAP bestehen keine expliziten Regelungen zur konzerneinheitlichen Bilanzierung und Bewertung. Soweit die auf der Einzelabschlußebene angewandten Ansatz- und Bewertungsvorschriften den US-GAAP entsprechen, besteht ein Verbot zur Anpassung der Einzelabschlüsse an die Rechnungslegungspolitik des Unternehmens. Die Übernahme rein steuerlich bedingter Wertansätze ist nicht möglich.

6.2 Bestimmung der Fair Values

Bewertung zu Stichtagszeitwerten

Am Erwerbsstichtag sind die erworbenen, identifizierbaren Aktiva und Passiva zum Stichtagszeitwert zu bewerten (vgl. IAS 22.31 (a) (rev. 1998) und 33 bzw. APB 16.66). Dies gilt unabhängig davon, ob die Vermögensgegenstände und Schulden bereits in der Bilanz der übertragenen Gesellschaft angesetzt worden waren. Die Höhe der historischen Anschaffungskosten ist für die Bestimmung der Zeitwerte ohne Belang, vielmehr ist der fair value der Vermögensgegenstände zum Erwerbszeitpunkt zu ermitteln. Unter dem *fair value* versteht man den Betrag, zu dem ein Vermögensgegenstand zwischen sachverständigen, vertragswilligen und voneinander unabhängigen Geschäftspartnern gehandelt werden kann. Der *fair value* wird durch einen Börsen- oder Marktpreis bestimmt, sofern ein solcher verfügbar ist. Anderenfalls muß eine Schätzung des Börsen- oder Marktwertes anhand vergleichbarer Vermögenswerte oder mit Hilfe eines Schätzverfahrens erfolgen. Ergänzt wird die *fair value*-Bewertung durch eine umfassende Berichterstattung. Konkrete Hinweise zur Bestimmung des aus der Konzernsicht zutreffenden Wertansatzes finden sich in APB 16.88 bzw. IAS 22.39 (rev. 1998).

Bestimmung des fair value

Für immaterielle Wirtschaftsgüter, für die kein Marktwert zur Ermittlung des *fair value* existiert, gilt nach IAS, daß diese nicht angesetzt werden dürfen, wenn ihr Ausweis zu einer Steigerung des negativen Goodwills führt.

Bestimmung der Konzernanschaffungskosten als wesentliche Aufgabe der Kapitalkonsolidierung

Indem im Rahmen der Kapitalkonsolidierung die Buchwerte durch die aus Konzernsicht zutreffenden Anschaffungskosten ersetzt werden und diese Anschaffungskosten als Zeitwerte zu interpretieren sind, kann ein wesentlicher Teil der Kapitalkonsolidierung mithin als Bestimmung der Konzernanschaffungskosten angesehen werden. Da bei Vermögensgegenständen die Differenz zwischen höherem Tagesbeschaffungswert und niedrigerem Buchwert als stille Rücklage anzunehmen ist, kann die Kapitalkonsolidierung letztlich als Offenlegung und Fortführung solcher stiller Rücklagen (aber auch stiller Lasten) interpretiert werden, die mit dem Kauf der Anteile vergütet wurden.

1. Es besteht nach IAS die Verpflichtung zur konzerneinheitlichen Bilanzierung und Bewertung. Von dieser Anforderung kann nur in begründeten Ausnahmefällen abgewichen werden. Nach US-GAAP besteht keine Erfordernis zur Anpassung der Einzelabschlüsse, soweit die im Einzelabschluß angewandten Ansatz- und Bewertungsvorschriften den US-GAAP entsprechen.

2. Die mit der Beteiligung erworbenen Aktiva und Schulden sind nach beiden Rechnungslegungsvorschriften unabhängig von den tatsächlichen Anschaffungskosten zu Zeitwerten zum Erstkonsolidierungsstichtag zu bewerten und in den Konzernabschluß zu übernehmen.

7. Währungsumrechnung

Konzept der funktionalen Währung

Die IAS (vgl. IAS 27) und die US-GAAP (vgl. SFAS 52.5) folgen dem Konzept der funktionalen Währung. Demgemäß sind die in den Konzernabschluß einzubeziehenden Unternehmen in Abhängigkeit ihrer wirtschaftlichen Selbständigkeit von der Muttergesellschaft als Auslandsunternehmen (»foreign entities«) bzw. integrierte ausländische Betriebsstätten (»foreign operations«) zu qualifizieren. Die Abschlüsse der Auslandsunternehmen werden nach der Stichtagskursmethode, die der ausländischen Betriebsstätten entsprechend der Zeitbezugsmethode umgerechnet. Darüber hinaus differenziert das Konzept der funktionalen Währung erfolgswirksam zu erfassende Umrechnungsdifferenzen von erfolgsneutral zu behandelnden. Daher kommt der Zuordnung der betrachteten Auslandsaktivität in eine der beiden Kategorien eine besondere Bedeutung zu, mit der zugleich die funktionale Währung der Auslandseinheit festgelegt wird.

7.1 Foreign Entities

Definition eines Auslandsunternehmens

Auslandsunternehmen sind mit eigener Rechtspersönlichkeit geführte ausländische Unternehmenseinheiten, die wirtschaftlich so selbständig arbeiten, daß das Tochterunternehmen trotz »control« weitgehend von der Muttergesellschaft unabhängig operiert (vgl. IAS 21.7 und 25 bzw. SFAS 52.5). Auslandsunternehmen werden folglich in der Währung geführt, in der sie aktiv sind. Als Indikatoren zur Einordnung der Auslandsaktivität als selbständige Auslandseinheit dienen folgende Merkmale (vgl. IAS 21.26 bzw. SFAS 52.42):

(1) Obwohl die berichtende Gesellschaft die Geschäftstätigkeit der Auslandsaktivität steuert, werden die Geschäftsvorfälle der ausländischen Aktivität mit einem erheblichen Maß an Selbständigkeit von der Geschäftstätigkeit der berichtenden Gesellschaft durchgeführt.

(2) Der Prozentsatz der Umsätze der Auslandsaktivität mit dem berichtenden Unternehmen erreicht keinen hohen Wert.

(3) Die Finanzierung der Geschäftstätigkeit der Auslandsunternehmung erfolgt im wesentlichen durch Zahlungsströme aus der eigenen Geschäftstätigkeit bzw. durch lokale Fremdfinanzierung und nicht mittels Zahlungsströmen seitens der berichtenden Gesellschaft.

(4) Ausgaben für Lohn, Material und weitere Produktbestandteile der von der Auslandsaktivität hergestellten Erzeugnisse fallen in Inlands- und nicht in der Währung des berichtenden Unternehmens an.

(5) Die Umsatzerlöse der Auslandsaktivität entstehen im wesentlichen in Währungen, die nicht mit der Währung des berichtenden Unternehmens identisch sind.

(6) Die Zahlungsströme der berichtenden Gesellschaft werden durch die laufende Geschäftstätigkeit der Auslandsunternehmung eher beeinträchtigt als unmittelbar berührt.

Währungsumrechnung mittels der modifizierten Stichtagskursmethode

In diesem Fall haben Wechselkursschwankungen zwischen der Berichtswährung und der Inlandswährung der Auslandsunternehmung keinen unmittelbaren Einfluß auf die gegenwärtigen oder zukünftigen Zahlungsströme aus der betrieblichen Tätigkeit. Die Integration der in Fremdwährung aufgestellten Abschlüsse dieser Auslandseinheiten erfolgt als reiner Transformationsvorgang. Alleinige Zielsetzung dieser Umrechnung ist die Herstellung gleichnamiger Beträge. Alle monetären und nicht-monetären Vermögensposten sowie Schulden werden zum Kurs am Bilanzstichtag umgerechnet. Die Posten der GuV sind zum Transaktionskurs umzurechnen; aus Vereinfachungsgründen ist auch eine Umrechnung zu Durchschnittskursen zulässig (sog. modifizierte Stichtagskursmethode; vgl. IAS 21.30 bzw. SFAS 52.12). SEC-berichtspflichtige Unternehmen müssen dabei den gewichteten Jahresdurchschnittskurs auf der Basis der Quartalsdurchschnitte ermitteln. Ist das Auslandsunternehmen jedoch in einem Hochinflationsland ansässig, sind auch die Posten der GuV zum Stichtagskurs umzurechnen.

Behandlung von Differenzen

Differenzen, die das Eigenkapital betreffen, sind erfolgsneutral in einem gesonderten Rücklagenposten zu erfassen; dieses gilt auch für die Abweichungen zwischen dem zum Stichtagskurs umgerechneten Bilanzgewinn und der sich auf der Basis der Transaktionskurse oder durchschnittlicher Kurse ergebenden Erfolgsgröße in der Konzern-GuV (vgl. IAS 21.32 bzw. SFAS 52.13). Diese Fremdwährungsdifferenzen sind erst zum Veräußerungszeitpunkt der Beteiligung am Auslandsunternehmen durch die Auflösung des Sonderpostens im Eigenkapital erfolgswirksam zu erfassen. Die Veräußerung kann durch Verkauf, Liquidation, Rückzahlung des gezeichneten Kapitals oder Stillegung des Gesamtunternehmens bzw. von Betriebsteilen erfolgen (vgl. IAS 21.38 bzw. FIN 37). Im Falle von Teilveräußerungen erfolgt die erfolgswirksame Auflösung des Ausgleichspostens nur in Höhe des veräußerten Anteils. Teilwertabschreibungen der Beteiligung sind nicht als Teilveräußerungen zu qualifizieren. Der auf evtl. Minderheiten entfallende Anteil aus den Differenzen ist gesondert im Minderheitenposten auszuweisen (vgl. IAS 21.32 bzw. SFAS 52.101).

Umrechnungskurs bei abweichenden Stichtagen

Sofern der Konzernabschlußstichtag vom Abschlußstichtag der Auslandsgesellschaft abweicht und kein Zwischenabschluß erstellt wird (vgl. hierzu 2. Abschn., 1. Kap., Gliederungspunkt 5.3.1), ist der Umrechnungskurs am Abschlußstichtag der Auslandsgesellschaft maßgeblich (vgl. IAS 21.35 bzw. SFAS 52.28). Wesentliche Währungskursschwankungen führen hingegen nach IAS zu Berichtigungen mit der Maßgabe der Verwendung der Umrechnungskurse zum Abschlußstichtag des berichtenden Unternehmens (vgl. IAS 21.35).

Hinsichtlich des Konsolidierungsgoodwill sowie späterer Berichtigungen des Zeitwertansatzes der erworbenen Aktiva und Schulden (vgl. 2. Abschn., 2. Kap., Gliederungspunkt 1.1.1.1.3) zum Erwerbsstichtag sieht IAS 21 in bezug auf die Fremdwährung ein Bewertungswahlrecht vor (vgl. IAS 21.33):

Bewertungswahlrecht

(1) Behandlung als Aktiva und Schulden des Auslandsunternehmens, d.h. Umrechnung zum aktuellen Bilanzstichtagskurs;

(2) Behandlung als Aktiva und Schulden des berichtenden Unternehmens (i.d.R. des Mutterunternehmens), d.h. Umrechnung nicht-monetärer Posten zum Transaktionskurs.

Ein solches Wahlrecht kennt SFAS 52 nicht. Der Standard schreibt verpflichtend die Umrechnung unter Verwendung des Stichtagskurses vor. Die Verwendung des Transaktionskurses ist ausgeschlossen (vgl. SIMPSON, R. E. 1999, S. 285).

7.2 Foreign Operations

Definition einer ausländischen Betriebsstätte

Eine Eingruppierung als ausländische Betriebsstätte erfolgt, wenn die Auslandsaktivität derartig stark in die Geschäftstätigkeit der berichtenden Gesellschaft integriert ist, daß ihre Geschäfte als unmittelbare Fremdwährungstransaktionen des Mutterunternehmens anzusehen sind (vgl. IDW 1995, S. 274; IAS 21.7 und 24 bzw. SFAS 52.6). Die als Auslandsbetriebsstätte qualifizierte Tochtergesellschaft fungiert quasi als verlängerter Arm des Mutterunternehmens. Die Transaktionen der unselbständigen Betriebsstätten sind in die funktionale Währung umzurechnen und tangieren mithin nahezu sofort den »cash flow from operating activities« der berichtenden Gesellschaft (vgl. CAIRNS, D. 1995, S. 1777). Diese Umrechnung stellt folglich einen Bewertungsvorgang dar. Differenzen werden erfolgswirksam erfaßt (vgl. IAS 21.15 bzw. SFAS 52.10).

Währungsumrechnung mittels der Zeitbezugsmethode

Die Abschlüsse ausländischer Betriebsstätten werden nach der Zeitbezugsmethode umgerechnet. Entsprechend der Konzeption der Zeitbezugsmethode können derartige Umrechnungsdifferenzen nur aus monetären Posten resultieren. Von der erfolgswirksamen Behandlung dieser Umrechnungsdifferenzen bestehen nach IAS zwei Ausnahmen:

Ausnahmen von der erfolgswirksamen Behandlung der Umrechnungsdifferenzen

(1) Unterschiedsbeträge, die aus monetären Posten resultieren und ihrem wirtschaftlichen Gehalt nach dem Bestandteil einer Beteiligung der ausländischen Betriebsstätte an einem Auslandsunternehmen entsprechen, sollen bis zur Veräußerung erfolgsneutral im Eigenkapital erfaßt werden (sog. »net investment in a foreign entity«; vgl. IAS 21.27 i.V.m. 21.17; FÖRSCHLE, G./KRONER, M./HOLLAND, B. 2001, S. 155).

(2) Unterschiedsbeträge, die aus einer massiven Währungsabwertung resultieren und gegen deren Entstehen keine wirksamen Absicherungsgeschäfte geschlossen werden können, dürfen unter Beachtung weiterer Voraussetzungen (siehe Hayn, S. 1994, S. 753) alternativ die Anschaffungskosten eines in Fremdwährung in Rechnung gestellten Vermögensgegenstands bis zur Höhe des wiedererlangbaren Werts (sog. »recoverable amount«) erhöhen (vgl. IAS 21.27 i.V.m. 21.21).

Währungsumrechnungsdifferenzen sind nach US-GAAP prinzipiell erfolgswirksam zu behandeln (vgl. Simpson, R. E. 1999, S. 285). Ausgenommen sind innerkonzernliche Transaktionen aufgrund langfristiger Investitionen als Teil der Nettoinvestition des Mutterunternehmens. Daraus resultierende Währungsumrechnungsdifferenzen sind erfolgsneutral zu behandeln (vgl. SFAS 52). Währungsumrechnungsdifferenzen aus zur Sicherung von in fremder Währung getätigter Nettoinvestitonen abgeschlossener Hedging-Geschäften werden im Other Comprehensive Income abgebildet (vgl. SFAS 52, 133).

Abweichungen von funktionaler und Berichtswährung

Sofern die funktionale und die Berichtswährung voneinander abweichen, d.h., die Heimatwährung des Mutterunternehmens im mehrstufigen Konzern nicht zugleich als funktionale Währung fungiert, ist ein weiterer Umrechnungsschritt notwendig (s.a. Peterli, R. M. 1994, S. 27f.):

(1) Festlegung der funktionalen Währung;

(2) Umrechnung von der Transaktionswährung in die funktionale Währung; Zeitbezugsmethode (Bewertungsvorgang mit erfolgswirksamer Erfassung der Differenzbeträge);

(3) Umrechnung von der funktionalen Währung in die Berichtswährung; Stichtagskursmethode (Transformationsvorgang mit erfolgsneutraler Erfassung der Differenzbeträge).

7.3 Wechsel der Eingruppierung von einer integrierten ausländischen Betriebsstätte zu einer ausländischen Unternehmenseinheit et vice versa

Behandlung der Umrechnungsdifferenzen bei einem Wechsel der Eingruppierung

Im Fall der Umgruppierung von einer integrierten ausländischen Betriebsstätte zu einer ausländischen Unternehmenseinheit werden Umrechnungsdifferenzen aus der Umrechnung der nicht-monetären Vermögenswerte am Tag der Umgruppierung erfolgsneutral in den Ausgleichsposten aus Fremdwährungsdifferenzen im Eigenkapital eingestellt. Im umgekehrten Fall der Umgruppierung von einer ausländischen Unternehmenseinheit zu einer integrierten Betriebsstätte werden die umgerechneten Beträge der nicht-monetären Bilanzposten als historische Kosten qualifiziert. Der Ausgleichsposten aus Fremdwährungsdifferenzen wird bis zur Veräußerung der Beteiligung im Eigenkapital weitergeführt und erst im Veräußerungszeitpunkt erfolgswirksam aufgelöst (vgl. IAS

21.39f. bzw. SFAS 52.46). Erfolgt ein derartiger Wechsel, sind nach IAS nachfolgende Offenlegungen notwendig (vgl. IAS 21.44):

(1) Art des Wechels;

(2) Grund für den Wechsel;

(3) die Auswirkungen der Umgruppierung auf das Eigenkapital;

(4) die Auswirkungen der Umgruppierung auf den Jahreserfolg für alle Berichtsperioden vor dem Wechsel der Eingruppierung.

Nach den US-GAAP werden ähnliche Offenlegungen erwartet (vgl. SIMPSON, R. E. 1999, S. 287).

7.4 Offenlegungen und Übergangsvorschriften im Zusammenhang mit der Währungsumrechnung

Angaben

Im Normalfall haben Unternehmen im Zusammenhang mit der Fremdwährungsumrechnung u. a. folgende Angaben zu machen (vgl. IAS 21.42, 43 und 45 bzw. SFAS 52.32):

(1) Betrag der Währungskursdifferenzen des Geschäftsjahrs;

(2) Angabe des Ausgleichspostens im Eigenkapital sowie Veränderungsrechnung dieses Postens vom Eröffnungs- zum Schlußbilanzwert;

(3) Umrechnungsdifferenz, die entsprechend der zulässigen Alternativmethode die Anschaffungskosten nachträglich und damit den Buchwert eines Vermögensgegenstands erhöht hat;

(4) weitere qualitative Angaben zur Umrechnungsmethode (vgl. nur US-GAAP BORN, K. 1999, S. 411).

Übergangsvorschriften

Zum Zeitpunkt der erstmaligen Anwendung von IAS 21 hat das Unternehmen ebenfalls den Gesamtbetrag der im Eigenkapital auszuweisenden Umrechnungsdifferenz zum Geschäftsjahresbeginn, d. h. den auf Vorjahre entfallenden Abgrenzungsbetrag, anzugeben. Hiervon kann abgesehen werden, wenn sich dieser Betrag nicht zuverlässig ermitteln läßt (vgl. IAS 21.48).

7.5 Sonderfall: Hochinflation

7.5.1 Währungsumrechnung nach IAS bei Hochinflation

Indikatoren von Hochinflation

IAS 29 betrifft den Sonderfall der Unternehmensberichterstattung von in Hochinflationsländern ansässigen Unternehmen. Ein unberichtigter Rückgriff auf die in lokaler Währung ausgewiesenen Werte ist nicht zweckmäßig. Daher muß einer Umrechnung in die Berichtswährung eine Berichtigung vorausgehen. Zur Feststellung der Hochinflation nennt IAS 29 nicht abschließend mehrere Indikatoren (vgl. IAS 29.3):

(1) Flucht in Sachwerte bzw. stabile Parallelwährung;

(2) unmittelbarer Umtausch einheimischer Währung nach Zufluß;

(3) Indizierung selbst kurzfristiger Kredite;

(4) Koppelung von Zinsraten, Löhnen und Preisen an einen Preisindex;

(5) die kumulierte Inflationsrate beträgt über drei Jahre zumindest 100%.

Berichtigungen und Anpassungen vor der Währungsumrechnung

Am Bilanzstichtag ist der einzubeziehende Abschluß vor der Währungsumrechnung um die Inflation zu bereinigen; erst danach erfolgt die Umrechnung in die Berichtswährung. Dabei ist es unmaßgeblich, ob die Bücher des im Hochinflationsland ansässigen Unternehmens ggf. parallel zur lokalen Währung zu fortgeführten Anschaffungskosten oder auf der Basis der Neubewertung geführt werden. Die Anpassung betrifft grundsätzlich nur die nichtmonetären Posten, da diese im Hochinflationsfall deutlich unterbewertet sind, und erfolgt anhand der Veränderung des allgemeinen Preisindex zwischen dem Erwerbs- bzw. vormaligen Anpassungs- und dem Bilanzstichtag (vgl. IAS 29.14). Ist kein derartiger Index verfügbar, sind in Ausnahmefällen auch Schätzungen zulässig. Falls für bestimmte Aktiva und Schulden Preisanpassungsklauseln vereinbart wurden, sind diese anzuwenden (vgl. IAS 29.13).

Neben den aktuellen Daten sind auch die Vorjahresvergleichswerte entsprechend anzupassen (vgl. IAS 29.8). In der GuV sind die Erfolgsbeiträge aus der Nettogeldposition gesondert zu erfassen und auszuweisen (vgl. IAS 29.9). Im Konzernabschluß sind die lokalen Abschlüsse von in Hochinflationsländern ansässigen Tochterunternehmen vor der Währungsumrechnung auf der Basis indexierter Werte zu berichtigen und zum Stichtagskurs umzurechnen (vgl. IAS 21.36 i.V.m. 21.30 (b)). Sofern jedoch eine Parallelrechnung in Hartwährung erfolgt, entfällt das Erfordernis der Abschlußberichtigung.

7.5.2 Währungsumrechnung nach US-GAAP bei Hochinflation

Indikatoren einer Hochinflation

Nach US-GAAP wird eine Volkswirtschaft als hochinflationär eingestuft, sofern die kumulierte Inflationsrate der vergangenen drei Jahre 100% übersteigt (vgl. SFAS 52.11). Für in Hochinflationsländern ansässige ausländische Tochterunternehmen entspricht die funktionale Währung der Berichtswährung des unmittelbaren Mutterunternehmens. Ein in Landeswährung in einem Hochinflationsland aufgestellter Jahresabschluß ist somit in die funktionale Währung des Mutterunternehmens umzurechnen. Fremdwährungsdifferenzen sind erfolgsneutral beim Tochterunternehmen zu erfassen.

1. Der Währungsumrechnung im Konzern liegt das Konzept der funktionalen Währung zugrunde.
2. Die Aktiva und Schulden von Auslandsunternehmen sind zum Stichtagskurs umzurechnen; diejenigen von integrierten ausländischen Betriebsstätten entsprechend der Zeitbezugsmethode.
3. Abschlüsse von Unternehmen aus Hochinflationsländern sind nach IAS erst nach einer Indexierung umzurechnen. In diesem Fall entfällt die Vereinfachungsregel der Umrechnung der GuV-Posten zu Durchschnittskursen. Das Erfordernis der Abschlußberichtigung entfällt bei einer Parallelrechnung in Hartwährung. Nach US-GAAP haben Unternehmen aus Hochinflationsländern keine eigene funktionale Währung, sondern der in einem Hochinflationsland aufgestellte Jahresabschluß ist in die Währung des Mutterunternehmens umzurechnen.

2. Kapitel: Konsolidierungsmaßnahmen

1. Vollkonsolidierung

1.1 Kapitalkonsolidierung

1.1.1 Erwerbsmethode

1.1.1.1 Voraussetzungen und Vorgehensweise

Verhältnis von IAS 27 zu IAS 22

Alle den Erwerb der Beteiligung betreffenden Fragen, d.h., die Höhe der Anschaffungskosten, die Bestimmung der Stichtagszeitwerte sowie die Behandlung von Unterschiedsbeträgen, sind Gegenstand des IAS zu Unternehmenszusammenschlüssen (vgl. IAS 22). Damit sind die wesentlichen Bereiche der Kapitalkonsolidierung Gegenstand von IAS 22, der hinsichtlich der Normen zu den weiteren Konsolidierungsschritten, aber auch in bezug auf den Konzernabschlußstichtag, die konzerneinheitliche Bilanzierung und Bewertung etc. durch IAS 27 ergänzt wird. Dabei gilt es hervorzuheben, daß IAS 22 unabhängig von dem zugrundeliegenden Einflußgrad auf alle Beteiligungsformen abstellt, während IAS 27 auf die Konsolidierung von Tochterunternehmen beschränkt ist und vor allem hinsichtlich der Kapitalkonsolidierung auf eine Wiederholung der einschlägigen Normen zugunsten eines Verweises auf IAS 22 verzichtet. Korrespondierend verweisen IAS 28 in bezug auf assoziierte Unternehmen sowie IAS 31 betreffend die Konsolidierung von Gemeinschaftsunternehmen ebenso auf IAS 22.

Purchase- und Pooling-of-Interests-Methode als sich gegenseitig ausschließende Konsolidierungsverfahren

Tochterunternehmen, auf die »control« ausgeübt werden kann und deren Zugang mittels Erwerb erfolgte, sind gemäß der Purchase-Methode vollzukonsolidieren. Die Purchase- und die Pooling-of-Interests-Methode bilden sich gegenseitig ausschließende Alternativen. Es bleibt dem Bilanzierenden daher nicht überlassen, sich für die eine oder andere Methode zu entscheiden. Sofern die Kriterien bzgl. einer Interessenvereinigung nach IAS 22 bzw. APB 16 erfüllt sind, muß das Unternehmen mittels der Interessenzusammenführungsmethode einbezogen werden. Für die Anwendung der Pooling-of-Interests-Methode besteht kein Wahlrecht; es ist das explizite Pflichtverfahren im Fall von Interessenvereinigungen (vgl. IAS 22.77ff. (rev. 1998) bzw. APB 16.45).

Sind die Kriterien der Interessenvereinigung hingegen nicht erfüllt, muß die Konsolidierung obligatorisch entsprechend der Erwerbsmethode erfolgen. Die Kapitalkonsolidierung erfolgt durch die zeilenweise Addition der einzelnen konzerneinheitlich bilanzierten und bewerteten Aktiv- und Passivposten sowie Aufwendungen und Erträge und der anschließenden Aufrechnung des Beteiligungsbuchwerts gegen das anteilige Eigenkapital der Tochtergesellschaft. Damit gehen die Aktiva und Schulden im Erstkonsolidierungszeitpunkt unabhängig von den Anschaffungskosten zu Zeitwerten in die Konsolidierung ein.

Neubewertung bei der Existenz von Minderheiten

Bei einer Beteiligung des Mutterunternehmens von unter 100 % ist der Mutteranteil an den Aktiva und Schulden regelmäßig zum Stichtagszeitwert zu bewerten. Dagegen sind nach dem IAS-Standardverfahren (benchmark treatment) die Minderheitenanteile an den Aktiva und Schulden vor dem Anteilserwerb durch die Muttergesellschaft zu den bisherigen Buchwerten (sog. »pre-acquisition carrying amount«) fortzuführen (vgl. IAS 22.32 (rev. 1998)). Diese Methode ist indes nicht mit der Buchwertmethode gem. § 301 HGB gleichzusetzen, da die Mutteranteile mit ihren neubewerteten Ansätzen und unabhängig von den tatsächlichen Anschaffungskosten der Mehrheitsbeteiligung in die Kapitalkonsolidierung eingehen. Der Begriff der beteiligungsproportionalen Neubewertung trägt dieser Vorgehensweise deutlich besser Rechnung (vgl. KÜTING, K./HARTH, H.-J. 1999a, S. 1370f.). Alternativ zum Standardverfahren, bei dem die Minderheitenanteile mit ihren bisherigen Buchwerten fortgeführt werden, dürfen diese im Rahmen der zulässigen Alternativmethode (allowed alternative treatment) ebenso wie die Mehrheitsanteile zu Stichtagszeitwerten bewertet werden (vgl. IAS 22.34 (rev. 1998)). Auch diese vollständige Neubewertung erfolgt im Gegensatz zur Neubewertungsmethode gem. § 301 HGB im Zuge der HB III unabhängig von den tatsächlichen Anschaffungskosten.

Beteiligungsproportionale- und volle Neubewertungsmethode nach US-GAAP

Nach den amerikanischen Rechnungslegungsgrundsätzen ist sowohl die beteiligungsproportionale Neubewertung mit Bestimmung des Minderheitenausweises auf Basis der ursprünglichen Buchwerte des Tochterunternehmens als auch die volle Neubewertung möglich. Gleichwohl wird im Schrifttum sowie in der Konsolidierungspraxis die der parent company theory verhaftete anteilsmäßige Aufdeckung eindeutig favorisiert (vgl. hierzu: AFTERMAN, A. B. 1995, S. H1-21; EISOLT, D. 1992, S. 265, JENSEN, D. L. u.a. 1994, S. 77ff.; WEBER, C.-P. 1991, S. 128). In dem vom FASB 1999 vorgelegten Exposure Draft zur Neufassung der Consolidated Financial Statement wird jedoch wiederholt vorgeschlagen, nur noch die volle Neubewertung zuzulassen, so daß auch der auf die Minderheiten entfallende Anteil an den market values offengelegt werden muß (vgl. ED-194-B).

Beispiel zur beteiligungsproportionalen Neubewertung

Sachverhalt

Die M-Corp. erwarb am 31.12.01 eine 80%ige Beteiligung an der T-Inc. zu einem Kaufpreis von 1 130 TUSD. Im folgenden sind die Bilanzen der M-Corp. und der T-Inc. zum 31.12.01 abgebildet:

Angaben in TUSD	M-Corp.	T-Inc.	
	Buchwerte	Buchwerte	Zeitwerte
Grundstücke	400	200	250
Maschinen	1 500	800	900
Anteile an verbundenen Unternehmen	1 330	200	200
Vorräte	800	300	400
Sonstiges Umlaufvermögen	1 450	1 350	1 350
Gezeichnetes Kapital	1 500	400	
Kapitalrücklagen	300	100	
Gewinnrücklagen	1 000	350	
Bilanzgewinn	200	50	
Rückstellungen	1 000	500	
Sonstige Passiva	1 480	1 450	

Es gelten folgende Prämissen:

(1) Ein sich ergebender Geschäfts- oder Firmenwert ist über seine voraussichtliche Nutzungsdauer von 4 Jahren abzuschreiben.

(2) Die Restnutzungsdauer der Maschine beträgt 5 Jahre. Die Abschreibung auf die aufgedeckten stillen Rücklagen soll erstmals im Geschäftsjahr 02 erfolgen.

(3) Die Vorräte, die am 31.12.01 bei der T-Inc. auf Lager liegen, werden im Laufe des Jahres 02 vollständig veräußert.

(4) Die Bilanzdaten bleiben im Geschäftsjahr 02 bis auf die folgenden Modifikationen bei der T-Inc. unverändert (Sonstiges Umlaufvermögen: 1 500; Gewinnrücklagen: 500).

Erstkonsolidierung

Erstkonsolidierung zum 31.12.01

Vor der eigentlichen Erstkonsolidierung ist eine Neubewertung der Vermögenswerte und Schulden der T-AG vorzunehmen (vgl. Übersicht 119). Da die M-Corp. an der T-Inc. insgesamt 80% der Anteile hält, werden auch die stillen Reserven nur zu 80% aufgedeckt. Die Gegenbuchung erfolgt bei den Gewinnrücklagen, wobei im Beispielsfall aus didaktischen Gründen eine spezifische Kategorie ›Gewinnrücklage aus der Neubewertung‹ eingeführt wird.

Übersicht 119: Neubewertung zum 31.12.01

		Korrekturbuchungen		
	HB I	S	H	HB II
Grundstücke	200	(1) 40		240
Maschinen	800	(1) 80		880
Anteile an verb. Unternehmen	200			200
Vorräte	300	(1) 80		380
Sonstiges Umlaufvermögen	1350			1350
Summe Aktiva	2850			3050
Gezeichnetes Kapital	400			400
Kapitalrücklage	100			100
Gewinnrücklagen	350			350
Gewinnrücklagen aus Neubewertung			(1) 200	200
Bilanzgewinn	50			50
Rückstellungen	500			500
Sonstige Passiva	1450			1450
Summe Passiva	2850			3050

Auf der Grundlage der neubewerteten Wertansätze wird die Erstkonsolidierung durchgeführt (vgl. Übersicht 120). Hier ist besonders darauf zu achten, daß die ›Gewinnrücklage aus der Neubewertung‹ zu 100% aufgerechnet wird, obwohl der Konzern nur 80% der Anteile hält. Der Grund ist darin zu suchen, daß sich die ›Gewinnrücklage aus der Neubewertung‹ allein aus jenen stillen Reserven zusammensetzt, die auf den Konzern entfallen.

Übersicht 120: Erstkonsolidierung zum 31.12.01

	M-Corp.	T-Inc.	Σ-Bilanz	S Konsolidierung	Konsolidierung H	Konzern-bilanz
Geschäfts- oder Firmenwert				(2) 210		210
Grundstücke	400	240	640			640
Maschinen	1500	880	2380			2380
Anteile an verbundenen Unternehmen	1330	200	1530		(1) 1130	400
Vorräte	800	380	1180			1180
Sonstiges Umlaufvermögen	1450	1350	2800			2800
Ausgleichsposten aus der Kapitalkonsolidierung	–	–		(1) 210	(2) 210	
Summe Aktiva	5480	3050	8530			7610
Gezeichnetes Kapital	1500	400	1900	(1) 320		1500
				(3) 80		
Kapitalrücklage	300	100	400	(1) 80		300
				(3) 20		
Gewinnrücklagen HB I	1000	350	1350	(1) 280		1000
				(3) 70		
Gewinnrücklage aus Neubewertung (HB II)		200	200	(1) 200		
Bilanzgewinn	200	50	250	(1) 40		
				(3) 10		200
Ausgleichsposten für Anteile anderer Gesellschafter	–				(3) 180	180
Rückstellungen	1000	500	1500			1500
Sonstige Passiva	1480	1450	2930			2930
Summe Passiva	5480	3050	8530			7610

Folgekonsolidierung

Folgekonsolidierung zum 31.12.02

Als Vorbereitungsschritt wird in Übersicht 121 die fortgeführte Neubewertung zum 31.12.02 vorgenommen. Die aufgedeckten stillen Reserven auf Maschinen werden über 5 Jahre abgeschrieben. Da die Vorräte, die die stillen Reserven enthalten, im Laufe des Geschäftsjahres 02 veräußert werden, muß ein entsprechender Aufwand in Höhe von 80 TUSD gebucht werden.

Übersicht 121: Fortgeführte Neubewertung zum 31.12.02						
	HB I	S	Korrekturbuchungen		H	HB II
Grundstücke	200	(1)	40			240
Maschinen	800	(1)	80	(2)	16	864
Anteile an verb. Unternehmen	200					200
Vorräte	300	(1)	80	(3)	80	300
Sonstiges Umlaufvermögen	1500					1500
Summe Aktiva	3000					3104
Gezeichnetes Kapital	400					400
Kapitalrücklage	100					100
Gewinnrücklagen	500					500
Gewinnrücklagen aus Neubewertung				(1)	200	200
Bilanzgewinn	50	(2)	16			–46
		(3)	80			
Rückstellungen	500					500
Sonstige Passiva	1450					1450
Summe Passiva	3000					3104

In der Übersicht 122 wird die Folgekonsolidierung zum 31.12.02 durchgeführt. Es muß hier besonders darauf geachtet werden, daß die Minderheiten nicht an der ›Gewinnrücklage aus der Neubewertung‹ beteiligt sind. Die Buchung (3) bezieht sich daher nur auf das aktuelle gezeichnete Kapital, die Kapitalrücklage, die Gewinnrücklage aus der HB I und den Bilanzgewinn.

Übersicht 122: Folgekonsolidierung zum 31.12.02

Bilanzposten	M-Corp.	T-Inc.	Σ- Bilanz	S Konsolidierung	H	Konzern-bilanz
Geschäfts- oder Firmenwert	–	–		(2) 210	(4) 52,5	157,5
Grundstücke	400	240	640			640
Maschinen	1500	864	2364			2364
Anteile an verbundenen Unternehmen	1330	200	1530		(1) 1130	400
Vorräte	800	300	1100			1100
Sonstiges Umlaufvermögen	1450	1500	2950			2950
Ausgleichsposten aus der Kapitalkonsolidierung	–			(1) 210	(2) 210	–
Summe Aktiva	5480	3104	8584			7611,5
Gezeichnetes Kapital	1500	400	1900	(1) 320 (3) 80		1500
Kapitalrücklage	300	100	400	(1) 80 (3) 20		300
Gewinnrücklagen HB I	1000	500	1500	(1) 320 (3) 100		1080
Gewinnrücklage aus Neubewertung (HB II)		200	200	(1) 200		
Bilanzgewinn	200	–46	154	(3) 10 (4) 52,5		91,5
Ausgleichsposten für Anteile anderer Gesellschafter	–				(3) 210	210
Rückstellungen	1000	500	1500			1500
Sonstige Passiva	1480	1450	2930			2930
Summe Passiva	5480	3104	8584			7611,5

1.1.1.1.1 Ermittlung und Bilanzierung von Unterschiedsbeträgen aus der Kapitalkonsolidierung

Entstehen durch die Aufrechnung des Beteiligungsbuchwerts mit dem anteiligen Eigenkapital des Tochterunternehmens positive oder negative Unterschiedsbeträge, so sind diese nach Maßgabe von IAS 22 bzw. APB 16 anzusetzen und fortzuführen.

1.1.1.1.1.1 Positiver goodwill

Charakteristika Goodwill

Ein positiver goodwill entsteht, sofern der Beteiligungsbuchwert über dem anteiligen Eigenkapital liegt. Dieser stellt einen immateriellen Vermögensgegenstand dar (vgl. IAS 22.41 (rev. 1998, bzw. APB 16.87), der folglich aktiviert und über die wirtschaftliche Nutzungsdauer abgeschrieben werden muß (vgl. IAS 22.44 und 22.46 (rev. 1998) bzw. APB 16.90). Dabei schränken die IAS-

und US-GAAP Vorschriften die Behandlung des Geschäfts- oder Firmenwerts auf die aufwandswirksame Abschreibung ein.

Erfolgswirksame Abschreibung nach IAS

Nach IAS 22 ist der »goodwill … over its useful life« (IAS 22.42 (rev. 1998) abzuschreiben. Dabei stellt IAS 22.42 (rev. 1998) nochmals klar, daß die Abschreibungsbeträge erfolgswirksam zu behandeln sind. Nach IAS 22.42 (rev. 1993) war dabei grundsätzlich die lineare Abschreibungsmethode anzuwenden, es sei denn, eine andere Abschreibungsmethode wäre unter den entsprechenden Umstände geeigneter gewesen. Durch die Neufassung der IAS 22 hat sich jedoch dahingehend eine Änderung ergeben, daß die Abschreibung des goodwill nunmehr nur noch auf einer »systematic basis« (IAS 22.45 (rev. 1998)) zu erfolgen hat. Da der Bilanzierende jeweils die Methode zu wählen hat, die den erwarteten Verlauf des zukünftigen Nutzenzuflusses des goodwill abbildet, räumt IAS 22.45 (rev. 1998) kein ›wirkliches‹ Methodenwahlrecht ein. Kann unter den gegebenen Umständen jedoch keine Methode zuverlässig ermittelt werden, die den vorliegenden Sachverhalt zutreffend widerspiegelt, ist grundsätzlich die lineare Abschreibung anzuwenden.

Abschreibungsdauer

Durch die Überarbeitung der IAS 22 wurden nicht nur die Vorschriften hinsichtlich der Abschreibungsmethode modifiziert, sondern auch die Regelungen bezüglich der Abschreibungsdauer. Nach IAS 22.45 (rev. 1993) sollte der Abschreibungszeitraum prinzipiell 5 Jahre nicht übersteigen, es sei denn, eine längere Nutzungsdauer (useful life) – allerdings von höchstens 20 Jahren – erschien aufgrund des vorliegenden Sachverhaltes gerechtfertigt (vgl. IAS 22.45 (rev. 1993)). Nach der Neufassung der IAS 22 ist der goodwill grundsätzlich über seine voraussichtliche Lebensdauer (useful life) abzuschreiben (vgl. IAS 22.44 (rev. 1998)). Eine starre Obergrenze für die Abschreibungsdauer besteht nicht mehr. Es gilt nun die nur noch schwer widerlegbare Vermutung, daß die Nutzungsdauer eines goodwill einen Zeitraum von 20 Jahren nach seinem Erstansatz nicht überschreitet (vgl. IAS 22.44 (rev. 1998)).

Festlegung der voraussichtlichen Lebensdauer

Ähnlich wie bei der Schätzung der voraussichtlichen Nutzungsdauer nach HGB ist auch die Festlegung der voraussichtlichen Lebensdauer nach IAS nicht unproblematisch. In IAS 22.48 (rev. 1998) sind zwar einige Bestimmungsfaktoren, die bei der Ermittlung der voraussichtlichen Lebensdauer zu beachten sind, aufgeführt. Die dort genannten Faktoren liefern zwar Anhaltspunkte für die Bestimmung der voraussichtlichen Lebensdauer, da sich der Geschäfts- oder Firmenwert aber regelmäßig aus mehreren Faktoren zusammensetzen wird, bleibt die Schätzung der vorgeschriebenen Abschreibungsdauer prinzipiell eine schwierige Aufgabe (vgl. BAETGE, J./SIEFKE, M. 1997, Rn. 111).

Werthaltigkeitstest

Zusätzlich ist an jedem Bilanzstichtag sowohl die gewählte Abschreibungsmethode als auch die Abschreibungsdauer zu überprüfen. Weicht der tatsächliche Nutzungsverlauf von dem erwarteten Verlauf der zukünftigen wirtschaftlichen Nutzenzuflüsse vom goodwill wesentlich ab, sind entsprechende Anpassungen bei der Nutzungsdauer oder Abschreibungsmethode vorzunehmen (vgl. IAS 22.54 (rev. 1998)). Wird ein goodwill über mehr als 20 Jahre abgeschrieben, ist in den Folgeperioden stets entsprechend IAS 36 die Werthaltigkeit des goodwill festzustellen. Dies hat selbst dann zu erfolgen, wenn keine Anzeichen für einen Wertverlust erkennbar sind (vgl. IAS 22.56 (rev. 1998)). Ein Niederstwerttest entsprechend IAS 36 ist auch dann durchzuführen, wenn der Fall eintritt, daß im Zeitpunkt des Erwerbs ein sich rechnerisch ergebender goodwill – aufgrund einer zwischen Vertragsschluß und date of transaction eingetretenen wirtschaftlichen Verschlechterung des erworbenen Unternehmens oder durch fehlerhafte Erwartungen bzw. durch betrügerische Handlungen – nicht die zukünftigen Nutzenzuflüsse widerspiegelt (vgl. IAS 22.58 (rev. 1998)).

Goodwillfortschreibung nach US-GAAP

Wie nach IAS ist auch nach US-GAAP allein die erfolgswirksame, planmäßige Abschreibung des goodwill zulässig (vgl. APB 17.28). Eine erfolgsneutrale Verrechnung wie nach HGB ist damit nach US-GAAP nicht gestattet. Im Regelfall hat die Abschreibung des aktivierten Firmenwerts nach der linearen Methode zu erfolgen. Kann der Bilanzierende jedoch den Nachweis erbringen, daß eine andere Abschreibungsmethode als die lineare die zukünftigen wirtschaftlichen Nutzenzuflüsse des goodwill bzw. dessen Entwertungsverlauf zutreffender widerspiegelt, so ist folglich diese zu wählen (vgl. APB 17.30). Eine pauschalierte Abschreibung wie nach § 309 Abs. 1 Satz 1 HGB ist ebenso wie nach den IAS-Vorschriften nach amerikanischen Rechnungslegungsgrundsätzen nicht vorgesehen.

Die Abschreibung des aktivierten Firmenwerts hat stets über die voraussichtliche Nutzungsdauer (»reasonable estimate of the useful life«) zu erfolgen (APB 17.28; vgl. auch ZIELKE, W. 1995, S. 836).

Wirtschaftliche Nutzungsdauer

Hinsichtlich der Bemessung der wirtschaftlichen Nutzungsdauer sind die in APB 17.27 aufgeführten Bestimmungsfaktoren – ähnlich wie nach IAS 22.44 (rev. 1998) – zu berücksichtigen. Während die in IAS 22.44 genannten Faktoren sich speziell auf den goodwill beziehen, der im Rahmen der Kapitalkonsolidierung entsteht, schließt APB 17.27 alle immateriellen Vermögenswerte ein (vgl. SAUTHOFF, J. P. 1996, S. 383).

Während in der überarbeiteten Fassung der IAS 22 keine Obergrenze der Abschreibungsdauer mehr festgelegt ist, sondern nur eine widerlegbare Vermutung von 20 Jahren vorsieht, kennt APB 17.29 hingegen eine maximale Abschreibungsdauer von 40 Jahren. Die SEC hat diese höchstzulässige Abschreibungsdauer aber weiter eingeschränkt, indem sie für bestimmte Branchen kürzere Abschreibungsobergrenzen fixiert hat. Hintergrund für diese Entscheidung ist das Verbraucherverhalten und das technische Entwicklungstempo, so daß sich Firmenwerte oftmals relativ schnell verflüchtigen (vgl. NIEHUS, R. J./ THYLL, A. 2000, Rn. 346). Nach SEC beträgt die Maximalperiode der planmäßigen Goodwillabschreibung 25 Jahre bei Finanzinstituten, 10 Jahre bei High-Tech Unternehmen (5–7 Jahre, sofern das Unternehmen von einem einzigen

High-Tech Produkt abhängig ist), 20 Jahre im Gesundheitswesen und maximal 20 Jahre in der Telekommunikationsindustrie. Ähnlich der IAS-Regelung ist an den jeweiligen folgenden Bilanzstichtagen die zugrundegelegte wirtschaftliche Nutzungsdauer laufend einer Überprüfung zu unterziehen und gegebenenfalls anzupassen (vgl. APB 17.31).

Überprüfung der Nutzungsdauer

Zusätzlich zu der Überprüfung der Nutzungsdauer ist nach APB 17.31 an jedem Bilanzstichtag ein Werthaltigkeitstest für immaterielle Vermögenswerte durchzuführen. Sind der tatsächliche Wert und die zukünftigen Nutzenzuflüsse des goodwill geringer als der gegenwärtige Buchwert, so ist eine außerplanmäßige Abschreibung vorzunehmen.

Sofern die ursprüngliche Abschreibungsperiode 20 Jahre übersteigt, ist an jedem Abschlußstichtag die Wertminderung (impairment) des goodwill zu prüfen. Dieses gilt auch, soweit die Anhaltspunkte für eine Wertminderung gem. IAS 36 nicht erfüllt sind (vgl. IAS 22.54 (rev. 1998)).

»Die Behandlung des goodwill ist international die kontroverseste Frage der Konzernrechnungslegung« (BERTSCHINGER, P. 1994, S. 333; vgl. auch KÜTING, K./HAYN, S. 1996a, S. 54ff.). Der ersatzlose Wegfall der Variante einer sofortigen erfolgsneutralen Verrechnung gem. IAS 22 a.F. trägt deutlich zur Einschränkung des ursprünglichen konzernbilanzpolitischen Potentials bei.

1.1.1.1.1.2 Negativer goodwill

Passivischer Unterschiedsbetrag nach IAS 22

Nach IAS 22.59 (rev. 1998) entsteht ein passivischer Unterschiedsbetrag (negative goodwill), wenn zum Erwerbszeitpunkt die Anschaffungskosten des Unternehmenserwerbs niedriger sind als der Anteil des Erwerbers an den fair values der identifizierbaren Vermögensgegenstände und Schulden. Es ist sicherzustellen, daß ein negativer goodwill nicht durch Überbewertung von Vermögensgegenständen bzw. Unterbewertung oder Nichtberücksichtigung von Schulden zustande gekommen ist (vgl. IAS 22.60 (rev. 1998)).

Da zur Ermittlung eines negativen goodwill die Anschaffungskosten der Beteiligung und das neubewertete Eigenkapital des Tochterunternehmens zum Erwerbszeitpunkt herangezogen werden, kann dieser anders als nach HGB nicht in zwischenzeitlichen Gewinnthesaurierungen beim Tochterunternehmen oder einer Abschreibung des Beteiligungsbuchwerts beim Mutterunternehmen begründet sein. Mithin kann der negative goodwill nur den Charakter eines badwill oder eines lucky buy haben.

Bilanzieller Ausweis

Die wohl am wenigsten erwartete Änderung stellt wahrscheinlich die zur Ausweisvorschrift dar. IAS 22.64 (rev. 1998) sieht nämlich keinen passivischen Ausweis des negative goodwill mehr vor, sondern einen aktivischen. Demnach ist der negative goodwill auf der Aktivseite offen innerhalb der gleichen Position wie der goodwill auszuweisen. Ist die Ausgliederung des negative goodwill aus dem Bereich der Schulden noch nachvollziehbar, da der negative goodwill keine Verpflichtung gegenüber einem Dritten repräsentiert, so ist der aktivische Ausweis zumindest eigentümlich. Er ist somit als ein Korrekturposten zum ausgewiesenen Vermögen zu charakterisieren (vgl. EPSTEIN, B. J./ MIRZA, A. A. 1999, S. 378).

Auflösung

Für die Auflösung eines negative goodwill ist nicht dessen Charakter entscheidend, sondern ob dieser auf zuverlässig bestimmbare zukünftige Verluste und Aufwendungen zurückzuführen ist, die der Erwerber beim Unternehmenskauf bereits berücksichtigt hat und die zum Zeitpunkt des Erwerbs beim Tochterunternehmen keine bilanzierungspflichtige Schuld darstellten. Soweit der negative goodwill oder ein Teil dessen in einem direkten Zusammenhang mit solchen abgrenzbaren zukünftigen Aufwendungen oder Verlusten steht, hat die Auflösung nach IAS 22.61 (rev. 1998) entsprechend des Anfalls bzw. des Eintretens der erwarteten Aufwendungen oder Verluste zu erfolgen. Indem die erfolgswirksamen Auflösungsbeträge des negative goodwill den eingetretenen Verlusten bzw. angefallenen Aufwendungen zugeordnet werden, wird dem Matching Principle entsprochen.

Nicht zukünftigen Aufwendungen oder Verlusten zuordnungsbarer Badwill

In dem Umfang, wie sich der negative goodwill allerdings keinen konkreten zukünftigen Verlusten oder Aufwendungen zuordnen läßt, handelt es sich nach IAS 22.61 (rev. 1998) um einen Gewinn, der in dem Maße erfolgswirksam zu erfassen ist, wie die gemäß der Einzelerwerbsfiktion erworbenen Vermögensgegenstände des Tochterunternehmens durch Nutzung oder Veräußerung ihren ökonomischen Nutzen abgeben. Die konkrete zeitliche Verteilung der Auflösung des negative goodwill hängt dabei zum einen von der Höhe der **nicht-monetären** Vermögenswerte und zum anderen von der durchschnittlichen Nutzungsdauer der **abnutzbaren** Vermögenswerte ab. Der Teil des negative goodwill, der die Fair Values der nicht-monetären Vermögenswerte des Tochterunternehmens nicht übersteigt, ist nach IAS 22.62a über die gewichtete durchschnittliche Restnutzungsdauer der abnutzbaren Vermögenswerte aufzulösen. In der gleichen Weise ist zu verfahren, wenn die anfangs mit dem negative goodwill in Verbindung gebrachten Identifiable Future Losses bzw. Expenses in der ursprünglich erwarteten Periode nicht eingetreten bzw. angefallen sind (vgl. IAS 22.62a (rev. 1998)). Ein eventuell verbleibender Restbetrag, also jener Betrag, der die Fair Values der nicht-monetären Vermögensgegenstände übersteigt, ist sofort als Ertrag zu realisieren.

Behandlung eines passivischen Unterbetrags nach US-GAAP

Nach US-GAAP hat im Rahmen der Purchase-Methode das Anschaffungskostenprinzip Gültigkeit (historical-cost accounting, vgl. APB 16.66). Folglich darf der fair value des erworbenen Nettovermögens nicht höher sein als die Anschaffungskosten der Beteiligung. Tritt dieser Fall bei der Kapitalaufrechnung auf, so ist eine Abstockung der noncurrent assets – mit Ausnahme der langfristigen investments in marketable securities – vorzunehmen (vgl. APB 16.87). Nicht in die Abstockung einzubeziehen sind die sogenannten priority accounts (vgl. FISCHER, P. M./TAYLOR, W. J. 2000, S. 2–9). Hierzu zählen die current assets und marketable securities, auch wenn letztere noncurrent assets darstellen. Diese sind ebenso wie die in den Konzernabschluß eingehenden Schulden des Tochterunternehmens stets mit ihren fair values anzusetzen.

Nach der Abstockung verbleibende Aufrechunngsdifferenz

Im Rahmen der Abstockung ist der Wertansatz der abstockungsfähigen Vermögensgegenstände solange zu reduzieren, bis die negative Aufrechnungsdifferenz ausgeglichen ist. Für den Fall, daß sämtliche abstockungsfähigen Vermögensgegenstände auf Null reduziert sind, ohne daß die negative Aufrechnungsdifferenz vollständig ausgeglichen werden konnte, erfolgt ein Ausweis der verbleibenden Aufrechnungsdifferenz unter entsprechender Bezeichnung als deferred credit (vgl. BEAMS, F. A. 1996, S. 19). Dieser ist nach APB 16.91 über den Zeitraum seiner Nutzung, längstens jedoch über 40 Jahre, erfolgswirksam aufzulösen. Als geeignet ist eine lineare Auflösung anzusehen, es sei denn, daß situationsbedingt die Anwendung einer anderen systematischen Vorgehensweise angebracht ist (vgl. ARTHUR ANDERSEN 1999, S. 343). Eine sofortige Einstellung der Aufrechnungsdifferenz in das Eigenkapital des Konzerns ist nicht zulässig (vgl. APB 16.92).

Ist die negative Aufrechnungsdifferenz geringer als die Summe der fair values der abstockungsfähigen Vermögensgegenstände, so ist die Abstockung proportional zu ihren fair values vorzunehmen. Folgendes Beispiel diene der Verdeutlichung der Vorgehensweise:

Beispiel zu Abstockung

Beispiel:

Unternehmen A erwirbt 80% der Anteile an Unternehmen B zum Preis von 350000 USD. Das Reinvermögen von B setzt sich wie folgt zusammen:

	Book Value	*Fair Value*	
Inventories	240000	260000	Δ 20000
Other current assets	100000	100000	
Equipment	50000	50000	
Buildings	140000	200000	Δ 60000
	530000	610000	Δ 80000
Liabilities	130000	130000	
Net assets	400000	480000	

1. Vorläufige Aufrechnung der Anschaffungskosten gegen das anteilige Nettovermögen auf Basis der fair values:

Anschaffungskosten	350000
– Anteiliges Eigenkapital zu fair values (480000 · 0,8)	– 384000
= Negative Aufrechnungsdifferenz	= –34000

2. Verteilung des Abstockungsbetrags (–34000) auf die abstockungsfähigen Vermögensgegenstände (equipment, buildings):
Bezogen auf die 80%ige Beteiligung von A an B darf die Summe der antei-

ligen Wertansätzen der abstockungsfähigen Vermögensgegenstände folgendem Betrag entsprechen:

	Anschaffungskosten	350000
+	anteilige liabilities zu fair values (0,8 · 130000)	+ 104000
–	anteilige inventories zu fair values (0,8 · 260000)	– 208000
–	anteilige other current assets zu fair values (0,8 · 100000)	– 80000
=	Maximaler anteiliger Wertansatz (equipment + building)	= 166000

3. Ermittlung des Prozentsatzes (p) mit dem die auf das Unternehmen A entfallenen (anteiligen) fair values angesetzt werden dürfen:

$$p = \frac{\text{maximaler anteiliger Wertansatz (equipment + building)}}{\text{anteilige fair values (equipment + building)}}$$

$$= \frac{166000}{0{,}8 \cdot 50000 + 0{,}8 \cdot 200000} = \frac{166000}{200000} = 83\,\%$$

$$= 1 - a;\ \text{mit } a = \text{Abstockungsprozentsatz}$$

$$a = \frac{\text{Abstockungsbetrag}}{\text{anteilige fair values (equipment + building)}} = \frac{34000}{200000} = 17\,\%$$

4. Ermittlung des auf A entfallenden Wertansatzes und des in die Konzernbilanz eingehenden Wertes:

	Insgesamt auf A entfallende fair values (1)	p (2)	anzusetzende auf A entfallende fair values (3) = (1) · (2)	Minderheiten-anteil am book value (4)	Konzern-wert (5) = (3) + (4)
Equipment	40 000	0,83	33 200	10 000	43200
	Abstockungsbetrag = 40 000 · 0,17 = 40 000–33 200 = 6 800				
Buildings	160 000	0,83	132800	28 000	160 080
	Abstockungsbetrag = 160 000 · 0,17 = 160000–132800 = 27 200				

5. Endgültige Aufrechnung der Anschaffungskosten gegen das anteilige Nettovermögen auf Basis der fair values:

	Anschaffungskosten		350 000
–	anteiliges Eigenkapital zu fair values (480 000 · 80%)	–	384 000
=	Negative Aufrechnungsdifferenz	=	–34 000
+	Abstockung equipment	+	6 800
+	Abstockung buildings	+	27 200
			0

1.1.1.1.2 Ausweis und Offenlegungen

Saldierungsverbot beim Ausweis positiver und negativer goodwill

Bestehen im Konzernabschluß nach US-GAAP infolge der Konsolidierung mehrerer Tochterunternehmen parallel positive und negative goodwill, so muß ihr Ausweis streng nach dem Bruttoprinzip in unsaldierter Form erfolgen. Ferner ist in den Erläuterungen auf die bzgl. der goodwill-Bilanzierung angewandten Rechnungslegungsmethoden einschl. der Nutzungsdauer und der Abschreibungsmethode einzugehen. Ebenso muß nach IAS eine Überleitung des ausgewiesenen goodwill – getrennt für positive und negative Unterschiedsbeträge – vom Wertansatz zu Beginn des Geschäftsjahrs zu dem am Periodenende veröffentlicht werden. Dieses kann bspw. in Form einer goodwill-Veränderungsrechnung erfolgen (vgl. IAS 22.88 (rev. 1998)). Ein solcher Ausweis wird nach US-GAAP nicht gefordert (vgl. STOREY, K. R./KRUPA, M. R. 1999, S. 320)

1.1.1.1.3 Nachträgliche Anpassungen der Unterschiedsbeträge

Zwei Sonderfälle können nach IAS zur Anpassung des zum Erstkonsolidierungsstichtag ermittelten positiven respektive negativen goodwill führen: Kaufpreisänderungsklauseln (inkl. contingent considerations) und nachträgliche Erkenntnisse über die Wertverhältnisse zum Erstkonsolidierungsstichtag.

Sonderfälle der nachträglichen Anpassung eines goodwill

IAS 22 und APB 16 fordern eine Berichtigung der Anschaffungskosten, wenn sich zum Zeitpunkt der Anschaffung bestehende Unsicherheiten mit Bezug auf den Kaufpreis in späteren Perioden auflösen, so daß die Zahlung eines Betrags wahrscheinlich ist und dieser zuverlässig geschätzt werden kann. Kaufpreisänderungsklauseln bilden das Paradebeispiel dieser sehr allgemein umschriebenen Unsicherheiten. Lösen Kaufpreisänderungsklauseln spätere Änderungen des Kaufpreises in Form nachträglicher Anschaffungskosten bzw. von Anschaffungskostenminderungen aus, betreffen diese den Wertansatz des goodwill.

Ebenso berühren nachträgliche, werterhellende sowie wertbegründende Erkenntnisse über die Verhältnisse zum Erstkonsolidierungsstichtag die Unterschiedsbeträge. So müssen bspw. Aktiva und Schulden, die zum Erstkonsolidierungsstichtag die notwendigen Ansatzkriterien i. S. d. Einzelerwerbsfiktion nicht erfüllt haben, bei späterer Erfüllung der Voraussetzungen nachaktiviert bzw. -passiviert werden. Allerdings beschränkten IAS 22 und SFAS 38.4b die Anpassung der Unterschiedsbeträge in diesen Fällen auf das erste, der Erstkonsolidierung folgende Jahr. Das 12-Monatsfenster gilt nicht für sog. preacquisition tax contigencies. IAS 22.71 (rev. 1998) fordert des weiteren, daß der nachaktivierte bzw. -passivierte Korrekturbetrag den Buchwert des goodwill nicht über den beizulegenden Wert gem. IAS 36 erhöht. Bei Bekanntwerden dieser Tatbestände nach Ablauf des ersten Jahrs erfolgt hingegen eine erfolgswirksame Berücksichtigung der Korrekturbeträge im laufenden Ergebnis, d.h., die ursprünglich ermittelten goodwill-Beträge werden unverändert fortgeführt (vgl. IAS 22.71 (rev. 1998)).

Soweit im Rahmen der Erstkonsolidierung Restrukturierungs- oder ähnliche Rückstellungen gebildet wurden, die sich in späteren Perioden als überdotiert oder nicht gerechtfertigt erweisen, führt die Auflösung stets zu einer korrespondierenden Anpassung des goodwill oder des passivischen Unterschiedsbetrags aus der Kapitalkonsolidierung (vgl. IAS 22.71 (rev. 1998) bzw. SFAS 38.5b).

Nach US-GAAP ist eine Anpassung der im Zuge der Erstkonsolidierung fixierten Wertansätze in den Folgeperioden grundsätzlich nicht möglich (vgl. APB 16.69). Allerdings ist aufgrund nachträglicher Erkenntnisse über die Wertverhältnisse zum Bilanzstichtag eine erfolgsneutrale Korrektur der Erstkonsolidierung innerhalb von 12 Monaten zulässig (SFAS 38.5b). Ausgenommen von dieser Regelung sind sogenannte pre aquisition tax contigencies.

1.1.1.1.4 Übergangsvorschriften nach IAS

Empfehlung zur retrospektiven Anpassung

Das IASC spricht die – nicht bindende – Empfehlung zur retrospektiven Anwendung von IAS 22 nach Maßgabe der benchmark-Vorgehensweise gem. IAS 8 bei der erstmaligen Anwendung des revidierten Standards in bezug auf den goodwill aus. Bis 1994 konnte ein positiver wie auch ein negativer goodwill sofort erfolgsneutral verrechnet werden. Im Falle der Aktivierung erfolgte die Abschreibung systematisch über die wirtschaftliche Nutzungdauer, ohne daß IAS 22 a.F. eine Maximalgrenze fixierte. Diese Übergangsregel bleibt durch IAS 22 (rev. 1998) weitestgehend erhalten. Zudem ist IAS 22 (rev. 1998) grundsätzlich rein prospektiv anzuwenden, d.h., gem. IAS 22 (rev. 1993) vorgenommene Abstockungen bei Vorliegen eines negative goodwill können beibehalten werden (vgl. IAS 22.101 (rev. 1998)).

Möglichkeit der Beibehaltung vormals erfolgsneutral verrechneter goodwill

Verzichtet ein Unternehmen auf die retrospektive Anwendung und ggf. entsprechende Berichtigung der bisherigen goodwill-Bilanzierung, sind die neuen Vorschriften nur auf künftige Perioden anzuwenden. Unternehmen, die bereits Unterschiedsbeträge gem. IAS 22 a.F. aktiviert haben, können die aktivierten Restbeträge übernehmen, müssen aber ggf. die noch ausstehende Nutzungsdauer in Übereinstimmung mit IAS 22 (rev.) bringen. Sofern der goodwill in Vorjahren (d.h. vor dem 1.1.1995) erfolgsneutral verrechnet wurde, besteht zudem keine Verpflichtung, diese Beträge nachträglich erfolgswirksam werden zu lassen. Die begrüßenswerte Wahlrechtsreduktion wurde nicht in letzter Konsequenz durchgesetzt. Für viele Jahre werden mithin ehemals erfolgsneutral und ehemals erfolgswirksam verrechnete Goodwillkomponenten parallel existieren und sich entsprechend auf die Ermittlung des Endkonsolidierungserfolgs auswirken.

Deutsche Konzerne, die einen Konzernabschluß nach IAS aufstellen wollen und ihren goodwill bisher ratierlich erfolgsneutral verrechnet haben (diese kuriose Verrechnungsalternative ist außerhalb Deutschlands unbekannt, vgl. KÜTING, K./HAYN, S. 1996a, S. 57; HAYN, S. 1996, S. 408), müssen zumindest den verbleibenden Restbetrag erfolgswirksam in den zeitlichen Grenzen von IAS 22 abschreiben.

1.1.1.2 Berücksichtigung von Anteilen anderer Gesellschafter (Minderheiten)

Ausweis der Minderheitenanteile nach IAS

Die IAS sehen für die Minderheitenanteile nach dem Gliederungsschema des ab dem 01.07.1998 anzuwendenden IAS 1 einen gesonderten Ausweis zwischen dem Eigen- und dem Fremdkapital vor (vgl. IAS 1.66 (rev. 1997)). Zuvor wurde in IAS 27, der auf der Einheitstheorie aufbaut (vgl. KÜTING, K./HAYN, S. 1998, Kap. I, Rn. 129), lediglich ein getrennter Ausweis des Minderheitenpostens von den Verbindlichkeiten und dem Eigenkapital des Mutterunternehmens gefordert (vgl. IAS 27.26). Daraus ergab sich nicht notwendigerweise ein Ausweis zwischen dem Eigen- und Fremdkapital (vgl. KÜTING, K./HAYN, S. 1998, Kap. I, Rn. 129).

In der Konzern-Gewinn- und Verlustrechnung ist der Anteil der Minderheitsgesellschafter am Jahreserfolg zu isolieren (vgl. IAS 1.75 (rev. 1997)). Als Konzernerfolg ist somit der auf den Mehrheitsgesellschafter entfallende Teil auszuweisen.

Parent company theory nach US-GAAP

Nach US-GAAP folgt die Konzernrechnungslegung überwiegend der Konzeption der parent company theory (vgl. BAKER, R. C./RAPACCIOLI, D./SOLOMON, M. B. 1995, S. 3112). »Under the parent company theorie, the equity of the group is the equity of the parent company and the profit of the group is the profit of the company« (BAKER, R. C./RAPACCIOLI, D./SOLOMON, M. B. 1995, S. 3112). Der auf Minderheitsgesellschafter entfallende Teil des Nettovermögens eines Tochterunternehmens stellt mithin kein Konzerneigenkapital dar. Er wird in der Praxis regelmäßig als gesonderter Posten zwischen dem Eigenkapital und den Schulden eines Unternehmens ausgewiesen (vgl. MILLER, J. R. 1999, 6.17). Ist der Minderheitenposten unbedeutend, wird er gelegentlich auch den long-term liabilities zugerechnet. Dieser Ausweis steht allerdings im Widerspruch zu SFAC 6.254: »Minority interests in net assets of consolidated subsidiaris do not represent obligations of the enterprise to pay cash or distribute other assets to minority shareholder.«

Im income statement wird der auf die Minderheiten entfallende Erfolgsanteil als Aufwand behandelt und somit vom Konzernjahresüberschuß in Abzug gebracht.

Economic Unit concept nach US-GAAP

Neben der parent company theory wird in den USA auch die entity theory, die auch als economic unit concept bezeichnet wird, zur Fundierung der Konzernrechnungslegung diskutiert (vgl. Baker, R. E./Lembke V. C./King, T. E. 1999, S. 143ff.). In der Praxis hat sie bis jetzt jedoch nur eine geringe Bedeutung erlangt (vgl. Miller, J. R. 1999, 6.17). Ihr folgend ist der Minderheitenposten als ein »separate nonitemized line item within the stockholders' equity section of the balance sheet« (Fischer, P. M./Taylor, W. J. 2000, S. 2–24) auszuweisen. Im income statement beinhaltet der Konzernjahresüberschuß den auf die Minderheiten entfallenden Teil.

Bewertung der Minderheitenanteile an den Aktiva und Schulden nach IAS

Die Ermittlung des Minderheitenpostens nach IAS ist in Abhängigkeit von der gewählten Konsolidierungsmethode vorzunehmen. Bei Anwendung des benchmark treatment ist der in den Ausgleichsposten für Anteile anderer Gesellschafter einzustellende Anteil am Nettovermögen des Tochterunternehmens anhand der Buchwerte der Vermögensgegenstände und Schulden (sog. pre-acquisition carrying amount) zu bestimmen (vgl. IAS 22.31 (rev. 1998)). Diese Variante entspricht der nach US-GAAP dominierenden Vorgehensweise, die der parent company theory verhaftet ist.

Wird die Kapitalkonsolidierung nach der allowed alternative method durchgeführt, so wird der Betrag des Nettovermögens, der auf die Minderheiten entfällt, auf der Grundlage der fair values ermittelt (vgl. IAS 22.33 (rev. 1998)). Im Gegensatz zur Neubewertungsmethode nach HGB ist die Höhe der den Minderheiten zuzuordnenden anteiligen fair values jedoch sowohl nach dem benchmark treatment als auch dem allowed alternative treatment nicht durch das Anschaffungskostenprinzip beschränkt.

Bewertung der Minderheitenanteile an den Aktiva und Schulden nach US-GAAP

Nach US-GAAP wird der parent company theory folgend der Minderheitenanteil auf Basis des buchmäßigen Eigenkapitals des Tochterunternehmens berechnet. Die Anpassung der book values der vom Tochterunternehmen zu übernehmenden Vermögensgegenstände und Schulden an die fair values erfolgt somit lediglich beteiligungsproportional (vgl. Fischer, P. M./Taylor, W. J. 2000, S. 2–24). Mithin enthält der Minderheitenposten keine anteiligen stillen Rücklagen oder Lasten, auch wird keine Hochrechnung eines Geschäfts- oder Firmenwerts vorgenommen.

Nach der in der Konsolidierungspraxis unbedeutenden entity theory wird das Nettovermögen des Tochterunternehmens, an dem die Minderheiten beteiligt sind, auf Basis der 100%igen fair values zum Erwerbszeitpunkt ermittelt. Entsteht im Zuge der Kapitalkonsolidierung ein Geschäfts- oder Firmenwert, so wird sowohl eine Hochrechnung (full goodwill method) als auch ein Verzicht auf dieselbe (purchased goodwill method) als mit der entity theory vereinbar angesehen (vgl. Fischer, P. M./Taylor, W. J. 1995, S. 542 ff).

IAS 1 fordert im Gliederungsschema seiner überarbeiteten Fassung dagegen den gesonderten Ausweis außerhalb des Eigenkapitals. Als Jahresergebnis ist desgleichen nur der auf die Mehrheiten entfallende Betrag als Saldogröße abzubilden (vgl. IAS 1.66 u. 1.75 (rev. 1997)).

Auf Minderheiten entfallende Verlustanteile

Ein auf den Minderheitenanteil entfallender Verlustanteil kürzt den Ausgleichsposten für Anteile anderer Gesellschafter in der Bilanz. Ist dieser Ausgleichsposten jedoch infolge hoher Verlustzuweisungen aufgezehrt, wird die Aufrechnung bei einem Wert von Null angehalten und erfolgt zu Lasten des Mehrheitenanteils. Eine Fortschreibung unter den Wert von Null erfolgt nur in den Ausnahmefällen einer Übernahmeverpflichtung dieses nicht mehr durch den Eigenkapitalanteil der Minderheiten gedeckten Fehlbetrags und der Gewißheit, daß die Minderheiten diese Verluste auch tragen werden. Spätere, auf die Minderheiten entfallende Gewinnanteile werden sodann ausschl. dem Mehrheitsgesellschafter zugerechnet, bis die zuvor belasteten Verlustanteile der Minderheiten kompensiert sind (vgl. nur US-GAAP Scherrer, G. 2000 S. 358; IAS 27.27 bzw. ARB 51, Fußnote 4, Abs. 5).

Minderheiten als Vorzugsaktionäre

Die Dividenden auf Vorzugsaktien mit kumulativem Gewinnanspruch einer Tochtergesellschaft, die außerhalb des Konzerns gehalten werden, werden bevorrechtigt bedient und kürzen folglich nach IAS den auf den Mehrheitsgesellschafter entfallenden Gewinn (vgl. IAS 27.28).

1.1.2 Interessenzusammenführungsmethode

1.1.2.1 Interessenzusammenführungsmethode nach IAS

Charakteristika der Interessenverschmelzung

Die Pooling-of-Interests-Methode ist nur im außerordentlich seltenen Fall der Interessenverschmelzung anzuwenden, bei der kein Vertragspartner des Unternehmenszusammenschlusses als Käufer auszumachen ist (vgl. IAS 22.13 (rev. 1998), SIC 9.4ff.). Die Interessenzusammenführung – vom IASC terminologisch als »uniting of interests« bezeichnet – wird vielmehr »als gegenseitige Beteiligung an den Risiken und Chancen der neuen wirtschaftlichen Einheit angesehen« (IDW 1995, S. 281; vgl. IAS 22.13f. (rev. 1998)). Zwischen der Pooling-of-Interests- und der Purchase-Methode besteht kein Wahlrecht. Die Interessenzusammenführungsmethode muß angewendet werden, wenn die gesonderten Voraussetzungen an die Interessenvereinigung erfüllt sind. In allen anderen Fällen muß die Kapitalkonsolidierung auf der Basis der Purchase-Methode erfolgen.

Eine Vereinigung der Interessen ist gegeben, wenn »die Anteilseigner der sich vereinigenden Unternehmen in einer im wesentlichen ausgeglichenen Vereinbarung … übereinkommen, sich die Leitung über die Gesamtheit des Reinvermögens und ihre Geschäftstätigkeit zu teilen« (Gidlewitz, H.-J. 1996, S. 231f.; vgl. IAS 22.13 (rev. 1998)). Die gegenseitige Risiko- und Nutzenbeteiligung ist i.d.R. nicht ohne den gleichzeitigen Anteilstausch der stimmberechtigten Aktienanteile möglich. Der Anteilstausch sichert zudem die Beibehaltung des relativen Einflußverhältnisses beider Partner auf die neue Unternehmenseinheit. Daher müssen nachfolgende Voraussetzungen zur Erlangung der gegenseitigen Risiko- und Nutzenbeteiligung erfüllt sein (vgl. IAS 22.15 (rev. 1998); s.a. FÖRSCHLE, G./KRONER, M./HOLLAND, B. 2001, S. 164f.; IDW 1995, S. 281):

(1) alle oder zumindest eine wesentliche Mehrheit der stimmberechtigten Stammaktien der sich zusammenschließenden Unternehmen müssen ausgetauscht oder gepoolt werden;

(2) die Verkehrswerte der beteiligten Unternehmen dürfen sich nicht deutlich voneinander unterscheiden und

(3) das Verhältnis der Stimmrechte und der Anteile der Gesellschafter zueinander wird durch den Zusammenschluß nicht geändert.

Ist eine dieser Voraussetzungen nicht erfüllt, steigt die Wahrscheinlichkeit, daß einer der Vertragspartner doch als Käufer fungiert (vgl. IAS 22.16 (rev. 1998)).

Im Zuge der Interessenzusammenführungsmethode werden die Einzelposten der sich vereinigenden Unternehmen zusammengefaßt dargestellt. Diese zusammengefaßte Darstellungsweise ist ebenfalls auf alle der Zusammenschlußperiode vorangehenden Perioden anzuwenden, die im Abschluß dargestellt werden. Damit sind die Wertansätze aller Vorjahresvergleichsperioden so zu berichtigen, als wenn der Zusammenschluß in der frühesten der dargestellten Perioden erfolgt wäre. Der Abschluß darf indes keine Sachverhalte enthalten, an denen das Unternehmen durch die Interessenzusammenführung beteiligt ist, wenn das Zusammenschlußdatum nach dem jüngsten Stichtag dieses Abschlusses liegt (vgl. IAS 22.78 (rev. 1998)).

Konsolidierungsmaßnahmen

In den zusammengefaßten Abschluß gehen die Einzelposten mit ihren bisherigen Wertansätzen ein, die allenfalls im Zuge der konzerneinheitlichen Bilanzierung und Bewertung angepaßt werden. Eine Umbewertung auf die Stichtagszeitwerte erfolgt nur bei der Purchase-Methode. Ein Unterschiedsbetrag zwischen den ausgegebenen Anteilen zzgl. eines baren bzw. unbaren Spitzenausgleichs und dem Buchwert des erworbenen gezeichneten Kapitals ist mit dem Eigenkapital zu verrechnen, so daß es nicht zu einem goodwill-Ausweis kommt (vgl. IAS 22.79 (rev. 1998)). Im Zusammenhang mit dem Erwerb der Anteile angefallene Ausgaben gehen nicht in die Anschaffungskosten ein, sondern stellen Aufwand der Periode dar (vgl. IAS 22.82 (rev. 1998)).

Ausweis

Des weiteren sind nicht nur im Jahr der Interessenvereinigung grundsätzlich folgende Angaben zu veröffentlichen (vgl. IAS 22.94 u. 22.96 (rev. 1998); FÖRSCHLE, G./KRONER, M./HOLLAND, B. 2001, S. 166; IDW 1995, S. 302):

(1) Beschreibung und Anzahl der ausgegebenen Anteile zur Durchführung der Interessenvereinigung sowie Prozentsatz der stimmberechtigten Anteile jedes Unternehmens;

(2) Betrag der Aktiva und Schulden, die von jedem Unternehmen eingebracht wurden;

(3) Umsatzerlöse und andere betriebliche Erträge, außerordentliche Aufwendungen und Erträge sowie den Jahresüberschuß bzw. -fehlbetrag jedes Unternehmens bis zum Zusammenschlußstichtag, die nunmehr in den zusammengefaßten Jahreserfolg der neuen Unternehmenseinheit eingehen.

1.1.2.2 Interessenzusammenführungsmethode nach US-GAAP

Anwendungsvoraussetzungen

Analog zu IAS besteht auch nach US-GAAP kein Wahlrecht zur Anwendung der Pooling-of-Interests-Methode. Nach aktuellem Rechtsstand muß die Methode angewendet werden, wenn die gesonderten 12 Voraussetzungen gem. APB 16.45ff. kumulativ erfüllt sind. In allen anderen Fällen muß die Kapitalkonsolidierung auf Basis der Purchase-Methode erfolgen.

Die FASB hat sich allerdings verbindlich für die Abschaffung der Pooling-of-Interests-Methode ausgesprochen (vgl. FASB Status Report No. 313, 18.5.1999).

APB 16.45ff. knüpft die Anwendung der Pooling-of-Interests-Methode an die kumulative Erfüllung nachfolgender Kriterien:

I. Attribute der sich zusammenschließenden Unternehmen:
   1. Selbständigkeit,
   2. Unabhängigkeit,

II. Art der Interessenzusammenführung
   3. Ein-Jahres-Regel,
   4. Voraussetzung des Erwerbs durch Anteilstausch,
   5. Voraussetzung betreffend Kapitalveränderung,
   6. Voraussetzung betreffend Beteiligungsverhältnis,
   7. Bedingung betreffend Stimmrechte,
   8. Voraussetzung betreffend vertragliche Bedingungen,

III. Verbot bestimmter Geschäftsvorfälle
   10. Verbot bzgl. Einzug oder Rückzahlung von Anteilen,
   11. Verbot bzgl. der Vereinbarung zugunsten ehemaliger Anteilseigner,
   12. Verbot bzgl. Veräußerung wesentlicher Vermögenswerte.

(Zu den einzelnen Anforderungen vgl. ausführlich NIEHUS, R. J./THYLL, A. 2000, Rn. 386ff.).

Technik der Interessenverschmelzung

Im Zuge der Interessenzusammenführungsmethode werden die Aktiva und Passiva der sich vereinigenden Unternehmen prinzipiell zu Buchwerten kombiniert. Sollte aus irgendwelchen Gründen eines der Unternehmen bisher nicht den US-GAAP Bilanzierungs- und Bewertungsnormen gefolgt sein, ist vor der Zusammenführung eine Anpassung der Wertansätze erfolgswirksam vorzunehmen (vgl. APB 16.51). Eine solche Anpassung hat rückwirkend für die vorangegangen Abschlüsse zu erfolgen.

Das Eigenkapital der Zusammengefaßten ist die Summe der Eigenkapitalien vor einer evtl. Kapitalerhöhung des neuen Mutterunternehmens zur Schaffung eigener Anteile, die als Gegenleistung für den Erwerb der Beteiligungen am Tochterunternehmen hingegeben werden (vgl. APB 16.53). Nur dieses ist mit dem Beteiligungsbuchwert zu verrechnen, während eine Einbeziehung der Rücklagen und der sonstigen Eigenkapitalpositionen nicht erfolgt. Ein im Rahmen der Verrechnung entstehender Unterschiedsbetrag wird mit den Rücklagen verrechnet (vgl. KÜTING, K./WEBER, C.-P. 1998, Rn. 34). Ein Goodwill entsteht daher nicht. Im Zusammenhang mit dem Erwerb der Anteile angefallene Ausgaben gehen nicht in die Anschaffungskosten ein, sondern stellen Aufwand der Periode dar (vgl. APB 16.58).

1. Zwischen der Purchase- und der Pooling-of-Interests-Methode besteht kein Wahlrecht. Im Fall der Interessenvereinigung muß die Pooling-of-Interests-Methode angewendet werden. In allen Erwerbsfällen darf ausschl. die Purchase-Methode zur Anwendung gelangen.

2. Bei der Purchase-Methode sind die Varianten der beteiligungsproportionalen Neubewertung (benchmark treatment bzw. parent company concept) und der vollständigen Neubewertung (allowed alternative treatment bzw. economy unit concept) im Zuge der Kapitalkonsolidierung mit Minderheiten zu unterscheiden.

3. Für einen positiven goodwill besteht die Pflicht zur Aktivierung. Er soll vorbehaltlich geeigneter Methoden linear abgeschrieben werden. Gem. IAS 22.44 (rev. 1998), besteht die widerlegbare Vermutung, daß die wirtschaftliche Nutzungsdauer des goodwill 20 Jahre nicht übersteigt. Gem. APB 16f. beträgt die wirtschaftliche Nutzungsdauer maximal 40 Jahre. Nutzungsdauer und Abschreibungsmethode sind mindestens jährlich zu überprüfen.

4. Die bisherige Standardmethode nach IAS zur Behandlung eines negativen goodwill, d. h. die proportionale Kürzung erworbener, neubewerteter nicht-monetärer Aktiva und passivische Abgrenzung eines verbleibenden Unterschiedsbetrags, ist gem. IAS 22.102 (rev. 1998) für Berichtsperioden, die nach dem 30.06.1999 beginnen, nicht mehr zulässig. Vielmehr hat im Fall eines spezifizierten badwill ein aktivischer Ausweis dieses negativen goodwill und eine erfolgswirksame Auflösung bei Eintritt der erwarteten Verluste und Aufwendungen zu

erfolgen. Handelt es sich hingegen bei dem negativen goodwill um einen unspezifizierten badwill, ist der entsprechende Betrag in Höhe der Zeitwerte der übernommenen nicht-monetären Vermögenswerte aktivisch abzugrenzen und entsprechend der Nutzungsdauer dieser Vermögenswerte erfolgswirksam aufzulösen, während ein negativer goodwill infolge eines lucky buy sofort erfolgswirksam zu realisieren ist. Nach US-GAAP wird ein entstehender negativer Goodwill mit den erworbenen langfristigen nicht monetären Aktiva verrechnet. Sofern diese Abstokkung der langfristigen nicht monetären Aktiva diese auf Null reduziert, ist der verbleibende Restbetrag als deffered credit abzugrenzen und planmäßig über maximal 40 Jahre erfolgswirksam aufzulösen.

1.2 Schuldenkonsolidierung, Zwischenergebniseliminierung sowie Aufwands- und Ertragskonsolidierung

Eliminierung innerkonzernlicher Bestände und Transaktionen nach IAS

Alle weiteren klassischen Konsolidierungsschritte, d.h. die Schulden-, Zwischenergebnis sowie Aufwands- und Ertragskonsolidierung, sind nur in zwei Absätzen sehr allgemein geregelt (vgl. IAS 27.17). Die Eliminierungsnorm bezieht sich zudem ausschl. auf die »group« und damit den Konsolidierungskreis im engeren Sinn. Alle derartigen innerkonzernlichen Bestände und Transaktionen sowie hieraus resultierende unrealisierte Gewinne sind unbeschadet der Existenz von Minderheiten in voller Höhe zu eliminieren. Ebenso sind unrealisierte Verluste in voller Höhe zu bereinigen, es sei denn, die Aufwendungen können nicht wieder eingebracht werden (vgl. IAS 27.17). Für auftretende »temporary differences« sind nach Maßgabe von IAS 12 latente Steuern abzugrenzen. Alle angesprochenen Konsolidierungsschritte werden durch den Verweis von IAS 27 auf das Preface ebenfalls unter den Wesentlichkeitsvorbehalt gestellt.

Sonst. Konsolidierungsschritte nach US-GAAP

Nach ARB 51.6 sind sämtliche innerkonzernlichen Bestände und Transaktionen sowie hieraus resultierende unrealisierte Erfolge prinzipiell unbeschadet der Existenz von Minderheiten in voller Höhe zu eliminieren. Gem. ARB 51.14 hat in Bezug auf die Einheitstheorie die Eliminierung vollständig, unabhängig von der Existenz von Minderheiten, zu erfolgen. Allerdings darf bei upstream-Lieferungen ein zu eliminierendes Zwischenergebnis zwischen Konzern und Minderheiten aufgeteilt werden. Für auftretende »temporary differences« sind nach Maßgabe von SFAS 109 latente Steuern zu berücksichtigen.

1.3 Endkonsolidierung

Ausscheiden aus dem Konsolidierungskreis

Unternehmen, die nicht länger als Tochterunternehmen zu klassifizieren sind, sind nach IAS von der Vollkonsolidierung auszuschließen (vgl. IAS 27.24).

Im Falle eines unterjährigen Ausscheidens sind die Anforderungen an die Periodenabgrenzung zu beachten, d.h., bis zum Abgang erwirtschaftete Aufwendungen und Erträge sind in die Konzern-GuV einzubeziehen. Zum Endkonsolidierungszeitpunkt, d.h., zu dem Zeitpunkt, zu dem das Mutterunternehmen kein »control« mehr auf das Tochterunternehmen ausüben kann, ist auch der im Eigenkapital erfolgsneutral gebildete Ausgleichsposten für Fremdwährungsdifferenzen erfolgswirksam aufzulösen.

Bestimmung des Endkonsolidierungserfolgs

Dennoch kann die Bestimmung des Endkonsolidierungserfolgs nach IAS problembehaftet sein, da einerseits IAS 22 erst für nach dem 31.12.1994 beginnende Geschäftsjahre die Pflicht zur erfolgswirksamen goodwill-Verrechnung kodifiziert und die Übergangsvorschriften zur goodwill-Bilanzierung andererseits einer Beibehaltung vormals erfolgsneutral verrechneter goodwill nicht entgegenstehen. Die Übergangsvorschriften sprechen nur eine Empfehlung und keine Pflicht für die nachrichtliche Berichtigung aus. Gleichwohl kann es durch die exakte Fixierung des Erst- und damit auch des De-, Ent- oder Endkonsolidierungsstichtags (vgl. IAS 27.23) nach den IAS ebensowenig zu ungerechtfertigten Erfolgsbeiträgen aus der Rückdatierung des unterjährigen Erwerbs von Tochtergesellschaften an den Jahresanfang wie zu einer Rückdatierung des Abgangs verlustbringener Aktivitäten kommen.

Die US-GAAP enthalten keine expliziten Regeln zum Stichtag der Endkonsolidierung. Es wird aber davon ausgegangen, daß der Zeitpunkt der Endkonsolidierung mit dem effektiven Control-Verlust einher geht (vgl. Fischer, P. M., Taylor, W. J. 2000, S. 7–10). Dies deckt sich mit dem Exposure Draft, der in Par. 9 als Endkonsoliderungszeitpunkt den Zeitpunkt interpretiert, an dem kein Control mehr über das Unternehmen ausgeübt wird.

Der Abgangserfolg wird sowohl nach IAS als auch nach US-GAAP – vereinfacht – wie folgt ermittelt (siehe Bertschinger, P. 1994, S. 334ff.):

Übersicht 123: Ermittlung des Endkonsolidierungserfolgs eines inländischen Tochterunternehmens

Verkaufspreis
– Eigenkapital des Tochterunternehmens zum Veräußerungszeitpunkt auf der Basis konzerneinheitlicher Rechnungslegungsmethoden
– noch aktivierter Restbetrag des goodwill
= Erfolg aus dem Abgang eines Tochterunternehmens

1.4 Latente Steuern

1.4.1 Latente Steuern nach IAS

temporäre Differenzen

IAS 12 (rev. 1996) schreibt verpflichtend die Abgrenzung gem. der bilanzorientierten Verbindlichkeitenmethode auf der Basis temporärer Differenzen (temporary differences) vor. Temporäre Differenzen resultieren aus Abweichungen von steuerlichem und IAS-konformem Wertansatz, wobei der Ausgleichszeitpunkt unerheblich ist. Damit werden auch Ansatz- und Bewertungsdifferenzen erfaßt, die bei ihrer Entstehung ergebnisneutral und erst bei ihrer Auflösung erfolgswirksam sind, wodurch auch die sog. quasi-permanenten Differenzen unter den Begriff der temporären Abweichungen fallen, die weiter gefaßt sind als die zeitlichen Differenzen (vgl. ARIANS, G. 2000, S. 292).

Abgrenzung latenter Steuern auf im Zuge der Erstkonsolidierung aufgedeckte stille Reserven/ Lasten

IAS 12 (rev. 1996) verlangt die Aktivierung bzw. Passivierung aller Latenzen (comprehensive application; s.a. FÖRSCHLE, G./KRONER, M. 1996, S. 1633; zu den Ausnahmen der vollständigen Abgrenzung siehe IAS 12.24 (rev. 1996)), sofern die Kompensation des Ergebnisunterschiedes zu erwarten ist. Hierzu zählen ebenfalls die Steuerabgrenzungen auf die Aufdeckung stiller Reserven und Lasten im Zuge der Erstkonsolidierung, die sich im Rahmen der Folgekonsolidierungen auflösen. Diese Differenzen resultieren aus einer handelsrechtlichen Neubewertung des Reinvermögens bei steuerlicher Buchwertverknüpfung. Da die Aufdeckung im Gegensatz zur Auflösung nicht erfolgswirksam erfolgt, handelt es sich bei diesen temporären Differenzen nicht zugleich um zeitliche (timing) Differenzen (vgl. IAS 12.18f. (rev. 1996); s.a. COENENBERG, A.G./HILLE, K. 1997, S. 539 f.).

Soweit im Zuge eines dualen Abschlusses oder im Wege der Inanspruchnahme des § 292a HGB die IAS zur Anwendung gelangen, sieht der HFA aufgrund eines erworbenen körperschaftsteuerlichen Anrechnungsguthabens eine Abgrenzung latenter Steuern im Zuge der – beteiligungsproportionalen oder der vollen – Neubewertung nicht als gerechtfertigt an (IDW RS HFA 2.56ff). Ferner hat sich der HFA – vor dem Hintergrund des gesplitteten deutschen KSt-Satzes – bei Anwendung von IAS 12 für eine Abgrenzung auf der Basis der Ausschüttungsbelastung bzw. entsprechend dem tatsächlichen Ausschüttungsverhalten ausgesprochen (IDW RS HFA 2.63).

Ausnahmen von der Abgrenzung latenter Steuern auf temporäre Differenzen

Aktivische latente Steuern sind auf sämtliche absetzbaren temporären Differenzen bis zu der Höhe zu bilden, in der wahrscheinlich steuerpflichtige Einkünfte verfügbar sind, um die absetzbaren temporären Differenzen wirksam zu nutzen. Eine Abgrenzung kann nur unterbleiben, sofern die temporäre Differenz »(1) aus dem positiven goodwill bei fehlender steuerlicher Absetzbarkeit bzw. dem gem. IAS 22 abgegrenzten negativen goodwill sowie (2) aus bestimmten Posten, die nicht im Rahmen eines Unternehmenserwerbs zugegangen sind, und bei denen die Erstverbuchung weder das handelsbilanzielle noch das steuerpflichtige Ergebnis berührt« besteht (HAYN, S. 1997, S. 416; vgl. IAS 12.15 u. 12.24 (rev. 1996)). Letztere Konstellation tritt ein, wenn sich im

Zeitpunkt der Erstverbuchung dieser Posten die handelsbilanzielle und steuerliche Wertbasis nicht entsprechen. Auf den goodwill aus der Kapitalkonsolidierung sind mithin nie latente Steuern nach IAS 12 (rev. 1996) abzugrenzen. Für eine Abgrenzung qualifiziert sich allein ein einzelgesellschaftlicher Firmenwert – bspw. aus einem asset deal. Demgegenüber führt die Aufdeckung stiller Reserven/Lasten ebenso wie die Fremdwährungsumrechnung nach dem Konzept der funktionalen Währung zu temporären Differenzen, auf die obligatorisch latente Steuern abzugrenzen sind.

Des weiteren sind nach IAS 12 (rev. 1996) keine passivischen latenten Steuern auf nicht verteilte Gewinne von Tochter-, Gemeinschafts- und assoziierten Unternehmen zu bilden (vgl. IAS 12.39 (rev. 1996)), wenn

(1) das Mutter- oder das investierende Unternehmen den Zeitpunkt der Umkehrung der temporären Differenzen nicht beeinflussen bzw. steuern (control) kann und

(2) es wahrscheinlich ist, daß die Umkehrung nicht in naher Zukunft erfolgt.

Sofern dieses Abgrenzungsverbot greift, ist indes der Gesamtbetrag der infolgedessen nicht abgegrenzten temporären Differenzen angabepflichtig (vgl. IAS 12.81 (f) (rev. 1996)). Auf nicht verteilte Gewinne von Tochter-, Gemeinschafts- und assoziierten Unternehmen sind keine aktivischen latenten Steuern abzugrenzen (vgl. IAS 12.44 (rev. 1996)), wenn sich

(1) die temporäre Differenz in naher Zukunft nicht umkehrt und

(2) keine steuerpflichtigen Einkünfte zur Inanspruchnahme verfügbar sind.

Wahrscheinlichkeit der Realisierung

IAS 12 (rev. 1996) knüpft die Aktivierungspflicht latenter Steuern an die Wahrscheinlichkeit der Realisierung. Als Indikatoren zur – jährlich vorzunehmenden – Beurteilung der Eintrittswahrscheinlichkeit führt der Standard nicht abschließend folgende Kriterien an (vgl. IAS 12.36 (rev. 1996)):

(1) Existenz ausreichender steuerpflichtiger temporärer Differenzen gegenüber derselben Steuerbehörde durch dieselbe steuerpflichtige Einheit, die im Vortragszeitraum zu steuerpflichtigen Beträgen führen, gegen die eine Aufrechnung erfolgen kann;

(2) Wahrscheinlichkeit der Existenz steuerpflichtiger Einkünfte im Vortragszeitaum;

(3) Unwahrscheinlichkeit der Wiederholung des Ereignisses, das zu den ungenutzten steuerlichen Verlusten führte;

(4) Möglichkeiten zu Steuerplanungsstrategien.

Mithin bestehen im ersten Fall keinerlei Möglichkeiten zur Vermeidung der Aktivierung von latenten Steuern, während den Fällen (2) bis (4) eingeschränkte Ermessensentscheidungen zugrunde liegen. IAS 12 (rev. 1996) sieht des weiteren besondere Berichterstattungspflichten »über den Umfang aktiver latenter Steuern auf Verlustvorträge und über die erbrachten Nachweise wahrscheinlicher zukünftiger steuerlicher Gewinne vor« (COENENBERG, A. G./ HILLE, K. 1997, S. 542; vgl. IAS 12.82 (rev. 1996)).

Eine spätere Wertberichtigung der aktivierten latenten Steuern auf Verlustvorträge hat zu erfolgen, wenn sich die ursprüngliche Beurteilung der Eintrittswahrscheinlichkeit im Zeitablauf als nicht mehr haltbar erweist. Ein späterer Wegfall dieses außerplanmäßigen Abschreibungsgrundes führt zur obligatorischen Wertaufholung (vgl. IAS 12.56 (rev. 1996)). Diese Bewertungsbeurteilung ist jedoch erstmalig für das dem erstmaligen Ansatz folgende Geschäftsjahr vorzunehmen.

Bruttoprinzip und Saldierungsverbot

Durch die Verankerung des Bruttoprinzips entfällt insbes. die Saldierungsoption von primären und sekundären latenten Steuern. Ausnahmen von diesem Saldierungsverbot existieren nur, soweit tax assets (aktuelle und potentielle Steuerforderungen und Erstattungsansprüche) und tax liabilities (Steuerschulden) desselben Steuerpflichtigen gegenüber derselben Steuerbehörde bestehen und des weiteren ein Rechtsanspruch zur Aufrechnung besteht (vgl. IAS 12.74 (rev. 1996)); in diesem Fall besteht ein Verrechnungsgebot. Eine Aufrechnung von tax assets und tax liabilities von unterschiedlichen in den Konzernabschluß einbezogenen Unternehmen ist ausgeschlossen (vgl. IAS 12.73 (rev. 1996)). Erfolgswirksame Umrechnungsdifferenzen aus ausländischen tax liabilities können alternativ auch im Rahmen des latenten Steueraufwands/ -ertrags im Rahmen der Erfolgsrechnungs ausgewiesen werden (vgl. IAS 12.78 (rev. 1996)).

Anhangangaben

In formaler Hinsicht verpflichtet IAS 12 (rev. 1996) im Rahmen der Anhangangaben zu einer Überleitung der sich auf der Basis des Vorsteuererfolgs ergebenden Steuern auf den tatsächlichen Steueraufwand. Diese Überleitung kann alternativ auf absoluten Beträgen (Vorsteuererfolg multipliziert mit dem anzuwendenden Steuersatz) oder Prozentgrößen je Steuerwirkung basieren und hat den Einfluß jeder Klasse temporärer Differenzen abzubilden. Diese Angaben gewähren einen Einblick in die Zusammensetzung des Steuerergebnisses und erlauben v. a. im Rahmen der Bilanzanalyse Rückschlüsse auf die Höhe und Struktur stiller Reserven und Lasten. Steuersatzänderungen im Vergleich zur Vorperiode führen zu weiteren Erläuterungspflichten.

1.4.2 Latente Steuern nach US-GAAP

temporäre Differenzen

SFAS 109 schreibt genauso wie der spätere IAS 12 (rev. 1996) verpflichtend die Abgrenzung gem. der bilanzorientierten Verbindlichkeitsmethode auf Basis der temporären Differenzen (temporary differences) vor (zur Definition von temporary differences s. o.). Die Aktivierung latenter Steuern aus Bewertungsdifferenzen ist an die Voraussetzung geknüpft, daß von einer Realisierung ausgegangen werden kann. Aktivische latente Steuern auf Verlustvorträge sind stets abzugrenzen. In einem Folgeschritt ist zu prüfen, ob eine Reduktion um einen Sicherheitsabschlag geboten ist.

Es sind prinzipiell latente Steuern auf sämtliche temporären Differenzen zu bilden, die aus Ansatz- und Bewertungsunterschieden bzgl. der Buchwerte und der Steuerwerte resultieren, die sich im Zeitablauf auflösen und infolge dessen Auswirkungen auf die Bemessungsgrundlage haben. Dies gilt analog zu IAS 12 gem. SFAS 109.30 u. 128 auch für Steuerlatenzen, die ihre Ursache in der Aufdeckung stiller Reserven und Lasten im Zuge der Erstkonsolidierung haben und die im Rahmen der Folgekonsolidierung aufgelöst werden.

Ausnahmen von der Abgrenzung latenter Steuern auf temporäre Differenzen

Eine Abgrenzung latenter Steuern unterbleibt, sofern die temporären Differenzen

(1) aus dem positiven Goodwill bei fehlender steuerlicher Absetzbarkeit oder einem abgegrenzten negativen Goodwill;

(2) aus Unterschieden im Beteiligungsbuchwert eines ausländischen Unternehmens, bei dauerhaft thesaurierten Gewinnen bzw. der Möglichkeit einer steuerfreien Dividende sowie der Vereinnahmung von Veräußerungsgewinnen;

(3) aus Fremdwährungsdifferenzen aus Abweichungen zwischen lokaler und funktionaler Währung bei Anwendung der Zeitbezugsmethode sowie aus der Indexbereinigung und der Inflationsanpassung oder

(4) aus bestimmten Differenzen im Zusammenhang mit dem leveraged leases oder aus vor 1992 thesaurierten Gewinnen bei US-Gesellschaften sowie aus steuerbefreiten Differenzen herrühren.

Wahrscheinlichkeit der Realisierung

SFAS 109 knüpft die Aktivierungspflicht latenter Steuern an die wahrscheinliche Realisierung der späteren Steueransprüche. Sofern mehr Gründe gegen als für eine Realisierung sprechen, ist ein Sicherheitsabschlag (valuation allowance) zu bilden (vgl. SFAS 109.17e u. 80 ff). Diesbezüglich sind alle vergangenen und gegenwärtigen Tatbestände im Rahmen einer Gesamtwürdigung sämtlicher positiver und negativer Indikatoren zu beurteilen. Als negative Sachverhaltsgestaltungen gelten

(1) die Erfolgshistorie in Bezug auf in der Vergangenheit verfallene Verlustvorträge;

(2) in naher Zukunft zu erwartende Verluste;

(3) noch nicht erfüllte Sachverhalte, die im ungünstigsten Fall die Zukunftserfolge nachhaltig beeinträchtigen könnten und

(4) stark verkürzte Vortragszeiträume, die eine Umkehrung der passivischen Differenz in einem Jahr oder einem zyklischen Geschäftsverlauf erfordern. Als positive Indikatoren sind u.a. bestehende Vertragsbeziehungen

und Auftragseingänge sowie die Erfolgshistorie zu würdigen (vgl. SFAS 109.23).

Von einem Sicherheitsabschlag kann abgesehen werden, soweit die nachfolgenden Kriterien kumulativ erfüllt sind (vgl. SFAS 109.21):

(1) Mit der künftigen Umkehrung bestehender passivischer latenter Steuern ist zu rechnen;

(2) mit einem zukünftigen Einkommen, daß ausschließlich aus der Umkehrung passivischer Steuerlatenzen und aus Verlustvorträgen stammt, ist zu rechnen;

(3) es ist in den vorangegangenen Rücktragsperioden ein steuerpflichtiges Einkommen erwirtschaftet worden und ein Rücktrag wird steuerlich sanktioniert;

(4) es besteht die Möglichkeit zur Realisierung von Steuerplanungsstrategien.

Ein Sicherheitsabschlag ist zu bilden, sofern mehr Gründe gegen als für eine Realisierung der Steueransprüche sprechen (vgl. SFAS 109.17).

Wahlrecht zur Saldierung

Es besteht das Wahlrecht zur Saldierung von aktiven und passiven latenten Steuern, vorausgesetzt es handelt sich um die gleiche Steuerart und sie bestehen gegenüber der identischen Steuerhoheit (SFAS 109.42).

SFAS 109 bestimmt diverse verpflichtende Anhangsangaben bzgl. tatsächlicher und latenter Steuern. In diesem Zusammenhang ist u.a. eine Überleitung vom erwarteten Steueraufwand zum tatsächlich ausgewiesenen Steueraufwand vorgeschrieben (SFAS 109.47).

1. Es ist innerhalb der »group« eine Schuldenkonsolidierung, eine Zwischenergebniseliminierung sowie eine Aufwands- und Ertragskonsolidierung durchzuführen.
2. Sobald das Mutterunternehmen kein »control« über das Tocherunternehmen mehr innehat, scheidet das Unternehmen aus dem Konsolidierungskreis im engeren Sinn aus.
3. Für »temporary differences« sind passivische und unter gesonderten Voraussetzungen auch aktivische latente Steuern zu bilden.
4. Die Bewertung der latenten Steuern erfolgt auf der Basis der »liability method«.

2. Einbeziehung von Gemeinschaftsunternehmen

2.1 Gemeinschaftsunternehmen nach IAS

2.1.1 Voraussetzungen

Begriff des »joint venture«

IAS 31 zur Bilanzierung und Bewertung von Anteilen an »joint ventures« faßt diesen Begriff weit und subsumiert hierunter »jointly controlled operations«, »jointly controlled assets« und »jointly controlled entities«. Hinsichtlich der Konsolidierung sind nur die als Gemeinschaftsunternehmen bezeichneten »jointly controlled entities« von Bedeutung (vgl. ALLENSPACH, M. 1992, S. 145; GIDLEWITZ, H.-J. 1996, S. 249). Die beiden übrigen Varianten von »joint ventures« werden nach Maßgabe ihrer Abbildung in der einzelgesellschaftlichen Rechnungslegung im Zuge der Konsolidierung als einzelne Vermögensgegenstände und Schulden bzw. Erträge oder Aufwendungen in die Konzernbilanz sowie die Konzern-GuV übernommen. »Jointly controlled entities« zeichnen sich durch die eigene Rechtspersönlichkeit aus (vgl. IAS 31.25). Sie entstehen durch eine vertragliche Vereinbarung zweier oder mehrerer als »venturer« bezeichneter Partner, die vertraglich die gemeinschaftliche Leitung über das Gemeinschaftsunternehmen ausüben. Wenngleich die vertragliche Vereinbarung vielfältige Formen und Inhalte betreffen kann, stellt sie eine notwendige Voraussetzung für ein »joint venture« nach IAS 31 dar (vgl. IAS 31.4 i.V.m. IAS 31.5).

2.1.2 Stichtag sowie konzerneinheitliche Bilanzierung und Bewertung

Allgemeine Gültigkeit von IAS 27

IAS 31 enthält keine gesonderten Anforderungen an den Stichtag oder die konzerneinheitliche Bilanzierung und Bewertung. Vielmehr stellt das Board lediglich allgemein fest, daß viele Vorgehensweisen hinsichtlich der Quotenkonsolidierung von Gemeinschaftsunternehmen mit denen von Tochterunternehmen übereinstimmen (vgl. IAS 31.27). Ebenso äußert sich IAS 31 nicht explizit zum Erstkonsolidierungsstichtag eines Gemeinschaftsunternehmens. Dieser wird jedoch implizit durch den Beginn der gemeinschaftlichen Leitung mittels vertraglicher Vereinbarung determiniert. Dagegen legt IAS 31 explizit den Endkonsolidierungsstichtag für den Zeitpunkt fest, an dem die gemeinschaftliche Leitung nicht mehr existiert (vgl. IAS 31.30 und IAS 31.34). Ebenso ist der Stichtag der Übergangskonsolidierung auf die Purchase-Methode geregelt (vgl. IAS 31.37).

Einbeziehungsverbote

Einer Einbeziehung eines Gemeinschaftsunternehmens in den Konzernabschluß eines Vertragspartners steht entgegen, daß der Anteil am Gemeinschaftsunternehmen mit Weiterveräußerungsabsicht in der nahen Zukunft erworben wurde oder das Gemeinschaftsunternehmen unter erheblichen, langfristigen Restriktionen operiert, die die Fähigkeit des Vermögenstransfers erheblich beeinträchtigen (vgl. IAS 31.35; 2. Abschn., 2. Kap., Gliederungspunkt 4.2).

2.1.3 Kapitalkonsolidierung

Wahlrecht zwischen Quotenkonsolidierung und Equity-Methode

Für die Konsolidierung eines Gemeinschaftsunternehmens sieht IAS 31 im Regelfall die Quotenkonsolidierung vor (vgl. IAS 31.25; benchmark treatment). Alternativ wird ebenso eine Einbeziehung auf der Basis der Equity-Methode für zulässig erachtet (vgl. IAS 31.32; allowed alternative treatment). Der Quotenkonsolidierung wird der Vorzug gegeben, da sie besser geeignet ist, den Gehalt und die wirtschaftliche Realität des gemeinschaftlichen Einflusses abzubilden (vgl. IAS 31.33).

Alternative Darstellungsformen

Im Zuge der Quotenkonsolidierung wird der beteiligungsproportionale Anteil des »venturer« an den Aktiva und Schulden sowie den Aufwendungen und Erträgen des Gemeinschaftsunternehmens in den Konzernabschluß einbezogen. IAS 31 unterscheidet zwei Darstellungsvarianten der Quotenkonsolidierung, die sich im Ausweis, nicht jedoch in der Höhe des anteiligen Jahreserfolgs oder der einzelnen Vermögens-, Schuld- sowie Aufwands- und Ertragskategorien unterscheiden (vgl. IAS 31.25ff.):

(1) die zeilenweise Kombination – i.S.e. Ineinanderschiebens – der Anteile der einzelnen Vermögenswerte, Schulden, Aufwendungen und Erträge je Position (»line-by-line«). Dabei geben die Konzernbilanz und die Konzern-GuV keine Auskunft mehr darüber, unter welcher Art des Einflusses (»control« oder »jointly control«) die einzelne Position steht;

(2) die Einfügung jeweils gesonderter Posten in das Gliederungsschema (»separate line«), die ausschl. die Anteile an Gemeinschaftsunternehmen enthalten. Bei dieser Variante ist eine zusammengefaßte Darstellung einzelner Abschlußkategorien zulässig. IAS 31 führt diesbzgl. die Sachanlagen und das Umlaufvermögen als Beispiele an.

Eine Saldierung der einzelnen, einzubeziehenden Posten des Gemeinschaftsunternehmens ist unbeschadet der jeweiligen Darstellungsform unzulässig (vgl. IAS 31.29).

2.1.4 Schuldenkonsolidierung, Zwischenergebniseliminierung sowie Aufwands- und Ertragskonsolidierung

Zwischenergebniseliminierung

Innerkonzernliche Transaktionen zwischen dem Gemeinschaftsunternehmen und dem »venturer« et vice versa sind grundsätzlich zu eliminieren. Da IAS 27 diesen Eliminierungsschritt auf »intragroup balances and intragroup transactions«, d.h. Transaktionen zwischen Mutter- und Tochterunternehmen sowie zwischen Tochterunternehmen, begrenzt, bedarf es einer Sonderregelung für die innerkonzernlichen Transaktionen mit dem Gemeinschaftsunternehmen. Dabei differenziert IAS 31 »upstream« und »downstream« Beziehungen. Explizit geregelt sind jedoch nur Vorschriften zur Zwischenergebniseliminierung, wobei hinsichtlich der Determinierung der Konzernanschaffungs- und -herstellungskosten IAS 2 und 16 einschlägig sein dürften.

Die Pflicht zur Schuldenkonsolidierung sowie zur Aufwands- und Ertragskonsolidierung leitet sich aus dem Generalverweis auf IAS 27 (vgl. IAS 31.14) her.

2.1.4.1 Verkauf vom Gesellschafter (»venturer«) an das Gemeinschaftsunternehmen

Zwischengewinne aus Einlagen oder Verkaufstransaktionen des Gesellschafters an das Gemeinschaftsunternehmen sind nur in Höhe des Anteils der übrigen Gesellschafter am »joint venture« realisiert. Der eigene Anteil am Zwischengewinn oder -verlust ist folglich zu eliminieren (vgl. SIC 13). Zwischenverluste sind vom »venturer« dagegen in voller Höhe zu erfassen, wenn durch die Einlage oder den Verkauf die Annahme einer Minderung des Veräußerungswerts kurzfristiger Aktiva oder einer außerplanmäßigen Wertminderung langfristiger Aktiva begründet wird (vgl. IAS 31.39).

2.1.4.2 Verkauf vom Gemeinschaftsunternehmen an den Gesellschafter (»venturer«)

Ebenso sind Zwischengewinne aus dem Verkauf vom »joint venture« an den Gesellschafter in anteiliger Höhe zu eliminieren. Die Realisierung darf erst beim Verkauf an unabhängige Dritte erfolgen. Die Eliminierung von Zwischenverlusten soll ebenfalls anteilig erfolgen, es sei denn, die Zwischenverluste führen zu einer Minderung des Veräußerungswerts kurzfristiger Aktiva oder einer außerplanmäßigen Wertminderung langfristiger Aktiva. In diesen Fällen sind die Zwischenverluste sofort in voller Höhe zu eliminieren (vgl. IAS 31.40).

2.1.5 Angaben

Bzgl. der einbezogenen Gemeinschaftsunternehmen sind vielfältige Offenlegungen obligatorisch. Zu den wesentlichsten zählt die Verpflichtung, bei Anwendung der Equity-Methode oder der »line-by-line« Darstellungsform der Quotenkonsolidierung die Gesamtbeträge der Vermögenswerte und Verbindlichkeiten in der jeweiligen Aufteilung in kurz- und langfristige Posten sowie die Aufwendungen und Erträge gesondert anzugeben (vgl. IAS 31.47). Des weiteren ist jeweils der volle Betrag der Verpflichtungen nach IAS 5 und 10 zu vermerken, es sei denn, die Eintrittswahrscheinlichkeit bei ungewissen Verpflichtungen ist äußerst gering (vgl. IAS 31.45f.). Ebenso ist eine Aufstellung und Beschreibung der Anteile an den wesentlichen Gemeinschaftsunternehmen unter Verzeichnung der Anteilsquote offenzulegen. Diese Angaben sind auch verpflichtend, wenn das Gemeinschaftsunternehmen nicht konsolidiert wird, weil der »venturer« kein Tochterunternehmen hat und somit keinen Konzernabschluß aufstellt (vgl. IAS 31.48).

2.2 Gemeinschaftsunternehmen nach US-GAAP

Voraussetzungen

Die Bilanzierung von joint ventures erfolgt in Abhängigkeit von der Rechtsform des Gemeinschaftsunternehmens. Gemeinschaftsunternehmen in der Rechtsform einer haftungsbeschränkten Körperschaft (incorporated joint ventures) sind gem. AIN-APB 18.2 immer at equity einzubeziehen. Lediglich Gemeinschaftsunternehmen in der Rechtsform eines grundsätzlich nicht haftungsbeschränkten, nicht körperschaftlichen Gemeinschaftsunternehmens (unincorporated joint ventures) dürfen quotal konsolidiert werden. Dies gilt auch, sofern die Quotenkonsolidierung in der betreffenden Branche eine übliche und verbreitete Praxis darstellt (so z.B. in der Erdöl- und Erdgasbranche (vgl. SFAS 69.14b), der Immobilienbranche (vgl. SOP 78-9) sowie bei Arbeitsgemeinschaften, vgl. HAYN, S./WALDERSEE, G. 2000, S. 220).

1. IAS 31 bezeichnet sowohl »jointly controlled operations«, »jointly controlled assets« als auch »jointly controlled entities« als »joint venture«. Für die Konzernrechnungslegung sind ausschl. die als »jointly controlled entities« bezeichneten Gemeinschaftsunternehmen relevant.
2. Gemeinschaftsunternehmen sind gem. IAS mittels der Quotenkonsolidierung in den Konzernabschluß einzubeziehen (benchmark treatment). Alternativ können Gemeinschaftsunternehmen auch auf der Basis der Equity-Methode einbezogen werden.
3. Die Einbeziehungsverbote sowie das faktische Einbeziehungswahlrecht entsprechen jeweils den korrespondierenden Vorschriften betreffend die Tochterunternehmen.
4. Die Quotenkonsolidierung nach IAS kann in zwei verschiedenen Darstellungsformen Verwendung finden: »line-by-line« oder »separate«.
5. Die Einbeziehung von Gemeinschaftsunternehmen erfolgt nach US-GAAP i. d. R. nach der Equity Methode. Nur in Ausnahmefällen ist eine Quotenkonsolidierung zulässig.

3. Assoziierte Unternehmen

3.1 Voraussetzungen

Maßgeblicher Einfluß

Kann ein Unternehmen auf ein anderes Unternehmen einen maßgeblichen Einfluß ausüben, ist die zugrundeliegende Beteiligung im langfristigen Vermögen als Anteil an assoziierten Unternehmen gesondert auszuweisen (vgl. IAS 28.28 bzw. APB 18.19). Ein maßgeblicher Einfluß wird ab einem unmittelbaren oder mittelbaren Stimmrechtsanteil von 20% widerlegbar vermutet. Die tatsächliche Ausübung des maßgeblichen Einflusses bildet keine Qualifikationsvoraussetzung. Folglich muß bei einem Anteilsbesitz von über 20% der Stimmrechte aktiv widerlegt werden, daß ein maßgeblicher Einfluß ausgeübt werden kann (bei Verlust eines vormals vorhandenen vgl. IAS 28.11 (a) bzw. dem ursprünglichen Nichtbestehen vgl. IAS 28.4 bzw. APB 18.13). Bei einem unmittelbaren oder mittelbaren Stimmrechtsanteil von unter 20% wird widerlegbar vermutet, daß keine Möglichkeit zur Ausübung eines maßgeblichen Einflusses besteht.

Indikatoren

Ein maßgeblicher Einfluß ist nach IAS die Möglichkeit eines Unternehmens, an der Finanz- und Geschäftspolitik des Beteiligungsunternehmens teilzunehmen, ohne »control« auszuüben (vgl. IAS 28.3). Die Existenz eines maßgeblichen Einflusses kann i. d. R. anhand der nachfolgenden Indikatoren nachgewiesen werden (vgl. IAS 28.5):

(1) Repräsentanz in der Geschäftsleitung (»board of directors«) oder einem anderen leitenden Organ des Unternehmens;

(2) Mitwirkung an Entscheidungsprozessen zur Bestimmung der Geschäftspolitik;

(3) wesentliche Lieferungs- und/oder Leistungsbeziehungen zwischen dem Unternehmen und dem Anteilseigner;

(4) Austausch von leitenden Angestellten;

(5) Transfer von wesentlichen technischen Informationen.

Die US-GAAP geben keine explizite Definition des maßgeblichen Einflusses vor. In APB 18.17 werden die gleichen Vermutungen aufgestellt, wie sie später auch in IAS 28.5 übernommen wurden. Für einen maßgeblichen Einfluß sprechen außerdem hohe Stimmrechtsanteile des Mutterunternehmens in Relation zu den von Dritten gehaltenen Stimmrechtsanteilen (vgl. Niehus, R. J./Thyll, A. 2000, Rn. 461f.).

Ein beherrschender (»control«) oder ein maßgeblicher Einfluß eines dritten Anteilseigners auf die Finanz- und Geschäftspolitik des betrachteten Unternehmens schließt einen maßgeblichen Einfluß des Investors nicht aus (vgl. IAS 28.4; Cairns, D. 1995, S. 1796).

Verbot der Equity-Methode

Die Anteile an einem assoziierten Unternehmen sind im Konzernabschluß nach der Equity-Methode zu bewerten. Jedoch muß nach IAS die Einbeziehung zu Anschaffungskosten erfolgen, sofern die Anteile am assoziierten Unternehmen mit Weiterveräußerungsabsicht erworben wurden (vgl. IAS 28. 8). Ebenso endet die Bewertung »at equity«, wenn das investierende Unternehmen seinen maßgeblichen Einfluß ganz oder teilweise verliert bzw. die Möglichkeiten des assoziierten Unternehmens, Vermögenswerte an das investierende Unternehmen abzuführen, mit erheblichen, langfristigen Restriktionen belegt sind (vgl. IAS 28.11). In diesen Fällen gilt der letzte Buchwert der Beteiligung fortan als Anschaffungskosten. Nach US-GAAP ist die Widerlegung der Assoziierungsvermutung mithin nur in sehr eng umrissenen Ausnahmefällen möglich. Allerdings greift auch hier der materiality-Grundsatz (vgl. HEURUNG, R. 2000, S. 630).

3.2 Stichtag sowie konzerneinheitliche Bilanzierung und Bewertung

Abweichende Stichtage

Die erstmalige Einbeziehung der Beteiligung an einem assoziierten Unternehmen nach der Equity-Methode erfolgt nach IAS zu dem Stichtag, an dem das Unternehmen erstmalig als assoziiertes Unternehmen zu qualifizieren ist (vgl. IAS 28.17). Der Folgekonsolidierung ist der jüngste, verfügbare Jahresabschluß des assoziierten Unternehmens zugrunde zu legen. Weicht der Abschlußstichtag des assoziierten Unternehmens jedoch vom Konzernabschlußstichtag ab, betrachtet das IASC die Erstellung eines Zwischenabschlusses als Regelfall (vgl. SCHRUFF, W. 2001, S. 87). Es kann dennoch ohne zeitliche Höchstbegrenzung auf die Erstellung eines Zwischenabschlusses verzichtet werden, wenn sich die Erstellung als unzweckmäßig erweist. Allerdings gebietet der Stetigkeitsgrundsatz in diesem Fall die Beibehaltung der abweichenden Stichtage und damit auch die Konstanz der Periode zwischen den Abschlußstichtagen (vgl. IAS 28.18). Treten bei der Einbeziehung von Abschlüssen mit abweichenden Stichtagen wesentliche Ereignisse oder Geschäftsvorfälle zwischen dem investierenden und dem Beteiligungsunternehmen im Zeitraum zwischen den Stichtagen ein, sind entsprechende Korrekturen vorzunehmen (vgl. IAS 28.19).

Der Equity-Bewertung nach US-GAAP ist der letzte verfügbare Jahresabschluß des assoziierten Unternehmens zugrunde zu legen. Stellt das Unternehmen einen Konzernabschluß auf, ist stattdessen dieser zu verwenden. Bei abweichendem Stichtag ist die Aufstellung eines Zwischenabschlusses nicht erforderlich. Allerdings gebietet der Grundsatz der Stetigkeit die abweichenden Stichtage in Zukunft beizubehalten.

Für der SEC berichtspflichtige Unternehmen gilt indes, daß falls der Bilanzstichtag des assoziierten Unternehmens mehr als 93 Tage vor dem Bilanzstichtag des Konzerns liegt, ein Zwischenabschluß zwingend zu erstellen ist (vgl. Reg. S-X, Rule 3A-02).

Anwendung konzerneinheitlicher Rechnungslegungsmethoden

Das Erfordernis der konzerneinheitlichen Bilanzierung und Bewertung gilt nach IAS ebenfalls für den der Wertfortschreibung zugrundeliegenden Abschluß des assoziierten Unternehmens. Stellt sich nach IAS die Vereinheitlichung als nicht zweckmäßig heraus, kann darauf verzichtet werden. Dieser Umstand ist offenlegungspflichtig (vgl. IAS 28.20). Darüber hinaus verweisen IAS 28 allgemein auf die Vorgehensweisen im Rahmen der Vollkonsolidierung (vgl. IAS 28.16).

Die US-GAAP kennen keine Pflicht zur konzerneinheitlichen Bilanzierung und Bewertung.

3.3 Kapitalkonsolidierung

3.3.1 Erstkonsolidierung

goodwill

Zum Zeitpunkt des Erwerbs der Beteiligung an einem assoziierten Unternehmen ist eine positive respektive negative Differenz zwischen dem Beteiligungsbuchwert und dem anteiligen, zu Stichtagszeitwerten bewerteten Nettovermögen analog zu IAS 22 bzw. APB 16, d.h. als goodwill, zu bilanzieren (vgl. IAS 28.17 bzw. APB 18.19b).

Nach IAS existieren keine Regeln zum gesonderten Ausweis eines Goodwill. Es ist daher normalerweise von einer – der Buchwertmethode entsprechenden – one-line consolidation auszugehen. Diese ist nach US-GAAP verbindlich vorgeschrieben.

Ausweis

Die Anteile an assoziierten Unternehmen, die nach der Equity-Methode bewertet werden, sind gesondert im langfristigen Vermögen auszuweisen. Ebenso sind die Erträge und Aufwendungen aus assoziierten Unternehmen in der GuV gesondert zu zeigen. Dasselbe gilt für den Anteil des investierenden Unternehmens an außerordentlichen oder aperiodischen Posten (vgl. IAS 28.28 bzw. APB 18.19c).

3.3.2 Folgekonsolidierung

Fortschreibung des Beteiligungsbuchwerts

In den Folgejahren ist sowohl nach IAS als auch nach US-GAAP der Beteiligungsbuchwert um den anteiligen Jahreserfolg zu erhöhen bzw. zu vermindern (vgl. IAS 28.6 bzw. APB 18.19); sofern andere Investoren Vorzugsaktien am assoziierten Unternehmen halten, berechnet das investierende Unternehmen seinen Anteil am Jahreserfolg nach Abzug der auf Vorzugsaktien entfallenden Erfolgsanteile. Dabei ist es unerheblich, ob die Vorzugsdividende bereits festgesetzt wurde (vgl. IAS 28.21 bzw. APB 18.19k). Erhaltene Dividendenzahlungen kürzen den Beteiligungsansatz (vgl. IAS 28.6 bzw. APB 18.19). Weitere Anpassungen des Beteiligungsbuchwerts können aus erfolgsneutralen Eigenkapitalveränderungen wie der Neubewertung einzelner Aktiva, Fremdwährungsdifferenzen sowie erfolgsneutraler goodwill-Berichtigungen oder ebenso aus Kapitalherabsetzungen und -erhöhungen resultieren (vgl. IAS 28.6 bzw. APB 18.19e). Darüber hinaus ist der anteilige Jahreserfolg in den Folgejahren um

(1) die erhöhten Abschreibungen auf die Verkehrswerte zum Erstkonsolidierungsstichtag im abnutzbaren Vermögen sowie

(2) die Abschreibung bzw. Zuschreibung des positiven oder negativen goodwill anzupassen (vgl. IAS 28.17 bzw. APB 18.19b i.V.m. APB 17.12).

Im Falle dauernder Wertminderungen ist ferner eine Teilwertabschreibung auf den Beteiligungsansatz vorzunehmen. Da Anteile an assoziierten Unternehmen für das investierende Unternehmen jeweils von individueller Bedeutung sind, ist der Wertansatz für jede Beteiligung einzelfallorientiert zu bemessen (vgl. IAS 28.23f. bzw. APB 18.19h i.V.m. SFAS 121.6).

Übersicht 124: Fortschreibung des Beteiligungsbuchwerts nach der Equity-Methode gem. IAS 28
»at equity« bewerteter Beteiligungsbuchwert zu Beginn der Periode/ anteilige Stichtagszeitwerte zum Erstkonsolidierungsstichtag zzgl. goodwill aus der Erstkonsolidierung
± anteiliger Jahreserfolg des assoziierten Unternehmens
– erhaltene und vereinnahmte Gewinnausschüttungen des assoziierten Unternehmens
± anteilige erfolgsneutrale Eigenkapitalveränderungen des assoziierten Unternehmens
– Mehrabschreibungen auf die Stichtagszeitwerte zum Erstkonsolidierungsstichtag
± Auflösung eines positiven/negativen goodwill
– außerplanmäßige Abschreibungen auf den Beteiligungsbuchwert
= Beteiligungsbuchwert am Ende der Periode

Steuern

Ertragsabhängige Steuern im Zusammenhang mit der Beteiligung an assoziierten Unternehmen sind gem. IAS 12 bzw. SFAS 109 zu ermitteln.

3.3.3 Sonderfall: Negativer Beteiligungsbuchwert

Aussetzen der Buchwertfortschreibung

Im Zuge der Folgekonsolidierung kann der Fall eintreten, daß der anteilige Jahresfehlbetrag dem bisherigen Beteiligungsbuchwert entspricht bzw. diesen übersteigt. In diesem Fall wird die Fortschreibung bei einem Wertansatz von Null ausgesetzt. Spätere anteilige Jahresüberschüsse müssen zuerst die nicht erfaßten Verlustanteile aus Vorperioden ausgleichen, bevor der Beteiligungsansatz bilanziell fortgeschrieben werden kann.

Ausnahmefälle

Lediglich in Ausnahmefällen, in denen das investierende Unternehmen Verpflichtungen eingegangen ist oder Zahlungen für Verpflichtungen des assoziierten Unternehmens geleistet wurden, für die das investierende Unternehmen garantiert oder anderweitig haftet, sind weitere Verluste zu erfassen (vgl. IAS 28.22 bzw. APB 18.19i). Ob dieses durch die Bildung einer Rückstellung (so IDW 1995, S. 332; KPMG 1999, S. 219) oder durch den Ausweis eines negativen Beteiligungsbuchwerts erfolgen soll, legt IAS 28 nicht fest. Nach US-GAAP erfolgt die Abbildung i.d.R. mittels Rückstellungsbildung.

3.4 Schuldenkonsolidierung, Zwischenergebniseliminierung sowie Aufwands- und Ertragskonsolidierung

Die Notwendigkeit weiterer Konsolidierungsmaßnahmen »kann aus IAS 28 nicht eindeutig abgeleitet werden« (GOEBEL, A. 1994, S. 2462). Gleichwohl enthält IAS 28 ebenso wie IAS 31 einen Generalverweis auf die Anwendbarkeit der Vollkonsolidierungsgrundsätze gem. IAS 27 (vgl. IAS 28.16). Nach

US-GAAP sind i.d.R. sämtliche innerkonzernlichen Bestände und Transaktionen sowie hieraus resultierende unrealisierte Erfolge aus upstream und downstream Transaktionen anteilig zu eliminieren (vgl. APB 18.19). Ausnahmen von dieser Regel bestehen nach US-GAAP, sofern das assoziierte Unternehmen faktisch beherrscht wird oder falls es sich um Transaktionen mit einem Tochterunternehmen handelt, für das ein Einbeziehungsverbot besteht, und die Transaktionen nicht wie unter fremden Dritten erfolgt sind. Beide Ausnahmefälle sind durch die Umgestaltung des Controlkonzepts bzw. die Einführung von SFAS 94 weitestgehend hinfällig geworden (vgl. PEEMÖLLER, V. H./WEICHERT, S. 2000, S. 1978).

3.5 Angaben

Das Beteiligungsunternehmen hat u.a. folgende zusätzliche Angaben offenzulegen (vgl. IAS 28.27 bzw. APB 18.20, vgl. ausführlich nur für US-GAAP NIEHUS, R. J./THYLL, A. 2000, Rn. 555):

(1) eine angemessene Aufstellung und Beschreibung der wesentlichen assoziierten Unternehmen unter Verzeichnung des Kapitalanteils und, soweit abweichend, der Stimmrechtsanteile;

(2) die Methode zur Bewertung der Beteiligungen an assoziierten Unternehmen.

1. Assoziierte Unternehmen sind im Konzernabschluß »at equity« zu bewerten. Die Einbeziehungsverbote sowie das faktische Einbeziehungswahlrecht entsprechen jeweils den korrespondierenden Vorschriften betreffend die Tochterunternehmen.
2. Das Erfordernis der konzerneinheitlichen Bilanzierung und Bewertung gilt nach IAS ebenfalls für den der Wertfortschreibung zugrundeliegenden Abschluß des assoziierten Unternehmens. Hierauf kann verzichtet werden, wenn sich die Vereinheitlichung als unzweckmäßig erweist. Nach US-GAAP gelten die gleichen Vorschriften wie zur Vollkonsolidierung.
3. Sofern sich der Abschlußstichtag des assoziierten und des Mutterunternehmens unterscheiden und kein gesonderter Zwischenabschluß erstellt wird, liegt der jüngste verfügbare Abschluß der Wertfortschreibung zugrunde.
4. Bei der Equity-Methode werden keine Aktiva und Schulden sowie keine Aufwendungen und Erträge in den Konzernabschluß übernommen. Die Anteile an assoziierten Unternehmen sind gesondert darzustellen, und der Beteiligungsbuchwert ist in den Folgejahren fortzuschreiben.
5. Die Wertfortschreibung ist bei einem Wertansatz von Null grundsätzlich auszusetzen.

3. Kapitel: Kapitalflußrechnung sowie weitere Rechnungen und Angaben

1. Cash Flow Statements

Differenzierung von »operating«, »investing« und »financing activities«

Die zahlungsstromorientierte Konzernkapitalflußrechnung bildet einen integralen Pflichtbestandteil des US-GAAP- bzw. IAS-Konzernabschlusses (vgl. IAS 7.1 bzw. SFAS 95.3, Reg. S-X, Rule 3-02). Die Kapitalflußrechnung soll die gesonderten Zahlungsströme aus der laufenden Geschäftstätigkeit (»operating activities«), der Investitionstätigkeit (»investing activities«) und der Finanzierungstätigkeit (»financing activities«) zeigen (vgl. IAS 7.10 bzw. SFAS 95.6). Der Finanzmittelfonds umfaßt sowohl Zahlungsmittel als auch Zahlungsmitteläquivalente. Als Zahlungsmitteläquivalente qualifizierte Finanzanlagen müssen jederzeit in einen fixierten Zahlungsmittelbetrag umwandelbar und grundsätzlich frei von Wertänderungsrisiken sein. Daher werden i. d. R. nur Finanzanlagen mit einer Laufzeit von weniger als drei Monaten ab dem Erwerbsstichtag als Zahlungsmitteläquivalente klassifiziert. Eigenkapital verbriefende Finanzanlagen werden nach IAS prinzipiell nicht als Zahlungsmitteläquivalente eingeordnet, es sei denn, sie sind ihrer wirtschaftlichen Substanz nach Zahlungsmitteläquivalente (vgl. IAS 7.7). Nach US-GAAP ist eine Einbeziehung der Aktien in Fonds nicht vorgesehen. »Im Rahmen des Cash Management berücksichtigte, jederzeit fällige Bankverbindlichkeiten können – negativer – Bestandteil des Finanzmittelfonds sein« (IDW 1995, S. 237; vgl. IAS 7.8 bzw. SFAS 95.7). Nach US-GAAP dürfen Bankverbindlichkeiten nur unter sehr restriktiven Voraussetzungen in den Finanzmittelfonds einbezogen werden.

Ermittlung und Darstellung der Zahlungsströme

Das Unternehmen muß die in den Finanzmittelfonds eingehenden Zahlungsmittel und Zahlungsmitteläquivalente offenlegen und eine Überleitungsrechnung von den in der Kapitalflußrechnung ausgewiesenen Werten zu den korrespondierenden Bilanzposten publizieren. Verfügungsbeschränkungen unterliegende wesentliche Bestandteile des Finanzmittelfonds sind gesondert anzugeben und mit Erläuterungen durch die Geschäftsleitung zu versehen (vgl. IAS 7.48 bzw. nur zu US-GAAP NIEHUS, R. J./THYLL, A. 2000, Rn. 1087, Reg. S-X § 210.5-02 (1)). Zahlungsströme aus der gewöhnlichen Geschäftstätigkeit (»cash flows from operating activities«) können auf der Basis der direkten oder der indirekten Methode ermittelt und dargestellt werden. Weder nach IAS noch nach US-GAAP wird diesbezüglich ein Standardverfahren kodifiziert, es wird jedoch die direkte Methode zur Anwendung empfohlen (vgl. IAS 7.19 bzw. SFAS 95.27). Nach der direkten Methode sind die Zahlungsströme aus der (gewöhnlichen) Geschäftstätigkeit für jede Hauptgruppe getrennt nach Bruttoeinzahlungen und -auszahlungen auszuweisen. Im Zuge der indirekten Methode ist der ausgewiesene Jahreserfolg um zahlungsunwirksame Vorgänge, jegliche Abgrenzungen für aperiodische, die gewöhnliche Geschäftstätigkeit betreffende Zahlungsströme sowie Aufwendungen und Erträge im Zusammenhang mit der Investitions- oder Finanzierungstätigkeit zu kürzen (vgl. IAS 7.18 bzw. SFAS 95.28). Die Zahlungsströme aus der gewöhnlichen Investitions- und Finanzierungstätigkeit sind dagegen direkt zu ermitteln (vgl. IAS 7.21 bzw. SFAS 95.15ff.). Nicht zahlungswirksame Investitions- oder Finanzierungsvorgänge finden in der Kapitalflußrechnung keine Berücksichtigung. Über derartige Vorgänge ist jedoch an anderer Stelle im Abschluß zu berichten (vgl. IAS 7.43 bzw. SFAS 95.32).

Ausnahmen vom Bruttoprinzip bei der Ermittlung der Zahlungsströme aus einem der drei Bereiche bestehen für im Namen von Kunden getätigte Ein- und Auszahlungen, wenn die Zahlungsströme eher mit der wirtschaftlichen Tätigkeit des Kunden als der des (betrachteten) Unternehmens in Verbindung stehen. Ferner sind Saldierungen der drei Bereiche in bezug auf Zahlungen betreffend Posten mit schnellem Umschlag, hohen Beträgen und kurzer Laufzeit zulässig (vgl. IAS 7.22 bzw. SFAS 95.11ff.).

Besonderheiten

Zahlungsströme aus Transaktionen in Fremdwährung sowie Zahlungsströme ausländischer Tochterunternehmen sind in die Berichtswährung mit dem Kurs zum Stichtag der Zahlung umzurechnen (vgl. IAS 7.25f. bzw. SFAS 95.25). Zahlungsströme in Zusammenhang mit außerordentlichen Posten sind nach IAS dem betreffenden Tätigkeitsbereich zuzuordnen und gesondert auszuweisen (vgl. IAS 7.29). Nach US-GAAP wird kein separater Ausweis außerordentlicher Geschäftsvorfälle verlangt. Zahlungsströme aus Zinsen sowie erhaltenen und gezahlten Dividenden sind nach IAS jeweils gesondert offenzulegen und stetig entweder der gewöhnlichen Geschäftstätigkeit, der Investitionstätigkeit oder der Finanzierungstätigkeit zuzuordnen (vgl. IAS 7.31). Nach US-GAAP hat der Ausweis erhaltener und gezahlter Zinsen und erhaltener Dividenden als gesonderter Posten unter der gewöhnlichen Geschäftstätigkeit zu erfolgen. Gezahlte Dividenden sind hingegen unter der Finanzierungstätigkeit auszuweisen (vgl. SFAS 95.22b u. 23d i.V.m. 95.27b, e). Zahlungsströme aus ertragsabhängigen Steuern sind grundsätzlich gesondert im Bereich der gewöhnlichen Geschäftstätigkeit zu zeigen; kann dieser Zahlungsstrom jedoch unmittelbar der Investitions- oder Finanzierungstätigkeit zugeordnet werden, erfolgt der Ausweis nach IAS dort. Nach US-GAAP erfolgt der Ausweis von erhaltenen und gezahlten Zinsen und erhaltenen Dividenden als gesonderter Posten unter der laufenden Geschäftstätigkeit. Die gezahlten Dividenden sind unter den Zahlungsströmen aus Finanzierungstätigkeit auszuweisen (vgl. SFAS 95.22b u. 23d i.V.m. 95.97b, e). Bei Verwendung der indirekten Methode sind zur Ermittlung der Mittelzu- bzw. -abflüsse die Ertragsteuern gesondert auszuweisen (vgl. SFAS 95.29).

Angaben

Weitere Sondervorschriften enthalten IAS 7 bzw. SFAS 95 in bezug auf den Erwerb sowie die Veräußerung von Tochterunternehmen und anderen Geschäftseinheiten. So sind die zusammengefaßten Zahlungsströme aus diesen Kauf- und Verkaufstransaktionen gesondert im Rahmen der Investitionstätigkeit auszuweisen. Ferner sind in zusammengefaßter Form weitere Angaben zu diesen Transaktionen offenzulegen, wobei die hier dargestellten Regelungen nach IAS 7 insgesamt über die Anforderungen in SFAS 95 hinausgehen (vgl. PILHOFER, J. 2000, S. 297):

(1) Gesamtbetrag der Kauf- bzw. Verkaufspreise;

(2) der Anteil der Zahlungsmittel und Zahlungsmitteläquivalente am Kauf- bzw. Verkaufspreis;

(3) der Bestand an Zahlungsmitteln und Zahlungsmitteläquivalenten eines erworbenen oder veräußerten Tochterunternehmens bzw. einer Geschäftseinheit;

(4) der Bestand der übernommenen bzw. veräußerten Aktiva und Schulden untergliedert nach Hauptposten.

2. Vorschriften zur Segmentberichterstattung

2.1 Segmentberichterstattung nach IAS

Anwendungsbereich und Segmentation

Die Segmentrechnung zählt ebenso wie die Angaben zu den Gewinn je Aktie-Kennziffern sowie den Regelungen zur unterjährigen Rechnungslegung (Zwischenberichterstattung) nicht zu den Standardpflichtbestandteilen eines sog. complete set of financial statements. Die angeführten Angaben und Rechnungen sind nur von Unternehmen, deren Wertpapiere öffentlich gehandelt (im Regelfall Börsennotierung) werden, zu erfüllen; ein Unternehmen, das sich im Going Public Prozeß befindet, erfüllt ebenfalls diese Anforderung.

Modifizierter Management Approach

Die Segmentierung folgt nach IAS 14 (rev. 1997) einem modifizierten management approach, der jedoch im Vergleich zum überarbeiteten US-Standard zur Segmentberichterstattung nicht in Reinkultur normiert wurde (vgl. zu den Abweichungen HAYN, S. 1997, S. 517 ff.). Allerdings behält der überarbeitete IAS 14 die Differenzierung nach Geschäftsfeldern (business segments) und Regionen (geographical segments) bei. Der Gruppierung in Geschäftsbereiche und Regionen sollen dabei nachfolgende Bestimmungsfaktoren zugrunde gelegt werden (vgl. IAS 14.9 (rev. 1997); PEJIC, P. 1997, S. 2039):

Übersicht 125: Bestimmungsfaktoren	
Geschäftsfelder	Regionen
Art der Produkte oder Dienstleistungen	Einklang der ökonomischen und politischen Rahmenbedingungen
Art des Produktionsprozesses	Beziehung zwischen der Geschäftstätigkeit in verschiedenen Regionen
Abnehmerklassen und -gruppen	Verwandschaft der Geschäftstätigkeit
Vertriebswege der Produkte und Dienstleistungen	spezifische Risiken, die mit der Geschäftstätigkeit in bestimmten Regionen einhergehen
sofern anwendbar, die Art der regulierend wirkenden Umwelt, wie bspw. Kreditinstitute, Versicherungen sowie öffentliche Einrichtungen	Regulierung von Umtauschkontrollen
	zugrundeliegende Währungsrisiken

Neben diesen Bestimmungsfaktoren gelten Sonderregeln zur Zusammenfassung bzw. weiteren Untergliederung von Segmenten. Der management approach gewinnt nach IAS v.a. in bezug auf die Festlegung, welche Segmente (sämtliche Geschäftsfelder oder sämtliche Regionen) entsprechend dem primären oder dem sekundären Berichtsformats auszuweisen sind, an Bedeutung. Ob die Geschäftsfelder oder die Regionen als primäres Berichtsformat dienen, wird von der vorwiegenden Herkunft und Art der Risiken und Erträge des Unternehmens determiniert. Die interne Management- und Organisationsstruktur sowie die Berichterstattung ggü. den leitenden Verwaltungs- und Aufsichtsorganen bilden dabei im Regelfall die Basis zur Identifikation der dominierenden Risiken und Erträge (vgl. IAS 14.26 u. IAS 14.27 (rev. 1997)).

Segmentabgrenzungen

Berichtspflichtig sind grundsätzlich nur Segmente, die den überwiegenden Teil ihrer Umsätze durch Geschäftsbeziehungen mit externen Dritten erwirtschaften. Als Kriterien, die zur Berichtspflicht führen, nennt IAS 14 (rev. 1997) alternativ eine Umsatzschwelle (Innen- und Außenumsätze) von 10%, eine Ergebnisschwelle von 10% sowie einen Schwellenwert für das Segmentvermögen von 10%, die sich jeweils auf die Umsätze, die positiven oder negativen Ergebnisse und das Vermögen aller Segmente beziehen. (vgl. IAS 14.35 (rev. 1997)). Für interne Segmente, die infolge des Unterschreitens der Schwellenwerte nicht einzeln berichtspflichtig sind, besteht ein Wahlrecht zur Segmentberichterstattung oder ein Wahlrecht zur Zusammenfassung mit anderen nichtberichtspflichtigen Segmenten zum Zweck des Überschreitens der angeführten Kriterien. Erfolgt indes keine freiwillige eigenständige oder zusammengefaßte Berichterstattung, gehen diese Segmente als nicht zuordenbare Restgröße in die Überleitung der jeweiligen Segmentwerte zu den ausgewiesenen Abschlußwerten ein (vgl. IAS 14.36 (rev. 1997)). Um jedoch eine angemessene Transparenz sicherzustellen, fordert der neue Standard, daß mindestens 75% der gesamten externen Umsatzerlöse auf berichtspflichtige Segmente entfallen müssen. Anderenfalls gilt es, eine weitere Segmentierung unter Vernachlässigung der Schwellenwerte von 10% vorzunehmen, um das 75%-Kriterium zu erfüllen (vgl. IAS 14.37 (rev. 1997)).

Segmentangaben bei primärem Berichtsformat

Nachfolgende Angaben sind für die Segmente, auf die das primäre Berichtsformat anzuwenden ist, angabepflichtig (vgl. IAS 14.50ff. (rev. 1997)):

(1) Außen- und Innenumsatzerlöse (Segmentertrag)

(2) Segmentergebnis

(3) Buchwert der Segmentaktiva

(4) Segmentverbindlichkeiten

(5) Segmentinvestitionen mit einer erwarteten Nutzungsdauer der erworbenen Vermögenswerte von über einem Jahr

(6) planmäßige und außerplanmäßige Segmentabschreibungen

(7) nicht-zahlungswirksame Segmentaufwendungen

(8) Segmentergebnis von at equity bewerteten Beteiligungen an assoziierten, Gemeinschafts- oder anderen Unternehmen, falls die Geschäftstätigkeit dieser Unternehmen fast ausschließlich im jeweiligen Segment stattfindet.

Segmentangaben bei sekundärem Berichtsformat

Das sekundäre Berichtsformat fordert dagegen nur folgende Angaben (vgl. IAS 14.68ff. (rev. 1997)), wobei die jeweiligen angabepflichtigen Einzelangaben in Abhängigkeit von der primären Segmentierung bestimmt werden:

Übersicht 126: Angabepflichten im sekundären Berichtsformat

Geschäftsbereiche als primäre Segmente	Regionen als primäre Segmente
(1) Außenumsatzerlöse auf der Basis von Absatzmärkten, deren Umsätze 10% der Gesamtumsätze des Unternehmens übersteigen	(1) Umsatzerlöse mit externen Dritten (Außenumsätze)
(2) Buchwert der Segmentaktiva auf der Basis von Produktionsstandorten, deren Buchwerte 10% der Buchwerte des Gesamtvermögens des Unternehmen übersteigen	(2) Buchwert der Segmentaktiva
(3) Segmentinvestitionen mit einer erwarteten Nutzungsdauer der erworbenen Vermögenswerte von über einem Jahr auf der Basis von Produktionsstandorten, deren Buchwerte 10% der Buchwerte des Gesamtvermögens des Unternehmens übersteigen	(3) Segmentinvestitionen mit einer erwarteten Nutzungsdauer der erworbenen Vermögenswerte von über einem Jahr

Im Rahmen der geographischen Segmentierung stellt es IAS 14 (rev. 1997) den Unternehmen grundsätzlich frei, die Segmentierung in Abhängigkeit des Produktionsstandortes (origin of sales) oder des Absatzmarktes (destination of sales) vorzunehmen. Je nach Vorgehensweise wird jedoch der Ausweis bestimmter Angaben entsprechend der nicht gewählten geographischen Segmentierung verlangt.

Rechnungslegungsgrundlagen, Vorjahreszahlen und weitere Angabepflichten

Der Ermittlung der Segmentdaten sind dieselben Bilanzierungs- und Bewertungsmethoden zugrunde zu legen, wie sie auch im Konzernabschluß für Bilanz und Gewinn- und Verlustrechnung sowie Kapitalflußrechnung Anwendung finden. Wesentliche Änderungen der Rechnungslegungsgrundsätze für die Segmentberichterstattung erfordern – im Gegensatz zu IAS 14 (rev. 1994) nunmehr explizit – eine Anpassung (restatement) der Vorjahresvergleichszahlen. Dieses darf nur im Fall der Unzweckmäßigkeit unterbleiben. Eine solche Anpassung ist für die Vorjahre – vorbehaltlich analoger Unzweckmäßigkeit – obligatorisch, sofern ein Segment durch Überschreiten der Schwellenwerte von 10% im Geschäftsjahr erstmalig berichtspflichtig wird. Dagegen führt das Unterschreiten des Schwellenwerts im Geschäftsjahr nicht notwendigerweise zum Wegfall des Segmentausweises. Sofern die Geschäftsleitung dem Segment eine fortdauernde Wesentlichkeit zuordnet, bleibt die Berichtspflicht im Geschäftsjahr gleichwohl erhalten (vgl. IAS 14.42f. (rev. 1997)).

Für Segmente, die nur die Minderheit der Umsatzerlöse durch Transaktionen mit Dritten erwirtschaften und infolgedessen nicht als berichtspflichtige Segmente klassifiziert werden, aber infolge von Innenumsätzen den Schwellenwert von 10% überschreiten, sind diese Tatsache sowie der Betrag der Innen- und Außenumsatzerlöse gesondert angabepflichtig (vgl. IAS 14.74 (rev. 1997)).

Des weiteren sind die Grundsätze der Segmentierung sowie die Zusammensetzung der Segmente im Abschluß zu beschreiben. In bezug auf die Angabe der internen Verrechnungspreise verschärft der revidierte IAS 14 die Anforderungen, indem nur noch eine Bewertung auf Basis der tatsächlich verwendeten Verrechnungspreise zulässig ist. Die Grundlage für die Verrechnungspreisbildung zwischen den Segmenten sowie Änderungen dieser Preisgestaltung sind anzugeben (vgl. IAS 14.75 (rev. 1997)).

2.2 Segmentberichterstattung nach US-GAAP

Anwendungsbereiche und Segmention

Die Segmentberichterstattung nach US-GAAP ist ausschließlich für Unternehmen verpflichtend, deren Wertpapiere (Dividendenpapiere oder schuldrechtliche Wertpapiere) öffentlich gehandelt werden oder die eine Börseneinführung planen (vgl. SFAS 131.9, Reg. S-K, Item 101(b)). Wenngleich in deutlich niedrigerem Umfang, besteht auch für Zwischenberichte die Pflicht zur Segmentberichterstattung (vgl. SFAS 131.33).

Management Approach

Die Segmentierung folgt nach US-GAAP dem management approach. Er stellt auf die Führungsstruktur bzw. Struktur der internen Berichterstattung als

Grundlage für die externe Berichterstattung ab. Es wird somit die Organisationsstruktur übernommen, der sich die Unternehmensleitung als Basis für die Entscheidungsfindung und Leistungsbeurteilung bedient (vgl. SFAS 131.5). Eine Unterteilung nach primären und sekundären Segmenten kennen die US-GAAP nicht. Die eigentliche Segmentberichterstattung betrifft allein operative Geschäftsfelder (operating segments, vgl. SFAS 131.10). Es sind jedoch nach SFAS 31 ferner Angaben (1) zu Produkten bzw. Dienstleistungen oder Gruppen verwandter Produkte bzw. Dienstleistungen (vgl. SFAS 131.37), (2) zu geographischen Gebieten (vgl. SFAS 131.38) und (3) zu Hauptkunden (major customers, vgl. SFAS 131.39) auszuweisen. Die Segmentabgrenzung erfolgt nach den analogen Grundsätzen wie die Segmentabgrenzung nach IAS 14 (vgl. SFAS 131.18).

Segmentangaben zu operativen Segmenten

Der ursprüngliche Begriff der »industrial segments« gem. SFAS 14 wurde durch die Begriffseinführung der »operating segments« in SFAS 131 deutlich eingeschränkt (vgl. KÜTING, K./PILHOFER, J. P. 1999, S. 563). Nachfolgende Angaben sind für die operativen Segmente angabepflichtig (vgl. SFAS 131.27):

(1) Außen- und Innenumsatzerlöse,

(2) Zinserträge und -aufwendungen,

(3) Abschreibungen und Wertminderungen,

(4) ungewöhnliche Aufwendungen und Erträgen gem. APB 30,

(5) anteilige Beteiligungserträge von nach der Equity Methode bewerteten Investments,

(6) Steueraufwendungen/-erträge der Steuern vom Einkommen und Ertrag,

(7) außerordentliches Ergebnis,

(8) bedeutende nicht zahlungswirksame Aufwendungen mit Ausnahme von Abschreibungen.

Segmentangaben für geographische Geschäftsfelder sowie zu Produkten/ Dienstleistungen

Die externen Umsätze sind je Produkt- bzw. Dienstleistungsart oder Produkt- bzw. Dienstleistungsgruppe zu erläutern, soweit die dafür benötigten Angaben verfügbar sind und deren Besorgung nicht mit einem unverhältnismäßig großen Aufwand verbunden ist. Darüber hinaus sind zusätzlich folgende Informationen zu den geographischen Regionen auszuweisen:

(1) Angaben zu den externen Umsätzen des Segments, und zwar getrennt nach Inlandsumsätzen und Umsätzen mit dem gesamten Ausland, wobei bei wesentlichen Auslandsumsätzen mit einem bestimmten Land diese separat auszuweisen sind, und

(2) Angaben zum langfristigen Segmentvermögen (ohne Finanzanlagen), zu langfristigen Geschäftsbeziehungen von Finanzintermediären, Grundschulden und anderen Rechten Dritter, deferred policy acquisition costs

und aktiven latenten Steuern, wobei der Ausweis getrennt nach Inland und gesamtem Ausland bzw. zusätzlich – bei bedeutenden Vermögensteilen – gesondert für einzelne Länder zu erfolgen hat.

Die Ausweispflicht entfällt für den Fall, daß die geographischen Geschäftsfelder mit den operativen Geschäftsfeldern übereinstimmen (vgl. SFAS 131.38).

Rechnungslegungsgrundlagen, Vorjahreszahlen und weitere Angabepflichten

Segmentinformationen sind in Übereinstimmung mit den für die interne Steuerung verwandten Bilanzierungs- und Bewertungsmethoden aufzustellen (vgl. SFAS 131.29). Soweit parallel mehrere interne Bilanzierungs- und Bewertungsmethoden zur Anwendung gelangen, sind die Methoden maßgeblich, die die größten Übereinstimmungen mit den im (externen) konsolidierten Abschluß verwandten Methoden aufweisen (vgl. SFAS 131.30). Die entsprechend den internen Bilanzierungs- und Bewertungsmethoden ausgewiesenen Informationen sind auf die jeweils im (externen) Konzernabschluß ausgewiesenen Posten überzuleiten. Analog kann entsprechend dem management approach eine Änderung der Organisationsstruktur die Änderung der Vorjahreszahlen erfordern (vgl. SFAS 131.41). Eine Änderung der Segmentierung hat daher grundsätzlich eine Änderung der Vorjahreszahlen zur Folge.

In den Fällen, in denen mindestens 10% der konsolidierten Umsätze mit einem Kunden erzielt werden, muß der Umsatz beziffert und die Segmente, in denen die Umsätze erwirtschaftet werden, genannt werden. Eine Benennung des Kunden ist allerdings nicht notwendig (vgl. SFAS 131.39). Einzelne staatliche Stellen sind stets als separate Kunden zu behandeln. Des weiteren ist die Bestimmungsmethode bezüglich der intersegmentären Verrechnungspreise sowie der jeweiligen Ertragsbeiträge zu beschreiben (vgl. SFAS 131.31).

3. Earnings Per Share-Angaben

Angabepflichtige Unternehmen

Unternehmen, deren Wertpapiere öffentlich gehandelt werden bzw. die sich im Going Public Prozeß befinden, müssen im Anschluß an die Gewinn- und Verlustrechnung gem. IAS 33 bzw. SFAS 128 für jede Klasse emittierter Stammaktien Ergebnis je Aktie-Kennzahlen veröffentlichen. Mithin gilt dieser Standard ebenso wie die Anforderungen an die Segmentberichterstattung nicht für sämtliche Unternehmen.

Unverwässertes Ergebnis je Aktie

IAS 33 bzw. SFAS 128 unterscheidet die Angabe von unverwässerten und verwässerten Ergebnis je Aktie-Angaben. Die unverwässerten – basic – Ergebnis je Aktie-Werte berechnen sich mittels einfacher Division des – um auf Vorzugsaktionäre entfallende Ergebnisse bereinigten – Periodenergebnisses durch den gewichteten Durchschnitt der während der Berichtsperiode im Umlauf befindlichen Stammaktien (vgl. IAS 33.10ff. bzw. SFAS 128.8).

Verwässertes Ergebnis je Aktie

Unternehmen mit komplexer Kapitalstruktur haben zudem im Sinne eines worst-case-scenario das verwässerte – diluted – Ergebnis je Aktie anzugeben. Dabei werden die Zähler- und Nennergrößen des Divisors jeweils um die Ausflüsse verwässernd wirkender potentieller Stammaktien erweitert (vgl. IAS 33.24ff. bzw. SFAS 128.11ff.). Zu den potentiellen Stammaktien zählen dabei Finanzinstrumente oder sonstige Verträge, die dem Inhaber ein Anrecht auf Stammaktien verbriefen (u.a. Wandelschuldverschreibungen, Optionsscheine oder Bezugsrechte).

Angabepflichten

Im Rahmen der Anhangangaben sind Unternehmen, die unter den Anwendungsbereich von IAS 33 bzw. SFAS 128 fallen, verpflichtet, jeweils eine Berechnung der einzelnen Zähler- und Nennergrößen getrennt für das verwässerte und das unverwässerte Ergebnis je Aktie auszuweisen. Darüber hinaus ist eine Überleitungsrechnung der Zählergrößen zu den entsprechenden Beträgen des Periodenergebnisses sowie der Nennergrößen zueinander vorzunehmen. Soweit ein Unternehmen – freiwillig – im Rahmen der financial statements andere Beträge je Aktie angibt (so bspw. ein Ergebnis je Aktie nach DVFA/SG) sind die dargestellten Berechnungs- und Angabepflichten analog verpflichtend (vgl. IAS 33.51 bzw. SFAS 128).

4. Konzernanhang und -lagebericht

»related parties«

Umfangreiche, die Konzernrechnungslegung betreffende Offenlegungen sind bzgl. der Beziehungen zu sog. »related parties« erforderlich. Hierunter werden Einzelpersonen, Personengruppen oder Unternehmen verstanden, die die Möglichkeit haben, »control« auf das Unternehmen auszuüben oder einen maßgeblichen Einfluß auf das Unternehmen tatsächlich ausüben. Zwei Parteien sind folglich miteinander verbunden, wenn

(1) das berichtende Unternehmen »control« bzw. einen maßgeblichen Einfluß auf eine andere Einzelperson, Personengruppe oder ein anderes Unternehmen innehat oder

(2) das berichtende Unternehmen in einem Abhängigkeitsverhältnis oder unter dem maßgeblichen Einfluß einer anderen Einzelperson, Personengruppe oder eines anderen Unternehmens steht.

Transaktionen zwischen related parties

Sofern zwischen den »related parties« Transaktionen vorgenommen wurden, sind nach IAS die Art der Verbundbeziehung sowie die Arten und Merkmale der Geschäftsvorfälle offenzulegen, die für das Verständnis des Abschlusses notwendig sind (vgl. IAS 24.22). Von den Angaben kann im Konzernabschluß bzgl. innerkonzernlicher Transaktionen abgesehen werden. Zudem kann unter bestimmten Voraussetzungen bei der Veröffentlichung eines Konzernabschlusses im Einzelabschluß des Mutterunternehmens bzw. im Abschluß eines hundertprozentigen Tochterunternehmens auf diese Angaben verzichtet werden (vgl. im einzelnen IAS 24.4).

Zu veröffentlichende Angaben

Neben diesen Offenlegungen und den Angaben, die bereits im Zuge der Darstellung der einzelnen Bewertungs- und Konsolidierungsschritte angeführt wurden, müssen im IAS-Abschluß diverse weitere Angaben veröffentlicht werden. Eine vollständige Auflistung dieser Angaben würde den Rahmen und die Zielsetzung dieses Kapitels als Teil eines Lehrbuchs zur Konzernrechnungslegung jedoch sprengen. Dieses gilt insbes. auch für die nicht allein die Konzernrechnungslegung betreffenden Offenlegungsverpflichtungen bzgl. der Finanzinstrumente, die für nach dem 31.12.1995 beginnende Geschäftsjahre obligatorisch sind.

Angabepflichten nach US-GAAP

Nach US-GAAP sind zu den nahestehenden Unternehmen und Personengesellschaften im Anhang folgende Angaben verpflichtend:

(1) Eine grundsätzliche Beschreibung aller Beziehungen zu nahestehenden Unternehmen,

(2) eine Beschreibung sämtlicher Geschäftsvorfälle, inklusive der Geschäftsvorfälle, für die kein Nominalwert angesetzt wurde,

(3) der Betrag der von den Unternehmen verursachten Aufwendungen und Erträge und

(4) eine Auflistung sämtlicher Forderungen und Verbindlichkeiten gegenüber den nahestehenden Unternehmen, einschließlich Informationen zur Fälligkeit und zur Art ihrer Begleichung bzw. Tilgung.

Außerdem lösen alle wesentlichen Transaktionen mit nahestehenden Unternehmen und Personen Angabepflichten aus.

Kein Lagebericht

Eine Verpflichtung zur Erstellung eines gesonderten Konzernlageberichts besteht nach IAS bzw. US-GAAP nicht.

5. Unterjährige Berichterstattung

5.1 Unterjährige Berichterstattung nach IAS

Zielsetzung

Nach IAS 34 ist es das Ziel der Zwischenberichterstattung, möglichst zeitnah über die Entwicklung und Lage der Gesellschaft in der Zwischenberichtsperiode zu informieren. Der Standard selbst legt die Mindestanforderungen an Inhalt und Form sowie die Ansatz- und Bewertungsprinzipien fest.

Pflicht zur Zwischenberichterstattung

Allerdings wird weder vorgeschrieben, welche Unternehmen Zwischenberichte zu veröffentlichen haben, noch in welchen Abständen dies zu erfolgen (vgl. IAS 34.1). Diese Regelung obliegt den nationalen Rechnungslegungsgremien. Eine Zwischenberichterstattung wird aber nach IAS für börsennotierte

Unternehmen mind. auf Halbjahresbasis empfohlen (vgl. LAUX, R. J. 1999, S. 391). Die Berichte sind dabei auf einer year-to-date Basis darzustellen, also immer vom Ende der letzten Ganzjahresperiode bis zum Zeitpunkt des Zwischenberichtes (vgl. IAS 34.20). Der Zwischenbericht ist spätestens sechzig Tage nach Ende der Zwischenberichtsperiode vorzulegen. Soweit Zwischenberichte veröffentlicht werden, ist IAS 34 bindend.

Dauer einer Zwischenberichtsperiode

Die Dauer einer Zwischenberichtsperiode wurde vom IASC nicht exakt festgelegt. Nach IAS 34 muß sie lediglich eine Finanzperiode umfassen, die kürzer als ein gesamtes Geschäftsjahr ist (vgl. ALVAREZ, M./WOTSCHOFSKY, S. 2000, S. 654). Die unterjährige Rechnungslegung ist dabei so konzipiert, daß sie im wesentlichen dem discret view folgt. Demzufolge wird die Zwischenberichtsperiode als eigenständige und vom Jahresabschluß unabhängige Abrechnungsperiode verstanden. Zielsetzung der unterjährigen Rechnungslegung ist eine adäquate Darstellung periodenspezifischer Zwischenergebnisse (vgl. IAS 34.29 und 37).

Mindestbestandteile eines Zwischenberichtes

IAS 34.8 zufolge hat ein Zwischenbericht folgende Bestandteile – vollständig oder in verkürzter Form – zu enthalten:

(a) eine Bilanz

(b) eine Gewinn- und Verlustrechnung

(c) eine Aufstellung, die entweder

- alle Veränderungen des Eigenkapitals oder
- Veränderungen des Eigenkapitals, die nicht aus Kapitaltransaktionen mit Eigentümern oder Ausschüttungen an Eigentümer resultieren, aufzeigt,

(d) eine Kapitalflußrechnung und

(e) einen Anhang.

Verkürzte Darstellung eines Zwischenberichtes

Nach IAS 34.10 müssen bei verkürzter Darstellung zumindest alle Hauptüberschriften und Zwischensummen enthalten sein, die auch in den letzten Jahresabschluß Eingang fanden. Weitere Posten sind einzubeziehen, wenn ihr Weglassen den Zwischenbericht irreführend erscheinen lassen würde, bzw. sofern sie das tatsächliche Bild der Vermögens-, Finanz- und Ertragslage erheblich beeinflussen. Bei der Entscheidung, wie ein Posten zum Zweck der unterjährigen Berichterstattung zu erfassen, zu bewerten, zu klassifizieren oder anzugeben ist, ist die Wesentlichkeit im Verhältnis zu den Finanzdaten der Zwischenberichtsperiode einzuschätzen. Bei der Einschätzung der Wesentlichkeit ist zu beachten, dass Zwischenbewertungen in einem größeren Umfang auf Schätzungen aufbauen, als die Bewertung von jährlichen Finanzdaten (vgl. IAS 34.23). Die Anhangangaben dürfen auf einige bestimmte Angaben reduziert werden (vgl. ALVAREZ, M./WOTSCHOFSKY, S. 2000, S. 654). Für alle Werte sind entsprechende Vorjahresvergleichszahlen auszuweisen.

Bilanzierungs- und Bewertungsmethoden

Es sind die gleichen Bilanzierungs- und Bewertungsmethoden in den Zwischenabschlüssen anzuwenden, wie sie in den jährlichen Abschlüssen Verwendung finden, mit Ausnahme von Änderungen der Bilanzierungs- und Bewertungsmethoden, die nach dem Stichtag des letzten jährlichen Abschlusses vorgenommen wurden und die in dem nächsten jährlichen Abschluß wiederzugeben sind. Die Häufigkeit der Berichterstattung eines Unternehmens (jährlich, halbjährlich oder vierteljährlich) darf die Höhe des Jahresergebnisses jedoch nicht beeinflussen. Um dies zu erreichen, sind zum Zwecke der Zwischenberichterstattung vorgenommene Bewertungen auf einer vom Beginn des Geschäftsjahres an bis zum Zwischenberichtstermin fortgeführten Grundlage anzuwenden (vgl. IAS 34.28).

Periodische Abgrenzung

Die jeweilige Zwischenberichtsperiode ist nach IAS als eigene Abrechnungsperiode zu betrachten, in der die Ergebnisse zeitpunktbezogen ermittelt werden (vgl. IAS 34.29). Ein Abweichen von diesem »stand-alone-Ansatz« ist nur in Einzelfällen möglich. Eine Abgrenzung saisonal, zyklisch oder zufällig anfallender Erlöse und Aufwendungen ist zum Abschlußstichtag der Zwischenberichtsperiode nur dann vorzunehmen, wenn dies auch im Jahresabschluß zulässig wäre.

Schätzungen

Schätzungen können im Vergleich zur Jahresabschlußberichterstattung in einem größeren Umfang einbezogen werden. Ergeben sich signifikante Abweichungen bei verwendeten Bilanzierungsannahmen (*estimates*), sind bereits veröffentlichte Zwischenberichte nicht rückwirkend zu berichtigen.

Vorjahresvergleichszahlen

Mit Ausnahme von Übergangsregelungen, die von einem neuen IAS vorgeschrieben werden, ist die Darstellung der Änderung von Bilanzierungs- und Bewertungsmethoden davon abhängig, ob das Unternehmen der Methode der erfolgsneutralen retrospektiven Anpassung (benchmark treatment) oder der Methode der erfolgswirksamen retrospektiven Anpassung (alternative treatment) folgt (vgl. IAS 8). Im letzteren Fall werden vergleichbare Zwischenberichtsperioden früherer Geschäftsjahre nicht angepaßt.

5.2 Unterjährige Berichterstattung nach US-GAAP

Pflicht zur unterjährigen Berichterstattung

Analog zu IAS 34 schreibt auch APB 28 die Pflicht zur unterjährigen Berichterstattung nicht verbindlich vor (vgl. LAUX, R. J. 1999, S. 391). Für SEC-berichtspflichtige Unternehmen gilt hingegen prinzipiell die Verpflichtung zur Erstellung von Quartalsabschlüssen. Für ausländische Unternehmen besteht aber die Vereinfachung, daß diese lediglich zu einer unterjährigen Berichterstattung nach landesspezifischen Vorschriften verpflichtet werden (vgl. BUSSE VON COLBE, W. 2000, S. 2194).

Die Berichterstattung gegenüber der SEC erfolgt für US-Gesellschaften mittels Form 10-Q und für Auslandsgesellschaften mittels Form 6-K. Da die SEC-Regeln insbes. Fragen zur inhaltlichen Anforderung, zu zwischenberichtsspezifischen Rechnungslegungsvorschriften und zur unterjährigen Erfolgsermittlung unbeantwortet lassen, ist auch für börsennotierte Unternehmen APB 28 anzuwenden, der aber lediglich eine Minimalanforderung formuliert (vgl. ALVAREZ, M./WOTSCHOFSKY, S. 2000a, S. 28).

Konzept der unterjährigen Rechnungslegung

Der unterjährigen Berichterstattung liegt im wesentlichen der integral view zugrunde, wonach die Zwischenberichterstattung als integraler Bestandteil des Konzernjahresabschlusses angesehen wird. Sie hängt i. d. S. von dem Konzernjahresabschluß ab. Das Zwischenergebnis muß linear auf das Jahresergebnis übertragbar sein. Dennoch hat der Umsatzausweis streng dem Realisationsprinzip zu folgen. Da man dasselbe Verhältnis zwischen Aufwand und Umsatz wie im Jahresabschluß unterstellt, erfolgt grundsätzlich eine Glättung der Periodenergebnisse. Ausgenommen davon sind saisonelle, konjunkturelle und gelegentlich erhaltene Erträge (vgl. APB 28.11 u. 18).

Nach Form Q-10 müssen Quartalsabschlüsse folgenden Mindestumfang haben:

Mindestbestandteile eines Zwischenberichtes

Teil I: Financial Statement

(a) Financial Statement (Bilanz, Erfolgsrechnung, Kapitalflußrechnung und ergänzende Angaben analog dem Jahresabschluß),

(b) Rechenschaftsberichte und Analyse des Managements über die Geschäftslage und die Ergebnisse der Geschäftsbereiche.

Teil II: Andere Informationen

(a) Rechtsstreitigkeiten,

(b) Änderungen der Rechte, die aus den Wertpapieren der Gesellschaft erwachsen,

(c) Verzug bei der Bedienung der Stammaktien,

(d) Vorlage der Sachverhalte zur Entscheidung durch die Wertpapierbesitzer,

(e) weitere Informationen,

(f) Ausführungen zu Form 8-K.

Verkürzte Darstellung eines Zwischenberichtes

Alle Daten müssen gem. Form 10-Q parallel zum Jahresabschluß (annual report) eingereicht werden. Allerdings ist es erlaubt, die Komponenten zusammenzufassen. Ausgenommen von dieser Regel ist das Vorratsvermögen, das bei wesentlichem Einfluß auf die Geschäftstätigkeit entweder in der Bilanz oder im Anhang separat dargestellt werden muß. Zu beachten ist, daß die Segmentberichterstattung zu den Pflichtbestandteilen eines Zwischenberichtes gehört (vgl. SFAS 131.33). Für alle Daten müssen analog dem Konzernjahresabschluß entsprechende Vorjahresvergleichszahlen ausgewiesen werden.

Berichtsperiode

Die Zwischenberichte selbst können entweder auf einer kumulativen year-to-date Basis oder jeweils für die einzelne Berichtsperiode separat dargestellt werden (APB 28.2). Nicht selten kommen in der Praxis beide Ausweisformen zur Anwendung. Bei der Entscheidung, wie ein Posten zum Zweck der Zwischenberichterstattung zu erfassen, zu bewerten, zu klassifizieren oder anzugeben ist, ist die Wesentlichkeit im Verhältnis zu den Finanzdaten der Zwischenperiode ausschlaggebend. Bei der Einschätzung der Wesentlichkeit ist zu beachten, daß Schätzungen für die Zwischenberichtbewertung eine wesentlich höhere Bedeutung einnehmen, als für die Bewertung der jährlichen Finanzdaten.

Bilanzierungs- und Bewertungsmethoden

Analog zu IAS 34 haben nach US-GAAP die gleichen Bilanzierungs- und Bewertungsmethoden in den Zwischenabschlüssen Anwendung zu finden, wie sie auch in den Jahresabschlüssen verwendet werden. Ausgenommen von dieser Regel sind Änderungen der Bilanzierungs- und Bewertungsmethoden, die nach dem Stichtag des letzten jährlichen Abschlusses vorgenommen wurden und die in dem nächsten jährlichen Abschluß wiederzugeben sind. Die Berücksichtigung saisoneller, konjunktureller oder sonstiger Erträge oder Aufwendungen darf nicht erfolgen. Diese sind in der Periode zu erfassen, in der sie realisiert wurden (vgl. APB 28.18). Schätzungen werden i. d. R. umfangreicher Verwendung finden, als dies in den Jahresabschlüssen der Fall ist. Trotzdem ist es erforderlich, daß die Informationen in der Zwischenberichterstattung sowohl verläßlich sind als auch die Vermögens-, Finanz und Ertragslage des Konzerns angemessen widerspiegeln (vgl. APB 28.17).

Vorjahresvergleichszahlen

Änderungen der Bilanzierung- oder Bewertungsmethoden werden analog dem Konzernjahresabschluss behandelt. Demzufolge sind die Vorperioden zu korrigieren, sofern

(a) der Korrekturbetrag wesentlich ist,

(b) eine unmittelbare Zuordnung zur Vorperiode gegeben ist und

(c) der Korrekturbetrag in der Vorperiode nicht verläßlich geschätzt werden konnte, d. h. erst in der aktuellen Zwischenperiode bestimmbar ist.

1. Die zahlungsstromorientierte Cash Flow Rechnung stellt sowohl nach IAS als auch nach US-GAAP einen Mindestbestandteil eines Konzernabschlusses dar.
2. Börsennotierte Unternehmen haben eine gegliederte Segmentrechnung offenzulegen. Nach IAS und US-GAAP kann diese unterschiedlich gegliedert sein.
3. Die einzelnen Abschlußwerte sind nach Maßgabe der Sondervorschriften in den einzelnen IAS sowie den allgemeinen Angaben zum Namen, Sitz, Rechtsform etc. zu ergänzen. Diese Angaben werden regelmäßig im Konzernanhang publiziert.
4. Unterhalb der Konzern-Gewinn- und Verlustrechnung sind die unverwässerten und verwässerten Gewinn je Aktie-Kennziffern von börsennotierten Gesellschaften auszuweisen.
5. Die Veröffentlichung eines Konzernlageberichtes sehen weder die IAS noch die US-GAAP vor.
6. Sowohl die IAS als auch die US-GAAP empfehlen lediglich, unterjährige Berichte zu veröffentlichen. Für SEC-berichtspflichtige inländische Unternehmen besteht die Pflicht zur vierteljährlichen Zwischenberichterstattung.

4. Kapitel: Verabschiedete und vorgeschlagene IAS und promulgated US-GAAP

Zur Komplettierung werden die verabschiedeten und vorgeschlagenen IAS sowie die verabschiedeten und vorgeschlagenen promulgated US-GAAP in den folgenden beiden Übersichten dargestellt.

Übersicht 127: Verlautbarungen des IASB (Stand: März 2001)

I.	**Preface to Statements of International Accounting Standards**
II.	**Framework for the Preparation and Presentation of Financial Statements**
III.	**International Accounting Standards**
IAS 1 (ref. 1994)	*Disclosure of Accounting Policies (ersetzt durch IAS 1 (rev. 1997), gültig ab 1.7.1998)*
IAS 1 (rev. 1997)	Presentation of Financial Statements (gültig ab 1.7.1998)
IAS 2 (rev. 1993)	Inventories
IAS 3	aufgehoben (ersetzt durch IAS 27 und IAS 28)
IAS 4 (ref. 1994)	Depreciation Accounting
IAS 5 (ref. 1994)	*Information to be Disclosed in Financial Statements (ersetzt durch IAS 1 (rev. 1997), gültig ab 1.7.1998)*
IAS 6	aufgehoben (ersetzt durch IAS 15)
IAS 7 (rev. 1992)	Cash Flow Statements
IAS 8 (rev. 1993)	Net Profit or Loss for the Period, Fundamental Errors and Changes in Accounting Policies
IAS 9 (rev. 1993)	Research and Development Costs
IAS 10 (rev. 1999)	Events After the Sheet Balance Date (gültig ab 1.1.2000)
IAS 11 (rev. 1993)	Construction Contracts
IAS 12 (ref. 1994)	*Accounting for Taxes on Income (ersetzt durch IAS 12 (rev. 1996), gültig ab 1.1.1998)*
IAS 12 (rev. 1996)	Income Taxes (gültig ab 1.1.1998)
IAS 13 (ref. 1994)	*Presentation of Current Assets and Current Liabilities (ersetzt durch IAS 1 (rev. 1997), gültig ab 1.7.1998)*
IAS 14 (ref. 1994)	*Reporting Financial Information by Segment (ersetzt durch IAS 14 (rev. 1997), gültig ab 1.7.1998)*
IAS 14 (rev. 1997)	Segment Reporting (gültig ab 1.7.1998)
IAS 15 (ref. 1994)	Information Reflecting the Effects of Changing Prices;
IAS 16 (rev. 1993)	Property, Plant and Equipment
IAS 17 (ref. 1994)	*Accounting for Leases (ersetzt durch IAS 17 (rev. 1997), gültig ab 1.1.1999)*
IAS 17 (rev. 1997)	Leases (gültig ab 1.1.1999)
IAS 18 (rev. 1993)	Revenue
IAS 19 (rev. 1993)	*Retirement Benefit Costs (ersetzt durch IAS 19 (rev. 1998), gültig ab 1.1.1999)*
IAS 19 (rev. 1998)	Employee Benefits (gültig ab 1.1.1999)
IAS 20 (ref. 1994)	Accounting for Government Grants and Disclosure of Government Assistance

Übersicht 127: Verlautbarungen des IASB (Stand: März 2001) (Forts.)

IAS 21 (rev. 1993)	The Effects of Changes in Foreign Exchange Rates
IAS 22 (rev. 1998)	Business Combinations (gültig ab 1.7.1999)
IAS 23 (rev. 1993)	Borrowing Costs
IAS 24 (ref. 1994)	Related Party Disclosures
IAS 25 (ref. 1994)	Accounting for Investments
IAS 26 (ref. 1994)	Accounting and Reporting by Retirement Benefit Plans
IAS 27 (ref. 1994)	Consolidated Financial Statements and Accounting for Investments in Subsidiaries
IAS 28 (ref. 1994)	Accounting for Investments in Associates
IV. International Accounting Standards	
IAS 29 (ref. 1994)	Financial Reporting in Hyperinflationary Economies
IAS 30 (ref. 1994)	Disclosures in the Financial Statements of Banks and Similar Financial Institutions
IAS 31 (ref. 1994)	Financial Reporting of Interests in Joint Ventures
IAS 32	Financial Instruments: Disclosure and Presentation
IAS 33	Earnings Per Share (gültig ab 1.1.1998)
IAS 34	Interim Financial Reporting (gültig ab 1.1.1999)
IAS 35	Discontinuing Operations (gültig ab 1.1.1999)
IAS 36	Impairment of Assets (gültig ab 1.7.1999)
IAS 37	Provisions, Contingent Liabilities and Contingent Assets (gültig ab 1.7.1999)
IAS 38	Intangible Assets (gültig ab 1.7.1999)
IAS 39	Financial Intruments: Recognition and Measurement (gültig ab 1.1.2001)
IAS 40	Investment Property (gültig ab 1.1.2001)
V. Standing Interpretations Committee – Final Interpretations	
SIC-1	Consistency – Different Cost Formulas for Inventories
SIC-2	Consistency – Capitalization of Borrowing Costs
SIC-3	Elimination of Unrealised Profits and Losses on Transactions with Associates
SIC-5	Classification of Financial Instruments – Contingent Settlement Provisions
SIC-6	Cost of Modifying Existing Software
SIC-7	Introduction of the Euro
SIC-8	First-Time Application of IASs as Primary Basis of Accounting
SIC-9	Business Combinations – Classification either as Acquisitions or Unitings of Interests
SIC-10	Government Assistance – No Specific Relation to Operating Activities
SIC-11	Foreign Exchange – Capitalisation of Losses Resulting from severe Currency Devaluations
SIC-12	Consolidation – Special Purpose Entities
SIC-13	Jointly Controlled Entities – Non-monetary Contributions by Venturers
SIC-14	Property, Plant and Equipment – Compensation for the Impairment or Loss of Items

Übersicht 127:	*Verlautbarungen des IASB (Stand: März 2001) (Forts.)*
SIC-15	Operating Leases – Incentives
SIC-16	Presentation of Treasury Shares
SIC-17	Equity-Costs of an Equity Transaction
SIC-18	Consistency – Alternative Methods
SIC-19	Reporting Currency – Measurement and Presentation of Financial Statements Under IAS 21 and 29
SIC-20	Equity Accounting Method – Recognition of Losses
SIC-21	Income Taxes – Recovery of Revalued Non-Depreciable Assets
SIC-22	Business Combinations – Subsequent Adjustment of Fair Values and Goodwill Initially Reported
SIC-23	Property, Plant and Equipment – Major Inspection or Overhaul Costs
SIC-24	Earnings Per Share – Financial Instruments and Other Contracts that May Be Settled in Shares
SIC-25	Income Taxes – Changes in the Tax Status of an Enterprise or its Shareholders
VI. Standing Interpretations Committee – Draft Interpretations	
SIC-D17	Share Capital – Transaction Costs
SIC-D18	Consistency – Alternative Accounting Policies

Übersicht 128:		*Offizielle Verlautbarungen zur Rechnungslegung nach US-GAAP (Stand: März 2001)*
I. Accounting Research Bulletins (ARB's), Committee on Accounting Procedures, AICPA (1953–1959)		
ARB 43	1953	Restatement and Revision of Accounting Research Bulletins Nos. 1–42, and Accounting Terminology Bulletin No. 1 (ursprünglich erlassen 1939–1953) (geändert)
ARB 45	1955	Long-term Construction-type Contracts
ARB 46	1956	Discontinuance of Dating Earned Surplus
ARB 51	1959	Consolidated Financial Statements (geändert und teilweise ersetzt)
II. Accounting Terminology Bulletins, Committee on Terminology, AICPA		
No. 1	1953	Review and Résumé (für die ursprünglichen acht terminology bulletins) (geändert)
No. 2	1955	Proceeds, Revenue, Income, Profit, and Earnings (geändert)
No. 3	1956	Book value
No. 4	1957	Cost, Expenses, and Loss (geändert)
III. Accounting Principle Board (APB) Opinions, AICPA (1962–1973)		
APB 2	1962	Accounting for the »Investment Credit« (geändert und und teilweise ersetzt durch SFAS 71 und 109)
APB 4	1964	Accounting for the »Investment Credit« – Änderung zu APB 2
APB 6	1965	Status Of Accounting Research Bulletins (geändert und teilweise ersetzt)

Übersicht 128: Offizielle Verlautbarungen zur Rechnungslegung nach US-GAAP (Stand: März 2001) (Forts.)

APB 9	1966	Reporting The Results Of Operations (geändert und teilweise ersetzt)
APB 10	1966	Omnibus Opinion – 1966 (geändert und teilweise ersetzt)
APB 12	1967	Omnibus Opinion – 1967 (geändert und teilweise ersetzt)
APB 13	1969	Amending Paragraph 6 of APB Opinion No. 9, Application to Commercial Banks – Änderung zu APB 6 und 9
APB 14	1969	Accounting for Convertible Debt and Debt Issued with Stock Purchase Warrants
APB 16	1970	Business Combinations (geändert und teilweise ersetzt)
APB 17	1970	Intangible Assets (geändert und teilweise ersetzt)
APB 18	1971	The Equity Method Of Accounting For Investments In Common Stock (geändert und teilweise ersetzt)
APB 20	1971	Accounting Changes (geändert und teilweise ersetzt)
APB 21	1971	Interest on Receivables and Payables (geändert)
APB 22	1972	Disclosure of Accounting Policies (geändert)
APB 23	1972	Accounting for Income Taxes – Special Areas (geändert und teilweise ersetzt)
APB 24	1972	Accounting for Income Taxes – Investments in Common Stock Accounted for by the Equity Method (Other than Subsidiaries and Corporate Joint Ventures) (ersetzt durch SFAS 109)
APB 25	1972	Accounting for Stock Issued to Employees (geändert und teilweise ersetzt)
APB 26	1972	Early Extinguishment of Debt (geändert und teilweise ersetzt)
APB 28	1973	Interim Financial Reporting (geändert und teilweise ersetzt)
APB 29	1973	Accounting for Nonmonetary Transactions (geändert und teilweise ersetzt)
APB 30	1973	Reporting the Results of Operations – Reporting the Effects of Disposal of a Segment of a Business, and Extraordinary, Unusual and Infrequently Occurring Events and Transactions (geändert und teilweise ersetzt)
IV. Financial Accounting Standards Board (FASB), Statements of Financial Accounting Standards (SFAS) (1973–2001)		
SFAS 2	1974	Accounting for Research and Development Costs (geändert und teilweise ersetzt)
SFAS 3	1974	Reporting Accounting Changes in Interim Financial Statements – Änderung zu APB 28 (geändert)
SFAS 4	1975	Reporting Gains and Losses from Extinguishment of Debt – Änderungen zu APB 30 (geändert und teilweise ersetzt)
SFAS 5	1975	Accounting for Contingencies (geändert und teilweise ersetzt)
SFAS 6	1975	Classification of Short-Term Obligations Expected to Be Refinanced – Änderung zu ARB 43.3A
SFAS 7	1975	Accounting and Reporting by Development Stage Enterprises (geändert und teilweise ersetzt)
SFAS 10	1975	Extension of »Grandfather« Provisions for Business Combinations – Änderung zu APB 16

Übersicht 128: Offizielle Verlautbarungen zur Rechnungslegung nach US-GAAP (Stand: März 2001) (Forts.)

SFAS 11	1975	Accounting for Contingencies – Transition Method – Änderung zu SFAS 5
SFAS 13	1976	Accounting for Leases (geändert und teilweise ersetzt)
SFAS 15	1977	Accounting by Debtors and Creditors for Troubled Debt Restructurings (geändert und teilweise ersetzt)
SFAS 16	1977	Prior Period Adjustments (geändert und teilweise ersetzt)
SFAS 19	1977	Financial Accounting and Reporting by Oil and Gas Producing Companies (geändert und teilweise ersetzt)
SFAS 20	1977	Accounting for Forward Exchange Contracts – Änderung zu SFAS 8 (ersetzt durch SFAS 52)
SFAS 22	1978	Changes in the Provisions of Lease Agreements Resulting from Refundings of Tax-Exempt Debt – Änderung zu SFAS 13 (geändert und teilweise ersetzt)
SFAS 23	1978	Inception of the Lease – Änderung zu SFAS 13
SFAS 25	1979	Suspension of Certain Accounting Requirements for Oil and Gas Producing Companies – Änderung zu SFAS 19 (teilweise ersetzt)
SFAS 27	1979	Classification of Renewals or Extensions of Existing Sales-Type or Direct Financing Leases – Änderung zu SFAS 13
SFAS 28	1979	Accounting for Sales with Leasebacks – Änderung zu SFAS 13 (geändert)
SFAS 29	1979	Determining Contingent Rentals – Änderung zu SFAS 13 (geändert)
SFAS 34	1979	Capitalization of Interest Cost (geändert und teilweise ersetzt)
SFAS 35	1980	Accounting and Reporting by Defined Benefit Pension Plans (geändert und teilweise ersetzt)
SFAS 37	1980	Balance Sheet Classification of Deferred Income Taxes (geändert und teilweise ersetzt)
SFAS 38	1980	Accounting for Preacquisition Contingencies of Purchased Enterprises – Änderung zu APB 16 (geändert und teilweise ersetzt)
SFAS 42	1980	Determining Materiality for Capitalization of Interest Cost – Änderung zu SFAS 34
SFAS 43	1980	Accounting for Compensated Absences (geändert und teilweise ersetzt)
SFAS 44	1980	Accounting for Intangible Assets of Motor Carriers – Änderung zu ARB 43.5 und eine Interpretation zu APB 17 und 30 (geändert)
SFAS 45	1981	Accounting for Franchise Fee Revenue
SFAS 47	1981	Disclosure of Long-Term Obligations (teilweise ersetzt)
SFAS 48	1981	Revenue Recognition when Right of Return Exists
SFAS 49	1981	Accounting for Product Financing Arrangements (teilweise ersetzt)
SFAS 50	1981	Financial Reporting in the Record and Music Industry
SFAS 51	1981	Financial Reporting by Cable Television Companies (geändert und teilweise ersetzt)

Übersicht 128: Offizielle Verlautbarungen zur Rechnungslegung nach US-GAAP (Stand: März 2001) (Forts.)

SFAS 52	1981	Foreign Currency Translation (geändert und teilweise ersetzt)
SFAS 53	1981	Financial Reporting By Producers and Distributors of Motion Picture Films
SFAS 57	1982	Related Party Disclosures
SFAS 58	1982	Related Party Disclosures
SFAS 60	1982	Accounting and Reporting by Insurance Enterprises (geändert und teilweise ersetzt)
SFAS 61	1982	Accounting for Title Plant (geändert)
SFAS 62	1982	Capitalization of Interest Cost in Situations Involving Certain Tax-Exempt Borrowings and Certain Gifts and Grants – Änderung zu SFAS 34
SFAS 63	1982	Financial Reporting by Broadcasters
SFAS 64	1982	Extinguishments of Debt Made to Satisfy Sinking-Fund Requirements – Änderung zu SFAS 4
SFAS 65	1982	Accounting for Certain Mortgage Banking Activities (geändert und teilweise ersetzt)
SFAS 66	1982	Accounting for Sales of Real Estate (geändert und teilweise ersetzt)
SFAS 67	1982	Accounting for Costs and Initial Rental Operations of Real Estate Projects (geändert und teilweise ersetzt)
SFAS 68	1982	Research and Development Arrangements
SFAS 69	1982	Disclosures about Oil and Gas Producing Activities – Änderung zu SFAS 19, 25, 33 und 39 (geändert und teilweise ersetzt)
SFAS 72	1983	Accounting for Certain Acquisitions of Banking or Thrift Institutions – Änderung zu APB 17, Interpretation zu APB 16 und 17, und Änderung zu FIN 9
SFAS 73	1983	Reporting a Change in Accounting for Railroad Track Structures – Änderung zu APB 20
SFAS 78	1983	Classification of Obligations That are Callable by the Creditor – Änderung zu ARB 43.3A
SFAS 79	1984	Elimination of Certain Disclosures for Business Combinations by Nonpublic Enterprises – Änderung zu APB 16
SFAS 84	1985	Induced Conversions of Convertible Debt (Änderung zu APB 26)
SFAS 86	1985	Accounting for the Costs of Computer Software to Be Sold, Leased, or Otherwise Marketed
SFAS 87	1985	Employers' Accounting for Pensions (geändert und teilweise ersetzt)
SFAS 88	1985	Employers' Accounting and Settlements and Curtailments of Defined Benefit Pension Plans and Termination Benefits (teilweise ersetzt)
SFAS 89	1986	Financial Reporting and Changing Prices (geändert)
SFAS 90	1986	Regulated Enterprises – Accounting for Abandonments and Disallowances of Plant Costs – Änderung zu SFAS 71 (geändert und teilweise ersetzt)

Übersicht 128: Offizielle Verlautbarungen zur Rechnungslegung nach US-GAAP (Stand: März 2001) (Forts.)		
SFAS 91	1986	Accounting for Nonrefundable Fees and Costs Associated with Originating or Acquiring Loans and Initial Direct Costs of Leases – Änderung zu SFAS 13, 60 und 65 und eine Aufhebung von SFAS 17 (geändert und teilweise ersetzt)
SFAS 92	1987	Regulated Enterprises – Accounting for Phase-in Plans – Änderung zu SFAS 71
SFAS 93	1987	Recognition of Depreciation by Not-for-Profit Organizations (geändert)
SFAS 94	1987	Consolidation of All Majority-Owned Subsidiaries – Änderung zu ARB 51 mit in Beziehung stehenden Änderungen zu APB 18 und ARB 43.12 (teilweise ersetzt)
SFAS 95	1987	Statement of Cash Flows (geändert und teilweise ersetzt)
SFAS 97	1987	Accounting and Reporting by Insurance Enterprises for Certain Long-Duration Contracts and for Realized Gains and Losses from the Sale of Investments (geändert und teilweise ersetzt)
SFAS 98	1988	Accounting for Leases
SFAS 99	1988	Deferral of the Effective Date of Recognition of Depreciation by Not-for-Profit Organizations – Änderung zu SFAS 93
SFAS 101	1988	Regulated Enterprises – Accounting for the Discontinuation of Application of FASB Statement No. 71 (geändert)
SFAS 102	1989	Statement of Cash Flows – Exemption of Certain Enterprises and Classification of Cash Flows from Certain Securities Acquired for Resale – Änderung zu SFAS 95 (geändert)
SFAS 104	1989	Statement of Cash Flows – Net Reporting of Certain Cash Receipts and Cash Payments and Classification of Cash Flows from Hedging Transactions – Änderung zu SFAS 95
SFAS 106	1990	Employers' Accounting for Postretirement Benefits Other Than Pensions (geändert und teilweise ersetzt)
SFAS 107	1991	Disclosures about Fair Value of Financial Instruments (geändert und teilweise ersetzt)
SFAS 109	1992	Accounting for Income Taxes (geändert)
SFAS 110	1992	Reporting by Defined Benefit Pension Plans of Investment Contracts – Änderung zu SFAS 35
SFAS 111	1992	Rescission of FASB Statement No. 32 and Technical Corrections
SFAS 112	1992	Employers' Accounting for Postemployment Benefits – Änderung zu den SFAS 5 and 43 (geändert)
SFAS 113	1992	Accounting and Reporting for Reinsurance of Short-Duration and Long-Duration Contracts (geändert)
SFAS 114	1993	Accounting by Creditors for Impairment of A Loan – Änderung zu SFAS No. 5 und 15 (geändert und teilweise ersetzt)
SFAS 115	1993	Accounting for Certain Investments in Debt and Equity Securities (geändert)
SFAS 116	1993	Accounting for Contributions Received and Contributions Made
SFAS 117	1993	Financial Statements of Not-for-Profit Organizations (geändert)

Übersicht 128: Offizielle Verlautbarungen zur Rechnungslegung nach US-GAAP (Stand: März 2001) (Forts.)

SFAS 118	1994	Accounting by Creditors for Impairment of a Loan-Income Recognition and Disclosures – Änderung zu SFAS No. 114
SFAS 120	1995	Accounting and Reporting by Mutual Life Insurance Enterprises and by Insurance Enterprises for Certain Long-Duration Participating Contracts
SFAS 121	1995	Accounting for the Impairment of Long-Lived Assets and for Long-Lived Assets to be Disposed of
SFAS 123	1995	Accounting for Stock-Based Compensation (geändert und teilweise ersetzt)
SFAS 124	1995	Accounting for Certain Investments Held by not-for-Profit Organizations (geändert)
SFAS 125	1995	Accounting for Transfers and Servicing of Financial Assets and Extinguishments of Liabilities (geändert und teilweise ersetzt)
SFAS 126	1996	Exemption from Certain Required Disclosures about Financial Instruments for Certain Nonpublic Entities – Änderung zu SFAS 107 (teilweise ersetzt)
SFAS 127	1996	Deferral of the Effective Date of Certain Provisions of FASB Statement No. 125 – Änderung zu SFAS 125
SFAS 128	1997	Earnings Per Share (geändert)
SFAS 129	1997	Disclosure of Information about Capital Structure
SFAS 130	1997	Reporting Comprehensive Income (geändert)
SFAS 131	1997	Disclosures about Segments of an Enterprise and Related Information (geändert)
SFAS 132	1998	Employers' Disclosures about Pensions and Other Postretirement Benefits (geändert und teilweise ersetzt)
SFAS 133	1998	Accounting for Derivative Instruments and Hedging Activities (geändert und teilweise ersetzt)
SFAS 134	1998	Accounting for Mortgage-Backed Securities Retained after the Securitization of Mortgage Loans Held for Sale by a Mortgage Banking Enterprise
SFAS 135	1999	Rescission of FASB Statement No. 75 and Technical Corrections
SFAS 136	1999	Transfers of Assets to a Not-for-Profit Organization or Charitable Trust That Raises or Holds Contributions for Others
SFAS 137	1999	Accounting for Derivative Instruments and Hedging Activities – Deferral of the Effective Date of FASB Statement No. 133 – Änderung zu SFAS 133
SFAS 138	2000	Accounting for Certain Derivative Instruments and Certain Hedging Activities – Änderung zu SFAS 133
SFAS 139	2000	Rescission of FASB Statement No. 53 and amendments to FASB Statements No. 63, 89 and 121
SFAS 140	2000	Accounting for Transfers and Servicing of Financial Assets and Extinguishments of Liabilities – Ersetzte SFAS 125

Übersicht 128: Offizielle Verlautbarungen zur Rechnungslegung nach US-GAAP (Stand: März 2001) (Forts.)

V. Financial Accounting Standard Board (FASB), Interpretations (FIN) (1974–2001)		
FIN 1	1974	Accounting Changes Related to the Cost of Inventory – Interpretation zu APB 20
FIN 4	1975	Applicability of FASB Statement No. 2 to Business Combinations Accounted for by the Purchase Method – Interpretation zu SFAS 2
FIN 6	1975	Applicability of FASB Statement No. 2 to Computer Software – Interpretation zu SFAS 2 (geändert)
FIN 7	1975	Applying FASB Statement No. 7 In Financial Statements of Established Operating Enterprises – Interpretation SFAS 7
FIN 8	1976	Classification of a Short-Term Obligation Repaid Prior to Being Replaced by a Long-Term Security – Interpretation zu SFAS 6
FIN 9	1976	Applying APB Opinions No. 16 and 17 When a Savings and Loan Association or a Similar Institution is Acquired in a Business Combination Accounted for by the Purchase Method – Interpretation zu APB 16 and 17 (geändert)
FIN 14	1976	Reasonable Estimation of the Amount of a Loss – Interpretation zu SFAS 5
FIN 18	1977	Accounting for Income Taxes In Interim Periods – Interpretation zu APB 28 (geändert)
FIN 19	1977	Lessee Guarantee of the Residual Value of Leased Property – Interpretation zu SFAS 13
FIN 20	1977	Reporting Accounting Changes Under AICPA Statements of Position – Interpretation zu APB 20 (geändert)
FIN 21	1978	Accounting for Leases in a Business Combination – Interpretation zu SFAS 13
FIN 22	1978	Applicability of Indefinite Reversal Criteria to Timing Differences – Interpretation zu APB 11 and 23 (geändert)
FIN 23	1978	Leases of Certain Property Owned by A Governmental Unit or Authority – Interpretation zu SFAS 13
FIN 24	1978	Leases Involving only Part of a Building – Interpretation zu SFAS 13
FIN 26	1978	Accounting for Purchase of a Leased Asset by the Lessee During the Term of the Lease – Interpretation zu SFAS 13
FIN 27	1978	Accounting for a Loss on a Sublease – Interpretation zu SFAS 13 und APB 30 (teilweise ersetzt)
FIN 28	1978	Accounting for Stock Appreciation Rights and Other Variable Stock Option or Award Plans – Interpretation zu APB 15 und 25 (geändert)
FIN 30	1979	Accounting for Involuntary Conversions of Nonmonetary Assets to Monetary Assets – Interpretation zu APB 29 (geändert)

Übersicht 128: Offizielle Verlautbarungen zur Rechnungslegung nach US-GAAP (Stand: März 2001) (Forts.)

FIN 33	1980	Applying FASB Statement No. 34 to Oil and Gas Producing Operations Accounted for by the Full Cost Method – Interpretation zu SFAS 34
FIN 34	1981	Disclosure of Indirect Guarantees of Indebtedness of Others – Interpretation zu SFAS 5
FIN 35	1981	Criteria for Applying the Equity Method of Accounting for Investments In Common Stock – Interpretation zu APB 18
FIN 36	1981	Accounting for Exploratory Wells In Progress at the End of a Period – Interpretation zu SFAS 19
FIN 37	1983	Accounting for Translation Adjustments Upon Sale of Part of an Investment in a foreign Entity – Interpretation zu SFAS 52
FIN 38	1984	Determining the Measurement Date for Stock Option, Purchase, and Award Plans Involving Junior Stock – Interpretation zu APB 25 (geändert)
FIN 39	1992	Offsetting of Amounts Related to Certain Contracts – Interpretation zu APB 10 und SFAS 105 (geändert)
FIN 40	1993	Applicability of Generally Accepted Accounting Principles to Mutual Life Insurance and Other Enterprises – Interpretation zu SFAS 12, 60, 97 und 113 (geändert)
FIN 42	1996	Accounting for Transfers of Assets in Which a Not-for-Profit Organization is Granted Variance Power – Interpretation zu SFAS 116
FIN 43	1999	Real Estate Sales – Interpretation zu SFAS 66
FIN 44	2000	Accounting for Certain Transactions involving Stock Compensation – Interpretation zu APB 25
VI. Financial Accounting Standards Board (FASB), Technical Bulletins (FTB) (1979–2000)		
FTB 79-1	rev. 1984	Purpose and Scope of FASB Technical Bulletins and Procedures for Issuance
FTB 79-3	1979	Subjective Acceleration Clauses in Long-Term Debt Agreements
FTB 79-4	1979	Segment Reporting of Puerto Rican Operations (geändert)
FTB 79-5	1979	Meaning of the Term »Customer« as it Applies to Health Care Facilities Under FASB Statement No. 14 (geändert)
FTB 79-9	1979	Accounting in Interim Periods for Changes in Income Tax Rates (geändert)
FTB 79-10	1979	Fiscal Funding Clauses in Lease Agreements
FTB 79-12	1979	Interest Rate Used in Calculating the Present Value of Minimum Lease Payments
FTB 79-13	1979	Applicability of FASB Statement No. 13 to Current Value Financial Statements
FTB 79-14	1979	Upward Adjustment of Guaranteed Residual Values
FTB 79-15	1979	Accounting for Loss on a Sublease Not Involving the Disposal of a Segment

Übersicht 128: Offizielle Verlautbarungen zur Rechnungslegung nach US-GAAP (Stand: März 2001) (Forts.)

FTB 79-16	rev. 1980	Effect of a Change in Income Tax Rate on the Accounting for Leveraged Leases (geändert)
FTB 79-17	1979	Reporting Cumulative Effect Adjustment from Retroactive Application Of FASB Statement No. 13
FTB 79-18	1979	Transition Requirement of Certain FASB Amendments And Interpretations Of FASB Statement No. 13
FTB 79-19	1979	Investor's Accounting for Unrealized Losses on Marketable Securities Owned by an Equity Method Investee (geändert)
FTB 80-1	1980	Early Extinguishment of Debt Through Exchange for Common or Preferred Stock (geändert)
FTB 80-2	1980	Classification of Debt Restructurings by Debtors and Creditors
FTB 81-6	1981	Applicability of FASB Statement No. 15 to Debtors in Bankruptcy Situations
FTB 82-1	1982	Disclosure of the Sale or Purchase of Tax Benefits Through Tax Leases (geändert)
FTB 84-1	1984	Accounting for Stock Issued to Acquire the Results of a Research and Development Arrangement
FTB 85-1	1985	Accounting for the Receipt of Federal Home Loan Mortgage Corporation Participating Preferred Stock (geändert)
FTB 85-3	1985	Accounting for Operating Leases with Scheduled Rent Increases
FTB 85-4	1985	Accounting for Purchases of Life Insurance
FTB 85-5	1985	Issues Relating to Accounting for Business Combinations, Including Costs of Closing Duplicate Facilities of an Acquirer, Stock Transactions Between Companies Under Common Control, Downstream Mergers, Identical Common Shares for a Pooling Of Interests, and Pooling of Interests by Mutual and Cooperative Enterprises
FTB 85-6	1985	Accounting for a Purchase of Treasury Shares at a Price Significantly in Excess of the Current Market Price of the Shares and the Income Statement Classification of Costs Incurred in Defending Against a Takeover Attempt
FTB 86-2	1986	Accounting for an Interest in the Residual Value of a Leased Asset: Acquired by a Third Party or Retained by a Lessor that Sells the Related Minimum Rental Payments (teilweise ersetzt)
FTB 87-2	1987	Computation of a Loss on an Abandonment (geändert)
FTB 87-3	1987	Accounting for Mortgage Servicing Fees and Rights (teilweise ersetzt)
FTB 88-1	1988	Issues Relating to Accounting for Leases: Time Pattern of the Physical Use of the Property in an Operating Lease; Lease Incentives in an Operating Lease; Applicability of Leveraged Lease Accounting to Existing Assets of the Lessor; Money-Over-Money Lease Transactions; Wrap Lease Transactions
FTB 90-1	1990	Accounting for Separately Priced Extended Warranty and Product Maintenance Contracts

Übersicht 128: Offizielle Verlautbarungen zur Rechnungslegung nach US-GAAP (Stand: März 2001) (Forts.)

FTB 94-1	1994	Application of FASB Statement No. 115 to debt securities restructured in atroubled debt restructuring
FTB 97-1	1997	Accounting under FASB Statement No. 123 for Certain Employee Stock Purchase Plans with a Look-Back Option

5. Kapitel: Synoptische Darstellung – Vergleich von HGB, IAS und US-GAAP

Die Darstellung soll die wesentlichen Regelungen des HGB, der IAS und der US-GAAP zur Konzernrechnungslegung synoptisch gegenüberstellen. Zur besseren Übersichtlichkeit werden gleichlautende Vorschriften in einer übergreifenden Box zusammengefaßt. Dabei sei darauf hingewiesen, daß sich auch bei generell gleichen Regelungen im Detail Unterschiede zwischen den einzelnen Standards ergeben können.

<table>
<tr><th></th><th>HGB</th><th>IAS</th><th>US-GAAP</th></tr>
<tr><td colspan="4">1. Konzeption</td></tr>
<tr><td colspan="4">a) Inhalt und Wesen des Konzernabschlusses</td></tr>
<tr><td>Aufgabe des Konzernabschlusses</td><td colspan="2">Primäre Aufgabe des Konzernabschlusses ist die Vermittlung entscheidungsrelevanter Daten. Er hat keine Ausschüttungsbemessungsfunktion. Er dient nicht als Steuerbemessungsgrundlage.</td><td>Primäre Aufgabe des Konzernabschlusses ist die Vermittlung entscheidungsrelevanter Daten. Er hat i.d.R. keine Ausschüttungsbemessungsfunktion.
Unter bestimmten Voraussetzungen dient er als Steuerbemessungsgrundlage.</td></tr>
<tr><td>Verhältnis Einzel- und Konzernabschluß</td><td colspan="2">Konzernabschluß ergänzt den Einzelabschluß.</td><td>Konzernabschluß ersetzt den Einzelabschluß.</td></tr>
<tr><td>Bestandteile des Konzernabschlusses</td><td>Mindestbestandteile des Konzernabschlusses sind:
– Konzernbilanz
– Konzern-GuV
– Konzernanhang (inkl. Kapitalflußrechnung und Segmentberichterstattung (beide nur bei börsennotieren MU)
– Konzernlagebericht.</td><td>Mindestbestandteile des Konzernabschlusses sind:
– Konzernbilanz
– Konzern-GuV (inkl. Ausweis Earnings per Share für börsennotierte MU)
– Konzernanhang (inkl. Segementberichterstattung)
– Kapitalflußrechnung
– statement of changes in stockholders'equity zzgl. statement of total recognized gains and losses.</td><td>Mindestbestandteile des Konzernabschlusses sind:
– Konzernbilanz
– Konzern-GuV (inkl. Ausweis Earnings per Share für börsennotierte MU)
– Konzernanhang (inkl. Segmentberichterstattung)
– Kapitalflußrechnung
– statement of changes in stockholders'equity
– statement of comprehensive income.</td></tr>
</table>

	HGB	**IAS**	**US-GAAP**
Konzernabschluß-stichtag	Der Konzernabschlußstichtag ist wahlweise: – Stichtag des Jahresabschlusses des MU oder – Stichtag der bedeutendsten einbezogenen Unternehmen oder – Stichtag der Mehrzahl der einbezogenen Unternehmen.	Der Konzernabschlußstichtag ist verpflichtend der Stichtag des Mutterunternehmens.	
Zwischenabschluß	Ein Zwischenabschluß ist zu erstellen, sofern der Abschlußstichtag eines TU mehr als 3 Monate vor dem Konzernabschlußstichtag liegt.	Ein Zwischenabschluß ist zu erstellen, sofern der Abschlußstichtag eines TU mehr als 3 Monate vor oder nach dem Konzernabschlußstichtag liegt. Berichtigungen aufgrund wesentlicher Geschäftsvorfälle durch bilanzielle Korrektur bzw. Anpassung der Konzern-GuV bei abweichenden Stichtagen sind auch innerhalb der 3 Monatsfrist verpflichtend.	Ein Zwischenabschluß ist zu erstellen, sofern der Abschlußstichtag eines TU mehr als 3 Monate vor oder nach dem Konzernabschlußstichtag liegt. Berichtigungen aufgrund wesentlicher Geschäftsvorfälle durch bilanzielle Korrektur bzw. Anpassung der Konzern-GuV bei abweichenden Stichtagen sind auch innerhalb der 3 Monats-Frist verpflichtend.
b) Aufstellungspflicht			
Pflicht zur Konzern-rechnungslegung	Es besteht die gesetzliche Aufstellungspflicht, falls – eine **einheitliche Leitung** des Konzerns durch eine Kapitalgesellschaft (MU) mit Sitz im Inland oder wenn – ein **Control-Verhältnis** vorliegt.	Ein Konzernabschluß ist aufzustellen, wenn ein **Control-Verhältnis** vorliegt.	Ein Konzernabschluß ist zu erstellen, falls eine SEC-Berichtspflicht vorliegt und ein Control-Verhältnis besteht.

	HGB	IAS	US-GAAP
Control-Verhältnis	Das Mutterunternehmen (Kapitalgesellschaft) übt auf Grundlage folgender Voraussetzungen ein Control-Verhältnis aus: – unmittelbare oder mittelbare Stimmrechtsmehrheit oder – Organbestellungsrecht oder – Beherrschungsvertrag bzw. Satzung.	Das Mutterunternehmen übt auf Grundlage folgender Voraussetzungen ein Controlverhältnis aus: – unmittelbare oder mittelbare Stimmrechtsmehrheit (rechtliche Einflußmöglichkeit) oder – Ausübung eines beherrschenden Einflusses aufgrund von Vertrag oder Satzung oder auf andere Art (faktische Einflußmöglichkeiten).	Das Mutterunternehmen (rechtsformunabhängig) übt auf Grundlage folgender Voraussetzungen ein Controlverhältnis aus: – unmittelbare oder mittelbare Stimmrechtsmehrheit (rechtliche Einflußmöglichkeit) oder – Ausübung eines beherrschenden Einflusses aufgrund von Vertrag oder Satzung oder auf andere Art (faktische Einflußmöglichkeiten).
Befreiungen aufgrund eines übergeordneten Konzernabschlusses	Das MU wird von der Pflicht zur Erstellung eines Konzernabschlusses befreit, wenn ein übergeordnetes MU einen befreienden Konzernabschluß erstellt.	Grundsätzlich ist auf jeder Konzernstufe ein Konzernabschluß aufzustellen. **Ausnahme:** Ein übergeordnetes MU stellt einen befreienden Konzernabschluß auf. Voraussetzung: – das übergeordnete MU hält 100% der Anteile am jeweiligen MU oder – das übergeordnete MU hält mind. 90% der Anteile am jeweiligen MU und die Minderheiten des untergeordneten MU stimmten der Befreiung zu.	Grundsätzlich ist auf jeder Konzernstufe ein Konzernabschluß aufzustellen, sofern die jeweilige Zwischenholding börsennotiert ist.
Größenabhängige Befreiung	Eine größenabhängige Befreiung orientiert sich an den Bilanzsummen, Umsatzerlösen und Beschäftigtenzahlen. Sie ist nicht zulässig, wenn ein Konzernunternehmen an einer deutschen oder europäischen Börse notiert.	Eine größenabhängige Befreiung ist unbekannt.	

	HGB	IAS	US-GAAP
c) Konsolidierungskreis			
Einzubeziehende Unternehmen	Es gilt das Weltabschlußprinzip. Tochterunternehmen sind unabhängig von ihrem Sitz in den Konzernabschluß einzubeziehen.		
Einbeziehungsverbote	Ein Tochterunternehmen darf nicht einbezogen werden, wenn dessen Geschäftstätigkeit stark von der Tätigkeit der anderen einbezogenen Unternehmen abweicht und dadurch die tatsächlichen Verhältnisse der Vermögens-, Finanz- und Ertragslage verzerrt würden.	Ein Tochterunternehmen darf nicht einbezogen werden, falls – ein beherrschender Einfluß durch erhebliche und langfristige Beschränkungen beeinträchtigt wird, – ein beherrschender Einfluß nur vorübergehend ist, weil das TU ausschließlich zum Zweck der Weiterveräußerung erworben wurde. Abweichende Tätigkeit ist kein Grund, das Tochterunternehmen von der Konsolidierung auszuschließen; es besteht vielmehr ein Konsolidierungsgebot.	Ein Tochterunternehmen darf nicht einbezogen werden, falls – ein beherrschender Einfluß vom MU nicht ausgeübt werden kann (u. a. Sanierungsphase oder Konkursverfahren). – ein beherrschender Einfluß nur vorübergehend ist (temporary control). Abweichende Tätigkeit ist kein Grund, das Tochterunternehmen von der Konsolidierung auszuschließen; es besteht vielmehr ein Konsolidierungsgebot.
Einbeziehungswahlrechte	Ein Einbeziehungswahlrecht besteht, wenn – die Verfügungsrechte über das TU erheblich und dauernd beschränkt sind. – die Konsolidierung unverhältnismäßig hohe Kosten oder Verzögerungen aufwirft. – Weiterveräußerungsabsicht besteht. – das TU von untergeordneter Bedeutung ist.	Es existieren grundsätzlich keine Einbeziehungswahlrechte. Von einer Einbeziehung kann abgesehen werden, wenn – das TU von untergeordneter Bedeutung ist oder – wenn die Konsolidierung unverhältnismäßig hohe Kosten oder Verzögerungen aufwirft.	Es existieren grundsätzlich keine Einbeziehungswahlrechte. Von einer Einbeziehung kann abgesehen werden, wenn das TU von untergeordneter Bedeutung ist.

	HGB	IAS	US-GAAP
d) Bewertung			
Konzerneinheitliche Bilanzierung und Bewertung	Es gelten die Regelungen des MU. Bilanzierungs- und Bewertungswahlrechte sind unabhängig vom Einzelabschluß konzernweit einheitlich auszuüben. Ausnahmen ergeben sich aus: – besondere Vorschriften für Kreditinstitute oder Versicherungen – untergeordnete Bedeutung für die Vermögens-, Finanz- und Ertragslage – besondere Ausnahmefälle – rein steuerlich motivierte Wertansätze aufgrund der umgekehrten Maßgeblichkeit.	Ähnliche Geschäftsvorfälle u.a. Ereignisse unter vergleichbaren Umständen sind einheitlich zu bilanzieren und bewerten. Ist dies nicht praktikabel, kann darauf verzichtet werden.	Es existieren keine expliziten Regelungen. Eine Anpassung der Einzelabschlüsse an die Rechnungslegungspolitik des MU ist nicht notwendig, sofern diese den US-GAAP entsprechen.
e) Währungsumrechnung			
Methode	Es existieren keine expliziten Regelungen. In Theorie und Praxis dominieren Zeitbezugsmethode und (modifizierte) Stichtagskursmethode.	Die Währungsumrechnung folgt dem Konzept der funktionalen Währung: – Wirtschaftlich selbständige Teileinheiten (foreign entities) werden nach der modifizierten Stichtagskursmethode, – ausländische Betriebsstätten (foreign operations) werden nach der Zeitbezugsmethode umgerechnet.	
2. Kapitalkonsolidierung			
a) Vollkonsolidierung			
Zeitpunkt der Erstkonsolidierung	Die Kapitalkonsolidierung erfolgt zum Zeitpunkt: – des Erwerbs oder – der erstmaligen Einbeziehung des TU in den Konzernabschluß oder – beim Erwerb der Anteile zu verschiedenen Zeitpunkten zu dem Zeitpunkt, zu dem das Unternehmen TU geworden ist.	Maßgebend ist der Zeitpunkt des Erwerbs.	Maßgebend ist der Zeitpunkt des Erwerbs. Bei unterjährigem Erwerb kann als Zeitpunkt der Abschlußstichtag der (Zwischen-)Periode angenommen werden.

	HGB	IAS	US-GAAP
Formen der Kapital-konsolidierung	Die Kapitalkonsolidierung hat grundsätzlich nach der Purchase-Methode zu erfolgen; liegen die Voraussetzungen der Pooling-of-interests-Methode vor, kann diese angewendet werden.	Die Kapitalkonsolidierung erfolgt grundsätzlich nach der Purchase-Methode; liegen die 3 Voraussetzungen der Uniting-of-interests-Methode vor, muß diese angewendet werden.	Die Kapitalkonsolidierung erfolgt grundsätzlich nach der Purchase-Methode; liegen die 12 Voraussetzungen der Pooling-of-interests-Methode vor, muß diese angewendet werden.
Purchase-Methode			
Fair-Value-Adjustment	Bewertungsmaßstab für Vermögensgegenstände und Schulden sind die beizulegenden Werte im Zeitpunkt der Erstkonsolidierung. Die Aufdeckung stiller Reserven ist durch die Anschaffungskosten der Beteiligung begrenzt.	Die Einzelabschlußwerte werden zum Erwerbszeitpunkt mit ihren Fair Values bewertet. Die Aufdeckung stiller Reserven ist nicht durch die Anschaffungskosten der Beteiligung begrenzt.	
Umfang der aufzudeckenden stillen Reserven	**Buchwertmethode:** Aufdeckung der stillen Reserven bzw. Lasten nur bis zur Höhe des prozentualen Anteils des MU am Kapital des TU. **Neubewertungsmethode:** Die Vermögensgegenstände und Schulden werden unabhängig von der Beteiligungsquote zum vollen Fair Value bewertet. Stille Reserven bzw. Lasten werden in voller Höhe auch für Minderheiten aufgedeckt.	**Beteiligungsproportionale Neubewertungsmethode (benchmark treatment):** Es erfolgt eine vollständige Neubewertung der Vermögensgegenstände und Schulden zum Erwerbszeitpunkt; die Aufdeckung der stillen Reserven bzw. Lasten erfolgt jedoch nur bis zur Höhe des prozentualen Anteils des MU. **Vollständige Neubewertung (allowed alternative):** Es erfolgt eine vollständige Neubewertung der Vermögensgegenstände und Schulden zum Erwerbszeitpunkt. Die stillen Reserven bzw. Lasten werden vollständig – also unabhängig vom Anteil des MU – aufgedeckt.	**Beteiligungsproportionale Neubewertungsmethode:** Es erfolgt eine vollständige Neubewertung der Vermögensgegenstände und Schulden zum Erwerbszeitpunkt; die Aufdeckung der stillen Reserven bzw. Lasten erfolgt jedoch nur bis zur Höhe des prozentualen Anteils des MU. **Vollständige Neubewertung:** Es erfolgt eine vollständige Neubewertung der Vermögensgegenstände und Schulden zum Erwerbszeitpunkt. Die stillen Reserven bzw. Lasten werden vollständig – also unabhängig vom Anteil des MU – aufgedeckt.

	HGB	IAS	US-GAAP
Höhe der Minderheiten	**Buchwertmethode:** Das anteilige Reinvermögen zum Zeitpunkt der Erstkonsolidierung wird auf der Basis der Buchwerte ermittelt. Für Minderheiten werden keine stillen Reserven aufgedeckt. **Neubewertungsmethode:** Das anteilige Reinvermögen zum Zeitpunkt der Erstkonsolidierung wird auf der Basis der Zeitwerte ermittelt. Für Minderheiten werden stille Reserven aufgedeckt.	**Beteiligungsproportionale Neubewertung (benchmark treatment):** Das anteilige Reinvermögen zum Zeitpunkt der Erstkonsolidierung wird auf der Basis der Buchwerte ermittelt. Für Minderheiten werden keine stille Reserven aufgedeckt. **Vollständige Neubewertung (allowed alternativ):** Das anteilige Reinvermögen zum Zeitpunkt der Erstkonsolidierung wird auf der Basis der Zeitwerte ermittelt. Für Minderheiten werden stille Reserven aufgedeckt.	**Beteiligungsproportionale Neubewertung:** Das anteilige Reinvermögen zum Zeitpunkt der Erstkonsolidierung wird auf der Basis der Buchwerte ermittelt. Für Minderheiten werden keine stille Reserven aufgedeckt. **Vollständige Neubewertung:** Das anteilige Reinvermögen zum Zeitpunkt der Erstkonsolidierung wird auf der Basis der Zeitwerte ermittelt. Für Minderheiten werden stille Reserven aufgedeckt.
	Die anteilige, auf Minderheiten entfallende, Eigenkapitalveränderung in den Folgeperioden.		
Bilanzieller Ausweis der Minderheiten	Ausweis erfolgt innerhalb des Eigenkapitals.	Ausweis erfolgt regelmäßig als gesonderter Posten zwischen dem Eigen- und Fremdkapital.	Ausweis erfolgt regelmäßig als gesonderter Posten zwischen dem Eigen- und Fremdkapital.
Ausweis der Minderheiten in der GuV	In der Konzern-GuV wird der Minderheitenanteil am Konzernerfolg gesondert ausgewiesen. Der Konzernerfolg spiegelt den Erfolg aller Anteilseigner wider.	Der Minderheitenanteil am Konzernergebnis wird i.d.R. in der Konzern-GuV als Aufwand behandelt. Das Konzernergebnis spiegelt nur den Erfolg der Anteilseigner des Mutterunternehmens wider.	
Alternativen zur Behandlung des Goodwill	Es besteht das Wahlrecht zur: – Erfolgswirksamen Behandlung (Aktivierung und Abschreibung) – Erfolgsneutralen Behandlung (direkte oder ratierliche Verrechnung mit den Rücklagen).	Es besteht die Verpflichtung zur erfolgswirksamen Behandlung (Aktivierung und Abschreibung).	

	HGB	**IAS**	**US-GAAP**
Planmäßige Abschreibung des Goodwill	Der Goodwill wird in jedem folgenden Jahr zu 1/4 abgeschrieben, oder die Abschreibung erfolgt planmäßig über die voraussichtliche Nutzungsdauer.	Der Goodwill ist zu aktivieren und i.d.R. linear über seine voraussichtliche Nutzungsdauer abzuschreiben. Es gilt die widerlegbare Vermutung, daß die Nutzungsdauer nicht mehr als 20 Jahre beträgt.	Der Goodwill ist zu aktivieren und i.d.R. linear über die voraussichtliche Nutzungsdauer, max. jedoch 40 Jahre, abzuschreiben.
Außerplanmäßige Abschreibung des Goodwill	An jedem Bilanzstichtag ist der Wert des Goodwill zu überprüfen und ggf. eine außerplanmäßige Abschreibung vorzunehmen.		
Zuschreibung des Goodwill	Zuschreibungen sind (nach IAS nur in restriktiven Ausnahmefällen) zulässig.		
Behandlung des negativen Goodwill	Ein negativer Unterschiedsbetrag ist als gesonderter Posten auf der Passivseite auszuweisen.	Ein negativer Unterschiedsbetrag ist als Korrekturposten auf der Aktivseite auszuweisen.	Entsteht bei der Kapitalaufrechnung ein negativer goodwill, so ist eine Abstockung der noncurrent assets vorzunehmen. Nicht in die Abstockung einbezogen werden die current assets (Umlaufvermögen) und die long-term investments in marketable securities (börsengängige Wertpapiere des Anlagevermögens) des Tochterunternehmens. Die Abstockung ist solange vorzunehmen, bis kein negativer Unterschiedsbetrag mehr verbleibt.

	HGB	IAS	US-GAAP
Ausweis des negativen Goodwill	Der Ausweis bestimmt sich aus dem bilanziellen Charakter des passivischen Unterschiedsbetrags: – Wurde im Kaufpreis eine ungünstige Unternehmensentwicklung berücksichtigt (Badwill), erfolgt ein Ausweis im Fremdkapital. – Wurde für die Anteile weniger bezahlt, als sie wert sind (Lucky Buy), erfolgt ein Ausweis im Eigenkapital. – Ist der bilanzielle Charakter nicht feststellbar, kann ein gesonderter Ausweis zwischen Eigen- und Fremdkapital erfolgen.	Ein negativer Goodwill wird offen als Korrekturgröße innerhalb der Position ausgewiesen, in der auch ein positiver Goodwill ausgewiesen wird.	Verbleibt nach der Abstockung ein Unterschiedsbetrag, so ist dieser als deferred credit (passiver Rechnungsabgrenzungsposten) auszuweisen.
Auflösung des negativen Goodwill	Der passivische Unterschiedsbetrag ist erfolgswirksam aufzulösen, wenn die erwarteten ungünstigen Unternehmensentwicklungen eintreten (Badwill). Er ist sofort aufzulösen, wenn am Abschlußstichtag feststeht, daß er einem realisierten Gewinn entspricht (Lucky buy).	Ist der negative Goodwill zuverlässig auf meßbare zukünftige Verluste und Aufwendungen zurückzuführen, erfolgt eine erfolgswirksame Auflösung, wenn die erwarteten Verluste und Aufwendungen eintreten. Ist diese Voraussetzung nicht gegeben, so ist der Betrag, der die Fair Values der nicht-monetären Vermögensgegenstände des TU nicht übersteigt, über die durchschnittliche Nutzungsdauer dieser Vermögensgegenstände aufzulösen. Ein übersteigender Betrag ist sofort als Ertrag zu realisieren.	Der deferred credit ist linear über die Nutzungsdauer (i.d.R. 3 bis 15 Jahre, max. 40 Jahre) aufzulösen.

	HGB	IAS	US-GAAP
Pooling-of-Interests-Methode			
Anwendung	Liegen die Voraussetzungen der Pooling-of-Interests-Methode vor, so **kann** diese angewendet werden.	Liegen die Voraussetzungen der Pooling-of-Interests-Methode vor, so **muß** diese angewendet werden.	
Voraussetzungen	Voraussetzungen für die Anwendung der Pooling-of-Interests-Methode sind: – Beteiligungsanteil von mind. 90% und – Unternehmenszusammenschluß liegt ein Anteilstausch zugrunde und – Barzahlungsanteil darf 10% des Nennbetrags der ausgegebenen Anteile nicht übersteigen.	Voraussetzungen für die Anwendung der Pooling-of-Interests-Methode sind: Die überwiegende Mehrzahl oder sämtliche Stimmrechtsaktien der zusammengeschlossenen Unternehmen müssen ausgetauscht oder zusammengelegt werden, und der Unternehmenswert beider Gesellschaften ist in etwa gleich hoch, und den Aktionären beider Gesellschaften stehen nach der Zusammenführung im wesentlichen die gleichen Rechte und Pflichten zu.	Alle zwölf Voraussetzungen in APB 16 müssen erfüllt sein.
Aufrechnung	Die Beteiligungsbuchwerte aus dem Einzelabschluß des MU werden lediglich gegen das anteilige gezeichnete Kapital des TU aufgerechnet. Die übrigen Eigenkapitalpositionen werden unverändert mit ihren Buchwerten in den Konzernabschluß übernommen.		
Unterschiedsbetrag	Ein entstehender aktivischer oder passivischer Unterschiedsbetrag ist mit den Konzernrücklagen zu verrechnen.		
b) Quotenkonsolidierung			
Anwendung	Die Quotenkonsolidierung findet Anwendung auf Gemeinschaftsunternehmen (Joint Ventures).	Die Quotenkonsolidierung findet Anwendung auf Gemeinschaftsunternehmen (Joint Ventures) (benchmark treatment).	Die Quotenkonsolidierung findet Anwendung auf – Uncorporated Joint Ventures, also solche, die körperschaftlich und damit nicht haftungsbeschränkend organisiert sind, – branchenübliche Praxis (bspw. Öl- und Gasindustrie). In der Praxis ist die Quotenkonsolidierung kaum verbreitet.

<table>
<tr><th></th><th>HGB</th><th>IAS</th><th>US-GAAP</th></tr>
<tr><td>Kapitalaufrechnung/ Unterschiedsbetrag</td><td colspan="3">Aktiv- und Passivpositionen werden nur quotal in die Summenbilanz übernommen. Ansonsten ist die Vorgehensweise wie bei der Vollkonsolidierung nach der Purchase-Methode.</td></tr>
<tr><td colspan="4">3. Equity-Bewertung</td></tr>
<tr><td>Anwendung</td><td>Die Equity-Bewertung findet Anwendung auf
– Assoziierte Unternehmen,
– Gemeinschaftsunternehmen, die nicht mit der Quotenkonsolidierung einbezogen werden,
– TU, die nicht auf Grundlage der Vollkonsolidierung einbezogen wurden.
Sie kommt nur im Konzernabschluß zur Anwendung.</td><td>Die Equity-Bewertung findet Anwendung auf
– Assoziierte Unternehmen,
– Joint Ventures (allowed alternativ)
Sie kommt im Einzel- und im Konzernabschluß zur Anwendung.</td><td>Die Equity-Bewertung findet Anwendung auf
– Assoziierte Unternehmen,
– Corporated Joint Ventures
Sie kommt im Einzel- und im Konzernabschluß zur Anwendung.</td></tr>
<tr><td>Voraussetzung</td><td colspan="3">Beteiligungshöhe:
– Direkte und indirekte Beteiligung mit Stimmrechtsanteil von 20–50% bei Ausübung des maßgeblichen Einflusses oder
– Direkte und indirekte Beteiligung mit Stimmrechtsanteil unter 20%, sofern ein tatsächliches Ausüben des maßgeblichen Einflusses nachgewiesen wird.</td></tr>
<tr><td></td><td>Ein maßgeblicher Einfluß muß auf die Geschäfts- und Finanzpolitik des assoziierten Unternehmens ausgeübt werden.</td><td colspan="2">Es muß die Möglichkeit der Ausübung eines maßgeblichen Einflusses auf die Geschäfts- und Finanzpolitik eines Unternehmens gegeben sein.</td></tr>
<tr><td>Kapitalkonsolidierung</td><td colspan="3">Es erfolgt keine Einbeziehung der Bilanzposten, sondern eine Fortschreibung des Beteiligungsbuchwertes. Stille Reserven/Lasten werden in einer statistischen Nebenrechnung aufgedeckt. Die Abschreibung stiller Reserven/Lasten erfolgt entsprechend den Vermögensgegenständen und Schulden, denen sie zugeordnet sind. Ein verbleibender aktivischer Unterschiedsbetrag ist als Goodwill zu interpretieren.</td></tr>
<tr><td>Ausweis</td><td>Der Ausweis erfolgt wahlweise nach der:
– one-line-consolidation (Buchwertmethode). Der Goodwill wird nicht separat ausgewiesen.
– two-line-consolidation (Kapitalanteilsmethode). Der Goodwill wird gesondert ausgewiesen.</td><td colspan="2">Der Ausweis erfolgt verpflichtend nach der one-line-consolidation (Buchwertmethode). Der Goodwill wird nicht separat ausgewiesen.</td></tr>
</table>

	HGB	IAS	US-GAAP
Folgekonsolidierung	Aufgedeckte stille Reserven und der Goodwill sind in den Folgejahren in einer statistischen Nebenrechnung erfolgswirksam aufzulösen. Die resultierenden Abschreibungen vermindern den Beteiligungsbuchwert. Vom TU erwirtschaftete Jahresüberschüsse erhöhen, Jahresfehlbeträge vermindern den Beteiligungsbuchwert. Übersteigt der Jahresfehlbetrag den Beteiligungsbuchwert, so wird die Fortschreibung des Beteiligungsbuchwerts bei einem Wertansatz von Null ausgesetzt. Spätere Jahresüberschüsse müssen zuerst die Verluste der Vorperioden ausgleichen, bevor der Beteiligungsansatz bilanziell fortgeschrieben wird.		
Unterschiedsbetrag	Nach der Buchwertmethode: kein gesonderter Ausweis. Nach der Kapitalanteilsmethode: gesonderter Ausweis.	Kein gesonderter Ausweis des Unterschiedsbetrages.	
4. Sonstige Konsolidierungsmaßnahmen			
Tochterunternehmen	Es kommt zur **vollständigen Eliminierung** sämtlicher Schulden sowie sämtlicher Aufwendungen und Erträge aus konzerninternen Transaktionen. Die Bewertung aller Vermögensgegenstände aus innerkonzernlichen Lieferungen und Leistungen erfolgt zu Konzernanschaffungs- und -herstellungskosten. **Ausnahme: Untergeordnete Bedeutung** Lieferungen und Leistungen zu marktüblichen Konditionen, bei unverhältnismäßig hohen Kosten der Bestimmung der Zwischenergebnisse.	Es erfolgt eine **vollständige Reduzierung** sämtlicher innerkonzernlicher Bestände und Transaktionen sowie hieraus resultierender unrealisierter Erfolge. Es existieren keine expliziten Ausnahmen, ein Verzicht auf die Möglichkeiten bei Unwesentlichkeit ist zulässig.	
Gemeinschaftsunternehmen	Die Vorschriften gelten analog zur Vollkonsolidierung. Die Konsolidierung erfolgt in Höhe des Anteils des MU am Gemeinschaftsunternehmens.		Die Vorschriften gelten analog zur Equitybewertung.

	HGB	IAS	US-GAAP
Assoziierte Unternehmen	Eine Schuldenkonsolidierung bzw. eine Aufwands- und Ertragseliminierung ist gesetzlich nicht vorgesehen. Die Zwischenergebniseliminierung hat wahlweise anteilig oder vollständig zu erfolgen.	Es erfolgt eine anteilige Reduzierung sämtlicher innerkonzernlicher Bestände und Transaktionen sowie hieraus resultierender unrealisierter Erfolge aus upstream und downstream Geschäften. Es bestehen keine expliziten Ausnahmen, aber ein Verzicht auf die Möglichkeiten bei Unwesentlichkeit ist zulässig.	
5. Kapitalflußrechnung sowie weitere Rechnungen und Angaben			
Pflicht zur Aufstellung einer Kapitalflußrechnung	Die Kapitalflußrechnung gehört grds. nicht zu den Pflichtbestandteilen des Abschlusses. Börsennotierte Muttergesellschaften sind jedoch zur Aufstellung verpflichtet.	Die Kapitalflußrechnung gehört zu den Pflichtbestandteilen des Abschlusses für alle Unternehmen.	
Methoden zur Aufstellung einer Kapitalflußrechnung	Die originäre oder derivative Erstellung einer Kapitalflußrechnung ist grundsätzlich zulässig. In der Praxis wird die Kapitalflußrechnung i.d.R. derivativ ermittelt. Zur Ermittlung des Cash Flow aus laufender Geschäftstätigkeit ist sowohl die direkte als auch die indirekte Methode zulässig.	Die originäre oder derivative Erstellung der Kapitalflußrechnung ist grundsätzlich zulässig; es wird keine Methode präferiert. Zur Ermittlung des Cash Flow aus laufender Geschäftstätigkeit wird die direkte Methode präferiert. Die indirekte Methode ist alternativ zulässig.	
Pflicht zur Segmentberichterstattung	Kapitalgesellschaften sowie bestimmte OHG und KG müssen ihre Umsatzerlöse nach Tätigkeitsbereichen und geographischen Märkten aufteilen. Börsennotierte Muttergesellschaften sind zur Aufstellung verpflichtet.	Die Segmentberichterstattung ist ausschließlich für Unternehmen verpflichtend, deren Wertpapiere (Dividendenpapiere oder schuldrechtlichen Wertpapiere) an der Börse gehandelt werden.	

	HGB	IAS	US-GAAP
Bestimmung der Segmente	Die Segmentierung erfolgt anhand operativer Segmente, die wiederum produktorientiert und/oder geographisch abgegrenzt werden können.	Es sind primäre und sekundäre Geschäftsfelder zu differenzieren. Primäre Geschäftsfelder sind entweder Geschäftsfelder oder geographische Segmente.	Die Segmentierung betrifft alleine operative Segmente. Es sind allerdings ferner Angaben zu – Produkten/Dienstleistungen oder Gruppen von Produkten/Dienstleistungen, – geographischen Gebieten, – major customers auszuweisen.
Earnings per Share	Es besteht keine gesetzliche Verpflichtung. In der Praxis kommt es oftmals zur freiwilligen Aufstellung.	Die Aufstellung ist ausschließlich für Unternehmen verpflichtend, deren Aktien öffentlich gehandelt werden oder die die Ausgabe von Stammaktien oder potentiellen Stammaktien an einer Wertpapierbörse in die Wege geleitet haben.	

3. Abschnitt
Praxis der Konzernrechnungslegung
(Fallstudie)

1. Kapitel: Problemstellung und Ausgangsdaten

Die Aufgabenstellung besteht darin, einen Konzernabschluß für die Holzwurm-Gruppe auf den Bilanzstichtag 31.12.03 zu erstellen. Die Fallstudie beschränkt sich auf die Konzernbilanz und auf die Konzern-GuV, obwohl auch der Konzernanhang zum Konzernabschluß zählt (vgl. § 297 Abs. 1 HGB); allgemeine Hinweise zur Strukturierung und zum Inhalt des Konzernanhangs finden sich im 7. Kap. des 1. Abschn.

1. Charakterisierung des Holzwurm-Konzerns

(1) Die Obergesellschaft des Holzwurm-Konzerns – die Holzwurm-AG – wurde 01 gegründet und hat ihren Sitz in Hamburg.

(2) Wie der Verflechtungsstruktur der Holzwurm-Gruppe in Übersicht 126 zu entnehmen ist, hält die Holzwurm-AG direkte Mehrheitsbeteiligungen an der Furnier-GmbH und der Borkenkäfer-GmbH. Indirekt ist sie mehrheitlich an der Unterstützungskasse-GmbH beteiligt. Darüber hinaus ist die Holzwurm-AG Gesellschafterin des Gemeinschaftsunternehmens Holznuß-AG, und schließlich übt die Holzwurm-AG einen maßgeblichen Einfluß auf die Geschäfts- und Finanzpolitik der Leim-GmbH aus, an der die Holzwurm-AG mit 25% beteiligt ist.

(3) Alle Beteiligungen hat die Holzwurm-AG zum 30.12.02 erworben; sie hat erstmalig zum 31.12.02 einen Konzernabschluß erstellt.

(4) Zum 31.12.03 hat der Holzwurm-Konzern 760 Beschäftigte. Im Vergleich zum 31.12.02 ergaben sich keine nennenswerten Änderungen.

Übersicht 129: Verflechtungsstruktur der Holzwurm-Gruppe zum 31.12.03

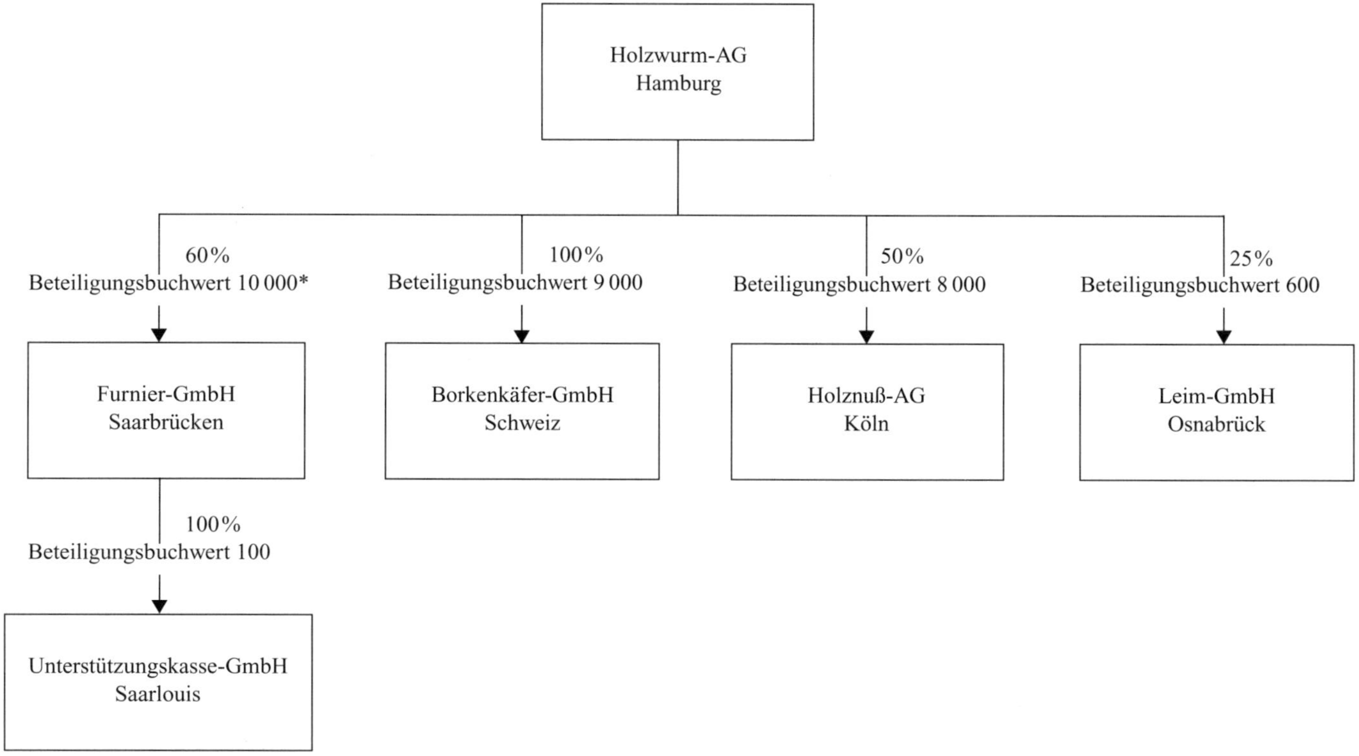

* Alle Beteiligungsbuchwerte zum 31.12.03 entsprechen dem Erwerbspreis der Beteiligungen zum 30.12.02.
Beachte: Diese Übersicht befindet sich auch in der Falttasche am Ende des Buchs.

2. Jahresabschlüsse der Gesellschaften zum 31.12.03

Nachfolgend werden die Einzelabschlüsse der zur Holzwurm-Gruppe zählenden Gesellschaften zusammengefaßt dargestellt (vgl. Übersichten 130 und 131).

*Übersicht 130: Bilanzen der Gesellschaften der Holzwurm-Gruppe zum 31.12.03**

AKTIVA	Holzwurm-AG		Furnier-GmbH		Borkenkäfer-GmbH		Holznuß-AG		Leim-GmbH	
	A	P	A	P	A	P	A	P	A	P
A. Anlagevermögen										
I. Sachanlagen										
1. Grundstücke ...	10 000		1 000		2 000		3 000		100	
2. technische Anlagen und Maschinen	600		5 000		4 000		4 000		600	
3. andere Anlagen	150				1 000		1 000		1 500	
II. Finanzanlagen										
1. Anteile an verbundenen Unternehmen	19 000		100							
2. Beteiligungen	8 600									
B. Umlaufvermögen										
I. Vorräte	7 372		4 000		4 285		9 028		113	
II. Forderungen und sonstige Vermögensgegenstände										
1. Forderungen gegen verbundene Unternehmen	54		140		18					
2. Forderungen gegen Unternehmen, mit denen ein Beteiligungsverhältnis besteht	28		13						4	
C. Rechnungsabgrenzungsposten	114		65							
PASSIVA										
A. Eigenkapital										
I. Gezeichnetes Kapital		16 000		3 300		2 500		6 000		1 000
II. Kapitalrücklage		6 000		1 500		1 400		5 000		500
III. Gewinnrücklagen		20 000		1 600		1 400		5 000		500
IV. Bilanzgewinn		800		100		300		800		104
B. Rückstellungen										
1. Rückstellungen für latente Steuern		250								
2. sonstige Rückstellungen				125						
C. Verbindlichkeiten										
1. Verbindlichkeiten gegenüber verbundenen Unternehmen		168		67						
2. Verbindlichkeiten gegenüber Unternehmen, mit denen ein Beteiligungsverhältnis besteht								28		13
3. sonstige Verbindlichkeiten		2 580		3 514		5 703		200		200
D. Rechnungsabgrenzungsposten		120		112						
	45 918	45 918	10 318	10 318	11 303	11 303	17 028	17 028	2 317	2 317

* Die Bilanzen wurden aus Vereinfachungsgründen gekürzt und zusammengefaßt.
Beachte: Diese Übersicht befindet sich auch in der Falttasche am Ende des Buchs.

Übersicht 131: Gewinn- und Verlustrechnungen der Gesellschaften der Holzwurm-Gruppe zum 31.12.03

Abschlußposten \ Gesellschaften	Holzwurm AG	Furnier-GmbH	Borkenkäfer-GmbH	Holznuß-AG	Leim-GmbH
1. Umsatzerlöse	50 000	16 000	8 000	32 000	19 000
2. Erhöhung oder Verminderung des Bestands an fertigen und unfertigen Erzeugnissen	+ 3 000	+ 4 000	+ 2 000	+ 8 000	+ 6 000
3. andere aktivierte Eigenleistungen	1 500	1 000	500	2 000	1 004
4. sonstige betriebliche Erträge	500	600	300	1 200	500
5. Materialaufwand	23 000	7 000	3 500	24 000	6 000
6. Personalaufwand	24 000	6 000	1 500	10 000	12 000
7. Abschreibungen	4 000	5 000	4 000	5 000	6 000
8. sonstige betriebliche Aufwendungen	1 900	800	200	1 850	200
9. Erträge aus Beteiligungen	500	–	–	–	–
10. sonstige Zinsen und ähnliche Erträge	100	150	200	100	300
11. Zinsen und ähnliche Aufwendungen	400	1 550	650	450	650
12. Ergebnis der gewöhnlichen Geschäftstätigkeit	2 300	1 400	1 150	2 000	1 954
13. außerordentliche Erträge	750	100	20	460	70
14. außerordentliche Aufwendungen	20	520	110	50	910
15. außerordentliches Ergebnis	+ 730	– 420	– 90	+ 410	– 840
16. Steuern vom Einkommen und Ertrag					
– effektiv	1 200	500	600	1 100	300
– latent	250	–	–	–	–
	1 450	500	600	1 100	300
17. sonstige Steuern	180	280	160	510	710
18. Jahresüberschuß	1 400	200	300	800	104
19. Zuführung zu den Gewinnrücklagen	600	100	–	–	–
20. Bilanzgewinn	800	100	300	800	104

Beachte: Diese Übersicht befindet sich auch in der Falttasche am Ende des Buchs.

3. Ausgewählte Abschlußposten zum 31.12.02

Um die Kapitalkonsolidierung vornehmen zu können, müssen Informationen über die Wertverhältnisse zum Zeitpunkt der sog. Erstkonsolidierung vorhanden sein. Die Übersicht 129 enthält diese Angaben.

Die dort aufgeführten Vermögensgegenstände (Grundstücke, technische Anlagen, andere Anlagen und Vorräte) sollen aus Vereinfachungsgründen auch zum Bilanzstichtag 31.12.03 im Vermögen der Unternehmen enthalten sein.

Der bei der Holznuß-AG ausgewiesene Bilanzgewinn von 1000 ist anteilig zu 50% (= 500) im Jahr 03 an die Holzwurm-AG ausgeschüttet und dort als Beteiligungsertrag gebucht worden. Körperschaft- und Kapitalertragsteueraspekte bleiben unberücksichtigt.

Übersicht 132: Ausgewählte Abschlußposten der Furnier-GmbH, Borkenkäfer-GmbH, Holznuß-AG und Leim-GmbH zum 31.12.02

Gesellschaften / Bilanzposten	Furnier-GmbH			Borkenkäfer-GmbH			Holznuß-AG			Leim-GmbH		
	Buchwert	Zeitwert	ND*	Buchwert	Zeitwert	ND*	Buchwert	Zeitwert	ND*	Buchwert	Zeitwert	ND*
• Anlagevermögen												
1. Grundstücke	1 000	8 000	∞	2 000	9 000	∞				100	500	∞
2. technische Anlagen	5 000	6 000	10	4 000	7 000	10						
3. andere Anlagen				1 000	2 000	4						
• Umlaufvermögen												
– Vorräte	4 000	5 000	–									
• Eigenkapital												
1. Gezeichnetes Kapital	3 300			2 500			6 000			1 000		
2. Kapitalrücklage	1 500			1 400			5 000			500		
3. Gewinnrücklagen	1 500			1 400			5 000			500		
4. Gewinn	–			–			1 000					

* ND = Nutzungsdauer der Vermögensgegenstände
Beachte: Diese Übersicht befindet sich auch in der Falttasche am Ende des Buchs.

4. Konzerninterne Vorgänge im Geschäftsjahr 03

Im Geschäftsjahr 03 fanden nachfolgende konzerninterne Vorgänge statt:

(1) Die Holzwurm-AG hat Verbindlichkeiten gegenüber der Furnier-GmbH in Höhe von 70. Die Furnier-GmbH ihrerseits hat Verbindlichkeiten gegenüber der Unterstützungskasse-GmbH in Höhe von 7.

(2) Die Furnier-GmbH hat ihre Forderungen gegenüber der Holzwurm-AG im Rahmen einer pauschalen Korrektur in Höhe von 4 wertberichtigt. Die Furnier-GmbH erfaßt diesen Aufwand im Posten »sonstige betriebliche Aufwendungen«.

(3) Die Borkenkäfer-GmbH hat an die Holzwurm-AG eine Anzahlung auf eine Lieferung von Rohstoffen in Höhe von 18 geleistet; die Borkenkäfer-GmbH weist die geleistete Anzahlung als »Forderung gegen verbundene Unternehmen« aus, während die Holzwurm-AG die erhaltene Anzahlung als »Verbindlichkeit gegenüber verbundenen Unternehmen« führt. Dieser Vorgang hätte auch unter den Posten »geleistete Anzahlungen« bzw. »erhaltene Anzahlungen auf Bestellungen« erfaßt werden können.

(4) Die Furnier-GmbH leistete an die Holzwurm-AG eine Mietvorauszahlung für das nächste Geschäftsjahr in Höhe von 15.

(5) Die Holzwurm-AG gewährte der Furnier-GmbH ein Darlehen in Höhe von 60 mit 90%iger Auszahlung. Die Furnier-GmbH schreibt das Disagio jährlich um 2 ab. Die Holzwurm-AG realisiert den Ertrag aus dem Darlehensgeschäft in einer späteren Periode. Die Holzwurm-AG buchte das gewährte Darlehen als »Forderung gegen verbundene Unternehmen«, und die Furnier-GmbH weist das erhaltene Darlehen als »Verbindlichkeit gegenüber verbundenen Unternehmen« aus. Die Abschreibungen auf das Disagio erfaßte die Furnier-GmbH unter dem Posten »Zinsen und ähnliche Aufwendungen«.

(6) Die Furnier-GmbH zahlte im laufenden Geschäftsjahr für das laufende Geschäftsjahr Miete in Höhe von 16 an die Holzwurm-AG.

(7) Die Borkenkäfer-GmbH erhielt Zinsen von der Holzwurm-AG in Höhe von 9 für ein im Jahr 03 zurückgezahltes Darlehen.

(8) Die Holznuß-AG hat Verbindlichkeiten gegenüber der Holzwurm-AG in Höhe von 28; die Leim-GmbH hat Verbindlichkeiten gegenüber der Furnier-GmbH in Höhe von 13.

(9) Die Borkenkäfer-GmbH erwarb Vorräte in Höhe von 26 von der Holzwurm-AG, die die Borkenkäfer-GmbH nach einer Weiterverarbeitung im gleichen Geschäftsjahr an Konzernfremde verkaufte.

(10) Die Holzwurm-AG verkaufte Schränke in Höhe von 21 an die Furnier-GmbH, die die Furnier-GmbH im Anlagevermögen aktivierte. Zwischenergebnisse fielen nicht an.

(11) Für Lieferungen im Geschäftsjahr 03 an die Holzwurm-AG hat die Furnier-GmbH eine Garantie-Rückstellung in Höhe von 8 gebildet. Die Furnier-GmbH buchte den Aufwand im Posten »sonstige betriebliche Aufwendungen«.

(12) Zur Begleichung ihrer Verbindlichkeiten gegenüber der Furnier-GmbH stellte die Holzwurm-AG einen Wechsel in Höhe von 80 aus, den die Furnier-GmbH auf 74 abzinste. Die Furnier-GmbH buchte den Besitzwechsel unter »Forderungen gegen verbundene Unternehmen«, die Holzwurm-AG weist den Schuldwechsel als »Verbindlichkeit gegenüber verbundenen Unternehmen« aus. Den Abzinsungsbetrag von 6 erfaßte die Furnier-GmbH im Posten »Zinsen und ähnliche Aufwendungen«.

(13) Bei der Furnier-GmbH lagern Vorräte, die von der Holzwurm-AG im Jahr 03 geliefert und von der Furnier-GmbH weiterverarbeitet wurden.

Verkaufspreis (= Einzelabschlußwert)	= 42
aktivierungspflichtige Konzernherstellungskosten	= 32.

(14) Bei der Holzwurm-AG lagern Vorräte, die von der Borkenkäfer-GmbH im Jahr 03 geliefert und von der Holzwurm-AG weiterverarbeitet wurden.

Verkaufspreis (= Einzelabschlußwert)	= 22
aktivierungspflichtige Konzernherstellungskosten	= 34.

(15) Bei der Holznuß-AG lagern Vorräte, die von der Borkenkäfer-GmbH im Jahr 03 geliefert und von der Holznuß-AG weiterverarbeitet wurden.

Verkaufspreis (= Einzelabschlußwert)	= 40
aktivierungspflichtige Konzernherstellungskosten	= 20.

2. Kapitel: Erstellung des Konzernabschlusses

1. Prämissen

Nachfolgend werden Prämissen zur Erstellung des Konzernabschlusses gesetzt. Sie beziehen sich insbes. auf jene Konsolidierungsprobleme, die der Holzwurm-Konzern aufgrund bestehender Wahlrechte unterschiedlich lösen kann.

Sodann werden die Konsolidierungsbuchungen vorgenommen, um anschließend den Konzernabschluß zu erstellen.

1.1 Grundlagen

1. Alle in der Fallstudie genannten Geldbeträge beziehen sich auf jeweils eintausend DM.
2. Die Holzwurm-AG hat alle Anteile an den in der Verflechtungsstruktur aufgeführten Unternehmen am 30.12.02 erworben. Die Erstkonsolidierung wurde zum Stichtag 31.12.02 durchgeführt.
3. Die Einzelabschlüsse sind auf der Grundlage des Rechts für große Kapitalgesellschaften erstellt worden. Sie wurden allerdings aus Vereinfachungsgründen gekürzt und zusammengefaßt.
4. Das Geschäftsjahr der in der Verflechtungsstruktur der Holzwurm-Gruppe aufgeführten Unternehmen endet am 31.12.
5. Konzerninterne Geschäfte wurden erstmalig im Geschäftsjahr 03 vorgenommen.
6. Die Vermögensgegenstände aller Gesellschaften der Holzwurm-Gruppe sind einheitlich bewertet worden, so daß eine Anpassung der Wertansätze, wie sie § 308 Abs. 2 HGB vorsieht, nicht erforderlich ist. Der Holzwurm-Konzern nimmt auch auf freiwilliger Basis keine Bewertungskorrekturen im Zuge der Konsolidierung vor.
7. Außer den in der Verflechtungsstruktur angegebenen Merkmalen gibt es keine Sachverhalte, die den Tatbestand eines verbundenen Unternehmens begründen könnten.
8. Der Abschluß der Borkenkäfer-GmbH, Schweiz, wurde einheitlich mit dem Stichtagskurs (sog. closing rate method) umgerechnet.
9. Aus Vereinfachungsgründen wird auf die Angabe von Vorjahreszahlen verzichtet.

1.2 Abgrenzung des Konsolidierungskreises

10. Die Anteile der Holzwurm-AG an der Furnier-GmbH, Borkenkäfer-GmbH, Holznuß-AG und Leim-GmbH sowie die Anteile der Furnier-GmbH an der Unterstützungskasse-GmbH erfüllen den Tatbestand einer Beteiligung i. S. d. § 271 Abs. 1 HGB.

11. Die widerlegbaren Vermutungen im Recht der verbundenen Unternehmen des AktG konnten nicht widerlegt werden.

12. Zwischen der Holzwurm-AG und der Furnier-GmbH sowie der Borkenkäfer-GmbH liegen Mutter-/Tochter-Beziehungen vor; ebenso ist eine solche Beziehung zwischen der Furnier-GmbH und der Unterstützungskasse-GmbH gegeben.

13. Bei der Furnier-GmbH und der Borkenkäfer-GmbH liegen keine Gründe vor, die eine Nichteinbeziehung gem. § 295 HGB gebieten oder gem. § 296 HGB ermöglichen würden.

14. Die Unterstützungskasse-GmbH braucht wegen ihrer geringen Bedeutung nicht konsolidiert zu werden; von dieser Ausnahmemöglichkeit macht die Holzwurm-AG Gebrauch.

15. Bei der Holznuß-AG handelt es sich um ein Gemeinschaftsunternehmen, das die Holzwurm-AG gemeinsam mit einem anderen, fremden Gesellschafterunternehmen leitet. Die Holznuß-AG soll auf der Grundlage der Quotenkonsolidierung einbezogen werden.

16. Die Leim-GmbH erfüllt den Tatbestand eines assoziierten Unternehmens. Es soll auf der Grundlage der Equity-Methode berücksichtigt werden.

1.3 Kapitalkonsolidierung (Vollkonsolidierung mit Minderheitenausweis)

17. Die Kapitalkonsolidierung soll nach der sog. Buchwertmethode (vgl. § 301 Abs. 1 Satz 2 Nr. 1 HGB) erfolgen.

18. Die Verrechnung wird auf der Grundlage der Wertansätze zum Zeitpunkt der erstmaligen Einbeziehung der (Tochter-)Unternehmen in den Konzernabschluß vorgenommen (vgl. § 301 Abs. 2 Alternative 2 HGB).

19. Übersteigt die Summe der aufgedeckten stillen Rücklagen den aktivischen Unterschiedsbetrag aus der Kapitalkonsolidierung, ist die Zuordnung proportional zu den insgesamt vorhandenen stillen Rücklagen vorzunehmen.

20. Die aufgedeckten stillen Rücklagen im abnutzbaren Anlagevermögen sind erstmalig in 03 linear entsprechend den in der Übersicht 129 angegebenen (Rest-)Nutzungsdauern abzuschreiben.

21. Ein verbleibender aktivischer Unterschiedsbetrag ist nach § 301 Abs. 3 Satz 1 HGB als Geschäfts- oder Firmenwert aus der Kapitalkonsolidierung auszuweisen.

22. Ein nach § 301 Abs. 3 Satz 1 HGB auszuweisender passivischer Unterschiedsbetrag soll nach dem Eigenkapital und vor den Rückstellungen ausgewiesen werden.

23. Der Geschäfts- oder Firmenwert ist erstmalig in 03 linear mit jährlich 20% abzuschreiben, da er voraussichtlich fünf Jahre genutzt wird (vgl. § 309 Abs. 1 Satz 2 HGB).

24. Der passivische Unterschiedsbetrag darf nicht erfolgswirksam aufgelöst werden, da hierzu die Voraussetzungen fehlen.

25. Von der Möglichkeit, aktivische und passivische Unterschiedsbeträge zu saldieren, wird kein Gebrauch gemacht.

26. Die auf andere Gesellschafter entfallenden Beträge werden in einen »Ausgleichsposten für Anteile anderer Gesellschafter« eingestellt. Dieser Posten wird als eine Komponente des Eigenkapitals gesondert ausgewiesen (vgl. § 307 Abs. 1 Satz 1 HGB). Die auf andere Gesellschafter entfallenden Ergebnisanteile werden in der Bilanz auf freiwilliger Basis beim Ausgleichsposten vermerkt.

27. Die Quotenkonsolidierung soll in der Weise vorgenommen werden, daß die Vermögensgegenstände und Schulden der Holznuß-AG bereits quotal in die Summenbilanz übernommen werden. Entsprechendes gilt für die Übernahme der Aufwendungen und Erträge in die Summen-GuV.

1.4 Equity-Methode

28. Die Konsolidierung ist nach der sog. Buchwertmethode (vgl. § 312 Abs. 1 Satz 1 Nr. 1 HGB) vorzunehmen.

29. Der Unterschiedsbetrag zwischen dem Beteiligungsbuchwert und dem anteiligen Eigenkapital des assoziierten Unternehmens ist in einer Vorspalte zum Posten »Beteiligungen« gesondert anzugeben.

30. Maßgebend für die Wertaufrechnung sind die Verhältnisse am 31.12.02.

31. Ein evtl. verbleibender Geschäfts- oder Firmenwert ist erstmalig in 03 mit jährlich 20% abzuschreiben, da der Geschäfts- oder Firmenwert voraussichtlich fünf Jahre genutzt wird (vgl. § 312 Abs. 2 Satz 3 i.V.m. § 309 Abs. 1 Satz 2 HGB).

32. Auf eine Eliminierung von Zwischenergebnissen wird im Rahmen der Equity-Konsolidierung verzichtet, da die für eine Beurteilung maßgeblichen Sachverhalte nicht zugänglich sind (vgl. § 312 Abs. 5 Satz 3 HGB).

33. Im Geschäftsjahr 03 hat die Holzwurm-AG von der Leim-GmbH keine Beteiligungserträge vereinnahmt.

1.5 Schuldenkonsolidierung

34. Bei den konzerninternen Forderungen und Verbindlichkeiten handelt es sich um eliminierungspflichtige Tatbestände i. S. d. § 303 Abs. 1 HGB.

35. Bei der Buchung sog. echter Aufrechnungsdifferenzen findet der Grundsatz der periodenanteiligen Verrechnung Anwendung, wonach der Konzernerfolg lediglich in Höhe der Änderung der Aufrechnungsdifferenz während des abgelaufenen Geschäftsjahrs beeinflußt werden darf.

36. Vorgänge, die aus Geschäften mit Unternehmen resultieren, die auf der Grundlage der Quotenkonsolidierung einbezogen wurden, dürfen nur quotal eliminiert werden.

1.6 Zwischenergebniseliminierung

37. Soweit Zwischenergebnisse vorliegen, handelt es sich um eliminierungspflichtige Tatbestände, da die Ausnahmevorschriften des § 304 Abs. 2 und 3 HGB nicht zutreffen.

38. Bei der Feststellung der zu eliminierenden Zwischenergebnisse entscheidet sich der Holzwurm-Konzern dafür, die konzernintern gelieferten Vermögensgegenstände einheitlich mit den aktivierungspflichtigen Konzernherstellungskosten anzusetzen.

39. Zwischenergebnisse in konzernintern gelieferten Vermögensgegenständen, die bei einem auf der Grundlage der Quotenkonsolidierung einbezogenen Unternehmen vorhanden sind, dürfen nur quotal eliminiert werden.

1.7 Berücksichtigung latenter Steuern

40. Zur Ermittlung der latenten Steuern ist ein Steuersatz von 50% anzuwenden.

41. Ein aktivischer Posten wird in der Konzernbilanz nach dem Rechnungsabgrenzungsposten ausgewiesen. Ein passivischer Posten wird unter den Rückstellungen gesondert gezeigt. Eine Zusammenfassung mit den latenten Steuern aus den Einzelabschlüssen gem. § 306 Satz 3 HGB erfolgt nicht.

42. Latente Steuern werden in der Konzernbilanz gesondert danach aufgeführt, ob sie aus den Einzelabschlüssen übernommen worden sind oder aber aus Konsolidierungsmaßnahmen resultieren.

43. Die von dem Mutterunternehmen vereinnahmten und gebuchten Beteiligungserträge von konsolidierten Unternehmen (= sog. Gewinne aus Vorjahren) sind in der Konzern-GuV nach dem Jahresüberschuß im Posten »vereinnahmte Vorjahresergebnisse« zu zeigen.

44. Da sich die Gewinnverwendungspolitik aus Konzernsicht anders darstellt, als dies bei den einzelnen Konzernunternehmen der Fall ist, sind latente Steueraufwendungen (= sog. passivische latente Steuern) in Höhe von 13 zu verrechnen.

2. Lösungshinweise

2.1 Pflicht zur Erstellung eines Konzernabschlusses

Die Holzwurm-AG ist gem. § 290 HGB zur Erstellung eines Konzernabschlusses verpflichtet, denn stehen in einem Konzern die Unternehmen unter der einheitlichen Leitung einer Kapitalgesellschaft mit Sitz im Inland, muß diese Kapitalgesellschaft einen Konzernabschluß aufstellen. Entsprechend der Prämisse 12 liegen in der Holzwurm-Gruppe mehrere Mutter-/Tochter-Beziehungen vor.

Auf die größenabhängigen Befreiungen, wie sie in § 293 HGB geregelt sind, kann sich die Holzwurm-AG nicht berufen.

(1) Bruttomethode (vgl. § 293 Abs. 1 Satz 1 Nr. 1 HGB)

Ein Mutterunternehmen ist von der Pflicht zur Aufstellung eines Konzernabschlusses befreit, wenn am Abschlußstichtag seines Jahresabschlusses und am vorhergehenden Abschlußstichtag mindestens zwei der drei nachstehenden Merkmale zutreffen:

- Die Bilanzsumme der Summenbilanz übersteigt nicht 63 720.
- Die Umsatzerlöse der Summen-GuV übersteigen nicht 127 440.
- Die Beschäftigtenzahl übersteigt nicht 500 Arbeitnehmer.

Ein Blick in die Übersicht 130 zeigt, daß die Bilanzsumme der Summenbilanz 76 053 beträgt. Es ist davon auszugehen, daß auch am 31.12.02 der kritische Wert von 63 720 überschritten wurde. Da auch die Beschäftigtenzahl – siehe die Ausführungen zur Charakterisierung des Holzwurm-Konzerns – weit über 500 liegt, kann sich die Holzwurm-AG **nicht** auf die Befreiung nach § 293 Abs. 1 Satz 1 Nr. 1 HGB berufen.

(2) Nettomethode (vgl. § 293 Abs. 1 Satz 1 Nr. 2 HGB)
Ein Mutterunternehmen ist von der Pflicht zur Aufstellung eines Konzern-

abschlusses befreit, wenn am Abschlußstichtag eines von ihm aufzustellenden Konzernabschlusses und am vorhergehenden Abschlußstichtag mindestens zwei der drei nachstehenden Merkmale zutreffen:

- Die Bilanzsumme der Konzernbilanz übersteigt nicht 53 100.
- Die Umsatzerlöse der Konzern-GuV übersteigen nicht 106 200.
- Die Beschäftigtenzahl übersteigt nicht 500 Arbeitnehmer.

Die Ausführungen zur Charakterisierung des Holzwurm-Konzerns und die entsprechenden Angaben in der Konzernbilanz (vgl. Übersicht 142 und der Konzern-GuV (vgl. Übersicht 143) zeigen, daß zwei (Bilanzsumme, Beschäftigtenzahl) der drei obigen Grenzen überschritten wurden.

Die Holzwurm-AG muß daher einen Konzernabschluß erstellen.

2.2 Abgrenzung des Konsolidierungskreises

Gem. § 294 Abs. 1 HGB sind das Mutterunternehmen und grundsätzlich alle Tochterunternehmen ohne Rücksicht auf den Sitz der Tochterunternehmen in die Konsolidierung einzubeziehen.

Entsprechend der Prämisse 12 liegen direkte Mutter-/Tochter-Beziehungen zwischen der Holzwurm-AG und der Furnier-GmbH sowie der Borkenkäfer-GmbH vor. Eine indirekte Mutter-/Tochter-Beziehung ist zwischen der Holzwurm-AG und der Unterstützungskasse-GmbH gegeben.

Entsprechend der Prämisse 13 liegen bei der Furnier-GmbH und Borkenkäfer-GmbH keine Gründe vor, die eine Nichteinbeziehung gem. § 295 HGB gebieten oder gem. § 296 HGB ermöglichen würden. Sowohl die Furnier-GmbH als auch die Borkenkäfer-GmbH müssen daher einbezogen werden.

Die Unterstützungskasse-GmbH müßte konsolidiert werden. Die Holzwurm-AG beruft sich jedoch entsprechend der Prämisse 14 auf § 296 Abs. 2 HGB und bezieht die Unterstützungskasse-GmbH wegen ihrer geringen Bedeutung nicht ein.

Bei der Holznuß-AG handelt es sich gem. Prämisse 15 um ein Gemeinschaftsunternehmen, das die Holzwurm-AG gemeinsam mit einem anderen, fremden Gesellschafterunternehmen leitet. Von der Möglichkeit, Gemeinschaftsunternehmen auf der Grundlage der Quotenkonsolidierung einzubeziehen (vgl. § 310 HGB), macht die Holzwurm-AG Gebrauch (vgl. Prämisse 15).

Die Leim-GmbH ist gem. Prämisse 16 ein assoziiertes Unternehmen. Dieses assoziierte Unternehmen muß gem. den §§ 311 und 312 HGB auf der Grundlage der Equity-Methode berücksichtigt werden.

2.3 Erstellung des Summenabschlusses

Werden die gleichartigen Posten der in den Konzernabschluß einbezogenen Unternehmen im Wege einer bloßen Addition zusammengefaßt, stellt das Ergebnis dieser Addition den sog. Summenabschluß dar. Für Tochterunternehmen gilt, daß alle Einzelabschlußwerte in voller Höhe zusammenzufassen sind.

Einzelabschlußwerte von Gemeinschaftsunternehmen hingegen, die auf der Grundlage der Quotenkonsolidierung berücksichtigt werden, dürfen letztlich nur in Höhe des Konzernanteils in den Konzernabschluß übernommen werden. Bei der Erstellung des Summenabschlusses können Gemeinschaftsunternehmen unterschiedlich berücksichtigt werden:

(1) Die Einzelabschlußwerte können in voller Höhe in den Summenabschluß übernommen werden; sodann sind die Fremdanteile bei den einzelnen Abschlußposten in einer Konsolidierungsspalte abzusetzen.

(2) Bereits bei der Erstellung des Summenabschlusses werden die Einzelabschlußwerte nur quotal erfaßt. In dieser Weise wird im Rahmen dieser Fallstudie bei der Erstellung der Konzernbilanz und der Konzern-GuV vorgegangen.

Einzelabschlußwerte assoziierter Unternehmen dürfen überhaupt nicht im Summen- und im Konzernabschluß erfaßt werden.

Der Summenabschluß bildet den Ausgangspunkt der eigentlichen Konsolidierung, denn aus diesem Summenabschluß sind auf der Grundlage sog. Korrektur- bzw. Konsolidierungsbuchungen alle konzerninternen Beziehungen auszuschalten (zu eliminieren), um sodann auf diesem Wege zum Konzernabschluß zu gelangen.

Nachfolgend werden die Summenbilanz und die Summen-GuV des Holzwurm-Konzerns erstellt (vgl. Übersichten 133 und 134). In der Falttasche am Ende des Buchs befinden sich Formblätter in Großformat zur Ableitung des Konzernabschlusses. Auf diesen Bögen kann der interessierte Leser den Summenabschluß selbst anfertigen.

*Übersicht 133: Summenbilanz des Holzwurm-Konzerns zum 31.12.03**

	S	H
Aktiva		
A. Anlagevermögen		
I. Sachanlagen		
1. Grundstücke	14 500	
2. technische Anlagen und Maschinen	11 600	
3. andere Anlagen	1 650	
II. Finanzanlagen		
1. Anteile an verbundenen Unternehmen	19 100	
2. Beteiligungen	8 600	
B. Umlaufvermögen		
I. Vorräte	20 171	
II. Forderungen und sonstige Vermögensgegenstände		
1. Forderungen gegen verbundene Unternehmen	212	
2. Forderungen gegen Unternehmen, mit denen ein Beteiligungsverhältnis besteht	41	
C. Rechnungsabgrenzungsposten	179	
Passiva		
A. Eigenkapital		
I. Gezeichnetes Kapital		24 800
II. Kapitalrücklage		11 400
III. Gewinnrücklagen		25 500
IV. Bilanzgewinn		1 600
B. Rückstellungen		
1. Rückstellungen für latente Steuern		250
2. sonstige Rückstellungen		125
C. Verbindlichkeiten		
1. Verbindlichkeiten gegenüber verbundenen Unternehmen		235
2. Verbindlichkeiten gegenüber Unternehmen, mit denen ein Beteiligungsverhältnis besteht		14
3. sonstige Verbindlichkeiten		11 897
D. Rechnungsabgrenzungsposten		232
	76 053	76 053

* Die Holznuß-AG wird in der Weise einbezogen, daß die Abschlußwerte der Holznuß-AG bereits lediglich quotal in die Summenbilanz übernommen werden (vgl. auch Prämisse 27).

*Übersicht 134: Summen-Gewinn- und Verlustrechnung des Holzwurm-Konzerns für das Geschäftsjahr 03**

Umsatzerlöse		90 000
Erhöhung des Bestands an fertigen und unfertigen Erzeugnissen		13 000
andere aktivierte Eigenleistungen		4 000
sonstige betriebliche Erträge		2 000
Aufwendungen für Roh-, Hilfs- und Betriebsstoffe		45 500
Personalaufwand		36 500
Abschreibungen		15 500
sonstige betriebliche Aufwendungen		3 825
Erträge aus Beteiligungen		500
sonstige Zinsen und ähnliche Erträge		500
Zinsen und ähnliche Aufwendungen		2 825
Ergebnis der gewöhnlichen Geschäftstätigkeit		5 850
außerordentliche Erträge	1 100	
außerordentliche Aufwendungen	675	
außerordentliches Ergebnis		425
Steuern vom Einkommen und Ertrag		
– effektiv	2 850	
– latent	250	3 100
sonstige Steuern		875
Jahresüberschuß		2 300
Zuführung zu den Gewinnrücklagen		700
Bilanzgewinn		1 600

* Die Abschlußwerte der Holznuß-AG wurden nur quotal erfaßt (vgl. Prämisse 27, S. 672)

2.4 Konsolidierungsbuchungen

Es erfolgt die Korrektur der konzerninternen Vorgänge, indem diese Sachverhalte aus dem Summenabschluß ausgeschaltet (eliminiert) werden.

2.4.1 Korrektur der konzerninternen Vorgänge des Geschäftsjahrs 03

Die Übersicht 135 enthält die Korrekturen der konzerninternen Vorgänge des Geschäftsjahrs 03. Diese Sachverhalte sind im 1. Kap. unter Gliederungspunkt 4 angegeben und betreffen Fragen der Schulden- und Aufwands-/Ertragskonsolidierung sowie der Zwischenergebniseliminierung.

<table>
<tr><td colspan="5">Übersicht 135 (Teil 1): Korrektur der konzerninternen Vorgänge des Geschäftsjahrs 03</td></tr>
<tr><td>Nr.</td><td>Korrekturbuchungen</td><td>S</td><td>H</td><td>Bemerkungen</td></tr>
<tr><td>1.</td><td>Verbindlichkeiten gegenüber verbundenen Unternehmen/
Forderungen gegen verbundene Unternehmen</td><td>70</td><td>
70</td><td>Nur die Beziehungen zwischen den konsolidierten Unternehmen werden eliminiert. Daher bleiben die Beziehungen zwischen der Furnier-GmbH und der Unterstützungskasse-GmbH im Konzernabschluß bestehen.</td></tr>
<tr><td>2.</td><td>(A) Bilanz:
Forderungen gegen verbundene Unternehmen/
Konzerngewinn
(B) GuV-Rechnung:
Konzerngewinn/
sonstige betriebliche Aufwendungen</td><td>4

4</td><td>
4

4</td><td>Die Werte der Korrekturbuchungen in der Bilanz einerseits und der GuV-Rechnung andererseits müssen jeweils für sich gleich hoch sein. Pauschalwertberichtigungen zu Forderungen dürfen nur aktivisch abgesetzt werden.</td></tr>
<tr><td>3.</td><td>Verbindlichkeiten gegenüber verbundenen Unternehmen/
Forderungen gegen verbundene Unternehmen</td><td>18</td><td>
18</td><td>Geleistete Anzahlungen auf Vorräte könnten auch als Unterkategorie der Vorräte ausgewiesen werden, erhaltene Anzahlungen könnten auch unter den Verbindlichkeiten gesondert dargestellt oder offen von den Vorräten abgesetzt werden.</td></tr>
<tr><td>4.</td><td>Passivischer Rechnungsabgrenzungsposten/
Aktivischer Rechnungsabgrenzungsposten</td><td>15</td><td>
15</td><td>Die Buchungen auf den Konten »sonstige betriebliche Aufwendungen« und »sonstige betriebliche Erträge« heben sich auf.
Die Holzwurm-AG buchte:
(1) Bank an sonstige betriebliche Erträge = 15
(2) sonstige betriebliche Erträge an RAP = 15
Die Furnier-GmbH-buchte:
(1) sonstiger betrieblicher Aufwand an Bank = 15
(2) RAP an sonstiger betrieblicher Aufwand = 15</td></tr>
</table>

Übersicht 135 (Teil 2): Korrektur der konzerninternen Vorgänge des Geschäftsjahrs 03

Nr.	Korrekturbuchungen	S	H	Bemerkungen
5.	(A) Bilanz: Verbindlichkeiten gegenüber verbundenen Unternehmen/ Forderungen gegen verbundene Unternehmen Aktivischer Rechnungsabgrenzungsposten Konzerngewinn (B) GuV-Rechnung: Konzerngewinn/ Zinsen und ähnliche Aufwendungen	60 2	 54 4 2 2	Das Darlehen hätte auch unter den Ausleihungen ausgewiesen werden können.
6.	sonstige betriebliche Erträge/ sonstige betriebliche Aufwendungen	16	16	
7.	sonstige Zinsen und ähnliche Erträge/ Zinsen und ähnliche Aufwendungen	9	9	
8.	Verbindlichkeiten gegenüber Unternehmen, mit denen ein Beteiligungsverhältnis besteht/ Forderungen gegen Unternehmen, mit denen ein Beteiligungsverhältnis besteht	14	14	Die Beziehungen zwischen der Holznuß-AG und der Holzwurm-AG dürfen nur quotal – also zu 50% – eliminiert werden. Kreditbeziehungen zu einem assoziierten Unternehmen bleiben im Zuge der Konsolidierung unberücksichtigt.
9.	Umsatzerlöse/ Aufwendungen für Roh-, Hilfs- und Betriebsstoffe	26	26	Nur Beziehungen mit Konzernfremden können zu Aufwands- und Ertragsbuchungen im Rahmen der Konzernrechnungslegung führen.
10.	Umsatzerlöse/ andere aktivierte Eigenleistungen	21	21	Aus Konzernsicht liegen keine Umsatzerlöse, sondern zu aktivierende Eigenleistungen vor.

Übersicht 135 (Teil 3): Korrektur der konzerninternen Vorgänge des Geschäftsjahrs 03

Nr.	Korrekturbuchungen	S	H	Bemerkungen
11.	(A) Bilanz:			
	sonstige Rückstellungen/	8		
	Konzerngewinn		8	
	(B) GuV-Rechnung:			
	Konzerngewinn/	8		
	sonstige betriebliche Aufwendungen		8	
12.	(A) Bilanz:			
	Verbindlichkeiten gegenüber verbundenen Unternehmen/	80		
	Forderungen gegen verbundene Unternehmen		74	
	Konzerngewinn		6	
	(B) GuV-Rechnung:			
	Konzerngewinn/	6		
	Zinsen und ähnliche Aufwendungen		6	
13.	(A) Bilanz:			Zwischengewinne sind in Höhe von 10 zu eliminieren.
	Konzerngewinn/	10		Verkaufspreis (= Einzelabschlußwert) 42
	Vorräte		10	Aktivierungspflichtige Konzernherstellungskosten ./. 32
	(B) GuV-Rechnung:			Zwischengewinn 10
	Umsatzerlöse	42		
	Bestandsveränderung/	10		
	Aufwendungen für Roh-, Hilfs- und Betriebsstoffe		42	
	Konzerngewinn		10	
14.	(A) Bilanz:			Zwischenverluste sind in Höhe von 12 zu eliminieren.
	Vorräte/	12		Aktivierungspflichtige Konzernherstellungskosten 34
	Konzerngewinn		12	Verkaufspreis (= Einzelabschlußwert) ./. 22
	(B) GuV-Rechnung:			Zwischenverlust 10
	Umsatzerlöse	22		
	Konzerngewinn/	12		
	Aufwendungen für Roh-, Hilfs- und Betriebsstoffe		22	
	Bestandsveränderungen		12	

Übersicht 135 (Teil 4): Korrektur der konzerninternen Vorgänge des Geschäftsjahrs 03				
Nr.	Korrekturbuchungen	S	H	Bemerkungen
15.	(A) Bilanz: Konzerngewinn/ Vorräte (B) GuV-Rechnung: Umsatzerlöse Bestandsveränderung/ Aufwendungen für Roh-, Hilfs- und Betriebsstoffe Konzerngewinn	 10 20 10	 10 20 10	Da die Holznuß-AG auf der Grundlage der Quotenkonsolidierung einbezogen wurde, darf der Vorgang auch nur quotal brücksichtigt werden.
		509	509	
		Davon: Bilanz 301 GuV-Rechnung 208		

2.4.2 Kapitalkonsolidierung

2.4.2.1 Korrekturen der Summenbilanz

2.4.2.1.1 Konsolidierung der Furnier-GmbH

Angewandte Konsolidierungstechnik: Vollkonsolidierung mit Minderheitenausweis.

(1) Ermittlung des Unterschiedsbetrags aus der Kapitalkonsolidierung
U = Beteiligungsbuchwert – (prozentuale Anteilshöhe des Konzerns × Eigenkapital der Erstkonsolidierung)
U = 10000 – [0,6 × (3300 + 1500 + 1500)]
U = 10000 – (0,6 × 6300)
U = 6220 = aktivischer Unterschiedsbetrag.

(2) Zuordnung der stillen Rücklagen
- Grundstücke [(8000 – 1000) × 0,6] = 4200
- technische Anlagen [(6000 – 5000) × 0,6] = 600
- Vorräte [(5000 – 4000) × 0,6] = 600.

(3) Abschreibung der stillen Rücklagen im Jahr 03
- technische Anlagen
  aufgedeckte stille Rücklagen insgesamt 600; lineare Abschreibung; Nutzungsdauer 10 Jahre;
  600 : 10 = 60.

(4) Korrektur der Materialaufwendungen
Es wurde unterstellt, daß sich die Vorräte, die stille Rücklagen bei der Erstkonsolidierung enthielten, auch zum Bilanzstichtag 31.12.03 noch im Vermögen der Furnier-GmbH befanden. Daher werden keine weiteren Korrekturen erforderlich. Wenn die Vorräte jedoch in 03 verbraucht worden wären, hätte der Materialaufwand entsprechend erhöht werden müssen.

(5) Ermittlung und Abschreibung des Geschäfts- oder Firmenwerts

Unterschiedsbetrag aus der Kapitalkonsolidierung	6220
– stille Rücklagen Grundstücke	4200
– stille Rücklagen Anlagen	600
– stille Rücklagen Vorräte	600
Geschäfts- oder Firmenwert	820.

lineare Abschreibung; Nutzungsdauer 5 Jahre;
820 : 5 = 164.

(6) Ermittlung des Ausgleichspostens für Anteile anderer Gesellschafter (vgl. § 307 Abs. 1 HGB)
A = prozentuale Anteilshöhe der anderen Gesellschafter × Eigenkapital zum Stichtag der jeweiligen Konsolidierung
A = 0,4 x (3300 + 1500 + 1600)
A = 0,4 × 6400
A = 2560 (am Kapital und an den Rücklagen)
A = 0,4 × 100 = 40 (am Gewinn)
A insgesamt = 2560 + 40 = 2600.

(7) Zusammenfassung der Konsolidierungsbuchungen der Furnier-GmbH (vgl. Übersicht 133).

2.4.2.1.2 Konsolidierung der Borkenkäfer-GmbH

Angewandte Konsolidierungstechnik: Vollkonsolidierung

(1) Ermittlung des Unterschiedsbetrags aus der Kapitalkonsolidierung
U = Beteiligungsbuchwert – (prozentuale Anteilshöhe des Konzerns × Eigenkapital der Erstkonsolidierung)
U = 9000 – (2500 + 1400 + 1400)
U = 9000 – 5300
U = 3700 = aktivischer Unterschiedsbetrag.

(2) Ermittlung der stillen Rücklagen

– Grundstücke	9000 – 2000 = 7000
– technische Anlagen	7000 – 4000 = 3000
– andere Anlagen	2000 – 1000 = 1000
stille Rücklagen insgesamt	= 11000.

(3) Zurechnung der stillen Rücklagen
Da stille Rücklagen nur in Höhe des Unterschiedsbetrags zwischen dem Beteiligungsbuchwert und dem Eigenkapital zugerechnet werden dürfen, stellt sich die Frage, nach welchem Schlüssel die Zuteilung erfolgen soll. Entsprechend der Prämisse 19 ist hier nach der sog. proportionalen Zuordnung vorzugehen.

Die proportionale Methode nimmt eine Aufteilung des Unterschiedsbetrags proportional zu den insgesamt feststellbaren stillen Rücklagen vor.

	Stille Rücklagen	Anteil in %	Zuschreibung zum Buchwert	Wertansatz in der Konzernbilanz
Grundstücke	7 000	63,64	2355	4355
technische Anlagen	3 000	27,27	1009	5009
andere Anlagen	1 000	9,09	336	1336
	11 000	100,00	3700	

Das gleiche Resultat wird erzielt, wenn zunächst eine sog. Aufteilungsquote ermittelt wird:

$$\text{Aufteilungsquote} = \frac{\text{aufzuteilende Rücklagen}}{\text{Summe aller vorhandenen stillen Rücklagen}}$$

$$= \frac{3\,700}{11\,000} = 0{,}3363$$

Grundstücke $7000 \times 0{,}3363 = 2355$
technische Anlagen $3000 \times 0{,}3363 = 1009$
andere Anlagen $1000 \times 0{,}3363 = 336$.

(4) Abschreibung der stillen Rücklagen im Jahr 03
- technische Anlagen
  aufgedeckte stille Rücklagen insgesamt 1009; lineare Abschreibung; Nutzungsdauer 10 Jahre
  1 009 : 10 = 101;
- andere Anlagen
  aufgedeckte stille Rücklagen insgesamt 336;
  lineare Abschreibung; Nutzungsdauer 4 Jahre;
  336 : 4 = 84.

(5) Zusammenfassung der Konsolidierungsbuchungen der Borkenkäfer-GmbH (vgl. Übersicht 134).

2.4.2.1.3 Konsolidierung der Holznuß-AG

Angewandte Konsolidierungstechnik: Quotenkonsolidierung

(1) Berücksichtigung der quotalen Werte in der Summenbilanz

Die Kapitalkonsolidierung wird hier in der Weise vorgenommen, daß die Vermögensgegenstände und Schulden der Holznuß-AG bereits quotal in die Summenbilanz übernommen werden.

(2) Ermittlung des Unterschiedsbetrags aus der Kapitalkonsolidierung

U = Beteiligungsbuchwert – (prozentuale Anteilshöhe des Konzerns × Eigenkapital der Erstkonsolidierung)
U = 8000 – [0,5 × (6000 + 5000 + 5000 + 1000)]
U = 8000 – 8500
U = – 500 = passivischer Unterschiedsbetrag.

(3) Zusammenfassung der Konsolidierungsbuchungen der Holznuß-AG (vgl. Übersicht 138).

2.4.2.1.4 Zusammenfassung der Konsolidierungsbuchungen

(Vgl. Übersicht 139).

Übersicht 136: Korrekturbuchungen aus der Kapitalkonsolidierung mit der Furnier-GmbH

		Konzern		andere Gesellschafter		Korrekturbuchungen saldiert	
		S	H	S	H	S	H
Geschäfts- oder Firmenwert		820 (2)	(4) 164			656	
Anteile an verbundenen Unternehmen			(1) 10 000				10 000
Grundstücke		4 200 (2)				4 200	
technische Anlagen		600 (2)	(3) 60			540	
Vorräte		600 (2)				600	
Unterschiedsbetrag aus der Kapitalkonsolidierung		6 220 (1)	(2) 4 200				
			(2) 600				
			(2) 600				
			(2) 820				
Gezeichnetes Kapital		1 980 (1)		1 320 (1)		3 300	
Kapitalrücklage		900 (1)		600 (1)		1 500	
Gewinnrücklagen		900 (1)		640 (1)		1 540	
Gewinn		60 (3)		40 (1)		264	
		164 (4)					
Ausgleichsposten für Anteile anderer Gesellschafter					(1) 2 600		2 600
– am gezeichneten Kapital und an den Rücklagen	2 560						
– am Gewinn	40						
		16 444	16 444	2 600	2 600	12 600	12 600

Übersicht 137: Korrekturbuchungen aus der Kapitalkonsolidierung mit der Borkenkäfer-GmbH

	Konzern		Korrekturbuchungen saldiert	
	S	H	S	H
Anteile an verbundenen Unternehmen		(1) 9 000		9 000
Grundstücke	2 355 (2)		2 355	
technische Anlagen	1 009 (2)	(3) 101	908	
andere Anlagen	336 (2)	(4) 84	252	
Unterschiedsbetrag aus der Kapitalkonsolidierung	3 700 (1)	(2) 3 700		
Gezeichnetes Kapital	2 500 (1)		2 500	
Kapitalrücklage	1 400 (1)		1 400	
Gewinnrücklagen	1 400 (1)		1 400	
Gewinn	101 (3)		185	
	84 (4)			
	12 885	12 885	9 000	9 000

Übersicht 138: Korrekturbuchungen aus der Kapitalkonsolidierung mit der Holznuß-AG

	Korrekturbuchungen	
	S	H
Beteiligungen		8 000
Grundstücke		
technische Anlagen und Maschinen		
andere Anlagen		
Vorräte		
Gezeichnetes Kapital	3 000	
Kapitalrücklage	2 500	
Gewinnrücklagen	2 500	
Gewinn	500	
Verbindlichkeiten gegenüber Unternehmen, mit denen ein Beteiligungsverhältnis besteht		
sonstige Verbindlichkeiten		
Unterschiedsbetrag aus der Kapitalkonsolidierung		500
	8 500	8 500

Übersicht 139: Zusammenfassung der Konsolidierungsbuchungen

		Korrekturbuchungen	
		S	H
Geschäfts- oder Firmenwert		656	
Anteile an verbundenen Unternehmen			19 000
Beteiligungen			8 000
Grundstücke		6 555	
technische Anlagen		1 448	
andere Anlagen		252	
Vorräte		600	
Unterschiedsbetrag aus der Kapitalkonsolidierung		–	–
Gezeichnetes Kapital		8 800	
Kapitalrücklage		5 400	
Gewinnrücklagen		5 440	
Gewinn		949	
Ausgleichsposten für Anteile anderer Gesellschafter			2 600
– am gezeichneten Kapital und an den Rücklagen	2 560		
– am Gewinn	40		
Unterschiedsbetrag aus der Kapitalkonsolidierung			500
		30 100	30 100

2.4.2.2 Korrekturen der Summen-Gewinn- und Verlustrechnung

2.4.2.2.1 Konsolidierung der Furnier-GmbH

(1) Umgliederung der auf andere Gesellschafter entfallenden Rücklagenbewegung

	Gewinnrücklagen 03	= 1 600
–	Gewinnrücklagen 02	= 1 500
	100 × Anteil anderer Gesellschafter (0,4)	= 40

Buchungssatz:
Zuführung zum Ausgleichsposten für Anteile anderer Gesellschafter an Entnahme aus den Gewinnrücklagen 40.

(2) Umgliederung des auf andere Gesellschafter entfallenden Gewinns
Gewinn 03 = 100 × Anteil anderer Gesellschafter (0,4) = 40
Buchungssatz:
auf andere Gesellschafter entfallender Gewinn an Konzerngewinn 40.

(3) Abschreibungen auf technische Anlagen
Aufgedeckte stille Rücklagen insgesamt 600;
lineare Abschreibung; Nutzungsdauer 10 Jahre;
Jahresabschreibung 600 : 10 = 60
Buchungssatz:
Abschreibungen an Konzerngewinn 60.

(4) Abschreibungen des Geschäfts- oder Firmenwerts
Geschäfts- oder Firmenwert insgesamt 820;
lineare Abschreibung; Nutzungsdauer 5 Jahre;
Jahresabschreibung 820 : 5 = 164
Buchungssatz:
Abschreibungen an Konzerngewinn 164.

2.4.2.2.2 Konsolidierung der Borkenkäfer-GmbH

(1) Abschreibungen auf technische Anlagen
Aufgedeckte stille Rücklagen insgesamt 1 009;
lineare Abschreibung; Nutzungsdauer 10 Jahre;
Jahresabschreibung 1 009 : 10 = 101
Buchungssatz:
Abschreibungen an Konzerngewinn 101.

(2) Abschreibungen auf andere Anlagen
Aufgedeckte stille Rücklagen insgesamt 336;
lineare Abschreibung; Nutzungsdauer 4 Jahre;
Jahresabschreibung 336 : 4 = 84
Buchungssatz:
Abschreibungen an Konzerngewinn 84.

2.4.2.2.3 Konsolidierung der Holznuß-AG

Die Aufrechnung des Beteiligungsertrags erfolgt gegen den auf den Konzern entfallenden Gewinn der Erstkonsolidierung. Diese Aufrechnung wurde erforderlich, weil der Gewinn entsprechend den gemachten Annahmen im Jahr 03 anteilig in Höhe von 500 an die Holzwurm-AG ausgeschüttet und dort erfolgswirksam als Beteiligungsertrag gebucht wurde.

Buchungssatz:
Konsolidierungsdifferenz an Konzerngewinn 500.

Eine weitere und einfachere Lösung hätte darin bestanden, den Gewinn der Erstkonsolidierung bei der Vereinnahmung erfolgsunwirksam als eine Kürzung des Beteiligungsbuchwerts zu erfassen. In diesem Fall würden sich Aufrechnungen gegen den Gewinn aus der Erstkonsolidierung in den Folgekonsolidierungen erübrigen.

2.4.2.2.4 Zusammenfassung der Konsolidierungsbuchungen

Aufgrund der obigen Buchungen werden nachfolgende zusammengefaßte Korrekturen erforderlich:

	S	H
1. Veränderung der Gewinnrücklagen		40
2. Zuführung zum Ausgleichsposten für Anteile anderer Gesellschafter	40	
3. Konsolidierung	500	
4. auf andere Gesellschafter entfallender Gewinn	40	
5. Abschreibungen	409	
6. Konzerngewinn		949
	989	989

2.4.3 Korrekturen aus der Equity-Methode

(1) Antizipation des anteiligen Jahresüberschusses der Leim-GmbH
Jahresüberschuß $104 \times 0{,}25 = 26$
Buchungssatz:
Beteiligungen an Beteiligungsertrag 26.

(2) Ermittlung des Unterschiedsbetrags
U = Beteiligungsbuchwert – (prozentuale Anteilshöhe des Konzerns × Eigenkapital aus der Erstkonsolidierung)
$U = 600 - [0{,}25 \times (1\,000 + 500 + 500)]$
$U = 600 - 500$
U = 100 = aktivischer Unterschiedsbetrag.

(3) Ermittlung der quotalen stillen Rücklagen
stille Rücklagen insgesamt = (500 – 100)
anteilige stille Rücklagen = 400 × 0,25 = 100.

(4) Da die stillen Rücklagen auf ein Grundstück entfallen, das nicht der Abnutzung unterliegt, erübrigt sich auch eine (anteilige) Abschreibung der stillen Rücklagen. Da die anteiligen stillen Rücklagen genau dem Unterschiedsbetrag entsprechen, entsteht auch kein Geschäfts- oder Firmenwert, der in den Folgeperioden abzuschreiben wäre.

(5) Entsprechend den gesetzten Prämissen ist der Beteiligungsbuchwert wie folgt auszuweisen:

Beteiligungen	626
– davon: Unterschiedsbetrag aus der Equity-Methode 100.	

2.4.4 Berücksichtigung latenter Steuern

Latente Steuern sind der Unterschiedsbetrag zwischen dem Steueraufwand, der auf der Grundlage des Konzernabschlusses dem Geschäftsjahr zugerechnet wird, und den für dieses Geschäftsjahr von den einzelnen konsolidierten Gesellschaften gezahlten oder zu zahlenden bzw. als Aufwand verrechneten Steuern.

1. Fall:

Konzernerfolg > Erfolg des Summenabschlusses; führt zu sog. passivischen latenten Steuern.

(1) Schuldenkonsolidierung	
Vorgang (2) der Geschäftsvorfälle des Jahrs 03	4
Vorgang (5) der Geschäftsvorfälle des Jahrs 03	2
Vorgang (11) der Geschäftsvorfälle des Jahrs 03	8
Vorgang (12) der Geschäftsvorfälle des Jahrs 03	6.
(2) Zwischenverlusteliminierung	
– Höhe der eliminierten Zwischenverluste	12
	32.

Bei einem unterstellten Steuersatz von 50% sind aufgrund der obigen erfolgswirksamen Differenzen passivische latente Steuern in Höhe von 16 zu erfassen. Hinzu kommen noch entsprechend der Prämisse 44 insgesamt 13 Einheiten latente Steueraufwendungen, weil sich die Gewinnverwendungspolitik aus Konzernsicht anders darstellt, als dies bei den einzelnen Konzernunternehmen der Fall ist.

Damit sind passivische latente Steuern in Höhe von 29 zu erfassen.

2. Fall:

Konzernerfolg < Erfolg des Summenabschlusses; führt zu sog. aktivischen latenten Steuern.

– Zwischengewinneliminierung
  Höhe der eliminierten Zwischengewinne 20.

Bei einem unterstellten Steuersatz von 50% sind folglich aktivische latente Steuern in Höhe von 10 zu verrechnen.

Nach einer Saldierung der passivischen und aktivischen latenten Steuern müssen letztlich 19 Einheiten (29 – 10) passivische latente Steuern verrechnet werden.

Buchungssatz:

latente Steueraufwendungen an Rückstellungen für latente Steuern 19.

Beachte:

Obwohl auch im Rahmen der Kapitalkonsolidierung erfolgswirksame Vorgänge verrechnet wurden, fallen hier keine latenten Steuern an, denn es handelt sich bei der Abschreibung des Geschäfts- oder Firmenwerts und den Abschreibungen der aufgedeckten stillen Rücklagen nicht um zeitliche, sondern um dauerhafte Differenzen. Diese Ansicht ist allerdings nicht unumstritten.

2.4.5 Korrektur konzerninterner Gewinnausschüttungen

Für den Fall, daß Konzernunternehmen von anderen Konzernunternehmen Beteiligungserträge vereinnahmen und keine Gewinnabführungsverträge vorliegen, muß der Konzernjahreserfolg gegenüber der Summen-GuV korrigiert werden. Während im Einzelabschluß des Tochterunternehmens der Jahreserfolg periodengerecht im Jahre seiner Entstehung ausgewiesen wird, wird er bei dem Mutterunternehmen erst in einer späteren Periode verbucht und beeinflußt somit wiederum den Konzern-Jahreserfolg. Der von dem Tochterunternehmen erzielte Erfolg würde daher bei einer bloßen Summation der Einzelabschlußwerte den Konzern-Jahreserfolg gleich zweimal beeinflussen. Um einen periodengerechten Erfolgsausweis zu erreichen, muß daher im Jahre der Gewinnausschüttung der Konzern-Jahreserfolg in Höhe dieser Gewinnausschüttung korrigiert werden.

Buchungssatz:
Beteiligungserträge an vereinnahmte Vorjahresergebnisse 500.

2.5 Ableitung des Konzernabschlusses zum 31.12.03

(Vgl. Übersichten 140 bis 147).

Übersicht 140: Ableitung der Konzernbilanz zum 31.12.03

	Summenbilanz[1]		KORREKTURBUCHUNGEN								Konzernbilanz	
			lfd. Vorgänge		Kapital-konsolidierung		Equity-Konsolidierung		Latente Steuern			
	A	P	S	H	S	H	S	H	S	H	A	P
AKTIVA												
A. Anlagevermögen												
I. Immaterielle Vermögensgegenstände												
1. Geschäfts- oder Firmenwert aus der Kapitalkonsolidierung					656						656	
II. Sachanlagen												
1. Grundstücke ...	14 500				6 555						21 055	
2. technische Anlagen und Maschinen	11 600				1 448						13 048	
3. andere Anlagen	1 650				252						1 902	
III. Finanzanlagen												
1. Anteile an verbundenen Unternehmen	19 100					19 000					100	
2. Beteiligungen	8 600					8 000	26				626	
– davon: Unterschiedsbetrag aus der Equity-Konsolidierung 100												
B. Umlaufvermögen												
I. Vorräte	20 171		(14)[2] 12	(13) 10; (15) 10	600						20 763	
II. Forderungen und sonstige Vermögensgegenstände												
1. Forderungen gegen verbundene Unternehmen	212		(2) 4	(1) 70; (3) 18 (5) 54; (12) 74								
2. Forderungen gegen Unternehmen, mit denen ein Beteiligungsverhältnis besteht	41			(8) 14							27	
C. Rechnungsabgrenzungsposten	179			(4) 15; (5) 4							160	

PASSIVA												
A. Eigenkapital												
I. Gezeichnetes Kapital		24 800			8 800							16 000
II. Kapitalrücklage		11 400			5 400							6 000
III. Gewinnrücklagen		25 500			5 440							20 060
IV. Ausgleichsposten für Anteile anderer Gesellschafter, davon: Gewinn 40						2 600						2 600
V. Konzerngewinn		1 600	(13) 10; (15) 10	(2) 4; (5) 2 (11) 8; (12) 6 (14) 12	949			26	19			670
B. Unterschiedsbetrag aus der Kapitalkonsolidierung						500						500
C. Rückstellungen												
1. Rückstellungen für latente Steuern												
– aus den Einzelabschlüssen		250										250
– aus der Konsolidierung										19		19
2. sonstige Rückstellungen		125	(11) 8									117
D. Verbindlichkeiten												
1. Verbindlichkeiten gegenüber verbundenen Unternehmen		235	(1) 70; (3) 18 (5) 60; (12) 80									7
2. Verbindlichkeiten gegenüber Unternehmen, mit denen ein Beteiligungsverhältnis besteht		14	(8) 14									
3. sonstige Verbindlichkeiten		11 897										11 897
E. Rechnungsabgrenzungsposten		232	(4) 15									217
	76 053	76 053	301	301	30 100	30 100	26	26	19	19	58 337	58 337

1) Die Werte der Holznuß-AG wurden bereits in quotaler Höhe übernommen.
2) Diese Zahlen entsprechen den Zahlen der konzerninternen Vorgänge im Geschäftsjahr 03 unter Gliederungspunkt 4. im 1. Kap. des 3. Abschn.
Beachte: Diese Übersicht im Großformat befindet sich in der Falttasche am Ende des Buchs.

Übersicht 141: Ableitung der Konzern-Gewinn- und Verlustrechnung für das Geschäftsjahr 03

	Summen-Gewinn- und Verlust-Rechnung[1)]	KORREKTURBUCHUNGEN										Konzern-Gewinn- und Verlust-Rechnung
		lfd. Vorgänge		Kapitalkonsolidierung		Equity-Konsolidierung		Latente Steuern		Beteiligungserträge		
		S	H	S	H	S	H	S	H	S	H	
1. Umsatzerlöse	90 000	(9)[2)] 26 (10) 21 (13) 42 (14) 22 (15) 20										89 869
2. Erhöhung des Bestands an fertigen und unfertigen Erzeugnissen	13 000	(13) 10 (15) 10	(14) 12									12 992
3. andere aktivierte Eigenleistungen	4 000		(10) 21									4 021
4. sonstige betriebliche Erträge	2 000	(6) 16										1 984
5. Aufwendungen für Roh-, Hilfs- und Betriebsstoffe	45 500		(9) 26 (13) 42 (14) 22 (15) 20									45 390
6. Personalaufwand	36 500											36 500
7. Abschreibungen	15 500			409								15 909
8. sonstige betriebliche Aufwendungen	3 825		(2) 4 (6) 16 (11) 8									3 797
9. Erträge aus Beteiligungen, davon aus assoziierten Unternehmen: –	500						26			500		26 (26)
10. sonstige Zinsen und ähnliche Erträge	500	(7) 9										491
11. Zinsen und ähnliche Aufwendungen	2 825		(5) 2 (7) 9 (12) 6									2 808

12. Ergebnis der gewöhnlichen Geschäftstätigkeit		5 850											4 979
13. außerordentliche Erträge	1 100												1 100
14. außerordentliche Aufwendungen	675												675
15. außerordentliches Ergebnis		425											+ 425
16. Steuern vom Einkommen und Ertrag													
– effektiv	2 850												2 850
– latent	250								19				269
		3 100											3 119
17. sonstige Steuern		875											875
18. Jahresüberschuß		2 300											1 410
19. Zuführung zu den Gewinnrücklagen		./. 700				40							./. 660
20. Zuführung zum Ausgleichsposten für Anteile anderer Gesellschafter					40								./. 40
21. vereinnahmte Vorjahresergebnisse												500	+ 500
22. Konsolidierungsdifferenz					500								./. 500
23. auf andere Gesellschafter entfallender Gewinn					40								./. 40
24. Konzerngewinn		1 600	(2) 4 (5) 2 (11) 8 (12) 6 (14) 12	(13) 10 (15) 10		949	26			19			670
			208	208	989	989	26	26	19	19	500	500	

1) Die Abschlußwerte der Holzwurm-AG, Furnier-GmbH und Borkenkäfer-GmbH wurden in voller Höhe übernommen, während die Werte der Holznuß-AG nur quotal berücksichtigt wurden.

2) Diese Zahlen entsprechen den Zahlen der konzernintemen Vorgänge im Geschäftsjahr 03 unter Gliederungspunkt 4 im 1. Kap. des 3. Abschn.

Beachte: Diese Übersicht im Großformat befindet sich in der Falttasche am Ende des Buchs.

Übersicht 142: Konzernbilanz des Holzwurm-Konzerns zum 31.12.03

AKTIVA	
A. Anlagevermögen	
I. Immaterielle Vermögensgegenstände	
1. Geschäfts- oder Firmenwert	656
II. Sachanlagen	
1. Grundstücke ...	21 055
2. technische Anlagen und Maschinen	13 048
3. andere Anlagen	1 902
III. Finanzanlagen	
1. Anteile an verbundenen Unternehmen	100
2. Beteiligungen	626
– davon: Unterschiedsbetrag aus der Equity-Konsolidierung 100	
	37 387
B. Umlaufvermögen	
I. Vorräte	20 763
II. Forderungen und sonstige Vermögensgegenstände	
1. Forderungen gegen verbundene Unternehmen	–
2. Forderungen gegen Unternehmen, mit denen ein Beteiligungsverhältnis besteht	27
	20 790
C. Rechnungsabgrenzungsposten	160
	58 337

	PASSIVA
A. Eigenkapital	
I. Gezeichnetes Kapital	16 000
II. Kapitalrücklage	6 000
III. Gewinnrücklagen	20 060
IV. Ausgleichsposten für Anteile anderer Gesellschafter davon: Gewinn 40	2 600
V. Konzerngewinn	670
	45 330
B. Unterschiedsbetrag aus der Kapitalkonsolidierung	500
C. Rückstellungen	
1. Rückstellungen für latente Steuern	
– aus den Einzelabschlüssen	250
– aus der Konsolidierung	19
2. sonstige Rückstellungen	117
	386
D. Verbindlichkeiten	
1. Verbindlichkeiten gegenüber verbundenen Unternehmen	7
2. Verbindlichkeiten gegenüber Unternehmen, mit denen ein Beteiligungsverhältnis besteht	–
3. sonstige Verbindlichkeiten	11 897
	11 904
E. Rechnungsabgrenzungsposten	217
	58 337

Beachte: Diese Übersicht im Großformat befindet sich in der Falttasche am Ende des Buchs.

Übersicht 143: Konzern-Gewinn- und Verlustrechnung des Holzwurm-Konzerns für das Geschäftsjahr 03		
1. Umsatzerlöse		89 869
2. Erhöhung des Bestands an fertigen und unfertigen Erzeugnissen		12 992
3. andere aktivierte Eigenleistungen		4 021
4. sonstige betriebliche Erträge		1 984
5. Aufwendungen für Roh-, Hilfs- und Betriebsstoffe		45 390
6. Personalaufwand		36 500
7. Abschreibungen		15 909
8. sonstige betriebliche Aufwendungen		3 797
9. Erträge aus Beteiligungen an assoziierten Unternehmen		26
10. sonstige Zinsen und ähnliche Erträge		491
11. Zinsen und ähnliche Aufwendungen		2 808
12. Ergebnis der gewöhnlichen Geschäftstätigkeit		4 979
13. außerordentliche Erträge	1 100	
14. außerordentliche Aufwendungen	675	
15. außerordentliches Ergebnis		425
16. Steuern vom Einkommen und Ertrag		
– effektiv	2 850	
– latent	269	
		3 119
17. sonstige Steuern		875
18. Jahresüberschuß		1 410
19. Zuführung zu den Gewinnrücklagen		./. 660
20. Zuführung zum Ausgleichsposten für Anteile anderer Gesellschafter		./. 40
21. vereinnahmte Vorjahresergebnisse		+ 500
22. Konsolidierungsdifferenz		./. 500
23. auf andere Gesellschafter entfallender Gewinn		./. 40
24. Konzerngewinn		670

Beachte: Diese Übersicht im Großformat befindet sich in der Falttasche am Ende des Buchs.

Übersicht 144 (Leerformular): Ableitung der Konzernbilanz zum 31.12.03

	Summenbilanz[1)]		KORREKTURBUCHUNGEN								Konzernbilanz	
			lfd. Vorgänge		Kapital-konsolidierung		Equity-Konsolidierung		Latente Steuern			
	A	P	S	H	S	H	S	H	S	H	A	P
AKTIVA												
A. Anlagevermögen												
I. Immaterielle Vermögensgegenstände												
1. Geschäfts- oder Firmenwert aus der Kapitalkonsolidierung												
II. Sachanlagen												
1. Grundstücke ...												
2. technische Anlagen und Maschinen												
3. andere Anlagen												
III. Finanzanlagen												
1. Anteile an verbundenen Unternehmen												
2. Beteiligungen												
– davon: Unterschiedsbetrag aus der Equity-Konsolidierung												
B. Umlaufvermögen												
I. Vorräte												
II. Forderungen und sonstige Vermögensgegenstände												
1. Forderungen gegen verbundene Unternehmen												
2. Forderungen gegen Unternehmen, mit denen ein Beteiligungsverhältnis besteht												
C. Rechnungsabgrenzungsposten												

PASSIVA A. Eigenkapital I. Gezeichnetes Kapital II. Kapitalrücklage III. Gewinnrücklagen IV. Ausgleichsposten für Anteile anderer Gesellschafter, davon: Gewinn V. Konzerngewinn B. Unterschiedsbetrag aus der Kapitalkonsolidierung C. Rückstellungen 1. Rückstellungen für latente Steuern – aus den Einzelabschlüssen – aus der Konsolidierung 2. sonstige Rückstellungen D. Verbindlichkeiten 1. Verbindlichkeiten gegenüber verbundenen Unternehmen 2. Verbindlichkeiten gegenüber Unternehmen, mit denen ein Beteiligungsverhältnis besteht 3. sonstige Verbindlichkeiten E. Rechnungsabgrenzungsposten												

Beachte: Diese Übersicht im Großformat befindet sich in der Falttasche am Ende des Buchs.

Übersicht 145 (Leerformular): Ableitung der Konzern-Gewinn- und Verlustrechnung für das Geschäftsjahr 03

	Summen-Gewinn- und Verlust-Rechnung[1]	KORREKTURBUCHUNGEN										Konzern-Gewinn- und Verlust-Rechnung
		lfd. Vorgänge		Kapital-konsolidierung		Equity-Konsolidierung		Latente Steuern		Beteiligungs-erträge		
		S	H	S	H	S	H	S	H	S	H	
1. Umsatzerlöse												
2. Erhöhung des Bestands an fertigen und unfertigen Erzeugnissen												
3. andere aktivierte Eigenleistungen												
4. sonstige betriebliche Erträge												
5. Aufwendungen für Roh-, Hilfs- und Betriebsstoffe												
6. Personalaufwand												
7. Abschreibungen												
8. sonstige betriebliche Aufwendungen												
9. Erträge aus Beteiligungen, davon aus assoziierten Unternehmen: –												
10. sonstige Zinsen und ähnliche Erträge												
11. Zinsen und ähnliche Aufwendungen												

12. Ergebnis der gewöhnlichen Geschäftstätigkeit 13. außerordentliche Erträge 14. außerordentliche Aufwendungen												
15. außerordentliches Ergebnis 16. Steuern vom Einkommen und Ertrag – effektiv – latent												
17. sonstige Steuern												
18. Jahresüberschuß 19. Zuführung zu den Gewinnrücklagen 20. Zuführung zum Ausgleichsposten für Anteile anderer Gesellschafter 21. vereinnahmte Vorjahresergebnisse 22. Konsolidierungsdifferenz 23. auf andere Gesellschafter entfallender Gewinn												
24. Konzerngewinn												
Beachte: Diese Übersicht im Großformat befindet sich in der Falttasche am Ende des Buchs.												

Übersicht 146 (Leerformular): Konzernbilanz des Holzwurm-Konzerns zum 31.12.03

AKTIVA	PASSIVA
A. Anlagevermögen	A. Eigenkapital
I. Immaterielle Vermögensgegenstände	I. Gezeichnetes Kapital
1. Geschäfts- oder Firmenwert	II. Kapitalrücklage
II. Sachanlagen	III. Gewinnrücklagen
1. Grundstücke ...	IV. Ausgleichsposten für Anteile anderer Gesellschafter
2. technische Anlagen und Maschinen	davon: Gewinn
3. andere Anlagen	V. Konzerngewinn
III. Finanzanlagen	
1. Anteile an verbundenen Unternehmen	B. Unterschiedsbetrag aus der Kapitalkonsolidierung
2. Beteiligungen	
– davon: Unterschiedsbetrag aus der Equity-Konsolidierung	C. Rückstellungen
	1. Rückstellungen für latente Steuern
	– aus den Einzelabschlüssen
	– aus der Konsolidierung
B. Umlaufvermögen	2. sonstige Rückstellungen
I. Vorräte	
II. Forderungen und sonstige Vermögensgegenstände	D. Verbindlichkeiten
1. Forderungen gegen verbundene Unternehmen	1. Verbindlichkeiten gegenüber verbundenen Unternehmen
2. Forderungen gegen Unternehmen, mit denen ein Beteiligungsverhältnis besteht	2. Verbindlichkeiten gegenüber Unternehmen, mit denen ein Beteiligungsverhältnis besteht
	3. sonstige Verbindlichkeiten
C. Rechnungsabgrenzungsposten	
	E. Rechnungsabgrenzungsposten

Beachte: Diese Übersicht im Großformat befindet sich in der Falttasche am Ende des Buchs.

Übersicht 147 (Leerformular): Konzern-Gewinn- und Verlustrechnung des Holzwurm-Konzerns für das Geschäftsjahr 03

1. Umsatzerlöse 2. Erhöhung des Bestands an fertigen und unfertigen Erzeugnissen 3. andere aktivierte Eigenleistungen 4. sonstige betriebliche Erträge 5. Aufwendungen für Roh-, Hilfs- und Betriebsstoffe 6. Personalaufwand 7. Abschreibungen 8. sonstige betriebliche Aufwendungen 9. Erträge aus Beteiligungen an assoziierten Unternehmen 10. sonstige Zinsen und ähnliche Erträge 11. Zinsen und ähnliche Aufwendungen
12. Ergebnis der gewöhnlichen Geschäftstätigkeit 13. außerordentliche Erträge 14. außerordentliche Aufwendungen
15. außerordentliches Ergebnis 16. Steuern vom Einkommen und Ertrag – effektiv – latent 17. sonstige Steuern
18. Jahresüberschuß 19. Zuführung zu den Gewinnrücklagen 20. Zuführung zum Ausgleichsposten für Anteile anderer Gesellschafter 21. vereinnahmte Vorjahresergebnisse 22. Konsolidierungsdifferenz 23. auf andere Gesellschafter entfallender Gewinn
24. Konzerngewinn
Beachte: Diese Übersicht im Großformat befindet sich in der Falttasche am Ende des Buchs.

4. Abschnitt
Auszug aus dem Handelsgesetzbuch

(i. d. F. vom 01.03.2000, zuletzt geändert durch das Gesetz zur Durchführung der Richtlinie des Rates der Europäischen Union zur Änderung der Bilanz- und der Konzernbilanzrichtlinie hinsichtlich ihres Anwendungsbereiches (90/605/EWG), zur Verbesserung der Offenlegung von Konzernabschlüssen und zur Änderung anderer handelsrechtlicher Bestimmungen (Kapitalgesellschaften- und Co-Richtlinie-Gesetz – KapCoRiLiG) vom 24.02.2000, BGBl. I S. 154)

DRITTES BUCH
HANDELSBÜCHER

ERSTER ABSCHNITT
VORSCHRIFTEN FÜR ALLE KAUFLEUTE

ERSTER UNTERABSCHNITT
BUCHFÜHRUNG. INVENTAR

§ 238
Buchführungspflicht

(1) Jeder Kaufmann ist verpflichtet, Bücher zu führen und in diesen seine Handelsgeschäfte und die Lage seines Vermögens nach den Grundsätzen ordnungsmäßiger Buchführung ersichtlich zu machen. Die Buchführung muß so beschaffen sein, daß sie einem sachverständigen Dritten innerhalb angemessener Zeit einen Überblick über die Geschäftsvorfälle und über die Lage des Unternehmens vermitteln kann. Die Geschäftsvorfälle müssen sich in ihrer Entstehung und Abwicklung verfolgen lassen.

(2) Der Kaufmann ist verpflichtet, eine mit der Urschrift übereinstimmende Wiedergabe der abgesandten Handelsbriefe (Kopie, Abdruck, Abschrift oder sonstige Wiedergabe des Wortlauts auf einem Schrift-, Bild- oder anderen Datenträger) zurückzubehalten.

§ 239
Führung der Handelsbücher

(1) Bei der Führung der Handelsbücher und bei den sonst erforderlichen Aufzeichnungen hat sich der Kaufmann einer lebenden Sprache zu bedienen. Werden Abkürzungen, Ziffern, Buchstaben oder Symbole verwendet, muß im Einzelfall deren Bedeutung eindeutig festliegen.

(2) Die Eintragungen in Büchern und die sonst erforderlichen Aufzeichnungen müssen vollständig, richtig, zeitgerecht und geordnet vorgenommen werden.

(3) Eine Eintragung oder eine Aufzeichnung darf nicht in einer Weise verändert werden, daß der ursprüngliche Inhalt nicht mehr feststellbar ist. Auch solche Veränderungen dürfen nicht vorgenommen werden, deren Beschaffenheit es ungewiß läßt, ob sie ursprünglich oder erst später gemacht worden sind.

(4) Die Handelsbücher und die sonst erforderlichen Aufzeichnungen können auch in der geordneten Ablage von Belegen bestehen oder auf Datenträgern geführt werden, soweit diese Formen der Buchführung einschließlich des dabei angewandten Verfahrens den Grundsätzen ordnungsmäßiger Buchführung entsprechen. Bei der Führung der Handelsbücher und der sonst erforderlichen Aufzeichnungen auf Datenträgern muß insbesondere sichergestellt sein, daß die Daten während der Dauer der Aufbewahrungsfrist verfügbar sind und jederzeit innerhalb angemessener Frist lesbar gemacht werden können. Absätze 1 bis 3 gelten sinngemäß.

§ 240
Inventar

(1) Jeder Kaufmann hat zu Beginn seines Handelsgewerbes seine Grundstücke, seine Forderungen und Schulden, den Betrag seines baren Geldes sowie seine sonstigen Vermögensgegenstände genau zu verzeichnen und dabei den Wert der einzelnen Vermögensgegenstände und Schulden anzugeben.

(2) Er hat demnächst für den Schluß eines jeden Geschäftsjahrs ein solches Inventar aufzustellen. Die Dauer des Geschäftsjahrs darf zwölf Monate nicht überschreiten. Die Aufstellung des Inventars ist innerhalb der einem ordnungsmäßigen Geschäftsgang entsprechenden Zeit zu bewirken.

(3) Vermögensgegenstände des Sachanlagevermögens sowie Roh-, Hilfs- und Betriebsstoffe können, wenn sie regelmäßig ersetzt werden und ihr Gesamtwert für das Unternehmen von nachrangiger Bedeutung ist, mit einer gleichbleibenden Menge und einem gleichbleibenden Wert angesetzt werden, sofern ihr Bestand in seiner Größe, seinem Wert und seiner Zusammensetzung nur geringen Veränderungen unterliegt. Jedoch ist in der Regel alle drei Jahre eine körperliche Bestandsaufnahme durchzuführen.

(4) Gleichartige Vermögensgegenstände des Vorratsvermögens sowie andere gleichartige oder annähernd gleichwertige bewegliche Vermögensgegenstände und Schulden können jeweils zu einer Gruppe zusammengefaßt und mit dem gewogenen Durchschnittswert angesetzt werden.

§ 241
Inventurvereinfachungsverfahren

(1) Bei der Aufstellung des Inventars darf der Bestand der Vermögensgegenstände nach Art, Menge und Wert auch mit Hilfe anerkannter mathematisch-statistischer Methoden auf Grund von Stichproben ermittelt werden. Das Verfahren muß den Grundsätzen ordnungsmäßiger Buchführung entsprechen. Der Aussagewert des auf diese Weise aufgestellten Inventars muß dem Aussagewert eines auf Grund einer körperlichen Bestandsaufnahme aufgestellten Inventars gleichkommen.

(2) Bei der Aufstellung des Inventars für den Schluß eines Geschäftsjahrs bedarf es einer körperlichen Bestandsaufnahme der Vermögensgegenstände für diesen Zeitpunkt nicht, soweit durch Anwendung eines den Grundsätzen ordnungsmäßiger Buchführung entsprechenden anderen Verfahrens gesichert ist, daß der Bestand der Vermögensgegenstände nach Art, Menge und Wert auch ohne die körperliche Bestandsaufnahme für diesen Zeitpunkt festgestellt werden kann.

(3) In dem Inventar für den Schluß eines Geschäftsjahrs brauchen Vermögensgegenstände nicht verzeichnet zu werden, wenn

1. der Kaufmann ihren Bestand auf Grund einer körperlichen Bestandsaufnahme oder auf Grund eines nach Absatz 2 zulässigen anderen Verfahrens nach Art, Menge und Wert in einem besonderen Inventar verzeichnet hat, das für einen Tag innerhalb der letzten drei Monate vor oder der ersten beiden Monate nach dem Schluß des Geschäftsjahrs aufgestellt ist, und

2. auf Grund des besonderen Inventars durch Anwendung eines den Grundsätzen ordnungsmäßiger Buchführung entsprechenden Fortschreibungs- oder Rückrechnungsverfahrens gesichert ist, daß der am Schluß des Geschäftsjahrs vorhandene Bestand der Vermögensgegenstände für diesen Zeitpunkt ordnungsgemäß bewertet werden kann.

ZWEITER UNTERABSCHNITT
ERÖFFNUNGSBILANZ. JAHRESABSCHLUSS

Erster Titel
Allgemeine Vorschriften

§ 242
Pflicht zur Aufstellung

(1) Der Kaufmann hat zu Beginn seines Handelsgewerbes und für den Schluß eines jeden Geschäftsjahrs einen das Verhältnis seines Vermögens und seiner Schulden darstellenden Abschluß (Eröffnungsbilanz, Bilanz) aufzustellen. Auf die Eröffnungsbilanz sind die für den Jahresabschluß geltenden Vorschriften entsprechend anzuwenden, soweit sie sich auf die Bilanz beziehen.

(2) Er hat für den Schluß eines jeden Geschäftsjahrs eine Gegenüberstellung der Aufwendungen und Erträge des Geschäftsjahrs (Gewinn- und Verlustrechnung) aufzustellen.

(3) Die Bilanz und die Gewinn- und Verlustrechnung bilden den Jahresabschluß.

§ 243
Aufstellungsgrundsatz

(1) Der Jahresabschluß ist nach den Grundsätzen ordnungsmäßiger Buchführung aufzustellen.

(2) Er muß klar und übersichtlich sein.

(3) Der Jahresabschluß ist innerhalb der einem ordnungsmäßigen Geschäftsgang entsprechenden Zeit aufzustellen.

§ 244
Sprache. Währungseinheit

Der Jahresabschluß ist in deutscher Sprache und in Euro aufzustellen.

§ 245
Unterzeichnung

Der Jahresabschluß ist vom Kaufmann unter Angabe des Datums zu unterzeichnen. Sind mehrere persönlich haftende Gesellschafter vorhanden, so haben sie alle zu unterzeichnen.

Zweiter Titel
Ansatzvorschriften

§ 246
Vollständigkeit. Verrechnungsverbot

(1) Der Jahresabschluß hat sämtliche Vermögensgegenstände, Schulden, Rechnungsabgrenzungsposten, Aufwendungen und Erträge zu enthalten, soweit gesetzlich nichts anderes bestimmt ist. Vermögensgegenstände, die unter Eigentumsvorbehalt erworben oder an Dritte für eigene oder fremde Verbindlichkeiten verpfändet oder in anderer Weise als Sicherheit übertragen worden sind, sind in die Bilanz des Sicherungsgebers aufzunehmen. In die Bilanz des Sicherungsnehmers sind sie nur aufzunehmen, wenn es sich um Bareinlagen handelt.

(2) Posten der Aktivseite dürfen nicht mit Posten der Passivseite, Aufwendungen nicht mit Erträgen, Grundstücksrechte nicht mit Grundstückslasten verrechnet werden.

§ 247
Inhalt der Bilanz

(1) In der Bilanz sind das Anlage- und das Umlaufvermögen, das Eigenkapital, die Schulden sowie die Rechnungsabgrenzungsposten gesondert auszuweisen und hinreichend aufzugliedern.

(2) Beim Anlagevermögen sind nur die Gegenstände auszuweisen, die bestimmt sind, dauernd dem Geschäftsbetrieb zu dienen.

(3) Passivposten, die für Zwecke der Steuern vom Einkommen und vom Ertrag zulässig sind, dürfen in der Bilanz gebildet werden. Sie sind als Sonderposten mit Rücklageanteil auszuweisen und nach Maßgabe des Steuerrechts aufzulösen. Einer Rückstellung bedarf es insoweit nicht.

§ 248
Bilanzierungsverbote

(1) Aufwendungen für die Gründung des Unternehmens und für die Beschaffung des Eigenkapitals dürfen in die Bilanz nicht als Aktivposten aufgenommen werden.

(2) Für immaterielle Vermögensgegenstände des Anlagevermögens, die nicht entgeltlich erworben wurden, darf ein Aktivposten nicht angesetzt werden.

(3) Aufwendungen für den Abschluß von Versicherungsverträgen dürfen nicht aktiviert werden.

§ 249
Rückstellungen

(1) Rückstellungen sind für ungewisse Verbindlichkeiten und für drohende Verluste aus schwebenden Geschäften zu bilden. Ferner sind Rückstellungen zu bilden für

1. im Geschäftsjahr unterlassene Aufwendungen für Instandhaltung, die im folgenden Geschäftsjahr innerhalb von drei Monaten, oder für Abraumbeseitigung, die im folgenden Geschäftsjahr nachgeholt werden,
2. Gewährleistungen, die ohne rechtliche Verpflichtung erbracht werden.

Rückstellungen dürfen für unterlassene Aufwendungen für Instandhaltung auch gebildet werden, wenn die Instandhaltung nach Ablauf der Frist nach Satz 2 Nr. 1 innerhalb des Geschäftsjahrs nachgeholt wird.

(2) Rückstellungen dürfen außerdem für ihrer Eigenart nach genau umschriebene, dem Geschäftsjahr oder einem früheren Geschäftsjahr zuzuordnende Aufwendungen gebildet werden, die am Abschlußstichtag wahrscheinlich oder sicher, aber hinsichtlich ihrer Höhe oder des Zeitpunkts ihres Eintritts unbestimmt sind.

(3) Für andere als die in den Absätzen 1 und 2 bezeichneten Zwecke dürfen Rückstellungen nicht gebildet werden. Rückstellungen dürfen nur aufgelöst werden, soweit der Grund hierfür entfallen ist.

§ 250
Rechnungsabgrenzungsposten

(1) Als Rechnungsabgrenzungsposten sind auf der Aktivseite Ausgaben vor dem Abschlußstichtag auszuweisen, soweit sie Aufwand für eine bestimmte Zeit nach diesem Tag darstellen. Ferner dürfen ausgewiesen werden

1. als Aufwand berücksichtigte Zölle und Verbrauchsteuern, soweit sie auf am Abschlußstichtag auszuweisende Vermögensgegenstände des Vorratsvermögens entfallen,
2. als Aufwand berücksichtigte Umsatzsteuer auf am Abschlußstichtag auszuweisende oder von den Vorräten offen abgesetzte Anzahlungen.

(2) Auf der Passivseite sind als Rechnungsabgrenzungsposten Einnahmen vor dem Abschlußstichtag auszuweisen, soweit sie Ertrag für eine bestimmte Zeit nach diesem Tag darstellen.

(3) Ist der Rückzahlungsbetrag einer Verbindlichkeit höher als der Ausgabebetrag, so darf der Unterschiedsbetrag in den Rechnungsabgrenzungsposten auf der Aktivseite aufgenommen werden. Der Unterschiedsbetrag ist durch planmäßige jährliche Abschreibungen zu tilgen, die auf die gesamte Laufzeit der Verbindlichkeit verteilt werden können.

§ 251
Haftungsverhältnisse

Unter der Bilanz sind, sofern sie nicht auf der Passivseite auszuweisen sind, Verbindlichkeiten aus der Begebung und Übertragung von Wechseln, aus Bürgschaften, Wechsel- und Scheckbürgschaften und aus Gewährleistungsverträgen sowie Haftungsverhältnisse aus der Bestellung von Sicherheiten für fremde Verbindlichkeiten zu vermerken; sie dürfen in einem Betrag angegeben werden. Haftungsverhältnisse sind auch anzugeben, wenn ihnen gleichwertige Rückgriffsforderungen gegenüberstehen.

Dritter Titel
Bewertungsvorschriften

§ 252
Allgemeine Bewertungsgrundsätze

(1) Bei der Bewertung der im Jahresabschluß ausgewiesenen Vermögensgegenstände und Schulden gilt insbesondere folgendes:

1. Die Wertansätze in der Eröffnungsbilanz des Geschäftsjahrs müssen mit denen der Schlußbilanz des vorhergehenden Geschäftsjahrs übereinstimmen.
2. Bei der Bewertung ist von der Fortführung der Unternehmenstätigkeit auszugehen, sofern dem nicht tatsächliche oder rechtliche Gegebenheiten entgegenstehen.
3. Die Vermögensgegenstände und Schulden sind zum Abschlußstichtag einzeln zu bewerten.
4. Es ist vorsichtig zu bewerten, namentlich sind alle vorhersehbaren Risiken und Verluste, die bis zum Abschlußstichtag entstanden sind, zu berücksichtigen, selbst wenn diese erst zwischen dem Abschlußstichtag und dem Tag der Aufstellung des Jahresabschlusses bekanntgeworden sind; Gewinne sind nur zu berücksichtigen, wenn sie am Abschlußstichtag realisiert sind.
5. Aufwendungen und Erträge des Geschäftsjahrs sind unabhängig von den Zeitpunkten der entsprechenden Zahlungen im Jahresabschluß zu berücksichtigen.
6. Die auf den vorhergehenden Jahresabschluß angewandten Bewertungsmethoden sollen beibehalten werden.

(2) Von den Grundsätzen des Absatzes 1 darf nur in begründeten Ausnahmefällen abgewichen werden.

§ 253
Wertansätze der Vermögensgegenstände und Schulden

(1) Vermögensgegenstände sind höchstens mit den Anschaffungs- oder Herstellungskosten, vermindert um Abschreibungen nach den Absätzen 2 und 3 anzusetzen. Verbindlichkeiten sind zu ihrem Rückzahlungsbetrag, Rentenverpflichtungen, für die eine Gegenleistung nicht mehr zu erwarten ist, zu ihrem Barwert und Rückstellungen nur in Höhe des Betrags anzusetzen, der nach vernünftiger kaufmännischer Beurteilung notwendig ist; Rückstellungen dürfen nur abgezinst werden, soweit die ihnen zugrundeliegenden Verbindlichkeiten einen Zinsanteil enthalten.

(2) Bei Vermögensgegenständen des Anlagevermögens, deren Nutzung zeitlich begrenzt ist, sind die Anschaffungs- oder Herstellungskosten um plänmäßige Abschreibungen zu vermindern. Der Plan muß die Anschaffungs- oder Herstellungskosten auf die Geschäftsjahre verteilen, in denen der Vermögensgegenstand voraussichtlich genutzt werden kann. Ohne Rücksicht darauf, ob ihre Nutzung zeitlich begrenzt ist, können bei Vermögensgegenständen des Anlagevermögens außerplanmäßige Abschreibungen vorgenommen werden, um die Vermögensgegenstände mit dem niedrigeren Wert anzusetzen, der ihnen am Abschlußstichtag beizulegen ist; sie sind vorzunehmen bei einer voraussichtlich dauernden Wertminderung.

(3) Bei Vermögensgegenständen des Umlaufvermögens sind Abschreibungen vorzunehmen, um diese mit einem niedrigeren Wert anzusetzen, der sich aus einem Börsen- oder Marktpreis am Abschlußstichtag ergibt. Ist ein Börsen- oder Marktpreis nicht festzustellen und übersteigen die Anschaffungs- oder Herstellungskosten den Wert, der den Vermögensgegenständen am Abschlußstichtag beizulegen ist, so ist auf diesen Wert abzuschreiben. Außerdem dürfen Abschreibungen vorgenommen werden, soweit diese nach vernünftiger kaufmännischer Beurteilung notwendig sind, um zu verhindern, daß in der nächsten Zukunft der Wertansatz dieser Vermögensgegenstände auf Grund von Wertschwankungen geändert werden muß.

(4) Abschreibungen sind außerdem im Rahmen vernünftiger kaufmännischer Beurteilung zulässig.

(5) Ein niedrigerer Wertansatz nach Absatz 2 Satz 3, Absatz 3 oder 4 darf beibehalten werden, auch wenn die Gründe dafür nicht mehr bestehen.

§ 254
Steuerrechtliche Abschreibungen

Abschreibungen können auch vorgenommen werden, um Vermögensgegenstände des Anlage- oder Umlaufvermögens mit dem niedrigeren Wert anzusetzen, der auf einer nur steuerrechtlich zulässigen Abschreibung beruht. § 253 Abs. 5 ist entsprechend anzuwenden.

§ 255
Anschaffungs- und Herstellungskosten

(1) Anschaffungskosten sind die Aufwendungen, die geleistet werden, um einen Vermögensgegenstand zu erwerben und ihn in einen betriebsbereiten Zustand zu versetzen, soweit sie dem Vermögensgegenstand einzeln zugeordnet werden können. Zu den Anschaffungskosten gehören auch die Nebenkosten sowie die nachträglichen Anschaffungskosten. Anschaffungspreisminderungen sind abzusetzen.

(2) Herstellungskosten sind die Aufwendungen, die durch den Verbrauch von Gütern und die Inanspruchnahme von Diensten für die Herstellung eines Vermögensgegenstands, seine Erweiterung oder für eine über seinen ursprünglichen Zustand hinausgehende wesentliche Verbesserung entstehen. Dazu gehören die Materialkosten, die Fertigungsko-

sten der Fertigung. Bei der Berechnung der Herstellungskosten dürfen auch angemessene Teile der notwendigen Materialgemeinkosten, der notwendigen Fertigungsgemeinkosten und des Wertverzehrs des Anlagevermögens, soweit er durch die Fertigung veranlaßt ist, eingerechnet werden. Kosten der allgemeinen Verwaltung sowie Aufwendungen für soziale Einrichtungen des Betriebs, für freiwillige soziale Leistungen und für betriebliche Altersversorgung brauchen nicht eingerechnet zu werden. Aufwendungen im Sinne der Sätze 3 und 4 dürfen nur insoweit berücksichtigt werden, als sie auf den Zeitraum der Herstellung entfallen. Vertriebskosten dürfen nicht in die Herstellungskosten einbezogen werden.

(3) Zinsen für Fremdkapital gehören nicht zu den Herstellungskosten. Zinsen für Fremdkapital, das zur Finanzierung der Herstellung eines Vermögensgegenstands verwendet wird, dürfen angesetzt werden, soweit sie auf den Zeitraum der Herstellung entfallen; in diesem Falle gelten sie als Herstellungskosten des Vermögensgegenstands.

(4) Als Geschäfts- oder Firmenwert darf der Unterschiedsbetrag angesetzt werden, um den die für die Übernahme eines Unternehmens bewirkte Gegenleistung den Wert der einzelnen Vermögensgegenstände des Unternehmens abzüglich der Schulden im Zeitpunkt der Übernahme übersteigt. Der Betrag ist in jedem folgenden Geschäftsjahr zu mindestens einem Viertel durch Abschreibungen zu tilgen. Die Abschreibung des Geschäfts- oder Firmenwerts kann aber auch planmäßig auf die Geschäftsjahre verteilt werden, in denen er voraussichtlich genutzt wird.

§ 256
Bewertungsvereinfachungsverfahren

Soweit es den Grundsätzen ordnungsmäßiger Buchführung entspricht, kann für den Wertansatz gleichartiger Vermögensgegenstände des Vorratsvermögens unterstellt werden, daß die zuerst oder daß die zuletzt angeschafften oder hergestellten Vermögensgegenstände zuerst oder in einer sonstigen bestimmten Folge verbraucht oder veräußert worden sind. § 240 Abs. 3 und 4 ist auch auf den Jahresabschluß anwendbar.

DRITTER UNTERABSCHNITT
AUFBEWAHRUNG UND VORLAGE

§ 257
Aufbewahrung von Unterlagen. Aufbewahrungsfristen

(1) Jeder Kaufmann ist verpflichtet, die folgenden Unterlagen geordnet aufzubewahren:

1. Handelsbücher, Inventare, Eröffnungsbilanzen, Jahresabschlüsse, Lageberichte, Konzernabschlüsse, Konzernlageberichte sowie die zu ihrem Verständnis erforderlichen Arbeitsanweisungen und sonstigen Organisationsunterlagen,
2. die empfangenen Handelsbriefe,
3. Wiedergaben der abgesandten Handelsbriefe,
4. Belege für Buchungen in den von ihm nach § 238 Abs. 1 zu führenden Büchern (Buchungsbelege).

(2) Handelsbriefe sind nur Schriftstücke, die ein Handelsgeschäft betreffen.

(3) Mit Ausnahme der Eröffnungsbilanzen, Jahresabschlüsse und der Konzernabschlüsse können die in Absatz 1 aufgeführten Unterlagen auch als Wiedergabe auf einem Bildträger oder auf anderen Datenträgern aufbewahrt werden, wenn dies den Grundsätzen ord-

nungsmäßiger Buchführung entspricht und sichergestellt ist, daß die Wiedergabe oder die Daten

1. mit den empfangenen Handelsbriefen und den Buchungsbelegen bildlich und mit den anderen Unterlagen inhaltlich übereinstimmen, wenn sie lesbar gemacht werden,
2. während der Dauer der Aufbewahrungsfrist verfügbar sind und jederzeit innerhalb angemessener Frist lesbar gemacht werden können.

Sind Unterlagen auf Grund des § 239 Abs. 4 Satz 1 auf Datenträgern hergestellt worden, können statt des Datenträgers die Daten auch ausgedruckt aufbewahrt werden; die ausgedruckten Unterlagen können auch nach Satz 1 aufbewahrt werden.

(4) Die in Absatz 1 Nr. 1 und 4 aufgeführten Unterlagen sind zehn Jahre und die sonstigen in Absatz 1 aufgeführten Unterlagen sechs Jahre aufzubewahren.

(5) Die Aufbewahrungsfrist beginnt mit dem Schluß des Kalenderjahrs, in dem die letzte Eintragung in das Handelsbuch gemacht, das Inventar aufgestellt, die Eröffnungsbilanz oder der Jahresabschluß festgestellt, der Konzernabschluß aufgestellt, der Handelsbrief empfangen oder abgesandt worden oder der Buchungsbeleg entstanden ist.

§ 258
Vorlegung im Rechtsstreit

(1) Im Laufe eines Rechtsstreits kann das Gericht auf Antrag oder von Amts wegen die Vorlegung der Handelsbücher einer Partei anordnen.

(2) Die Vorschriften der Zivilprozeßordnung über die Verpflichtung des Prozeßgegners zur Vorlegung von Urkunden bleiben unberührt.

§ 259
Auszug bei Vorlegung im Rechtsstreit

Werden in einem Rechtsstreit Handelsbücher vorgelegt, so ist von ihrem Inhalt, soweit er den Streitpunkt betrifft, unter Zuziehung der Parteien Einsicht zu nehmen und geeignetenfalls ein Auszug zu fertigen. Der übrige Inhalt der Bücher ist dem Gericht insoweit offenzulegen, als es zur Prüfung ihrer ordnungsmäßigen Führung notwendig ist.

§ 260
Vorlegung bei Auseinandersetzungen

Bei Vermögensauseinandersetzungen, insbesondere in Erbschafts-, Gütergemeinschafts- und Gesellschaftsteilungssachen, kann das Gericht die Vorlegung der Handelsbücher zur Kenntnisnahme von ihrem ganzen Inhalt anordnen.

§ 261
Vorlegung von Unterlagen auf Bild- oder Datenträgern

Wer aufzubewahrende Unterlagen nur in der Form einer Wiedergabe auf einem Bildträger oder auf anderen Datenträgern vorlegen kann, ist verpflichtet, auf seine Kosten diejenigen Hilfsmittel zur Verfügung zu stellen, die erforderlich sind, um die Unterlagen lesbar zu machen; soweit erforderlich, hat er die Unterlagen auf seine Kosten auszudrukken oder ohne Hilfsmittel lesbare Reproduktionen beizubringen.

VIERTER UNTERABSCHNITT
LANDESRECHT

§ 262

(weggefallen)

§ 263
Vorbehalt landesrechtlicher Vorschriften

Unberührt bleiben bei Unternehmen ohne eigene Rechtspersönlichkeit einer Gemeinde, eines Gemeindeverbands oder eines Zweckverbands landesrechtliche Vorschriften, die von den Vorschriften dieses Abschnitts abweichen.

ZWEITER ABSCHNITT
ERGÄNZENDE VORSCHRIFTEN FÜR KAPITALGESELLSCHAFTEN (AKTIENGESELLSCHAFTEN, KOMMANDITGESELLSCHAFTEN AUF AKTIEN UND GESELLSCHAFTEN MIT BESCHRÄNKTER HAFTUNG) SOWIE BESTIMMTE PERSONENHANDELSGESELLSCHAFTEN

ERSTER UNTERABSCHNITT
JAHRESABSCHLUSS DER KAPITALGESELLSCHAFT UND LAGEBERICHT

Erster Titel
Allgemeine Vorschriften

§ 264
Pflicht zur Aufstellung

(1) Die gesetzlichen Vertreter einer Kapitalgesellschaft haben den Jahresabschluß (§ 242) um einen Anhang zu erweitern, der mit der Bilanz und der Gewinn- und Verlustrechnung eine Einheit bildet, sowie einen Lagebericht aufzustellen. Der Jahreabschluß und der Lagebericht sind von den gesetzlichen Vertretern in den ersten drei Monaten des Geschäftsjahrs für das vergangene Geschäftsjahr aufzustellen. Kleine Kapitalgesellschaften (§ 267 Abs. 1) brauchen den Lagebericht nicht aufzustellen; sie dürfen den Jahresabschluß auch später aufstellen, wenn dies einem ordnungsgemäßen Geschäftsgang entspricht, jedoch innerhalb der ersten sechs Monate des Geschäftsjahres.

(2) Der Jahresabschluß der Kapitalgesellschaft hat unter Beachtung der Grundsätze ordnungsmäßiger Buchführung ein den tatsächlichen Verhältnissen entsprechendes Bild der Vermögens-, Finanz- und Ertragslage der Kapitalgesellschaft zu vermitteln. Führen besondere Umstände dazu, daß der Jahresabschluß ein den tatsächlichen Verhältnissen entsprechendes Bild im Sinne des Satzes 1 nicht vermittelt, so sind im Anhang zusätzliche Angaben zu machen.

(3) Eine Kapitalgesellschaft, die Tochterunternehmen eines nach § 290 zur Aufstellung eines Konzernabschlusses verpflichteten Mutterunternehmens ist, braucht die Vorschriften dieses Unterabschnitts und des Dritten und Vierten Unterabschnitts dieses Abschnitts nicht anzuwenden, wenn

1. alle Gesellschafter des Tochterunternehmens der Befreiung für das jeweilige Geschäftsjahr zugestimmt haben und der Beschluß nach § 325 offengelegt worden ist,
2. das Mutterunternehmen zur Verlustübernahme nach § 302 des Aktiengesetzes verpflichtet ist oder eine solche Verpflichtung freiwillig übernommen hat und diese Erklärung nach § 325 offengelegt worden ist,
3. das Tochterunternehmen in den Konzernabschluß nach den Vorschriften dieses Abschnitts einbezogen worden ist,
4. die Befreiung des Tochterunternehmens im Anhang des von dem Mutterunternehmen aufgestellten Konzernabschlusses angegeben wird und

5. die von dem Mutterunternehmen nach den Vorschriften über die Konzernrechnungslegung gemäß § 325 offenzulegenden Unterlagen auch zum Handelsregister des Sitzes der die Befreiung in Anspruch nehmenden Kapitalgesellschaft eingereicht worden sind.

(4) Absatz 3 ist auf Kapitalgesellschaften, die Tochterunternehmen eines nach § 11 des Publizitätsgesetzes zur Aufstellung eines Konzernabschlusses verpflichteten Mutterunternehmens sind, entsprechend anzuwenden, soweit in diesem Konzernabschluß von dem Wahlrecht des § 13 Abs. 3 Satz 1 des Publizitätsgesetzes nicht Gebrauch gemacht wird.

§ 264a
Anwendung auf bestimmte offene Handelsgesellschaften und Kommanditgesellschaften

(1) Die Vorschriften des Ersten bis Fünften Unterabschnitts des Zweiten Abschnitts sind auch anzuwenden auf offene Handelsgesellschaften und Kommanditgesellschaften, bei denen nicht wenigstens ein persönlich haftender Gesellschafter

1. eine natürliche Person oder
2. eine offene Handelsgesellschaft, Kommanditgesellschaft oder andere Personengesellschaft mit einer natürlichen Person als persönlich haftendem Gesellschafter

ist oder sich die Verbindung von Gesellschaften in dieser Art fortsetzt.

(2) In den Vorschriften dieses Abschnitts gelten als gesetzliche Vertreter einer offenen Handelsgesellschaft und Kommanditgesellschaft nach Absatz 1 die Mitglieder des vertretungsberechtigten Organs der vertretungsberechtigten Gesellschaften.

§ 264b
Befreiung von der Pflicht zur Aufstellung eines Jahresabschlusses nach den für Kapitalgesellschaften geltenden Vorschriften

Eine Personenhandelsgesellschaft im Sinne des § 264a Abs. 1 ist von der Verpflichtung befreit, einen Jahresabschluß und einen Lagebericht nach den Vorschriften dieses Abschnitts aufzustellen, prüfen zu lassen und offenzulegen, wenn

1. sie in den Konzernabschluß eines Mutterunternehmens mit Sitz in einem Mitgliedstaat der Europäischen Union oder einem anderen Vertragsstaat des Abkommens über den Europäischen Wirtschaftsraum oder in den Konzernabschluß eines anderen Unternehmens, das persönlich haftender Gesellschafter dieser Personenhandelsgesellschaft ist, einbezogen ist;
2. der Konzernabschluß sowie der Konzernlagebericht im Einklang mit der Richtlinie 83/349/EWG des Rates vom 13. Juni 1983 aufgrund von Artikel 54 Abs. 3 Buchstabe g des Vertrages über den konsolidierten Abschluß (AB1 EG Nr. L 193 S. 1) und der Richtlinie 84/253/EWG des Rates vom 10. April 1984 über die Zulassung der mit der Pflichtprüfung der Rechnungslegungsunterlagen beauftragten Personen (AB1 EG Nr. L 126 S. 20) nach dem für das den Konzernabschluß aufstellende Unternehmen maßgeblichen Recht aufgestellt, von einem zugelassenen Abschlussprüfer geprüft und offengelegt worden ist;
3. das den Konzernabschluß aufstellende Unternehmen die offenzulegenden Unterlagen in deutscher Sprache auch zum Handelsregister des Sitzes der Personenhandelsgesellschaft eingereicht hat und
4. die Befreiung der Personenhandelsgesellschaft im Anhang des Konzernabschlusses angegeben ist.

§ 264c
Besondere Bestimmungen für offene Handelsgesellschaften und Kommanditgesellschaften im Sinne des § 264a

(1) Ausleihungen, Forderungen und Verbindlichkeiten gegenüber Gesellschaftern sind in der Regel als solche jeweils gesondert auszuweisen oder im Anhang anzugeben. Werden sie unter anderen Posten ausgewiesen, so muß diese Eigenschaft vermerkt werden.

(2) § 266 Abs. 3 Buchstabe A ist mit der Maßgabe anzuwenden, daß als Eigenkapital die folgenden Posten gesondert auszuweisen sind:

I. Kapitalanteile

II. Rücklagen

III. Gewinnvortrag/Verlustvortrag

IV. Jahresüberschuß/Jahresfehlbetrag.

Anstelle des Postens »Gezeichnetes Kapital« sind die Kapitalanteile der persönlich haftenden Gesellschafter auszuweisen, sie dürfen auch zusammengefaßt ausgewiesen werden. Der auf den Kapitalanteil eines persönlich haftenden Gesellschafters für das Geschäftsjahr entfallende Verlust ist von dem Kapitalanteil abzuschreiben. Soweit der Verlust den Kapitalanteil übersteigt, ist er auf der Aktivseite unter der Bezeichnung »Einzahlungsverpflichtungen persönlich haftender Gesellschafter« unter den Forderungen gesondert auszuweisen, soweit eine Zahlungsverpflichtung besteht. Besteht keine Zahlungsverpflichtung, so ist der Betrag als »Nicht durch Vermögenseinlagen gedeckter Verlustanteil persönlich haftender Gesellschafter« zu bezeichnen und gemäß § 268 Abs. 3 auszuweisen. Die Sätze 2 bis 5 sind auf die Einlagen von Kommanditisten entsprechend anzuwenden, wobei diese insgesamt gesondert gegenüber den Kapitalanteilen der persönlich haftenden Gesellschafter auszuweisen sind. Eine Forderung darf jedoch nur ausgewiesen werden, soweit eine Einzahlungsverpflichtung besteht; dasselbe gilt, wenn ein Kommanditist Gewinnanteile entnimmt, während sein Kapitalanteil durch Verlust unter den Betrag der geleisteten Einlage herabgemindert ist, oder soweit durch die Entnahme der Kapitalanteil unter den bezeichneten Betrag herabgemindert wird. Als Rücklagen sind nur solche Beträge auszuweisen, die auf Grund einer gesellschaftsrechtlichen Vereinbarung gebildet worden sind. Im Anhang ist der Betrag der im Handelsregister gemäß § 172 Abs. 1 eingetragenen Einlagen anzugeben, soweit diese nicht geleistet sind.

(3) Das sonstige Vermögen der Gesellschafter (Privatvermögen) darf nicht in die Bilanz und die auf das Privatvermögen entfallenden Aufwendungen und Erträge dürfen nicht in die Gewinn- und Verlustrechnung aufgenommen werden. In der Gewinn- und Verlustrechnung darf jedoch nach dem Posten »Jahreüberschuß/Jahresfehlbetrag« ein dem Steuersatz der Komplementärgesellschaft entsprechender Steueraufwand der Gesellschafter offen abgesetzt oder hinzugerechnet werden.

(4) Anteile an Komplementärgesellschaften sind in der Bilanz auf der Aktivseite unter dem Posten A.III.1 oder A.III.3 auszuweisen. § 272 Abs. 4 ist mit der Maßgabe anzuwenden, daß für diese Anteile in Höhe des aktivierten Betrags nach dem Posten »Eigenkapital« ein Sonderposten unter der Bezeichnung »Ausgleichsposten für aktivierte eigene Anteile« zu bilden ist. §§ 269, 274 Abs. 2 sind mit der Maßgabe anzuwenden, daß nach dem Posten »Eigenkapital« ein Sonderposten in Höhe der aktivierten Bilanzierungshilfen anzusetzen ist.

§ 265
Allgemeine Grundsätze für die Gliederung

(1) Die Form der Darstellung, insbesondere die Gliederung der aufeinanderfolgenden Bilanzen und Gewinn- und Verlustrechnungen, ist beizubehalten, soweit nicht in Ausnahmefällen wegen besonderer Umstände Abweichungen erforderlich sind. Die Abweichungen sind im Anhang anzugeben und zu begründen.

(2) In der Bilanz sowie in der Gewinn- und Verlustrechnung ist zu jedem Posten der entsprechende Betrag des vorhergehenden Geschäftsjahrs anzugeben. Sind die Beträge nicht vergleichbar, so ist dies im Anhang anzugeben und zu erläutern. Wird der Vorjahresbetrag angepaßt, so ist auch dies im Anhang anzugeben und zu erläutern.

(3) Fällt ein Vermögensgegenstand oder eine Schuld unter mehrere Posten der Bilanz, so ist die Mitzugehörigkeit zu anderen Posten bei dem Posten, unter dem der Ausweis erfolgt ist, zu vermerken oder im Anhang anzugeben, wenn dies zur Aufstellung eines klaren und übersichtlichen Jahresabschlusses erforderlich ist. Eigene Anteile dürfen unabhängig von ihrer Zweckbestimmung nur unter dem dafür vorgesehenen Posten im Umlaufvermögen ausgewiesen werden.

(4) Sind mehrere Geschäftszweige vorhanden und bedingt dies die Gliederung des Jahresabschlusses nach verschiedenen Gliederungsvorschriften, so ist der Jahresabschluß nach der für einen Geschäftszweig vorgeschriebenen Gliederung aufzustellen und nach der für die anderen Geschäftszweige vorgeschriebenen Gliederung zu ergänzen. Die Ergänzung ist im Anhang anzugeben und zu begründen.

(5) Eine weitere Untergliederung der Posten ist zulässig; dabei ist jedoch die vorgeschriebene Gliederung zu beachten. Neue Posten dürfen hinzugefügt werden, wenn ihr Inhalt nicht von einem vorgeschriebenen Posten gedeckt wird.

(6) Gliederung und Bezeichnung der mit arabischen Zahlen versehenen Posten der Bilanz und der Gewinn- und Verlustrechnung sind zu ändern, wenn dies wegen Besonderheiten der Kapitalgesellschaft zur Aufstellung eines klaren und übersichtlichen Jahresabschlusses erforderlich ist.

(7) Die mit arabischen Zahlen versehenen Posten der Bilanz und der Gewinn- und Verlustrechnung können, wenn nicht besondere Formblätter vorgeschrieben sind, zusammengefaßt ausgewiesen werden, wenn

1. sie einen Betrag enthalten, der für die Vermittlung eines den tatsächlichen Verhältnissen entsprechenden Bildes im Sinne des § 264 Abs. 2 nicht erheblich ist, oder
2. dadurch die Klarheit der Darstellung vergrößert wird; in diesem Falle müssen die zusammengefaßten Posten jedoch im Anhang gesondert ausgewiesen werden.

(8) Ein Posten der Bilanz oder der Gewinn- und Verlustrechnung, der keinen Betrag ausweist, braucht nicht aufgeführt zu werden, es sei denn, daß im vorhergehenden Geschäftsjahr unter diesem Posten ein Betrag ausgewiesen wurde.

Zweiter Titel
Bilanz

§ 266
Gliederung der Bilanz

(1) Die Bilanz ist in Kontoform aufzustellen. Dabei haben große und mittelgroße Kapitalgesellschaften (§ 267 Abs. 3, 2) auf der Aktivseite die in Absatz 2 und auf der Passivseite die in Absatz 3 bezeichneten Posten gesondert und in der vorgeschriebenen Reihenfolge auszuweisen. Kleine Kapitalgesellschaften (§ 267 Abs. 1) brauchen nur eine verkürzte Bilanz aufzustellen, in die nur die in den Absätzen 2 und 3 mit Buchstaben und

römischen Zahlen bezeichneten Posten gesondert und in der vorgeschriebenen Reihenfolge aufgenommen werden.

(2) Aktivseite

A. Anlagevermögen:

I. Immaterielle Vermögensgegenstände:
1. Konzessionen, gewerbliche Schutzrechte und ähnliche Rechte und Werte sowie Lizenz en an solchen Rechten und Werten;
2. Geschäfts- oder Firmenwert;
3. geleistete Anzahlungen;

II. Sachanlagen:
1. Grundstücke, grundstücksgleiche Rechte und Bauten einschließlich der Bauten auf fremden Grundstücken;
2. technische Anlagen und Maschinen;
3. andere Anlagen, Betriebs- und Geschäftsausstattung;
4. geleistete Anzahlungen und Anlagen im Bau;

III. Finanzanlagen:
1. Anteile an verbundenen Unternehmen;
2. Ausleihungen an verbundene Unternehmen;
3. Beteiligungen;
4. Ausleihungen an Unternehmen, mit denen ein Beteiligungsverhältnis besteht;
5. Wertpapiere des Anlagevermögens;
6. sonstige Ausleihungen.

B. Umlaufvermögen:

I. Vorräte:
1. Roh-, Hilfs- und Betriebsstoffe;
2. unfertige Erzeugnisse, unfertige Leistungen;
3. fertige Erzeugnisse und Waren;
4. geleistete Anzahlungen;

II. Forderungen und sonstige Vermögensgegenstände:
1. Forderungen aus Lieferungen und Leistungen;
2. Forderungen gegen verbundene Unternehmen;
3. Forderungen gegen Unternehmen, mit denen ein Beteiligungsverhältnis besteht;
4. sonstige Vermögensgegenstände;

III. Wertpapiere:
1. Anteile an verbundenen Unternehmen;
2. eigene Anteile;
3. sonstige Wertpapiere;

IV. Kassenbestand, Bundesbankguthaben, Guthaben bei Kreditinstituten und Schecks.

C. Rechnungsabgrenzungsposten.

(3) Passivseite

A. Eigenkapital:

I. Gezeichnetes Kapital;

II. Kapitalrücklage;

III. Gewinnrücklagen:
1. gesetzliche Rücklage;
2. Rücklage für eigene Anteile;
3. satzungsmäßige Rücklagen;
4. andere Gewinnrücklagen;

IV. Gewinnvortrag/Verlustvortrag;

V. Jahresüberschuß/Jahresfehlbetrag.

B. Rückstellungen:

1. Rückstellungen für Pensionen und ähnliche Verpflichtungen;
2. Steuerrückstellungen;
3. sonstige Rückstellungen.

C. Verbindlichkeiten:

1. Anleihen,
davon konvertibel;
2. Verbindlichkeiten gegenüber Kreditinstituten;
3. erhaltene Anzahlungen auf Bestellungen;
4. Verbindlichkeiten aus Lieferungen und Leistungen;
5. Verbindlichkeiten aus der Annahme gezogener Wechsel und der Ausstellung eigener Wechsel;
6. Verbindlichkeiten gegenüber verbundenen Unternehmen;
7. Verbindlichkeiten gegenüber Unternehmen, mit denen ein Beteiligungsverhältnis besteht;
8. sonstige Verbindlichkeiten,
davon aus Steuern,
davon im Rahmen der sozialen Sicherheit.

D. Rechnungsabgrenzungsposten.

§ 267
Umschreibung der Größenklassen

(1) Kleine Kapitalgesellschaften sind solche, die mindestens zwei der drei nachstehenden Merkmale nicht überschreiten:

1. 6 720 000 Deutsche Mark Bilanzsumme nach Abzug eines auf der Aktivseite ausgewiesenen Fehlbetrags (§ 268 Abs. 3).

2. 13 440 000 Deutsche Mark Umsatzerlöse in den zwölf Monaten vor dem Abschlußstichtag.

3. Im Jahresdurchschnitt fünfzig Arbeitnehmer.

(2) Mittelgroße Kapitalgesellschaften sind solche, die mindestens zwei der drei in Absatz 1 bezeichneten Merkmale überschreiten und jeweils mindestens zwei der drei nachstehenden Merkmale nicht überschreiten:

1. 26 890 000 Deutsche Mark Bilanzsumme nach Abzug eines auf der Aktivseite ausgewiesenen Fehlbetrags (§ 268 Abs. 3).

2. 53 780 000 Deutsche Mark Umsatzerlöse in den zwölf Monaten vor dem Abschlußstichtag.

3. Im Jahresdurchschnitt zweihundertfünfzig Arbeitnehmer.

(3) Große Kapitalgesellschaften sind solche, die mindestens zwei der drei in Absatz 2 bezeichneten Merkmale überschreiten. Eine Kapitalgesellschaft gilt stets als große, wenn sie einen organisierten Markt im Sinne des § 2 Abs. 5 des Wertpapierhandelsgesetzes durch von ihr ausgegebene Wertpapiere im Sinne des § 2 Abs. 1 Satz 1 des Wertpapierhandelsgesetzes in Anspruch nimmt oder die Zulassung zum Handel an einem organisierten Markt beantragt worden ist.

(4) Die Rechtsfolgen der Merkmale nach den Absätzen 1 bis 3 Satz 1 treten nur ein, wenn sie an den Abschlußstichtagen von zwei aufeinanderfolgenden Geschäftsjahren über- oder unterschritten werden. Im Falle der Umwandlung oder Neugründung treten die Rechtsfolgen schon ein, wenn die Voraussetzungen des Absatzes 1, 2 oder 3 am ersten Abschlußstichtag nach der Umwandlung oder Neugründung vorliegen.

(5) Als durchschnittliche Zahl der Arbeitnehmer gilt der vierte Teil der Summe aus den Zahlen der jeweils am 31. März, 30. Juni, 30. September und 31. Dezember beschäftigten Arbeitnehmer einschließlich der im Ausland beschäftigten Arbeitnehmer, jedoch ohne die zu ihrer Berufsausbildung Beschäftigten.

(6) Informations- und Auskunftsrechte der Arbeitnehmervertretungen nach anderen Gesetzen bleiben unberührt.

§ 268
Vorschriften zu einzelnen Posten der Bilanz. Bilanzvermerke

(1) Die Bilanz darf auch unter Berücksichtigung der vollständigen oder teilweisen Verwendung des Jahresergebnisses aufgestellt werden. Wird die Bilanz unter Berücksichtigung der teilweisen Verwendung des Jahresergebnisses aufgestellt, so tritt an die Stelle der Posten »Jahresüberschuß/Jahresfehlbetrag« und »Gewinnvortrag/Verlustvortrag« der Posten »Bilanzgewinn/Bilanzverlust«; ein vorhandener Gewinn- oder Verlustvortrag ist in den Posten »Bilanzgewinn/Bilanzverlust« einzubeziehen und in der Bilanz oder im Anhang gesondert anzugeben.

(2) In der Bilanz oder im Anhang ist die Entwicklung der einzelnen Posten des Anlagevermögens und des Postens »Aufwendungen für die Ingangsetzung und Erweiterung des Geschäftsbetriebs« darzustellen. Dabei sind, ausgehend von den gesamten Anschaffungs- und Herstellungskosten, die Zugänge, Abgänge, Umbuchungen und Zuschreibungen des Geschäftsjahrs sowie die Abschreibungen in ihrer gesamten Höhe gesondert aufzuführen. Die Abschreibungen des Geschäftsjahrs sind entweder in der Bilanz bei dem betreffenden Posten zu vermerken oder im Anhang in einer der Gliederung des Anlagevermögens entsprechenden Aufgliederung anzugeben.

(3) Ist das Eigenkapital durch Verluste aufgebraucht und ergibt sich ein Überschuß der Passivposten über die Aktivposten so ist dieser Betrag am Schluß der Bilanz auf der Aktivseite gesondert unter der Bezeichnung »Nicht durch Eigenkapital gedeckter Fehlbetrag« auszuweisen.

(4) Der Betrag der Forderungen mit einer Restlaufzeit von mehr als einem Jahr ist bei jedem gesondert ausgewiesenen Posten zu vermerken. Werden unter dem Posten »sonstige Vermögensgegenstände« Beträge für Vermögensgegenstände ausgewiesen, die erst nach dem Abschlußstichtag rechtlich entstehen, so müssen Beträge, die einen größeren Umfang haben, im Anhang erläutert werden.

(5) Der Betrag der Verbindlichkeiten mit einer Restlaufzeit bis zu einem Jahr ist bei jedem gesondert ausgewiesenen Posten zu vermerken. Erhaltene Anzahlungen auf Bestellungen sind, soweit Anzahlungen auf Vorräte nicht von dem Posten »Vorräte« offen ab-

gesetzt werden, unter den Verbindlichkeiten gesondert auszuweisen. Sind unter dem Posten »Verbindlichkeiten« Beträge für Verbindlichkeiten ausgewiesen, die erst nach dem Abschlußstichtag rechtlich entstehen, so müssen Beträge, die einen größeren Umfang haben, im Anhang erläutert werden.

(6) Ein nach § 250 Abs. 3 in den Rechnungsabgrenzungsposten auf der Aktivseite aufgenommener Unterschiedsbetrag ist in der Bilanz gesondert auszuweisen oder im Anhang anzugeben.

(7) Die in § 251 bezeichneten Haftungsverhältnisse sind jeweils gesondert unter der Bilanz oder im Anhang unter Angabe der gewährten Pfandrechte und sonstigen Sicherheiten anzugeben; bestehen solche Verpflichtungen gegenüber verbundenen Unternehmen, so sind sie gesondert anzugeben.

§ 269
Aufwendungen für die Ingangsetzung und Erweiterung des Geschäftsbetriebs

Die Aufwendungen für die Ingangsetzung des Geschäftsbetriebs und dessen Erweiterung dürfen, soweit sie nicht bilanzierungsfähig sind, als Bilanzierungshilfe aktiviert werden; der Posten ist in der Bilanz unter der Bezeichnung »Aufwendungen für die Ingangsetzung und Erweiterung des Geschäftsbetriebs« vor dem Anlagevermögen auszuweisen und im Anhang zu erläutern. Werden solche Aufwendungen in der Bilanz ausgewiesen, so dürfen Gewinne nur ausgeschüttet werden, wenn die nach der Ausschüttung verbleibenden jederzeit auflösbaren Gewinnrücklagen zuzüglich eines Gewinnvortrags und abzüglich eines Verlustvortrags dem angesetzten Betrag mindestens entsprechen.

§ 270
Bildung bestimmter Posten

(1) Einstellungen in die Kapitalrücklage und deren Auflösung sind bereits bei der Aufstellung der Bilanz vorzunehmen. Satz 1 ist auf Einstellungen in den Sonderposten mit Rücklageanteil und dessen Auflösung anzuwenden.

(2) Wird die Bilanz unter Berücksichtigung der vollständigen oder teilweisen Verwendung des Jahresergebnisses aufgestellt, so sind Entnahmen aus Gewinnrücklagen sowie Einstellungen in Gewinnrücklagen, die nach Gesetz, Gesellschaftsvertrag oder Satzung vorzunehmen sind oder auf Grund solcher Vorschriften beschlossen worden sind, bereits bei der Aufstellung der Bilanz zu berücksichtigen.

§ 271
Beteiligungen. Verbundene Unternehmen

(1) Beteiligungen sind Anteile an anderen Unternehmen, die bestimmt sind, dem eigenen Geschäftsbetrieb durch Herstellung einer dauernden Verbindung zu jenen Unternehmen zu dienen. Dabei ist es unerheblich, ob die Anteile in Wertpapieren verbrieft sind oder nicht. Als Beteiligung gelten im Zweifel Anteile an einer Kapitalgesellschaft, die insgesamt den fünften Teil des Nennkapitals dieser Gesellschaft überschreiten. Auf die Berechnung ist § 16 Abs. 2 und 4 des Aktiengesetzes entsprechend anzuwenden. Die Mitgliedschaft in einer eingetragenen Genossenschaft gilt nicht als Beteiligung im Sinne dieses Buches.

(2) Verbundene Unternehmen im Sinne dieses Buches sind solche Unternehmen, die als Mutter- oder Tochterunternehmen (§ 290) in den Konzernabschluß eines Mutterunternehmens nach den Vorschriften über die Vollkonsolidierung einzubeziehen sind, das als oberstes Mutterunternehmen den am weitestgehenden Konzernabschluß nach dem Zweiten Unterabschnitt aufzustellen hat, auch wenn die Aufstellung unterbleibt, oder das einen befreienden Konzernabschluß nach § 291 oder nach einer nach § 292 erlassenen Rechtsverordnung aufstellt oder aufstellen könnte; Tochterunternehmen, die nach § 295 oder § 296 nicht einbezogen werden, sind ebenfalls verbundene Unternehmen.

§ 272
Eigenkapital

(1) Gezeichnetes Kapital ist das Kapital, auf das die Haftung der Gesellschafter für die Verbindlichkeiten der Kapitalgesellschaft gegenüber den Gläubigern beschränkt ist. Die ausstehenden Einlagen auf das gezeichnete Kapital sind auf der Aktivseite vor dem Anlagevermögen gesondert auszuweisen und entsprechend zu bezeichnen; die davon eingeforderten Einlagen sind zu vermerken. Die nicht eingeforderten ausstehenden Einlagen dürfen auch von dem Posten »Gezeichnetes Kapital« offen abgesetzt werden; in diesem Falle ist der verbleibende Betrag als Posten »Eingefordertes Kapital« in der Hauptspalte der Passivseite auszuweisen und ist außerdem der eingeforderte, aber noch nicht eingezahlte Betrag unter den Forderungen gesondert auszuweisen und entsprechend zu bezeichnen. Der Nennbetrag oder, falls ein solcher nicht vorhanden ist, der rechnerische Wert von nach § 71 Abs. 1 Nr. 6 oder 8 des Aktiengesetzes zur Einziehung erworbenen Aktien ist in der Vorspalte offen von dem Posten »Gezeichnetes Kapital« als Kapitalrückzahlung abzusetzen. Ist der Erwerb der Aktien nicht zur Einziehung erfolgt, ist Satz 4 auch anzuwenden, soweit in dem Beschluß über den Rückkauf die spätere Veräußerung von einem Beschluß der Hauptversammlung in entsprechender Anwendung des § 182 Abs. 1 Satz 1 des Aktiengesetzes abhängig gemacht worden ist. Wird der Nennbetrag oder der rechnerische Wert von Aktien nach Satz 4 abgesetzt, ist der Unterschiedsbetrag dieser Aktien zwischen ihrem Nennbetrag oder dem rechnerischen Wert und ihrem Kaufpreis mit den anderen Gewinnrücklagen (§ 266 Abs. 3 A.III.4.) zu verrechnen; weitergehende Anschaffungskosten sind als Aufwand des Geschäftsjahres zu berücksichtigen.

(2) Als Kapitalrücklage sind auszuweisen

1. der Betrag, der bei der Ausgabe von Anteilen einschließlich von Bezugsanteilen über den Nennbetrag oder, falls ein Nennbetrag nicht vorhanden ist, über den rechnerischen Wert hinaus erzielt wird;
2. der Betrag, der bei der Ausgabe von Schuldverschreibungen für Wandlungsrechte und Optionsrechte zum Erwerb von Anteilen erzielt wird;
3. der Betrag von Zuzahlungen, die Gesellschafter gegen Gewährung eines Vorzugs für ihre Anteile leisten;
4. der Betrag von anderen Zuzahlungen, die Gesellschafter in das Eigenkapital leisten.

(3) Als Gewinnrücklagen dürfen nur Beträge ausgewiesen werden, die im Geschäftsjahr oder in einem früheren Geschäftsjahr aus dem Ergebnis gebildet worden sind. Dazu gehören aus dem Ergebnis zu bildende gesetzliche oder auf Gesellschaftsvertrag oder Satzung beruhende Rücklagen und andere Gewinnrücklagen.

(4) In eine Rücklage für eigene Anteile ist ein Betrag einzustellen, der dem auf der Aktivseite der Bilanz für die eigenen Anteile anzusetzenden Betrag entspricht. Die Rücklage darf nur aufgelöst werden, soweit die eigenen Anteile ausgegeben, veräußert oder eingezogen werden oder soweit nach § 253 Abs. 3 auf der Aktivseite ein niedrigerer Betrag angesetzt wird. Die Rücklage, die bereits bei der Aufstellung der Bilanz vorzunehmen ist, darf aus vorhandenen Gewinnrücklagen gebildet werden, soweit diese frei verfügbar sind. Die Rücklage nach Satz 1 ist auch für Anteile eines herrschenden oder eines mit Mehrheit beteiligten Unternehmens zu bilden.

§ 273
Sonderposten mit Rücklageanteil

Der Sonderposten mit Rücklageanteil (§ 247 Abs. 3) darf nur insoweit gebildet werden, als das Steuerrecht die Anerkennung des Wertansatzes bei der steuerrechtlichen Gewinnermittlung davon abhängig macht, daß der Sonderposten in der Bilanz gebildet wird. Er ist auf der Passivseite vor den Rückstellungen auszuweisen; die Vorschriften, nach denen er gebildet worden ist, sind in der Bilanz oder im Anhang anzugeben.

§ 274
Steuerabgrenzung

(1) Ist der dem Geschäftsjahr und früheren Geschäftsjahren zuzurechnende Steueraufwand zu niedrig, weil der nach den steuerrechtlichen Vorschriften zu versteuernde Gewinn niedriger als das handelsrechtliche Ergebnis ist, und gleicht sich der zu niedrige Steueraufwand des Geschäftsjahrs und früherer Geschäftsjahre in späteren Geschäftsjahren voraussichtlich aus, so ist in Höhe der voraussichtlichen Steuerbelastung nachfolgender Geschäftsjahre eine Rückstellung nach § 249 Abs. 1 Satz 1 zu bilden und in der Bilanz oder im Anhang gesondert anzugeben. Die Rückstellung ist aufzulösen, sobald die höhere Steuerbelastung eintritt oder mit ihr voraussichtlich nicht mehr zu rechnen ist.

(2) Ist der dem Geschäftsjahr und früheren Geschäftsjahren zuzurechnende Steueraufwand zu hoch, weil der nach den steuerrechtlichen Vorschriften zu versteuernde Gewinn höher als das handelsrechtliche Ergebnis ist, und gleicht sich der zu hohe Steueraufwand des Geschäftsjahrs und früherer Geschäftsjahre in späteren Geschäftsjahren voraussichtlich aus, so darf in Höhe der voraussichtlichen Steuerentlastung nachfolgender Geschäftsjahre ein Abgrenzungsposten als Bilanzierungshilfe auf der Aktivseite der Bilanz gebildet werden. Dieser Posten ist unter entsprechender Bezeichnung gesondert auszuweisen und im Anhang zu erläutern. Wird ein solcher Posten ausgewiesen, so dürfen Gewinne nur ausgeschüttet werden, wenn die nach der Ausschüttung verbleibenden jederzeit auflösbaren Gewinnrücklagen zuzüglich eines Gewinnvortrags und abzüglich eines Verlustvortrags dem angesetzten Betrag mindestens entsprechen. Der Betrag ist aufzulösen, sobald die Steuerentlastung eintritt oder mit ihr voraussichtlich nicht mehr zu rechnen ist.

§ 274a
Größenabhängige Erleichterungen

Kleine Kapitalgesellschaften sind von der Anwendung der folgenden Vorschriften befreit:

1. § 268 Abs. 2 über die Aufstellung eines Anlagengitters,
2. § 268 Abs. 4 Satz 2 über die Pflicht zur Erläuterung bestimmter Forderungen im Anhang,
3. § 268 Abs. 5 Satz 3 über die Erläuterung bestimmter Verbindlichkeiten im Anhang,
4. § 268 Abs. 6 über den Rechnungsabgrenzungsposten nach § 250 Abs. 3,
5. § 269 Satz 1 insoweit, als die Aufwendungen für die Ingangsetzung und Erweiterung des Geschäftsbetriebs im Anhang erläutert werden müssen.

Dritter Titel
Gewinn- und Verlustrechnung

§ 275
Gliederung

(1) Die Gewinn- und Verlustrechnung ist in Staffelform nach dem Gesamtkostenverfahren oder dem Umsatzkostenverfahren aufzustellen. Dabei sind die in Absatz 2 oder 3 bezeichneten Posten in der angegebenen Reihenfolge gesondert auszuweisen.

(2) Bei Anwendung des Gesamtkostenverfahrens sind auszuweisen:

1. Umsatzerlöse
2. Erhöhung oder Verminderung des Bestands an fertigen und unfertigen Erzeugnissen
3. andere aktivierte Eigenleistungen
4. sonstige betriebliche Erträge
5. Materialaufwand:
   a) Aufwendungen für Roh-, Hilfs- und Betriebsstoffe und für bezogene Waren
   b) Aufwendungen für bezogene Leistungen
6. Personalaufwand:
   a) Löhne und Gehälter
   b) soziale Abgaben und Aufwendungen für Altersversorgung und für Unterstützung, davon für Altersversorgung
7. Abschreibungen:
   a) auf immaterielle Vermögensgegenstände des Anlagevermögens und Sachanlagen sowie auf aktivierte Aufwendungen für die Ingangsetzung und Erweiterung des Geschäftsbetriebs
   b) auf Vermögensgegenstände des Umlaufvermögens, soweit diese die in der Kapitalgesellschaft üblichen Abschreibungen überschreiten
8. sonstige betriebliche Aufwendungen
9. Erträge aus Beteiligungen,
   davon aus verbundenen Unternehmen
10. Erträge aus anderen Wertpapieren und Ausleihungen des Finanzanlagevermögens,
    davon aus verbundenen Unternehmen
11. sonstige Zinsen und ähnliche Erträge,
    davon aus verbundenen Unternehmen
12. Abschreibungen auf Finanzanlagen und auf Wertpapiere des Umlaufvermögens
13. Zinsen und ähnliche Aufwendungen,
    davon an verbundene Unternehmen
14. Ergebnis der gewöhnlichen Geschäftstätigkeit
15. außerordentliche Erträge
16. außerordentliche Aufwendungen
17. außerordentliches Ergebnis
18. Steuern vom Einkommen und vom Ertrag
19. sonstige Steuern
20. Jahresüberschuß/Jahresfehlbetrag.

(3) Bei Anwendung des Umsatzkostenverfahrens sind auszuweisen:

1. Umsatzerlöse
2. Herstellungskosten der zur Erzielung der Umsatzerlöse erbrachten Leistungen
3. Bruttoergebnis vom Umsatz
4. Vertriebskosten
5. allgemeine Verwaltungskosten
6. sonstige betriebliche Erträge

7. sonstige betriebliche Aufwendungen
8. Erträge aus Beteiligungen,
   davon aus verbundenen Unternehmen
9. Erträge aus anderen Wertpapieren und Ausleihungen des Finanzanlagevermögens,
   davon aus verbundenen Unternehmen
10. sonstige Zinsen und ähnliche Erträge,
    davon aus verbundenen Unternehmen
11. Abschreibungen auf Finanzanlagen und auf Wertpapiere des Umlaufvermögens
12. Zinsen und ähnliche Aufwendungen,
    davon an verbundene Unternehmen
13. Ergebnis der gewöhnlichen Geschäftstätigkeit
14. außerordentliche Erträge
15. außerordentliche Aufwendungen
16. außerordentliches Ergebnis
17. Steuern vom Einkommen und vom Ertrag
18. sonstige Steuern
19. Jahresüberschuß/Jahresfehlbetrag.

(4) Veränderungen der Kapital- und Gewinnrücklagen dürfen in der Gewinn- und Verlustrechnung erst nach dem Posten »Jahresüberschuß/Jahresfehlbetrag« ausgewiesen werden.

§ 276
Größenabhängige Erleichterungen

Kleine und mittelgroße Kapitalgesellschaften (§ 267 Abs. 1, 2) dürfen die Posten § 275 Abs. 2 Nr. 1 bis 5 oder Abs. 3 Nr. 1 bis 3 und 6 zu einem Posten unter der Bezeichnung »Rohergebnis« zusammenfassen. Kleine Kapitalgesellschaften brauchen außerdem die in § 277 Abs. 4 Satz 2 und 3 verlangten Erläuterungen zu den Posten »außerordentliche Erträge« und »außerordentliche Aufwendungen« nicht zu machen.

§ 277
Vorschriften zu einzelnen Posten der Gewinn- und Verlustrechnung

(1) Als Umsatzerlöse sind die Erlöse aus dem Verkauf und der Vermietung oder Verpachtung von für die gewöhnliche Geschäftstätigkeit der Kapitalgesellschaft typischen Erzeugnissen und Waren sowie aus von für die gewöhnliche Geschäftstätigkeit der Kapitalgesellschaft typischen Dienstleistungen nach Abzug von Erlösschmälerungen und der Umsatzsteuer auszuweisen.

(2) Als Bestandsveränderungen sind sowohl Änderungen der Menge als auch solche des Wertes zu berücksichtigen; Abschreibungen jedoch nur, soweit diese die in der Kapitalgesellschaft sonst üblichen Abschreibungen nicht überschreiten.

(3) Außerplanmäßige Abschreibungen nach § 253 Abs. 2 Satz 3 sowie Abschreibungen nach § 253 Abs. 3 Satz 3 sind jeweils gesondert auszuweisen oder im Anhang anzugeben. Erträge und Aufwendungen aus Verlustübernahme und auf Grund einer Gewinngemeinschaft, eines Gewinnabführungs- oder eines Teilgewinnabführungsvertrags erhaltene oder abgeführte Gewinne sind jeweils gesondert unter entsprechender Bezeichnung auszuweisen.

(4) Unter den Posten »außerordentliche Erträge« und »außerordentliche Aufwendungen« sind Erträge und Aufwendungen auszuweisen, die außerhalb der gewöhnlichen Geschäftstätigkeit der Kapitalgesellschaft anfallen. Die Posten sind hinsichtlich ihres Betrags und ihrer Art im Anhang zu erläutern, soweit die ausgewiesenen Beträge für die Beurteilung der Ertragslage nicht von untergeordneter Bedeutung sind. Satz 2 gilt auch für Erträge und Aufwendungen, die einem anderen Geschäftsjahr zuzurechnen sind.

§ 278
Steuern

Die Steuern vom Einkommen und vom Ertrag sind auf der Grundlage des Beschlusses über die Verwendung des Ergebnisses zu berechnen; liegt ein solcher Beschluß im Zeitpunkt der Feststellung des Jahresabschlusses nicht vor, so ist vom Vorschlag über die Verwendung des Ergebnisses auszugehen. Weicht der Beschluß über die Verwendung des Ergebnisses vom Vorschlag ab, so braucht der Jahresabschluß nicht geändert zu werden.

Vierter Titel
Bewertungsvorschriften

§ 279
Nichtanwendung von Vorschriften. Abschreibungen

(1) § 253 Abs. 4 ist nicht anzuwenden. § 253 Abs. 2 Satz 3 darf, wenn es sich nicht um eine voraussichtlich dauernde Wertminderung handelt, nur auf Vermögensgegenstände, die Finanzanlagen sind, angewendet werden.

(2) Abschreibungen nach § 254 dürfen nur insoweit vorgenommen werden, als das Steuerrecht ihre Anerkennung bei der steuerrechtlichen Gewinnermittlung davon abhängig macht, daß sie sich aus der Bilanz ergeben.

§ 280
Wertaufholungsgebot

(1) Wird bei einem Vermögensgegenstand eine Abschreibung nach § 253 Abs. 2 Satz 3 oder Abs. 3 oder § 254 Satz 1 vorgenommen und stellt sich in einem späteren Geschäftsjahr heraus, daß die Gründe dafür nicht mehr bestehen, so ist der Betrag dieser Abschreibung im Umfang der Werterhöhung unter Berücksichtigung der Abschreibung, die inzwischen vorzunehmen gewesen wären, zuzuschreiben. § 253 Abs. 5, § 254 Satz 2 sind insoweit nicht anzuwenden.

(2) Von der Zuschreibung nach Absatz 1 kann abgesehen werden, wenn der niedrigere Wertansatz bei der steuerrechtlichen Gewinnermittlung beibehalten werden kann und wenn Voraussetzung für die Beibehaltung ist, daß der niedrigere Wertansatz auch in der Bilanz beibehalten wird.

(3) Im Anhang ist der Betrag der im Geschäftsjahr aus steuerrechtlichen Gründen unterlassenen Zuschreibungen anzugeben und hinreichend zu begründen.

§ 281
Berücksichtigung steuerrechtlicher Vorschriften

(1) Die nach § 254 zulässigen Abschreibungen dürfen auch in der Weise vorgenommen werden, daß der Unterschiedsbetrag zwischen der nach § 253 in Verbindung mit § 279 und der nach § 254 zulässigen Bewertung in den Sonderposten mit Rücklageanteil eingestellt wird. In der Bilanz oder im Anhang sind die Vorschriften anzugeben, nach denen die Wertberichtigung gebildet worden ist. Unbeschadet steuerrechtlicher Vorschriften

über die Auflösung ist die Wertberichtigung insoweit aufzulösen, als die Vermögensgegenstände, für die sie gebildet worden ist, aus dem Vermögen ausscheiden oder die steuerrechtliche Wertberichtigung durch handelsrechtliche Abschreibungen ersetzt wird.

(2) Im Anhang ist der Betrag der im Geschäftsjahr allein nach steuerrechtlichen Vorschriften vorgenommenen Abschreibungen, getrennt nach Anlage- und Umlaufvermögen, anzugeben, soweit er sich nicht aus der Bilanz oder der Gewinn- und Verlustrechnung ergibt, und hinreichend zu begründen. Erträge aus der Auflösung des Sonderpostens mit Rücklageanteil sind in dem Posten »sonstige betriebliche Erträge«, Einstellungen in den Sonderposten mit Rücklageanteil sind in dem Posten »sonstige betriebliche Aufwendungen« der Gewinn- und Verlustrechnung gesondert auszuweisen oder im Anhang anzugeben.

§ 282
Abschreibung der Aufwendungen für die Ingangsetzung und Erweiterung des Geschäftsbetriebs

Für die Ingangsetzung und Erweiterung des Geschäftsbetriebs ausgewiesene Beträge sind in jedem folgenden Geschäftsjahr zu mindestens einem Viertel durch Abschreibungen zu tilgen.

§ 283
Wertansatz des Eigenkapitals

Das gezeichnete Kapital ist zum Nennbetrag anzusetzen.

Fünfter Titel
Anhang

§ 284
Erläuterung der Bilanz und der Gewinn- und Verlustrechnung

(1) In den Anhang sind diejenigen Angaben aufzunehmen, die zu den einzelnen Posten der Bilanz oder der Gewinn- und Verlustrechnung vorgeschrieben oder die im Anhang zu machen sind, weil sie in Ausübung eines Wahlrechts nicht in die Bilanz oder in die Gewinn- und Verlustrechnung aufgenommen wurden.

(2) Im Anhang müssen

1. die auf die Posten der Bilanz und der Gewinn- und Verlustrechnung angewandten Bilanzierungs- und Bewertungsmethoden angegeben werden;
2. die Grundlagen für die Umrechnung in Euro angegeben werden, soweit der Jahresabschluß Posten enthält, denen Beträge zugrunde liegen, die auf fremde Währung lauten oder ursprünglich auf fremde Währung lauteten;
3. Abweichungen von Bilanzierungs- und Bewertungsmethoden angegeben und begründet werden; deren Einfluß auf die Vermögens-, Finanz- und Ertragslage ist gesondert darzustellen;
4. bei Anwendung einer Bewertungsmethode nach § 240 Abs. 4, § 256 Satz 1 die Unterschiedsbeträge pauschal für die jeweilige Gruppe ausgewiesen werden, wenn die Bewertung im Vergleich zu einer Bewertung auf der Grundlage des letzten vor dem Ab-

schlußstichtag bekannten Börsenkurses oder Marktpreises einen erheblichen Unterschied aufweist;

5. Angaben über die Einbeziehung von Zinsen für Fremdkapital in die Herstellungskosten gemacht werden.

§ 285
Sonstige Pflichtangaben

Ferner sind im Anhang anzugeben:

1. zu den in der Bilanz ausgewiesenen Verbindlichkeiten
   a) der Gesamtbetrag der Verbindlichkeiten mit einer Restlaufzeit von mehr als fünf Jahren,
   b) der Gesamtbetrag der Verbindlichkeiten, die durch Pfandrechte oder ähnliche Rechte gesichert sind, unter Angabe von Art und Form der Sicherheiten;
2. die Aufgliederung der in Nummer 1 verlangten Angaben für jeden Posten der Verbindlichkeiten nach dem vorgeschriebenen Gliederungsschema, sofern sich diese Angaben nicht aus der Bilanz ergeben;
3. der Gesamtbetrag der sonstigen finanziellen Verpflichtungen, die nicht in der Bilanz erscheinen und auch nicht nach § 251 anzugeben sind, sofern diese Angabe für die Beurteilung der Finanzlage von Bedeutung ist; davon sind Verpflichtungen gegenüber verbundenen Unternehmen gesondert anzugeben;
4. die Aufgliederung der Umsatzerlöse nach Tätigkeitsbereichen sowie nach geographisch bestimmten Märkten, soweit sich, unter Berücksichtigung der Organisation des Verkaufs von für die gewöhnliche Geschäftstätigkeit der Kapitalgesellschaft typischen Erzeugnissen und der für die gewöhnliche Geschäftstätigkeit der Kapitalgesellschaft typischen Dienstleistungen, die Tätigkeitsbereiche und geographisch bestimmten Märkte untereinander erheblich unterscheiden;
5. das Ausmaß, in dem das Jahresergebnis dadurch beeinflußt wurde, daß bei Vermögensgegenständen im Geschäftsjahr oder in früheren Geschäftsjahren Abschreibungen nach §§ 254, 280 Abs. 2 auf Grund steuerrechtlicher Vorschriften vorgenommen oder beibehalten wurden oder ein Sonderposten nach § 273 gebildet wurde; ferner das Ausmaß erheblicher künftiger Belastungen, die sich aus einer solchen Bewertung ergeben;
6. in welchem Umfang die Steuern vom Einkommen und vom Ertrag das Ergebnis der gewöhnlichen Geschäftstätigkeit und das außerordentliche Ergebnis belasten;
7. die durchschnittliche Zahl der während des Geschäftsjahrs beschäftigten Arbeitnehmer getrennt nach Gruppen;
8. bei Anwendung des Umsatzkostenverfahrens (§ 275 Abs. 3)
   a) der Materialaufwand des Geschäftsjahrs, gegliedert nach § 275 Abs. 2 Nr. 5,
   b) der Personalaufwand des Geschäftsjahrs, gegliedert nach § 275 Abs. 2 Nr. 6;
9. für die Mitglieder des Geschäftsführungsorgans, eines Aufsichtsrats, eines Beirats oder einer ähnlichen Einrichtung jeweils für jede Personengruppe
   a) die für die Tätigkeit im Geschäftsjahr gewährten Gesamtbezüge (Gehälter, Gewinnbeteiligungen, Bezugsrechte, Aufwandsentschädigungen, Versicherungsentgelte, Provisionen und Nebenleistungen jeder Art). In die Gesamtbezüge sind auch Bezüge einzurechnen, die nicht ausgezahlt, sondern in Ansprüche anderer Art umgewandelt oder zur Erhöhung anderer Ansprüche verwendet werden. Außer den Bezügen für das Geschäftsjahr sind die weiteren Bezüge anzugeben, die im Geschäftsjahr gewährt, bisher aber in keinem Jahresabschluß angegeben worden sind;

b) die Gesamtbezüge (Abfindungen, Ruhegehälter, Hinterbliebenenbezüge und Leistungen verwandter Art) der früheren Mitglieder der bezeichneten Organe und ihrer Hinterbliebenen. Buchstabe a Satz 2 und 3 ist entsprechend anzuwenden. Ferner ist der Betrag der für diese Personengruppe gebildeten Rückstellungen für laufende Pensionen und Anwartschaften auf Pensionen und der Betrag der für diese Verpflichtungen nicht gebildeten Rückstellungen anzugeben;

c) die gewährten Vorschüsse und Kredite unter Angabe der Zinssätze, der wesentlichen Bedingungen und der gegebenenfalls im Geschäftsjahr zurückgezahlten Beträge sowie die zugunsten dieser Personen eingegangenen Haftungsverhältnisse;

10. alle Mitglieder des Geschäftsführungsorgans und eines Aufsichtsrats, auch wenn sie im Geschäftsjahr oder später ausgeschieden sind, mit dem Familiennamen und mindestens einem ausgeschriebenen Vornamen, einschließlich des ausgeübten Berufs und bei börsennotierten Gesellschaften auch der Mitgliedschaft in Aufsichtsräten und anderern Kontrollgremien im Sinne des § 125 Abs. 1 Satz 3 des Aktiengesetzes. Der Vorsitzende eines Aufsichtsrats, seine Stellvertreter und ein etwaiger Vorsitzender des Geschäftsführungsorgans sind als solche zu bezeichnen;

11. Name und Sitz anderer Unternehmen, von denen die Kapitalgesellschaft oder eine für Rechnung der Kapitalgesellschaft handelnde Person mindestens den fünften Teil der Anteile besitzt; außerdem sind die Höhe des Anteils am Kapital, das Eigenkapital und das Ergebnis des letzten Geschäftsjahrs dieser Unternehmen anzugeben, für das ein Jahresabschluß vorliegt; auf die Berechnung der Anteile ist § 16 Abs. 2 und 4 des Aktiengesetzes entsprechend anzuwenden; ferner sind von börsennotierten Kapitalgesellschaften zusätzlich alle Beteiligungen an großen Kapitalgesellschaften anzugeben, die fünf vom Hundert der Stimmrechte überschreiten.

11a. Name, Sitz und Rechtsform der Unternehmen, deren unbeschränkt haftender Gesellschafter die Kapitalgesellschaft ist;

12. Rückstellungen, die in der Bilanz unter dem Posten »sonstige Rückstellungen« nicht gesondert ausgewiesen werden, sind zu erläutern, wenn sie einen nicht unerheblichen Umfang haben;

13. bei Anwendung des § 255 Abs. 4 Satz 3 die Gründe für die planmäßige Abschreibung des Geschäfts- oder Firmenwerts;

14. Name und Sitz des Mutterunternehmens der Kapitalgesellschaft, das den Konzernabschluß für den größten Kreis von Unternehmen aufstellt, und ihres Mutterunternehmens, das den Konzernabschluß für den kleinsten Kreis von Unternehmen aufstellt, sowie im Falle der Offenlegung der von diesen Mutterunternehmen aufgestellten Konzernabschlüsse der Ort, wo diese erhältlich sind;

15. soweit es sich um den Anhang des Jahresabschlusses einer Personenhandelsgesellschaft im Sinne des § 264a Abs. 1 handelt, Name und Sitz der Gesellschaften, die persönlich haftende Gesellschafter sind, sowie deren gezeichnetes Kapital.

§ 286
Unterlassen von Angaben

(1) Die Berichterstattung hat insoweit zu unterbleiben, als es für das Wohl der Bundesrepublik Deutschland oder eines ihrer Länder erforderlich ist.

(2) Die Aufgliederung der Umsatzerlöse nach § 285 Nr. 4 kann unterbleiben, soweit die Aufgliederung nach vernünftiger kaufmännischer Beurteilung geeignet ist, der Kapitalgesellschaft oder einem Unternehmen, von dem die Kapitalgesellschaft mindestens den fünften Teil der Anteile besitzt, einen erheblichen Nachteil zuzufügen.

(3) Die Angaben nach § 285 Nr. 11 und 11a können unterbleiben, soweit sie

1. für die Darstellung der Vermögens-, Finanz- und Ertragslage der Kapitalgesellschaft nach § 264 Abs. 2 von untergeordneter Bedeutung sind oder

2. nach vernünftiger kaufmännischer Beurteilung geeignet sind, der Kapitalgesellschaft oder dem anderen Unternehmen einen erheblichen Nachteil zuzufügen.

Die Angabe des Eigenkapitals und des Jahresergebnisses kann unterbleiben, wenn das Unternehmen, über das zu berichten ist, seinen Jahresabschluß nicht offenzulegen hat und die berichtende Kapitalgesellschaft weniger als die Hälfte der Anteile besitzt. Die Anwendung der Ausnahmeregelung nach Satz 1 Nr. 2 ist im Anhang anzugeben.

(4) Die in § 285 Nr. 9 Buchstabe a und b verlangten Angaben über die Gesamtbezüge der dort bezeichneten Personen können unterbleiben, wenn sich anhand dieser Angaben die Bezüge eines Mitglieds dieser Organe feststellen lassen.

§ 287
Aufstellung des Anteilsbesitzes

Die in § 285 Nr. 11 und 11a verlangten Angaben dürfen statt im Anhang auch in einer Aufstellung des Anteilsbesitzes gesondert gemacht werden. Die Aufstellung ist Bestandteil des Anhangs. Auf die besondere Aufstellung des Anteilsbesitzes und den Ort ihrer Hinterlegung ist im Anhang hinzuweisen.

§ 288
Größenabhängige Erleichterungen

Kleine Kapitalgesellschaften im Sinne des § 267 Abs. 1 brauchen die Angaben nach § 284 Abs. 2 Nr. 4, § 285 Nr. 2 bis 8 Buchstabe a, Nr. 9 Buchstabe a und b und Nr. 12 nicht zu machen. Mittelgroße Kapitalgesellschaften im Sinne des § 267 Abs. 2 brauchen die Angaben nach § 285 Nr. 4 nicht zu machen.

Sechster Titel
Lagebericht

§ 289
Inhalt des Lageberichts

(1) Im Lagebericht sind zumindest der Geschäftsverlauf und die Lage der Kapitalgesellschaft so darzustellen, daß ein den tatsächlichen Verhältnissen entsprechendes Bild vermittelt wird; dabei ist auch auf die Risiken der künftigen Entwicklung einzugehen.

(2) Der Lagebericht soll auch eingehen auf:

1. Vorgänge von besonderer Bedeutung, die nach dem Schluß des Geschäftsjahrs eingetreten sind;
2. die voraussichtliche Entwicklung der Kapitalgesellschaft;
3. den Bereich Forschung und Entwicklung;
4. bestehende Zweigniederlassungen der Gesellschaft.

ZWEITER UNTERABSCHNITT
KONZERNABSCHLUSS UND KONZERNLAGEBERICHT

Erster Titel
Anwendungsbereich

§ 290
Pflicht zur Aufstellung

(1) Stehen in einem Konzern die Unternehmen unter der einheitlichen Leitung einer Kapitalgesellschaft (Mutterunternehmen) mit Sitz im Inland und gehört dem Mutterunternehmen eine Beteiligung nach § 271 Abs. 1 an dem oder den anderen unter der einheitlichen Leitung stehenden Unternehmen (Tochterunternehmen), so haben die gesetzlichen Vertreter des Mutterunternehmens in den ersten fünf Monaten des Konzerngeschäftsjahrs für das vergangene Konzerngeschäftsjahr einen Konzernabschluß und einen Konzernlagebericht aufzustellen.

(2) Eine Kapitalgesellschaft mit Sitz im Inland ist stets zur Aufstellung eines Konzernabschlusses und eines Konzernlageberichts verpflichtet (Mutterunternehmen), wenn ihr bei einem Unternehmen (Tochterunternehmen)

1. die Mehrheit der Stimmrechte der Gesellschafter zusteht,
2. das Recht zusteht, die Mehrheit der Mitglieder des Verwaltungs-, Leitungs- oder Aufsichtsorgans zu bestellen oder abzuberufen, und sie gleichzeitig Gesellschafter ist oder
3. das Recht zusteht, einen beherrschenden Einfluß auf Grund eines mit diesem Unternehmen geschlossenen Beherrschungsvertrags oder auf Grund einer Satzungsbestimmung dieses Unternehmens auszuüben.

(3) Als Rechte, die einem Mutterunternehmen nach Absatz 2 zustehen, gelten auch die einem Tochterunternehmen zustehenden Rechte und die den für Rechnung des Mutterunternehmens oder von Tochterunternehmen handelnden Personen zustehenden Rechte. Den einem Mutterunternehmen an einem anderen Unternehmen zustehenden Rechten werden die Rechte hinzugerechnet, über die es oder ein Tochterunternehmen auf Grund einer Vereinbarung mit anderen Gesellschaftern dieses Unternehmens verfügen kann. Abzuziehen sind Rechte, die

1. mit Anteilen verbunden sind, die von dem Mutterunternehmen oder von Tochterunternehmen für Rechnung einer anderen Person gehalten werden, oder
2. mit Anteilen verbunden sind, die als Sicherheit gehalten werden, sofern diese Rechte nach Weisung des Sicherungsgebers oder, wenn ein Kreditinstitut die Anteile als Sicherheit für ein Darlehen hält, im Interesse des Sicherungsgebers ausgeübt werden.

(4) Welcher Teil der Stimmrechte einem Unternehmen zusteht, bestimmt sich für die Berechnung der Mehrheit nach Absatz 2 Nr. 1 nach dem Verhältnis der Zahl der Stimmrechte, die es aus den ihm gehörenden Anteilen ausüben kann, zur Gesamtzahl aller Stimmrechte. Von der Gesamtzahl aller Stimmrechte sind die Stimmrechte aus eigenen Anteilen abzuziehen, die dem Tochterunternehmen selbst, einem seiner Tochterunternehmen oder einer anderen Person für Rechnung dieser Unternehmen gehören.

§ 291
Befreiende Wirkung von EU/EWR-Konzernabschlüssen

(1) Ein Mutterunternehmen, das zugleich Tochterunternehmen eines Mutterunternehmens mit Sitz in einem Mitgliedstaat der Europäischen Union oder in einem anderen Vertragsstaat des Abkommens über den Europäischen Wirtschaftsraum ist, braucht einen Konzernabschluß und einen Konzernlagebericht nicht aufzustellen, wenn ein den Anfor-

derungen des Absatzes 2 entsprechender Konzernabschluß und Konzernlagebericht seines Mutterunternehmens einschließlich des Bestätigungsvermerks oder des Vermerks über dessen Versagung nach den für den entfallenden Konzernabschluß und Konzernlagebericht maßgeblichen Vorschriften in deutscher Sprache offengelegt wird. Ein befreiender Konzernabschluß und ein befreiender Konzernlagebericht können von jedem Unternehmen unabhängig von seiner Rechtsform und Größe aufgestellt werden, wenn das Unternehmen als Kapitalgesellschaft mit Sitz in einem Mitgliedstaat der Europäischen Wirtschaftsgemeinschaft oder in einem anderen Vertragsstaat des Abkommens über den Europäischen Wirtschaftsraum zur Aufstellung eines Konzernabschlusses unter Einbeziehung des zu befreienden Mutterunternehmens und seiner Tochterunternehmen verpflichtet wäre.

(2) Der Konzernabschluß und Konzernlagebericht eines Mutterunternehmens mit Sitz in einem Mitgliedstaat der Europäischen Union oder in einem anderen Vertragsstaat des Abkommens über den Europäischen Wirtschaftsraum haben befreiende Wirkung, wenn

1. das zu befreiende Mutterunternehmen und seine Tochterunternehmen in den befreienden Konzernabschluß unbeschadet der §§ 295, 296 einbezogen worden sind,
2. der befreiende Konzernabschluß und der befreiende Konzernlagebericht im Einklang mit der Richtlinie 83/349/EWG des Rates vom 13. Juni 1983 über den konsolidierten Abschluß (ABl. EG Nr. L 193 S. 1) und der Richtlinie 84/253/EWG des Rates vom 10. April 1984 über die Zulassung der mit der Pflichtprüfung der Rechnungslegungsunterlagen beauftragten Personen (ABl. EG Nr. L 126 S. 20) nach dem für das aufstellende Mutterunternehmen maßgeblichen Recht aufgestellt und von einem zugelassenen Abschlußprüfer geprüft worden sind.
3. der Anhang des Jahresabschlusses des zu befreienden Unternehmens folgende Angaben enthält:
   a) Name und Sitz des Mutterunternehmens, das den befreienden Konzernabschluß und Konzernlagebericht aufstellt,
   b) einen Hinweis auf die Befreiung von der Verpflichtung, einen Konzernabschluß und einen Konzernlagebericht aufzustellen, und
   c) eine Erläuterung der im befreienden Konzernabschluß vom deutschen Recht abweichend angewandten Bilanzierungs-, Bewertungs- und Konsolidierungsmethoden.

Satz 1 gilt für Kreditinstitute und Versicherungsunternehmen entsprechend; unbeschadet der übrigen Voraussetzungen in Satz 1 hat die Aufstellung des befreienden Konzernabschlusses und des befreienden Konzernlageberichts bei Kreditinstituten im Einklang mit der Richtlinie 86/635/EWG des Rates vom 8. Dezember 1986 über den Jahresabschluß und den konsolidierten Abschluß von Banken und anderen Finanzinstituten (ABl. EG Nr. L 372 S. 1) und bei Versicherungsunternehmen im Einklang mit der Richtlinie 91/674/EWG des Rates vom 19. Dezember 1991 über den Jahresabschluß und den konsolidierten Jahresabschluß von Versicherungsunternehmen (ABl. EG Nr. L 374 S. 7) zu erfolgen.

(3) Die Befreiung nach Absatz 1 kann trotz Vorliegens der Voraussetzungen nach Absatz 2 von einem Mutterunternehmen nicht in Anspruch genommen werden, wenn Gesellschafter, denen bei Aktiengesellschaften und Kommanditgesellschaften auf Aktien mindestens zehn vom Hundert und bei Gesellschaften mit beschränkter Haftung mindestens zwanzig vom Hundert der Anteile an dem zu befreienden Mutterunternehmen gehören, spätestens sechs Monate vor dem Ablauf des Konzerngeschäftsjahrs die Aufstellung eines Konzernabschlusses und eines Konzernlageberichts beantragt haben. Gehören dem Mutterunternehmen mindestens neunzig vom Hundert der Anteile an dem zu befreienden Mutterunternehmen, so kann Absatz 1 nur angewendet werden, wenn die anderen Gesellschafter der Befreiung zugestimmt haben.

§ 292
Rechtsverordnungsermächtigung für befreiende Konzernabschlüsse und Konzernlageberichte

(1) Das Bundesministerium der Justiz wird ermächtigt, im Einvernehmen mit dem Bundesministerium der Finanzen und dem Bundesministerium für Wirtschaft durch Rechtsverordnung, die nicht der Zustimmung des Bundesrates bedarf, zu bestimmen, daß § 291 auf Konzernabschlüsse und Konzernlageberichte von Mutterunternehmen mit Sitz in einem Staat, der nicht Mitglied der Europäischen Union und auch nicht Vertragsstaat des Abkommens über den Europäischen Wirtschaftsraum ist, mit der Maßgabe angewendet werden darf, daß der befreiende Konzernabschluß und der befreiende Konzernlagebericht nach dem mit den Anforderungen der Richtlinie 83/349/EWG übereinstimmenden Recht eines Mitgliedstaates der Europäischen Union oder eines anderen Vertragsstaates des Abkommens über den Europäischen Wirtschaftsraum aufgestellt worden oder einem nach diesem Recht eines Mitgliedstaates der Europäischen Union oder eines anderen Vertragsstaates des Abkommens über den Europäischen Wirtschaftsraum aufgestellten Konzernabschluß und Konzernlagebericht gleichwertig sein müssen. Das Recht eines anderen Mitgliedstaates der Europäischen Union oder Vertragsstaates des Abkommens über den Europäischen Wirtschaftsraum kann einem befreienden Konzernabschluß und einem befreienden Konzernlagebericht jedoch nur zugrunde gelegt oder für die Herstellung der Gleichwertigkeit herangezogen werden, wenn diese Unterlagen in dem anderen Mitgliedstaat oder Vertragsstaat anstelle eines sonst nach dem Recht dieses Mitgliedstaates oder Vertragsstaates vorgeschriebenen Konzernabschlusses und Konzernlageberichts offengelegt werden. Die Anwendung dieser Vorschrift kann in der Rechtsverordnung nach Satz 1 davon abhängig gemacht werden, daß die nach diesem Unterabschnitt aufgestellten Konzernabschlüsse und Konzernlageberichte in dem Staat, in dem das Mutterunternehmen seinen Sitz hat, als gleichwertig mit den dort für Unternehmen mit entsprechender Rechtsform und entsprechendem Geschäftszweig vorgeschriebenen Konzernabschlüssen und Konzernlageberichten angesehen werden.

(2) Ist ein nach Absatz 1 zugelassener Konzernabschluß nicht von einem in Übereinstimmung mit den Vorschriften der Richtlinie 84/253/EWG zugelassenen Abschlußprüfer geprüft worden, so kommt ihm befreiende Wirkung nur zu, wenn der Abschlußprüfer eine den Anforderungen dieser Richtlinie gleichwertige Befähigung hat und der Konzernabschluß in einer den Anforderungen des Dritten Unterabschnitts entsprechenden Weise geprüft worden ist.

(3) In einer Rechtsverordnung nach Absatz 1 kann außerdem bestimmt werden, welche Voraussetzungen Konzernabschlüsse und Konzernlageberichte von Mutterunternehmen mit Sitz in einem Staat, der nicht Mitglied der Europäischen Union und auch nicht Vertragsstaat des Abkommens über den Europäischen Wirtschaftsraum ist, im einzelnen erfüllen müssen, um nach Absatz 1 gleichwertig zu sein, und wie die Befähigung von Abschlußprüfern beschaffen sein muß, um nach Absatz 2 gleichwertig zu sein. In der Rechtsverordnung können zusätzliche Angaben und Erläuterungen zum Konzernabschluß vorgeschrieben werden, soweit diese erforderlich sind, um die Gleichwertigkeit dieser Konzernabschlüsse und Konzernlageberichte mit solchen nach diesem Unterabschnitt oder dem Recht eines anderen Mitgliedstaates der Europäischen Union oder Vertragsstaates des Abkommens über den Europäischen Wirtschaftsraum herzustellen.

(4) Die Rechtsverordnung ist vor Verkündung dem Bundestag zuzuleiten. Sie kann durch Beschluß des Bundestages geändert oder abgelehnt werden. Der Beschluß des Bundestages wird dem Bundesministerium der Justiz zugeleitet. Das Bundesministerium der Justiz ist bei der Verkündung der Rechtsverordnung an den Beschluß gebunden. Hat sich der Bundestag nach Ablauf von drei Sitzungswochen seit Eingang einer Rechtsverordnung nicht mit ihr befaßt, so wird die unveränderte Rechtsverordnung dem Bundesministerium der Justiz zur Verkündung zugeleitet. Der Bundestag befaßt sich mit der Rechts-

verordnung auf Antrag von so vielen Mitgliedern des Bundestages, wie zur Bildung einer Fraktion erforderlich sind.

§ 292a
Befreiung von der Aufstellungspflicht

(1) Ein Mutterunternehmen, das einen organisierten Markt im Sinne des § 2 Abs. 5 des Wertpapierhandelsgesetzes durch von ihm oder einem seiner Tochterunternehmen ausgegebene Wertpapiere im Sinne des § 2 Abs. 1 Satz 1 des Wertpapierhandelsgesetzes in Anspruch nimmt, braucht einen Konzernabschluß und einen Konzernlagebericht nach den Vorschriften dieses Unterabschnitts nicht aufzustellen, wenn es einen den Anforderungen des Absatzes 2 entsprechenden Konzernabschluß und Konzernlagebericht aufstellt und ihn in deutscher Sprache und Euro nach den §§ 325, 328 offenlegt. Satz 1 gilt auch, wenn die Zulassung zum Handel an einem organisierten Markt beantragt worden ist. Bei der Offenlegung der befreienden Unterlagen ist ausdrücklich darauf hinzuweisen, daß es sich um einen nicht nach deutschem Recht aufgestellten Konzernabschluß und Konzernlagebericht handelt.

(2) Der Konzernabschluß und der Konzernlagebericht haben befreiende Wirkung, wenn

1. das Mutterunternehmen und seine Tochterunternehmen in den befreienden Konzernabschluß unbeschadet der §§ 295, 296 einbezogen worden sind,
2. der Konzernabschluß und der Konzernlagebericht
   a) nach international anerkannten Rechnungslegungsgrundsätzen aufgestellt worden sind,
   b) im Einklang mit der Richtlinie 83/349/EWG und gegebenenfalls den für Kreditinstitute und Versicherungsunternehmen in § 291 Abs. 2 Satz 2 bezeichneten Richtlinien stehen,
3. die Aussagekraft der danach aufgestellten Unterlagen der Aussagekraft eines nach den Vorschriften dieses Unterabschnitts aufgestellten Konzernabschlusses und Konzernlageberichts gleichwertig ist,
4. der Anhang oder die Erläuterungen zum Konzernabschluß die folgenden Angaben enthält:
   a) die Bezeichnung der angewandten Rechnungslegungsgrundsätze,
   b) eine Erläuterung der vom deutschen Recht abweichenden Bilanzierungs-, Bewertungs- und Konsolidierungsmethoden, und
5. die befreienden Unterlagen von dem nach § 318 bestellten Abschlußprüfer geprüft worden sind und von dem Abschlußprüfer außerdem bestätigt worden ist, daß die Bedingungen für die Befreiung erfüllt sind.

(3) Das Bundesministerium der Justiz kann im Einvernehmen mit dem Bundesministerium der Finanzen und dem Bundesministerium für Wirtschaft durch Rechtsverordnung bestimmen, welche Voraussetzungen Konzernabschlüsse und Konzernlageberichte von Mutterunternehmen im einzelnen erfüllen müssen, um nach Absatz 2 Nr. 3 gleichwertig zu sein. Dies kann auch in der Weise geschehen, daß Rechnungslegungsgrundsätze bezeichnet werden, bei deren Anwendung die Gleichwertigkeit gegeben ist.

§ 293
Größenabhängige Befreiungen

(1) Ein Mutterunternehmen ist von der Pflicht, einen Konzernabschluß und einen Konzernlagebericht aufzustellen, befreit, wenn

1. am Abschlußstichtag seines Jahresabschlusses und am vorhergehenden Abschlußstichtag mindestens zwei der drei nachstehenden Merkmale zutreffen:

a) Die Bilanzsummen in den Bilanzen des Mutterunternehmens und der Tochterunternehmen, die in den Konzernabschluß einzubeziehen wären, übersteigen insgesamt nach Abzug von in den Bilanzen auf der Aktivseite ausgewiesenen Fehlbeträgen nicht 32 270 000 Deutsche Mark.
b) Die Umsatzerlöse des Mutterunternehmens und der Tochterunternehmen, die in den Konzernabschluß einzubeziehen wären, übersteigen in den zwölf Monaten vor dem Abschlußstichtag insgesamt nicht 64 540 000 Deutsche Mark.
c) Das Mutterunternehmen und die Tochterunternehmen, die in den Konzernabschluß einzubeziehen wären, haben in den zwölf Monaten vor dem Abschlußstichtag im Jahresdurchschnitt nicht mehr als 250 Arbeitnehmer beschäftigt;
oder

2. am Abschlußstichtag eines von ihm aufzustellenden Konzernabschlusses und am vorhergehenden Abschlußstichtag mindestens zwei der drei nachstehenden Merkmale zutreffen:
a) Die Bilanzsumme übersteigt nach Abzug eines auf der Aktivseite ausgewiesenen Fehlbetrags nicht 26 890 000 Deutsche Mark.
b) Die Umsatzerlöse in den zwölf Monaten vor dem Abschlußstichtag übersteigen nicht 53 780 000 Deutsche Mark.
c) Das Mutterunternehmen und die in den Konzernabschluß einbezogenen Tochterunternehmen haben in den zwölf Monaten vor dem Abschlußstichtag im Jahresdurchschnitt nicht mehr als 250 Arbeitnehmer beschäftigt.

Auf die Ermittlung der durchschnittlichen Zahl der Arbeitnehmer ist § 267 Abs. 5 anzuwenden.

(2) (weggefallen)

(3) (weggefallen)

(4) Außer in den Fällen des Absatzes 1 ist ein Mutterunternehmen von der Pflicht zur Aufstellung des Konzernabschlusses und des Konzernlageberichts befreit, wenn die Voraussetzungen des Absatzes 1 nur am Abschlußstichtag oder nur am vorhergehenden Abschlußstichtag erfüllt sind und das Mutterunternehmen am vorhergehenden Abschlußstichtag von der Pflicht zur Aufstellung des Konzernabschlusses und des Konzernlageberichts befreit war.

(5) Die Absätze 1 und 4 sind nicht anzuwenden, wenn das Mutterunternehmen oder ein in den Konzernabschluß des Mutterunternehmens einbezogenes Tochterunternehmen am Abschlußsstichtag einen organisierten Markt im Sinne des § 2 Abs. 5 des Wertpapierhandelsgesetzes durch von ihm ausgegebene Wertpapiere im Sinne des § 2 Abs. 1 Satz 1 des Wertpapierhandelsgesetzes in Anspruch nimmt oder die Zulassung zum Handel an einem organisierten Markt beantragt worden ist.

Zweiter Titel
Konsolidierungskreis

§ 294
Einzubeziehende Unternehmen. Vorlage- und Auskunftspflichten

(1) In den Konzernabschluß sind das Mutterunternehmen und alle Tochterunternehmen ohne Rücksicht auf den Sitz der Tochterunternehmen einzubeziehen, sofern die Einbeziehung nicht nach den §§ 295, 296 unterbleibt.

(2) Hat sich die Zusammensetzung der in den Konzernabschluß einbezogenen Unternehmen im Laufe des Geschäftsjahrs wesentlich geändert, so sind in den Konzernabschluß Angaben aufzunehmen, die es ermöglichen, die aufeinanderfolgenden Konzernab-

schlüsse sinnvoll zu vergleichen. Dieser Verpflichtung kann auch dadurch entsprochen werden, daß die entsprechenden Beträge des vorhergehenden Konzernabschlusses an die Änderung angepaßt werden.

(3) Die Tochterunternehmen haben dem Mutterunternehmen ihre Jahresabschlüsse, Lageberichte, Konzernabschlüsse, Konzernlageberichte und, wenn eine Prüfung des Jahresabschlusses oder des Konzernabschlusses stattgefunden hat, die Prüfungsberichte sowie, wenn ein Zwischenabschluß aufzustellen ist, einen auf den Stichtag des Konzernabschlusses aufgestellten Abschluß unverzüglich einzureichen. Das Mutterunternehmen kann von jedem Tochterunternehmen alle Aufklärungen und Nachweise verlangen, welche die Aufstellung des Konzernabschlusses und des Konzernlageberichts erfordert.

§ 295
Verbot der Einbeziehung

(1) Ein Tochterunternehmen darf in den Konzernabschluß nicht einbezogen werden, wenn sich seine Tätigkeit von der Tätigkeit der anderen einbezogenen Unternehmen derart unterscheidet, daß die Einbeziehung in den Konzernabschluß mit der Verpflichtung, ein den tatsächlichen Verhältnissen entsprechendes Bild der Vermögens-, Finanz- und Ertragslage des Konzerns zu vermitteln, unvereinbar ist; § 311 über die Einbeziehung von assoziierten Unternehmen bleibt unberührt.

(2) Absatz 1 ist nicht allein deshalb anzuwenden, weil die in den Konzernabschluß einbezogenen Unternehmen teils Industrie-, teils Handels- und teils Dienstleistungsunternehmen sind oder weil diese Unternehmen unterschiedliche Erzeugnisse herstellen, mit unterschiedlichen Erzeugnissen Handel treiben oder Dienstleistungen unterschiedlicher Art erbringen.

(3) Die Anwendung des Absatzes 1 ist im Konzernanhang anzugeben und zu begründen. Wird der Jahresabschluß oder der Konzernabschluß eines nach Absatz 1 nicht einbezogenen Unternehmens im Geltungsbereich dieses Gesetzes nicht offengelegt, so ist er gemeinsam mit dem Konzernabschluß zum Handelsregister einzureichen.

§ 296
Verzicht auf die Einbeziehung

(1) Ein Tochterunternehmen braucht in den Konzernabschluß nicht einbezogen zu werden, wenn

1. erhebliche und andauernde Beschränkungen die Ausübung der Rechte des Mutterunternehmens in bezug auf das Vermögen oder die Geschäftsführung dieses Unternehmens nachhaltig beeinträchtigen,
2. die für die Aufstellung des Konzernabschlusses erforderlichen Angaben nicht ohne unverhältnismäßig hohe Kosten oder Verzögerungen zu erhalten sind oder
3. die Anteile des Tochterunternehmens ausschließlich zum Zwecke ihrer Weiterveräußerung gehalten werden.

(2) Ein Tochterunternehmen braucht in den Konzernabschluß nicht einbezogen zu werden wenn es für die Verpflichtung, ein den tatsächlichen Verhältnissen entsprechendes Bild der Vermögens-, Finanz- und Ertragslage des Konzerns zu vermitteln, von untergeordneter Bedeutung ist. Entsprechen mehrere Tochterunternehmen der Voraussetzung des Satzes 1, so sind diese Unternehmen in den Konzernabschluß einzubeziehen, wenn sie zusammen nicht von untergeordneter Bedeutung sind.

(3) Die Anwendung der Absätze 1 und 2 ist im Konzernanhang zu begründen.

Dritter Titel
Inhalt und Form des Konzernabschlusses

§ 297
Inhalt

(1) Der Konzernabschluß besteht aus der Konzernbilanz, der Konzern-Gewinn- und Verlustrechnung und dem Konzernanhang, die eine Einheit bilden. Die gesetzlichen Vertreter eines börsennotierten Mutterunternehmens haben den Konzernanhang um eine Kapitalflußrechnung und eine Segmentberichterstattung zu erweitern.

(2) Der Konzernabschluß ist klar und übersichtlich aufzustellen. Er hat unter Beachtung der Grundsätze ordnungsmäßiger Buchführung ein den tatsächlichen Verhältnissen entsprechendes Bild der Vermögens-, Finanz- und Ertragslage des Konzerns zu vermitteln. Führen besondere Umstände dazu, daß der Konzernabschluß ein den tatsächlichen Verhältnissen entsprechendes Bild im Sinne des Satzes 2 nicht vermittelt, so sind im Konzernanhang zusätzliche Angaben zu machen.

(3) Im Konzernabschluß ist die Vermögens-, Finanz- und Ertragslage der einbezogenen Unternehmen so darzustellen, als ob diese Unternehmen insgesamt ein einziges Unternehmen wären. Die auf den vorhergehenden Konzernabschluß angewandten Konsolidierungsmethoden sollen beibehalten werden. Abweichungen von Satz 2 sind in Ausnahmefällen zulässig. Sie sind im Konzernanhang anzugeben und zu begründen. Ihr Einfluß auf die Vermögens-, Finanz- und Ertragslage des Konzerns ist anzugeben.

§ 298
Anzuwendende Vorschriften. Erleichterungen

(1) Auf den Konzernabschluß sind, soweit seine Eigenart keine Abweichung bedingt oder in den folgenden Vorschriften nichts anderes bestimmt ist, die §§ 244 bis 256, §§ 265, 266, 268 bis 275, §§ 277 bis 283 über den Jahresabschluß und die für die Rechtsform und den Geschäftszweig der in den Konzernabschluß einbezogenen Unternehmen mit Sitz im Geltungsbereich dieses Gesetzes geltenden Vorschriften, soweit sie für große Kapitalgesellschaften gelten, entsprechend anzuwenden.

(2) In der Gliederung der Konzernbilanz dürfen die Vorräte in einem Posten zusammengefaßt werden, wenn deren Aufgliederung wegen besonderer Umstände mit einem unverhältnismäßigen Aufwand verbunden wäre.

(3) Der Konzernanhang und der Anhang des Jahresabschlusses des Mutterunternehmens dürfen zusammengefaßt werden. In diesem Falle müssen der Konzernabschluß und der Jahresabschluß des Mutterunternehmens gemeinsam offengelegt werden. Bei Anwendung des Satzes 1 dürfen auch die Prüfungsberichte und die Bestätigungsvermerke jeweils zusammengefaßt werden.

§ 299
Stichtag für die Aufstellung

(1) Der Konzernabschluß ist auf den Stichtag des Jahresabschlusses des Mutterunternehmens oder auf den hiervon abweichenden Stichtag der Jahresabschlüsse der bedeutendsten oder der Mehrzahl der in den Konzernabschluß einbezogenen Unternehmen aufzustellen: die Abweichung vom Abschlußstichtag des Mutterunternehmens ist im Konzernanhang anzugeben und zu begründen.

(2) Die Jahresabschlüsse der in den Konzernabschluß einbezogenen Unternehmen sollen auf den Stichtag des Konzernabschlusses aufgestellt werden. Liegt der Abschlußstichtag eines Unternehmens um mehr als drei Monate vor dem Stichtag des Konzernabschlusses, so ist dieses Unternehmen auf Grund eines auf den Stichtag und den Zeitraum des Kon-

zernabschlusses aufgestellten Zwischenabschlusses in den Konzernabschluß einzubeziehen.

(3) Wird bei abweichenden Abschlußstichtagen ein Unternehmen nicht auf der Grundlage eines auf den Stichtag und den Zeitraum des Konzernabschlusses aufgestellten Zwischenabschlusses in den Konzernabschluß einbezogen, so sind Vorgänge von besonderer Bedeutung für die Vermögens-, Finanz- und Ertragslage eines in den Konzernabschluß einbezogenen Unternehmens, die zwischen dem Abschlußstichtag dieses Unternehmens und dem Abschlußstichtag des Konzernabschlusses eingetreten sind, in der Konzernbilanz und der Konzern-Gewinn- und Verlustrechnung zu berücksichtigen oder im Konzernanhang anzugeben.

Vierter Titel
Vollkonsolidierung

§ 300
Konsolidierungsgrundsätze. Vollständigkeitsgebot

(1) In dem Konzernabschluß ist der Jahresabschluß des Mutterunternehmens mit den Jahresabschlüssen der Tochterunternehmen zusammenzufassen. An die Stelle der dem Mutterunternehmen gehörenden Anteile an den einbezogenen Tochterunternehmen treten die Vermögensgegenstände, Schulden, Rechnungsabgrenzungsposten, Bilanzierungshilfen und Sonderposten der Tochterunternehmen, soweit sie nach dem Recht des Mutterunternehmens bilanzierungsfähig sind und die Eigenart des Konzernabschlusses keine Abweichungen bedingt oder in den folgenden Vorschriften nichts anderes bestimmt ist.

(2) Die Vermögensgegenstände, Schulden und Rechnungsabgrenzungsposten sowie die Erträge und Aufwendungen der in den Konzernabschluß einbezogenen Unternehmen sind unabhängig von ihrer Berücksichtigung in den Jahresabschlüssen dieser Unternehmen vollständig aufzunehmen, soweit nach dem Recht des Mutterunternehmens nicht ein Bilanzierungsverbot oder ein Bilanzierungswahlrecht besteht. Nach dem Recht des Mutterunternehmens zulässige Bilanzierungswahlrechte dürfen im Konzernabschluß unabhängig von ihrer Ausübung in den Jahresabschlüssen der in den Konzernabschluß einbezogenen Unternehmen ausgeübt werden. Ansätze, die auf der Anwendung von für Kreditinstitute oder Versicherungsunternehmen wegen der Besonderheiten des Geschäftszweigs geltenden Vorschriften beruhen, dürfen beibehalten werden; auf die Anwendung dieser Ausnahme ist im Konzernanhang hinzuweisen.

§ 301
Kapitalkonsolidierung

(1) Der Wertansatz der dem Mutterunternehmen gehörenden Anteile an einem in den Konzernabschluß einbezogenen Tochterunternehmen wird mit dem auf diese Anteile entfallenden Betrag des Eigenkapitals des Tochterunternehmens verrechnet. Das Eigenkapital ist anzusetzen

1. entweder mit dem Betrag, der dem Buchwert der in den Konzernabschluß aufzunehmenden Vermögensgegenstände, Schulden, Rechnungsabgrenzungsposten, Bilanzierungshilfen und Sonderposten, gegebenenfalls nach Anpassung der Wertansätze nach § 308 Abs. 2, entspricht, oder
2. mit dem Betrag, der dem Wert der in den Konzernabschluß aufzunehmenden Vermögensgegenstände, Schulden, Rechnungsabgrenzungsposten, Bilanzierungshilfen und Sonderposten entspricht, der diesen an dem für die Verrechnung nach Absatz 2 gewählten Zeitpunkt beizulegen ist.

Bei Ansatz mit dem Buchwert nach Satz 2 Nr. 1 ist ein sich ergebender Unterschiedsbetrag den Wertansätzen von in der Konzernbilanz anzusetzenden Vermögensgegenständen und Schulden des jeweiligen Tochterunternehmens insoweit zuzuschreiben oder mit diesen zu verrechnen, als deren Wert höher oder niedriger ist als der bisherige Wertansatz. Bei Ansatz mit den Werten nach Satz 2 Nr. 2 darf das anteilige Eigenkapital nicht mit einem Betrag angesetzt werden, der die Anschaffungskosten des Mutterunternehmens für die Anteile an dem einbezogenen Tochterunternehmen überschreitet. Die angewandte Methode ist im Konzernanhang anzugeben.

(2) Die Verrechnung nach Absatz 1 wird auf der Grundlage der Wertansätze zum Zeitpunkt des Erwerbs der Anteile oder der erstmaligen Einbeziehung des Tochterunternehmens in den Konzernabschluß oder, beim Erwerb der Anteile zu verschiedenen Zeitpunkten, zu dem Zeitpunkt, zu dem das Unternehmen Tochterunternehmen geworden ist, durchgeführt. Der gewählte Zeitpunkt ist im Konzernanhang anzugeben.

(3) Ein bei der Verrechnung nach Absatz 1 Satz 2 Nr. 2 entstehender oder ein nach Zuschreibung oder Verrechnung nach Absatz 1 Satz 3 verbleibender Unterschiedsbetrag ist in der Konzernbilanz, wenn er auf der Aktivseite entsteht, als Geschäfts- oder Firmenwert und, wenn er auf der Passivseite entsteht, als Unterschiedsbetrag aus der Kapitalkonsolidierung auszuweisen. Der Posten und wesentliche Änderungen gegenüber dem Vorjahr sind im Anhang zu erläutern. Werden Unterschiedsbeträge der Aktivseite mit solchen der Passivseite verrechnet, so sind die verrechneten Beträge im Anhang anzugeben.

(4) Absatz 1 ist nicht auf Anteile an dem Mutterunternehmen anzuwenden, die dem Mutterunternehmen oder einem in den Konzernabschluß einbezogenen Tochterunternehmen gehören. Solche Anteile sind in der Konzernbilanz als eigene Anteile im Umlaufvermögen gesondert auszuweisen.

§ 302
Kapitalkonsolidierung bei Interessenzusammenführung

(1) Ein Mutterunternehmen darf die in § 301 Abs. 1 vorgeschriebene Verrechnung der Anteile unter den folgenden Voraussetzungen auf das gezeichnete Kapital des Tochterunternehmens beschränken:

1. die zu verrechnenden Anteile betragen mindestens neunzig vom Hundert des Nennbetrags oder, falls ein Nennbetrag nicht vorhanden ist, des rechnerischen Wertes der Anteile des Tochterunternehmens, die nicht eigene Anteile sind,
2. die Anteile sind auf Grund einer Vereinbarung erworben worden, die die Ausgabe von Anteilen eines in den Konzernabschluß einbezogenen Unternehmens vorsieht, und
3. eine in der Vereinbarung vorgesehene Barzahlung übersteigt nicht zehn vom Hundert des Nennbetrags oder, falls ein Nennbetrag nicht vorhanden ist, des rechnerischen Wertes der ausgegebenen Anteile.

(2) Ein sich nach Absatz 1 ergebender Unterschiedsbetrag ist, wenn er auf der Aktivseite entsteht, mit den Rücklagen zu verrechnen oder, wenn er auf der Passivseite entsteht, den Rücklagen hinzuzurechnen.

(3) Die Anwendung der Methode nach Absatz 1 und die sich daraus ergebenden Veränderungen der Rücklagen sowie Name und Sitz des Unternehmens sind im Konzernanhang anzugeben.

§ 303
Schuldenkonsolidierung

(1) Ausleihungen und andere Forderungen, Rückstellungen und Verbindlichkeiten zwischen den in den Konzernabschluß einbezogenen Unternehmen sowie entsprechende Rechnungsabgrenzungsposten sind wegzulassen.

(2) Absatz 1 braucht nicht angewendet zu werden, wenn die wegzulassenden Beträge für die Vermittlung eines den tatsächlichen Verhältnissen entsprechenden Bildes der Vermögens-, Finanz- und Ertragslage des Konzerns nur von untergeordneter Bedeutung sind.

§ 304
Behandlung der Zwischenergebnisse

(1) In den Konzernabschluß zu übernehmende Vermögensgegenstände, die ganz oder teilweise auf Lieferungen oder Leistungen zwischen in den Konzernabschluß einbezogenen Unternehmen beruhen, sind in der Konzernbilanz mit einem Betrag anzusetzen, zu dem sie in der auf den Stichtag des Konzernabschlusses aufgestellten Jahresbilanz dieses Unternehmens angesetzt werden könnten, wenn die in den Konzernabschluß einbezogenen Unternehmen auch rechtlich ein einziges Unternehmen bilden würden.

(2) Absatz 1 braucht nicht angewendet zu werden, wenn die Lieferung oder Leistung zu üblichen Marktbedingungen vorgenommen worden ist und die Ermittlung des nach Absatz 1 vorgeschriebenen Wertansatzes einen unverhältnismäßig hohen Aufwand erfordern würde. Die Anwendung des Satzes 1 ist im Konzernanhang anzugeben und, wenn der Einfluß auf die Vermögens-, Finanz- und Ertragslage des Konzerns wesentlich ist, zu erläutern.

(3) Absatz 1 braucht außerdem nicht angewendet zu werden, wenn die Behandlung der Zwischenergebnisse nach Absatz 1 für die Vermittlung eines den tatsächlichen Verhältnissen entsprechenden Bildes der Vermögens-, Finanz- und Ertragslage des Konzerns nur von untergeordneter Bedeutung ist.

§ 305
Aufwands- und Ertragskonsolidierung

(1) In der Konzern-Gewinn- und Verlustrechnung sind

1. bei den Umsatzerlösen die Erlöse aus Lieferungen und Leistungen zwischen den in den Konzernabschluß einbezogenen Unternehmen mit den auf sie entfallenden Aufwendungen zu verrechnen, soweit sie nicht als Erhöhung des Bestands an fertigen und unfertigen Erzeugnissen oder als andere aktivierte Eigenleistungen auszuweisen sind,
2. andere Erträge aus Lieferungen und Leistungen zwischen den in den Konzernabschluß einbezogenen Unternehmen mit den auf sie entfallenden Aufwendungen zu verrechnen, soweit sie nicht als andere aktivierte Eigenleistungen auszuweisen sind.

(2) Aufwendungen und Erträge brauchen nach Absatz 1 nicht weggelassen zu werden, wenn die wegzulassenden Beträge für die Vermittlung eines den tatsächlichen Verhältnissen entsprechenden Bildes der Vermögens-, Finanz- und Ertragslage des Konzerns nur von untergeordneter Bedeutung sind.

§ 306
Steuerabgrenzung

Ist das im Konzernabschluß ausgewiesene Jahresergebnis auf Grund von Maßnahmen, die nach den Vorschriften dieses Titels durchgeführt worden sind, niedriger oder höher als die Summe der Einzelergebnisse der in den Konzernabschluß einbezogenen Unternehmen, so ist der sich für das Geschäftsjahr und frühere Geschäftsjahre ergebende Steueraufwand, wenn er im Verhältnis zum Jahresergebnis zu hoch ist, durch Bildung eines Abgrenzungspostens auf der Aktivseite oder, wenn er im Verhältnis zum Jahresergebnis zu niedrig ist, durch Bildung einer Rückstellung nach § 249 Abs. 1 Satz 1 anzupassen, soweit sich der zu hohe oder der zu niedrige Steueraufwand in späteren Geschäftsjahren voraussichtlich ausgleicht. Der Posten ist in der Konzernbilanz oder im Konzernanhang gesondert anzugeben. Er darf mit dem Posten nach § 274 zusammengefaßt werden.

§ 307
Anteile anderer Gesellschafter

(1) In der Konzernbilanz ist für nicht dem Mutterunternehmen gehörende Anteile an in den Konzernabschluß einbezogenen Tochterunternehmen ein Ausgleichsposten für die Anteile der anderen Gesellschafter in Höhe ihres Anteils am Eigenkapital unter entsprechender Bezeichnung innerhalb des Eigenkapitals gesondert auszuweisen. In den Ausgleichsposten sind auch die Beträge einzubeziehen, die bei Anwendung der Kapitalkonsolidierungsmethode nach § 301 Abs. 1 Satz 2 Nr. 2 dem Anteil der anderen Gesellschafter am Eigenkapital entsprechen.

(2) In der Konzern-Gewinn- und Verlustrechnung ist der im Jahresergebnis enthaltene, anderen Gesellschaftern zustehende Gewinn und der auf sie entfallende Verlust nach dem Posten »Jahresüberschuß/Jahresfehlbetrag« unter entsprechender Bezeichnung gesondert auszuweisen.

Fünfter Titel
Bewertungsvorschriften

§ 308
Einheitliche Bewertung

(1) Die in den Konzernabschluß nach § 300 Abs. 2 übernommenen Vermögensgegenstände und Schulden der in den Konzernabschluß einbezogenen Unternehmen sind nach den auf den Jahresabschluß des Mutterunternehmens anwendbaren Bewertungsmethoden einheitlich zu bewerten. Nach dem Recht des Mutterunternehmens zulässige Bewertungswahlrechte können im Konzernabschluß unabhängig von ihrer Ausübung in den Jahresabschlüssen der in den Konzernabschluß einbezogenen Unternehmen ausgeübt werden. Abweichungen von den auf den Jahresabschluß des Mutterunternehmens angewandten Bewertungsmethoden sind im Konzernanhang anzugeben und zu begründen

(2) Sind in den Konzernabschluß aufzunehmende Vermögensgegenstände oder Schulden des Mutterunternehmens oder der Tochterunternehmen in den Jahresabschlüssen dieser Unternehmen nach Methoden bewertet worden, die sich von denen unterscheiden, die auf den Konzernabschluß anzuwenden sind oder die von den gesetzlichen Vertretern des Mutterunternehmens in Ausübung von Bewertungswahlrechten auf den Konzernabschluß angewendet werden, so sind die abweichend bewerteten Vermögensgegenstände oder Schulden nach den auf den Konzernabschluß angewandten Bewertungsmethoden neu zu bewerten und mit den neuen Wertansätzen in den Konzernabschluß zu übernehmen. Wertansätze, die auf der Anwendung von für Kreditinstitute oder Versicherungsunternehmen wegen der Besonderheiten des Geschäftszweigs geltenden Vorschriften beruhen, dürfen beibehalten werden; auf die Anwendung dieser Ausnahme ist im Konzernanhang hinzuweisen. Eine einheitliche Bewertung nach Satz 1 braucht nicht vorgenommen zu werden, wenn ihre Auswirkungen für die Vermittlung eines den tatsächlichen Verhältnissen entsprechenden Bildes der Vermögens-, Finanz- und Ertragslage des Konzerns nur von untergeordneter Bedeutung sind. Darüber hinaus sind Abweichungen in Ausnahmefällen zulässig; sie sind im Konzernanhang anzugeben und zu begründen.

(3) Wurden in den Konzernabschluß zu übernehmende Vermögensgegenstände oder Schulden im Jahresabschluß eines in den Konzernabschluß einbezogenen Unternehmens mit einem nur nach Steuerrecht zulässigen Wert angesetzt, weil dieser Wertansatz sonst nicht bei der steuerrechtlichen Gewinnermittlung berücksichtigt werden würde, oder ist aus diesem Grunde auf der Passivseite ein Sonderposten gebildet worden, so dürfen diese Wertansätze unverändert in den Konzernabschluß übernommen werden. Der Betrag der im Geschäftsjahr nach Satz 1 in den Jahresabschlüssen vorgenommenen Abschreibungen, Wertberichtigungen und Einstellungen in Sonderposten sowie der Betrag der unterlassenen Zuschreibungen sind im Konzernanhang anzugeben; die Maßnahmen sind zu begründen.

§ 309
Behandlung des Unterschiedsbetrags

(1) Ein nach § 301 Abs. 3 auszuweisender Geschäfts- oder Firmenwert ist in jedem folgenden Geschäftsjahr zu mindestens einem Viertel durch Abschreibungen zu tilgen. Die Abschreibung des Geschäfts- oder Firmenwerts kann aber auch planmäßig auf die Geschäftsjahre verteilt werden, in denen er voraussichtlich genutzt werden kann. Der Geschäfts- oder Firmenwert darf auch offen mit den Rücklagen verrechnet werden.

(2) Ein nach § 301 Abs. 3 auf der Passivseite auszuweisender Unterschiedsbetrag darf ergebniswirksam nur aufgelöst werden, soweit

1. eine zum Zeitpunkt des Erwerbs der Anteile oder der erstmaligen Konsolidierung erwartete ungünstige Entwicklung der künftigen Ertragslage des Unternehmens eingetreten ist oder zu diesem Zeitpunkt erwartete Aufwendungen zu berücksichtigen sind oder
2. am Abschlußstichtag feststeht, daß er einem realisierten Gewinn entspricht.

Sechster Titel
Anteilmäßige Konsolidierung

§ 310
Konsolidierung

(1) Führt ein in einen Konzernabschluß einbezogenes Mutter- oder Tochterunternehmen ein anderes Unternehmen gemeinsam mit einem oder mehreren nicht in den Konzernabschluß einbezogenen Unternehmen, so darf das andere Unternehmen in den Konzernabschluß entsprechend den Anteilen am Kapital einbezogen werden, die dem Mutterunternehmen gehören.

(2) Auf die anteilmäßige Konsolidierung sind die §§ 297 bis 301, §§ 303 bis 306, 308, 309 entsprechend anzuwenden.

Siebenter Titel
Assoziierte Unternehmen

§ 311
Definition. Befreiung

(1) Wird von einem in den Konzernabschluß einbezogenen Unternehmen ein maßgeblicher Einfluß auf die Geschäfts- und Finanzpolitik eines nicht einbezogenen Unternehmens, an dem das Unternehmen nach § 271 Abs. 1 beteiligt ist, ausgeübt (assoziiertes Unternehmen), so ist diese Beteiligung in der Konzernbilanz unter einem besonderen Posten mit entsprechender Bezeichnung auszuweisen. Ein maßgeblicher Einfluß wird vermutet, wenn ein Unternehmen bei einem anderen Unternehmen mindestens den fünften Teil der Stimmrechte der Gesellschafter innehat.

(2) Auf eine Beteiligung an einem assoziierten Unternehmen brauchen Absatz 1 und § 312 nicht angewendet zu werden, wenn die Beteiligung für die Vermittlung eines den tatsächlichen Verhältnissen entsprechenden Bildes der Vermögens-, Finanz- und Ertragslage des Konzerns von untergeordneter Bedeutung ist.

§ 312
Wertansatz der Beteiligung und Behandlung des Unterschiedsbetrags

(1) Eine Beteiligung an einem assoziierten Unternehmen ist in der Konzernbilanz

1. entweder mit dem Buchwert oder
2. mit dem Betrag, der dem anteiligen Eigenkapital des assoziierten Unternehmens entspricht,

anzusetzen. Bei Ansatz mit dem Buchwert nach Satz 1 Nr. 1 ist der Unterschiedsbetrag zwischen diesem Wert und dem anteiligen Eigenkapital des assoziierten Unternehmens bei erstmaliger Anwendung in der Konzernbilanz zu vermerken oder im Konzernanhang anzugeben. Bei Ansatz mit dem anteiligen Eigenkapital nach Satz 1 Nr. 2 ist das Eigenkapital mit dem Betrag anzusetzen, der sich ergibt, wenn die Vermögensgegenstände, Schulden, Rechnungsabgrenzungsposten, Bilanzierungshilfen und Sonderposten des assoziierten Unternehmens mit dem Wert angesetzt werden, der ihnen an dem nach Absatz 3 gewählten Zeitpunkt beizulegen ist, jedoch darf dieser Betrag die Anschaffungskosten für die Anteile an dem assoziierten Unternehmen nicht überschreiten; der Unterschiedsbetrag zwischen diesem Wertansatz und dem Buchwert der Beteiligung ist bei erstmaliger Anwendung in der Konzernbilanz gesondert auszuweisen oder im Konzernanhang anzugeben. Die angewandte Methode ist im Konzernanhang anzugeben.

(2) Der Unterschiedsbetrag nach Absatz 1 Satz 2 ist den Wertansätzen von Vermögensgegenständen und Schulden des assoziierten Unternehmens insoweit zuzuordnen, als deren Wert höher oder niedriger ist als der bisherige Wertansatz. Der nach Satz 1 zugeordnete oder der sich nach Absatz 1 Satz 1 Nr. 2 ergebende Betrag ist entsprechend der Behandlung der Wertansätze dieser Vermögensgegenstände und Schulden im Jahresabschluß des assoziierten Unternehmens im Konzernabschluß fortzuführen, abzuschreiben oder aufzulösen. Auf einen nach Zuordnung nach Satz 1 verbleibenden Unterschiedsbetrag und einen Unterschiedsbetrag nach Absatz 1 Satz 3 zweiter Halbsatz ist § 309 entsprechend anzuwenden.

(3) Der Wertansatz der Beteiligung und die Unterschiedsbeträge werden auf der Grundlage der Wertansätze zum Zeitpunkt des Erwerbs der Anteile oder der erstmaligen Einbeziehung des assoziierten Unternehmens in den Konzernabschluß oder beim Erwerb der Anteile zu verschiedenen Zeitpunkten zu dem Zeitpunkt, zu dem das Unternehmen assoziiertes Unternehmen geworden ist, ermittelt. Der gewählte Zeitpunkt ist im Konzernanhang anzugeben.

(4) Der nach Absatz 1 ermittelte Wertansatz einer Beteiligung ist in den Folgejahren um den Betrag der Eigenkapitalveränderungen, die den dem Mutterunternehmen gehörenden Anteilen am Kapital des assoziierten Unternehmens entsprechen, zu erhöhen oder zu vermindern; auf die Beteiligung entfallende Gewinnausschüttungen sind abzusetzen. In der Konzern-Gewinn- und Verlustrechnung ist das auf assoziierte Beteiligungen entfallende Ergebnis unter einem gesonderten Posten auszuweisen.

(5) Wendet das assoziierte Unternehmen in seinem Jahresabschluß vom Konzernabschluß abweichende Bewertungsmethoden an, so können abweichend bewertete Vermögensgegenstände oder Schulden für die Zwecke der Absätze 1 bis 4 nach den auf den Konzernabschluß angewandten Bewertungsmethoden bewertet werden. Wird die Bewertung nicht angepaßt, so ist dies im Konzernanhang anzugeben. § 304 über die Behandlung der Zwischenergebnisse ist entsprechend anzuwenden, soweit die für die Beurteilung maßgeblichen Sachverhalte bekannt oder zugänglich sind. Die Zwischenergebnisse dürfen auch anteilig entsprechend den dem Mutterunternehmen gehörenden Anteilen am Kapital des assoziierten Unternehmens weggelassen werden.

(6) Es ist jeweils der letzte Jahresabschluß des assoziierten Unternehmens zugrunde zu legen. Stellt das assoziierte Unternehmen einen Konzernabschluß auf, so ist von diesem und nicht vom Jahresabschluß des assoziierten Unternehmens auszugehen.

Achter Titel
Konzernanhang

§ 313
Erläuterung der Konzernbilanz und der Konzern-Gewinn- und Verlustrechnung. Angaben zum Beteiligungsbesitz

(1) In den Konzernanhang sind diejenigen Angaben aufzunehmen, die zu einzelnen Posten der Konzernbilanz oder der Konzern-Gewinn- und Verlustrechnung vorgeschrieben oder die im Konzernanhang zu machen sind, weil sie in Ausübung eines Wahlrechts nicht in die Konzernbilanz oder in die Konzern-Gewinn- und Verlustrechnung aufgenommen wurden. Im Konzernanhang müssen

1. die auf die Posten der Konzernbilanz und der Konzern-Gewinn- und Verlustrechnung angewandten Bilanzierungs- und Bewertungsmethoden angegeben werden;
2. die Grundlagen für die Umrechnung in Euro angegeben werden, sofern der Konzernabschluß Posten enthält, denen Beträge zugrunde liegen, die auf fremde Währung lauten oder ursprünglich auf fremde Währung lauteten;
3. Abweichungen von Bilanzierungs-, Bewertungs- und Konsolidierungsmethoden angegeben und begründet werden; deren Einfluß auf die Vermögens-, Finanz- und Ertragslage des Konzerns ist gesondert darzustellen.

(2) Im Konzernanhang sind außerdem anzugeben:

1. Name und Sitz der in den Konzernabschluß einbezogenen Unternehmen, der Anteil am Kapital der Tochterunternehmen, der dem Mutterunternehmen und den in den Konzernabschluß einbezogenen Tochterunternehmen gehört oder von einer für Rechnung dieser Unternehmen handelnden Person gehalten wird, sowie der zur Einbeziehung in den Konzernabschluß verpflichtende Sachverhalt, sofern die Einbeziehung nicht auf einer der Kapitalbeteiligung entsprechenden Mehrheit der Stimmrechte beruht. Diese Angaben sind auch für Tochterunternehmen zu machen, die nach den §§ 295, 296 nicht einbezogen worden sind;
2. Name und Sitz der assoziierten Unternehmen, der Anteil am Kapital der assoziierten Unternehmen, der dem Mutterunternehmen und den in den Konzernabschluß einbezogenen Tochterunternehmen gehört oder von einer für Rechnung dieser Unternehmen handelnden Person gehalten wird. Die Anwendung des § 311 Abs. 2 ist jeweils anzugeben und zu begründen;
3. Name und Sitz der Unternehmen, die nach § 310 nur anteilmäßig in den Konzernabschluß einbezogen worden sind, der Tatbestand, aus dem sich die Anwendung dieser Vorschrift ergibt, sowie der Anteil am Kapital dieser Unternehmen, der dem Mutterunternehmen und den in den Konzernabschluß einbezogenen Tochterunternehmen gehört oder von einer für Rechnung dieser Unternehmen handelnden Person gehalten wird;
4. Name und Sitz anderer als der unter den Nummern 1 bis 3 bezeichneten Unternehmen, bei denen das Mutterunternehmen, ein Tochterunternehmen oder eine für Rechnung eines dieser Unternehmen handelnde Person mindestens den fünften Teil der Anteile besitzt, unter Angabe des Anteils am Kapital sowie der Höhe des Eigenkapitals und des Ergebnisses des letzten Geschäftsjahrs, für das ein Abschluß aufgestellt worden ist. Ferner sind anzugeben alle Beteiligungen an großen Kapitalgesellschaften, die andere als die in Nummer 1 bis 3 bezeichneten Unternehmen sind, wenn sie von einem börsennotierten Mutterunternehmen, einem börsennotierten Tochterunternehmen oder einer für Rechnung eines dieser Unternehmen handelnden Person gehalten werden und fünf vom Hundert der Stimmrechte überschreiten. Diese Angaben brauchen nicht gemacht zu werden, wenn sie für die Vermittlung eines den tatsächlichen Verhältnissen entsprechenden Bildes der Vermögens-, Finanz- und Ertragslage des Kon-

zerns von untergeordneter Bedeutung sind. Das Eigenkapital und das Ergebnis brauchen nicht angegeben zu werden, wenn das in Anteilsbesitz stehende Unternehmen seinen Jahresabschluß nicht offenzulegen hat und das Mutterunternehmen, das Tochterunternehmen oder die Person weniger als die Hälfte der Anteile an diesem Unternehmen besitzt.

(3) Die in Absatz 2 verlangten Angaben brauchen insoweit nicht gemacht zu werden, als nach vernünftiger kaufmännischer Beurteilung damit gerechnet werden muß, daß durch die Angaben dem Mutterunternehmen, einem Tochterunternehmen oder einem anderen in Absatz 2 bezeichneten Unternehmen erhebliche Nachteile entstehen können. Die Anwendung der Ausnahmeregelung ist im Konzernanhang anzugeben.

(4) Die in Absatz 2 verlangten Angaben dürfen statt im Anhang auch in einer Aufstellung des Anteilsbesitzes gesondert gemacht werden. Die Aufstellung ist Bestandteil des Anhangs. Auf die besondere Aufstellung des Anteilsbesitzes und den Ort ihrer Hinterlegung ist im Anhang hinzuweisen.

§ 314
Sonstige Pflichtangaben

(1) Im Konzernanhang sind ferner anzugeben:

1. der Gesamtbetrag der in der Konzernbilanz ausgewiesenen Verbindlichkeiten mit einer Restlaufzeit von mehr als fünf Jahren sowie der Gesamtbetrag der in der Konzernbilanz ausgewiesenen Verbindlichkeiten, die von in den Konzernabschluß einbezogenen Unternehmen durch Pfandrechte oder ähnliche Rechte gesichert sind, unter Angabe von Art und Form der Sicherheiten;
2. der Gesamtbetrag der sonstigen finanziellen Verpflichtungen, die nicht in der Konzernbilanz erscheinen oder nicht nach § 298 Abs. 1 in Verbindung mit § 251 anzugeben sind, sofern diese Angabe für die Beurteilung der Finanzlage des Konzerns von Bedeutung ist; davon und von den Haftungsverhältnissen nach § 251 sind Verpflichtungen gegenüber Tochterunternehmen, die nicht in den Konzernabschluß einbezogen werden, jeweils gesondert anzugeben;
3. die Aufgliederung der Umsatzerlöse nach Tätigkeitsbereichen sowie nach geographisch bestimmten Märkten, soweit sich, unter Berücksichtigung der Organisation des Verkaufs von für die gewöhnliche Geschäftstätigkeit des Konzerns typischen Erzeugnissen und der für die gewöhnliche Geschäftstätigkeit des Konzerns typischen Dienstleistungen, die Tätigkeitsbereiche und geographisch bestimmten Märkte untereinander erheblich unterscheiden;
4. die durchschnittliche Zahl der Arbeitnehmer der in den Konzernabschluß einbezogenen Unternehmen während des Geschäftsjahrs, getrennt nach Gruppen, sowie der in dem Geschäftsjahr verursachte Personalaufwand, sofern er nicht gesondert in der Konzern-Gewinn- und Verlustrechnung ausgewiesen ist; die durchschnittliche Zahl der Arbeitnehmer von nach § 310 nur anteilmäßig einbezogenen Unternehmen ist gesondert anzugeben;
5. das Ausmaß, in dem das Jahresergebnis des Konzerns dadurch beeinflußt wurde, daß bei Vermögensgegenständen im Geschäftsjahr oder in früheren Geschäftsjahren Abschreibungen nach den §§ 254, 280 Abs. 2 oder in entsprechender Anwendung auf Grund steuerrechtlicher Vorschriften vorgenommen oder beibehalten wurden oder ein Sonderposten nach § 273 oder in entsprechender Anwendung gebildet wurde; ferner das Ausmaß erheblicher künftiger Belastungen, die sich für den Konzern aus einer solchen Bewertung ergeben;
6. für die Mitglieder des Geschäftsführungsorgans, eines Aufsichtsrats, eines Beirats oder einer ähnlichen Einrichtung des Mutterunternehmens, jeweils für jede Personengruppe:

a) die für die Wahrnehmung ihrer Aufgaben im Mutterunternehmen und den Tochterunternehmen im Geschäftsjahr gewährten Gesamtbezüge (Gehälter, Gewinnbeteiligungen, Bezugsrechte, Aufwandsentschädigungen, Versicherungsentgelte, Provisionen und Nebenleistungen jeder Art). In die Gesamtbezüge sind auch Bezüge einzurechnen, die nicht ausgezahlt, sondern in Ansprüche anderer Art umgewandelt oder zur Erhöhung anderer Ansprüche verwendet werden. Außer den Bezügen für das Geschäftsjahr sind die weiteren Bezüge anzugeben, die im Geschäftsjahr gewährt, bisher aber in keinem Konzernabschluß angegeben worden sind;
b) die für die Wahrnehmung ihrer Aufgaben im Mutterunternehmen und den Tochterunternehmen gewährten Gesamtbezüge (Abfindungen, Ruhegehälter, Hinterbliebenenbezüge und Leistungen verwandter Art) der früheren Mitglieder der bezeichneten Organe und ihrer Hinterbliebenen; Buchstabe a Satz 2 und 3 ist entsprechend anzuwenden. Ferner ist der Betrag der für diese Personengruppe gebildeten Rückstellungen für laufende Pensionen und Anwartschaften auf Pensionen und der Betrag der für diese Verpflichtungen nicht gebildeten Rückstellungen anzugeben;
c) die vom Mutterunternehmen und den Tochterunternehmen gewährten Vorschüsse und Kredite unter Angabe der Zinssätze, der wesentlichen Bedingungen und der gegebenenfalls im Geschäftsjahr zurückgezahlten Beträge sowie die zugunsten dieser Personengruppe eingegangenen Haftungsverhältnisse;

7. der Bestand an Anteilen an dem Mutterunternehmen, die das Mutterunternehmen oder ein Tochterunternehmen oder ein anderer für Rechnung eines in den Konzernabschluß einbezogenen Unternehmens erworben oder als Pfand genommen hat; dabei sind die Zahl und der Nennbetrag oder rechnerische Wert dieser Anteile sowie deren Anteil am Kapital anzugeben.

(2) Die Umsatzerlöse brauchen nicht nach Absatz 1 Nr. 3 aufgegliedert zu werden, soweit nach vernünftiger kaufmännischer Beurteilung damit gerechnet werden muß, daß durch die Aufgliederung einem in den Konzernabschluß einbezogenen Unternehmen erhebliche Nachteile entstehen. Die Anwendung der Ausnahme ist im Konzernanhang anzugeben.

Neunter Titel
Konzernlagebericht

§ 315
Inhalt des Konzernlageberichts

(1) Im Konzernlagebericht sind zumindest der Geschäftsverlauf und die Lage des Konzerns so darzustellen, daß ein den tatsächlichen Verhältnissen entsprechendes Bild vermittelt wird; dabei ist auch auf die Risiken der künftigen Entwicklung einzugehen.

(2) Der Konzernlagebericht soll auch eingehen auf:

1. Vorgänge von besonderer Bedeutung, die nach dem Schluß des Konzerngeschäftsjahrs eingetreten sind;
2. die voraussichtliche Entwicklung des Konzerns;
3. den Bereich Forschung und Entwicklung des Konzerns.

(3) § 298 Abs. 3 über die Zusammenfassung von Konzernanhang und Anhang ist entsprechend anzuwenden.

Literaturverzeichnis

ADLER, Hans/DÜRING, Walther/SCHMALTZ, Kurt (1972), Rechnungslegung und Prüfung der Aktiengesellschaft, Handkommentar, Bd. III, Rechnungslegung im Konzern, Bearbeiter: Schmaltz, Kurt/Forster, Karl-Heinz/Goerdeler, Reinhard/Havermann, Hans, 4. Aufl., Stuttgart 1972.

ADLER, Hans/DÜRING, Walther/SCHMALTZ, Kurt (1995), Rechnungslegung und Prüfung der Unternehmen, Kommentar zum HGB, AktG, GmbHG, PublG nach den Vorschriften des Bilanzrichtlinien-Gesetzes, Bearbeiter: Forster, Karl-Heinz/Goerdeler, Reinhard/Lanfermann, Josef/Müller, Hans-Peter/Stolberg, Klaus, Teilbd. I und II, Stuttgart 1995, Teilbd. III, Stuttgart 1996, Teilbd. IV und V, Stuttgart 1997, Teilbd. VI, 6. Aufl., Stuttgart 1998.

AFTERMANN, ALLAN B. (1995), Handbook of SEC Accounting and Disclosure 1995, New York 1995.

AIA (1931), Special Committee on Accounting Procedure, Foreign-Exchange Losses, in: Bulletin of the American Institute of Accountants, Series B, No. 92, 15. Dec. 1931, S. 1–3.

ALIBER, Robert Z./STICKNEY, Clyde P. (1975), Accounting Measures of Foreign Exchange Exposure: The Long and Short of It, in: Accounting Review 1975, S. 44–59.

ALLENSPACH, Marc (1992), Konzernrechnungslegung aus Internationaler Sicht, Zürich 1992.

ALVAREZ, Manuel/WOTSCHOFSKY, Stefan (2000), Unterjährige Publizität gemäß IAS 34, in: StuB 2000, S. 653–660.

ALVAREZ, Manuel/WOTSCHOFSKY, Stefan (2000a), Zwischenberichterstattung nach Börsengesetz, IAS, US-GAAP, Bielefeld 2000.

ALVAREZ, Manuel/WOTSCHOFSKY, Stefan (2000b): Zwischenberichtspublizität: Unterjährige Erfolgsabgrenzung, in: FB Beilage 1/2000, S. 35–43.

ARBEITSKREIS »EXTERNE UNTERNEHMENSRECHNUNG« DER SCHMALENBACH-GESELLSCHAFT – DEUTSCHE GESELLSCHAFT FÜR BETRIEBSWIRTSCHAFT E. V. (1989), Aufstellung von Konzernabschlüssen, in: Busse von Colbe, Walther/Müller, Eberhard/Reinhard, Herbert (Hrsg.), ZfbF-Sonderheft 21/1987, 2. Aufl., Düsseldorf 1989.

ARBEITSKREIS »WELTABSCHLÜSSE« DER SCHMALENBACH-GESELLSCHAFT – DEUTSCHE GESELLSCHAFT FÜR BETRIEBSWIRTSCHAFT E. V. (1979), Aufstellung internationaler Konzernabschlüsse, ZfbF-Sonderheft 9/1979.

ARBEITSKREIS »WELTBILANZ« DES IDW (1977), Die Einbeziehung ausländischer Unternehmen in den Konzernabschluß (»Weltabschluß«), Düsseldorf 1977.

ARTHUR ANDERSEN (1999), Accounting for Business Combinations. Interpretations of APB Opinion No. 16, 9. Aufl., 1999.

BAETGE, Jörg (1997), Der negative Unterschiedsbetrag aus der Kapitalkonsolidierung nach HGB, IAS und US-GAAP, in: Forster, Karl-Heinz u. a. (Hrsg.), Aktien- und Bilanzrecht, Festschrift für Bruno Kropff, Düsseldorf 1997, S. 349–370.

BAETGE, Jörg (2000), Konzernbilanzen, 4. Aufl., Düsseldorf 1997.

BAETGE, Jörg/KAHLING, Dieter (1999), Konzernbilanzrecht, Teil K: Konzernkapitalflussrechnung, in BBK 1000, S. 1109–1120, Fach 18, S. 641–652.

BAETGE, Jörg/KIRSCH, Hans-Jürgen (1998), Kommentierung des § 297 HGB, in: Küting, Karlheinz/Weber, Claus-Peter (Hrsg.), Handbuch der Konzernrechnungslegung. Kommentar zur Bilanzierung und Prüfung, 2. Aufl., Stuttgart 1998.

BAETGE, Jörg/KIRSCH, Hans-Jürgen/THIELE, Stefan, Konzernbilanzen, 5. Aufl., Düsseldorf 2000.

BAETGE, Jörg/SIEFKE, Kirsten (2000), Der befreiende Konzernabschluss nach § 292a HGB, in: BBK 2000, S. 1059–1066.

BAETGE, Jörg/SIEFKE, Michael (1997), Kommentierung des IAS 22, in: Baetge, Jörg/Dörner, Dietrich/Kleekämper, Heinz/Wollmert, Peter (Hrsg.), Rechnungslegung nach International Accounting Standards (IAS), Kommentar auf der Grundlage des deutschen Bilanzrechts, Stuttgart 1997.

BALLWIESER, Wolfgang (1987), Die Analyse von Jahresabschlüssen nach neuem Recht, in: WPg 1987, S. 57–68.

BALLWIESER, Wolfgang (1999), HGB-Konzernabschlußbefreiung und privates Rechnungslegungsgremium, in: Küting, Karlheinz/Langenbucher, Günther (Hrsg.), Internationale Rechnungslegung, Festschrift zum 60. Geburtstag von Claus-Peter Weber, Stuttgart 1999, S. 433–450.

BAKER, Richard E./LEMBKE, Valdean C./KING, Thomas E. (1999), Advanced Financial Accounting, 4. Aufl., New York u.a. 1999.

BAKER, Richard C./RAPACCIOLI, Donna/SOLOMON, Morton B. (1995), United States Of America Group Accounts, in: Ordelheide, Dieter/KPMG (Hrsg.), Transnational Accounting, London/Basingstoke 1995.

BANK, Gerhard (1998), Sonstige gesellschaftsrechtliche EG-Richtlinien, Bankbilanz- und Versicherungsbilanzrichtlinie, in: Küting, Karlheinz/Weber, Claus-Peter (Hrsg.), Handbuch der Konzernrechnungslegung. Kommentar zur Bilanzierung und Prüfung, 2. Aufl., Stuttgart 1998.

BAUMANN, Karl-Heinz (1998), Kommentierung des § 306 HGB, in: Küting, Karlheinz/Weber, Claus-Peter (Hrsg.), Handbuch der Konzernrechnungslegung. Kommentar zur Bilanzierung und Prüfung, 2. Aufl., Stuttgart 1998.

BEAMS, Floyd A. (1996), Advanced Accounting, 6. Aufl., Englewood Cliffs/New Jersey 1996.

BEINE, Frank (1996), Ergebnisausweis im Konzernabschluß, in: DB 1996, S. 945–949.

BERTSCHINGER, Peter (1994), Die Aussagefähigkeit der Konzernrechnung aus internationaler Sicht, in: Der Schweizer Treuhänder 1994, S. 332–339.

BIEG, Hartmut (1985), Ermessensentscheidungen beim Handelsbilanzausweis von »Finanzanlagen« und »Wertpapieren des Umlaufvermögens« – auch nach neuem Bilanzrecht?, in: DB 1985, Beilage Nr. 24/1985 zu Heft Nr. 41/1985.

BIEG, Hartmut (1995), Kommentierung des § 271 HGB, in: Küting, Karlheinz/Weber, Claus-Peter (Hrsg.), Handbuch der Rechnungslegung. Kommentar zur Bilanzierung und Prüfung, Bd. Ia, 4. Aufl., Stuttgart 1995.

Bieg, Hartmut (2000), Die Kapitalflussrechnung nach dem neuen Deutschen Rechnungslegungsstandard Nr. 2 (DRS 2), in: StuB 2000, S. 137–143.

Bieg, Hartmut/Regnery, Peter (1993), Bemerkungen zur Grundkonzeption einer aussagefähigen Konzern-Kapitalflußrechnung, in: BB 1993, Beilage 6 zu Heft 11.

Biener, Herbert (1983), Die Konzernrechnungslegung nach der Siebenten Richtlinie des Rates der Europäischen Gemeinschaften über den Konzernabschluß, in: DB 1983, Beilage Nr. 19/1983 zu Heft Nr. 35/1983.

Biener, Herbert (1995), Die Erwartungslücke – eine endlose Geschichte, in: Lanfermann, Josef (Hrsg.), Internationale Wirtschaftsprüfung, Festschrift zum 65. Geburtstag von Hans Havermann, Düsseldorf 1995, S. 37–63.

Biener, Herbert/Berneke, Wilhelm (1986), Bilanzrichtlinien-Gesetz, Textausgabe des Bilanzrichtlinien-Gesetzes vom 19.12.1985 (BGBl. I, S. 2355) mit Bericht des Rechtsausschusses des Deutschen Bundestages, Regierungsentwürfe mit Begründung, EG-Richtlinien mit Begründung, Entstehung und Erläuterung des Gesetzes, Düsseldorf 1986.

Bihr, Dietrich (1999), Prüfungs- und Publizitätspflicht für GmbH und Co KG sowie härtere Sanktionen bei Verletzung von Publizitätspflichten, in: DSWR 1999, S. 199–201.

Bloomer, Carrie (1999), Comparative Analysis of IAS 1 (1997), Presentation of Financial Statements, and Related US-GAAP, in: FASB (Comparison 1999).

BMJ (1996), Entwurf eines Gesetzes zur Verbesserung der Wettbewerbsfähigkeit deutscher Konzerne an internationalen Kapitalmärkten und zur erleichterten Aufnahme von Gesellschafterdarlehen (Kapitalaufnahmeerleichterungsgesetz) vom 7. Juni 1996.

Böckem, Hanne (2000), Die Durchsetzung von Rechnungslegungsstandards in Deutschland, in: DB 2000, S. 1185–1191.

Born, Karl (1999), Rechnungslegung International, 2. Aufl., Stuttgart 1999.

Breidenbach, Karin (1999), Aufgaben und Organisation des Deutschen Rechnungslegungs Standards Committee (DRSC), in: StuB 1999, S. 641–647.

Bruns, Hans-Georg (1999), Eigenkapitalausweis, in: Castan, Edgar u. a. (Hrsg.), Beck'sches Handbuch der Rechnungslegung, Kommentar, Loseblatt, München 1999, C 450.

BR-Drucks. 458/99, Gesetzentwurf der Bundesregierung eines Gesetzes der Richtlinie des Rates der Europäischen Union zur Änderung der Bilanz- und Konzernbilanzrichtlinie hinsichtlich ihres Anwendungsbereichs (90/605/EWG), zur Verbesserung der Offenlegung von Jahresabschlüssen und zur Änderung anderer handelsrechtlicher Bestimmungen (Kapitalgesellschaften- und Co-Richtlinie-Gesetz – KapCoRiLiG) vom 13.08.1999.

BT-Drucks. 7/5221, Unterrichtung durch die Bundesregierung. Vorschlag einer 7. Richtlinie auf Grund von Artikel 54 Abs. g des EWG-Vertrages für den Konzernabschluß mit Begründung vom 19.5.1976.

BT-Drucks. 10/317, Gesetzentwurf der Bundesregierung. Entwurf eines Gesetzes zur Durchführung der Vierten Richtlinie des Rates der Europäischen Gemeinschaft zur

Koordinierung des Gesellschaftsrechts (Bilanzrichtlinien-Gesetz) mit Begründung vom 26.8.1983.

BT-Drucks. 10/3440, Gesetzentwurf der Bundesregierung. Entwurf eines Gesetzes zur Durchführung der Siebenten und Achten Richtlinie des Rates der Europäischen Gemeinschaft zur Koordinierung des Gesellschaftsrechts mit Begründung vom 3.6.1985.

BT-Drucks. 10/4268, Beschlußempfehlung und Bericht des Rechtsausschusses (6. Ausschuß) zu dem von der Bundesregierung eingebrachten Entwurf eines Gesetzes zur Durchführung der Vierten Richtlinie des Rates der Europäischen Gemeinschaften zur Koordinierung des Gesellschaftsrechts (Bilanzrichtlinien-Gesetz) – Drucksache 10/317 – Entwurf eines Gesetzes zur Durchführung der Siebenten und Achten Richtlinie des Rates der Europäischen Gemeinschaften zur Koordinierung des Gesellschaftsrechts – Drucksache 10/3440 – mit Begründung vom 18.11.1985.

BT-Drucks. 12/1237, Verordnung über befreiende Konzernabschlüsse und Konzernlageberichte von Mutterunternehmen mit Sitz in einem Staat, der nicht Mitglied der Europäischen Wirtschaftsgemeinschaft ist, zur Durchführung des Artikel 11 der Siebenten Richtlinie 83/349/EWG des Rates vom 13. Juni 1983 (Konzernabschlußbefreiungsverordnung – KonBefrV) vom 2.10.1991.

BT-Drucks. 12/4765, Aufhebbare Erste Verordnung zur Änderung der Konzernabschlußbefreiungsverordnung vom 21.4.1993.

BT-Drucks. 13/6053, Verordnung der Bundesregierung, Zweite Verordnung zur Änderung der Konzernabschlußbefreiungsverordnung vom 7.11.1996.

BT-Drucks. 13/7141, Gesetzentwurf der Bundesregierung, Entwurf eines Gesetzes zur Verbesserung der Wettbewerbsfähigkeit deutscher Konzerne an internationalen Kapitalmärkten und zur Erleichterung der Aufnahme von Gesellschafterdarlehen (Kapitalaufnahmeerleichterungsgesetz – KapAEG) vom 6.3.1997.

BT-Drucks. 13/9712, Gesetzentwurf der Bundesregierung, Entwurf eines Gesetzes zur Kontrolle und Transparenz im Unternehmensbereich (KonTraG) vom 28.1.1998.

BT-Drucks. 13/9909, Beschlußempfehlung und Bericht des Rechtsausschusses (6. Ausschuß) zu dem Gesetzentwurf der Bundesregierung – Drucksache 13/7141 – Entwurf eines Gesetzes zur Verbesserung der Wettbewerbsfähigkeit deutscher Konzerne an internationalen Kapitalmärkten und zur Erleichterung der Aufnahme von Gesellschafterdarlehen (Kapitalaufnahmeerleichterungsgesetz – KapAEG) – vom 12.2.1998.

BT-Drucks. 13/10038, Beschlußempfehlung und Bericht des Rechtsausschusses (6. Ausschuß) a) zu dem Gesetzentwurf der Bundesregierung – Drucksache 13/9712 – Entwurf eines Gesetzes zur Kontrolle und Transparenz im Unternehmensbereich (KonTraG) vom 4.3.1998.

BT-Drucks. 14/1806, Gesetzentwurf der Bundesregierung, Entwurf eines Gesetzes zur Durchführung der Richtlinie des Rates der Europäischen Union zur Änderung der Bilanz- und der Konzernbilanzrichtlinie hinsichtlich ihres Anwendungsbereichs (90/605/EWG), zur Verbesserung der Offenlegung von Jahresabschlüssen und zur Änderung anderer handelsrechtlicher Bestimmungen (Kapitalgesellschaften- und Co-Richtlinie-Gesetz – KapCoRiLiG) vom 15.10.1999.

BUDDE, Wolfgang D./DREISSIG, Eberhard/KRONER, Matthias (1999), Kommentierung des § 305 HGB, in: Budde, Wolfgang D. u. a. (Hrsg.), Beck'scher Bilanz-Kommentar. Der Jahresabschluß nach Handels- und Steuerrecht, 4. Aufl., München 1999.

BUDDE, Wolfgang D./SUHRBIER, Helmut (1999), Kommentierung des § 310 HGB, in: Budde, Wolfgang D. u. a. (Hrsg.), Beck'scher Bilanz-Kommentar. Der Jahresabschluß nach Handels- und Steuerrecht, 4. Aufl., München 1999.

BUDDE, Wolfgang/STEUBER, Elgin (1998), Normsetzungsbefugnis eines deutschen Standard Setting Body, in: DStR 1998, S. 1181–1187.

BÜHNER, Rolf/HILLE, Klaus (1980), Anwendungsprobleme der Equity-Methode für die Konzernrechnungslegung in der Europäischen Gemeinschaft, in: WPg 1980, S. 261–266.

BÜHNER, Rolf/HILLE, Klaus (1980a), Bewertung von Beteiligungen nach der Equity-Methode, in: WISU 1980, S. 222–227.

BURGER, Anton/BUCHHART, Anton (2000), Bietet eine investororientierte Rechnungslegung den besseren Gläubigerschutz?, in: BB 2000, S. 2197–2200.

BUSSE VON COLBE, Walther (1972), Zur Umrechnung der Jahresabschlüsse ausländischer Konzernunternehmen für die Aufstellung von Konzernabschlüssen bei Wechselkursänderungen, in: The Finnish Journal of Business Economics 1972, S. 306–333.

BUSSE VON COLBE, Walther (1976), Harmonisierung der Konzernrechnungslegung in der Europäischen Gemeinschaft durch die Siebente Richtlinie des Rates, in: ZfbF 1976, S. 667–678.

BUSSE VON COLBE, Walther (1978), Praxis der Konzernrechnungslegung, in: ZfbF 1978, Kontaktstudium, S. 91–98.

BUSSE VON COLBE, Walther (1978a), Neuere Entwicklungstendenzen in der Konzernrechnungslegung, in: WPg 1978, S. 652–660.

BUSSE VON COLBE, Walther (1986), Die Equitymethode zur Bewertung von Beteiligungen im Konzernabschluß – Eine wichtige Neuerung für das deutsche Bilanzrecht, in: Gaugler, Eduard/Meissner, Hans G./Thom, Norbert (Hrsg.), Zukunftsaspekte der anwendungsorientierten Betriebswirtschaftslehre, Erwin Grochla zum 65. Geburtstag gewidmet, Stuttgart 1986, S. 249–266.

BUSSE VON COLBE, Walther (1992), Gefährdung des Kongruenzprinzips durch erfolgsneutrale Verrechnung von Aufwendungen im Konzernabschluß, in: Moxter, Adolf u. a. (Hrsg.), Rechnungslegung. Entwicklungen bei der Bilanzierung und Prüfung von Kapitalgesellschaften, Festschrift zum 65. Geburtstag von Karl-Heinz Forster, Düsseldorf 1992, S. 125–138.

BUSSE VON COLBE, Walther (2000), Zwischenberichterstattung nach dem E-DRS 6, in: BB 2000, S. 2194–2196.

BUSSE VON COLBE, Walther (2000a), Eigenkapitalveränderungsrechnung nach dem E-DRS 7, in: BB 2000, S. 2405–2407.

BUSSE VON COLBE, Walther/CHMIELEWICZ, Klaus (1986), Das neue Bilanzrichtlinien-Gesetz, in: DBW 1986, S. 289–347.

Busse von Colbe, Walther/Ordelheide, Dieter (1993), Konzernabschlüsse. Rechnungslegung für Konzerne nach betriebswirtschaftlichen Grundsätzen und gesetzlichen Vorschriften, 6. Aufl., Wiesbaden 1993.

C&L Deutsche Revision (1997), Konzernabschlüsse ’95. – Ausweis, Gestaltung, Berichterstattung –, Düsseldorf 1997.

Cairns, David (1995), IASC – Group Accounts, in: Ordelheide, Dieter/KPMG (Hrsg.), Transnational Accounting, Volume 2, London/Basingstoke 1995, S. 1769–1804.

Clausen, Ulrike (1992), Verbundene Unternehmen im Bilanz- und Gesellschaftsrecht, Düsseldorf 1992.

Coenenberg, Adolf G. (1989), Die Konzernbilanz nach neuem Handelsrecht, Düsseldorf 1989.

Coenenberg, Adolf G. (2000), Jahresabschluß und Jahresabschlußanalyse. Betriebswirtschaftliche, handels- und steuerrechtliche Grundlagen, 17. Aufl., Landsberg am Lech 2000.

Coenenberg, Adolf G./Hille, Klaus (1997), Latente Steuern, 2. Aufl., in: Wysocki, Klaus von/Schulze-Osterloh, Joachim (Hrsg.), Handbuch des Jahresabschlusses in Einzeldarstellungen, Kommentar, Loseblatt, Köln 1984/92, Abt. I/13.

Coenenberg, Adolf G./Hille, Klaus (1997a), Latente Steuern nach der neu gefaßten Richtlinie IAS 12, in: DB 1997, S. 537–544.

Csik, Andreas/Schneck, Albin (1983), Fremdwährungsumrechnung in einem Weltabschluß, in: WPg 1983, S. 293–299, 329–338, 361–368.

Currle, Michael/Lutz, Bernd (2000), Konzepte, Rechnungsgrundlagen und Anforderungen an die Praxis, in: BiBu 2000, S. 259–267.

Debus, Christian (1999), Latente Steuern, in: Castan, Edgar u.a. (Hrsg.), Beck'sches Handbuch der Rechnungslegung, Kommentar, Loseblatt, München 1999, C 440.

Deutscher Industrie- und Handelstag u.a. (1979), Zur Durchführung der 4. EG-(Bilanz-)Richtlinie zum Gesellschaftsrecht, in: DB 1979, S. 1093–1099.

Dion, Gisele (1999), Comparative Analysis of IAS 27 (1994), Consolidated Financial Statements and Accounting for Investments and Subsidiaries, and US-GAAP including ARB No. 51, Consolidated Financial Statements, and FASB Statement No. 94, Consolidation of All Majority-Owned Subsidiaries, in: FASB (Comparison 1999).

Ditz, Xaver (2001), Die Bedeutung der US-GAAP für die steuerrechtliche Gewinnermittlung in den USA, in: IStR 2001, S. 22–29.

Dreger, Karl-Martin (1969), Der Konzernabschluß, Wiesbaden 1969.

Drs 1, Deutscher Rechnungslegungsstandard Nr. 1 Befreiender Konzernabschluß nach § 292a HGB vom 22. Juli 2000.

Drs 2, Deutscher Rechnungslegungsstandard Nr. 2 Kapitalflußrechnung vom 31. Mai 2000.

Drs 2–10, Deutscher Rechnungslegungsstandard Nr. 2–10 Kapitalflußrechnung von Kreditinstituten vom 31. Mai 2000.

DRS 2–20, Deutscher Rechnungslegungsstandard Nr. 2–20 Kapitalflußrechnung von Versicherungsunternehmen vom 31. Mai 2000.

DRS 3, Deutscher Rechnungslegungsstandard Nr. 3 Segmentberichterstattung vom 31. Mai 2000.

DRS 3–10, Deutscher Rechnungslegungsstandard Nr. 3–10 Segmentberichterstattung von Kreditinstituten vom 31. Mai 2000.

DRS 3–20, Deutscher Rechnungslegungsstandard Nr. 3–20 Segmentberichterstattung von Versicherungsunternehmen vom 31. Mai 2000.

DRS 4, Deutscher Rechnungslegungsstandard Nr. 4 Unternehmenserwerbe im Konzernabschluß vom 30. Dezember 2000.

DRS 5–10, Deutscher Rechnungslegungsstandard Nr. 5–10 Risikoberichterstattung von Kredit- und Finanzdienstleistungsinstituten vom 30. Dezember 2000.

DRS 6, Deutscher Rechnungslegungsstandard Nr. 6 Zwischenberichterstattung, verabschiedet am 11. Januar 2001.

DRSC, Satzung des Vereins »DRSC – Deutsches Rechnungslegungs Standards Committee«, Stand 21. März 2000.

DRSC, Standardisierungsvertrag, Stand 3. September 1998.

DSR, Geschäftsordnung des Standardisierungsrates in der Fassung vom 23. November 1999.

DÖRNER, Dietrich/WIRTH, Michael (1998), Kommentierung der §§ 313 und 314 HGB, in: Küting, Karlheinz/Weber Claus-Peter (Hrsg.), Handbuch der Konzernrechnungslegung, Kommentar zur Bilanzierung und Prüfung, 2. Aufl., Stuttgart 1998.

DUCKSTEIN, Gerd/DUSEMOND, Michael (1995), Aus der Währungsumrechnung resultierende Eigenkapitaldifferenzen in einem international tätigen Konzern, Entstehung, Behandlung und kritische Beurteilung, in: DB 1995, S. 1673–1678.

DUSEMOND, Michael (1990), Repetitorium zur Konzernrechnungslegung, in: BiBu 1990, S. 457–464.

DUSEMOND, Michael (1991), Repetitorium zur Konzernrechnungslegung, in: BiBu 1991, S. 35–40, 75–79, 99–103, 159–164, 193–199, 241–247.

DUSEMOND, Michael (1993), Konzernrechnungslegung in Frage und Anwort. Arbeitsbuch zu Küting/Weber »Der Konzernabschluß«, Stuttgart 1993.

DUSEMOND, Michael (1994), Zur Aufstellungspflicht von Konzernabschlüssen und Konzernlageberichten. Eine Darstellung unter besonderer Berücksichtigung der kreditinstitutsspezifischen Vorschriften, in: BB 1994, S. 2034–2042.

DUSEMOND, Michael (1995), Konsolidierungsprobleme im mehrstufigen Konzern, in: Küting, Karlheinz/Weber, Claus-Peter (Hrsg.), Das Rechnungswesen im Konzern, Intern – Extern, Stuttgart 1995, S. 33–51.

DUSEMOND, Michael/KESSLER, Harald (2001), Rechnungslegung kompakt, Einzel- und Konzernabschluss nach HGB mit Erläuterung abweichender Rechnungslegungspraktiken nach IAS und US-GAAP, Lehrbuch mit Fallstudien zur Bilanzpolitik, 2. Aufl., München/Wien 2001.

DUSEMOND, Michael/WEBER, Claus-Peter/ZÜNDORF, Horst (1998), Kommentierung des § 301 HGB, in: Küting, Karlheinz/Weber, Claus-Peter (Hrsg.), Handbuch der Konzernrechnungslegung. Kommentar zur Bilanzierung und Prüfung, 2. Aufl., Stuttgart 1998.

EBELING, Ralf M. (1995), Die Einheitsfiktion als Grundlage der Konzernrechnungslegung, Stuttgart 1995.

ECKES, Burkhard/WEBER, Claus-Peter (1998), Kommentierung des § 302 HGB, in: Küting, Karlheinz/Weber, Claus-Peter (Hrsg.), Handbuch der Konzernrechnungslegung. Kommentar zur Bilanzierung und Prüfung, 2. Aufl., Stuttgart 1998.

E-DRS 2, Entwurf Deutscher Rechnungslegungsstandard Nr. 2 Kapitalflussrechnung vom 27. September 1999.

E-DRS 3, Entwurf Deutscher Rechnungslegungsstandard Nr. 3 Segmentberichterstattung vom 15. September 1999.

E-DRS 5, Entwurf Deutscher Rechnungslegungsstandard Nr. 5 Risikoberichterstattung vom 24. November 2000.

E-DRS 5–20, Entwurf Deutscher Rechnungslegungsstandard Nr. 5–20 Risikoberichterstattung von Versicherungsunternehmen vom 8. Dezember 2000.

E-DRS 7, Entwurf Deutscher Rechnungslegungsstandard Nr. 7 Darstellung des Konzerneigenkapitals vom 2. Oktober 2000.

E-DRS 8, Entwurf Deutscher Rechnungslegungsstandard Nr. 8 Bilanzierung von Anteilen an assoziierten Unternehmen im Konzernabschluß vom 8. November 2000.

E-DRS 9, Entwurf Deutscher Rechnungslegungsstandard Nr. 9 Bilanzierung von Anteilen an Gemeinschaftsunternehmen im Konzernabschluß vom 13. Februar 2001.

EISELE, Wolfgang/RENTSCHLER, Klaus (1989), Gemeinschaftsunternehmen im Konzernabschluß, in: BFuP 1989, S. 309–324.

EISOLT, Dirk (1992), US-amerikanische und deutsche Konzernrechnungslegung, Hamburg 1992.

ELKART, Wolfgang/HUNDT, Karl-Heinz/MÜLLER, Klaus (1991), Probleme der Entkonsolidierung, in: Schitag Ernst & Young-Gruppe, Aktuelle Fachbeiträge aus Wirtschaftsprüfung und Beratung, Festschrift zum 65. Geburtstag von Hans Luik, Stuttgart 1991, S. 53–89.

EMMERICH, Volker/SONNENSCHEIN, Jürgen (1993), Konzernrecht, 5. Aufl., München 1993.

EMMERICH, Volker/SONNENSCHEIN, Jürgen (1997), Konzernrecht, 6. Aufl., München 1997.

ENKE, Rudolf (1977), Bilanzierung von Beteiligungen nach der Equity-Methode, Diss., Berlin 1977.

EPSTEIN, Barry J./MIRZA, Abbas A. (1999), IAS 99, New York u.a. 1999.

ERNST, Christoph (1999), Die Grundzüge des Referentenentwurfs zum Kapitalgesellschaften- & Co.-Richtlinie-Gesetz, in: DStR 1999, S. 903–907.

FASS, Joachim (1989), Indirekte Beteiligungsverhältnisse bei der Kapitalkonsolidierung, in: BB 1989, S. 1161–1166.

FEY, Gerd/MUJKANOVIC, Robin (1999), Segmentberichterstattung im internationalen Umfeld, in: DBW 1999, S. 261–275.

FISCHER, Hans (1999), Schuldenkonsolidierung, in: Castan, Edgar u.a. (Hrsg.), Beck'sches Handbuch der Rechnungslegung, Kommentar, Loseblatt, München 1999, C 420.

FISCHER, Paul M./TAYLOR, William J. (1995), Advanced Accounting, 6. Aufl., Cincinnati, Ohio 1995.

FISCHER, Paul M./TAYLOR, William J. (2000), Advanced Accounting, 7. Aufl., Cincinnati, Ohio 2000.

FÖRSCHLE, Gerhart/DEUBERT, Michael (1999), Kommentierung des § 301 HGB, Rn. 1–271, in: Budde, Wolfgang D. u.a. (Hrsg.), Beck'scher Bilanz-Kommentar. Der Jahresabschluß nach Handels- und Steuerrecht, 4. Aufl., München 1999.

FÖRSCHLE, Gerhart/DEUBERT, Michael (1999), Kommentierung des § 295 HGB, in: Budde, Wolfgang D. u.a. (Hrsg.), Beck'scher Bilanz-Kommentar. Der Jahresabschluß nach Handels- und Steuerrecht, 4. Aufl., München 1999.

FÖRSCHLE, Gerhart/HOFFMANN, Karl (1999), Kommentierung des § 301 HGB, Rn. 273–320, in; Budde, Wolfgang D. u.a. (Hrsg.), Beck'scher Bilanz-Kommentar. Der Jahresabschluß nach Handels- und Steuerrecht, 4. Aufl., München 1999.

FÖRSCHLE, Gerhart/KRONER, Matthias (1996), International Accounting Standards: Offene Fragen zur künftigen Steuerabgrenzung – ein Beitrag zur Novellierung von IAS 12 –, in DB: 1996, S. 1633–1639.

FÖRSCHLE, Gerhart/HOLLAND, Bettina/KRONER, Matthias (2001), Internationale Rechnungslegung: US-GAAP, HGB und IAS, 5. Aufl., Heidelberg 2001.

FÖRSCHLE, Gerhart/LUST, Peter/KRONER, Matthias (1999), Kommentierung des § 297 HGB, in: Budde, Wolfgang D. u.a. (Hrsg.), Beck'scher Bilanz-Kommentar. Der Jahresabschluß nach Handels- und Steuerrecht, 4. Aufl., München 1999.

FORSTER, Karl-Heinz (1982), Anhang, Lagebericht, Prüfung und Publizität im Regierungsentwurf eines Bilanzrichtlinien-Gesetzes, in: DB 1982, S. 1577–1582, 1631–1635.

FORSTER, Karl-Heinz/HAVERMANN, Hans (1969), Zur Ermittlung der konzernfremden Gesellschaftern zustehenden Kapital- und Gewinnanteile, in: WPg 1969, S. 1–6.

FRICKE, Gabriele (1983), Rechnungslegung für Beteiligungen nach der Anschaffungskostenmethode und nach der Equity-Methode, Bochum 1983.

GEBHARDT, Günther (1999), Vereinheitlichung der Recheneinheit durch Währungsumrechnung, in: Castan, Edgar u.a. (Hrsg.), Beck'sches Handbuch der Rechnungslegung, Kommentar, Loseblatt, München 1999, C 310.

GEBHARDT, Günther/BERGMANN, Jörg (1991), Internationale Konzernabschlüsse, in: Wysocki, Klaus von/Schulze-Osterloh, Joachim (Hrsg.), Handbuch des Jahresabschlusses in Einzeldarstellungen, Köln 1984/92, Abt. V/7.

GEIGER, Thomas (2000), Segmentberichterstattung nach dem Deutschen Rechnungslegungsstandard Nr. 3 des DRSC (DRS 3), in: StuB 2000, S. 772–779.

GELHAUSEN, Wolf/MUJKANOVIC, Robin (1995), Auswertung zur Währungsumrechnung im Konzernabschluß, in: DStR 1995, S. 1724–1730.

GESSLER, Ernst (1965), Probleme des neuen Konzernrechts, in: DB 1965, S. 1691–1696.

GESSLER, Ernst (1984), Kommentierung der §§ 15–22 AktG, in: Gessler, Ernst u. a. (Hrsg.), Aktiengesetz, Kommentar, Bd. I, §§ 1–75 AktG, München 1984.

GESSLER, Ernst (1984), Kommentierung der §§ 291–310 AktG, in: Gessler, Ernst u. a. (Hrsg.), Aktiengesetz, Kommentar, Bd. VI, §§ 291–318 AktG, München 1984.

GIDLEWITZ, Hans-Jörg (1996), Internationale Harmonisierung der Konzernrechnungslegung unter besonderer Berücksichtigung der Vereinbarkeit der Bestimmungen des IASC und des HGB, Frankfurt a. M. u. a. 1996.

GIESE, Rolf (1974), Die Widerlegung der aktienrechtlichen Konzernvermutung, in: WPg 1974, S. 464–469.

GODIN, Reinhard Freiherr von/WILHELMI, Hans (1971, Hrsg.), Aktiengesetz vom 6. September 1965, Bearbeiter: Wilhelmi, Hans/Wilhelmi, Sylvester, Kommentar, Bd. I, §§ 1–178 AktG, 4. Aufl., Berlin/New York 1971.

GOEBEL, Andrea (1994), Konzernrechnungslegung nach den International Accounting Standards – Konzeptionen, Inhalte und Möglichkeiten einer Annäherung durch deutsche Muttergesellschaften –, in: DB 1994, S. 2457–2464.

GOEBEL, Andrea/FUCHS, Markus (1994), Rechnungslegung nach den International Accounting Standards vor dem Hintergrund des deutschen Rechnungslegungsrechts für Kapitalgesellschaften, in: DStR 1994, S. 874–880.

GÖLLERT, Kurt (1984), Auswirkungen des Bilanzrichtlinie-Gesetzes auf die Bilanzanalyse, in: BB 1984, S. 1845–1853.

GÖTH, Peter (1997), Das Eigenkapital im Konzernabschluß – Bilanzielle Darstellung, Ergebnisverwendungsrechnung, Konsolidierungstechnik, Stuttgart 1997.

GROSS, Gerhard/SCHRUFF, Lothar/WYSOCKI, Klaus von (1987), Der Konzernabschluß nach neuem Recht. Aufstellung, Prüfung, Offenlegung, 2. Aufl., Düsseldorf 1987.

HAASE, Klaus-Dittmar (1969), Kapitalkonsolidierung bei mehrstufiger und/oder wechselseitiger Konzernverflechtung – mit Hilfe der Matrizenrechnung, in: DB 1969, S. 713–718, 760–763.

HAEGER, Bernd /ZÜNDORF, Horst (1988), Die Abgrenzung des Konsolidierungskreises, in: BiBu 1988, S. 105–112.

HAEGERT, Lutz (1965), Steuerliche Einflüsse auf die Bewirtschaftung des Privatwaldes, Düsseldorf 1965.

HALLER, Axel/EIERLE, Brigitte (1998), Ideenfindung und -verarbeitung zur Entwicklung von Rechnungslegungsstandards beim »Financial Accounting Standards Board«, in: DB 1998, S. 733–739.

HARDACH, Fritz W. (1969), Konzernorganisation, in: Grochla, Erwin (Hrsg.), Handwörterbuch der Organisation, Stuttgart 1969, Sp. 881–890.

HARMS, Jens E. (1987), Ausweisfragen bei der Bewertung »at equity«, in: BB 1987, S. 935–940.

HARMS, Jens E. (1998), Kommentierung des § 303 HGB, in: Küting, Karlheinz/Weber, Claus-Peter (Hrsg.), Handbuch der Konzernrechnungslegung. Kommentar zur Bilanzierung und Prüfung, 2. Aufl., Stuttgart 1998.

HARMS, Jens E./KÜTING, Karlheinz (1983), Zur Weiterentwicklung des Erfolgs- und Ergebnisausweises im Konzernabschluß, in: BB 1983, S. 344–355.

HARTMANN, Edwin/SCHUFFENHAUER, W. (1975), Bilanzansatz von Beteiligungen nach der »Equity-Methode«, in: DB 1975, S. 701–705.

HAVERMANN, Hans (1966), Die verbundenen Unternehmen und ihre Pflichten nach dem Aktiengesetz 1965, in: WPg 1966, S. 30–41, 66–73, 90–99.

HAVERMANN, Hans (1975), Zur Bilanzierung von Beteiligungen an Kapitalgesellschaften in Einzel- und Konzernabschlüssen. Einige Anmerkungen zum Equity-Accounting, in: WPg 1975, S. 233–242.

HAVERMANN, Hans (1987), Der Konzernabschluß nach neuem Recht – ein Fortschritt?, in: Havermann, Hans (Hrsg.), Bilanz- und Konzernrecht, Festschrift zum 65. Geburtstag von Reinhard Goerdeler, Düsseldorf 1987, S. 173–197.

HAVERMANN, Hans (1987a), Die Equity-Bewertung von Beteiligungen, in: ZfbF 1987, S. 302–309.

HAVERMANN, Hans (1988), Die Handelsbilanz II – Zweck, Inhalt und Einzelfragen ihrer Erstellung –, in: Knobbe-Keuk, Brigitte/Klein, Franz/Moxter, Adolf (Hrsg.), Handelsrecht und Steuerrecht, Festschrift für Georg Döllerer, Düsseldorf 1988, S. 185–203.

HAYN, Benita (1999), Konsolidierungstechnik bei Erwerb und Veräußerung von Anteilen – Ein Leitfaden zur praktischen Umsetzung der Erst-, Übergangs- und Endkonsolidierung, Herne/Berlin 1999.

HAYN, Sven (1994), Die International Accounting Standards – Ihre grundlegende Bedeutung für die internationale Harmonisierung der Rechnungslegung sowie eine Darstellung wesentlicher Unterschiede zu den einzelgesellschaftlichen Normen des HGB –, in: WPg 1994, S. 713–721, 741–755.

HAYN, Sven (1996), Die Bilanzierung immaterieller Anlagewerte im internationalen Vergleich, in: IStR 1996, S. 354–360, 405–408.

HAYN, Sven (1997), Internationale Rechnungslegung: Ursachen, Wirkungen und Lösungsansätze zur Überwindung internationaler Rechnungslegungsdivergenzen, Stuttgart 1997.

HAYN, Sven/WALDERSEE, Georg Graf (2000), IAS/US-GAAP/HGB im Vergleich: Synoptische Darstellung für den Einzel- und Konzernabschluß, 2. Aufl., Stuttgart 2000.

HEPWORTH, Samuel R. (1956), Reporting Foreign Operations, Ann Arbor, September 1965.

HERRNBERGER, Klaus (1999), Quotenkonsolidierungen von Gemeinschaftsunternehmen, in: Castan, Edgar u. a. (Hrsg.), Beck'sches Handbuch der Rechnungslegung, Kommentar, Loseblatt, München 1999, C 500.

HEURUNG, Rainer (2000), Bewertung assoziierter Unternehmen im Konzernabschluss im Vergleich zwischen HGB, IAS und US-GAAP, in: IStR 2000 (Teil I), S. 628–635.

HFA 2/1977, Zu den Auswirkungen der Körperschaftsteuerreform auf die Rechnungslegung, Stellungnahme 2/1977, in: Fachgutachten und Stellungnahmen des Instituts der Wirtschaftsprüfer auf dem Gebiete der Rechnungslegung und Prüfung, Stand: 2. Ergänzungs-Lieferung März 1984, Düsseldorf 1984, S. 123–125.

HFA 1/1978, Die Kapitalflußrechnung als Ergänzung des Jahresabschlusses, Stellungnahme 1/1978, in: WPg 1978, S. 207–208.

HFA 1986, Geänderter Entwurf einer Verlautbarung zur Währungsumrechnung im Jahres- und Konzernabschluß, in: WPg 1986, S. 664–667.

HFA 3/1988, Einheitliche Bewertung im Konzernabschluß, Stellungnahme 3/1988, in: WPg 1988, S. 483–485.

HFA 1/1995, Stellungnahme HFA 1/1995: Die Kapitalflußrechnung als Ergänzung des Jahres- und Konzernabschlusses, Gemeinsame Stellungnahme des Hauptfachausschusses und des Arbeitskreises »Finanzierungsrechnung« der Schmalenbach-Gesellschaft/Deutsche Gesellschaft für Betriebswirtschaft e. V., in: WPg 1995, S. 210–213.

HFA 3/1995, Konzernrechnungslegung bei Änderungen des Konsolidierungskreises, Stellungnahme 3/1995, in: WPg 1995, S. 697–698.

HFA 1998, Entwurf einer Stellungnahme zur Währungsumrechnung im Konzernabschluß, in: WPg 1998, S. 549–555.

HIEKE, Max (1975), Einbeziehung ausländischer Konzernunternehmen in den Konzernabschluß einer inländischen Aktiengesellschaft, in: DB 1975, S. 113–117.

HILLE, Klaus (1982), Latente Steuern im Einzel- und Konzernabschluß, Frankfurt a. M./Bern 1982.

HOYOS, Martin/FISCHER, Norbert (1999), Kommentierung des § 306 HGB, in: Budde, Wolfgang D. u. a. (Hrsg.), Beck'scher Bilanz-Kommentar. Der Jahresabschluß nach Handels- und Steuerrecht, 4. Aufl., München 1999.

HOYOS, Martin/GUTIKE, Hans-Jochen (1999), Kommentierung des § 271 HGB, in: Budde, Wolfgang D. u. a. (Hrsg.), Beck'scher Bilanz-Kommentar. Der Jahresabschluß nach Handels- und Steuerrecht, 4. Aufl., München 1999.

HOYOS, Martin/LECHNER, Harald (1999), Kommentierung des § 291 HGB, in: Budde, Wolfgang D. u. a. (Hrsg.), Beck'scher Bilanz-Kommentar. Der Jahresabschluß nach Handels- und Steuerrecht, 4. Aufl., München 1999.

HOYOS, Martin/LECHNER, Harald (1999), Kommentierung des § 308 HGB, in: Budde, Wolfgang D. u. a. (Hrsg.), Beck'scher Bilanz-Kommentar. Der Jahresabschluß nach Handels- und Steuerrecht, 4. Aufl., München 1999.

HÜFFER, Uwe (1997), Aktiengesetz, Kommentar, 4. Aufl., München 1999.

HÜTTEN, Christoph (2000), Der Geschäftsbericht als Informationsinstrument: Rechtsgrundlagen – Funktionen – Optimierungsmöglichkeiten, Düsseldorf 2000.

HÜTTEN, Christoph/BRAKENSIEK, Sonja (2000), »Deutsche US-GAAP« ohne eine SEC – Auto ohne Bremsen?, in: BB 2000, S. 870–872.

HÜTTEN, Christoph/LORSON, Peter (2000), Internationale Rechnungslegung in Deutschland, in: BuW 2000, (Teil 1): Begriff und bisherige Phasen der Internationalisierung, S. 521–527, (Teil 2): Möglichkeiten der Internationalisierung in Deutschland, S. 609–619, (Teil 3): Grundlagen der angelsächsischen Finanzberichterstattung, S. 801–811 und (Teil 4): Die Rechnungslegungssysteme der USA und des IASC, S. 985–997.

HÜTTEN, Christoph/LORSON, Peter (2001): Internationale Rechnungslegung in Deutschland, in: BuW 2001, (Teil 5): Der Aufbau des Jahresabschlusses nach US-GAAP, IAS, EU-Richtlinien und HGB, S. 133–142 u. S. 177–183.

HULLE, Karel van (2000), Die Reform des europäischen Bilanzrechts: Stand, Ziele und Perspektiven, in: ZGR 2000, S. 537–549.

HULLE, Karel van/TAS, Leo van der (1995), European Union – Group Accounts, in: Ordelheide, Dieter/KPMG (Hrsg.), Transnational Accounting, Volume 1, London/Basingstoke 1995, S. 1047–1134.

IASC (1996), International Accounting Standards 1996, London 1996.

IASC-Preface (1983), Preface to Statements of International Accounting Standards, in: IASC (Hrsg.), International Accounting Standards 1996, London 1996.

IASC-Framework (1989), Framework for the Preparation and Presentation of Financial Statements, in: IASC (Hrsg.), International Accounting Standards 1996, London 1996.

IDW RS HFA 2, Einzelfragen zur Anwendung von IAS, in: WPg 1999, S. 591–601.

IDW (Hrsg., 1995), Rechnungslegung nach International Accounting Standards. Praktischer Leitfaden für die Aufstellung IAS-konformer Jahres- und Konzernabschlüsse in Deutschland, Düsseldorf 1995.

JANZ, Reinhard/SCHÜLEN, Werner (1986), Der Anhang als Teil des Jahresabschlusses und des Konzernabschlusses, in: WPg 1986, S. 57–85.

JENSEN, Daniel L. u. a. (1994), Advanced Accounting, 3. Aufl., New York u. a. 1994.

JONAS, Heinrich H. (1973), Zur Problematik der aktienrechtlichen Konzernbilanz, in: AG 1973, S. 1–7.

JONAS, Heinrich H. (1986), Der Konzernabschluß. Grundlagen und Anwendung in der Praxis nach neuem Handelsrecht, Stuttgart 1986.

JUNG, Udo (1991), Währungsumrechnung im Konzernabschluß. Zur Ableitung von Grundsätzen ordnungsmäßiger Währungsumrechnung, Marburg 1991.

JUNG, Willi (1979), US-amerikanische und deutsche Rechnungslegung, Düsseldorf/Frankfurt 1979.

KÄFER, Karl (1984), Kapitalflußrechnung, 2. Aufl., Stuttgart 1984.

KERN, Wolfgang (1976), Die bilanzielle Abbildung des Unternehmensprozesses in internationalen Konzernen, o. O. 1976.

KESSLER, Harald (1999), Zur konsolidierungstechnischen Umsetzung der Equity-Methode im Konzernabschluß nach HGB, in: BB 1999, S. 1750–1758.

Kessler, Harald (1999a), Erstkonsolidierung nach der Erwerbsmethode mittels Konzernergänzungsbilanzen, Teil 1, in: StuB 1999, S. 905–911.

Kessler, Harald (1999b), Erstkonsolidierung nach der Erwerbsmethode mittels Konzernergänzungsbilanzen, Teil 2, in: StuB 1999, S. 977–986.

Kessler, Harald/Strickmann, Michael (2000), Konzernrechnungslegung und Konzernbilanzierungspolitik, in: Küting, Karlheinz (Hrsg.), Saarbrücker Handbuch der Betriebswirtschaftlichen Beratung, 2. Aufl., Herne/Berlin 2000.

Kirchner, Christian (1981), Konzernrechnungslegung in Europa, Rechnungslegungspraxis und die Probleme der Neuregelung durch die 7. gesellschaftsrechtliche Richtlinie der EG, in: AG 1981, S. 325–341

Kleekämper, Heinz (1995), Aktuelle Entwicklungen beim IASC, in: BFuP 1995, S. 414–431.

Kleekämper, Heinz/Kuhlewind, Andreas-Markus (1997), Organisation, Entwicklung und Bedeutung des IASC, in: Baetge, Jörg u. a. (Hrsg.), Rechnungslegung nach International Accounting Standards (IAS), Kommentar auf Grundlage des deutschen Bilanzrechts, Stuttgart 1997.

Klein, Werner (1972), Steuerpolitik im faktischen und Vertrags-Konzern, in: ZfB 1972, S. 931–949.

Kommission der Europäischen Gemeinschaft (2000), Vorschlag für eine Verordnung des Europäischen Parlaments und des Rates betreffend die Anwendung internationaler Rechnungslegungsgrundsätze, Brüssel, 20.12.2000.

Kommission Rechnungswesen Im Verband Der Hochschullehrer Für Betriebswirtschaft e. V. (1979), Empfehlungen zur Konzernrechnungslegung nach dem geänderten Vorschlag der 7. EG-Richtlinie der Kommission Rechnungswesen im Verband der Hochschullehrer f. Betriebswirtschaft, in: BFuP 1979, S. 403–412.

Kommission Rechnungswesen Im Verband Der Hochschullehrer Für Betriebswirtschaft e. v. (1979), Reformvorschläge zur handelsrechtlichen Rechnungslegung, in: DBW 1979, Heft 1a, S. 3–70.

Kommission Rechnungswesen Im Verband Der Hochschullehrer Für Betriebswirtschaft e. V. (1985), Stellungnahme zur Umsetzung der 7. EG-Richtlinie (Konzernabschluß-Richtlinie), in: DBW 1985, S. 267–277.

Königsmaier, Heinz (2000), Zwischenergebniseliminierung und Endkonsolidierung, in: BB 2000, S. 191–196.

Koppensteiner, Hans-Georg (1988), Kommentierung der §§ 15–22 AktG a. F., in: Zöllner, Wolfgang (Hrsg.), Kölner Kommentar zum Aktiengesetz, Bd. I, §§ 1–75 AktG a. F., 2. Aufl., Köln/Berlin/Bonn/München 1988.

KPMG (1999), International Accounting Standards. Eine Einführung in die Rechnungslegung nach den Grundsätzen des IASC, Düsseldorf 1999.

KPMG Treuverkehr AG (1990, Hrsg.), Handbuch zum Konzernabschluß der GmbH: ein Leitfaden zur Konsolidierungspraxis, Düsseldorf 1990.

Krieger, Gerd (1999), Kommentierung der §§ 68–73 AktG, Konzernrecht des Aktiengesetzes, in: Hoffmann-Becking, Michael (Hrsg.), Münchener Handbuch des Gesellschaftsrechts, Bd. IV, Aktiengesellschaft, München 1999.

KROPFF, Bruno (1965), Aktiengesetz, Textausgabe des Aktiengesetzes vom 6.9.1965 und des Einführungsgesetzes zum Aktiengesetz vom 9.6.1965 mit Begründung des Regierungsentwurfs und dem Bericht des Rechtsausschusses des Deutschen Bundestags, Düsseldorf 1965.

KROPFF, Bruno (1973), Kommentierung der §§ 148–178 AktG, in: Gessler, Ernst u. a. (Hrsg.), Aktiengesetz, Kommentar, Bd. III, §§ 148–178 AktG, München 1973.

KROPFF, Bruno (1986), »Verbundene Unternehmen« im Aktiengesetz und im Bilanzrichtlinien-Gesetz, in: DB 1986, S. 364–368.

KUBIN, Konrad W./LÜCK, Wolfgang (1984), Zur funktionalen Währungsumrechnungsmethode in internationalen Konzernabschlüssen. Anmerkungen zum Grundsatz Nr. 52 des FASB, in: BFuP 1984, S. 357–383.

KUBIN, Konrad W. (1989), Die Konzernrechnungslegung in den USA, in: Sonnemann, Erik (Hrsg.), Rechnungslegung, Prüfung, Wirtschaftsrecht und Steuern in den USA, Wiesbaden 1989, S. 95–120.

KÜTING, Karlheinz (1975), Der Abhängigkeitsbericht in der Wirtschaftspraxis, in: ZfB 1975, S. 473–492.

KÜTING, Karlheinz (1983), Die Quotenkonsolidierung nach der 7. EG-Richtlinie, Anwendungsprobleme und kritische Würdigung, in: BB 1983, S. 804–814.

KÜTING, Karlheinz (1999), Stille Reserven – Kontrovers – Aktuell – Relevant, in: BBK 1999, Fach 12, S. 6311–6344.

KÜTING, Karlheinz (2000): Die Rechnungslegung in Deutschland an der Schwelle zu einem neuen Jahrtausend, in: DStR 2000, S. 38–44.

KÜTING, Karlheinz (2000a), Der Geschäfts- oder Firmenwert – ein Spielball der Bilanzpolitik in deutschen Konzern, in: AG 2000, S. 97–106.

KÜTING, Karlheinz (2000b), Perspektiven der Rechnungslegung – Auf dem Wege zu einem umfassenden Business-Reporting, in: Der Schweizer Treuhänder 2000, S. 153–168.

KÜTING, Karlheinz/BRAKENSIEK, Sonja (1999), IASC, FASB und DRSC – Ein Kurzportrait dreier Standard Setter, in: BB 1999, S. 678–682.

KÜTING, Karlheinz/DAWO, Sascha (1999a), Aufstellung einer Kapitalflußrechnung – ein Beispiel, in: StuB 1999, S. 285–288.

KÜTING, Karlheinz/DAWO, Sascha (1999b), Die Kapitalflußrechnung als neue Komponente der externen Rechnungslegung, in: StuB 1999, S. 169–178.

KÜTING, Karlheinz/DUSEMOND, Michael (1995), Die Auswirkungen der Bewertung nach § 304 Abs. 1 HGB auf das Konzerneigenkapital, in: BB 1995, S. 1466–1473.

KÜTING, Karlheinz/DUSEMOND, Michael/NARDMANN, Benita (1994), Ausgewählte Probleme der Kapitalkonsolidierung in Theorie und Praxis, in: BB 1994, Beilage Nr. 8/1994 zu Heft Nr. 14/1994.

KÜTING, Karlheinz/GÖTH, Peter (1997), Minderheitenanteile im Konzernabschluß eines mehrstufigen Konzerns – Sachgerechte Ermittlung und Lösungen zur Konsolidierungstechnik, in: WPg 1997, S. 305–320.

KÜTING, Karlheinz/HAEGER, Bernd/ZÜNDORF, Horst (1985), Die Erstellung des Anlagengitters nach künftigem Bilanzrecht. Unter besonderer Berücksichtigung der neu geregelten Erfassung der Zuschreibungen, in: BB 1985, S. 1948–1957.

KÜTING, Karlheinz/HARTH, Hans-Jörg (1999a), Vergleich der Kapitalkonsolidierung nach HGB, US-GAAP und IAS (Teil I), in: BB 1999, S. 1370–1377.

KÜTING, Karlheinz/HARTH, Hans-Jörg (1999b), Vergleich der Kapitalkonsolidierung nach HGB, US-GAAP und IAS (Teil II), in: BB 1999, S. 1424–1429.

KÜTING, Karlheinz/HARTH, Hans-Jörg (1999c), Die Behandlung einer negativen Aufrechnungsdifferenz im Rahmen der Purchase-Methode nach APB 16 und nach IAS 22 – Vergleich und beispielhafte Darstellung, in: WPg 1999, S. 489–500.

KÜTING, Karlheinz/HAYN, Sven (1995), Internationale Entwicklung der Rechnungslegung, in: Küting, Karlheinz/Weber, Claus-Peter (Hrsg.), Handbuch der Rechnungslegung. Kommentar zur Bilanzierung und Prüfung, Bd. Ia, 4. Aufl., Stuttgart 1995, Kap. I, Rn. 33–179.

KÜTING, Karlheinz/HAYN, Sven (1995a), Der internationale Konzernabschluß als Eintrittskarte zum weltweiten Kapitalmarkt, in: BB 1995, S. 662–672.

KÜTING, Karlheinz/HAYN, Sven (1996), Die Konzernrechnungslegung wird internationaler, in: BddW vom 5. Juli 1996, S. 1–2.

KÜTING, Karlheinz/HAYN, Sven (1996a), Der Aussagewert eines angelsächsischen Konzernabschlusses im Vergleich zum HGB-Abschluß, in: AG 1996, S. 49–71.

KÜTING, Karlheinz/HAYN, Sven (1998), EG-Abschluß versus IASC-Abschluß, in: Küting, Karlheinz/Weber, Claus-Peter (Hrsg.), Handbuch der Konzernrechnungslegung. Kommentar zur Bilanzierung und Prüfung, 2. Aufl., Stuttgart 1998.

KÜTING, Karlheinz/HÜTTEN, Christoph (1997), Die Lageberichterstattung über Risiken der künftigen Entwicklung, in: AG 1997, S. 250–256.

KÜTING, Karlheinz/KÖTHNER, Robert/ZÜNDORF, Horst (1998), Kommentierung des § 311 HGB, in: Küting, Karlheinz/Weber, Claus-Peter (Hrsg.), Handbuch der Konzernrechnungslegung. Kommentar zur Bilanzierung und Prüfung, 2. Aufl., Stuttgart 1998.

KÜTING, Karlheinz/LORSON, Peter (1997), Notwendigkeit und Vorzüge einer eigenständigen Konzernkostenrechnung für interne und externe Zwecke, in: BBK Fach 21, S. 6067–6084.

KÜTING, Karlheinz/LORSON, Peter (1999), Harmonisierung des Rechnungswesens aus Sicht der externen Rechnungslegung, in: Männel, W. (Hrsg.): Integration der Unternehmensrechnung, in: krp-Sonderheft 3/1999, S. 47–57.

KÜTING, Karlheinz/MÜLLER, Wolfgang/PILHOFER, Jochen (2000), ›Reverse Acquisitions‹ als Anwendungsfall einer ›Reverse Consolidation‹ bei der Erstellung von Konzernabschlüssen nach US-GAAP und IAS – ein Leitbild für die deutsche Rechnungslegung?, in: WPg 2000, S. 257–269.

KÜTING, Karlheinz/PILHOFER, Jochen (1999a), Die neuen Vorschriften zur Segmentberichterstattung nach US-GAAP – Schließung der Regelungslücke in § 297 Abs. 1 HGB durch Adaption internationaler Standards (Teil I), in: DStR 1999, S. 559–564.

Küting, Karlheinz/Pilhofer, Jochen (1999b), Die neuen Vorschriften zur Segmentberichterstattung nach US-GAAP – Schließung der Regelungslücke in § 297 Abs. 1 HGB durch Adaption internationaler Standards (Teil II), in: DStR 1999, S. 603–608.

Küting, Karlheinz/Weber, Claus-Peter (2001), Die Bilanzanalyse, Lehrbuch zur Beurteilung von Einzel- und Konzernabschlüssen, 5. Aufl., Stuttgart 2001.

Küting, Karlheinz/Weber, Claus-Peter/Dusemond, Michael (1991), Kapitalkonsolidierung im mehrstufigen Konzern, in: BB 1991, S. 1082–1090.

Küting, Karlheinz/Zündorf, Horst (1998), Kommentierung des § 312 HGB, in: Küting, Karlheinz/Weber, Claus-Peter (Hrsg.), Handbuch der Konzernrechnungslegung. Kommentar zur Bilanzierung und Prüfung, 2. Aufl., Stuttgart 1998.

Lachnit, Laurenz/Ammann, Helmut (1998), Währungsumrechnung als Problem einer tatsachengetreuen Darstellung der wirtschaftlichen Lage im Konzernabschluß, in: WPg 1998, S. 751–766.

Lachnit, Laurenz/Ammann, Helmut/Müller, S./Wulf, I. (1999), Geschäfts- oder Firmenwert als Problem der Konzernabschlußanalyse, in: WPg 1999, S. 677–688.

Langenbucher, Günther (1998), Umrechnung von Fremdwährungsabschlüssen, in: Küting, Karlheinz/Weber, Claus-Peter (Hrsg.), Handbuch der Konzernrechnungslegung. Kommentar zur Bilanzierung und Prüfung, 2. Aufl., Stuttgart 1998, Kap. II, Rn. 1028–1209.

Langer, Klaus/Blaum, Ulf (1995), Der Ausweis von Ertragsteuern im Konzernabschluß unter besonderer Berücksichtigung von Verlustsituationen, in: DStR 1995, S. 897–903.

Laux, Robert J. (1999), Comparative Analysis of IAS 34, Interim Financial Reporting and U.S.-GAAP including APB Opinion No. 18, in: FASB (Comparison 1999).

Leo, Hans-Christoph (1968), Einheitliche Konzernleitung durch mehrere Obergesellschaften?, in: WPg 1968, S. 395–440.

Littkemann, Jörn/Moedebeck, Patrick (2000), Währungsumrechnung im Konzern – Ergebnisse einer empirischen Untersuchung, in: BBK 2000, S. 67–76, Fach 14, S. 8131–8140.

Löcke, Jürgen (1999), Der Materiality-Grundsatz bei Jahres- und Konzernabschlüssen nach International Accounting Standards, in: BB 1999, S. 307–313.

Lorensen, Leonard (1972), The Temporal Principle of Translation, in: JofA, Volume 134, August 1972, S. 48–54.

Lück, Wolfgang (1974), Die Umrechnung der Jahresabschlüsse ausländischer Konzerngesellschaften und die Behandlung von Umrechnungsdifferenzen für die Aufstellung internationaler Konzernabschlüsse, Düsseldorf 1974.

Lück, Wolfgang (1989), Rechnungslegung und Auslandswährungen, in: Macharzina, Klaus/Welge, Martin K. (Hrsg.), Handwörterbuch Export und Internationale Unternehmung, Stuttgart 1989, Sp. 1818–1827.

Lück, Wolfgang (1998), Kommentierung des § 315 HGB, in: Küting, Karlheinz/Weber, Claus-Peter (Hrsg.), Handbuch der Konzernrechnungslegung. Kommentar zur Bilanzierung und Prüfung, 2. Aufl., Stuttgart 1998.

Lück, Wolfgang (1994), Rechnungslegung im Konzern, Stuttgart 1994.

Lück, Wolfgang/Jung, Udo (1991), Internationale Konzernrechnungslegung und Inflation, in: BFuP 1991, S. 275–293.

Maas, Ulrich/Schruff, Wienand (1985), Unterschiedliche Stichtage im künftigen Konzernabschluß? – Eine Stellungnahme zur Transformation von Art. 27 der 7. EG-Richtlinie –, in: WPg 1985, S. 1–6.

Mansch, Helmut/Wysocki, Klaus von (1996), Finanzierungsrechnung im Konzern, in: ZfbF-Sonderheft 37/1996.

Mansch, Helmut/Stolberg, Klaus/Wysocki, Klaus von (1995), Die Kapitalflußrechnung als Ergänzung des Jahres- und Konzernabschlusses – Anmerkungen zur gemeinsamen Stellungnahme HFA 1/1995 des Hauptfachausschusses und der Schmalenbach-Gesellschaft, in: WPg 1995, S. 185–203.

Meier, Albert (1966), Einheitliche Leitung im Konzern aus betriebswirtschaftlicher Sicht, in: WPg 1966, S. 570–573.

Miller, Jan R. (1999), GAAP-Guide 1996. A comprehensive restatement of current promulgated Generally Accepted Accounting Principles, San Diego/NewYork/London 1996.

Miller, M. A. (1986), Miller's Comprehensive GAAP Guide, A comprehensive restatement of all current promulgated Generally Accepted Accounting Principles, San Diego/New York/London 1986.

Moxter, Adolf (1998), Deutsches Rechnungslegungs Standards Committee: Aufgaben und Bedeutung, in: DB 1998, S. 1425–1428.

Müller, Eberhard (1980), Diskussionsbeitrag, in: Bierich, Marcus u. a. (Hrsg.), Rechnungslegung nach neuem Recht. Grachter Symposium für Rechnungslegung nach der 4. EG-Richtlinie und Jahrestagung 1979 der Schmalenbach-Gesellschaft – Deutsche Gesellschaft für Betriebswirtschaft zu den Auswirkungen der 4. und 7. EG-Richtlinie, ZfbF-Sonderheft 10/1980, Wiesbaden 1980, S. 387–390.

Müller, Eberhard (1982), Praktische Bilanzierungsprobleme im Vergleich USA/Deutschland, in: ZfbF 1982, S. 249–257.

Müller, Eberhard (1983), Der Konzernabschluß im Konfliktfeld, in: Baetge, Jörg (Hrsg.), Der Jahresabschluß im Widerstreit der Interessen, Vortragsreihe des Instituts für Revisionswesen an der Westfälischen Wilhelms-Universität Münster, Düsseldorf 1983, S. 213–240.

Müller, Eberhard (1985), Der Einfluß des Bilanzrichtlinien-Gesetzes auf die Daten zur Steuerung eines Konzerns, in: DB 1985, S. 241–247.

Müller, Eberhard (1985a), Thesen zur Transformation der Equity-Bewertung, unveröffentlichtes Manuskript, o. O. 1985.

Müller, Eberhard (1999), Pflicht zur Equity-Bewertung und Kreis der Equity-Unternehmen, in: Castan, Edgar u. a. (Hrsg.), Beck'sches Handbuch der Rechnungslegung, Kommentar, Loseblatt, München 1999, C 510.

Müller, Horst (1988), Konzernabschluß nach neuem Bilanzrecht aus der Sicht des Analysten, in: Mellwig, Winfried/Moxter, Adolf/Ordelheide, Dieter (Hrsg.), Einzelabschluß und Konzernabschluß, Beiträge zum neuen Bilanzrecht, Bd. 1, Wiesbaden 1988, S. 141–152.

MÜLLER, Klaus (1985), Die Währungsumrechnung im Rahmen der internationalen Konzernrechnungslegung. Zur Entwicklung von Grundsätzen ordnungsmäßiger Währungsumrechnung und eines darauf aufbauenden Umrechnungsvorschlags unter Berücksichtigung der derzeitigen internationalen Diskussion, Frankfurt a.M./Bern/New York 1985.

MÜNSTERMANN, Hans (1958), Konsolidierte Bilanzen deutscher Konzerne, in: Käfer, Karl/Münstermann, Hans (Hrsg.), Konzernbilanzen, Zürich 1958, S. 41–53.

MUJKANOVIC, Robin (2000), Die Vorschläge des Deutschen Standardisierungsrats (DSR) zur Segmentberichterstattung, in: AG 2000, S. 122–127.

NA 2/1967, Zur Rechnungslegung im Konzern, in: WPg 1967, S. 488–490.

NA 3/1968, Zur Rechnungslegung im Konzern, in: WPg 1968, S. 133.

NAA (1960), Research Report No. 36, »Management Accounting Problems in Foreign Operations«, New York 1960.

NAUMANN, Thomas K. (1999), Standardentwurf zur Segmentberichterstattung, in: BB 1999, S. 2288–2291.

NIEHUS, Rudolf J. (1984), Neues Konzernrecht für die GmbH – Einige Anmerkungen zu den »Formulierungen« eines Konzernbilanzgesetzes –, in: DB 1984, S. 1789–1794.

NIEHUS, Rudolf J./SCHOLZ, Willi (1987), Kommentierung der §§ 41, 42 GmbHG, 238–315 HGB, in: Meyer-Landrut, Joachim/Miller, Georg F./Niehus, Rudolf J. (Hrsg.), Gesetz betreffend die Gesellschaften mit beschränkter Haftung (GmbHG) einschließlich Rechnungslegung zum Einzel- sowie zum Konzernabschluß, Kommentar, Berlin/New York 1987.

NIEHUS, Rudolph J./THYLL, Alfred (2000), Konzernabschluß nach US-GAAP. Grundlagen und Gegenüberstellung mit den deutschen Vorschriften, Stuttgart 2000.

NÖSSER, Gerhard (1992), Verbundene Unternehmen im Bilanzrecht, Münster/Berlin 1992.

OCHS, Dieter (1976), Das Vordringen konglomerater Konzernstrukturen, Bochum 1976.

ODENWALD, Otto (1999), Konsolidierungskreis, in: Castan, Edgar, u.a. (Hrsg.), Beck'sches Handbuch der Rechnungslegung, Kommentar, Loseblatt, München 1999, C 210.

ORDELHEIDE, Dieter (1984), Kapitalkonsolidierung nach der Erwerbsmethode. Zur Umsetzung der 7. EG-Richtlinie in deutsches Recht, in: WPg 1984, S. 237–245, 270–274.

ORDELHEIDE, Dieter (1986), Anschaffungskostenprinzip im Rahmen der Erstkonsolidierung gem. § 301 HGB, in: DB 1986, S. 493–499.

ORDELHEIDE, Dieter (1986a), Der Konzern als Gegenstand betriebswirtschaftlicher Forschung, in: BFuP 1986, S. 293–312.

ORDELHEIDE, Dieter (1987), Konzernerfolgskonzeptionen und Risikokoordination – Grundlagen handels- und steuerrechtlicher Erfolgsermittlung für Konzerne –, in: ZfbF 1987, S. 975–986.

ORDELHEIDE, Dieter (1987a), Kapitalkonsolidierung und Konzernerfolg, in: WPg 1987, S. 309–315.

ORDELHEIDE, Dieter (1999a), Endkonsolidierung nach der Erwerbsmethode, in: Castan, Edgar u. a. (Hrsg.), Beck'sches Handbuch der Rechnungslegung, Kommentar, Loseblatt, München 1999, C 403.

ORDELHEIDE, Dieter (1999b), Anwendungsbereich und Erstkonsolidierung, in: Castan, Edgar u. a. (Hrsg.), Beck'sches Handbuch der Rechnungslegung, Kommentar, Loseblatt, München 1999, C 401.

OSER, Peter (1993), Verbundene Unternehmen im Bilanzrecht. Ein interdisziplinärer Ansatz, Stuttgart 1993.

OSER, Peter (1995), Erfolgsneutral verrechnete Geschäfts- oder Firmenwerte aus der Kapitalkonsolidierung im Lichte der Entkonsolidierung – Zugleich ein Plädoyer für die Aufgabe des Verrechnungswahlrechts nach § 309 Abs. 1 Satz 3 HGB –, in: WPg 1995, S. 266–275.

OTTE, Hans-Heinrich (1988), Gestaltungsspielräume bei der Erwerbskonsolidierung nach § 301 HGB, in: BB 1988, S. 100–105.

PACTER, Paul (1971), Applying APB Opinion No. 18 – Equity Method, in: JofA 3/1971, S. 54–62.

PEEMÖLLER, Volker H./HUSMANN, Rainer (1996), Stand und Entwicklung der Währungsumrechnung ausgewählter Konzerne in Deutschland, in: DB 1996, S. 101–107.

PEEMÖLLER, Volker H./WEICHERT, Sven (2000), Zwischenergebniseliminierung nach US-GAAP, in: DB 2000, S. 1973–1981.

PEJIC, Philip (1997), International Accounting Standards Committee: Der überarbeitete Standard zur Segmentberichterstattung, in: DB 1997, S. 2038–2041.

PETERLI, Ralph Michael (1994), Theorie und Praxis der Konzernrechnungslegung und -prüfung in der Schweiz, Zürich 1994.

PILHOFER, Jochen (2000), Konzeptionelle Grundlagen des neuen DRS 2 zur Kapitalflussrechnung im Vergleich mit den international anerkannten Standards, in: DStR 2000, S. 292–298.

RÄTSCH, Claus P. (1981), Betrachtungen zur Konzernrechnungslegung nach der 7. EG-Richtlinie im Vergleich zur Praxis in den USA, in: BFuP 1981, S. 569–579.

RÄTSCH, Herbert (1968), Zweifelsfragen der Konsolidierung und ihre internationale Behandlung, in: WPg 1968, S. 565–570.

REINHARD, Herbert (1998), Kommentierung des § 305 HGB, in: Küting, Karlheinz/Weber, Claus-Peter (Hrsg.), Handbuch der Konzernrechnungslegung. Kommentar zur Bilanzierung und Prüfung, 2. Aufl., Stuttgart 1998.

RICHTLINIE DES RATES (1978), Vierte Richtlinie des Rates vom 25. Juli 1978 aufgrund von Artikel 54 Absatz 3 Buchstabe g) des Vertrages über den Jahresabschluß von Gesellschaften bestimmter Rechtsformen (78/660/EWG), in: ABl. EG Nr. L 222/1978, S. 11–31, in: DB 1978, Beilage Nr. 17/1978 zu Heft Nr. 38/1978.

RICHTLINIE DES RATES (1983), Siebente Richtlinie des Rates vom 13. Juni 1983 aufgrund von Artikel 54 Absatz 3 Buchstabe g) des Vertrages über den konsolidierten Abschluß (83/349/EWG), in: ABl. EG Nr. L 193/1983, S. 1–17.

RICHTLINIE DES RATES (1984), Achte Richtlinie des Rates vom 10. April 1984 aufgrund von Artikel 54 Absatz 3 Buchstabe g) des Vertrages über die Zulassung der mit der Pflichtprüfung der Rechnungslegungsunterlagen beauftragten Personen (84/253/EWG), in: ABl. EG Nr. L 126/1984, S. 20–26.

RICHTLINIE DES RATES (1990), Richtlinie des Rates vom 23. Juli 1990 über das gemeinsame Steuersystem der Mutter- und Tochtergesellschaften verschiedener Mitgliedstaaten (90/435/EWG), in: ABl. EG Nr. L 225/1990, S. 6–8.

RICHTLINIE DES RATES (1990a), Richtlinie des Rates vom 8. November 1990 zur Änderung der Richtlinie 78/660/EWG über den Jahresabschluß und der Richtlinie 83/349/EWG über den konsolidierten Abschluß hinsichtlich der Ausnahme für kleine und mittlere Gesellschaften sowie der Offenlegung von Abschlüssen in ECU (90/604/EWG), in: ABl. EG Nr. L 317/1990, S. 57–59.

RICHTLINIE DES RATES (1990b), Richtlinie des Rates vom 8. November 1990 zur Änderung der Richtlinien 78/660/EWG und 83/349/EWG über den Jahresabschluß bzw. den konsolidierten Abschluß hinsichtlich ihres Anwendungsbereichs (90/605/EWG), in: ABl. EG Nr. L 317/1990, S. 60–63.

RISSE, Axel (1996), International Accounting Standards für den deutschen Konzernabschluß, Wiesbaden 1996.

RUPPERT, Bernd (1993), Währungsumrechnung im Konzernabschluß, Düsseldorf 1993.

SABI (1988), Entwurf einer Verlautbarung: Behandlung des Unterschiedsbetrags aus der Kapitalkonsolidierung, in: WPg 1988, S. 343–346.

SABI (1/1988), Stellungnahme. Zur Aufstellungspflicht für einen Konzernabschluß und zur Abgrenzung des Konsolidierungskreises, in: WPg 1988, S. 340–343.

SAHNER, Friedhelm (1981), Die Bedeutung des Einheitsgrundsatzes für den Konzernabschluß zum Aktiengesetz und in der 7. EG-Richtlinie, in: ZfbF 1981, S. 711–736.

SAHNER, Friedhelm (1983), Kapitalkonsolidierung nach der 7. EG-Richtlinie, in: Kempe, Hans H. (Hrsg.), Der konsolidierte Abschluß. Unter Berücksichtigung der 4. und 7. EG-Richtlinie, Würzburg/Wien 1983, S. 38–70.

SAHNER, Friedhelm/KAMMERS, Heinz (1983), Die Abgrenzung des Konsolidierungskreises nach der 7. EG-Richtlinie im Vergleich zum AktG 1965 – ein Fortschritt?, in: DB 1983, S. 2149–2153, 2209–2212.

SAHNER, Friedhelm/KAMMERS, Heinz (1984), Der Lagebericht – Gegenwart und Zukunft, in: DB 1984, S. 2309–2316.

SAHNER, Friedhelm/SAUERMANN, Kai (1998), Kommentierung des § 294 HGB, in: Küting, Karlheinz/Weber, Claus-Peter (Hrsg.), Handbuch der Konzernrechnungslegung. Kommentar zur Bilanzierung und Prüfung, 2. Aufl., Stuttgart 1998.

SAHNER, Friedhelm/SAUERMANN, Kai (1998), Kommentierung des § 295 HGB, in: Küting, Karlheinz/Weber, Claus-Peter (Hrsg.), Handbuch der Konzernrechnungslegung. Kommentar zur Bilanzierung und Prüfung, 2. Aufl., Stuttgart 1998.

SAHNER, Friedhelm/SAUERMANN, Kai (1998), Kommentierung des § 296 HGB, in: Küting, Karlheinz/Weber, Claus-Peter (Hrsg.), Handbuch der Konzernrechnungslegung. Kommentar zur Bilanzierung und Prüfung, 2. Aufl., Stuttgart 1998.

SAUTHOFF, Jan Philipp (1996), Der Firmenwert im Konzernabschluß, Probleme der Bilanzierung und Aussagefähigkeit, Wiesbaden 1996.

SCHÄFER, Harald (1982), Bilanzierung von Beteiligungen an assoziierten Unternehmen nach der Equity-Methode. Untersuchung über die Anwendbarkeit der Equity-Methode in der Bundesrepublik Deutschland, Thun/Frankfurt a. M. 1982.

SCHERRER, Gerhard (1994), Konzernrechnungslegung, München 1994.

SCHERRER, Gerhard (2000), Grundlagen der US-amerikanischen Konzernrechnungslegung, in: Ballwieser, Wolfgang (Hrsg.), US-amerikanische Rechnungslegung, 4. Aufl., Stuttgart 2000.

SCHILDBACH, Thomas (1998), Der handelsrechtliche Konzernabschluß nach HGB, IAS und US-GAAP, 5. Aufl., München 1998.

SCHILDBACH, Thomas (1999), Das private Rechnungslegungsgremium gemäß § 342 HGB und die Zukunft der Rechnungslegung in Deutschland, in: DB 1999, S. 645–652.

SCHILDBACH, Thomas/KOENEN, Stefan (1991), Die GmbH & Co. KG ist grundsätzlich konzernrechnungslegungspflichtig – Implikationen einer fragwürdigen Gesetzgebung –, in: WPg 1991, S. 661–668.

SCHINDLER, Joachim (1984), Latente Steuern im konsolidierten Abschluß nach der Konzernbilanzrichtlinie, in: BB 1984, S. 1654–1660.

SCHINDLER, Joachim (1986), Kapitalkonsolidierung nach dem Bilanzrichtlinien-Gesetz, Frankfurt a. M./Bern/New York 1986.

SCHNEIDER, Uwe H. (1989), Die Firma des Konzerns und der Konzernunternehmen, in: BB 1989, S. 1985–1990.

SCHORNDORFER, Roland (1991), Verbundene Unternehmen im Dritten Buch des HGB, Stuttgart 1991.

SCHRUFF, Wienand (1984), Einflüsse der 7. EG-Richtlinie auf die Aussagefähigkeit des Konzernabschlusses, Berlin 1984.

SCHRUFF, Wienand (1993), Die internationale Vereinheitlichung der Rechnungslegung nach den Vorschlägen des IASC – Gefahr oder Chance für die deutsche Bilanzierung? –, in: BFuP 1993, S. 400–426.

SCHRUFF, Wienand (2001), Bilanzierung von Anteilen an assoziierten Unternehmen im Konzernabschluss nach dem E-DRS 8, in: BB 2001, S. 87–93.

SCHUBERT, Werner (1965), Kostenträgerstückrechnung als (primäre) Kostenartenrechnung?, in: BFuP 1965, S. 358–371.

SCHUBERT, Werner/KÜTING, Karlheinz (1981), Unternehmungszusammenschlüsse, München 1981.

SCHWAB, Martin (1999), Der Standardisierungsvertrag für das DRSC – Eine kritische Würdigung (Teil I), in: BB 1999, S. 731–738.

SELCHERT, Friedrich W./KARSTEN, Jürgen (1986), Inhalt und Gliederung des Konzernanhangs, in: BB 1986, S. 1258–1264.

SIEBOURG, Peter (1998), Kommentierung des § 290 HGB, in: Küting, Karlheinz/Weber, Claus-Peter (Hrsg.), Handbuch der Konzernrechnungslegung. Kommentar zur Bilanzierung und Prüfung, 2. Aufl., Stuttgart 1998.

SIEBOURG, Peter (1998), Kommentierung des § 291 HGB, in: Küting, Karlheinz/Weber, Claus-Peter (Hrsg.), Handbuch der Konzernrechnungslegung. Kommentar zur Bilanzierung und Prüfung, 2. Aufl., Stuttgart 1998.

SIENER, Friedrich (1998), Kapitalflußrechnungen von Industrieunternehmen, in: Wysocki, K. v. (Hrsg.), Kapitalflußrechnung, Stuttgart 1998.

SIGLE, Hermann (1995), Kommentierung des § 277 HGB, in: Küting, Karlheinz/Weber, Claus-Peter (Hrsg.), Handbuch der Rechnungslegung. Kommentar zur Bilanzierung und Prüfung, Bd. Ia, 4. Aufl., Stuttgart 1995.

SIGLE, Hermann (1998), Kommentierung des § 310 HGB, in: Küting, Karlheinz/Weber, Claus-Peter (Hrsg.), Handbuch der Konzernrechnungslegung. Kommentar zur Bilanzierung und Prüfung, 2. Aufl., Stuttgart 1998.

SIMPSON, Raymond E., (1999), Comparative Analysis of IAS 22 (1993), The Effects of Changes in Foreign Exchange Rates, and U.S. GAAP including FASB No. 52, Foreign Currency Translation, in FASB (Comparision 1999).

SPANHEIMER, Jürgen (2000), Spezifische Problemfelder des gesetzlichen Standardisierungsauftrages an den DSR gemäß § 342 Abs. 1 Nr. 1 HGB, in: WPg 2000, S. 997–1007.

STAHN, Frank (2000), Der Deutsche Rechnungslegungsstandard Nr. 2 (DRS 2) zur Kapitalflussrechnung aus praktischer und analytischer Sicht, in: DB 2000, S. 233–238.

STELLUNGNAHME DER KOMMISION (1991), Stellungnahme der Kommission der Europäischen Gemeinschaft zur Gleichwertigkeit von Abschlüssen von Unternehmen aus Drittländern, XI/1019/90-DE vom 15.3.1991.

STOREY, Reed K./KRUPA, Michele R. (1999), Comparative Analysis of IAS 22, Business Combinations, and U.S. GAAP including APB Opinions No. 16, Business Combinations, and No. 17, Intangible Assets, in: FASB (Comparison 1999).

STEINBACH, Adalbert (1976), Grundsätze ordnungsmäßiger Bilanzierung für die Konzernrechnungslegung, Köln 1976.

STROBEL, Wilhelm (1999), Der Entwurf eines DRS 2 zur Kapitalflußrechnung, in: DStR 1999, S. 1044–1048.

STUCKERT, Fritz (1999), Der Regierungsentwurf des Kapitalgesellschaften- und Co.-Richtlinie-Gesetzes (KapCoRiLiG) vom 28.7.1999, in: StuB 1999, S. 816–820.

TELKAMP, Heinz-Jürgen (1998), Kommentierung des § 305 HGB, in: Küting, Karlheinz/Weber, Claus-Peter (Hrsg.), Handbuch der Konzernrechnungslegung. Kommentar zur Bilanzierung und Prüfung, 2. Aufl., Stuttgart 1998.

TIETZE, Wolf (1976), Die Währungsumrechnung im internationalen Konzernabschluß, Berlin 1976.

TILLMANN, Bert (1986), Umwandlung auf doppelstöckige GmbH & Co. KG – Ein Ausweg aus der Publizitätspflicht der GmbH?, in: DB 1986, S. 1319–1323.

Tischvorlage für die Anhörung am 10.5.1999 im BMJ, Stand 5.5.1999, Fließtext des § 292a HGB-neu.

TRÜTZSCHLER, Klaus (1998), Kommentierung des § 299 HGB, in: Küting, Karlheinz/ Weber, Claus-Peter (Hrsg.), Handbuch der Konzernrechnungslegung. Kommentar zur Bilanzierung und Prüfung, 2. Aufl., Stuttgart 1998.

UHLIG, Bernhard (1980), Weltabschlüsse und ihre Prüfung, in: Treuhand-Vereinigung AG (Hrsg.), Wirtschaftsprüfung und Wirtschaftsrecht. Beiträge zum 75jährigen Bestehen der Treuhand-Vereinigung AG, Stuttgart 1980, S. 297–323.

ULMER, Peter (1987), Begriffsvielfalt im Recht der verbundenen Unternehmen als Folge des Bilanzrichtlinien-Gesetzes – Eine systematische Analyse, in: Havermann, Hans (Hrsg.), Bilanz- und Konzernrecht, Festschrift zum 65. Geburtstag von Reinhard Goerdeler, Düsseldorf 1987, S. 623–648.

WEBER, Claus-Peter (1990), Rechnungslegung und Handelsbilanzen in den USA, in: Kramer, Jörg-Dietrich (Hrsg.), Grundzüge des US-amerikanischen Steuerrechts, Stuttgart 1990, S. 147–173.

WEBER, Claus-Peter (1991), Praxis der Kapitalkonsolidierung im internationalen Vergleich, Stuttgart 1991.

WEBER, Claus-Peter (2001), Risikoberichterstattung nach dem E-DRS 5, in: BB 2001, S. 140–144.

WEBER, Hans (1998), Kommentierung des § 304 HGB, in: Küting, Karlheinz/Weber, Claus-Peter (Hrsg.), Handbuch der Konzernrechnungslegung. Kommentar zur Bilanzierung und Prüfung, 2. Aufl., Stuttgart 1998.

WEITKAMP, Jürgen (1971), Erfolgskonsolidierung in Konzernabschlüssen, Berlin 1971.

WENTLAND, Norbert (1979), Die Konzernbilanz als Bilanz der wirtschaftlichen Einheit Konzern. Grundlagen der Konzernrechnungslegung unter Berücksichtigung des Aktiengesetzes und der Vorstellungen einer 7. EG-Richtlinie, Frankfurt a. M./Bern/Las Vegas 1979.

WERNER, Winfried (1967), Probleme des neuen Konzernrechts, in: NB 1967, Heft 4, S. 1–18.

WÖHE, Günter (1980), Zur Bilanzierung und Bewertung des Firmenwerts, in: StuW 1980, S. 89–108.

WÖHE, Günter (1996), Einführung in die Allgemeine Betriebswirtschaftslehre, 19. Aufl., München 1996.

WÖHE, Günter (1997), Bilanzierung und Bilanzpolitik, 9. Aufl., München 1997.

WÖHE, Günter (1998), Überblick über die Konzernbesteuerung, in: Küting, Karlheinz/ Weber, Claus-Peter (Hrsg.), Handbuch der Konzernrechnungslegung. Kommentar zur Bilanzierung und Prüfung, 2. Aufl., Stuttgart 1998, Kap. II, Rn. 154–202.

WÖHE, Günter (2000), Einführung in die Allgemeine Betriebswirtschaftslehre, 20. Aufl., München 2000.

WÖHE, Günter (2000a), Treuhandverhältnisse in rechtlicher und wirtschaftlicher Sicht, in: Küting, Karlheinz (Hrsg.), Saarbrücker Handbuch der Betriebswirtschaftlichen Beratung, 2. Aufl., Herne/Berlin 2000.

WOHLGEMUTH, Michael (1991), Überblick über das System der verbundenen Unternehmen nach dem AktG und nach dem HGB, in: DStR 1991, S. 1495–1500, 1529–1532.

WOLLMERT, Peter (1995), Gegenwärtige und künftige Behandlung latenter Steuern im IASC-Abschluß, in: Dörner, Dietrich/Wollmert, Peter (Hrsg.), IASC-Rechnungslegung, Beiträge zu aktuellen Problemen, Düsseldorf 1995, S. 83–98.

WP-Handbuch (1985/86), IDW (Hrsg.), Handbuch für Rechnungslegung, Prüfung und Beratung, Bd. I, 9. Aufl., Düsseldorf 1985.

WP-Handbuch (1996), IDW (Hrsg.), Handbuch für Rechnungslegung, Prüfung und Beratung, Bd. I, 11. Aufl., Düsseldorf 1996.

WP-Handbuch (2000), IDW (Hrsg.), Handbuch für Rechnungslegung, Prüfung und Beratung, Bd. I, 12. Aufl., Düsseldorf 2000.

WÜRDINGER, Hans (1973), Kommentierung der §§ 15–22 AktG, in: Barz, Carl H. u. a. (Hrsg.), Aktiengesetz, Großkommentar, Bd. I/1, §§ 1–75 AktG, 3. Aufl., Berlin/New York 1973.

WÜRDINGER, Hans (1975), Kommentierung der §§ 291–328 AktG, in: Barz, Carl Hans u. a. (Hrsg.), Aktiengesetz, Großkommentar, Bd. IV, §§ 291–410 AktG, EGAktG, 3. Aufl., Berlin/New York 1975.

WÜRDINGER, Hans (1981), Aktienrecht und das Recht der verbundenen Unternehmen, 4. Aufl., Heidelberg/Karlsruhe 1981.

WYSOCKI, Klaus von (1966), Die Entwicklung der Konzernbilanz aus den Einzelbilanzen der in den Konzernabschluß einbezogenen Unternehmen nach § 331 AktG, in: WPg 1966, S. 281–292.

WYSOCKI, Klaus von (1971), Weltbilanzen als Planungsobjekte und Planungsinstrumente multinationaler Unternehmungen, in: ZfbF 1971, S. 682–700.

WYSOCKI, Klaus von (1987), Konzernabschluß: Aufstellungs- und Einbeziehungspflichten nach neuem Recht, in: ZfbF 1987, S. 274–281.

WYSOCKI, Klaus von (1998), Grundlagen, nationale und internationale Stellungnahmen zur Kapitalflußrechnung, in: Wysocki, K. v. (Hrsg.), Kapitalflußrechnung, Stuttgart 1998.

WYSOCKI, Klaus von (1999), DRS 2: Neue Regeln des Deutschen Rechnungslegungs Standards Committee zur Aufstellung von Kapitalflußrechnungen, in: DB 1999, S. 2373–2378.

WYSOCKI, Klaus von (2000), Die Kapitalflußrechnung nach SFAS No. 95 im Vergleich zu IAS 7 und SG/HFA 1/1995, in: Ballwieser, W. (Hrsg.), US-amerikanische Rechnungslegung, 4. Aufl., Stuttgart 2000.

WYSOCKI, Klaus von/WOHLGEMUTH, Michael (1986), Konzernrechnungslegung unter Berücksichtigung des Bilanzrichtlinien-Gesetzes, 3. Aufl., Düsseldorf 1986.

WYSOCKI, Klaus von/WOHLGEMUTH, Michael (1996), Konzernrechnungslegung, 4. Aufl., Düsseldorf 1996.

ZIELKE, Wolfgang (1995), Zur Behandlung des Goodwill im Konzernabschluß, in: Lanfermann, Josef (Hrsg.), Internationale Wirtschaftsprüfung, Festschrift zum 65. Geburtstag von Hans Havermann, Düsseldorf 1995, S. 829–843.

ZITZELSBERGER, Siegfried (1998), Überlegungen zur Einrichtung eines nationalen Rechnungslegungsgremiums in Deutschland, in: WPg 1998, S. 246–259.

ZOGG, Hans (1978), Der Konzernabschluß in der Schweiz. Die Konsolidierungspraxis schweizerischer Konzerne unter Berücksichtigung der internationalen Konzernrechnungslegung, Diss., St. Gallen 1978.

ZÜNDORF, Horst (1987), Quotenkonsolidierung versus Equity-Methode, Stuttgart 1987.

ZÜNDORF, Horst (1987a), Zum Begriff des Gemeinschaftsunternehmens in § 310 HGB, in: BB 1987, S. 1910–1918.

ZWIRNER, Christian (1999), Ausweitung der Möglichkeiten zur internationalen Bilanzierung? – Geplante Änderung des § 292a HGB-E durch das KapCoRiLiG, in: StuB 1999, S. 879–884.

Stichwortverzeichnis

B

C

D

E

F

G

H

K

L

M

Q

R

S

T

U

V

W